PiRAM

해설지의 사용법

이 해설지에서는 각 지문들·문제들을 읽으며 제가 했던, 그리고 여러분이 했어야 할 '생각들'을 제시합니다. 여러분은 이 해설지의 생각을 본인의 생각과 '비교'하며 생각의 힘을 키워나가셔야 합니다. 해설의 내용을 이해한 뒤에는 그것으로 그치지 마시고, 다시 스스로 해설해 보면서 본인 스스로 '필연적인' 사고 과정을 통해 해결할 수 있는지 확인하셔야 합니다. 다소 과할 정도로 깊이 들어가는 해설도 있고, 아주 실전적인 태도를 전하는 해설도 있을 것이에요. 이렇게 풍부한 해설들을 읽으며 저와 생각이 비슷해질 때, 여러분들의 국어 영역 실력은 몰라보게 올라와 있을 겁니다. 그 순간만을 기대하며 따라와 봅시다!

이 교재로 공부하셨으나 효과를 보지 못했던 학생들의 공통점 중 가장 대표적인 것으로 '해설지를 대충 읽었다'는 점을 꼽을 수 있습니다. 빠르게 읽어도 어느 정도 이해가 되고, 대충 무슨 말 하는지 알겠으니 휙휙 넘어가는 것이죠. '효율성'을 취한다는 미명하에 여러분의 '생각의 힘'을 기를 수 있는 기회를 놓치지 마시기 바랍니다. 문장 하나하나 많은 것을 배우고 익힐 수 있도록 최선을 다해서 작성했으니, 여러분도 문장 하나하나 열심히 읽고 따라와주세요.

스스로 고민해보고, 생각을 비교하며 체화한다. 간단하죠?

해설지 속에는 여러분의 공부를 돕기 위한 다양한 요소들이 포함되어 있습니다. 이들이 어떤 의미가 있는지를 아시면 훨씬 풍부하게 공부하실 수 있겠죠?

① 지문 정보

DAY 11 [7~11]
2021.06 [29~33] 사회(법+경제) 'ICT 산업' ☆☆☆☆

→ 순서대로 Day 정보와 본교재에서의 문제 번호, 그리고 시행 년도 및 실제 시험지에서의 문제 번호, 제재와 작품 제목, 난이도가 표시되어 있습니다. 난이도의 경우, 별 한 개부터 다섯 개까지 부여되며 정답률, 학생들의 당시 체감, 집필진의 주관적 난이도 평가, 완벽하게 이해하는 데 드는 시간 등을 반영하여 표시했습니다. 사람마다 다르게 느낄 수 있는 부분이나, 대략적인 참고가 되었으면 하는 바람으로 표시했습니다.

② 지문 해설

5문단

① 율곡은 <u>수기를 위한</u> **수양론**과 <u>치인을 위한</u> **경세론**을 전개하는데, 그 바탕은 만물을 '이(理)'와 '기(氣)'로 설명하는 **이기론**이다. ② 존재론의 측면에서 율곡은 '이'를 형체도 없고 시간과 공간의 제약을 받지 않고 존재하는 <u>만물의 법칙이자 원리</u>로 보고, '기'를 시간적인 선후와 공간적인 시작과 끝을 가지면서 끊임없이 변화하며 작동하는 <u>물질적 요소</u>로 본다. ③〈'이'와 '기'는 사물의 구성 요소로서 서로 다른 성질을 갖지만, '이'는 현실 세계에서 항상 '기'와 더불어 실제로 존재한다.〉 ④ 율곡은 이처럼 <u>서로 구별되면서도 분리됨이 없이 존재하는</u> '이'와 '기'의 관계를 **이기지묘(理氣之妙)**라 표현한다.

→ ①②③ … : 문장 번호
→ 굵은 글씨 : 동그라미치는 부분(개념어, 핵심어)
→ 밑줄 : 정의/주장, 주목해야 하는 부분
→ 〈 〉 : 비례/증감 관계 및 납득해야 하는 부분

→ 시험장에서 실제로 주목할 만한 부분에 표기하는 모습을 보여 드립니다. 저런 표시를 꼭 따라할 필요는 없지만, 어떤 부분에 주목하여 지문을 이해하는지 참고하시기 바랍니다. 이 표시와 해설을 따라가며, 저자의 사고과정을 훔쳐 보세요.

① #수식된 정의 제시 #재진술 #화제의 흐름

이번엔 '렌더링'에 대해 소개하고 있습니다. 정의를 정확하게 ~

③~④ #카테고리 나누기 #재진술

이러한 '렌더링'을 통해서는 ~

→ 해시태그(#)를 이용하여 각 문장 단위를 처리할 때 사용해야 하는 도구를 정리했고, 그 아래 자세한 지문 해설을 달아두었습니다. 단순히 어떤 내용인지를 구구절절 설명하는 게 아니라, 지문의 내용을 어떤 '생각'을 통해 이해하는지 그 과정을 상세하게 적어두었습니다. 여러분이 지문을 읽으며 했던 생각과 비교하면서, '생각의 힘' 자체를 키워주시면 됩니다.

③ 하이라이트 문장

하이라이트 문장

> ② 그런데 보험 가입자들이 자신이 가진 위험의 정도에 대해 진실한 정보를 알려 주지 않는 한, 보험사는 보험 가입자 개개인이 가진 위험의 정도를 정확히 파악하여 거기에 상응하는 보험료를 책정하기 어렵다.

지문의 진짜 화제를 잡을 수 있는 문장입니다. 단순히 ~

→ 문단마다 꼭 다시 짚고 넘어가야 할 문장들에서 해야 할 생각을 다시 설명하는 부분입니다. 문단 해설에서 했던 이야기를 다시 할 수도 있고, 새로운 이야기를 할 수도 있습니다. 이런 '하이라이트 문장'에 주목하며 글을 읽을 수 있어야 1등급이 나옵니다. 꼼꼼하게 확인해보세요.

④ 문제 해설

선지	①	②	③	④	⑤
선택률	8%	20%	44%	17%	11%

21 ㉠~㉢을 이해한 내용으로 가장 적절한 것은? ②

> ㉠ 촬영된 영상
> ㉡ 왜곡이 보정된 영상
> ㉢ 위에서 내려다보는 시점의 영상

– ㉠은 아무것도 보정되지 않은 영상이고, ~

→ 해당 문제의 실제 선택률(정답률 데이터가 없는 경우 예상 정답률)을 제시했습니다. 선택률을 통해 확인할 수 있는 다른 학생들의 반응을 바탕으로 나의 태도를 피드백할 수 있을 겁

니다. 나는 쉽게 맞았는데 다른 학생들은 어려워한 선지나, 다른 학생들은 쉽게 넘어갔는데 나만 고민했던 그러한 선지들에 주목하세요. 여러분의 약점이 될 수 있는 부분들이니까요.

나아가 '발문'을 보고서 해야 하는 생각들이 있으면 역시 제시해두었습니다. 문제풀이의 시작은 '발문 독해'입니다. '발문'에서 필요한 정보를 확실하게 가져갈 수 있도록 합시다.

―[보기]―

> 명제 "모든 학생은 연필을 쓴다."와 "어떤 학생도 연필을 쓰지 않는다."는 **반대 관계**이다. 이 말은, 두 명제 다 참인 것은 가능하지 않지만, 둘 중 하나만 참이거나 둘 다 거짓인 것은 가능하다는 뜻이다.

– 일단 〈보기〉부터 분석해 봅시다. '반대 관계'라는 개념이 ~

→ 〈보기〉가 있는 경우에는 해당 〈보기〉에서 주목해야 하는 부분, 해야 하는 생각 등을 정리해두었습니다. 〈보기〉 문제 해결의 첫 단추는 〈보기〉 정리입니다. 잘 배워서 제대로 써먹을 수 있도록 합시다.

> ② 표현적 용법을 활용한 도덕 문장은 자신의 감정을 표현하는 문장과 동일한 의미를 표현한다.

명시적 근거	(가) 3문단 6번~7번 문장
실전에서의 판단 과정	그러니까 진리 적합성이 없지.
해설	'표현적 용법'을 활용한 '도덕 문장'은 ~

→ 해당 선지를 그대로 제시하고, 아래 표를 통해 자세한 해설을 적어두었습니다. '명시적 근거'를 통해 지문의 어떤 내용이 선지 판단의 근거로 쓰이는지 확인할 수 있게 했고, '실전에서의 판단 과정'을 통해 만점을 받는 사람들의 실제 시험장에서의 사고과정을 엿볼 수 있게 했습니다. 나아가 지문 독해와 연결되어 완벽하게 납득되고 이해되는 해설까지 작성해두었습니다. 지문 해설을 읽을 때와 마찬가지로, 단순히 '왜' 답인지 체크하는 수준이 아니라 '어떻게' 생각하면 답에 도달할 수 있는지에 대해 고민하고 얻어가시기 바랍니다.

⑤ FAQ

→ 지난 몇 년간 '피램의 국어공작소'라는 카페에서 QnA 서비스를 운영했습니다. 해당 카페에서 몇 천 개 이상의 질문을 받았고, 답해드렸습니다. 덕분에 학생들이 헷갈려하는 부분에 대해 인식할 수 있었는데, 이를 교재에 반영했습니다. 여러분이 궁금해했던 그 내용, 미리미리 답변드립니다. 간혹 FAQ 부분에서 상당히 중요한 내용이 언급되는 경우가 있습니다. 그러니 별로 안 궁금한 내용이었다고 해도 꼭 읽어 보시는 걸 추천합니다.

⑥ 생각 심화

→ 여러분의 '생각의 힘'을 극대화할 수 있는 다양한 이야기를 녹인 부분입니다. 약간은 사후적인 해설부터, 굳이 시험장에서 생각할 필요는 없지만 한 번쯤 이해해보면 좋은 내용들에 대한 설명, 자잘한 팁 및 알아두면 좋은 배경지식 등이 적혀 있습니다. 나올 때마다 꼼꼼하게 읽고 넘어가주세요. '심화'라는 이름만 보고 겁 먹어 넘어가 버리기엔 너무나 아까운 내용들이 많습니다.

⑦ 몰랐던 어휘 정리하기

→ 한 지문의 마지막엔 항상 이런 칸이 있습니다. 교재 초반부에서 강조했듯이, 국어 공부의 시작은 어휘력입니다. 지문에서 처음 보는 단어들, 생소한 단어들은 모두 스스로 정리

하도록 합시다. 기출된 단어들은 평가원에서 여러분이 당연히 알고 있을 거라고 생각하는 '기본 수준의 어휘'에 해당하니까요!

참고로, 어휘 문제는 해설하지 않습니다. 어휘 문제가 해설할 가치도 없는 쉬운 문제라서 그런 것은 아니고, 어휘 문제의 유일한 해결법은 '감'이기 때문에 그렇습니다. 사전적 의미 같은 걸 쭉 적어주는 것도 큰 의미는 없고, 그저 평소에 어휘력을 열심히 키운 다음 수능날 맥락상 의미를 잘 따질 수 있기를 바라는 것이 유일한 어휘 문제 대비책이기 때문에, 따로 해설을 작성하지는 않습니다. 스스로 찾아보고 고민해 보세요!

⑧ 핵심 point

→ 해당 지문에서 주목했어야 할 포인트들을 정리한 부분입니다. 본교재에서 배운 내용을 기반으로 작성한 것이므로, 가벼운 복습도 가능할 것입니다. 복습할 때 이 부분들에 주목하면 더 효과적인 공부가 가능할 것이에요.

⑨ 지문 내용 총정리

→ 그 지문에서 배울 수 있었던 내용을 요약해둔 파트입니다. 많이 공부하다보면 반복된다는 느낌이 들 겁니다. 그 느낌이 들면 공부를 잘 하고 있다고 생각하셔도 좋을 것 같아요. 모든 지문이 똑같이 해결되는 느낌이 든다는 것이니까요!

이렇게 중요한 내용은 끊임없이 강조하고 복습할 수 있도록 다양한 요소들을 통해 해설을 작성했습니다. 정말 열심히 쓰고 검토한 해설들입니다. 여러분의 공부에 적극적으로 활용해주시기 바랍니다.

++ 본교재와 해설지 모두 맨 뒤쪽에는 '빠른 정답'이 있습니다. 해설지를 보기 전 채점을 하고 싶으시다면 활용하시기 바랍니다.

CONTENTS

본교재와 해설지 모두 맨 뒤쪽에는 '빠른 정답'이 있습니다. 해설지를 보기 전 채점을 하고 싶으시다면 활용하시기 바랍니다.

P.I.R.A.M 국어 생각의 전개 독서편

생각의 전개

정보량이 많은 지문은 존재하지 않는다 (1)
: 모든 정보는 화제 중심으로 모인다.

DAY 5 [1~5]
2011.06 [23~27] 인문 '회화적 재현' ☆☆

1문단

①**회화적 재현**이 성립하려면, 즉 하나의 그림이 어떤 대상의 그림이 되기 위해서는 그림과 대상이 닮아야 할까? ②입체주의의 도래를 알리는 〈아비뇽의 아가씨들〉을 그리기 한 해 전, 피카소는 시인인 스타인을 그린 적이 있었는데, 완성된 그림을 보고 사람들은 놀라움을 금치 못했다. ③스타인의 초상화가 그녀를 닮지 않았던 것이다. ④이에 대해 **피카소**는 "앞으로 닮게 될 것이다."라고 말했다고 한다.

① #화제 제시 #정의 제시 #단어의 의미 살리기

'회화적 재현'이라는 개념에 대한 이야기로 시작합니다. '회화적 재현'이란 하나의 그림이 어떤 대상의 그림이 되는 것을 의미한다고 해요. 단어의 의미 그대로, '회화적'으로 '재현'하는 것으로 이해할 수 있겠죠? 이 글은 이런 회화적 재현이 되기 위해서는 그림과 대상이 닮아야 하냐는 물음의 형식으로 시작하고 있습니다. 지문이 '물음'으로 시작할 때는 그 물음에 대한 대답을 '화제'로 생각하시면 된다고 했습니다. '그림과 대상이 닮아야 하는지'라는 화제 중심으로 독해해 봅시다.

②~④ #사례-원리 연결 #화제의 흐름

이런 이야기를 하기 전에 피카소의 일화를 소개해 줍니다. 이 사례에 머무는 것이 아니라, 앞에서 체크했던 '화제'와 연결지을 수 있어야 합니다! 피카소는 '입체주의'의 도래를 알리는 그림을 그린 사람인 것 같은데, 이런 그림을 그리기 전에 스타인이라는 시인의 초상화를 그렸다고 해요. 그런데 이 그림이 스타인과 닮지 않았다고 합니다. 여기서 포인트는 '닮지 않음'입니다. 화제와 연결되는 부분이니까요. '초상화'라는 방식으로 '회화적 재현'을 했는데, 그림과 대상이 닮지 않게 된 것이죠. 앞에서 나온 물음에 대해 'No'의 대답을 한 것이나 마찬가지인 겁니다. 피카소는 이에 대해 "앞으로 닮게 될 것이다."라

는 수수께끼같은 답변을 남겼습니다. 이 말의 의미도 뒤에서 다 설명이 될 것이라 믿고 계속 읽어보도록 합시다.

하이라이트 문장

①회화적 재현이 성립하려면, 즉 하나의 그림이 어떤 대상의 그림이 되기 위해서는 그림과 대상이 닮아야 할까?

첫 문단이 물음으로 시작하는 경우, 그 물음에 대한 답이 화제인 경우가 많습니다. 적극적으로 활용하도록 합시다.

2문단

①**르네상스 시대의 화가들**은 원근법을 사용하여 '세상을 향한 창'과 같은 사실적인 그림을 그렸다. ②현대 회화를 출발시켰다고 평가되는 **인상주의자들**이 의식적으로 추구한 것도 이러한 사실성이었다. ③그들은 모든 대상을 빛이 반사되는 물체로 간주하고 망막에 맺힌 대로 그리는 것을 회화의 목표로 삼았다. ④따라서 빛을 받는 대상이면 무엇이든 주제가 될 수 있었고, 대상의 고유한 색 같은 것은 부정되었다. ⑤햇빛의 조건에 따라 다르게 그려진 모네의 낟가리 연작이 그 예이다.

①~③ #정의 제시 #재진술

그런데, 갑자기 '르네상스 시대의 화가들'에 대해 소개하고 있습니다. 일단 정리해봅시다. 이들은 원근법을 통해 '사실적인 그림'을 그렸다고 해요. 원근법을 활용하면 눈에 보이는 그대로, '사실적'으로 그리는 것이니 쉽게 납득할 수 있겠죠? '인상주의자들' 역시 이러한 '사실성'을 추구했는데, 이들이 목표로 한 것은 '망막에 맺힌 대로 그리기'였다고 합니다. 다 같은 말로 이어지고 있다는 게 느껴지시죠? 핵심은 '눈에 보이는 대로, 빛에 반사된 대로 사실적으로 그리기'입니다.

④~⑤ #사례-원리 연결 #화제의 흐름

이러한 맥락을 정확하게 이해하고 있다면, 4번 문장 역시 쉽게 납득할 수 있습니다. 빛을 받는 대상이면 무엇이든 '사실적'으로 그릴 수 있는 주제가 되고, '고유한 색' 같은 것은 부정됩니다. '빛'을 받아 망막에 들어온 그 색깔이 중요한 것이지, 대상이 가진 '고유한 색' 같은 건 없다는 것이에요! 이렇게 '사실적'인 그림의 대표적인 사례는 모네의 '낟가리 연작'이라고 합니다. 어떤 그림인지는 모르겠지만, 빛이 반사되어 망막에 맺힌 그대로 그린 그림이겠죠?

중요한 것은, 여기 나온 '인상주의자들'을 화제의 흐름 속으로 넣어줘야 한다는 것입니다. 이들은 '눈에 보이는 그대로' 그리는 것을 목표로 하는 사람들입니다. '회화적 재현이 되기 위해서는 그림과 대상이 닮아야 할까?'라는 화제의 흐름을 생각해 보면, 이는 '대상과 닮게' 그린다는 것과 '같은 말'이 되겠네요! 즉, 이 지문 속에서 '인상주의자들'은 '대상과 닮게' 그린 사람들의 예시로 제시가 된 겁니다. 이렇게 화제 중심으로 정보를 정리하면서 계속 읽어보도록 합시다.

하이라이트 문장

> ① 르네상스 시대의 화가들은 원근법을 사용하여 '세상을 향한 창'과 같은 사실적인 그림을 그렸다.

뜬금없이 '르네상스 시대의 화가들'의 이야기를 한다고 느낄 수 있지만, 결국 모든 정보는 화제를 뒷받침하는 역할을 한다는 것을 생각해야 합니다. 이를 통해 '사실적인 그림'이 '닮게 그린다.'라는 의미임을 인식할 수 있어야 해요.

3문단

> ① 그러나 **세잔**의 생각은 달랐다. ② "모네는 눈뿐이다."라고 평했던 그는 그림의 사실성이란 우연적 인상으로서의 사물의 외관보다는 '그 사물임'을 드러낼 수 있는 본질이나 실재에 더 다가감으로써 얻게 되는 것이라고 생각하였다. ③ 세잔이 그린 과일 그릇이나 사과를 보면 대부분의 형태는 실물보다 훨씬 단순하게 그려져 있고, 모네의 그림에서는 볼 수 없었던 부자연스러운 윤곽선이 둘러져 있으며, 원근법조차도 정확하지 않다. ④ 이는 어느 한순간 망막에 비친 우연한 사과의 모습 대신 사과라는 존재를 더 잘 드러낼 수 있는 모습을 포착하려 했던 세잔의 문제의식을 보여주는 것이다. ⑤ 이를 계승하여 한 발 더 나아간 것이 바로 **입체주의**이다. ⑥ 입체주의는 대상의 실재를 드러내기 위해 여러 시점에서 본 대상을 한 화면에 결합하는 방식을 택했다.

①~② #비교/대조 #주장 제시

이번엔 '세잔'이라는 사람의 주장이 제시되고 있습니다. '인상주의자들'과 다른 생각을 했다고 하니, 어떻게 다른지 궁금해하면서 읽어야겠죠? '세잔' 역시 '그림의 사실성'을 중시했는데, '인상주의자들'이 생각하는 '사실성'과는 좀 차이가 있습니다. 빛이 반사된 순간에 만나는 '우연적 인상'이 아니라, '본질이나 실재'에 다가가는 것이 '사실성'이라는 것이죠. 여기서 많은 학생들이 '입체주의자' 역시 '사실성'을 중시한다는 걸 놓치는 경우가 많습니다. '사실성'이라는 공통점, 그 '사실성'을 다르게 정의했다는 차이점에 주목하면서 정보를 정리하셔야 합니다. 비교/대조의 핵심이에요!

③~④ #재진술 #화제의 흐름

이렇게 '본질이나 실재'에 주목한 세잔의 그림을 보면, '단순한 형태', '부자연스러운 윤곽선', '정확하지 않은 원근법' 등의 특징이 있다고 합니다. 4번 문장에서 이야기하는 것처럼, 이는 모두 망막에 비친 '우연한 사과의 모습'이 아닌 사과가 가진 '본질이나 실재'를 표현하려는 의도의 산물이라고 할 수 있겠죠? 하나하나 나열되는 정보로만 받아들이면 안 됩니다! '본질이나 실재'라는 포인트로 모조리 재진술시켜야 해요.

나아가, '화제' 중심으로 한 번 더 모아 주는 것도 잊으시면 안 되겠죠? 세잔은 한 마디로 '닮지 않게' 그리는 사람의 예시입니다. '회화적 재현'을 '닮게' 그리는 방식으로 한 '인상주의자들'과 '닮지 않게' 그리는 방식으로 한 '세잔'의 주장이 대비되고 있는 것이에요! 이렇게 읽을 수 있겠죠?

⑤~⑥ #정의 제시 #단어의 의미 살리기 #재진술 #화제의 흐름

이를 계승한 것이 바로 '입체주의'라고 합니다. 단어의 의미 그대로, '입체'적으로 그리는 것을 의미하는 것 같아요. 여러 시점에서 본 대상을 한 화면에 결합하면, 눈에 보이는 모습이 아닌 대상의 '실재'가 드러난다고 할 수 있겠죠? 이 정도 읽은 다음 첫 문단의 물음에 대한 답을 하자면, '닮지 않아도 회화적 재현이 될 수 있다.'가 되겠네요. 그것이 대상의 '본질이나 실재'를 드러내려고 하는 것이라면 말이죠. 이렇게 화제 중심으로 정보를 모아 주면서 계속 읽어보도록 합시다.

> **| 생각 심화 |**
>
> 이때, '입체주의'라는 말을 어디서 본 것 같다는 느낌을 활용할 수 있어야 합니다. '입체주의'는 1문단에서 피카소가 도래를 알린 입장이라고 설명된 것이었어요. 피카소에 대한 정보를 인식하는 과정에서 체크했다면, 이 문단에서 '입체주의'를 보자마자 피카소를 떠올릴 수 있겠죠. 즉, 피카소가 스타인의 초상화를 그녀와 '닮지 않게' 그린 이유 역시 그녀의 '본질이나 실재'를 드러내기 위한 것이었다는 식으로 이해할 수 있는 것입니다. 뒤에서 더 자세하게 배우겠지만, 이렇게 '진짜로' 같은 말이 반복되는 경우 앞으로 돌아가 연결시키는 습관을 들여주세요. 새로운 정보를 추론할 수 있는 경우가 많으니까요.

하이라이트 문장

> ②"모네는 눈뿐이다."라고 평했던 그는 그림의 사실성이란 우연적 인상으로서의 사물의 외관보다는 '그 사물임'을 드러낼 수 있는 본질이나 실재에 더 다가감으로써 얻게 되는 것이라고 생각하였다.

'인상주의자들'과의 차이점을 체크하면서, '세잔'은 곧 '닮지 않게' 그리는 사람이라는 생각을 할 수 있어야 합니다. 모든 정보는 화제 중심으로!

4문단

> ①한편, 실제로 세월이 지난 후 피카소의 예언대로 사람들은 결국 스타인의 초상화가 그녀를 닮았다는 것을 발견하게 되었다고 한다. ②어떻게 그럴 수 있었을까? ③이를 설명하려면 회화적 재현에 대한 철학적 차원의 논의가 필요한데, 곰브리치와 굿맨의 이론이 주목할 만하다.

①~② #화제의 흐름

한편, 피카소는 스타인이 그녀의 초상화를 '앞으로 닮게 될 것'이라는 수수께끼같은 이야기를 했었습니다. 그런데 실제로 세월이 지나자 스타인이 초상화와 닮았다는 것을 발견했다고 합니다. 너무 신기한 일입니다. 마법을 부린 걸까요? 중요한 것은 1문단에서 제시한 '화제의 틀'대로 지문이 전개되고 있음을 파악하는 것입니다. 왜 닮지 않게 그렸는지에 대해서는 이해했으니, '앞으로 닮게 될 것'이라는 말이 도대체 무슨 의미인지 이해할 차례라는 것이죠.

③ #카테고리 나누기 #화제의 흐름

이를 설명하려면 '철학적 차원'의 논의가 필요하다고 합니다. 지금까지 '미술사의 차원'에서 '회화적 재현'을 다뤄봤으니, 이제부터는 '철학적 차원'에서 다뤄보겠다는 것이죠? 이를 위해 '곰브리치와 굿맨'의 이론에 대해 알아보도록 합시다. '닮게 될 것'이라는 말의 의미는 도대체 무엇일까요?

하이라이트 문장

> ①한편, 실제로 세월이 지난 후 피카소의 예언대로 사람들은 결국 스타인의 초상화가 그녀를 닮았다는 것을 발견하게 되었다고 한다.

1문단에서 제시한 '화제의 틀'대로 지문이 전개된다는 느낌을 받을 수 있어야 합니다. 이렇게 지문을 장악하는 느낌이 들 때 선지 판단이 빨라집니다.

5문단

> ①이들은 대상을 '있는 그대로' 보는 '순수한 눈' 같은 것은 없으며, 따라서 객관적인 사실성이란 없고, **사실적인 그림**이란 결국 한 문화나 개인에게 익숙한 재현 체계를 따른 그림일 뿐이라고 주장한다. ②이 이론에 따르면 지각은 우리가 속한 관습과 문화, 믿음 체계, 배경 지식의 영향을 받아 구성된다고 한다. ③예를 들어 우리가 작가와 작품에 대해 사전 지식을 가지고 있다면 이러한 믿음은 그 작품을 어떻게 지각하느냐에까지도 영향을 준다는 것이다. ④사실성이라는 것이 과연 재현 체계에 따라 상대적인지는 논쟁의 여지가 많지만 피카소의 수수께끼 같은 답변과 자신감 속에는 회화적 재현의 본성에 대한 이러한 통찰이 깔려 있었다고도 볼 수 있다.

① #주장 제시 #재진술

'곰브리치와 굿맨'은 '객관적인 사실성'이라는 것의 존재를 부정했다고 합니다. 우리가 '사실적인 그림'이라고 부르는 것은 그저 익숙한 '재현 체계'를 따른 그림일 뿐이라는 것이죠. 여기서 '사실적인 그림'이라는 말은 '닮은 그림'으로 바꿔서 읽을 수 있어야겠죠? 우리는 '닮게 될 것'이라는 말의 의미를 알아보고 있으니까요.

②~③ #재진술 #사례-원리 연결

이들의 주장에 따르면 지각은 우리가 속한 '관습, 문화, 믿음 체계, 배경 지식'의 영향을 받아 구성된다고 해요. 이들이 모두 앞에서 말한 '익숙한 재현 체계'라는 건 충분히 생각할 수 있겠죠? 3번 문장에서는 '사전 지식'이라는 재현 체계가 우리의 지각에 영향을 끼칠 수 있다는 사례를 들어 주고 있습니다. '곰브리치와 굿맨'의 주장을 확실하게 이해할 수 있네요!

④ #화제의 흐름

이들의 주장처럼 '사실성'이라는 것이 과연 '재현 체계'에 따라 상대적인지에 대해서는 논쟁의 여지가 많다고 합니다. 하지만 우리가 알고자 한 것은 결국 피카소가 말한 '앞으로 닮게 될 것'이라는 말의 의미였어요. '철학적 차원'에서 스타인의 초상화를 보면, 피카소가 그린 초상화라는 '배경 지식', 즉 재현 체계가 영향을 끼쳤고, 그 결과 사람들이 보기에 닮았다는 식의 '지각'을 형성했다는 설명이 가능한 것입니다. 따라서 피카소가 말한 '닮게 될 것'이라는 말에는, '피카소가 스타인을 그렸다'는 지식으로 인해 사람들이 닮게 지각할 것이라는 철학적 통찰이 있던 것으로 볼 수 있다는 것이네요. 이번에도 '닮지 않아도 회화적 재현이 될 수 있다.'라는 결론을 낼 수 있네요. 결국 '닮았다.'라고 판단하는 것은 사람들의 '지각'에 의존하는데, 이러한 사람들의 '지각'은 재현 체계들을 바탕으로 형성되니까요. 사실상 처음부터 끝까지 똑같은 말만 하는 지문이었습니다.

하이라이트 문장

> ④사실성이라는 것이 과연 재현 체계에 따라 상대적인지는 논쟁의 여지가 많지만 피카소의 수수께끼 같은 답변과 자신감 속에는 회화적 재현의 본성에 대한 이러한 통찰이 깔려 있었다고도 볼 수 있다.

이 지문의 모든 정보는 '회화적 재현'이라는 화제로 모아야 합니다. 닮지 않게 그려도 회화적 재현이 가능하다는 생각을 계속 하면서 읽을 수 있어야 해요!

지금까지 첫 번째 지문을 읽어 보았습니다. **그런데 사실, 이 지문은 기출문제의 원본이 아닙니다.** 제가 임의로 원본의 몇 문장을 삭제한 것이에요. 다음은 이 지문의 원본입니다. 색칠한 문장이 제가 삭제한 문장이에요. 어떤 이야기를 하기 위해서 이 문장들을 삭제했을지 스스로 생각해보고 넘어가도록 합시다.

[1~5] 다음 글을 읽고 물음에 답하시오. —2011.06 [23~27]

회화적 재현이 성립하려면, 즉 하나의 그림이 어떤 대상의 그림이 되기 위해서는 그림과 대상이 닮아야 할까? 입체주의의 도래를 알리는 〈아비뇽의 아가씨들〉을 그리기 한 해 전, 피카소는 시인인 스타인을 그린 적이 있었는데, 완성된 그림을 보고 사람들은 놀라움을 금치 못했다. **스타인의 초상화**가 그녀를 닮지 않았던 것이다. 이에 대해 피카소는 "앞으로 닮게 될 것이다."라고 말했다고 한다. 이 에피소드는 미술사의 차원과 철학적 차원에서 회화적 재현에 대해 생각해 볼 계기를 제공한다.

우선 어떻게 닮지 않은 그림이 대상의 재현일 수 있는지를 알아보기 위해서는 당시 피카소와 브라크가 중심이 되었던 입체주의의 예술적 실험과 그것을 가능케 한 미술사의 흐름을 고려해 보아야 한다. 르네상스 시대의 화가들은 원근법을 사용하여 **'세상을 향한 창'**과 같은 사실적인 그림을 그렸다. 현대 회화를 출발시켰다고 평

가되는 인상주의자들이 의식적으로 추구한 것도 이러한 사실성이었다. 그들은 모든 대상을 빛이 반사되는 물체로 간주하고 망막에 맺힌 대로 그리는 것을 회화의 목표로 삼았다. 따라서 빛을 받는 대상이면 무엇이든 주제가 될 수 있었고, 대상의 고유한 색 같은 것은 부정되었다. 햇빛의 조건에 따라 다르게 그려진 모네의 낟가리 연작이 그 예이다.

그러나 세잔의 생각은 달랐다. "모네는 눈뿐이다."라고 평했던 그는 그림의 사실성이란 우연적 인상으로서의 사물의 외관보다는 '그 사물임'을 드러낼 수 있는 본질이나 실재에 더 다가감으로써 ⓐ얻게 되는 것이라고 생각하였다. 세잔이 그린 과일 그릇이나 사과를 보면 대부분의 형태는 실물보다 훨씬 단순하게 그려져 있고, 모네의 그림에서는 볼 수 없었던 부자연스러운 윤곽선이 둘러져 있으며, 원근법조차도 정확하지 않다. 이는 어느 한순간 망막에 비친 우연한 사과의 모습 대신 사과라는 존재를 더 잘 드러낼 수 있는 모습을 포착하려 했던 세잔의 문제의식을 보여주는 것이다.

이를 계승하여 한 발 더 나아간 것이 바로 입체주의이다. 입체주의는 대상의 실재를 드러내기 위해 여러 시점에서 본 대상을 한 화면에 결합하는 방식을 택했다. 비록 스타인의 초상화는 본격적인 입체주의 그림은 아니지만, 세잔에서 입체주의로 이어지는 실재의 재현이라는 관심이 반영된 작품으로 볼 수 있는 것이다.

하지만 여전히 의문인 것은 '닮게 될 것'이라는 말의 의미이다. 실제로 세월이 지난 후 피카소의 예언대로 사람들은 결국 스타인의 초상화가 그녀를 닮았다는 것을 발견하게 되었다고 한다. 어떻게 그럴 수 있었을까? 이를 설명하려면 회화적 재현에 대한 철학적 차원의 논의가 필요한데, 곰브리치와 굿맨의 이론이 주목할 만하다.

이들은 대상을 '있는 그대로' 보는 '순수한 눈' 같은 것은 없으며, 따라서 객관적인 사실성이란 없고, 사실적인 그림이란 결국 한 문화나 개인에게 익숙한 재현 체계를 따른 그림일 뿐이라고 주장한다. ㉠이 이론에 따르면 지각은 우리가 속한 관습과 문화, 믿음 체계, 배경 지식의 영향을 받아 구성된다고 한다. 예를 들어 우리가 작가와 작품에 대해 사전 지식을 가지고 있다면 이러한 믿음은 그 작품을 어떻게 지각하느냐에까지도 영향을 준다는 것이다. 이것이 사실이라면, 피카소의 경우에 대해서도, '이 그림이 피카소가 그린 스타인의 초상'이라는 우리의 지식이 종국에는 그림과 실물 사이의 닮음을 발견하는 방식으로 우리의 지각을 형성해 냈을 것이라는 설명

이 가능하다. 사실성이라는 것이 과연 재현 체계에 따라 상대적인지는 논쟁의 여지가 많지만 피카소의 수수께끼 같은 답변과 자신감 속에는 회화적 재현의 본성에 대한 이러한 통찰이 깔려 있었다고도 볼 수 있다.

나아가, 원본의 3~4문단을 합쳐 3문단으로 만들었습니다. 따라서 뒤의 문제 해설의 '명시적 근거'는 원본 기준임을 알아두세요.

조금 감이 잡히시나요? 색칠한 문장들은 모두 아무런 생각없이 읽는 학생들도 강제로 '화제의 흐름' 속으로 끌려가게 하는, 아주 친절한 문장들입니다. 1~2문단의 삭제된 문장을 통해서는 이 지문이 '예술 사적 차원 / 철학적 차원'으로 나뉘어서 설명될 것이라는 점을 알 수 있고, 4문단의 삭제된 문장을 통해서는 '입체주의'와 관련된 정보를 1문단의 '피카소'와 연결지어 생각할 수밖에 없죠. 나아가 5~6문단의 삭제된 문장을 통해서는 '피카소'의 '앞으로 닮게 될 것'이라는 말을 한 번 더 상기시키며, 그와 '곰브리치와 굿맨'의 주장을 연결지어 이해시키고 있습니다.

중요한 것은, 이러한 문장들을 모두 삭제해도 지문을 이해하고 문제를 푸는데 아무런 지장이 없다는 것입니다. 실제로 '빠른 정답'을 통해 채점을 하셨다면, 이 문장들이 삭제된 버전의 지문을 풀고서도 문제는 다 맞히는 경험을 하셨을 수도 있을 거예요. 이는 이 문장들이 모두 '화제의 흐름' 속으로 정보를 모아주는 '친절한 문장'일 뿐, '새로운 정보'가 아님을 의미하는 것이라고 할 수 있겠습니다. 결국 정보량이 많은 지문 따위는 없는 것이에요.

나아가, 최근의 기출문제가 어려운 이유도 여기서 찾을 수 있습니다. 최근의 기출문제에서는, 이와 같은 '친절한 문장'들을 모두 삭제하는 경향을 보이고 있어요. 지문이 짧아졌는데도 여전히 어려운 이유가 바로 여기에 있는 것이죠. 즉, 이 지문과 같은 과거의 것들은 그냥 열심히 읽고 정리하는 것만으로도 충분했다면, **최근의 어려운 지문들은 읽고 정리하는 걸 넘어 스스로 '생각'하며 새로운 정보들을 추론할 수 있는지까지 물어본다는 것이죠.**

요컨대, 색칠한 문장들이 없어도 여러분이 스스로 그 문장들과 비슷한 내용들을 떠올리며 읽을 수 있어야 한다는 것입니다. 이를 위해 가장 중요한 태도는 바로 '화제 중심으로 생각하며 읽기'가 되는 것이죠. 아직은 어색하다는 생각이 드시겠지만, 이 교재와 함께 여러 지문들을 뚫다 보면 어느새 눈에 띄게 성장한 여러분의 '생각의 힘'과 만나실 수 있을 겁니다. 그날까지 열심히 해봅시다.

그럼, 본격적으로 문제를 풀어볼까요?

(앞으로는 실제 기출문제에서 변형을 가하는 경우가 없을 것입니다.

그럴 필요도 없겠죠. 어차피 이런 '친절한 문장'이 삭제되어 있는, 불친절하고 어려운 지문 위주로 공부할 것이니까요. ㅎㅎ)

선지	①	②	③	④	⑤
선택률	79%	11%	3%	5%	2%

01 스타인의 초상화와 관련된 피카소의 의도를 이해한 것으로 적절한 것은? ①

– 미리 생각할 수 있어야 합니다. 스타인의 '본질이나 실재'를 재현하려 한 것이 피카소의 의도라고 할 수 있어요. 이 말을 찾아봅시다.

① 어느 한순간의 스타인의 외양이 아니라 그녀의 본질을 재현하려 했다.

명시적 근거	4문단 3번 문장
실전에서의 판단 과정	미리 생각한 내용이네.
해설	망막에 비친 한순간의 외양이 아니라, 스타인이 가진 '본질'을 재현하려고 했다는 것. 지문을 읽으면서, 발문을 보면서 우리가 생각했던 내용 그대로입니다. 이런 선지를 얼마나 빠르게 답으로 골라내느냐가 실력 차이라고 할 수 있어요!

② 현재의 모습이 아니라 훗날 변하게 될 스타인의 모습을 나타내려 했다.

명시적 근거	–
실전에서의 판단 과정	훗날 변하게 될 스타인의 모습..?
해설	현재의 모습, 미래의 모습은 이 지문의 화제와 아무런 관련이 없습니다. 설마 '세월이 지난 후 닮게 되었다.'는 걸 보고 이 선지를 고르신 건 아니죠? 이 지문은 눈에 보이는 모습을 그린 것인지, 아니면 본질을 그린 것인지가 핵심이에요. 스타인의 외양 변화는 아무런 관련이 없습니다.

③ 고전적인 미의 기준에 맞추어 스타인을 이상화된 모습으로 나타내려 했다.

명시적 근거	–
실전에서의 판단 과정	고전적인 미의 기준은 무슨 상관이야.
해설	역시 이 지문의 화제와 아무런 상관이 없는 내용입니다. 스타인을 아름답게 그리는 게 목적이 아니었어요.

④ 눈으로 관찰할 수 있는 스타인의 모습을 가감 없이 정
확히 모사하려 했다.

명시적 근거	2문단 4번 문장
실전에서의 판단 과정	눈으로 관찰한 걸 그리면 인상주의자지.
해설	'눈으로 관찰할 수 있는 모습'은 인상주의자들의 회화 목표인데, 글쓴이는 입체주의자의 시선으로 스타인의 초상화를 바라봤습니다. 그리고 스타인이랑 초상화가 닮지도 않았다고 했구요. 이게 답이라면 피카소의 그림 실력이 끔찍한 것이겠죠.

⑤ 정지된 모습이 아니라 역동적으로 움직이는 스타인의
모습을 재현하려 했다.

명시적 근거	−
실전에서의 판단 과정	화제랑 아무 상관이 없네.
해설	정지/역동 역시 화제와 아무런 관련이 없어요. 이런 선지는 고민조차 사치입니다.

선지	①	②	③	④	⑤
선택률	3%	3%	84%	5%	5%

02 윗글을 바탕으로 〈보기〉를 바르게 이해한 것은? ③

[보기]

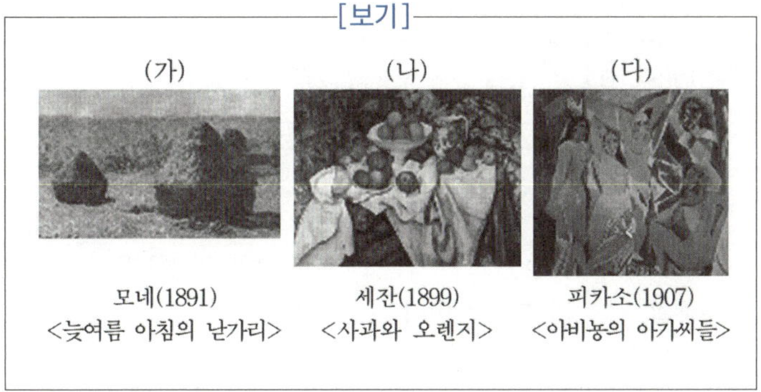

(가)	(나)	(다)
모네(1891)	세잔(1899)	피카소(1907)
〈늦여름 아침의 낟가리〉	〈사과와 오렌지〉	〈아비뇽의 아가씨들〉

− 〈보기〉부터 확실하게 정리해봅시다. (가)는 '인상주의자'인 모네의 그림입니다. 망막에 맺힌 대로, '닮게' 그린 것이겠죠? 나아가 (나)와 (다)는 모두 '본질이나 실재'를 그리려는 목표를 가진, '닮지 않게' 그린 그림들입니다. 이 포인트를 잡아 두고 천천히 판단해봅시다.

① (가)와 (나)는 모두 뚜렷한 윤곽선이 특징인 그림이군.

명시적 근거	3문단 3번 문장
실전에서의 판단 과정	윤곽선은 세잔만의 특징이지.
해설	'윤곽선'은 세잔의 그림을 설명하면서 언급되었던 내용입니다. 세잔은 굳이 눈에 보이는 대로 그리지 않았기 때문에, '부자연스러운 윤곽선'을 이용했다고 했어요. 이것이 사과와 오렌지의 '본질'을 더 잘 드러낸다고 생각한 것이겠죠.

② (나)와 (다)는 모두 대상이 빛에 따라 달라지는 모습을
그린 그림이군.

명시적 근거	2문단 4번 문장
실전에서의 판단 과정	대상이 빛에 따라 달라지는 건 인상주의지!
해설	빛에 따라 달라지는 모습을 그린 것은 '인상주의자들'의 그림입니다. (나)와 (다)는 해당사항 없죠?

③ (가)와 달리 (나)는 원근법이 잘 지켜지지 않고 있는
그림이군.

명시적 근거	3문단 3번 문장
실전에서의 판단 과정	눈에 보이는 대로 그릴 필요가 없으니 원근법도 지킬 필요가 없었지.
해설	지문에서는 '르네상스 시대의 화가들'이 '세상을 향한 창'과 같은 그림을 그리기 위해 사용한 것이 '원근법'이라고 했습니다. 이는 '원근법'이라는 것이 '눈에 보이는 대로' 그리기 위해 필요한 기법이라는 것을 의미하겠네요. '인상주의자들'이 추구한 것도 이렇게 '눈에 보이는 대로'였기 때문에, (가)는 원근법을 지킨 그림이라고 할 수 있겠습니다.

하지만 (나)의 경우, 대상의 '본질이나 실재'를 드러내는 것이 목적이기 때문에 굳이 눈에 보이는 대로 그릴 필요가 없었습니다. 따라서 '눈에 보이는 대로'의 목적을 지닌 '원근법'을 지킬 필요는 없었던 것이죠. 지문을 읽으면서 이미 납득했던 정보였어요. 어렵지 않게 답으로 골라낼 수 있어야 합니다. |

④ (가)와 달리 (다)는 사물의 고유색을 인정하지 않고 있
는 그림이군.

명시적 근거	2문단 5번 문장
실전에서의 판단 과정	인상주의는 고유색을 인정하지 않잖아.
해설	'인상주의자'들은 빛이 반사되는 모습 그대로를 그려내는 게 목적이기 때문에, '고유색'을 인정하지 않는다고 했습니다. (가)와 '달리'가 틀린 선지네요.

⑤ (가), (나), (다)는 모두 '세상을 향한 창'이 되고자 하는 목표에서 나온 그림이군.

명시적 근거	2문단 2번 문장
실전에서의 판단 과정	세상을 향한 창은 눈에 보이는 대로 그리는 거잖아.
해설	'세상을 향한 창'은 르네상스 시대의 화가들의 회화 목표로, '눈에 보이는 그대로' 그리는 것을 의미합니다. 이는 (나)와 (다)의 작가들은 결코 용납할 수 없는 일이겠죠.

선지	①	②	③	④	⑤
선택률	9%	6%	69%	12%	4%

03 곰브리치와 굿맨이 인상주의자들에게 할 수 있는 말로 가장 적절한 것은? ③

– 발문이 독특합니다. 딱 봐도 주관식으로 답을 특정할 수 있는 형태의 문제네요. '곰브리치와 굿맨'은 '객관적인 사실성'이라는 것 자체가 없다고 보는 사람들인데, '인상주의자들'은 '눈에 보이는 그대로' 그리면 '사실성'을 만족한다고 보는 사람들입니다. 그렇다면 이 문제의 답은 '객관적인 사실성이라는 건 없어. 이 바보들아.'가 되겠습니다. 이 말을 찾아보도록 합시다.

① 망막에 맺힌 상은 오히려 '순수한 눈'을 왜곡할 수 있다.

명시적 근거	6문단 1번 문장
실전에서의 판단 과정	순수한 눈 같은 건 없다며.
해설	'순수한 눈'을 왜곡한다구요? 곰브리치와 굿맨의 주장을 보면 순수한 눈, 즉 객관적인 사실성은 존재하지 않는다고 했습니다. 존재하지도 않는 건데, 이를 왜곡한다는 얘기를 할 이유가 없죠.

② 객관적인 사실성은 의식적인 노력의 결과라기보다는 우연의 산물이다.

명시적 근거	6문단 1번 문장
실전에서의 판단 과정	객관적인 사실성은 우연으로도 없지.
해설	객관적인 사실성이 우연의 '산물'이라고 하고 있습니다. 이 말은 객관적인 사실성이 '존재'하고, 얻을 수 있다는 뜻이네요. 그런데 곰브리치와 굿맨은 이런 객관적인 사실성은 없다고 했습니다. 없는 걸 있다고 하면 적절한 선지가 될 수 없겠죠.

③ 망막에 맺힌 상을 그대로 그린다고 하더라도 객관적인 사실성은 얻을 수 없다.

명시적 근거	6문단 1번 문장
실전에서의 판단 과정	객관적인 사실성은 없으니까 얻을 수 없지.
해설	망막에 맺힌 상을 그대로 그린다고 해도, '곰브리치와 굿맨'에게 그것은 '재현 체계'가 반영된 그림일 뿐입니다. 즉, 어떻게 그려도 아무것도 반영되지 않은 '객관적인 사실성'이라는 건 얻을 수 없다는 것이죠. 애초에 존재하지도 않으니까요! 우리가 미리 생각한 내용 그대로 정답 선지가 된 모습이네요.

④ 대상의 숨어 있는 실재를 지각하기 위해서는 눈 이외의 감각 기관이 필요하다.

명시적 근거	–
실전에서의 판단 과정	눈 이외의 감각 기관이 뭐야..?
해설	음.. 눈이 없으면 귀라도 필요한가요? 곰브리치와 굿맨은 그런 말을 한 적이 없죠. 이 선지의 선택률을 보면 얼마나 많은 학생들이 상상으로 국어 문제를 풀고 있는지 알 수 있죠? 무조건 지문에 근거해서 생각하셔야 합니다!

⑤ 인상주의의 재현 체계는 다른 유파의 재현 체계에 비해 사실성을 얻기가 어렵다.

명시적 근거	6문단 1번 문장
실전에서의 판단 과정	사실성이랑 유파랑 무슨 상관이야.

| 해설 | 곰브리치와 굿맨은 객관적인 '사실성'이라는 건 없고, '사실성'을 결정하는 것은 믿음 체계·배경 지식과 같은 재현 체계라고 주장했습니다. 어떤 유파에서 어떤 재현 체계를 사용하는지가 아닌, 유파와 무관하게 나타나는 재현 체계 자체가 '사실성'을 결정한다는 것이 곰브리치와 굿맨의 주장이기에 이와 같은 비판을 하지는 않겠죠. |

선지	①	②	③	④	⑤
선택률	4%	3%	3%	5%	85%

04 ㉠을 뒷받침하는 근거로 적절한 것은? ⑤

> ㉠이 이론에 따르면 지각은 우리가 속한 관습과 문화, 믿음 체계, 배경 지식의 영향을 받아 구성된다고 한다.

– '곰브리치와 굿맨'의 이론을 뒷받침할 근거를 찾으라고 합니다. 사람들에게 익숙한 '재현 체계'가 '지각'에 영향을 주는 경우를 찾으면 되겠죠?

① 서양 사람이라도 동양의 수묵화나 사군자화를 감상하는 데 어려움이 없다.

명시적 근거	6문단 1번~3번 문장
실전에서의 판단 과정	서양과 동양의 재현 체계는 달라야 하는 거 아냐?
해설	이 이론에 따르면 지각은 '관습, 문화' 등에 영향을 받습니다. '서양' 사람이라면 '동양' 문화에 익숙하지 않을 것이에요. 그러니까 당연히 감상하는 데도 어려움이 있어야겠죠? 어려움이 없다고 했으니 이 이론을 뒷받침할 근거가 되지 못하겠네요.

② 그림에 재현된 대상이 무엇인지 알아보는 능력은 서로 다른 문화에 속한 사람들 간에도 크게 다르지 않다.

명시적 근거	6문단 1번~3번 문장
실전에서의 판단 과정	문화가 다르면 지각도 달라야 하는 거 아냐?
해설	1번 선지와 똑같습니다. 문화가 다르면 지각도 다르다고 해야 이 이론을 뒷받침할 수 있어요.

③ 대상의 그림자까지 묘사한 그림이 그렇지 않은 그림보다 공간감과 깊이를 더 사실적으로 나타낼 수 있듯이 재현 체계는 발전할 수 있다.

명시적 근거	–
실전에서의 판단 과정	뭔 헛소리야.
해설	'재현 체계'에 따라 '지각'이 변할 수 있다는 내용을 찾아야 합니다. '재현 체계'가 발전할 수 있다는 건 이 문제와 아무런 상관이 없어요.

④ 그림에서 대상을 알아보는 능력은 선천적이어서 생후 일정 기간 그림을 보지 않고 자란 아이들도 처음 그림을 대하자마자 자신들이 알고 있는 대상을 그림에서 알아본다.

명시적 근거	6문단 3번 문장
실전에서의 판단 과정	지각에는 여러 요소가 영향을 미치지.
해설	곰브리치와 굿맨에 따르면 대상을 알아보는 능력은 '선천적'이지 않죠? 수많은 요소에 영향을 받습니다.

⑤ 나무를 그린 소묘 속의 불분명한 연필 자국은 나무를 보게 될 것이라는 우리의 사전 지식으로 인해 나무로 보이고, 소 떼 그림에 있는 비슷한 연필 자국은 소로 보인다.

명시적 근거	6문단 1번~3번 문장
실전에서의 판단 과정	지식이 지각에 영향을 주고 있네.
해설	사전 지식이라는 '재현 체계'가 나무나 소를 본다는 '지각'에 영향을 주는 모습입니다. 완벽한 정답 선지네요.

선지	①	②	③	④	⑤
선택률	20%	8%	7%	30%	35%

05 문맥상 ⓐ와 바꾸어 쓸 수 있는 것은? ⑤

① 습득(習得)하게
② 체득(體得)하게
③ 취득(取得)하게
④ 터득(攄得)하게
⑤ 획득(獲得)하게

몰랐던 어휘 정리하기

| 핵심 point |

① **화제 check** : 독서 지문 독해의 처음이자 끝. 첫 문단에서 잡은 '화제의 틀'을 마지막 문단까지 놓지 않아야 합니다.

② **사례−원리 연결** : 모든 사례는 어떠한 추상적인 원리를 구체화하는 역할을 합니다. 둘을 연결지으며 확실하게 이해하고 가는 태도가 중요합니다.

③ **카테고리 나누기** : 지문에서 제시하는 카테고리는 화제의 틀로 작용하며 중요한 역할을 합니다. 각 카테고리에 맞춰 정보를 정리하면 훨씬 깔끔하게 정리할 수 있다는 것을 기억해 주세요.

④ **재진술 인식** : 같은 말이라도 다르게 표현되는 경우가 많습니다. 심지어 아예 똑같은 말이 반복되는 경우도 많아요. 이 '같은 말'에 민감하게 반응하면, '정보량'을 줄이면서 읽을 수가 있습니다.

| 지문 내용 총정리 |

첫 문단에서 잡은 화제 중심으로 정보를 모아 주는 것이 아주 중요했던 지문이었습니다. '화제'의 중요성을 활용하면, 정보량을 굉장히 많이 줄여낼 수 있습니다. 계속 연습해봅시다.

1문단

> ①**사회 이론**은 사회 구조나 사회적 상호 작용을 연구하는 이론들을 통칭한다. ②사회 이론은 과학적 방법을 적용하면서도 연구 대상뿐 아니라 이론 자체가 사회 상황이나 역사적 조건에 긴밀히 연관된다는 특징을 지닌다. ③19세기의 시민 사회론을 이야기할 때 그 시대를 함께 살펴보게 되는 것도 바로 이와 같은 이유 때문이다.

①~② #화제 제시 #정의 제시 #단어의 의미 살리기

먼저 '사회 이론'이라는 개념의 정의부터 체크하고 갑시다. 사회/이론이라는 단어의 의미 그대로, '사회'에 대해 연구하는 이론을 말하네요. 이렇게 단어의 뜻을 그대로 살리면 쉽게 납득하고 넘어갈 수 있겠죠? 이는 '사회 상황'이나 '역사적 조건'에 긴밀히 연결된다고 해요. '사회/이론'이라 그렇겠죠? 이렇게 납득하면서 읽어야 해요.

③ #사례-원리 연결

그래서 19세기의 시민 사회론을 이야기할 때도 그 시대, 즉 '사회 상황'을 함께 살펴본다고 합니다! 이때 19세기의 '시민 사회론'은 '사회 이론'의 하나라고 할 수 있겠죠? '시민 사회론'의 사례를 바탕으로 '사회 이론'이라는 추상적인 원리를 소개하고 있는 것입니다. 이러한 '시민 사회론'이 어떻게 '사회 상황'과 연결되는지 궁금해하면서 읽어보도록 합시다.

하이라이트 문장

> ②사회 이론은 과학적 방법을 적용하면서도 연구 대상뿐 아니라 이론 자체가 사회 상황이나 역사적 조건에 긴밀히 연관된다는 특징을 지닌다.

'사회 이론이 사회 상황이나 역사적 조건에 연결되어야 한다.'라는 화제가 제시되고 있습니다. 모든 정보를 이 화제 중심으로 모아야 합니다.

2문단 (1)

> ①시민 사회라는 용어는 17세기에 등장했지만, 19세기 초에 이를 국가와 구분하여 개념적으로 정교화한 인물이 **헤겔**이다. ②그가 활동하던 시기에 유럽의 후진국인 **프러시아**에는 절대주의 시대의 잔재가 아직 남아 있었다. ③산업 자본주의도 미성숙했던 때여서, 산업화를 추진하고 자본가들을 육성하며 심각한 빈부 격차나 계급 갈등 등의 사회 문제를 해결해야 하는 시대적 과제가 있었다. ④그는 사익의 극대화가 국부(國富)를 증대해준다는 점에서 **공리주의**를 긍정했으나, 그것이 시민 사회 내에서 개인들의 무한한 사익 추구가 일으키는 빈부 격차나 계급갈등을 해결할 수는 없다고 보았다.

① #화제의 흐름

'시민 사회'라는 용어를 처음으로 국가와 구분하고 정교화한 인물이 '헤겔'이라고 합니다. 이 '헤겔'이라는 사람의 '사회 이론'이 그 '사회 상황 및 역사적 조건'과 연결되어 제시되겠죠? 이게 화제니까요! 이런 생각을 미리 할 수 있어야 해요!

②~③ #사례-원리 연결

'헤겔'이 활동하던 당시의 '프러시아'는 답이 없다고 합니다. '잔재'나 '미성숙'이라는 어휘의 뉘앙스를 보면 알 수 있겠네요. 이런 문장들에 적힌 모든 정보를 기억할 필요는 없습니다. 가장 중요해보이는 하나의 큰 단어 중심으로 정리하고 가시면 돼요. '후진국'이고 모든 것이 부족했다는 식으로 말이죠! 중요한 것은, 여기서 우리가 지금 읽고 있는 '프러시아'의 정보는 1문단에서 제시된 '사회 상황이나 역사적 조건'의 사례라는 것을 인지하는 겁니다. 모든 정보는 화제 중심으로!

④ #주장 제시 #수식된 정의 제시 #재진술

헤겔의 주장이 다시 제시되고 있습니다. 결국 다 똑같은 말일 것이에요. 일단 '공리주의'를 긍정하고 있어요. 수식된 정의를 살펴보면 '공리주의'는 '사익의 극대화'를 목적으로 하는 것이라고 할 수 있겠는데, 긍정적이라고 할 수 있는 '공리주의'가 '사익 추구'가 일으키는 여러 문제를 해결하기에는 역부족이라고 해요. '사익'을 극대화하는 것이 중요하기는 하지만, 역설적으로 이러한 '사익 추구' 때문에 여러 가지 문제가 발생하고 있다는 것이죠. 19세기의 프러시아가 단순히 '후진국'처럼 많은 것이 부족했다는 내용에서 '과도한 사익 추구'로 인한 여러 문제가 나타났다는 식으로 구체화되고 있습니다. 재진술은 이렇게 '구체화'의 방식으로 나타나기도 합니다. 이런 생각들을 바탕으로 '헤겔'의 주장을 정확하게 체크해보도록 합시다.

2문단 (2)

⑤그는 시민 사회가 개인들이 사적 욕구를 추구하며 살아가는 생활 영역이자 그 욕구를 사회적 의존 관계 속에서 추구하게 하는 <u>공동체적 윤리성의 영역</u>이어야 한다고 생각했다. ⑥특히 시민 사회 내에서 <u>사익 조정과 공익 실현에 기여하는</u> **직업 단체**와 <u>복지 및 치안 문제를 해결하는</u> **복지 행정 조직**의 역할을 설정하면서, 이 두 기구가 시민 사회를 이상적인 국가로 이끌 <u>연결 고리</u>가 될 것으로 기대했다. ⑦하지만 빈곤과 계급 갈등은 시민 사회 내에서 근원적으로 해결될 수 없는 것이었다. ⑧따라서 그는 국가를 사회 문제를 해결하고 공적 질서를 확립할 최종 주체로 설정하면서 시민 사회가 국가에 협력해야 한다고 생각했다.

⑤ #재진술 #수식된 정의 제시 #단어의 의미 살리기

헤겔의 주장이 제시되는 문장이지만, 새로운 정보는 없습니다. 헤겔이 주장하는 시민 사회는 '사적 욕구', 즉 '사익'을 추구하는 생활 영역인 동시에 그것을 '사회적 의존 관계' 속에서 추구하는 '공동체적 윤리성'의 영역이기도 해야한다고 합니다. '공동체적/윤리성'이라는 단어의 의미를 살리면, '사익 추구'를 인정하긴 하지만 '공동체적/윤리적'으로 추구해야 한다는 식으로 더 쉽게 받아들일 수 있겠습니다. 앞에서 이야기했던 '헤겔'의 주장과 똑같은 이야기죠? 가볍게 납득할 수 있어야 합니다.

⑥ #재진술 #비교/대조 #수식된 정의 제시 #화제의 흐름

헤겔이 주장하는 시민 사회가 제대로 이루어지기 위해서는 '직업 단체'와 '복지 행정 조직'의 역할이 중요합니다. 여기서 포인트는 '공리주의'와 '직업 단체 & 복지 행정 조직'의 '공익'에 대한 태도가 다르다는 점이에요. 공리주의는 '사익의 극대화'를 추구하지만, '직업 단체 & 복지 행정 조직'은 사익은 물론, '공동체'까지 챙기니까요. 즉, '직업 단체 & 복지 행정 조직'은 앞에 제시된 헤겔의 주장을 재진술 해 준 것과 같은 것입니다. 이렇게 능동적인 생각으로 정보량을 줄여낼 수 있어야 해요.

한편, '직업 단체'와 '복지 행정 조직'의 정의가 모두 '수식된 정의'로 제시되고 있습니다. 놓치지 않고 체크할 수 있어야 합니다! 나아가 지금 우리가 읽고 있는 내용들은 모두 '헤겔'의 '시민 사회론'이라는 화제 속에 있다는 것도 잊으시면 안 됩니다. '프러시아의 상황'이라는 '사회 상황 및 역사적 조건'에서 이야기하고 있는 것이죠!

⑦~⑧ #주장 제시 #화제의 흐름

그런데 이들로도 근원적인 문제의 해결은 어려워서, 결국 '국가'가 공적 질서를 확립할 최종 주체여야 한다고 했네요. 헤겔은 프러시아가 가진 여러 문제를 해결하기에 '공리주의'로는 부족하기 때문에 '직업 단체'와 '복지 행정 조직'의 역할을 강조했지만, 결국 최종적으로는 '국가가 나서야 한다!'라고 주장한 거네요. '19세기 초 프러시아'라는 '사회 상황 및 역사적 조건'에서는 시민 사회론이라는 '사회 이론'이 이런 식으로 전개가 된 것이죠. 이렇게 화제에 맞게 계속 '사회 상황 및 역사적 조건'과 '사회 이론'을 연결 지으면서 읽어주시는 겁니다. '헤겔'의 주장을 외우려고 하는 것보다, 이렇게 화제의 흐름을 잡아주시는 게 더 중요해요!

하이라이트 문장

⑤그는 시민 사회가 개인들이 사적 욕구를 추구하며 살아가는 생활 영역이자 그 욕구를 사회적 의존 관계 속에서 추구하게 하는 공동체적 윤리성의 영역이어야 한다고 생각했다.

'공동체적 윤리성'이라는 개념의 정의를 단어의 의미를 살리면서 정확하게 이해하는 것은 기본이고, 그 정의가 결국 이 문단에서 계속 이야기하던 '헤겔'의 주장 그 자체임을 파악할 수 있어야 합니다. 재진술의 향연이 펼쳐질 때 그것을 정확하게 인식할 수 있어야 해요!

3문단 (1)

①한편 1789년 프랑스 혁명 이후 **프랑스 사회**는 혁명을 이끌었던 <u>계몽주의자들의 기대</u>와는 다른 모습을 보이고 있었다. ②사회는 사익을 추구하는 파편화된 개인들의 각축장이 되어 있었고 빈부 격차와 계급 갈등은 격화된 상태였다. ③이러한 혼란을 극복하기 위해 <u>노동자 단체와 고용주 단체 모두를 불법으로 규정한</u> **르 샤플리에 법**이 1791년부터 약 90년간 시행되었으나, 이 법은 분출되는 <u>사익의 추구를 억제하지도 못하면서</u> 오히려 프랑스 시민 사회를 극도로 위축시켰다.

① #화제의 흐름 #카테고리 나누기

'헤겔'은 '19세기 프러시아'에서 본인의 '사회 이론'을 이야기했는데, 이번엔 '18세기 후반 프랑스'로 갑니다. 프랑스에서도 '시민 사회론'을 이야기할 것이에요. '계몽주의자들의 기대'라고 하면 당연히 무언가 좋은 것일 텐데, '프랑스'는 이러한 기대를 못 따라오고 있었나 보네요.

이때의 '프랑스'도 '사익'을 추구하는 개인들의 각축장이 되어 '빈부 격차', '계급 갈등'이라는 문제가 심각했다고 합니다. 앞에서 봤던 '프러시아'의 상황과 매우 유사하죠? 이렇게 비교되는 두 대상의 공통점을 인식하면서 읽을 수 있어야 해요. 핵심은 둘 다 '사회 상황 및 역사적 조건'이라는 화제의 사례로 쓰이고 있다는 것입니다.

이러한 혼란을 극복하기 위해 '르 샤플리에 법'이라는 것을 제정했는데, 이것도 별로 효과가 없었다고 해요. 이때 '르 샤플리에 법'의 정의는 '노동자 단체와 고용주 단체 모두를 불법으로 규정'으로 수식되어 제시되고 있습니다. 정확하게 체크할 수 있겠죠?

| 생각 심화 |

그런데 더욱 중요한 것은, 왜 '르 샤플리에 법'이라는 것을 제정하려 했는지 정확하게 이해하는 것입니다. 지문에 제시된 내용을 최대한 납득하면서 읽는 태도가 필요해요! 스스로 생각해보세요.

'르 샤플리에 법'은 '노동자 단체'와 '고용주 단체'를 모두 불법으로 규정한 것입니다. 그런데 이 법은 '사익 추구'를 너무 심하게 하는 프랑스 사회의 문제를 해결하기 위해 제정된 것이에요. 그렇다면 '노동자 단체'와 '고용주 단체' 모두를 '각자의 사익을 추구하는 단체'로 바꿔 이해할 수 있겠네요! '르 샤플리에 법'은 노동자도, 고용주도 모두 '사익'을 추구하지 못하게 하는 방법을 통해 이 문제를 해결하려 했던 것이에요. 지문에 없는 말이지만, 여러분이 스스로 추론할 수 있어야 합니다. 일단 처음이고 하니 '생각 심화'에 넣어두긴 했지만, 최근의 어려운 지문을 제대로 뚫어내기 위해선 실전에서도 이런 생각을 할 수 있어야 합니다! '납득'하려는 태도를 확실하게 갖춰주도록 합시다.

3문단 (2)

---

④**뒤르켐**은 이러한 상황을 <u>아노미</u>, 곧 무규범 상태로 파악하고 최대 다수의 최대 행복을 표방하는 **공리주의**가 사실은 <u>개인의 이기심</u>을 전제로 하고 있기에 아노미를 조장할 뿐이라고 생각했다. ⑤그는 <u>사익을 조정하고 공익과 공동체적 연대를 실현</u>할 **도덕적 개인주의**의 규범에 주목하면서, 이를 <u>수행할 주체</u>로서 **직업 단체**의 역할을 강조하였다. ⑥국가의 역할을 강조한 헤겔의 영향을 받았음에도 불구하고, **뒤르켐**은 직업 단체가 정치적 중간 집단으로서 구성원의 이해관계를 국가에 <u>전달</u>하는 한편 <u>국가를 견제</u>해야 한다고 보았던 것이다.

이러한 상황에서 '시민 사회론'을 펼친 사람은 '뒤르켐'이었습니다. '뒤르켐'은 이러한 상황을 '아노미'로 파악하고, '공리주의'를 비판하고 있습니다. 이는 '헤겔'의 주장과도 일맥상통하죠? 공리주의는 사실 '개인의 이기심', 즉 '사익의 과도한 추구'를 전제로 하고 있기에 사회를 혼란에 빠뜨릴 뿐이라는 것이죠. '공리주의'가 해결책이 되지 못한다면, 다른 해결책을 제시해야 할 것입니다. 그 내용이 바로 뒤르켐의 '시민 사회론'이 되는 것이겠죠?

'뒤르켐'은 '도덕적 개인주의'라는 규범을 강조합니다. 이는 앞에서 봤던 '공동체적 윤리성'과 비슷한 개념을 가지고 있죠? '도덕적/개인주의'라는 단어의 의미를 살리면, '개인주의'를 하되 '도덕적'으로 하라는 식으로 그 정의를 쉽게 받아들일 수 있겠습니다. 나아가 이를 수행할 주체가 바로 '직업 단체'라고 하네요. '헤겔'이 말한 '직업 단체'와 거의 같은 정의를 가지고 있어요. 이렇게 공통점까지 인식한다면 완벽하겠네요.

나아가 '뒤르켐'은 '직업 단체'가 단순한 연결 고리 역할을 넘어 '국가 견제'까지 해야 한다고 봤네요. 이 역시 '헤겔'과의 차이점으로 체크할 수 있겠죠?

무언가 정보량에 압도되는 느낌이 들었습니다. 길을 잃은 느낌이에요! 이럴 때 한 번만 멈춰서 생각하자고 했습니다. '내가 지금 뭘 읽고 있지?' 우리는 지금 '뒤르켐의 사회 이론'에 대해서 읽고 있습니다. 그렇다면, 이 정보는 왜 나온 것이죠? 그렇죠! '뒤르켐'의 '사회 이론'이 '18세기 프랑스'라는 '사회 상황 및 역사적 조건'과 관련되어 있다는 이야기를 하기 위해, 즉 '화제'를 뒷받침하기 위해서죠! 이렇게 정보를 '화제의 틀'을 중심으로 모아 주고 나면, 지문의 흐름이 아주 선명해집니다. 무려 두 문단을 예시로 할애해서, '사회 이론'과 '사회 상황 및 역사적 조건' 사이의 관계라는 화제를 자세하게 소개한 것이에요.

이렇게 정보량에 압도되어 길을 잃은 느낌이 들 때, 다시 멈춰서 화제를 한 번만 생각해주는 겁니다. 그럼 다시 제대로 읽어나갈 수 있어요!

하이라이트 문장

---

⑤그는 사익을 조정하고 공익과 공동체적 연대를 실현할 도덕적 개인주의의 규범에 주목하면서, 이를 수행할 주체로서 직업 단체의 역할을 강조하였다.

'뒤르켐'의 주장 역시 '사익 조정·공익 실현'이었습니다. '도덕적/개인주의'라는 단어의 의미를 바탕으로 확실하게 이해해주고, '헤겔'을 떠올리며 연결시킬 수 있어야 해요!

4문단

> ①헤겔과 뒤르켐은 시민 사회를 배경으로 직업 단체의 역할과 기능을 연구했다는 공통점이 있었다. ②하지만 직업 단체에 대한 두 사람의 생각은 달랐다. ③이러한 차이는 두 학자의 **시민 사회론**이 철저하게 시대의 산물이라는 점을 보여 준다. ④이들의 이론은 과학적 연구로서 객관적으로 타당하다는 평가를 받기도 하지만, 이론이 갖는 객관적 속성은 그 이론이 마주 선 현실의 문제 상황이나 이론가의 주관적인 문제의식으로부터 근본적으로 자유로울 수는 없는 것이다.

①~④ #화제의 흐름

헤겔과 뒤르켐의 공통점과 차이점을 잡아주며 화제를 다시 꺼내오고 있습니다. 이런 걸 느끼면서 몸에 전율이 오면 좋겠어요ㅎㅎ 그러면서 국어가 재밌어지는 겁니다. 아무튼 이렇게 '둘의 차이점이 생기는 이유는 시대 상황 때문이다!'라고 하면서 마무리가 되고 있습니다. 처음부터 끝까지 하고 싶었던 이야기는 저거 하나였던 것이에요. 첫 문단에서 화제를 확실하게 체크했다면 이 마지막 문단을 읽으면서 '음 그렇지!'가 되었을 것이고, 아니었다면 '시대..?'라고 하면서 낯선 느낌을 받을 겁니다. 후자의 경우라면, 지문을 제대로 읽은 것이라고 할 수 없어요. 글쓴이가 하고자 하는 말을 제대로 잡지 못했으니까요! 여러분은 이제 전자의 학생처럼 읽을 수 있어야 합니다!

'헤겔'과 '뒤르켐'의 '직업 단체'에 대한 생각은 왜 달랐던 것일까요? 이들의 이론은 결국 '사회 상황'과 관련될 것입니다. 이를 바탕으로 한 번 생각해 보세요.

'절대주의'와 '프랑스 혁명'을 떠올렸다면 아주 훌륭합니다. '헤겔'이 살던 프러시아의 경우, '절대주의'의 잔재가 남아 있었다고 했습니다. '절대주의'는 국왕의 힘을 절대적으로 보는 입장이기 때문에, '헤겔'은 '직업 단체'가 국가라는 최종 주체에 협력해야 한다고 본 것이죠. '잔재'가 남아 있었다는 것으로 보아 국왕은 없었겠지만, 국가가 그에 버금가는 힘을 가진 것으로 설정되었다는 뜻입니다. 한편 '뒤르켐'이 활동하던 '프랑스'의 경우, 시민들의 힘으로 일으킨 '혁명'의 시대였습니다. 따라서 '직업 단체'라는 시민들의 집합체가 국가를 견제하는 역할을 해야 한다고 본 것이겠죠.

'절대주의'와 '프랑스 혁명'에 대한 내용을 조금이라도 알고 있었다면 이런 식으로 깊게 이해할 수 있었습니다. '생각'하며 지문을 깊게 이해하는 것, 꽤나 즐거운 일이죠?

4번 문장에서는 이들의 이론이 '과학적 연구'로서 객관적으로 타당하다는 평가를 받는다는 내용이 제시됩니다. 그리고 1문단에서 제시한 '사회 이론'의 정의에서도, '과학적 방법'을 적용한다는 내용이 정의로 제시되고 있네요. 그렇다면 도대체 '과학적 방법'을 적용한 '과학적 연구'는 무엇을 말하는 것일까요?

쉽게 설명하면, '과학적 방법'은 '가설 설정→경험을 통한 검증'의 과정을 통해 연구하는 것을 의미합니다. '어떠한 상황에서는 어떠할 것이다.'와 같은 형식의 '가설'을 세우고, 이를 '관찰·실험' 등의 '경험'을 통해 검증하는 방식으로 연구를 해 나가는 것이죠. 따라서 '헤겔'과 '뒤르켐'은 모두 어떠한 '가설'을 세우고 그것을 '경험'을 통해 검증해 나가는 방식으로 본인들의 '시민 사회론'을 펼쳤던 것입니다. 물론 이 지문에서는 '과학적 방법'에 대한 부분은 전혀 다루지 않아 그 구체적 양상을 추론하기는 어렵지만, '과학적 방법'이라는 개념은 기출문제에 여러 번 정의된 내용이니 확실하게 알아두도록 합시다.

하이라이트 문장

> ③이러한 차이는 두 학자의 시민 사회론이 철저하게 시대의 산물이라는 점을 보여 준다.

다시 화제로 돌아왔다는 사실을 체크해야겠죠? 내가 뭘 읽고 있는지도 모르겠고, 길을 잃었다는 생각이 들면 항상 '화제'를 생각하세요!

선지	①	②	③	④	⑤
선택률	36%	5%	3%	17%	39%

06 윗글의 내용 전개 방식에 대한 설명으로 가장 적절한 것은? ①

– 정답률 보이시죠? 정말 많은 학생들을 좌절시켰던 문제입니다. 내용 전개 방식 문제 중에선 가장 어려운 문제가 아닐까 싶네요. 내용 전개 방식 문제는 기본적으로 주관식으로 해결하는 것이 가장 좋습니다. 이 지문은 1문단에서 화제를 제시하고 2~3문단에서 관련된 사례를 보여 준 뒤, 4문단에서 다시 화제로 종합하는 방식으로 전개되었어요. 햄버거 같은 느낌이죠? 이 내용을 답으로 골라봅시다.

① <u>논지를 제시한 후, 대표적인 사례를 검토하는 과정을</u>
<u>통해 주제를 명료화하고 있다.</u>

명시적 근거	지문 전체
실전에서의 판단 과정	미리 생각한 내용이네.
해설	논지(사회 이론과 시대 상황의 관계)를 제시한 후, 대표적인 사례(시민 사회론)를 검토하는 과정을 통해 주제를 명료화(결국 사회 이론은 시대와 관련이 있어!)하며 끝나고 있네요. 완벽한 정답 선지입니다.

② 화제를 소개한 후, 예외적인 사례를 배제하는 과정을 통해 주제를 일반화하고 있다.

명시적 근거	–
실전에서의 판단 과정	예외적인 사례가 어딨어?
해설	화제 소개까진 좋은데, 예외적인 사례를 배제한 적은 없었죠?

③ 주장을 제시한 후, 예상되는 반증 사례를 검토하는 과정을 통해 주제를 강화하고 있다.

명시적 근거	–
실전에서의 판단 과정	예상되는 반증 사례가 어딨어?
해설	주장 제시까진 좋은데, 예상되는 반증 사례 같은 건 나온 적이 없죠. 애초에 자기 주장을 반박한 적이 없어요.

④ 쟁점을 도출한 후, 각 주장의 근거 사례를 비교 평가하는 과정을 통해 주제를 정당화하고 있다.

명시적 근거	–
실전에서의 판단 과정	애초에 쟁점이 없는데?
해설	'쟁점'은 '갈등과 다툼이 일어나는 지점'을 말해요. 이 지문에서는 자기 주장만 주구장창 이야기할 뿐, 다른 주장과의 다툼은 일어나지 않습니다. 그럼 '쟁점'은 물론이고, '각 주장'도 틀린 말이 되겠네요. 이 지문의 주장은 '사회 이론은 시대 상황에 연관된다!' 이것 하나밖에 없으니까요. 화제를 집요하게 잡았다면 충분히 생각해 낼 수 있습니다.

⑤ 주제를 제시한 후, 동일한 사례를 다른 관점에서 분석하는 과정을 통해 주제를 초점화하고 있다.

명시적 근거	–
실전에서의 판단 과정	다른 관점이 나온 적이 없지.
해설	'주제 제시'까지 좋고, '동일한 사례'(시민 사회론 혹은 직업 단체)까지도 맞다고 할 수 있을 거 같아요. 그런데 이를 '다른 관점에서 분석'한 적은 없죠? 4번 선지 해설과 일맥상통하는데, 이 지문의 주장은 처음부터 끝까지 하나이기 때문에 '다른 관점'에서 분석할 리가 없습니다. 전부 '사회 이론과 시대 상황이 어떻게 관련되지?'라는 하나의 관점에서 분석되고 있어요. 꽤나 까다로운 문제였지만, 화제, 혹은 주장을 정확하게 잡고 글을 읽는 것의 중요성을 알려주는 좋은 문제라고 생각해요.

선지	①	②	③	④	⑤
선택률	2%	82%	6%	5%	5%

07 윗글을 통해 알 수 있는 내용으로 적절하지 <u>않은</u> 것은? ②

① 19세기 초 프러시아에는 절대주의의 잔재와 미성숙한 산업 자본주의가 혼재하였다.

명시적 근거	2문단 2번~3번 문장
실전에서의 판단 과정	프러시아는 후진국 상태였지.
해설	'프러시아'의 상태는 선지 내용 그대로였죠? '후진국'이라는 키워드로 정리했으면 쉽게 지울 수 있었을 것이에요.

② 프랑스 혁명 후 수십 년간 프랑스는 개인들의 사익 추구가 불가능한 상황이었다.

명시적 근거	3문단 2번 문장
실전에서의 판단 과정	사익 추구가 심해서 억제하려 했는데?
해설	프러시아도, 프랑스도 모두 '과도한 사익 추구'가 야기하는 문제점을 해결하는 것이 각 학자들이 주장한 '시민 사회론'의 목적이었습니다. 심지어 프랑스에서는 '르 샤플리에 법'이라는 것을 제정하여 사익 추구를 금지시킬 정도였죠? '해야 할 생각'을 정확하게 해 내면서, 그리고 각 사회의 상황을 정확하게 납득하면서 읽었다면 쉽게 답으로 골라낼 수 있었을 것이에요.

| 생각 심화 |

더 어렵게 낸다면, 다음과 같은 선지도 출제할 수 있습니다.

② 프랑스 혁명 후 제정된 르 샤플리에 법은 사회 구성원들의 이익 보장을 목적으로 했다.

'르 샤플리에 법'의 의의를 정확하게 추론한 학생만 틀린 선지로 판단할 수 있겠죠? 제대로 추론하지 못한 학생들 입장에서는, 대충 '이익 보장' 같은 좋은 말을 하는 것처럼 보이기 때문에 틀렸다고 생각하기 어려울 수 있습니다. 최대한 많은 문장들을 납득하려고 애쓰면서 읽는 태도가 이렇게 어려운 선지를 판단하는 데 결정적인 역할을 할 수 있습니다. 꼭 기억합시다.

③ 헤겔은 국가를 빈곤 문제나 계급 갈등과 같은 사회 문제를 해결할 최종 주체라고 생각하였다.

명시적 근거	2문단 8번 문장
실전에서의 판단 과정	헤겔이 생각하는 '국가'에 대한 주장이네.
해설	'헤겔'은 '국가'가 사회 문제 해결의 최종 주체라고 생각했습니다. '뒤르켐'의 주장과 가지는 차이점 중 하나였죠?

④ 뒤르켐은 혁명 이후의 프랑스 사회를 이기적 욕망이 조정되지 않은 아노미 상태로 보았다.

명시적 근거	3문단 4번 문장
실전에서의 판단 과정	뒤르켐의 주장이네.
해설	역시 뒤르켐의 주장을 묻는 선지네요. 여기서의 '이기적 욕망'이 '사익'을 의미한다는 것만 생각했다면 너무나 쉽게 지울 수 있겠습니다.

⑤ 헤겔과 뒤르켐은 공리주의가 시민 사회의 문제를 해결하지 못할 것으로 보았다.

명시적 근거	2문단 4번 문장, 3문단 4번 문장
실전에서의 판단 과정	둘 다 공리주의만으로는 안 된다고 했지.
해설	'공리주의'라는 개념이 가지고 있는 '무한한 사익 추구'의 속성을 읽어내고, 두 학자가 이를 부정적으로 바라보았다는 것을 정확하게 체크했다면 머릿속에 강하게 남아 있을 정보였습니다. 어렵지 않게 지워낼 수 있겠죠?

선지	①	②	③	④	⑤
선택률	72%	2%	4%	3%	19%

08 ㉠과 ㉡의 공통점으로 가장 적절한 것은? ①

헤겔의 ㉠직업 단체 / 뒤르켐의 ㉡직업 단체

– '헤겔'과 '뒤르켐'이 생각하는 '직업 단체'의 공통점을 묻고 있네요. 이렇게 특정 부분을 묻는 문제 역시 주관식으로 답을 정하고 가는 게 좋습니다. 둘은 모두 '사익 조정·공익 실현'이라는 정의를 가지고 있었어요. 이 내용을 골라봅시다.

① 사익을 조정하고 공익 실현을 추구한다.

명시적 근거	2문단 6번 문장, 3문단 5번 문장
실전에서의 판단 과정	미리 생각한 내용이네.
해설	미리 생각한 내용 그대로죠? 공통점은 언제나 그들의 정의에서 찾을 수 있습니다. 나아가 지문을 읽을 때부터 '직업 단체'가 반복되는 것을 보고 미리 생각했어야 하는 내용이에요.

② 국가를 견제하는 정치적 기능을 수행한다.

명시적 근거	2문단 8번 문장, 3문단 6번 문장
실전에서의 판단 과정	국가 견제는 뒤르켐 주장이지.
해설	'직업 단체'가 '국가 견제'까지 해야 한다고 한 건 '뒤르켐'의 주장만 해당하는 것이죠? 차이점에 신경 썼으면 충분히 지울 수 있습니다.

③ 치안 및 복지 문제 해결의 기능을 담당한다.

명시적 근거	2문단 6번 문장
실전에서의 판단 과정	이건 복지 행정 조직이네.
해설	이건 복지 행정 조직의 정의네요. 단어의 의미를 살리며 수식된 정의를 정확히 체크했다면 쉽게 지울 수 있는 선지입니다.

④ 공리주의를 억제하고 도덕적 개인주의를 수용한다.

명시적 근거	3문단 5번 문장
실전에서의 판단 과정	도덕적 개인주의는 뒤르켐의 주장이지.
해설	두 사람이 이야기한 '직업 단체'는 모두 '사익 조정'의 역할을 가지기에, '사익 추구'가 핵심이었던 '공리주의'를 억제한다는 건 맞는 이야기입니다. 하지만 '도덕적 개인주의'는 '뒤르켐'만 주장하던 내용이죠? 역시 단어의 의미를 살리며 정의를 체크했던 기억이 있기에 쉽게 지워낼 수 있었습니다.

⑤ 시민 사회 외부에서 국가와의 연결 고리로 작용한다.

명시적 근거	2문단 6번 문장
실전에서의 판단 과정	확인해보니까 시민 사회 내부에서의 연결 고리네.
해설	연결 고리는 좋은데, 헤겔이 말한 직업 단체의 정의를 보니 '시민 사회 내'에서 연결 고리 역할을 해야 한다고 했네요. 선택률 보이시나요? 시간의 압박이 엄청난 수능 시험장에서 기억으로만 풀려고 하면 저런 일이 일어나는 겁니다. 그리고 이렇게 쪼잔한 선지는 생각보다 자주 나옵니다. 확신이 들지 않으면 과감하게 돌아가세요. 우리는 그 정보가 어디에 있는지 알고 있으니까요. 다만 지문을 완벽하게 읽은 여러분이 기억하지 못할 정도의 내용이라면 답이 아닐 가능성이 높습니다. 뒤르켐이 생각하는 '직업 단체'는 '구성원'과 '국가' 사이에서 일하니까 시민 사회 '외부'라고도 할 수 있겠네요. 명시적인 근거가 없어서 판단하기 애매하긴 하지만, '헤겔'만으로 완벽히 틀린 선지입니다.

선지	①	②	③	④	⑤
선택률	5%	5%	4%	7%	79%

09 윗글의 글쓴이의 관점으로 가장 적절한 것은? ⑤

– 글쓴이의 관점, 또 다시 '화제'를 묻는 문제입니다. 정답 선지를 제외한 나머지 선지는 헛소리니까(이렇게 느낄 수 있으면 좋겠어요.) 정답 선지만 보도록 합시다!

⑤ 사회 이론을 이해하는 데에는 그 이론이 만들어진 당시의 시대적 배경에 대한 이해가 도움이 된다.

명시적 근거	지문 전체
실전에서의 판단 과정	선지 자체가 화제네.
해설	처음부터 끝까지 사회 이론과 시대 상황의 연관성만 얘기하는 지문입니다. 화제를 놓지 않았으면 쉽게 해결할 수 있어요!

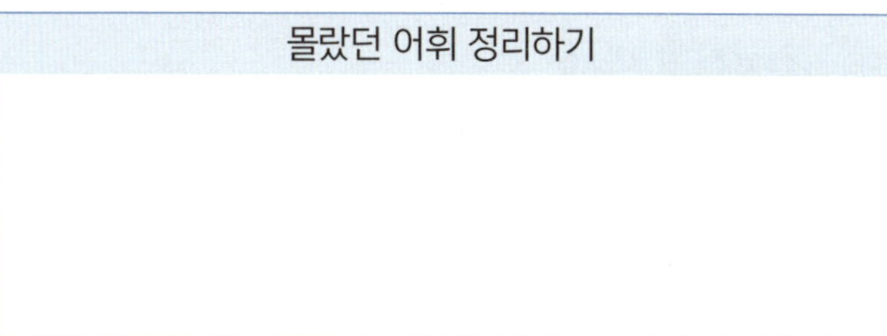

몰랐던 어휘 정리하기

| 핵심 point |

① **화제 check** : 독서 지문 독해의 처음이자 끝. 첫 문단에서 잡은 '화제의 틀'을 마지막 문단까지 놓지 않아야 합니다.

② **사례-원리 연결** : 모든 사례는 어떠한 추상적인 원리를 구체화하는 역할을 합니다. 둘을 연결지으며 확실하게 이해하고 가는 태도가 중요합니다.

③ **재진술 인식** : 같은 말이라도 다르게 표현되는 경우가 많습니다. 심지어 아예 똑같은 말이 반복되는 경우도 많아요. 이 '같은 말'에 민감하게 반응하면, '정보량'을 줄이면서 읽을 수가 있습니다.

④ **비교/대조** : 비교되는 대상이 나오면, '공통점'과 '차이점' 중심으로 읽어나가면 됩니다.

| 지문 내용 총정리 |

화제를 생각하지 않고 읽으면 그냥 정보가 나열되는 느낌만 드는 지문이었습니다. '화제'를 중심으로, '시민 사회론'을 생각하며 독해했다면 모든 정보가 짜임새 있게 연결되는 걸 느낄 수 있었을 것이에요.

1문단

> ①유학은 수기치인(修己治人)을 통해 성인(聖人)이 되기 위한 학문으로 성학(聖學)이라고도 불린다. ②'수기'는 사물을 탐구하고 앎을 투철히 하고 뜻을 성실하게 하고 마음을 바르게 하여 자신을 닦는 일이며, '치인'은 집안을 바르게 하고 나라를 통치하고 세상을 평화롭게 하는 것을 의미한다. ③수기치인을 통해 하늘의 도리인 천도(天道)와 합일되는 경지에 도달한 사람이 바로 '성인'이다. ④이러한 유학의 이념을 적극 수용했던 율곡 이이는 수기치인의 도리를 밝힌 『성학집요』(1575)를 지어 이 땅에 유학의 이상 사회가 구현되기를 소망했다.

①~③ #정의 제시

처음부터 많은 정보가 쏟아집니다. 중요한 건 '유학, 수기, 치인, 성인'이라는 많은 개념들의 '정의'를 체크하고 가셔야 한다는 겁니다! 이 수많은 정의들은 모두 화제로 보이는 '유학'을 이해하기 위한 하나의 도구이므로, 외운다는 마음으로 제대로 읽고 가야 합니다.

천천히 정리해봅시다. 먼저 '유학'은 '수기치인'을 통해 '성인'이 되고자 하는 학문입니다. '수기치인'과 '성인'이라는 어려운 말이 나왔으니, 곧 이들을 하나하나 소개할 것이라는 생각을 할 수 있겠죠? 아니나 다를까 '수기'와 '치인'부터 소개하고 있습니다. 정의가 상당히 기네요. 이렇게 정의가 길 때는, 그 정의를 함축적인 한 마디로 다시 정의하고 가는 것이 좋습니다. 이를테면 '수기'는 '자신을 닦는 일'이고, '치인'은 '세상을 평화롭게 하는 것'입니다. '사물 탐구', '앎을 투철히 함', '뜻을 성실하게 함', '마음을 바르게 함'은 모두 나 '자신'을 위한 개인적인 일들이고, '집안을 바르게 함', '나라를 통치함'과 같은 말들은 모두 나의 외부, 즉 사회적인 일들이라고 할 수 있겠네요. 이렇게 능동적으로 정보량을 줄이면서 읽을 수 있어야 합니다. 긴 정의를 모두 받아들이려고 하면 부담감이 너무 크니까요.

아무튼, 이러한 '수기'와 '치인'을 통해 하늘의 도리인 '천/도'와 합일된 사람이 '성인'이라고 합니다. 그렇다면 결국 '유학'이란 '자신을 닦고 세상을 평화롭게 하여 하늘의 도리와 합일되는 경지에 도달하기 위한 학문'으로 다시 정의할 수 있겠네요. 나아가 '성'인이 되기 위한 학문이니, '성'학이라고도 부른다고 생각할 수 있겠습니다. 이렇게 이 문단을 정리하고 갈 수 있어야 합니다.

④ #수식된 정의 제시 #화제 제시

'유학'이라는 것 자체가 화제는 아니었나 봅니다. '율곡 이이'의 주장으로 이어가고 있어요. 이때 '성학집요'라는 책의 내용은 선지에 나오기 쉬우니 미리 체크하자고 했죠? '수기치인의 도리를 밝힌 책'입니다. 율곡은 이 책을 통해 유학의 이상 사회를 구현하려 했다고 해요. 이 이상 사회는 당연히 '수기치인→성인'이라는 틀 속에서 만들어진다고 할 수 있겠죠. 이러한 '화제의 틀'을 딱 잡아놓고, 정보들을 틀 안으로 모아 줄 준비를 하면서 읽어봅시다.

하이라이트 문장

> ④이러한 유학의 이념을 적극 수용했던 율곡 이이는 수기치인의 도리를 밝힌 『성학집요』(1575)를 지어 이 땅에 유학의 이상 사회가 구현되기를 소망했다.

'유학'에 대한 다양한 개념을 소개한 이후, 이를 바탕으로 '율곡'이 어떤 이상을 꿈꿨다는 이야기로 넘어왔습니다. 자연스럽게 '율곡'의 주장이 이 지문의 화제라는 생각을 할 수 있어야 합니다.

2문단

> ①율곡은 수기를 위한 수양론과 치인을 위한 경세론을 전개하는데, 그 바탕은 만물을 '이(理)'와 '기(氣)'로 설명하는 이기론이다. ②존재론의 측면에서 율곡은 '이'를 형체도 없고 시간과 공간의 제약을 받지 않고 존재하는 만물의 법칙이자 원리로 보고, '기'를 시간적인 선후와 공간적인 시작과 끝을 가지면서 끊임없이 변화하며 작동하는 물질적 요소로 본다. ③〈'이'와 '기'는 사물의 구성 요소로서 서로 다른 성질을 갖지만, '이'는 현실 세계에서 항상 '기'와 더불어 실제로 존재한다.〉 ④율곡은 이처럼 서로 구별되면서도 분리됨이 없이 존재하는 '이'와 '기'의 관계를 이기지묘(理氣之妙)라 표현한다.

① #카테고리 나누기 #수식된 정의 제시 #화제의 흐름

본격적으로 '율곡'의 주장을 체크해봅시다. 그는 '수양론'과 '경세론'을 전개하는데, 각각 '수기'와 '치인'을 위한 것으로 정의되어 있습니다. 여기서 '수양론=수기=개인적인 것', '경세론=치인=사회적인 것'으로 인식하면서 카테고리를 나눌 수 있어야 합니다. 이렇게 카테고리를 나누는 문장에 민감하게 반응해야 한다고 했어요.

나아가 그 바탕은 '이기론'이라고 합니다. 말 그대로 '이'와 '기'를 통해 만물을 설명하는 이론이네요. 하나하나 정리해볼까요?

② #정의 제시 #비교/대조

'이'와 '기'의 정의도 '수기'와 '치인'의 정의처럼 길게 제시되어 있습니다. 그렇다면 한 마디로 정리하고 가려는 태도가 필요하겠죠? 먼저 '이'는 '만물의 법칙'입니다. '법칙'이니 형체가 없을 것이고, '만물'에 적용되는 것이니 시·공간의 제약을 받지 않겠죠. 이렇게 한 마디로 정리한 뒤 나머지 정의는 '납득'해주시는 겁니다. 이 과정을 거치면 더 이상 '이'라는 정보는 굳이 기억하지 않아도 되는 '당연한 정보'가 되는 겁니다.

그럼 '기'도 해볼까요? '기'는 쉽게 말하면 '물질적인 요소'입니다. 만물에 적용되는 법칙이 아니기 때문에, '시간적'인 선후와 '공간적'인 시작과 끝을 가집니다. 우리는 이 말을 '시·공간의 제약을 받는다.'로 바꿔서 이해할 수 있어야 합니다. '기'는 '이'와 비교되는 대상이니, 같은 기준에서 정리할 수 있는 것이에요. 나아가 '끊임없이 변화하며 작동'하는 이유는 그것이 '법칙'이 아닌 '물질'이기 때문이라고 할 수 있겠죠? 자연스럽게 '만물의 법칙'에 해당하는 '이'는 '변화'하지 않는다는 내용까지 잡아낼 수 있겠습니다. 이렇게 비교/대조를 치밀하게 해 주면 지문에 제시된 내용보다 더욱 선명하게 차이점을 잡을 수 있습니다. 이 경우 앞으로의 지문 독해 과정과 선지 판단 과정에서 '이'와 '기'를 제대로 이용할 수 있을 것이에요.

그리고 '이'와 '기'는 이제 배경지식이라고 할 수 있을 정도로 자주 나오는 개념이니, 몰랐던 학생은 여기서 확실하게 지식으로 만들어주도록 합시다. 굳이 '이'와 '기'라는 말을 사용하지 않더라도 비슷한 개념을 동양 철학 관련 지문에서 많이 찾을 수 있거든요.

③ #재진술

이러한 '이'와 '기'는 특정 사물을 구성하는 요소로 서로 다른 성질을 가지지만 '더불어 존재'한다고 합니다. 다른 성질을 갖는 건 앞 문장을 통해 이미 알고 있는 정보이고, '서로 더불어 존재'한다는 정보는 여러분의 머릿속에 새롭게 인식되어야 할 정보네요. 다르긴 하지만 함께 존재한다는 사실을 인식해줍시다. 이렇게 만물을 '이', '기'라는 두 가지 개념으로 설명하는 것이 바로 '이기론'이네요.

④ #재진술 #수식된 정의 제시 #화제의 흐름

'이기지묘'의 정의가 나오기는 하지만, 앞 문장의 재진술에 불과합니다. '서로 구별되면서도 분리됨이 없이 존재'한다는 건 '서로 다른 성질'을 가지지만 '더불어 존재'한다는 말과 같으니까요. '이기지묘'라는 이름을 붙여준 것일 뿐, 이미 알고 있는 정보네요.

우리는 '이기론'에 대해서 완벽하게 이해했습니다. 여기서 만족하고 넘어가면 안 돼요! 이제부터 '수양론'과 '경세론'이라는 두 가지 카테고리에 맞춰, '수기치인→성인'이라는 내용을 이해할 겁니다. 이렇게 화제의 흐름까지 체크하고, 계속 읽어보도록 합시다.

하이라이트 문장

> ①율곡은 수기를 위한 수양론과 치인을 위한 경세론을 전개하는데, 그 바탕은 만물을 '이(理)'와 '기(氣)'로 설명하는 이기론이다.

'수기치인→성인'이라는 화제가 '이기론→수양론/경세론'이라는 내용으로 구체화되는 문장입니다. '수양론/경세론'이라는 카테고리를 정확하게 나눠주고, '이기론'에 대해 이해할 준비를 해야겠죠?

3문단

> ①수양론의 한 가지 기반으로, 율곡은 **이통기국(理通氣局)**을 주장한다. ②이것은 만물이 하나의 동일한 '이'를 공유하지만, 다양한 '기'의 성질로 인해 서로 다른 모습으로 나타날 수 있음을 의미한다. ③또한 이러한 이통기국론은, 성인과 일반인이 기질의 차이는 있지만 동일한 '이'를 갖기 때문에 일반인이라도 기질상의 병폐를 제거하고 탁한 기질을 정화하면 '이'의 선한 본성이 회복되어 성인의 경지에 이를 수 있다는 **기질 변화론**으로 이어진다. ④율곡은 흐트러진 마음을 거두어들이는 **거경(居敬)**, 경전을 읽고 공부하여 시비를 분별하는 **궁리(窮理)**, 그리고 몸과 마음을 다스려 사욕을 극복하는 **역행(力行)**을 기질 변화를 위한 중요한 수양 방법으로 제시한다. ⑤인간에게 내재된 천도를 실현하려는 율곡의 수양론은 사회의 폐단을 제거하여 천도를 실현하려는 경세론으로 이어진다.

①~② #카테고리 나누기 #정의 제시 #재진술

이제 본격적으로 '수양론'에 대한 이야기를 하고 있습니다. 카테고리 딱 잡아 놓고, '수양론'이 '수기', 즉 개인적인 차원의 '수양'을 의미한다는 건 계속 생각할 수 있겠죠?

어쨌든 율곡은 '수양론'의 기반으로 '이통기국'을 주장했다고 해요. 정의 정확히 체크해줍시다. 이는 만물이 동일한 '이'를 공유하지만, 다양한 '기'의 성질을 가진다는 개념입니다. 여기서 포인트는 '동일한 이'와 '다양한 기'예요. '이'가 시공간의 제약을 받지 않는 본질적 요소이고, '기'가 시공간의 제약을 받는 물질적 요소라는 정의를 끌어온다면 가볍게 '재진술'로 처리할 수 있겠죠? '이통기국'이라는 말 자체를 외우는 것보다도, 앞에서 정리한 내용을 끌고 와 그 정의를 '납득'하는 것이 훨씬 중요합니다. 독해의 최종 목표는 '최대한 많은 문장을 당연한 말로 만들기'라고 할 수 있거든요.

③ #재진술 #수식된 정의 제시 #단어의 의미 살리기

이렇게 '동일한 이'를 갖고 있기 때문에, 일반인이라도 탁한 '기'질을 정화하면 '성인'이 될 수 있다고 합니다. 이는 '이통기국'의 재진술이자, '기질변화론'이라는 개념의 정의에 해당하네요. '기질변화론'은 단어의 의미를 살릴 수 있을 것 같습니다. '기질'을 '변화'시키자는 '이론'이겠죠? 계속해서 '이'는 변하지 않고 본질적인 것, '기'는 변할 수 있는 것으로 재진술되고 있습니다.

④ #정의 제시 #정보의 역할

나아가 '거경, 궁리, 역행'라는 개념의 정의가 제시되네요. 이 정의들을 완벽하게 외우는 건 너무 비효율적이겠죠? 모두 '기질 변화'를 위한 수양 방법이라는 역할을 한다는 것만 생각해주시면 됩니다. '기질 변화를 위한 수양 방법'이라는 '카테고리'에 넣는다고 생각하면 돼요. 나아가 이 개념들이 모두 '수양' 방법이라는 사실에 주목해야 합니다. '수양론'에 대한 설명을 읽고 있으니까요. 우리가 지금 읽고 있는 게 무엇인지 잊으면 안 돼요!

⑤ #화제의 흐름 #재진술

결국 이런 '수양론'이 사회의 폐단을 제거하려는 '경세론'으로 이어진다고 합니다. 지금까진 '이기론'을 바탕으로 '수양론'에 대해서 이야기했는데, 이제부터는 '경세론'에 대해 이야기하겠다는 거네요. 다른 말로 '수기'에서 '치인'으로 나아간다고까지 생각할 수 있어야 합니다. '수기'는 '개인적'이고, '치인'은 '사회적'입니다. 개인적으로 '수양'을 했으면, 그것을 사회에 펼쳐야 한다는 것이겠죠? 결국 처음부터 끝까지 재진술에 불과합니다.

하이라이트 문장

> ⑤인간에게 내재된 천도를 실현하려는 율곡의 수양론은 사회의 폐단을 제거하여 천도를 실현하려는 경세론으로 이어진다.

'수양론'이라는 카테고리에서 '경세론'이라는 카테고리로 옮겨갈 것임을 이야기해주는 친절한 문장입니다. 이 문장에서는 이런 생각을 반드시 했어야 해요! 그래야 다음부터 나오는 정보들이 외계어가 되지 않습니다.

4문단

> ①대사상가인 동시에 탁월한 경세가였던 율곡은 많은 논설에서 **법제 개혁론**을 펼쳤는데, 이는 『만언봉사』(1574)에서 잘 나타난다. ②**선조**는 "'이'는 빈틈없는 완전함이 있고, '기'는 변화하는 움직임이 있다."라고 말하면서 근래 하늘과 땅에서 일어난 재앙으로부터 깨우쳐야 할 도리를 신하들에게 물었고, 율곡이 그에 대한 답변을 올린 것이 『만언봉사』이다. ③여기서 율곡은 "때에 따라 변할 수 있는 것은 법제이며, 시대를 막론하고 변할 수 없는 것이 왕도요, 어진 정치요, 삼강이요, 오륜입니다."라고 말하면서 법제 개혁의 필요성을 주장한다. ④곧, '이'라 할 수 있는 왕도나 오륜을 고치려 하는 것이 아니라, 그것을 구현할 수 있도록 법제를 개혁하여야 한다는 것이다.

① #카테고리 나누기 #화제의 흐름 #단어의 의미 살리기

탁월한 '경세가'였던 율곡의 이야기로 이어지고 있습니다. 이제부터 '경세론' 카테고리에 대한 이야기가 제시되겠죠? 이러한 맥락에서 율곡은 '법제 개혁론'을 펼쳤다고 합니다. 말 그대로 '법 제도'를 '개혁'하자는 것일 텐데, '법 제도'라는 '사회적'인 영역에 자신이 '수양'한 내용을 적용하겠다는 이야기로 볼 수 있겠습니다. 이렇게 화제의 흐름을 이용하면서 읽을 수 있어야 해요.

② #재진술 #수식된 정의 제시

갑자기 '선조'의 이야기가 나옵니다. 앞에서 배웠던 '이'와 '기'의 재진술일 뿐이죠? '이'가 완전하고 '기'가 변화한다는 것이니까요. 이런 맥락에서 신하들에게 최근에 일어난 재앙으로부터 배워야 할 점에 대해 물었고, 율곡이 그 답변으로 올린 게 바로 '만언봉사'라고 합니다. 일단 '만언봉사'라는 책의 내용을 정확히 잡아주시는 게 중요하겠죠? '이기론'을 바탕으로 '재앙'으로부터 배워야 할 점을 적어둔 것입니다. 그리고 그 속에 '법제 개혁론'에 대한 이야기가 있는 것이죠.

③~④ #주장 제시 #재진술 #화제의 흐름

우리가 예측한 그대로, '율곡'은 '법제 개혁'의 필요성을 역설합니다. 여기서 '시대를 막론하고 변할 수 없는 것'을 보자마자 '이'라는 개념이 떠올랐으면 좋겠어요. '수양론'이든 '경세론'이든 모두 '이기론'을 바탕으로 전개되는 내용이니까요. 즉, '법제'는 '기', '왕도, 오륜 등'은 '이'로 정리할 수 있는 것입니다.

'이'라 할 수 있는 '왕도, 오륜'을 고칠 수는 없으니, '기'에 해당하는 '법제'를 개혁하여 '이'를 구현해야 한다는 것이 율곡의 '법제 개혁론', 즉 '경세론'이었던 것입니다. 여기서 '기를 변화시켜 이를 구현한다.'라는 말은 '수양론' 카테고리에서 이해했던 '기질 변화론'과 똑같은 말이라고 할 수 있죠? 결국 '수양론'이든 '경세론'이든 '기질 변화'가 핵심이었던 것입니다!

하이라이트 문장

> ④곧, '이'라 할 수 있는 왕도나 오륜을 고치려 하는 것이 아니라, 그것을 구현할 수 있도록 법제를 개혁하여야 한다는 것이다.

'경세론' 카테고리에 속하는 '법제 개혁론'을 이해하는 것은 기본이고, 그것이 '수양론'에서 이야기하던 '기질 변화론'과 같은 말이라는 점까지 생각할 수 있어야 합니다. 인문 지문은 결국 다 '같은 말'만 하니까요.

5문단

> ①조선에서 법전의 기본적인 원천은 '수교(受敎)'이다. ②어떤 사건이 매우 중대하다고 여겨지면 국왕은 조정의 회의를 열고 처리 지침을 만들어 사건을 해결한다. ③이 지침이 앞으로도 같은 종류의 사건을 해결하는 데 적합하겠다고 판단되면, 국왕의 하명 형식을 갖는 법령으로 만들어지는데, 이를 **수교**라 한다. ④그리고 이후의 시행 과정에서 폐단이 없고 유용하다고 확인된 수교들은 다시 다듬어지고 정리되어 '**록(錄)**'이라는 이름이 붙은 법전에 실린다. ⑤여기에 수록된 규정들 가운데에 지속적인 적용을 거치면서 영구히 시행할 만한 것이라 판정된 것은 마침내 '**대전(大典)**'이라는 법전에 오르게 된다.

①~④ #화제의 흐름 #수식된 정의 제시

갑자기 조선의 법 체계에 대한 이야기가 나옵니다. 당황하지 않고, 이 내용들이 결국 율곡의 '경세론'을 이해하기 위한 배경지식에 해당할 것이라는 점을 생각할 수 있어야 합니다. 먼저 '수교'라는, 법전의 기본적인 원천을 소개하고 있네요. 사건을 처리하는 과정에서 적합한 해결책을 국왕의 하명 형식으로 만든 법령이 '수교'입니다. 이 '수교'에서 괜찮은 것들만 다시 뽑으면, '록'이라는 이름의 법전이 되네요. 어렵지 않게 이해할 수 있겠죠?

⑤ #수식된 정의 제시 #재진술 #화제의 흐름

이러한 '록' 중에서 또 괜찮은 것들을 뽑아, '영구히' 시행할 만한 것이라 판정된 것은 '대전'이라는 법전에 오르게 됩니다. 여기서 '대전'의 정의를 체크하는 것은 기본인데, '영구히'라는 정의에 주목할 수

있었으면 좋겠어요. '영구히'라는 말은 '변화'가 없다는 것이고, 이는 곧 '이'의 정의와 일맥상통하니까요! 결국 '대전'에 오른 법은 '이'라 여길 만큼 중요한 것으로 치부되었다는 것이죠. 2문단에서 '이'와 '기'의 정의를 정확히 체크하는 것이 너무나 중요했다는 걸 느끼고 계시죠?

어쨌든, '대전'이 '이'의 영역이라면 이는 율곡이 개혁하자는 '법제'의 영역에 속하지 않을 것이라 예측할 수 있겠습니다. 율곡이 개혁하자고 하는 '법제'는 '기'에 해당하는 것이니까요. 이렇게 각 문단·문장들의 내용이 유기적으로 엮이는 느낌을 받으셔야 합니다!

하이라이트 문장

> ⑤여기에 수록된 규정들 가운데에 지속적인 적용을 거치면서 영구히 시행할 만한 것이라 판정된 것은 마침내 '대전(大典)'이라는 법전에 오르게 된다.

'대전'의 정의를 체크하는 것은 기본이고, 이것이 '이'에 속한다는 것까지 읽어낼 수 있어야 합니다. 앞에서 체크한 정의를 계속해서 끌고 올 수 있어야 해요!

6문단

> ①성종 때에 확정된 《경국대전》(1485)은 이 과정을 거친 규정들을 체계적으로 집대성한 통일 법전이다. ②꾸준한 정련을 거쳐 '대전'에 오른 이 규정들은 '**양법미의(良法美意)**'라 하였다. ③백성들에게 항구히 시행할 만한 아름다운 규범이라는 의미이다. ④실제로 이 《경국대전》은 조선 왕조가 끝날 때까지 국가 기본 법전의 역할을 수행해 왔고, 그 안에 실린 규정들은 개정되지 않았다. ⑤선왕들이 심혈을 기울여 만들고 오랜 시행으로 검증하여 영원토록 시행할 것으로 판정된 규범은 '**조종성헌(祖宗成憲)**'이라 불렸고, 이는 함부로 고칠 수 없다고 생각되었다. ⑥왕도에 근접하였다고 여긴 것이다. ⑦'대전'에 실린 규정은 조종성헌으로 받아들여졌고, 따라서 국왕이라 해도 그것을 어길 수 없었다.

①~④ #정의 제시 #재진술 #화제의 흐름

'경국대전'은 이런 규정들을 체계적으로 모은 법전인데, 이는 '양법미의'라고 불렸다고 합니다. 그 정의를 체크하는 것은 기본이고, 이제부터 '경국대전'과 '양법미의'를 같은 말로 읽어낼 수 있어야겠죠. 중요한 것은 이 '경국대전'에 실린 법들이 '개정'된 적이 없다는 것이

에요. 우리가 지금 읽고 있는 것은 율곡의 '경세론'이고, '경세론'은 '이기론'을 바탕으로 전개되는 것이었습니다. 계속해서 '변하지 않았다.'라는 말들에 주목하면서 읽을 수 있어야 해요!

⑤~⑦ #정의 제시 #재진술 #화제의 흐름

이런 법들은 '영원토록' 시행할 것으로 판정되었고, '조종성헌'이라는 이름도 붙었다고 합니다. '경국대전=양법미의=조종성헌'이라는 식으로 정리할 수 있겠죠? 또한 여기서도 '영원토록'이라는 말에 주목해야 합니다. 이 법들이 '이'에 속하는 것임을 계속해서 말해주고 있어요. 나아가 '왕도'라는 '이'에 근접한 것으로 여겼다는 말까지 해 주고 있어요. 지겹다는 생각이 들 정도로 반복하고 있습니다.

앞에서도 생각했지만, 율곡이 개혁하자고 하는 법제는 이러한 '조종성헌'은 아닐 겁니다. 그렇다면 어떤 내용일까요? '율곡의 경세론'이라는 카테고리를 잊지 않은 채로 계속해서 읽어보도록 합시다.

7문단

> ①율곡의 법제 개혁론은 <u>조종성헌을 변혁하자는 것이 아니다.</u> ②그는 성종을 이은 연산군 때 제정된 조세 법령이 여전히 백성의 삶을 피폐하게 하는데도 고쳐지지 않는 실정을 지적하는 등 <u>폐단이 있는 여러 법령들을 거론한다.</u> ③이런 법령들은 고수할 것이 아니라 <u>바꾸어야만 한다고 역설한다.</u> ④그래야 <u>오히려 조종성헌이 회복된다는 것이다.</u> ⑤결국 조종성헌에 해당하지 않는 부당한 법령을 오래된 선왕의 법이라며 고칠 수 없다고 고집하는 권세가들에 대하여, <u>그런 법령은 변하지 않아야 할 '이'의 영역에 속하는 것이 아니라는 이론적인 공박을 펼친 것이다.</u> ⑥자신의 이기론을 바탕으로 더 나은 세상을 이루려 했던 율곡 이이의 노력은 수기치인의 실천이라 할 만하다.

① #재진술 #화제의 흐름

우리가 생각한 내용 그대로입니다. '조종성헌'은 함부로 고칠 수 없는 내용이니 율곡의 '법제 개혁론'이 이를 변혁하자는 주장일 리가 없죠.

②~④ #재진술

그러면서 진짜로 '개혁'해야 할 '법제'에 대해 이야기하네요. 이런 법령들은 백성의 삶을 피폐하게 하니까 당연히 고쳐야겠죠. 나아가 이 법제들을 모두 '기'라고 생각해야만 해요! 그래야 '조종성헌'이라는 '이'를 제대로 구현할 수 있으니까요. '기'를 변화시켜 '이'를 구현한

다는 '기질 변화론'과 비슷한 원칙은 여기서도 계속 재진술되고 있어요. 정의와 화제를 정확히 잡고 재진술하는 게 얼마나 중요한지 알겠죠? 정보량을 엄청나게 줄일 수 있어요.

⑤~⑥ #재진술 #화제의 흐름

이렇게 '조종성헌'에 해당하지 않는, '기'에 해당하는 법령들은 '이'가 아니므로 고쳐야만 한다는 것이 율곡의 '법제 개혁론', 즉 '경세론'이었습니다. '이기론'을 바탕으로 '수기치인'하여 '성인'이 되려고 한 것이 바로 '율곡'의 주장이었던 것이에요. 이제보니 모든 정보가 '수기치인→성인'이라는 '화제의 틀' 속에 모이고 있죠? 이 긴 지문이 사실은 단 한 줄로 요약되는 지문이었습니다.

하이라이트 문장

> ⑤결국 조종성헌에 해당하지 않는 부당한 법령을 오래된 선왕의 법이라며 고칠 수 없다고 고집하는 권세가들에 대하여, 그런 법령은 변하지 않아야 할 '이'의 영역에 속하는 것이 아니라는 이론적인 공박을 펼친 것이다.

율곡의 '법제 개혁론' 역시 '수양론' 카테고리의 '기질 변화론'과 같은 말이었습니다. 사실 이 문장을 읽기 전부터 스스로 했어야 하는 생각이었어요. '화제'와 '정의', 그리고 '카테고리'의 활용을 바탕으로 정보량을 줄일 수 있어야 해요!

선지	①	②	③	④	⑤
선택률	3%	3%	6%	7%	81%

10 윗글의 내용과 일치하지 <u>않는</u> 것은? ⑤

① 성학은 하늘의 도리와 합일된 사람이 되기 위한 학문이다.

명시적 근거	1문단 1번 문장, 1문단 3번 문장
실전에서의 판단 과정	성학은 '성인'이 되려고 하는 거니까.
해설	우선 선지를 판단하기 위해 '하늘의 도리와 합일된 사람'이 무엇을 뜻하는지 이해할 필요가 있습니다. 읽자마자 '성인'이라고 재진술할 수 있어야 해요. '성'학은 '성'인이 되기 위한 학문이죠? 적절하네요.

② 『성학집요』에는 유학의 이념이 조선에서 실현되기를 바라는 마음이 담겨 있다.

명시적 근거	1문단 4번 문장
실전에서의 판단 과정	'성학집요'라는 책의 내용을 묻고 있네.
해설	'성학집요'라는 책의 내용을 묻는 선지입니다. 율곡은 '성학집요'를 지어서 조선에 '유학의 이상 사회'가 구현되기를 소망했으니 적절한 선지라고 할 수 있네요. 이렇게 책의 내용이 선지화되는 경우가 많으니 확실하게 체크하는 습관을 들이도록 해요.

③ '수교'는 특정한 사안을 해결하는 과정을 거쳐 제정된다.

명시적 근거	5문단 3번 문장
실전에서의 판단 과정	왕이 지침을 내린 게 법이 된 거였지.
해설	'수교'의 정의를 찾아보면 쉽게 지울 수 있네요. '특정한 사안'을 해결하려고 내린 지침이 법이 된 게 '수교'니까요. '수교'의 정의가 정확하게 기억나지는 않아도 '율곡의 경세론' 카테고리 속 '조선의 법 체계'라는 흐름에서 나왔다는 건 기억을 해야 합니다!

④ '대전'에 오르는 규정은 지속적으로 시행되면서 폐단이 없었다는 요건을 갖추어야 한다.

명시적 근거	5문단 5번 문장
실전에서의 판단 과정	그 정도는 돼야 '대전'이지.
해설	역시 '대전'의 정의를 묻는 선지입니다. '이'에 해당하는 정도의 법전이 되려면 폐단이 없어야 하는 건 당연하죠? 굳이 지문으로 돌아가지 않고도 바로 지워낼 수 있으면 좋겠습니다.

⑤ 《경국대전》은 확정된 이후에도 시대에 맞게 규정이 개정되면서 기본 법전으로서의 지위를 유지하였다.

명시적 근거	6문단 4번 문장
실전에서의 판단 과정	'이'에 속하는 건데 개정되면 안 되지.
해설	'경국대전'은 '양법미의', '조종성헌' 등과 같은 말이었고, 이렇게 빼어난 법전이었기 때문에 한 번도 개정이 되지 않았다고 했어요. '왕도'에 근접한 법이니까요. '왕도'라는 '이'에 근접한 것이니, '개정'될 리가 없죠? '경국대전'이 '이'에 속하는 정보임을 파악하고 아주 빠르게 답으로 골라낼 수 있어야

합니다. 이런 선지를 얼마나 빠르게 지우는지가 국어 성적 향상의 핵심 요소예요.

선지	①	②	③	④	⑤
선택률	10%	66%	15%	5%	4%

11 '율곡'의 관점에서 '이'와 '기'에 대해 설명한 것으로 적절하지 <u>않은</u> 것은? ②

– 우리가 완벽하게 이해하고 있는 '이'와 '기'에 대한 내용입니다. '시·공간적 제약'과 '변화 가능 여부'라는 비교 포인트를 명확하게 살려 놓고 해결해봅시다.

① 천재지변은 '기'의 현상으로서 여기에도 '이'가 더불어 존재한다.

명시적 근거	2문단 2번~3번 문장
실전에서의 판단 과정	천재지변은 변하니까 '기'라 할 수 있겠고, '이'와 더불어 존재한다는 건 당연하지.
해설	일단 '천재지변'은 '기'의 현상이라고 할 수 있겠습니다. '천재지변'은 '시·공간적 제약'을 받고, 상황에 따라 '변화'할 수 있는 것이니까요. 한편 이러한 '기'가 '이'와 더불어 존재한다는 것은 '이기지묘'라는 개념으로 표현했던 정보였죠? 확실하게 납득했던 내용이니 가볍게 맞는 선지로 처리할 수 있겠습니다.

② '기'는 만물에 내재된 법칙이라는 점에서, 시공을 초월하는 '이'와 대비된다.

명시적 근거	2문단 2번 문장
실전에서의 판단 과정	만물의 법칙은 '이'지.
해설	'만물에 내재된 법칙'은 '이'였습니다. '이'와 '기'의 정의를 정확히 체크했다면 너무나 쉽게 답으로 고를 수 있는 선지죠? 계속해서 강조하지만, 이런 선지는 단순히 답으로 고르는 것을 넘어서 '빠르게' 답으로 고를 수 있어야 합니다. 우리가 지문을 읽으면서 했던 주요한 생각들을 다루고 있으니까요.

③ 법제는 '이'에 속하지 않지만 '이'를 드러낼 수 있도록 다듬어져야 할 대상이다.

명시적 근거	7문단 2번~4번 문장
실전에서의 판단 과정	법제 개혁론 그 자체네.

해설	우리가 이해하고 있는 율곡의 '법제 개혁론' 그 자체입니다. 법제는 '이'에 속하지 않는 '기'이지만, 이를 개혁하여 조종성헌이라는 '이'를 드러내는 것이 중요하다는 것이에요.

④ 탁한 기질을 깨끗하게 변화시켜 '이'라 할 수 있는 선한 본성이 드러나게 할 수 있다.

명시적 근거	3문단 3번 문장
실전에서의 판단 과정	'기'를 변화시키면 '이'를 구현할 수 있지.
해설	'기질 변화론'의 정의네요. 심지어 '경세론' 카테고리에서까지 '기'를 변화시켜서 본질적인 '이'를 구현할 수 있다는 메커니즘이 계속 반복되는 모습을 보였기에, 머릿속에 확실하게 들어 있어야 하는 정보라고 할 수 있습니다.

⑤ 모든 사물들은 동일한 '이'를 갖지만 서로 다른 '기'로 말미암아 다양한 모습으로 나타난다.

명시적 근거	3문단 1번~2번 문장
실전에서의 판단 과정	이통기국!
해설	'이'는 동일하고 '기'는 다를 수 있다는 내용이 지문 전체적으로 재진술되고 있었습니다. 이런 내용을 바탕으로 당연하다고 생각하는 것이 가장 좋은 풀이일 것 같아요. 물론 이 선지의 내용이 '이통기국'의 정의임을 파악한다면 더욱 훌륭한 풀이가 되겠죠? 정의를 집요하게 체크하는 태도가 있었다면 충분히 생각할 수 있는 내용이에요.

선지	①	②	③	④	⑤
선택률	18%	5%	61%	12%	4%

12 ㉠에 관한 이해로 가장 적절한 것은? ③

㉠ 수기치인(修己治人)

– '개인적 차원'의 '수기'와 '사회적 차원'의 '치인'을 통해 '성인'이 되는 것. 이 지문의 전부였습니다. 가볍게 해결해봅시다.

① '수기'와 '치인'은 각각 '이'와 '기'의 정화를 통해 '성인'이 됨을 목표로 한다.

명시적 근거	1문단 2번 문장, 2문단 2번 문장
실전에서의 판단 과정	'이'를 어떻게 정화해.
해설	일단 '수기'와 '치인'이 '기'의 정화를 통해 '성인'이 됨을 목표로 한다는 것은 어느 정도 맞다고 할 수 있을 것 같습니다. '기질 변화론=법제 개혁론'이라는 것을 이해했으니까요. 하지만 '이'는 정화의 대상이 아니죠? '이'는 변화할 수 없는 만물의 법칙이자 원리임을 확실하게 체크했기 때문에, 가볍게 지워낼 수 있는 선지입니다.

② '이기지묘'는 '수기'와 '치인'의 상호 대립적이고 분리 가능한 특징을 설명해 준다.

명시적 근거	2문단 4번 문장
실전에서의 판단 과정	이기지묘는 '이'와 '기'에 대한 이야기 아니야?
해설	'이기지묘'의 정의를 묻고 있습니다. '이기지묘'는 '이와 기가 분리됨이 없이 존재함'이라는 의미입니다. '수기'와 '치인'에 대한 얘기도 아닐뿐더러, '수기'와 '치인'이 상호 대립적이고 분리 가능하다는 것은 더욱 말이 안 되죠?

③ '수기'를 위한 수양론과 '치인'을 위한 경세론은 모두 천도의 실현을 목적으로 한다.

명시적 근거	1문단 1번 문장, 1문단 3번 문장, 2문단 1번 문장
실전에서의 판단 과정	수기치인→성인!
해설	'수기치인→성인'이라는 지문의 큰 틀을 그대로 옮겨 놓은 선지입니다. '수기=수양론', '치인=경세론'은 모두 '천도'를 실현해 '성인'이 되고자 하는 게 목적이죠? 화제 그 자체이므로 바로 정답으로 골라내야 합니다.

④ '이통기국'은 '수기'와 '치인'을 통해 '성인'이 지닌 기질적 병폐의 극복이 가능함을 말해 준다.

명시적 근거	1문단 3번 문장
실전에서의 판단 과정	성인한테 병폐가 왜 있어?
해설	'성인'은 기질적 병폐를 극복하고 '천도'와 합일된 경지에 오른 사람입니다. '성인'이 '기질적 병폐'를 가지고 있다는 것도 틀렸고, 애초에 '수기'와 '치인'으로 기질적 병폐를 극복하는 게 '이통기국'의 정의도 아니죠? 여러모로 혼란스럽게 틀린 선지입니다.

⑤ '수기'와 '치인'을 위한 기질 변화 방법으로는 독서와 공부를 통해 시비를 분별하는 '역행'이 있다.

명시적 근거	3문단 4번 문장
실전에서의 판단 과정	역행은 치인을 위한 것이 아닌데?
해설	일단 독서와 공부를 통해 시비를 분별하는 것은 '궁리'이기 때문에, '역행'이라는 개념의 정의를 찾아서 틀렸다고 하는 것도 좋습니다. 다만 '역행'이 '치인'을 위한 기질 변화 방법이 아님을 생각할 수 있으면 좋겠습니다. '역행'은 '수기'에서의 '기질 변화'를 위한 수양 방법이었으니까요! 카테고리를 제대로 인식하는 것이 아주 중요했죠?

선지	①	②	③	④	⑤
선택률	60%	7%	7%	15%	11%

13 윗글의 '율곡'과 〈보기〉의 '플라톤'의 견해를 비교하여 이해한 것으로 가장 적절한 것은? ①

– 〈보기〉에서 '플라톤'이라는 사람의 주장부터 정확히 체크해야겠네요. 또 다른 지문이라고 생각하고 차분하게 독해해봅시다.

[보기]

플라톤은 물질적이고 가변적인 사물들이 존재하는 **현실 세계**와 비물질적이고 불변적이고 완벽한 이데아들이 존재하는 **이상 세계**를 구분한다. **이데아**는 물질로부터 떨어져 있고 또한 시간과 공간의 제약도 받지 않지만, 마음속의 추상적 개념이 아니라 실제로 존재하는 것이다. 이상 세계에서 영혼으로 존재하면서 이데아를 직접 접했던 인간은, 태어나기 위해 이 땅에 내려오는 과정에서 그에 대한 모든 기억을 상실한다. 물질의 한계로 인해 이데아의 완벽함이 현실 세계에서 똑같이 구현되지는 않지만, 그래도 이데아를 가장 잘 기억하는 사람이 통치자가 되어 그것을 이 땅에서 구현해 내려 한다면 그만큼 좋은 국가를 만들게 될 것이다. 이 통치자가 바로 플라톤이 말하는 **'철학자 왕'**이다.

– 플라톤은 '현실 세계'와 '이상 세계'를 구분합니다. 여기서 '현실세계'는 율곡의 '기'에 해당하는 것들이 모여 있는 곳이고, '이상 세계'는 '이'에 해당하는 '이데아'들이 모여 있는 곳이라고 정리할 수 있으면 좋겠습니다. 결국 율곡과 비교하는 게 핵심이 될 테니까요.

그런데 여기서 '이데아'는 '물질'로부터 떨어져 있다고 해요. '이기지묘'의 성질을 가지고 있던 '이'와는 조금 차이가 있는 것이네요. 나아가 실제로 존재하는 구체적인 개념이라고 합니다.

모든 인간은 이러한 '이데아'를 경험한 뒤 기억을 상실하는데, 이를 가장 잘 기억하는 인간이 '철학자 왕'이 되어 통치할 때 좋은 국가가 된다고 합니다. 재밌는 주장이네요. 그럼 선지 판단해봅시다.

① 율곡의 '이'는 플라톤의 '이데아'와 달리 물질과 분리됨이 없이 존재한다.

명시적 근거	2문단 4번 문장, 〈보기〉
실전에서의 판단 과정	미리 생각한 내용이네.
해설	〈보기〉를 읽으면서 미리 정리한 내용입니다. '이'는 '이기지묘'라는 관계에 의해 '기'와 분리됨이 없이 존재하는데, 플라톤이 말하는 '이데아'는 물질로부터 떨어져 있는 개념이라고 했죠? 미리 생각하지 못했다고 해도, '물질과 분리됨이 없이'라는 말을 보고서 이런 내용을 바로 떠올릴 수 있었어야 합니다.

② 율곡의 '이'는 플라톤의 '이데아'와 달리 시간과 공간의 제약을 받지 않는다.

명시적 근거	2문단 2번 문장, 〈보기〉
실전에서의 판단 과정	둘 다 시공간 제약 안 받지.
해설	〈보기〉에서 '이데아' 관련 이야기를 읽으며 그것이 '이'와 비슷한 개념이라고 생각했던 이유 중 하나였습니다. '시·공간의 제약'이라는, '이'의 정의 중 핵심이 되는 내용을 활용해야 하는 선지였네요.

③ 율곡의 '성인'은 플라톤의 '철학자 왕'과 달리 수양보다는 기억에 의존하여 통치한다.

명시적 근거	1문단 3번 문장, 〈보기〉
실전에서의 판단 과정	반대로 써놨네.
해설	'성인'은 수양, '철학자 왕'은 기억이라고 하는 게 맞겠죠? '성인'은 '수기치인'을 통해 되고, '철학자 왕'은 '이데아'를 '기억'하는 것을 통해 되는 것이었으니까요.

④ 율곡의 '이'는 플라톤의 '이데아'와 마찬가지로 마음속
에 존재하는 추상적 개념이다.

명시적 근거	2문단 3번 문장, 〈보기〉
실전에서의 판단 과정	둘 다 실제로 존재하는 것이라며?
해설	'이'는 '기'와 더불어 '실제로' 존재하고, '이데아' 역시 〈보기〉에서 추상적 개념이 아니라 '실제로' 존재하는 것이라고 했네요. 둘 다 마음속 '추상적 개념'이라고 볼 수는 없겠습니다.

⑤ 율곡이 생각하는 이상 사회는 플라톤의 이상 세계와
마찬가지로 현실에서 완전하게 실현될 수 있다.

명시적 근거	1문단 4번 문장, 〈보기〉
실전에서의 판단 과정	플라톤의 이상 세계는 완전히 실현될 수 없지.
해설	율곡은 이상 사회가 실현될 수 있다고 믿었죠? 유학의 이상 사회가 조선에 구현되기를 희망했으니까요. 그러니까 법제 개혁론 같은 걸 펼쳤겠죠. 그러나 〈보기〉에 따르면 플라톤의 이상 세계는 현실에서 완벽하게 구현되지는 않는다고 했습니다. 그저 이데아를 잘 기억하는 사람이 이를 최대한 가깝게 구현할 수 있다고 했죠?

선지	①	②	③	④	⑤
선택률	6%	49%	16%	20%	9%

14 윗글에 나타난 '율곡'의 법제 개혁론에 대한 설명으로
적절하지 <u>않은</u> 것은? ②

– 율곡의 '경세론' 카테고리에 해당했던 '법제 개혁론'에 관한 문제입니다. '기'에 해당하는 나쁜 법령들을 개혁하여 '이'에 해당하는 왕도를 살려야 한다는 것. 확실하게 기억하고 있죠? 가볍게 답 골라봅시다.

① 이기론을 바탕으로 한 경세론의 실천으로서 법제 개
혁을 주장한다.

명시적 근거	2문단 1번 문장, 4문단 1번 문장
실전에서의 판단 과정	경세론 카테고리 그 자체였지.
해설	'경세론'이 '이기론'을 바탕으로 한다는 건 맞는 말이고, 이러한 '경세론'의 카테고리에 속한 정보가 바로 '법제 개혁론'이었습니다. 지문의 흐름을 제대로 파악하고 있는지 묻는 선지였네요.

② '이'와 '기'에 대해 잘못된 견해를 제시하는 국왕에게
선왕의 법을 개혁할 것을 건의한다.

명시적 근거	4문단 2번 문장
실전에서의 판단 과정	선조의 말 자체는 맞는 말이었잖아.
해설	이 지문에 나온 국왕이라고 하면 '선조'를 의미할 텐데, '선조'가 '이'와 '기'에 대해 잘못된 견해를 제시한 적은 없습니다. 오히려 우리가 재진술로 인식할 만큼 올바른 견해를 제시했고, 이를 바탕으로 한 물음에 대답한 것이 율곡의 '만언봉사'였죠. 그리고 이 '만언봉사'에서 '법제 개혁론'을 펼친 것입니다. 즉, 잘못된 견해를 제시하는 국왕에게 건의한 것이 아니라, 제대로 된 견해를 바탕으로 문제에 대한 해결책을 물어 본 왕에게 법제 개혁론을 제시한 것이죠. 언제나 선지화되는 책의 내용, 더불어 율곡의 주장이라는 화제가 전개되는 방식 등을 제대로 파악하고 있는지 물어보는 선지였습니다. 가볍게 답으로 고를 수 있었으면 좋겠어요.

③ 조종성헌 존중의 전통을 악용하는 이들에 의해 법제
개혁이 가로막히는 경향을 비판한다.

명시적 근거	7문단 5번 문장
실전에서의 판단 과정	그렇지. 개혁할 악법은 조종성헌이 아니라고 주장한 거지.
해설	잘못된 법령을 '이'에 속하는 '조종성헌'이라며 바꿀 수 없다는 권세가들에 대항하여, 그러한 법령은 '기'에 속하는 것이라고 비판한 겁니다. 율곡의 '법제 개혁론'이 의미하는 바를 정확히 체크했는지 묻는 선지네요.

④ 삼강과 같은 불변적 가치를 거론하는 까닭은 결국 법
제 개혁의 방향을 제시하기 위한 것이다.

명시적 근거	4문단 3번 문장
실전에서의 판단 과정	삼강과 같은 '이'를 제대로 구현하기 위해 악법과 같은 '기'를 개혁하자는 방향성을 제시했지.
해설	율곡은 '삼강'과 같은 변하지 않는 가치, 즉 '이'를 언급하면서 이러한 '이'가 세상에 제대로 구현되기 위해 악법이라는 '기'가 개혁되어야 함을 역설했습니다. '기의 정화를 통한 이의 구현'이라는 메커니즘이 작동하는 것이었죠? 역시 '법제 개혁론'의 맥락을 정확히 짚고 있는지 물어보는 선지였습니다.

⑤ 《경국대전》이 확정된 이후 연산군 때 제정된 악법들은 개혁 대상이 되어야 한다고 본다.

명시적 근거	6문단 1번 문장, 7문단 2번 문장
실전에서의 판단 과정	그렇지. '이'에 속하지 않는 악법들을 개혁하자는 게 법제 개혁론의 핵심이지.
해설	성종 때 '경국대전'이 확정된 후, 뒤를 이은 연산군 때 제정된 조세 법령이 백성의 삶을 피폐하게 하는 '악법'이라고 했습니다. 그리고 이런 '기'에 속하는 법령을 개혁하자는 것이 율곡의 법제 개혁론이었어요.

선지	①	②	③	④	⑤
선택률	62%	4%	11%	14%	9%

15 윗글을 바탕으로 〈보기〉의 '숙종'을 이해한 반응으로 가장 적절한 것은? [3점] ①

– 〈보기〉에 제시된 '숙종'의 주장부터 파악하는 게 우선이겠죠?

―――――[보기]―――――

숙종 25년(1699) 회양부사 갑은 자신이 행차하는데 무례했다는 이유로 선비 을을 잡아 곤장을 쳐서 죽게 하였다. 이 사건에 대해 숙종은 사형에 해당하는 죄라고 보았으나, 대신들은 형벌을 집행하다가 일어난 일이니 사형에 해당하지는 않는다는 의견을 올렸다. 이에 숙종은 꾸짖었다. "《경국대전》은 역대 선왕들께서 만들어 한결같이 시행해 온 성스러운 규범이다. 결코 멋대로 적용해서는 아니 된다. 국왕에게 법을 잘못 적용하라고 하는가? 갑이 살아서 나가게 되면 무법의 나라가 된다."
여기서 숙종과 대신들은 아래의 규정들 가운데 어느 규정을 적용할지에 대하여 의견 대립을 보이고 있다.

(가)《경국대전》"《대명률》을 형법으로 적용한다."
(나)《경국대전》"관리가 형벌 집행을 남용하여 죽음에 이르게 한 경우에는 곤장 100대에 처하고 영구히 관리로 임용하지 않는다."
(다)《대명률》 "사람을 죽인 자는 사형에 처한다."

– 상황을 보아하니, (가)와 (나)라는 경국대전의 두 조항이 충돌하는 상황이네요. 사람을 죽인 상황인데, '대신'들은 사형에 해당하지 않는다고 하고, '숙종'은 사형에 해당한다고 주장하니까요. 정리하면 숙종은 (가)와 (다)를, 대신들은 (나)를 적용하자고 하고 있는 것이죠. 이 생각을 할 수 있어야 합니다! '숙종'과 '대신들'의 주장이 어떤 조항을 끌어오는 것인지를 생각하는 식으로 〈보기〉를 정리하는 것이 정말 중요했어요.

① 숙종은 갑의 행위에 (다)를 적용하는 것이 조종성헌을 존중하는 것이라고 보고 있군.

명시적 근거	〈보기〉
실전에서의 판단 과정	〈보기〉 정리한 내용 그대로네.
해설	숙종은 '경국대전'을 역대 왕들이 시행해온 '조종성헌'이라고 했고, 이를 잘 집행하는 것이 중요하다며 (가)와 (다)를 통해 갑을 사형시켜야 한다고 주장했습니다. 바로 정답이네요. 숙종이 (가)와 (다)를, 대신들이 (나)를 적용하자고 하고 있다는 걸 미리 정리했어야 해요! 〈보기〉 정리 잘 하고 계시죠?

② 숙종은 완성된 지 200년이 넘었다는 이유로 《경국대전》의 규정을 적용하지 않으려 하는군.

명시적 근거	〈보기〉
실전에서의 판단 과정	뭔 헛소리야.
해설	숙종은 '경국대전'의 규정을 제대로 지키기 위해 사형시키자고 하는 것입니다. 완전 헛소리네요.

③ 숙종이 《대명률》의 규정인 (다)를 적용하려는 것은 '대전'의 규정을 따르지 않는 태도라 해야겠군.

명시적 근거	〈보기〉
실전에서의 판단 과정	(다)는 (가)와 연계된 건데?
해설	대명률인 (다)를 형법으로 적용하라는 것이 위대한 '경국대전'의 말씀이셨습니다. (가)에서 '대명률'을 형법으로 적용하라고 하니까요. 이는 대전의 규정을 아주 잘 따르는 것이죠.

④ 숙종이 (나)의 적용을 찬성하지 않는 이유는 (나)가 양법미의가 될 수 없다고 생각하기 때문이군.

명시적 근거	6문단 2번 선지, 〈보기〉
실전에서의 판단 과정	(나)도 대전이니 양법미의가 맞기는 하지.
해설	숙종은 (나)가 '양법미의'가 아니라고 한 적이 없습니다. (나) 역시 '대전'의 규정이니 '양법미의'라고 생각했을 것이에요. 다만 〈보기〉의 상황에서는 (나)가 아닌 (가)의 규정을 적용하는 것이 '양법미의'의 정신에 더 부합한다고 본 것이죠. 숙종의 주장을 정확하게 체크했어야 해요!

⑤ 숙종은 선왕의 법을 적용하는 대신들의 방식에는 불만이지만 갑의 행위가 정당한 형벌 집행이라고 보는 데는 동의하는군.

명시적 근거	〈보기〉
실전에서의 판단 과정	정당하지 않다고 생각했으니까 사형을 주장했겠지.
해설	갑의 행위가 정당한 형벌 집행이 아니라고 생각했으니, (나)가 아닌 (다)를 적용하자고 한 것이겠죠. 정당한 '형벌 집행'이라고 생각했다면, 단순한 '살인'이 아닌 '형벌 집행'에 대한 법률인 (나)를 적용했어야겠죠.

FAQ

Q 선지에서는 '숙종'이 갑의 행위를 '정당한 형벌 집행'이라고 보는 데 동의했는지 묻고 있습니다. 그런데 대신들이 적용하자고 주장하는 (나)에 보면 '형벌 집행을 남용'이라는 표현이 있습니다. 이건 '정당하지 않은 형벌 집행'이니, 대신들은 갑의 행위가 정당하지 않다고 보고, 이와 대립되는 '숙종'은 갑의 행위가 정당하지만 사람을 죽였으니 (가)(다)를 적용하여 사형시키자고 하는 것 아닌가요?

A 선지에서 묻는 것을 정확히 체크해야 합니다. 선지에서는 '숙종'이 갑의 행위를 정당한 '형벌 집행'으로 볼 것인지 여부를 묻고 있습니다. 즉, 형벌의 '남용' 여부가 아니라 형벌의 '집행' 자체가 정당했는지에 대해 묻고 있는 것이죠. '숙종'은 갑의 승차를 방해했다는 게 형벌을 '집행'할 만한 '정당한' 사유가 아니라고 본 것이고, 갑은 그냥 살인을 했을 뿐이니 (가)(다)를 적용시켜 사형을 시키자는 입장인 것이죠. 반대로 대신들은 갑의 승차를 방해한 것이 형벌을 '집행'할 만한 '정당한' 사유가 된다고 보는 것이고, 단지 이것이 좀 지나쳤을 뿐이니 (나)를 적용하자는 것입니다. 선지에서 묻는 것에 대해 정확히 인식해야 한다는 점과 함께, 무엇보다도 '숙종'의 입장에서 갑의 행위를 '정당한 형벌 집행'으로 보았다면 이것을 '살인'으로 다룰 이유가 없다는 생각을 할 수 있어야 합니다.

몰랐던 어휘 정리하기

① **화제 check** : 독서 지문 독해의 처음이자 끝. 첫 문단에서 잡은 '화제'를 마지막 문단까지 놓지 않아야 합니다.
② **정의 인식** : 단어의 의미를 살린 상태로, 지문에 제시된 정의와 붙여서 이해할 수 있어야 합니다. 정의를 '기억'하는 게 아니라, '납득'해서 본인의 말로 정리할 수 있어야 해요.
③ **재진술 인식** : 같은 말이라도 다르게 표현되는 경우가 많습니다. 심지어 아예 똑같은 말이 반복되는 경우도 많아요. 이 '같은 말'에 민감하게 반응하면, '정보량'을 줄이면서 읽을 수가 있습니다.
④ **카테고리 나누기** : 정보들의 범주가 나뉠 때, 그들이 서로 다른 카테고리에 속한다는 것을 인지해야 합니다. 이렇게 각 카테고리에 맞춰 정보를 정리하면 훨씬 깔끔하게 정리할 수 있다는 것을 기억해주세요.

| 지문 내용 총정리 |

굉장히 긴 지문이었지만, 초반부에 제시한 '화제의 틀' 속으로 모든 정보가 모이는 지문이었습니다. 능동적으로 정보량을 줄인 학생과 그렇지 않은 학생 사이에 체감 난이도가 굉장히 크게 차이나는 지문이었을 것이에요. 여러 번 복습하여 확실하게 자기 것으로 만들도록 합시다.

(가) 1문단

> ①전국 시대의 혼란을 종식한 **진(秦)**은 분서갱유를 단행하며 사상 통제를 기도했다. ②당시 권력자였던 이사(李斯)에게 역사 지식은 전통만 따지는 허언이었고, 학문은 법과 제도에 대해 논란을 일으키는 원인에 불과했다. ③이에 따라 **전국 시대의 『순자』**처럼 다른 사상을 비판적으로 흡수하여 통합 학문의 틀을 보여 준 분위기는 일시적으로 약화되었다. ④이에 **한(漢) 초기 사상가들의 과제**는 진의 멸망 원인을 분석하고 이에 기초한 안정적 통치 방안을 제시하며, 힘의 지배를 숭상하던 당시 지배 세력의 태도를 극복하는 것이었다. ⑤이러한 과제에 부응한 대표적 사상가는 육가(陸賈)였다.

①~② #화제 제시 #재진술

'진'에 대한 설명으로 시작하고 있습니다. 진나라는 '분서갱유'를 바탕으로 사상 통제를 했다고 해요. '분서갱유'는 서책을 불태우고 지식인들을 생매장했던 진나라의 정책으로, 사상과 학문의 탄압에 대한 상징적 의미를 가지고 있습니다. 이 정도는 알고 있으면 좋겠죠?

2번 문장에서는 당시 권력자였던 '이사'가 '역사'와 '학문'에 대해 가지고 있던 생각이 제시되고 있습니다. 한마디로 진나라의 상황에 부정적 영향만 끼치니 배격해야 한다는 말이네요. 이때 '역사' 지식은 '전통'만 따지는 허언이고, '학문'은 '법과 제도'에 논란을 일으키기만 한다는 '이사'의 주장을 '납득'할 수 있어야 합니다. '역사'와 '학문'이라는 단어의 의미를 살리면 충분히 이해할 수 있는 내용이니까요. 이렇게 최대한 많은 문장들을 '납득'할 수 있어야 선지 판단이 쉬워집니다.

③ #정의 제시 #재진술

진나라가 세워지기 전인 '전국 시대' 때는, '순자'와 같은 책에서 볼 수 있듯이 다른 사상을 흡수하여 '통합 학문'의 틀을 닦으려는 분위기가 있었네요. '순자'라는 책의 내용을 은근슬쩍 정의해준 것이니, 확실하게 체크해야겠죠? '분서갱유'를 저지를 정도의 상황이라면, 진나라에서 이러한 분위기가 약화된 것은 너무나 당연하겠습니다. 간단하게 납득할 수 있어야 해요!

④~⑤ #화제 제시 #카테고리 나누기

이런 맥락에서, '한 초기 사상가들'의 과제가 제시되고 있습니다. 이 문장을 통해 중국의 역사가 '전국 시대→진나라→한나라'로 이어진다는 것을 파악할 수 있어야 합니다. 이면의 내용을 추론하며 읽는 태도가 자연스럽게 갖춰져 있어야 해요!

아무튼, 한나라는 아마 진나라가 멸망한 이후에 탄생한 나라일 것입니다. 그러니 진나라 때의 시행착오를 빠르게 수습하는 것이 중요했겠죠? 이를 위해 제시된 과제는 '진의 멸망 원인 분석', '안정적 통치 방안 제시', '힘의 지배 숭상 태도 극복'이었습니다. 첫 문단에서 '화제의 틀'을 만들어주는 모습입니다. 분명 저 세 가지 과제를 설명하는 방식으로 전개될 것이에요. 이렇게 화제의 흐름을 미리 파악한 채로 읽어주셔야 해요. 첫 문단에서 만들어준 '화제의 틀'은 정말 강력한 역할을 하니까요.

이러한 과제에 부응한 사상가로는 '육가'가 있다고 합니다. '육가'는 한나라의 사람일 것이고, 앞에서 언급한 세 가지 과제를 잘 해결했을 것입니다. 어떻게 이를 가능하게 했을지 기대하면서 읽어보도록 합시다.

하이라이트 문장

> 이에 한(漢) 초기 사상가들의 과제는 진의 멸망 원인을 분석하고 이에 기초한 안정적 통치 방안을 제시하며, 힘의 지배를 숭상하던 당시 지배 세력의 태도를 극복하는 것이었다.

(가)에서 가장 중요한 문장입니다. 첫 문단에서 만들어준 '화제의 틀'은 지문 전체의 흐름을 결정하는 역할을 합니다. '세 가지 과제'가 핵심일 것이라는 생각을 할 수 있었어야 해요!

(가) 2문단

> ①순자의 학문을 계승한 그는 한 고조의 치국 계책 요구에 부응해 『신어』를 저술하였다. ②이 책을 통해 그는 **진의 단명 원인**을 가혹한 형벌의 남용, 법률에만 의거한 통치, 군주의 교만과 사치, 그리고 현명하지 못한 인재 등용 등으로 지적하고, 진의 사상 통제가 낳은 폐해를 거론하며 한 고조에게 지식과 학문이 중요함을 설득하고자 하였다. ③그에게 지식의 핵심은 현실 정치에 도움을 주는 **역사 지식**이었다. ④그는 역사를 관통하는 자연의 이치에 따라 천문·지리·인사 등 천하의 모든 일을 포괄한다는 통물(統物)과, 역사 변화 과정에 대한 통찰로서 상황에 맞는 조치를 취하고 기존 규정을 고수하지 않는

다는 **통변(通變)**을 제시하였다. ⑤통물과 통변이 정치의 세계에 드러나는 것이 **인의(仁義)**라고 파악한 그는 힘에 의한 권력 창출을 긍정하면서도 권력의 유지와 확장을 위한 왕도 정치를 제안하며 인의의 실현을 위해 유교 이념과 현실 정치의 결합을 시도하였다.

① #재진술 #화제의 흐름

'육가'는 '순자'의 학문을 계승했다고 합니다. 여기서 '순자'라는 말이 반복되었다는 걸 확인한 순간, 바로 1문단으로 올라가서 '통합 학문'이라는 포인트를 다시 잡을 수 있어야 해요. 같은 말이 반복되면 끌고 내려온다! 기억할 수 있겠죠? 어쨌든 '육가'도 '통합 학문'이라는 포인트를 중심으로 한나라의 과제를 수행하려 했다는 점을 생각할 수 있어야 합니다. 어떤 학문들을 통합하려 했을까요?

② #재진술 #화제의 흐름 #카테고리 나누기

'신어'라는 책에서 '육가'는 '진의 단명 원인'을 진단합니다. 이는 1문단에서 확인한 카테고리에 속하는 정보이기 때문에, 확실하게 처리할 필요가 있겠죠? '가혹한 형벌', '법률에만 의거', '군주의 교만과 사치', '인재 등용 실패' 등의 원인을 납득하면서 정리하셔야 합니다. 조금만 생각해봐도 저런 것들은 모두 나라를 망국의 길로 이끄는 요소라고 할 수 있을 것 같아요.

나아가 한나라는 이와 반대로 해야 한다고 주장했을 것이라는 생각을 할 수 있어야 합니다. 즉, 형벌을 가볍게 하면서 법률에만 의거한 통치를 하지 말고, 군주는 교만과 사치를 부리지 않으면서 유능한 인재를 등용해야 한다고 주장했으리라는 것이죠. 이 내용이 결국 1문단에서 말한 '안정적 통치 방안'에 해당하겠죠?

그 내용이 '지식과 학문의 중요성 설득'으로 구체화되는 모습입니다. '분서갱유'를 단행할 정도로 '지식·학문'에 부정적이었던 진나라와 반대로 하려는 모습이 보이고 있습니다.

③~⑤ #재진술 #수식된 정의 제시 #카테고리 나누기 #화제의 흐름

'육가'는 지식 중에서도 '역사 지식'에 관심을 보였습니다. 그 이유는 이것이 '현실 정치'에 도움을 주기 때문이라고 해요. 여기서 '현실 정치'를 보자마자 1문단에서 제시한 카테고리 속 '안정적 통치 방안'이 떠올랐으면 좋겠습니다. 결국 '육가'의 주장은 그 카테고리들 속에서 전개될 것이기 때문에, '진의 멸망 원인'이 나온 뒤에는 자연스럽게 '안정적 통치 방안'이 제시될 필요가 있으니까요. '역사 지식'은 앞에서 2번 문장을 읽으며 생각했던 '안정적 통치 방안'을 마련하는 데 큰 도움이 되기에 관심을 가진 것입니다. 그렇다면 '역사 지식'은 어떻게 저 역할을 할 수 있을까요?

4번 문장에서는 '통물'과 '통변'이라는 개념을 정의하고 있습니다. '수식된 정의'로 제시되고 있으니 확실하게 체크해야겠죠? 먼저 '통물'은 역사를 관통하는 자연의 이치가 천하의 모든 일을 포괄한다는 내용입니다. 쉽게 말해서 '역사 지식'을 쌓으면 '자연의 이치'를 알 수 있는데, 이에 따라 통치해야 한다는 것이겠죠. 나아가 역사의 변화를 고려하여 상황에 맞게 조치한다는 '통변'이라는 개념도 제시하며, '역사 지식'으로부터 배운 '자연의 이치'를 따르되 융통성 있게 조치한다는 '안정적 통치 방안'을 제시한 것입니다. 이렇게 개념의 정의를 체크하면서 '역사 지식을 통한 안정적 통치'라는 포인트로 정보를 모아줄 수 있어야 해요.

5번 문장에서는 그 양상이 더 자세하게 소개되고 있네요. 이러한 '통물'과 '통변'이 '정치의 세계'에 드러나는 것을 '인의'라는 개념으로 소개하고 있습니다. '정치'라는 단어를 제시하면서, '안정적 통치 방안'이라는 카테고리 속으로 정보를 모아야 한다는 것을 다시 강조하는 모습이네요. 정보량이 확 줄어드는 느낌을 받을 수 있겠죠?

나아가 그는 '힘에 의한 권력 창출'을 긍정하기도 했는데, 그러면서도 '왕도 정치', '인의의 실현' 등을 중시했고, 이를 위해 '유교 이념'과 '현실 정치'의 결합을 시도하는 모습입니다. 이게 다 새로운 정보처럼 느껴지면 안 됩니다. 결국 '안정적 통치 방안'이라는 카테고리 속으로 다 모이는 정보예요. 나아가 '왕도 정치=인의의 실현=유교 이념+현실 정치'라는 재진술도 인식할 수 있어야겠죠? '왕도 정치'를 위해서는 '인의의 실현'이 필요하고, 이는 '유교 이념+현실 정치'로 완성되는 것이니까요.

결국 '육가'는 '역사 지식'을 통해 '통물'과 '통변'을 깨닫고, 이를 현실 정치에 적용하는 '인의'를 통해 '왕도 정치'를 이루면 '안정적 통치'가 가능하다고 본 것입니다. 나아가 이것이 결국 '유교 이념'(=인의)의 활용인 것이구요. 이렇게 정보량을 줄이며 읽을 수 있어야 해요!

> ⑤통물과 통변이 정치의 세계에 드러나는 것이 인의(仁義)라고 파악한 그는 힘에 의한 권력 창출을 긍정하면서도 권력의 유지와 확장을 위한 왕도 정치를 제안하며 인의의 실현을 위해 유교 이념과 현실 정치의 결합을 시도하였다.

'안정적 통치 방안'이라는 카테고리가 정리되는 느낌과 더불어, '유교 이념'이 '인의의 실현'을 바탕으로 한 '왕도 정치'를 의미한다는 것까지 잡아낼 수 있어야 합니다. 정보량이 많은 지문은 존재하지 않습니다. 이런 방식을 통해 스스로 정보량을 줄여내야 해요!

(가) 3문단

> ①인의가 실현되는 정치를 위해 **육가**는 유교의 범위를 벗어나지 않는 한에서 타 사상을 수용하였다. ②예와 질서를 중시하며 교화의 정치를 강조하는 유교를 중심으로 도가의 무위와 법가의 권세를 끌어들였다. ③그에게 무위는 형벌을 가벼이 하고 군주의 수양을 강조하는 것으로 평온한 통치의 결과를 의미했고, 권세도 현명한 신하의 임용을 통해 정치권력의 안정을 도모하는 방향성을 가진 것이었기에 원래의 그것과는 차별된 것이었다.

① #재진술 #주장 제시

이렇게 '인의'가 실현되는 '안정적 통치'를 위해, '육가'는 타 사상을 수용했다고 합니다. 이 말도 새롭게 느껴지면 안 되겠죠? '타 사상 수용'은 '순자'가 이야기한 '통합 학문'의 정신입니다. '육가'는 이를 계승했다고 했으니 이렇게 주장하는 건 당연하겠죠. 인문 지문은 다 똑같은 말만 한다는 것! 계속해서 증명되는 모습입니다.

②~③ #수식된 정의 제시 #재진술 #카테고리 나누기

'육가'는 어떻게 이런 '통합 학문'의 정신을 구현했을까요? 일단 자기 사상의 중심에 놓았던 '유교'를 정의하고 있습니다. '예와 질서 중시·교화의 정치 강조'라는 내용 확실하게 체크해야겠죠? '유교'라는 개념은 우리에게도 익숙한 개념이니 어렵지 않게 이해할 수 있을 것 같습니다.

나아가 '도가'의 무위, '법가'의 권세 등을 끌어들여 '통합 학문'의 기틀을 마련하는 모습입니다. '무위=가벼운 형벌, 군주의 수양 강조'이고, '권세=현명한 신하의 임용'이네요. 여기서 '무위'와 '권세'가 '진의 멸망 원인'이었던 '가혹한 형벌', '법률에만 의거', '군주의 교만과 사치',

'인재 등용 실패' 등과 반대되는 방향성을 가진 개념이라고 생각할 수 있어야 합니다. 모든 정보가 똑같은 말만 하고 있는 것이었어요.

나아가 '가벼운 형벌'과 같은 포인트에서는 '힘의 지배 숭상 태도 극복'이라는 카테고리까지 떠올릴 수 있겠죠? 법률에만 의거해서 강력한 형벌의 힘으로 지배하려는 태도를 버리고 '교화' 중심으로 나아가야 하고, 군주도 자신의 힘만을 강조하는 태도보다는 스스로의 '수양'을 통해 안정적인 통치를 해야 한다는 것이죠.

이처럼 '도가'와 '법가'의 정신을 끌어오기는 했지만, 이는 모두 '힘의 지배 숭상 태도 극복'을 통한 '안정된 통치'를 위한 것이었습니다. 따라서 원래의 그것, 즉 원래의 '무위'와 '권세' 정신과는 차별된 것이었다고 해요. 여기서 자연스럽게 '무위'와 '권세'를 강조한 '도가'와 '법가'가 원래 '정치 현실'과는 크게 관련 없는 내용이었다는 것까지 추론할 수 있겠죠? '정치 현실'을 강조한 것과는 '차별'된 것이라고 하니까요!

> ①인의가 실현되는 정치를 위해 육가는 유교의 범위를 벗어나지 않는 한에서 타 사상을 수용하였다.

'타 사상 수용'이 곧 '순자'의 '통합 학문'을 의미한다는 것을 생각할 수 있어야 합니다. '같은 말'에 최대한 반응하며 재진술하는 능력. 인문 지문 정복의 핵심입니다.

(가) 4문단

> ①육가의 사상은 과도한 융통성으로 사상적 정체성이 문제가 되기도 했지만, 군주의 정치 행위에 따라 천명이 결정됨을 지적하고 인의의 실현을 강조한 통합의 사상이었다. ②그의 사상은 한 무제 이후 유교 독존의 시대를 여는 데 기여하였다.

① #재진술

이 지문을 요약한 것과 같은 문장입니다. '과도한 융통성'은 '타 사상의 수용' 때문에 생긴 지적일 것이고, '군주의 정치 행위에 따라 천명이 결정'된다는 것은 군주의 '수양'과 '힘의 지배 숭상 태도 극복'을 중시한 것이겠죠. 이는 모두 '인의'의 실현을 위해 여러 사상을 '통합'한 내용이었던 것이구요. 다 똑같은 말입니다.

② #화제의 흐름

그의 사상은 이후 '유교 독존'의 시대를 여는 데 기여했다고 합니다. '독존'은 홀로 존재한다는 의미로, '육가'의 의도와는 달리 '유교'가 혼자 떵떵거리는 세상이 왔던 것으로 추론할 수 있겠네요. 어쨌든 이에 기여했다는 의의를 제시하면서 마무리되는 모습입니다.

(나) 1문단

①조선 초기에 진행된 고려 관련 역사서 편찬은 고려 멸망의 필연성과 조선 건국의 정당성을 드러내는 작업이었다. ②편찬자들은 다양한 방식으로 고려와 조선의 차별성을 부각하고, 고려보다 조선이 뛰어남을 설득하고자 하였다.

①~② #화제 제시

(가)의 1문단과 비슷하게 제시되고 있습니다. (가)가 '진'에서 '한'으로 교체되는 시기를 다룬 글이라면, (나)는 '고려'에서 '조선'으로 교체되는 시기를 다룬 글이라고 할 수 있겠어요. (나)에 따르면, 조선 초기의 고려 관련 역사서 편찬이 '고려 멸망의 필연성', '조선 건국의 정당성'을 드러내는 데 초점을 두었다고 합니다. 이를 드러내면 자연스럽게 고려와 조선의 차별성 및 조선의 뛰어남이 잘 부각되겠죠? 이 두 가지 내용을 '화제의 틀'로 삼아서 정보를 정리해보도록 합시다.

(나) 2문단

①태조의 명으로 고려 말에 찬술되었던 자료들을 모아 고려에 관한 역사서가 편찬되었지만, 왕실이 아닌 편찬자의 주관이 개입되었다는 비판이 제기되는 등 여러 문제점이 지적되었다. ②이에 태종은 고려의 역사서를 다시 만들라는 명을 내렸다. ③이후 고려의 용어들을 그대로 싣자는 주장과 유교적 사대주의에 따른 명분에 맞추어 고쳐 쓰자는 주장이 맞서는 등 세종 대까지도 논란이 계속되었지만, 문종 대에 이르러 『고려사』편찬이 완성되었다. ④이 과정에서 역사 연구에 관심을 기울인 세종은 경서(經書)가 학문의 근본이라면 역사서는 학문을 현실에서 구현하는 것으로 파악하고, 집현전 학자들과의 경연을 통해 경서와 역사서에 대한 이해를 쌓아 갔다.

①~② #화제의 흐름

앞에서 설명한 목적을 가지고 고려의 역사서가 편찬되기 시작했지만, 편찬자의 주관이 개입되는 등 문제가 있어 태종의 명으로 다시 쓰기 시작했다고 합니다. 최대한 납득하면서 넘어갈 수 있어야 합니다. '편찬자의 주관'이 개입되는 것이 왜 문제가 되는 것일까요? 1문단에서 체크한 '화제의 틀'을 떠올리면 충분히 생각할 수 있습니다. 바로 '조선 건국의 정당성'을 드러내기 위해서겠죠. 이를 위해선 '편찬자'의 제3자로서의 시선이 아니라 '왕실'의 주관적인 입장이 잘 반영되어야 할 것입니다. 따라서 태종은 고려의 역사서를 다시 만들라는 명을 내린 것이겠죠. 이렇게 '화제의 틀'을 중심으로 최대한 많은 정보들을 납득하는 것, 독서 지문 정복의 첫걸음입니다.

③~④ #화제의 흐름 #주장 제시

이후 고려의 용어들을 그대로 실을 것이냐에 대한 여러 논란이 있기는 했지만, 결국 문종 대에 이르러 '고려사' 편찬이 완성되었다고 합니다. 여기서도 '고려의 용어들을 그대로' 싣자는 주장과 '유교적 사대주의'에 따라 고쳐 쓰자는 주장이 왜 제기되었는지 납득할 수 있어야 합니다. 답은 역시 '화제의 틀'에 있겠죠? 고려 관련 역사서 편찬은 '조선 건국의 정당성'을 드러내는 것이 핵심이었기 때문에, 정확한 역사서 서술을 위해 '고려의 용어들을 그대로' 싣자는 주장에 대응해 '유교적 사대주의'에 따라 고쳐 쓰자는 반박이 제기되는 것이 당연한 것입니다.

그리고 이 과정에서 우리의 세종대왕님이 큰 역할을 하셨다고 해요. 그는 '경서'를 학문의 근본으로, '역사서'를 학문을 현실에서 구현하는 것으로 파악했다고 합니다. 이번에도 '역사'와 '학문' 등을 중시하며 새로운 왕조를 맞이하는 모습이네요.

이렇게 가볍게 읽어나가면서도, '고려 멸망의 필연성', '조선 건국의 정당성'이라는 카테고리를 놓치면 안 됩니다. 문종 대에 완성했다던 '고려사'는 이 카테고리에 맞춰서 완성되었을 것이 뻔하니까요!

(나) 3문단

①이런 분위기에서 세종은 중국과 우리나라의 흥망성쇠를 담은 『치평요람』의 편찬을 명하였고, 집현전 학자들은 원(元)까지의 중국 역사와 고려까지의 우리 역사를 정리하였다. ②정리 과정에서 주자학적 역사관이 담긴 『자치통감강목』에 따라 역대 국가를 정통과 비정통으로 구분했지만, 편찬 형식 측면에서는 강목체를 따르지 않았다. ③또한 올바른 정치의 여부에 따라 국가의 운명이 다하고 천명이 옮겨 간다는 내용을 드러내고자 기존 역사서와 달리 국가 간 전쟁과 외교 문제, 국가 말기의 혼란과 새 국가 초기의 혼란 수습 등을 부각하였다.

① #수식된 정의 제시 #화제의 흐름

이렇게 역사에 관심을 보인 세종은 '치평요람'이라는 책을 편찬할 것을 명합니다. 이는 중국과 우리나라의 흥망성쇠를 담은 역사책이에요. 여기서 (가)에 나온 '진'과 '한'의 이야기뿐 아니라 '고려'의 멸망에 대한 이야기까지 다룬 것이겠죠?

②~③ #수식된 정의 제시 #비교/대조

이를 정리하는 과정에서 '자치통감강목'에 따르기도 했습니다. 이는 '주자학적 역사관'을 담고 있고 국가를 '정통'과 '비정통'으로 구분하는 내용인 것으로 보이네요. '치평요람'도 이를 따랐지만, '편찬 형식'에서는 '강목체'를 따르지 않았다고 합니다. '강목체'가 정확히 무엇인지는 모르겠지만, 자치통감'강목'에서 사용한 편찬 형식을 그대로 따른 것이 아니라는 것 정도는 인식할 수 있겠죠? 이렇게 '강목체'라는 개념의 숨은 정의를 체크하면서, '치평요람'과 '자치통감강목'의 공통점·차이점을 정확히 인식해주시는 게 중요합니다.

나아가 3번 문장을 보면, '치평요람'이 기존 역사서와 다른 부분에 주목해서 썼다는 것을 알 수 있습니다. 이 역시 '자치통감강목'과의 차이점이라고 할 수 있으니 확실하게 정리해주셔야겠습니다. '치평요람'에서는 '올바른 정치'에 따라 국가의 흥망이 결정된다는 전제하에, '전쟁·외교 문제·혼란 수습' 등 '올바른 정치'와 관련된 내용들을 부각하는 모습입니다. 그리고 '기존 역사서와 달리' 이들을 부각한 것이기 때문에, 자연스럽게 '기존 역사서'는 '전쟁·외교 문제·올바른 정치' 등에 관심을 두지 않았을 것이라고 생각할 수 있겠습니다. 이렇게 자연스럽게 비교/대조가 이루어져야 해요!

(나) 4문단

> ①이러한 편찬 방식은 국가의 흥망성쇠를 거울삼아 국가를 잘 운영하겠다는 목적 이외에 <u>새 국가의 토대를 마련하려는 의도</u>가 전제된 것이었다. ②이런 의도가 집중적으로 반영된 곳은 『치평요람』의 『국조(國朝)』부분이었다. ③이 부분의 편찬자들은 <u>유교적 시각에서 고려 정치를 바라보며 불교 사상의 폐단을 비롯한 문제점들</u>을 다각도로 드러냈고, 이를 통해 <u>유교적 사회로의 변화를 주장</u>하였다. ④이성계의 능력과 업적을 담기는 했지만 이것이 <u>조선 건국을 정당화</u>하기에는 불충분했기에 세종은 역사적 사실을 배경으로 <u>조선 왕조의 우수성을 부각</u>한 『용비어천가』의 편찬을 지시했다. ⑤이는 왕조의 우수성과 정통성을 경전과 역사의 다양한 근거를 통해 보여 주고자 한 것이었다.

① #화제의 흐름

그렇다면 '치평요람'은 왜 이렇게 현실적인 문제들에 중점을 두고 편찬을 한 것일까요? 바로 '새 국가의 토대 마련'이라는 목적이 있었기 때문입니다. 1문단에서 제시한 '화제의 틀'에 의하면, 조선의 고려사 정리 작업은 결국 '조선 건국의 정당성'을 부각하기 위한 것이었어요. 너무나 당연한 정보로 처리할 수 있네요.

②~③ #수식된 정의 제시 #화제의 흐름 #카테고리 나누기

'치평요람'의 '국조' 부분에 이러한 의도, 즉 '조선 건국의 정당성 부각'이 잘 드러난다고 합니다. 이 부분의 편찬자들은 '유교적 시각'으로 고려 정치를 바라보았다고 해요. (가)의 '육가'와 비슷한 입장이죠? 고려 사회에 내재해 있던 '불교 사상'의 폐단 등을 지적하고, 유교적 사회로의 변화를 주장했다고 합니다. 이들은 '고려 멸망의 필연성'을 '불교 사상의 폐단'에서 찾은 것이네요! 이렇게 '화제의 틀' 중심으로 정보가 처리되고 있다는 느낌을 받을 수 있어야 합니다.

④~⑤ #수식된 정의 제시 #화제의 흐름 #카테고리 나누기

나아가 이 책은 조선의 첫 왕인 이성계의 능력과 업적을 담아 '조선 건국의 정당성'을 드러내려 했지만, 이것만으로는 불충분했다고 합니다. 그래서 세종은 '용비어천가'라는 책을 편찬할 것을 지시했어요. 그 정의는 '조선 왕조의 우수성을 부각한 것'이라고 할 수 있겠죠? 이러한 책의 편찬을 통해 '조선 건국의 정당성'이라는 '화제의 틀'을 해결하는 모습으로 마무리되고 있습니다.

하이라이트 문장

> ①이러한 편찬 방식은 국가의 흥망성쇠를 거울삼아 국가를 잘 운영하겠다는 목적 이외에 새 국가의 토대를 마련하려는 의도가 전제된 것이었다.

'새 국가의 토대'를 보자마자 1문단에서 제시한 카테고리가 떠올라야 합니다. 모든 정보는 결국 화제 중심으로 모이는 것이에요.

선지	①	②	③	④	⑤
선택률	75%	3%	10%	9%	3%

16 (가)와 (나)의 차이점을 중심으로 두 글을 비교하며 읽는 방법으로 가장 적절한 것은? ①

– 발문이 독특합니다. (가)와 (나)의 '차이점'을 중심으로 '비교'하며 읽는 방법을 물어보고 있어요. 그렇다면 (가)와 (나)의 '차이점'이 무엇인지부터 생각해보아야겠네요. 당장 떠오르는 것부터 적어보자면, (가)는 중국의 역사, (나)는 조선의 역사를 다루고 있다는 것이 생각납니다. 사실 그 외에는 딱히 차이점이라고 할 만한 부분이 없었어요. 둘 다 '유교'를 바탕으로 새로운 국가를 통치해야 한다는 주장을 하고 있었으니까요. 이 정도 생각해놓고 선지 판단해보도록 합시다.

① (가)는 한(漢)에서, (나)는 조선에서 쓰인 책을 설명하고 있으니, 시대 상황과 사상이 책에 반영된 양상을 비교하며 읽는다.

명시적 근거	지문 전체
실전에서의 판단 과정	시대가 다르니 그 상황이 어떻게 반영되었는지 비교해야지.
해설	우리가 미리 생각한 내용 그대로 제시되고 있습니다. (가)는 한나라, (나)는 조선에서 쓰인 역사서에 대한 이야기를 하는 지문이었습니다. 당연히 각자의 시대 상황과 사상이 어떻게 이 역사서에 반영되었는지를 살피며 읽어야겠죠. 이 내용이 각자의 1문단에서 '화제의 틀'로 제시된 것이구요. 가볍게 답으로 고를 수 있네요.

② (가)는 피지배 계층을, (나)는 지배 계층을 대상으로 한 책을 설명하고 있으니, 예상 독자의 반응 양상을 비교하며 읽는다.

명시적 근거	지문 전체
실전에서의 판단 과정	피지배 계층을 대상으로 했다는 건 뭔 소리야.
해설	(가)와 (나)는 모두 지배 계층의 요구에 의해 편찬된 책을 다루고 있습니다. (가)가 피지배 계층을 대상으로 한 책을 다루고 있다는 건 도저히 맞다고 할 수 없는 내용이네요.

③ (가)는 동일한 시대에, (나)는 서로 다른 시대에 쓰인 책들을 설명하고 있으니, 시대에 따른 창작 환경을 비교하며 읽는다.

명시적 근거	지문 전체
실전에서의 판단 과정	(가)에서도 서로 다른 시대에 쓰인 책들 나왔잖아.
해설	(가)에 제시된 '순자'와 '신어'는 각각 '전국 시대'와 '한나라'라는 서로 다른 시대에 쓰인 책들입니다. '동일한 시대'라고 할 수 없겠네요. 나아가 (나)에서는 조선시대에 쓰인 책들만 이야기하고 있으니 '서로 다른 시대'라고 할 수 없을 것이구요.

④ (가)는 학문적 성격의, (나)는 실용적 성격의 책을 설명하고 있으니, 다양한 분야의 책에 담긴 보편성을 확인하며 읽는다.

명시적 근거	지문 전체
실전에서의 판단 과정	정치에 적용하는 것이면 실용적이지.
해설	(가)와 (나)에 등장한 책들은 모두 정치 '현실'에 적용하기 위한 것들이니, 모두 '실용적 성격'의 책에 대해 설명하고 있다고 봐야 합니다. 물론 '학문'을 중요시하기는 하지만 그 '학문'을 '실용적'으로 사용하는 것이 핵심이니까요.

⑤ (가)는 국가 주도로, (나)는 개인 주도로 편찬된 책들을 설명하고 있으니, 각 주체별 관심 분야의 차이를 확인하며 읽는다.

명시적 근거	지문 전체
실전에서의 판단 과정	둘 다 국가 주도였는데?
해설	(가)와 (나) 모두 왕의 명령에 의해 만들어진 책들을 주로 소개하고 있습니다. 특히 (나)에서는 개인 주도로 편찬한 책이 아예 나오지를 않아요.

선지	①	②	③	④	⑤
선택률	3%	34%	45%	10%	8%

17 (가), (나)의 내용과 일치하지 <u>않는</u> 것은? ③

① 진의 권력자인 이사는 역사 지식과 학문을 부정적인 것으로 인식하였다.

명시적 근거	(가) 1문단 2번 문장
실전에서의 판단 과정	그랬었지.

해설	머릿속에 강하게 남아 있는 정보조? 역사 지식과 학문을 각각 '허언'과 '논란의 원인'이라며 부정적으로 보았기 때문에, '분서갱유'를 단행한 것입니다. (가)의 흐름을 만드는 핵심 정보였어요. 지문을 읽으면서부터 미리 생각할 수 있었어야 합니다!

② 전국 시대에는 『순자』처럼 여러 사상을 통합하려는 학문 경향이 있었다.

명시적 근거	(가) 1문단 3번 문장
실전에서의 판단 과정	학문 통합은 순자의 정의였지.
해설	지문을 읽으면서 미리 생각한 '순자'의 정의를 그대로 읊어주고 있습니다. 전국 시대에는 이러한 분위기가 있었지만, '분서갱유'와 같은 사건이 있었던 진나라 시기에는 일시적으로 약화되었다고 했죠. 대놓고 '순자'의 내용이 무엇이다라고 정의하지 않고 은근슬쩍 정의하고 있었는데, 많은 학생들이 놓쳐 버린 모습이네요.

③ 『치평요람』은 『자치통감강목』의 편찬 형식에 따라 역대 국가를 정통과 비정통으로 구분하여 정리하였다.

명시적 근거	(나) 3문단 2번 문장
실전에서의 판단 과정	편찬 형식은 따르지 않았다며.
해설	'치평요람'은 '자치통감강목'에 따라 역대 국가를 '정통/비정통'으로 구분하기는 했지만, '강목체'라는 '편찬 형식'은 따르지 않았다고 했어요. '편찬 형식'과 관련된 차이점과 더불어, '강목'에서 사용된 '체'라는 방식으로 이해한 '강목체'의 숨은 정의를 모두 체크했는지 물어보는 선지였습니다. 단순히 치사한 내용일치로 간주하지 마시고, '차이점 인식', '개념의 숨은 정의 체크'와 같은 주요 포인트들에 주목해야 한다는 것을 꼭 정리해주세요.

④ 『치평요람』의 「국조」는 고려의 문제점들을 보임으로써 사회의 변화를 이끌어야 한다는 주장을 드러내었다.

명시적 근거	(나) 4문단 2번~3번 문장
실전에서의 판단 과정	국조의 핵심이었지.
해설	'치평요람'의 '국조'는 '고려 멸망의 필연성'과 '조선 건국의 정당성'이라는 '화제의 틀'을 잘 드러내는 부분이었습니다. 가볍게 맞는 선지로 처리할 수 있어야 해요.

⑤ 『용비어천가』에는 조선 왕조의 우수성을 드러내고 건국의 정당성을 확보하려는 목적이 담겨 있다.

명시적 근거	(나) 4문단 4번~5번 문장
실전에서의 판단 과정	용비어천가의 역할이 조선 건국 정당성 드러내기지.
해설	'치평요람'의 '국조' 부분과 마찬가지로, '용비어천가' 역시 '조선 건국의 정당성'을 드러내려는 목적에서 편찬된 것입니다. 나아가 '조선 왕조의 우수성'을 드러내는 것은 '용비어천가'의 정의 그 자체라고 할 수 있겠죠?

선지	①	②	③	④	⑤
선택률	5%	11%	11%	54%	19%

18 ㉠~㉢에 대한 이해로 가장 적절한 것은? ④

> ㉠통물(統物), ㉡통변(通變), ㉢인의(仁義)

– '통물'은 역사를 꿰뚫는 자연의 이치에 따라야 한다는 것을, '통변'은 그러면서도 융통성 있게 조치해야 한다는 것을 의미합니다. 그리고 이를 현실 정치에 적용하면 '인의'가 드러난다고 했어요. 이렇게 정의를 정확하게 잡아놓고 선지를 판단해보도록 합시다.

① ㉠은 역사 속에서 각광을 받았던 학문 분야들의 개별적 특징을 이해한 것이다.

명시적 근거	(가) 2문단 4번 문장
실전에서의 판단 과정	통물은 포괄하는 건데?
해설	'통물'은 역사를 관통하여 모든 일을 포괄하는 자연적 이치에 대한 내용입니다. '개별적 특징'을 이해하는 것이라고 하면 정반대되는 설명이라고 할 수 있겠네요.

② ㉡은 도가나 법가 사상을 중심 이념으로 삼아 정치 상황의 변화에 대응하려는 것이다.

명시적 근거	(가) 3문단 2번 문장
실전에서의 판단 과정	중심은 유교였지.
해설	'통변'이 '상황의 변화'에 대응하려는 것은 맞지만, '육가'의 주장에서 중심이 되는 사상은 '유교'였습니다. '도가'와 '법가'는 '유교의 범위를 벗어나지 않는 한에서' 수용되는 것이었어요.

③ ⓒ은 현명한 신하의 임용과 엄한 형벌의 집행을 전제로 한 평온한 정치의 결과를 의미한다.

명시적 근거	(가) 3문단 3번 문장
실전에서의 판단 과정	형벌을 가볍게 해야 한다고 했지.
해설	'힘의 지배 숭상 태도 극복'이라는 카테고리의 실현을 위해 중요한 것 중에 하나는 '형벌의 약화'였습니다. 형벌이 너무 강했던 것이 '진의 멸망 원인'이라고까지 이야기할 정도였어요. 따라서 '육가'의 관점에서 '엄한 형벌의 집행'은 절대 '인의'의 실현이라고 할 수 없을 겁니다.

④ ⓒ은 군주가 부단한 수양과 안정된 권력을 바탕으로 교화의 정치를 펼쳐야 실현되는 것이다.

명시적 근거	(가) 3문단 2번~3번 문장
실전에서의 판단 과정	군주의 수양과 안정된 권력, 그리고 교화는 모두 인의에 속하는 것이라 할 수 있지.
해설	'육가'는 '인의'가 실현되는 정치를 위해 도가의 무위를 끌어들였습니다. 이는 '가벼운 형벌'과 '군주의 수양'을 중시하는 것으로, '육가'는 이를 바탕으로 '안정적 통치'를 할 수 있다고 했어요. 나아가 '교화의 정치'는 '육가'가 중요시하는 '유교'에서 중요시하는 내용이었습니다. 애초에 '교화'라는 말이 '가벼운 형벌'이라는 포인트에서 나온 말임을 생각하며 납득했다면 어렵지 않게 답으로 고를 수 있었을 것이에요.

⑤ ㉠과 ㉡은 역사 지식과 현실 정치를 긴밀히 연결하여 힘으로 권력을 창출하는 것을 의미한다.

명시적 근거	(가) 2문단 4번 문장
실전에서의 판단 과정	애초에 통물, 통변은 현실 정치랑 상관이 없는데?
해설	선지에서 묻는 것은 '통물'과 '통변'에 대한 내용입니다. 이들은 그 자체로 '현실 정치'와 연결되어 있는 것이 아니에요. 이들을 '현실 정치'와 연결할 때 비로소 '인의'가 드러나는 것입니다. 따라서 '통물'과 '통변' 자체가 '역사 지식과 현실 정치를 긴밀히 연결'했다는 건 틀린 말이 되는 것이죠. 나아가 '육가'는 '힘으로 권력을 창출'하는 것 자체는 긍정했지만, 이것을 '통물', '통변'과 연결하지는 않았습니다. 어떻게 봐도 답이 될 수 없네요.

선지	①	②	③	④	⑤
선택률	27%	2%	8%	57%	6%

19 윗글에서 '육가'와 '집현전 학자들'이 공통적으로 드러내고자 한 내용에 해당하는 것만을 〈보기〉에서 있는 대로 고른 것은? ①

– '육가'와 '집현전 학자들'의 공통점을 묻는 문제입니다. 미리 생각해보면 더 좋겠죠? 이들은 모두 옛 국가의 멸망 원인을 분석하며 '새 국가'의 통치를 위한 책을 편찬했고, 공통적으로 '유교'를 중시했다는 공통점을 가지고 있습니다. 이와 관련된 내용을 찾아보도록 합시다.

ㄱ. 옛 국가의 역사를 거울삼아 새 국가를 안정적으로 통치하도록 한다.

명시적 근거	(가) 1문단 4번~5번 문장, (나) 2문단~4문단
실전에서의 판단 과정	미리 생각한 내용이네.
해설	이들은 모두 진나라와 고려라는 옛 국가의 멸망 원인을 분석하고, 이를 거울삼아 한나라와 조선이라는 새 국가를 안정적으로 통치하려 했습니다. 미리 생각한 내용이니 어렵지 않게 맞다고 판단할 수 있겠어요.

ㄴ. 옛 국가의 멸망 원인은 잘못된 정치 운영에 있지 않고 새 국가로 천명이 옮겨 온 것에 있다.

명시적 근거	(가) 4문단 1번 문장, (나) 3문단 3번 문장
실전에서의 판단 과정	육가는 정치를 잘못하면 천명이 결정된다고 했지.
해설	일단 '육가'가 절대 동의할 수 없는 진술이네요. '육가'는 군주의 정치 행위에 따라 천명이 결정된다고 주장했으니까요. 한편 '집현전 학자들'도 이 주장에는 별로 관심이 없었을 겁니다. '올바른 정치'를 펼쳐야만 '천명'이 옮겨 온다고 했지, '천명'이 옮겨 왔기에 옛 국가가 멸망했다고 한 것이 아니에요!

ㄷ. 옛 국가에서 드러난 사상적 공백을 채우기 위해 새 국가의 군주는 유교에 따라 통치하도록 한다.

명시적 근거	(가) 1문단 1번~2번 문장, (나) 4문단 3번 문장
실전에서의 판단 과정	고려에 공백이 있지는 않았지.

| 해설 | 일단 '육가'의 경우, 옛 국가에서 사상을 통제하며 드러난 '공백'을 '유교'를 통해 채우려고 했다고 할 수 있습니다. 물론 사상을 통제했을 뿐 정말 아무 것도 없는 상태는 아니었을 것이란 점에서 애매하기는 하지만요.

하지만 '집현전 학자들'은 고려의 지배적 사상이었던 불교의 폐단을 지적하고 유교로 '변화'해야 한다고 했을 뿐, '공백'을 채워야 한다고 한 적은 없죠? '불교'라는 사상이 명백히 살아 있었는데, '아무것도 없는 상태'라는 뜻의 '공백'이 맞다고 하기는 어렵겠습니다. |

| 생각 심화 |

'선지에서 묻는 것'을 바탕으로 생각하면 이렇게 해석할 수도 있습니다. 선지에서는 사상적 공백을 채우기 '위해' 유교에 따라 통치해야 한다고 했는데, '육가'는 인의의 실현을 '위해' 유교에 따라야 한다고 했습니다. 즉, '유교를 통한 통치'의 목적이 틀렸다고 볼 수 있는 것이죠. 나아가 '집현전 학자들' 역시 불교의 '폐단'을 비롯한 여러 문제점을 해결하기 위한 대책으로 '유교를 통한 통치'를 주장한 것일 뿐, 불교에 비어 있던 공백을 채우기 위해 '유교를 통한 통치'를 주장한 것이 아닙니다.

이처럼 '선지에서 묻는 것'이 중요하게 쓰이는 경우가 많으니, 선지 판단이 어려울수록 물어보는 것을 좀 더 정확하게 인식하도록 합시다.

선지	①	②	③	④	⑤
선택률	4%	40%	17%	16%	23%

20 〈보기〉는 동양 역사가들의 견해이다. 〈보기〉를 바탕으로 (가), (나)를 이해한 내용으로 적절하지 않은 것은? [3점] ②

ㄱ. 대부분 옛일의 성패를 논하기 좋아하고 그 일의 진위를 자세히 살피지 않는다. 하지만 진위를 분명히 한 후에야 성패가 어긋나지 않을 수 있다. 이는 <u>역사 서술의 근원인 자료를 바로잡고 깨끗이 한다는 뜻이다.</u>

– (가)와 (나)에 나온 여러 역사서들이 역사를 서술하기 위해서는 먼저 그 진위를 바로잡아야 한다는 견해입니다. 충분히 납득할 수 있는 내용이죠?

ㄴ. <u>고금의 흥망은 현실의 객관적 형세인 시세의 흐름에 따르는 것이며, 사림(士林)의 재주와 덕행으로 말미암은 것은 아니었다.</u> 그러므로 천하의 일은 시세가 제일 중요하고, 행복과 불행이 다음이며, 옳고 그름의 구분

은 마지막이라고 하는 것이다.

– 흥망은 현실의 흐름에 따르는 것일 뿐, 개개인의 재주와 덕행으로 감당할 수 있는 게 아니라는 내용입니다. 이는 '군주의 수양' 등을 중시한 '육가'의 생각과 배치되는 내용이 있다고 할 수 있겠네요. 내용 자체는 어렵지 않게 이해할 수 있을 것이에요.

ㄷ. <u>도(道)의 본체는 경서에 있지만 그것의 큰 쓰임은 역사서에 담겨 있다. 역사란 선을 높이고 악을 낮추며 선을 권면하고 악을 징계하는 것이다.</u>

– '경서'와 '역사서'에 대한 내용입니다. 이걸 보고서 '세종'이 떠오른다면 정말 좋을 것 같아요. '세종'은 '경서'를 '학문의 근본'으로, '역사서'를 '현실에서 학문을 구현하는 것'으로 보았습니다. 이것을 각각 '도의 본체'와 '도의 큰 쓰임'으로 재진술하고 있는 것이네요. 확실하게 정리할 수 있겠습니다.

① ㄱ의 관점에 따르면, 『신어』에 제시된 진의 멸망 원인에 대한 지적은 관련 내용의 진위에 대한 명확한 판별 이후에 이루어져야 하는 것이겠군.

명시적 근거	〈보기〉
실전에서의 판단 과정	ㄱ의 내용 그 자체네.
해설	ㄱ의 내용을 바탕으로 미리 생각한 내용이네요. '진위 판별'이 핵심이었어요.

② ㄱ의 관점에 따르면, 『고려사』 편찬 과정에서 고려의 용어를 고쳐 쓰자고 한 의견은 역사 서술의 근원인 자료를 바로잡고 깨끗이 하자는 것이라고 볼 수 있겠군.

명시적 근거	(나) 2문단 3번 문장, 〈보기〉
실전에서의 판단 과정	고려 용어를 고쳐 쓰자는 건 조선 건국의 정당성을 위해서였지.
해설	지문을 읽으면서부터 미리 납득했던 부분에 대한 선지입니다. '고려의 용어를 고쳐 쓰자고 한 의견'은 '조선 건국의 정당성'을 드러내기 위해 '유교적 사대주의'에 따르자는 주장이었습니다. 오히려 선지에서 말하는 것처럼 '자료를 바로잡고 깨끗이 하자는' 주장은 고려의 용어를 그대로 쓰자는 쪽에서 하는 것이 맞겠죠? '화제의 틀'을 중심으로 열심히 납득하며 읽은 학생들은 매우 빠르게 답으로 골라낼 수 있는 선지였습니다. 그렇지 않은 학생들에겐 그저 시간을 오래 써야 하는 '치사한 내용일치'에 불과할 것이구요. 어떤 학생이 되어야 할지는 굳이 설명하지 않아도 되겠죠?

③ ㄴ의 관점에 따르면, 『치평요람』에 서술된 국가의 흥
　망은 그 원인이 인물들의 능력보다는 객관적 형세인
　시세의 흐름에 있다고 보아야겠군.

명시적 근거	〈보기〉
실전에서의 판단 과정	ㄴ의 내용 그 자체네.
해설	'치평요람'은 여러 국가의 흥망성쇠를 다룬 책입니다. ㄴ의 관점에 따르면 이는 모두 '시세의 흐름'에 따른 결과를 기술한 것이라고 할 수 있겠죠.

④ ㄷ의 관점에 따르면, 『신어』에 제시된 진에 대한 비판
　은 악을 낮추고 징계하는 것으로 볼 수 있겠군.

명시적 근거	〈보기〉
실전에서의 판단 과정	ㄷ의 내용 그 자체네.
해설	ㄷ에 따르면, 역사란 악을 낮추고 징계하는 것이라고 했습니다. 한나라의 입장에서 편찬한 역사서는 당연히 진나라를 악으로 볼 것이니 맞는 선지가 되겠습니다.

⑤ ㄷ의 관점에 따르면, 『치평요람』 편찬과 관련한 세종
　의 생각에서 학문의 근본은 도의 본체에, 현실에서 학
　문의 구현은 도의 큰 쓰임에 대응하겠군.

명시적 근거	(나) 2문단 4번 문장, 〈보기〉
실전에서의 판단 과정	오 미리 생각한 내용이네. 대박
해설	ㄷ을 읽으면서부터 떠올린 내용입니다. 물론 미리 생각하지 못해도 '세종'의 생각 부분으로 돌아가서 해결하면 되겠지만, 미리 생각할 수 있다면 시간을 크게 아낄 수 있었겠죠?

선지	①	②	③	④	⑤
선택률	37%	4%	36%	22%	1%

21 문맥상 ⓐ~ⓔ와 바꿔 쓰기에 적절하지 <u>않은</u> 것은? ③

① ⓐ: 꾀했다
② ⓑ: 받아들여
③ ⓒ: 믿던
④ ⓓ: 끼어들었다는
⑤ ⓔ: 이어졌지만

| 핵심 point |

① 화제 check : 독서 지문 독해의 처음이자 끝. 첫 문단에서 잡은 '화제의 틀'을 마지막 문단까지 놓지 않아야 합니다.
② 재진술 인식 : 같은 말이라도 다르게 표현되는 경우가 많습니다. 심지어 아예 똑같은 말이 반복되는 경우도 많아요. 이 '같은 말'에 민감하게 반응하면, '정보량'을 줄이면서 읽을 수가 있습니다.

| 지문 내용 총정리 |

'화제의 틀'과 '재진술'이라는 포인트를 바탕으로 정보량을 줄일 수 있는 전형적인 지문이었습니다. 이를 잘 수행했다면 (가)와 (나)가 모두 새로운 나라가 건국되는 상황에서 역사와 학문을 이용하여 안정적인 통치 기반을 만들고자 했던 사람들의 이야기라는 식으로 간단하게 정리할 수 있었을 것이에요. 만약 이 지문을 정보량이 쏟아지는 지문으로만 생각했다면, '정보량이 많은 지문은 존재하지 않는다.'라는 원칙을 다시 한번 상기하도록 합시다. 결국 모든 정보는 화제 중심으로 모이기 마련이에요.

1문단

①신체의 세포, 조직, 장기가 손상되어 더 이상 제 기능을 하지 못할 때에 이를 대체하기 위해 **이식**을 실시한다. ②이때 이식으로 옮겨 붙이는 세포, 조직, 장기를 **이식편**이라 한다. ③자신이나 일란성 쌍둥이의 이식편을 이용할 수 없다면 다른 사람의 이식편으로 **'동종 이식'**을 실시한다. ④그런데 우리의 몸은 자신의 것이 아닌 물질이 체내로 유입될 경우 면역 반응을 일으키므로, 유전적으로 동일하지 않은 이식편에 대해 항상 거부 반응을 일으킨다. ⑤면역적 거부 반응은 면역 세포가 표면에 발현하는 주조직적합복합체(MHC) 분자의 차이에 의해 유발된다. ⑥개체마다 MHC에 차이가 있는데 서로 간의 유전적 거리가 멀수록 MHC에 차이가 커져 거부 반응이 강해진다. ⑦이를 막기 위해 **면역 억제제**를 사용하는데, 이는 면역 반응을 억제하여 질병 감염의 위험성을 높인다.

①~③ #화제 제시 #수식된 정의 제시 #단어의 의미 살리기

'이식'에 대한 지문입니다. 우리가 잘 알고 있는 그 '이식'이 맞는데, 이때 옮겨 붙이는 '세포, 조직, 장기'를 '이식편'이라고 부른다고 해요. 단어의 의미 그대로, '이식'할 때 사용하는 '편'(조각)을 의미하는 것이겠죠? 이러한 '이식편'은 자신의 것이나 일란성 쌍둥이의 것을 사용할 수 있는데, 그것이 불가능하다면 '동종 이식'이라는 것을 실시한다고 합니다. 역시 단어의 의미 그대로, '동종'인 다른 '사람'으로부터 '이식'을 받는 것이네요. 이렇게 단어의 의미를 살려서 개념의 정의를 확실하게 받아들일 수 있어야 합니다.

④~⑥ #문제점 제시 #고정값 #단어의 의미 살리기

그런데 우리의 몸은 자신의 것이 아닌 물질이 유입되면 '항상' 거부 반응을 일으킨다고 합니다. 일종의 '고정값'이니 확실하게 체크해줘야겠죠? 내용 자체는 상식적으로 이해가 가능하네요. 내 몸에 다른 사람의 장기가 들어오면 당연히 거부 반응을 일으킬 수밖에 없을 것이에요. 내 것이 아니니까요.

이러한 '거부 반응'은 '면역적 거부 반응'입니다. 단어의 의미 그대로, '면역'을 바탕으로 나타나는 '거부 반응'인 것이에요. 이러한 반응은 '면역 세포'가 표면에 발현하는 'MHC 분자'라는 것의 차이에 의해 유발되는 것이라고 해요. 정확한 내용을 이해하기는 어렵지만, '면역'이기 때문에 '면역 세포'와 관련된 부분이 영향을 끼치는 것이라고 납득해주시면 되겠습니다.

그리고 이러한 'MHC 분자'의 차이는 '서로 간의 유전적 거리'에 따라 커진다고 합니다. 당연한 말이죠? '유전적'으로 차이가 있다면, 몸 속에 있는 'MHC 분자'에도 차이가 생길 테니까요. 그리고 'MHC 분자'의 차이는 '면역적 거부 반응'을 일으키기 때문에, 서로 간의 유전적 거리가 멀수록 '면역적 거부 반응'이 강해진다는 것도 당연하게 납득할 수 있겠습니다.

'동종 이식'을 하는 경우에는 이렇게 '면역적 거부 반응'이라는 문제점이 생길 수밖에 없어요. 그 원인은 'MHC 분자'의 차이라고 할 수 있겠죠? 그렇다면 이 문제를 해결하는 방법은 'MHC 분자'의 차이를 줄여주거나, 그 차이를 무력화할 수 있는 대책을 고안하거나 하는 것이 되겠습니다. 모든 문제는 '원인의 제거'로 해결되니까요!

⑦ #해결책 제시 #화제 제시

바로 해결책이 제시되고 있습니다. 다소 투박한 방식의 해결책이에요. '면역 억제제'를 통해, '면역적 거부 반응'이라는 문제 상황 자체를 없애 버리는 것이죠. 근본적인 원인을 제거하지 않은 채 문제만을 도려낸 것이므로, '질병 감염의 위험성'과 같은 부작용을 수반할 수밖에 없는 것입니다. 우리 몸의 '면역력'을 '억제'해버리면, 당연히 이러한 부작용이 나타나겠죠. 이는 절대 완벽한 해결책이 되지 못하므로, 이 지문은 필연적으로 제대로 된 해결책을 제시하는 방식으로 전개될 것입니다. 여기서 화제를 인식할 수 있겠죠? 'MHC 분자의 차이'라는 원인을 제거하여 '면역적 거부 반응'이라는 문제점을 없앤 '이식' 방법에 대해 소개할 겁니다. 기대하면서 읽어봅시다.

하이라이트 문장

⑦이를 막기 위해 면역 억제제를 사용하는데, 이는 면역 반응을 억제하여 질병 감염의 위험성을 높인다.

겉으로 보기에는 그저 '면역 억제제'라는 개념을 소개하는 것 같지만, 사실은 '이식 시의 면역적 거부 반응'이라는 문제점에 대한 해결책이 이 지문의 화제임을 알려 주는 문장입니다. 첫 문단에서 화제를 잡아야 한다는 당연한 생각만 했다면 충분히 인식할 수 있었을 것이에요.

①이식에는 많은 비용이 소요될 뿐만 아니라 이식이 가능한 동종 이식편의 수가 매우 부족하기 때문에 이를 대체하는 방법이 개발되고 있다. ②우선 인공 심장과 같은 '전자 기기 인공 장기'를 이용하는 방법이 있다. ③하지만 이는 장기의 기능을 일시적으로 대체하는 데 사용되며, 추가 전력 공급 및 정기적 부품 교체 등이 요구되는 단점이 있고, 아직 인간의 장기를 완전히 대체할 만큼 정교한 단계에 이르지는 못했다.

①~② #해결책 제시 #단어의 의미 살리기

'동종 이식'은 '면역적 거부 반응' 외에도 여러 가지 '문제점'이 있다고 합니다. 비용도 많이 요구되고 이식편 자체도 매우 부족하다는 것이죠. 그래서 이를 대체하기 위한 방법, 즉 '해결책'들이 개발되고 있다고 하네요. 'MHC 분자의 차이'와 같은 원인을 직접 제거하는 것은 너무나 어렵다보니, 여러 가지 간접적인 방법이 제시되고 있습니다. 하나는 '전자 기기 인공 장기'를 이용하는 방법입니다. 단어의 의미 그대로 '전자 기기'를 활용한 '인공 장기'이기 때문에, '면역적 거부 반응' 같은 것은 나타날 리가 없겠죠. 심지어 비용도 비교적 저렴할 것이고, 얼마든지 생산하면 되니 이식편이 부족하지도 않을 것이구요. 되게 좋아보입니다.

③ #문제점 제시 #화제의 흐름

그런데 이것도 완벽하지는 않아요. '일시적 대체', '전력 및 부품의 문제', '기술의 정교화 부족'이라는 또 다른 문제점들이 있기 때문이죠. 아무래도 '전자 기기'이다 보니까 '추가 전력 공급'이 필요할 것이고, 고장이 날 수도 있으니 '정기적 부품 교체'도 요구될 것이에요. 또한 아직 기술적 한계상 그렇게 정교하지 않다고 합니다. 모두 너무 당연한 문제점이네요. 이렇게 모든 해결책에 한계가 있다면, 도대체 '이식의 문제점'을 어떻게 해결할 수 있을까요? 이렇게 '화제'를 계속 생각하면서 읽어보도록 합시다.

3문단

①다음으로는 사람의 조직 및 장기와 유사한 다른 동물의 이식편을 인간에게 이식하는 **'이종 이식'**이 있다. ②그런데 이종 이식은 동종 이식보다 거부 반응이 훨씬 심하게 일어난다. ③특히 사람이 가진 자연항체는 다른 종의 세포에서 발현되는 항원에 반응하는데, 이로 인해 이종 이식편에 대해서 초급성 거부 반응 및 급성 혈관성

거부 반응이 일어난다. ④이런 거부 반응을 일으키는 유전자를 제거한 형질 전환 미니돼지에서 얻은 이식편을 이식하는 실험이 성공한 바 있다. ⑤미니돼지는 장기의 크기가 사람의 것과 유사하고 번식력이 높아 단시간에 많은 개체를 생산할 수 있다는 장점이 있어, 이를 이용한 이종 이식편을 개발하기 위한 연구가 진행되고 있다.

① #카테고리 나누기 #단어의 의미 살리기

'동종 이식', '전자 기기 인공 장기' 다음은 '이종 이식'입니다. 여러 해결책들이 나오고 있으니, '이식의 문제점에 대한 해결책'을 기준으로 '카테고리'를 나눠주면 좋겠네요.

우선 정의부터 가볍게 체크해줍시다. 말 그대로 '이종/이식'이네요. '사람이 아닌 다른 동물'의 이식편을 이식하는 것이니까요. 사람의 것을 그대로 이식하는 건 여러 가지 문제점이 있으니, 아예 다른 동물의 조직 및 장기를 활용해보자는 것입니다.

②~③ #문제점 제시 #단어의 의미 살리기

그런데 '이종 이식'에서는 '거부 반응'이라는 근본적인 문제점이 더 강하게 일어난다고 합니다. 사실 생각해보면 너무나 당연합니다. 'MHC 분자'의 차이라는 '유전적 차이' 때문에 '면역적 거부 반응'이 일어나는 것인데, '사람'이 아니라 '다른 동물'은 사람과 유전적으로 훨씬 더 큰 차이를 갖고 있을 것이니까요.

그래서 '이종 이식편'에 대해 '초급성 거부 반응' 및 '급성 혈관성 거부 반응'이 일어난다고 합니다. 말 그대로 '급하게' '거부'하는 '반응'이 일어나는 것이에요. 저 반응들이 정확히 어떤 것인지는 몰라도, '동종 이식'보다 더 큰 문제가 발생한다는 사실을 체크할 수 있으면 되겠네요.

뭔가 이상하죠? 분명히 우리는 '거부 반응'을 해결하기 위한 '해결책'을 찾고 있는데, 오히려 더 문제가 되고 있어요. '이종 이식'이 어떻게 해결책이 되는 것일까요?

> **| 생각 심화 |**
>
> 참고로, '항체'가 '항원'에 반응한다는 내용은 기출에 반복적으로 출제된 내용입니다. 이 정도는 배경지식으로 확실하게 알아두도록 합시다. '항체'는 '항원'에만 특이적으로 결합하는 물질을 말해요. 따라서 이 지문에서도 사람의 자연'항체'가 다른 종의 세포에서 발현되는 '항원'에 반응한다는 서술이 나오는 것이죠. 기출된 내용들도 확인해볼까요?

④~⑤ #해결책 제시 #단어의 의미 살리기 #화제의 흐름

아무튼 이렇게 문제가 많은 '이종 이식'을 어떻게 해결책으로 만들었나 했더니, '문제'를 일으키는 '유전자' 자체를 제거해버렸네요. 단어의 의미 그대로, 문제를 일으키는 '형질'을 '전환'한 '미니돼지'를 만들어낸 것이에요. 이번에도 다소 과격한 방식의 해결입니다. '자연 항체에 의한 거부 반응'은 도저히 제거할 수 없는 원인이니, 아예 항원-항체 반응 자체가 안 일어나도록 하는 방향으로 해결하는 모습입니다.

이런 '미니돼지'는 '장기의 크기'도 사람과 유사하고 '단기간 생산'도 가능하다는 장점이 있어, 이를 이용한 '이종 이식편' 개발 연구가 진행되고 있다고 합니다. 아직 완전히 만들어진 것은 아니고 연구가 필요한 부분이네요. 실제로 2021년 10월에는 미국에서 돼지의 심장을 사람에게 이식하는 수술이 성공적으로 이뤄지는 등 여러 가지 성과가 나타나고 있다고 해요. 이런 사례가 더욱 많아지면, '형질 전환 미니돼지'를 이용한 '이종 이식'이 기존에 '이식' 수술이 가지고 있던 여러 가지 문제를 해결하는 데 결정적인 역할을 할 수 있겠죠.

하이라이트 문장

> ④이런 거부 반응을 일으키는 유전자를 제거한 형질 전환 미니돼지에서 얻은 이식편을 이식하는 실험이 성공한 바 있다.

'형질 전환 미니돼지'라는 정보가 왜 나왔는지 생각하셔야 합니다. '이종 이식'에 대한 해결책이라는 말이 없더라도, '미니돼지'가 곧 그 해결책임을 생각하면서 읽을 수 있어야 해요!

4문단 (1)

> ①이종 이식의 또 다른 문제는 내인성 레트로바이러스이다. ②내인성 레트로바이러스는 생명체의 DNA의 일부분으로, 레트로바이러스로부터 유래된 것으로 여겨지는 부위들이다. ③이는 바이러스의 활성을 가지지 않으며 사람을 포함한 모든 포유류에 존재한다.

① #문제 제시 #카테고리 나누기

'이종 이식'이 가지고 있는 '또 다른 문제'가 제시되고 있습니다. 3문단에서 제시했던 '이종 이식'의 문제는 '심각한 거부 반응'이었는데, 4문단에서는 '내인성 레트로바이러스'라는 새로운 문제점을 제시하고 있는 것이에요. 이렇게 '이종 이식의 문제점'을 '심각한 거부 반응'과 '내인성 레트로바이러스'라는 두 가지 카테고리로 나눠서 독해할 수 있어야 합니다. 이로부터 '내인성 레트로바이러스'라는 정보의 역할을 정확하게 잡을 수 있어야 해요!

②~③ #정의 제시 #고정값

먼저 '내인성 레트로바이러스'의 정의가 나옵니다. 이는 'DNA의 일부분'이고, '레트로바이러스로부터 유래'했다고 합니다. 중요한 개념의 정의이므로, 마치 외울 듯이 꼼꼼하게 체크하셔야 해요.

독특한 것이, 이름에는 '바이러스'가 들어가지만, 실제로 '바이러스'의 활성을 가지지는 않는다고 해요. 정의에 따르면, DNA의 일부분이니까 '바이러스'로 활동하지 않는 것이겠죠? 'DNA'는 '바이러스'가 아니니까요. 이렇게 '정의'를 끌고 오며 최대한 납득할 수 있어야 합니다.

그런데 사실 '내인성 레트로바이러스'가 '바이러스'의 활성을 가지지 않는다는 건 굉장히 특이한 정보입니다. '내인성 레트로바이러스'를 '문제점'으로 제시했는데, '바이러스'의 활성을 가지지 않는다면 딱히 문제라고 하기 어려워보이니까요. 따라서 이를 굉장히 중요한 정보로 받아들일 수 있어야 합니다. 화제의 흐름상 튀는 정보잖아요!

나아가 '내인성 레트로바이러스'는 '모든 포유류'에 존재한다고 합니다. 일종의 '고정값'으로 체크할 수 있겠네요! 이렇게 독특한 정보들로 이루어진 3번 문장은 꼭 기억해야 하는 정보를 담고 있다고 할 수 있겠죠?

하이라이트 문장

> ①이종 이식의 또 다른 문제는 내인성 레트로바이러스이다.

카테고리를 만들어 주는 문장입니다. '내인성 레트로바이러스'라는 것이 나올 텐데, 이는 '심한 거부 반응'과 더불어 '이종 이식'의 문제점임을 계속 상기해야 합니다.

4문단 (2)

④레트로바이러스는 자신의 유전 정보를 RNA에 담고 있고 역전사 효소를 갖고 있는 바이러스로서, 특정한 종류의 세포를 감염시킨다. ⑤유전 정보가 담긴 DNA로부터 RNA가 생성되는 **전사 과정**만 일어날 수 있는 다른 생명체와는 달리, 레트로바이러스는 다른 생명체의 세포에 들어간 후 **역전사 과정**을 통해 자신의 RNA를 DNA로 바꾸고 그 세포의 DNA에 끼어들어 감염시킨다. ⑥이후에는 다른 바이러스와 마찬가지로 자신이 속해 있는 생명체를 숙주로 삼아 숙주 세포의 시스템을 이용하여 복제, 증식하고 일정한 조건이 되면 숙주 세포를 파괴한다.

④ #정의 제시 #비교/대조

이번에는 '내인성'이 아닌 그냥 '레트로바이러스'의 정의가 등장합니다. '내인성' 레트로바이러스가 그냥 '레트로바이러스'로부터 나왔다고 하니, 제대로 파악해봐야겠네요. 그리고 '내인성' 레트로바이러스와 그냥 '레트로바이러스'가 무엇이 다른지 '비교/대조'할 준비까지 마치셨으면 완벽합니다!

먼저 유전 정보를 'RNA'에 담고 있으며, '역전사 효소'를 갖고 있다는 사실을 체크해줍시다. 그리고 세포를 '감염'시킨다는 것까지요! '바이러스'니까 당연히 '세포'를 감염시키겠죠? '내인성 레트로바이러스'가 '바이러스의 활성'을 갖지 않는다는 사실과는 상반되는 중요한 정보네요. '차이점'이니 중요하게 인식하고 넘어갈 필요가 있겠습니다.

⑤~⑥ #재진술 #수식된 정의 제시
#단어의 의미 살리기 #비교/대조

엄청나게 어려운 단어, 정의들과 함께 과정이 제시됩니다. 이렇게 밀도 높은 정보들을 처리할 때는 천천히, 정확하게 독해해주는 것이 좋습니다. 급하다고 빠르게 독해해봤자, 어차피 문제 풀 때 하나도 머릿속에 남아있지 않을 것이에요.

우선, '전사 과정'의 정의를 체크해줍시다. 그런데 여기서 'DNA'를 '유전 정보'가 담긴 것으로 정의하고 있네요. 이때 '레트로바이러스'라는 중요 개념의 정의를 잘 체크했다면, '유전 정보'라는 말에 강하게 반응할 수 있습니다. 앞에서 '레트로바이러스'는 '유전 정보'를 'RNA'라는 곳에 담고 있다고 했거든요. 일반적으로는 'DNA'에 '유전 정보'가 있는 것 같은데, '레트로바이러스'는 독특하게 'RNA'에 담고 있는 모습입니다. 이렇게 '유전 정보'라는 같은 말을 바탕으로

일반적인 경우와의 차이점을 명확하게 잡아줄 수 있어야 해요.

한편 'DNA→RNA'를 '전사 과정'이라고 하네요. 그런데, '레트로바이러스'는 어떤 '효소'를 갖고 있었죠? 잘 모르겠다면 '레트로바이러스'의 '정의'로 되돌아가서 확인해봅시다.

맞아요. '역전사 효소'를 갖고 있었습니다. 단어의 의미를 살려보면, '역/전사 과정'은 'DNA→RNA'가 아닌 'RNA→DNA'를 의미하겠죠? '역'이니까요! 그래서 다른 생명체와 달리 '레트로바이러스'는 다른 생명체의 세포에 들어가서 'RNA→DNA'를 하는 것이에요! 즉, '역전사 과정'을 통해 세포를 '감염'시키는 것입니다. 다른 세포들은 'RNA'로부터 'DNA'가 되어 다른 세포의 'DNA'에 끼어드는 것이 불가능한데, '레트로바이러스'는 이러한 '역전사 과정'을 통해 다른 세포의 'DNA'에 끼어드는 것이 가능합니다. 다른 세포에게 끼어든다는 것은 그 세포를 '방해'하는 것이므로, 이 과정을 통해 다른 세포를 '감염'시킨다는 말을 충분히 납득할 수 있겠어요.

그렇게 다른 세포를 '감염'시키고 나서, '다른 바이러스와 마찬가지로' 감염된 생명체의 시스템을 통해 '생장'한 후, '파괴'한다고 합니다. '바이러스'니까 당연히 감염시킨 대상을 '이용'하고 '파괴'하겠죠? '바이러스'라는 단어의 의미를 살려서 납득해주시면 되겠습니다. 나아가, '다른 바이러스'와 '레트로바이러스'의 공통점이라 생각해주시면 될 것 같아요. '레트로바이러스'도 결국 '바이러스'니까 '숙주'를 파괴하는 것이죠!

이렇게 열심히 정보를 처리하고 나서는 한 번씩 생각해주셔야 해요. 우리가 지금 무엇을 읽고 있는지를요! 우리는 지금 '이종 이식의 또 다른 문제점'인 '내인성 레트로바이러스'라는 카테고리에 대해 읽고 있어요. '레트로바이러스'에 대한 정보는 그저 '내인성 레트로바이러스'를 설명하기 위한 '빌드업'에 불과합니다. 이를 잊으면 안 돼요!

5문단

①그런데 정자, 난자와 같은 생식 세포가 레트로바이러스에 감염되고도 살아남는 경우가 있었다. ②이런 세포로부터 유래된 자손의 모든 세포가 갖게 된 것이 **내인성 레트로바이러스**이다. ③내인성 레트로바이러스는 세대가 지나면서 돌연변이로 인해 염기 서열의 변화가 일어나며 해당 세포 안에서는 바이러스로 활동하지 않는다. ④그러나 내인성 레트로바이러스를 떼어 내어 다른 종의 세포 속에 주입하면 이는 레트로바이러스로 변환되어 그 세포를 감염시키기도 한다. ⑤따라서 미니돼지의 DNA에 포함된 내인성 레트로바이러스를 효과적으로 제거하는 기술이 개발 중에 있다.

이러한 '레트로바이러스'에 감염되고도 '생식 세포'가 살아남는 경우가 있었다고 합니다. '레트로바이러스'는 '바이러스'이기에 '생식 세포'와 같은 숙주를 '파괴'하는데, 용케 버티고 살아남은 경우가 있다는 것이죠. 그리고 이런 '생식 세포'로부터 유래된 자손의 '모든 세포'는 '내인성 레트로바이러스'를 가진다고 합니다! 바로 앞에서 읽었던 '내인성 레트로바이러스'의 정의를 끌고 올 수 있어야 합니다. '내인성 레트로바이러스'는 '레트로바이러스'로부터 유래되었고 '모든 포유류'에 존재한다고 했는데, 이 말이 여기서 다시 반복되는 모습이에요. '내인성 레트로바이러스'는 '레트로바이러스'에 감염되었던 '생식 세포'에서 유래된 것인데, '모든 포유류'의 '모든 세포'에 존재하는 겁니다!

나아가 이러한 '내인성 레트로바이러스'는 '염기 서열의 변화'로 인해 해당 세포 내에서는 '바이러스'로 활동하지 않는다고 해요. 이 역시 앞 문단에서 확인했던 정보의 재진술에 불과하죠? '내인성 레트로바이러스'의 유래는 알겠는데, 어차피 '바이러스'로 활동하지 않는데 도대체 왜 '이종 이식'의 문제점이 되는 건지 궁금해집니다. 이런 궁금증을 가지면서 읽어나가야 해요!

④~⑤ #화제의 흐름

바로 그 궁금증이 해결되는 모습입니다. 이러한 '내인성 레트로바이러스'를 '다른 종의 세포에 주입'하면, 즉 '이종 이식'을 하면 '레트로바이러스'로 변환된다고 해요. 그 자체로는 문제가 아닌데, 이 지문의 핵심인 '이종 이식'을 하는 순간 문제가 되는 것이죠! 이렇게 화제의 흐름이 명확하게 잡혀야 합니다.

그래서 이러한 문제를 해결하기 위해, '내인성 레트로바이러스'를 제거할 필요가 있고 이를 제거한 '미니돼지'를 만드는 연구를 진행하고 있다고 하네요. 지문 전체적으로 해결책을 '원인의 제거'가 아닌 '문제 자체의 제거'의 방식으로 제시하는 독특한 지문이었습니다.

하이라이트 문장

> ④그러나 내인성 레트로바이러스를 떼어 내어 다른 종의 세포 속에 주입하면 이는 레트로바이러스로 변환되어 그 세포를 감염시키기도 한다.

'다른 종의 세포 속에 주입'을 보자마자, '내인성 레트로바이러스'의 역할인 '이종 이식'의 문제점을 떠올릴 수 있어야 합니다. 그 자체로는 문제가 되지 않지만, '이종 이식'을 하면 '레트로바이러스'로 변환되어 문제가 될 수 있다는 거죠!

6문단

> ①그동안의 대체 기술과 관련된 연구 성과를 토대로 이상적인 이식편을 개발하기 위해 많은 연구가 수행되고 있다.

① #화제의 흐름

이렇게 많은 연구를 통해, '이상적인 이식편'을 개발하기 위한 많은 연구가 진행되고 있다고 해요. 아직 완벽한 해결책을 찾지는 못했지만, 찾기 위해 애를 쓰는 모습인 것이죠. 지문의 내용을 요약해주는 문단이었습니다.

선지	①	②	③	④	⑤
선택률	6%	8%	20%	31%	35%

22 윗글에서 알 수 있는 내용으로 적절하지 <u>않은</u> 것은? ⑤

① 동종 간보다 이종 간이 MHC 분자의 차이가 더 크다.

명시적 근거	1문단 6번 문장
실전에서의 판단 과정	이종이 더 유전적으로 차이가 크지.
해설	'MHC 분자'의 차이를 묻고 있습니다. '유전적 거리'가 멀수록 'MHC 분자'의 차이도 크다고 했어요. 이는 너무나 당연하게 납득했던 정보였죠? '동종'보다는 '이종' 간의 '유전적 거리'가 훨씬 멀 것이기 때문에, 덩달아 'MHC 분자'의 차이가 더 크다고 할 수 있겠습니다.

② 면역 세포의 작용으로 인해 장기 이식의 거부 반응이 일어난다.

명시적 근거	1문단 4번 문장
실전에서의 판단 과정	면역적 거부 반응!
해설	'면역 세포'의 표면에 발현하는 'MHC 분자의 차이' 때문에 '면역적 거부 반응'이 일어나는 것이었죠? 지문 전체를 이끌어가는 '문제점'에 해당하기 때문에, 확실하게 인식하고 있을 정보입니다.

③ 이종 이식을 하는 것만으로도 바이러스 감염의 원인
이 될 수 있다.

명시적 근거	5문단 4번 문장
실전에서의 판단 과정	레트로바이러스가 생기니까!
해설	'이종 이식'을 하면 '내인성 레트로바이러스'가 '레트로바이러스'로 변환될 수 있다고 했습니다. '레트로바이러스'는 숙주 세포를 '감염'시키는 역할을 하기 때문에, '이종 이식'을 하는 것만으로도 '바이러스' 감염의 원인이 될 수 있겠네요. '이종 이식'과 관련된 두 번째 문제점의 메커니즘을 정확히 이해하고 있는지 물어보는 선지였습니다.

④ 포유동물은 과거에 어느 조상이 레트로바이러스에 의
해 감염된 적이 있다.

명시적 근거	4문단 3번 문장, 5문단 1번~2번 문장
실전에서의 판단 과정	레트로바이러스를 견딘 조상의 후손인 포유동물이 모두 내인성 레트로바이러스를 가진다며.
해설	선지에서 묻는 것부터 천천히 따져봅시다. '레트로바이러스에 의해 감염'이라는 말에 주목할 필요가 있겠습니다. 우리는 저렇게 감염되고도 살아남은 '생식 세포'로부터 유래된 '모든 포유류'가 '내인성 레트로바이러스'를 가진다는 것을 너무나 잘 알고 있거든요. 이는 '고정값'이었기에 확실하게 인식하고 있는 정보였죠? 따라서 현재 지구상에 존재하는 모든 포유동물은 과거에 어느 조상이 '레트로바이러스'에 의해 감염되었다가 살아남은 적이 있다는 것을 추론할 수 있겠습니다. 맞는 선지였네요. 선지에서 묻는 '레트로바이러스에 의해 감염'이 '내인성 레트로바이러스의 생성'이라는 말의 재진술임을 파악하고, '내인성 레트로바이러스'의 정의 중 '모든 포유류'라는 고정값을 떠올릴 것을 요구한 고난도 선지였습니다. 어떠한 '생각'을 거치면 이러한 결론에 다다를 수 있는지 점검해보시기 바랍니다!

⑤ <u>레트로바이러스는 숙주 세포의 역전사 효소를 이용하여 RNA를 DNA로 바꾼다.</u>

명시적 근거	4문단 4번~5번 문장
실전에서의 판단 과정	역전사 효소는 숙주 세포가 아니라 자기한테 있지.
해설	먼저 '레트로바이러스'가 '역전사 효소'를 이용하여 'RNA'를 'DNA'로 바꾼다는 것 자체는 맞는 말입니다. 이를 '역전사 과정'이라고 불렀었죠? 이는 '다른 생명체'와 '레트로바이러스' 사이에 존재하는 큰 차이점이었으니, 머릿속에 확실히 남길 수 있는 정보였을 겁니다. 다만 이 선지는 그러한 '역전사 효소'가 '숙주 세포'에 존재하는지 묻고 있어요. 정말 그런지 확인해보기 위해 '레트로바이러스'의 정의를 확인해보니, '레트로바이러스'가 '역전사 효소'를 갖고 있는 것이었네요. 따라서 '숙주 세포의 역전사 효소'라는 건 틀린 내용이 되겠습니다. 바로 정답으로 고를 수 있네요. 참고로 이 선지의 '레트로바이러스'처럼, 특정 개념에 대해 묻는 선지 판단이 바로 되지 않는 경우에는 해당 개념의 '정의' 부분으로 빠르게 돌아가는 것이 좋습니다. 모든 생각의 트리거가 그 속에 들어 있을 겁니다.

선지	①	②	③	④	⑤
선택률	44%	12%	12%	25%	7%

23 ⓐ가 갖추어야 할 조건으로 적절하지 <u>않은</u> 것은? ①

> ⓐ이상적인 이식편

– '이상적인 이식편'이 갖추어야 할 조건을 묻고 있습니다. 이렇게 발문 확인 잘 하고 있죠? '이상적인 이식편'이 되려면, 지문에 나온 다양한 문제점들을 가지지 않아야 할 것입니다. 이 생각까지 할 수 있다면 정말 좋았겠네요. 결국 '이상적인 이식편'은 '해결책'에 해당하니까요!

① 이식편의 비용을 낮추어서 정기 교체가 용이해야 한다.

명시적 근거	2문단 3번 문장
실전에서의 판단 과정	교체해야 하는 건 큰 단점이지.
해설	'정기 교체'라는 귀찮음은 '전자 기기 인공 장기'가 가지고 있는 '문제점' 중 하나였습니다. 물론 교체를 할 수밖에 없는 상황이라면 비용을 낮추어 교체를 용이하게 하는 것이 좋긴 하겠지만, 기본적으로 '이상적'인 이식편이 되려면 '정기 교체' 자체를 할 필요가 없어야겠죠? 역시 '선지에서 묻는 것'을 디테일하게 따졌어야 하는 선지였어요.

② 이식편은 대체를 하려는 장기와 크기가 유사해야 한다.

명시적 근거	3문단 5번 문장
실전에서의 판단 과정	크기가 유사하면 좋지.
해설	장기의 크기가 비슷하다? 이건 '해결책'의 일종이었던 '미니돼지'가 가진 장점이었죠. '해결책'이 가진 장점이라면 당연히 '이상적인 이식편'의 조건이라 할 수 있겠죠.

③ 이식편과 수혜자 사이의 유전적 거리를 극복해야 한다.

명시적 근거	1문단 4번~6번 문장
실전에서의 판단 과정	유전적 거리 때문에 문제가 생긴 것이니 극복하면 좋겠지.
해설	유전적 거리로부터 발생하는 '거부 반응'을 극복하는 것. 이것이 '이식'의 문제점 해결의 핵심이었죠? 비록 지문에서는 그 방법을 제시하지 못했지만, 이렇게 '원인' 자체를 제거할 수 있는 해결책이 나온다면 '이상적'인 이식편이라고 할 수 있겠습니다.

④ 이식편은 짧은 시간에 대량으로 생산이 가능해야 한다.

명시적 근거	3문단 5번 문장
실전에서의 판단 과정	많이 생산되면 좋지.
해설	짧은 시간에 대량 생산할 수 있는 것 역시 '해결책'이었던 '미니돼지'의 특징이었어요. 이렇게 짧은 시간에 대량으로 생산이 가능하면 '효율적'이라고 할 수 있겠죠? 충분히 '이상적'입니다.

⑤ 이식편이 체내에서 거부 반응을 유발하지 않아야 한다.

명시적 근거	1문단 4번 문장
실전에서의 판단 과정	거부 반응이 문제였으니까.
해설	첫 번째 '문제점'에 대한 내용이네요. 거부 반응을 없애기 위한 다양한 시도가 있었던 것이 기억나죠? '문제점'을 없앴으니 충분히 '이상적'이라고 할 수 있겠네요.

선지	①	②	③	④	⑤
선택률	6%	10%	61%	15%	8%

24 다음은 신문 기사의 일부이다. 윗글을 참고할 때, 기사의 ㉮에 대한 반응으로 적절하지 <u>않은</u> 것은? [3점] ③

○○신문
○○○○년 ○○월 ○○일

최근에 줄기 세포 연구와 3D 프린팅 기술이 급속도로 발전하고 있다. 줄기 세포는 인체의 모든 세포나 조직으로 분화할 수 있다. 그러므로 수혜자 자신의 줄기 세포만을 이용하여 3D 바이오 프린팅 기술로 제작한 ㉮세포 기반 인공 이식편을 만들 수 있을 것으로 전망된다. 이미 미니 폐, 미니 심장 등의 개발 성공 사례가 보고되었다.

– 특이하게 '신문 기사'를 주는 형태네요. 다른 건 없어요. 〈보기〉라고 생각하고, 분석해 봅시다.

㉮의 핵심은 '수혜자 자신'의 줄기 세포를 이용한다는 것입니다. 수혜자 자신의 것을 이용한다면 '동종 이식'의 문제점도, '이종 이식'의 문제점도 나타나지 않는 완벽한 이식이 가능하겠네요. '유전적 거리'가 없으니까요! 지문에 제시되지 않았지만 우리가 계속 기다렸던, '원인'을 제거하는 최고의 '해결책'이라고 생각할 수 있겠네요.

① 전자 기기 인공 장기와 달리 전기 공급 없이도 기능을 유지할 수 있겠군.

명시적 근거	2문단 3번 문장, 〈보기〉
실전에서의 판단 과정	전자 기기가 아니니까.
해설	㉮는 전자 기기를 이용하는 것이 아닌 '세포 기반'의 이식편이므로, 전기를 공급할 필요가 없겠죠.

② 동종 이식편과 달리 이식 후 면역 억제제를 사용할 필요가 없겠군.

명시적 근거	1문단 7번 문장, 〈보기〉
실전에서의 판단 과정	면역적 거부 반응이 나타날 리가 없으니까 면역 억제제도 필요없지.
해설	선지에서 묻는 '면역 억제제'는 '동종 이식'의 문제점을 해결하기 위한 해결책으로 제시된 것이었습니다. 그런데 ㉮는 동종 이식의 문제점을 가지지 않죠? '수혜자 자신'의 세포를 이용하는 이식편이므로 '유전적 거리'가 없으니까요. 그렇다면 '면역 억제제'를 쓸 필요도 없겠네요.

③ 동종 이식편과 달리 내인성 레트로바이러스를 제거할
필요가 없겠군.

명시적 근거	4문단 1번 문장, 〈보기〉
실전에서의 판단 과정	내인성 레트로바이러스는 이종 이식의 문제지.
해설	'내인성 레트로바이러스'요? 이건 '이종 이식'의 문제점이었죠? 애초에 동종 이식편에서는 '내인성 레트로바이러스'를 제거할 필요가 없기 때문에, '동종 이식편과 달리'는 틀린 말이네요. 물론 ㉮도 '이종 이식'이 아니기 때문에, 내인성 레트로바이러스를 걱정할 필요가 없다는 것은 맞는 말입니다. '내인성 레트로바이러스'라는 정보의 카테고리를 확실히 나눠두었다면 쉽게 답으로 고를 수 있었겠네요!

④ 이종 이식편과 달리 유전자를 조작하는 과정이 필요
하지는 않겠군.

명시적 근거	3문단 4번 문장, 〈보기〉
실전에서의 판단 과정	자기 거니까 유전자를 조작할 필요는 없지.
해설	㉮는 이종 이식의 문제점을 가지고 있지 않죠? 따라서 '이종 이식의 문제'를 '해결'하기 위해 시행하는 '미니 돼지의 형질 전환' 같은 '유전자 조작'도 필요하지 않을 겁니다.

⑤ 이종 이식편과 달리 자연항체에 의한 초급성 거부 반
응이 일어나지 않겠군.

명시적 근거	3문단 3번 문장, 〈보기〉
실전에서의 판단 과정	㉮는 아무 문제가 없지.
해설	다 같은 맥락입니다. ㉮는 '이종 이식'에서 나타나는 '초급성 거부 반응'과 같은 문제점을 가지지 않는, 진짜 '이상적'인 이식편이라고 할 수 있어요.

선지	①	②	③	④	⑤
선택률	31%	9%	11%	38%	11%

25 ㉠과 ㉡에 대한 설명으로 가장 적절한 것은? ①

> ㉠내인성 레트로바이러스 / ㉡레트로바이러스

– '내인성 레트로바이러스'와 '레트로바이러스'를 비교하는 문제네요. 이들의 공통점과 차이점, 그리고 '이종 이식'에서 문제가 되는 방식 등의 정보들은 확실하게 정리가 되어 있을 겁니다. 가볍게 선지 판단해보도록 합시다.

① ㉠은 ㉡과 달리 자신이 속해 있는 생명체의 모든 세포
의 DNA에 존재한다.

명시적 근거	4문단 2번 문장, 5문단 1번~2번 문장
실전에서의 판단 과정	내인성 레트로바이러스는 모든 포유류의 모든 세포에 존재하는 DNA의 일부분이었지.
해설	선지에서 묻는 것부터 차분하게 따져봅시다. ㉠과 ㉡이 각각 '모든 세포의 DNA'에 존재하는지 물어보고 있어요. 여기서 '모든 세포'라는 말을 보자마자 '내인성 레트로바이러스'의 특징이 떠오르겠죠? '내인성 레트로바이러스'는 '레트로바이러스'에 감염되었다가 살아남은 '생식 세포'로부터 유래된 자손들의 '모든 세포'에 존재하는 것이었습니다. 지문을 읽으며 '고정값'으로 체크했던 중요한 정보였으니 당연히 기억이 날 것이에요. 한편, '내인성 레트로바이러스'는 '생명체의 DNA'의 일부분이기도 했습니다. '모든 세포'에 존재하는데 'DNA'의 일부이기도 하다면, '속해 있는 생명체의 모든 DNA에 존재'한다고 할 수 있겠네요. 반면 '레트로바이러스'는 특정 숙주 세포의 DNA에 끼어들어 존재하기는 하지만, 말 그대로 '특정' 세포에만 존재할 뿐 '모든' 세포에 존재하지는 않습니다. 따라서 '㉠은 ㉡과 달리'라는 말도 맞다고 할 수 있겠네요. 역시 '선지에서 묻는 것'으로부터 시작하여, '필연적 사고'를 바탕으로 지문 속 여러 근거들을 긁어모아야 하는 고난도 선지였습니다. 그리고 이때의 '필연적 사고'는 개념의 '정의'로부터 시작한다는 점, 확실하게 이해할 수 있겠죠? 시간이 좀 걸리더라도 확실하게 처리할 수 있어야 해요.

② ⓒ은 ⓐ과 달리 자신의 유전 정보를 DNA에 담을 수 없다.

명시적 근거	4문단 2번 문장, 4문단 5번 문장
실전에서의 판단 과정	레트로바이러스도 유전 정보가 있는 RNA를 DNA로 바꿀 수 있잖아.
해설	'레트로바이러스'는 다른 생명체들과는 달리 '역전사 과정'을 통해 RNA를 DNA로 변환시킵니다. 그리고 이때의 RNA는 '유전 정보'를 담고 있는 곳이었어요! '유전 정보'를 담고 있는 곳이 RNA에서 DNA로 변환된 것이니, '레트로바이러스'도 '유전정보'를 DNA에 담을 수 있다고 해야겠네요. 따라서 'ⓒ은 ⓐ과 달리' 부분이 틀린 선지가 되겠습니다. 한편, '내인성 레트로바이러스'는 그 정의 자체가 'DNA의 일부분'이기 때문에, 자신의 '유전 정보'도 DNA에 담고 있을 겁니다. 어렵지 않게 생각할 수 있겠죠?

③ ⓒ은 ⓐ과 달리 자신이 속해 있는 생명체에 면역 반응을 일으키지 않는다.

명시적 근거	1문단 4번 문장, 4문단 3번~5번 문장
실전에서의 판단 과정	내인성 레트로바이러스는 그 자체로 다른 생명체에 들어가지는 않지.
해설	선지에서 물어보는 '면역 반응'이 의미하는 바를 생각할 수 있어야 합니다. '면역 반응'은 '자신의 것이 아닌 물질이 체내로 유입될 경우' 발생하는 반응입니다. 즉, 이 지문의 화제인 '이식'의 상황이 있을 때 항상 발생하는 것이죠. 먼저 '레트로바이러스'는 다른 생명체의 DNA에 끼어들어 감염시킬 수 있습니다. 이 경우 해당 생명체를 기준으로 보면 '자신의 것이 아닌 물질이 체내로 유입'된 것이므로 '면역 반응'을 일으킬 것입니다. 따라서 ⓒ이 면역 반응을 일으키지 않는다는 선지의 진술은 틀린 말이 되겠습니다. '면역 반응'이라는 말이 지문의 어떤 내용을 재진술하고 있는지 생각할 수 있었어야 해요! 한편, '내인성 레트로바이러스'는 다른 생명체에 침투하는 것이 아니라 어떤 생명체의 DNA에 얌전히 존재하는 것이죠? 즉, 어떤 생명체 입장에서 '자신의 것'에 해당하므로, '면역 반응'을 일으키지는 않을 것입니다.

④ ⓐ과 ⓒ은 둘 다 자신이 속해 있는 생명체의 유전 정보를 가지고 있다.

명시적 근거	4문단 2번 문장, 4문단 4번~5번 문장
실전에서의 판단 과정	레트로바이러스가 생명체의 유전 정보를 어떻게 가지고 있냐.
해설	이번에는 자신이 속한 생명체의 '유전 정보'를 가지고 있는지 묻고 있습니다. 일단 '내인성 레트로바이러스'는 자신이 속한 생명체의 DNA의 일부이므로, 당연히 그 생명체의 유전 정보를 가지고 있을 겁니다. 계속해서 확인했던 정보죠? 반면 '레트로바이러스'는 '자신의 유전 정보'가 있는 RNA를 DNA로 바꿀 뿐, 자신이 들어가는 생명체의 유전 정보를 알지는 못하네요. 애초에 '레트로바이러스'는 그냥 '바이러스'에 불과하므로, '유전 정보'를 기록하는 것과 같은 역할을 하지는 못할 겁니다. 따라서 '둘 다'라는 말은 틀렸네요. 이번에도 '유전 정보'에 대해 묻고 있다는 걸 생각하고, 이와 관련된 RNA/DNA에 대한 정보를 각 개념의 '정의'로부터 찾아낼 수 있었다면 더욱 쉽게 해결할 수 있었을 겁니다. 어떠한 개념에 대해서 물을 때는 그 개념의 '정의'를 확인해야 한다는 것, 절대 잊지 맙시다.

⑤ ㉠과 ㉡은 둘 다 자신이 속해 있는 생명체의 세포를
감염시켜 파괴한다.

명시적 근거	4문단 3번~5번 문장
실전에서의 판단 과정	내인성 레트로바이러스는 바이러스의 작용이 없다고 했었지.
해설	'내인성 레트로바이러스'는 '레트로바이러스'와는 달리 '바이러스'로 활동하지 않아요. 반면, '레트로바이러스'는 '바이러스'의 활성을 띠므로, 자신이 속해 있는 생명체의 세포를 감염시키고 파괴하겠죠? 둘의 가장 중요한 차이점을 묻고 있네요.

몰랐던 어휘 정리하기

① **화제 check** : 독서 지문 독해의 처음이자 끝. 첫 문단에서
잡은 '화제의 틀'을 마지막 문단까지 놓지 않아야 합니다.
② **정의 인식** : 단어의 의미를 살린 상태로, 지문에 제시된 정의
와 붙여서 이해할 수 있어야 합니다. 정의를 '기억'하는 게 아
니라, '납득'해서 본인의 말로 정리할 수 있어야 해요.
③ **카테고리 나누기** : 정보들의 범주가 나뉠 때, 그들이 서로 다
른 카테고리에 속한다는 것을 인지해야 합니다. 이렇게 각
카테고리에 맞춰 정보를 정리하면 훨씬 깔끔하게 정리할 수
있다는 것을 기억해주세요.
④ **비교/대조** : 비교되는 대상이 나오면, '공통점'과 '차이점' 중
심으로 읽어나가면 됩니다.
⑤ **선지에서 묻는 것** : 모든 선지 판단의 시작은 '묻는 것'이 무엇
인지 인식하는 것에서부터입니다. 특히 특정 개념에 대해 묻
는 경우에는 그 개념의 '정의'를 확인하는 것이 중요합니다.

| 지문 내용 총정리 |

내용이 막 어렵지는 않았지만, 선지가 굉장히 까다롭게 출제되
어 막상 채점하면 오답이 많이 나오는 형태의 지문이었습니다.
'이식의 문제점'이라는 화제 중심으로 정보를 정리하고, '선지에
서 묻는 것'을 바탕으로 고난도 선지를 뚫어가는 생각의 과정들
에 주목하며 정리해봅시다.

1문단

> ①**경마식 보도**는 경마 중계를 하듯 지지율 변화나 득표율 예측 등을 집중 보도하는 선거 방송의 한 방식이다. ②경마식 보도는 선거일이 가까워질수록 증가한다. ③새롭고 재미있는 정보를 원하는 시청자들의 요구에 부응하고, 방송사로서도 매일 새로운 뉴스를 제공하는 방편이 될 수 있기 때문이다. ④경마식 보도는 선거와 정치에 무관심한 유권자들의 선거 참여, 정치 참여를 독려하는 장점이 있다. ⑤하지만 흥미를 돋우는 데 치중하는 경마식 보도는 선거의 주요 의제를 도외시하고 경쟁 결과에 초점을 맞춰 선거의 공정성을 저해할 수 있다.

①~③ #정의 제시 #단어의 의미 살리기 #재진술

'경마식 보도'를 정의하면서 시작하고 있습니다. 단어의 의미 그대로, 이는 '경마' 중계를 하는 것처럼 지지율 변화·득표율 예측 등을 집중 보도하는 선거 방송의 한 형태라고 해요. 선거 기간에 뉴스를 본 적이 있다면, 이런 형태의 보도를 본 기억이 있을 겁니다.

이런 '경마식 보도'는 선거일이 가까워질수록 증가한다고 합니다. 선거일에 가까워질수록 지지율 및 득표율에 대한 관심이 높아질 것이니, 너무나 당연하게 납득할 수 있겠죠? '경마식 보도'는 이러한 시청자들의 관심에도, 그리고 새로운 뉴스거리를 만들어야 하는 방송사의 필요에도 부응하기 때문에 선거일이 가까워질수록 더 활개를 치는 것입니다.

④~⑤ #재진술 #화제 제시

'경마식 보도'는 흥미 있는 뉴스거리를 제공하기 때문에, 선거와 정치에 무관심한 유권자들의 관심을 끌어올 수 있는 장점이 있습니다. 그러면서도, 지나치게 흥미 위주의 보도이기 때문에 선거의 주요 의제를 도외시하고 경쟁 결과에 초점을 맞추는 단점도 있다고 하네요. 단순히 정보를 처리한다는 생각이 아니라, '흥미 위주의 보도'라는 '경마식 보도'의 핵심 포인트를 바탕으로 당연하게 납득할 수 있어야 합니다.

그런데, 이러한 '경마식 보도'의 단점이 '선거의 공정성'을 저해할 수 있다는 말로 이어집니다. 역시 최대한 납득할 수 있어야 합니다. 우리가 알고 있는 '경마식 보도'의 특징은 지지율·득표율처럼 '흥미 있는 뉴스거리'를 제공한다는 점입니다. 이를 바탕으로 생각해보면, 선거의 주요 의제 같은 것보다는 그저 지지율과 득표율에 대한 이야기에만 사람들이 주목하게 되어 지지율·예상 득표율이 낮은 후보들에 대해서는 이야기하지 않게 된다는 식으로 이해할 수 있겠습니다. 이는 선거의 추이가 지지율·예상 득표율이 높은 후보에게만 유리하게 흘러가도록 할 것이기 때문에, '경마식 보도'가 심해지면 '선거의 공정성'도 해칠 수 있는 것이죠. 조금만 생각해보면 충분히 납득할 수 있는 내용입니다. 이렇게 읽을 수 있으면 좋겠어요.

어쨌든, 이런 방식으로 '경마식 보도'라는 개념에 대해 확실하게 납득하시고, '경마식 보도'와 관련된 내용이 화제일 것이라는 생각을 하면서 읽어봅시다.

하이라이트 문장

> ⑤하지만 흥미를 돋우는 데 치중하는 경마식 보도는 선거의 주요 의제를 도외시하고 경쟁 결과에 초점을 맞춰 선거의 공정성을 저해할 수 있다.

실질적인 '하이라이트 문장'은 핵심 개념인 '경마식 보도'의 정의를 소개하는 1번 문장이지만, '선거의 공정성'과 관련된 부분을 납득하여 지문을 더 깊게 이해하는 습관을 갖추고 있는지 확인할 수 있다는 점에서 이 문장을 '하이라이트 문장'으로 뽑았습니다. 조금 더 어려워지면 이렇게 '납득'할 수 있는 능력이 있는지가 독서 파트의 점수를 결정할 것이니, 확실하게 '납득'하는 연습을 많이 하도록 합시다.

2문단

> ①경마식 보도의 문제점을 줄이려는 조치가 있다. ②「**공직선거법**」의 규정에 따르면, 당선인을 예상케 하는 여론조사를 실시하는 것은 언제든지 가능하지만, 그 결과의 보도는 선거일 6일 전부터 투표 마감 시각까지 금지된다. ③이러한 규정이 국민의 알 권리와 언론의 자유를 침해하는지에 대해 헌법재판소는 신뢰할 수 있는 여론조사 결과라 하더라도 선거일에 임박해 보도하면 선거에 영향을 끼칠 수 있다며 합헌 결정을 내렸다. ④「**공직선거법**」에 근거를 둔 「**선거방송심의에 관한 특별규정**」은 유권자에게 영향을 줄 수 있는 사실의 왜곡 보도를 금지하고, 여론조사 결과가 오차 범위 내에 있을 때에 이를 밝히지 않은 채로 서열이나 우열을 나타내는 보도도 금지하고 있다. ⑤언론 단체의 「**선거여론조사보도준칙**」은 표본 오차를 감안하여 여론조사 결과를 정확하게 보도하도록 요구한다. ⑥지지율 차이가 오차

범위 내에 있을 때 "경합"이라는 표현은 무방하지만 서
열화하거나 "오차 범위 내에서 앞섰다."라는 표현처럼
우열을 나타내어 보도할 수 없다는 것이다.

① #화제 제시

화제를 구체화시키고 있습니다. 앞에서 이해한 바와 같이, '경마식 보
도'는 지나치게 흥미 위주로 보도를 하기에 '선거의 공정성'을 저해할
수 있어요. 이에 이 문제를 해결하기 위한 조치들이 있다고 하네요. 이
조치들이 곧 화제일 것이라 생각하면서 읽어보시면 되겠죠?

②~③ #정의 제시 #재진술

먼저 '공직선거법'의 규정을 제시하고 있습니다. 이에 따르면, 여론
조사는 언제든지 할 수 있지만 그 결과의 보도가 선거일 6일 전부터
투표 마감 시각까지 금지된다고 합니다. 앞 문단에서 '경마식 보도'
가 선거일이 가까워질수록 증가한다고 했는데, 선거일 직전에는 '경
마식 보도'를 못하게 하는 방식으로 '선거의 공정성'을 최대한 확보
하려는 것이라고 이해할 수 있겠죠? '선거일 6일 전'이 '선거일이 가
까워질수록'의 재진술임을 파악하면서 더 쉽게 납득할 수 있으면 좋겠
습니다. 이런 맥락에서 여론조사는 언제든지 해도 되는 것입니다. 여
론조사를 실시하는 것 자체는 '선거의 공정성'을 해치지 않으니까요.

이처럼 선거일 직전에 '경마식 보도'를 못하게 하는 것은, 어떻게 보
면 국민의 알 권리와 언론의 자유를 침해하는 것이라고 할 수도 있습
니다. '경마식 보도'의 정의를 바탕으로 당연하게 납득할 수 있어야
해요. 지지율·예상 득표율이 궁금한 국민과 그것을 보도하고 싶은
언론의 입장에서는 짜증나는 조치니까요.

하지만 헌법재판소는 선거일에 임박한 '경마식 보도'가 선거에 영향
을 많이 끼칠 수 있다는 논리로 합헌 결정을 내렸다고 합니다. 이때
선거에 영향을 많이 끼친다는 것은, 선거 의제가 아닌 지지율·예상
득표율에만 유권자들의 관심이 가면서 '선거의 공정성'을 해칠 수 있
다는 말의 재진술이라고 할 수 있겠죠? 계속해서 같은 말만 하고 있
습니다. '경마식 보도'의 단점을 해소하기 위해, 즉 '선거의 공정성'을
지키기 위해 선거일에 임박한 '경마식 보도'를 금지하는 것이에요.

④~⑥ #정의 제시 #재진술

이러한 '공직선거법'에 근거를 둔 '선거방송심의에 관한 특별규정'에
서는, 왜곡 보도 및 오차 범위 내에 있을 때 이를 밝히지 않은 채 서
열이나 우열을 나타내는 보도를 금지한다고 합니다. 이 역시 결국
'경마식 보도'의 문제점을 해결하기 위한 조치임을 생각하면서, 너무
나 당연하게 납득할 수 있어야 합니다. 안 그래도 '경마식 보도'로 인
해 '선거의 공정성'이 저해되는 상황인데, 만약 왜곡 보도를 하거나
오차 범위 내에 있을 때 이를 밝히지 않고 특정 후보가 앞서고 있다
는 보도를 하면 '선거의 공정성'이 더 크게 저해될 것이니까요.

마찬가지로, 언론 단체의 '선거여론조사보도준칙'에서도 표본 오차
를 감안한 정확한 보도를 요구한다고 합니다. 이에 따르면 지지율 차
이가 오차 범위 내에 있을 때 '서열·우열'을 드러내는 표현을 사용할
수 없습니다. 한편 '경합'이라는 표현은 사용이 가능한데, 이를 '선거
의 공정성'이라는 포인트와 엮어 생각하면 '서열·우열 드러냄=불공
정', '경합=공정'이라는 식으로 납득할 수 있겠죠? '경합'이라는 표현
은 특정 후보에게 힘을 실어 주는 것이 아니니까요.

결국 '공직선거법'이라는 법적인 측면에서도, 언론 단체 내부에서도
'선거의 공정성'이 저해된다는 '경마식 보도'의 문제점을 해소하기
위한 노력을 한다는 것으로 정리할 수 있겠습니다. 정보량이 굉장히
많아 보였지만, '선거의 공정성'이 저해된다는 화제 중심으로 읽으면
정보량을 크게 줄인 채 넘어갈 수 있었을 거예요. 중요한 것은 이런
방식으로 최대한 '납득'해야 한다는 것입니다!

하이라이트 문장

①경마식 보도의 문제점을 줄이려는 조치가 있다.

이 지문의 진짜 화제가 등장하는 순간입니다. 여기서 '경마식 보도'
의 문제점인 '선거의 공정성 저해'를 떠올릴 수 있어야 하고, 그 뒤로
나오는 모든 정보를 이 포인트에 맞춰 납득할 수 있어야 해요. 늘 강
조하지만, 정보량이 많은 지문은 존재하지 않습니다.

3문단

①경마식 보도로부터 드러난 선거 방송의 한계를 보
완하는 방책 중 하나로 **선거 방송 토론회**가 활용될 수
있다. ②이 토론회를 통해 후보자 간 정책과 자질 등의
차이가 드러날 수 있는데, 현실적인 이유로 초청 대상자
는 한정된다. ③「공직선거법」의 선거 방송 토론회 규정
은 5인 이상의 국회의원을 가진 정당이나 직전 선거에
서 3% 이상 득표한 정당이 추천한 후보자, 또는 언론기
관의 여론조사 결과 평균 지지율이 5% 이상인 후보자
등을 초청 기준으로 제시하고 있다. ④다만 초청 대상이
아닌 후보자들을 위해 별도의 토론회 개최가 가능하고
시간이나 횟수를 다르게 할 수 있다.

① #카테고리 나누기 #재진술

'경마식 보도'로부터 드러난 선거 방송의 한계, 즉 '선거의 공정성 저
해'를 보완하는 방책 중 하나로 '선거 방송 토론회'가 활용될 수 있다
고 합니다. 여러 가지 '선거 보도 관련 규정'이라는 카테고리 외에도,
'선거 방송 토론회'라는 카테고리가 '선거의 공정성 저해'라는 문제에

대한 해결책으로 제시되고 있는 것이죠? 이렇게 카테고리를 나누면서, 동시에 '선거의 공정성'이라는 화제에 맞춰 이해해보도록 합시다.

②~④ #정의 제시 #재진술

'선거 방송 토론회'는 후보자 간 정책과 자질 등의 차이를 드러낼 수 있는, 비교적 '공정'한 방법이라고 할 수 있습니다. 하지만 현실적인 이유로 초청 대상자가 한정된다고 해요. '공직선거법'에서는 초청 대상자에 대해 여러 가지 제한을 두고 있는 모습입니다. 각 조건들을 살피면, 어느 정도 당선될 가능성이 있는 후보들만 초청 대상자가 될 수 있는 모습이죠? 물론 초청 대상이 아닌 후보자들을 위한 별도의 토론회 개최도 가능하긴 하지만, 이는 조금 불공정한 조치라고 할 수 있습니다. 당선 가능성이 낮은 후보들은 유권자들에게 정책 및 자질을 드러낼 수 있는 좋은 기회를 박탈당하는 것이나 다름없으니까요. 분명히 '선거 방송 토론회'는 '선거의 공정성'을 저해하는 '경마식 보도'의 문제점을 해결하기 위한 방책으로 제시되었는데, 뭔가 이상하다는 생각을 하면서 계속 읽어봅시다.

하이라이트 문장

> ①경마식 보도로부터 드러난 선거 방송의 한계를 보완하는 방책 중 하나로 선거 방송 토론회가 활용될 수 있다.

'선거 방송 토론회'라는 새로운 카테고리를 만들어주면서, 이 역시 '선거의 공정성'이라는 화제와 연관될 것이라는 생각을 해야 합니다.

4문단

> ①이러한 규정이 선거 운동의 기회균등 원칙을 침해하는지에 대해 헌법재판소는 위헌이 아니라고 결정했다. ②다수 의견은 방송 토론회의 효율적 운영을 고려할 때 초청 대상 후보자 수가 너무 많으면 제한된 시간 안에 심층적인 토론이 이루어지기 어렵고, 유권자들도 관심이 큰 후보자들의 정책 및 자질을 직접 비교하기 어렵다는 점을 지적하며, 이 규정은 합리적 제한이라고 보았다. ③반면 소수 의견은 이 규정이 가장 효과적인 선거 운동의 기회를 일부 후보자에게서 박탈하며, 유권자에게도 모든 후보자를 동시에 비교하지 못하게 하고, 초청 대상 후보자 토론회에 참여한 후보자와 그렇지 못한 후보자를 차별적으로 인식하게 만든다고 지적하였다. ④이 규정을 소수 정당이나 정치 신인 등에 대한 자의적이고 차별적인 침해라고 본 것이다.

① #재진술 #화제의 흐름

우리가 미리 생각한 것처럼, '선거 방송 토론회'의 초청 대상자를 정하는 '공직선거법'의 규정은 선거 운동의 기회균등 원칙을 침해한다는 점에서 불공정하다는 의견이 있었던 것 같습니다. 그런데 헌법재판소는 이에 대해서도 위헌이 아니라고 결정한 모습이에요. 어떤 논리일까요?

② #주장 제시 #재진술

먼저 '다수 의견'입니다. 헌법재판소는 '선거 방송 토론회'의 초청 대상자를 정하는 '공직선거법'의 규정이 위헌이 아니라고 했으니, '다수 의견'은 이러한 입장을 취하겠죠? 이에 따르면, 초청 대상 후보자 수가 너무 많으면 심층적 토론도 어렵고 유권자들도 관심 있는 후보자들의 정책 및 자질을 직접 비교할 수 없다는 점에서 이 규정이 합리적이라고 보는 것이네요. 단순히 정리하는 게 아니라 납득해야 합니다. '다수 의견'은 '효율성·합리성'의 차원에서 어느 정도 '선거의 공정성'을 해치는 이 규정이 용인될 만하다는 이야기를 하는 것입니다.

③~④ #주장 제시 #재진술 #화제의 흐름

다음은 '소수 의견'입니다. 이들은 이 규정이 잘못되었다는 이야기를 하겠죠? 이에 따르면, 이 규정은 일부 후보자의 입장에서 가장 효과적인 선거 운동 기회인 '선거 방송 토론회'의 기회를 박탈한다고 합니다. 나아가 유권자들이 모든 후보들의 정책 및 자질을 검증할 수 없게 하고, 초청 대상 후보자가 아닌 후보자를 차별적으로 인식하게 한다는 점에서 문제가 있다고 보고 있어요. 이는 소수 정당이나 정치 신인 등에 대한 자의적·차별적 침해라는 것이죠. 생각해보면 '공직선거법'에서 규정하는 내용은 수치에 대한 근거가 부족한 자의적인 기준이고, 우리가 계속 생각하고 있는 것처럼 불공정한 차별적 기준이라고 할 수 있겠습니다. 어렵지 않게 납득할 수 있네요.

이 지문의 화제를 고려할 때, 결국 '소수 의견'이 더 중요하다고도 할 수 있겠죠? 이처럼 마지막까지 '선거의 공정성'이라는 화제의 흐름 속에서 이해할 수 있는 지문이었네요.

하이라이트 문장

> ④이 규정을 소수 정당이나 정치 신인 등에 대한 자의적이고 차별적인 침해라고 본 것이다.

낯설게 느껴지면 안 되는 정보입니다. 마지막까지 '선거의 공정성'이라는 화제 중심으로 읽을 것을 요구하는 문장이에요.

선지	①	②	③	④	⑤
선택률	2%	2%	3%	6%	87%

26 ㉠에 대한 설명으로 가장 적절한 것은? ⑤

> ㉠경마식 보도

– 이 지문의 핵심 정보인 '경마식 보도'에 대해 묻는 문제입니다. 이는 지지율·예상 득표율 같은 흥미 위주의 보도를 하는 것으로, 선거와 정치에 무관심한 유권자들의 흥미를 높이는 장점도 있지만 '선거의 공정성'을 해치는 단점도 있었어요. 이를 바탕으로 가볍게 해결해 봅시다.

① 선거 기간의 후반기에 비해 전반기에 더 많다.

명시적 근거	1문단 2번 문장
실전에서의 판단 과정	선거일이 가까워질수록 증가한다고 했지.
해설	'경마식 보도'는 선거일이 가까워질수록 증가합니다. 시청자의 요구와 방송사의 필요에 모두 부응할 수 있기 때문이었죠. 이 때문에 '공직선거법'에서는 선거일 직전 여론조사 결과의 보도를 금지하는 것이었죠?

② 시청자와 방송사의 상반된 이해관계가 반영된다.

명시적 근거	1문단 3번 문장
실전에서의 판단 과정	이해관계가 맞아서 하는 것이었지.
해설	'경마식 보도'는 새롭고 재미있는 정보를 원하는 시청자들의 요구와 새로운 뉴스를 제공해야 하는 방송사의 필요 모두에 부응하기 때문에 선거일에 가까워질수록 증가하는 모습을 보인다고 했습니다. 이러한 내용을 납득했다면 어렵지 않게 지워낼 수 있는 선지네요.

③ 당선자 예측과 관련된 정보의 전파에 초점을 맞추지 않는다.

명시적 근거	1문단 1번 문장
실전에서의 판단 과정	당선자 예측과 관련된 정보를 주는 게 경마식 보도의 정의인데?
해설	'경마식 보도'는 지지율 변화 및 득표율 예측 등, 당선자 예측과 관련된 정보를 전파하는 보도를 의미합니다. 핵심 개념의 정의를 묻고 있으니, 어렵지 않게 지워낼 수 있겠네요.

④ 선거의 핵심 의제에 관한 후보자의 입장을 다룬 보도를 중시한다.

명시적 근거	1문단 5번 문장
실전에서의 판단 과정	이걸 못하는 게 문제였는데?
해설	'경마식 보도'는 흥미를 돋우는 데 치중한 나머지, 선거의 주요 의제를 도외시하고 경쟁 결과에 초점을 맞춰 '선거의 공정성'을 저해할 수 있는 문제가 있었습니다. 역시 완벽하게 납득했던 내용이죠?

⑤ 정치에 관심이 없던 유권자들이 선거에 관심을 갖도록 북돋운다.

명시적 근거	1문단 4번 문장
실전에서의 판단 과정	이게 장점이었지.
해설	'경마식 보도'의 장점 그 자체입니다. 미리 생각한 내용이기도 하니, 가볍게 답으로 고를 수 있겠죠?

선지	①	②	③	④	⑤
선택률	5%	19%	37%	20%	19%

27 윗글에서 알 수 있는 내용으로 적절하지 <u>않은</u> 것은? ③

① 신뢰할 수 있는 여론조사의 결과를 보도하더라도 선거의 공정성을 위협할 수 있다.

명시적 근거	2문단 3번 문장
실전에서의 판단 과정	그래서 헌법재판소가 공직선거법 규정을 합헌이라고 한 것이지.
해설	'공직선거법'의 규정에 따르면 선거일 직전에는 여론조사 결과의 보도가 금지되는데, 헌법재판소는 아무리 신뢰할 수 있는 여론조사의 결과라고 하더라도 선거일 직전에 보도하는 것은 '선거의 공정성'을 위협할 수 있다는 이유를 들어 이 규정이 합헌이라는 결정을 내렸어요. 지문에서 언급한 '선거에 영향을 끼칠 수 있다'는 것이 곧 '선거의 공정성을 저해할 수 있다'와 같은 말임을 생각했다면 어렵지 않게 지워낼 수 있었을 겁니다.

② 정당의 추천을 받지 못해도 선거 방송의 초청 대상 후보자 토론회에 참여할 수 있다.

명시적 근거	3문단 3번 문장
실전에서의 판단 과정	가능하긴 했지.
해설	'선거 방송의 초청 대상 후보자 토론회'에 참여할 수 있는 여러 조건을 다시 확인하면 어렵지 않게 지워낼 수 있는 선지입니다. 관련 내용이 등장하는 3문단으로 돌아가면, 언론기관의 여론조사 결과 평균 지지율이 5%가 넘는 후보자의 경우에는 정당의 추천 없이도 '초청 대상 후보자 토론회'에 참여할 수 있었다는 것을 알 수 있죠? 중요한 것은 '초청 대상'이 되는 후보자는 어느 정도 당선의 가능성이 있는 후보자였다는 것이었습니다. 이를 바탕으로 3문단에 제시된 여러 조건들을 납득하며 읽었다면 좀 더 쉽게 해결할 수 있었겠네요.

③ 국민의 알 권리와 언론의 자유가 서로 충돌하는지의 문제를 헌법재판소에서 논의한 적이 있다.

명시적 근거	2문단 3번 문장
실전에서의 판단 과정	알 권리와 언론의 자유가 왜 충돌해.
해설	'공직선거법'의 규정에 따르면, 선거일 직전에는 여론조사 결과를 보도할 수 없습니다. 이러한 규정이 국민의 알 권리와 언론의 자유를 침해하는지에 대해 헌법재판소는 '선거의 공정성'이라는 이유를 들어 합헌이라는 결론을 내렸죠? 이 맥락을 확실하게 납득했다면, 국민의 알 권리와 언론의 자유가 서로 '충돌'하는지의 문제를 다룬 적은 없다는 것을 생각할 수 있습니다. 애초에 선거일 직전에 여론조사 결과를 보도하지 못하게 하는 것은 국민의 알 권리와 언론의 자유 모두를 침해하는 조치일 수 있다는 생각을 하면서 '납득'하는 태도가 중요했네요. 단순한 내용일치 문제가 아닙니다!

④ 선거일에 당선인 예측 선거 여론조사를 실시하고 투표 마감 시각 이후에 그 결과를 보도할 수 있다.

명시적 근거	2문단 2번 문장
실전에서의 판단 과정	이러면 규정 위반 아니네.
해설	'공직선거법'의 규정에 따르면, 여론조사는 언제든 해도 상관없지만 선거일 직전까지는 그 결과를 보도할 수 없습니다. 그런데 선지에서 말한 것처럼 선거일에 실시한 여론조사 결과를 투표 마감 이후 보도하는 것은 이 규정에 어긋나지 않죠?

⑤ 「공직선거법」에는 선거 운동의 기회가 모든 후보자에게 균등하게 배분되지 못하도록 할 가능성이 있는 규정이 있다.

명시적 근거	3문단 3번 문장, 4문단 3번~4번 문장
실전에서의 판단 과정	소수 의견에서는 이렇게 이야기하겠지.
해설	'공직선거법'에서는 '선거 방송 토론회'라는 선거 운동의 기회에 참여할 수 있는 후보의 자격을 제한하고 있습니다. 이는 우리가 미리 생각한 것처럼, 그리고 '소수 의견'에서 이야기하는 것처럼 가장 효과적인 선거 운동의 기회를 특정 후보자에게서 박탈하는 것과 마찬가지였죠? '선거의 공정성'을 해칠 가능성이 있는 규정이라는 점에서 확실하게 납득하고 있던 내용이었습니다. 가볍게 지워낼 수 있어야 해요!

선지	①	②	③	④	⑤
선택률	7%	53%	9%	17%	14%

28 ㉡과 관련하여 ⓐ와 ⓑ의 입장에 대한 반응으로 가장 적절한 것은? [3점] ②

> ㉡「공직선거법」의 선거 방송 토론회 규정
> ⓐ다수 의견 / ⓑ소수 의견

‒ 완벽하게 납득하고 있는 '다수 의견'과 '소수 의견'에 대한 문제입니다. 선지에서 '강화·약화'라는 표현이 쓰여 LEET 및 PSAT 등 성인 대상 언어 시험 형식의 문제가 나왔다는 이야기를 하는 경우가 많은데, 이는 늘 나오던 비판 문제의 변형 정도로 생각하고 접근해주시면 됩니다.

비판 문제의 핵심은 결국 각 입장의 주장을 정확히 이해하고, 그것을 확실하게 공격하는 것이죠? '효율성·합리성'의 차원에서 ㉡을 용인할 수 있다고 본 '다수 의견'과 '선거의 공정성'의 차원에서 ㉡이 잘못되었다고 본 '소수 의견'의 입장을 바탕으로 해결해봅시다.

① 선거 방송 초청 대상 후보자 토론회에서 후보자들이 심층적인 토론을 하지 못한 원인이 시간의 제한이나 참여한 후보자의 수와 관계가 없다면 ⓐ의 입장은 강화되겠군.

명시적 근거	4문단 2번 문장
실전에서의 판단 과정	시간 제한이나 후보자 수의 한계가 다수 의견의 핵심 논거였지.

명시적 근거	4문단 3번 문장
실전에서의 판단 과정	차별적으로 인식한 거니까, 소수 의견의 입장 그 자체네.
해설	'소수 의견'에서는 ⓒ이 초청 대상 후보자 토론회에 참여한 후보자와 그렇지 못한 후보자를 차별적으로 인식하게 한다는 주장을 펼쳤습니다. 그리고 선지에서 말하는 것처럼 어떤 후보자가 이 토론회가 아닌, 지지율이 낮은 후보자 간의 별도 토론회에서 좋은 활약을 했으나 해당 토론회에 참여했다는 이유만으로 지지율이 떨어진다면, 이는 해당 후보자의 역량과 무관하게 ⓒ 때문에 지지율이 떨어진 것이라고 할 수 있겠죠? 이는 '소수 의견'의 주장이 그대로 실현된 것이기에, '소수 의견'의 입장을 강화하는 사례가 되겠습니다.

⑤ 유권자들이 뛰어난 역량을 가진 소수 정당 후보자를 주요 후보자들과 동시에 비교할 수 있는 가장 효율적인 방법이 선거 방송 초청 대상 후보자 토론회라면 ⓑ 의 입장은 약화되겠군.

명시적 근거	4문단 3번 문장
실전에서의 판단 과정	소수 의견은 선거 방송 초청 대상 후보자 토론회가 가장 효과적이라고 보았지.
해설	'소수 의견'에서는 선거 방송 초청 대상 후보자 토론회가 '가장 효과적인 선거 운동'이라는 주장을 펼쳤습니다. 이 선지의 내용은 이러한 '소수 의견'의 주장을 그대로 읊어주고 있기 때문에, '소수 의견'의 입장을 강화한다고 할 수 있겠네요.

선지	①	②	③	④	⑤
선택률	13%	42%	10%	27%	8%

29 ㉮~㉰에 따라 〈보기〉에 대한 언론 보도를 평가한 내용으로 적절하지 <u>않은</u> 것은? ②

㉮ 「공직선거법」
㉯ 「선거방송심의에 관한 특별규정」
㉰ 「선거여론조사보도준칙」

– ㉮~㉰는 모두 '선거의 공정성'을 저해하는 '경마식 보도'의 문제점을 해결하기 위한 여러 조치들이었습니다. ㉮에서는 선거일 직전 여론조사 결과의 보도를 금지했고, ㉯와 ㉰에서는 왜곡 보도를 금지함과 동시에 오차 범위 내에서의 '서열·우열' 표현을 금지했죠? 다만 ㉰에서는 '경합'이라는 표현은 허용하는 모습이었습니다.

해설	'다수 의견'은 지나치게 많은 후보자들이 참여하게 되면 시간의 제한 등으로 인해 심층적 토론이 '효율적'으로 이루어지지 못하게 된다는 주장을 펼쳤습니다. 그런데 시간의 제한이나 참여한 후보자의 수가 심층적 토론을 하지 못한 원인이 아니라면, 이러한 '다수 의견'의 입장은 약화되겠죠.

② 주요 후보자의 정책이 가진 치명적 허점을 지적하고 좋은 대안을 제시해 유명해진 정치 신인이 선거 방송 초청 대상 후보자 토론회에 초청받지 못한다면 ⓐ의 입장은 약화되겠군.

명시적 근거	4문단 2번 문장
실전에서의 판단 과정	유권자들이 해당 후보가 궁금할 텐데 볼 수 없다는 점에서 다수 의견의 입장은 약화되겠다.
해설	선거 기간 좋은 활약을 펼친 정치 신인이 등장하는 경우, 많은 유권자들은 해당 후보의 정책 및 자질을 궁금해할 것입니다. '선거 방송 토론회'는 이 후보가 자신을 홍보할 수 있는 좋은 기회가 될 것인데, 해당 후보가 ⓒ을 충족하지 못해 '선거 방송 토론회'에 초청받지 못한다면 '다수 의견'의 입장은 약화될 것입니다. '다수 의견'은 해당 규정이 유권자들의 관심이 큰 후보자들의 정책 및 자질을 직접 비교하는 데 도움을 준다는 점에서 합리적이라고 본 것인데, 유권자들의 관심이 큰 후보자가 토론회에 참석하지 못해버린 상황이니까요. 결국 '다수 의견'의 주장을 정확하게 이해하고 있는지 묻는 선지였습니다.

③ 선거 방송 초청 대상 후보자 토론회에 참여할 적정 토론자의 수를 제한하는 기준이 국민의 합의에 의해 결정되었기 때문에 자의적인 것이 아니라고 한다면 ⓑ의 입장은 강화되겠군.

명시적 근거	4문단 4번 문장
실전에서의 판단 과정	소수 의견에서는 이 기준이 자의적이고 차별적인 침해라고 했지.
해설	'소수 의견'에서는 ⓒ이 자의적이고 차별적인 침해일 뿐이라는 주장을 했습니다. 그런데 이 기준이 국민의 합의에 의해 결정된 것이라고 한다면, 이는 더 이상 '자의적'인 것이 아니기 때문에 '소수 의견'의 입장은 약화되겠네요.

④ 어떤 후보자가 지지율이 낮은 후보자 간의 별도 토론회에서 뛰어난 정치 역량을 보여 주었음에도 그 토론회에 참여했다는 이유만으로 지지율이 떨어진다면 ⓑ의 입장은 약화되겠군.

다음은 ○○방송사의 의뢰로 △△여론조사 기관에서 세 차례 실시한 당선인 예측 여론조사 결과의 일부이다. (세 조사 모두 신뢰 수준 95%, 오차 범위 8.8%P임.)

구분		1차 조사	2차 조사	3차 조사
조사일		선거일 15일 전	선거일 10일 전	선거일 5일 전
조사 결과	A후보	42%	38%	39%
	B후보	32%	37%	38%
	C후보	18%	17%	17%

– 1차 조사·2차 조사 결과의 경우 선거일 6일 전까지는 보도가 가능하겠지만, 3차 조사 결과의 경우에는 ㉮에 위배되지 않기 위해 아예 보도가 불가능하겠습니다. 나아가 1차 조사와 달리, 2차 조사의 경우에는 A후보가 B후보에게 오차 범위 내에서 앞서는 모습이죠? ㉯와 ㉰를 위배하지 않기 위해서는, 2차 조사 결과를 발표할 때 '서열·우열' 표현을 쓰면 안 되겠네요. 이 정도 생각하면서 문제를 풀어봅시다.

① 1차 조사 결과를 선거일 14일 전에 "A후보, 10%P 이상의 차이로 B후보와 C후보에 우세"라고 보도하는 것은 ㉯와 ㉰ 중 어느 것에도 위배되지 않겠군.

명시적 근거	〈보기〉, 2문단 4번~6번 문장
실전에서의 판단 과정	1차 조사 결과는 오차 범위 밖이니까 화끈하게 보도해도 되지.
해설	1차 조사 결과, A후보가 B후보에게 오차 범위 이상으로 앞서는 모습이었습니다. 이런 경우 '왜곡 보도'만 하지 않으면, 그 사실을 정확하게 공개해도 ㉯와 ㉰를 모두 위배하지 않습니다.

② 2차 조사 결과를 선거일 9일 전에 "A후보는 B후보에 조금 앞서고, C후보는 3위"라고 보도하는 것은 ㉯에 위배되지만, ㉰에 위배되지 않겠군.

명시적 근거	〈보기〉, 2문단 4번~6번 문장
실전에서의 판단 과정	2차 조사 결과 보도할 때는 서열·우열 표현하면 안 되지.
해설	2차 조사 결과, A 후보가 B 후보에게 '오차 범위 내'에서 앞서는 모습입니다. ㉯를 위배하지 않으려면, 이를 밝히지 않은 채 서열이나 우열을 나타내면 안 되겠죠? 그런데 선지에서는 '오차 범위 내'를 밝히지 않은 채 '조금 앞서고'라는 '우열' 표현을 하고 있기 때문에, ㉯에 위배된 보도를 한 것이라고 봐야겠습니다.

나아가 ㉰는 아예 '오차 범위 내'를 밝히더라도 '우열'을 나타낼 수 없게끔 하는 더 강한 조치이기에 당연히 ㉰에도 위배된다고 해야겠죠. ㉯와 ㉰의 내용을 문제 상황을 바탕으로 확실하게 납득했다면 어렵지 않게 해결할 수 있는 문제였습니다.

물론, C후보의 경우 나머지 두 후보에게 오차 범위 이상으로 뒤쳐져 있기 때문에, C후보가 3위라는 식으로 '서열' 표현을 하는 것은 큰 문제가 없겠습니다.

③ 3차 조사 결과를 선거일 4일 전에 "A후보는 오차 범위 내에서 1위"라고 보도하는 것은 ㉮와 ㉰에 모두 위배되겠군.

명시적 근거	〈보기〉, 2문단 2번 문장, 2문단 5번~6번 문장
실전에서의 판단 과정	3차 조사 결과는 애초에 보도하면 안 되지.
해설	3차 조사는 ㉮에서 여론조사 결과의 보도를 금지하는 시기에 시행된 여론조사이기 때문에, 투표 마감 시각 전까지 그 결과를 보도할 수 없습니다. 심지어 선지의 내용처럼 보도하면 오차 범위 내에서 '서열' 표현을 사용하기 때문에, ㉰에도 위배되는 것이라고 할 수 있겠죠?

④ 1차 조사 결과를 선거일 14일 전에 "A후보 1위, B후보 2위, C후보 3위"라고 보도하는 것은 ㉯에 위배되지 않고, 2차 조사 결과를 선거일 9일 전에 같은 표현으로 보도하는 것은 ㉯에 위배되겠군.

명시적 근거	〈보기〉, 2문단 4번~6번 문장
실전에서의 판단 과정	2차 조사 결과는 서열·우열 표현 못 쓰지.
해설	1차 조사 결과를 보도할 때는 그 내용을 정확하게 보도하기만 하면 '서열·우열' 표현을 써도 되지만, 2차 조사 결과를 보도할 때는 '서열·우열' 표현을 쓸 수 없다는 것, 계속해서 강조하는 내용이죠?

⑤ 2차 조사 결과를 선거일 9일 전에 "B후보, A후보와 오차 범위 내 경합"이라고 보도하는 것은 ㉰에 위배되지 않고, 3차 조사 결과를 선거일 4일 전에 같은 표현으로 보도하는 것은 ㉮에 위배되겠군.

명시적 근거	〈보기〉, 2문단 2번 문장, 2문단 5번~6번 문장
실전에서의 판단 과정	경합 정도는 ㉰에서도 봐 준다고 했고, 3차 조사 결과는 아예 보도하면 안 되지.

해설	2차 조사 결과에 따르면, A후보는 B후보에게 1%P 앞서 있습니다. 이는 오차 범위 내에서 '경합'하는 것이라 할 수 있으므로, 이렇게 보도하는 것은 ㉰에 위배되지 않을 거예요. ㉰에서는 '경합'이라는 표현은 허용한다고 했으니까요. 한편 3차 조사 결과는 ㉮에서 여론조사 결과의 보도를 금지하는 시기에 시행된 여론조사이기 때문에, 투표 마감 시각 전까지 그 결과를 보도할 수 없다고 했습니다. 만약 보도한다면 이는 ㉮에 위배되는 것이죠.

몰랐던 어휘 정리하기

| 핵심 point |

① **화제 check** : 독서 지문 독해의 처음이자 끝. 첫 문단에서 잡은 '화제의 틀'을 마지막 문단까지 놓지 않아야 합니다.

② **재진술 인식** : 같은 말이라도 다르게 표현되는 경우가 많습니다. 심지어 아예 똑같은 말이 반복되는 경우도 많아요. 이 '같은 말'에 민감하게 반응하면, '정보량'을 줄이면서 읽을 수가 있습니다.

③ **카테고리 나누기** : 정보들의 범주가 나뉠 때, 그들이 서로 다른 카테고리에 속한다는 것을 인지해야 합니다. 이렇게 각 카테고리에 맞춰 정보를 정리하면 훨씬 깔끔하게 정리할 수 있다는 것을 기억해 주세요.

| 지문 내용 총정리 |

아무 생각없이 읽으면 정보량이 꽤 많게 느껴졌겠지만, '선거의 공정성'이라는 화제 중심으로 모든 정보를 모으면서 읽으면 대부분의 정보가 납득 가능한 형태의 지문이었습니다. 이런 지문을 어떻게 처리하느냐가 곧 실력입니다. 여러분은 이 해설에서 제시한 방향대로 생각하며 가볍게 해결했을 것이라고 믿습니다.

1문단

> ①**리프킨**은 사회적 상호 작용에서의 <u>자기표현은 본질적으로 연극적이며, 표면 **연기**와 심층 **연기**</u>로 이루어진다고 언급했다. ②**표면 연기**는 내면의 자연스러운 감정보다 의례적인 표현과 같은 <u>형식에 집중하여 연기하는 것</u>이고, **심층 연기**는 <u>내면의 솔직한 정서를 불러내어 자신의 진정성을 보여 주는 것</u>이다. ③인터넷에서의 커뮤니케이션에 주목한 리프킨은 <u>가상 공간에서 자기표현이 더욱 활발히 이루어진다</u>고 보았다.

①~② #주장 제시 #정의 제시 #단어의 의미 살리기

'리프킨'이라는 사람의 주장으로 시작하고 있습니다. 그는 사회적 상호 작용에서의 '자기표현'이 본질적으로 '연극적'이라고 생각했다고 해요. 마치 '연극'을 하듯이 연기를 한다는 건데, 이 연기는 '표면 연기'와 '심층 연기'로 이루어진다고 합니다. 단어의 의미 그대로, 전자는 '표면'의 형식에만 집중하여 '연기'하는 것을, 후자는 내면의 '심층'적인 정서를 불러내며 '연기'하는 것을 의미합니다. 사람들이 이렇게 '연기'를 하면서 사회적 상호 작용을 한다는 것이 '리프킨'의 주장입니다. 사람들이 연기를 하면서 살아간다는 것, 많이들 해 본 생각일 테니 충분히 납득할 수 있겠죠?

③ #화제 제시

'리프킨'은 인터넷에서의 커뮤니케이션에 주목했다고 합니다. 그는 인터넷이라는 '가상 공간'에서 사람들이 '연기'를 하며 '자기표현'을 더욱 활발히 한다고 생각했다고 해요. 결국 이 지문은 단순한 '자기표현'이 아닌 '인터넷에서의 자기표현'에 대해 이야기하는 지문인 것 같습니다. 이렇게 화제를 인식한 상태로 계속 읽어봅시다.

하이라이트 문장

> ③인터넷에서의 커뮤니케이션에 주목한 리프킨은 가상 공간에서 자기표현이 더욱 활발히 이루어진다고 보았다.

화제를 제시하는 문장입니다. 특정 개념을 소개한 뒤 그 개념을 어떤 상황에 국한시키고 있는 경우, 그 상황에 해당 개념을 적용하는 것이 화제인 경우가 많습니다. 다만 이렇게 억지로 유형화시키며 정리하기보다는, 그냥 왠지 이 부분이 화제인 것 같다는 감이 생기면 좋겠어요. 많은 경험을 통해 자연스럽게 체득할 수 있을 겁니다.

2문단

> ①가상 공간의 특성에 주목한 연구자들은 <u>사람들과의 관계 속에서 드러나는 고유한 존재로서의 위상</u>을 뜻하는 **자기 정체성**이 가상 공간에서 다양하게 나타난다고 본다. ②가상 공간에서는 익명성이 작동하므로 현실에서 위축되는 사람도 적극적으로 자기표현을 할 수 있다. ③아울러 현실에서의 자기 정체성을 감추고 다른 인격체로 활동하거나 현실에서 억압된 정서를 공격적으로 드러내기도 한다. ④게임 아이디, 닉네임, 아바타 등 가상 공간에서 개별적 대상으로 인식되는 '인터넷 ID'에 대한 사이버 폭력이 넘쳐 나는 현실도 이와 무관하지 않다.

①~③ #수식된 정의 제시 #단어의 의미 살리기 #재진술

여러 연구자들은, 사람들과의 관계 속에서 드러나는 고유한 존재로서의 위상인 '자기 정체성'이 '가상 공간'에서 다양하게 나타난다고 봅니다. 인터넷에 익숙한 우리 입장에서는 당연한 말이죠? 일단 사람들과의 관계 속에서 드러나는 '자기'의 '정체성'이라는 식으로 단어의 의미를 살려 '자기 정체성'의 정의를 납득하고, '익명성'이라는 너무나 당연한 '가상 공간'의 특징을 통해 2번, 3번 문장을 납득해주시면 되겠습니다. 현실에서 위축되는 사람도 어차피 '익명성'이 작동하니 '자기표현'을 적극적으로 하기도 하고, 현실에서의 '자기 정체성'을 감추고 다른 인격체로 활동하거나 현실에서 억압된 정서를 공격적으로 드러내기도 하는 것, 인터넷을 하면서 많이 경험했던 상황이죠? 나아가 '리프킨'의 주장에 따르면 사람들은 '가상 공간'에서 '익명성'에 기대 '심층 연기'를 한다는 식으로도 이해할 수 있겠습니다.

④ #수식된 정의 제시 #화제의 흐름

게임 아이디, 닉네임, 아바타 등은 '가상 공간'에서 사람들이 사용하는 또 다른 정체성인 '인터넷 ID'입니다. 지문을 보면, 이는 '가상 공간에서 개별적 대상으로 인식되는' 것으로 정의되어 있네요. '인터넷 ID'라는 개념 자체는 너무나 익숙하겠지만, '가상 공간에서 개별적 대상으로 인식'된다는 것은 일반적으로 생각하고 있는 내용은 아니니 확실하게 체크할 필요가 있겠습니다. 이 지문에서는 '인터넷 ID'를 현실의 자아와 '개별적 대상'으로 보고 있는 것이에요.

이러한 '인터넷 ID'에 대한 사이버 폭력이 넘쳐 나는 현실도 사람들이 적극적으로 '자기표현'하는 현실과 무관하지 않다고 합니다. 결국 이 지문에서 진짜 말하고자 하는 바는 '인터넷에서의 자기표현'이 현실의 자아와 '개별적 대상'으로 인식되는 '인터넷 ID'에 대한 '사이버 폭력'으로 번지는 현상에 대한 것이었습니다. 화제가 구체화되는 게 느껴지시죠? '사이버 폭력'이라는 새로운 흐름을 인식하면서 계속 읽어보도록 해요.

하이라이트 문장

> ④게임 아이디, 닉네임, 아바타 등 가상 공간에서 개별적 대상으로 인식되는 '인터넷 ID'에 대한 사이버 폭력이 넘쳐 나는 현실도 이와 무관하지 않다.

'화제'를 인식하겠다는 목적 의식을 가지고 있으면, 이런 문장을 그냥 넘길 수가 없습니다. 화제가 구체화된다는 느낌을 받으며 앞으로 나올 정보를 '인터넷 ID에 대한 사이버 폭력'으로 모아 줄 필요가 있습니다.

3문단

> ①사이버 폭력과 관련하여, 인터넷 ID만을 알고 있는 상황에서 그에 대해 명예훼손이나 모욕 등의 공격이 있을 때 가해자에게 법적인 책임을 물을 수 있는지에 대한 논란이 있어 왔다. ②이는 인터넷 ID가 사회적 평판인 명예의 주체로 인정될 수 있는가와 관련된다. ③인터넷 ID의 명예 주체성을 인정하는 입장에 따르면, 자기 정체성은 일원적·고정적인 것이 아니라 현실 세계와 가상 공간에 걸쳐 존재하고 상호 작용하는 복합적인 것이다. ④인터넷에서의 자기 정체성은 사용자 개인의 자기 정체성의 일부이기 때문에 자기 정체성을 가진 인터넷 ID의 명예 역시 보호되어야 한다. ⑤반면 인정하지 않는 입장에 따르면, 생성·변경·소멸이 자유롭고 복수로 개설이 가능한 인터넷 ID는 그 사용자인 개인을 가상 공간에서 구별하는 장치에 불과하다. ⑥인터넷 ID는 현실에서의 성명과 달리 그 사용자인 개인과 동일시될 수 없고, 인터넷 ID 자체는 사람이 아니므로 명예 주체성을 인정할 수 없다는 것이다.

①~② #화제의 흐름 #수식된 정의 제시

우리가 예상한 대로, '사이버 폭력'에 대한 이야기로 흘러가고 있습니다. 다른 정보는 모르고 '인터넷 ID'만을 알고 있는 상황에서 그에 대해 명예훼손이나 모욕 등의 공격이 있을 때 가해자에게 법적인 책임을 물을 수 있는지가 진짜 하고 싶은 말이었네요. '인터넷 ID'는 현실 속 자아와 '개별적'인 대상이기 때문에, 이런 논란이 있는 것도 충분히 이해할 수 있을 것 같습니다. 이는 '인터넷 ID'가 '사회적 평판'으로 정의되어 있는 '명예'의 주체로 인정될 수 있는가와 관련되어 있다고 합니다. '인터넷 ID'도 '명예 주체성'을 가진다면 그에 대한 공격 역시 명예훼손 및 모욕으로 볼 수 있으니 가해자에게 법적 책임을 물을 수 있다는 것이죠.

③~④ #주장 제시 #재진술

먼저 '인터넷 ID'의 '명예 주체성'을 인정하는 입장입니다. 이에 따르면 '자기 정체성'은 현실 세계와 '가상 공간'에 걸쳐 존재하고 상호 작용하는 복합적인 것이라고 합니다. 여기서 '자기 정체성'이라는 '진짜로' 같은 말이 나왔으니, 그 정의를 끌고 와서 연결할 수 있어야겠죠? '자기 정체성'은 '사람들과의 관계 속에서 드러나는 고유한 존재로서의 위상'으로 정의되어 있었습니다. 즉, 이 입장은 사람들은 '가상 공간'에서도 '사람들과의 관계'를 맺게 되고, 이에 '고유한 존재로서의 위상'이 '인터넷 ID'에도 존재하기에 '명예 주체성'을 가지는 것이라고 주장하는 것이죠. 비록 '인터넷 ID'가 현실 속 자아와 구별되기는 하지만, 자아의 일부라는 점은 부정할 수 없다는 것입니다.

이렇게 미리 생각했더니, 4번 문장이 쉽게 납득됩니다. 인터넷에서의 '자기 정체성' 역시 사용자 개인의 것이기 때문에, '인터넷 ID'의 명예 역시 보호되어야 한다는 것이죠. 다시 말해 '인터넷 ID'에 대한 '사이버 폭력'은 법적으로 책임을 지게 해야 한다는 것입니다. 이렇게 문장에 끌려 다니는 것이 아닌, 능동적인 생각을 통해 문장을 리드하는 느낌을 받아야 해요.

⑤~⑥ #주장 제시 #재진술

반대 입장도 있습니다. 이에 따르면 '인터넷 ID'는 처분이 자유롭고 복수 개설도 가능합니다. 이는 그저 '가상 공간'에서 개인을 구별하는 장치에 불과하기에, 현실 속 개인의 '자기 정체성'과 연결할 수 없다는 주장으로 이어질 수 있습니다. '인터넷 ID'는 개인과 구별되는 대상이고, 사람이 아니기에 '명예 주체성'을 인정할 수 없다는 것이죠. 따라서 '인터넷 ID'에 대한 공격에는 법적 책임을 물을 수가 없다는 것입니다. 어렵지 않게 납득할 수 있겠죠?

하이라이트 문장

> ③인터넷 ID의 명예 주체성을 인정하는 입장에 따르면, 자기 정체성은 일원적·고정적인 것이 아니라 현실 세계와 가상 공간에 걸쳐 존재하고 상호 작용하는 복합적인 것이다.

진짜 화제를 제시하는 1번 문장도 중요하지만, '자기 정체성'이라는 '진짜로' 같은 말을 통해 깊은 사고를 할 수 있게 유도한다는 점에서 이 문장을 '하이라이트 문장'으로 선택했습니다. '자기 정체성'처럼 익숙하지만 독특하게 정의된 개념의 정의는 더더욱 다시 확인하는 습관이 필요해요. 본인도 모르게 지문에서 제시한 방향이 아닌 스스로가 알고 있는 개념의 정의를 바탕으로 읽어서 지문을 오독할 수가 있거든요. 그냥 무언가 중요해보이던 말이 반복되면 일단 멈춰서 연결한다는 태도를 갖춰주시는 것이 가장 좋습니다.

①**대법원**은 실명을 거론한 경우는 물론, 실명을 거론하지 않았더라도 주위 사정을 종합할 때 <u>지목된 사람이 누구인지를 제3자가 알 수 있는 경우</u>에는 명예훼손이나 모욕에 대한 가해자의 법적 책임이 성립한다고 판시해 왔다. ②이를 수용한 헌법재판소에서는 인터넷 ID와 관련된 명예훼손·모욕 사건의 헌법 소원에 대한 결정을 내린 바 있다. ③이 결정에서 **다수 의견**은 인터넷 ID만을 알 수 있을 뿐 그 사용자가 누구인지 제3자가 알 수 없다면 피해자가 특정되지 않아 명예훼손이나 모욕에 대한 가해자의 법적 책임이 성립하지 않는다고 보았다. ④반면 인터넷 ID는 가상 공간에서 성명과 같은 기능을 하므로 제3자의 인식 여부가 법적 책임의 근거가 될 수 없다는 **소수 의견**도 제시되었다.

① #주장 제시 #재진술

'대법원'의 입장이 나오고 있습니다. 과연 우리나라 '대법원'에서는 이 중 어떤 의견을 받아들일까요? 기본적으로는 '가해자의 법적 책임이 성립한다'는 말이 보입니다. 그런데 조건이 있네요. '지목된 사람이 누구인지를 제3자가 알 수 있는 경우'입니다. 지목된 사람이 현실의 누구인지를 안다면 말 그대로 현실 속 개인의 '자기 정체성'이 '가상 공간'의 '인터넷 ID'와 연결되는 셈이고, 이에 '인터넷 ID'에도 '명예 주체성'을 부여할 수 있다는 것이죠. 이런 식으로 앞문단의 내용과 연결지어 이해할 수 있겠죠?

②~③ #주장 제시 #재진술

'헌법재판소'에서는 이를 수용했다고 합니다. '다수 의견'의 경우, '인터넷 ID'의 사용자를 알 수 없다면 피해자가 특정되지 않아 가해자의 법적 책임이 성립하지 않는다고 보았습니다. 새로운 정보가 아닙니다. '대법원'의 주장을 반대로 써 두었을 뿐이에요. '대법원'의 주장은 '피해자 신상 특정 가능 → 처벌o'이고, '헌법재판소'의 '다수 의견'은 '피해자 신상 특정 불가 → 처벌x'라고 써 둔 것일 뿐입니다. 이렇기에 '이를 수용했다'는 표현을 쓴 것이겠죠? 다 같은 말이에요.

④ #주장 제시 #재진술

그런데 '소수 의견'도 있습니다. 이들은 '인터넷 ID' 자체가 '가상 공간'의 '성명'과 같은 역할, 이를테면 '자기 주체성'을 가진 것과 같은 역할을 하기 때문에 제3자의 인식 여부가 법적 책임의 근거가 될 수 없다는 주장을 했네요. 그냥 넘어가는 게 아니라 정확하게 이해해야 합니다. 이들의 주장은 그래서 가해자가 법적 책임을 진다는 것일까요? 지지 않는다는 것일까요?

맞습니다. 가해자가 무조건 법적 책임을 진다는 것입니다. 일단 '소수 의견'이긴 하지만 '헌법재판소'는 '대법원'의 결정, 즉 가해자가 책임을 진다는 것을 수용했습니다. 이에 제3자의 인식 여부가 법적 책임의 근거가 될 수 없다는 것은 '인터넷 ID'에 대한 '사이버 폭력'도 무조건 법적 책임의 대상이 된다는 것으로 이해할 수 있는 것이죠. '소수 의견'이 '다수 의견'보다 훨씬 더 강경하게 '사이버 폭력'을 대하는 것이라고 이해하시면 되겠습니다. 이렇게 확실하게 정리한 상태로 마무리해야 해요.

결국 화제인 '인터넷 ID에 대한 공격을 한 가해자에게 법적 책임을 물을 수 있는가?'에 대한 답은 '우리나라는 그렇게 본다.'였네요. 이렇게 생각한 상태로 문제를 풀어봅시다.

하이라이트 문장

③이 결정에서 다수 의견은 인터넷 ID만을 알 수 있을 뿐 그 사용자가 누구인지 제3자가 알 수 없다면 피해자가 특정되지 않아 명예훼손이나 모욕에 대한 가해자의 법적 책임이 성립하지 않는다고 보았다.

이 문장을 새로운 정보로 인식하지 않는 것이 실력입니다. '대법원'의 주장을 정확히 이해한 상태로 문장을 이해했다면, 결국 똑같은 말을 하고 있다는 것을 느낄 수 있을 거예요.

선지	①	②	③	④	⑤
선택률	66%	4%	8%	8%	14%

30 윗글의 내용과 일치하지 <u>않는</u> 것은? ①

①·<u>심층 연기는 내면의 진솔한 정서를 드러내기 위해 형식에 집중하는 자기표현이다.</u>

명시적 근거	1문단 2번 문장
실전에서의 판단 과정	형식은 표면 연기지.
해설	'심층 연기'의 정의를 묻고 있습니다. 선지를 끝까지 읽어야 합니다. '내면의 진솔한 정서를 드러내기 위해'까지는 맞는데, '형식에 집중'은 '표면 연기'의 정의였죠? 어렵지 않게 답으로 고를 수 있네요.

② 리프킨은 현실 세계보다 가상 공간에서 자기표현이 더욱 왕성하게 드러난다고 보았다.

명시적 근거	1문단 3번 문장
실전에서의 판단 과정	화제로 이어지는 내용이었지.
해설	'리프킨'의 이러한 생각을 바탕으로 '가상 공간에서의 사이버 폭력'이라는 화제로 이어지는 흐름, 확실하게 체크하고 있죠?

③ 가상 공간에서 개별적인 것으로 인식되는 아바타는 사이버 폭력의 대상이 될 수 있다.

명시적 근거	2문단 4번 문장
실전에서의 판단 과정	화제와 연결되는 내용이네.
해설	역시 화제와 이어지는 내용입니다. 아바타와 같은 '인터넷 ID'에 대한 '사이버 폭력'이 법적으로 책임질 수 있는 행위인지에 대해 이야기하는 것이 이 지문의 화제였어요.

④ 익명성은 가상 공간에서 자기 정체성이 다양하게 나타나는 데 영향을 미치는 가상 공간의 특성이다.

명시적 근거	2문단 1번~3번 문장
실전에서의 판단 과정	그랬지.
해설	'익명성'이라는 '가상 공간'에서의 특징을 바탕으로 사람들이 적극적으로 '자기표현'하며 '자기 정체성'을 다양하게 나타낸다는 것, 완벽하게 납득하고 있는 내용이죠?

⑤ 가상 공간에서의 자기 정체성은 현실에서의 자기 정체성과 마찬가지로 타인과의 관계 속에서 나타난다.

명시적 근거	2문단 1번 문장
실전에서의 판단 과정	자기 정체성의 정의네.
해설	'자기 정체성'은 '사람들과의 관계 속에서 드러나는 고유한 존재로서의 위상'으로 정의되어 있습니다. 이것이 '가상 공간'에서 다양하게 나타난다고 했으니, 당연히 '가상 공간'에서도 이 정의가 그대로 적용된다고 할 수 있겠죠. 지문에 직접적으로 드러나지 않는 말이 선지화되었을 때는 이렇게 선지 속 핵심 개념의 '정의'부터 체크해보세요. 선지 판단의 길이 열리는 경우가 많습니다.

선지	①	②	③	④	⑤
선택률	5%	75%	6%	8%	6%

31 ㉠과 ㉡에 대한 이해로 가장 적절한 것은? ②

> 인터넷 ID의 명예 주체성을 ㉠인정하는 입장
> ㉡인정하지 않는 입장

– 완벽하게 납득하고 있는 내용이죠? ㉠은 '인터넷 ID'의 '자기 정체성'이 곧 사용자 개인의 '자기 정체성'의 일부이기 때문에 '인터넷 ID'도 '명예 주체성'을 가진다는 입장이고, ㉡은 '인터넷 ID'는 사용자 개인을 '가상 공간'에서 구별하는 장치에 불과하기에 '명예 주체성'을 인정할 수 없다는 입장이었습니다.

① ㉠은 ㉡과 달리 자기 정체성을 단일하고 고정적인 것으로 파악하겠군.

명시적 근거	3문단 3번 문장
실전에서의 판단 과정	㉠은 자기 정체성을 복잡한 것으로 보는데?
해설	㉠은 '자기 정체성'이 현실 세계와 '가상 공간'에 걸쳐 존재하고 상호 작용하는 복합적인 것이라고 생각합니다. 이에 현실 속 개인의 '자기 정체성'과도 연결될 수 있는 것이었죠? 따라서 ㉠이 '자기 정체성'을 단일하고 고정적인 것으로 파악한다는 것은 틀린 말이네요. 추가적으로 ㉡은 그저 개인의 '자기 정체성'과 '인터넷 ID'가 동일시될 수 없다는 말을 했을 뿐, '자기 정체성'이 단일하고 고정적인지 아니면 유동적인지에 대해서 이야기한 적은 없습니다.

② ㉠은 ㉡과 달리 인터넷 ID에 대한 공격을 그 사용자인 개인에 대한 공격이라고 보겠군.

명시적 근거	3문단 3번~4번 문장
실전에서의 판단 과정	미리 생각한 내용이네.
해설	㉠과 ㉡의 가장 큰 차이점을 이야기하는 선지가 정답으로 제시되었습니다. ㉠은 '인터넷 ID'의 '자기 정체성'이 곧 사용자인 개인의 것의 일부라고 보기에, '인터넷 ID'에 대한 공격을 개인에 대한 공격으로 볼 것입니다. 이에 가해자에게 법적 책임을 물을 수 있다고 보는 것이었죠?

선지	①	②	③	④	⑤
선택률	17%	30%	21%	22%	10%

③ ㉡은 ㉠과 달리 인터넷에서의 자기 정체성과 현실 세계의 자기 정체성이 상호 작용을 한다고 보겠군.

명시적 근거	3문단 3번 문장
실전에서의 판단 과정	이건 ㉠이 할 말이지.
해설	1번 선지에서 확인했던 내용이죠? 이건 ㉠에서 할 이야기입니다.

④ ㉡은 ㉠과 달리 인터넷 ID는 복수 개설이 가능하므로 자기 정체성이 복합적으로 구성된다고 보겠군.

명시적 근거	3문단 3번 문장, 3문단 5번 문장
실전에서의 판단 과정	언제 복합적으로 구성된다고 했냐.
해설	㉡이 '인터넷 ID는 복수 개설이 가능'하다고 한 것은 맞습니다. 하지만 '자기 정체성'이 복합적으로 구성된다는 이야기를 한 적은 없죠? 이는 오히려 ㉠에서 했던 말입니다. 이렇게 지문에 있는 말들을 대충 조합한 선지에 주의하세요. 지문과 문제가 이것보다 더 어려워지면 충분히 낚일 수 있습니다.

⑤ ㉠과 ㉡은 모두, 인터넷 ID마다 개인의 자기 정체성이 다르다고 보겠군.

명시적 근거	3문단 4번 문장, 3문단 6번 문장
실전에서의 판단 과정	㉡은 인터넷 ID에 그렇게 큰 의미부여를 하지 않지.
해설	㉠은 '인터넷 ID'에 개인의 '자기 정체성'이 담겨 있다고 했기 때문에, '인터넷 ID'마다 개인의 '자기 정체성'이 다르다고 볼 것입니다. 하지만 ㉡은 애초에 '인터넷 ID'를 개인의 '자기 정체성'과 관련된 대단한 것으로 보지를 않죠? 그저 '가상 공간'에서 개인을 구별하기 위한 장치에 불과하다고 보기에 이와 같은 진술에 동의하지 않을 것입니다.

32 윗글을 바탕으로 〈보기〉를 이해한 내용으로 적절하지 않은 것은? [3점] ②

[보기]

○○인터넷 카페의 이용자 A는 a, B는 b, C는 c라는 ID를 사용한다. 박사 학위 소지자인 A는 □□전시관의 해설사이고, B는 같은 전시관에서 물고기 관리를 혼자 전담한다. 이 전시관의 누리집에는 직무별로 담당자가 공개되어 있다. 어떤 사람이 □□전시관에서 A의 해설을 듣고 A의 실명을 언급한 후기를 카페 게시판에 올리자 다음과 같은 댓글이 달렸다.

– 재밌는 문제입니다. 늘 하던 대로, 〈보기〉에 사례가 제시되었으니 완벽하게 분석한 상태로 가볍게 해결해봅시다. 먼저 A, B, C는 실명이고, a, b, c는 '인터넷 ID'입니다. 나아가 A와 B는 경우에 따라 제3자가 누구인지 알 수 있습니다. 이것이 ㉮, ㉯와 ㉰의 입장을 가르는 데 있어 핵심적인 포인트가 되겠죠? 나아가 선지를 쭉 보면 모두 ㉮~㉰의 입장에 대해 묻고 있으니, 이들의 입장을 생각해보는 식으로 〈보기〉를 정리하면 되겠습니다.

[보기]

A의 해설에 대한 후기

└ b A가 박사인지 의심스럽다. A는 #~#.

   └ a □□ 전시관에서 물고기를 관리하는 b는 #~#.

      └ c 게시판 분위기를 흐리는 a는 #~#.

(단, '#~#'는 명예를 훼손하거나 모욕을 주는 표현이고 A, B, C는 실명이다. ID로는 그 사용자의 개인 정보를 알 수 없으며, A, B, C의 법적 책임에 영향을 미치는 다른 요소는 고려하지 않는다.)

– 후기를 보니, B는 A의 실명을 거론하면서 소신 있게 모욕을 하고 있는 모습입니다. 이는 ㉮~㉰의 그 어떤 입장을 취하더라도 쉴드가 불가능한 범죄 행위입니다. 그런데 이에 대응한 A 역시 B를 특정할 수 있게끔 댓글을 단 상태입니다. 이 전시관의 누리집에는 직무별로 담당자가 공개되어 있기에, 저렇게 직무를 공개해버리면 그 사람이 누군지 특정할 수 있으니까요. 이 역시 ㉮~㉰의 그 어떤 입장을 취하더라도 범죄 행위로 인정할 것입니다.

한편, C는 A의 '인터넷 ID'만을 언급했습니다. 이것만으로는 a가 A인지 알 수 있는 방법이 없기 때문에, ㉮와 ㉯에서는 C가 법적 책임을 질 필요가 없다고 할 것입니다. 하지만 '인터넷 ID'에 대한 공격을 무조건 처벌해야 한다고 보는 ㉰의 입장에서는 C 역시 법적 책임을 져야 하는 대상이라고 할 수 있겠죠? 지금까지 생각한 내용을 정리해봅시다.

	A	B	C
㉮	법적 책임 O	법적 책임 O	법적 책임 X
㉯	법적 책임 O	법적 책임 O	법적 책임 X
㉰	법적 책임 O	법적 책임 O	법적 책임 O

이렇게 정리하면, 선지 해설은 굳이 해드릴 필요가 없겠죠? 중요한 것은 사례 제시형 〈보기〉 문제는 이렇게 〈보기〉 내용을 완벽하게 정리한 상태로 선지를 판단해야 한다는 것입니다. 이렇게 하지 않으면 선지를 판단하는 과정이 오래 걸릴 뿐만 아니라, 중간에 생각이 꼬여 버리면서 실수를 하게 될 가능성이 높아져요. 법 지문의 〈보기〉 문제는 90% 이상의 확률로 사례 제시형이니, 이런 형태의 풀이에 익숙해져야 합니다.

① ㉮는 B가 가해자로서의 법적 책임을 져야 하지만 C는 가해자로서의 법적 책임을 지지 않는다고 보겠군.
② ㉯는 B가 가해자로서의 법적 책임을 져야 하지만 A는 가해자로서의 법적 책임을 지지 않는다고 보겠군.
③ ㉮와 ㉰는 A가 가해자로서의 법적 책임을 져야 하는지의 여부에 대해 같게 보겠군.
④ ㉯와 ㉰는 B가 가해자로서의 법적 책임을 져야 하는지의 여부에 대해 같게 보겠군.
⑤ ㉮, ㉯, ㉰가, C가 가해자로서의 법적 책임을 져야 하는지의 여부에 대해 판단한 내용이 모두 같지는 않겠군.

선지	①	②	③	④	⑤
선택률	3%	2%	91%	2%	2%

33 문맥상 ⓐ~ⓔ와 바꿔 쓰기에 가장 적절한 것은? ③

① ⓐ: 완성(完成)된다고
② ⓑ: 요청(要請)하여
③ ⓒ: 표출(表出)된다고
④ ⓓ: 기만(欺瞞)하고
⑤ ⓔ: 확충(擴充)되는

몰랐던 어휘 정리하기

| 핵심 point |
① 화제 check : 독서 지문 독해의 처음이자 끝. 첫 문단에서 잡은 '화제의 틀'을 마지막 문단까지 놓지 않아야 합니다.
② 정의 인식 : 단어의 의미를 살린 상태로, 지문에 제시된 정의와 붙여서 이해할 수 있어야 합니다. 정의를 '기억'하는 게 아니라, '납득'해서 본인의 말로 정리할 수 있어야 해요.
③ 재진술 인식 : 같은 말이라도 다르게 표현되는 경우가 많습니다. 심지어 아예 똑같은 말이 반복되는 경우도 많아요. 이 '같은 말'에 민감하게 반응하면, '정보량'을 줄이면서 읽을 수가 있습니다.

| 지문 내용 총정리 |
화제를 점점 구체화하며 진짜 하고 싶은 말을 찾게끔 하는 지문이었습니다. 나아가 '재진술'이라는 포인트를 통해 정보량을 줄이고 문단을 연결짓는 연습을 하기에도 좋았죠? 여기에 사례 제시형 〈보기〉 문제를 다루는 방법까지 익힐 수 있는 좋은 기회였습니다. 지금 당장은 이 지문이 어려워도 괜찮지만, 수능날에도 이 정도 지문이 어렵다고 말하는 a는 #~#.

1문단

> ①하루에 필요한 에너지의 양은 하루 동안의 총 열량 소모량인 **대사량**으로 구한다. ②그중 **기초 대사량**은 생존에 필수적인 에너지로, 쾌적한 온도에서 편히 쉬는 동물이 공복 상태에서 생성하는 열량으로 정의된다. ③이때 체내에서 생성한 열량은 일정한 체온에서 체외로 발산되는 열량과 같다. ④기초 대사량은 개체에 따라 대사량의 60~75%를 차지하고, 근육량이 많을수록 증가한다.

① #수식된 정의 제시 #재진술

'대사량'이라는 개념을 정의하고 있습니다. 크게 두 가지로 정의할 수 있는데, '하루에 필요한 에너지의 양'이자 '하루 동안의 총 열량 소모량'이네요. '대사량'이라는 하나의 개념에 대해 두 가지 정의가 제시되었다는 건, 그 두 정의가 사실은 '같은 말'임을 의미합니다. 결국 '필요한 에너지의 양=총 열량 소모량'이라는 점을 체크할 수 있겠네요. 상식적으로도 알고 있는 내용이니 어렵지는 않겠지만, 이렇게 '재진술'을 확실하게 인식하면서 읽을 수 있어야 합니다.

②~③ #정의 제시 #단어의 의미 살리기 #재진술

이러한 '대사량' 중에서 '기초'가 되는 값이 있는데, 이는 '생존에 필수적인 에너지'라고 합니다. '대사량=하루 에너지=하루 소모 열량'이라고 한다면, '기초 대사량'은 '생존에 필수적인 하루 에너지·열량'이라고 할 수 있겠죠?

나아가 이 개념 역시 한 번 더 정의되고 있는데, '쾌적한 ~ 생성하는 열량'이라고 합니다. 여기서 '쾌적한 ~ 공복 상태'는 사실상 '아무것도 안 하고 편하게 있는 상태' 정도로 생각할 수 있겠습니다. 우리가 주목할 부분은 '생성하는 열량'이에요. '대사량'의 정의는 열량 '소모량'이었는데, '기초 대사량'은 '생성'한 열량이라고 하네요. 물론 '대사량'은 '총 열량'이고 '기초 대사량'은 '필수적인 열량'이기에 '기초 대사량'이 더 낮기는 하겠지만, 어쨌든 같은 '대사량'인데 하나는 '소모량'이고 하나는 '생성량'으로 정의되었다는 점에서 '열량 소모량=열량 생성량'이라는 재진술을 인식할 수 있겠습니다. 열량을 소모하려면 그만큼 생성해야 한다는 것이죠!

3번 문장에서는 이 내용을 확실하게 짚어주고 있습니다. '생성한 열량'은 일정한 체온에서 '체외로 발산되는 열량'과 같다고 해요. '생성량=소모량'이라는 포인트는 계속해서 생각해야겠죠?

④ #재진술

'기초 대사량'은 '대사량'의 60~75%를 차지한다고 합니다. 이는 '기초'라는 단어의 의미, 그리고 앞에서 체크한 각 개념의 정의를 생각하면 '의미상' 같은 말이라고 할 수 있겠어요. '총 열량'에 비해 '필수적인 열량'은 당연히 낮을 수밖에 없으니까요.

나아가 이 '기초 대사량'이 '근육량'에 비례한다는 것 역시 당연하게 납득할 수 있어야 합니다. '근육량'이 많아지면 그 근육량을 유지하기 위해서라도 더 많은 '필수적인 열량'이 필요할 것이니까요. 과학 지문에서는 이렇게 본인만의 논리를 만들어서라도 최대한 납득하려는 태도가 중요하다고 했어요.

아직 화제가 정확히 무엇인지 알 수는 없지만, '기초 대사량'과 관련된 내용이 나올 것이라는 점은 확실해 보입니다. 화제를 찾겠다는 생각을 가진 채로 계속 읽어 보도록 합시다.

하이라이트 문장

> ②그중 기초 대사량은 생존에 필수적인 에너지로, 쾌적한 온도에서 편히 쉬는 동물이 공복 상태에서 생성하는 열량으로 정의된다.

'기초 대사량'의 두 가지 정의를 정확하게 체크하는 것은 물론이고, 1번 문장과 엮어 '열량 소모량=열량 생성량'이라는 재진술을 인식해야 합니다. 나아가 이를 바탕으로 3번 문장을 당연하게 만들 수 있어야 하구요.

2문단

> ①기초 대사량은 직접법 또는 간접법으로 구한다. ②**직접법**은 온도가 일정하게 유지되고 공기의 출입량을 알고 있는 호흡실에서 동물이 발산하는 열량을 열량계를 이용해 측정하는 방법이다. ③**간접법**은 호흡 측정 장치를 이용해 동물의 산소 소비량과 이산화 탄소 배출량을 측정하고, 이를 기준으로 체내에서 생성된 열량을 추정하는 방법이다.

①~③ #정의 제시 #단어의 의미 살리기
#비교/대조 #재진술

'기초 대사량'을 구하는 방법을 '직접법'과 '간접법'으로 나누고 있습니다. 단어의 의미 그대로 '직접' 구하는 방'법'과 '간접'적으로 구하는 방'법'이겠죠? 정의 체크 확실하게 해 봅시다.

먼저 '직접법'입니다. 온도와 공기 출입량을 통제한 상태에서 동물이 '발산'하는 '열량'을 '직접' 측정하는 방법이네요. '일정한 온도' 등의 조건으로 미루어 보아, 호흡실에 있는 동물은 '편히 쉬는 상태·공복 상태'만 유지한다면 '기초 대사량'만큼의 열량만 생성할 수 있을 것입니다. 그리고 이러한 '생성량'은 '발산량'과 같기 때문에, '발산하는 열량'을 측정하면 '기초 대사량'을 구할 수 있는 것이죠. 충분히 납득할 수 있겠죠?

다음은 '간접법'입니다. 이는 동물의 '산소 소비량' 및 '이산화 탄소 배출량'을 측정하여 체내에서 '생성된 열량'을 '추정'하는 방법입니다. '추정'한다는 점에서 '간접'이라는 이름이 붙은 것이겠죠? 나아가 동물의 '호흡'을 측정하면 '열량 생성량'을 추정할 수 있다는 점에서, '호흡'이 '열량 생성(=발산)'에 큰 영향을 미친다는 것까지 추론할 수 있겠네요. 이렇게 최대한 많은 정보를 추론하면서 읽을 수 있어야 합니다.

3문단

> ①19세기의 초기 연구는 체외로 발산되는 열량이 체표 면적에 **비례한다**고 보았다. ②즉 그 둘이 항상 일정한 비(比)를 갖는다는 것이다. ③체표 면적은 (체중)$^{0.67}$에 비례하므로, 기초 대사량은 체중이 아닌 (체중)$^{0.67}$에 비례한다고 하였다. ④어떤 **변수의 증가율**은 증가 후 값을 증가 전 값으로 나눈 값이므로, 체중이 W에서 2W로 커지면 체중의 증가율은 (2W)/(W) = 2이다. ⑤이 경우에 기초 대사량의 증가율은 (2W)$^{0.67}$/(W)$^{0.67}$ = 2$^{0.67}$, 즉 약 1.6이 된다.

① #화제 제시

19세기의 초기 연구 이야기를 하고 있습니다. 이때는 '체외로 발산되는 열량', 즉 '기초 대사량'이 '체표 면적'에 '비례'한다고 보았다고 해요. '화제'에 대한 궁금증을 가지고 있는 상태로 읽었다면, '기초 대사량'이 어디에 비례하는지 알아 보는 것이 이 지문의 화제일 것이라는 생각을 할 수 있습니다. 계속해서 새로운 정보를 제시하던 2문단까지와는 달리, 지금까지 나온 정보를 바탕으로 유의미한 이야깃거리를 던졌으니까요. 물론 아닐 수도 있겠지만, 이렇게 '화제'를 추적하면서 읽는 태도는 정말 중요합니다!

②~③ #재진술 #정의 제시

2번 문장에서는 '재진술'을 통해 '비례한다'의 정의를 제시하고 있습니다. 이로부터 '비례한다=항상 일정한 비를 갖는다'라는 정의를 확실하게 인식할 수 있겠죠? 이에 따르면 '기초 대사량'과 '체표 면적'은 항상 일정한 비를 가진다는 것을 생각할 수 있습니다. '체표 면적'은 (체중)$^{0.67}$에 비례하는 개념, 즉 항상 일정한 비를 갖고 있는 개

념이기 때문에, 초기 연구에서는 '기초 대사량'을 '체중'이 아닌 (체중)$^{0.67}$과 항상 일정한 비를 갖는 것으로 보았다고 해요. 이는 충분히 납득할 수 있는 내용일 것 같습니다. 체중이 많이 나갈수록, 즉 '체표 면적'이 넓을수록 더 많은 '필수 에너지'를 필요로 할 것이니까요.

④~⑤ #정의 제시 #단어의 의미 살리기 #재진술 #화제의 흐름

어떤 변수의 '증가율'을 정의하고 있습니다. 단어의 의미 그대로 '증가'한 비'율'을 의미할 것인데, 이는 '$\frac{\text{증가 후 값}}{\text{증가 전 값}}$'으로 구한다고 합니다. 이 정의를 '체중'과 '기초 대사량'에 대입하면, 그 '증가율'이 각각 2와 1.6이 된다는 건 어렵지 않게 이해할 수 있을 것 같아요. 핵심은 '증가율'이라는 개념을 제시한 것도 결국 '기초 대사량은 (체중)$^{0.67}$과 비례한다, 즉 항상 일정한 비를 갖는다.'를 다시 설명하기 위한 것이었다는 점입니다. '체중'이 2 정도 증가하면 '기초 대사량'은 1.6 정도 증가한다는 것을 바탕으로 둘 사이의 '비례 관계'를 강조하는 것이죠.

어쨌든 이 지문의 화제는 '기초 대사량'과 비례하는 값을 구하는 과정이라고 할 수 있을 것 같습니다. 나아가 센스가 있는 학생들이라면, '기초 대사량은 (체중)$^{0.67}$과 비례한다.'가 수정될 것이라는 생각을 할 수도 있겠죠. 1번 문장에서 '초기' 연구라는 말을 쓰기도 했고, 그동안 공부한 수많은 지문들을 떠올려 봤을 때 시간이 흐르면서 '수정'되는 경우가 정말 많았으니까요. 어쨌든 '화제'에 대해 계속해서 인식하면서 정보를 처리해 봅시다.

하이라이트 문장

> ②즉 그 둘이 항상 일정한 비(比)를 갖는다는 것이다.

'비례한다'를 정의하는 문장입니다. 사실 '비례'라는 말을 처음 들어 보는 학생들은 없을 것이기 때문에, 이런 정의를 흘려 읽기가 쉽습니다. 하지만 지문에서 정의해 준 개념은 지문 전체 독해 및 선지 판단 과정에서 아주 큰 영향을 미칠 수 있으니, 콕 집어 정의해 준다면 확실하게 체크하는 습관을 들여야 해요!

4문단

> ①1930년대에 클라이버는 생쥐부터 코끼리까지 다양한 크기의 동물의 기초 대사량 측정 결과를 분석했다. ②그래프의 가로축 변수로 동물의 체중을, 세로축 변수로 기초 대사량을 두고, 각 동물별 체중과 기초 대사량의 순서쌍을 점으로 나타냈다.

'기초 대사량'과 '체중' 사이의 관계를 연구한 학자의 사례를 들어 주고 있습니다. '클라이버'라는 사람은 가로축 변수로 '체중'을, 세로축 변수로 '기초 대사량'을 둔 뒤 순서쌍을 점으로 나타냈다고 해요. '클라이버'는 이를 바탕으로 '기초 대사량'과 '체중' 사이의 관계를 정확히 알아보고자 한 것이겠죠? 이 연구 결과는 어떻게 되었을지 궁금해하면서 읽어 봅시다.

5문단

> ①가로축과 세로축 두 변수의 **증가율이 서로 다를 경우**, 그 둘의 증가율이 같을 때와 달리, '일반적인 그래프'에서 이 점들은 직선이 아닌 어떤 **곡선의 주변에 분포**한다. ②그런데 순서쌍의 값에 **상용로그**를 취해 새로운 순서쌍을 만들어서 이를 〈그림〉과 같이 그래프에 표시하면, 어떤 직선의 주변에 점들이 분포하는 것으로 나타난다. ③그러면 그 직선의 기울기를 이용해 두 변수의 증가율을 비교할 수 있다. ④〈그림〉에서 X와 Y는 각각 체중과 기초 대사량에 상용로그를 취한 값이다. ⑤이런 방식으로 표현한 그래프를 'L-그래프'라 하자.

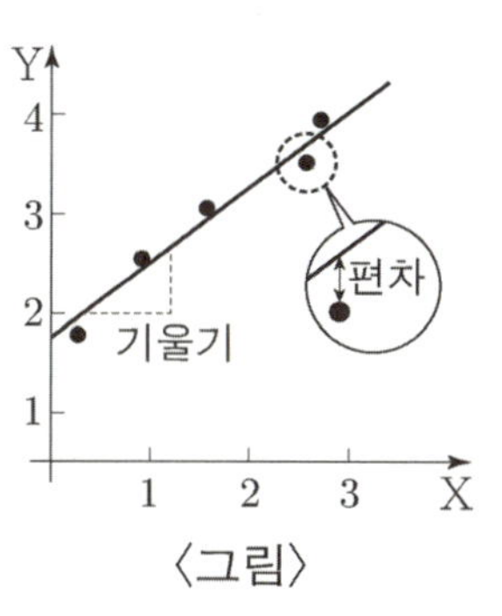

두 변수의 '증가율'이 다를 때와 같을 때를 비교하고 있습니다. 일단 같은 경우, '일반적인 그래프'에서 두 변수의 순서쌍들은 '직선'에 위치한다고 해요. 대표적으로, y=x 그래프를 생각하면 쉽겠죠?

하지만 우리는 '증가율'이 다른 경우에 주목해야 합니다. '클라이버'가 수행한 연구의 두 변수는 '증가율'이 서로 다른 '체중'과 '기초 대사량'이니까요. 그리고 이 경우에 두 변수의 순서쌍들은 '곡선'의 주변에 분포한다고 합니다. 수학적 감각이 있는 학생들은 너무나 당연한 말로 읽힐 것이고, 그렇지 않은 학생들은 잘 이해가 되지 않을 것입니다. 다만 우리는 수학 문제가 아닌 국어 지문을 읽고 있는 것이기에, '곡선의 주변'이라는 팩트만 정리한 채로 읽어 보도록 합시다.

이처럼 '일반적인 그래프'에서 '곡선의 주변'에 분포하는 순서쌍들에 상용로그를 취하면, 〈그림〉처럼 '직선의 주변'에 분포하는 형태가 된다고 합니다. 이 역시 '상용로그' 개념에 익숙한 학생들에게는 당연한 말이고, 그렇지 않으면 이해하기 어려운 개념일 것이에요. 만약 이 부분을 정말 이해시키고 싶었다면 훨씬 자세한 설명이 있었을

것이니, 본인의 납득 가능 수준에 따라 정리하고 넘어가면 될 것 같습니다. 상식적인 내용으로 납득 가능했던 수많은 과학·기술 지문의 문장과는 달리, 이 부분은 말 그대로 '수학'에 대한 지식이 없으면 납득이 불가능하니까요.

이렇게 '상용로그'를 취한 값을 바탕으로 만든 그래프 속 직선의 기울기를 이용하면, 두 변수의 '증가율'을 비교할 수 있다고 합니다. 애초에 서로 다른 '증가율'을 바탕으로 만들어진 곡선을 직선으로 만든 것이니, 정확한 원리는 몰라도 대충 그럴 것이라고 생각할 수 있겠습니다. 어쨌든, 〈그림〉이 바로 '클라이버'의 실험 결과에 '상용로그'를 취한 그래프라고 하고, 이 그래프를 'L-그래프'라고 부르자고 합니다. 다른 건 차치하고서라도, 'L-그래프'를 바탕으로 하면 '체중'과 '기초 대사량'의 '증가율'을 비교할 수 있을 것이라는 생각은 할 수 있어야 합니다. 나아가 이 비교를 통해 '기초 대사량은 (체중)$^{0.67}$과 비례한다.'라는 명제가 참인지도 확인할 수 있겠죠. 자세한 원리는 뒤에서 설명해줄 것이니, 기대하면서 읽어 봅시다.

하이라이트 문장

> ③그러면 그 직선의 기울기를 이용해 두 변수의 증가율을 비교할 수 있다.

수많은 수학적 개념에 정신이 없다가도, '증가율'을 보자마자 다시금 화제의 흐름을 잡아내야 합니다. 결국 이 그래프를 통해 이야기하려는 것은 '클라이버'의 실험 결과를 바탕으로 '기초 대사량은 (체중)$^{0.67}$과 비례한다.'라는 명제를 검증하는 것일 테니까요.

6문단

> ①체중의 증가율에 비해, 기초 대사량의 증가율이 작다면 L-그래프에서 직선의 기울기는 1보다 작으며 **기초 대사량의 증가율이 작을수록 기울기도 작아진다.** ②만약 체중의 증가율과 기초 대사량의 증가율이 같다면 L-그래프에서 직선의 기울기는 1이 된다.

'L-그래프'를 바탕으로 '체중'과 '기초 대사량'의 '증가율'을 비교하는 방법을 설명해 주고 있습니다. 역시 자세한 원리는 이해하지 못하더라도, '직선의 기울기'를 확인하면 된다는 것은 알 수 있겠네요. 세로축인 '기초 대사량'의 '증가율'이 작을수록 '직선의 기울기'는 1보다 더 작아진다는 내용, '체중'과 '기초 대사량'의 '증가율'이 같다면 '직선의 기울기'는 1이 된다는 내용을 확실하게 체크하시면 되겠습니다.

<그림>을 보니, '직선의 기울기'가 1보다 작은 것을 확인할 수 있죠? 이는 가로축인 '체중'의 '증가율'에 비해 세로축인 '기초 대사량'의 '증가율'이 더 작기 때문이라고 할 수 있겠습니다. 결국 앞에서 했던 말들의 반복이네요. 조금 허무하다는 생각도 듭니다.

7문단

> ①이렇듯 L-그래프와 같은 방식으로 표현할 때, 생물의 어떤 형질이 <u>체중 또는 몸 크기와 직선의 관계를 보이며 함께 증가하는 경우</u> 그 형질은 **'상대 성장'**을 한다고 한다. ②동일 종에서의 심장, 두뇌와 같은 <u>신체 기관의 크기</u>도 상대 성장을 따른다.

①~② #수식된 정의 제시 #단어의 의미 살리기

'L-그래프'를 이용할 때, '체중 또는 몸 크기'와 '직선'의 관계를 보이며 '함께 증가'하는 형질은 '상대 성장'을 한다는 말로 표현합니다. 단어의 의미 그대로, '체중 또는 몸 크기'와 '상대'적인 '성장'을 한다는 것이겠죠. 이에 따르면 '기초 대사량'이라는 형질 역시 '상대 성장'을 한다고 할 수 있겠습니다. 나아가 '신체 기관의 크기'도 '상대 성장'을 한다고 하네요. 이는 '체중 또는 몸 크기'가 커질수록 '신체 기관의 크기'도 커진다는 말이겠죠?

8문단

> ①한편, 그래프에서 가로축과 세로축 <u>두 변수의 관계를 대변하는 최적의 직선의 기울기와 절편</u>은 최소 제곱법으로 구할 수 있다. ②우선, 그래프에 두 변수의 순서쌍을 나타낸 점들 사이를 지나는 임의의 직선을 그린다. ③각 점에서 <u>가로축에 수직 방향으로 직선까지의 거리</u>인 **편차**의 절댓값을 구하고 <u>이들을 각각 제곱하여 모두 합한 것</u>이 **'편차 제곱 합'**이며, 편차 제곱 합이 가장 작은 <u>직선을 구하는 것</u>이 **최소 제곱법**이다.

① #화제의 흐름

이렇게 정보를 하나씩 처리하는 가운데, 가로축과 세로축 두 변수의 관계를 가장 잘 나타내는 '최적의 직선의 기울기·절편'을 구하는 방법이 있다고 합니다. '기울기·절편' 같은 표현들에 당황하지 마시고, '두 변수의 관계'라는 말에 주목할 수 있어야 합니다. 결국 우리가 알고자 하는 것, 즉 이 지문의 화제는 '체중'과 '기초 대사량' 사이의 정확한 관계이니까요. 사실 지금까지 읽었던 'L-그래프'의 내용은 그저 '체중과 기초 대사량이 양의 상관관계를 가진다.'는 내용의 반복일

뿐이었습니다. 이들이 정확히 어떤 비를 가지는지, 즉 어떻게 '비례'하는지를 알아내는 것이 진짜 핵심이었어요.

어쨌든, '최소 제곱법'이라는 개념을 사용하면 두 변수 사이의 관계를 알 수 있는 것 같아요! 기대하면서 읽어 봅시다.

②~③ #사례-원리 연결 #수식된 정의 제시 #단어의 의미 살리기

이제부터 일종의 '사례'인 <그림>을 적극적으로 활용해야 할 것 같습니다. 먼저 <그림>에 나와 있는 것처럼 각 점들을 지나는 임의의 직선을 그립니다. 이때 그 직선과 점 사이의 가로축에 수직 방향, 즉 세로축 방향의 거리를 '편차'라고 한다고 해요. '편차'라는 단어의 의미를 살리면, '직선에서 벗어난 정도'라는 식으로 쉽게 이해할 수 있겠죠?

이 점들은 직선의 위쪽에 있을 수도 있고 아래쪽에 있을 수도 있기 때문에, '편차'를 제대로 이용하기 위해서는 절댓값을 구해야 할 것입니다. 나아가 이들을 각각 제곱하여 모두 합하면 '편차'들을 '제곱'한 값들의 '합'인 '편차 제곱 합'이 나온다고 해요. 나아가 이 '편차 제곱 합'이 가장 작은 직선을 구하는 방법, 즉 '최소'의 '제곱' 합을 구하는 방법을 '최소 제곱법'이라고 하는 것이네요.

왜 제곱을 하는지 등을 이해할 필요는 없지만, 핵심은 '편차가 가장 작은 직선'을 구한다는 것입니다. 이를 구하는 이유는요? 그렇죠. 그 '직선의 기울기·절편'을 구하면 '체중'과 '기초 대사량' 사이의 정확한 관계를 알 수 있기 때문이었습니다. 편차가 가장 작다는 것은 둘 사이의 관계를 가장 작은 오차로 나타낸다는 것이니까요! 이제 화제에 거의 근접한 느낌이 듭니다. 마지막까지 집중하고 읽어 봅시다.

하이라이트 문장

> ①한편, 그래프에서 가로축과 세로축 두 변수의 관계를 대변하는 최적의 직선의 기울기와 절편은 최소 제곱법으로 구할 수 있다.

'두 변수의 관계를 대변'한다는 말을 보자마자 지문의 화제를 생각할 수 있어야 합니다. 모든 정보는 여러 가지 '재진술'을 통해 '화제' 중심으로 모이기 마련이에요.

9문단

> ①클라이버는 이런 방법에 근거하여 L-그래프에 나타난 <u>최적의 직선의 기울기로 0.75를 얻었고</u>, 이에 따라 <u>동물의 (체중)$^{0.75}$에 기초 대사량이 비례</u>한다고 결론지었다.

② 이것을 '**클라이버의 법칙**'이라 하며, $(체중)^{0.75}$을 **대사 체중**이라 부른다. ③ 대사 체중은 <u>치료제 허용량의 결정</u>에도 이용되는데, 이때 그 양은 대사 체중에 비례하여 정한다. ④ 이는 치료제 허용량이 체내 대사와 밀접한 관련이 있기 때문이다.

①~② #화제의 흐름 #수식된 정의 제시 #단어의 의미 살리기

'클라이버'는 '최소 제곱법'을 바탕으로 'L-그래프' 속 '최적의 직선의 기울기'를 0.75로 계산했다고 합니다. 그리고 이에 따라 '기초 대사량'이 동물의 $(체중)^{0.75}$에 비례한다고 결론지었다고 해요. 결국 '최적의 직선의 기울기'는 두 변수 사이의 비례 관계를 보여 주는 것이었네요. 우리가 미리 생각한 것처럼, '기초 대사량은 $(체중)^{0.67}$과 비례한다.'라는 초기 연구의 결론은 틀린 것이었네요. '클라이버의 법칙'은 결국 '기초 대사량은 $(체중)^{0.75}$과 비례한다.'를 의미하는 법칙이었던 것입니다.

나아가 '클라이버'가 구한 '$(체중)^{0.75}$'은 '대사 체중'이라는 이름으로 불리게 되었다고 해요. 단어의 의미 그대로 '대사' 과정과 관련된 '체중'인 것 같아요.

③~④ #카테고리 나누기 #재진술

이 '대사 체중'은 '치료제 허용량'의 결정에 이용된다고 합니다. '치료제 허용량'은 아예 처음 나오는 새로운 정보이니 카테고리를 확실하게 나눠 놓고, '치료제 허용량'이 체내 '대사'와 밀접한 관련이 있기에 '대사' 체중을 이용한다는 식으로 이해하시면 되겠네요.

나아가, 대사 체중에 '비례'하여 정한다는 말을 보고 '치료제 허용량과 대사 체중은 항상 일정한 비를 갖는다.'라는 식으로 바꿔 이해할 수 있어야 합니다. 이렇게 중요 개념의 정의는 끝까지 끌고 내려 올 수 있어야 해요!

하이라이트 문장

> ① 클라이버는 이런 방법에 근거하여 L-그래프에 나타난 최적의 직선의 기울기로 0.75를 얻었고, 이에 따라 동물의 $(체중)^{0.75}$에 기초 대사량이 비례한다고 결론지었다.

'기초 대사량은 $(체중)^{0.75}$과 비례한다.'라는 새로운 명제를 얻어야 하는 문장입니다. 이 지문의 화제였으니, 절대 잊으면 안 되는 정보라고 할 수 있겠죠?

선지	①	②	③	④	⑤
선택률	7%	14%	58%	16%	5%

34 윗글의 내용과 일치하지 <u>않는</u> 것은? ③

① 클라이버의 법칙은 동물의 기초 대사량이 대사 체중에 비례한다고 본다.

명시적 근거	9문단 1번~2번 문장
실전에서의 판단 과정	클라이버의 법칙 그 자체네.
해설	'클라이버의 법칙'은 기초 대사량은 $(체중)^{0.75}$과 비례한다.'라는 새로운 명제를 의미하는 것이었습니다. 이 말은 '기초 대사량이 대사 체중에 비례한다.'와 같은 말이죠?

② 어떤 개체가 체중이 늘 때 다른 변화 없이 근육량이 늘면 기초 대사량이 증가한다.

명시적 근거	1문단 4번 문장, 9문단 1번 문장
실전에서의 판단 과정	근육량 늘면 기초 대사량도 늘지.
해설	일단 '체중'이 늘면 그에 따라 '기초 대사량'도 늘게 되는 것은 당연한데, 만약 다른 변화 없이 '근육량'이 는 것이라면 '기초 대사량'은 더 확실하게 증가하겠네요. '근육량'이 많을수록 '필요 에너지'가 많을 것이라는 논리로 이미 납득한 내용이죠?

③ 'L-그래프'에서 직선의 기울기는 가로축과 세로축 두 변수의 증가율의 차이와 동일하다.

명시적 근거	6문단 전체
실전에서의 판단 과정	기울기는 애초에 비율인데 어떻게 차이를 나타내냐.
해설	'L-그래프'에서 직선의 기울기는 가로축과 세로축 두 변수 사이의 비를 나타내는 것입니다. 이는 '기울기'라는 개념만 알고 있어도 어렵지 않게 생각할 수 있는 것이죠? 그런데 두 변수의 '증가율의 차이'는 비율 개념이 아닙니다. '가로축 대비 세로축 증가율의 비율'이 낮을수록 '기울기'가 작아지는 것이지, 둘 사이의 차이가 커질수록 '기울기'가 작아지는 것이 아니에요. 나아가, 지문에서 두 변수의 '증가율'이 같을 때, 즉 '증가율의 차이'가 0일 때 직선의 기울기는 1이 된다고 했습니다. 이러한 반례를 찾을 수도 있으니, 확실하게 틀린 선지라고 할 수 있겠네요.

명시적 근거	
	'클라이버의 법칙'이라는 핵심 정보와 직결되는 'L-그래프 속 직선의 기울기'에 대해 확실하게 이해하고 있는지 물어보는 선지였습니다. 〈그림〉이라는 사례를 적극적으로 이용했다면 어렵지 않았겠죠?

④ 최소 제곱법은 두 변수 간의 관계를 나타내는 최적의 직선의 기울기와 절편을 알게 해 준다.

명시적 근거	8문단 1번 문장
실전에서의 판단 과정	최소 제곱법의 역할이었지.
해설	'최소 제곱법'의 역할을 그대로 읊어주고 있습니다. 이는 '체중과 기초 대사량의 비례 관계'라는 화제와 직결되는 정보였으니, 머릿속에 제대로 남아 있죠?

⑤ 동물의 신체 기관인 심장과 두뇌의 크기는 몸무게나 몸의 크기에 상대 성장을 하며 발달한다.

명시적 근거	7문단 1번~2번 문장
실전에서의 판단 과정	신체 기관의 크기도 상대 성장한다고 했지.
해설	'기초 대사량'과 마찬가지로 심장·두뇌 같은 '신체 기관의 크기'도 체중 또는 몸 크기에 '상대 성장'한다고 했습니다. '상대 성장'이라는 개념의 정의를 체크하면서 자연스럽게 확인한 정보였으니, 어렵지 않게 지울 수 있겠네요.

선지	①	②	③	④	⑤
선택률	5%	32%	21%	30%	12%

35 윗글을 읽고 추론한 내용으로 적절하지 <u>않은</u> 것은? ④

① 일반적인 경우 기초 대사량은 하루에 소모되는 총 열량 중에 가장 큰 비중을 차지하겠군.

명시적 근거	1문단 4번 문장
실전에서의 판단 과정	60% 이상이면 가장 큰 비중이지.
해설	'기초 대사량'은 '대사량'의 60~75%라고 했습니다. 50%를 초과하기 때문에, 다른 어떤 열량보다도 큰 비중이라고 할 수 있겠네요.

② 클라이버의 결론에 따르면, 기초 대사량이 동물의 체표 면적에 비례한다고 볼 수 없겠군.

명시적 근거	3문단 3번 문장, 9문단 1번 문장
실전에서의 판단 과정	지문의 핵심이네.
해설	'체표 면적'은 '(체중)$^{0.67}$'에 비례하는 값이었습니다. 그런데 '기초 대사량'이 이 값이 아닌 '(체중)$^{0.75}$'에 비례한다는 것이 '클라이버'의 결론이었죠? '체표 면적'이라는 개념이 의미하는 바가 '(체중)$^{0.67}$'이라는 것은 잊어도 되는 정보가 아닙니다. 이 지문의 화제를 제시하는 부분에서 등장한 정보이기 때문에, 머릿속에 확실하게 들어 있었어야 해요.

③ 19세기의 초기 연구자들은 체중의 증가율보다 기초 대사량의 증가율이 작다고 생각했겠군.

명시적 근거	3문단 4번~5번 문장
실전에서의 판단 과정	체중의 증가율은 2였고 기초 대사량의 증가율은 1.6이었지.
해설	'19세기의 초기 연구자'들은 '기초 대사량은 (체중)$^{0.67}$과 비례한다.'라고 생각했습니다. 이를 바탕으로 두 변수의 '증가율'을 계산하면 체중은 2, 기초 대사량은 1.6이 나온다고 했어요. 이에 따르면 맞는 선지네요.

④ 코끼리에게 적용하는 치료제 허용량을 기준으로, 체중에 비례하여 생쥐에게 적용할 허용량을 정한 후 먹이면 과다 복용이 될 수 있겠군.

명시적 근거	9문단 2번~4번 문장
실전에서의 판단 과정	대사 체중이 아니라 체중에 비례해서 정하면 코끼리 치료제 허용량에서 너무 많이 줄여야 하는데?
해설	코끼리에게 적용하는 '치료제 허용량'은 코끼리의 '대사 체중'에 비례하는 값입니다. 따라서 '체중'이 10배 늘어나는 경우에는 '치료제 허용량'은 '10$^{0.75}$'만큼 늘어나야 해요. 그런데 선지는 '체중'이 줄어든 상황입니다. 실제로는 훨씬 크겠지만, 계산의 편의를 위해 코끼리와 생쥐의 '체중' 차이를 10배라고 해 봅시다. 이 경우 코끼리의 '치료제 허용량'에 비해 생쥐의 '치료제 허용량'은 '1/10$^{0.75}$'로 줄어들어야 하는 것이죠. 하지만 선지에서 말하는 것처럼 '체중'에 비례하여 '치료제 허용량'을 정하는 경우, '체중'이 10배 줄어드는 경우 '치료제 허용량'은 '1/10'으로 줄어야

합니다. '$10^{0.75}$'가 정확히 어떤 값인지는 몰라도 10 보다는 작은 수일 테니 대충 6이라고 하고, 코끼리의 '치료제 허용량'을 a라고 한다면 '대사 체중'에 비례하여 구한 생쥐의 '치료제 허용량'은 '1/6a', '체중'에 비례하여 구한 값은 '1/10a'가 됩니다. 우리가 아무리 수학을 못해도 전자가 후자보다 큰 값이라는 건 알고 있죠? 결국 '체중'에 비례하여 구하는 경우(후자) 진짜 '치료제 허용량'(전자)에 비해 작은 값이 나오게 됩니다. 이는 '허용량'에 비해 적은 양을 먹인 상황이니, '과다 복용'이 아닌 '과소 복용'이 되는 것이라고 할 수 있겠죠.

이렇게까지 생각하지 않더라도, '실전에서의 판단 과정'처럼 '대사 체중이 체중보다 작으니까, 체중에 비례하게 구하면 대사 체중에 비례할 때에 비해 더 많이 줄여야 하겠네.'라는 생각으로 지울 수 있으면 충분합니다. 약간의 수학적 사고력을 요구하기는 했지만, 결국 '체중'과 '대사 체중'의 차이점을 정확하게 인식하고 있는지 물어보는 선지였네요.

⑤ 클라이버의 법칙에 따르면, 동물의 체중이 증가함에 따라 함께 늘어나는 에너지의 필요량이 이전 초기 연구에서 생각했던 양보다 많겠군.

명시적 근거	3문단 3번 문장, 9문단 1번 문장
실전에서의 판단 과정	지문의 핵심이네.
해설	2번 선지와 똑같은 선지죠? '에너지의 필요량'은 곧 '기초 대사량'인데, '체중'의 증가에 따라 증가하는 '기초 대사량'의 정도가 이전 초기 연구에서 예상한 값보다 더 높다는 것이 '클라이버의 법칙'이었습니다.

선지	①	②	③	④	⑤
선택률	15%	11%	17%	40%	17%

36 ㉠, ㉡에 대한 이해로 가장 적절한 것은? ④

㉠직접법 / ㉡간접법

– '기초 대사량'을 구하는 두 가지 방법에 대해 묻고 있습니다. '직접'과 '간접'이라는 포인트를 생각하면 어렵지 않게 해결할 수 있겠죠?

① ㉠은 체온을 환경 온도에 따라 조정하는 변온 동물이 체외로 발산하는 열량을 측정할 수 없다.

명시적 근거	2문단 2번 문장
실전에서의 판단 과정	직접법 쓸 때는 온도 일정하게 유지해 주잖아.
해설	'직접법'을 사용하기 위한 공간인 '호흡실'의 온도는 일정하게 유지됩니다. 따라서 '변온 동물'이 자신의 체온을 조정할 이유가 없겠고, 이들의 '기초 대사량'을 구하는 데도 큰 제약이 없을 것입니다.

② ㉡은 동물이 호흡에 이용한 산소의 양을 알 필요가 없다.

명시적 근거	2문단 3번 문장
실전에서의 판단 과정	그게 핵심인데?
해설	'간접법'은 '호흡'을 통해 '기초 대사량'을 측정하는 방법입니다. '호흡'에 이용한 산소의 양을 꼭 알아야 해요.

③ ㉠은 ㉡과 달리 격한 움직임이 제한된 편하게 쉬는 상태에서 기초 대사량을 구한다.

명시적 근거	1문단 2번 문장, 2문단 1번 문장
실전에서의 판단 과정	기초 대사량을 구하려면 무조건 편한 상태여야지.
해설	'직접법'과 '간접법'은 모두 '기초 대사량'을 구하기 위한 방법입니다. 그리고 '기초 대사량'은 쾌적한 온도에서 '편히 쉬는' 동물이 공복 상태에서 생성하는 열량으로 정의된다고 했어요. 따라서 '기초 대사량'을 측정하려면 '직접법'을 사용하든 '간접법'을 사용하든 무조건 '편하게 쉬는 상태'를 만들어 주어야 할 것입니다. '선지에서 묻는 것'을 따지는 과정에서, '기초 대사량'처럼 특정 개념에 대해 묻는 경우, 선지 판단이 어렵다면 반드시 그 개념의 '정의'를 생각하셔야 합니다. 아주 기본적인 태도예요!

④ ㉠과 ㉡은 모두 일정한 체온에서 동물이 체외로 발산하는 열량을 구할 수 있다.

명시적 근거	1문단 3번 문장, 2문단 1번 문장
실전에서의 판단 과정	둘 다 기초 대사량 구하는 거 맞지.

해설	'일정한 체온에서 동물이 체외로 발산하는 열량' 이 지문의 어떤 내용을 재진술한 것인지 생각할 수 있어야 합니다. '발산하는 열량'은 곧 '생성하는 열량'이었고, '생성하는 열량'은 곧 '기초 대사량'이었습니다. 결국 이 선지는 '㉠과 ㉡은 모두 기초 대사량을 구할 수 있다.'와 같은 말이 되는 것이네요. 이는 이 문제에서 가장 중요한 내용이니, 가볍게 답으로 고를 수 있겠습니다. 지문을 읽으면서 체크한 재진술을 바탕으로 선지의 내용을 재진술하는 것을 요구한 고난도 선지였습니다. 여러분은 잘 해결했을 것이라고 믿어요.

⑤ ㉠과 ㉡은 모두 생존에 필수적인 최소한의 에너지를 공급하면서 기초 대사량을 구한다.

명시적 근거	1문단 2번 문장
실전에서의 판단 과정	기초 대사량을 왜 공급해.
해설	'생존에 필수적인 최소한의 에너지'는 '기초 대사량'의 정의였습니다. '기초 대사량'을 구하는데 '기초 대사량'을 공급한다는 건 말이 되질 않죠? '기초 대사량'이라는 핵심 개념의 정의를 정확하게 이해하고 있는지 물어보는 선지였습니다.

선지	①	②	③	④	⑤
선택률	15%	20%	31%	22%	12%

37 윗글을 바탕으로 〈보기〉를 탐구한 내용으로 가장 적절한 것은? [3점] ①

[보기]

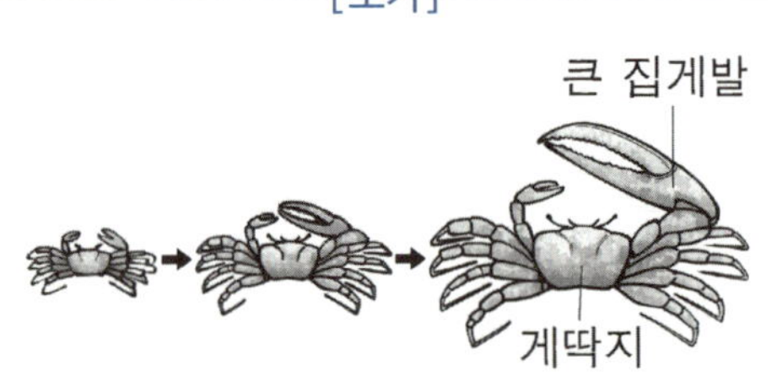

농게의 수컷은 집게발 하나가 매우 큰데, 큰 집게발의 길이는 게딱지의 폭에 '상대 성장'을 한다. 농게의 ⓐ게딱지 폭을 이용해 ⓑ큰 집게발의 길이를 추정하기 위해, 다양한 크기의 농게의 게딱지 폭과 큰 집게발의 길이를 측정하여 다수의 순서쌍을 확보했다. 그리고 'L-그래프'와 같은 방식으로, 그래프의 가로축과 세로축에 각각 게딱지 폭과 큰 집게발의 길이에 해당하는 값을 놓고 분석을 실시했다.

– '기초 대사량'이 '체중'에 '상대 성장'하는 것처럼, 농게의 '큰 집게발의 길이'도 '게딱지의 폭'에 '상대 성장'한다고 합니다. 이는 '게딱지의 폭'이 커질수록 '큰 집게발의 길이'도 길어진다는 것이겠죠? 이에 대해서도 '클라이버'처럼 L-그래프를 만든 모습이네요. 이 그래프의 '직선의 기울기'를 보면 두 변수의 '증가율'에 대한 정보를 얻을 수 있고, '최소 제곱법'을 사용하면 둘 사이의 정확한 비례 관계도 확인할 수 있을 것입니다. 이런 내용들을 머릿속에 떠올려 놓고 선지를 판단해 봅시다.

① 최적의 직선을 구한다고 할 때, 최적의 직선의 기울기가 1보다 작다면 ⓐ에 ⓑ가 비례한다고 할 수 없겠군.

명시적 근거	3문단 1번~2번 문장, 9문단 1번 문장
실전에서의 판단 과정	ⓐ가 아니라 $ⓐ^{0.xx}$에 비례하는 거지.
해설	'최적의 직선의 기울기'가 1보다 작다는 것은, '체중'이 아닌 '체중$^{0.75}$'에 '기초 대사량'이 비례한 것처럼 ⓐ가 아닌 '$ⓐ^{0.xx}$'에 ⓑ가 비례한다는 것을 의미합니다. '비례한다'는 것은 '항상 일정한 비'를 갖는다는 의미인데, 위와 같은 상황에서 ⓐ와 ⓑ는 '항상 일정한 비'를 갖지 못하겠죠? 맞는 선지네요. 조금 더 엄밀하게 해결해 봅시다. '최적의 직선의 기울기'가 의미하는 것은 '두 변수의 관계'이고, 이때 '두 변수의 관계'는 곧 '두 변수의 증가율의 비례 관계'라고 할 수 있습니다. 따라서 '최적의 직선의 기울기'가 1보다 작다는 것은 '두 변수의 증가율'이 1보다 작은 수로 '비례'한다는 것을 의미하는 것이에요. 결국 ⓐ와 ⓑ의 '증가율'이 '비례'한다는 것은 맞지만, ⓐ와 ⓑ 자체가 '비례'한다는 것은 틀린 말이 되는 것입니다. '비례한다'라는 말의 정확한 정의, '최적의 직선의 기울기'라는 화제와 직결되는 정보가 의미하는 바에 대한 완벽한 이해를 요구한 고난도 선지였습니다. 어렵기는 해도, 결국 요구하는 태도는 똑같다는 것을 확인할 수 있죠?

② 최적의 직선을 구하여 ⓐ와 ⓑ의 증가율을 비교하려고 할 때, 점들이 최적의 직선으로부터 가로축에 수직 방향으로 멀리 떨어질수록 편차 제곱 합은 더 작겠군.

명시적 근거	8문단 3번 문장
실전에서의 판단 과정	직선에서 멀리 떨어지면 편차가 커지잖아.

| 해설 | '점들이 ~ 멀리 떨어질수록'이라는 말은 '편차가 커질수록'이라는 말의 재진술입니다. '편차'의 정의를 생각하면 어렵지 않게 생각할 수 있죠? '편차'가 커진다면 그것을 제곱하여 더한 값인 '편차 제곱 합'은 당연히 더 커지겠죠. |

| 생각 심화 |

'최적의 직선을 구하여 ⓐ와 ⓑ의 증가율을 비교'한다는 말 보이시죠? 이게 'L-그래프'의 진짜 사용 목적이었습니다. 1번 선지 해설과 이어지는 내용이니, 스스로 확인해 보도록 하세요.

③ ⓐ의 증가율보다 ⓑ의 증가율이 크다면, 점들의 분포가 직선이 아닌 어떤 곡선의 주변에 분포하겠군.

명시적 근거	5문단 1번~2번 문장, 〈보기〉
실전에서의 판단 과정	L-그래프 그리면 직선에 분포하지.
해설	ⓐ와 ⓑ 사이의 '증가율'이 다른 상황입니다. 이 경우 '일반적인 그래프'에서는 이들의 순서쌍을 나타낸 점들은 곡선의 주변에 분포한다고 했어요. 하지만 〈보기〉의 상황은 'L-그래프'를 사용하는 상황이기에, 이들의 순서쌍을 나타내는 점들은 직선의 주변에 분포할 것이에요. 왜 이렇게 되는지 정확하게 납득하지는 못하더라도, 'L-그래프'를 통해 순서쌍들을 직선 주변에 분포시키는 것은 '최소 제곱법'과 관련된 정말 중요한 정보였어요. 확실하게 기억하고 있었어야 합니다.

④ ⓐ의 증가율보다 ⓑ의 증가율이 작다면, 점들 사이를 지나는 최적의 직선의 기울기는 1보다 크겠군.

명시적 근거	6문단 1번 문장, 9문단 1번 문장
실전에서의 판단 과정	체중-기초 대사량 관계랑 똑같은 상황인데, 이러면 1보다 작아야지.
해설	ⓐ는 가로축 변수이고, ⓑ는 세로축 변수입니다. 그리고 가로축 변수의 증가율보다 세로축 변수의 증가율이 더 작은 상황은 '체중'과 '기초 대사량' 사이의 관계와 똑같은 상황이죠. 이 경우 '최적의 직선의 기울기'가 1보다 작게 나왔으니, 1보다 '크겠군'이라고 하면 틀린 선지가 되겠습니다.

⑤ ⓐ의 증가율과 ⓑ의 증가율이 같고 '일반적인 그래프'에서 순서쌍을 점으로 표시한다면, 점들은 직선이 아닌 어떤 곡선의 주변에 분포하겠군.

명시적 근거	5문단 1번 문장
실전에서의 판단 과정	증가율이 같으면 일반적인 그래프에서 직선에 분포하지.
해설	가로축과 세로축 두 변수의 '증가율'이 같은 경우, '일반적인 그래프'에서는 순서쌍을 나타낸 점들이 직선 상에 분포한다고 했습니다. $y=x$ 그래프 같은 것을 떠올리면서 납득했던 내용이죠? '일반적인 그래프'에 대해서 묻고 있다는 것만 생각하면 어렵지 않게 지워낼 수 있을 것 같습니다.

몰랐던 어휘 정리하기

| 핵심 point |

① **화제 check** : 독서 지문 독해의 처음이자 끝. 첫 문단에서 잡은 '화제의 틀'을 마지막 문단까지 놓지 않아야 합니다.
② **정의 인식** : 단어의 의미를 살린 상태로, 지문에 제시된 정의와 붙여서 이해할 수 있어야 합니다. 정의를 '기억'하는 게 아니라, '납득'해서 본인의 말로 정리할 수 있어야 해요.
③ **재진술 인식** : 같은 말이라도 다르게 표현되는 경우가 많습니다. 심지어 아예 똑같은 말이 반복되는 경우도 많아요. 이 '같은 말'에 민감하게 반응하면, '정보량'을 줄이면서 읽을 수가 있습니다.

| 지문 내용 총정리 |

수학적 지식·사고력을 활용해야 하는 문장들·선지들이 많아 조금 당황스러울 수도 있었겠지만, '화제 중심 독해'와 '재진술 인식'이라는 기본적인 독해 태도를 바탕으로 충분히 해결할 수 있는 지문이었습니다. 만약 이 지문에서 요구한 수학적 사고력이 너무 과하다고 느껴진다면, 수학 공부를 더 열심히 해 주세요. 애석하게도 평가원이 어느 정도의 수학적 사고력을 요구한 경우는 셀 수 없이 많으니까요.

1문단

①우리는 한 대의 자동차는 개체라고 하지만 바닷물을 개체라고 하지는 않는다. ②어떤 부분들이 모여 하나의 개체를 이룬다고 할 때 이를 개체라고 부를 수 있는 조건은 무엇일까? ③일단 부분들 사이의 유사성은 개체성의 조건이 될 수 없다. ④가령 일란성 쌍둥이인 두 사람은 DNA 염기 서열과 외모도 같지만 동일한 개체는 아니다. ⑤그래서 부분들의 강한 유기적 상호작용이 그 조건으로 흔히 제시된다. ⑥하나의 개체를 구성하는 부분들은 외부 존재가 개체에 영향을 주는 것과는 비교할 수 없이 강한 방식으로 서로 영향을 주고받는다.

①~② #사례-원리 연결 #화제 제시

'개체'에 대해 언급하면서 시작됩니다. 그리고 물어보고 있어요! 물음의 형식이 제시되는 경우 그 답이 화제와 직결되는 경우가 많다고 했습니다. '개체라고 부를 수 있는 조건'이 아마 화제인 듯합니다. '자동차'는 개체이지만 '바닷물'은 개체가 아닌 이유를 알아볼까요?

③~④ #화제의 흐름 #사례-원리 연결

먼저 '부분들 사이의 유사성'이라는 특성은 개체성의 조건이 될 수 없다고 합니다. '일란성 쌍둥이'라는 사례를 통해 이를 자세히 설명하고 있네요. 'DNA 염기 서열', '외모'와 같은 '유사성'이 있기는 하지만, 그렇다고 두 사람이 같은 '개체'는 아니라는 것이죠. 어렵지 않게 납득할 수 있겠죠? '개체성'의 조건이라는 화제를 끊임없이 생각하면서 읽어야 합니다.

⑤~⑥ #화제의 흐름 #재진술

그래서 '부분들의 강한 유기적 상호작용'이 개체라고 볼 수 있는 조건이라고 해요. 계속해서 '개체성의 조건'이라는 화제를 살리면서 읽어야 합니다. 6번 문장에서는 '유기적 상호작용'이라는 말을 '서로 영향을 주고받음'으로 재진술해주면서 자세히 이해시키고 있네요. 첫 문장의 사례를 끌고 오면, '자동차'를 이루는 부분들은 서로 '강한 상호작용'을 하기에 '개체'라고 부르지만 '바닷물'을 이루는 부분들은 '강한 상호작용'을 하지 않기에 '개체'라고 부를 수 없다는 식으로 이해할 수 있겠습니다. 화제는 쉽게 잡을 수 있을 듯합니다. '개체성'의 조건인 '부분들의 유기적 상호작용'에 대해 조금 더 자세히 설명해 줄 것이에요. 계속 가 봅시다.

하이라이트 문장

②어떤 부분들이 모여 하나의 개체를 이룬다고 할 때 이를 개체라고 부를 수 있는 조건은 무엇일까?

첫 문단의 '물음'은 그 답을 화제로 제시하겠다는 평가원의 친절함으로 봐 주셔야 합니다. 이 물음에 대한 답을 지문 끝까지 생각하면서 읽을 수 있어야 해요. 모든 정보는 여기로 모일 겁니다.

2문단

①상이한 시기에 존재하는 두 대상을 동일한 개체로 판단하는 조건도 물을 수 있다. ②그것은 **두 대상 사이의 인과성**이다. ③과거의 '나'와 현재의 '나'를 동일하다고 볼 수 있는 것은 강한 인과성이 존재하기 때문이다. ④과거의 '나'와 현재의 '나'는 세포 분열로 세포가 교체되는 과정을 통해 인과적으로 연결되어 있다. ⑤또 '나'가 세포 분열을 통해 새로운 개체를 생성할 때도 '나'와 '나의 후손'은 인과적으로 연결되어 있다. ⑥비록 '나'와 '나의 후손'은 동일한 개체는 아니지만 '나'와 다른 개체들 사이에 비해 더 강한 인과성으로 연결되어 있다.

①~② #카테고리 나누기

앞에서는 '유기적 상호작용'을 '개체를 결정하는 요인'으로 제시했는데, 이번에는 '상이한 시기에 존재하는 두 대상을 동일한 개체로 판단하는 조건'에 대해서 설명하고 있습니다. 바로 '강한 인과성'이네요! '개체의 조건'이라는 화제 속에서 '하나의 대상'과 '상이한 시기에 존재하는 두 대상'이라는 식으로 카테고리가 나뉘고 있습니다. 이런 흐름을 정확히 체크할 수 있어야겠죠?

③~④ #사례-원리 연결

'과거의 나'와 '현재의 나'라는 사례를 통해 확실하게 이해시켜주고 있습니다. '과거의 나'와 '현재의 나'는 '상이한 시기'에 존재하지만 '인과적'으로 연결되어 있으니 하나의 개체라고 할 수 있네요. 하나의 세포가 계속해서 분열하여 현재의 '나'를 만들었으니 충분히 인과적이라고 할 수 있는 거죠. 충분히 납득할 수 있겠죠?

⑥ #사례-원리 연결 #비교/대조 #재진술

다음으론 '나'와 '나의 후손'을 소개하고 있습니다. 두 대상 역시 '세포 분열'을 통해 만들어진 것이기에 '인과적'으로 연결되어 있다고 해요. 그런데 이들은 반드시 '상이한 시기'에 존재하는 것도 아니고, 사실 하나의 '개체'도 아닙니다. 지문에서도 이를 이야기하고 있어요. '동일한 개체'는 아니지만, '나'와 다른 개체들 사이에 비해 '더 강한 인과성'으로 연결되어 있다고 해요.

이를 보고 우리는 '과거의 나'와 '나의 후손'을 비교하고 있다는 생각과 더불어, '나의 후손'이 '다른 개체들'과도 비교되고 있음을 생각할 수 있어야 합니다. 즉, 글쓴이는 '하나의 개체'가 아닌 경우에도 '인과성의 우열'이 존재한다는 것을 이야기하고 싶었던 것이에요. '동일한 개체'로 판단할 수 있는 조건이 바로 '강한 인과성'이니, 이 '인과성'이 강할수록 '동일한 개체'에 가깝다는 식의 이야기를 한 거죠. '강한 인과성-동일한 개체'라는 내용을 확실하게 납득하고 계속 읽어보도록 합시다.

3문단

> ①개체성에 대한 이러한 철학적 질문은 생물학에서도 중요한 연구 주제가 된다. ②생명체를 구성하는 단위는 세포이다. ③세포는 생명체의 고유한 유전 정보가 담긴 DNA를 가지며 이를 복제하여 증식하고 번식하는 과정을 통해 자신의 DNA를 후세에 전달한다. ④세포는 사람과 같은 진핵생물의 진핵세포와, 박테리아나 고세균과 같은 원핵생물의 원핵세포로 구분된다. ⑤진핵세포는 세포질에 막으로 둘러싸인 핵이 있고 그 안에 DNA가 있지만, 원핵세포는 핵이 없다. ⑥또한 진핵세포의 세포질에는 막으로 둘러싸인 여러 종류의 세포 소기관이 있으며, 그중 미토콘드리아는 세포 활동에 필요한 생체 에너지를 생산하는 기관이다. ⑦대부분의 진핵세포는 미토콘드리아를 필수적으로 가지고 있다.

① #화제의 흐름

갑자기 '생물학'에 대한 서술로 넘어갔네요. 분명히 우리는 '개체의 조건'을 읽고 있었는데 말이죠. 당황하실 필요 없어요. '개체성'이라는 화제 중심으로 '생물학' 관련 정보를 모아 줄 준비만 해주시면 됩니다.

②~④ #수식된 정의 제시 #재진술

수식된 정의가 쏟아지고 있습니다. 속도를 늦춰서 확실하게 정리하고 가야겠죠? 일단 생명체를 구성하는 단위는 '세포'라고 합니다. 이 '세포'에는 DNA가 있고 이를 후세에 전달한다고 해요. DNA의 수식된 정의도 놓치지 않았죠? '생명체의 고유한 유전 정보가 담긴 곳'으로 정확하게 기억할 수 있어야 합니다. 초반부에 정의되는 정보는 후반에는 아무렇지 않게 사용될 것이니까요.

나아가 '세포'는 '진핵세포'와 '원핵세포'로 나뉜다고 합니다. 여기서 포인트는 '사람=진핵세포', '박테리아나 고세균=원핵세포'라는 점을 잘 기억해야 한다는 것이에요. 나중에 '진핵세포' 대신 '사람'이라 서술하고, '원핵세포' 대신 '박테리아 or 고세균'이라고 서술했을 때 바로바로 '진핵세포'와 '원핵세포'를 떠올릴 수 있어야 하니까요! 일종의 미시적인 '재진술'인 것입니다. 이런 부분을 놓치면 힘들어져요.

⑤ #비교/대조 #단어의 의미 살리기

이번엔 '진핵세포'와 '원핵세포'를 비교하고 있습니다. '세포질'이라는 곳에 있는 막으로 둘러싸인 '핵'의 존재 유무라는 큰 차이점이 있네요. 세포에게 아주 중요한 DNA가 바로 이 '핵'에 있다고 해요. 진핵세포는 '진짜'로 '핵'을 가지고 있는 세포라는 식으로 단어의 의미를 최대한 살려준다면 훨씬 깊게 납득할 수 있겠습니다.

⑥~⑦ #정의 제시 #고정값 #화제의 흐름

'사람'이 가지고 있는 '진핵세포'에 대해 더 자세히 서술하고 있습니다. '진핵세포'의 '세포질'에는 막으로 둘러 싸인 여러 종류의 '세포 소기관'이 있다고 합니다. 여기서 '세포질'을 보고 앞 문장으로 돌아가 '핵이 있는 곳'이라는 정보를 한 번 더 인식할 수 있어야 합니다. 생물학에 대한 지식이 없다면 기억하기가 너무 어렵기 때문에, '같은 말'이 반복될 때 최대한 다시 확인하는 식으로 천천히 정리해주셔야 하는 것이에요.

이러한 '세포 소기관' 중에는 '미토콘드리아'가 있다고 합니다. 이는 '생체 에너지'를 생산하는 아주 중요한 기관이에요. 그렇다면 '미토콘드리아는 막으로 둘러싸여 세포질에 존재하는구나.'와 같은 방식으로 정리할 수 있겠죠? 속도를 줄일 구간에서는 확실하게 줄여서 천천히 정리해야 합니다.

이러한 '미토콘드리아'는 대부분의 진핵세포들이 '필수적'으로 가지고 있는 부분이라고 합니다. '에너지'를 생산하는 곳이니 당연히 '필수적'이겠다는 식으로 납득해주시고, 일종의 '고정값'이니 확실하게 기억해주시면 되겠습니다.

정보량이 상당했죠? 중요한 건 이런 정보들을 준 이유가 결국 '개체성'에 관한 이야기를 하기 위해서라는 겁니다. 내가 지금 읽고 있는 게 무엇인지(세포에 대한 설명), 그리고 이 정보가 왜 나왔는지!(개체성 이야기하기) 항상 생각하면서 읽어 주셔야 합니다. 중간에 정보가 많아져도 절대 이 흐름을 놓치면 안 돼요. 그럼 개체성과 관련된 이야기를 어떻게 끌어올지 기대하면서 읽어 봅시다.

하이라이트 문장

> ①개체성에 대한 이러한 철학적 질문은 생물학에서도 중요한 연구 주제가 된다.

새로운 소재로 넘어가겠지만, 결국 화제는 '개체성'으로 같다는 걸 강조하는 듯한 문장이에요. '개체성'이라는 포인트를 절대로 놓치면 안 됩니다!

4문단 (1)

①이러한 미토콘드리아가 원래 박테리아의 한 종류인 원생미토콘드리아였다는 이론이 20세기 초에 제기되었다. ②공생발생설 또는 세포 내 공생설이라고 불리는 이 이론에서는 두 원핵생물 간의 공생 관계가 지속되면서 진핵세포를 가진 진핵생물이 탄생했다고 설명한다. ③공생은 서로 다른 생명체가 함께 살아가는 것을 말하며, 서로 다른 생명체를 가정하는 것은 어느 생명체의 세포 안에서 다른 생명체가 공생하는 '내부 공생'에서도 마찬가지이다.

① #재진술 #화제의 흐름

이렇게 '진핵생물'들이 필수적으로 가지고 있는 '미토콘드리아'가 원래 '박테리아'의 한 종류였다는 이론이 제기되었다고 합니다. '박테리아'를 보자마자 '원핵생물'을 떠올려주셔야 해요. '원생미토콘드리아'라는 '박테리아'는 '원핵생물'인데, 이것이 '진핵생물'에게 있는 '미토콘드리아'가 되었다는 식으로 정리할 수 있어야 합니다.

여기서 '화제' 중심으로 정보를 모아 준다는 생각을 하고 있으면, '원생미토콘드리아'가 '나'로, 그리고 '미토콘드리아'가 '나의 후손'으로 재진술되고 있음을 생각할 수 있습니다. 각각 '상이한 시기에 존재하는 두 대상'인데 '하나의 개체'에 가깝다는 공통점이 있으니까요. 이렇게 '개체성'이라는 화제를 한 번 더 끌고 와 주신다면 더욱 훌륭하겠네요.

②~③ #정의 제시 #단어의 의미 살리기

이러한 이론은 '공생발생설' 또는 '세포 내 공생설'이라고 불립니다. 여기서는 '두 원핵생물' 간의 '공생' 관계가 지속되며 '진핵생물'이 탄생했다고 해요. 여기서 '두 원핵생물'에 주목해야 합니다. 일단 하나는 '원생미토콘드리아'일 것이고, 이것이 다른 '원핵생물'과 공생하다가 '미토콘드리아'가 되어 '진핵생물'이 탄생했다는 것이겠죠. 초반부의 정보를 최대한 끌어오면서 확실하게 이해해줘야 해요! 단어의 의미 그대로, '공생'을 하다가 '발생'했다는 '설'이라고 이해하면 되겠죠?

이에 대해 자세하게 소개하기 전에, 먼저 '공생'과 '내부 공생'에 대해 설명해주고 있습니다. 말 그대로 '같이' '사는 것'이네요. '내부 공생'은 어느 생명체의 세포 '내부'에서 같이 사는 것이구요. 단어의 의미를 살려서 그대로 이해해주면 될 것 같아요. '내부 공생'을 보고 '세포 내 공생설'까지 떠올랐다면 금상첨화입니다.

아무튼 원핵생물들이 '공생'하다가 '진핵생물'이 되었다는 이야기를 읽고 있습니다. 어떻게 이런 일이 일어났는지, 그리고 '개체성'이라는 화제와는 무슨 관련이 있는지 궁금해하면서 읽어보도록 합시다.

4문단 (2)

④공생발생설은 한동안 생물학계로부터 인정받지 못했다. ⑤미토콘드리아의 기능과 대략적인 구조, 그리고 생명체 간 내부 공생의 사례는 이미 알려졌지만 미토콘드리아가 과거에 독립된 생명체였다는 것을 쉽게 믿을 수 없었기 때문이었다. ⑥그리고 한 생명체가 세대를 이어가는 과정 중에 돌연변이와 자연선택이 일어나고, 이로 인해 종이 진화하고 분화한다고 보는 전통적인 유전학에서 두 원핵생물의 결합은 주목받지 못했다. ⑦그러다가 전자 현미경의 등장으로 미토콘드리아의 내부까지 세밀히 관찰하게 되고, 미토콘드리아 안에는 세포핵의 DNA와는 다른 DNA가 있으며 단백질을 합성하는 자신만의 리보솜을 가지고 있다는 사실이 밝혀지면서 공생발생설이 새롭게 부각되었다.

④~⑥ #카테고리 나누기 #재진술

이러한 '공생발생설'은 한동안 인정받지 못했다고 합니다. '미토콘드리아'의 기능과 구조, '세포 내 공생설'의 핵심인 '내부 공생'의 사례 등은 모두 알려져 있었는데도 말이에요. 그 이유로 크게 두 가지가 나오네요. '공생발생설이 인정받지 못한 이유'라는 카테고리를 만들어놓고, 하나씩 이해해볼까요?

'미토콘드리아'는 현재 진핵세포 속에 있는 세포 소기관입니다. 첫 번째로는, 이런 '세포 소기관' 주제에 어떻게 독립된 생명체였냐는 것이에요. 충분히 이해하지 못할 만도 합니다. 두 번째로, '전통적인 유전학'에서 '결합'을 통해 새로운 생물이 탄생한다는 데에는 주목하지 않았다고 합니다. '전통적인 유전학'에서는 '진화'와 '분화'만을 주장하고 있기 때문에 '결합'에 대해서는 비판적일 수밖에 없는 것이죠. 충분히 납득할 수 있겠죠?

⑦ #카테고리 나누기 #수식된 정의 제시

이렇게 인정받지 못하던 '공생발생설'은 '전자 현미경'의 등장을 통해 인정받게 됩니다. '미토콘드리아'의 '내부'를 들여다보면서, 앞의 두 가지 의문이 해결된 것이죠! 이번엔 '공생발생설이 인정받은 이유'로 카테고리를 나눠놓고 이해하면 되겠죠?

그 이유는 크게 두 가지네요. 하나는 세포핵의 DNA와 다른 자신만의 DNA가 있었다는 것, 또 하나는 자신만의 리보솜을 갖고 있다는 것이에요. '리보솜'의 수식된 정의인 '단백질 합성하는 곳'은 당연하게 체크하고 있겠죠?

여기서 포인트는 두 가지 이유 모두 '자신만'의 무언가를 갖고 있다는 점에 주목한다는 것입니다. 미토콘드리아가 과거에 독립된 생명체인 '하나의 개체'였다는 사실을 받아들이지 못했다가, 전자 현미경으로 관찰해보니 과거엔 스스로 무언가를 가질 수 있는 '하나의 개체'였다는 여러 가지 근거가 나온 거죠. '이전에 개체였기 때문에 자신만의 DNA, 리보솜을 갖고 있는 것이구나!'라고 생각할 수 있으면 좋겠네요. 상식적인 납득이 중요합니다.

하이라이트 문장

> ⑦그러다가 전자 현미경의 등장으로 미토콘드리아의 내부까지 세밀히 관찰하게 되고, 미토콘드리아 안에는 세포핵의 DNA와는 다른 DNA가 있으며 단백질을 합성하는 자신만의 리보솜을 가지고 있다는 사실이 밝혀지면서 공생발생설이 새롭게 부각되었다.

'공생발생설'이라는 화제와 직결되는 정보가 '새롭게 부각'되었다는, 아주 중요한 내용이 담긴 문장입니다. 이 계기는 당연히 중요할 것이며, 앞으로 '공생발생설'을 바탕으로 '개체성'이라는 화제를 이야기할 것이라는 점을 생각할 수 있어야겠죠.

5문단

> ①공생발생설에 따르면 진핵생물은 원생미토콘드리아가 고세균의 세포 안에서 내부 공생을 하다가 탄생했다고 본다. ②고세균의 핵의 형성과 내부 공생의 시작 중 어느 것이 먼저인지에 대해서는 논란이 있지만, 고세균은 세포질에 핵이 생겨 진핵세포가 되고 원생미토콘드리아는 세포 소기관인 미토콘드리아가 되어 진핵생물이 탄생했다는 것이다. ③미토콘드리아가 원래 박테리아의 한 종류였다는 근거는 여러 가지가 있다. ④박테리아와 마찬가지로 새로운 미토콘드리아는 이미 존재하는 미토콘드리아의 '이분 분열'을 통해서만 만들어진다. ⑤미토콘드리아의 막에는 진핵세포막의 수송 단백질과는 다른 종류의 수송 단백질인 포린이 존재하고 박테리아의 세포막에 있는 카디오리핀이 존재한다. ⑥또 미토콘드리아의 리보솜은 진핵세포의 리보솜보다 박테리아의 리보솜과 더 유사하다.

우여곡절 끝에 인정받은 '공생발생설'의 정의를 한 번 더 설명해주고 있습니다. '원생미토콘드리아'가 '고세균'의 세포 안에서 '내부 공생'을 하다가 진핵생물이 탄생했다는 것이에요. 여기서 '고세균'을 보자마자 이것이 앞에서 궁금해하던 '나머지 원핵생물'이라는 생각을 할 수 있어야 합니다. 앞에서 분명히 '공생발생설'은 '두 원핵생물' 간의 내부 공생을 통해 '진핵생물'이 탄생하는 것이라고 했어요. 여기서 하나의 '원핵생물'이 '원생미토콘드리아'라는 건 생각했는데, 또 하나의 '원핵생물'이 '고세균'이라는 것이 이 문장을 통해 제시되고 있는 것이죠! 이렇게 앞의 정보를 끌어오면서 읽어낼 수 있어야 해요.

나아가 앞의 정보를 잘 끌어온다면, '고세균'이 '진핵세포'가 되고 '원생미토콘드리아'가 '세포 소기관'이 된다는 사실도 어느 정도 이해할 수 있을 것 같아요. '미토콘드리아'가 '세포 소기관'이라는 사실은 이미 알고 있는 정보인데, 이는 '진핵세포'가 가지고 있는 것입니다. 즉, '미토콘드리아'가 진핵생물의 일부가 되려면 그것을 담아 줄 '진핵세포'라는 그릇이 필요한 것이에요. '고세균'이 바로 그 역할을 하는 것이죠! 충분히 납득할 수 있겠죠?

여기서 끝이 아닙니다. 이번엔 '미토콘드리아가 원래 박테리아의 한 종류였다는 근거'가 나옵니다. 하나의 카테고리로 정리해야겠네요. 그 이유는 다음과 같아요.

1. 박테리아의 특성인 이분 분열을 함
2. 진핵 세포막의 수송 단백질과는 다른 종류의 수송 단백질인 포린 존재
3. 박테리아의 세포막에 있는 카디오리핀 존재
4. 미토콘드리아의 리보솜은 박테리아의 리보솜과 더 유사

사실 이 네 가지 근거를 모두 외워주는 건 말도 안 됩니다. 하지만 하나의 키워드로 묶으면 쉽게 정리할 수 있어요. 바로 '박테리아'의 특성들이라는 거죠. 우리가 지금 읽고 있는 건 '미토콘드리아가 원래 박테리아(원생미토콘드리아)의 한 종류였다는 근거'입니다. 따라서 '미토콘드리아'가 '박테리아=원핵생물'의 특징을 가지고 있다는 건 이 카테고리의 정보가 되기에 충분하다고 할 수 있겠습니다. 이렇게 최대한 납득하며, '당연하지'라는 생각이 들게끔 읽어주는 것이 중요해요.

하이라이트 문장

> ③미토콘드리아가 원래 박테리아의 한 종류였다는 근거는 여러 가지가 있다.

‘공생발생설’이라는 중요한 내용에 대해 정리하는 것도 물론 중요하지만, 이렇게 중간에 갑자기 카테고리를 만들어주는 문장에 대처하는 것도 정말 중요합니다. 이제부터 ‘미토콘드리아가 원래 박테리아의 한 종류였다는 근거’를 설명하겠다고 선포하는 문장이에요. 그 뒤에 나오는 정보들을 묶어 줄 ‘카테고리’가 생긴다는 것이죠! 이를 확실하게 인식할 수 있어야 합니다. 그래야 정보량이 줄어드는 느낌이 들어요.

6문단 (1)

①미토콘드리아는 여전히 고유한 DNA를 가진 채 복제와 증식이 이루어지는데도, 미토콘드리아와 진핵세포 사이의 관계를 공생 관계로 보지 않는 이유는 무엇일까? ②두 생명체가 서로 떨어져서 살 수 없더라도 각자의 개체성을 잃을 정도로 유기적 상호작용이 강하지 않다면 그 둘은 공생 관계에 있다고 보는데, 미토콘드리아와 진핵세포 간의 유기적 상호작용은 둘을 다른 개체로 볼 수 없을 만큼 매우 강하기 때문이다.

①~② #재진술 #화제의 흐름

‘미토콘드리아’는 지금도 ‘고유한 DNA’를 가진 채 복제와 증식을 합니다. 여기서 ‘DNA’는 ‘유전 정보’를 가지고 있는 곳이었으므로, ‘고유한 DNA’를 가지고 있다는 말은 곧 ‘하나의 개체’임을 의미한다고 생각할 수 있어야 합니다. 이 지문의 화제니까요!

아무튼, 이런 상황에서 ‘미토콘드리아’와 ‘진핵세포’ 사이의 관계를 공생 관계로 보지는 않는다고 합니다. ‘공생’한다는 것은 ‘함께 산다’는 것이므로, ‘서로 다른 개체’임을 가정하는 것입니다. 따라서 이 문장은 ‘미토콘드리아’와 ‘진핵세포’가 ‘하나의 개체’라는 말을 담고 있는 것이죠! 어렵겠지만, 이렇게 이면의 내용을 추론하며 읽을 수 있어야 해요.

이때 2번 문장에서 이야기하는 ‘유기적 상호작용’은 1문단에서 체크했던 ‘개체의 조건’과 ‘진짜로’ 같은 말입니다. 이와 연결하여, ‘유기적 상호작용’이 강하지 않으면 ‘서로 다른 개체’이니 떨어져 살 수 없더라도 ‘공생 관계’에 있다고 보는 것도 어렵지 않게 납득할 수 있겠죠? 모든 정보는 ‘화제’ 중심으로 모인다는 대전제가 한 번 더 확인되는 모습입니다. 이런 경험을 하면서 국어가 재밌다는 생각이 들었으면 좋겠어요.

하이라이트 문장

②두 생명체가 서로 떨어져서 살 수 없더라도 각자의 개체성을 잃을 정도로 유기적 상호작용이 강하지 않다면 그 둘은 공생 관계에 있다고 보는데, 미토콘드리아와 진핵세포 간의 유기적 상호작용은 둘을 다른 개체로 볼 수 없을 만큼 매우 강하기 때문이다.

지금까지 읽었던 ‘공생발생설’이 결국 화제인 ‘개체’와 관련되어 있음을 밝히는 문장입니다. ‘유기적 상호작용’을 보자마자 엄청나게 반가운 느낌이 들어야 해요. 계속해서 기다리던 정보였으니까요.

6문단 (2)

③미토콘드리아가 개체성을 잃고 세포 소기관이 되었다고 보는 근거는, 진핵세포가 미토콘드리아의 증식을 조절하고, 자신을 복제하여 증식할 때 미토콘드리아도 함께 복제하여 증식시킨다는 것이다. ④또한 미토콘드리아의 유전자의 많은 부분이 세포핵의 DNA로 옮겨 가 미토콘드리아의 DNA 길이가 현저히 짧아졌다는 것이다. ⑤미토콘드리아에서 일어나는 대사 과정에 필요한 단백질은 세포핵의 DNA로부터 합성되고, 미토콘드리아의 DNA에 남은 유전자 대부분은 생체 에너지를 생산하는 역할을 한다. ⑥예컨대 사람의 미토콘드리아는 37개의 유전자만 있을 정도로 DNA 길이가 짧다.

③~⑥ #카테고리 나누기

여기에 미토콘드리아가 ‘개체성’을 잃고 세포 소기관이 되었다는 근거까지 말해줍니다. 원래는 ‘원생미토콘드리아’라는 하나의 ‘개체’였는데, 이제는 ‘진핵세포’와 하나의 ‘개체’로 묶이는 ‘세포 소기관’이 된 것이죠. 이 이유 역시 이것도 하나의 카테고리로 삼아주시면서 정리하면 되겠습니다.

하나씩 이해해봅시다. 먼저 ‘진핵세포’가 ‘미토콘드리아’의 증식을 조절한다는 점이 있습니다. 심지어 자신을 복제·증식할 때도 ‘미토콘드리아’가 함께 한다고 하죠? 이 정도면 ‘미토콘드리아’는 개체성을 가지지 못한 채 ‘진핵세포’에 끌려가는 존재라고 할 수 있겠습니다. 충분히 납득할 수 있겠네요.

다음으론 ‘미토콘드리아’의 유전자가 대부분 ‘세포핵’의 DNA로 옮겨갔다는 점입니다. 3문단에서 정리한 정보에 따르면 ‘세포핵’은 세포의 DNA를 담고 있는 부분이었는데, ‘미토콘드리아’의 DNA가 ‘진핵세포'의 DNA로 갔다고 하니 '개체성'이 없어졌다고 할 수밖에 없겠네요. '진핵세포'의 들러리만 되고 있으니까요! 이렇게 되면 '미토콘드리아'의 DNA 길이가 짧아졌다는 것도 쉽게 납득할 수 있겠습니다. 할 수 있는 만큼 최대한 납득하며 읽어낼 수 있어야 해요!

나아가 '미토콘드리아'에서 일어나는 대사 과정에 필요한 '단백질' 역시 '진핵세포'의 '세포핵 DNA'에서 만들어준다고 합니다. 그래서 '미토콘드리아'의 남은 유전자는 자신이 아닌 '세포'의 생체 에너지 생산만 하는 것이에요. 이렇게 '진핵세포'의 들러리 역할만 하고 있고, 자신의 생명 유지와 복제·증식을 오로지 '진핵세포'에게 의존해야 하는 '미토콘드리아'는 '하나의 개체'라고 할 수 없겠습니다. 그래서 '진핵세포'와 '동일한 개체'로 묶이는 것이었어요. 이렇게 '강한 유기적 상호작용'을 하고 있으니까요.

조금 어려울 수 있지만, 과학에 대한 아무런 지식이 없어도 앞 문단의 정보를 끌어오며 '생각'하고 '납득'하는 과정을 거치면 충분히 해낼 수 있는 경지라고 생각합니다. 특히 최근 어려워진 선지를 제대로 판단하기 위해서는, 이렇게 '납득'하는 연습을 게을리하지 말아야 합니다.

하이라이트 문장

> ③미토콘드리아가 개체성을 잃고 세포 소기관이 되었다고 보는 근거는, 진핵세포가 미토콘드리아의 증식을 조절하고, 자신을 복제하여 증식할 때 미토콘드리아도 함께 복제하여 증식시킨다는 것이다.

'미토콘드리아가 개체성을 잃은 이유'라는 카테고리로 정보를 모아주셔야 합니다. '개체성을 잃었다.'라는 말을 바탕으로 뒤에 나오는 정보를 모두 납득할 수 있어야 해요!

선지	①	②	③	④	⑤
선택률	6%	8%	76%	6%	4%

38 윗글의 내용 전개 방식으로 가장 적절한 것은? ③

– '내용 전개 방식' 문제입니다. 주관식으로 생각해볼까요? 이 지문은 '개체성'이라는 화제를 제시하고, 이를 '생물학'의 '공생발생설'에 적용하고 있었습니다. 이와 같은 말을 찾아봅시다.

① 개체성과 관련된 예를 제시한 후 공생발생설에 대한 다양한 견해를 비교하고 있다.

명시적 근거	–
실전에서의 판단 과정	다양한 견해는 없지.

해설	'자동차', '바닷물' 등 개체성과 관련된 예를 제시한 건 아주 좋은데, 공생발생설에 대한 '다양한 견해'를 비교한 적은 없죠. 물론 처음에 공생발생설이 받아들여지지 않은 이유에 대해 설명하기는 합니다. 하지만 공생발생설을 부정하는 '견해'와 긍정하는 '견해'를 비교한다고 보기는 어렵죠. 공생발생설이 긍정된 계기는 전자 현미경의 발달을 통한 '팩트 폭행'이니까요. 견해가 아니죠. 사실의 재발견일 뿐! '견해'는 '의견'이 있어야 합니다. 나아가 이 지문의 핵심은 '개체성'을 '공생발생설'에 적용하는 것이기 때문에, 이 선지의 내용은 화제 그 자체가 아니므로 답으로 고르시면 안 됩니다. 화제와 직결되는 거시적인 내용을 답으로 해야 해요!

② 개체에 대한 정의를 제시한 후 세포의 생물학적 개념이 확립되는 과정을 서술하고 있다.

명시적 근거	–
실전에서의 판단 과정	생물학적 개념이 확립되는 과정..?
해설	개체에 대한 정의를 제시한 것은 매우 좋은데, 세포의 생물학적 개념이 확립되는 과정이요..? 세포가 무엇인지가 핵심이 아니라, 세포 중 진핵세포에 있는 미토콘드리아의 '개체성'에 대해 알아보는 게 핵심이에요.

③ 개체성의 조건을 제시한 후 세포 소기관의 개체성에 대해 공생발생설을 중심으로 설명하고 있다.

명시적 근거	지문 전체
실전에서의 판단 과정	화제 그 자체네.
해설	개체성의 조건 (강한 유기적 상호작용) 제시했고, 세포 소기관인 미토콘드리아의 '개체성'과 관련해 공생발생설을 설명하고 있죠. 화제 그 자체인 완벽한 정답 선지입니다. 이 내용을 미리 정리하고 해결할 수 있으면 좋겠어요. 그래야 정확도가 높아집니다!

④ 개체의 유형을 분류한 후 세포의 소기관이 분화되는 과정을 공생발생설을 중심으로 설명하고 있다.

명시적 근거	–
실전에서의 판단 과정	개체의 유형, 분화되는 과정 다 없네.

해설	개체의 유형도 분류한 적이 없을뿐더러, 세포의 소기관이 '분화'되는 과정도 더더욱 말해준 적이 없죠. 소기관으로 '변화'했다는 과정은 나왔다고 할 수 있지만요.

⑤ 개체와 관련된 개념들을 설명한 후 세포가 하나의 개체로 변화하는 과정을 인과적으로 서술하고 있다.

명시적 근거	−
실전에서의 판단 과정	변화하는 과정? 없지.
해설	개체와 관련된 개념들을 설명했다는 건 맞다고 할 수 있겠는데, '세포가 하나의 개체로 변화하는 과정'은 있다고 하기 힘들죠.

선지	①	②	③	④	⑤
선택률	4%	9%	14%	45%	29%

39 윗글에 대한 이해로 적절하지 <u>않은</u> 것은? ④

① 유사성은 아무리 강하더라도 개체성의 조건이 될 수 없다.

명시적 근거	1문단 3번 문장
실전에서의 판단 과정	유사성은 조건이 아니었지.
해설	개체성의 조건을 묻고 있습니다. 유사성이 아닌 '강한 유기적 상호작용'이 그 조건이었어요. 이 정도는 쉽게 판단할 수 있죠?

② 바닷물을 개체라고 말하기 어려운 이유는 유기적 상호작용이 약하기 때문이다.

명시적 근거	1문단 1번 문장, 1문단 4번 문장
실전에서의 판단 과정	개체의 조건을 충족하지 못한 거니까.
해설	바닷물은 개체라고 하지 않는다고 했습니다. 그리고 개체성의 조건으로 '강한 유기적 상호작용'을 제시했으니, 바닷물은 강한 유기적 상호작용이 없다고 할 수 있겠죠. 사실 미리 생각했어야 하는 내용이에요. '바닷물'이라는 사례를 '개체성'이라는 원리와 연결짓는 태도가 중요했습니다.

③ 새로운 미토콘드리아를 복제하기 위해서는 세포 안에 미토콘드리아가 반드시 있어야 한다.

명시적 근거	5문단 4번 문장
실전에서의 판단 과정	비슷한 정보 있던 것 같은데... 기억이 안 나니 일단 넘어가자.
해설	'실전에서의 판단 과정'에 주목하세요. 사실 이 정보를 기억하는 건 쉽지 않기 때문에, 실전에서는 눈알을 조금 굴려보고 보이지 않으면 넘어가는 게 중요합니다. 그렇다면 어떻게 해결하면 되는지 알아볼까요? 선지에서는 '새로운 미토콘드리아 복제'에 대해 이야기하고 있습니다. 새로운 미토콘드리아를 만드는 경우는 이미 존재하는 미토콘드리아의 '이분 분열'을 바탕으로만 이루어진다고 했습니다. 이는 '박테리아'와 '미토콘드리아'의 공통점으로, '미토콘드리아'가 원래 '박테리아'의 한 종류였다는 근거였습니다. 우리가 해당 내용을 완벽하게 납득했던 기억은 있지만, 사실 '이분 분열'이라는 말을 떠올리기는 쉽지 않겠죠? 우리의 목표는 225개의 선지를 모두 지우는 게 아니라 45개의 정답만 골라내는 것임을 잊지 말아야 합니다.

④ 미토콘드리아의 대사 과정에 필요한 단백질은 미토콘드리아의 막을 통과하여 세포질로 이동해야 한다.

명시적 근거	3문단 5번~6번 문장, 6문단 5번 문장
실전에서의 판단 과정	미토콘드리아의 막을 통과하여 세포질로 가 버리면 미토콘드리아가 못 써먹잖아?
해설	선지에서 묻는 '미토콘드리아의 대사 과정에 필요한 단백질'은 '진핵세포'의 '세포핵'에서 합성하는 것이었습니다. 이는 '미토콘드리아'가 하나의 개체가 아님을 증명하는 것으로 납득했던 정보였어요. 어쨌든 이 '단백질'은 '미토콘드리아'가 사용하기 위한 것인데, 막을 통과하여 '세포질'로 이동하면 '미토콘드리아'의 밖으로 나가는 것이죠? 이 '단백질'은 미토콘드리아'에서' 일어나는 대사 과정에 작용하는 것이기 때문에, 미토콘드리아의 밖으로 나가면 안 됩니다. '미토콘드리아를 위한 단백질의 역할'과 '미토콘드리아의 구조'를 동시에 물어보는 어려운 선지였습니다. 지문의 정보를 체계적으로 정리할 수 있어야 해요!

⑤ 진핵세포가 되기 전의 고세균이 원생미토콘드리아보다 진핵세포와 더 강한 인과성으로 연결되어 있다.

명시적 근거	2문단 6번 문장, 5문단 2번 문장
실전에서의 판단 과정	고세균이 진핵세포가 된 거니까 원생보다 인과성이 더 강하겠지.

이 선지는 약간 중의적으로 해석할 수 있습니다. 첫 번째는 '고세균-진핵세포'와 '원생미토콘드리아-진핵세포'의 구도입니다. 이 경우 '고세균'이 곧 '진핵세포'가 되기 때문에, '원생미토콘드리아'보다 '진핵세포'와의 '인과성'은 당연히 훨씬 강할 것이라는 식으로 판단할 수 있습니다.

두 번째는 '고세균-원생미토콘드리아', '고세균-진핵세포'의 구도입니다. '고세균'과 '원생미토콘드리아'는 '공생'을 하는 '서로 다른 개체'이기 때문에, 둘 사이의 인과성은 크지 않을 겁니다. 하지만 '고세균'과 '진핵세포'는 앞서 확인했던 것처럼 강한 인과성을 가지고 있기에, 이렇게 해석해도 맞는 선지가 되네요.

중의적으로 해석되는 것은 검토가 덜 되었기 때문이라고 추측할 수 있습니다. 어쨌든 우리는 '강한 인과성'이라는 말이 의미하는 바를 바탕으로 가볍게 해결해주면 되겠습니다.

선지	①	②	③	④	⑤
선택률	5%	8%	18%	7%	62%

40 윗글을 참고할 때, ㉠의 이유로 가장 적절한 것은? ⑤

> ㉠공생발생설은 한동안 생물학계로부터 인정받지 못했다.

– ㉠의 이유를 묻고 있습니다. '공생발생설'이 인정받지 못한 이유를 찾으면 되겠고, 밑줄 문제이니 바로 근처를 보고 그 이유를 찾아야겠죠? '미토콘드리아가 독립된 생명체였다는 것을 믿을 수 없고, 전통적인 유전학에서 두 원핵생물의 결합은 주목받지 못했기 때문'입니다. 이 내용을 찾으러 가 봅시다.

① 진핵세포가 세포 소기관을 가지고 있다는 사실을 알지 못했기 때문이다.

명시적 근거	4문단 5번 문장
실전에서의 판단 과정	미토콘드리아의 기능과 구조는 알고 있었다며.
해설	우리가 찾는 내용이 아니네요. 심지어 '미토콘드리아'의 기능과 구조는 미리 알고 있었다고 했습니다. '미토콘드리아'의 핵심은 '진핵세포'의 '세포 소기관'이라는 점인데, 이런 내용은 당연히 알고 있었겠죠.

② 공생발생설이 당시의 유전학 이론에 어긋난다는 근거가 부족했기 때문이다.

명시적 근거	4문단 6번 문장
실전에서의 판단 과정	전통적인 유전학에 어긋나서 문제였다며.
해설	오히려 '공생발생설'이 당시의 '전통적인 유전학' 이론에 어긋났기 때문에 받아들여지지 않았던 것이죠?

③ 한 생명체가 다른 생명체의 세포 속에서 살 수 있다는 근거가 부족했기 때문이다.

명시적 근거	4문단 5번 문장
실전에서의 판단 과정	내부 공생의 사례는 알려져 있었지.
해설	'한 생명체가 다른 생명체의 세포 속에서 사는 것'은 '내부 공생'을 의미하는 것이죠? 모든 선지는 지문의 재진술입니다. 이렇게 선지의 내용을 지문의 말로 바꿔내면서 해결할 수 있어야 해요! '생명체 간 내부 공생'의 사례는 이미 많이 밝혀졌다고 했습니다. 이것이 ㉠의 근거가 될 수는 없겠네요.

④ 미토콘드리아가 진핵세포의 활동에 중요한 기능을 한다는 사실을 알지 못했기 때문이다.

명시적 근거	4문단 5번 문장
실전에서의 판단 과정	미토콘드리아의 기능은 알려져 있었는데?
해설	미토콘드리아의 기능과 대략적인 구조는 알고 있었다고 했습니다. 그럼 진핵세포의 활동에 중요한 역할, 즉 에너지 공급을 한다는 것도 알고 있었겠죠.

⑤ 미토콘드리아가 자신의 고유한 유전 정보를 전달할 수 있다는 것을 알지 못했기 때문이다.

명시적 근거	3문단 3번 문장, 4문단 7번 문장, 6문단 1번 문장
실전에서의 판단 과정	고유한 유전 정보를 전달하는 건 독립된 생명체라는 거네.
해설	사실 '고유한 유전 정보 전달'이라는 말은 ㉠ 근처에 없기 때문에, 이 선지를 정확하게 지워내려면 지문 전체적으로 흩어져 있는 '미토콘드리아'의 정보를 모아야 합니다. '미토콘드리아'는 자신의 유전 정보를 담고 있는 DNA를 고유하게 가지고, 이를 전달하며 복제·증식한다고 했어요. 이런 내용들을 위의 '명시적 근거'에서 확인할 수 있죠?

선지	①	②	③	④	⑤
선택률	13%	52%	12%	15%	8%

41 〈보기〉는 진핵세포의 세포 소기관을 연구한 결과들이다. 윗글을 바탕으로 할 때, 각각의 세포 소기관이 박테리아로부터 비롯되었다고 판단할 수 있는 것만을 〈보기〉에서 고른 것은? ②

– 역시 '발문'을 보고 생각을 해봅시다. 특히 이렇게 발문이 길거나, ㄱ, ㄴ, ㄷ 문제인 경우에는 발문에서 묻는 것을 미리 생각하는 게 아주 중요해요! 문제에서 묻는 것은 '세포 소기관이 박테리아로부터 비롯되었다고 판단할 수 있는 것'입니다. 그럼 우리는 필연적으로 세포 소기관이 박테리아로부터 비롯되었다는 걸 알 수 있는 정보로 돌아갈 준비를 해야겠고, 그게 5문단 중간쯤에 있네요. 뭘 읽고 있는지 생각하며 읽었다면, 내용을 완벽하게 기억하지는 못해도 위치는 기억할 수 있겠죠? 어떠한 '세포 소기관'이 원래 '박테리아'였음을 알려주는 증거! '이분 분열, 포린, 카디오리핀, 박테리아의 리보솜과 유사함'입니다. 이 내용을 찾아보도록 합시다.

ㄱ. 세포 소기관이 자신의 DNA를 가지고 있다는 것과 이분 분열을 한다는 것을 확인하였다.

명시적 근거	4문단 7번 문장, 5문단 4번 문장
실전에서의 판단 과정	자신의 DNA를 가지고 있으면 박테리아라는 하나의 개체였다는 것일 수 있고, 이분 분열은 미리 찾던 거네.
해설	자신의 DNA를 가진다는 것은 '공생발생설'이 인정받게 된 계기와 깊은 관련이 있습니다. '미토콘드리아'가 자신의 고유한 DNA를 가지고 있었다는 게 핵심이었죠? 즉, 이 내용은 과거에 해당 세포 소기관이 '하나의 독립된 개체'였음을 의미한다는 것이죠. 나아가 '이분 분열'을 한다는 게 세포 소기관이 '박테리아'였음을 알려주는 증거라는 건 우리가 미리 생각했습니다. 그렇다면 이 세포 소기관은 과거에 '박테리아'였던 '독립된 개체'였다고 할 수 있겠네요

ㄴ. 세포 소기관이 자신의 DNA를 가지고 있다는 것과 진핵세포의 리보솜을 가지고 있다는 것을 확인하였다.

명시적 근거	5문단 6번 문장
실전에서의 판단 과정	진핵세포의 리보솜을 가지면 안 되지.
해설	'진핵세포'의 리보솜이 아니라 '박테리아'의 리보솜을 가지고 있어야 합니다. 문제가 원하는 건 '박테리아'였다고 볼 수 있는 근거니까요.

ㄷ. 세포 소기관이 막으로 둘러싸여 있다는 것과 막에는 수송 단백질이 있는 것을 확인하였다.

명시적 근거	5문단 5번 문장
실전에서의 판단 과정	그냥 수송 단백질이 아니라 포린이 있어야지.
해설	세포 소기관이 막으로 둘러싸여 있다는 것 자체는 사실 큰 의미가 없습니다. 핵심은 '수송 단백질'인데, '박테리아'는 수송 단백질로 '포린'을 가지고 있었어요. 그리고 이 '포린'을 가지고 있음이 발견되면 과거에 '박테리아'였다는 것을 증명할 수 있어요. 그런데 이 선지에선 그냥 '수송 단백질'이 있다는 이야기만 있을 뿐, 정확하게 '포린'을 가지고 있다는 말은 없죠? 이러면 반드시 '박테리아'로부터 비롯되었다고 볼 수는 없겠습니다. 치사하다는 생각이 들 정도로 디테일한 선지 판단을 요구하고 있네요.

ㄹ. 세포 소기관이 막으로 둘러싸여 있다는 것과 막에는 다량의 카디오리핀이 있는 것을 확인하였다.

명시적 근거	5문단 5번 문장
실전에서의 판단 과정	카디오리핀이 있어야 한다는 건 미리 생각한 내용이네.
해설	막으로 둘러싸여 있는데, 그 '막'에 박테리아의 '세포막'에 존재하는 '카디오리핀'이 존재한다고 합니다. 이는 우리가 미리 생각했던 내용과 일치하네요. 가볍게 맞는 선지로 판단해주시면 되겠습니다.

선지	①	②	③	④	⑤
선택률	12%	18%	19%	17%	34%

42 윗글을 바탕으로 〈보기〉를 이해한 내용으로 적절하지 않은 것은? [3점] ①

– 충격적인 정답률이죠? 오타 아닙니다. 12% 맞아요. 안 그래도 어려운데 정답이 1번이라는 요소 때문에 더 낮아진 정답률을 자랑한 문제입니다. 그래도 차분하게 〈보기〉 정리부터 해봅시다. 다른 건 없습니다.

[보기]

○ 복어는 테트로도톡신이라는 신경 독소를 가지고 있지만 테트로도톡신을 스스로 만들지 못하고 체내에서 서식하는 미생물이 이를 생산한다. 복어는 독소를 생산하는 미생물에게 서식처를 제공하는 대신 포식자로부터 자신을 방어할 수 있는 무기를 갖게 되었다. 만약 복어의 체내에 있는 미생물을 제거하면 복어는 독소를 가지지 못하나 생존에는 지장이 없었다.

– 먼저 '복어'와 관련된 내용부터 정리해봅시다. '복어'는 독소를 생산하는 '미생물'과 함께 산다고 해요. '함께 살고 있다'는 것을 보자마자, 우리는 '공생'이라는 개념을 떠올려야 합니다. 핵심은 '미토콘드리아'와 '진핵세포'처럼 사실은 '하나의 개체'인지 아니면 '다른 개체' 간의 공생인지를 구별하는 것입니다. 이를 구별하는 유일한 기준은 지문의 화제인 '유기적 상호작용'이었죠? '복어'의 체내에 있는 '미생물'을 제거했더니, 독소는 없어졌지만 '복어'의 생존에는 아무런 지장이 없었다고 합니다. 이는 '유기적 상호작용'이 전혀 강하지 않다는 것이므로, '복어'와 '미생물'은 '하나의 개체'가 아닌 서로 다른 개체의 '공생 관계'라고 할 수 있겠습니다. 이렇게 정리할 수 있겠죠?

○ 실험실의 아메바가 병원성 박테리아에 감염되어 대부분의 아메바가 죽고 일부 아메바는 생존하였다. 생존한 아메바의 세포질에서 서식하는 박테리아는 스스로 복제하여 증식할 수 있었고 더 이상 병원성을 지니지는 않았다. 아메바에게는 무해하지만 박테리아에게는 치명적인 항생제를 아메바에게 투여하면 박테리아와 함께 아메바도 죽었다.

– 다음은 '아메바'와 '박테리아'의 관계입니다. 많은 박테리아가 아메바를 죽인 상황에서 생존한 아메바의 박테리아를 분석해봤더니, '스스로 복제하여 증식'할 수 있었다고 합니다. 여기서 '미토콘드리아'와 '진핵세포'의 관계를 떠올릴 수 있어야 합니다! '미토콘드리아'는 '스스로 복제·증식'을 할 수 없고 '진핵세포'의 조절을 받아야만 했습니다. 그렇기에 둘을 '동일한 개체'로

볼 수 있던 것이었죠. 그런데 여기서 '박테리아'는 아메바의 도움 없이 '스스로 복제·증식'할 수 있으므로, 아메바에 종속되지 않은 '독립된 개체'라고 할 수 있겠네요. 이 둘도 '복어'와 '미생물'처럼 '공생'하는 관계였던 것입니다!

원래 이런 문제에서는 하나는 공생, 하나는 동일한 개체와 같은 방식으로 제시하는 것이 일반적인데 그런 암묵적인 룰을 깨는 문제였습니다. 그래서 더더욱 어려웠던 것이죠. 이상한 선입견이 아닌 지문의 내용에만 근거해서 해결해야 한다는 것. 확실하게 정리하도록 합시다.

FAQ

Q 아니 '아메바'는 '박테리아'와 동일한 개체도 아닌 주제에 왜 '박테리아'에게만 치명적인 항생제를 넣어도 같이 죽나요? 같이 죽는 정도면 유기적 상호작용이 강한 것으로 볼 수 있는 거 아닌가요?

A 여기까지 생각한 학생들도 정말 대단하지만, 이렇게 잘하는 학생들을 엿먹인 평가원도 정말 대단합니다. 말씀하신 대로 '함께 죽었다.'라는 말은 '강한 유기적 상호작용'으로 재진술하기에 너무 좋은 정보처럼 보입니다. 하지만 6문단에서 '유기적 상호작용'을 다시 끌고올 때, '두 생명체가 서로 떨어져서 살 수 없더라도'라는 말을 썼다는 점에 주목해봅시다. 이는 '아메바'와 '박테리아'가 함께 죽는 것처럼 서로 떨어져 살 수 없어도 '개체성'은 유지될 수 있다는 것을 내포하고 있어요. 따라서 '아메바'와 '박테리아'는 서로 다른 개체로 '공생'하지만 그렇다고 서로 떨어져서 살 수는 없는 관계인 것입니다.

많이 어렵습니다. 확실히 선을 넘은 게 아닌가 하는 생각이 드는 문제예요. 그래도 언젠간 이런 문제를 '필연적인 사고 과정'으로 해결하는 나의 모습을 상상하며, 열심히 따라오도록 합시다.

① 병원성을 잃은 '아메바의 세포질에서 서식하는 박테리아'는 세포 소기관으로 변한 것이겠군.

명시적 근거	6문단 2번~3번 문장, 〈보기〉
실전에서의 판단 과정	박테리아는 하나의 개체잖아.
해설	〈보기〉에서 정리한 내용에 위배되네요. '박테리아'는 개체성을 잃고 '세포 소기관'이 되어버린 '미토콘드리아'와 달리 개체성을 끝까지 유지했습니다. 스스로 복제·증식이 가능했으니까요. 바로 정답이네요. 애초에 〈보기〉 정리가 너무 어려웠던 것이지, 선지 자체가 복잡하지는 않네요.

② 복어의 '체내에서 서식하는 미생물'은 '복어'와의 유기적 상호작용이 강해진다면 개체성을 잃을 수 있겠군.

명시적 근거	1문단 5번 문장, 6문단 2번 문장, 〈보기〉
실전에서의 판단 과정	유기적 상호작용이 강해지면 하나의 개체가 되지.
해설	'복어'와 '미생물'은 공생 관계였습니다. 이는 둘 사이의 '유기적 상호작용'이 별로 강하지 않기 때문이었어요. 그런데 이 '유기적 상호작용'이 강해진다면, 당연히 개체성을 잃고 '하나의 개체'가 될 수 있다고 할 수 있겠죠. '유기적 상호작용'의 의미를 정확히 파악하고 있는지 묻는 선지네요.

③ 복어의 세포가 증식할 때 복어의 체내에서 '독소를 생산하는 미생물'의 DNA도 함께 증식하는 것은 아니겠군.

명시적 근거	6문단 3번 문장, 〈보기〉
실전에서의 판단 과정	하나의 개체가 아니니까 당연하네.
해설	'함께 증식'이라는 말은 '미토콘드리아'와 '진핵세포'처럼 '하나의 개체'일 때 사용할 수 있는 것입니다. '복어'와 '미생물'은 서로 다른 개체이므로, '함께 증식'하는 일은 없겠네요.

④ '아메바의 세포질에서 서식하는 박테리아'가 개체성을 잃었다면 '아메바의 세포질에서 서식하는 박테리아'의 DNA 길이는 짧아졌겠군.

명시적 근거	6문단 4번 문장, 〈보기〉
실전에서의 판단 과정	개체성 잃으면 미토콘드리아처럼 DNA 길이 짧아지겠지.
해설	박테리아가 '개체성'을 잃은 상태에 대해 묻고 있습니다. 이 경우에는 자신의 유전자의 많은 부분이 아메바의 세포핵 DNA로 옮겨 가겠죠. '미토콘드리아'의 유전자가 '진핵세포'의 DNA로 옮겨 갔듯이 말이죠! 이렇게 되면 DNA의 길이가 짧아진다는 건 이미 납득해둔 내용이죠? '미토콘드리아가 개체성을 잃었다고 볼 수 있는 근거'에 대해 정확하게 납득하는 것이 아주 중요했음을 보여주는 선지네요.

⑤ '아메바의 세포질에서 서식하는 박테리아'와 '아메바' 사이의 관계와 '복어'와 '독소를 생산하는 미생물' 사이의 관계는 모두 공생 관계이겠군.

명시적 근거	6문단 2번~3번 문장, 〈보기〉
실전에서의 판단 과정	그렇지.
해설	〈보기〉를 정리한 내용 그대로를 묻고 있네요. 수많은 학생들이 〈보기〉 정리에 실패했다는 것을 선택률이 말해주고 있습니다. 이렇게 〈보기〉를 미리 정리하는 것은 〈보기〉 문제 해결의 기본이에요!

선지	①	②	③	④	⑤
선택률	3%	3%	6%	86%	2%

43 문맥상 ⓐ~ⓔ와 바꿔 쓰기에 적절하지 <u>않은</u> 것은? ④

① ⓐ: 구성(構成)한다고
② ⓑ: 존재(存在)하고
③ ⓒ: 보유(保有)하고
④ ⓓ: 조명(照明)되면서
⑤ ⓔ: 생성(生成)된다

| 핵심 **point** |

① **화제 check** : 독서 지문 독해의 처음이자 끝. 첫 문단에서 잡은 '화제의 틀'을 마지막 문단까지 놓지 않아야 합니다.

② **재진술 인식** : 같은 말이라도 다르게 표현되는 경우가 많습니다. 심지어 아예 똑같은 말이 반복되는 경우도 많아요. 이 '같은 말'에 민감하게 반응하면, '정보량'을 줄이면서 읽을 수가 있습니다.

③ **초반 정보 견디기** : 과학·기술 지문에서는 초반부에 정보를 잔뜩 던지고, 후반부에는 그 정보를 활용해서 어떤 논의를 이어가는 경우가 많아요. 초반부의 정보만 잘 견디면 뒤에서 편해집니다.

④ **카테고리 나누기** : 정보들의 범주가 나뉠 때, 그들이 서로 다른 카테고리에 속한다는 것을 인지해야 합니다. 이렇게 각 카테고리에 맞춰 정보를 정리하면 훨씬 깔끔하게 정리할 수 있다는 것을 기억해주세요.

| 지문 내용 총정리 |

장난이 아닌 지문이었습니다. 지문에 제시된 정보들을 엮어가고, 카테고리를 만들며 주어진 정보를 납득하고 정리하는 과정이 너무나 어려웠고, 심지어 선지 하나하나의 난이도도 상당했었네요. 하지만 가장 중요한 것은 결국 '개체성'이라는 화제 중심으로 모든 정보가 모였다는 점입니다. '화제'에 대한 인식, 몇 번을 강조해도 지나치지 않겠죠?

1문단

①16세기 전반에 서양에서 태양 중심설을 지구 중심설의 대안으로 제시하며 시작된 천문학 분야의 개혁은 경험주의의 확산과 수리 과학의 발전을 통해 형이상학을 뒤바꾸는 변혁으로 이어졌다. ②서양의 우주론이 전파되자 중국에서는 중국과 서양의 우주론을 회통하려는 시도가 전개되었고, 이 과정에서 자신의 지적 유산에 대한 관심이 제고되었다.

① #화제 제시 #카테고리 나누기

'16세기 전반'에 서양에서 '천문학 분야의 개혁'이 일어났다고 합니다. 그런데 그 양상이 자세하게 제시되어 있어요. 첫 문단의 첫 문장이니 확실하게 정리할 필요가 있겠죠?

먼저 '태양 중심설'이 '지구 중심설'의 대안으로 떠오른 모습입니다. 우리가 상식적으로도 알고 있는 내용이죠? 이렇게 '지구 중심설→태양 중심설'이라는 흐름부터 확실하게 잡아야겠습니다.

여기서 끝이 아닙니다. 이는 '경험주의'의 확산과 '수리 과학'의 발전을 통해 '형이상학'을 뒤바꾸는 변혁으로 이어졌다고 해요. 16세기 전반의 서양에서는 '경험주의·수리 과학'과 같은 실증적인 요소가 떠오르는 식으로 '지구 중심설→태양 중심설'이라는 '천문학 분야의 개혁'이 일어나고, 이에 따라 '형이상학'이 뒤바뀌게 된 것이네요.

이렇게 1문단에서 '화제의 틀'을 만들어주는 경우에는 확실하게 인식할 수 있어야 한다고 했습니다. '경험주의', '수리 과학', '형이상학', '태양 중심설', '지구 중심설'이라는 키워드에 주목하며, 앞으로 나오는 모든 정보를 여기로 모아주시면 되겠습니다.

② #화제 제시

그런데 이게 서양만의 이야기가 아니었어요. '중국'이 등장합니다. 서양의 천문학이 전파되자 '중국'에서는 중국과 서양의 우주론을 회통하려고 했고, 이 과정에서 '지적 유산에 대한 관심'이 제고되었다고 합니다. '회통'이라는 어려운 단어의 뜻을 몰라도, 눈치껏 '중국+서양'을 시도했다는 식으로 추론할 수 있겠죠? 혹은 '회통'한다는 게 도대체 무엇인지 지문을 읽으면서 찾아야겠다는 생각을 하고 넘어갈 수도 있겠습니다.

어쨌든, 우리는 '서양의 우주론을 중국에서 어떻게 받아들였는지', 그리고 '지적 유산에 대한 관심'은 도대체 무엇을 의미하는지를 생각하고 읽기 시작해야겠네요! 1문단부터 '화제의 틀'을 명확하게 제시해주고 있습니다. 이걸 놓치면 안 되겠죠?

2문단

①복잡한 문제를 단순화하여 푸는 수학적 전통을 이어받은 코페르니쿠스는 천체의 운행을 단순하게 기술할 방법을 찾고자 하였고, 그것이 일으킬 형이상학적 문제에는 별 관심이 없었다. ②고대의 아리스토텔레스와 프톨레마이오스는 우주의 중심에 고정되어 움직이지 않는 지구의 주위를 달, 태양, 다른 행성들의 천구들과, 항성들이 붙어 있는 항성 천구가 회전한다는 지구 중심설을 내세웠다. ③그와 달리 코페르니쿠스는 태양을 우주의 중심에 고정하고 그 주위를 지구를 비롯한 행성들이 공전하며 지구가 자전하는 우주 모형을 만들었다. ④그러자 프톨레마이오스보다 훨씬 적은 수의 원으로 행성들의 가시적인 운동을 설명할 수 있었고 행성이 태양에서 멀수록 공전 주기가 길어진다는 점에서 단순성이 충족되었다. ⑤그러나 아리스토텔레스의 형이상학을 고수하는 다수 지식인과 종교 지도자들은 그의 이론을 받아들이려 하지 않았다. ⑥왜냐하면 그것은 지상계와 천상계를 대립시키는 아리스토텔레스의 이분법적 구도를 무너뜨리고, 신의 형상을 지닌 인간을 한갓 행성의 거주자로 전락시키는 것으로 여겨졌기 때문이다.

① #수식된 정의 제시 #재진술 #주장 제시

하나씩 천천히 정리해봅시다. 먼저 '수학적 전통'이라는 개념이 정의되고 있습니다. 이때 '수학'이라는 말을 보자마자, 1문단에서 정리했던 지문의 흐름 속 '수리 과학'이라는 말이 떠올라야 합니다. 이렇게 같은 말이 보이면 끌고 와 정보량을 줄이는 태도를 갖춰주셔야 해요!

아무튼, 이는 '복잡한 문제를 단순화'하는 것으로 정의되고 있습니다. 이제부터 우리는 '수학=단순화하는 것'으로 재진술하며 읽어나갈 수 있어야겠네요. '수리 과학'이라는 중요한 개념에 대한 정의가 제시된 것이니, 꼼꼼하게 정리하는 게 필요하겠죠?

'코페르니쿠스'는 이러한 '수학적 전통'을 이어받아 천체의 운행을 '단순'하게 기술할 방법을 찾았다고 합니다. '수리 과학의 발전'이라는 내용에 맞춰 전개되는 모습이죠?

한편 '코페르니쿠스'는 이것이 일으킬 '형이상학적 문제'에는 별 관심이 없었다고 해요. '형이상학' 역시 1문단에서 체크한 중요한 개념이었는데, 이는 '뒤바뀌는 것'이었습니다. 이 문장에 따르면 '코페르니쿠스'의 '수리 과학적 방법', 즉 '천체 운행의 단순화'는 곧 뒤바뀌게 될 '형이상학'적 문제를 일으키는 것으로 보여요. 물론 '코페르니쿠스'는 여기에 큰 관심이 없었지만 말이죠. 그렇다면 이 문제가 무엇인지도 궁금해하면서 읽어주는 태도가 필요하겠네요.

한 문장 안에서 너무나 많은 생각을 요구하는 모습입니다. 그래도 '수학', '형이상학'과 같이 이 지문의 흐름을 만들어내는 중요한 개념들이 많이 등장하고 있으니 속도를 줄여 확실하게 이해할 필요가 있겠죠?

이렇게 '코페르니쿠스' 이야기를 하다가, 갑자기 '고대'의 '아리스토텔레스&프톨레마이오스' 이야기를 합니다. 일단 새로운 인물이 등장한 것을 보는 순간, '비교/대조'를 해야겠다는 생각이 들어야겠죠? '코페르니쿠스'와 '아리스토텔레스&프톨레마이오스'의 주장을 비교해주시면 됩니다. 사람의 이름보다 그들의 주장이 더 중요합니다.

이들은 '지구 중심설'을 내세웠다고 하네요. '수식된 정의'로 제시된 '지구 중심설'에 대해 이해해봅시다. 우주의 '중심'에 '지구'가 고정되어 움직이지 않는다고 하네요. 단어의 의미를 살리면 '지구'가 우주의 '중심'이라는 말로 납득할 수 있겠어요. 지구가 '중심'이니까 그 주위를 '달, 태양, 다른 행성들의 천구', '항성 천구'가 회전하는 것이죠. 이렇게 단어의 의미를 살려서 정의를 확실하게 납득해주는 것이 중요합니다.

이와 같은 방식으로 '지구 중심설'이라는 개념을 이해해주는 것도 중요하지만, 그것보다 더욱 중요한 것은 이들의 주장이 곧 '태양 중심설'로 대체될 것이라는 점입니다. '화제의 틀'에 해당하는 내용이니 당연하게 생각할 수 있겠죠? 나아가 그 과정에서 '코페르니쿠스'가 중요한 역할을 할 것이라는 점도 말이에요!

'코페르니쿠스'는 이와 다르게 '태양'을 우주의 '중심'에 고정한 우주 모형을 만들었다고 합니다. '단순성'을 중시하는 '코페르니쿠스'는 '태양 중심설'을 주장하고 있는 것이네요. '지구 중심설'과 '태양 중심설'을 바로 '비교/대조'해주셔야 합니다.

이렇게 '태양 중심설'을 반영한 우주 모형을 만들었더니, '프톨레마이오스'보다 훨씬 적은 수의 원으로 행성들의 운동을 설명할 수 있었고, 나아가 어떠한 비례 관계가 성립하여 '단순성'이 충족되었다고 합니다. 이러한 정보들을 아무 생각없이 받아들이고 있으면 안 됩니

다. '코페르니쿠스'의 주장에 해당하는 '수리 과학=단순성=태양 중심설'을 가지고 와서 최대한 납득할 수 있어야 해요.

우선, '코페르니쿠스'의 주장을 받아들이면 '적은 수의 원'으로 행성의 운동을 설명할 수 있다고 했습니다. '많은 수의 원'보다는 '적은 수의 원'이 당연히 더 '단순'하다고 할 수 있겠죠?

그리고 '태양'을 중심으로 공전하기 때문에, 태양으로부터 멀어질수록 행성이 공전하는 궤도가 커질 것입니다. 공전 궤도가 커질수록 행성이 한 바퀴를 돌기 위해 이동해야 하는 시간도 오래 걸릴 것이에요. 따라서 '공전 주기'도 길어지는 것이죠. '태양'을 중심으로 하기 때문에, 태양으로부터 멀어질수록 '공전 주기'가 길어진다는 아주 '단순'한 논리네요. 역시 '단순성'을 강조하고 있습니다. '프톨레마이오스'의 우주 모형에 따르면 행성들의 천구들과 항성 천구의 공전 주기를 설명하는 것이 '복잡'했는데, '태양 중심설'을 이용해서 이를 아주 '단순'하게 설명할 수 있게 된 것이죠!

과학에 대한 지식이 얼마나 있든, 지문에 제시된 내용을 엮어가며 읽으면 충분히 납득할 수 있습니다. 최대한 이런 사고를 스스로 할 수 있도록 연습하고 또 연습해봅시다.

하지만 아리스토텔레스의 '형이상학'을 고수하는 많은 이들은 이를 받아들이려 하지 않았다고 해요. 6번 문장에 의하면, 아리스토텔레스는 지상계와 천상계가 대립한다고 보았고, 인간을 신의 형상을 지닌 특별한 존재로 여긴 것으로 보입니다. 그래서 인간이 사는 지구(지상계)가 우주의 '중심'이라고 생각한 것이겠죠.

그런데 코페르니쿠스의 '태양 중심설'에 따르면, '지상계'에 속하는 지구는 '태양' 주위를 공전하는 '한갓 행성'에 불과합니다. 자연스럽게 그곳에 사는 인간도 특별하지 않은 존재가 되는 것이죠. 이는 아리스토텔레스의 '형이상학'을 고수하는 이들에게는 아주 큰 문제가 되는 것이라고 할 수 있겠습니다.

이렇게 그 내용을 이해하는 것은 물론이고, 이 문단에서만 '형이상학'이라는 말이 두 번 반복되었다는 것을 인식할 수 있어야 합니다. 1번 문장에 따르면, 비록 '코페르니쿠스'는 관심이 없었지만 그의 주장이 '형이상학적 문제'를 일으킬 수 있다고 했어요. 그리고 5~6번 문장에 따르면 그 문제가 바로 아리스토텔레스의 '형이상학'과 충돌한다는 것이었네요. 그렇다면 1문단에서 말했던 '형이상학이 뒤바뀌는 변혁'은 이러한 아리스토텔레스의 생각이 깨지는 과정을 의미한다는 것까지 추론할 수 있겠습니다. '수리 과학'을 바탕으로 한 '태양 중심설'이 떠오르는 과정을 통해서 말이죠! 생각하기가 굉장히 어렵기는 하지만, 철저하게 1문단의 화제와 엮어 문장들을 이해한다면 다가갈 수 있는 수준입니다. 여기까지 할 수 있도록 '생각'하고 또 '생각'하는 과정을 거치도록 합시다.

하이라이트 문장

> ①복잡한 문제를 단순화하여 푸는 수학적 전통을 이어받은 코페르니쿠스는 천체의 운행을 단순하게 기술할 방법을 찾고자 하였고, 그것이 일으킬 형이상학적 문제에는 별 관심이 없었다.

단순히 '코페르니쿠스'의 주장을 체크하는 데에서 그치는 게 아니라, '수학적 전통', '형이상학적 문제'와 같은 내용들에 주목할 수 있어야 합니다. 1문단에서 제시한 '화제의 틀'을 구성하는 개념들이니, 시간을 써서라도 확실하게 이해하고 가야 하는 것이죠. 이런 문장들을 얼마나 깊게 이해하느냐에 따라 전체적인 지문의 이해도가 결정됩니다.

3문단

> ①16세기 후반에 **브라헤**는 <u>코페르니쿠스 천문학의 장점은 인정하면서도 아리스토텔레스 형이상학과의 상충을 피하고자</u> 우주의 중심에 지구가 고정되어 있고, 달과 태양과 항성들은 지구 주위를 공전하며, 지구 외의 행성들은 태양 주위를 공전하는 모형을 제안하였다. ②그러나 **케플러**는 <u>우주의 수적 질서를 신봉하는 형이상학인 **신플라톤주의**에 매료되었기 때문에</u>, 태양을 우주 중심에 배치하여 <u>단순성을 추구한 코페르니쿠스의 천문학을 받아들였다.</u> ③하지만 그는 **경험주의자**였기에 <u>브라헤의 천체 관측치를 활용하여</u> 태양 주위를 공전하는 행성의 운동 법칙들을 수립할 수 있었다. ④우주의 단순성을 새롭게 보여 주는 이 법칙들은 <u>아리스토텔레스 형이상학을 더 이상 온존할 수 없게 만들었다.</u>

① #주장 제시 #재진술

이번엔 '브라헤'라는 새로운 인물이 등장하네요. 당황하지 않고, 어떤 주장을 했는지만 살피면 됩니다. '코페르니쿠스+아리스토텔레스'가 핵심이네요. '코페르니쿠스'의 주장과 권위 있는 '아리스토텔레스'의 주장을 조금 섞은, 살짝 간을 보는 듯한 모습을 보이고 있습니다.

여기서 '우주의 중심에 지구가 고정'되어 있다는 것과 달과 태양과 항성들이 '지구 주위를 공전'한다는 것은 '지구 중심설'을 의미하고, 지구 외의 행성들이 '태양 주위를 공전'한다는 것은 '태양 중심설'을 의미하겠네요. '코페르니쿠스+아리스토텔레스' 혹은 '태양 중심설+지구 중심설'로 '브라헤'의 주장을 정리할 수 있어야 합니다.

②~③ #주장 제시 #수식된 정의 제시 #재진술 #카테고리 나누기

이렇게 정리하는데, 이번엔 '케플러'라는 사람이 등장합니다. 이 사람은 우주의 '수적 질서'를 신봉하는 '형이상학'인 '신플라톤주의'에 매료되어 '코페르니쿠스'의 천문학을 받아들였다고 하네요. 이렇게 수식된 정의를 체크하면서, '수적 질서'를 보자마자 '수리 과학=단순화'를 떠올릴 수 있겠죠? 계속해서 정보들이 '수리 과학의 발전을 통한 태양 중심설 대두'라는 '화제의 틀' 속으로 들어가는 모습입니다.

그런데 '수적 질서'를 신봉하는 '신플라톤주의'는 '형이상학'이라고 해요. 우리는 분명히 '수리 과학'과 '형이상학'이 반대되는 개념으로 정리했는데, 무언가 이상하다는 생각을 하면서 계속 독해해봅시다. '형이상학'이라는 개념이 중요하다는 생각을 했어야만 이상하다고 느낄 수 있었을 것이에요!

어쨌든 케플러는 '수적 질서'에 매료되어서 '단순성'을 추구한 '코페르니쿠스의 천문학' 즉, '태양 중심설'을 받아들였습니다. '적은 수의 원'과 '멀어질수록 공전 주기가 길어진다.'라는 '단순'한 '수적 질서'를 이용해 우주 모형을 만들었던 것이 '코페르니쿠스'였죠? 이런 맥락에서, '수적 질서'에 매료된 '케플러'는 당연히 '단순'한 '태양 중심설'을 받아들일 수밖에 없었을 것입니다.

하지만 '케플러'는 '경험주의자'이기도 했기에, '브라헤'의 천체 '관측치', 즉 '경험을 통해 얻은 수치'를 활용하여 행성의 운동 법칙들을 수립했다고 합니다. '경험주의' 역시 '수리 과학'과 함께 '태양 중심설'에 힘을 실어 준 중요한 개념이었어요. 보자마자 1문단에서 제시한 '화제의 틀'을 끌고 올 수 있어야 해요!

'케플러'는 이렇게 '코페르니쿠스'의 천문학을 받아들임과 동시에, '브라헤'가 '경험'한 내용을 통해 '태양 중심설'의 지위를 더욱 공고히 만들고 있네요. 여기서 중요한 것은 '케플러'의 주장을 '신플라톤주의'에 관한 것과 '경험주의'에 관한 것으로 나누어 정리할 수 있어야 한다는 것입니다. 한 사람의 주장이 여러 카테고리로 나뉘어 제시되는 경우, 각 카테고리를 확실하게 나누어 정리할 수 있어야 합니다.

④ #화제의 흐름

그렇게 '태양 중심설'은 결국 아리스토텔레스의 '형이상학' 즉, '지구 중심설'을 무너뜨렸습니다. 여기서 1문단의 '형이상학을 뒤바꾸는 변혁'이 떠올라야 합니다. 이 지문의 화제가 제대로 소개되는 상황이에요!

이로부터 우리는 '케플러'가 매료되었던 '신플라톤주의'를 더 자세히 이해할 수 있습니다. 2번 문장을 독해하며 '신플라톤주의'가 '형이상학'인 것을 이상하다고 생각했는데, '지구 중심설'과 관련되어 '복잡'했던 '형이상학'이 '태양 중심설'과 관련되면서 '단순'한 '형이상학'으로 대체되었다는 '변혁'이 일어난 것으로 이해할 수 있겠네요.

결국 이 지문은 '지구 중심설'을 바탕으로 한 '형이상학'이 '경험주의·수리 과학'의 발전으로 인해 '태양 중심설'을 바탕으로 하는 '형이상학'으로 '변혁'되었다는 이야기만 하고 있는 것입니다. 첫 문단에서 제시한 '화제의 틀' 속으로 모든 정보가 모이는 순간이네요. 이렇게 정보량을 줄일 수 있어야 합니다! 계속 강조하지만, 정보량이 많은 지문은 존재하지 않아요.

| 생각 심화 |

2번 문장과 3번 문장은 왜 '하지만'으로 연결되어 있을까요? 두 문장 모두 '태양 중심설'을 주장하고 있는데 말이죠. 두 문장에서 반대되는 정보를 찾아보면 '하지만'의 존재 이유를 이해할 수 있을 것 같아요. 먼저 생각해 보고 아래 해설을 읽어봅시다.

간단합니다. 단어의 사전적 의미를 고려하면, '형이상학'과 '경험주의'는 반대되는 개념이기 때문이에요. '형이상학'은 '경험'이 아닌 사유나 직관에 의하여 사물의 본질을 탐구하는 학문을 의미하거든요. '케플러'는 '수리 과학'을 중시하는 이상한 '형이상학'인 '신플라톤주의'에 매료되어 있었습니다. 아무리 '수리 과학'을 중시한다고 해도 어쨌든 '신플라톤주의' 역시 '형이상학'이기에 '경험'을 강조하지 않을 것인데, 독특하게도 '케플러'는 '경험주의자'였던 것이에요. 이는 '케플러'의 주장을 고려했을 때 역접의 상황이기 때문에 '하지만'을 사용한 것입니다.

궁극적인 실력 상승을 위해서는 풍부한 어휘력과 함께, 이렇게 디테일한 부분 하나하나까지 문장 간의 관계를 생각하며 독해하는 연습을 하셔야 해요. 이걸 미리 체크했다면 4번 문장의 독해 과정이 훨씬 더 수월했을 겁니다.

하이라이트 문장

> ④우주의 단순성을 새롭게 보여 주는 이 법칙들은 아리스토텔레스 형이상학을 더 이상 온존할 수 없게 만들었다.

1문단에서 화제로 체크했던 '형이상학의 변혁'이 무슨 말인지 정확히 이해할 것을 요구하는 문장입니다. 또 다른 '형이상학'이었던 '신플라톤주의'를 끌고 와서, '태양 중심설'이 이끈 '형이상학의 변혁'의 내용을 확실하게 이해할 수 있어야 해요.

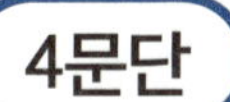

4문단

> ①17세기 후반에 **뉴턴**은 태양 중심설을 역학적으로 정당화하였다. ②그는 만유인력 가설로부터 케플러의 행성 운동 법칙들을 성공적으로 연역했다. ③이때 가정된 만유인력은 두 질점*이 서로 당기는 힘으로, 〈그 크기는 두 질점의 질량의 곱에 비례하고 거리의 제곱에 반비례한다.〉 ④지구를 포함하는 천체들이 밀도가 균질하거나 구 대칭*을 이루는 구라 [A] 면 천체가 그 천체 밖 어떤 질점을 당기는 만유인력은, 그 천체를 잘게 나눈 부피 요소들 각각이 그 천체 밖 어떤 질점을 당기는 만유인력을 모두 더하여 구할 수 있다. ⑤〈또한 여기에서 지구보다 질량이 큰 태양과 지구가 서로 당기는 만유인력이 서로 같음을 증명할 수 있다.〉 ⑥뉴턴은 이 원리를 적용하여 달의 공전 궤도와 사과의 낙하 운동 등에 관한 실측값을 연역함으로써 만유인력의 실재를 입증하였다.

* 질점: 크기가 없고 질량이 모여 있다고 보는 이론상의 물체.
* 구 대칭: 어떤 물체가 중심으로부터 모든 방향으로 같은 거리에서 같은 특성을 갖는 상태.

①~② #화제의 흐름 #주장 제시

시간은 계속 흘러 17세기 후반입니다. 이제는 '뉴턴'의 주장이 나오는데, 그는 '태양 중심설'을 역학적으로 정당화했다고 해요. 계속해서 서양의 '태양 중심설'에 대한 내용으로 이어지고 있음을 인지할 수 있어야 합니다. 지문이 아무리 길어도 화제의 흐름을 놓치면 안 돼요! 이 '정당화'는 '만유인력 가설'을 통해 이루어졌네요. 이에 대해 알아봐야겠죠?

③ #정의 제시 #단어의 의미 살리기 #재진술

만유인력은 '두 질점이 서로 당기는 힘'이라고 합니다. '질점'의 각주를 참고하면, '질'량이 모여 있는 '점'이라는 식으로 납득할 수 있겠죠? '만유인력'은 이렇게 '질량'이 모인 '점'끼리 서로 당기는 힘이기 때문에, '두 질점의 질량의 곱'에 비례하는 것이네요. '질량'이 큰 점끼리 당기기 위해서는 더 큰 힘이 필요할 테니까요.

나아가 '만유인력'은 '거리의 제곱'에 반비례한다고 합니다. 역시 상식적으로 납득할 수 있어야 해요. 당연히 질점 사이의 '거리'가 멀어지면 '서로 당기는 힘'이 작아지지 않을까요? 서로에게 주는 영향력이 작아지는 것이니까요. '제곱'까지 납득하기는 어렵더라도, 이 정도의 메커니즘은 상식적으로 처리할 수 있어야 해요.

④~⑤ #재진술

이러한 '만유인력'의 정의를 바탕으로, 어떠한 천체들이 밀도가 '균질'하거나 '구 대칭'을 이루는 '구'인 경우에 대해 소개하고 있습니다. 이 천체가 다른 질점을 당기는 '만유인력'은 그 천체를 잘게 나눈 '부피 요소'들 각각이 해당 질점을 당기는 만유인력을 모두 더하면 구할 수 있다고 해요. 여기서 '구 대칭'이나 '부피 요소'와 같은 단어들은 그 의미를 살려 확실하게 납득할 수 있어야 합니다. '구'를 구성하는 '부피'의 '요소'들이 '대칭'적인 성질을 가지고 있을 때는, 그 '부분'들의 합이 '전체'라는 건 어렵지 않게 이해할 수 있을 테니까요.

이를 이용하면 '태양'과 '지구'가 서로 당기는 만유인력이 같다는 것을 증명할 수 있다고 해요. 이게 '부피 요소'를 나누는 것과 무슨 관련이 있는지는 모르겠지만, '만유인력'이 '질량의 곱' 및 '거리'에 영향을 받는다는 걸 생각하면서 어느 정도 당연하게 납득할 수 있겠습니다. '태양'과 '지구'의 '질량의 곱' 및 '거리'는 일정하니 둘 사이의 '만유인력'도 같다고 볼 수 있는 것이죠!

⑥ #화제의 흐름

'뉴턴'은 이렇게 여러 가지 '실측값'을 '연역'했고, 만유인력의 실재를 입증했다고 합니다. '만유인력'에 대한 엄청난 정보들을 체크하면서도 '태양 중심설 정당화'라는 포인트는 놓치면 안 돼요. '만유인력의 실재'를 입증했다는 것은 '만유인력 가설'이 입증되었다는 것이고, 이는 곧 '태양 중심설의 역학적 정당화'로 이어지니까요. 이렇게 화제의 흐름을 놓치지 않아야 합니다!

> **| 생각 심화 |**
>
> 도대체 '뉴턴'의 주장은 왜 나온 것일까요? 그저 역대급 킬러문제를 하나 만들기 위한 발판이었을까요? 물론 이것도 아예 틀린 말은 아니겠지만, 그보다 조금 더 정합적인 설명을 할 수 있을 것 같습니다. 이를 위해선 먼저 앞서 나온 '코페르니쿠스', '브라헤', '케플러'에 비해 가지는 '뉴턴'만의 차이점을 인식해야 해요. 지문에 있는 말을 가지고 정리할 수 있으니, 먼저 생각해보도록 할까요?
>
> 먼저 '코페르니쿠스'는 그저 '모형'을 제시했을 뿐이고, '브라헤'와 '케플러'는 이를 '천체 관측치'를 통해 '귀납적'으로 정리했습니다. 즉, 앞서 나온 이들은 모두 '태양 중심설'을 '귀납'의 방법으로 입증한 것이죠.
>
> 그런데 '뉴턴'은 지문의 표현대로 행성 운동 법칙, 실측값 등을 '연역'했습니다. '만유인력 가설'이라는 하나의 원칙으로 모든 행성의 운동을 설명해버린 것이죠! 즉, '서양의 우주론'이 변화하는 모습을 '귀납'적으로 설명하고 '연역'적으로 입증하는 방식이 이 지문의 흐름이었던 것입니다. 조금 어렵기는 하지만, 결국 수능 지문에 있는 정보들은 다 쓰임새가 있다는 것을 한 번 더 인지할 수 있겠네요.

하이라이트 문장

> ②그는 만유인력 가설로부터 케플러의 행성 운동 법칙들을 성공적으로 연역했다.

뉴턴이 '만유인력'을 통해 '태양 중심설'에 관한 법칙들을 연역적으로 입증했다는 내용이네요. 지금까지는 '지구 중심설'이 '태양 중심설'로 바뀌게 된 과정을 다뤘지만, 이 문단에서는 이미 받아들여진 '태양 중심설'을 '만유인력'으로 입증하는 내용이 나옵니다. 카테고리가 '만유인력'으로 바뀌었음은 눈치채되, 만유인력 자체보다 전체적인 지문의 흐름이 더 중요하다는 사실은 꼭 의식적으로 떠올릴 수 있어야 합니다!

5문단

> ①16세기 말부터 중국에 본격 유입된 서양 과학은, 청 왕조가 1644년 중국의 역법(曆法)을 기반으로 서양 천문학 모델과 계산법을 수용한 **시헌력**을 공식 채택함에 따라 그 위상이 구체화되었다. ②브라헤와 케플러의 천문 이론을 차례대로 수용하여 정확도를 높인 시헌력이 생활 리듬으로 자리 잡았지만, 중국 지식인들은 서양 과학이 중국의 지적 유산에 적절히 연결되지 않으면 아무리 효율적이더라도 불온한 요소로 여겼다. ③이에 따라 서양 과학에 매료된 학자들도 어떤 방식으로든 서양 과학과 중국 전통 사이의 적절한 관계 맺음을 통해 이 문제를 해결하고자 하였다.

① #화제의 흐름 #수식된 정의 제시 #카테고리 나누기

이렇게 변화한 '서양의 우주론'을 비롯, 수많은 '과학'이 중국에 유입되기 시작합니다. '중국 이야기'로 카테고리를 확실하게 나눠주시면서, '시헌력'의 수식된 정의를 체크해야만 합니다. '중국의 역법을 기반으로 서양 천문학 모델과 계산법을 수용한 것'인데, '청 왕조'가 이를 '공식 채택'하여 그 위상이 '구체화'되었다고 해요. 여기서 '구체화되었다.'라는 말은 왕조의 '공식 채택'이라는 말을 근거로 '높아졌다.'로 바꿔 이해할 수 있어야겠죠?

②~③ #재진술 #카테고리 나누기

이러한 '시헌력'이 생활 리듬이 되기는 했지만, 중국인들은 서양 과학이 '중국의 지적 유산'에 적절히 연결되지 않으면 불온한 요소로 여겼다고 합니다. 여기서 '지적 유산'이라는 말을 보자마자 또 1문단의 내용을 끌고 올 수 있어야겠죠? 결국 중국 자신의 '지적 유산'에 관심을 가지게 된 계기가 바로 '서양 과학'을 연결시키기 위해서였습니다. 이제부터는 이렇게 '지적 유산'과 '서양 과학'이 연결되는 양상이 소개되겠죠? '지적 유산에 관심'이라는 카테고리를 만들어 둔 채로 계속 읽어보도록 합시다.

하이라이트 문장

> ③이에 따라 서양 과학에 매료된 학자들도 어떤 방식으로든 서양 과학과 중국 전통 사이의 적절한 관계 맺음을 통해 이 문제를 해결하고자 하였다.

'중국 전통'이 '중국의 지적 유산'을, '적절한 관계 맺음'이 '회통'을 의미한다는 것을 생각하며 읽어야 합니다. 특히 1문단에서 '회통'이라는 단어의 의미를 몰랐다고 하더라도, '중국과 서양의 xx'라는 문장 구조가 반복되고 있다는 것을 바탕으로 '회통=적절한 관계 맺음'으로 정의할 수 있어야 해요! 이렇게 모든 정보는 화제 중심으로 모이는 겁니다.

6문단

> ①17세기 **웅명우와 방이지** 등은 중국 고대 문헌에 수록된 우주론에 대해서는 부정적 태도를 견지하면서 성리학적 기론(氣論)에 입각하여 실증적인 서양 과학을 재해석한 독창적 이론을 제시하였다. ②수성과 금성이 태양 주위를 회전한다는 그들의 태양계 학설은 브라헤의 영향이었지만, 태양의 크기에 대한 서양 천문학 이론에 의문을 제기하고 기(氣)와 빛을 결부하여 제시한 **광학 이론**은 그들이 창안한 것이었다.

① #주장 제시 #예외 제시 #재진술

먼저 '17세기 웅명우와 방이지'라는 사람들이 나왔네요. 이들의 '주장'이 체크가 되어야겠죠? 이들은 '중국 고대 문헌'에 수록된 우주론을 부정적으로 바라보았다고 합니다. 이 내용은 굉장히 특이한 부분으로 받아들여야겠죠? 지금 중국의 '지적 유산'을 '서양 과학'에 연결시키는 것이 목표인데, '중국 고대 문헌'이라는 지적 유산을 부정적으로 보고 있으니까요. 일종의 '예외'이기 때문에 머릿속에 강하게 남길 수 있어야 합니다.

이들은 대신 '성리학적 기론'에 입각하여 실증적인(경험주의적인) '서양 과학'을 재해석하는 '독창적 이론'을 제시했다고 합니다. 여기서 '성리학적 기론'은 '중국의 지적 유산'의 하나로 받아들이면서 읽을 수 있겠죠?

이들은 수성과 금성이 태양 주위를 회전한다는 태양계 학설을 제기했습니다. 그런데 이 내용, '태양 중심설' 그 자체죠? '태양 중심설'이기에 '브라헤'의 영향을 받았다고 할 수 있는 것이에요. 이렇게 계속 앞에서 봤던 내용을 끌고 오면서 읽어야 해요!

하지만 이들은 '기'와 '빛'을 결부하며 '광학 이론'을 제시했다고 합니다. 단어의 의미 그대로, '빛'과 관련된 이론이죠? 이것이 바로 앞에서 말한 '독창적 이론'이라고 할 수 있겠네요. '태양 중심설' 같은 서양 과학을 '성리학적 기론'이라는 지적 유산에 연결지어 '독창적 이론'을 만든 것이 '웅명우와 방이지'였습니다. 같은 카테고리 속에서 정보가 제시되고 있다는 걸 느껴야 해요!

하이라이트 문장

> ①17세기 웅명우와 방이지 등은 중국 고대 문헌에 수록된 우주론에 대해서는 부정적 태도를 견지하면서 성리학적 기론(氣論)에 입각하여 실증적인 서양 과학을 재해석한 독창적 이론을 제시하였다.

'중국 고대 문헌'을 부정적으로 봤다는 '예외', '성리학적 기론'이라는 지적 유산에 주목하고 '서양 과학'과의 회통을 시도했다는 '카테고리 인식'까지 요구한 문장입니다. 이렇게 읽으면서 최대한 납득하고, 나아가 스스로 정보량을 줄여내야 해요!

7문단

> ①17세기 후반 **왕석천과 매문정**은 서양 과학의 영향을 받아 경험적 추론과 수학적 계산을 통해 우주의 원리를 파악하고자 하였다. ②그러면서 서양 과학의 우수한 면은 모두 중국 고전에 이미 갖추어져 있던 것인데 웅명우 등이 이를 깨닫지 못한 채 성리학 같은 형이상학에 몰두했다고 비판했다. ③〈매문정은 고대 문헌에 언급된, 하늘이 땅의 네 모퉁이를 가릴 수 없을 것이라는 증자의 말을 땅이 둥글다는 서양 이론과 연결하는 등 서양 과학의 중국 기원론을 뒷받침하였다.〉

①~③ #주장 제시 #재진술

이번엔 '왕석천과 매문정'입니다. 이들은 서양 과학의 영향으로 '경험'적 추론과 '수학'적 계산에 주목했다고 해요. 이를 보자마자 '서양의 우주론' 카테고리에서 확인했던 '경험주의·수리 과학=단순성=태양 중심설'을 떠올릴 수 있어야 합니다. 이런 방식으로 '서양 과학'을 받아들인 것이겠죠?

나아가 '중국 고전'을 부정적으로 보고, '성리학'에 몰두한 '웅명우' 등을 비판합니다. 앞서 정리한 내용을 끌어오면 확실하게 이해할 수 있겠죠? 또한 '성리학'을 '형이상학'으로 표현하고 있다는 점에도 주목할 수 있으면 좋겠습니다. 서양과 마찬가지로 중국에서도 '형이상학'에 대한 비판이 이루어지고 있는 것이에요!

'매문정'은 고대 문헌에 있는 '증자'의 말을 서양 이론과 연결지었다고 합니다. 여기서 '증자'의 말 역시 '중국의 지적 유산'이라고 할 수 있겠죠? '서양 과학의 중국 기원론'이라는 말이 너무나 당연하게 받아들여져야 합니다! 다 똑같은 카테고리 속의 정보였네요.

하이라이트 문장

> ①17세기 후반 왕석천과 매문정은 서양 과학의 영향을 받아 경험적 추론과 수학적 계산을 통해 우주의 원리를 파악하고자 하였다.

'왕석천과 매문정'의 생각이 나오고 있습니다. 이들의 '생각'이 나오는 것도 중요하지만, '경험적 추론과 수학적 계산'을 보고 앞에서 읽었던 '경험주의와 수리 과학'을 떠올리는 것이 더욱 중요합니다! 여기까지 생각할 수 있다면 누구보다 카테고리를 잘 나눠서 독해하는 것이니까요.

8문단

> ①중국 천문학을 중심으로 서양 천문학을 회통하려는 매문정의 입장은 18세기 초를 기점으로 중국의 공식 입장으로 채택되었으며, 이 입장은 중국의 역대 지식 성과물을 망라한 총서인 『사고전서』에 그대로 반영되었다. ②이 총서의 편집자들은 고대부터 당시까지 쏟아진 천문 관련 문헌들을 정리하여 수록하였다. ③이와 같이 고대 문헌에 담긴 우주론을 재해석하고 확인하려는 경향은 19세기 중엽까지 주를 이루었다.

① #재진술 #화제의 흐름 #수식된 정의 제시

이러한 '매문정'의 입장은 중국의 '공식 입장'이 되었다고 해요. 여기서 '매문정'의 입장으로 제시된 '중국 천문학을 중심으로 서양 천문학 회통'이 무슨 뜻인지 한 번에 이해할 수 있어야 해요! 이 지문을 요약한 것과 같은 문장이니까요.

이 입장은 '사고전서'라는 책에도 반영되었다고 합니다. 이번에도 '수식된 정의'로 제시되고 있으니 확실하게 체크할 수 있어야겠죠? 이렇게 '공식 입장'이 되었다는 말, 그리고 책의 내용들은 선지화되는 경우가 많다고 했습니다. 확실하게 인식해둡시다.

②~③ #화제의 흐름

이렇게 '고대'부터 쏟아진 천문 관련 문헌들을 정리해 '사고전서'가 완성되었다고 합니다. 이 '사고전서'는 '중국과 서양의 우주론 회통'이라는 목표 아래에서 만들어졌다고 할 수 있겠죠? 이런 방식으로 고대 문헌, 즉 '지적 유산'에 주목하여 우주론을 재해석하려는 경향은 오래도록 지속되었다고 합니다. 다 똑같은 말이었어요.

선지	①	②	③	④	⑤
선택률	7%	58%	9%	13%	13%

44 다음은 윗글을 읽은 학생의 독서 기록 중 일부이다. 윗글을 참고할 때, '점검 결과'로 적절하지 <u>않은</u> 것은? ②

> ◦ 읽기 계획 : 1문단을 훑어보면서 뒷부분을 예측하고 질문 만들기를 한 후, 글을 읽고 점검하기

– 1문단을 읽은 뒤 뒷부분을 '예측'하고 '질문 만들기'를 하는 상황을 이용한 문제입니다. 우리가 당연하게 하는 행동을 문제화시킨 것이죠? 평가원도 1문단을 읽은 뒤 화제 및 지문의 흐름을 생각해보는 것을 강조하고 있다는 걸 알 수 있네요. 가볍게 해결해보도록 합시다.

◦ 서양의 우주론에 태양 중심설과 지구 중심설의 개념이 소개되어 있을 것이다.	예측과 같음 ········ ①

명시적 근거	2문단~3문단
실전에서의 판단 과정	중심 개념인데 당연히 설명되어야지.
해설	1문단에서는 '지구 중심설'이 '태양 중심설'로 대체되었다는 화제가 제시되었습니다. 그렇다면 당연히 두 개념이 소개되어야 하겠죠? 실제로 2문단에서부터는 '태양 중심설'과 '지구 중심설'에 대해서 여러 번 설명하는 모습을 보였습니다. 예측이 잘 맞아 떨어진 모습이네요. 그런데 사실 '태양 중심설'이라는 워딩 자체는 1문단에만 존재해요. 그 이후로는 '태양'을 '중심'으로 달, 다른 행성 등이 공전한다고 재진술하고 있었습니다. 이 내용을 자연스럽게 '태양 중심설'로 받아들일 수 있었어야 해요!

∘ 서양의 우주론의 영향으로 변화된 중국의 우주론이 소개되어 있을 것이다.	예측과 다름 ········ ②

명시적 근거	5~8문단 전체
실전에서의 판단 과정	화제 그 자체인데 당연히 소개되어야지. 예측 잘 했는데?
해설	서양의 우주론을 중국에서 어떻게 회통했느냐 하는 것은 이 지문의 화제 그 자체입니다. 이런 내용이 나올 것이라 예측하는 건 아주 자연스럽고, 실제로 예측이 들어맞은 모습입니다. 예측과 다르다고 했으니 가볍게 답으로 고를 수 있겠네요.

∘ 서양에서 태양 중심설을 제기한 사람은 누구일까?	질문의 답이 제시됨 ············ ③

명시적 근거	2문단 3번 문장, 3문단 2번 문장, 4문단 1번 문장
실전에서의 판단 과정	여러 명 나왔지.
해설	'태양 중심설'은 '서양의 우주론' 카테고리에서 핵심 정보였고, 이를 주장하는 사람을 궁금해하는 것은 자연스럽습니다. 나아가 지문에 그 사람들의 이름이 명시되기도 했네요. '코페르니쿠스', '브라헤', '케플러', '뉴턴' 등의 이름이 떠오르죠?

∘ 중국에서 서양의 우주론을 접하고 회통을 시도한 사람은 누구일까?	질문의 답이 제시됨 ············ ④

명시적 근거	6문단 1번 문장, 7문단 3번 문장
실전에서의 판단 과정	있긴 있었지.
해설	'서양의 우주론'을 접한 뒤 회통을 시도한 중국 사람들 역시 이 지문의 화제와 밀접한 인물들입니다. 이런 사람이 나올 것이라 생각하는 것은 아주 자연스럽고, 실제로 '웅명우와 방이지', '왕석천과 매문정' 등이 나왔었죠.

∘ 중국에 서양의 우주론을 전파한 서양의 인물은 누구일까?	질문의 답이 언급되지 않음 ····· ⑤

명시적 근거	–
실전에서의 판단 과정	전파한 사람이 명시적으로 나오지는 않았지.

해설	중국 학자들이 '브라헤'와 '케플러'의 영향을 받았다는 말은 있지만, '브라헤'와 '케플러' 같은 사람이 서양의 우주론을 전파했다는 말은 한 적이 없습니다. 애초에 이 지문은 서양의 우주론을 '받아들인' 중국의 이야기를 하고 있기 때문에, 서양에서 직접 우주론을 '전파'한 사람이 나올 필요는 없던 것이에요.

결국 일종의 '내용 전개 방식' 문제였네요. 수능에서는 이렇게 낯설게 출제하는 방식을 채택하는 경우가 많지만, 결국 묻는 것은 똑같다는 진리를 생각하면서 정리하도록 합시다. '화제'에 대한 인식이 핵심이에요.

선지	①	②	③	④	⑤
선택률	12%	11%	19%	25%	33%

45 윗글에 대한 이해로 적절하지 <u>않은</u> 것은? ⑤

① 서양과 중국에서는 모두 우주론을 정립하는 과정에서 형이상학적 사고에 대한 재검토가 이루어졌다.

명시적 근거	3문단 4번 문장, 7문단 2번 문장
실전에서의 판단 과정	서양과 중국 모두 기존 형이상학에 대한 비판이 있었지.
해설	서양에서는 아리스토텔레스의 '형이상학'이 신플라톤주의라는 새로운 '형이상학'으로 대체되는 변혁이 일어났었고, 중국에서는 성리학적 기론이라는 '형이상학'에 대한 비판을 제기하는 모습이 나타났었습니다. 모두 '형이상학적 사고'에 대한 재검토를 한 것이라고 할 수 있겠네요. 중국 파트를 독해할 때 '형이상학'이라는 정보가 반복됨을 인지했으면 쉽게 풀 수 있었을 겁니다. '반복'되는 정보는 의식적으로 체크하는 습관을 들이도록 합시다.

② 서양 천문학의 전래는 중국에서 자국의 우주론 전통을 재인식하는 계기가 되었다.

명시적 근거	6문단 1번 문장, 7문단 2번 문장
실전에서의 판단 과정	화제네.
해설	화제 그 자체죠? 서양 천문학이 들어오자 중국에서는 자국의 '지적 유산'에 주목하여 우주론 전통을 재인식하려는 모습을 보였어요.

③ 중국에 서양의 천문학적 성과가 자리 잡게 된 데에는
국가의 역할이 작용하였다.

명시적 근거	5문단 1번 문장, 8문단 1번 문장
실전에서의 판단 과정	국가가 공식 채택했지.
해설	청 왕조가 시헌력을 공식 채택했고, 중국이 매문정의 입장을 공식 채택했으니 맞는 선지네요. 이처럼 국가가 '공식 채택'하는 내용, 즉 일종의 '법'으로 명시되는 상황은 선지화되는 경우가 많으니 알아 두도록 합시다. 법 제재의 지문에서는 법에 명시적으로 적혀 있는지의 여부를 묻는 경우도 많아요.

④ 중국에서는 18세기에 자국의 고대 우주론을 긍정하는
입장이 주류가 되었다.

명시적 근거	8문단 1번 문장
실전에서의 판단 과정	18세기에 매문정의 입장이 공식이 되었네.
해설	18세기라는 말만 보고서는 어떤 상황인지 확실히 기억하기가 어려울 테니, 지문으로 돌아가야겠네요. 돌아가보니 이때는 '매문정'의 입장을 중국의 공식 입장으로 채택했을 때입니다. '매문정'의 입장은 중국의 '고대' 문헌 속 '우주론'을 긍정하는 것이었죠? 이것이 '공식 입장'이 되었으니 충분히 '주류'가 되었다고 표현할 수 있겠습니다.

⑤ 서양에서는 중국과 달리 경험적 추론에 기초한 우주
론이 제기되었다.

명시적 근거	'3문단 3번 문장, 7문단 1번 문장
실전에서의 판단 과정	경험이라는 말도 계속 반복됐었지.
해설	서양에서는 '케플러'가, 중국에서는 '왕석천과 매문정'이 '경험'을 강조하는 모습을 보였습니다. 둘 다 '경험적 추론'에 기초하는 모습을 보였으니, '달리'라는 말은 틀린 표현이 되겠죠? 1문단에서부터 '경험주의'라는 것이 중요한 개념일 것이라고 예측을 해 둔 상태였기 때문에, '서양'과 '중국' 카테고리를 읽어나가는 과정에서 자연스레 '경험'이라는 말에 주목할 수 있었겠죠? 1문단에서 제시하는 카테고리에 민감하게 반응하는 것이 정말 중요하다는 것을 배울 수 있네요.

선지	①	②	③	④	⑤
선택률	13%	11%	17%	36%	23%

46 윗글에 나타난 서양의 우주론 에 대한 설명으로 가장
적절한 것은? ④

① 항성 천구가 고정되어 있다고 보는 아리스토텔레스의
우주론은 천상계와 지상계를 대립시킨 형이상학을 토
대로 한 것이었다.

명시적 근거	2문단 2번 문장
실전에서의 판단 과정	아리스토텔레스 주장 다시 한번 볼까? 항성 천구는 고정되어 있지 않다고 했네.
해설	'아리스토텔레스'의 우주론을 물어보고 있습니다. 그 내용이 정확히 기억나지는 않을 수 있지만, 2문단으로 돌아가야겠다는 생각 정도는 할 수 있겠죠? 확인해보니 항성 천구가 '지구'를 '중심'으로 회전한다고 했네요. 따라서 항성 천구가 '고정'되어 있다고 하면 틀린 선지가 되겠습니다. 한편 '천상계와 지상계를 대립시킨 형이상학'은 맞는 말이라고 할 수 있죠? 이러한 내용에 걸맞지 않는다는 이유로 '코페르니쿠스'의 주장이 받아들여지지 않았으니까요.

② 많은 수의 원을 써서 행성의 가시적 운동을 설명한 프
톨레마이오스의 우주론은 행성이 태양에서 멀수록 공
전 주기가 길어진다는 점에서 단순성을 갖는 것이었다.

명시적 근거	2문단 2번 문장, 2문단 4번 문장
실전에서의 판단 과정	프톨레마이오스가 왜 단순성을 이야기해.
해설	'프톨레마이오스'의 주장을 묻고 있어요. 그런데 선지에 진술되어 있는 '행성의 가시적 운동'이나, '태양에서 멀수록 공전주기가 길어진다'는 내용은 '단순성'을 주장하기 위한 '코페르니쿠스'의 주장이었죠? '프톨레마이오스'가 '태양 중심설'을 주장했다는 말도 안 되는 선지네요. 그리고 애초에 '많은 수의 원'을 사용하면 '단순'하지 않아요. 학자의 이름을 확인하지 않고도 해결이 가능한 선지였네요.

③ 지구와 행성이 태양 주위를 공전한다는 코페르니쿠스의 우주론은 이전의 지구 중심설보다 단순할 뿐 아니라 아리스토텔레스의 형이상학과 양립이 가능한 것이었다.

명시적 근거	2문단 5번 문장
실전에서의 판단 과정	태양 중심설은 지구 중심설에 기초한 형이상학과 대립하는 것이었지.
해설	'코페르니쿠스'의 주장이 '태양 중심설', 즉 지구와 행성이 태양 주위를 공전한다는 것이고 이게 아리스토텔레스의 '지구 중심설'에 비해 '단순'한 것도 맞는데, 이것이 아리스토텔레스의 '형이상학'과 양립이 가능할 리가 없죠. 이 '형이상학'을 전복시키는 데 결정적인 역할을 한 것이 '코페르니쿠스'의 주장이니까요. 나아가 '코페르니쿠스'는 '아리스토텔레스'의 권위를 버리지 못한 많은 학자들에게 공격까지 당했습니다. 무조건 틀린 선지네요. 이 역시 '지구 중심설'과 '태양 중심설'이 대립했다는 사실만 알면 학자의 이름을 하나하나 확인하지 않아도 쉽게 풀 수 있죠? 사람의 이름이 아닌 '주장'들에 주목하면서 해결할 수 있어야 합니다.

④ 지구가 우주 중심에 고정되어 있고 다른 행성을 거느린 태양이 지구 주위를 돈다는 브라헤의 우주론은 아리스토텔레스의 형이상학에서 자유롭지 못한 것이었다.

명시적 근거	3문단 1번 문장
실전에서의 판단 과정	자유롭지 못하니까 섞은 거지.
해설	'브라헤'는 '코페르니쿠스'가 '아리스토텔레스' 형이상학을 신봉하는 이들에게 공격당하는 것을 보고 적당히 눈치를 본 인물이었습니다. '지구가 우주 중심 ~ 지구 주위를 돈다는'이라는 내용이 '지구 중심설'과 '태양 중심설'의 절충안이라는 점에서 '브라헤'의 우주론인 것은 맞지만, 적당히 눈치를 봤다는 것을 생각하면 아리스토텔레스 형이상학에서 자유롭지 못했다고 할 수 있겠네요. 자유로웠다면 소신 있게 '태양 중심설'을 외칠 수 있었을 테니까요.

⑤ 태양 주위를 공전하는 행성의 운동 법칙들을 관측치로부터 수립한 케플러의 우주론은 신플라톤주의에서 경험주의적 근거를 찾은 것이었다.

명시적 근거	3문단 2번 문장, 3문단 3번 분장
실전에서의 판단 과정	신플라톤주의는 수적 질서를 신봉하는 형이상학인데, 경험주의적 근거를 왜 여기서 찾아.
해설	'케플러'는 '수적 질서'를 신봉하는 '신플라톤주의'에 매료되어 있었기에 '태양 중심설'을 받아들였고, '경험주의자'였기에 '브라헤'의 천체 관측치를 활용했습니다. 이때 '신플라톤주의'와 '경험주의'는 명확히 다른 카테고리에 속한 주장이었죠? '형이상학'의 일종인 '신플라톤주의'에서 '경험주의적 근거'를 찾을 수는 없겠네요. 이처럼 같은 사람의 주장이라도, 그 주장이 서로 다른 카테고리에 속한 것이라면 양립할 수 없다는 것을 확실하게 알아두도록 합시다. 평가원이 자주 사용하는 선지 구성 방식 중 하나예요.

선지	①	②	③	④	⑤
선택률	9%	11%	20%	22%	38%

47 ㉠에 대한 이해로 적절하지 <u>않은</u> 것은? ⑤

㉠서양 과학과 중국 전통 사이의 적절한 관계 맺음

– 중국의 '지적 유산'을 '서양 과학'과 연결하는 내용에 대한 문제입니다. '중국 카테고리'는 확실하게 정리했으니, 어렵지 않게 해결할 수 있겠죠?

① 중국에서 서양 과학을 수용한 학자들은 자국의 지적 유산에 서양 과학을 접목하려 하였다.

명시적 근거	5문단~8문단 전체
실전에서의 판단 과정	화제 그 자체네.
해설	중국의 '지적 유산'에 서양 과학을 접목하려고 했다는 것은 '중국 카테고리'의 핵심 내용이었습니다. 화제 그 자체라고 할 수 있으니, 너무나 당연하게 지울 수 있겠죠.

② 서양 천문학과 관련된 내용이 중국의 역대 지식 성과를 집대성한 『사고전서』에 수록되었다.

명시적 근거	8문단 1번 문장
실전에서의 판단 과정	사고전서가 뭔지 찾으러 가야겠다.
해설	'사고전서'와 같은 책의 내용은 선지화되는 경우가 많다고 했습니다. 수식된 정의로 제시되었던 내용 그대로죠?

③ 방이지는 서양 우주론의 영향을 받았지만 서양의 이론과 구별되는 새 이론의 수립을 시도하였다.

명시적 근거	6문단 1번 문장
실전에서의 판단 과정	독창적 이론을 주장했지.
해설	'웅명우, 방이지'는 서양 우주론을 그대로 반영하기보다는 서양 과학을 '재해석'한 '독창적 이론'을 주장했어요. 예시로 '광학 이론' 같은 것도 나왔었죠?

④ 매문정은 중국 고대 문헌에 나타나는 천문학적 전통과 서양 과학의 수학적 방법론을 모두 활용하였다.

명시적 근거	7문단 1번~2번 문장
실전에서의 판단 과정	매문정의 주장 그 자체네.
해설	'매문정'은 중국 고대 문헌이라는 '지적 유산'을 서양 과학의 '수학적·경험적' 방법론과 연결한 주장을 펼쳤습니다. 이는 중국의 '공식 입장'이 되기도 했으니, 머릿속에 강렬하게 남아 있는 정보였죠?

⑤ 성리학적 기론을 긍정한 학자들은 중국 고대 문헌의 우주론을 근거로 서양 우주론을 받아들여 새 이론을 창안하였다.

명시적 근거	6문단 1번 문장
실전에서의 판단 과정	성리학 좋아한 건 웅명우, 방이지인데 이 사람들은 중국 고대 문헌에 비판적이었잖아.
해설	성리학적 기론을 긍정한 학자들은 '웅명우', '방이지'였습니다. 이들은 중국 고대 문헌에 대해서 부정적 태도를 가지고 있다고 했어요. 중국의 '지적 유산'에 관심을 보인다는 것이 '중국 카테고리'의 핵심이었는데, 이들이 '중국 고대 문헌'을 부정했다는 건 특이하다는 사실을 지문을 독해하며 인지했다면 더 쉽게 풀 수 있었겠네요.

선지	①	②	③	④	⑤
선택률	15%	19%	22%	30%	14%

48 〈보기〉를 참고할 때, [A]에 대한 이해로 적절하지 <u>않은</u> 것은? [3점] ②

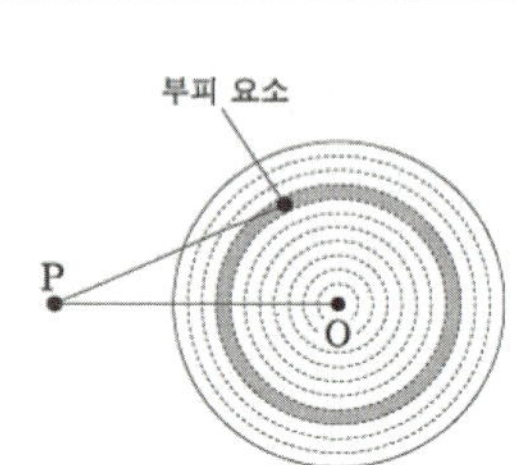

[보기]

구는 무한히 작은 부피 요소들로 이루어져 있다. 그 부피 요소들이 빈틈없이 한 겹으로 배열되어 구 껍질을 이루고, 그런 구 껍질들이 구의 중심 O 주위에 반지름을 달리하며 양파처럼 겹겹이 싸여 구를 이룬다. 이때 부피 요소는 그것의 부피와 밀도를 곱한 값을 질량으로 갖는 질점으로 볼 수 있다.

– 출제 당시 사회적으로 논란이 되었을 정도로 유명한 문제입니다. 상당히 어렵기는 하지만, 공부하는 입장에서는 겸허하게 받아들여야겠죠? 해결 과정 자체는 똑같습니다. 먼저 〈보기〉부터 분석해볼까요?

'구'는 무한히 작은 부피 요소들이 '구 껍질' 형태로 모여 이루어져 있다고 합니다. [A] 부분에서 천체도 작은 부피 요소들로 이루어져 있다고 가정했는데, 이와 비슷한 내용이네요. 아무튼 이런 부피 요소들은 일종의 '질점'으로 볼 수 있고, '부피×밀도=질량'이라고 합니다.

자 그리고 두 가지 이야기가 나옵니다. 천천히 이해해봅시다.

① 같은 밀도의 부피 요소들이 하나의 구 껍질을 구성하면, 이 부피 요소들이 구 외부의 질점 P를 당기는 만유인력들의 총합은, 그 구 껍질과 동일한 질량을 갖는 질점이 그 구 껍질의 중심 O에서 P를 당기는 만유인력과 같다.

→ 같은 밀도의 부피 요소들이 모여 하나의 구 껍질이 된 상태입니다. 그리고 이 부피 요소들이 구 외부의 질점 P를 당기는 만유인력의 총합을 이야기하고 있어요. 지문에서 읽었던 '부분의 합은 전체이다.'를 상기하면, 이 총합은 구 껍질 전체가 외부의 질점 P를 당기는 만유인력과 같을 겁니다.

그런데 여기선 이 값이 해당 구 껍질과 '동일한 질량'을 갖는 질점이 그 구 껍질의 '중심'에서 P를 당기는 만유인력과 같다고 해요. 앞에서 말한 지문의 내용과 연계하여 정리하면, 아래와 같은 결론이 나오네요.

〈 구 껍질 전체가 외부의 질점 P를 당기는 만유인력 = 구 껍질과 동일한 질량을 갖는 질점이 <u>구 껍질의 중심</u>에서 외부의 질점 P를 당기는 만유인력 〉

그렇다면 저 등식이 어떻게 성립하게 되는 것인지 이해해봅시다. 일단 우리는 지문을 통해 '만유인력'의 크기를 결정하는 것은 '질량의 곱'과 '거리'라는 것을 알고 있습니다. 그런데 구 껍질 전체와 '동일한 질량'을 갖는 질점을 가정했으니, P와의 '질량의 곱' 역시 일정하다는 걸 알 수 있습니다.

그런데 여기서 의문인 것은 '중심'입니다. 왜 굳이 '중심'에서 당기는 것일까요? 우리가 알고 있는 건, '질량의 곱'이 같다는 건 확인했으니 '거리'에 대해서도 생각을 해 보아야 한다는 것입니다. 〈보기〉에 제시된 구 껍질 그림(회색 음영 표시된 부분)을 생각해보면, 왼쪽 끝부분의 '부피 요소'는 오른쪽 끝부분의 '부피 요소'에 비해 P까지의 거리가 가깝습니다. 즉, P까지의 '거리'가 달라졌으니 '만유인력'의 크기가 달라질 수 있는 것이죠! 그런데 지금 우리가 살펴보고자 하는 것은 '구 껍질 전체'가 P와 당기는 만유인력의 크기이기 때문에, 이렇게 달라지는 '부피 요소'들의 거리를 고려하는 하나의 중심점, 혹은 평균점을 상정할 필요가 있습니다. 이것이 바로 '중심 O'가 되는 것이죠. 모든 부피 요소와의 거리를 상쇄시키는 중심점이 '중심 O'이기 때문에, 구 껍질과 '동일한 질량'을 갖는 질점이 그 구 껍질의 '중심'에서 P를 당기면 구 껍질 전체가 당길 때와 '거리'가 같아지는 것입니다. 즉, '거리의 기준'이 바로 '중심'이 되는 것이죠!

많이 어렵지만, 충분히 해낼 수 있는 생각입니다. '만유인력의 크기는 질량의 곱, 거리와 관련이 있다.'라는 하나의 명제에서 출발한 생각이에요.

> (2) (1)에서의 구 껍질들이 구를 구성할 때, 그 동심의 구 껍질들이 P를 당기는 만유인력들의 총합은, 그 구와 동일한 질량을 갖는 질점이 그 구의 중심 O에서 P를 당기는 만유인력과 같다.

→ (1)과 똑같은 말입니다. 이번엔 구 껍질들이 '구'를 구성한다고 했을 때, 해당 구와 '동일한 질량'을 가진 질점이 그 구의 '중심'에서 당겨야 구 전체의 만유인력(구를 구성하는 모든 부피 요소들의 만유인력의 총합)과 같아진다는 겁니다. '질량의 곱'도, '거리'도 모두 같으니까요.

> (1), (2)에 의하면, 밀도가 균질하거나 구 대칭인 구를 구성하는 부피 요소들이 P를 당기는 만유인력들의 총합은, 그 구와 동일한 질량을 갖는 질점이 그 구의 중심 O에서 P를 당기는 만유인력과 같다.

→ 총정리죠? '거리의 기준'이 곧 '중심'이라는 정보를 아주 어렵게 제시하고 있었습니다.

그리고 (1)에서는 '구 껍질'과 '구 껍질을 구성하는 부피 요소'와의 관계를 설명했고, (2)에서는 '구'와 '구 껍질'의 관계를 설명했어요. 각각 '전체'와 '부분의 합'의 관계를 갖는 것이죠. 이 둘을 합하면 '구를 이루는 부피 요소들의 합'='구'가 되는 것이에요. 이를 (1)과 (2)로 나누어서 자세히 설명해주고 있던 것입니다.

이 정보들을 이해한 후에 선지 판단을 해 봅시다. 실전에서 풀지 못해도 돼요. 어차피 시간 없으면 못 푸는 문제니까요. 우리는 지금 공부를 하는 입장이니까 천천히 독해하면서 완벽하게 해결해보자는 겁니다.

① 밀도가 균질한 하나의 행성을 구성하는 동심의 구 껍질들이 같은 두께일 때, 하나의 구 껍질이 태양을 당기는 만유인력은 그 구 껍질의 반지름이 클수록 커지겠군.

명시적 근거	4문단 3번 문장, 〈보기〉
실전에서의 판단 과정	반지름이 커지면 질량도 커지니까 만유인력도 커지겠지.
해설	행성의 '밀도'가 균질한데 그 중 하나의 구 껍질의 반지름이 커지면 만유인력은 어떻게 되냐고 묻고 있네요. 그렇다면 우리는 필연적으로 '반지름'과 '만유인력'의 관계를 생각해 봐야겠네요. 이렇게 '선지에서 묻는 것'으로부터 우리가 '생각해야 할 내용'을 떠올리는 것이 먼저라고 했어요! 하지만 지문에 제시되어 있지 않기 때문에, 우리는 '반지름'과 '만유인력'의 관계를 알지 못합니다. 이렇게 선지에서 묻는 개념들 사이의 관계에 대한 내용이 지문에 없는 경우에는 각 개념이 가지고 있는 다른 관계를 생각해보시면 됩니다. 일단 '반지름'은 몰라도 '만유인력'은 '질점 사이의 질량의 곱'과 '질점 사이의 거리'에 관련되어 있다는 걸 알고 있습니다. 이를 이용해서 천천히 판단해봅시다. 먼저 '반지름'과 우리가 알고 있는 '질량'의 관계를 생각해 봅시다. 그런데 이번에도 둘 사이의 직접적인 관계를 지문에서 찾을 수가 없습니다. 그렇다면 이번에도 각 개념이 가진 다른 관계를 생각해보아야겠네요. '반지름'은 아예 처음 나오는 말이기에 다른 관계를 찾을 수 없지만, '질량'은 '부피×밀도'와 같다는 〈보기〉의 추가 정보를 활용할 수 있겠습니다. 그런데 밀도는 균질하다고 했으니, 반지름을 키운다고 밀도가 변하지는 않겠네요. 그렇다면 우리는 반지름과 부피 사이의 관계를 생각해야 합니다. 반지름이 커지면, '부피'가 커지겠죠. (이 정도는 평가원이 배경지식이라고 생각한 듯합니다. 중학교 수학에서 나오는 내용이니까요.)

다시, '부피×밀도=질량'이기 때문에, 밀도가 일정한 상태에서 부피만 커지면 질량도 커지겠습니다. 우리는 이제 '반지름이 커진다=질량이 커진다'라는 결론을 얻은 것이네요. 이제 비로소 만유인력과 연결지을 수 있습니다. 질량의 곱과 만유인력은 '비례'한다고 했으니, 반지름이 클수록 만유인력은 커지겠네요. 늘 강조하지만, 결과가 아닌 '과정'에 주목하며 복습해보도록 합시다! '선지에서 묻는 것'으로부터 시작하는 '필연적인 문제풀이'의 과정에 말이죠!

FAQ

Q 선지에서 묻는 '반지름'과 우리가 알고 있는 또 다른 정보인 '거리'의 관계를 통해서 해결할 수도 있지 않나요?

A 앞에서 이야기했듯이, 〈보기〉를 독해하면 '거리의 기준은 구의 중심이다.'라는 명제를 얻을 수 있습니다. 즉, 구 껍질의 '반지름'이 크든 작든 구 껍질의 '중심'과 태양 사이의 거리는 달라지지 않기에 '반지름'과 '거리'의 관계는 없다고 봐야 합니다. 만약 〈보기〉 독해의 과정에서 저 명제를 떠올리지 못했다면, 이 선지를 판단하는 과정에서라도 생각할 수 있어야 합니다. '반지름'이 커지면 태양과 가까운 쪽의 부피 요소와 태양 사이의 거리는 가까워지지만, 태양과 먼 쪽의 부피 요소와 태양 사이의 거리는 오히려 멀어지기 때문에 뭔가 이상하다는 생각을 하며 '구의 중심'이라는 포인트를 떠올릴 수 있어야 한다는 것이죠. 꽤 어려운 생각이지만, 결국 묻고자 한 것은 〈보기〉를 정확히 독해했는지였습니다.

② 태양의 중심에 있는 질량이 m인 질점이 지구 전체를 당기는 만유인력은, 지구의 중심에 있는 질량이 m인 질점이 태양 전체를 당기는 만유인력과 크기가 같겠군.

명시적 근거	4문단 3번 문장, 〈보기〉
실전에서의 판단 과정	질량의 곱이 다르잖아?
해설	이번에도 똑같이 해봅시다. 태양의 중심에 있는 질점과 지구의 중심에 있는 질점의 '질량'이 같을 때, 서로를 당기는 만유인력은 같냐는 것을 물어보고 있습니다. 똑같이 서로의 중심에서 당기고 있으니까 '거리'는 신경 쓰지 않아도 되겠고, '질량의 곱'만 신경 쓰면 되겠네요. 일단 지문에서도, 우리의 상식에서도 '태양'의 '질량'이 '지구'의 '질량'보다 크다는 걸 알 수 있을 겁니다. 그럼 거리는 같은데, '태양의 질량×m > 지구의 질량×m'이므로, 즉 지구 중심에 있는 질량 m인 질점에서 태양을 당기는 경우에 '질점 사이의 질량의 곱'이 더 크므로 '지구 중심 - 태양의 만유인력 >

태양 중심 - 지구의 만유인력'이 되겠네요. 그런데 선지에서는 둘이 같다고 했으니 틀린 선지가 되는 겁니다. 결국 핵심은 '만유인력'과 관련된 여러 가지 관계를 '필연적인 사고과정'을 통해서 써먹을 수 있느냐는 것이었습니다. 이해가 될 때까지 꾸준히 정독하고 '사고 과정'을 익혀 주세요.

③ 질량이 M인 지구와 질량이 m인 달은, 둘의 중심 사이의 거리만큼 떨어져 있으면서 질량이 M, m인 두 질점 사이의 만유인력과 동일한 크기의 힘으로 서로 당기겠군.

명시적 근거	4문단 3번 문장, 〈보기〉
실전에서의 판단 과정	질량의 곱도, 거리도 같으면 만유인력도 같지.
해설	질량이 M인 지구와 질량이 m인 달이 서로 당기는 만유인력은 M×m(두 질점 사이의 질량의 곱)에 비례하고 둘 사이의 거리와 반비례하겠죠. 나아가 둘의 '중심' 사이의 '거리'만큼 떨어져 있으면 지구와 달 사이의 거리만큼 떨어진 것이라고 할 수 있겠죠? 모든 '거리' 측정의 기준은 '중심'이라는 것을 확실하게 잡아두었으니까요. '질량의 곱'도, '거리'도 같다면 '만유인력' 역시 같은 크기일 것입니다.

④ 태양을 구성하는 하나의 부피 요소와 지구 사이에 작용하는 만유인력은, 지구를 구성하는 모든 부피 요소들과 태양의 그 부피 요소 사이에 작용하는 만유인력들을 모두 더하면 구해지겠군.

명시적 근거	4문단 4번 문장, 〈보기〉
실전에서의 판단 과정	부분의 합은 전체라고 했지.
해설	지문과 〈보기〉에서 주구장창 말했던 '특정 천체와 작용하는 한 천체의 부피 요소들의 만유인력의 총합=그 천체의 만유인력'을 물어보고 있네요. 지구와 태양 간의 만유인력은 지구와 태양의 부피 요소들의 만유인력의 합과 같겠죠. 부분의 합은 곧 전체를 의미하니까요!

⑤ 반지름은 R, 질량이 M인 지구와 지구 표면에서 높이 h에 중심이 있는 질량이 m인 구슬 사이의 만유인력은, R+h의 거리만큼 떨어져 있으면서 질량이 M, m인 두 질점 사이의 만유인력과 크기가 같겠군.

명시적 근거	4문단 3번 문장, 〈보기〉
실전에서의 판단 과정	질량의 곱도, 거리도 같으면 만유인력도 같지.

해설	지구의 반지름이 R일 때 지구 표면에서 높이 h에 중심이 있는 구슬까지의 만유인력부터 생각해 봅시다. 지구와 구슬 간의 만유인력은 둘의 중심 간의 만유인력과 같겠죠? 그럼 둘의 만유인력은 질량의 곱인 M×m과 비례하고, 중심 간의 거리인 R+h와 반비례하겠네요. 따라서 질량이 M, m이고 거리가 R+h인 두 질점의 만유인력은 지구와 구슬 간의 만유인력과 같겠네요!! 포인트는 또 '질량, 거리'였습니다. 이거 하나만 물어 보고 있어요!

굉장히 어렵습니다. 현실적으로 이런 문제를 시험장에서 만난다면 그냥 넘어가는 게 낫다는 생각이 들 정도예요. 하지만 〈보기〉를 독해하고, 선지에서 묻는 것을 바탕으로 해결한다는 기본적인 원칙은 전혀 변하지 않은 모습이에요. 문제의 비주얼, 난이도에 상관없이 묻고자 하는 것은 그대로라는 점을 상기하면서 정리하도록 합시다. 나아가 이런 문제를 완벽하게 해결하는 과정 자체가 여러분의 '생각의 힘'을 키우는데 큰 도움이 될 것이라는 말은 굳이 안 해도 되겠죠? 이런 문제는 나오지 않을 것이니 그냥 공부하지 않겠다는 마인드가 아니라, 이런 문제까지 완벽하게 이해하여 '생각의 힘'을 키운 뒤 시험장에서 어떤 문제가 나오든 찍어누르겠다는 마인드로 공부해야 합니다.

선지	①	②	③	④	⑤
선택률	5%	58%	19%	7%	11%

49 문맥상 ⓐ~ⓔ와 바꿔 쓴 것으로 가장 적절한 것은? ②

① ⓐ : 진작(振作)할
② ⓑ : 고안(考案)했다
③ ⓒ : 소지(所持)한
④ ⓓ : 설정(設定)했다
⑤ ⓔ : 시사(示唆)되어

| 핵심 point |

① **화제 check** : 독서 지문 독해의 처음이자 끝. 첫 문단에서 잡은 '화제의 틀'을 마지막 문단까지 놓지 않아야 합니다.
② **재진술 인식** : 같은 말이라도 다르게 표현되는 경우가 많습니다. 심지어 아예 똑같은 말이 반복되는 경우도 많아요. 이 '같은 말'에 민감하게 반응하면, '정보량'을 줄이면서 읽을 수가 있습니다.
③ **카테고리 나누기** : 정보들의 범주가 나뉠 때, 그들이 서로 다른 카테고리에 속한다는 것을 인지해야 합니다. 이렇게 각 카테고리에 맞춰 정보를 정리하면 훨씬 깔끔하게 정리할 수 있다는 것을 기억해주세요.

| 지문 내용 총정리 |

1문단의 '화제의 틀'만 정확히 잡아내면 정보량을 엄청나게 줄이며 읽을 수 있는 지문이었습니다. 나눠진 카테고리를 정확하게 인식하고, 이를 바탕으로 정보들을 '재진술'로 처리할 수 있었어야 해요. 나아가 공포스러운 킬러 문제를 해결하는 태도도 배울 수 있었죠? 해설을 여러 번 읽으면서 확실하게 자기 것으로 만들어주세요.

생각의 전개

정보량이 많은 지문은 존재하지 않는다 (2)
: 결국, 다 같은 말이다.

> **DAY 11 [1~6]**
> 2017.11 [37~42] 사회(경제+법) '공정한 보험과 고지 의무'
> ☆☆☆☆

1문단

①보험은 같은 위험을 보유한 다수인이 위험 공동체를 형성하여 보험료를 납부하고 보험 사고가 발생하면 보험금을 지급받는 제도이다. ②보험 상품을 구입한 사람은 장래의 우연한 사고로 인한 경제적 손실에 대비할 수 있다. ③보험금 지급은 사고 발생이라는 우연적 조건에 따라 결정되는데, 이처럼 보험은 조건의 실현 여부에 따라 받을 수 있는 재화나 서비스가 달라지는 조건부 상품이다.

①~② #정의 제시

'보험'의 정의로 시작하고 있습니다. 우리가 흔히 알고 있는 보험과 다를 것은 크게 없어 보이네요. 보험을 보유하면 보험료를 내고 사고가 났을 때 보험금을 받는 것이니까요. '보험 사고'가 발생했을 때 병원비나 합의금 등으로 인해 큰 돈이 필요할 수 있는데, 이때의 '경제적 손실'을 보험이 메꿔주는 것이죠.

③ #재진술 #단어의 의미 살리기

'조건부 상품'이라는 새로운 정의가 대단한 것처럼 보이지만, 이것도 사실 앞에서 나온 말과 같은 말일 뿐이죠? '보험 사고 발생'이라는 '조건'이 실현되어야만 '보험금'을 얻을 수 있는 '조건부/상품'인 것입니다. 여기까지만 읽으면 화제가 무엇인지 모르겠네요. 이렇게 1문단에서 화제가 특정되지 않는 경우도 많습니다. 이 경우엔 지문을 읽으면서 정보를 하나로 모아 줄 특정 '화제'를 잡아내는 것이 중요해요. 일단 '보험'과 관련된 지문이라는 생각만 하고 넘어가 봅시다.

2문단 (1)

[가]

①위험 공동체의 구성원이 납부하는 보험료와 지급받는 보험금은 그 위험 공동체의 사고 발생 확률을 근거로 산정된다. ②특정 사고가 발생할 확률은 정확히 알 수 없지만 그동안 발생된 사고를 바탕으로 그 확률을 예측한다면 관찰 대상이 많아짐에 따라 실제 사고 발생 확률에 근접하게 된다. ③본래 보험 가입의 목적은 금전적 이득을 취하는 데 있는 것이 아니라 장래의 경제적 손실을 보상받는 데 있으므로 위험 공동체의 구성원은 자신이 속한 위험 공동체의 위험에 상응하는 보험료를 납부하는 것이 공정할 것이다.

①~② #수식된 정의 제시

일단 '보험료'와 '보험금'은 해당 위험 공동체의 '사고 발생 확률'을 근거로 산정된다고 합니다. 만약 '보험료'와 '보험금'의 차이점을 몰랐던 학생이라면 정의를 정확하게 체크하며 이해해야겠죠? 그래도 이제부터는 배경지식으로 알아두도록 합시다. 기본적인 어휘에 해당한다고 생각해요. 이때의 '사고 발생 확률'은 정확히 알 수는 없지만, 관찰 대상이 많아지면 실제 확률에 근접하게 계산할 수 있다고 합니다. 이를 통해 각 공동체가 낼 '보험료'와 받을 '보험금'이 계산되는 것이에요.

③ #화제 제시 #재진술

1문단에서도 말했지만, 보험 가입의 목적은 장래의 경제적 손실을 보상받는 것입니다. 따라서 위험 공동체는 자신들의 위험만큼 보험료를 내는 것이 '공정'하다고 합니다. 수익을 내기 위해 가입하는 것이 아니기에, 자기가 위험한 정도에 비례하는 보험료를 내는 것이 '공정'하다는 것이죠! 이 정도 문장은 당연하게 받아들일 수 있어야 합니다.

그리고 나아가 1번 문장의 내용도 재진술되고 있다는 사실을 체크해 주셔야 합니다. '보험료'가 '사고 발생 확률'을 근거로 산정된다는 사실을 구체적으로 말해주고 있는 거니까요! '자신이 속한 위험 공동체의 위험'은 '사고 발생 확률'이 높을수록 높을 테니까요!

1문단에서 잡지 못했던 화제가 제시되는 것 같습니다. 이 지문의 화제는 결국 '공정한 보험'이었네요. 보험이 공정하기 위한 여러 가지 조건이 나오겠죠? 궁금해하면서 계속 읽어봅시다.

> ④따라서 **공정한 보험**에서는 구성원 각자가 납부하는 보험료와 그가 지급받을 보험금에 대한 기댓값이 일치해야 하며 구성원 전체의 보험료 총액과 보험금 총액이 일치해야 한다. ⑤이때 보험금에 대한 **기댓값**은 사고가 발생할 확률에 사고 발생 시 수령할 보험금을 곱한 값이다. ⑥보험금에 대한 보험료의 비율(보험료/보험금)을 **보험료율**이라 하는데, 보험료율이 사고 발생 확률보다 높으면 구성원 전체의 보험료 총액이 보험금 총액보다 더 많고, 그 반대의 경우에는 구성원 전체의 보험료 총액이 보험금 총액보다 더 적게 된다. ⑦따라서 **공정한 보험**에서는 보험료율과 사고 발생 확률이 같아야 한다.

④ #재진술 #정의 제시 #단어의 의미 살리기

이처럼 '공정한 보험'에서는 '보험료=보험금에 대한 기댓값'이 되어야 하고, '보험료 총액=보험금 총액'이 되어야 한답니다. '공정한 보험'의 정의라고도 할 수 있겠네요.

여기서 끝이 아닙니다. 위 설명처럼 단순하게만 체크하고 넘어가려 하면 문제 풀 때 하나도 기억이 안 날 것이에요. 우리는 '공정한 보험'의 조건을 충족하는 게 왜 '공정한' 것인지 생각해봐야 합니다. 단어의 의미를 바탕으로 납득하는 것이죠. 조금만 깊게 생각해보면 납득할 수 있어요!

개개인은 자신이 받을 수 있는 '보험금'에 대한 '기댓값'만큼만 '보험료'를 내는 것이고, 위험 공동체의 구성원이 낸 '보험료 전체'가 모두 '보험금'으로 돌아와야 공정하다는 것이에요. 내가 납부한 '보험료'가 '지급받을 보험금에 대한 기댓값'보다 크다면, 돈만 많이 낸 것이니까 공정하지 않죠. '구성원 전체의 보험료' 총액이 '보험금 총액'보다 큰 경우도 마찬가지로 공정하지 않은 거고요. 받은 돈보다 낸 돈이 더 많으니까요! 3번 문장에서 말하는 것처럼 '공동체의 위험에 상응하는 보험료'를 내고, 그에 상응하는 '보험금'을 받아야 '공정'한 것입니다.

1문단에서 이야기한 것처럼 보험은 '조건부 상품'이기에 조건이 실현되지도 않은(사고가 발생하지 않은) 사람들까지 모두 보험금을 받을 필요는 없겠지만, 최소한 그 위험 공동체가 낸 만큼의 보험료가 위험 공동체가 받는 보험금 정도는 되는 것이 공정하다는 거겠죠. 조금 어렵더라도, 결국 3번 문장을 '재진술'한 정보이므로 확실하게 이해할 수 있도록 합시다.

⑤ #정의 제시 #단어의 의미 살리기

그런데 여기서 '보험금에 대한 기댓값'은 '사고 발생 확률X보험금'이네요. 수식적인 부분이므로 옆에 써 놓는 것도 좋고, 체크해 놓는 것도 좋습니다. 문제에서 사용해야 할 때 빠르게 돌아와야 하니까요!

그냥 써놓고 넘어가는 것도 괜찮지만, 조금만 더 이해해볼까요? '보험금에 대한 기댓값'은 단어의 의미 그대로 우리가 받을 '보험금'을 '기대'하는 정도를 뜻하겠네요. '이 보험으로부터 이 정도 보험금은 받겠지?'하는 값이 '보험금에 대한 기댓값'일 것이에요.

그럼 이게 왜 '사고 발생 확률X보험금'과 같을까요? 우리가 1문단에서 읽은 것처럼 보험은 '조건부 상품'입니다. '사고'가 나야지만 '보험금'을 받을 수 있어요. 그러니까 우리가 '기대'하는 '보험금'의 정도는 사고가 발생하면 받을 '보험금'에 '사고 날 확률'을 곱해주면 되겠네요. 그러므로 '보험금에 대한 기댓값=사고 발생 확률X보험금'인 것입니다. 이렇게 최대한 납득하면서 읽어줄 수 있으면 좋겠어요!

⑥~⑦ #수식된 정의 제시 #단어의 의미 살리기 #재진술 #화제의 흐름

다음으로 제시되는 개념인 '보험료율'은 '보험료/보험금'이라고 합니다. 수식된 정의 제대로 체크할 수 있겠죠? 보험금에 대한 '보험료'의 '비율'이라 '보험료/율'인 것이네요. 이 정의와 더불어 '보험료율-사고 발생 확률'에 따라 '보험료 총액-보험금 총액'이 어떻게 달라지는지 체크해봅시다. 마찬가지로 단순히 체크만 하는 것도 좋지만, 이 역시 충분히 '이해'하고 넘어갈 수 있을 것 같아요. '이해'하고 '납득'하는 연습을 지속적으로 해줘야 시험장에서도 이런 생각을 해낼 수 있어요!

'보험료율'이 '사고 발생 확률'보다 높다는 건 '보험금에 대한 보험료의 비율'이 '사고 발생 확률'보다 높다는 겁니다. 이는 곧 '사고가 나는 것(사고 발생 확률)'에 비해 '보험료'를 더 많이 낸다는 소리가 되겠고, 이렇게 되면 구성원 전체가 받는 보험금 총액보다 내는 보험료 총액이 더 많아지는 결과를 낳겠죠? 그 반대의 상황에선 반대의 결과가 나타나겠구요.

이렇게 직관적으로 이해하는 게 가장 좋습니다만, 좀 더 확실하게 하기 위해 수식적으로 따져봅시다. '보험료율>사고 발생 확률'이라는 부등식의 두 항에 각각 '보험금'을 곱해주면, '보험료>보험금에 대한 기댓값'이 된다는 것을 확인할 수 있습니다. 그런데 앞 문장에서 '보험료=보험금에 대한 기댓값'이어야 한다고 했고, 이것이 깨지면 어떤 일이 발생하는지 충분히 납득했었죠? 결국 또 '같은 말'이었네요.

결국 7번 문장의 '공정한 보험'이 되려면 '보험료율'과 '사고 발생 확률'이 같아야 한다는 말은, 사실 위에서 이야기하던 '보험금 총액=보험료 총액' 이야기와 '같은 말'이 되는 것이에요. 따라서 이 지문은

2문단 내내 '사고가 날 확률만큼만 보험료를 내야 한다.'라는 말을 반복하고 있습니다! 우리는 또 정보량을 줄여내는 데 성공했어요.

이렇게 정보가 엄청나게 쏟아지는 부분을 읽을 때는 지금 뭘 읽었는지 꼭 생각해야 합니다. 우리는 '공정한 보험'에서의 '보험료'와 '보험금'에 대해 읽었어요. 두 번이나 정의해준 '공정한 보험'이 당연히 중요하겠죠? 그런데, 이 지문이 진짜 하고 싶은 말은 뭘까요? 보험료 산정 방법이었을까요? 화제를 좀 더 구체화시키러 가봅시다.

하이라이트 문장

> ④따라서 공정한 보험에서는 구성원 각자가 납부하는 보험료와 그가 지급받을 보험금에 대한 기댓값이 일치해야 하며 구성원 전체의 보험료 총액과 보험금 총액이 일치해야 한다.

'공정한 보험'을 제대로 정의해주고 있습니다. 중요한 건 여기 나오는 말들을 개념의 정의들을 바탕으로 확실하게 '납득'하는 것이에요. 그냥 체크만 하고 넘어가는 식의 무책임한 독해를 하면 문제풀이 과정에서 단죄를 받게 될 겁니다. 이 과정에서 7번 문장의 내용까지 하나의 이야기 ('보험료 총액=보험금 총액'이어야 공정하다.)로 정리되고 있음을 파악할 수 있어야 합니다.

3문단

> ①물론 현실에서 보험사는 영업 활동에 소요되는 비용 등을 보험료에 반영하기 때문에 공정한 보험이 적용되기 어렵지만 기본적으로 <u>위와 같은 원리를 바탕으로 보험료와 보험금을 산정한다.</u> ②그런데 보험 가입자들이 자신이 가진 위험의 정도에 대해 진실한 정보를 알려주지 않는 한, 보험사는 보험 가입자 개개인이 가진 <u>위험의 정도를 정확히 파악하여 거기에 상응하는 보험료를 책정하기 어렵다.</u> ③이러한 이유로 사고 발생 확률이 비슷하다고 예상되는 사람들로 구성된 어떤 위험 공동체에 사고 발생 확률이 더 높은 사람들이 동일한 보험료를 납부하고 진입하게 되면, 그 위험 공동체의 사고 발생 빈도가 높아져 보험사가 지급하는 보험금의 총액이 증가한다. ④보험사는 이를 보전하기 위해 구성원이 납부해야 할 보험료를 인상할 수밖에 없다. ⑤결국 <u>자신의 위험 정도에 상응하는 보험료보다 더 높은 보험료를 납부하는 사람이 생기게 되는 것이다.</u> ⑥이러한 문제는 **정보의 비대칭성**에서 비롯되는데 보험 가입자의 위험 정도에 대한 정보는 보험 가입자가 보험사보다 더 많이 갖고 있기 때문이다. ⑦이를 해결하기 위해 보험사는 <u>보험 가입자의 감춰진 특성을 파악할 수 있는 수단이 필요하다.</u>

① #화제의 흐름

현실에서는 이런 공정한 보험이 적용되기 어렵지만 기본적으로 보험료 산정은 위와 같은 원리로 이루어진다고 합니다. '공정한 보험'을 만들 수 있도록 노력하는 방식인 것이죠! 계속 똑같은 말을 하고 있네요.

② #카테고리 나누기 #화제 제시

그런데 슬슬 다른 이야기가 나옵니다. 보험 가입자들이 자신에 대해서 진실하게 이야기해주지 않으면 보험사는 위험 정도를 정확하게 파악하는 것이 어렵다고 합니다. 지금까지 '공정한 보험'에 대한 '이론적인' 설명만 하다가 '현실적으로' 공정한 보험이 되려면 어떤 조건을 충족시켜야 하는지에 대해 설명하네요. 뭔가 내용이 살짝 달라졌다는 느낌이 와야 합니다. 2문단과 카테고리를 나눠야 해요.

어쨌든, 사고 발생 확률과 보험료율을 같게 해야 하는데, 가입자가 제대로 알려주지 않아서 '사고 발생 확률'을 정확하게 측정하는 것이 힘들다는 설명입니다.

③ #재진술 #문제점 제시

그래서 '사고 발생 확률'이 같은 집단에 '사고 발생 확률'이 더 높은 사람이 들어오면 보험사가 줘야 하는 보험금 총액이 증가합니다. 당연하죠? '사고 발생 확률'이 높을수록 사고가 나서 보험금을 탈 확률이 높으니까요.

이렇게 되면, '보험료 총액'에 비해 '보험금 총액'이 더 커질 수 있다는 '문제'가 생기는 것이죠. '공정한 보험'에 대해 정확히 이해했으면 이 문장이 '보험료 총액≠보험금 총액'의 재진술임을 알았을 것이에요. 그리고 이러한 상황이 '문제'라는 점까지 체크할 수 있었겠죠?

④~⑤ #재진술 #문제점 제시

'보험금 총액'이 '보험료 총액'보다 커지니까 보험사는 '보험료'를 더 납부하게 만들어야겠죠? 누가 자신의 '사고 발생 확률'에 맞지 않는 보험료를 납부하고 있는지 알 방법이 없으니, 차라리 모든 사람들에게 더 많은 보험료를 받는 방식을 택하게 되는 것이죠. 그런데 이 경우에는 보험 가입자들이 자신의 '사고 발생 확률'에 상응하는 '보험료'보다 많이 납부하게 되는 '불공정한' 일이 발생합니다. 역시 '문제'가 생기는 것이죠.

⑥ #재진술 #단어의 의미 살리기

그런데 이런 '문제'는 '정보의 비대칭성' 때문에 발생한 것이라고 합니다. 단어의 의미 그대로 '정보'가 '비대칭'적이라는 거네요. '보험 가입자'가 '보험사'에 비해 '자신의 위험 정도'에 관련된 정보를 많이 알고 있다는 것이죠. 여기서 '위험 정도'는 '사고 발생 확률'과 연결되는 정보겠죠? 보험 가입자가 자신의 위험 정도를 속이고 보험을 가입할 수 있기 때문에 위와 같은 문제가 생기는 것입니다.

기존 공동체에 '더 높은 수준의 위험 정도'를 갖는 가입자가 들어오게 된다는 문제는 지금까지 읽었던 말이죠? '정보의 비대칭성'이라는 '원인'이 구체화되었을 뿐, 나머지 얘기는 다 같은 말입니다.

⑦ #해결책 제시

'정보의 비대칭성'이 야기한 문제점. 즉 '공정한 보험'을 실현하기 힘들다는 문제를 해결하기 위해 보험 가입자의 감춰진 특성을 파악할 수 있는 수단이 필요하다고 합니다. 앞으로 '해결책'을 제시하겠네요!

일단 원인과 문제를 정리해보면, '정보의 비대칭성'이라는 원인 때문에 '공정한 보험 실현 힘듦'이라는 문제가 생겼네요. 그럼 결국 이 원인을 제거하는 방향으로 해결책을 고민해야겠네요. 그렇다면 '정보의 비대칭성'을 '정보의 대칭성'으로 만들면 되지 않을까요? 이 생각들을 한 순간, 이 지문은 아주 쉬운 지문이 됩니다. 모든 문제는 원인의 제거를 통해 해결할 수 있다는 걸 잊지 맙시다. 어떻게 정보를 '대칭적'으로 만들 수 있을까요?

하이라이트 문장

> ②그런데 보험 가입자들이 자신이 가진 위험의 정도에 대해 진실한 정보를 알려 주지 않는 한, 보험사는 보험 가입자 개개인이 가진 위험의 정도를 정확히 파악하여 거기에 상응하는 보험료를 책정하기 어렵다.

지문의 진짜 화제를 잡을 수 있는 문장입니다. 단순히 '공정한 보험'이 무엇인지가 지문의 핵심이 아니라, '공정한 보험'을 제대로 이루지 못하게 하는 상황이 진짜 화제임을 파악할 수 있어야 해요. 끊임없이 내가 무엇을 읽고 있는지, 정보를 모아 줄 화제가 무엇인지 생각하며 읽어야 합니다!

4문단

> ①우리 상법에 규정되어 있는 **고지 의무**는 이러한 수단이 법적으로 구현된 제도이다. ②보험 계약은 보험 가입자의 청약과 보험사의 승낙으로 성립된다. ③**보험 가입자**는 반드시 계약을 체결하기 전에 '중요한 사항'을 알려야 하고, 이를 사실과 다르게 진술해서는 안 된다. ④여기서 '중요한 사항'은 보험사가 보험 가입자의 청약에 대한 승낙을 결정하거나 차등적인 보험료를 책정하는 근거가 된다. ⑤따라서 고지 의무는 결과적으로 다수의 사람들이 자신의 위험 정도에 상응하는 보험료보다 더 높은 보험료를 납부해야 하거나, 이를 이유로 아예 보험에 가입할 동기를 상실하게 되는 것을 방지한다.

① #해결책 제시 #화제의 흐름 #단어의 의미 살리기

이러한 수단, 즉 해결책은 바로 우리 상법에 규정되어 있는 '고지 의무'였네요! '공정한 보험'에 생기는 '문제'와 그 문제의 '원인', 문제를 해결하는 '해결책'까지 등장했네요. '공정한 보험'이라는 '화제' 속에서 글을 읽고 있다는 사실을 잊지 맙시다.

어쨌든 '고지 의무'는 말 그대로 '고지'를 해야 하는 '의무'를 말하는 것이 아닐까 싶네요. 자신의 '위험 정도'를 보험사에 알려주지 않아서 '문제'가 발생했던 것이므로, 위험 정도를 '고지'하라는 '의무'를 부여하는 것이죠. 단어의 의미를 살리면 충분히 예측할 수 있는 내용이에요!

② #정의 제시

일단 '보험 계약'은 보험 가입자의 '청약'과 보험사의 '승낙'으로 성립된다고 하네요. '보험 계약'과 관련된 정의입니다. 보험을 가입하고 싶은 사람이 '청약'을 하면 보험사가 따져 보고 '승낙'을 하는 것이죠. 이와 '고지 의무'가 어떤 관련이 있는지 생각하며 계속 읽으면 되겠네요.

③~④ #해결책 제시 #재진술

이때 '중요한 사항'이라는 것을 알려야만 한다고 합니다. 이게 '고지 의무'이자, 위에서 이야기하던 문제점을 해결해주는 '해결책'이 되겠네요. 중요한 사항을 알려 주면 '정보의 비대칭성'이라는 원인이 제거되는 것이죠! 이 '중요한 사항'은 보험사가 보험 가입자의 청약에 대한 승낙 결정 여부와 차등적인 보험료 책정의 근거가 된다고 하네요. 너무나도 당연하네요. 개인의 '사고 발생 확률'이 너무 높으면 청약을 거절해야 '공정한 보험'이 실현되지 않는 문제가 생기지 않으니까요! '고지 의무'를 통해 '정보의 비대칭성'이라는 원인을 제거함으로써 보험사는 '공정한 보험'을 실현할 수 있게 됩니다.

그리고 이 '고지 의무'는 결과적으로 ~~한 것들을 방지한다고 합니다. 이걸 한마디로 하면 '공정한 보험이 이루어지지 않는 것'을 방지한다는 거네요. '공정한 보험'이 되려면 '보험료율'과 '사고 발생 확률'이 같아야 하고 '보험료 총액'이 '보험금 총액'과 같아야 한다고 했죠? 그런데 위에서 말한 것처럼 '정보의 비대칭성' 때문에 이런 점들이 지켜지지 않게 되는데, '고지 의무'는 이를 방지한다고 합니다! 계속해서 같은 말만 하고 있습니다.

그럼 이제 화제는 명확해요. '정보의 비대칭성 때문에 발생하는 공정한 보험 실현의 어려움을 해결해주는 고지 의무.' 고지 의무가 해결책이니까, 그 해결책의 정의와 특징이 이 지문의 핵심이겠네요!

이렇게 읽는 것이 문단 간의 유기성을 바탕으로 읽는 겁니다. 딱 하나의 화제와 구조를 중심으로 내용들이 엮이는 것이 보이죠? 굉장히 어렵더라도 이 경지에 올라야 수능 시험장에서도 어려운 지문을 막힘없이 읽을 수 있을 겁니다. 만약 이 지문이 '공정한 보험'과 '고지 의무'라는 두 가지 화제로 읽혔다면 매우 부족한 상태입니다. '공정한 보험을 실현시키기 위한 고지 의무'라고 유기적으로 독해되어야 해요.

하이라이트 문장

> ①우리 상법에 규정되어 있는 고지 의무는 이러한 수단이 법적으로 구현된 제도이다.

이 문장을 읽고 우리가 앞 문단에서 잡은 문제에 대한 해결책이 제시된 것을 바로 깨달았어야겠죠? 지문이 예상하는 대로 전개된다는 걸 느끼면서 읽어주세요.

5문단 (1)

> ①보험 계약 체결 전 보험 가입자가 고의나 중대한 과실로 '중요한 사항'을 보험사에 알리지 않거나 사실과 다르게 알리면 고지 의무를 위반하게 된다. ②이러한 경우에 우리 상법은 보험사에 **계약 해지권**을 부여한다. ③보험사는 보험 사고가 발생하기 이전이나 이후에 상관없이 고지 의무 위반을 이유로 계약을 해지할 수 있고, 해지권 행사는 보험사의 일방적인 의사 표시로 가능하다. ④해지를 하면 보험사는 보험금을 지급할 책임이 없게 되며, 이미 보험금을 지급했다면 그에 대한 반환을 청구할 수 있다. ⑤〈일반적으로 법에서 의무를 위반하게

되면 위반한 자에게 그 의무를 이행하도록 강제하거나 손해 배상을 청구할 수 있는 것과 달리, 보험 가입자가 고지 의무를 위반했을 때에는 보험사가 해지권만 행사할 수 있다.〉

지금부터는 '고지 의무'를 위반했을 때와 관련된 내용이 나옵니다. '중요한 사항'을 알리지 않으면 '고지'를 안 한 것이니까 당연히 '고지 의무'를 '위반'한 것이죠. 어렵게 생각할 필요 없습니다. 재진술일 뿐입니다. 이제부터 '고지 의무를 위반한 경우'라는 카테고리에서 지문을 독해하면 되겠네요.

만약 '고지 의무'를 위반한 경우, 보험사에게 '계약 해지권'이 부여된다고 합니다. 단어의 의미 그대로 '계약'을 '해지'할 수 있는 '권리'가 주어지는 것이죠? '고지 의무'를 위반했다는 것은 보험 가입자가 자신에게 부여된 의무를 다하지 않았다는 것이므로, 당연히 불이익을 줘야 할 텐데 그 불이익이 바로 '계약을 해지당할 수 있다.'라는 것이네요. 보험을 가입한 사람에겐 미래의 손실을 보장받기 위해 가입을 유지하는 것이 중요한데, 그것을 못하게 만드는 겁니다.

이 '보험 해지권'은 정말로 강력해서, 보험 사고의 발생 여부와 관련 없이, 심지어 보험사의 일방적인 의사 표시로 행사할 수 있다고 합니다. 이렇게 해지를 하게 되면 계약이 깨진 것이니 당연히 보험금을 줄 이유가 없고, 이미 지급했다면 '반환'을 '청구'할 수 있겠죠. 주지 말아야 할 돈을 준 것이니까요! 이렇게 단어의 의미를 살리면서 최대한 당연한 말로 납득해주셔야 합니다. 확실하게 이해하고 납득해야만 기억에 남고, 그래야 선지 판단이 빨라져요!

그런데 갑자기 일반적인 법과의 '비교'가 나옵니다. 일반적으로는 법을 위반한 자에게 의무를 이행하도록 강제하거나 손해 배상을 청구할 수 있다고 합니다. 보험에 대입해보면 보험 가입자가 '고지 의무'라는 법을 위반하면 고지하도록 '강제'하거나, '손해 배상'을 청구할 수 있는 것이죠. 그런데 이런 상황과는 '달리', 보험에서는 해지권만 행사할 수 있다고 합니다. 손해 배상이나 의무 강제 등은 할 수 없는 것이네요!

참고로 '손해 배상'과 '반환 청구'는 다른 개념이에요. '손해 배상'은 보험 가입자가 '고지 의무'를 위반함으로써 생긴 '손해'를 '배상'하도록 요구하는 것이고, '반환 청구'는 이미 준 보험금을 '반환'만 하라고 '청구'하는 것이니까요. '손해 배상'을 하는 경우에는 단순히 보험금을 돌려 주는 것을 넘어서서 그 사람을 보험에 가입시키는 과정에서 든 인건비 등의 금액까지 추가로 줘야 한다는 것이에요. 확실하게 알

아두도록 합시다.

나아가 우리가 읽고 있는 정보들이 '고지 의무를 위반한 경우'라는 '카테고리' 속에 있다는 사실까지 챙겨주도록 합시다. 내가 무엇을 읽고 있는지 계속해서 인식해야 해요.

하이라이트 문장

> ②이러한 경우에 우리 상법은 보험사에 계약 해지권을 부여한다.

'계약 해지권'이라는 것이 '고지 의무'를 위반한 사람에 대한 불이익임을 생각하며 읽어야 합니다. 모든 정보에는 역할이 있어요. 그 역할을 바탕으로 지문을 유기적으로 읽어나가야 합니다.

5문단 (2)

> ⑥그런데 보험사의 계약 해지권이 제한되는 경우도 있다. ⑦계약 당시에 보험사가 고지 의무 위반에 대한 사실을 알았거나 중대한 과실로 인해 알지 못한 경우에는 보험 가입자가 고지 의무를 위반했어도 보험사의 해지권은 배제된다. ⑧이는 보험 가입자의 잘못보다 보험사의 잘못에 더 책임을 둔 것이라 할 수 있다. ⑨또 보험사가 해지권을 행사할 수 있는 기간에도 일정한 제한을 두고 있는데, 이는 양자의 법률관계를 신속히 확정함으로써 보험 가입자가 불안정한 법적 상태에 장기간 놓여 있는 것을 방지하려는 것이다. ⑩그러나 고지해야 할 '중요한 사항' 중 고지 의무 위반에 해당되는 사항이 보험 사고와 인과 관계가 없을 때에는 보험사는 보험금을 지급할 책임이 있다. ⑪그렇지만 이때에도 해지권은 행사할 수 있다.

⑥ #화제의 흐름 #카테고리 나누기

그런데 무적으로 보이는 '계약 해지권'도 제한되는 경우가 있다고 합니다. 방금까지 고지 의무 위반으로 인한 '계약 해지권 행사'에 대해 읽었다면, 지금부턴 그 '해지권이 제한되는 경우'에 대해서 읽게 될 것이에요. 일종의 '예외'이기도 하네요. 중요한 정보겠죠? 이런 생각을 가진 채로 읽어 봅시다. '계약 해지권이 제한되는 경우'로 '카테고리'를 잡아주면 좋을 것 같아요.

⑦~⑨ #재진술

계약 당시에 보험사가 고지 의무 위반 사실을 '알았거나' '중대한 과실'로 알지 못한 경우 해지권이 배제된다고 합니다. 이는 '보험사의 잘못'에 더 책임을 둔 것이라 하네요. '보험사'가 잘못한 거니까 '보험 가입자'에게 불이익을 주지 않는 것이죠.

그리고 '해지권을 행사할 수 있는 기간'에도 제한이 있다고 합니다. 만약 해지권이 평생 부여된다면 보험 가입자는 언제 해지될지 모르는 불안정한 상태에 놓이겠죠? 이렇게 보험 가입자가 불안정한 법적 상태에 장기간 놓여있는 것을 방지해주기 위해 '기간'에 '제한'을 두는 거겠네요. 계속해서 '보험사'보다 '보험 가입자'를 챙겨주고 있는데, 이를 바탕으로 해서 '해지권 배제'와 '행사 기간 제한' 등을 납득해주셔야 합니다. 억지로 기억하기엔 정보의 양이 너무나 많아요.

⑩~⑪ #재진술

또, '중요한 사항'에서 고지 의무 위반에 해당하는 사항이 보험 사고와 인과 관계가 없으면 보험금은 줘야 한다고 합니다. 역시 마찬가지로 '보험 가입자'를 배려해주고 있습니다. '고지 의무'를 '위반'하긴 했지만, 당장 일어난 '사고'와 관련이 없으므로 보험금은 주는 것이죠. 그래도 '고지 의무'를 위반한 것은 맞으니까 '해지권 행사'는 할 수 있겠죠? 당연하게 납득해주시면 됩니다.

그래도 내용이 정말 많습니다. 이 모든 정보를 완벽하게 기억하는 건 상당히 어려울 것 같아요. 중요한 건, 지금 우리가 열심히 읽은 이 내용을 '계약 해지권의 제한'이라는 카테고리 속에 있는 정보로 처리하셔야 한다는 겁니다. 아무리 정보량이 많아도, 우리는 그 정보량을 충분히 감당할 수 있어요. '정보의 역할을 통한 카테고리화'를 통해서 말이죠!

하이라이트 문장

> ⑥그런데 보험사의 계약 해지권이 제한되는 경우도 있다.

이 문장을 읽고 나면 앞 문단에서 보험사가 계약 해지권을 행사하는 경우를 다룬 것과 달리, 이번에는 그 계약 해지권을 행사하지 못하는 경우를 다룬다는 것을 생각해야겠죠? 개념은 '계약 해지권' 하나이지만, 그것에 대한 설명이 다르게 구현되는 경우가 있으니 항상 우리가 무엇을 읽고 있는지 생각해야 합니다!

선지	①	②	③	④	⑤
선택률	8%	9%	70%	8%	5%

| 생각 심화 |

법에서는 왜 보험 가입자의 책임보다 보험사의 책임을 크게 둘까요? 조금만 생각해보면 당연하다고 할 수 있습니다. 상식적으로 생각했을 때 보험사와 같은 큰 기업과 우리와 같은 개인이 아무 핸디캡 없이 대등하게 싸울 수 있을까요? 불가능하다는 건 너무나 당연하게 받아들일 수 있을 겁니다. 법에도 이러한 점을 고려한 원칙이 하나 있습니다. 다음 내용을 읽어봅시다.

> 대법원은 반론권 제도를 무기대등원칙에 부합하는 것으로 판단하였다. 즉 사회적 강자인 언론을 대상으로 일반인이 동등한 공격과 방어를 할 수 있도록 균형 유지 수단을 제공하는 것이므로 정당하다는 것이다.
>
> -2010학년도 6월 모의평가

이와 같은 메커니즘으로, 보험사의 책임이 가입자의 책임보다 큰 것입니다. '기출 소재를 통해' 여러 메커니즘을 익혀놓으면 새로운 글을 읽을 때 도움되는 경우가 많습니다. 여러분께 필요하다고 생각되는 게 있으면 '생각 심화'에 적어둘 테니 외우는 것까진 아니더라도 납득하고, 이해하고 지나가시길 바랍니다!

6문단

> ①보험에서 **고지 의무**는 보험에 가입하려는 사람의 특성을 검증함으로써 다른 가입자에게 보험료가 부당하게 전가되는 것을 막는 기능을 한다. ②이로써 사고의 위험에 따른 경제적 손실에 대비하고자 하는 보험 본연의 목적이 달성될 수 있다.

①~② #화제의 흐름

마지막으로 고지 의무의 의의를 얘기하면서 마무리됩니다. 핵심은 '공정한 보험'을 만드는 것이에요. 이 문단에는 없는 말이지만, 스스로 생각해낼 수 있겠죠? 우리가 지금까지 열심히 납득한 내용이 그대로 들어있으니 가볍게 정리하고 넘어가주시면 됩니다.

---

01 윗글에 대한 설명으로 가장 적절한 것은? ③

① 보험 계약에서 보험사가 준수해야 할 법률 규정의 실효성을 검토하고 있다.

명시적 근거	–
실전에서의 판단 과정	'법률 규정의 실효성'? 그런 건 없었지.
해설	'고지 의무'와 같은 법률 규정의 '실효성'은 나온 적이 없죠? 애초에 '실효성'이 있기 때문에 해결책으로 제시했겠죠.

② 보험사의 보험 상품 판매 전략에 내재된 경제학적 원리와 법적 규제의 필요성을 강조하고 있다.

명시적 근거	–
실전에서의 판단 과정	'상품 판매 전략'은 뭔 소리지.
해설	'상품 판매 전략'은 화제와 아무런 관련이 없어요.

③ 공정한 보험의 경제학적 원리와 보험의 목적을 실현하는 데 기여하는 법적 의무를 살피고 있다.

명시적 근거	지문 전체
실전에서의 판단 과정	화제 그대로네.
해설	공정한 보험의 경제학적 원리. [가]에서 미친듯이 나왔죠? 그리고 보험의 목적을 실현하는 데 기여하는 법적 의무, 즉 '고지 의무' 이야기도 했으니 얘가 답이네요. 화제를 조금 다른 말로 꼬아서 표현했네요!

④ 보험금 지급을 두고 벌어지는 분쟁의 원인을 나열한 후 경제적 해결책과 법적 해결책을 모색하고 있다.

명시적 근거	–
실전에서의 판단 과정	'보험금 지급'의 '분쟁 원인'은 안 나왔지.
해설	보험금 지급에 대한 '분쟁 원인' 나열 같은 건 나온 적도 없고, '분쟁'에 대한 '경제적·법적 해결책' 역시 나온 적이 없습니다. 애초에 화제와 너무 동떨어진 이야기죠?

⑤ 보험 상품의 거래에 부정적으로 작용하는 법률 조항의 문제점을 경제학적인 시각에서 분석하고 있다.

명시적 근거	–
실전에서의 판단 과정	'상품 거래'와는 상관 없지.
해설	역시 화제와 아무런 관련이 없는 선지죠?

선지	①	②	③	④	⑤
선택률	8%	10%	12%	58%	12%

02 윗글을 이해한 내용으로 가장 적절한 것은? ④

① 보험사가 청약을 하고 보험 가입자가 승낙해야 보험 계약이 해지된다.

명시적 근거	4문단 2번 문장
실전에서의 판단 과정	총체적으로 틀린 말이네.
해설	'보험 계약'의 정의네요. '청약–승낙'이 되면 계약이 해지되는 게 아니라 체결되는 것이니까 틀렸네요. 그리고 심지어 '보험 가입자'가 청약하고 '보험사'가 승낙하는 것이죠? 당연한 말로 납득했다면 훨씬 빠르게 지울 수 있는 선지였어요.

② 구성원 전체의 보험료 총액보다 보험금 총액이 더 많아야 공정한 보험이 된다.

명시적 근거	2문단 4번 문장
실전에서의 판단 과정	둘이 같아야지.
해설	'보험료 총액=보험금 총액'이어야 '공정한' 보험이 된다는 것 역시 완벽하게 납득한 정보죠?

③ 보험 사고 발생 여부와 관계없이 같은 보험료를 납부한 사람들은 동일한 보험금을 지급받는다.

명시적 근거	1문단 3번 문장
실전에서의 판단 과정	사고가 나야 보험금을 받지.
해설	'보험 사고 발생 여부'에 따른 보험금 지급 여부를 묻고 있네요. 보험은 처음부터 정의해주었듯이 '조건부 상품'에 해당합니다. 사고가 발생했다는 '조건'에 의해 효과가 발동되는 상품이었어요. 이런 선지들을 '당연히 틀린 말'로 지워낼 수 있어야 시간이 남습니다. 지문 독해 과정에서 '납득'하는 연습을 많이 하도록 합시다.

④ 보험에 가입하고자 하는 사람이 알린 중요한 사항을 근거로 보험사는 보험 가입을 거절할 수 있다.

명시적 근거	4문단 4번 문장
실전에서의 판단 과정	'고지 의무'의 역할이지.
해설	'중요한 사항'을 '고지'하면 그것을 바탕으로 보험 가입 여부를 결정할 수 있다는 것. '고지 의무'가 가진 역할이었죠? 이 과정 역시 당연한 말로 납득해줬어야 합니다! 화제와 직결되는 내용이니까요.

⑤ 우리 상법은 보험 가입자보다 보험사의 잘못을 더 중시하기 때문에 보험사에 계약 해지권을 부여하고 있다.

명시적 근거	5문단 전체
실전에서의 판단 과정	보험사의 잘못을 더 중시하는 건 맞는데, 그것 '때문에' 해지권을 부여하는 건 아닌데?
해설	보험 가입자보다 보험사의 잘못을 더 중시하는 상황에 대한 정보를 카테고리화시켰던 기억이 있습니다. 이때는 바로 계약 해지권이 '배제'되는 예외 상황이었어요! 계약 해지권 '부여'는 보험 가입자의 잘못에 초점을 둔 정보였기 때문에, 둘이 함께 엮이면 틀린 선지로 처리해야 하겠습니다. 애초에 보험사의 잘못을 중시하는데 계약 해지'권'을 준다는 것 자체가 말이 안 되기에 깔끔하게 지워주시면 더 훌륭하겠습니다.

선지	①	②	③	④	⑤
선택률	14%	22%	18%	23%	23%

03 [가]를 바탕으로 〈보기〉의 상황을 이해한 내용으로 적절한 것은? [3점] ⑤

– 정답률이 끔찍합니다. 다만 이 정답률은 문제 자체의 난이도보다도 '시간 부족'에서 기인했을 확률이 커요. 이런 문제를 해결하기 위해서는 시간을 확보하는 것 자체가 중요하다는 생각을 하면서, 일단 〈보기〉부터 정리해봅시다.

[보기]

　사고 발생 확률이 각각 0.1과 0.2로 고정되어 있는 위험 공동체 A와 B가 있다고 가정한다. A와 B에 모두 공정한 보험이 항상 적용된다고 할 때, 각 구성원이 납부할 보험료와 사고 발생 시 지급받을 보험금을 산정하려고 한다.
　단, 동일한 위험 공동체의 구성원끼리는 납부하는 보험료가 같고, 지급받는 보험금이 같다. 보험료는 한꺼번에 모두 납부한다.

– A와 B의 사고 발생 확률이 각각 '0.1', '0.2'라고 합니다. 그런데 둘 다 '공정한 보험'이 적용된다고 해요. 이러한 조건에서 '보험료'와 '보험금'을 산정하는 것이 목표인 상황이네요. 우리가 알고 있는 것은 '사고 발생 확률'과 '보험료율'이 같아야 한다는 것입니다. 나아가 '보험료'와 '보험금에 대한 기댓값'도 일치해야겠죠? 그렇다면 일단 두 위험 공동체의 '보험료율'은 각각 '0.1', '0.2'가 되어야 합니다. 예를 들어, 계산의 편의를 위해 보험금을 100만원이라고 해봅시다. (이렇게 숫자를 이용해야 하는 문제에서는 계산하기 편한 숫자를 가정하는 것이 좋습니다.) 이 경우 각 위험 공동체가 내야 할 '보험료'는 각각 '10만원', '20만원'이라고 할 수 있겠고, '보험금에 대한 기댓값'도 같은 금액으로 생각할 수 있겠네요. 우리가 알고 있는 정보로는 딱 이 정도 정리할 수 있겠습니다. 이를 바탕으로 선지 판단해보도록 합시다.

① A에서 보험료를 두 배로 높이면 보험금은 두 배가 되지만 보험금에 대한 기댓값은 변하지 않는다.

명시적 근거	2문단 전체
실전에서의 판단 과정	보험료와 기댓값은 같아야 하는데?
해설	'공정한 보험'에서는 구성원 각자가 납부하는 '보험료'가 '보험금에 대한 기댓값'과 같아야 합니다. 그렇다면 '보험료'가 증가하는 경우 '보험금' 및 '보험금에 대한 기댓값' 역시 따라서 증가해야겠네요.

② B에서 보험금을 두 배로 높이면 보험료는 변하지 않지만 보험금에 대한 기댓값은 두 배가 된다.

명시적 근거	2문단 전체
실전에서의 판단 과정	보험료율이 유지되려면 보험료도 두 배로 올라야 지.
해설	'사고 발생 확률'이 일정하게 유지되고 있기 때문에, 이와 같은 '보험료율'도 일정하게 유지되어야 합니다. 이 상황에서 분모인 '보험금'을 두 배로 높인다면, 분자인 '보험료'도 당연히 두 배로 높아져야겠죠? 그런데 변하지 않는다고 했으니 틀린 선지네요. 물론 '보험금에 대한 기댓값'도 따라서 두 배로 높아질 것이구요.

③ A에 적용되는 보험료율과 B에 적용되는 보험료율은 서로 같다.

명시적 근거	2문단 전체
실전에서의 판단 과정	사고 발생 확률이 다르잖아.
해설	'보험료율'은 '사고 발생 확률'과 같아야 한다는 것을 계속해서 이야기했습니다. 그런데 두 위험 공동체의 '사고 발생 확률'이 애초에 다르기 때문에, '보험료율'도 당연히 다르게 적용될 겁니다.

④ A와 B에서의 보험금이 서로 같다면 A에서의 보험료는 B에서의 보험료의 두 배이다.

명시적 근거	2문단 전체
실전에서의 판단 과정	B의 보험료율이 더 높으니까 보험금이 같으면 B의 보험료가 더 많아야지.
해설	A는 B에 비해 '보험료율'이 두 배 낮습니다. 이는 같은 보험금에 대한 보험료의 비율이 두 배 낮다는 것이죠? 보험금이 같은 상황을 물어보고 있으니, B에서의 보험료가 A에서의 보험료의 두 배라고 해야 적절하겠네요.

⑤ A와 B에서의 보험료가 서로 같다면 A와 B에서의 보험금에 대한 기댓값은 서로 같다.

명시적 근거	2문단 전체
실전에서의 판단 과정	보험료와 보험금에 대한 기댓값은 같은 값이지.
해설	공정한 보험이 되려면 '보험료'와 '보험금에 대한 기댓값'이 같아야 합니다. A와 B에서의 '보험료'가 서로 같다면, '보험금에 대한 기댓값'도 당연히 같아야겠죠. 가볍게 답으로 고를 수 있네요.

선지	①	②	③	④	⑤
선택률	54%	9%	13%	10%	14%

04 윗글의 고지 의무 에 대한 설명으로 적절하지 <u>않은</u> 것은? ①

– 이번엔 '고지 의무'에 관한 내용이네요. 이 지문의 화제 그 자체죠? 완벽하게 이해하고 있으니 가볍게 해결해봅시다.

① 고지 의무를 위반한 보험 가입자가 보험사에 손해 배상을 해야 하는 근거가 된다.

명시적 근거	5문단 5번 문장
실전에서의 판단 과정	손해 배상을 할 필요는 없었지.
해설	고지 의무를 위반한 보험 가입자는 일반적인 법의 상황과는 '달리' 손해 배상을 하지 않아도 된다고 했죠? '차이점'에 집중하면서 읽었으면 바로 정답이라는 걸 알 수 있네요. 여기서 헤맸다면 반성하시고, 어떤 상황에서도 비교 포인트에는 집중하는 태도를 가지도록 합시다.

② 보험사가 보험 가입자의 위험 정도에 따라 차등적인 보험료를 책정하는 데 도움이 된다.

명시적 근거	4문단 4번 문장
실전에서의 판단 과정	고지 의무의 역할이지.
해설	'고지 의무'는 보험 가입 여부 결정과 보험료 결정에 도움을 주는 장치였습니다. 당연하게 납득하고 있는 내용이죠?

③ 보험 계약 과정에서 보험사가 가입자들의 특성을 파악하는 데 드는 어려움을 줄여 준다.

명시적 근거	3문단 7번 문장, 4문단 1번 문장
실전에서의 판단 과정	보험 가입자가 '고지'해주니까.
해설	보험 가입자가 자신의 '위험 정도'를 보험사에게 고지해야 하는 '의무'이니까 당연히 어려움을 줄여 줄 수 있겠죠?

④ 보험사와 보험 가입자 간의 정보 비대칭성에서 기인하는 문제를 줄일 수 있는 법적 장치이다.

명시적 근거	3문단 6번~7번 문장, 4문단 1번 문장
실전에서의 판단 과정	원인을 제거하는 해결책이었지.
해설	우리가 문제의 원인으로 생각했던 '정보의 비대칭성'을 제거하기 위한 방법이 '고지 의무'였죠? '정보'를 '대칭'으로 만드는 방법이니까요.

⑤ 자신의 위험 정도에 상응하는 보험료보다 높은 보험료를 내야 한다는 이유로 보험 가입을 포기하는 사람들이 생기는 것을 방지하는 효과가 있다.

명시적 근거	4문단 5번 문장
실전에서의 판단 과정	고지 의무의 '의의'네.
해설	'고지 의무'가 없으면 기존 공동체의 '위험 정도'보다 높은 위험 정도를 가지는 가입자가 생길 수 있고, 그런 경우 '자신의 위험 정도에 상응하는 보험료보다 높은 보험료'를 내야 하는 문제가 발생할 수 있었어요. 이는 보험을 가입하려는 사람에게 큰 부담일 수 있는데, '고지 의무'가 제대로 작동한다면 이렇게 보험 가입을 포기하는 일을 막을 수 있겠죠? 역시 지문을 읽으면서 당연하게 납득했던 정보입니다.

선지	①	②	③	④	⑤
선택률	10%	9%	23%	50%	8%

05 윗글을 바탕으로 〈보기〉의 사례를 검토한 내용으로 가장 적절한 것은? ④

[보기]

보험사 A는 보험 가입자 B에게 보험 사고로 인한 <u>보험금</u>을 지급한 후, B가 중요한 사항을 고지하지 않았다는 사실을 뒤늦게 알고 해지권을 행사할 수 있는 기간 내에 <u>보험금 반환을 청구</u>했다.

– 역시 〈보기〉부터 정리해봅시다. 보험 사고가 발생해 보험금을 이미 지급한 상황입니다. 그런데 뒤늦게 B가 '고지 의무'를 위반한 것을 알게 된 상태예요. A는 '해지권 행사 가능 기간' 내에 보험금의 반환을 청구한 상태입니다. 이 말에는 '계약 해지권'을 행사했다는 내용이 포함되어 있는 것이죠? 반환 청구를 할 수 있는 이유는 고지 의무를 위반하여 가입한 B에게 주지 않아도 될 돈을 주었기 때문이니까요.

나아가 만약 지금 발생한 보험 사고가 위반한 '고지 의무'와 큰 인과관계가 없는 경우에는 보험금을 돌려받을 수 없을 겁니다. 이때도 계약은 해지되겠지만 말이에요! 이렇게 이해한 내용을 바탕으로 최대한 〈보기〉를 정리해놓고 선지 판단에 나서보도록 합시다.

① 계약 체결 당시 A에게 중대한 과실이 있었다면 A는 계약을 해지할 수 없으나 보험금은 돌려받을 수 있다.

명시적 근거	5문단 7번 문장
실전에서의 판단 과정	보험사가 잘못한 거면 못 돌려받지.
해설	계약 체결 당시 보험사에게 중대한 과실이 있었다면 해지권은 배제된다고 했습니다. 계약 해지를 못한다면, 계약에 따라 줘야 할 돈인 보험금은 당연히 돌려 받지 못하겠죠. 바로 틀렸다는 걸 알 수 있네요. 예외에 대한 인식! 굉장히 중요해요.

② 계약 체결 당시 A에게 중대한 과실이 없다 하더라도 A는 보험금을 이미 지급했으므로 계약을 해지할 수 없다.

명시적 근거	5문단 4번 문장
실전에서의 판단 과정	과실 없으면 해지할 수 있지.
해설	중대한 과실이 없는 경우, 유효 기간만 지킨다면 해지권은 무적이었습니다. 예외 상황이 아닌 것이에요. 당연히 해지할 수 있으니 틀렸죠.

③ 계약 체결 당시 A에게 중대한 과실이 있고 B 또한 중대한 과실로 고지 의무를 위반했다면 A는 보험금을 돌려받을 수 있다.

명시적 근거	5문단 7번~8번 문장
실전에서의 판단 과정	보험사의 잘못을 더 중요하게 여기니까 못 돌려받지.
해설	A에게 중대한 과실이 있으면 해지권은 배제됩니다. 아무리 B에게 중대한 과실이 있다 하더라도, 우리나라는 '보험 가입자'보다 '보험사'의 잘못에 더욱 초점을 두기 때문에 상관 없습니다. 어쨌든 A의 해지권이 배제되었으니, 보험금을 돌려받는 것은 당연히 힘들겠네요. 1번 선지와 같은 상황이죠?

④ B가 고지하지 않은 중요한 사항이 보험 사고와 인과 관계가 없다면 A는 보험금을 돌려받을 수 없다.

명시적 근거	5문단 10번 문장
실전에서의 판단 과정	미리 생각한 내용이네.
해설	미리 생각한 내용 그대로네요. 인과 관계가 없다는 '예외' 상황에서는 보험금 지급의 책임이 존재했어요. 해지권 행사는 가능하지만 말이에요! 애초에 이런 상황에서 보험금 지급은 '보험 사고'와 관련

된 것이고, 계약 해지는 '고지 의무 위반'과 관련된 것이기 때문에 별개의 사안이었던 것이에요.

한 문단 내에서 제시되는 정보들을 확실하게 카테고리화하는 게 중요했습니다.

FAQ

Q 말씀하신 대로 B가 고지하지 않은 '중요한 사항'이 보험 사고와 인과 관계가 없을 때는 보험사에게 계약 해지권이 부여됩니다. 그런데 5문단 4번 문장을 보면 해지를 하는 경우 이미 보험금을 지급했다면 그에 대한 반환을 청구할 수 있다고 했어요. 이를 근거로 하면 A도 해지권을 써서 보험금을 돌려받을 수 있는 거 아닌가요?

A 정보를 파편적으로 받아들이기만 하면 이런 생각을 하게 됩니다. 늘 말씀드리지만, 정보를 유기적으로 엮으면서 '납득'하며 읽는 태도가 있어야 이런 질문을 하지 않아요..

5문단 4번 문장의 해설에서도 언급했듯이, 보험사가 해지권을 행사했을 때 반환을 청구할 수 있는 것은 '주지 말아야 할 돈을 준 것이기 때문'일 것입니다. 반대로 고지 의무 위반에 해당되는 사항이 보험 사고와 인과 관계가 없을 때 보험사가 보험금을 지급할 책임이 있는 것은 어쨌든 그 보험 사고에 대한 보험금은 '줘야 할 돈이기 때문'인 것이죠. 일단 해당 보험 사고에 한해서는 고지 의무를 위반한 것이 아니니(인과 관계가 없으니까요.) 보험금을 지급해야 하고, 그 뒤에 '고지 의무 위반'을 이유로 계약을 해지할 수 있다는 의미로 받아들이는 것이 적절합니다. 5문단 3번 문장에서 보험사는 보험 사고가 발생하기 '이전'이나 이후에 상관 없이 '고지 의무 위반'을 이유로 계약을 해지할 수 있다고 했으니까요. 결국 이 선지의 상황에서도, A는 일단 고지 의무 위반 사항과 인과 관계 없이 발생한 보험 사고에 대한 보험금은 지급해야 하고, 그 뒤 새로운 보험 사고가 발생하기 '이전'에 계약 해지권을 사용할 수 있다고 이해해야 합니다.

상위권들은 이런 생각을 너무나 당연하게, 그리고 빠르게 합니다. 그 비결은 바로 '납득하며 읽기'라는 원론적이고 당연한 태도예요. 정보 하나하나 긁어모아서 눈알 굴리는 식이 아닌, 완벽하게 '납득'해서 선지를 뚫어낸다는 대원칙을 잊지 맙시다.

⑤ B가 자신의 고지 의무 위반 사실을 보험 사고가 발생
한 후 A에게 즉시 알렸다면 고지 의무를 위반한 것이
아니다.

명시적 근거	4문단 3번 문장
실전에서의 판단 과정	사고 발생하고 알리면 안 되지. 바로 알려야지.
해설	'고지 의무'의 핵심은 '계약 체결 전'에 알려서 보험사의 판단을 돕고, 이를 바탕으로 '위험 공동체'가 공정하게 구성되도록 하는 것입니다. 사고가 난 직후라면 이미 불공정한 공동체가 구성된 상황이라는 것인데, 이때 알린다고 고지 의무를 다한 것으로 치는 건 말이 안 되겠죠? 지문에서 명시적인 근거를 찾는 것도 좋지만, 이해하고 납득한 내용을 최대한 활용해서 지워내는 연습을 하시는 걸 추천합니다. 기출문제 공부의 목적은 '생각의 힘 극대화'니까요.

선지	①	②	③	④	⑤
선택률	43%	5%	5%	29%	18%

06 ⓐ~ⓔ를 사용하여 만든 문장으로 적절하지 <u>않은</u> 것은? ①

① ⓐ: 지난해의 이익과 손실을 <u>대비</u>해 올해 예산을 세웠다.
② ⓑ: 일을 시작하기 전에 상황을 <u>파악</u>하는 것이 중요하다.
③ ⓒ: 임금이 <u>인상</u>되었다는 소식에 많은 사람들이 기뻐
했다.
④ ⓓ: 이번 실험이 실패할 가능성을 전혀 <u>배제</u>할 수는 없다.
⑤ ⓔ: 그는 자신의 실수에 대한 책임을 동료에게 <u>전가</u>했다.

몰랐던 어휘 정리하기

① **화제 check** : 독서 지문 독해의 처음이자 끝. 첫 문단에서 잡은 '화제의 틀'을 마지막 문단까지 놓지 않아야 합니다.
② **재진술 인식** : 같은 말이라도 다르게 표현되는 경우가 많습니다. 심지어 아예 똑같은 말이 반복되는 경우도 많아요. 이 '같은 말'에 민감하게 반응하면, '정보량'을 줄이면서 읽을 수가 있습니다.
③ **카테고리 나누기** : 정보들의 범주가 나뉠 때, 그들이 서로 다른 카테고리에 속한다는 것을 인지해야 합니다. 이렇게 각 카테고리에 맞춰 정보를 정리하면 훨씬 깔끔하게 정리할 수 있다는 것을 기억해주세요.
④ **비교/대조** : 비교되는 대상이 나오면, '공통점'과 '차이점' 중심으로 읽어나가면 됩니다.
⑤ **문제해결형 지문** : 결국, 문제의 원인을 제거하는 것이 해결책입니다. '원인'을 생각하고, 그 원인을 제거하면 어떻게 해야 하는지 미리 생각하면 해결책을 훨씬 쉽게 이해할 수 있습니다.

| 지문 내용 총정리 |

정보도 많고 숨이 차는 지문이었지만, '공정한 보험+고지 의무'라는 '화제, 그리고 '문제'와 '해결책'에 대한 인식, 수많은 정보 속에서 내가 '무엇을 읽고 있는지'에 대한 '생각' 등이 제대로 갖춰져 있었다면 '당연한 정보의 향연'으로 읽을 수 있는 지문이었습니다. 많이 복습해보도록 합시다.

1문단

①특허권은 발명에 대한 정보의 소유자가 특허 출원 및 담당 관청의 심사를 통하여 획득한 특허를 일정 기간 독점적으로 사용할 수 있는 법률상 권리를 말한다. ②한편 **영업 비밀**은 생산 방법, 판매 방법, 그 밖에 영업 활동에 유용한 기술상 또는 경영상의 정보 등으로, 일정 조건을 갖추면 법으로 보호받을 수 있다. ③법으로 보호되는 특허권과 영업 비밀은 모두 지식 재산인데, **정보 통신 기술(ICT) 산업**은 이 같은 지식 재산을 기반으로 창출된다. ④지식 재산 보호 문제와 더불어 최근에는 ICT 다국적 기업이 지식 재산으로 거두는 수입에 대한 과세 문제가 불거지고 있다.

①~③ #정의 제시 #단어의 의미 살리기 #비교/대조 #화제 제시

'특허권'과 '영업 비밀'을 소개하고 있어요. 이들의 정의는 당연하게 체크할 수 있겠죠? '특허권'은 '특허'의 사용 '권리'이고, '영업 비밀'은 '영업'에 필요한 '정보'를 의미하네요. 단어의 의미 그대로 이해할 수 있어야 해요. 여기서 '법률상 권리'와 '법으로 보호'라는 부분에 주목할 수 있으면 좋겠습니다. '법'으로 규정되어 있다는, 미시적으로 제시된 공통점이니까요.

그런데 이들은 모두 '지식 재산'이라고 합니다. 일정한 절차를 거치면 모두 법으로 보호받을 수 있다는 것 외에도, '지식 재산'으로 묶인다는 '공통점'이 있네요. 여기서 여러분들은 화제가 '지식 재산'이라는 '공통점'으로 구체화되었음을 인식해주셔야 합니다. '특허권·영업 비밀·지식 재산'이라는 세 가지 정보가 아니라, '지식 재산'이라는 하나의 정보만 머릿속에 넣어 주시는 것이에요!

그런데 이걸 또 구체화하고 있습니다. 'ICT 산업'으로 말이죠! '지식 재산'이라는 하나의 흐름은 놓치지 말아야 합니다. 결국 '특허권'과 '영업 비밀'은 'ICT 산업'이라는 진짜 화제를 제시하기 위한 빌드업에 불과했던 것입니다. 이렇게 구체화된 화제는 확실하게 가지고 가야겠죠?

④ #카테고리 나누기 #화제 제시

그런데 이와 관련된 '문제'를 제시하고 있습니다! 그것도 두 개나 말이죠. 하나는 '지식 재산 보호' 문제이고, 하나는 'ICT 기업의 지식 재산 기반 수입에 대한 과세' 문제예요. 이렇게 두 가지 카테고리로 나뉘어 'ICT 산업'에 대한 내용이 제시될 것임을 인지할 수 있어야 합

니다. '화제의 틀'이 상당히 명확한 지문이네요. '지식 재산 보호' 문제와 '지식 재산 기반 수입에 대한 과세' 문제가 어떤 것인지 알아보러 갑시다.

하이라이트 문장

④지식 재산 보호 문제와 더불어 최근에는 ICT 다국적 기업이 지식 재산으로 거두는 수입에 대한 과세 문제가 불거지고 있다.

두 가지의 카테고리를 '화제의 틀'로 만들어주는 문장입니다. '지식 재산 보호 문제'와 '수입에 대한 과세 문제'라는 두 가지 문제를 모두 생각하면서, 이 '화제의 틀'에 맞춰 정보가 나열될 것임을 생각해야 해요! 이를 생각해야 정보량을 줄이면서 읽어낼 수 있습니다.

2문단

①일부 국가에서는 ICT 다국적 기업에 대해 디지털세 도입을 진행 중이다. ②**디지털세**는 이를 도입한 국가에서 ICT 다국적 기업이 거둔 수입에 대해 부과되는 세금이다. ③디지털세의 배경에는 법인세 감소에 대한 각국의 우려가 있다. ④**법인세**는 국가가 기업으로부터 걷는 세금 중 가장 중요한 것으로, 재화나 서비스의 판매 등을 통해 거둔 수입에서 제반 비용을 제외하고 남은 이윤에 대해 부과하는 세금이라 할 수 있다.

① #카테고리 나누기

일부 국가에서는 '디지털세' 도입을 진행 중이라고 합니다. 1문단에서 체크했던 '지식 재산 기반 수입에 대한 과세 문제'라는 카테고리에 맞춘 정보가 제시되고 있습니다. 이렇게 '화제의 틀' 중심으로 읽을 수 있어야 합니다.

② #정의 제시

'디지털세'는 ICT 다국적 기업이 거둔 '수입'에 대해 부과되는 세금이라고 해요. 지금 우리가 읽고 있는 카테고리가 지식 재산 기반 '수입'에 대한 과세 문제였기 때문에, 어떻게 보면 당연한 말처럼 보입니다. 수입에 대해 세금을 부과하는 게 뭐가 특별한 것일까요? 계속해서 이런 궁금증을 안고서 읽어야 합니다.

③~④ #화제의 흐름 #정의 제시 #비교/대조

이러한 '디지털세'의 도입 배경에는 '법인세 감소'에 대한 각국의 우려가 있다고 합니다. 아니 '법인세'는 또 뭐죠? 정의를 보니, 기업의

수입에서 제반 비용을 제외하고 남은 '이윤'에 대해 부과하는 세금이라고 합니다! 여기서 그냥 넘어가면 안 되겠죠? 생각을 해야 합니다. '디지털세'의 도입 배경이 '법인세의 감소'라면 두 세금이 다르다는 것인데, 얼핏 보기엔 번 돈에 세금을 매기는 것이니 같아 보입니다. 이럴 때 집요하게 '비교 포인트'를 인식하고 가셔야 합니다. 이 생각을 하고 나니, '디지털세'는 '수입'에, '법인세'는 '이윤'에 부과하는 것이라는 점이 보이네요! 별 생각 없이 읽으면 '수입'과 '이윤'이 같은 것처럼 보일 수도 있었는데, 사실은 다른 것이었습니다! 이제 여러분 머릿속엔 '수입-제반 비용=이윤'이라는 도식까지 만들어져야 해요! '이윤'은 '수입'에서 사업에 필요한 '비용'을 제외한 금액을 말하는 것이었습니다.

자 그런데 중요한 것은, '법인세의 감소'가 '디지털세 도입'과 도대체 무슨 상관이 있느냐는 겁니다. 아직 지문에서 이야기를 해 주지 않았으니 생각하기 어려울 것이에요. 이 물음을 가진 채로 다음 문단 가 봅시다.

하이라이트 문장

> ③디지털세의 배경에는 법인세 감소에 대한 각국의 우려가 있다.

'디지털세'라는 것이 '법인세 감소'라는 문제에 대응하는 일종의 해결책임을 알려 주는 문장입니다. 나아가 결국 이 두 세금이 다르다는 '비교 포인트'까지 잡을 수 있도록 하는 중요한 문장이었어요!

3문단

> ①많은 ICT 다국적 기업이 법인세율이 현저하게 낮은 국가에 자회사를 설립하고 그 자회사에 이윤을 몰아주는 방식으로 법인세를 회피한다는 비판이 있어 왔다. ②예를 들면 ICT 다국적 기업 Z사는 법인세율이 매우 낮은 A국에 자회사를 세워 특허의 사용 권한을 부여한다. ③그리고 법인세율이 A국보다 높은 B국에 설립된 Z사의 자회사에서 특허 사용으로 수입이 발생하면 Z사는 B국의 자회사로 하여금 A국의 자회사에 특허 사용에 대한 수수료인 로열티를 지출하도록 한다. ④그 결과 Z사는 B국의 자회사에 법인세가 부과될 이윤을 최소화한다. ⑤ICT 다국적 기업의 본사를 많이 보유한 국가에서도 해당 기업에 대한 법인세 징수는 문제가 된다. ⑥그러나 그중 어떤 국가들은 ICT 다국적 기업의 활동이 해당 산업에서 자국이 주도권을 유지하는 데 중요하기 때문에라도 디지털세 도입에는 방어적이다.

많은 ICT 기업이 법인세율이 낮은 국가에 자회사를 설립하고 이윤을 몰아주는 방식을 이용해 '법인세'를 회피한다는 비판이 있어 왔다고 합니다. 여기서 '법인세 회피'라는 말은 2문단에서 읽었던 '법인세 감소'에 대한 내용과 같은 말이겠네요. '디지털세'가 도입된 배경에 해당하는 정보이니 정말 중요하게 읽을 수 있어야 합니다. 아무튼, 자회사 설립·이윤 몰아주기 등 어려운 말 투성이에요. 정말 중요하다면 분명 이해를 시켜주겠죠?

아니나 다를까, '예를 들어'가 나왔습니다. 우리는 반가움을 느끼면서, 이 사례를 통해 앞에서 말한 '법인세 회피'의 내용을 이해해야 합니다. 이걸 이해하지 못하면 끝장이라는 생각으로 덤벼야 해요!

ICT 다국적 기업인 Z사는 법인세율이 매우 낮은 A국에 자회사를 세우고, 해당 기업에 '특허의 사용 권한'을 부여한다고 합니다. 여기서 '특허의 사용 권한'은 곧 '특허권'을 의미한다는 걸 생각할 수 있겠죠? 앞에서 봤던 '진짜로' 같은 말이 반복되면 끌고 내려올 수 있어야 해요!

아무튼, Z사는 법인세율이 비교적 높은 B국에 자회사를 세우고, 그곳에서 '특허'와 같은 '지식 재산'을 바탕으로 '수입'이 발생하면 B국의 자회사가 A국의 자회사에게 '로열티'를 지출하도록 한다고 해요. 이 사례는 '법인세 회피'라는 원리를 이해하기 위해 제시된 것이므로, '로열티'라는 새로운 정보를 우리가 알고 있는 정보와 일대일로 대응시킬 수 있어야 합니다. '법인세'는 '수입'에서 '제반 비용'을 뺀 것인데, 이것을 회피하려면 '수입'을 감소시키거나 '제반 비용'을 증가시켜야 할 것입니다. 그런데 '로열티'는 B국의 자회사가 '지출'하는 것입니다. '지출'이라는 말은 '비용'과 같은 의미를 가지고 있으므로, 여기서의 '로열티'는 곧 B국의 자회사가 사용한 '제반 비용'이 되는 것이죠! 이는 곧 A국의 자회사 입장에선 '수입'이 되는데, 이렇게 '수입'이 증가하는 상황을 다르게 표현하면 'A국 자회사에 이윤을 몰아주는 것'이 되는 겁니다. 1번 문장에서 제시한 상황과 똑같은 일이 벌어진 것이네요!

이렇게 '특허 사용=지식 재산 기반', '로열티=제반 비용'이라는 숨겨진 재진술을 발견할 수 있어야 합니다. 요즘에는 사례-원리 연결도 이렇게 불친절하게 제시하는 것이 기본이에요. 적응할 수 있겠죠?

그 결과, Z사는 B국의 자회사에 '법인세'가 부과될 '이윤'을 최소화한다고 합니다. B국의 자회사는 '로열티'라는 '제반 비용'을 지출하는 방법을 통해 '수입'은 그대로 둔 채 '이윤'만 줄이는 꼼수를 사용한 것입니다. 이처럼 법인세율이 낮은 A국의 자회사에게 '이윤'을 몰아주면, Z사가 전체적으로 부담해야 할 '법인세'가 적어지는 것이죠. 이처럼 여러 기업이 '법인세'를 회피하여 나라에서 걷을 세금이 줄어드는 상황이 바로 '디지털세' 도입에 대한 논의가 제기된 배경이었던 것입니다. 이제보니 '법인세'를 '국가가 기업으로부터 걷는 세금 중 가장 중요한 것'이라고 표현한 이유가 있었네요. 이렇게 중요한 세금을 걷지 못하는 문제가 발생하니, 해결하고자 하는 것은 당연했던 겁니다.

⑤ #화제의 흐름

Z사와 같은 ICT 다국적 기업의 본사를 많이 보유한 국가에서도, 해당 기업에 대한 '법인세 징수'는 문제가 된다고 합니다. 아무리 기업들이 많이 들어와 있어도, 그 기업들이 법인세율이 낮은 국가를 활용하여 법인세를 회피하는 상황이 발생하면 '가장 중요한 세금'인 법인세를 제대로 걷을 수가 없으니까요. 그렇다고 '국가가 기업으로부터 걷는 세금 중 가장 중요한 것'인 '법인세'의 세율을 마냥 낮추기도 어려울 것이구요.

이러한 문제 때문에 '디지털세'에 대한 논의가 나온 것이었어요. '수입'에 대해 부과하면, '제반 비용'을 가지고 장난치는 것이 무의미해질 테니까요. 이렇게 '디지털세'에 대한 내용이 생략되어 있더라도 스스로 생각할 수 있어야 합니다. 연결고리가 생략된 불친절한 지문에 대처하는 유일한 방법은 '화제의 흐름/정보의 역할에 대한 생각'이니까요.

⑥ #화제의 흐름

그중 '어떤 국가들은' ICT 다국적 기업의 활동이 해당 산업에 대한 자국의 '주도권' 유지에 중요하기 때문에 '디지털세' 도입에 방어적이라고 해요. 왜 방어적인 것이죠? 그렇죠! '디지털세'를 부과하게 되면 더 이상 꼼수를 부릴 수 없는 'ICT 다국적 기업'들이 그 국가를 떠날 수도 있고, 그러면 ICT 산업에 대한 해당 국가의 주도권이 사라질 테니까요. 이렇게 보니, 여기서 말하는 '어떤 국가들'은 'ICT 산업에 주도권이 있는 국가들'이었네요. 여기까지 생각할 수 있죠? '디지털세' 도입은 정말 필요하지만, 막상 도입하려면 여러 현실적인 문제들에 부딪히는 것입니다. 그래서 이에 대한 논의가 활발한 것이었어요.

'법인세 회피' 때문에 '디지털세'를 도입하는 것이라는 말을 하지도 않은 채 바로 '디지털세 도입에 방어적'이라는 말이 제시되는 것만 보아도 정말 불친절한 지문임을 알 수 있습니다. 계속 강조하지만, 여러분의 '생각'의 힘으로 생략된 연결고리를 채울 수 있어야 합니다.

하이라이트 문장

> ⑤ICT 다국적 기업의 본사를 많이 보유한 국가에서도 해당 기업에 대한 법인세 징수는 문제가 된다.

우리가 열심히 이해한 '법인세 회피'는 결국 '디지털세 도입'이라는 상황을 초래했습니다. 법인세 징수는 이와 같은 문제를 낳을 수 있으므로, '디지털세'라는 꼼수를 부릴 수 없는 세금에 대한 도입이 논의되는 것이죠. 이렇게 생략된 문장까지 생각할 수 있어야 해요!

4문단

> ①ICT 산업을 주도하는 국가에서 더 중요한 문제는 ICT 지식 재산 보호의 국제적 강화일 수 있다. ②이론적으로 봤을 때 지식 재산의 보호가 약할수록 유용한 지식 창출의 유인이 저해되어 지식의 진보가 정체되고, 지식 재산의 보호가 강할수록 해당 지식에 대한 접근을 막아 소수의 사람만이 혜택을 보게 된다. ③전자로 발생한 손해를 유인 비용, 후자로 발생한 손해를 접근 비용이라고 한다면, 지식 재산 보호의 최적 수준은 두 비용의 합이 최소 [A] 가 될 때일 것이다. ④각국은 그 수준에서 자국의 지식 재산 보호 수준을 설정한다. ⑤특허 보호 정도와 국민 소득의 관계를 보여 주는 한 연구에서는 〈국민 소득이 일정 수준 이상인 상태에서는 국민 소득이 증가할수록 특허 보호 정도가 강해지는 경향이 있지만, 가장 낮은 소득 수준을 벗어난 국가들은 그들보다 소득 수준이 낮은 국가들보다 오히려 특허 보호가 약한 것으로 나타났다.〉 ⑥이는 지식 재산 보호의 최적 수준에 대해서도 국가별 입장이 다름을 시사한다.

① #카테고리 나누기

앞 문단에서 이야기했던 'ICT 산업 주도국'에 대한 이야기가 다시 나옵니다. 그런데 이번엔 '지식 재산 보호 문제'를 다루고 있어요! 여기서 첫 문단이 떠올랐으면 좋겠습니다. 첫 문단에서 분명 'ICT 산업'과 관련된 문제가 두 가지 있다고 했는데, 지금까지는 '과세 문제'에 대해서만 다뤘어요. 이제는 '지식 재산 보호 문제'에 대해서 이야기하려나 봅니다. 첫 문단에서 '화제의 틀'을 정확하게 체크하지 못했다면 인식할 수 없었던 내용이에요. '화제의 틀'에 민감하게 반응하여 정보 처리를 훨씬 수월하게 할 수 있도록 합시다.

아무튼, 포인트는 ICT 지식 재산 보호의 '국제적 강화'라고 합니다. ICT 산업을 주도하는 국가의 입장에서는 ICT 지식 재산이 강하게 보호되는 것이 좋겠죠? 그것도 '국제적'으로 말이죠! 이렇게 다 같이 지식 재산을 보호하는 분위기여야 자신들이 가진 주도권을 확실하게 활용할 수 있을 테니까요. 이렇게 당연하게 납득하면서 읽을 수 있으면 좋겠습니다.

②~③ #정의 제시 #단어의 의미 살리기

'지식 재산 보호'라는 카테고리에서 어떤 이야기를 하나 봤더니, 보호 정도에 따라 나타나는 상황을 제시하고 있습니다. 보호 정도가 약하면 지식 창출의 유인이 저해되어 지식의 진보가 정체된다고 해요.

당연하죠. 보호가 안 되면 굳이 만들고 싶은 생각이 들지 않을 것이니까요. 하지만 보호 정도가 무조건 강하다고 좋은 것이 아닙니다. 보호 정도가 너무 강하면, 지식 재산에 대한 접근이 어려워져 그 정도의 비용을 지불할 수 있는 소수의 사람만이 혜택을 보는 일이 나타나게 되는 것이에요. 충분히 납득할 수 있겠죠?

여기서 전자로 발생한 손해를 '유인 비용', 후자로 발생한 손해를 '접근 비용'이라고 합니다. '유인'과 '접근'이라는 단어의 의미를 살리면 확실하게 받아들일 수 있겠죠? 아무튼 지식 재산 보호의 '최적 수준'은 두 비용의 합이 최소가 되는 순간이라고 합니다. '비용이 최소'가 되는 순간이 '최적'이라는 것, 역시 어렵지 않게 납득할 수 있겠어요.

④ #화제의 흐름 #재진술

이렇게 각국은 '지식 재산 보호의 최적 수준'에서 보호 수준을 결정한다고 합니다. 1번 문장과 연결되는 내용이죠? 'ICT 산업 주도국'과 같은 국가의 입장에서는 해당 산업을 주도하고 있기에 '접근 비용'이 크지 않을 겁니다. '주도'한다는 것 자체가 해당 지식 재산을 많은 사람들이 이용할 수 있다는 것이니까요. 따라서 1번 문장에서 이야기한 것처럼 ICT 산업의 '주도국'들은 지식 재산 보호 수준을 '강화'하려고 하는 것이에요. 나아가 더 많은 국가들이 이렇게 '강화'하여 '유인 비용'을 낮춰준다면, 지식의 진보가 빨라질 것이고 그 진보는 '주도국'인 자신의 국가 위주로 진행되겠죠. 이런 이유로 '주도국'들은 지식 재산 보호의 '국제적 강화'를 원하는 것이었습니다. 쉽지는 않겠지만, 이러한 생각까지 할 수 있으면 좋겠어요. 불친절함을 '생각'의 힘을 바탕으로 뚫어내야 합니다!

⑤~⑥ #재진술

추가적으로 어떤 연구가 나오네요. 내용을 정리해보면, 국민 소득이 일정 수준 이상일 때는 소득 수준과 특허(지식 재산!) 보호 정도가 강해지는 경향이 있지만, 가장 낮은 소득 수준을 벗어난 국가들은 오히려 특허 보호를 약하게 한다고 합니다. 약간 어려울 수도 있지만, 정리하면 '소득 수준'과 '지식 재산 보호 수준'이 J자 모양을 그린다는 것이겠죠? 이 정도는 어렵지 않게 이해할 수 있어야 합니다.

중요한 것은, 이처럼 '소득 수준'에 따라 지식 재산 보호의 '최적 수준'에 대한 국가별 입장이 다를 수 있다는 점입니다. ICT 산업에 '주도권'을 가지고 있느냐의 여부를 떠나서, '소득 수준'에 따라서도 보호 정도를 다르게 설정할 수 있다는 것이죠. 핵심은 자국의 이익이 가장 커지는 방향으로 그렇게 한다는 것이겠죠? 따라서 '가장 낮은 소득 수준을 벗어난 국가들'이 특허 보호를 약하게 하는 것도 다 자신들의 이익이 커지게 하기 위해서임을 추론할 수 있겠습니다. 이 정도까지 봐 준다면 정말로 훌륭하겠네요.

이 연구의 내용을 좀 더 자세히 이해해봅시다. 이를 이해하기 위해선 특이한 부분, 즉 '가장 낮은 소득 수준을 벗어난 국가들'에 주목할 필요가 있겠죠. 이들은 왜 그들보다 소득 수준이 낮은 국가들보다 지식 재산 보호 수준이 낮은 걸까요? 최대한 지문에 근거해서 생각해봅시다.

먼저, 지식 재산 보호 수준을 낮추면 '유인 비용'이라는 것이 늘고, 높이면 '접근 비용'이라는 것이 는다고 했습니다. 그런데 '가장 낮은 소득 수준'을 벗어난 국가들은 아직까지는 국민 전체의 소득 수준이 그리 높지 않은 상태일 것이에요. 즉, 만약 지식 재산 보호 수준을 높이면 돈을 비롯한 접근 기회가 더 많은 '소수'만이 그 지식 재산으로부터 혜택을 얻을 수 있다는 거죠. 이 국가들에겐 ICT 기업 유치를 위해 '유인 비용'을 낮추는 것보다는 최대한 다수가 지식 재산의 혜택을 누릴 수 있도록 '접근 비용'을 낮추는 게 더 중요한 것이죠!

그럼 반대로, 소득 수준이 일정 이상인 국가에서는? 대부분의 국민들, 즉 '다수'에게 접근 기회가 열려 있으니, '접근 비용'이 좀 높아지더라도 큰 문제가 없는 것이에요. 그러니 이들은 지식 재산의 보호 수준을 높여서 '유인 비용'을 낮추는 방식으로 ICT 기업을 유치하려 할 겁니다. 먹고 살 만하니까, ICT 산업에 대한 주도권을 확보해보자는 것이죠! 또한 국제적으로 모든 국가가 지식 재산 보호 수준을 높여 접근 비용을 높이는 것이 자신들에게 더 유리하겠죠? 그렇기 때문에 소득 수준이 높고 ICT 산업에 주도적인 국가들은 최대한 많은 나라들이 지식 재산 보호 수준을 높이길 원하겠죠. 이제 마지막 문단 첫 문장의 '국제적 강화'가 무슨 말인지 좀 더 확실하게 수 있을 것 같습니다.

물론 실제 이 연구를 살펴보면, 지문에 언급된 변수 외에도 훨씬 많은 변수를 고려하고 있어서 이러한 해석은 약간 부족한 설명이기도 해요. 실제로 이 설명은 '가장 낮은 소득 수준'의 국가의 상황을 설명하기엔 조금 부족할 수 있으니까요.

다만 이 지문에서 '소득 수준'이라는 정보를 준 이유는 '소득 수준이 높은 국가'와 '소득 수준이 가장 낮은 수준을 벗어난 국가'는 각각 '유인 비용'과 '접근 비용'을 낮추는 방식으로 지식 재산 보호의 '최적 수준'을 결정한다는 이야기를 하기 위해서입니다. 이 정도 생각은 지문에만 근거해서도 충분히 할 수 있겠죠?

하이라이트 문장

①ICT 산업을 주도하는 국가에서 더 중요한 문제는 ICT 지식 재산 보호의 국제적 강화일 수 있다.

첫 문단에서 제시한 '화제의 틀' 중 '지식 재산 보호 수준'에 대한 이야기를 하겠다고 선언하는 문장입니다. 첫 문단의 마지막 문장에서

'화제의 틀'을 정확하게 잡지 못했다면 그냥 흘려 읽을 수도 있는 문장이었어요. 정말 중요한 문장임에도 불구하고 말이죠! '화제의 틀'에 민감하게 반응하는 습관을 들이도록 합시다.

선지	①	②	③	④	⑤
선택률	4%	60%	12%	17%	7%

07 윗글을 읽고 답을 찾을 수 있는 질문에 해당하지 <u>않는</u> 것은? ②

– '답을 찾을 수 있는 질문' 유형입니다. '화제'와 무관하거나 반대되는 내용이 정답이라고 했습니다. '지식 재산 보호 수준'과 '과세 문제'라는 두 가지 화제 중심으로 생각해봅시다.

① 법으로 보호되는 특허권과 영업 비밀의 공통점은 무엇인가?

명시적 근거	1문단 3번 문장
실전에서의 판단 과정	지식 재산이지.
해설	법으로 보호되는 '특허권'과 '영업 비밀'은 모두 '지식 재산'이라는 공통점이 있었습니다. 여러분이 미리 생각했어야 하는 내용이에요! 나아가 '지식 재산'은 이 지문의 화제와 직결되는 내용이기에, 나올 수밖에 없는 내용이었죠?

② 영업 비밀이 법적 보호 대상으로 인정받기 위한 절차는 무엇인가?

명시적 근거	–
실전에서의 판단 과정	화제랑 아무 상관이 없지.
해설	'영업 비밀'의 경우 일정 조건을 갖추면 법으로 보호할 수 있다고 했지만, 그 절차가 나오지는 않았죠? 이 내용은 이 지문의 화제(ICT 산업의 문제점)와 아무런 관련이 없기에, 지문에 있을 이유가 없는 내용입니다.

③ ICT 다국적 기업의 수입에 과세하는 제도 도입의 배경은 무엇인가?

명시적 근거	2문단 3번 문장
실전에서의 판단 과정	법인세 감소 문제!
해설	'수입'에 과세하는 제도는 '디지털세'인데, 이 제도가 도입된 배경은 ICT 다국적 기업의 '법인세 회피'가 낳은 '법인세 감소' 문제였습니다. 첫 번째 카테고리를 전개하는 데 있어 가장 중요한 정보였으니, 어렵지 않게 지울 수 있겠네요.

④ 로열티는 ICT 다국적 기업의 법인세를 줄이는 데 어떻게 이용되는가?

명시적 근거	3문단 3번 문장
실전에서의 판단 과정	제반 비용이었지.
해설	'로열티'는 '제반 비용'의 역할을 하면서 '법인세 회피'에 이용되었습니다. 사례–원리 연결의 과정에서 확실하게 이해하고 있었어야 하는 정보예요.

⑤ 이론적으로 지식 재산 보호의 최적 수준은 어떻게 설정하는가?

명시적 근거	4문단 4번 문장
실전에서의 판단 과정	비용 최소!
해설	두 비용이 최소가 되는 지점을 곧 '최적'이라고 한다는 것, 당연하게 납득한 내용입니다. 두 번째 카테고리를 전개하는 데 있어 가장 중요한 정보였어요. 참고로, '비용 최소=최적'이라는 건 경제학의 기본 원칙 중 하나이니 알아두도록 합시다.

선지	①	②	③	④	⑤
선택률	7%	18%	8%	12%	55%

08 디지털세 에 대한 이해로 가장 적절한 것은? ⑤

– '디지털세'에 대해 묻고 있습니다. '이윤'에 부과하는 '법인세'와 달리 '수입'에 부과하여 ICT 다국적 기업의 꼼수를 차단하는 역할을 하지만, '주도권'과 관련된 문제가 있어서 도입하기가 조심스러운 제도였어요. 이 정도는 생각하고 선지 판단에 나설 수 있어야 합니다.

① 지식 재산 보호를 강화할 수 있는 수단이다.

명시적 근거	1문단 4번 문장
실전에서의 판단 과정	카테고리가 다른데?
해설	'디지털세'는 '지식 재산 보호'와는 아무 상관이 없습니다. '과세 문제'와 '지식 재산 보호 문제'는 별개의 카테고리로 다뤄지고 있었어요!

② 이윤에서 제반 비용을 제외한 금액에 부과된다.

명시적 근거	2문단 2번 문장, 2문단 4번 문장
실전에서의 판단 과정	이윤에서 제반 비용을 빼면 수입 안 나오는데?
해설	'수입'에서 '제반 비용'을 제외한 금액을 '이윤'이라고 했습니다. 그리고 '디지털세'는 '수입'에 부과하는 세금이죠? 그럼 '이윤'에서 '제반 비용'을 '더한' 금액에 부과한다고 해야겠네요. '수입', '이윤'과 같은 비슷한 말들을 정확하게 구분해야 합니다! 특히 이 지문에선 '디지털세'와 '법인세'라는 두 세금의 비교 포인트로 아주 중요하게 다뤄진 정보였죠?

③ ICT 산업에서 주도적인 국가는 도입에 적극적이다.

명시적 근거	3문단 6번 문장
실전에서의 판단 과정	주도국은 디지털세 도입에 방어적이라고 했지.
해설	ICT 산업의 주도국은 디지털세 도입에 방어적이었습니다. 발문을 보자마자 했던 생각 중 하나였으니, 어렵지 않게 지울 수 있어야 해요.

④ 여러 국가에 자회사를 설립하는 방식으로 줄일 수 있다.

명시적 근거	3문단 1번 문장
실전에서의 판단 과정	이건 법인세지.
해설	'자회사'를 통해 회피하려고 하는 세금은 '법인세'죠? 이 문제 때문에 '디지털세'를 부과하자는 이야기가 나온 것이구요.

⑤ 도입된 국가에서 ICT 다국적 기업이 거둔 수입에 부과된다.

명시적 근거	2문단 2번 문장
실전에서의 판단 과정	정의 그 자체네.
해설	정의 그 자체입니다. '이윤'이 아닌 '수입'에 부과되는 세금! 계속해서 강조하지만 '이윤'과 '수입'이라는 말을 확실하게 구별할 수 있어야 해요.

선지	①	②	③	④	⑤
선택률	7%	12%	22%	49%	10%

09 〈보기〉는 윗글을 읽은 학생이 수행할 학습지의 일부이다. ㉮에 들어갈 말로 가장 적절한 것은? [3점] ④

– 독특한 형태의 문제입니다. 유형이 다르다고 묻는 게 다르지는 않아요. 늘 하던 대로, 〈보기〉 정리하고 가봅시다.

──────────[보기]──────────

◦ 과제: '㉠을 근거로 ICT 다국적 기업에 디지털세가 부과되는 것이 타당한가?'를 검증할 가설에 대한 판단

㉠많은 ICT 다국적 기업이 법인세율이 현저하게 낮은 국가에 자회사를 설립하고 그 자회사에 이윤을 몰아주는 방식으로 법인세를 회피한다

– 일단 '과제'부터 이해해봅시다. ㉠, 즉 우리가 열심히 이해한 '법인세 회피'의 상황을 통해, '디지털세' 부과가 타당한지를 판단하려고 하네요. 우리가 이해한 바에 따르면, 법인세 회피가 심한 경우엔 그걸 보전하기 위해 디지털세를 도입할 수 있겠죠? 물론 ICT 산업에 대한 주도권을 쥐고 있는 국가에서는 반대할 수도 있지만요.

──────────[보기]──────────

• 가설

ICT 다국적 기업 자회사들의 수입 대비 이윤의 비율은 법인세율이 높은 국가일수록 낮다.

• 판단

가설이 참이라면 [㉮]고 할 수 있으므로 ㉠을 근거로 디지털세를 부과하는 것을 지지할 수 있겠군.

– 어쨌든, 가설을 보니 ICT 다국적 기업 자회사들의 '수입 대비 이윤 비율'은 법인세율이 '높은' 국가일수록 낮다고 합니다. 이 가설은 당연한 말로 들려야 해요. 지문의 'B국'이 떠오르면서 말이죠. Z사가 B국에 세운 자회사는 법인세율이 '낮은' A국에 로열티를 지불하는 방식으로 '제반 비용'을 늘리고, 결국 '수입 대비 이윤'은 낮아져 법인세를 적게 납부했으니까요. 바로 이 말을 ㉮에 넣으면 되겠어요. "ICT 다국적 기업에서 법인세율이 높은 국가의 자회사 이윤을 줄여 법인세를 회피한다!" 따라서 디지털세를 부과하는 걸 지지할 수 있는 것이죠. 이 말을 찾아야 합니다. 이렇게 미리 생각할 수 있었으면 좋겠어요. 우리는 ㉠의 내용을 정확하게 이해했으니까요.

① ICT 다국적 기업 자회사의 수입이 법인세율이 높은 국가일수록 많다

명시적 근거	–
실전에서의 판단 과정	수입은 법인세율과 상관이 없지.
해설	ICT 다국적 기업 자회사의 '수입'에 대해 묻고 있습니다. 법인세율이 '높은' 국가에서는 '이윤'을 임의로 낮추기는 하지만, '수입'은 어떻게 되는지 알 수 없죠? 애초에 '법인세율'은 '수입'을 결정하는 요인으로 작용하지 않습니다. '가설'을 통해 할 수 있는 '판단'이라고 보기도 어려워요. 핵심은 '이윤'이니까요.

② ICT 다국적 기업이 법인세율이 높은 국가의 자회사에 로열티를 지출한다

명시적 근거	3문단 3번 문장
실전에서의 판단 과정	법인세율 낮은 국가의 자회사에 지출해야지.
해설	법인세율이 '낮은' 국가의 자회사에 로열티를 지불해야겠죠? B국의 자회사가 A국의 자회사에 '로열티*'를 지불하는 이유를 생각했다면 바로 지울 수 있습니다!

③ ICT 다국적 기업 자회사의 수입 대비 제반 비용의 비율이 법인세율이 낮은 국가일수록 높다

명시적 근거	3문단 3번 문장
실전에서의 판단 과정	법인세율이 높은 국가일수록 제반 비용 많이 쓰는 거지.
해설	'수입 대비 제반 비용'의 비율은 B국과 같은 법인세율이 '높은' 국가의 자회사일수록 높을 겁니다. 거기서 A국과 같은 법인세율이 '낮은' 국가의 자회사에 '로열티'라는 '제반 비용'을 지불하니까요.

④ ICT 다국적 기업이 법인세율이 높은 국가의 자회사에서 수입에 비해 이윤을 줄이는 방식으로 법인세를 줄이고 있다

명시적 근거	3문단 3번 문장
실전에서의 판단 과정	생각한 내용 그대로네.
해설	우리가 찾는 말 그 자체죠? 법인세율이 '높은' 국가의 자회사에서 수입에 비해 '이윤'을 줄이고, 이 '이윤'에 부과되는 법인세를 회피하는 것이죠! 너무나 당연하게 느껴져야 합니다. ㉠을 제대로 이해했다면 말이에요.

⑤ 법인세율이 높은 국가에 본사가 있는 ICT 다국적 기업 자회사의 수입 대비 이윤의 비율은 법인세율이 낮은 국가일수록 낮다

명시적 근거	3문단 3번 문장
실전에서의 판단 과정	법인세율이 낮으면 수입 대비 이윤의 비율은 높겠지. 로열티를 받을 테니까.
해설	법인세율이 '높은' 국가에 본사가 있다면, 해당 기업은 어떻게든 그 국가에 내야 하는 법인세를 회피하려고 할 것입니다. 법인세율이 '낮은' 국가에 있는 자회사의 '수입 대비 이윤의 비율'을 높이는 방식으로 말이죠. 그래야 법인세를 회피할 수 있으니까요. 그럼 법인세율이 '낮은' 국가일수록 자회사의 '수입 대비 이윤의 비율'은 높을 것이라는 걸 추론할 수 있겠죠?

선지	①	②	③	④	⑤
선택률	11%	16%	38%	23%	12%

10 [A]를 적용하여 〈보기〉를 이해한 내용으로 적절하지 않은 것은? ③

━━━━━[보기]━━━━━

S국은 현재 국민 소득이 가장 낮은 수준의 국가이고 ICT 산업에서 주도적인 국가가 아니다. S국의 특허 보호 정책은 지식 재산 보호 정책을 대표한다.

– S국은 국민 소득이 '가장 낮은 수준'의 국가입니다. 또한 ICT 산업에서 주도적인 국가도 아니라고 해요. 소득 수준이 가장 낮은 수준을 벗어난 국가들에 비해서는 특허 보호 수준이 높겠지만, 소득 수준이 높은 ICT 산업 주도 국가들에 비해서는 그 수준이 좀 낮다고 볼 수 있겠어요. 이 정도 생각해놓고 선지 판단해봅시다.

① ICT 산업에서 주도적인 국가는 S국이 유인 비용을 현재보다 크게 인식하여 지식 재산 보호 수준을 높이기 바라겠군.

명시적 근거	4문단 1번 문장
실전에서의 판단 과정	주도국은 지식 재산 보호 수준의 국제적 강화를 원하지.
해설	ICT 산업에서 주도적인 국가들의 경우, S국과 같은 국가들이 지식 재산 보호 수준을 '국제적'으로 높여 주길 원할 겁니다. 지문에는 없는 말이지만, 여러분이 꼭 미리 생각했어야 하는 정보였어요. 'ICT 산업을 주도하는 국가'에서의 문제점이라고

했으니, 이들이 어떻게 생각할지는 당연히 선제적
으로 떠올려야 하는 것이죠. 지식 재산 보호 수준
을 높이려면 낮췄을 때의 손해인 '유인 비용'을 높
게 인식해야 한다는 건 당연한 말이겠죠?

② S국에서는 지식 재산 보호 수준이 낮을 때가 높을 때
보다 지식 재산 창출 의욕의 저하로 인한 손해가 더 심
각하겠군.

명시적 근거	4문단 2번 문장
실전에서의 판단 과정	유인 비용은 보호 수준이 낮을 때 더 높지.
해설	S국 뿐만 아니라, 모든 국가에서 지식 재산 보호 수준이 낮을 때는 '지식 창출의 유인'이 저해된다고 했습니다. 이는 곧 '지식 재산 창출 의욕의 저하'와 같은 말로 볼 수 있겠죠?

③ S국에서 현재의 특허 제도가 특허권을 과하게 보호한
다고 판단한다면 지식 재산 보호 수준을 낮춰 접근 비
용을 높이고 싶겠군.

명시적 근거	4문단 2번~3번 문장
실전에서의 판단 과정	지식 재산 보호 수준을 낮추면 접근 비용이 낮아지지.
해설	S국이 현재의 특허 제도가 특허권을 과하게 보호한다고 판단했다면, '지식 재산 보호 수준'이 너무 높다고 생각한 것이겠죠? 〈보기〉에서 S국의 '특허 보호 정책'은 '지식 재산 보호 정책'을 대표한다고 했으니까요. 이런 상황이라면 '지식 재산 보호 수준'을 낮춰야 할 텐데, 이 경우 '유인 비용'이 높아진다고 했습니다. 그럼 반대로 '접근 비용'은? 당연히 낮아지겠죠! 따라서 '지식 재산 보호 수준'을 낮춰 '접근 비용'을 높인다는 말 자체가 성립하지 않기에, 가볍게 답으로 고를 수 있겠습니다. '유인 비용'과 '접근 비용'에 대한 내용을 완벽하게 납득했다면 아주 빠르게 지워낼 수 있는 선지들이었어요.

④ S국의 국민 소득이 점점 높아진다면 유인 비용과 접근
비용의 합이 최소가 되는 지식 재산 보호 수준은 낮아
졌다가 높아지겠군.

명시적 근거	4문단 5번 문장
실전에서의 판단 과정	소득 수준에 따른 지식 재산 보호 수준은 J 형태로 변화했지.

해설	'소득 수준'에 따른 '특허', 즉 '지식 재산'의 보호 수준은 J 형태로 변화한다고 했습니다. 따라서 S국의 국민 소득이 조금 높아져 '가장 낮은 소득 수준을 벗어난 국가'가 되면 '지식 재산 보호 수준'이 살짝 낮아질 것이고, 국민 소득이 더 높아짐에 따라 자연스럽게 '지식 재산 보호 수준'이 높아지겠네요.

⑤ S국이 지식 재산 보호 수준을 높일 때, 지식의 발전이
저해되어 발생하는 손해는 감소하고 다수가 지식 재
산의 혜택을 누리지 못하여 발생하는 손해는 증가하
겠군.

명시적 근거	4문단 2번 문장
실전에서의 판단 과정	지식 재산 보호 수준 높이면 유인 비용은 낮아지고 접근 비용이 높아지지.
해설	S국이 지식 재산 보호 수준을 높이면, '유인 비용'은 낮아지고 '접근 비용'은 높아질 것입니다. '지식의 발전이 저해되어 발생하는 손해'가 '유인 비용'에, '다수가 지식 재산의 혜택을 누리지 못하여 발생하는 손해'가 '접근 비용'에 해당한다는 것은 굳이 설명하지 않아도 되겠죠?

그런데 이 문제의 경우, 〈보기〉의 존재 이유가 조금 불명확하기
는 합니다. 사실 S국이라는 국가가 굳이 제시될 필요는 없어 보
이거든요. 특히 2~5번 선지는 S국이 아니라 그 어떤 국가라도
당연히 맞는 말이구요.

그럼 평가원은 왜 굳이 잉크를 낭비하면서 S국을 제시한 것일까
요? 정확한 이유는 알 수 없지만, '다양한 상황'을 묻기 위해서라
고 추측해 볼 수 있겠습니다. 지문에 제시된 '주도국 혹은 소득
수준이 높은 국가'나 '가장 낮은 소득 수준을 벗어난 국가'의 경
우 스탠스가 명확하거든요. 지식 재산 보호 수준을 높이거나, 낮
추거나! 그러나 S국처럼 '소득 수준이 가장 낮은' 국가의 경우,
지식 재산 보호 수준이 '소득 수준이 높은 국가'에 비해서는 낮
고, '가장 낮은 소득 수준을 벗어난 국가'에 비해서는 높아요. 따
라서 2~5번 선지처럼 다양한 상황을 묻기에 적합한 것이고, 1번
선지처럼 '주도국'의 입장에서 바라본 상황을 출제할 수 있는 것
입니다.

물론 평가원이 확실하게 입장을 밝힌 것은 아니기에 제 말이
100% 정답이라고 할 수는 없겠지만, 정말 아무 이유 없이 〈보
기〉를 만든 것은 말이 안 되기에 이런 식으로 생각해 보았습니
다. 가볍게 읽고 넘기시면 될 것 같아요.

선지	①	②	③	④	⑤
선택률	5%	17%	53%	12%	13%

11 문맥상 ⓐ와 바꿔 쓰기에 적절하지 <u>않은</u> 것은? ③

> 그 결과 Z사는 ⓐB국의 자회사에 법인세가 부과될 이윤을 최소화한다.

– 2020학년도 수능부터 가끔씩 출제되고 있는 '문맥' 문제입니다. 이런 문제의 경우 밑줄 근처의 맥락을 정확하게 파악할 필요가 있습니다. 단순히 밑줄만 뚫어져라 본다고 답이 나오는 게 아니에요!

그렇다면, ⓐ는 어떤 맥락 속의 정보였나요? 너무나 완벽하게 이해하고 있습니다. '로열티'라는 '제반 비용'을 늘리는 방식으로 B국의 자회사의 '이윤'을 최소화하고, A국의 자회사에 '이윤'을 몰아줘 결과적으로 Z사가 전체적으로 부담해야 할 '법인세'의 부담을 줄이는 것이 핵심이었죠.

① Z사의 전체적인 법인세 부담을 줄인다
② A국의 자회사가 거두는 수입을 늘린다
④ B국의 자회사가 낼 법인세를 최소화한다
⑤ B국의 자회사가 지출하는 제반 비용을 늘린다

명시적 근거	3문단 1번~4번 문장
실전에서의 판단 과정	미리 생각한 내용이네.
해설	이 모든 내용이 미리 생각한 내용이죠? 여기서 'A국의 자회사가 거두는 수입=B국의 자회사가 지출하는 제반 비용=로열티'라는 것을 생각할 수 있어야 해요!

③ A국의 자회사가 얻게 될 이윤을 줄인다

명시적 근거	3문단 1번~4번 문장
실전에서의 판단 과정	A국의 자회사에 이윤을 몰아주는 거잖아.
해설	애초에 3문단의 사례는 A국의 자회사에 '이윤'을 몰아주는 원리를 설명하는 것이었습니다. A국의 자회사는 법인세율이 낮기에 이윤을 몰아줄수록 좋은 것이었어요. 완벽하게 이해할 수 있죠?

| 핵심 point |

① **화제 check** : 독서 지문 독해의 처음이자 끝. 첫 문단에서 잡은 '화제의 틀'을 마지막 문단까지 놓지 않아야 합니다.
② **재진술 인식** : 같은 말이라도 다르게 표현되는 경우가 많습니다. 심지어 아예 똑같은 말이 반복되는 경우도 많아요. 이 '같은 말'에 민감하게 반응하면, '정보량'을 줄이면서 읽을 수가 있습니다.
③ **사례-원리 연결** : 모든 사례는 어떠한 추상적인 원리를 구체화하는 역할을 합니다. 둘을 연결지으며 확실하게 이해하고 가는 태도가 중요합니다.

| 지문 내용 총정리 |

지문이 짧고 정보량도 그리 많지 않았지만, 생략된 정보가 정말 많은 불친절한 지문이었습니다. 최근의 트렌드는 이렇게 불친절한 지문을 친절하게 바꿔서 읽는 능력이 얼마나 되느냐를 측정하는 것이에요. '화제의 틀 인식', '재진술 인식', '사례-원리 연결' 등 기본적인 독해 도구를 바탕으로 한 '생각'만이 이러한 트렌드에 대처하는 유일한 방법입니다. 확실하게 정리해봅시다!

1문단

①블록체인 기술은 데이터를 블록이라는 단위로 묶어 체인 형태로 연결한 것을 여러 대의 컴퓨터에 중복 저장하는 기술이다. ②체인 형태로 연결된 블록의 집합을 블록체인이라 하고, 블록체인을 저장하는 컴퓨터를 노드라고 한다. ③새로 생성된 블록은 노드들에 전파된다. ④노드들은 블록에 포함된 내용이 블록체인의 다른 블록에 있는 내용과 상충되지 않는지, 동일한 내용이 블록체인의 다른 블록에 이중으로 포함되어 있지 않은지 검증한다. ⑤검증이 끝난 블록을 블록체인에 연결할지 여부는 모든 노드들이 참여하는 승인 과정을 통해 정해진다. ⑥승인이 완료된 블록은 블록체인에 연결되고, 이 블록체인은 노드들에 저장된다. ⑦승인 과정에는 합의 알고리즘이 사용되고, 합의 알고리즘의 예로 '작업증명'이 있다.

①~② #정의 제시 #단어의 의미 살리기 #화제 제시

'블록체인 기술'을 정의하면서 시작하고 있습니다. 단어의 의미 그대로, 이는 데이터를 '블록'이라는 단위로 묶어 '체인' 형태로 연결하는 기술입니다. 이렇게 연결된 '블록체인'을 여러 대의 컴퓨터, 즉 '노드'에 중복 저장하는 것이 '블록체인 기술'이네요. 요즘 비트코인 등으로 인해 많이 들어봤을 개념이고, 정의도 자세하게 소개되어 있으니 확실하게 정리해놓은 상태로 넘어갈 수 있어야 합니다. 초반부에 제시된 개념의 정의가 확실하게 잡혀 있어야 뒷내용을 이해하는 것도 쉬워져요.

③~④ #과정 제시

새로 생성된 데이터, 즉 '블록'은 '노드'들에 전파됩니다. 그 뒤 '노드'들은 '블록'에 포함된 내용을 '검증'하는 단계를 거친다고 해요. 구체적으로, 다른 '블록'에 있는 내용과 상충되지는 않는지, 동일한 내용이 다른 '블록'에 이중으로 포함되어 있지는 않은지 '검증'하는 것이네요. 우리는 이로부터 '블록체인'을 새롭게 정의할 수 있어야 합니다. '노드들에 의해 서로 상충되지 않고 중복되지도 않는 것으로 검증된 정보들(블록들)이 모여 있는 집합'으로 말이죠. 이렇게 서로 모순되지 않으면서도 독립적인 정보들의 집합이 여러 컴퓨터(=노드)에 중복 저장되는 것이 '블록체인 기술'의 핵심인 것입니다. 굳이 이렇게 정의하려고 하지 않아도, '노드'의 '검증' 과정을 최대한 납득하며 읽었다면 무의식적으로 이런 정리가 가능할 거예요.

⑤ #수식된 정의 제시 #단어의 의미 살리기

이렇게 '검증'이 끝난 '블록'을 '블록체인'에 연결할지 여부는 '모든 노드'가 참여하는 '승인 과정'을 통해 정해진다고 합니다. 단어의 의미 그대로, '모든 노드'들이 해당 '블록'을 '승인'할지말지 결정하는 '과정'이라고 할 수 있겠죠? 핵심은 '모든 노드'입니다. 이 '블록'이 '블록체인'에 연결되면 '모든 노드'에 중복 저장되기 때문에, '승인 과정' 역시 '모든 노드'가 참여해야 한다는 식으로 납득할 수 있겠습니다.

⑥~⑦ #재진술 #단어의 의미 살리기

그렇게 '승인'이 완료되면 해당 '블록'은 '블록체인'에 연결되어 '모든 노드'들에 저장됩니다. 결국 첫 문장에서 제시한 '블록체인 기술'의 정의가 계속해서 재진술되고 있을 뿐이라는 생각을 할 수 있어야 합니다. 아무튼 이러한 '승인 과정'에는 '합의 알고리즘'이라는 것이 사용되는데, 그 예로는 '작업증명'이 있다고 해요. 만약 이게 중요한 개념이라면 뒤에서라도 자세하게 설명을 하겠죠? 우리는 일단 앞에서 읽은 내용 및 단어의 의미를 바탕으로 여러 노드가 '합의'하는 방식의 '알고리즘', '작업'이 완료되었음을 '증명'하는 방식 정도로만 생각하고 넘어가면 되겠습니다.

하이라이트 문장

①블록체인 기술은 데이터를 블록이라는 단위로 묶어 체인 형태로 연결한 것을 여러 대의 컴퓨터에 중복 저장하는 기술이다.

중요 개념을 정의하면서 시작하고 있습니다. 특히 과학·기술 제재의 지문에서는 초반부에 제시되는 개념의 정의가 중요하니, 확실하게 체크하는 습관을 들이도록 합시다.

2문단

①블록체인 기술의 성능은 블록체인에 데이터가 저장되는 속도로 정의되며, 단위 시간당 블록체인에 저장되는 데이터의 양으로 계산될 수 있다. ②블록체인 기술은 공개형과 비공개형으로 구분된다. ③비공개형은 공개형과 달리 노드 수에 제한을 두고, 일반적으로 공개형에 비해 합의 알고리즘의 속도가 빠르다. ④따라서 비공개형은 승인 과정에 걸리는 시간이 짧기 때문에 성능이 높다.

① #카테고리 나누기 #정의 제시 #재진술

'블록체인 기술'의 '성능'에 대해서 이야기하고 있습니다. 1문단에서 '블록체인 기술'을 정의했다면, 2문단에서는 그 '성능'에 대해서 이야기하는 것이네요. '블록체인 기술'의 핵심은 '정보 저장'입니다. 따라서 그 '성능'은 '블록체인에 데이터가 저장되는 속도'로 정의된다고 해요. 단위 시간당 블록체인에 저장되는 데이터의 양, 즉 같은 시간 동안 얼마나 많은 데이터를 저장할 수 있느냐가 '성능'의 핵심인 것입니다. 같은 시간 동안 더 많은 데이터를 저장한다는 것은, 데이터의 저장이 더 빠른 속도로 일어난다는 것이니까요. 어렵지 않게 납득할 수 있겠죠?

②~④ #비교/대조 #단어의 의미 살리기 #재진술

'블록체인 기술'은 '공개형'과 '비공개형'으로 구분된다고 합니다. 이들이 어떤 점에서 다른지 정확하게 체크해야겠죠? '비공개형'의 경우, '공개형'과 달리 노드 수에 제한을 둔다고 합니다. '공개형'은 단어의 의미 그대로 '공개'하는 형태이니 노드 수에 제한이 없고, '비공개형'은 특정 노드에게만 공개하고 나머지에는 '비공개'하는 형태이니 노드 수에 제한을 둔다는 식으로 납득하면 되겠습니다. 나아가 노드 수에 제한을 두면 모든 노드가 '합의'하기 위해 필요한 시간이 짧을 테니 '비공개형'의 경우 '합의 알고리즘'의 속도가 빠르다는 것도 납득할 수 있겠죠? 이는 4번 문장에서 말하는 것처럼 '승인 과정'에 걸리는 시간이 짧다는 뜻이기에, 같은 시간에 더 많은 정보를 승인할 수 있을 것입니다. 따라서 '비공개형'이 '성능'이 높다고 할 수 있는 것이죠.

새로운 정보인 것처럼 보이지만, 결국 앞에서 나온 정보들을 그대로 반복하고 있을 뿐이라는 것을 생각할 수 있어야 합니다. 이런 식으로 정보량을 줄여내는 것이 성공적인 지문 독해의 핵심임을 잊지 마세요.

하이라이트 문장

> ④따라서 비공개형은 승인 과정에 걸리는 시간이 짧기 때문에 성능이 높다.

이 문장이 없어도 스스로 생각할 수 있어야 하는 내용입니다. 왜 '비공개형'은 '승인 과정'에 걸리는 시간이 짧은지, 그리고 이것이 어떻게 높은 '성능'으로 이어지는지 완벽하게 납득할 수 있어야 합니다.

3문단

> ①데이터가 무단으로 변경되기 어렵다는 성질을 **무결성**이라 하는데 무결성은 블록체인 기술의 대표적인 장점이다. ②특정 노드에 저장되어 있는 일부 데이터가 변경되면 변경된 블록과 그 이후의 블록들은 블록체인과의 연결이 끊어진다. ③끊어진 모든 블록을 다시 연결하는 것은 승인 과정을 필요로 하기 때문에 연결을 복구하는 것은 어렵다. ④즉 블록과 블록체인의 연결을 유지하면서 블록체인에 포함된 데이터를 변경하는 것이 어려우므로 블록체인 데이터는 무결성이 높다. ⑤무단 변경과 달리, 일부 데이터가 지워져도 승인된 원래의 데이터로 복원할 때는 승인 과정이 필요하지 않다. ⑥따라서 블록체인에 포함된 데이터는 일부가 지워지더라도 복원이 용이하다.

① #수식된 정의 제시 #단어의 의미 살리기 #카테고리 나누기

데이터가 무단으로 변경되기 어렵다는 성질, 즉 그 데이터가 '무결'하다는 '성'질을 '무결성'이라고 합니다. 그리고 '블록체인 기술'이 가지고 있는 대표적인 장점이 '무결성'이라고 해요. '블록체인 기술'에 대한 여러 이야기가 구체적으로 제시되고 있는데, 이번에는 '무결성'에 대한 이야기를 할 차례인 것으로 보이죠? 이렇게 카테고리를 정확하게 인식하면서 계속 읽어보도록 합시다.

②~④ #재진술

특정 '노드'에 저장되어 있는 일부 데이터가 변경되면, 변경된 '블록'과 그 이후의 모든 '블록'들은 '블록체인'과의 연결이 끊어진다고 합니다. 조금만 그 내용이 변경되어도 아예 '블록체인'과의 연결이 끊어져 버리니 '무결성'이 높다고 할 수 있는 것이죠. 이렇게 끊어진 모든 '블록'을 다시 연결하려면 또 '승인 과정'을 거쳐야 합니다. 이에 연결을 복구하는 것이 어렵고, 결국 '블록체인'과의 연결을 유지하면서 데이터를 변경하는 것이 어렵기에 '블록체인'의 데이터는 '무결성'이 높다고 할 수 있는 것입니다. 계속해서 똑같은 말만 반복하고 있습니다.

⑤~⑥ #비교/대조 #재진술

그런데 이렇게 무단으로 '변경'할 때와 달리, 일부 데이터가 지워졌을 때 원래의 데이터로 '복원'하는 것은 '승인 과정'이 필요하지 않다고 합니다. '블록체인 기술'은 '무결성', 즉 '무단 변경'이 어렵다는 장점이 있는 것이기에 데이터가 지워진 것은 원래대로 어렵지 않게 '복원'할 수 있다는 것이죠. 이때는 데이터가 '무단 변경'된 것이 아니니까요. 따라서 '블록체인'에 포함된 데이터는 일부가 지워지더라도 '복원'이 용이하다고 합니다. 이번에도 계속 같은 말입니다.

하이라이트 문장

> ①데이터가 무단으로 변경되기 어렵다는 성질을 무결성이라 하는데 무결성은 블록체인 기술의 대표적인 장점이다.

이 지문은 문단별로 카테고리가 명확하게 나뉘고 있습니다. 그 카테고리를 정확하게 인식하고 그에 따라 정보를 처리하는 것이 성공적인 독해의 첫걸음입니다. 이 문장을 읽고서 '무결성'이라는 것이 무엇인지, 그리고 왜 '블록체인 기술'의 대표적인 장점인지 확실하게 인식하려는 목표 의식을 가진 채로 넘어갔어야 해요.

4문단

> ①블록체인 기술에서 고려해야 할 세 가지 특성이 있다. ②보안성은 데이터의 무단 변경이 어려울 뿐 아니라 동일한 내용의 데이터가 블록체인의 서로 다른 블록에 또는 단일 블록에 이중으로 포함되는 것이 어렵다는 성질이다. ③승인 과정에 걸리는 시간이 줄거나 노드 수가 감소하면 보안성은 낮아진다. ④탈중앙성은 승인 과정에 다수의 노드들이 참여하고, 특정 노드가 승인 과정을 주도하지 않는다는 성질이다. ⑤노드 수가 감소하면 탈중앙성은 낮아진다. ⑥확장성은 블록체인 기술이 목표로 하는 응용 분야에 적용 가능할 만큼 성능이 높고, 노드 수가 증가해도 서비스 유지가 가능하다는 성질이다. ⑦노드 수가 증가하면 성능이 저하되므로, 확장성이 높다는 것은 노드 수가 증가하더라도 성능 저하가 크지 않다는 것을 의미한다. ⑧ 그래서 기술 변화 없이 확장성을 높이고자 할 때 노드 수를 제한하는 방법이 사용되기도 한다. ⑨노드 수를 제한하면 성능 저하를 막을 수 있기 때문이다. ⑩아직까지 블록체인 기술은 보안성, 탈중앙성, 확장성을 함께 높일 수 있는 방법이 없어 대규모로 채택되지 못하고 있다.

① #카테고리 나누기

이번에는 '블록체인 기술'에서 고려해야 할 세 가지 특성에 대해서 설명해준다고 합니다. 그 특성 하나하나의 정의를 정확하게 인식하고, 관련된 정보들을 최대한 납득할 준비를 해야 합니다.

②~③ #정의 제시 #단어의 의미 살리기 #재진술

먼저 '보안성'입니다. 앞에서도 읽었듯이, '블록체인 기술'의 데이터는 무단 '변경'이 어렵습니다. 나아가 1문단에서 확인했듯이, '블록체인 기술'의 데이터는 '블록체인'에 연결되기 전에 모든 '노드'로부터 '검증'을 받습니다. 이러한 '검증'을 거치기 때문에 동일한 내용의 데이터가 다른 블록에 이중으로 포함되기 어렵다는 특징도 가지고 있죠. 단어의 의미 그대로, '블록체인 기술'은 이렇게 각 데이터가 높은 '보안'으로 보호받는다는 '성'질을 가지고 있습니다.

한편, '승인 과정'에 걸리는 시간이 줄거나 노드 수가 감소하면 '보안성'은 낮아진다고 해요. 당연하게 납득할 수 있겠죠? '승인 과정'은 '검증'의 결과를 바탕으로 해당 데이터를 '블록체인'에 연결할 것인지 결정하는 과정인데, 이 시간이 줄면 '검증' 결과를 반영하는데 오류가 생길 가능성이 높아질 것이니까요. '승인 과정'의 시간이 줄면 '성능'은 높아지겠지만, '보안성'이 낮아질 수 있는 치명적인 문제가 있는 것입니다. 또, 노드 수가 감소하면 '승인 과정'을 수행하는 주체의 수가 적어집니다. 이 역시 당연히 '보안성'의 감소로 이어질 것이에요.

④~⑤ #정의 제시 #단어의 의미 살리기 #재진술

이번에는 '탈중앙성'입니다. 계속해서 반복되고 있지만, '승인 과정'에는 다수의 노드가 참여합니다. 그리고 특정 노드가 '승인 과정'을 주도하지 않아요. 단어의 의미 그대로, 특정 노드와 같은 '중앙'에 권력이 모이게끔 하지 않는다는 '성'질을 의미하는 것이죠. 만약 노드의 수가 감소한다면 각 노드가 가지고 있는 '승인 과정'에서의 권한이 강해질 것이니, '탈중앙성'은 당연히 낮아지겠죠? 이렇게 단어의 의미를 살리면서 확실하게 납득할 수 있어야 합니다.

⑥~⑦ #정의 제시 #단어의 의미 살리기 #재진술

마지막은 '확장성'입니다. 역시 단어의 의미 그대로, 응용 분야로까지 '확장'될 수 있도록 하는 '성'질을 말하는 것이네요. 그만큼 '성능'이 높고, 노드 수가 증가해도 서비스 유지가 가능하다는 성질입니다. 우리가 이미 알고 있는 것처럼 노드 수가 증가하면 '성능'이 저하되기 때문에, '확장성'이 높다는 것은 결국 노드 수가 증가하더라도 '성능' 저하가 크지 않다, 즉 '승인 과정'에 걸리는 시간이 크게 늘어나지 않는다는 의미가 됩니다. 앞에서 이해한 '성능' 관련 내용을 끌고 와 이런 식으로 납득할 수 있어야 해요. '성능'이라는 '진짜로' 같은 말이 반복되고 있으니, 확실하게 연결지을 수 있어야 한다는 것입니다!

⑧~⑩ #재진술

이러한 이유로, 기술 변화 없이 그저 '확장성'만 높이려고 할 때는 노드 수를 제한하기도 한다고 합니다. 노드 수를 제한하면 노드 수가 증가할 때 발생하는 '성능'의 저하를 최대한 억제시킬 수 있으니까요.

정리해봅시다. '보안성'과 '탈중앙성'을 높이기 위해서는 많은 노드가 필요합니다. 하지만 이 경우 '성능'이 떨어지고, '확장성' 역시 낮아지는 문제가 있어요. 그렇다고 '성능'과 '확장성'을 위해 노드 수를 줄이면 '보안성'과 '탈중앙성'이라는 '블록체인 기술'의 핵심 장점을 포기해야 합니다. 이렇게 세 가지 특성을 동시에 높일 수 있는 방법이 아직 없기 때문에, '블록체인 기술'은 대규모로 채택되지 못하고 있다고 해요. 마지막 문장의 내용을 그냥 무의미하게 읽고 넘어가는 것이 아니라, 지금까지 읽었던 내용과 엮어 결국 또 같은 말을 하고 있다는 점을 깨달으면서 마무리할 수 있어야 합니다.

하이라이트 문장

> ⑩아직까지 블록체인 기술은 보안성, 탈중앙성, 확장성을 함께 높일 수 있는 방법이 없어 대규모로 채택되지 못하고 있다.

왜 세 가지 성질을 함께 높일 수 있는 방법이 없는지 생각하고 넘어가야 합니다. 그 답을 생각하는 과정에서 자연스럽게 앞의 내용들을 끌고 오며 더 확실하게 정리할 수 있을 거예요.

선지	①	②	③	④	⑤
선택률	5%	14%	11%	66%	4%

12 다음은 윗글을 읽은 학생에게 제공된 학습지의 일부이다. 학생의 '판단 결과'로 적절하지 <u>않은</u> 것은? ④

① 블록체인 기술의 특성과 한계를 살펴보고 있다.

명시적 근거	지문 전체
실전에서의 판단 과정	잘 요약했네.
해설	이 지문은 '블록체인 기술'이 어떤 특징을 가지고 있는지 설명하고, 세 가지 특성을 함께 높일 수 있는 방법이 없다는 한계도 살펴보고 있습니다. 여기에 O 표시를 한 것은 적절하네요.

② 블록체인의 구조를 분석하고, 블록체인 기술의 응용 분야를 소개하고 있다.

명시적 근거	–
실전에서의 판단 과정	응용 분야는 없는데?
해설	일단 1문단에서 '블록체인'의 구조를 분석하기는 했습니다. 하지만 '블록체인 기술'의 응용 분야를 소개하고 있지는 않아요. '확장성'을 이야기하면서 '블록체인 기술'의 응용 분야 이야기가 나오기는했지만, 구체적인 분야가 제시된 것은 아니었습니다. 여기에 X 표시를 한 것은 적절하네요.

③ 블록체인 기술의 장점을 열거하고, 다른 기술과의 경쟁 양상을 설명하고 있다.

명시적 근거	–
실전에서의 판단 과정	경쟁 양상이 어딨냐.
해설	'블록체인 기술'의 장점으로 '무결성', '보안성', '탈중앙성' 등이 열거되었다고 볼 수 있지만, 다른 기술과의 경쟁 양상을 설명한 적은 없습니다. 여기에 X 표시를 한 것은 적절하네요.

④ 합의 알고리즘은 작업증명의 한 예이다.

명시적 근거	1문단 7번 문장
실전에서의 판단 과정	작업증명이 합의 알고리즘의 한 예라고 했지.
해설	'실전에서의 판단 과정' 그대로죠? 여기에는 X 표시를 해야 하는데 O 표시를 했으므로 틀린 선지입니다. 사실 그렇게까지 중요한 정보는 아니기에 정답으로 나온 것이 조금 아쉽기는 한 허무한 선지였습니다.

⑤ 체인 형태로 연결된 블록의 집합을 저장하는 컴퓨터를 노드라고 한다.

명시적 근거	1문단 1번~2번 문장
실전에서의 판단 과정	그렇지.
해설	'노드'의 정의 그 자체죠? 여기에 O 표시를 한 것은 적절하네요.

선지	①	②	③	④	⑤
선택률	12%	20%	8%	8%	52%

13 윗글에 대한 이해로 가장 적절한 것은? ⑤

① 승인 과정에 참여할 노드를 결정하기 위해 합의 알고리즘이 사용된다.

명시적 근거	1문단 5번~7번 문장
실전에서의 판단 과정	합의 알고리즘은 승인 과정 자체에 쓰이는 건데?
해설	'합의 알고리즘'은 '승인 과정' 그 자체에 사용되는 것입니다. 이미 결정된 모든 노드들이 '합의 알고리즘'을 통해 '승인 과정'을 진행하는 것이지, '합의 알고리즘'을 통해 참여할 노드를 결정하는 것은 아니었습니다.

② 일부 블록체인 데이터가 변경되면 전체 노드의 모든 블록은 승인 과정을 다시 거쳐야 한다.

명시적 근거	3문단 2번~3번 문장
실전에서의 판단 과정	변경된 블록과 그 이후의 블록들만 하면 되지.
해설	일부 '블록체인' 데이터가 변경되면, 변경된 블록과 그 이후의 블록들은 '블록체인'과의 연결이 끊어집니다. 이를 다시 연결하려면 '승인 과정'을 거쳐야 한다고 했어요. 이때 그 이전의 블록들은 여전히 '블록체인'에 연결된 상태일 것이기에, 전체 노드의 '모든 블록'이 '승인 과정'을 다시 거칠 필요는 없죠. 변경된 블록과 그 이후의 블록들만 '승인 과정'을 다시 거치면 되는 것입니다.

③ 블록과 블록체인의 연결을 유지하면서 블록체인 데이터를 삭제할 수 있으면 보안성이 높다.

명시적 근거	3문단 4번 문장, 4문단 2번 문장
실전에서의 판단 과정	변경할 수 있으면 보안성이 낮은 거지.
해설	블록과 '블록체인'의 연결을 유지하면서 '블록체인'의 데이터를 '삭제'할 수 있다는 것은 무단으로 '변경'할 수 있다는 것입니다. 이는 데이터의 '무단 변경'이 어렵다는 '보안성'의 정의와 정면으로 충돌하는 것이기에, '보안성'이 낮아지는 요인이라고 보는 것이 맞겠습니다.

FAQ

Q 선지에서 묻는 것은 '삭제'인데 왜 '무단 변경' 이야기를 하시나요? 오히려 3문단 5번~6번 문장에서 제시된 일부 데이터가 지워지는 내용을 끌고 와야 하는 거 아닌가요?

A 해당 부분은 말 그대로 데이터가 '지워진' 상황입니다. 3문단 5번 문장에도 '무단 변경과 달리'라고 명시되어 있는데, '무단'으로 내용을 바꾸거나 삭제하는 등의 '변경'이 있으면 이를 복구하기 위해 '승인 과정'을 꼭 거쳐야 하지만 여러 이유로 '지워진' 상황에서는 원래의 데이터로 복원하는 것이 어렵지 않다는 거예요. 이 선지가 말하는 것은 임의로 '삭제'하는 상황, 즉 '무단 변경'의 상황에 해당하는 것이지, '지워진' 상황에 해당하는 것이 아니기에 '해설'과 같이 해결해야 하는 것입니다. 이렇게 단어의 미묘한 뉘앙스 차이에도 민감하게 반응할 수 있어야 한다는 걸 잊지 마세요.

④ 공개형 블록체인 기술은 같은 양의 데이터가 저장되는 데 걸리는 시간이 짧을수록 성능이 낮아진다.

명시적 근거	2문단 1번 문장
실전에서의 판단 과정	공개/비공개 상관없이 저러면 성능이 높은 거지.
해설	'공개형'이든 '비공개형'이든, '블록체인 기술'의 '성능'은 '블록체인'에 데이터가 저장되는 속도로 정의됩니다. 같은 양의 데이터가 저장되는 데 걸리는 시간이 짧다면 '성능'은 높은 것이죠.

⑤ 블록이 블록체인에 연결되기 위해서는 블록의 데이터가 블록체인의 다른 데이터와 비교되어야 한다.

명시적 근거	1문단 4번 문장
실전에서의 판단 과정	검증 과정이네.
해설	블록이 '블록체인'에 연결되기 위해서는 블록의 데이터가 '블록체인'의 다른 블록에 있는 내용과 상충되지 않는지, 동일한 내용이 '블록체인'의 다른 블록에 이중으로 포함되어 있지는 않은지 '검증'하는 과정을 거쳐야 합니다. 이 '검증' 과정이 곧 '블록체인'의 다른 데이터와 비교하는 과정이므로 적절하네요. '검증' 과정에 대해 정확하게 이해하고 있는지 묻고 있는 선지였습니다.

선지	①	②	③	④	⑤
선택률	4%	45%	10%	31%	10%

14 ㉠의 이유로 가장 적절한 것은? ②

> 따라서 ㉠블록체인에 포함된 데이터는 일부가 지워지더라도 복원이 용이하다.

– 이런 형식의 문제는 미리 답을 골라놓고 가야 한다고 했습니다. '블록체인'에 포함된 데이터의 일부가 지워져도 '복원'이 용이한 것은 '승인 과정'이 필요하지 않기 때문입니다. 즉, 별도의 과정 없이 원래 승인되어 있던 정보 그대로 '복원'할 수 있다는 것이죠. 이와 가장 비슷한 말을 답으로 골라봅시다.

① 블록체인에 포함된 데이터는 변경이 쉽기 때문이다.

명시적 근거	3문단 1번 문장
실전에서의 판단 과정	뭔 소리야. 무결성이 장점이라며.

해설	'블록체인'에 포함된 데이터는 무단으로 '변경'하기 어렵다는 성질인 '무결성'을 대표적인 장점으로 가지고 있다고 했습니다. 그런데 변경이 쉽다고 하는 것은 이러한 '무결성'의 정의와도 맞지 않고, 애초에 ㉠과도 무관한 내용이죠?

② 블록체인이 여러 노드들에 중복 저장되기 때문이다.

명시적 근거	1문단 1번 문장, 3문단 5번~6번 문장
실전에서의 판단 과정	그렇지. 다른 노드에 있는 정보를 참고하면 되네.
해설	지워진 데이터가 포함된 '블록체인'은 해당 데이터가 존재하는 노드 외에도 다른 노드들에 중복 저장되어 있습니다. 이것이 '블록체인 기술'의 정의 중 하나였죠? 어차피 이 데이터를 '복원'하는 데에는 '승인 과정'이 필요 없기 때문에, 이미 승인되어 존재하는 다른 노드의 '블록체인'을 참고하여 그대로 '복원'하면 될 것입니다. 미리 생각한 내용과 맞닿아 있는 내용이니, 가볍게 답으로 고를 수 있겠죠?

③ 승인 과정에 참여하는 노드 수에 제한이 있기 때문이다.

명시적 근거	2문단 3번 문장
실전에서의 판단 과정	㉠이랑 뭔 상관이야.
해설	일단 '승인 과정'에 참여하는 노드 수에 제한이 있는 것은 '비공개형'입니다. 그런데 ㉠이 '비공개형'의 상황인지 아닌지도 확실하지 않고, 맞다고 해도 ㉠과는 아무런 상관이 없는 내용이죠?

④ 데이터가 블록체인에 포함되기 위해서는 승인 과정을 필요로 하기 때문이다.

명시적 근거	3문단 5번 문장
실전에서의 판단 과정	승인 과정 필요한 거랑 ㉠이랑 무슨 상관이야.
해설	일단 맞는 말이기는 합니다. 데이터가 '블록체인'에 포함되기 위해서는 '승인 과정'이 필요하죠. 하지만 이 문제에서 묻는 것은 '㉠의 이유'입니다. 즉, '블록체인'에 포함된 데이터의 일부가 지워지더라도 '복원'이 용이한 이유를 묻는 것이에요. 이는 '승인 과정' 없이 다른 노드를 참고할 수 있기 때문이지, 데이터가 '블록체인'에 포함되기 위해서는 '승인 과정'이 필요하기 때문은 아닙니다. 애초에 '승인 과정'은 '복원'과는 아무런 상관이 없는 것이라고 볼 수도 있을 것이구요.

발문에서 요구하는 바를 정확하게 인식하고, 단순히 맞는 말이 아니라 '㉠의 이유'를 정확하게 골라내는 것이 중요했어요.

⑤ 동일한 데이터가 블록체인에 연결된 서로 다른 블록에 이중으로 포함되어 있기 때문이다.

명시적 근거	1문단 4번 문장
실전에서의 판단 과정	이중 포함하면 안 되는데?
해설	이 선지는 애초에 틀린 말이네요. 동일한 데이터가 '블록체인'에 연결된 서로 다른 블록에 이중으로 포함되어 있는지 '검증'하는 단계를 거쳐야 비로소 데이터가 '블록체인'에 포함될 수 있었습니다. '블록체인' 자체가 여러 노드에 중복 저장되는 것이지, 데이터 하나하나가 여러 블록에 중복 저장되는 것이 아니에요!

선지	①	②	③	④	⑤
선택률	5%	17%	57%	11%	10%

15 윗글을 바탕으로 〈보기〉를 이해한 내용으로 가장 적절한 것은? [3점] ③

> 노드 수가 10개로 고정된 블록체인 기술을 사용하고 있는 A업체는 이전에 사용하던 작업증명 대신 속도가 더 빠른 합의 알고리즘을 개발해, 유통 분야에서 요구되는 성능을 초과 달성했다.

– A 업체의 '블록체인 기술'은 노드 수가 10개로 고정되어 있습니다. 이는 노드 수에 제한을 두고 있는 '비공개형'이라고 할 수 있겠죠? A 업체는 '작업증명'보다 속도가 더 빠른 '합의 알고리즘'을 개발해 '성능'을 크게 높였다고 합니다. 이는 높은 '확장성'을 가질 수 있겠지만, 반대로 낮은 '보안성'과 '탈중앙성'을 감수해야겠죠?

> 한편 B업체는 최근 A업체보다 데이터의 위조 불가능성을 향상시킨 블록체인 기술을 개발했다. 이 기술은 노드 수에 제한이 없지만 현재는 200개의 노드가 참여하고 있다. 승인 과정에는 작업증명을 사용한다.

– 한편 B 업체는 A 업체보다 데이터의 '위조 불가능성'을 향상시켰습니다. 즉, '보안성'을 향상시킨 것이죠. 나아가 노드 수에 제한이 없는 '공개형'을 사용합니다. 현재는 200개의 노드가 참여하고 있으니,

A 업체에 비해 '보안성'과 '탈중앙성'이 모두 훨씬 높을 것입니다. 하지만 노드 수가 많고, A 업체가 새로 개발한 '합의 알고리즘'보다 속도가 느린 '작업증명'을 사용한다는 점에서 낮은 '성능'과 '확장성'을 가질 것이라고 추론할 수 있겠습니다.

결국 '보안성', '탈중앙성', '확장성'을 함께 높일 수 없다는 마지막 문장의 내용을 〈보기〉로 만든 것이라고 할 수 있겠습니다. 이렇게 정리해놓고 가볍게 답을 골라봅시다.

① A업체의 블록체인 기술은 이전보다 확장성과 보안성이 모두 높아졌겠군.

명시적 근거	〈보기〉, 4문단 3번 문장, 4문단 6번~7번 문장
실전에서의 판단 과정	보안성은 낮아지지.
해설	미리 생각한 것처럼, A 업체의 '블록체인 기술'은 이전보다 '확장성'은 높아졌겠지만 '보안성'은 낮아졌을 것입니다. 새로운 '합의 알고리즘'을 통해 '승인 과정'에 걸리는 시간을 줄인 상황이니까요.

② B업체의 블록체인 기술은 노드 수가 증가할수록 보안성과 확장성이 모두 높아지겠군.

명시적 근거	〈보기〉, 4문단 3번 문장, 4문단 6번~7번 문장
실전에서의 판단 과정	노드 수가 증가하면 확장성은 낮아지지.
해설	B 업체의 '블록체인 기술'은 노드 수가 증가할 수 있는 '공개형'입니다. 따라서 노드 수가 증가할수록 '보안성'은 높아질 것이지만, '성능'이 저하되므로 '확장성'은 낮아질 거예요. 역시 〈보기〉를 정리하면서 미리 했던 생각들이죠?

③ B업체의 블록체인 기술은 노드 수가 감소하면 성능은 높아지고 탈중앙성이 낮아지겠군.

명시적 근거	〈보기〉, 2문단 3번~4번 문장, 4문단 5번 문장
실전에서의 판단 과정	그렇지.
해설	노드 수가 감소하면 '승인 과정'에 걸리는 시간이 짧아지기에 '성능'은 높아지겠지만, '승인 과정'에서 특정 노드들의 권한이 강해지기 때문에 '탈중앙성'은 낮아질 것입니다. 지문을 읽으면서 미리 납득한 내용, 〈보기〉를 정리하면서 미리 했던 생각들을 합치면 간단하게 답을 골라낼 수 있겠네요.

④ A업체의 블록체인 기술은 B업체와 달리 공개형이고, B업체보다 탈중앙성이 낮겠군.

명시적 근거	〈보기〉, 2문단 3번 문장, 4문단 4번~5번 문장
실전에서의 판단 과정	비공개형인데?
해설	A 업체의 '블록체인 기술'은 노드 수가 제한되어 있는 '비공개형'이었습니다. 일단 여기서 틀린 선지죠? 물론 노드 수가 적다는 점에서 '탈중앙성'은 B 업체에 비해 낮을 것입니다.

⑤ A업체의 블록체인 기술은 B업체와 승인 과정이 다르고, B업체보다 무결성이 높겠군.

명시적 근거	〈보기〉, 1문단 7번 문장, 3문단 1번 문장
실전에서의 판단 과정	B 업체가 위조 불가능성 향상시켰다며.
해설	A 업체는 새로 개발한 '합의 알고리즘'을, B 업체는 '작업증명'을 '승인 과정'에 사용합니다. 따라서 둘의 '승인 과정'이 다르다는 건 맞는 말이에요. 하지만 B 업체는 A 업체보다 데이터의 위조 불가능성을 향상시킨 '블록체인 기술'을 개발했다고 했습니다. 이는 B 업체 '블록체인 기술'의 '무결성'이 더 높다는 의미이기 때문에, A 업체의 '블록체인 기술'이 B 업체의 것보다 '무결성'이 높다는 건 적절하지 않은 진술이네요.

몰랐던 어휘 정리하기

① **화제 check** : 독서 지문 독해의 처음이자 끝. 첫 문단에서 잡은 '화제의 틀'을 마지막 문단까지 놓지 않아야 합니다.

② **정의 인식** : 단어의 의미를 살린 상태로, 지문에 제시된 정의와 붙여서 이해할 수 있어야 합니다. 정의를 '기억'하는 게 아니라, '납득'해서 본인의 말로 정리할 수 있어야 해요.

③ **재진술 인식** : 같은 말이라도 다르게 표현되는 경우가 많습니다. 심지어 아예 똑같은 말이 반복되는 경우도 많아요. 이 '같은 말'에 민감하게 반응하면, '정보량'을 줄이면서 읽을 수가 있습니다.

④ **카테고리 나누기** : 정보들의 범주가 나뉠 때, 그들이 서로 다른 카테고리에 속한다는 것을 인지해야 합니다. 이렇게 각 카테고리에 맞춰 정보를 정리하면 훨씬 깔끔하게 정리할 수 있다는 것을 기억해 주세요.

굉장히 많은 정보를 나열한 것 같지만, 사실은 같은 말만 반복하고 있는 전형적인 형태의 지문이었습니다. 지문을 다 읽고 나서 '뭐야 내용이 별로 없네.'라는 생각이 들었는지 점검하면서 복습해보도록 합시다.

1문단

> ①인터넷 검색 엔진은 검색어를 포함하는 웹 페이지를 찾아 화면에 보여 준다. ②웹 페이지가 화면에 나타나는 순서를 정하기 위해 검색 엔진은 수백 개가 넘는 항목을 고려한 다양한 방식을 사용한다. ③대표적인 항목으로 중요도와 적합도가 있다.

①~③ #화제 제시 #카테고리 나누기

'인터넷 검색 엔진'에 대한 내용입니다. 네이버나 구글을 떠올리면서 읽을 준비를 할 수 있어야겠죠? 이는 검색어를 포함하는 웹 페이지를 찾아 화면에 보여 주는데, 그 '노출 순서'를 정하기 위해 여러 가지 항목을 고려한다고 합니다. 우리는 대부분 인터넷에 익숙하기 때문에, 어떤 상황을 말하고자 하는 것인지 쉽게 납득할 수 있겠습니다.

이때 '노출 순서'를 정하는 대표적인 항목으로는 '중요도'와 '적합도'가 있다고 합니다. 두 가지 카테고리를 딱 잡아놓고, 이러한 기술을 사용하는 목적이 '웹 페이지가 화면에 나타나는 순서'를 정하기 위한 것임을 명심하면서 읽어주도록 합시다.

하이라이트 문장

> ③대표적인 항목으로 중요도와 적합도가 있다.

앞으로 '중요도'와 '적합도'라는 두 가지 카테고리로 나뉘어 전개될 것임을 생각하는 건 기본이고, '웹 페이지 노출 순서 결정'이라는 목적을 다시 한번 생각할 수 있어야 합니다. 이러한 화제를 잊지 않고 독해할 수 있어야 정보량에 허덕이지 않을 수 있어요.

2문단

> ①검색 엔진은 빠른 시간 내에 검색 결과를 보여 주기 위해 웹 페이지들의 데이터를 수집하여 인덱스를 미리 작성해 놓는다. ②인덱스란 단어를 알파벳순으로 정리한 목록으로, 여기에는 각 단어가 등장하는 웹 페이지와 단어의 빈도수 등이 저장된다. ③이때 각 웹 페이지의 중요도가 함께 기록된다.

①~③ #화제의 흐름 #정의 제시

다시 한번, 이 지문은 '인터넷 검색 엔진'에 대한 지문입니다. 이러한 검색 엔진은 검색 결과를 빠르게 내놓는 것이 아주 중요합니다. 이를 위해 '인덱스'라는 것을 미리 작성해 놓는다고 하네요. '인덱스'의 정의는 간단합니다. 단어를 알파벳순으로 정리한 목록이죠! 단순히 알파벳순으로만 나열한 건 아니고, 단어가 등장하는 웹 페이지 및 단어의 빈도수 등과 함께 웹 페이지의 '중요도'를 기록한다고 합니다.

여기서 '빈도수'라는 말은 그냥 납득하며 넘겨버릴 수 있는데, '중요도'라는 말은 가만히 놔두질 못하겠네요. 이 지문을 이끌어가는 두 개의 카테고리 중 하나에 해당하니까요. 이러한 '중요도'를 어떻게 기록하는지, 혹은 기록해서 어떻게 활용하는지 등을 궁금해하면서 읽어보도록 합시다.

3문단

> ①중요도는 웹 페이지의 중요성을 값으로 나타낸 것으로 링크 분석 기법으로 측정할 수 있다. ②기본적인 링크 분석 기법에서 웹 페이지 A의 값은 A를 링크한 각 웹 페이지들로부터 받는 값의 합이다. ③이렇게 받은 A의 값은 A가 링크한 다른 웹 페이지들에 균등하게 나눠진다. ④즉 A의 값이 4이고 A가 두 개의 링크를 통해 다른 웹 페이지로 연결된다면, A의 값은 유지되면서 두 웹 페이지에는 각각 2가 보내진다.

①~② #정의 제시 #단어의 의미 살리기

본격적으로 '중요도'에 대해 설명하고 있습니다. 단어의 의미 그대로, 특정 웹 페이지의 '중요'한 정'도'를 나타낸 값이네요. 이는 '링크 분석 기법'으로 측정하는데, 이 기법에서 웹 페이지의 A의 값은 'A를 링크한 각 웹 페이지들로부터 받는 값의 합'이라고 합니다. 여기서 '값'이라는 말을 '중요도'와 관련된 것으로 바꿔서 이해할 수 있어야 합니다. 이렇게 개념의 정의를 정확하게 체크하는 것이 수준 높은 독해의 시작이에요.

나아가, A를 '링크'한 각 웹 페이지들이라는 말도 이해해야 합니다. '링크'라는 말이 지문 속에서 정의되지 않았기 때문에, 우리가 알고 있는 말을 바탕으로 생각해야겠죠? '링크'라는 말은 우리가 인터넷에서 무언가를 눌러 그 웹 페이지로 바로 접속하는 행위를 말합니다. 즉, A를 링크했다는 것은 A로 바로 접속할 수 있는 무언가(주소, 배너 등등)를 만들어 두었다는 것을 의미하겠죠. 이러한 웹 페이지들로부터 '값'을 받을 수 있다고 합니다. 그 원리가 궁금해지죠?

이렇게 A라는 웹 페이지는 다른 웹 페이지들로부터 '중요도'와 관련된 '값'을 받을 수 있는데, 이는 또 A가 링크한 다른 웹 페이지들에 균등하게 나눠진다고 합니다. 웹 페이지들끼리는 서로 '값'을 주고받을 수 있는 것이죠!

4번 문장에선 사례를 들어 더 자세하게 이해시켜주고 있습니다. 이런저런 웹 페이지들로부터 4의 값을 받은 A가 두 개의 링크로 다른 웹 페이지에 연결되면, 두 웹 페이지에는 '균등하게' 2씩 보내지는 것이죠. 이때 중요한 것은 A의 값은 유지된다는 점입니다. 즉, 웹 페이지의 '중요도'와 관련된 '값'은 '계속해서 증가'하는 구조라는 것이죠. 지문 속 정보에 따르면 다른 웹 페이지가 링크해서 '중요도'가 '증가'하는 것은 가능하지만, 다른 웹 페이지를 링크하더라도 '감소'하지는 않으니까요. 이렇게 이면의 내용도 추론하면서 읽어낼 수 있어야 합니다. 특히 이렇게 짧은 지문에서는 말이에요!

하이라이트 문장

> ④즉 A의 값이 4이고 A가 두 개의 링크를 통해 다른 웹 페이지로 연결된다면, A의 값은 유지되면서 두 웹 페이지에는 각각 2가 보내진다.

사례를 바탕으로 '중요도 배분'이라는 추상적인 원리를 이해할 것을 요구하는 문장입니다. 이때 'A의 값은 유지되면서'라는 말은 앞에서 나온 적이 없는 말이기 때문에, 이를 앞에서 보여 준 A가 값을 주고받는 모습과 엮어 '중요도에 대한 값은 계속해서 증가한다.'라는 새로운 정보를 추론할 수 있어야 합니다. 이렇게 숨겨진 정보를 많이 찾아낼수록 지문의 이해도가 깊어지고, 문제풀이가 쉬워집니다.

4문단

> ①하지만 두 웹 페이지가 실제로 받는 값은 2에 댐핑 인자를 곱한 값이다. ②댐핑 인자는 사용자들이 웹 페이지를 읽다가 링크를 통해 다른 웹 페이지로 이동하지 않는 비율을 반영한 값으로 1 미만의 값을 가진다. ③댐핑 인자는 모든 링크에 동일하게 적용된다. ④가령 그 비율이 20%이면 댐핑 인자는 0.8이고 두 웹 페이지는 A로부터 각각 1.6을 받는다. ⑤웹 페이지로 연결된 링크를 통해 받는 값을 모두 반영했을 때의 값이 각 웹 페이지의 중요도이다. ⑥웹 페이지들을 연결하는 링크들은 변할 수 있기 때문에 검색 엔진은 주기적으로 웹 페이지의 중요도를 갱신한다.

앞 문단에 따르면, A가 링크한 두 웹 페이지는 A의 값인 4를 '균등하게' 2씩 배분받아야 합니다. 그런데 '실제로 받는 값'은 '댐핑 인자'를 고려한 값이라고 해요. '댐핑 인자'의 정의부터 정확하게 체크해야겠죠? 이는 웹 페이지에서 링크를 통해 다른 웹 페이지로 이동하지 않는 비율을 반영한 것입니다. 이 정의를 읽으면서 '중요도'라는 개념이 떠올랐으면 좋겠어요. 한 웹 페이지에서 다른 웹 페이지로 이동하지 않는다는 것은, 그 웹 페이지가 그만큼 '중요'하다는 의미이기도 하니까요. 이렇게 화제의 흐름을 바탕으로 개념의 정의를 정확하게 납득할 수 있어야 합니다. 최근의 지문은 굉장히 불친절하기 때문에, 이러한 정보를 굳이 언급하지 않아요! 스스로 생각할 수 있어야 해요.

아무튼, 이때 '댐핑 인자'라는 개념은 1 미만의 값으로 모든 링크에 '동일'하게 적용된다고 합니다. 아니 그런데 다른 웹 페이지로 이동하지 않는 비율을 '반영'한다고 했지, 정확하게 어떻게 '댐핑 인자'를 구하는지는 설명하지 않고 있습니다. 이는 4번 문장의 사례를 통해 확실하게 이해할 수 있겠죠? 만약 A에서 다른 웹 페이지로 이동하지 않는 비율이 20%라면, '댐핑 인자'는 0.8이라고 합니다. 여기에 A로부터 온 값인 2를 곱한 1.6이 최종적으로 두 웹 페이지가 각각 받게 되는 값이 되는 것이죠.

여기서 그냥 넘어가면 안 됩니다. 앞에서도 말했듯이 '댐핑 인자'의 정의가 매우 불친절하게 제시되고 있으니, 스스로 구체화시킨 다음 넘어갈 수 있어야 해요. 4번 문장의 사례를 다시 가져와 봅시다. A에서 다른 웹 페이지로 이동하지 않는 비율이 20%라고 합니다. 이를 반대로 추론하면, A에서 다른 웹 페이지로 이동하는 비율이 80%라는 걸 알 수 있겠죠? 그런데 이때 '댐핑 인자'가 0.8이라고 했으니, 여러분은 '댐핑 인자=링크를 통해 다른 웹 페이지로 이동한 비율'임을 추론하고 가셔야 합니다. 이렇게 친절하게 써 주면 되는데, 굳이 불친절하게 반대 상황을 바탕으로 정의하고 있었던 것이죠.

이러한 의미를 가진 '댐핑 인자'를 반영하여 값을 주고받는데, 웹 페이지로 연결된 링크를 통해 받는 값을 모두 반영했을 때의 '값'이 바로 '중요도'가 된다고 합니다. 즉, 다른 웹 페이지에서 많이 링크해서 받는 값이 많아질수록 '중요도'가 높다는 의미인 것이죠. 그리고 이러한 '중요도'는 너무나 당연하게도 자주 갱신되어야 합니다. 링크의 양상은 계속해서 변화하니까요.

| 생각 심화 |

한 단계만 더 가봅시다. 4번 문장의 사례에서 보여 준 것처럼 A에서 다른 웹 페이지로 이동하는 비율이 80%에 이른다는 건 A가 그리 '중요'한 웹 페이지가 아니라는 의미입니다. 그리고 이때는 '댐핑 인자'가 높게 나왔어요. 이는 중요하지 않을수록 '댐핑 인자'가 크게 적용된다는 뜻인데, 왜 그런 것일까요? 스스로 생각해보면 좋겠습니다.

지금 우리가 이해하고 있는 상황은 A를 비롯한 '웹 페이지'들이 서로 '중요도'와 관련된 '값'을 주고받고 있는 상황입니다. 그리고 그 메커니즘에 따르면, '댐핑 인자'가 높은 웹 페이지일수록 다른 웹 페이지들이 '받는 값'이 커지게 되어 있어요. 그리고 이렇게 '받는 값'들을 모두 반영한 것이 바로 '중요도'입니다. 따라서 A처럼 '덜 중요한' 웹 페이지들은 상대적으로 '더 중요한' 다른 웹 페이지들에게 높은 '값'을 주어야 할 필요가 있는 것이죠.

결국 4문단은 처음부터 끝까지 "주는 쪽의 입장에서는 댐핑 인자가 클수록 덜 중요하고, 받는 쪽의 입장에서는 댐핑 인자가 클수록 더 중요하다."라는 말을 반복하던 것이었습니다. '중요도'를 구하는 메커니즘이 굉장히 복잡한 것 같았지만 사실은 간단했던 것이에요. 다시 강조하지만, 지문이 짧고 불친절할수록 이렇게 많은 생각을 추가로 할 수 있어야 합니다. 각 문장에 머무는 시간을 늘려서라도 더 많은 '생각'을 할 수 있도록 연습해봅시다.

하이라이트 문장

> ⑤웹 페이지로 연결된 링크를 통해 받는 값을 모두 반영했을 때의 값이 각 웹 페이지의 중요도이다.

단순히 '중요도'라는 개념의 정의를 이해하는 것에서 그치는 것이 아니라, 앞에 나왔던 '댐핑 인자'의 진짜 정의 등을 엮어 '중요도'가 정해지는 원리를 완벽하게 이해해야 합니다. 이것이 가능했는지에 따라 문제의 체감 난이도가 크게 달라졌을 것이에요.

5문단

> ①사용자가 검색어를 입력하면 검색 엔진은 인덱스에서 검색어에 적합한 웹 페이지를 찾는다. ②**적합도**는 단어의 빈도, 단어가 포함된 웹 페이지의 수, 웹 페이지의 글자 수를 반영한 식을 통해 값이 정해진다. ③해당 검색어가 많이 나올수록, 그 검색어를 포함하는 다른 웹 페이지의 수가 적을수록, 현재 웹 페이지의 글자 수가 전체 웹 페이지의 평균 글자 수에 비해 적을수록 적합도가 높아진다. ④검색 엔진은 중요도와 적합도, 기타 항목들을 적절한 비율로 합산하여 화면에 나열되는 웹 페이지의 순서를 결정한다.

①~③ #카테고리 나누기 #정의 제시 #단어의 의미 살리기 #재진술

지금까지 우리가 열심히 이해한 내용은 '중요도'에 대한 것이었습니다. 이번에는 '적합도'에 대한 내용이네요. 새로운 카테고리로 만들어주는 건 기본이겠죠?

나아가 '적합도'가 정의되고 있습니다. 이는 '단어의 빈도', '단어가 포함된 웹 페이지의 수', '웹 페이지의 글자 수' 등이 고려된 값이라고 해요. 3번 문장에서는 이들을 어떻게 고려하는지 자세히 설명해주고 있습니다. '단어의 빈도'가 높을수록, '단어가 포함된 웹 페이지의 수'가 적을수록, '웹 페이지의 글자 수'가 적을수록 '적합'한 정'도'가 높아진다고 해요. 조금만 생각해보면 어렵지 않게 이해할 수 있겠죠? 해당 검색어에 가장 '적합'하다고 하려면 위와 같은 성질을 만족시켜야 할 테니까요. 글자수가 적은 글 속에서 해당 단어가 자주 나오는데, 다른 웹 페이지에서는 그 단어를 많이 안 다루고 있다면 정말로 '적합'한 웹 페이지를 찾았다고 할 수 있으니까요! 이렇게 확실하게 납득할 수 있겠죠?

④ #화제의 흐름

'인터넷 검색 엔진'은 이렇게 '중요도'와 '적합도' 등 다양한 항목들을 고려하여 화면에 나열되는 '웹 페이지의 순서'를 결정한다고 합니다. '중요도'와 '적합도'라는 중요 개념은 모두 '웹 페이지 노출 순서 결정'이라는 목적을 가지고 있었다는 걸 잊지 않았다면, 완벽하게 납득하면서 마무리할 수 있는 문장이네요.

하이라이트 문장

> ③해당 검색어가 많이 나올수록, 그 검색어를 포함하는 다른 웹 페이지의 수가 적을수록, 현재 웹 페이지의 글자 수가 전체 웹 페이지의 평균 글자 수에 비해 적을수록 적합도가 높아진다.

단순히 '그렇구나~' 하고 넘어가는 것이 아니라, 왜 이런 경우에 '적합한 정'도'가 높아지는지 최대한 납득하고 갈 수 있어야 합니다. 계속 강조하지만, 납득하는 정보의 양과 지문의 이해 정도는 비례합니다.

선지	①	②	③	④	⑤
선택률	3%	25%	20%	20%	32%

16 윗글을 통해 알 수 있는 내용으로 가장 적절한 것은? ②

① 인덱스는 사용자가 검색어를 입력한 직후에 작성된다.

명시적 근거	2문단 1번 문장
실전에서의 판단 과정	인덱스는 미리 작성하는 것이지.
해설	사용자가 검색어를 입력한 직후에 빠르게 검색 결과를 내놓기 위해서, '인덱스'는 '미리' 작성해 놓는다고 했습니다. 애초에 '인덱스'에 있는 '중요도' 등을 고려해서 검색 결과를 내놓는 것이기 때문에, '인덱스'를 미리 작성해야 한다는 것은 확실하게 납득할 수 있던 내용 중에 하나죠?

② 사용자가 링크를 따라 다른 웹 페이지로 이동하는 비율이 높을수록 댐핑 인자가 커진다.

명시적 근거	3문단 2번~4번 문장
실전에서의 판단 과정	댐핑 인자의 숨겨진 정의였지.
해설	'댐핑 인자'의 정의가 굉장히 애매하게 제시되어 있었기에, 사례를 바탕으로 완벽하게 이해하려고 했었어야 합니다. 이로부터 '댐핑 인자=링크를 통해 다른 웹 페이지로 이동한 비율'이라는 새로운 정의를 추론할 수 있었죠. 이러한 추론 과정을 제대로 거친 학생들에게만 정답의 기쁨을 주겠다는 의지가 보이는 선지였습니다.

③ 링크 분석 기법은 웹 페이지 사이의 링크를 분석하여 웹 페이지의 적합도를 값으로 나타낸다.

명시적 근거	3문단 1번 문장
실전에서의 판단 과정	링크 분석 기법은 중요도 측정하는 것이지.
해설	카테고리 설정을 정확하게 해야 합니다. '링크 분석 기법'은 '중요도'와 관련된 것이었어요. '적합도'는 '단어의 빈도' 같은 요소를 바탕으로 정해지는 것이었습니다.

④ 웹 페이지의 중요도는 다른 웹 페이지에서 받는 값과 다른 웹 페이지에 나눠 주는 값의 합이다.

명시적 근거	4문단 5번 문장
실전에서의 판단 과정	받는 값만 반영한 거잖아?
해설	'중요도'의 정의는 너무나 잘 이해한 내용이기에 가볍게 지울 수 있을 것 같습니다. 다른 웹 페이지에서 '받는 값'들을 모두 반영했을 때의 값이 곧 '중요도'였어요. '나눠 주는 값'은 해당 웹 페이지의 값을 전혀 변동시키지 못했죠?

⑤ 사용자가 검색어를 입력하면 검색 엔진은 검색한 결과를 인덱스에 정렬된 순서대로 화면에 나타낸다.

명시적 근거	2문단 2번 문장
실전에서의 판단 과정	인덱스는 그냥 알파벳순으로 정리한 건데?
해설	검색 엔진은 검색 결과를 '중요도' 및 '적합도' 등을 고려한 기준에 맞춰 순서대로 정렬합니다. 이는 이 지문의 화제 그 자체였기 때문에, 절대로 잊으면 안 되는 정보였어요. 이렇게 '화제'에 대해 정확하게 인식하지 못한 대가는 큽니다. 무려 32%의 학생들이 그 대가를 치렀네요. 참고로 '인덱스'는 그저 알파벳순으로 단어를 정리한 것이었습니다. 정의 체크만 제대로 했어도 이 선지를 고를 일은 없었을 것이에요.

선지	①	②	③	④	⑤
선택률	6%	20%	12%	12%	50%

17 ㉠, ㉡을 고려하여 검색 결과에서 웹 페이지의 순위를 높이기 위한 방안으로 가장 적절한 것은? ⑤

㉠중요도 / ㉡적합도

– 검색 결과에서 웹 페이지의 순위를 높이기 위해서는, ㉠과 ㉡ 모두를 높이는 것이 중요합니다. ㉠을 높이기 위해서는 다른 웹 페이지에서 자신의 웹 페이지를 많이 링크하여 접속할 수 있게 해야 합니다. 한편 ㉡을 높이기 위해서는 '단어의 빈도'를 높게 하고, '해당 단어를 포함하는 다른 웹 페이지 수'가 적은 주제를 택해야 합니다. 나아가 '글자 수'가 적게 웹 페이지를 구성해야 하죠. 이 내용을 미리 생각해놓고 선지를 판단할 수 있어야 합니다.

① 화제가 되고 있는 검색어들을 웹 페이지에 최대한 많이 나열하여 ㉠을 높인다.

명시적 근거	5문단 3번 문장
실전에서의 판단 과정	이건 중요도랑 아무 상관 없는데?

해설	'중요도'를 높이기 위해서는 다른 웹페이지들이 더 많이 링크를 하게끔 해야 합니다. 단순히 화제가 되고 있는 검색어들을 나열하기만 한다고 해서 더 많이 링크가 되지는 않을 것이기 때문에, 이는 '중요도'와는 아무런 관련이 없는 방안이라고 할 수 있겠습니다.

② 사람들이 많이 접속하는 유명 검색 사이트로 연결하는 링크를 웹 페이지에 많이 포함시켜 ㉠을 높인다.

명시적 근거	4문단 5번 문장
실전에서의 판단 과정	자기 사이트에 많이 들어오게 해야지.
해설	유명 검색 사이트로 연결하는 링크를 많이 포함시키는 것은 해당 유명 사이트로 값을 많이 보내는 것밖에 되지 않습니다. 이는 웹 페이지의 '중요도'에 아무런 영향을 미치지 않아요. 오히려 '댐핑 인자'만 올라가 해당 유명 검색 사이트의 '중요도'가 올라가겠죠.

③ 알파벳순으로 앞 순서에 있는 단어들을 웹 페이지 첫 부분에 많이 포함시켜 ㉡을 높인다.

명시적 근거	2문단 2번 문장
실전에서의 판단 과정	인덱스는 중요도, 적합도를 결정하는 요소가 아니었지.
해설	'알파벳순'이라고 하면 '인덱스'의 순서를 고려한다는 것인데, '인덱스'는 검색 전에 미리 작성되는 것일 뿐 '중요도'나 '적합도'에는 영향을 주지 않습니다. 다른 요소에 영향을 받아 만들어진 '중요도' 등을 고려하여 '인덱스'를 작성할 뿐입니다. 따라서 알파벳순으로 앞 순서에 있는 단어들을 많이 배치시키는 것은 아무런 의미가 없습니다.

④ 다른 많은 웹 페이지들이 링크하도록 웹 페이지에서 여러 주제를 다루고 전체 글자 수를 많게 하여 ㉡을 높인다.

명시적 근거	5문단 3번 문장
실전에서의 판단 과정	이건 적합도 낮추는 짓이잖아.
해설	여러 주제를 다루면 웹 페이지 속에서 검색어의 '빈도'가 낮아질 것입니다. 이러한 결과와 전체 글자 수가 많아지는 것은 모두 '적합도'를 낮추는 방안이 됩니다. 애초에 해당 검색어와 '적합'하지 않게 되는 것이니까요.

⑤ 다른 웹 페이지에서 흔히 다루지 않는 주제를 간략하게 설명하되 주제와 관련된 단어를 자주 사용하여 ㉡을 높인다.

명시적 근거	5문단 3번 문장
실전에서의 판단 과정	적합도 높이는 방법 그 자체네.
해설	다른 웹 페이지에서 흔히 다루지 않는 주제를 다루면 '단어가 포함된 웹 페이지의 수'가 적을 것이고, 이를 간략하게 설명하면 '글자 수'가 적어질 것이고, 주제와 관련된 단어를 자주 사용하면 '단어의 빈도'가 높아집니다. '적합도'를 높이는 방법으로 납득해둔 것들은 죄다 사용하는 것이네요. 가볍게 답으로 골라줄 수 있겠습니다.

선지	①	②	③	④	⑤
선택률	5%	17%	31%	23%	24%

18 〈보기〉는 웹 페이지들의 관계를 도식화한 것이다. 윗글을 바탕으로 〈보기〉를 이해한 내용으로 적절한 것은? [3점] ⑤

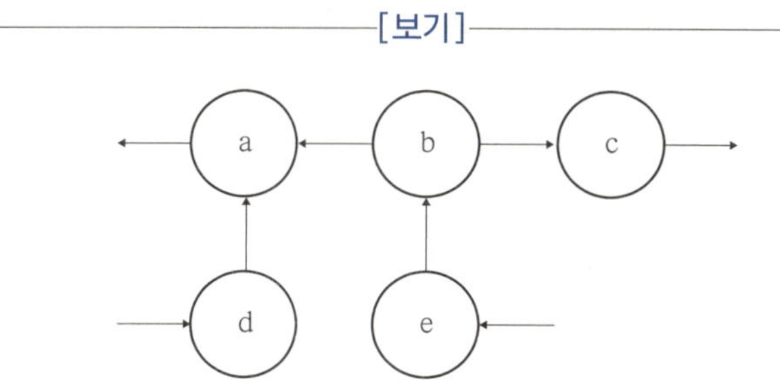

원은 웹 페이지이고, 화살표는 웹 페이지에서 링크를 통해 화살표 방향의 다른 웹 페이지로 연결됨을 뜻한다. 댐핑 인자는 0.5이고, d와 e의 중요도는 16으로 고정된 값이다.

(단, 링크와 댐핑 인자 외에 웹 페이지의 중요도에 영향을 주는 다른 요소는 고려하지 않음.)

– 역시 〈보기〉부터 정리하고 가야 합니다. d와 e의 중요도가 고정되어 있으니, 여기서부터 시작하면 되겠죠? 일단 d부터 봅시다. d는 a로 가는 링크만 걸어 둔 상태입니다. 이렇게 되면 d의 중요도 16에 댐핑 인자 0.5를 곱한 8을 보내겠네요.

그런데 a는 d 뿐만 아니라 b에게도 값을 받습니다. 그리고 b는 e에게 값을 받고 있죠. e의 중요도도 16이기 때문에, b는 이에 댐핑 인자 0.5를 곱한 8을 받게 됩니다. 그런데 b는 a 뿐만 아니라 c에게도 값을 주어야 합니다. 이런 경우에는 '균등하게' 배분한다고 했으니, 자신의 값인 8을 '균등하게' 나눈 4에 댐핑 인자 0.5를 곱한 2씩을 a와

c에게 보내게 되겠네요. 결국, 위와 같은 상황에서 각 웹 페이지의 중요도는 다음과 같이 정리됩니다.

〈a : 10 (8+2) / b : 8 / c : 2 / d : 16 / e : 16〉

이렇게 정리한 상태로 선지를 판단해보도록 합시다.

① a의 중요도는 16이다.
② a가 b와 d로부터 각각 받는 값은 같다.

명시적 근거	3문단 3번~4번 문장, 4문단 4번~5번 문장
실전에서의 판단 과정	미리 정리한 내용이랑 다르네.
해설	a의 중요도는 10이고, b와 d로부터 각각 받는 값은 2와 8이었습니다. 틀렸네요.

③ b에서 a로의 링크가 끊어지면 b와 c의 중요도는 같다.

명시적 근거	3문단 3번~4번 문장, 4문단 4번~5번 문장
실전에서의 판단 과정	'해설'과 동일.
해설	b에서 a로의 링크가 끊어지면, b는 c에게 자신의 중요도인 8 전부를 보내려고 할 겁니다. 여기에 댐핑 인자 0.5를 곱하면 4가 되겠죠? 이 경우 b와 c의 중요도는 각각 8, 4가 되므로 같지 않습니다.

④ e에서 a로의 링크가 추가되면 b의 중요도는 6이다.

명시적 근거	3문단 3번~4번 문장, 4문단 4번~5번 문장
실전에서의 판단 과정	'해설'과 동일.
해설	e에서 a로의 링크가 추가되면, e는 자신의 중요도 16을 '균등하게' 나눠 a와 b에게 보내야 합니다. 이 경우 16을 '균등하게' 나눈 8에 댐핑 인자 0.5를 곱한 4씩 보내게 되겠죠. b의 중요도는 6이 아니라 4가 되네요.

⑤ e에서 c로의 링크가 추가되면 c의 중요도는 5이다.

명시적 근거	3문단 3번~4번 문장, 4문단 4번~5번 문장
실전에서의 판단 과정	'해설'과 동일.
해설	조금 복잡한 상황입니다. e에서 c로의 링크가 추가되면, e는 자신의 중요도 16을 '균등하게' 나눈 8에 댐핑 인자 0.5를 곱한 4를 b와 c에게 나눠주게 됩니다. 8에 댐핑 인자 0.5를 곱한 4를 b와 c에 나눠주게 됩니다.

여기에 b는 다시 a와 c에게 자신의 중요도 4를 '균등하게' 나눈 2에 댐핑 인자 0.5를 곱한 1을 a와 c에 나눠주게 되겠죠. 결국 c는 e로부터 4를, b로부터 1을 받게 되어 중요도는 5가 되겠습니다.

선지	①	②	③	④	⑤
선택률	55%	2%	3%	6%	34%

19 문맥상 @의 의미와 가장 가까운 것은? ①

① 공부를 하다 보니 시간은 자정이 넘었다.
② 그들은 큰 산을 넘어서 마을에 도착했다.
③ 철새들이 국경선을 넘어서 훨훨 날아갔다.
④ 선수들은 가까스로 어려운 고비를 넘었다.
⑤ 갑자기 냄비에서 물이 넘어서 좀 당황했다.

몰랐던 어휘 정리하기

| 핵심 point |

① **화제 check** : 독서 지문 독해의 처음이자 끝. 첫 문단에서 잡은 '화제의 틀'을 마지막 문단까지 놓지 않아야 합니다.
② **정의 인식** : 단어의 의미를 살린 상태로, 지문에 제시된 정의와 붙여서 이해할 수 있어야 합니다. 정의를 '기억'하는 게 아니라, '납득'해서 본인의 말로 정리할 수 있어야 해요.
③ **재진술 인식** : 같은 말이라도 다르게 표현되는 경우가 많습니다. 심지어 아예 똑같은 말이 반복되는 경우도 많아요. 이 '같은 말'에 민감하게 반응하면, '정보량'을 줄이면서 읽을 수가 있습니다.

| 지문 내용 총정리 |

'중요도'와 '적합도'라는 카테고리를 바탕으로 지문의 틀을 잡는 것이 아주 중요한 지문이었습니다. 나아가 짧은 만큼 불친절한 문장 사이사이 생략된 정보들을 스스로 추론하는 태도를 갖추는 것도 중요했어요. 지문이 짧을수록 더 많은 생각을 해야 한다는 원칙을 되새기면서 여러 번 복습하도록 합시다.

1문단

> ①주차하거나 좁은 길을 지날 때 운전자를 돕는 장치들이 있다. ②이 중 차량 전후좌우에 장착된 카메라로 촬영한 영상을 이용하여 차량 주위 360°의 상황을 위에서 내려다본 것 같은 영상을 만들어 차 안의 모니터를 통해 운전자에게 제공하는 장치가 있다. ③운전자에게 제공되는 영상이 어떻게 만들어지는지 알아보자.

①~② #화제 제시

운전자를 돕는 장치에 대해 설명하려나 봅니다. 이 중에서 전후좌우 4개의 카메라를 사용, 차량 주위의 상황을 '위에서 내려다본 것 같은 영상'을 제공하는 기술이 있다고 합니다. 기술 지문을 독해할 때에는 반드시 그 기술의 '목적'을 생각해 주셔야 합니다. 그 '목적'이 곧 '화제'가 되기 때문이에요. 그렇다면 '운전자를 돕기 위해 차량 주변을 위에서 내려다본 것 같은 영상을 만드는 기술'이 화제가 되겠네요.

이는 '어라운드뷰'라고 부르는 기술로, 이 지문에서는 명시적으로 이름을 밝혀주지 않았지만 편의상 그렇게 부르도록 하겠습니다.

③ #화제의 흐름

친절하게 화제의 흐름을 만들어주고 있습니다. 이제 이렇게 '위에서 내려다본 것 같은 영상'이 만들어지는 '과정'이 나오겠네요. 어떤 과정을 통해 기술이 달성되는지 이해하는 건 아주 중요합니다.

2문단 (1)

> ①먼저 차량 주위 바닥에 바둑판 모양의 격자판을 펴 놓고 카메라로 촬영한다. ②이 장치에서 사용하는 **광각 카메라**는 큰 시야각을 갖고 있어 사각지대가 줄지만 빛이 렌즈를 지날 때 렌즈 고유의 곡률로 인해 영상이 중심부는 볼록하고 중심부에서 멀수록 더 휘어지는 현상, 즉 렌즈에 의한 상의 왜곡이 발생한다. ③이 왜곡에 영향을 주는 카메라 자체의 특징을 **내부 변수**라고 하며 왜곡 계수로 나타낸다. ④이를 알 수 있다면 왜곡 모델을 설정하여 왜곡을 보정할 수 있다.

① #과정 제시 #화제의 흐름

'먼저'와 함께 과정이 시작되고 있네요. 차량 주변에 격자판을 펴 놓고 카메라로 촬영한다고 합니다. 지문에서 제시한 것처럼 '바둑판'을 떠올리면 좋겠죠? 이를 통해 '위에서 내려다 본 영상'을 어떻게 만들지 생각하며 계속 독해해봅시다.

② #문제점 제시 #단어의 의미 살리기 #고정값

이때 사용하는 '광각 카메라'의 장점이 제시되고 있습니다. 큰 시야각을 갖고 있다는 건 단어의 의미 그대로 '시야/각'이 큰 것이니까, 카메라로 볼 수 있는 범위가 넓다고 생각할 수 있겠네요. 시야각이 넓다면 사각지대가 줄어드는 건 당연합니다. 충분히 납득할 수 있겠죠?

그런데 여기서 '문제'가 발생하네요. 렌즈의 '고유한' 곡률로 인해서 '상의 왜곡'이 발생한다고 합니다. 일단 '고유한'이라는 말에 주목할 수 있어야겠죠? 변하지 않는 '고정값'은 아주 중요하니까요.

'어라운드뷰' 기술은 운전자를 돕는 장치인데, 왜곡이 발생하면 안 되겠죠? '중심부는 볼록하고 중심부에서 멀수록 더 휘어지는 현상'을 설명한 건 '왜곡'을 부연해주기 위해서입니다. 따라서 '왜곡'에 초점을 맞춰서 독해했어야 합니다. 어떻게 왜곡되는지까지는 기억하지 못해도, '어라운드뷰'라는 기술의 '광각 카메라'에 큰 문제가 있다는 건 인식할 수 있어야 하는 것이에요.

이렇게 '문제'가 있다면, 분명히 '원인'도 있을 것입니다. 그리고 그 원인을 제거하면 문제가 깔끔하게 '해결'되겠죠. 이 기술은 '왜곡'이라는 문제를 가지고 있고, 그 원인은 '광각 카메라'의 특징 때문입니다. 그렇다면 이 카메라를 사용하지 않거나, 카메라의 해당 특징을 제어하는 방식으로 해결할 수 있겠네요. 이렇게 예상하고 갈 수 있겠죠?

③~④ #수식된 정의 제시 #단어의 의미 살리기 #해결책 제시

이러한 왜곡에 영향을 주는, 즉 '문제'를 발생시키는 '카메라 자체의 특징'을 '내부 변수'라고 합니다. 단어의 의미를 살려서, 카메라 '내부'의 '변수'를 의미한다는 식으로 납득해주시면 되겠죠? 이는 앞에서 우리가 생각했던 문제의 '원인' 그 자체이기도 합니다. '광각 카메라'가 가진 특징 그 자체인 것이죠.

이러한 '내부 변수'는 '왜곡 계수'로 나타낸다고 합니다. 이번에도 단어의 의미를 살리면, '왜곡'을 나타내는 '계수'를 통해 '내부 변수'를 나타낸다는 식으로 이해할 수 있겠죠? 이러한 '왜곡 계수'를 알 수 있다면, '왜곡 모델'을 설정하여 왜곡을 '보정'하는 것이 가능하다고 합니다. 앞에서 생각했던 것처럼, 광각 카메라가 가진 특징이라는 '원인'을 제거하여 왜곡이라는 '문제'를 해결할 수 있는 것이죠! 이렇게 정리하여야 머릿속에 오래 남습니다. 충분히 납득할 수 있겠죠?

하이라이트 문장

②이 장치에서 사용하는 광각 카메라는 큰 시야각을 갖고 있어 사각지대가 줄지만 빛이 렌즈를 지날 때 렌즈 고유의 곡률로 인해 영상이 중심부는 볼록하고 중심부에서 멀수록 더 휘어지는 현상, 즉 렌즈에 의한 상의 왜곡이 발생한다.

'상의 왜곡'과 같은 중요 정보의 정의를 체크하는 것도 물론 중요하지만, 더욱 중요한 것은 '문제'가 있다는 것을 인식하는 겁니다. 이걸 인식하는 순간, '원인의 제거'라는 기본적인 도식이 그려지니까요.

2문단 (2)

⑤한편 차량에 장착된 카메라의 기울어짐 등으로 인해 발생하는 왜곡의 원인을 **외부 변수**라고 한다. ⑥촬영된 영상과 실세계 격자판을 비교하면 영상에서 격자판이 회전한 각도나 격자판의 위치 변화를 통해 카메라의 기울어진 각도 등을 알 수 있으므로 왜곡을 보정할 수 있다.

⑤ #카테고리 나누기 #수식된 정의 제시 #단어의 의미 살리기

'한편'과 함께 카테고리가 나눠지고 있습니다. 앞 부분에서는 '내부 변수'라는 문제의 원인을 제시했는데, 이번에는 '외부 변수'라는 문제의 원인을 제시하고 있습니다. 이번에도 '카메라의 기울어짐' 같은, '외부'에서 일어난 '변수'라는 식으로 단어의 의미를 살려서 이해할 수 있겠죠? 이러한 '외부 변수'를 제거해주면 이번에도 어렵지 않게 문제를 해결할 수 있겠습니다.

⑥ #해결책 제시

'외부 변수에 의한 왜곡'을 해결하는 방법이 등장하네요. 촬영 영상과 실세계 격자판 즉, 실제 세계에 존재하는 격자판을 비교해보면 영상이 얼마나 잘못되었는지 알 수 있을 겁니다. 실세계의 격자판은 왜곡 없이 그대로일 텐데, 영상은 회전해 있거나 기울어져 있을 것이니까요. 따라서 둘을 비교하여 보정하면 됩니다. 간단하죠? 이렇게 '외부 변수'를 제거하여 문제를 해결할 수 있는 것입니다.

하이라이트 문장

⑤한편 차량에 장착된 카메라의 기울어짐 등으로 인해 발생하는 왜곡의 원인을 외부 변수라고 한다.

'외부 변수'라는 문제의 '원인'이 새롭게 등장했습니다. 이를 제거하면 되겠다는 생각을 함과 동시에, '내부/외부'라는 두 가지 카테고리로 이쁘게 나눠진다는 것을 인식할 수 있어야 합니다. 문단 내의 카테고리 나누기에는 민감하게 반응하기로 했으니까요.

3문단

①왜곡 보정이 끝나면 영상의 점들에 대응하는 3차원 실세계의 점들을 추정하여 이로부터 원근 효과가 제거된 영상을 얻는 **시점 변환**이 필요하다. ②카메라가 3차원 실세계를 2차원 영상으로 투영하면 크기가 동일한 물체라도 카메라로부터 멀리 있을수록 더 작게 나타나는데, 위에서 내려다보는 시점의 영상에서는 거리에 따른 물체의 크기 변화가 없어야 하기 때문이다.

① #카테고리 나누기 #수식된 정의 제시 #단어의 의미 살리기

이렇게 '내부 변수'와 '외부 변수'를 제거하여 '왜곡 보정'이 끝난 상황을 다루고 있습니다. 그런데 이게 끝이 아닙니다. 이번엔 '원근 효과'가 제거된 영상을 얻어야 한다고 합니다. 이를 '시점 변환'이라고 하는데, 이번에도 단어의 의미 그대로 '시점'을 '원근 효과'가 제거되도록 '변환'하는 것이라고 이해할 수 있겠죠? 이렇게 단어의 의미를 살리면서 정보를 받아들이면 훨씬 더 오래 머릿속에 남길 수 있을 것이에요. 아무튼, '왜곡 보정' 이후 '원근 효과 제거'의 단계가 필요하다는 식으로 카테고리를 정확히 나눠주셔야겠습니다.

아무튼, 그 방법은 '영상의 점'에 대응하는 '3차원 실세계의 점'들을 추정하는 것입니다. '외부 변수'를 해결할 때와 비슷한 메커니즘으로 작동하는 것이네요. '영상'과 '실세계'를 비교하는 것이죠!

② #재진술

이렇게 '원근 효과'를 제거해야 하는 이유를 알려줍니다. '실세계'를 '영상'으로 투영했을 때, 운전자가 보는 영상에는 '거리에 따른 물체의 크기 변화'가 없어야 하기 때문이죠. 생각해 보면 '위에서 내려다본 것 같은 영상'인데 상하좌우에 '원근 효과'가 반영되어 있다면 전혀 도움이 될 것 같지 않습니다. 따라서 여기서 말하는 '크기 변화'는 멀리 있을수록 작게 보인다는, 즉 '원근 효과'와 관련된 내용이겠죠? 결국 이 문장도 '원근 효과'를 제거해야 한다는 말의 재진술일 뿐이었습니다. '때문이다'라는 표지를 활용하고 있네요.

하이라이트 문장

> ①왜곡 보정이 끝나면 영상의 점들에 대응하는 3차원 실세계의 점들을 추정하여 이로부터 원근 효과가 제거된 영상을 얻는 시점 변환이 필요하다.

'원근 효과'를 제거해야 한다는 것을 인식하는 것은 기본이고, '왜곡 보정' 다음 단계로 '원근 효과 제거'가 필요하다는 것을 체크해야 합니다. 지문을 크게 두 가지 카테고리로 나눠주는 문장이에요.

4문단

> ①**왜곡이 보정된 영상**에서의 몇 개의 점과 그에 대응하는 실세계 격자판의 점들의 위치를 알고 있다면, 영상의 모든 점들과 격자판의 점들 간의 <u>대응 관계를 가상의 좌표계를 이용하여 기술</u>할 수 있다. ②이 대응 관계를 이용해서 영상의 점들을 <u>격자의 모양과 격자 간의 상대적인 크기가 실세계에서와 동일하게 유지되도록 한 평면에 놓으면 2차원 영상</u>으로 나타난다. ③이때 얻은 영상이 **위에서 내려다보는 시점의 영상**이 된다. ④이와 같은 방법으로 구한 <u>각 방향의 영상</u>을 합성하면 차량 주위를 위에서 내려다본 것 같은 영상이 만들어진다.

① #화제의 흐름 #재진술

'왜곡이 보정된 영상'에 대한 이야기를 하고 있습니다. 앞에서 봤던 말과 '진짜로' 같은 말이 나오면 반드시 그 내용을 끌고 와서 정보량을 줄일 수 있어야 한다고 했어요. '왜곡 보정'은 3문단에서 읽었던 '원근 효과 제거' 전의 과정입니다. 즉, '왜곡이 보정된 영상'이라는 말에는 아직 '원근 효과'를 제거하지 않았다는 말이 들어 있는 것이에요. 따라서 이 문단에서도 계속해서 '시점 변환'에 대한 이야기를 한다는 것을 인식해야 합니다.

이를 위해선 3문단에서 언급했던 것처럼, '영상'과 '실세계 격자판'의 점들을 대응시켜야 합니다. 만약 앞에서 '시점 변환'의 내용이 재진술되고 있음을 파악하지 못했다면, '영상'과 '실세계 격자판'의 점들을 대응시킨다는 것을 보고서라도 생각할 수 있어야 합니다. '진짜로' 같은 말을 활용하는 것, 정보량을 줄이는 데 강력한 무기가 된다고 했어요.

아무튼, 이렇게 '영상'과 '실세계 격자판'의 점들의 대응 관계를 가상의 '좌표계'를 이용하여 기술할 수 있다고 하네요. 정확하게 이해하지는 못하더라도, '영상과 실세계의 대응'이라는 포인트만 정확하게 짚어내면 됩니다.

② #재진술

이렇게 '좌표계'를 만들고, 영상 속 '점들의 모양·격자 간의 상대적인 크기'를 '실세계'와 동일하게 유지되도록 '한 평면'에 놓는다고 합니다. 다시 말하지만, 이는 '왜곡 보정' 단계에서의 '외부 변수' 제거 과정과 똑같은 메커니즘이에요. '영상'과 '실세계'를 비교하여 '영상'을 보정하는 것입니다.

그 중에서도 주목해야 할 부분은 '한 평면'과 '2차원 영상'이겠죠? 우리가 읽고 있는 이 과정은 '원근 효과 제거'를 위한 방법이니까요. '한 평면' 위에 '2차원'으로 놓으면 그 영상은 '원근 효과'가 제거되어 나타날 것입니다. 충분히 납득할 수 있겠죠?

③~④ #화제의 흐름

이렇게 '위에서 내려다보는 시점'의 영상을 만들고, '각 방향의 영상'을 합성해서 운전자에게 보여주면 '어라운드뷰' 기술의 목적을 달성할 수 있습니다. 차량의 전후좌우에 설치된 카메라가 '각 방향의 영상'을 만들고, 그 영상을 합성한다는 것이겠죠?

하이라이트 문장

> ①왜곡이 보정된 영상에서의 몇 개의 점과 그에 대응하는 실세계 격자판의 점들의 위치를 알고 있다면, 영상의 모든 점들과 격자판의 점들 간의 대응 관계를 가상의 좌표계를 이용하여 기술할 수 있다.

이 지문에서 가장 중요한 문장입니다. 이 문장을 제대로 처리하지 못해 문제풀이에서 애를 먹은 학생들이 정말 많았어요. 핵심은 '왜곡이 보정된 영상'입니다. 이는 '시점 변환'을 거치기 전의 과정을 이야기하는 것이므로, 아무런 표지가 없어도 스스로 3문단의 정보와 연결지어 이해할 수 있었어야 합니다. 극도의 불친절함을 보여 준 모습이네요.

> **| 생각 심화 |**
>
> 이렇게 '왜곡 보정'과 '시점 변환' 과정을 거치면 '어라운드뷰' 기술의 '정확성'이 높아집니다. 이는 기술 지문의 기본 메커니즘인 '효율성'과 관련되는데, 인간의 삶을 좀 더 '효율적'으로 만들고자 한다면 당연히 '정확'해야 한다는 내용을 담고 있습니다. 이렇게 기술의 '정확성'을 높이는 방향으로 지문이 전개될 것이라는 믿음을 가지고 있으면 조금 더 깔끔한 정보 처리가 가능하겠죠? 여기까지 배워가도록 합시다!

선지	①	②	③	④	⑤
선택률	4%	11%	10%	70%	5%

20 윗글의 내용과 일치하는 것은? ④

① 차량 주위를 위에서 내려다본 것 같은 영상은 360°를 촬영하는 카메라 하나를 이용하여 만들어진다.

명시적 근거	1문단 2번 문장
실전에서의 판단 과정	카메라가 하나였나? 전후좌우 4개였네.
해설	카메라의 개수는 1문단에서 정말 잠깐 언급한 내용이기 때문에, 실전에서 바로 떠올리기 어려울 수 있습니다. 중요한 것은 선지에서 묻는 것이 '카메라 하나'의 여부라는 것이고, 이 근거를 지문 속에서 찾으려고 했어야 한다는 것이에요. 2문단부터는 전부 '정확도'를 높이는 이야기만 나왔으니, 기술에 대한 전반적인 설명은 1문단에만 있을 것이라 생각하고 돌아가면 되겠죠? 이렇게 하면 '전후좌우'라는 근거를 쉽게 찾아낼 수 있을 겁니다.

② 외부 변수로 인한 왜곡은 카메라 자체의 특징을 알 수 있으면 쉽게 해결할 수 있다.

명시적 근거	2문단 5번 문장
실전에서의 판단 과정	외부 변수는 카메라 자체의 문제가 아니지.
해설	외부 변수로 인한 왜곡은 '카메라의 기울어짐'과 같은 문제입니다. '카메라 자체의 특징'은 '내부 변수'였어요. '외부적 문제'와 '내부적 문제'로 카테고리를 잘 나눴으면 쉽게 해결할 수 있는 문제입니다.

③ 차량의 전후좌우 카메라에서 촬영된 영상을 하나의 영상으로 합성한 후 왜곡을 보정한다.

명시적 근거	4문단 4번 문장
실전에서의 판단 과정	합성은 마지막에 하는 것이지.
해설	'합성'을 한 후에 '왜곡'을 보정해야 하는지 묻고 있습니다. 이 지문의 전체적인 흐름은 '왜곡 보정→시점 변환→영상 합성'이기 때문에, 틀린 선지네요. 지문에서 가장 중요한 내용을 다루고 있으니 어렵지 않게 지워낼 수 있어야 합니다.

④ 영상이 중심부로부터 멀수록 크게 휘는 것은 왜곡 모델을 설정하여 보정할 수 있다.

명시적 근거	2문단 2번~4번 문장
실전에서의 판단 과정	상의 왜곡 문제는 왜곡 모델 설정으로 해결하지.
해설	'영상이 중심부로부터 멀수록 크게 휘는 것'은 렌즈 고유의 곡률로 인해 생기는 문제입니다. 이는 '내부 변수'로 인한 문제이고, 이를 나타내는 '왜곡 계수'는 '왜곡 모델'을 설정해서 해결할 수 있습니다. '내부 변수'와 관련하여 이해한 내용 그대로 선지화된 모습이죠?

⑤ 위에서 내려다보는 시점의 영상에 있는 점들은 카메라 시점의 영상과는 달리 3차원 좌표로 표시된다.

명시적 근거	4문단 2번~3번 문장
실전에서의 판단 과정	2차원으로 표시하지.
해설	'카메라 시점의 영상'은 2차원이었습니다. 우리는 '원근'을 제거하는 과정을 납득하면서, '2차원 영상'이라는 말에 주목했던 기억이 있습니다. 이 기억이 있다면 훨씬 쉽게 지울 수 있겠죠?

선지	①	②	③	④	⑤
선택률	8%	20%	44%	17%	11%

21 ㉠~㉢을 이해한 내용으로 가장 적절한 것은? ②

㉠촬영된 영상
㉡왜곡이 보정된 영상
㉢위에서 내려다보는 시점의 영상

- ㉠은 아무것도 보정되지 않은 영상이고, ㉡은 '카메라'로 인한 왜곡이 보정된 영상이었어요. 나아가 ㉢은 '카메라'로 인한 왜곡과 '원근'이 모두 보정된 영상입니다. 중요한 것은 ㉡도 아직 '시점 변환'을 거치기 전의 영상이라는 것이죠? 일단 이걸 파악해야 문제 해결이 가능해지는데, ㉡이 무엇인지 제대로 파악하지 못한 학생들이 많아 초고난도 문제가 되어 버린 모습이에요. 앞에서 본 말을 사용하는 '재진술'을 인식하고, 이를 통해 각 문단의 '카테고리'를 정확하게 설정하는 것. 짧은 지문일수록 더더욱 중요한 능력입니다.

① ㉠에서 광각 카메라를 이용하여 확보한 시야각은 ㉡에서는 작아지겠군.

명시적 근거	2문단 2번 문장
실전에서의 판단 과정	시야각이 왜 작아져.
해설	광각 카메라의 장점은 '시야각'이 크다는 것이고, 단점은 '왜곡'이 발생한다는 것입니다. ㉡은 그 단점을 해결한 것일 뿐, 장점을 없애는 게 아니죠? '시야각'과 '왜곡 보정'은 아무런 관계가 없습니다.

② ㉡에서는 ㉠과 마찬가지로 렌즈와 격자판 사이의 거리가 멀어질수록 격자판이 작아 보이겠군.

명시적 근거	3문단 1번 문장, 4문단 1번 문장
실전에서의 판단 과정	둘 다 원근 보정이 안 된 영상인데?
해설	'격자판'은 차량 주위의 실제 바닥 위에 펴 놓는 것입니다. 따라서 '렌즈와 격자판 사이의 거리가 멀어질수록 격자판이 작아보인다'는 것은 카메라로부터 바닥 위의 물체가 멀리 있을수록 더 작게 나타난다는 말의 재진술이라고 할 수 있겠어요. 즉, 이는 '원근 효과'가 나타나는 상황을 의미하는 것이네요. 그런데 ㉠과 ㉡은 모두 '원근 효과'가 제거되지 않은 영상이었어요. 따라서 위와 같은 효과가 그대로 나타난다고 할 수 있겠죠. '왜곡이 보정'되었다는 말이 있어 완벽하게 처리가 끝난 영상처럼 느껴졌지만, ㉡은 사실 '시점 변환'이라는 카테고리를 설명하기 위한 정보였음을 파악했어야 하는 선지입니다. 이렇게 정말 간단한 내용과 지문에 제시된 말(시점 변환=원근 효과 제거)을 적절하게 재진술한 선지를 통해 어마어마한 오답률을 만들어낸 평가원의 능력이 드러나네요.

③ ㉡에서는 ㉠에서 렌즈와 격자판 사이의 거리에 따른 렌즈의 곡률 변화로 생긴 휘어짐이 보정되었겠군.

명시적 근거	2문단 2번 문장
실전에서의 판단 과정	곡률은 고유한 값이라며.
해설	렌즈의 곡률은 렌즈의 '고유값'입니다. 즉, 변하지 않는 '고정값'이었던 것이죠. 지문을 읽으면서도 체크했던 내용이죠? 이번에도 '고정값'이 정말 중요한 답의 근거로 쓰이는 모습이네요. 만약 이것을 인식하지 못했다면, ㉡에서 해결하고자 하는 문제가 '중심부는 볼록하고 중심부에서

멀수록 더 휘어지는 현상'이라는 점이라는 것을 생각하고 지워냈어야 합니다. '선지에서 묻는 것'은 '렌즈와 격자판 사이의 거리'에 대한 내용인데, 지문에서 언급한 '상의 왜곡'은 '격자판'과는 무관하게 '렌즈 위'에서만 일어나는 것이니까요.

어떻게 해결하든, '고정값 인식'이나 '선지에서 묻는 것 생각'이라는 기본적인 태도들이 고난도 선지 판단의 열쇠가 된다는 것은 변하지 않습니다. 결국 '기본'을 갈고닦는 것이 제일 중요해요.

④ ㉡과 실세계 격자판을 비교하여 격자판의 위치 변화를 보정한 ㉢은 카메라의 기울어짐에 의한 왜곡을 바로잡은 것이겠군.

명시적 근거	4문단 1번~2번 문장
실전에서의 판단 과정	㉢은 영상의 점들을 변화시킨 것이지.
해설	㉡이라는 '영상'과 '실세계 격자판'을 비교하여 무언가 보정을 한 결과가 ㉢인 것은 맞습니다. 하지만 이는 영상 속 '점들의 모양·격자 간의 상대적인 크기'를 '실세계'와 동일하게 유지되도록 보정하는 것이지, '격자판' 자체를 보정하는 것이 아니었어요. 애초에 '격자판'은 실세계의 바닥을 표현한 것이기 때문에, '격자판' 자체를 보정하면 '실세계'를 보정한다는 이상한 말이 되어 버립니다. '영상'을 보정하는 것이 더 자연스럽겠죠. 한편, 카메라의 기울어짐은 '외부 변수'입니다. 이를 보정해서 얻은 영상이 ㉡이었고, 이를 바탕으로 '시점 변환'을 한 영상이 ㉢이니 ㉢이 카메라의 기울어짐에 의한 왜곡을 바로잡은 것이라는 내용은 틀린 말은 아니라고 할 수 있겠습니다.

⑤ ㉡에서 렌즈에 의한 상의 왜곡 때문에 격자판의 윗부분으로 갈수록 격자 크기가 더 작아 보이던 것이 ㉢에서 보정되었겠군.

명시적 근거	3문단 2번 문장
실전에서의 판단 과정	렌즈에 의한 상의 왜곡은 격자판이랑은 상관이 없었던 것 같은데?
해설	선지에서 묻는 것을 확실하게 따져보도록 합시다. 먼저 '렌즈에 의한 상의 왜곡'에 대해 이야기하고 있네요. 이는 3번 선지를 판단하는 과정에서도 한 번 더 인식한 내용인데, 핵심은 '격자판'과는 무관한 '렌즈'의 특성 때문에 나타나는 현상이었습니다. 그런데 선지에서는 이를 '격자판의 윗부분',

'격자 크기' 등과 연결짓고 있으니 틀린 선지라고 판단할 수 있겠네요.

한편, '격자판의 윗부분으로 갈수록 격자 크기가 더 작아 보이던 것'은 어떤 말의 재진술일까요? 카메라가 바라보는 방향을 기준으로 '윗부분'은 카메라와 '멀리' 떨어진 부분이라고 할 수 있습니다. 따라서 '격자판의 윗부분으로 갈수록 격자 크기가 더 작아 보이는 것'은 '멀수록 작아 보이는 것', 즉 '원근 효과'를 의미하는 것이라고 할 수 있죠. 결국 이 선지는 '렌즈에 의한 상의 왜곡 때문에 발생한 원근 효과가 보정되었겠군.'이라는 이상한 내용이 되는 것입니다. '렌즈에 의한 상의 왜곡'과 '원근 효과'는 확실하게 다른 카테고리에 속한 정보이니까요.

'선지에서 묻는 것'을 생각하는 것, 선지의 내용은 결국 지문의 '재진술'임을 생각하는 것, 나아가 서로 다른 카테고리에 속한 정보를 엮으면 틀린 선지가 될 가능성이 높다는 것 등 '고난도 선지 판단'을 위해 갖춰야 할 태도나 알아두어야 할 내용 등이 압축적으로 활용된 선지였습니다. 이런 선지를 아무렇지 않게 지울 수 있는 그날까지 '생각'을 게을리하지 맙시다.

선지	①	②	③	④	⑤
선택률	10%	17%	25%	31%	17%

22 윗글을 바탕으로 〈보기〉를 탐구한 내용으로 가장 적절한 것은? [3점] ④

---[보기]---

그림은 장치가 장착된 차량의 운전자에게 제공된 영상에서 전방 부분만 보여 준 것이다. 차량 전방의 바닥에 그려진 네 개의 도형이 영상에서 각각 A, B, C, D로 나타나 있고, C와 D는 직사각형이고 크기는 같다. p와 q는 각각 영상 속 임의의 한 점이다.

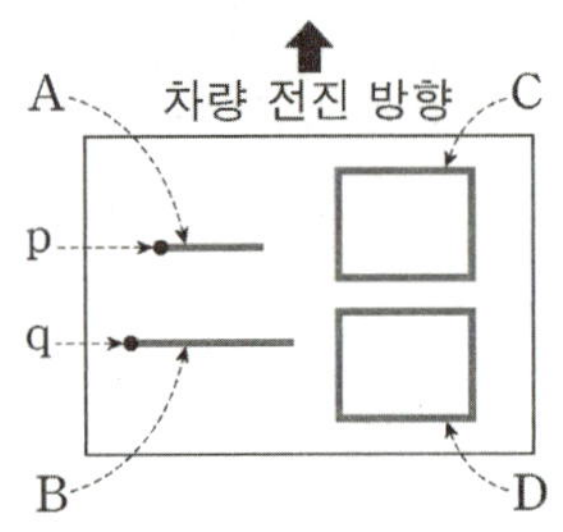

– 언제나 그렇듯, 〈보기〉를 먼저 분석해봅시다. 일단 여기서 말하는 '장치'는 '어라운드뷰'를 의미하는데, 오른쪽의 그림은 '차량의 운전자에게 제공된 영상'입니다. '왜곡 보정'과 '시점 변환'이 완료된 영상인 것이죠.

나아가 이 그림은 '차량의 전방' 부분을 보여 준 것입니다. 그리고 선 두 개와 직사각형 두 개가 있습니다. '차량 전진 방향'을 보니, A와 C가 B와 D에 비해 카메라로부터 멀리 떨어져 있음을 알 수 있겠네요. 바로 '원근 효과'가 떠올라야 해요. 즉, '시점 변환'을 통해 '원근 효과'가 제거되기 전 영상에서 A와 C는 실제보다 작게 보였을 겁니다. 카메라로부터 더 멀리 떨어져 있으니까요!

그런데 C와 D의 '크기'가 같다고 한 것으로 보아, '시점 변환'이 되기 전 영상에서는 C의 크기가 D에 비해 더 작게 보였을 것이라 추론할 수 있겠네요. '원근 효과'의 정의에 따라서 말이죠! 나아가 '시점 변환'이 된 후에도 A의 길이가 B의 길이보다 짧은 것으로 보아, '시점 변환'이 되기 전 영상에서는 A의 길이가 B의 길이보다 훨씬 더 짧게 보였을 것이라 추론할 수 있겠습니다. 이 정도는 정리할 수 있어야 해요!

① 원근 효과가 제거되기 전의 영상에서 C는 윗변이 아랫변보다 긴 사다리꼴 모양이다.

명시적 근거	3문단 1번~2번 문장, 〈보기〉
실전에서의 판단 과정	윗변이 더 머니까 더 짧겠지.
해설	'원근 효과'가 제거된 현재의 그림에서 C는 '직사각형'입니다. 이는 윗변과 아랫변의 길이가 같다는 것인데, 이렇게 '시점 변환'이 되기 전 영상에서는 윗변이 더 짧았겠죠. '원근 효과'에 의해 윗부분으로 갈수록 더 짧게 보일 것이니까요.

② 시점 변환 전의 영상에서 D는 C보다 더 작은 크기로 영상의 더 아래쪽에 위치한다.

명시적 근거	3문단 1번~2번 문장, 〈보기〉
실전에서의 판단 과정	D는 C보다 더 클 것이라고 정리했지.
해설	〈보기〉를 정리하면서 했던 생각이 그대로 나타나 있네요. C가 D보다 윗부분에 있기 때문에, 즉 카메라로부터 더 '멀리' 있기 때문에, '시점 변환'이 되기 전 영상에서는 C가 D보다 작아보였을 것입니다.

③ A와 B는 p와 q 간의 대응 관계를 이용하여 바닥에 그려진 도형을 크기가 유지되도록 한 평면에 놓은 것이다.

명시적 근거	4문단 1번~2번 문장, 〈보기〉
실전에서의 판단 과정	대응? 대응은 영상이랑 실세계 격자판이랑 하는 것이었는데?

선지	①	②	③	④	⑤
선택률	77%	2%	1%	16%	4%

23 문맥상 ⓐ의 의미와 가장 가까운 것은? ①

① 그때 동생이 탄 버스는 교차로를 <u>지나고</u> 있었다.
② 그것은 슬픈 감정을 <u>지나서</u> 아픔으로 남아 있다.
③ 어느새 정오가 훌쩍 <u>지나</u> 식사할 시간이 되었다.
④ 물의 온도가 어는점을 <u>지나</u> 계속 내려가고 있다.
⑤ 가장 힘든 고비를 <u>지나고</u> 나니 마음이 가뿐하다.

몰랐던 어휘 정리하기

해설	선지에서 묻는 내용을 정확히 따져봅시다. 선지에서는 'p와 q 간의 대응 관계'를 이용하는지 묻고 있습니다. '대응 관계'라는 말은 '시점 변환'을 할 때 나왔던 말이었는데, 돌아가서 확인해보니 '영상의 모든 점들과 격자판의 점들 간'의 대응 관계를 따지는 것이네요. 그런데 선지에서 묻는 p와 q는 '영상 속의 점'에 해당하는 것이죠? 이들을 '실세계 격자판'과 대응시켜야 하는데, 그 점들끼리만 대응시키고 있으니 적절하지 않은 선지네요. 이번에도 '선지에서 묻는 것'을 생각하고, 지문 속 정보와 비교하여 디테일한 판단을 해야 하는 어려운 선지였습니다. 지문이 짧을수록 결국 선지에서 변별력을 확보할 수밖에 없다는 것을 잊지 마세요!

④ B에 대한 A의 상대적 크기는 가상의 좌표계를 이용하여 시점을 변환하기 전의 영상에서보다 더 커진 것이다.

명시적 근거	3문단 1번~2번 문장, 〈보기〉
실전에서의 판단 과정	시점 변환하기 전에는 A가 더 작아 보였겠지.
해설	역시 〈보기〉를 정리하며 미리 했던 생각입니다. A는 B보다 카메라로부터 더 멀리 떨어져 있습니다. 원근을 보정하기 전 영상에서는 그만큼 더 작게 보였다는 것이겠죠? 따라서 원근을 보정한 영상에서 A의 상대적 크기는 그 전보다 더 커졌을 거라고 추론할 수 있겠네요.

⑤ p가 A 위의 한 점이라면 A는 p에 대응하는 실세계의 점이 시점 변환을 통해 선으로 나타난 것이다.

명시적 근거	3문단 1번 문장
실전에서의 판단 과정	점이 선으로 나타난다는 건 무슨 소리야?
해설	p는 A위의 '점'일 뿐입니다. 시점 변환은 '원근 효과 제거'라는 역할밖에 하지 않구요. 따라서 시점을 변환했다고 해서 '점'이 '선'으로 바뀔 리는 없습니다. 완전 헛소리를 하고 있네요.

| **핵심 point** |

① **화제 check** : 독서 지문 독해의 처음이자 끝. 첫 문단에서 잡은 '화제의 틀'을 마지막 문단까지 놓지 않아야 합니다.
② **문제해결형 지문** : 결국, 문제의 원인을 제거하는 것이 해결책입니다. '원인'을 생각하고, 그 원인을 제거하면 어떻게 해야 하는지 미리 생각하면 해결책을 훨씬 쉽게 이해할 수 있습니다.
③ **정의 인식** : 단어의 의미를 살린 상태로, 지문에 제시된 정의와 붙여서 이해할 수 있어야 합니다. 정의를 '기억'하는 게 아니라, '납득'해서 본인의 말로 정리할 수 있어야 해요.
④ **카테고리 나누기** : 정보들의 범주가 나뉠 때, 그들이 서로 다른 카테고리에 속한다는 것을 인지해야 합니다. 이렇게 각 카테고리에 맞춰 정보를 정리하면 훨씬 깔끔하게 정리할 수 있다는 것을 기억해주세요.

| **지문 내용 총정리** |

당황스러울 정도로 짧았지만, 또 당황스러울 정도로 안 읽히고 선지가 지워지지 않는 독특한 지문이었습니다. 핵심은 '문제해결' 도식과 '카테고리 나누기'라는 태도를 정확하게 갖추고 있는 지였어요. 이를 자유자재로 활용할 수 있다면 아주 쉬운 지문이 되었을 것이고, 아니라면 한 줄을 네 번, 다섯 번 읽으면서 진땀만 흘렸을 겁니다. 전자가 되는 그날까지 계속 연습해보도록 해요!

1문단

> ①데이터를 처리할 때 **데이터의 정확성**은 매우 중요하다. ②그런데 데이터에 <u>결측치</u>와 <u>이상치</u>가 포함되면 데이터의 특징을 제대로 나타내기 어렵다.

①~② #화제 제시

데이터를 처리할 때 '데이터의 정확성'이 중요하다는 당연한 이야기로 시작하고 있습니다. 이에 '결측치'와 '이상치'가 데이터에 포함되면 데이터의 특징을 제대로 나타내기 어렵다고 해요. 즉, 데이터를 '정확하게' 표현할 수 없다는 것이겠죠. 결국 이 지문은 '결측치'와 '이상치'를 보정하여 '데이터의 정확성'을 높이는 방법에 대한 이야기를 하는 지문이겠네요. 이러한 기술의 목적을 생각하면서, '결측치'와 '이상치'의 정의부터 체크할 준비를 해봅시다.

2문단

> ①**결측치**는 데이터 값이 빠져 있는 것이다. ②결측치를 처리하는 방법 중 하나인 **대체**는 다른 값으로 결측치를 채우는 것인데, 대체하는 값으로는 평균, 중앙값, 최빈값을 많이 사용한다. ③**중앙값**은 데이터를 크기순으로 정렬했을 때 중앙에 위치한 값이다. ④크기가 같은 값이 복수일 경우에도 순위를 매겨 중앙값을 찾고, 데이터의 개수가 짝수이면 중앙에 있는 두 값의 평균이 중앙값이다. ⑤또 **최빈값**은 데이터에 가장 많이 나타나는 값을 이른다. ⑥일반적으로 데이터 값이 연속적인 수치이면 평균으로, 석차처럼 순위가 있는 값에는 중앙값으로, 직업과 같이 문자인 경우에는 최빈값으로 결측치를 대체한다.

①~② #정의 제시 #단어의 의미 살리기

먼저 '결측치'의 정의를 제시하고 있습니다. 단어의 의미 그대로, '측'정된 데이터 값의 일부가 '결'손되어 있다는 식으로 그 정의를 이해할 수 있겠죠? 이렇게 '결측치'가 있으면 '데이터의 정확성'이 낮아질 것이기 때문에, 이를 처리할 필요가 있습니다. 그 방법 중 하나는 '대체'네요. 역시 단어의 의미 그대로, 다른 값으로 '결측치'를 '대체'하는 것입니다. 이때 '대체'하는 값으로는 '평균', '중앙값', '최빈값'을

많이 사용하네요.

③~⑤ #정의 제시 #단어의 의미 살리기

'평균'에 대해서는 상식적으로 알고 있을 것이라고 생각했는지, '중앙값'을 정의하고 있습니다. 역시 단어의 의미 그대로, '중앙'에 위치한 '값'으로 이해할 수 있겠죠? 크기가 같은 값이 복수여도 순위를 매겨 '중앙'에 위치한 '값'을 찾고, 데이터의 개수가 짝수여서 딱 '중앙'에 위치한 '값'이 없더라도 '중앙'에 있는 두 값의 평균을 찾는 식으로 '중앙값'을 정하는 것입니다. 이 '중앙값'이 바로 '결측치'를 '대체'하는 것이죠?

한편 '최빈값'을 사용할 수도 있겠습니다. 역시 단어의 의미 그대로, '최'고로 '빈'도가 높은 '값'이라고 할 수 있겠죠? 이 역시 '결측치'를 '대체'할 수 있을 것입니다.

⑥ #재진술

이처럼 '평균', '중앙값', '최빈값' 등으로 '결측치'를 '대체'하는데, 데이터 값이 연속적인 수치이면 '평균'을 주로 이용한다고 합니다. 당연하게 납득할 수 있겠죠? 연속된 수치인 경우 '중앙값'이나 '최빈값'을 찾기가 어렵고, '평균'을 구하는 게 훨씬 편할 것이니까요. 나아가 석차처럼 순위가 있는 경우, '중앙값'을 찾기가 쉬울 것입니다. 또한 직업과 같이 데이터가 문자인 경우 '평균' 및 '중앙값'을 구하는 게 불가능하니, '최빈값'을 '결측치'를 '대체'하는데 사용할 것이라고 볼 수 있겠습니다.

늘 강조하지만, 이런 정보를 단순히 정리하는 게 아니라 '납득'할 수 있어야 합니다! 앞에서 체크한 '결측치', '중앙값', '최빈값'이라는 개념의 정의를 확실하게 인식했다면 어렵지 않을 거예요.

하이라이트 문장

> ⑥일반적으로 데이터 값이 연속적인 수치이면 평균으로, 석차처럼 순위가 있는 값에는 중앙값으로, 직업과 같이 문자인 경우에는 최빈값으로 결측치를 대체한다.

앞에서 인식한 각 개념의 정의를 바탕으로, 최대한 '납득'하고 넘어가야 합니다. 이런 사소한 태도 하나하나가 선지 판단 속도를 높여 시간을 아끼는데 도움이 된다는 것을 잊지 마세요.

①**이상치**는 데이터의 다른 값에 비해 유달리 크거나 작은 값으로, 데이터를 수집할 때 측정 오류 등에 의해 주로 생긴다. ②그러나 정상적인 데이터라도 데이터의 특징을 왜곡하는 데이터 값이 있을 수 있다. ③예를 들어, 데이터가 어떤 프로 선수들의 연봉이고 그중 한 명의 연봉이 유달리 많다면, 이상치가 포함된 데이터에 해당한다. ④이런 데이터의 특징을 하나의 수치로 나타내려는 경우 대푯값으로 평균보다 중앙값을 주로 사용한다.

① #정의 제시 #단어의 의미 살리기

다음은 '이상치'입니다. 역시 단어의 의미 그대로, 다른 값에 비해 '이상'할 정도로 유달리 크거나 작은 값을 의미한다고 볼 수 있겠습니다. 측정 오류 등이 있으면 이런 문제가 생길 수 있겠죠?

②~③ #사례-원리 연결

그런데 정상적인 데이터라도 데이터의 특징을 왜곡하는 '이상치'가 있을 수 있다고 합니다. 3번 문장에 제시된 프로 선수들의 연봉 사례처럼, 정상적인 데이터여도 어떤 값 자체가 튀는 값이라면 당연히 '이상치'가 포함된 데이터가 될 수 있겠죠? 어렵지 않게 납득할 수 있을 것 같아요. 애초에 '이상치'는 그저 조금 '이상'한 값을 의미하는 것이니까요.

④ #재진술

이런 데이터의 특징을 하나의 수치로 나타내려는 경우, '대푯값'으로는 '평균'보다 '중앙값'을 주로 사용한다고 합니다. 역시 당연한 말입니다. '이상치'가 포함된 데이터의 '평균'을 구하면 '이상치' 쪽으로 치우친 값이 나와 그 데이터를 '대표'한다고 할 수 없을 것이니, '이상치'와 무관하게 그냥 '중앙'에 있는 '값'을 이용하면 그 값이 해당 데이터를 더 '대표'한다고 볼 수 있겠죠. '이상치'와 '중앙값'과 같은 개념의 정의를 재진술하는 것에 불과하니, 가볍게 납득할 수 있어야 합니다.

하이라이트 문장

④이런 데이터의 특징을 하나의 수치로 나타내려는 경우 대푯값으로 평균보다 중앙값을 주로 사용한다.

앞에서 인식한 '이상치', '중앙값'의 정의를 바탕으로 완벽하게 납득하고 넘어가야 합니다. 지문이 짧을수록, 제시된 문장들을 최대한 납득하는 태도가 더 중요해요.

①평면상에 있는 점들의 위치를 나타내는 데이터에서도 이상치를 발견할 수 있다. ②대부분의 점들이 가상의 직선 주위에 모여 있다면 이 직선은 데이터의 특징을 잘 나타낸다고 할 수 있다. ③이 직선을 직선 L이라고 하자. ④그런데 직선 L로부터 멀리 떨어진 위치에도 몇 개의 점이 있다. ⑤이 점들이 이상치이다.

① #카테고리 나누기

'평면상에 있는 점들의 위치를 나타내는 데이터'에서도 '이상치'를 발견할 수 있다고 합니다. '평면상에 있는 점들의 위치를 나타내는 데이터'라는 새로운 카테고리를 만들어주시고, 여기서 '이상치'가 어떻게 이용되는지 생각해봅시다.

②~⑤ #재진술 #사례-원리 연결

평면상에 있는 대부분의 점들이 가상의 직선 주위에 모여 있다면, 이 직선은 데이터의 특징을 잘 나타낸다고 할 수 있습니다. 애초에 '평면상에 있는 점들의 위치'를 나타내는 것이 이 데이터의 핵심이기에, 어떤 직선 주위에 점들이 모여 있다면 해당 직선은 점들의 '위치'라는 데이터의 특징을 잘 나타낸다고 할 수 있는 것이죠. 당연하게 납득할 수 있겠습니다.

이 직선을 직선 L이라고 부르자고 합니다. 즉, 직선 L 근처에 점들이 잔뜩 모여 있는 것입니다. 그런데 직선 L로부터 멀리 떨어진 위치에도 몇 개의 점들이 존재할 수 있는데, 이 점들이 바로 '이상치'라고 합니다. '이상치'의 정의를 잘 알고 있다면, 너무나 당연하게 납득할 수 있겠죠? 이 데이터에서는 점들이 L 근처에 모여 있어야 정상인데, 그 근처에 있지 않고 튀는 위치에 있는 것이니 '이상치'라고 할 수 있는 것이죠. 직선 L을 이용한 일종의 사례-원리 연결이라고 생각하면서 납득해 주시면 됩니다.

하이라이트 문장

⑤이 점들이 이상치이다.

'평면상에 있는 점들의 위치'를 나타낸다는 직선 L의 상황을 정확히 이해하시고, '이상치'의 정의를 바탕으로 납득할 수 있어야 하는 문장입니다. 계속해서 앞에서 제시된 개념의 정의를 재진술하는 방식으로 정보가 제시되고 있어요.

5문단

①이상치를 포함하는 데이터에서 직선 L을 찾는다고 하자. ②이때 사용할 수 있는 기법의 하나인 **A기법**은 두 점을 무작위로 골라 정상치 집합으로 가정하고, 이 두 점을 지나는 후보 직선을 그어 나머지 점들과 후보 직선 사이의 거리를 구한다. ③이 거리가 허용 범위 이내인 점들을 정상치 집합에 추가한다. ④정상치 집합의 점의 개수가 미리 정해 둔 기준, 즉 문턱값보다 많으면 후보 직선을 최종 후보군에 넣는다. ⑤반대로 점의 개수가 문턱값보다 적으면 후보 직선을 버린다. ⑥만약 처음에 고른 점이 이상치이면, 대부분의 점들은 해당 후보 직선과의 거리가 너무 멀어 이 직선은 최종 후보군에서 제외되는 것이다. ⑦이 과정을 반복하여 최종 후보군을 구하고, 최종 후보군에 포함된 직선 중에서 정상치 집합의 데이터 개수가 최대인 직선을 직선 L로 선택한다. ⑧이 기법은 이상치가 있어도 직선 L을 찾을 가능성이 높다.

① #재진술

'평면상에 있는 점들의 위치를 나타내는 데이터'를 표현하는 상황이 이어지고 있습니다. 이 데이터가 '이상치'를 포함하는 경우, 직선 L을 어떤 방식으로 찾을 수 있을지 궁금해하면서 읽어봅시다.

②~③ #정의 제시

'이상치'가 포함된 데이터에서 직선 L을 찾는 방법 중 하나인 'A 기법'에 대해 소개하고 있습니다. 이는 두 점을 무작위로 골라 정상치 집합으로 가정하고, 이 두 점을 지나는 후보 직선을 그어 나머지 점들과 후보 직선 사이의 거리를 구하는 방법입니다. 이 거리가 허용 범위 이내인 점들은 정상치 집합에 추가하는 것이죠. 어렵지 않게 납득할 수 있겠죠? 우리가 구하고자 하는 직선 L은 정상치 데이터들을 가장 잘 표현하는 직선이기 때문에, 거리가 멀지 않은 점들이 많은 경우 직선 L의 후보를 찾았다고 할 수 있는 것입니다. 충분히 납득할 수 있어요.

④~⑥ #수식된 정의 제시 #단어의 의미 살리기 #재진술

이때 정상치 집합으로 분류한 점의 개수가 미리 정해 둔 기준, 즉 '문턱값'보다 많은 경우 후보 직선을 최종 후보군에 넣고, 그렇지 않은 경우 버린다고 합니다. '문턱'이라는 단어의 의미를 살리면, 어렵지 않게 이해할 수 있는 내용이죠? 사실상 앞에서 했던 말의 재진술이니, 이를 통해 'A 기법'의 원리를 정확하게 이해하시면 됩니다.

이런 원리를 이용하면, 처음에 고른 점이 '이상치'인 경우 해당 점과 다른 점을 연결한 후보 직선과 나머지 점들 사이의 거리가 너무 멀어 정상치 집합에 포함되는 점의 개수가 '문턱값'보다 적어질 것입니다. 이처럼 '이상치'가 포함된 직선들은 직선 L의 최종 후보군에서 탈락시킬 수 있기 때문에, A 기법은 '이상치'가 포함된 데이터에서도 직선 L을 찾는 데 좋은 방법이 되는 것이네요.

⑦~⑧ #재진술

이와 같은 과정을 반복한 뒤, 최종 후보군에 포함된 직선 중에서 정상치 집합의 데이터 개수가 최대인 직선을 직선 L로 선택하면 될 것입니다. 물론 해당 직선이 직선 L이 아닐 가능성도 있기는 하겠지만, '이상치'가 포함된 직선은 최대한 걸러진다는 점에서 직선 L을 찾을 가능성이 높다고 할 수 있겠네요.

하이라이트 문장

②이때 사용할 수 있는 기법의 하나인 A기법은 두 점을 무작위로 골라 정상치 집합으로 가정하고, 이 두 점을 지나는 후보 직선을 그어 나머지 점들과 후보 직선 사이의 거리를 구한다.

'A 기법'이라는 핵심 개념의 정의가 소개되고 있습니다. 일단 이 정의만 어느 정도 이해하면 뒷내용은 어렵지 않게 납득할 수 있을 것입니다. 'A 기법'이라는 같은 개념에 대해 설명한다는 점에서, 결국 다 같은 말만 할 것이니까요. 이렇게 핵심적인 개념의 정의를 설명하는 문장에서는 시간을 충분히 써서라도 확실하게 이해하고 가는 습관을 들이셔야 합니다.

선지	①	②	③	④	⑤
선택률	5%	3%	**76%**	8%	8%

24 윗글을 이해한 내용으로 적절하지 <u>않은</u> 것은? ③

① 데이터가 수치로 구성되지 않아도 최빈값을 구할 수 있다.

명시적 근거	2문단 5번~6번 문장
실전에서의 판단 과정	오히려 문자일 때 결측치를 대체하게끔 하지.
해설	일단 '최빈값'은 가장 많이 나타나는 값을 의미하기에, 데이터가 수치가 아닌 문자 등으로 구성되는 경우에도 구할 수 있는 값입니다. 나아가 데이터가 수치로 구성되지 않고 문자로 구성되어 있는 경우, '결측치'를 '대체'하는 값으로는 '최빈값'을 사용한다고 했으니 당연히 맞는 선지네요. '최빈값'이라는 핵심 개념의 정의를 정확하게 이해하고 있는지 묻는 선지입니다.

② 데이터의 특징이 언제나 하나의 수치로 나타나는 것은 아니다.

명시적 근거	4문단 1번~2번 문장
실전에서의 판단 과정	직선으로도 나타낼 수 있었지.
해설	데이터의 특징은 '평균', '중앙값', '최빈값' 등 하나의 수치로 나타낼 수도 있지만, 대부분의 점들이 모여 있는 직선과 같은 방식으로 나타낼 수도 있었습니다. 애초에 'A 기법'과 관련된 부분을 읽으면서 수도 없이 확인한 내용이니, 가볍게 지워낼 수 있겠네요.

③ 데이터가 정상적으로 수집되었다면 이상치가 존재하지 않는다.

명시적 근거	3문단 2번 문장
실전에서의 판단 과정	연봉 많은 선수는 이상치였지.
해설	'프로 선수들의 연봉'이라는 사례를 통해 확실하게 납득했던 내용에 대해 묻고 있네요. 데이터가 정상적으로 수집되었다고 해도, 다른 값에 비해 유달리 크거나 작은 값이 있으면 그것을 '이상치'라고 부른다고 했습니다.

④ 데이터에 동일한 수치가 여러 개 있어도 중앙값으로 결측치를 대체할 수 있다.

명시적 근거	2문단 2번~4번 문장
실전에서의 판단 과정	크기가 같은 값이 복수여도 중앙값을 구할 수 있다고 했지.
해설	데이터에 동일한 수치가 여러 개 있는 경우, 즉 크기가 같은 값이 복수인 경우에도 순위를 매겨 '중앙값'을 찾을 수 있었습니다. 나아가 이 지문에서 '중앙값'은 '결측치'를 '대체'할 수 있는 값으로 제시된 것이었죠?

⑤ 데이터를 수집하는 과정에서 측정 오류가 발생한 값이라도 이상치가 아닐 수 있다.

명시적 근거	3문단 1번 문장
실전에서의 판단 과정	측정 오류가 있어도 다른 값이랑 비슷하면 이상치가 아니지.
해설	'이상치'의 정의를 정확히 이해했는지 묻고 있습니다. '이상치'는 측정 오류가 있는 경우의 값이 아니라, 다른 값에 비해 유달리 크거나 작은 '이상'한 값을 의미합니다. 따라서 측정 오류가 발생한 값이라도, 그 값이 다른 값과 비슷하면 '이상'하지 않으니 '이상치'가 아니라고 할 수 있겠죠.

선지	①	②	③	④	⑤
선택률	**57%**	6%	10%	12%	15%

25 윗글을 참고할 때, ㉠의 이유로 가장 적절한 것은? ①

> 이상치가 포함된 데이터에 해당한다. 이런 데이터의 특징을 하나의 수치로 나타내려는 경우 ㉠대푯값으로 평균보다 중앙값을 주로 사용한다.

– 미리 답을 생각하고 가야 합니다. 지문을 읽는 과정에서 생각하기도 했지만, '이상치'가 포함된 데이터의 '평균'을 구하면 '이상치' 쪽으로 치우친 값이 나와 그 데이터를 '대표'한다고 할 수 없을 것이니, '이상치'와 무관하게 그냥 '중앙'에 있는 '값'을 이용하면 그 값이 해당 데이터를 더 '대표'한다고 볼 수 있다는 것이 핵심입니다. 이 내용을 찾아봅시다.

① 중앙값은 극단에 있는 이상치의 영향을 덜 받기 때문이다.

명시적 근거	2문단 3번 문장, 3문단 2번~4번 문장
실전에서의 판단 과정	미리 생각한 내용이네.
해설	미리 생각한 내용이어야 합니다. '중앙값'은 극단에 있는 '이상치'의 영향을 덜 받는, 말 그대로 '중앙'에 있는 '값'이기 때문에 '이상치'가 포함된 데이터의 대푯값으로 삼기에 좋았던 것입니다. 가볍게 답으로 고를 수 있겠죠?

② 중앙값을 찾기 위해 데이터를 나열할 때 이상치는 제외되기 때문이다.

명시적 근거	2문단 3번 문장, 3문단 2번~4번 문장
실전에서의 판단 과정	이상치를 왜 제외해.
해설	'중앙값'은 말 그대로 데이터의 '중앙'에 있는 '값'이기 때문에, '이상치'도 제외하지 않고 나열한 뒤 골라야 합니다. 틀린 말이면서, ㉠과도 무관한 내용이네요.

③ 데이터의 개수가 많아질수록 이상치도 많아지고 평균을 구하기 어렵기 때문이다.

명시적 근거	2문단 3번 문장, 3문단 2번~4번 문장
실전에서의 판단 과정	평균을 왜 구하기 어려워.
해설	데이터의 개수가 많아질수록 '이상치'가 많아진다는 건 딱히 틀린 말이 아닐 것 같습니다. 그런데 이 경우 '평균'을 구하기 어렵다는 건 말이 안 되겠죠? '이상치'가 많아진다고 해서 '평균'을 구하는 것의 난이도가 달라지는 건 아니니까요. 나아가, 이 선지의 내용 역시 ㉠과 아무런 관련이 없기 때문에 답으로 고르시면 안 됩니다. 선지를 보고 나서야 생각하기 시작하면 무엇을 찾아야 하는지 잊은 채 이런 선지에 낚이기 쉬워요.

④ 이상치가 포함되면 평균을 구하는 것이 중앙값을 찾는 것보다 복잡하기 때문이다.

명시적 근거	2문단 3번 문장, 3문단 2번~4번 문장
실전에서의 판단 과정	도대체 왜 복잡해?
해설	'이상치'가 있든 없든, '평균'을 구하는 난이도가 달라지는 것은 아닙니다. 나아가 이러한 이유로 '대푯값'을 '중앙값'으로 하는 것도 아니었어요.

⑤ 이상치가 포함되면 평균은 데이터에 포함되지 않는 값일 가능성이 큰 반면 중앙값은 항상 데이터에 포함된 값이기 때문이다.

명시적 근거	2문단 3번 문장, 3문단 2번~4번 문장
실전에서의 판단 과정	핵심은 데이터에 포함된 값을 찾는 게 아니지.
해설	일단 '이상치'가 포함되면 '평균'은 그 '이상치'에 가까운 값이 될 것이기 때문에, 데이터에 포함되지 않는 값일 가능성이 커집니다. 예를 들어 '1, 2, 3, 10'이라는 데이터 집합에서 '평균'은 해당 데이터에 포함되지 않은 4가 되니까요. 반면 '중앙값'은 말 그대로 데이터의 '중앙'에 있는 값이기 때문에, 데이터의 개수가 짝수인 경우를 제외하면 항상 데이터에 포함된 값이라고 할 수도 있겠습니다. 물론 '중앙값'이 항상 데이터에 포함된 값이 아니기 때문에 틀린 선지이기도 하지만, 더 중요한 것은 이 내용이 ㉠의 이유가 아니라는 것입니다. ㉠의 핵심은 '평균'이 데이터 집합을 제대로 '대표'하지 못하니 '중앙값'을 사용한다는 것이지, 해당 '대푯값'이 데이터에 포함된 값인지 아닌지가 아니니까요. ㉠을 읽고 맥락을 정확히 이해한 다음 정답을 주관식으로 생각하는 것이 매우 중요하다는 것을 일깨워주는 선지였네요.

선지	①	②	③	④	⑤
선택률	8%	13%	15%	36%	28%

26 ㉡과 관련하여 윗글의 A기법과 〈보기〉의 B기법을 설명한 내용으로 가장 적절한 것은? [3점] ⑤

㉡이상치를 포함하는 데이터에서 직선 L을 찾는다고 하자.

– '이상치'를 포함하는 데이터에서 해당 데이터의 특징을 가장 잘 드러내는 직선 L을 찾는 상황에 대해 묻고 있습니다. 우리가 완벽하게 이해하고 있는 'A 기법' 외에도, 'B 기법'이 있는 것 같아요. 일단 'B 기법'부터 이해해야겠죠?

– 'B 기법'입니다. 'A 기법'에서는 임의의 두 점을 골라 그 점들을 연결하는 직선을 이용했는데, 'B 기법'은 애초에 후보 직선을 임의로 여러 개 가정하는 것이네요. 이렇게 직선들을 가정한 다음, 모든 점에서 각 후보 직선들과의 거리를 구한 뒤 점들과 가장 가까운 직선을 선택합니다. 'A 기법'은 임의의 점들을 잇는 직선과 다른 점들 사이의 거리를 구한다면, 'B 기법'은 임의의 직선과 모든 점들 사이의 거리를 구하는 것입니다. 비슷하면서도 다르죠?

– 이렇게 찾은 직선은 직선 L로 적합하지 않다고 합니다. '문턱값' 개념을 통해 '이상치'를 걸러낼 수 있는 'A 기법'과 달리, 'B 기법'에서는 '이상치'를 포함한 직선들이 포함되기 때문에 대부분 최적의 직선과 이상치 사이에 위치한 직선을 선택하게 되는 것이죠. 좀 더 자세히 설명하면, 'B 기법'에서는 최적의 직선을 임의의 직선으로 고르더라도 해당 직선과 '이상치' 사이의 거리까지 계산합니다. 이에 실제 선택되는 직선은 최적의 직선인 경우가 거의 없을 겁니다. 무시해도 되는 '이상치'와의 거리가 너무 멀면 해당 직선과 점들과의 평균적인 거리도 먼 것으로 나올 것이고, 결국 최적의 직선이 아닌 '이상치'와의 거리도 적당히 가까운 다른 직선이 선택될 것이니까요.

〈보기〉도 하나의 지문처럼 대해 주셔야 합니다. 이와 같은 생각으로 'B 기법'에 대해 완벽하게 이해한 상태에서 문제를 풀어보도록 합시다.

① A기법과 B기법 모두 최적의 직선을 찾기 위해 최대한 많은 점을 지나는 후보 직선을 가정한다.

명시적 근거	5문단 2번 문장, 〈보기〉
실전에서의 판단 과정	최대한 많은 점을 지나는 후보 직선을 가정하는 게 포인트가 아니지.
해설	'A 기법'의 경우 임의의 두 점을 지나는 후보 직선을 가정하고, 'B 기법'의 경우 그냥 임의의 직선을 가정합니다. 두 기법 모두 '최대한 많은 점을 지나는 후보 직선'을 가정하는 것은 아니죠?

② A기법은 이상치를 제외하고 후보 직선을 가정하지만 B기법은 이상치를 제외하는 과정이 없다.

명시적 근거	5문단 2번 문장, 〈보기〉
실전에서의 판단 과정	A 기법도 이상치를 제외하고 후보 직선을 가정하는 건 아니지.
해설	'A 기법'의 경우 '이상치'를 포함한 모든 점들 중 임의의 두 점을 연결하는 직선을 가정합니다. 애초에 '이상치'를 제외하고 후보 직선을 가정하는 것이 아니에요. 나아가 'B 기법' 역시 임의의 직선을 가정하기 때문에, '이상치'를 제외하는 과정이 없죠? 두 기법 모두 결국 '이상치'가 무엇인지 모르는 상황에서 직선 L을 찾는 것이기 때문에, 애초에 '이상치'를 제외한다는 것 자체가 불가능하다고 볼 수도 있겠습니다.

③ A기법에서 최종적으로 선택한 직선은 이상치를 지나지 않지만 B기법에서 선택한 직선은 이상치를 지난다.

명시적 근거	5문단 전체, 〈보기〉
실전에서의 판단 과정	B 기법에서 선택한 것도 웬만하면 안 지나지.
해설	'A 기법'은 '문턱값'을 이용하기 때문에, 대부분 '이상치'를 지나지 않는 직선을 선택할 것입니다. 또한 'B 기법'에서 선택한 직선은 대부분 최적의 직선과 이상치 사이에 위치한 직선이라고 했습니다. 따라서 'B 기법'에서 선택한 직선이 반드시 '이상치'를 지난다고 볼 수는 없겠어요. 애초에 'A 기법'과 'B 기법' 모두 '이상치'를 배제하는 최적의 직선을 찾기 위한 방법인데, '이상치'를 지나는 직선을 선택한다는 것은 말이 되질 않죠?

④ A기법은 이상치의 개수가 문턱값보다 적으면 후보 직선을 버리지만 B기법은 선택한 직선이 이상치를 포함할 수 있다.

명시적 근거	5문단 4번~5번 문장, 〈보기〉
실전에서의 판단 과정	이상치가 적으면 정상치는 많은 건데 왜 버려.
해설	'A 기법'은 어떤 후보 직선과 나머지 점들 사이의 거리를 구하고, 그 거리가 허용 범위 이내인 점들을 정상치 집합에 추가합니다. 그리고 이러한 정상치 집합의 점의 개수가 '문턱값'보다 적을 때 해당 후보 직선을 버리는 것입니다. 그렇다면 반대로 후보 직선과 점들 사이의 거리가 허용 범위 밖인 점들은 '이상치' 집합에 포함된다고 할 수 있겠죠? 결국 선지에서 말한 것처럼 '이상치'의 개수가

'문턱값'보다 적다는 것은 정상치 집합의 점의 개수가 '문턱값'보다 많다는 것과 같은 말이 됩니다. 'A 기법'에서 이런 직선을 버릴 리가 없죠. '문턱값'을 이용한 'A 기법'의 원리를 정확하게 이해했는지 묻는 선지라고 할 수 있네요.

한편, 'B 기법'에서도 다른 점들과의 거리가 가장 가까운 후보 직선을 선택하기 때문에, 선택한 직선이 '이상치'를 포함하는 경우는 거의 없을 것입니다. 물론 지문에 제시되지 않은 특정한 예외 상황에서는 '이상치'를 포함할 수도 있기는 하겠네요. 애매하지만 'A 기법' 부분이 확실하게 틀렸으니 지워낼 수 있어야 합니다.

⑤ A기법에서 후보 직선의 정상치 집합에는 이상치가 포함될 수 있고 B기법에서 후보 직선은 이상치를 지날 수 있다.

명시적 근거	5문단 2번~3번 문장, 〈보기〉
실전에서의 판단 과정	특정한 상황에서는 이상치도 정상치 집합에 들어갈 수 있겠다. B 기법 부분은 당연한 말이고.
해설	'A 기법'의 경우, 후보 직선과 다른 점들과의 거리가 허용 범위 이내인 경우 '해당 점들'을 정상치 집합에 추가합니다. 만약 후보 직선에 '이상치'가 포함되어 있다면, 다른 '이상치'와의 거리가 그리 멀지 않게 측정되어 그 다른 '이상치'가 정상치 집합에 추가될 수 있겠죠? 혹은 허용 범위가 넓게 설정된 상황에서 애매한 '이상치'와의 거리를 측정하면, 그 '이상치'가 정상치 집합에 추가되는 것도 가능하겠습니다. 'A 기법'이 후보 직선을 가정하고 정상치 집합을 만들어내는 과정에 대해 정확하게 이해하고 있다면 이런 상황을 충분히 생각할 수 있어요. 한편, 'B 기법'에서는 임의의 직선을 후보 직선으로 가정합니다. 말 그대로 임의의 직선이기 때문에, 이 후보 직선이 '이상치'를 지날 수 있다는 것은 너무나 당연하겠죠.

선지	①	②	③	④	⑤
선택률	4%	82%	5%	5%	4%

27 문맥상 ⓐ~ⓔ와 바꿔 쓰기에 가장 적절한 것은? ②

① ⓐ: 형성(形成)하기
② ⓑ: 누락(漏落)되어
③ ⓒ: 도래(到來)한다
④ ⓓ: 투과(透過)하는
⑤ ⓔ: 소원(疏遠)하여

몰랐던 어휘 정리하기

| 핵심 point |

① **화제 check** : 독서 지문 독해의 처음이자 끝. 첫 문단에서 잡은 '화제의 틀'을 마지막 문단까지 놓지 않아야 합니다.
② **정의 인식** : 단어의 의미를 살린 상태로, 지문에 제시된 정의와 붙여서 이해할 수 있어야 합니다. 정의를 '기억'하는 게 아니라, '납득'해서 본인의 말로 정리할 수 있어야 해요.
③ **재진술 인식** : 같은 말이라도 다르게 표현되는 경우가 많습니다. 심지어 아예 똑같은 말이 반복되는 경우도 많아요. 이 '같은 말'에 민감하게 반응하면, '정보량'을 줄이면서 읽을 수가 있습니다.
④ **카테고리 나누기** : 정보들의 범주가 나뉠 때, 그들이 서로 다른 카테고리에 속한다는 것을 인지해야 합니다. 이렇게 각 카테고리에 맞춰 정보를 정리하면 훨씬 깔끔하게 정리할 수 있다는 것을 기억해 주세요.

| 지문 내용 총정리 |

제시된 개념들의 정의를 정확하게 인식하고, 그 정의를 끊임없이 재진술하며 여러 원리들을 정확하게 납득하는 것이 중요한 지문이었습니다. 문제가 어려운 것처럼 보이지만, 결국 지문 내용을 제대로 이해했다면 어렵지 않게 답을 고를 수 있다는 것을 확실하게 인식해주세요.

(가) 1문단

①근대 국가는 시민의 생명과 재산을 보호하는 것을 일차적인 존립 이유로 삼았다. ②최소한의 금지 행위만을 법으로 정하고 이를 위반하는 경우에만 개입함으로써 시민의 자유를 최대한 보장하고자 했다. ③이러한 목적이 반영된 **자유주의적 법 모델**은 근대법의 근간을 이루었다. ④그러나 이 모델은 자유를 실질적으로 누릴 사회·경제적 조건이 모두에게 동등하게 주어지지 않은 상황에서 갈등이나 분쟁에 대처하는 데 한계가 있었다. ⑤이를 보완할 목적으로 등장한 것이 **사회복지국가적 법 모델**이다. ⑥이 모델에서는 법이 삶의 세계에 더 깊숙이 개입한다. ⑦개인의 권리 보장뿐 아니라 주거, 노동, 환경 등의 영역에서 평등과 연대의 가치를 구현하기 위한 제도의 구축 및 관리도 법의 역할이 되어, 그 역할 수행에 필요한 의무 규정들이 늘어난다. ⑧가령 「대기환경보전법」은 오염 물질의 배출을 규제하는 대기 환경 관리 체계의 기능을 강화함으로써, 깨끗한 환경에서 살 시민의 권리를 실현하기 위한 공적 토대를 만들고자 한다.

①~③ #재진술 #수식된 정의 제시
#단어의 의미 살리기

근대 국가의 존립 이유를 설명하면서 시작하고 있습니다. 시민의 생명과 재산을 보호하는 것이 그 일차적인 이유였다고 해요. 그리고 이를 위해 최소한의 금지 행위만을 법으로 정하고, 이를 위반하는 경우에만 국가가 개입하는 방식으로 시민의 자유를 최대한 보장했다고 합니다. 근대 국가 이전에는 왕정의 시대였을 것이고, 이때는 국가권력이 시민의 생명과 재산을 마음대로 뺏을 수 있던 시기였겠죠? 이에 시민의 생명과 재산을 중시한 근대 국가에서는 시민의 자유를 최대한 보장하는 방식으로 법을 운용했다고 합니다.

이러한 목적이 반영된 법 모델은 '자유주의적 법 모델'입니다. 단어의 의미 그대로, 시민의 '자유'를 최대한 보장한다는 '주의'의 목적을 가지고 있는 '법 모델'이겠죠. '자유 보장=생명·재산 보호'라는 재진술을 인식한 채로 계속 읽어보도록 합시다.

④~⑦ #재진술 #수식된 정의 제시
#단어의 의미 살리기

이렇게 '자유주의적 법 모델'은 좋은 것으로만 보였지만, 그 자유를 실질적으로 누릴 조건이 모두에게 동등하게 주어지지 않은 상황, 즉 빈부 격차와 같은 것이 존재하는 상황에서 갈등이나 분쟁에 대처하는 데 한계가 있었다고 합니다. 아무래도 시민의 자유를 많이 보장하다 보면 더 많은 부나 권력을 가진 이가 훨씬 유리할 수밖에 없겠죠.

이에 '사회복지국가적 법 모델'이 등장했다고 합니다. 단어의 의미 그대로, '사회복지'를 지향하는 '국가'에서 지향할 법한 '법 모델'을 의미하겠죠. 이 모델에서는 법이 삶의 세계에 더 깊숙이 개입한다고 합니다. 이 말을 인상깊게 여길 수 있어야 합니다. 법에 의한 규제를 최소한으로 하던 '자유주의적 법 모델'과 분명하게 구분되는 지점이니까요. 또 지금까지의 이 지문의 내용을 일종의 법철학 지문(인문 지문)이라고 본다면, '결국 다 같은 말'이라는 원칙에 따라 계속해서 같은 말로 이어질 것이니까요.

어쨌든, 7번 문장은 전형적인 재진술입니다. 개인의 권리 보장, 평등과 연대의 가치 구현을 위한 제도의 구축 및 관리까지 법의 역할이 되고, 그 역할 수행에 필요한 의무 규정들, 즉 법에 의한 규제가 늘어나는 것이죠. '법이 삶의 세계에 더 깊숙이 개입'한다는 말과 똑같은 말이죠?

⑧ #사례-원리 연결

'대기환경보건법'이라는 사례를 들어주고 있습니다. 오염 물질 배출의 '규제', '권리 실현', '공적 토대'와 같은 키워드를 바탕으로 가볍게 납득할 수 있겠죠? 상대적 약자들의 삶을 보호하기 위해 법이 깊숙이 개입하는 것이 곧 '사회복지국가적 법 모델'의 핵심이었습니다.

하이라이트 문장

⑥이 모델에서는 법이 삶의 세계에 더 깊숙이 개입한다.

무언가 엄밀하게 설명하기는 힘든 일종의 '감'의 영역이지만, 이런 문장을 중요하게 받아들일 수 있어야 합니다. '사회복지국가적 법 모델'과 관련된 정보를 처리할 때 자연스럽게 이 문장을 기준으로 재진술해야겠다는 생각을 해야 해요.

(가) 2문단

[A]

①그런데 법적 규제가 과도할 경우 삶의 세계를 구성해 온 고유한 직업 윤리 등 문화적·도덕적 규범이 강행적 성격을 띤 법 규범에 의해 침범당하는 경우가 생긴다. ②이로써 사회 각 영역의 자율적 조절 기능이 훼손되고 사회의 통합이 법에 의해 와해된다. ③그럴수록 공동체는 갈등 상황에서 법적 해결에 의존하게 된다. ④규제에 대한 요구량이 증가하면 법의 수행 능력은 한계에 부딪힌다. ⑤'문제가 발생할 때 법은 마지막 수단이어야 한다.' 등 근대법의 기본 원리가 유지되기도 어렵다. ⑥결국 법의 규범 구조가 균열된 상태에서, 법으로 문제를 해결해야 한다는 당위만 남는다. ⑦그로 인해 법 규범이 삶의 세계에 점점 더 깊숙이 개입하게 되어 사회의 자율적 조절 기능은 더욱 망가지는 과정이 반복된다. ⑧이러한 악순환을 방지하면서 사회복지 체계를 보완하고자 등장한 것이 절차주의적 법 모델이다.

①~② #사례-원리 연결 #재진술

이런 '사회복지국가적 법 모델'도 문제가 있습니다. 법적 규제가 과도할 경우, 문화적·도덕적 규범이 '법 규범'에 의해 침범당하는 경우가 생기는 거예요. 지문에 제시된 '직업 윤리'와 관련해 예를 들면, 의사가 환자를 살리기 위해 최선을 다해야 한다는 것이 고유한 '직업 윤리'였는데 이를 강행적 성격을 띤 '법 규범'으로 강제할 경우, '직업 윤리'에 따르기보다는 그저 '법 규범'의 규제를 피하기 위한 방식으로 의료 행위를 할 수도 있게 되는 것이죠. 이는 사회 각 영역에서 '자율적'(시민의 자유!)으로 조절되는 기능을 훼손하고 사회의 통합을 와해시키는 결과로 이어질 것입니다. 당연하게 납득할 수 있어야 해요.

③~⑦ #재진술

그럴수록 공동체는 갈등 상황에서 법적 해결에 의존하게 될 것입니다. 역시 당연하게 납득해야 해요. 앞에서 사회의 자율적 조절 기능이 훼손되고 사회의 통합이 와해되었다고 했으니, 이로 인해 공동체가 서로를 믿지 못하고 강행적 성격을 띤 법적 해결에 의존하게 된다는 식으로 말이에요. 결국 다 같은 말만 반복되고 있는 것입니다.

이렇게 공동체가 법적 해결에 의존하면서 규제에 대한 요구량이 증가하면, 법의 수행 능력은 당연히 한계에 부딪힙니다. 이것도 결국엔 사람이 하는 일이니까요. '문제가 발생할 때 법은 마지막 수단이어야 한다.'는 것이 근대법의 기본 원리인데, 이걸 지킬 수도 없습니다. 공동체부터 법을 마지막 수단이 아닌 첫 번째 수단으로 사용하고 있으

니까요. 이렇게 법의 규범 구조가 균열된 상태(=법의 수행 능력이 한계에 부딪힘)에서, 공동체 사이에는 그저 법으로 문제를 해결해야 한다는 당위만 남아 있습니다. 이에 사람들은 더더욱 법 규범에 의존하게 되고, 이는 사회의 자율적 조절 기능을 더욱 망가뜨리는 악순환으로 이어지게 되는 것이에요.

이 '악순환'을 당연하게 납득할 수 있겠죠? 가볍게 정리하면 '법적 규제 과도 → 사회의 자율적 조절 기능 훼손 → 공동체의 법 의존도 증가 → 사회의 자율적 조절 기능 더욱 훼손'과 같은 방식으로 사회의 통합과 신뢰가 무너지는 것입니다.

⑧ #수식된 정의 제시 #단어의 의미 살리기

이런 상황에서 '절차주의적 법 모델'이 제시됩니다. 핵심은 '사회복지 체계'를 보완하고자 등장했다는 거예요. 즉, 약자를 보호하기 위해 법이 삶의 세계에 깊게 개입한다는 기본 정신은 유지한 채로 '악순환'이라는 문제를 방지하는 것이 핵심이라는 것이죠. 이를 바탕으로 다음 문단에서 설명될 '절차주의적 법 모델'에 대해 이해해봅시다.

하이라이트 문장

⑦그로 인해 법 규범이 삶의 세계에 점점 더 깊숙이 개입하게 되어 사회의 자율적 조절 기능은 더욱 망가지는 과정이 반복된다.

1번 문장부터 이 문장까지의 모든 정보가 하나로 모이는 느낌이 들어야 합니다. (가) 2문단은 '사회복지국가적 법 모델'의 문제점을 쭉 재진술하는 문단이었습니다.

(가) 3문단

①절차주의적 법 모델에 따르면, 법은 분쟁에 직접 개입해 해결책을 내놓는 대신 분쟁 당사자들의 논의와 협상을 위한 절차나 권한 분배 등 분쟁 해결 방식에만 관여한다. ②이로써 사회의 자율적 조절 기능을 보존하고 확대하고자 한다. ③또한 권력과 자본이 논의의 장에 개입해 일부가 발언권을 독점하거나 부당한 영향력을 행사할 수 있으므로 이에 대한 점검 과정을 절차 안에 두도록 의무화한다. ④당사자 간의 자유롭고 균등한 의견 개진 가능성을 최대한 보장하는 것이 절차주의적 법 모델의 목적이다.

'절차주의적 법 모델'은 단어의 의미 그대로 분쟁 해결의 '절차'에 주목하는 '법 모델'입니다. 직접 개입해서 분쟁에 대한 해결책을 내놓기보다는, 분쟁 당사자들이 어떤 절차나 권한 분배를 통해 분쟁을 해결할 수 있도록 그 절차를 잘 마련해놓는 것이죠. 이렇게 하면 '사회복지국가적 법 모델'과는 다르게 사회의 자율적 조절 기능이 보존 · 확대될 것입니다. 공동체 구성원들이 해당 절차에 따라 '자율적'으로 분쟁을 해결할 수 있을 것이니까요.

또, 앞에서 생각했듯이 '절차주의적 법 모델'은 '사회복지국가적 법 모델'을 보완하고자 등장한 것입니다. 따라서 '사회복지국가적 법 모델'에서 강조하던 '약자에 대한 보호'도 등한시하지 않는다는 것이죠. 권력과 자본이 논의의 장에 개입해 발언권 독점 · 부당한 영향력 행사 등을 하지 못하도록 이에 대한 점검 과정을 '절차' 안에 두는 것을 의무화하는 것이 그 일환이라고 할 수 있겠습니다. 당사자 간의 의견 개진이 '자유롭게' 이루어질 수 있도록, 또 그와 동시에 '균등한' 의견 개진이 가능하도록 '절차'를 잘 마련해야 한다는 것이 핵심이네요.

하이라이트 문장

> ④당사자 간의 자유롭고 균등한 의견 개진 가능성을 최대한 보장하는 것이 절차주의적 법 모델의 목적이다.

'자유롭고 균등한 의견 개진 가능성'이 어떤 말의 재진술인지 스스로 생각할 수 있어야 합니다. 결국 다 같은 말이에요!

(가) 4문단

> ①위의 세 가지 법 모델은 시대의 요구에 따라 등장했으나 앞선 모델을 다음 모델이 대체하며 법체계를 지배해 온 것은 아니다. ②각각의 법 모델이 고유한 타당성과 필요성을 가진 채 현재의 법체계 안에 공존하고 있다.

이러한 법 모델은 서로 대체하기보다는 현재의 법체계 안에 공존하고 있다고 합니다. 세 모델 모두 지향하는 바가 나름 타당한 내용들이기 때문에 공존하는 게 좋겠다는 식으로 납득할 수 있겠네요.

(나) 1문단

> ①재산 관계에서는 개인의 자유가 최대한 보장되어야 하므로 계약으로 권리와 의무가 인정되는 것이 원칙이다. ②그러나 사회 · 경제적 조건을 달리하는 당사자들 간에서는, 약자 보호를 위해 법률로 그 내용이 정해지는 경우가 있고 이때는 이를 계약으로 변경할 수 없다.

재산 관계에서 '개인의 자유가 최대한 보장'되어야 한다는 말, 이걸 보자마자 바로 '자유주의적 법 모델'을 떠올릴 수 있겠죠? 재산 관계에서는 기본적으로 '자유주의적 법 모델'이 적용되기에, 계약이라는 당사자들 간의 '자유로운' 합의에 의해 권리와 의무가 인정되는 것이 원칙이라는 식으로 읽어낼 수 있어야 합니다. 당연하게 납득할 수 있겠죠?

그러나 사회 · 경제적 조건을 달리하는 당사자들 간에서는 약자 보호를 위해 '법률'로 그 내용이 정해지는 경우가 있다고 해요. 전형적인 '사회복지국가적 법 모델'의 정신이죠? 이때는 당사자들 간의 '자유로운' 계약보다 강행적 성격을 가진 '법률'을 토대로 재산 관계의 내용이 정해진다고 합니다. '약자 보호'라는 '사회복지국가적 법 모델'의 정신을 떠올리면서 당연하게 납득하면 되겠네요.

하이라이트 문장

> ②그러나 사회 · 경제적 조건을 달리하는 당사자들 간에서는, 약자 보호를 위해 법률로 그 내용이 정해지는 경우가 있고 이때는 이를 계약으로 변경할 수 없다.

'사회복지국가적 법 모델'의 내용이 떠오르면서, 이제부터 이와 관련된 내용이 자세히 제시될 것임을 생각할 수 있어야 합니다. 이렇게 예측하면서 글을 읽을 수 있어야 해요.

①임대차의 경우 그 내용은 계약으로 정해지는 것이 원칙이지만, 임대차의 목적물인 임차물이 생활의 근거인 주택이나 생업의 근거인 상가이면 임차인 보호라는 과제는 계약만으로는 실현되기 어렵다. ②그래서 「주택임대차보호법」, 「상가건물 임대차보호법」에는 계약보다 우선 적용되는 제도가 마련되어 있다. ③예컨대 계약으로 임대차 기간을 이 법들에 규정된 최단 존속 기간보다 짧게 정했더라도 임차인에게는 최단 존속 기간이 보장된다. ④한편 임대차 계약이 종료되기 전의 일정 기간 내에 임대인이나 임차인이 계약 갱신 여부에 대한 의사를 표시할 수 있다. ⑤이 기간 내에 임대인이 임대차 종료를 요구한 경우, 임차인이 갱신 요구권을 행사하면 임대차 종료 예정일부터 최단 존속 기간만큼 임대차가 연장된다. ⑥이러한 갱신 요구권은 임대차 기간이 정해져 있어야 인정된다. ⑦단, 임대인은 이 법들에 규정된 갱신 거절 사유를 증명해 갱신을 거절함으로써 임대차를 종료시킬 수 있다. ⑧갱신 거절 사유의 예로 임대인이 임차물인 주택에 실거주하려는 경우를 들 수 있다.

①~② #사례-원리 연결 #재진술

'임대차'라는 구체적인 사례가 제시되고 있습니다. 이제부터는 법철학 지문이 아니라 일종의 법 지문처럼 전개될 것 같다는 느낌이 오시죠? '예시'와 '예외'라는 포인트에 맞춰서 읽어보도록 합시다.

'임대차'의 경우 그 내용은 계약으로 정해지는 것이 원칙이라고 합니다. '자유주의적 법 모델'을 따르는 것이네요. 하지만 임대차의 목적물인 임차물이 생활 및 생업의 근거라면, 즉 임차인에게 있어 너무나 중요한 시설이라면 계약만으로는 '임차인 보호'라는 과제를 실현시키기가 어렵다고 해요. 1문단에서 말했던 '약자 보호'가 떠오르는 대목이죠? 자연스럽게 '계약만으로는 실현되기 어렵다.'를 '법의 개입이 필요하다.'로 바꿔서 읽을 수 있어야 할 것이구요. 즉, '사회복지국가적 법 모델'을 적용할 필요가 있다는 것이죠.

③~⑥ #사례-원리 연결 #정의 제시 #단어의 의미 살리기

구체적인 사례가 제시되고 있습니다. 확실하게 이해해놓고 넘어가야겠죠? 임대차보호법에는 계약보다 우선 적용되는 제도가 마련되어 있는데, 그 중 하나가 임차인에게 '최단 존속 기간'을 보장하는 것입니다. 예를 들어 현재 주택 임대차 계약을 할 때 '최단 존속 기간'은 2년인데, 1년짜리 계약을 했다고 해도 2년을 보장해준다는 것이죠. (참고로 상가건물은 최단 존속 기간이 1년입니다.) 상대적 '약자'인

임차인이 불리한 계약을 했을 때 그것을 '법'으로 보호해주는 모습이라는 식으로 이해할 수 있겠습니다.

또, 임대차 계약이 종료되기 전 임대인이 임대차 종료를 요구한 경우, 임차인은 '갱신 요구권'을 행사할 수 있습니다. 단어의 의미 그대로, 계약의 '갱신'을 '요구'할 수 있는 '권'리로 이해하면 되겠죠? 기본 계약 기간에 '최단 존속 기간'인 2년(주택의 경우)을 붙여 2+2년, 총 4년을 상대적 '약자'인 임차인에게 보장해주는 개념인 것입니다. 철저하게 '사회복지국가적 법 모델'이 작용하고 있는 모습이라고 할 수 있겠습니다.

한편, 이러한 '갱신 요구권'은 임대차 기간이 정해져 있어야 인정된다고 합니다. 사실 이는 단순한 법 조항이기 때문에 납득하기가 쉽지는 않지만, 억지로나마 '갱신 요구권은 최단 존속 기간만큼 연장시키는 건데 기간이 정해져 있지 않으면 얼마나 갱신하고 싶은 건지 알 수 없으니까 그런가 보다.' 정도로 정리하고 넘어가면 훌륭하겠습니다. 이 지문에서 '갱신 요구권'은 '최단 존속 기간만큼 임대차가 연장되는 것'으로 정의되어 있다는 걸 확실하게 체크했다면 할 수 있는 생각이에요.

⑦~⑧ #예외 제시 #사례-원리 연결

'단,'이라는 표지를 보자마자 예외를 떠올려야 합니다. 아무리 임차인이라는 '약자' 보호가 목표라지만, 이 법은 임대인에게 지나치게 불리합니다. 따라서 이 법들에 규정된 갱신 거절 사유, 예를 들어 임대인이 임차물인 주택에 실거주하려는 경우에는 '갱신 요구권'을 거절할 수 있다고 해요. 충분히 그럴 만하다는 생각을 하면서 납득할 수 있겠죠? 아무리 '임차인 보호'가 목적이라고 해도, 임대인의 권리를 지나치게 침해하는 것은 말이 되지 않으니까요.

하이라이트 문장

②그래서 「주택임대차보호법」, 「상가건물 임대차보호법」에는 계약보다 우선 적용되는 제도가 마련되어 있다.

미리 생각한 것처럼, '사회복지국가적 법 모델'을 떠올리면서 읽을 수 있어야 합니다. '계약보다 우선 적용되는 제도'라는 말이 너무나 당연하게 느껴져야 해요.

①주택이나 상가 임대차에서도 법이 아니라 <u>계약으로 재산 관계가 정해지는 경우가 있다.</u> ②임차인이 임차물을 사용할 권리가 소멸했거나 <u>임차인의 경제력이 충분하면 임차인을 보호할 필요가 없기 때문이다.</u> ③예컨대 임대차 종료 후 임차물을 반환할 때 임차인이 이를 원상회복할 의무를 지는지를 결정할 때는 계약이 법률보다 우선 적용된다. ④또한 보증금이 「상가건물 임대차보호법」에 정해진 상한액을 초과하면 최단 존속 기간이 적용되지 않으므로, 이때 존속 기간을 정하지 않기로 계약했다면 당사자들은 자유롭게 임대차를 종료시킬 수 있다.

①~② #예외 제시 #카테고리 나누기 #재진술

그런데 이런 주택이나 상가 임대차에서도, '법'이 아니라 '계약'으로 재산 관계가 정해지는 경우가 있다고 합니다. 또 다시 예외가 제시되고 있습니다. 기본적으로 임대차는 '사회복지국가적 법 모델'이 적용되는 모습을 보였는데, '자유주의적 법 모델'이 적용되는 예외 상황도 있는 것이죠.

이를 두 가지 카테고리로 나눠서 제시하고 있네요. 하나는 '임차인이 임차물을 사용할 권리가 소멸'한 경우이고, 다른 하나는 '임차인의 경제력이 충분'한 경우입니다. 이 경우들에서는 임차인을 보호할 필요가 없다고 해요. 확실하게 납득하고 넘어가야 합니다. 일단 '임차인 보호'라는 '진짜로' 같은 말이 반복되었으니 앞의 내용을 끌고 올 필요가 있겠습니다. 2문단에서 '임차인 보호'라는 과제를 법으로 실현하려는 이유는 임차물이 '생활이나 생업의 근거'이기 때문이었습니다. 또한 1문단에서 나온 '약자 보호'라는 말을 끌고 오면, 임차인들이 임대인과 사회·경제적 조건을 달리하는 '약자'이기 때문에 보호하려는 것이었다고 할 수 있겠죠.

그런데 '임차인이 임차물을 사용할 권리가 소멸'한 경우에는 더 이상 그 임차물이 '생활이나 생업의 근거'가 아니게 됩니다. 또한 '임차인의 경제력이 충분'한 경우 그 임차인을 '약자'라고 보기는 어렵겠죠. 이러한 이유로 이 경우들에는 법이 아닌 계약으로 재산 관계가 정해지는 '예외'가 발생하는 겁니다. 어렵지만 이렇게 최대한 '같은 말'을 활용해서 내용을 풍부하게 이해할 수 있어야 해요.

③~④ #사례-원리 연결

추상적인 이야기다 보니, 구체적인 사례가 제시되고 있습니다. 먼저, 임대차 종료 후 임차물을 반환할 때 임차인이 이를 원상회복할 의무를 지는지에 대한 내용입니다. 이 사례가 앞서 제시된 두 가지 카테고리 중 하나와 연결될 겁니다. 곰곰이 생각해 보니, 전자는 '임대차

종료 후'의 상황입니다. 즉, '임차인이 임차물을 사용할 권리가 소멸'한 상황이죠. 임대차가 종료되어 더 이상 그 임차물이 임차인의 '생활이나 생업의 근거'가 아니기 때문에, 굳이 보호할 필요가 없는 것입니다. 한편 후자는 보증금이 높은 계약, 즉 '임차인의 경제력이 충분'한 상황이죠? 이 경우 임차인을 '약자'로 보기는 어렵기에 '최단 존속 기간'이 적용되지 않고 계약을 바탕으로 자유롭게 임대차를 종료시킬 수 있다고 합니다. 이렇게 구체적인 사례와 함께 읽으니 더 확실하게 이해가 되네요.

하이라이트 문장

②임차인이 임차물을 사용할 권리가 소멸했거나 임차인의 경제력이 충분하면 임차인을 보호할 필요가 없기 때문이다.

그냥 받아들이고 넘어가는 게 아니라, 이런 상황들에서는 왜 임차인을 보호할 필요가 없는지 확실하게 납득하고 넘어가는 게 중요합니다. '임차인 보호'라는 '진짜로' 같은 말이 반복되었다는 걸 이용하면 더 깊게 이해하고 넘어갈 수 있었을 거예요.

①임대차 분쟁이 발생한 경우 이를 해결하기 위한 <u>원칙적 절차는 법관이 주도하는 **재판 절차**인데, 여기서 당사자들은 각자 자신의 주장을 뒷받침할 자료를 제출해야 한다.</u> ②한편 분쟁 해결 절차에서 당사자들의 자유로운 의견 개진을 보장하기 위해 「주택임대차보호법」과 「상가건물 임대차보호법」에는 <u>임대차 분쟁 조정 절차도 마련되어 있다.</u> ③이때 조정 절차를 주관하는 조정위원회가 당사자를 위해 자료를 수집해 줄 수 있다. ④그러나 **임대차 분쟁 조정 절차**는 <u>당사자들이 분쟁 해결을 위해 이 절차를 따르기로 합의해야 시작되며,</u> 이러한 합의가 이루어지지 않으면 재판 절차를 따라야 한다.

① #수식된 정의 제시

여러 이유로 임대차 분쟁이 발생한 경우, 원칙적으로는 '재판 절차'를 통해서 해결한다고 합니다. 당연한 말이죠? 특히 임대차처럼 '사회복지국가적 법 모델'의 성격이 짙은 영역은 말이에요. 여기서 당사자들이 각자 자신의 주장을 뒷받침할 자료를 제출해야 한다는 것 역시, 재판 과정에 대한 아주 최소한의 배경지식만 있으면 당연하게 납득할 수 있겠습니다. 재판이라는 것은 서로의 증거를 비교하는 과정이지, 단순히 누구의 목소리가 더 큰지 따지는 과정이 아니니까요.

②~④ #예외 제시 #재진술

임대차 분쟁은 기본적으로는 '재판 절차'를 통해서 해결하는 것이 '원칙'이지만, 임대차보호법에서는 '임대차 분쟁 조절 절차'도 마련해두었다고 합니다. 일종의 '예외'라고 볼 수도 있겠죠? 재판을 거치지 않고 '조정 절차'를 거치는 것도 가능한 것이니까요. 나아가 자연스럽게 '절차주의적 법 모델'이 떠올라야 합니다. 이 법 모델에서는 '분쟁 해결 방식'에 주목하기에, '조정 절차'와 같은 방식을 제시하는 것은 이 모델이 적용된 것이라고 할 수 있는 것이죠. 심지어 이때 '조정위원회'는 당사자들을 위해 자료를 수집해 줄 수도 있다고 합니다. 당사자 간의 자유롭고 균등한 의견 개진 가능성을 최대한 보장한다는 '절차주의적 법 모델'의 정신을 충실히 따르는 모습이네요.

물론 이런 절차는 당사자 간의 '합의'가 있어야 시작된다고 합니다. 너무나 당연한 말이죠? 합의되지 않았는데 '조정위원회'가 열린다는 것 자체가 이상하니까요. 정확히는, '조정 절차'가 일종의 '예외'이기에 당사자 간의 '합의'와 같은 추가적인 조건이 필요할 것이라는 식으로 납득할 수 있는 겁니다. 만약 이 조건을 충족하지 못한다면? '원칙'에 따라 '재판 절차'를 따라야겠죠. 쉽게 납득할 수 있겠네요.

> **| 생각 심화 |**
> (나)는 전체적으로 (가) 4문단의 재진술이라고 봐도 무방합니다. (가) 4문단에서는 세 가지 법 모델이 서로를 대체하지 않고 공존하고 있다고 했는데, (나)에서 보여 준 임대차의 상황이 딱 그런 모습이죠? 이렇게 (가)와 (나)를 확실하게 엮어 읽었다면 더욱 깊은 이해가 가능했을 거예요.

하이라이트 문장

> ②한편 분쟁 해결 절차에서 당사자들의 자유로운 의견 개진을 보장하기 위해 「주택임대차보호법」과 「상가건물 임대차보호법」에는 임대차 분쟁 조정 절차도 마련되어 있다.

'예외'라는 포인트와 '절차주의적 법 모델'이라는 내용을 모두 떠올릴 수 있어야 하는 문장입니다. 이런 생각을 무의식적으로라도 해 내야 진짜 실력자라고 할 수 있는 거예요.

선지	①	②	③	④	⑤
선택률	3%	79%	4%	7%	7%

28 (가)와 (나)에 대한 설명으로 가장 적절한 것은? ②

① (가)는 특정 개념이 지니는 의의와 가치를, (나)는 특정 개념의 변화에 대한 전망을 제시하고 있다.

명시적 근거	–
실전에서의 판단 과정	전망이 어딨어.
해설	(가)에서 각 '법 모델'이라는 특정 개념이 가지는 의의와 가치는 충분히 설명되고 있다고 할 수 있습니다. 실제로 우리는 각 모델의 장점을 충분히 납득하면서 읽었으니까요. 하지만 (나)에서 특정 개념의 변화에 대한 '전망'을 제시한 적은 없죠? 애초에 '변화' 자체가 나타나지 않기도 했구요.

② (가)는 시대의 요구가 반영된 방안들이 출현해 온 과정에 대해, (나)는 특정 과제의 해결을 위한 제도에 대해 서술하고 있다.

명시적 근거	(가), (나) 전체
실전에서의 판단 과정	잘 요약했네.
해설	(가)는 근대국가라는 시대의 요구가 반영된 방안인 '자유주의적 법 모델'부터 시작해서, '자유주의적 법 모델'이 가지고 있는 한계를 해결해야 한다는 요구에 따라 등장한 '사회복지국가적 법 모델', 또 이를 보완하기 위해 등장한 '절차주의적 법 모델'이 출현해 온 과정을 서술하고 있었습니다. 한편 (나)는 '임차인 보호'라는 특정 과제를 해결하기 위한 임대차 제도에 대해 서술하고 있었죠? 완벽한 정답 선지네요.

③ (가)는 (나)와 달리, 사회 현상을 분석한 여러 학자의 이론을 다양한 사례를 들어 설명하고 있다.

명시적 근거	–
실전에서의 판단 과정	학자는 나온 적이 없는데?
해설	(가)에서도 (나)에서도 어떤 학자가 나온 적은 없습니다. 절대 답이 될 수 없겠죠.

④ (나)는 (가)와 달리, 문제 해결을 위해 등장한 방안이 과도하게 적용될 경우 발생할 수 있는 문제점을 밝히고 있다.

명시적 근거	–
실전에서의 판단 과정	문제점 밝힌 건 (나)가 아니라 (가)잖아.
해설	(가)에서는 '자유주의적 법 모델'이 가지고 있는 문제 해결을 위해 등장한 '사회복지국가적 법 모델'이라는 방안이 과도하게 적용될 경우 발생할 수 있는 문제점(사회의 자율적 조절 기능 훼손)을 밝히고 있었습니다. 하지만 (나)에서는 그저 임대차 제도를 소개할 뿐, 그 문제점을 밝히고 있지는 않았죠? 반대로 써 놓은 선지네요.

⑤ (가)와 (나)는 모두 문제를 해결하려는 기존의 방안들이 지닌 한계점을 비판한 후, 새로운 방안을 제안하고 있다.

명시적 근거	–
실전에서의 판단 과정	이것도 (가)만 해당되네.
해설	4번 선지와 똑같은 선지죠? 같은 논리로 지워낼 수 있겠습니다. (나)에는 적용되지 않는 내용이에요.

선지	①	②	③	④	⑤
선택률	6%	8%	75%	8%	3%

29 [A]를 바탕으로 ㉠을 이해한 내용으로 가장 적절한 것은?

③

㉠이러한 악순환

– 미리 정리해놓은 내용입니다. '이러한 악순환'이란 '법적 규제 과도 → 사회의 자율적 조절 기능 훼손 → 공동체의 법 의존도 증가 → 사회의 자율적 조절 기능 더욱 훼손'과 같은 방식으로 사회의 통합과 신뢰가 무너지는 것을 의미했어요. 이 내용을 바탕으로 답을 찾아봅시다.

① 법이 사회 각 영역의 자율적 조절 기능에 점점 더 의존한다.

명시적 근거	(가) 2문단 2번~3번 문장
실전에서의 판단 과정	자율적 조절 기능이 훼손되는 게 문제였지.
해설	법이 삶의 세계에 지나치게 개입하면서, 사회 각 영역의 자율적 조절 기능이 훼손되고 공동체가 점점 더 법에 의존하게 되는 것이 ㉠의 내용이었습니다. 가볍게 지워낼 수 있겠죠?

② 근대법의 기본 원리를 철저히 고수하는 법 정책으로 인해 문제 해결이 지체된다.

명시적 근거	(가) 2문단 5번 문장
실전에서의 판단 과정	근대법의 기본 원리를 지키지 못하는 게 문제였지.
해설	'근대법의 기본 원리'는 '문제가 발생할 때 법은 마지막 수단이어야 한다.'라는 내용이었습니다. 이는 '자유주의적 법 모델'의 정신으로 미리 납득했던 내용이죠? '사회복지국가적 법 모델'이 작동하면 이러한 '근대법의 기본 원리'가 지켜지지 못한다고 했습니다. 고민없이 지워낼 수 있어야 해요.

③ 이전에는 법적 규제를 통해 해결하지 않던 문제들까지도 법의 해결 과제가 된다.

명시적 근거	(가) 2문단 2번~3번 문장
실전에서의 판단 과정	이전에는 자율적 조절 기능으로 해결하던 것까지 법으로 해결해야 하지.
해설	원래는 사회 각 영역의 '자율적 조절 기능'으로 충분히 해결할 수 있었는데, 이 기능이 훼손되면서 법에 대한 의존도가 높아진다는 것이 ㉠의 핵심이었습니다. 이 내용을 정확하게 재진술하고 있네요.

④ 갈등 상황에서는 문화적으로 전승되어 온 규범이 법 규범보다 우선적으로 투입된다.

명시적 근거	(가) 2문단 1번 문장
실전에서의 판단 과정	문화적 규범 같은 게 법 규범한테 침범당한다니까;
해설	문화적·도덕적 규범과 같은 것들이 강행적 성격을 띤 법 규범에 의해 침범당하고, 이에 사회 각 영역의 '자율적 조절 기능'이 훼손되어 결국 사회의 통합이 와해된다는 것이 ㉠의 핵심이었습니다. '법이 삶의 세계에 지나치게 개입한다.'라는 ㉠의 핵심 포인트를 생각하면서 해결할 수 있어야 해요.

⑤ 삶의 세계에 대한 법의 간섭 빈도가 점점 더 줄어들어
법의 기본 원리에 대한 사회적 신뢰가 깨진다.

명시적 근거	(가) 2문단 1번 문장
실전에서의 판단 과정	법이 지나치게 간섭하는 게 핵심이라니까.
해설	몇 번이고 강조하지만, ㉠의 핵심은 법이 삶의 세계에 지나치게 개입한다는 것입니다. 법의 간섭 빈도가 줄어든다는 것은 절대로 맞는 말이 될 수 없겠습니다.

선지	①	②	③	④	⑤
선택률	4%	12%	9%	66%	9%

30 (가)와 (나)를 이해한 학생이 보인 반응으로 적절하지 않은 것은? ④

– (가)에 나온 세 가지 법 모델이 (나)의 임대차 계약 관련 내용에 녹아 있는 모습이었습니다. 둘의 연관성을 미리 생각하며 읽어놓은 상태이기 때문에 어렵지 않게 해결할 수 있겠죠?

① 자유주의적 법 모델은 임대인과 임차인이 합의한 계약을 법이 존중하여 그 내용에 원칙적으로 개입하지 말아야 한다고 판단하겠군.

명시적 근거	(가) 1문단 2번~3번 문장
실전에서의 판단 과정	자유주의적 법 모델은 법의 개입을 최소화하지.
해설	'자유주의적 법 모델'은 최소한의 금지 행위만을 법으로 정하고 이를 위반하는 경우에만 처벌하는 식으로 시민의 자유를 최대한 보장하려는 모델입니다. 여기서는 당연히 임대차 계약에 개입할 필요가 없다고 보겠죠. 이렇게 할 경우 상대적 약자인 임차인에게 너무 불리할 수 있다는 것이 문제였구요.

② 사회복지국가적 법 모델은 임차인의 생업을 보호할 필요가 인정될 때는 임대인의 재산권에 대한 제한이 불가능하지 않다고 여기겠군.

명시적 근거	(가) 1문단 4번~5번 문장, (나) 2문단 1번~2번 문장
실전에서의 판단 과정	그렇지.

명시적 근거	
해설	(나) 2문단의 첫 두 문장을 읽으면서 미리 했던 생각입니다. '사회복지국가적 법 모델'은 사회·경제적 조건이 상대적으로 부족한 이의 보호를 목적으로 하는데, 임차물이 생활이나 생업의 근거인 임차인을 보호하는 것이 그 예시였습니다. 이를 위해 '최단 존속 기간'을 보장하고 '갱신 요구권'을 제공하는 등의 규정이 정해졌는데, 이는 임대인의 입장에서 자신의 재산권이 제한되는 것이라고 할 수 있겠죠. 부동산이라는 재산을 원하는 대로 처분할 수 없는 것이니까요.

'재산권에 대한 제한'과 같은 말이 지문에 없었다고 해도, '재산/권'이라는 단어의 의미를 살려 어떤 말인지 추론해낼 수 있어야 합니다. 최근 평가원은 이렇게 일상적인 상식으로 추론 가능한 부분을 더욱 과감하게 출제하고 있어요. |

③ 절차주의적 법 모델은 임대차 분쟁 조정에서 당사자들의 자유로운 의견 개진의 기회를 법으로 보장해야 한다고 보겠군.

명시적 근거	(가) 3문단 4번 문장, (나) 4문단 2번~3번 문장
실전에서의 판단 과정	이것도 미리 생각한 내용이지.
해설	'절차주의적 법 모델'은 당사자 간의 자유롭고 균등한 의견 개진 가능성을 보장하는 것을 중요시합니다. 이것이 (나)에서 임대차 분쟁을 조정하는 '조정위원회'의 존재와 연결되었죠? '절차주의적 법 모델'의 입장에 따르면 이런 '조정 절차'의 과정에서 당사자들의 자유로운 의견 개진의 기회를 법으로 보장해야 한다고 볼 것입니다.

④ 자유주의적 법 모델은 사회복지국가적 법 모델과 달리, 임차인의 갱신 요구를 임대인이 거절할 수 없어야 한다고 보겠군.

명시적 근거	(가) 1문단 2번~5번 문장, (나) 2문단 5번 문장
실전에서의 판단 과정	사회복지국가적 법 모델에서 갱신 요구를 거절할 수 있다고 하는 게 말이 되나.
해설	일단 '자유주의적 법 모델'에서는 시민의 자유를 최대한 보장하려고 하기 때문에, '갱신 요구권'과 같은 제도 자체를 반대할 것입니다. 당연하게도 임차인의 갱신 요구를 임대인이 거절할 수 있어야 한다고 볼 것이구요.

좀 더 명확한 지문 속 근거로 해결하고 싶다면, '사회복지국가적 법 모델'에서 임차인의 갱신 요구를 |

| | 임대인이 거절할 수 있어야 한다고 말 할 리가 없다는 식으로 해결되고 되겠습니다. '갱신 요구권'은 '사회복지국가적 법 모델'의 정신을 그대로 담고 있는 제도니까요. |

⑤ 사회복지국가적 법 모델과 절차주의적 법 모델은 모두, 임대차 갈등을 다룰 때 임대인과 임차인이 대등한 관계가 아닐 수 있음을 고려하겠군.

명시적 근거	(가) 1문단 4번~5번 문장, (가) 2문단 8번 문장
실전에서의 판단 과정	그렇지. 둘 다 약자 보호가 목적이니까.
해설	'사회복지국가적 법 모델'과 '절차주의적 법 모델'의 공통점을 묻는 선지입니다. '절차주의적 법 모델'은 '사회복지국가적 법 모델'의 정신을 그대로 계승하는 동시에 그 단점을 보완하기 위한 것이었어요. 그 정신은 바로 사회·경제적 약자를 보호해야 한다는 것이었죠? 따라서 이 두 모델은 모두 임대인과 임차인이 대등한 관계가 아닐 수 있음을 고려한다는 공통점도 가지고 있을 것입니다.

선지	①	②	③	④	⑤
선택률	27%	12%	9%	46%	6%

31 (나)를 바탕으로 할 때, ㉮의 이유로 가장 적절한 것은? ④

> 예컨대 ㉮임대차 종료 후 임차물을 반환할 때 임차인이 이를 원상회복할 의무를 지는지를 결정할 때는 계약이 법률보다 우선 적용된다.

– 이렇게 특정 부분에 대해 묻는 문제는 주관식으로 미리 답을 생각하고 선지로 가자고 했습니다. 이는 '임차인이 임차물을 사용할 권리가 소멸'한 상황으로, 임대차가 종료되어 더 이상 그 임차물이 임차인의 '생활이나 생업의 근거'가 아니기 때문에, 굳이 임차인을 보호할 필요가 없는 상황이었습니다. 이와 똑같은 말을 찾아봅시다.

① 임차인의 경제력이 충분하면 임대차 기간이 보장될 필요가 없기 때문이다.

명시적 근거	(나) 3문단 2번~4번 문장
실전에서의 판단 과정	이건 두 번째 카테고리였지.

| | (나)의 3문단에는 두 가지 카테고리가 제시되었는데, ㉮는 첫 번째 카테고리에 속하는 예시였죠? 이 선지의 내용이 두 번째 카테고리인데 이건 4번 문장의 예시와 연결되는 것이었습니다. 이걸 미리 생각했어야 해요. |

② 임차인과 임대인이 법률에 규정된 내용을 계약으로써 변경할 수 없기 때문이다.

명시적 근거	(나) 3문단 1번 문장
실전에서의 판단 과정	애초에 계약이 우선 적용되는 상황에 대한 거잖아.
해설	㉮는 '예외적으로' 임대차 상황에서 법이 아니라 계약으로 재산 관계가 정해지는 상황입니다. 즉, 계약이 법률보다 우선 적용되기 때문에 법률에 규정된 내용을 계약으로써 변경할 수도 있는 거예요. ㉮의 상황을 반대로 이해하고 있는 선지네요.

③ 임차인의 권리가 법률로 정해져야 개인의 자유가 최대한 보장되기 때문이다.

명시적 근거	(가) 1문단 2번~3번 문장
실전에서의 판단 과정	이건 애초에 틀린 말이지.
해설	선지에서 묻고 있는 '개인의 자유 최대한 보장'은 '자유주의적 법 모델'의 정신입니다. 이에 따르면 최소한의 금지 행위만을 법으로 정하고 이를 위반하는 경우에만 개입하는 것이 개인의 자유가 최대한 보장되는 방법이죠. 임차인의 권리가 법률로 정해져야 한다는 것은 이런 정신과 대조되는 것이니 당연하게 지워낼 수 있겠습니다.

④ 임대차 목적물인 주택이나 상가가 더 이상 임차인의 생활이나 생업의 근거가 아니기 때문이다.

명시적 근거	(나) 2문단 1번 문장, (나) 3문단 1번~3번 문장
실전에서의 판단 과정	미리 생각한 내용이네.
해설	지문을 읽으면서도, 발문을 보면서도 미리 했던 생각입니다. 이걸 뒷북이라고 여기시면 안 돼요. 정말로 시험장에서도 이렇게 주관식으로 생각해서 해결할 수 있어야 합니다.

⑤ 임차물이 상가인 경우 임대차의 내용 결정은 임차인의 사회·경제적 조건과 무관하기 때문이다.

명시적 근거	(나) 3문단 4번 문장
실전에서의 판단 과정	애초에 틀린 말이고, ㉑와도 무관하네.
해설	임차물이 상가여도 임차인의 사회·경제적 조건이 좋은 경우, 예를 들면 보증금 상한액을 초과할 정도로 경제력이 충분한 경우에는 임대차의 내용 결정이 달라집니다. 즉, 임대차의 내용 결정이 임차인의 조건과 무관하다고 한 이 선지의 내용 자체가 틀린 말인 것이죠. 더 중요한 건, 애초에 이 내용은 ㉑와 아무런 관련이 없다는 점이죠? 임차인의 사회·경제적 조건이 핵심이 아니라, 임차물이 더 이상 임차인의 생활 혹은 생업과 무관하다는 것이 핵심이었습니다.

선지	①	②	③	④	⑤
선택률	5%	16%	19%	25%	35%

32 (가), (나)를 바탕으로 〈보기〉를 이해한 내용으로 적절하지 <u>않은</u> 것은? [3점] ⑤

─────[보기]─────

갑은 자신이 소유한 A주택과 B상가를 을에게 임대하기로 계약하면서, A주택의 임대차 기간은 「주택임대차보호법」에 규정된 최단 존속 기간으로 정했으나 B상가의 임대차 기간은 정하지 않기로 했다. B상가의 보증금은 「상가건물 임대차보호법」에 규정된 상한액을 초과한다.

─ 먼저 〈보기〉부터 완벽하게 정리해봅시다. 간단하네요. A 주택은 임대차 기간을 최단 존속 기간으로 '정했으니', 을이 '갱신 요구권'을 사용할 수 있을 겁니다. 이 경우 최단 존속 기간만큼 임대차 계약 기간이 늘어나겠죠? 한편 B 상가의 임대차 기간은 정해져 있지 않은데, 보증금이 상한액을 초과했으니 갑과 을의 합의에 따라 언제든지 임대차를 종료시킬 수 있는 상황입니다.

─────[보기]─────

갑이 위의 두 법에 규정된, 갱신 여부에 대한 의사를 표시할 수 있는 기간 중에 을에게 A주택과 B상가에 대한 임대차 종료를 주장했으나 을은 갱신을 요구했다. 하지만 갑은 위 기간 내에 갱신을 거절하고 을에게 A주택과 B상가를 반환하라고 함으로써 분쟁이 생겼다. 을은 임대차

분쟁 조정 절차로 분쟁을 해결하자고 제안했으나 갑이 이를 거절하여 결국 합의가 이루어지지 않았다.

─ 이 상황에서, 갑은 을에게 두 임차물에 대한 임대차 종료를 주장합니다. 을은 갱신을 요구했는데, 갑이 이를 거절한 상황이에요. A 주택은 기본적으로 을에게 '갱신 요구권'이 있지만, 갑의 실거주와 같은 예외적인 사유가 있으면 갱신을 거절할 수 있을 겁니다. 한편 B 상가에 대해 을은 '갱신 요구권'을 가지고 있지 않습니다. 이는 분쟁의 소지가 있겠네요. 기본적으로는 '재판 절차'를 거쳐야 하지만, 을은 '분쟁 조정 절차'를 원하는 상황입니다. 하지만 갑이 거절했기에, '분쟁 조정 절차'를 주관하는 '조정위원회'는 열리지 않겠네요. 이 정도로 정리할 수 있겠죠?

법 지문의 사례 제시형 〈보기〉 문제는 시간을 써서라도 이렇게 〈보기〉를 완벽하게 분석해놓고 시작해야 합니다. 이렇게 하면 선지가 정말 빠르게 판단되기에 오히려 전체 시간을 아낄 수 있을 거예요.

① 갑이 A주택에 실거주할 계획이 있음을 증명한 경우, 갑과 을 간의 A주택 임대차는 갱신되지 않겠군.

명시적 근거	〈보기〉, (나) 2문단 7번~8번 문장
실전에서의 판단 과정	미리 생각한 내용이네.
해설	미리 생각한 내용이죠? 갑이 A 주택에 실거주할 계획이 있음을 증명하는 건 '갱신 요구권'을 거절할 수 있는 예외적인 상황입니다.

② 을이 갱신 요구권을 행사하여 임대차 기간을 연장할 수 있다면, 이것은 평등과 연대의 가치 실현을 위해 마련된 의무 규정이 적용된 것이겠군.

명시적 근거	〈보기〉, (가) 1문단 5번~7번 문장, (나) 2문단 4번~5번 문장
실전에서의 판단 과정	갱신 요구권은 사회복지국가적 법 모델을 적용한 정책이라 할 수 있지.
해설	지문을 읽으면서 미리 생각했듯이, '갱신 요구권'은 평등과 연대의 가치를 중시하는 '사회복지국가적 법 모델'의 정신과 맞닿아 있는 정책입니다. 지문에 명시적으로 표현되지는 않았어도, (나)를 읽으면서 (가)와 연결지어 미리 했어야 하는 생각이에요.

③ 을은 갑에게 「상가건물 임대차보호법」에 규정된 최단
존속 기간을 주장할 수 없겠군.

명시적 근거	〈보기〉, (나) 3문단 4번 문장
실전에서의 판단 과정	미리 생각한 내용이네.
해설	B 상가의 보증금이 '상가건물 임대차보호법'에서 규정한 상한액을 초과했기 때문에, B 상가에는 '최단 존속 기간'이 보장되지 않습니다. 따라서 갑과 을의 임대차 계약은 '최단 존속 기간'과 무관하게 합의가 되는 대로 언제든 끝낼 수 있다는 것, 역시 미리 생각한 내용이죠?

④ 을의 의사와 무관하게 갑이 B상가 임대차를 종료시킬
수 있는 것은, 시민 개개인의 자유가 갑에게 보장된 것
이겠군.

명시적 근거	〈보기〉, (가) 1문단 2번~3번 문장, (나) 3문단 1번~2번 문장, 4번 문장
실전에서의 판단 과정	이건 자유주의적 법 모델의 정신이지.
해설	2번 선지와 반대로, 을과 같은 임차인을 보호하지 않고 계약을 우선하는 것은 '자유주의적 법 모델'의 정신에 부합합니다. 이는 시민 개개인의 자유를 최대한 보장하려는 시도라고 할 수 있죠?

⑤ 갑과 을 간의 A주택 임대차에 관한 분쟁 해결 절차에서
는 조정위원회가 을을 위해 자료를 수집할 수 있겠군.

명시적 근거	〈보기〉, (나) 4문단 2번~4번 문장
실전에서의 판단 과정	합의가 안 됐는데 조정위원회가 왜 나서.
해설	(나)의 마지막 문장을 '둘의 합의가 없는데 조정위원회가 열리는 건 이상하지'와 같은 생각을 바탕으로 납득했던 기억이 있죠? 또한 이를 바탕으로 〈보기〉를 정리하는 과정에서 '조정위원회'가 열리지 않을 것임을 미리 생각하기도 했습니다. 이런 상황이니 당연히 '조정위원회'가 나서서 을을 위해 자료를 수집할 이유는 없겠죠. 지문의 마지막 문장까지 최대한 납득하며 읽는 태도가 중요했네요.

선지	①	②	③	④	⑤
선택률	94%	1%	2%	2%	1%

33 문맥상 ⓐ~ⓔ와 가장 가까운 의미로 쓰인 것은? ①

① ⓐ: 그는 신문 기사를 주장의 근거로 삼았다.
② ⓑ: 아이가 한눈을 팔다가 친구와 부딪혔다.
③ ⓒ: 그가 사용한 전문 용어들은 너무 어렵다.
④ ⓓ: 열심히 장사했더니 이익이 많이 남았다.
⑤ ⓔ: 언니가 화분들을 모두 베란다에 내놓았다.

몰랐던 어휘 정리하기

| 핵심 point |

① **화제 check** : 독서 지문 독해의 처음이자 끝. 첫 문단에서 잡은 '화제의 틀'을 마지막 문단까지 놓지 않아야 합니다.
② **정의 인식** : 단어의 의미를 살린 상태로, 지문에 제시된 정의와 붙여서 이해할 수 있어야 합니다. 정의를 '기억'하는 게 아니라, '납득'해서 본인의 말로 정리할 수 있어야 해요.
③ **재진술 인식** : 같은 말이라도 다르게 표현되는 경우가 많습니다. 심지어 아예 똑같은 말이 반복되는 경우도 많아요. 이 '같은 말'에 민감하게 반응하면, '정보량'을 줄이면서 읽을 수가 있습니다.
④ **카테고리 나누기** : 정보들의 범주가 나뉠 때, 그들이 서로 다른 카테고리에 속한다는 것을 인지해야 합니다. 이렇게 각 카테고리에 맞춰 정보를 정리하면 훨씬 깔끔하게 정리할 수 있다는 것을 기억해 주세요.
⑤ **예외 인식** : 일반적이지 않은 '예외'는 언제나 중요한 출제 포인트로 작용합니다. 확실하게 체크합시다.

| 지문 내용 총정리 |

(가)에서 제시한 법철학적 내용들을 (나)에서 구체적인 사례로 풀어 주는 아주 유기적인 형태의 지문이었습니다. 둘을 제대로 엮어 읽었는지, 그리고 처음 제시된 개념의 정의를 바탕으로 계속 재진술하며 정보량을 줄여냈는지, 마지막으로 문제를 풀기 전에 미리 해야 할 생각들을 제대로 해냈는지 등을 하나씩 점검해보도록 합시다.

1문단 (1)

①인간은 이 세상에서 <u>정신과 물질을 동시에 지닌 유일한 존재</u>로 여겨진다. ②정신은 과연 물질, 곧 육체와 별도로 존재하는 것일까? ③컴퓨터와 같은 완전히 물리적인 체계는 정신을 가질 수 없는가? ④오래전부터 정신을 비물리적 대상으로 간주하는 사람이 많았고 지금도 크게 다르지 않다. ⑤이렇게 <u>육체는 원자로 이루어져 있으며 화학적 조성을 띠지만 정신은 비물리적 대상이라고 주장하는 이론</u>이 **이원론**이다.

①~③ #정의 제시 #화제 제시

'인간'을 정의하고 있습니다. 이 지문에서 '인간'은 '정신과 물질을 동시에 지닌 유일한 존재'예요. 여러분이 '인간'을 어떻게 알고 있든, 이제는 이 정의에 맞춰서 독해할 수 있어야 합니다. 나아가 다음 문장에 나오는 두 가지 물음을 바탕으로 화제를 구성해봅시다. 인간만이 동시에 지니고 있는 것으로 여겨지는 '정신'과 '물질'('곧 육체'라는 말을 통해 '물질'과 '육체'는 '의미상' 같은 말로 쓰일 것이라는 걸 생각할 수 있겠죠?)은 '별도로' 존재하는 것인지, 또한 '인간'이 아닌, 컴퓨터와 같은 '완전히 물리적인 체계'는 '정신'을 가질 수 없는 것인지를 묻고 있습니다.

처음부터 밀도 높은 물음들로 시작하고 있습니다. 이제부터 이 지문은 두 물음에 대해 답하는 방식으로 전개될 것입니다. '정신'과 '물질'의 독립적 존재 여부와 함께 인간이 아닌 '완전히 물리적인 체계'의 '정신' 소유 가능 여부라는 두 가지 논의를 머릿속에 정확히 담아 놓은 채로, 다음 문장을 읽어봅시다.

④~⑤ #수식된 정의 제시 #단어의 의미 살리기

그 뒤엔 자연스럽게 '육체'는 원자로 이루어지고 화학적 조성을 띠는 '물리적' 대상이지만, '정신'은 '비물리적' 대상이라고 하는 '이원론'의 정의가 소개되고 있네요. '육체'와 '정신'을 '이원'적으로 보기에 '이원/론'이라고 부르는 것이겠죠? 이렇게 단어의 의미를 살리면서 '이원론'이라는 개념의 정의를 잡는 것은 기본이고, 이 정의가 곧 첫 번째 물음에 대한 답이라는 걸 생각하셔야 합니다. 물음이 가진 강력함을 잊지 마세요!

여기서 '원자', '화학적 조성'이라는 말은 앞 문장부터 계속해서 재진술되는 맥락 속에서 제시된 것입니다. '정신'은 '비물리적'이라고 했고, '육체'는 '물리적'인 것이니 육체의 특징에 해당하는 '원자'와 '화학적 조성'이라는 말은 '물질=육체=물리'와 같은 말이겠네요. 이렇게 불친절하게 제시된 재진술에도 민감하게 반응할 수 있어야 합니다!

하이라이트 문장

②정신은 과연 물질, 곧 육체와 별도로 존재하는 것일까? ③컴퓨터와 같은 완전히 물리적인 체계는 정신을 가질 수 없는가?

이 지문 전체를 끌고 가는 중요한 두 물음입니다. 이에 대한 답을 생각하면서 읽을 수 있어야 해요! 첫 문단에 제시되는 물음은 결국 그에 대한 답이 곧 화제임을 알려 주는 중요한 표지니까요. 첫 번째 물음에서 은근슬쩍 '물질=육체'로 서술되고 있는 것도 보이시죠? 두 번째 물음에선 '물리적'이 '정신'과 반대되는 말, 즉 '물질=육체'와 같은 말이라는 것까지도 제시하고 있네요. 이러한 '같은 말'에 민감하게 반응할 수 있어야 지문을 완벽하게 뚫을 수 있습니다.

특히 두 번째 물음은 '인간'의 정의에 정면으로 도전하는 내용이네요. 컴퓨터와 같은 '완전히 물리적인 체계'도 정신을 가질 수 있다면, '인간'이 정신과 물질을 모두 가지는 '유일한' 존재라는 건 틀린 말이 되니까요. 더욱 중요하게 생각해야겠죠?

1문단 (2)

⑥이에 견줘 동일론은 <u>정신은 육체, 그중에서 두뇌의 물리적 상태와 동일한 것으로 존재하지, 육체와 독립되어 존재하지 않는다</u>고 주장한다. ⑦무엇인가가 독립되어 존재하지 않는다는 것을 증명하기 위해서는 그것이 독립적으로 존재할 모든 가능성을 들여다보며 "여기도 없군. 저기도 없네." 하며 철저히 점검할 필요는 없다. ⑧다만 <u>그것이 존재한다고 말하는 주장들을 조목조목 반박해 나가면 된다.</u> ⑨<u>그런 식으로 동일론은 이원론을 반박한다.</u>

⑥ #정의 제시 #단어의 의미 살리기 #비교/대조

여기에 또 '동일론'까지 소개하고 있습니다. 일단 정의를 정확하게 잡아봅시다. '정신'은 '육체'와 '동일한 것'으로 '존재'하는 것이지, '육체'와 '독립되어' '존재'하는 것은 아니라고 합니다. 단어의 의미를 살리면 '동일/론'이라는 말을 확실하게 납득할 수 있겠죠?

이 문장을 읽으면 두 가지 생각이 아주 자연스럽게 떠올라야 하는데, 하나는 '이원론'과의 비교 포인트입니다. 누가 봐도 비교/대조가 되고 있으니, 정확하게 어떤 공통점과 차이점을 가지는지 체크해야 한다는 것이죠. 즉, 단순히 '정신'과 '육체'를 '동일'한 것으로 보는지 아닌지(차이점)를 생각하는 걸 넘어서, '정신'과 '육체'는 모두 '존재'하는 것임(공통점)을 인식하는 게 중요하다는 것이에요! '이원론'이든 '동일론'이든 그 형태는 다르지만 모두 '정신'이 '존재'하는 것임에는 동의를 하고 있습니다. 이렇게 '비교'를 가능하게 하는 '공통점'의 파악을 정확하게 해 주셔야 해요!

나아가, 이 '동일론'의 정의 역시 '이원론'의 정의와 마찬가지로 첫 번째 물음에 대한 답이라는 역할을 하고 있음을 생각해야겠죠? 첫 번째 물음이 '정신'과 '육체'가 별도로 '존재'하는 것인지 묻고 있었다는 걸 한 번 더 인식하면, 앞에서 이야기한 '공통점'을 더 확실하게 체크할 수 있었겠어요.

⑦~⑨ #화제 제시

이제 다음 문장을 보면, "여기도 없군. 저기도 없네."와 같은 재밌는 표현이 왜 나온 것인지 확실하게 이해할 수 있습니다. 무엇인가가 독립되어 존재하지 않는다는 것을 증명하기 위해서는 독립적으로 존재할 모든 가능성을 들여다보며 철저히 점검할 필요가 없다고 하는데, 이 말이 자연스럽게 '동일론을 증명하기 위해서는 이원론의 말이 맞을 모든 가능성을 들여다볼 필요가 없다'로 읽혀야 합니다. '독립되어 존재하지 않는다'는 것은 '동일론'의 정의 그 자체니까요!

그럼 어떻게 해야 할까요? 그저 그것이 존재한다고 말하는 주장들, 즉 '이원론'의 주장들을 조목조목 반박하면 된다고 해요. 먼저 나서서 다 반박할 필요 없이, '이원론'이 말하는 것을 하나하나 방어하면 된다는 것이네요! 그리고 그런 식으로 '동일론'은 '이원론'을 반박한다고 합니다. 이 문장이 없더라도, 여러분은 앞으로 이 지문이 '이원론'의 주장 하나하나를 '동일론'이 반박하는 방식으로 전개될 것이라는 생각을 해야 합니다. '이원론 주장→동일론 반박'이라는 화제의 틀이 만들어지는 순간이네요.

첫 문단에서 정말로 많은 생각을 할 수 있는 지문이었습니다. 모두 완벽하게 했는지 다시 점검하면서, '이원론'의 주장과 그것을 반박하는 '동일론'의 모습을 기대하며 계속 읽어봅시다.

하이라이트 문장

> ⑨그런 식으로 동일론은 이원론을 반박한다.

이 지문에서 가장 중요한 문장입니다. 이를 통해 '이원론 주장→동일론 반박'이라는 '화제의 틀'을 만들 수 있어요. 이 '화제의 틀'을 중심으로 정보를 처리할 준비를 하셔야 합니다.

2문단

> ①원자나 엑스선은 눈으로 볼 수 없지만 그것을 가정함으로써 다양한 현상들을 가장 잘 설명할 수 있다. ②**이원론자**는 정신도 눈에 보이지 않지만 그것을 가정해야만 설명할 수 있는 특성들이 있다고 주장한다. ③**라이프니츠**는 만일 X와 Y가 동일하다면 이들이 똑같은 특성을 갖는다는 '동일자 식별 불가능성 원리'를 제시했는데, 어떠한 물리적 대상도 갖지 못할 특성을 정신이 갖는다면, 이 원리에 따라 **정신**은 **물리적 대상과는 다를 것이다.**

① #화제의 흐름 #사례-원리 연결

'원자'나 '엑스선'에 대한 이야기가 나옵니다. 여기서 갑자기 이상한 과학적 상상을 펼치면 안 돼요! 중요한 건 이 정보들이 결국 '이원론'의 주장과 관련되어 있을 것이라는 점입니다. 이 지문은 '이원론'이 먼저 주장하고, '동일론'이 받아치는 식으로 전개될 것이니까요.

② #주장 제시 #재진술

아니나 다를까, 바로 '이원론자'의 주장을 제시하면서 '원자'와 '엑스선'이 곧 '정신'에 대응하는 표현임을 강조하고 있습니다. 핵심은 '원자'와 '엑스선'처럼 눈에 보이지는 않지만, '정신'이라는 것 역시 분명히 존재한다는 점이에요. '이원론'의 주장을 재진술하고 있는 것이죠? '정신의 존재'가 가장 중요한 내용이었습니다.

③ #주장 제시 #수식된 정의 제시 #단어의 의미 살리기

'라이프니츠'는 '동일자 식별 불가능성 원리'라는 개념을 제시했다고 합니다. 단어의 의미 그대로, '동일자'는 '식별'이 '불가능'하다는 '원리'입니다. 따라서 동일한 대상들은 동일한 특성을 갖는다는 것이죠.

이런 어려운 개념 자체가 중요한 게 아니라, 그 '역할'이 중요할 것입니다. 이 원리에 따르면, '정신'이 어떠한 '물리적 대상'도 갖지 못할 특성을 가지는 경우 '정신'과 '물리적 대상', 즉 '육체'는 서로 다른 개념이 되겠네요. 이 문장이 '이 원리에 따라 정신은 육체와 독립되어 존재한다.'로 읽혀야 합니다. 그러니까, 존재하기는 하는데 '육체'는 갖지 못하는 특성을 가지는 방식으로 '독립되어' 존재한다는 것이죠!

이런 생각을 했더니, '이원론'이 가지는 '동일론'과의 비교 포인트가 확 잡히면서, 지문의 흐름이 잡히기 시작합니다. '이원론'의 주장이 먼저 나올 것인데, 그 주장은 '동일자 식별 불가능성 원리'를 바탕으로 해서 '육체'와는 달리 '정신'만이 가지는 특성을 제시하는 방식으로 나온다는 거죠. 이러한 특성을 제시할 수만 있다면, '정신'이 '육체'와 '독립적'으로 존재한다는 '이원론'의 주장이 입증될 것입니다. 그렇다면 '이원론자'들은 어떤 특성을 제시할지 기대하면서 읽어봅시다.

하이라이트 문장

> ③라이프니츠는 만일 X와 Y가 동일하다면 이들이 똑같은 특성을 갖는다는 '동일자 식별 불가능성 원리'를 제시했는데, 어떠한 물리적 대상도 갖지 못할 특성을 정신이 갖는다면, 이 원리에 따라 정신은 물리적 대상과는 다를 것이다.

먼저 '동일자 식별 불가능성 원리'라는 개념의 정의부터 정확하게 잡아야 합니다. 수식되어 제시되고 있지만, '동일 대상→동일 특성'이라는 정의는 확실하게 인식할 수 있어야 해요. 단어의 의미를 살리면서요!

이 원리에 따르면, '정신'과 '육체'가 서로 다른 특성을 가질 경우 (어떠한 물리적 대상도 갖지 못할 특성을 정신이 갖는다면) 두 대상은 다른 대상임을 도출할 수 있다고 합니다. '동일 대상 → 동일 특성'이라는 '동일자 식별 불가능성 원리'의 대우 명제로 '다른 특성 → 다른 대상'이라는 결론을 이끌어내고 있는 것이죠. 이 주장이 '이원론자'의 주장과 같다는 걸 생각하는 건 기본이고, 앞으로 정신만이 가질 수 있는 '다른 특성'을 바탕으로 '이원론자'가 주장을 전개할 것이라는 예측까지 할 수 있어야 합니다.

3문단

> ①대표적 이원론자인 **데카르트**는 그런 특성으로 언어와 수학적 추론을 제시한다. ②그는 **완전히 물리적인 체계**가 사람처럼 언어를 사용하거나 수학적인 추론을 해낼 수는 없으리라고 보았다. ③그러나 이런 주장은 그 힘이 처음 생각했던 것보다 약하다. ④먼저 **컴퓨터 언어**라는 개념은 이제 상식적인 것이 되었다. ⑤컴퓨터 언어는 인간이 쓰는 언어에 비해서 구조와 내용의 면에서 단순하지만 그 차이라 하는 것은 종류의 차이가 아니라 정도의 차이이
> [A] 다. ⑥한편 데카르트의 저술이 나타난 이래로 수세

기 동안 여러 학자들은 수학적 추론의 일반적 원리들을 이럭저럭 찾아낼 수 있게 되었고, 컴퓨터 기술자들은 그런 원리를 바탕으로 하여 **데카르트를 깜짝 놀라게 했을 법한 기계**를 만들어 내게 되었다. ⑦독립적인 정신을 가정하지 않고서도 언어와 수학적 추론을 설명할 수 있는 가능성이 생긴 것이다. ⑧이와 같이 더 복잡한 것을 끌어들이지 않고 무언가를 충분히 설명할 수 있다면, 그것을 끌어들이지 말라는 **'단순성의 원리'**에 의해 독립적인 정신을 가정할 필요가 없다.

①~② #주장 제시 #화제의 흐름

'데카르트'라는 '이원론자'는 그런 특성으로 '언어'와 '수학적 추론'을 제시하고 있습니다. 여기서 '그런 특성'은 곧 '동일자 식별 불가능성 원리'를 만족시키는 특성, 즉 '정신'은 가지고 있고 '육체'는 가지지 않는 특성임을 자연스레 생각할 수 있겠죠?

'데카르트'는 '완전히 물리적인 체계'가 사람처럼 '언어'를 사용하거나 '수학적인 추론'을 할 수는 없으리라고 보았다고 해요. 조금 어려울 수는 있지만, 여기서 '완전히 물리적인 체계'를 보자마자 첫 문단의 '두 번째 물음'이 떠올랐으면 좋겠습니다. 이 지문은 어쨌든 '두 가지 물음'을 바탕으로 전개되는데, 두 번째 물음은 '완전히 물리적인 체계'가 '정신'을 가질 수 없는지 묻고 있었으니까요. '데카르트'와 같은 '이원론자'는 이 물음에 그렇다는 답을 하고 있어요. 왜? '완전히 물리적인 체계'는 '정신'만의 특성인 '언어'와 '수학적 추론'을 할 수 없으니까요! 이런 생각들이 아주 자연스럽게 전개되어야 합니다.

③~⑦ #화제의 흐름

그런데 우리도 알다시피, '컴퓨터 언어'라는 말과 '수학적 추론이 가능한 컴퓨터' 등은 이제 그리 낯설지 않은 개념이 되었습니다. 지문에서 언급하듯이 '정도'의 차이가 있을 뿐, 어쨌든 '컴퓨터'와 같은 '완전히 물리적인 체계'가 '언어'와 '수학적 추론'이라는 특성을 가질 수 있음은 자명하니까요. 이것 자체가 중요한 것이 아니라, '정신'이라는 걸 가지지 못한다고 간주되던 '완전히 물리적인 체계'도 '정신'만의 특성으로 여겨지던 '언어'와 '수학적 추론'이 가능하다는 점, 즉 '동일자 식별 불가능성 원리'를 바탕으로 하던 '이원론'의 주장이 깨지게 되었다는 점을 인식하는 게 더 중요합니다. 8번 문장에서 이야기하듯이, '독립적인 정신'이 존재한다는 '이원론'의 주장을 따를 필요가 없어진 것이죠.

⑧ #수식된 정의 제시 #단어의 의미 살리기 #재진술

이는 '단순성의 원리'라는 개념에 의해 잘 설명된다고 합니다. 단어의 의미 그대로, '단순'해야 한다는 '원리'인 것 같아요. '독립적인 정

신'이라는 '더 복잡한 것'을 끌고 오지 않아도 '언어와 수학적 추론'을 설명할 수 있으니, '단순'하게 '독립적인 정신'은 없다고 생각하자는 것이에요.

이렇게 정의를 체크하는 건 기본이고, 조금만 더 생각해봅시다. 그럼 '단순성의 원리'라는 개념은 누구의 주장일까요? 여기서 바로 "동일론이요!"라는 대답이 나와야 합니다. 우리는 이 지문이 '이원론 주장 →동일론 반박'이라는 '화제의 틀'을 가지고 있음을 알고 있습니다. 그럼 지문에 명시되지 않더라도, 결국 '동일론'의 입장에서 '단순성의 원리'를 이용하고 있음을 생각하셔야 합니다. 더 복잡한 것, 즉 '독립적인 정신'이라는 것을 끌어들이지 않고도 '언어'와 '수학적 추론' 같은 것을 충분히 설명할 수 있다면 '이원론'의 주장처럼 '독립적인 정신'을 끌어들일 필요가 없다는 것이죠! 다시 말해서, '정신'은 '육체'와 독립되어 존재하지 않는다는 '동일론'의 주장을 재확인해주고 있는 것입니다.

이렇게 읽어주셔야 합니다. '더 복잡한 것'과 같은 말을 '독립적인 정신'이라는 지문의 말로 바꾸지 못하면 지문의 흐름이 정확하게 잡히지 않아요. 내가 읽고 있는 모든 정보에는 결국 '역할'이 있다는 걸 인지하면서, 그 역할을 바탕으로 '같은 말'을 계속해서 찾아 나가는 것! 불친절한 지문을 뚫어내는 기본적인 태도입니다.

하이라이트 문장

⑧이와 같이 더 복잡한 것을 끌어들이지 않고 무언가를 충분히 설명할 수 있다면, 그것을 끌어들이지 말라는 '단순성의 원리'에 의해 독립적인 정신을 가정할 필요가 없다.

'더 복잡한 것=그것'은 곧 '독립적인 정신의 존재'일 것이고, '무언가'는 곧 '언어와 수학적 추론'일 것입니다. 이렇게 바꿔 읽으면서, '단순성의 원리'라는 개념의 정의를 정확하게 인식할 수 있어야 해요. 나아가 이 주장은 '동일론자'의 주장이라는 것까지 생각할 수 있겠죠? 이 지문의 흐름은 '동일론'의 입장에서 '이원론'을 '조목조목 반박'하는 것이니까요. '단순성의 원리'의 정의는 '동일론자'의 주장과 아주

긴밀하게 연결되지만, 평가원은 '무언가'와 같은 표현으로 그 연결고리를 삭제하는 '불친절한 서술'을 보여 주고 있습니다. 여러분이 스스로 친절하게 만들며 읽을 수 있어야겠죠?

4문단

①데카르트는 동일자 식별 불가능성 원리로 이원론을 지지하는 또 다른 논증으로, 육체의 존재는 얼마든지 의심할 수 있지만 정신은 의심할 수 없다는 것을 든다. ②의심하기 위해서는 내 정신이 또렷하게 존재해야 하기 때문이다. ③그렇다면 육체와 정신 중 하나는 의심 가능하다는 특성을 갖지만 다른 하나는 갖지 않으므로 그 둘은 동일하지 않다는 결론이 나온다. ④이 논증을 평가하기 위해 사실은 같은 사람인 정약용과 다산을 생각해 보자. ⑤「목민심서」를 정약용이 썼다는 것을 의심하지 않더라도 다산이 썼다는 것은 얼마든지 의심할 수 있다. ⑥다산이 썼어도 쓰지 않았다고 의심하는 것은 논리적으로 모순된 것이 아니기 때문이다. ⑦그렇다고 해서 정약용과 다산이 동일한 존재가 아닌 것은 아니다. ⑧동일자 식별 불가능성 원리는, 식별하는 데 사용되는 특성이 의심이나 생각 같은 것을 포함한 경우에는 적용되지 않는 것이다.

①~③ #카테고리 나누기 #주장 제시

이렇게 한 번 반박당한 데카르트는 다시 도전을 하고 있습니다. 데카르트의 두 번째 주장이니, 카테고리를 확실하게 나눠주는 것이 중요하겠죠? 이번에도 '동일자 식별 불가능성 원리'라는 걸 이용해서 '이원론'의 주장을 펼치는데, '정신'만이 가지는 '그런 특성'으로 '존재의 의심 가능성'을 들고 있습니다. '육체'의 존재는 의심할 수 있지만, '정신'의 존재는 의심할 수 없다는 것이죠!

여기서 '의심하기 위해서는 내 정신이 또렷하게 존재해야 하기 때문이다.'라는 문장이 이해가 안 되는 경우가 많을 텐데, 내가 '육체의 존재'를 의심한다는 것 자체가 내 '정신'을 활용하는 것이기에, '정신의 존재'는 당연히 전제되어야 한다는 말이에요. '이원론'의 주장을 다시 한번 읊어주는 것이죠. 핵심은 '존재의 의심 가능성'이라는 점에서 '육체'와 '정신'은 다른 특성을 가지고, 그러므로 '동일자 식별 불가능성 원리'에 따라 둘은 동일하지 않고 '독립되어 존재'한다는 것이죠! 계속 똑같은 말만 하고 있다는 게 느껴져야 해요.

이 주장도 '동일론'이 멋지게 반박할 것입니다. 이 문단 그 어디에도 '동일론'이 반박한다는 내용은 없지만, 우리가 알아서 생각할 수 있는 이 지문의 대전제니까요. 이렇게 지문을 친절하게 만들 수 있어야 해요.

확실하게 이해시켜주기 위해, '정약용'과 '다산'의 이야기를 하고 있어요. 이 둘은 사실 같은 대상이지만, '정약용'이 썼다는 것과 '다산'이 썼다는 것은 '의심 가능성'에서 차이가 날 수 있네요. 지금 데카르트는 '동일자 식별 불가능성 원리'를 이용하고 있고, 이에 따르면 두 대상이 동일할 경우, 두 대상은 '같은 특성'을 가져야 합니다. 그런데 '정약용'과 '다산'은 같은 대상임에도 '다른 특성'을 가지네요! 결국, 데카르트라는 '이원론자'의 주장은 다시 한번 반박되고 있는 겁니다. '다른 특성→다른 대상'에 대한 '반례'를 제시하여 '동일자 식별 불가능성 원리'라는, '이원론자'의 주장에 바탕이 되는 내용 자체를 공격하고 있다는 걸 파악할 수 있어야 해요. 짧은 문장들 속에서 정말 많은 생각들을 요구하고 있네요.

정리하자면, 데카르트가 계속 사용하고 있는 '동일자 식별 불가능성 원리'는 식별하는 데 사용되는 특성이 '의심', '생각'인 경우에는 적용되지 않는다는 것이에요. 따라서 '의심' 가능성을 '동일자 식별 불가능성 원리'를 사용하기 위한 '특성'으로 가정하는 것은 무의미하다는 것입니다. 이렇게 '이원론'을 대차게 비판하는 것 역시 '동일론'의 주장일 것이에요. 여기까지 생각할 수 있겠죠?

이 지문의 가장 무서운 부분은, 2문단 이후로 단 한 번도 '동일론'이라는 단어를 사용하지 않았다는 점이에요. 하지만 우리는 계속해서 '동일론'을 떠올렸어야 했죠. 극도로 불친절한 지문이었지만, '화제의 틀'을 중심으로 '재진술'을 활용하며 친절하게 만드는 데 성공했네요.

하이라이트 문장

> ①데카르트는 동일자 식별 불가능성 원리로 이원론을 지지하는 또 다른 논증으로, 육체의 존재는 얼마든지 의심할 수 있지만 정신은 의심할 수 없다는 것을 든다.

'이원론자'의 새로운 주장을 소개하는 방식으로 카테고리를 만드는 문장입니다. '의심 가능성'이 2문단에서 말한 '그런 특성' 중 하나로 제시되고 있는 것이에요. '정신'이 '존재'해야 '의심'이라는 것도 가능하기 때문에, '정신'의 '존재'는 '의심'할 수가 없다는 겁니다. 나아가, 이 주장도 '동일론'에 의해 공격받을 것이라는 생각까지 해야 합니다. 그래야만 '이원론'과 '동일론'의 정의를 바탕으로 뒤에 나오는 '정약용-다산' 논증을 정확히 이해할 수 있어요.

선지	①	②	③	④	⑤
선택률(예상)	1%	2%	3%	2%	92%

34 독서의 목적을 고려하여 윗글을 추천하고자 할 때, ㉮에 들어갈 내용으로 가장 적절한 것은? ⑤

> ______㉮______ 분에게 추천합니다.

① 감정을 정화하기 위해 감동적인 경험을 소개하는 글을 읽으려는
② 인간관계를 유지하고 발전시키기 위해 타인의 일상을 담은 글을 읽으려는
③ 학문적인 정보를 얻기 위해 기술에 적용된 원리를 설명하는 글을 읽으려는
④ 사회적 문제를 해결하는 방안을 찾기 위해 사회 현상의 원인을 분석한 글을 읽으려는
⑤ 인간과 세계를 이해하기 위해 인간과 사물의 본질을 논쟁적으로 다룬 글을 읽으려는

– 2022수능 예시문항에서 처음으로 등장한 유형입니다. 기존의 '내용 전개 방식' 문제의 변형이라고 생각해주시면 됩니다. 결국 화제가 무엇인지 정확하게 생각하고, 그 화제를 중심으로 답을 고르면 문제 자체가 어렵지는 않을 것이에요. 따로 해설이 필요하지는 않을 것 같네요. (참고로, 이 유형이 2022학년도 6월 모의평가부터 [1~3] 자리에 출제되는, 흔히들 말하는 '독서론' 유형으로 바뀌었다고 보시면 될 것 같습니다. '독서론' 유형의 경우에도 일반적인 독서 지문을 해결하는 것처럼 생각하며 읽고 해결하시면 됩니다.)

선지	①	②	③	④	⑤
선택률(예상)	56%	19%	14%	6%	5%

35 윗글을 통해 알 수 있는 내용으로 가장 적절한 것은? ①

① 현실에서 발생한 일이라도 발생하지 않았다고 의심은 할 수 있다.

명시적 근거	4문단 5번 문장
실전에서의 판단 과정	다산-정약용 논증에서 했던 말이랑 똑같네.

| 해설 | 선지를 보자마자 '다산'과 '정약용'이 떠올라야 합니다. '다산-정약용 논증'은 '이원론자'의 두 번째 주장을 깨부수는 역할을 하고 있었기에, 그 내용을 확실하게 이해하고 있었을 것이에요. 실제로 발생한 일인 '다산이 「목민심서」를 썼다'는 사실이 발생하지 않았다고 '의심'은 할 수 있었고, 따라서 '의심'이나 '생각' 같은 것은 '동일자 식별 불가능성 원리'가 적용되지 않는 것이었죠. |

② 이원론은 완전히 물리적인 체계에도 정신이 독립적으로 있다고 본다.

명시적 근거	3문단 2번 문장
실전에서의 판단 과정	헛소리네. 데카르트가 아니라고 그랬는데?
해설	'이원론'은 '정신'이 '독립적'으로 존재한다고 주장하는 이론입니다. 하지만, 그들은 두 번째 물음인 '완전히 물리적인 체계는 정신을 가질 수 없는가?'에 대해 '데카르트'의 입을 빌려 긍정의 답을 내렸어요. '완전히 물리적인 체계'는 '언어'나 '수학적 추론'과 같은 '정신'만이 가지는 '특성'을 가지지 못하기에, 그들에겐 '정신'이 존재하지 않는다는 것이죠. 첫 문단에서 제시한 물음이 정말로 중요하다는 것을 보여 주는 선지네요.

③ 원자나 엑스선은 눈에 보이지 않는다는 점에서 물리적 대상이 아니다.

명시적 근거	2문단 1번~2번 문장
실전에서의 판단 과정	눈에 안 보이는 거랑 물리적 대상이랑 뭔 상관이길래... 헛소리네.
해설	원자나 엑스선은 '정신'이 독립적으로 존재한다는 것을 강조하기 위해 제시한 개념이기는 하지만, '눈에 보이지 않는다는 점에서' 물리적 대상이 아닌 것은 아니죠? 이들은 눈에 보이지 않지만, 그들의 '존재'를 상정할 때 다양한 현상을 설명할 수 있다는 점에서 '정신'과 비슷한 특성을 가지는 것이에요. 나아가, 1문단에서 확인할 수 있듯이 사실 '원자'는 '육체'를 이루는, '물리적 대상' 그 자체입니다. '물리적 대상이 아니다'라고 하는 것도 맞는 말이 될 수 없겠어요.

FAQ

Q 2문단에서 '원자'와 '엑스선'은 '정신'과 유사한 특성을 가지는 것으로 설명했습니다. 그런데 두 번째 '해설'에서는 1문단에서 '원자'가 '물리적 대상'(=물질)이라고 설명한 내용을 끌고 오고 있는데, 이는 모순되는 것 아닌가요? 두 문단의 내용을 별개로 봐야 하는 게 아닌지 궁금합니다.

A 2문단에서 말하고자 하는 것은, 정확히 말하면 '원자=정신'이 아니라 '원자=독립적 정신'입니다. 두 문단의 내용을 연결하면, '원자'는 '물리적 대상'이면서 '눈으로 볼 수 없지만 그것을 가정함으로써 다양한 현상들을 가장 잘 설명할 수 있는 대상'입니다. 즉, '원자'는 두 성질을 모두 가지고 있는 것이에요. 여기서 이원론은 '독립적 정신'의 존재를 정당화하기 위해 '원자'의 성질 중 후자만을 가져 온 것입니다. 즉, 이원론이 뭐라고 말했든 '원자'의 성질 중 전자가 사라지는 것은 아니기 때문에, '원자'는 '물리적 대상'이 아니라고 하는 3번 선지의 진술은 적절하지 않은 것입니다.

④ 라이프니츠는 물리적 대상이 정신과 똑같은 특성을 갖더라도 그 둘은 다르다고 보았다.

명시적 근거	2문단 3번 문장
실전에서의 판단 과정	동일 대상 → 동일 특성이니, 동일 특성을 가지면 최소한 다른 대상은 아니겠지.
해설	'라이프니츠'는 '동일자 식별 불가능성 원리'를 제시한 사람입니다. 이에 따르면 특성이 같을 경우 두 대상은 같아야 하겠죠. 물론 정확히는 '알 수 없음'이 되어야 합니다. '동일 특성'을 가지는 경우를 어떻게 설명하는지는 지문에 명시적으로 드러나지 않으니까요.

⑤ 데카르트는 언어를 사용하거나 수학적 추론을 할 수 있는 기계가 출현하리라고 예상했다.

명시적 근거	3문단 2번 문장, 3문단 6번 문장
실전에서의 판단 과정	데카르트는 컴퓨터 같은 기계는 언어, 수학적 추론 사용 못할거라고 생각했지.
해설	이걸 예상했다면, '언어'와 '수학적 추론'을 인간의 '정신'만이 가지는 고유한 특성으로 제시하지 않았겠죠? 데카르트의 첫 번째 주장 중에서 가장 핵심이 되는 부분이었습니다. 아무렇지 않게 지울 수 있어야 해요.

선지	①	②	③	④	⑤
선택률(예상)	27%	11%	31%	15%	16%

36 ㉠에 대한 동일론자의 대답으로 가장 적절한 것은? ①

> ㉠컴퓨터와 같은 완전히 물리적인 체계는 정신을 가질 수 없는가?

– 사실 가장 중요한 부분이지만, 막상 지문에 명시되지 않아 바로 생각해내기는 어려울 수 있습니다. 두 번째 물음에 대한 '동일론자'의 대답은 과연 무엇일까요? 이렇게 특정 생각을 묻는 문제는 답을 주관식으로 정해 두고 가면 좋습니다. 미리 생각해볼까요?

이 물음에 대한 답을 생각하기 위해서 우선적으로 필요한 것은, [A] 부분에서 '단순성의 원리'를 이용해 '데카르트'와 같은 '이원론'을 반박하는 것이 '동일론'의 주장임을 생각하는 것입니다. 이것부터 지문에 명시되지 않았기에, 문제 풀이가 굉장히 어려울 수 있어요. 하지만 우리는 이 생각을 잘 했을 겁니다. 첫 문단에서부터 제시한 '화제'니까요.

그렇다면 '동일론'의 주장이 무엇인지 다시 생각해봅시다. 그들은 '언어'와 '수학적 추론'을 하는 '완전히 물리적인 체계'가 존재한다는 것을 보여 주었습니다. 이에 따르면 '완전히 물리적인 체계'에 해당하는 '컴퓨터'도 '정신'을 가질 수 있는 것이겠네요. 이 정도로 생각해 두고 선지 판단해보도록 합시다.

① 기술이 발달하면 컴퓨터도 인간과 같은 정신을 가질 것이다.

명시적 근거	3문단 전체
실전에서의 판단 과정	해설과 동일
해설	우리가 미리 생각한 대로 '정신'을 가진다는 말은 있는데, '인간과 같은'이라는 말이 덧붙었네요. 조금 더 생각해봅시다. 선지에서는 '인간'에 대해 묻고 있으니, 우리는 필연적으로 '인간의 정신'에 대해서 생각해봐야겠네요. '동일론'의 입장에 따르면, '인간' 역시 '정신'을 가집니다. 그리고 이 '정신'은 '육체'와 '동일한' 것으로 존재해요. 이 포인트가 중요합니다. '동일론'은 '정신'이 '존재'한다는 것 자체는 부정하지 않습니다. 그것이 '독립'적으로 존재하지는 않는다고 할 뿐이죠! '이원론'과의 공통점이었기도 하죠?

즉, 이들은 '정신'이 '육체', 곧 '물질'과 동일하다고 할 것이고, 이는 컴퓨터와 같은 '완전히 물리적인 체계'에서도 예외는 아닐 것입니다. 컴퓨터는 '물질'로만 이루어져 있을 텐데, 동일론에 따르면 그런 '물질'은 곧 '정신'과 같은 말이니까요. 그럼 컴퓨터도 '인간과 같은', 즉 '육체와 동일한' 정신을 가질 수 있다고 하겠네요. 어렵지만, 결국 '동일론'의 주장을 정확히 잡을 것을 요구하는 문제였습니다.

② 기술이 발달하면 컴퓨터는 인간과 달리 정신을 가질 것이다.

명시적 근거	3문단 전체
실전에서의 판단 과정	동일론은 인간도 정신을 가진다고 했는데?
해설	인간과 '달리' 정신을 가진다는 건 말이 안 돼요! '동일론'은 인간이 '육체'와 동일한 종류의 '정신'을 가진다고 했어요.

③ 기술이 발달하면 컴퓨터는 인간과 종류가 다른 정신을 가질 것이다.

명시적 근거	3문단 전체
실전에서의 판단 과정	동일론은 인간도 기계도 육체와 같은 종류의 정신을 가진다고 했지.
해설	역시 인간과 '종류가 다른' 정신을 가진다고 볼 리는 없겠죠. 심지어 [A] 부분에서도 '그 차이라 하는 것은 종류의 차이가 아니라 정도의 차이이다.'라는 명시적인 근거를 제시했구요. 단순히 '인간'과 '컴퓨터'라고 다른 종류를 가질 것이라는 뇌피셜을 펼치면 안 됩니다. '물질=정신'이라는 대전제를 놓치면 안 돼요.

④ 기술이 발달하더라도 컴퓨터는 인간과 달리 정신을 가지지 않을 것이다.

⑤ 기술이 발달하더라도 컴퓨터도 인간과 같이 정신을 가지지 않을 것이다.

명시적 근거	3문단 전체
실전에서의 판단 과정	동일론은 인간도, 기계도 모두 정신을 가진다는 입장이지.
해설	인간은 분명히 '정신'을 가지고 있습니다. 그리고 '완전히 물리적인 체계' 역시 '언어'와 '수학적 추론'을 할 수 있다는 말을 통해 '정신'을 가지고 있다는 걸 강조하고 있어요.

선지	①	②	③	④	⑤
선택률(예상)	5%	9%	7%	61%	18%

37 윗글을 참고하여 〈보기〉를 이해한 내용으로 적절하지 않은 것은? [3점] ④

─────[보기]─────

(가) 악령의 존재를 가정할 필요 없이 병원체의 존재를 가정함으로써 감염병의 발생을 가장 잘 설명할 수 있다.

─ 이 문장 구조를 보자마자 '단순성의 원리'가 떠올라야 합니다. '악령의 존재'는 '독립적인 정신의 존재'에 대응될 것이고, '병원체의 존재'는 '물질=육체=물리'에 대응되겠죠. '감염병의 발생'은 곧 '언어와 수학적 추론'에 대응될 것이구요. '독립적인 정신'을 가정하지 않아도 '물질=육체=물리'만으로 충분히 '단순'하게 '언어와 수학적 추론'을 설명할 수 있으니, '독립적인 정신의 존재'는 가정할 필요가 없다는 동일론자의 주장과 완벽하게 대응됩니다.

─────[보기]─────

(나) '하늘에 태양이 존재하면서 동시에 존재하지 않는다'고 생각할 수 없지만, '왼손은 있다'고 생각하면서 '오른손은 사라졌다'고 생각할 수 있다.

─ 이번엔 '다산-정약용'이 떠오르는 내용이네요. '하늘에 태양이 존재하면서 동시에 존재하지 않는다.'는 것은 논리적으로 '모순'이지만, '왼손은 있다'고 생각하면서 '오른손은 사라졌다'고 '생각'하는 건 논리적으로 '모순'이 아니기 때문에 생각할 수 있는 것이죠.

이 '모순' 개념은 '동일자 식별 불가능성 원리'가 '생각'이나 '의심'과 같은 상황에는 적용되지 않는다는 것을 설명하기 위해 나온 것입니다. 이렇게 '정보의 역할'을 생각하면, (나) 문장에 있는 따옴표의 위치가 바뀌어 보입니다. 제가 윗 문단에서 한 것처럼, '생각'이라는 부분에 따옴표가 찍히는 것이죠! '의심'이나 '생각'이라는 것은 '동일자 식별 불가능성 원리'가 적용되지 않는 특성이라는 것을 보여 주는 또 다른 예시가 제시되었다는 것이에요.

굉장히 어렵습니다. '모순'이라는 정보의 역할을 생각하지 않았다면 이 해설 자체가 뒷북으로 느껴질 만큼 말이에요. '정보의 역할'이라는 것을 계속해서 생각하며 글을 읽는 것의 중요성을 일깨워 주는 문제였네요. 그럼 선지 판단해봅시다.

그런데 사실 (나)는 '동일자 식별 불가능성 원리'와는 상관이 없습니다. 35번 문제의 4번 선지와 비슷한 논리인데, '동일자 식별 불가능성 원리'는 '동일 대상→동일 특성', '다른 특성→다른 대상'에만 대응되는 것이에요. 그런데 (나)는 '왼손은 있다'와 '오른손은 사라졌다'라는 '다른 대상'의 이야기인데, 이들은 모두 '생각할 수 있다'라는 '동일 특성'을 가지고 있죠? 이는 '동일 특성→다른 대상' 혹은 '다른 대상→동일 특성'의 상황이기 때문에 '동일자 식별 불가능성 원리'와는 관련이 없는 것이네요. 물론 그냥 대충 대응되는 것으로 봐도 상관은 없지만, 엄밀하게 말하면 (나)는 그저 '모순'인 것과 '모순'이 아닌 것 사이의 생각 차이만을 언급하는 내용이었습니다. '동일자 식별 불가능성 원리'로 설명할 수 있는 상황이 아니에요!

① (가)에서는 단순성의 원리에 의해 악령을 끌어들일 필요가 없는 것이겠군.

명시적 근거	3문단 8번 문장
실전에서의 판단 과정	〈보기〉 정리한 내용 그대로네.
해설	우리가 미리 정리한 정보죠?

② (가)에서 '악령이 존재한다'는 주장을 반박하기 위해서 악령이 존재할 모든 가능성을 들여다볼 필요는 없겠군.

명시적 근거	1문단 7번~8번 문장, 3문단 8번 문장
실전에서의 판단 과정	악령이 존재한다는 이원론의 주장을 반박하려면 모든 가능성을 들여다볼 필요는 없다고 했지.
해설	되게 아무렇지 않게 넘어갈 수도 있는 선지인데, 사실 '단순성의 원리'라는 정보의 역할을 묻는 멋진 선지입니다. '단순성의 원리'는 '이원론'의 주장을 '조목조목 반박'하기 위한, 즉 '이원론'의 주장이 맞을 '모든 가능성'을 들여다보지 않고 반박하기 위한 '동일론'의 주장이에요. 이 내용이 (가)에 그대로 대응되니, 2번 선지는 당연히 맞는 말이 됩니다. '정보의 역할'이 중요하다는 것을 확실하게 정리하도록 합시다.

③ (가)에서 병원체의 존재가 감염병을 가장 잘 설명해
주기 때문에 병원체가 존재한다고 판단하겠군.

명시적 근거	3문단 8번 문장
실전에서의 판단 과정	1번 선지랑 똑같은 내용이네.
해설	'단순성의 원리'의 핵심 내용이네요. '물질=육체=물리'에 대응되는 '병원체의 존재'가 '언어, 수학적 추론'에 대응되는 '감염병의 발생'을 충분히 설명할 수 있기에, 더 복잡한 '독립적인 정신' 혹은 '악령의 존재' 같은 것을 가져올 필요가 없는 것이죠?

④ (나)에서 왼손과 오른손은 동일자 식별 불가능성 원리
에 따라 동일한 대상이 아니겠군.

명시적 근거	4문단 5번~8번 문장
실전에서의 판단 과정	생각은 동일자 식별 불가능성 원리에 적용할 수 없지.
해설	'왼손'과 '오른손'에 대한 이야기에서 핵심은 어느 손이냐가 아니라 '생각'의 가능성이었습니다. '생각'이나 '의심' 같은 것은 '동일자 식별 불가능성 원리'를 적용할 수 없기에, 이 원리에 따라 둘이 동일한 대상이 아니라고 하는 것은 말도 안 되는 내용이겠네요. (나)를 어떻게 정리하느냐가 관건인 선지였어요. 물론 '생각 심화'에서 언급했듯이, 애초에 (나)는 '동일자 식별 불가능성 원리'와 큰 관련이 없는 내용이라는 생각으로 지울 수도 있겠습니다.

⑤ (나)에서 생각의 가능성에 차이가 있는 까닭은 논리적
으로 모순인 것과 아닌 것의 차이 때문이겠군.

명시적 근거	4문단 5번 문장
실전에서의 판단 과정	〈보기〉 정리한 내용 그대로네.
해설	역시 미리 정리한 내용 그 자체네요.

4번 선지와 5번 선지를 잘 보면, (나)가 정확히 이야기하고자 하는
것이 보입니다. 단순히 '왼손'과 '오른손'에 주목하는 게 아니라, '생
각의 차이'에 주목하고 있는 것이에요. 이런 분석이 가능했으면 좋겠
어요.

선지	①	②	③	④	⑤
선택률(예상)	8%	11%	63%	9%	9%

38 [A]에 드러난 동일론의 주장에 대해 이원론이 비판한다고 할 때, 비판의 내용으로 적절하지 않은 것은? ③

– 비판 문제입니다. 그런데 재밌는 것이, [A]에서는 '동일론'의 주장
이라는 말이 명시적으로 드러나지도 않는데 발문에선 '[A]에 드러난
동일론의 주장'을 묻고 있어요. 이 정도의 불친절함은 학생들이 아무
렇지 않게 처리했을 것이라 생각하는 거죠. 평가원이 요구하는 수준
에 맞출 수 있도록 최선을 다합시다.

아무튼, 비판 문제의 포인트 두 가지, 1) 주장을 '공격'하는 것이 맞는
가? 2) 정말로 상대가 '주장'한 것이 맞는가?에 맞추어서 선지를 판
단해봅시다.

① 인간과 같은 수준의 언어를 사용하는 기계가 있을 수
있다고 하는데, 있다고 하더라도 정말로 그 뜻을 이해
하고 사용하는 것은 아니다.

명시적 근거	3문단 5번 문장
실전에서의 판단 과정	동일론자의 주장을 잘 공격하고 있네.
해설	'인간과 같은 수준의 언어를 사용하는 기계'는 [A] 부분에 제시된 '동일론자'의 가장 중요한 주장입니다. 그럼 2) 조건은 만족한 것이고, 그 기계가 뜻을 이해하는 것은 아니라는 방식으로 '공격'하고 있으니 1) 조건도 만족하는 완벽한 비판이네요.

② 인간과 같은 수준의 언어를 사용하는 기계가 있을 수
있다고 하는데, 있다고 하더라도 그것은 행동적인 측
면만 따라할 뿐이고 사랑이나 두려움 같은 감성적 측
면은 따라할 수 없다.

명시적 근거	3문단 5번 문장
실전에서의 판단 과정	동일론자의 주장을 잘 공격하고 있네.
해설	1번 선지와 같은 이유로 2) 조건은 만족하고, '감성적 측면'을 따라하지 못한다는 방식으로 '공격'하고 있으니 1) 조건도 만족하는 완벽한 비판이네요.

③ 수학적 추론을 하는 기계가 있을 수 있다고 하는데, 기계가 정신을 가지지 못한다고 말하면서도 수학적 추론을 한다는 것은 성립할 수 없다.

명시적 근거	3문단 6번 문장
실전에서의 판단 과정	동일론이 한 적 없는 말을 공격하고 있네.
해설	'수학적 추론을 하는 기계가 있을 수도 있다'는 것은 '동일론'의 주장이 맞는데, '기계가 정신을 가지지 못한다'고 말하는 건 '동일론'의 주장이 아니죠? 상대가 한 적도 없는 말을 공격하고 있으니 2) 조건을 만족하지 못하는, 적절하지 않은 비판이 되네요. 어렵지 않죠? '비판' 문제는 결국 '주장'을 묻는 문제라는 것. 확실하게 정리합시다.

④ 수학적 추론을 하는 기계가 있을 수 있다고 하는데, 있다고 하더라도 그것은 프로그램에 따라 작동하는 것에 불과하지 선택에 따른 행동이라고 볼 수 없다.

⑤ 수학적 추론을 하는 기계가 있을 수 있다고 하는데, 비행 시뮬레이션이 실제 비행의 모방에 불과한 것처럼 기계의 수학적 추론은 인간의 수학적 추론을 모방한 것에 불과하다.

명시적 근거	3문단 6번 문장
실전에서의 판단 과정	동일론자의 주장을 잘 공격하고 있네.
해설	모두 '수학적 추론을 하는 기계가 있을 수도 있다'는 '동일론'의 주장을 다루고 있으니 2) 조건을 만족하고, 각각 '선택의 부재'와 '모방'이라는 포인트를 바탕으로 그 주장을 '공격'하고 있으니 1) 조건도 만족하는 완벽한 비판이 되겠습니다.

선지	①	②	③	④	⑤
선택률(예상)	6%	8%	67%	9%	10%

39 문맥상 ⓐ~ⓔ와 바꿔 쓰기에 적절하지 <u>않은</u> 것은? ③

– 2020학년도 수능부터 자주 출제되고 있는 유형입니다. 독서 지문을 읽어나갈 때 가장 중요한 요소 중 하나라고 할 수 있는 '같은 말 찾기', 즉 '재진술'에 대해 집요하게 묻는 모습이에요. 이 문제가 어렵다면 지문 자체를 제대로 읽지 못한 겁니다. 지문을 제대로 읽었다면 어려울 수가 없어요!

① ⓐ눈에 보이지 않지만 그것을 가정해야만 설명할 수 있는 특성들이 있다고: 원자나 엑스선과 유사한 특성이 있다고

명시적 근거	2문단 1번 문장
실전에서의 판단 과정	원자, 엑스선의 역할을 묻고 있네.
해설	'원자'나 '엑스선'이라는 정보의 역할 그 자체죠? 너무 쉽게 맞는 말인 걸 알 수 있겠네요.

② ⓑ기계를: 완전히 물리적인 체계를

명시적 근거	3문단 6번 문장
실전에서의 판단 과정	맥락상 '기계=컴퓨터=완전히 물리적인 체계'겠지.
해설	'데카르트를 깜짝 놀라게 했을 만한 기계'는 '수학적 추론'을 할 수 있는 기계, 즉 '완전히 물리적인 체계'인 '컴퓨터'죠? [A] 부분의 흐름을 정확하게 잡았으면 쉽게 지울 수 있는 선지네요.

③ ⓒ또렷하게 존재해야: 화학적인 조성을 띠어야

명시적 근거	4문단 1번~2번 문장
실전에서의 판단 과정	맥락상 독립적으로 존재한다는 의미이지.
해설	'정신'은 '화학적인 조성'을 띠는 '육체'와는 '독립적'인 것으로 존재한다는 것이 '이원론'의 주장입니다. 맥락상 ⓒ는 '이원론'의 주장이기에, 정신이 '또렷하게 존재'한다는 건 곧 정신이 '독립적으로 존재한다'는 것과 같은 말이 되겠습니다. 즉, '독립적으로 존재하는 정신'에 대한 내용이 들어가야 하기에 3번 선지처럼 '화학적인 조성'(물질=육체=물리)을 가져오면 안 되겠죠. 쉽게 답으로 고를 수 있네요.

④ ⓓ동일하지 않다는: 똑같은 특성을 지니지 않는다는

명시적 근거	2문단 3번 문장, 4문단 3번 문장
실전에서의 판단 과정	다른 특성 → 다른 대상을 이야기하는 맥락이니 다른 특성을 지닌다라는 의미가 들어가면 되겠네.
해설	이 지문에 등장하는 대표적인 '이원론자'인 '데카르트'는 '동일자 식별 불가능성 원리'를 바탕으로 주장을 전개하고 있습니다. 이 원리에 따르면 '동일하지 않다'는 건 곧 '같은 특성을 가지지 않는다'는 것이겠죠.

⑤ ⓔ동일한 존재가 아닌: 독립적인 존재인

명시적 근거	지문 전체
실전에서의 판단 과정	동일한 존재가 아니라는 건 곧 독립적인 존재임을 의미한다고 할 수 있지.
해설	이 지문의 큰 흐름은 '이원론'의 주장을 '동일론'이 반박하는 것이에요. '정약용'과 '다산'의 예시는 두 대상이 '동일한' 존재라는 가정하에, '물질'과 '정신'이 '독립적'으로 존재한다는 '이원론'의 주장을 비판하기 위해 등장시킨 것입니다. 따라서 '정약용'과 '다산'이 '동일한 존재가 아닌 것은 아니다'라는 것은 '독립적인 존재인 것은 아니다'와 같은 말로 사용할 수 있겠죠.

몰랐던 어휘 정리하기

① 화제 check : 독서 지문 독해의 처음이자 끝. 첫 문단에서 잡은 '화제의 틀'을 마지막 문단까지 놓지 않아야 합니다.
② 정의 인식 : 단어의 의미를 살린 상태로, 지문에 제시된 정의와 붙여서 이해할 수 있어야 합니다. 정의를 '기억'하는 게 아니라, '납득'해서 본인의 말로 정리할 수 있어야 해요.
③ 재진술 인식 : 같은 말이라도 다르게 표현되는 경우가 많습니다. 심지어 아예 똑같은 말이 반복되는 경우도 많아요. 이 '같은 말'에 민감하게 반응하면, '정보량'을 줄이면서 읽을 수가 있습니다.

'내가 뭘 읽고 있는지'를 끊임없이 생각하고, 각 정보의 역할이 무엇인지를 확실하게 잡아가는 태도가 정말 중요한 지문이었습니다. 아무 생각 없이 읽었다면, 많은 정보들이 둥둥 떠다니는 느낌만 들었을 것이에요. 많이 복습하고, 완벽하게 자기 것으로 만들도록 합시다.

정보량이 많은 지문은 존재하지 않는다 (3)
: 정보는 카테고리화된다.

DAY 15 [1~4]
2025.06 [4~7] 사회(경영학) '과두제적 경영' ☆☆

1문단

①정당과 같은 정치 조직이 민주적 방식과 절차로 운영되어야 하는 것은 당연하다. ②그런데 민주적 운영 체제를 갖추었으면서도 실제로는 일부 소수에게 권력이 집중되어 있는 경우도 적지 않다. ③조직 운영에서 보이는 이러한 현상을 흔히 **과두제**라 한다. ④이는 정치 조직에서뿐만 아니라 기업 경영에서도 나타난다.

①~③ #수식된 정의 제시

정당과 같은 조직에서 민주적 운영 체제를 갖추었으면서도, 실제로는 일부 소수에게 권력이 집중되어 있는 경우를 '과두제'라고 정의하고 있습니다. 핵심은 단순히 일부 소수에게 권력이 집중되어 있는 것뿐 아니라, '민주적 운영 체제를 갖추었으면서도' 그러하다는 것이죠? 초반부에 등장한 개념의 정의는 당연히 중요할 것이니, 이렇게 정확하게 인식하고 넘어갈 수 있어야 합니다.

④ #화제 제시

이러한 '과두제'는 정당과 같은 정치 조직에서뿐만 아니라, '기업 경영'에서도 나타난다고 합니다. 이 지문은 '과두제'가 '기업 경영'에서 나타나는 양상에 대해 설명하겠네요. 이렇게 화제를 정확하게 인식한 채로 넘어가도록 합시다.

하이라이트 문장

④이는 정치 조직에서뿐만 아니라 기업 경영에서도 나타난다.

이 지문에서는 너무 당연해서 굳이 의식하지 않아도 자연스럽게 인식이 되겠지만, 첫 문단을 읽고 화제가 무엇인지 생각해 보는 태도는 중요합니다. 지문 전체를 읽어 나갈 때의 기준을 제시하는 부분이니까요.

2문단

①모든 주주가 경영진을 이루어 상호 협력 관계를 기반으로 기업을 운영하며 의사 결정권도 균등하게 행사하는 경우에 이를 '**공동체적 경영**'이라 부르기도 한다. ②이런 기업에서 경영진은 모두 업무와 관련하여 전문성을 가지며, 경영 수익에 관련된 중요한 사항은 주주들이 공동으로 결정한다. ③그러나 기업의 규모가 성장하고 사업이 다양해지면, 소수의 의사 결정에 따른 수직적 경영으로 효율성을 지향하는 '**과두제적 경영**'으로 나아가는 일도 있다.

①~② #수식된 정의 제시 #단어의 의미 살리기

모든 주주가 경영진을 이루고, 상호 협력 관계를 기반으로 기업을 운영하며, 의사 결정권도 균등하게 행사하는 경우. 이렇게 모든 주주가 하나의 '공동체'가 되어 기업을 '경영'하는 것을 '공동체적 경영'이라 부르기도 한다고 합니다. 단어의 의미를 살리면 그 정의를 확실하게 이해할 수 있겠죠?

② #재진술

이렇게 모든 주주가 균등한 의사 결정권을 가지는 경영진이 되려면, 당연히 주주 전체가 모든 업무와 관련하여 전문성을 가지고 있어야 할 것이며, 이렇게 전문성을 가지고 있으니 경영 수익에 관련된 중요한 사항을 공동으로 결정할 수 있을 것입니다. 그렇게 의사 결정권을 균등하게 행사하는 '공동체적 경영'이 가능한 것이죠. 이렇게 당연한 말로 납득하며 읽을 수 있어야 합니다. 특히 사회 지문에서는 얼마나 많은 정보를 납득하는지가 성패를 갈라요.

③ #수식된 정의 제시 #단어의 의미 살리기
#재진술 #화제의 흐름

이렇게 '공동체적 경영'을 하던 기업도, 규모가 성장하고 사업이 다양해지면 '과두제적 경영'으로 나아갈 수 있다고 합니다. 이때 '과두제적 경영'을 '소수의 의사 결정에 따른 수직적 경영으로 효율성을 지향'하는 것으로 정의하고 있네요. 단어의 의미 그대로, '과두제'의 성질을 가지는 '경영'이기에 '소수, 수직적, 효율성'이라는 키워드가 제시된 것이겠죠? 앞에서 이해한 '과두제'의 정의를 바탕으로 '과두제적 경영'의 정의를 완벽하게 납득하고, 이제 본격적으로 화제에 대한 이야기를 할 것이라는 생각을 하며 읽어보도록 합시다.

하이라이트 문장

> ③그러나 기업의 규모가 성장하고 사업이 다양해지면, 소수의 의사 결정에 따른 수직적 경영으로 효율성을 지향하는 '과두제적 경영'으로 나아가는 일도 있다.

앞에서 제시된 '과두제'라는 개념의 정의가 '과두제적 경영'으로 심화되는 모습입니다. 중요 개념의 정의를 연결 지으며 새로운 개념의 정의도 완벽하게 납득할 수 있어야 해요.

3문단

> ①**과두제적 경영**은 소수의 경영자로 이루어진 경영진이 강한 결속력을 가지면서 실질적 권한과 정보를 독점하며 기업을 운영하는 것을 말한다. ②이런 체제는 전문성과 경험을 갖춘 경영진을 중심으로 안정적 경영권이 확보될 수 있도록 하여, 기업 전략을 장기적으로 수립하고, 이에 맞춰 과감하고 지속적인 투자를 할 수 있어서 첨단 핵심 기술의 개발에도 유리한 면이 있다. ③그리고 기업과 경영진 간의 높은 일체성은 위기 상황에서 신속한 의사 결정으로 효율적인 대처를 하는 데 도움을 주기도 한다.

① #정의 제시 #카테고리 나누기

'과두제적 경영'을 다시 정의하고 있습니다. 같은 개념의 정의는 결국 다 같은 말일 것이기에, 앞에서 제시한 키워드인 '소수, 수직적, 효율성'에 맞춰 이해할 수 있겠습니다. 먼저 '소수의 경영자'입니다. '소수'라는 키워드 그 자체네요. 이렇게 '소수의 경영자'로 이루어져 있으니, '강한 결속력'을 가진다는 것 역시 당연하게 납득할 수 있겠죠?

나아가 '실질적 권한과 정보 독점'은 '수직적'이라는 키워드로 정리할 수 있겠죠? '수직적 경영'이기에, '소수의 경영자'만이 실질적 권한과 정보를 독점하는 것입니다. 이렇게 '소수, 수직적, 효율성'이라는 키워드를 일종의 카테고리로 인식하면서 정보를 처리해야 합니다. 결국 다 같은 말이에요.

② #재진술

이렇게 전문성과 경험을 갖춘 '소수의 경영진'이 중심이 되면 '안정적 경영권 확보'가 가능할 것입니다. 능력 있는 소수가 같은 목표를 향해 경영할 것이니 '안정적'이라는 것이죠. 나아가 '기업 전략의 장기적 수립'이 가능할 것입니다. 다수가 경영진이 되면 각자의 목표가 너무나 달라 장기적 전략 수립이 어려울 수 있지만, '소수의 경영

진'은 '안정적'인 자신의 기반을 바탕으로 장기적인 전략을 짤 수 있다는 것이죠. 그리고 이렇게 '안정적'이고 '장기적'인 비전이 있다면, '과감하고 지속적인 투자' 역시 가능할 것입니다. 투자에 더 확신을 가질 것이니까요. 또한 '과감하고 지속적인 투자'는 첨단 핵심 기술의 개발에도 유리한 면을 가져다 줄 것입니다.

이렇게 '납득'하면서 읽어야 합니다. 정보를 '처리'한다는 느낌이 아니라, '납득'된다는 느낌이 있으면 이 모든 정보가 당연해집니다. 당연한 정보는 여러분의 머릿속에 확실한 기억으로 남을 것이고, 이는 선지 판단의 속도를 높이는 효과를 가져올 거예요.

③ #재진술 #카테고리 나누기

'소수의 경영진'이 '수직적 구조'의 상단에 위치하기 때문에, 기업과 경영진 간의 일체성이 매우 높을 것입니다. 이는 위기 상황에서 신속한 의사 결정으로 '효율적'인 대처를 하는 데 도움을 주기도 하겠네요. 이번엔 '효율성'이라는 카테고리와 관련된 정보가 제시된 것이죠? '소수'의 경영진이 '수직적' 경영을 하니 '효율적'인 여러 대처가 가능하다는 식으로 '납득'하고 넘어가시면 됩니다. 이처럼 '과두제적 경영'은 여러 장점을 가지고 있네요.

하이라이트 문장

> ①과두제적 경영은 소수의 경영자로 이루어진 경영진이 강한 결속력을 가지면서 실질적 권한과 정보를 독점하며 기업을 운영하는 것을 말한다.

'과두제적 경영'이 다시 정의되고 있습니다. 새로운 정보라기보다는 앞에서 했던 정의를 더 자세하게 풀어서 써 주는 것에 불과할 것이라는 생각을 하며 납득할 준비를 해야 합니다.

4문단

> ①그런데 대체로 주주의 수가 많으면 개별 주주의 결정권은 약하고, 소수의 경영진이 기업을 장악하는 힘은 크다. ②이를 이용하여 정보와 권한이 집중된 **소수의 경영진**이 사익에 치중하면 다수 주주의 이익이 침해되는 폐해가 나타날 수 있다. ③경영 성과를 실제보다 부풀려 투자를 유치한 뒤 주주들에게 회복하기 어려운 손해를 입히는 경우도 있으며, 기업 운영에 중대한 영향을 미치는 주요 정보들을 은폐하거나 경영 상황을 조작하여 발표함으로써 결과적으로 기업의 가치에 심각한 타격을 주는 사례도 종종 보게 된다.

①~② #재진술 #문제점 제시

‘과두제적 경영’은 여러 장점을 가지고 있지만, 대체로 주주의 수가 많으면 개별 주주의 결정권이 약하고 ‘소수의 경영진’이 기업을 장악하는 힘이 크다고 합니다. 당연하게 납득할 수 있겠죠? ‘수직적 구조’에서 ‘효율성’을 위해 ‘소수의 경영진’이 권한과 정보를 독점하고 있기 때문에, 이들이 기업을 장악하는 힘이 다수의 주주보다 훨씬 센 것이죠. 우리가 알고 있는 대부분의 규모 있는 기업들이 다 그러할 것입니다.

이를 이용하여 ‘소수의 경영진’이 사익에 치중하는 경우, 다수 주주의 이익이 침해되는 문제가 있을 수 있다고 합니다. 사실 그렇죠. ‘소수의 경영진’이 모두 회사 이익만을 위해 움직일 것이라고 생각하는 것은 너무 이상적이니까요. 이들이 회사의 이익보다는 사익에 치중하면 권한과 정보를 가지지 못한 다수의 주주들에게 큰 피해를 끼칠 것입니다.

③ #사례-원리 연결

구체적인 사례가 나타나고 있습니다. 경영 성과를 실제보다 부풀려 투자를 유치하면, 거품이 드러나 주주들에게 회복하기 어려운 손해를 입힐 수 있을 것입니다. 나아가 기업 운영에 중대한 영향을 미치는 주요 정보들을 은폐하거나 경영 상황을 조작하는 것도 가능하겠죠. 이는 기업의 가치에 심각한 타격을 주어 다수의 주주들에게 큰 피해를 끼치겠죠? 핵심은 ‘소수의 경영진’이 사익을 추구하다가 다수의 주주들에게 피해를 끼친다는 원리를 이해하는 것입니다. 여러 장점이 있던 ‘과두제적 경영’은 이러한 단점도 함께 가지고 있는 것이죠.

5문단

> ①이러한 <u>문제점을 완화</u>하기 위해 기업이 경영자와 계약을 체결하여 **급여 이외의 경제적 이익**을 동기로 부여하는 방안이 있다. ②예를 들면, <u>일정 수량의 주식을 계약 시에 정한 가격으로 미래에 매수할 수 있도록 하는 스톡옵션</u>의 권리를 경영자에게 부여하는 방식이 있다. ③이 권리를 행사할지 말지는 자유이고, 경영자는 매수 시점을 유리하게 선택할 수 있다. ④또 아직 우리나라에 도입되지는 않았지만, <u>기업의 주식 가치가 목표치 이상으로 올랐을 때 경영자가 그에 상응하는 보상을 받는 주식 평가 보상권</u>의 방식도 있다.

① #해결책 제시

이렇게 ‘소수의 경영진’이 사익을 추구하여 기업 가치에 손상을 입히고 다수 주주들에게 피해를 주는 문제점을 완화하기 위해, 기업이 경영자와 계약을 체결하여 ‘급여 이외의 경제적 이익’을 동기로 부여하

는 방안이 있다고 합니다. 급여 이외에도 경제적 이익을 제공한다면, ‘소수의 경영진’이 사익을 추구하기 위해 불법을 감수할 이유가 많이 사라질 것입니다. 특정 문제의 해결책은 결국 원인을 없애는 것이라고 할 수 있는데, ‘소수의 경영진’이 ‘급여 이외의 경제적 이익’을 노리고 사익을 추구하는 것이 문제의 원인이라는 점에서 이를 보완하는 좋은 해결책이라고 할 수 있겠죠?

②~③ #사례-원리 연결 #수식된 정의 제시 #단어의 의미 살리기

‘급여 이외의 경제적 이익’이라는 추상적인 원리를 이해시키기 위해 구체적인 사례를 들어주고 있습니다. 먼저 ‘스톡옵션’입니다. 수식된 정의를 확인해 보니, 일정 수량의 주식을 ‘계약 시에 정한 가격’으로 미래에 매수할 수 있도록 하는 것이네요. 이 권리를 행사할지 말지는 경영자의 자유이고, 경영자는 매수 시점을 유리하게 선택할 수 있습니다. 즉, ‘미래’라는 시점을 경영자가 원하는 시점으로 선택할 수 있는 것이죠. 단어의 의미 그대로, ‘스톡(stock=주식)’을 원하는 대로 행사할 수 있는 ‘옵션(option)’이라는 식으로 이해할 수 있겠습니다.

‘소수의 경영진’이 ‘스톡옵션’을 받는 경우, ‘과두제적 경영’이 가진 여러 장점을 십분 발휘하여 주가를 끌어올리기 위한 노력을 할 것입니다. 예를 들어 1주당 1,000원에 매수할 수 있는 ‘스톡옵션’을 가지고 있을 때, 경영을 열심히 해서 1주당 가격을 50,000원까지 올린다면 이를 1,000원에 매수하여 50배의 이익을 볼 수 있는 것이죠. 이 정도면 굳이 불법적으로 사익을 추구할 동기가 없겠죠?

> **| 생각 심화 |**
>
> 흔히들 ‘경영자’라고 하면 회사의 대표를 생각하기 마련이기에, 이들이 ‘급여’를 받는다는 것이 낯선 학생들도 있을 것 같습니다. ‘주주/경영자’는 확연하게 구분되는 개념입니다. 물론 ‘주주’(=주식의 주인, 회사의 지분을 가지고 있는 회사의 주인)가 ‘경영자’일 수도 있지만, 주식을 가지지 않고 경영 행위를 위해 고용되어 급여를 받는 ‘경영자’를 따로 두는 경우도 많습니다. ‘주주’에 대해서는 2017학년도 9월 모의평가 ‘법인격 부인론’ 관련 지문에서도 다루었고, 2022학년도 LEET언어이해 ‘소유와 지배의 분리’ 관련 지문에서 ‘주주/경영자’의 구분을 다룬 적도 있으니 해당 지문들을 통해 추가적으로 학습하도록 합시다.

④ #사례-원리 연결 #수식된 정의 제시 #단어의 의미 살리기

또 아직 우리나라에 도입되지는 않았지만,(자연스럽게 ‘스톡옵션’은 우리나라에 도입되어 있다는 생각을 할 수도 있겠죠?) ‘주식 평가 보상권’의 방식도 있다고 합니다. 단어의 의미 그대로, ‘주식’ 가치가 목표치 이상으로 ‘평가’될 때 경영자가 그에 따른 ‘보상’을 받을 수 있는 ‘권’리라는 식으로 이해할 수 있겠네요. 이 역시 ‘스톡옵션’과 마찬가지로 ‘소수의 경영진’이 사익 추구보다는 기업의 주가를 높이는 데 열중하도록 하는 유인이 될 수 있겠습니다.

하이라이트 문장

> ①이러한 문제점을 완화하기 위해 기업이 경영자와 계약을 체결하여 급여 이외의 경제적 이익을 동기로 부여하는 방안이 있다.

앞에서 제시된 문제점을 해결하고 있습니다. 해결책이 제시될 때는, 그 해결책이 문제의 어떤 원인을 제거하고자 하는 것인지 생각할 수 있어야 합니다. 이렇게 읽어야 해결책이 훨씬 선명하게 납득될 거예요.

6문단

> ①기업 경영의 건전성을 확보하기 위해 마련된 **공적 제도들**은 과두제적 경영의 폐해를 방지하는 기능도 한다. ②기업의 주식 가치에 영향을 미칠 수 있는 정보 제공을 법적으로 의무화한 **경영 공시 제도**는 경영 투명성을 높이려는 것이다. ③이를 통해 경영진과 주주들 간 정보 격차가 줄어들 수 있다. ④기업의 이사회에 외부 인사를 이사로 참여시키도록 하는 **사외 이사 제도**는 독단적인 의사 결정을 견제함으로써 폐쇄적 경영으로 인한 정보와 권한의 집중을 억제하는 효과를 거둘 수 있다.

① #해결책 제시 #카테고리 나누기

기업 경영의 건전성을 확보하기 위해 마련된 '공적 제도들' 역시 '과두제적 경영'의 폐해를 방지하는 기능을 한다고 합니다. 앞에서 제시된 '스톡옵션'과 '주식 평가 보상권'은 '사적 제도들'이라고 할 수 있는데, 국가에서 직접 마련한 제도들도 있나 보네요. '사적/공적'이라는 카테고리를 나눠 놓은 채로 읽어보도록 합시다.

②~③ #수식된 정의 제시 #단어의 의미 살리기 #재진술

먼저 기업의 주식 가치에 영향을 미칠 수 있는 정보 제공을 법적으로 의무화하는 '경영 공시 제도'입니다. 단어의 의미 그대로, '경영'과 관련된 정보를 '공시'할 의무를 설정한 '제도'네요. '과두제적 경영'의 폐해라는 문제점이 나타나는 원인 중 하나는 경영진과 주주들 간의 '정보 불평등'이었습니다. '소수의 경영진'이 정보를 사실상 독점하고 있었으니까요. '경영 공시 제도'라는 '공적 제도'는 이러한 원인을 없애는 방식으로 문제를 해결한다고 할 수 있겠습니다.

④ #수식된 정의 제시 #단어의 의미 살리기

또한 기업의 이사회에 회'사 바깥(外)' 사람을 '이사'로 참여시키도록 하는 '사외 이사 제도'도 있다고 합니다. '과두제적 경영'의 폐해라는

문제점의 또 다른 원인은 '소수의 경영진'이 여러 권한을 독점하고 있다는 것이었습니다. 이 권한을 외부 인사에게도 나눔으로써 '과두제적 경영'이 가지고 있는 문제의 원인을 없앨 수 있게끔 하는 '공적 제도'가 '사외 이사 제도'인 것이네요. 충분히 납득할 수 있겠죠?

하이라이트 문장

> ①기업 경영의 건전성을 확보하기 위해 마련된 공적 제도들은 과두제적 경영의 폐해를 방지하는 기능도 한다.

'공적 제도들'이라는 말을 보고 카테고리를 나눌 수 있어야 합니다. 앞서 나온 '스톡옵션'과 '주식 평가 보상권'은 '사적 제도들'이라고 할 수 있으므로, 둘을 구분해서 정리할 필요가 있습니다.

선지	①	②	③	④	⑤
선택률	88%	2%	3%	3%	4%

01 윗글의 내용 전개 방식으로 가장 적절한 것은? ①

① 대상의 개념과 장단점을 제시하고 보완책을 소개한다.

명시적 근거	지문 전체
실전에서의 판단 과정	과두제적 경영의 개념과 장단점, 보완책까지. 완벽하네.
해설	'과두제적 경영'이라는 대상의 개념, 장단점, 나아가 '사적/공적' 보완책까지 소개하는 것이 이 지문의 흐름이었습니다.

② 유사한 원리들을 분석하고 이를 하나의 이론으로 통합한다.

③ 대립하는 유형을 들어 이론적 근거의 변천 과정을 설명한다.

④ 가설을 세우고 그에 대해 현실적인 사례를 들어 가며 검토한다.

⑤ 문제 상황의 근본 원인을 진단하고 해결책에 대한 상반된 입장을 해설한다.

명시적 근거	–
실전에서의 판단 과정	헛소리네.
해설	모두 지문의 내용과 무관한 선지들이죠? 딱히 설명할 내용이 없을 만큼 쉽게 답을 고를 수 있을 것 같습니다.

선지	①	②	③	④	⑤
선택률	2%	2%	4%	6%	86%

02 과두제적 경영 에 대한 이해로 적절하지 <u>않은</u> 것은? ⑤

– 이 지문의 핵심 개념에 대해 묻고 있습니다. '소수, 수직적, 효율성'
이라는 카테고리를 생각하면서 풀어보도록 합시다.

① 소수의 경영진이 내린 의사 결정이 수직적으로 집행
되는 효율성을 추구한다.

명시적 근거	2문단 3번 문장
실전에서의 판단 과정	소수, 수직적, 효율성!
해설	'소수, 수직적, 효율성'이라는 카테고리가 그대로 담겨 있는 선지네요. 가볍게 지워낼 수 있겠죠?

② 강한 결속력을 가진 소수의 경영자로 경영진을 이루어
경영권 유지에 강점이 있다.

명시적 근거	3문단 1번~2번 문장
실전에서의 판단 과정	안정적 경영이 가능했지.
해설	강한 결속력을 가진 '소수의 경영진'이 경영권 유지에 대해 '안정적'이라는 것, '과두제적 경영'의 장점으로 납득했던 내용입니다. 지문에서 근거를 찾으려고 하는 게 아니라, 이미 납득하고 있는 내용을 바탕으로 당연하다는 생각을 하면서 지울 수 있어야 합니다.

③ 경영권이 안정되어 중요 기술 개발에 적극적인 투자를
계속하는 데에 유리하다는 장점이 있다.

명시적 근거	3문단 2번 문장
실전에서의 판단 과정	그랬지.
해설	'소수의 경영진'이 '안정적 경영'을 하면 '과감하고 지속적인 투자'를 할 수 있어 '첨단 핵심 기술의 개발'에도 유리한 면이 있다는 것, 이 역시 '과두제적 경영'의 장점으로 이미 납득한 내용입니다. 빠르게 판단하면서 넘어갈 수 있어야 합니다.

④ 경영진이 투자자의 유입을 유도하기 위하여 경영 성
과를 부풀릴 위험성이 있어 이에 대비할 필요가 있다.

명시적 근거	4문단 3번 문장, 5문단~6문단 전체
실전에서의 판단 과정	그렇지.
해설	'소수의 경영진'은 사익 추구를 위해 경영 성과를 실제보다 부풀려 투자를 유치한 뒤 주주들에게 회복하기 어려운 손해를 입힐 수도 있습니다. 이러한 위험성에 대비하기 위한 '사적/공적 제도들'이 마련되어 있었죠?

⑤ 경영진과 다수 주주 사이의 이해가 일치하는 경우에는
<u>그렇지 않은 경우보다 기업 가치가 훼손될 위험성이 높
아진다.</u>

명시적 근거	4문단 2번 문장
실전에서의 판단 과정	일치하지 않으면 소수의 경영진이 사익을 추구할 수 있지.
해설	이 지문에 제시된 '과두제적 경영'의 폐해는, '소수의 경영진'이 사익을 추구하여 기업 가치가 훼손되고 다수 주주의 이익이 침해된다는 것입니다. 이는 '소수의 경영진'과 다수 주주의 이해가 일치하지 않기 때문이라고 할 수 있죠. 만약 둘의 이해가 일치한다면, '소수의 경영진' 역시 다수 주주처럼 기업 가치 및 주가 상승에 열을 올린다는 말이 됩니다. 다수 주주의 이해는 곧 기업 가치를 높여 주가를 올리는 것이니까요. 따라서 둘의 이해가 일치하는 경우에는 그렇지 않은 경우보다 기업 가치가 훼손될 위험성이 낮아지겠죠. '다수 주주의 이해'에 대해 지문에 제시되어 있지 않은데, '주주'라는 개념에 대한 기본적인 지식을 바탕으로 생각해낼 수 있으면 좋겠습니다.

선지	①	②	③	④	⑤
선택률	18%	59%	11%	10%	3%

03 윗글을 읽고 추론한 내용으로 적절하지 <u>않은</u> 것은? ②

① 스톡옵션의 권리를 가진 경영자는 주식 가격이 미리 정해
놓은 것보다 하락하더라도 손실을 입지 않을 수 있다.

명시적 근거	5문단 2번~3번 문장
실전에서의 판단 과정	매수 시점을 유리하게 선택할 수 있지.
해설	'스톡옵션'의 핵심은 이를 가지고 있는 경영자가 원할 때 언제든지 매수 권리를 행사할 수 있다는 것입니다. 주식 가격이 미리 정해 놓은 것보다 하락하면, '스톡옵션'을 행사하지 않는 방식으로 손실을 회피할 수 있겠죠. '스톡옵션'의 정의에 대해 정확하게 이해하고 있는지 묻는 선지입니다.

② 스톡옵션은 경영자의 성과 보상에 미래의 주식 가치가 관련된다는 점에서 주식 평가 보상권과 차이가 있다.

명시적 근거	4문단 2번~4번 문장
실전에서의 판단 과정	이건 공통점이지.
해설	'스톡옵션'과 '주식 평가 보상권'은 모두 경영자의 성과 보상에 미래의 주식 가치가 관련되는 것입니다. 차이가 있다면 전자는 주식을 직접 저렴하게 매수할 기회를 주는 것이고, 후자는 주식을 직접 가질 수 있게 하는 것은 아니지만 주가 상승에 따른 보상을 준다는 것이죠. 공통점을 차이점이라고 말하고 있으니 틀린 선지가 되겠습니다. '스톡옵션'과 '주식 평가 보상권'이라는 개념의 정의를 정확하게 이해하고, 이로부터 공통점과 차이점을 생각할 수 있는지 묻는 선지였어요.

③ 경영 공시는 주주가 기업 경영 상황을 파악하여 기업 가치를 평가하는 데 유용한 제도가 될 수 있다.

명시적 근거	6문단 2번~3번 문장
실전에서의 판단 과정	정보 격차를 줄일 수 있지.
해설	'경영 공시 제도'는 기업 경영에 관련된 여러 정보 공시를 의무화하여 주주와 경영자 사이의 정보 격차가 줄어들게끔 하는 제도입니다. 즉, 주주는 '경영 공시'를 기업 경영 상황을 파악하고 기업 가치를 평가하여 주식을 계속 가지고 있을지 매도할지 결정하는 정보로 활용할 수 있는 것이죠. 이러한 점에서 유용한 제도라고 할 수 있었죠?

④ 사외 이사 제도는 기업의 의사 결정에 외부 인사를 참여시켜 경영의 개방성을 높일 수 있는 제도라 평가할 수 있다.

명시적 근거	6문단 4번 문장
실전에서의 판단 과정	폐쇄적 경영의 문제를 해결하는 거지.
해설	'사외 이사 제도'는 기업의 의사 결정에 외부 인사를 참여시켜 독단적인 의사 결정을 견제함으로써 '폐쇄적 경영'으로 인한 정보와 권한의 집중을 억제하는 제도입니다. 이는 곧 '사외 이사 제도'가 경영의 '개방성'을 높일 수 있는 제도라는 말과 같죠?

⑤ 경영 공시 제도와 사외 이사 제도는 기업의 중요 정보에 대한 경영진의 독점을 완화할 수 있다.

명시적 근거	6문단 2번~4번 문장
실전에서의 판단 과정	그렇지.
해설	'경영 공시 제도'와 '사외 이사 제도'는 모두 '소수의 경영진'만 폐쇄적으로 다루던 기업의 중요 정보를 경영진 외의 사람들에게도 개방하는 데 그 의의가 있습니다. 이처럼 두 제도는 모두 기업의 중요 정보에 대한 경영진의 독점을 완화할 수 있게 하겠죠.

선지	①	②	③	④	⑤
선택률	35%	7%	29%	12%	17%

04 윗글을 바탕으로 〈보기〉를 이해한 내용으로 가장 적절한 것은? [3점] ①

– 윗글을 통해 〈보기〉를 이해하라는 문제입니다. 그렇다면 〈보기〉를 꼼꼼하게 독해하는 것이 먼저겠죠? 〈보기〉의 내용 중에서 '과두제적 경영'과 관련된 내용에 주목하는 것이 핵심이겠습니다.

─[보기]─

X사는 정밀 부품 분야에서 독보적인 기술을 장기간 보유하여 발전시켜 온 기업으로서 시장 점유율도 높다. 원래 X사의 주주들은 모두 함께 경영진이 되어 중요 사항에 대하여 동등한 결정권을 보유하였으나, 기업이 성장하면서 효율성 증진을 위하여 소수의 주주만으로 경영진을 구성하였다.

– X사는 원래 모두 함께 경영진이 되어 중요 사항에 대하여 동등한 결정권을 보유하는 '공동체적 경영'을 하고 있었습니다. 그런데 기업이 성장하면서 '효율성' 증진을 위하여 '소수의 주주'만으로 경영진을 구성했다고 합니다. '소수, 수직적, 효율성'이라는 키워드로 대변되는 '과두제적 경영'으로의 변화를 꾀한 것이죠?

경영진은 주기적으로 다른 주주들로 교체되어 전체 주주는 기업의 경영 상태를 파악할 수 있으며, 경영 이익의 분배와 같은 주요 사항은 전체 주주가 공동으로 의결한다. X사의 주주 A와 B는 회사의 진로에 관하여 다음과 같은 대화를 나누었다.

– 그런데 경영진이 다른 주주들로 주기적으로 교체된다고 합니다. 교체 과정에서 인수인계가 이루어질 것이기에, 전체 주주는

기업의 경영 상태를 파악할 수 있습니다. '과두제적 경영'의 특징 중 하나인 '실질적 권한과 정보의 독점'이 이루어지지 않는 모습이네요. 심지어 주요 사항은 전체 주주가 공동으로 의결한다는 것을 보니, '소수, 수직적, 효율성'이라는 '과두제적 경영'의 요소가 제대로 발현되지 않고 있습니다. X사는 '과두제적 경영'의 요소와 '공동체적 경영'의 요소를 모두 가지고 있는 것이네요.

A: 최근 치열해진 경쟁에 대응하려면, <u>경영진의 구성원을 변동시키지 않고 경영 결정권도 경영진이 전적으로 행사하도록 하는 게 좋겠습니다.</u>
B: 시장 점유율도 잘 유지되고 있고 우리 주주들의 전문성도 탁월하니, <u>예전처럼 회사를 운영</u>한다고 하더라도 문제없을 듯합니다.

– 이러한 상황에서 A는 완전한 '과두제적 경영'으로 변화하자는 입장이고, B는 예전과 같은 '공동체적 운영'으로 변화하자는 입장입니다. 이렇게 지문의 내용을 〈보기〉에 완벽하게 입혀놓은 채로 선지를 판단해보도록 합시다.

① <u>X사는 주주들 사이의 평등성이 강하여 과도한 정보 격차나 권한 집중과 같은 폐해를 보이지 않는다.</u>

명시적 근거	〈보기〉, 4문단 1번~2번 문장
실전에서의 판단 과정	그러네.
해설	미리 생각한 것처럼, X사는 '과두제적 경영'의 요소와 '공동체적 경영'의 요소를 모두 가지고 있습니다. 특히 전체 주주가 돌아가며 정보 및 권한을 가질 수 있다는 점에서 '평등성'이 강하다는 것은 일반적인 '과두제적 경영'에서 나타나는 과도한 정보 격차나 권한 집중과 같은 폐해를 보이지 않는다는 것으로 이해할 수 있겠죠? 〈보기〉를 정리하는 과정에서 했던 생각 그대로 답을 고를 수 있겠네요.

② X사는 현재 경영진이 고정되는 구조로 바뀌었지만 주주가 실적에 대한 이익 분배를 결정할 수 있기 때문에 수직적 경영의 부작용은 나타나지 않는다.

명시적 근거	〈보기〉, 4문단 1번~2번 문장
실전에서의 판단 과정	아직 경영진이 고정되는 구조로 안 바뀌었는데?
해설	경영진이 고정되는 구조로 바꾸자는 것은 A의 제안일 뿐, 아직 일어나지 않은 일입니다. 여기서 틀린 선지라고 판단할 수 있겠네요. 물론 X사는 모든

주주가 경영 이익, 즉 실적에 대한 분배를 결정할 수 있다는 점에서 '수직적 경영'이 가지고 있는 여러 부작용은 나타나지 않을 수 있습니다. 몇몇 주주가 사익을 추구하려고 해도, 어차피 그 이익을 모두의 입맛에 맞게 분배해야 할 것이니까요.

③ A는 결속력이 강한 소수의 경영진을 중심으로 운영되는 경영 방식을 현행대로 유지하여야 시장의 점유율을 지킬 수 있다고 보는 입장이다.

명시적 근거	〈보기〉
실전에서의 판단 과정	현행 유지의 입장이 아니지.
해설	A는 현행 유지의 입장이 아니라, 지금과는 다르게 결속력이 강한 '소수의 경영진'으로 고정시켜 완전한 '과두제적 경영'으로 나아가야 한다고 보는 입장입니다. A의 주장을 잘 이해했는지 묻는 선지네요.

④ B는 수평적인 의사 결정 구조로의 전환을 최소한으로 하여 효율적 경영을 유지해야 한다고 보는 입장이다.

명시적 근거	〈보기〉
실전에서의 판단 과정	예전처럼 수평적으로 하자는 거잖아.
해설	X사는 과거 모든 주주가 결정권을 행사하는 '수평적인 의사 결정 구조'를 가지고 있었습니다. 그리고 B는 이랬던 예전으로 돌아가자는 입장이죠? '수평적인 의사 결정 구조로의 전환'을 최소한으로 하자는 것은 이러한 B의 주장과 반대되는 내용이기에 적절하지 않네요.

⑤ A와 B는 현재 X사가 경험과 전문성을 바탕으로 안정적인 과두제적 경영을 하고 있다는 전제에서 논의를 한다.

명시적 근거	〈보기〉, 3문단 1번~2번 문장
실전에서의 판단 과정	둘 다 그렇게 생각하지 않을 것 같은데?
해설	A는 완전한 '과두제적 경영'으로 변화하자는 입장이고, B는 '과두제적 경영'과 '공동체적 경영'의 요소를 모두 가지고 있는 현재 상태에서 예전으로 돌아가자는 입장입니다. 이는 A와 B 모두 X사가 안정적인 '과두제적 경영'을 하고 있지 않다는 전제에서 논의를 하는 모습이라고 할 수 있죠? 가볍게 지워낼 수 있겠습니다.

| 핵심 point |

① **화제 check** : 독서 지문 독해의 처음이자 끝. 첫 문단에서 잡은 '화제의 틀'을 마지막 문단까지 놓지 않아야 합니다.

② **정의 인식** : 단어의 의미를 살린 상태로, 지문에 제시된 정의와 붙여서 이해할 수 있어야 합니다. 정의를 '기억'하는 게 아니라, '납득'해서 본인의 말로 정리할 수 있어야 해요.

③ **재진술 인식** : 같은 말이라도 다르게 표현되는 경우가 많습니다. 심지어 아예 똑같은 말이 반복되는 경우도 많아요. 이 '같은 말'에 민감하게 반응하면, '정보량'을 줄이면서 읽을 수가 있습니다.

④ **카테고리 나누기** : 정보들의 범주가 나뉠 때, 그들이 서로 다른 카테고리에 속한다는 것을 인지해야 합니다. 이렇게 각 카테고리에 맞춰 정보를 정리하면 훨씬 깔끔하게 정리할 수 있다는 것을 기억해 주세요.

⑤ **사례-원리 연결** : 모든 사례는 어떠한 추상적인 원리를 구체화하는 역할을 합니다. 둘을 연결지으며 확실하게 이해하고 가는 태도가 중요합니다.

⑥ **문제해결형 지문** : 결국, 문제의 원인을 제거하는 것이 해결책입니다. '원인'을 생각하고, 그 원인을 제거하면 어떻게 해야 하는지 미리 생각하면 해결책을 훨씬 쉽게 이해할 수 있습니다.

| 지문 내용 총정리 |

핵심 개념의 정의를 바탕으로 재진술되는 정보를 납득하고, 카테고리를 나누면서 정보를 체계적으로 이해하는 과정을 요구한 지문입니다. 무엇보다 중요한 것은 최대한 많은 정보를 당연한 말로 '납득'하는 것입니다. 이 태도를 통해 문제를 빠르고 정확하게 풀어냈는지 점검해보도록 합시다.

1문단

①공정거래위원회는 시장 경쟁을 촉진하고 소비자 주권을 확립하기 위해, 사업자의 불공정한 거래 행위와 부당한 광고를 규제한다. ②이를 위해 '**공정거래법**'과 '**표시광고법**'을 활용한다.

①~② #재진술 #카테고리 나누기
#단어의 의미 살리기 #화제 제시

'공정거래위원회'에서 하는 일에 대해 설명하면서 시작하고 있습니다. 이들은 '시장 경쟁 촉진', '소비자 주권 확립'이라는 두 가지 목적을 달성하기 위해 사업자의 '불공정한 거래 행위'와 '부당한 광고'를 규제한다고 해요. 자연스럽게 카테고리가 나눠지면서, '시장 경쟁 촉진=불공정한 거래 행위 규제', '소비자 주권 확립=부당한 광고 규제'라는 재진술도 인식할 수 있어야겠죠?

이를 위해 '공정거래위원회'에서는 '공정거래법'과 '표시광고법'을 활용한다고 해요. 단어의 의미 그대로, 전자는 '공정'한 '거래'를 위한 '법'일 것입니다. 이에 '불공정'한 거래 행위를 규제하여 시장에서 '공정'한 경쟁이 촉진되도록 하는 것이겠죠. 나아가 후자는 '표시'하는 방식으로 하는 '광고'에 적용되는 '법'일 것인데, 이를 통해 '부당한 광고'를 규제하여 소비자들이 '주권'을 가지고 상품을 선택할 수 있게끔 할 것이구요. 이런 방식으로 단어의 의미를 살리며 재진술된 의미를 완벽하게 납득할 수 있어야 합니다. 이 두 가지 카테고리를 화제로 삼고 계속 읽어보도록 합시다.

2문단

①'공정거래법'은 사업자의 재판매 가격 유지 행위를 원칙적으로 금지한다. ②**재판매 가격 유지 행위**란 사업자가 상품·용역을 거래할 때 거래 상대방 사업자 또는 그다음 거래 단계별 사업자에게 거래 가격을 정해 그 가격대로 판매·제공할 것을 강제하거나 그 가격대로 판매·제공하도록 그 밖의 구속 조건을 붙여 거래하는 행위이다. ③이때 거래 가격에는 재판매 가격, 최고 가격, 최저 가격, 기준 가격이 포함된다. ④권장 소비자 가격이라도 강제성이 있다면 재판매 가격 유지 행위에 해당한다.

① #화제의 흐름

먼저 '공정거래법'에 대한 내용입니다. '시장 경쟁 촉진=불공정한 거래 행위 규제'를 위해, 해당 법에서는 '재판매 가격 유지 행위'를 원칙적으로 금지하고 있다고 해요. 일단 '원칙적'이라는 말은 예외를 내포한다는 의미를 가지고 있다는 걸 생각할 수 있겠죠? 애초에 대부분의 법은 예외를 배제하지 않는다는 것도 잘 알고 계실 겁니다.

②~③ #정의 제시 #단어의 의미 살리기

이렇게 예외를 의식한 상태에서, 단어의 의미를 살리며 '재판매 가격 유지 행위'라는 개념의 정의를 체크해봅시다. 이는 사업자가 상품·용역을 거래할 때 거래 상대방 사업자 또는 그다음 거래 단계별 사업자로 하여금 특정 거래 가격을 유지하게끔 강제하는 행위라고 해요. 말 그대로 다음 사업자가 '재판매'를 할 때 특정한 거래 '가격'을 '유지'하게끔 하는 '행위'인 것이죠. 예를 들어 도매업자가 소매업자에게 어떤 상품을 납품하면서 소매업자가 그 상품을 소비자에게 팔 때 특정 가격에 팔게끔 강제하는 경우를 말한다고 할 수 있겠습니다. 여기에는 직접적으로 강제하거나 여러 구속 조건 등을 통해 간접적으로 강제하는 경우가 있다고도 하네요.

나아가 이때의 '거래 가격'에는 재판매 가격, 최고 가격, 최저 가격, 기준 가격이 포함된다고 합니다. 정확한 의미는 정의되어 있지 않아 파악하기 어렵지만, '재판매', '최고', '최저', '기준'이라는 단어의 의미를 통해 대강의 의미를 생각하며 넘어갈 수 있어야 해요. 중요한 것은 이렇게 여러 가격을 '강제'하는 것이 금지되어 있다는 걸 인식하는 것입니다.

④ #단어의 의미 살리기 #예외 제시

또한 '권장 소비자 가격'이라도 강제성이 있다면 '재판매 가격 유지 행위'에 해당한다고 합니다. '권장 소비자 가격'은 말 그대로 '권장'하는 것이지 '강제'하는 것이 아니기 때문에, '재판매 가격 유지 행위'에 해당하는 가격이 아닐 것입니다. '재판매 가격 유지 행위'의 핵심은 '강제'하는 것이니까요. 하지만 이러한 '권장 소비자 가격'이라도 어느 정도의 '강제성'이 있다면 '재판매 가격 유지 행위'에 해당한다는 것이죠. 이는 일종의 예외라고 할 수 있으니 확실하게 체크가 되어야겠죠? 중요한 것은 '강제'라는 키워드를 통해 '재판매 가격 유지 행위'라는 개념을 정확하게 납득할 수 있어야 한다는 점입니다.

하이라이트 문장

②재판매 가격 유지 행위란 사업자가 상품·용역을 거래할 때 거래 상대방 사업자 또는 그다음 거래 단계별 사업자에게 거래 가격을 정해 그 가격대로 판매·제공할 것을 강제하거나 그 가격대로 판매·제공하도록 그 밖의 구속 조건을 붙여 거래하는 행위이다.

단어의 의미를 살리고, 다소 추상적인 내용은 직접 예를 들어 구체적으로 이해하는 과정을 거치며 정의를 정확하게 체크할 수 있어야 합니다. 중요 개념의 정의를 정확하게 체크하는 것이 성공적인 독해의 첫걸음임을 잊지 마세요.

3문단

> ①재판매 가격 유지 행위는 <u>사업자의 가격 결정의 자유, 즉 영업의 자유를 제한</u>하고 사업자 간 가격 경쟁을 제한한다. ②유통 조직의 효율성도 저하시킨다. ③재판매 가격 유지 행위를 하는 사업자는 형사 처벌은 받지 않지만 시정명령이나 과징금 부과 대상이 될 수 있다. 〈④다만, '공정거래법'에 따라 공정거래위원회가 고시하는 출판된 저작물은 금지 대상이 아니다. ⑤또 경쟁 제한의 폐해보다 소비자 후생 증대 효과가 큰 경우 등 정당한 이유가 있으면 재판매 가격 유지 행위가 허용되는데, 그 이유는 <u>사업자가 입증</u>해야 한다.〉

①~② #수식된 정의 제시 #단어의 의미 살리기 #재진술

'재판매 가격 유지 행위'는 '영업의 자유'를 제한하고 '사업자 간 가격 경쟁'을 제한한다고 합니다. 일단 '영업의 자유'는 단어의 의미 그대로 '가격 결정'을 통해 '영업'을 '자유'롭게 할 권리를 의미합니다. 그런데 '재판매 가격 유지 행위'는 이러한 권리를 침해하고 사업자 간의 '가격 경쟁'도 제한하는 행위인 것이죠. 이는 '공정거래법'을 통해 규제하고자 하는 '불공정한 거래 행위'를 통해 '시장 경쟁'을 제한하는 것이기에 '공정거래위원회'에서 금지시키는 것이라고도 이해할 수 있겠습니다. 이렇게 '재판매 가격 유지 행위=불공정한 거래 행위=시장 경쟁 제한'과 같이 앞의 내용과 연결지으며 정보량을 줄여낼 수 있어야 해요.

나아가 '재판매 가격 유지 행위'는 유통 조직의 효율성도 저하시킨다고 합니다. 유통 조직을 이루는 각종 기업들은 가장 '효율적'인 방식으로 가격을 결정하거나 할 수 있는데, 이 자유가 제한되니 '유통 조직의 효율성' 자체도 저하되는 것이죠. 이 역시 앞의 내용과 엮어 당연하게 납득할 수 있어야 합니다.

③ #재진술

이렇게 여러 문제로 인해 금지되어 있는 '재판매 가격 유지 행위'를 하는 사업자는 '시정명령'이나 '과징금 부과'의 대상이 될 수 있다고 합니다. '재판매 가격 유지 행위'는 '공정거래법'이라는 '법'에 의해 금지되는 것이기에, 이를 어겼을 때 처벌이 따르는 것은 당연하겠죠. 하지만 형사 처벌을 받지는 않는다고 합니다. '시장 경쟁을 제한'하

는 '불공정한 거래 행위'이기는 하지만, 형사 처벌을 받을 만큼 심각한 잘못은 아니라는 식으로 납득하시면 되겠습니다.

④~⑤ #예외 제시

우리가 앞에서 미리 생각했듯이, '재판매 가격 유지 행위'는 '원칙적'으로 금지되는 것입니다. 즉, 예외가 있다는 것이죠. 그리고 그 예외에는 '공정거래위원회가 고시하는 출판된 저작물'의 경우, 경쟁 제한의 폐해보다 소비자 후생 증대 효과가 큰 경우 등 '정당한 이유'가 있는 경우가 있네요. 또한 이 '정당한 이유'는 사업자가 직접 입증해야 한다고 합니다. 뭐 당연한 말이죠. '공정거래위원회'에서 굳이 '정당한 이유'가 있는지 없는지 따져 줄 이유는 없으니까요. 어쨌든 이런 예외가 있다는 것도 확실하게 체크해놓고 넘어가도록 합시다.

하이라이트 문장

> ①재판매 가격 유지 행위는 사업자의 가격 결정의 자유, 즉 영업의 자유를 제한하고 사업자 간 가격 경쟁을 제한한다.

앞에서 이해했던 '재판매 가격 유지 행위'의 정의와 연결지으면서 왜 이런 일이 벌어지는지 납득할 수 있어야 하고, '공정거래법'에서 '재판매 가격 유지 행위'를 금지한 것이 이러한 이유 때문이었다는 것까지 생각할 수 있어야 합니다. 결국 첫 문단에서 언급한 정보만 반복되고 있다는 생각이 들어야 해요.

4문단

> ①'표시광고법'은 소비자를 속이거나 오인하게 할 우려가 있는 <u>부당한 광고를 금지</u>한다. ②광고는 표현의 자유와 영업의 자유로 보호받는다. ③하지만 사실과 다르거나 사실을 지나치게 부풀리는 **거짓·과장 광고**, 사실을 은폐하거나 축소하는 **기만 광고**를 금지한다. ④이를 위반한 사업자는 시정명령이나 과징금 부과 또는 <u>형사 처벌 대상이 될 수 있다.</u>

① #카테고리 나누기 #정의 제시 #재진술

이번엔 '표시광고법'에 대한 내용입니다. 첫 문단에서 나눠 놓은 카테고리에 따르면, 이는 '소비자 주권 확립=부당한 광고 규제'와 관련된 것입니다. 그리고 여기서 말하는 '부당한 광고'는 곧 소비자를 속이거나 오인하게 할 우려가 있는 광고를 말하는 것이네요. 이런 광고를 규제하여 소비자들의 주권을 확립하는 것이 목적임을 잊지 않으면서 계속 읽어보도록 합시다.

기본적으로 '광고'는 '표현의 자유'와 '영업의 자유'로 보호받는다고 합니다. 기업들은 광고를 통해 자신들이 '표현'하고자 하는 바를 '자유'롭게 표현할 수 있고, 원하는 방식으로 '영업'할 '자유'가 있기에 광고 역시 원하는 대로 할 수 있다는 것이죠. 앞에서의 '영업의 자유'는 '가격 결정의 자유'였지만, 여기서는 '가격 결정'과 무관한 내용이니 이와 같은 방식으로 이해하며 넘어갈 수 있어야 합니다.

하지만 '거짓·과장 광고', '기만 광고'는 '표현의 자유', '영업의 자유'에서 보호하는 범위를 넘은 것으로 간주하여 금지한다고 합니다. 이러한 '부당한 광고'는 '소비자 주권'을 확립하지 못하게 하기에 금지시킨다는 것, 계속해서 생각하고 있는 내용이죠?

④ #재진술 #비교/대조

이를 위반한 사업자는 '표시광고법'이라는 법을 위반한 것입니다. 이에 처벌을 피할 수 없을 것인데, '시정명령' 혹은 '과징금 부과'를 넘어 '형사 처벌'의 대상까지 될 수 있다고 합니다. '표시광고법' 위반은 '형사 처벌'까지는 되지 않던 '재판매 가격 유지 행위'보다 더 심각한 잘못으로 간주되는 것이네요. 자연스럽게 비교/대조하면서 읽을 수 있겠죠?

하이라이트 문장

> ①'표시광고법'은 소비자를 속이거나 오인하게 할 우려가 있는 부당한 광고를 금지한다.

새로운 카테고리의 시작입니다. 1문단에서 정리해두었던 '소비자 주권 확립=부당한 광고 규제'라는 재진술도 다시 생각할 수 있어야 해요. 결국 다 같은 말만 하고 있다는 걸 잊지 마셔야 합니다.

5문단

> ①추천·보증과 **이용후기**를 활용한 인터넷 광고가 늘면서 부당 광고 심사 기준이 중요해졌다. ②공정거래위원회의 '추천·보증 광고 심사 지침', '인터넷 광고 심사 지침'에 따르면 **추천·보증**은 사업자의 의견이 아니라 제3자의 독자적 의견으로 인식되는 표현으로서, 해당 상품·용역의 장점을 알리거나 구매·사용을 권장하는 것이다. ③**경험적 사실**을 근거로 추천·보증을 할 때는 실제 사용해 봐야 하고 추천·보증을 하는 내용이 경험한 사실에 부합해야 부당한 광고로 제재받지 않는다. ④**전문적** 판단을 근거로 추천·보증을 할 때는 그 내용이 해당 분

야의 전문적 지식에 부합해야 한다. ⑤추천·보증이 광고에 활용되면서 추천·보증을 한 사람이 사업자로부터 현금 등의 대가를 지급받는 등 경제적 이해관계가 있다면 해당 게시물에 이를 명시해야 한다.

① #화제의 흐름 #카테고리 나누기

광고 중에서도, '추천·보증'과 '이용후기'를 활용한 '인터넷 광고'로 화제가 구체화되고 있습니다. 이러한 인터넷 광고들에 대한 부당 광고 심사 기준을 설명해줄 것 같아요. 나아가 자연스럽게 '추천·보증'과 '이용후기'라는 두 가지 카테고리로 나누어 설명할 것이라는 생각도 할 수 있겠죠?

② #정의 제시

'공정거래위원회'에서 정의하는 '추천·보증'은 사업자가 아닌 제3자의 독자적 의견으로 해당 상품·용역의 장점을 알리거나 구매·사용을 권장하는 것이라고 해요. 요즘 여러 SNS를 통해서 많이 볼 수 있는 모습이니 어렵지 않게 이해할 수 있겠죠? 중요한 것은 사업자가 아닌 '제3자'의 의견일 때 비로소 '추천·보증'이라고 부른다는 것입니다.

③~⑤ #재진술

이러한 '추천·보증'을 경험적 사실을 근거로 할 때는 실제 사용해 봐야 하고, 추천·보증을 하는 내용이 경험한 사실에 부합해야 한다고 합니다. 당연하게 납득할 수 있겠죠? 사용해 보지도 않고 추천하는 것은 '부당한' 광고의 일종이 될 수 있을 테니까요. 나아가 전문적 판단을 근거로 할 때는 그 내용이 해당 분야의 전문적 지식에 부합해야 한다고 합니다. 이 역시 너무나 당연합니다. 우리가 읽고 있는 '추천·보증'을 이용한 인터넷 광고는 '표시광고법'의 구속을 받고 있고, '표시광고법'의 핵심은 '부당한 광고'를 금지하는 것이기에 '추천·보증'을 이용한 광고 역시 부당하지 않게 이루어져야 한다는 거예요.

나아가 추천·보증을 한 사람이 사업자로부터 대가를 지급받는 등 경제적 이해관계가 있다면 해당 게시물에 이를 명시해야 한다고 합니다. 이 역시 여러 블로그 포스팅 등에서 많이 봤을 만한 내용이죠? 이렇게 경험과 연관지어서, '추천·보증'을 이용한 인터넷 광고도 부당하지 않게 이루어져야 한다는 것이 핵심임을 생각해주시면 되겠습니다.

하이라이트 문장

> ①추천·보증과 이용후기를 활용한 인터넷 광고가 늘면서 부당 광고 심사 기준이 중요해졌다.

화제가 구체화되고 있다는 생각이 드셔야 합니다. 앞 문단의 내용과 연결된다는 느낌을 받지 못했다면 더 어려운 지문에서 반드시 독해

에 실패하게 될 거예요. 지문이 쉽더라도 기본적인 독해 태도가 흔들리는 일은 없어야 합니다.

6문단

> ①위의 두 심사 지침에서 말하는 **이용후기** 광고란 <u>사업자가 자사 홈페이지 등에 게시된 소비자의 상품 이용후기를 활용해 광고하는 것이다.</u> ②사업자는 자신에게 유리한 이용후기는 광고로 적극 활용한다. ③반면 사업자는 자신에게 불리한 이용후기는 비공개하거나 삭제하기도 하는데, 합리적 이유가 없다면 <u>이는 부당한 광고가 될 수 있다.</u> ④사업자는 자신에게 불리한 이용후기의 게시자를 인터넷상 명예훼손죄로 고소하기도 한다. ⑤이때 이용후기가 객관적 내용으로 자신의 사용 경험에 바탕을 두고 다른 이용자에게 도움을 주려는 등 <u>공공의 이익에 관한 것으로 인정받는다면</u>, 게시자의 비방할 목적이 부정되어 명예훼손죄가 성립하지 않는다.

①~③ #카테고리 나누기 #정의 제시 #재진술

이번엔 '이용후기'를 활용한 인터넷 광고라는 새로운 카테고리에 대해 설명하고 있습니다. 이는 말 그대로 소비자가 게시한 상품의 '이용후기'를 사업자가 활용하는 광고예요. 소비자들은 '이용후기'를 쓰고, 사업자는 '광고'를 하는 구조인 것이죠. 어렵지 않게 납득할 수 있겠습니다.

사업자는 이러한 '이용후기' 중 자신에게 유리한 것은 광고로 적극 활용하고, 불리한 것은 비공개하거나 삭제하기도 한다고 해요. 이 역시 우리가 많이 겪어 온 내용들이니 어렵지 않게 납득할 수 있을 겁니다. 그리고 너무나 당연하게도, 합리적 이유가 없는 비공개·삭제는 '부당한 광고'의 하나가 될 수 있다고 합니다. 우리가 읽고 있는 이 내용들은 모두 '표시광고법'에서 금지하는 '부당한 광고'가 아니어야 한다는 것 잊지 않았죠? 합리적 이유 없이 그저 자신들의 상품에 불리하다는 이유만으로 여러 사람이 볼 수 있는 '이용후기'를 비공개·삭제하는 것은 일종의 '부당한 광고'가 된다는 것이에요.

④~⑤ #카테고리 나누기 #재진술

이렇게 단순히 비공개·삭제하는 것을 넘어, 사업자는 자신에게 불리한 '이용후기'의 게시자를 인터넷상 명예훼손죄로 고소하기도 한다고 합니다. '표시광고법'이라는 카테고리를 벗어나는 내용이네요. 이러한 변화를 충분히 인식하시면서 계속 읽어보도록 합시다.

이렇게 <u>고소</u>를 당하더라도, '이용후기'가 객관적 내용으로 자신의 사

용 경험에 바탕을 두고 공공의 이익에 관한 것으로 인정받는 경우 명예훼손죄가 성립하지 않는다고 합니다. 그리고 그 이유는 게시자의 비방할 목적이 부정되기 때문이라고 해요. 내용 자체는 그리 어렵지 않으니 가볍게 납득할 수 있겠죠? 여기서 자연스럽게 명예훼손죄의 성립 요건이 '비방할 목적'이라는 것까지 생각할 수 있으면 좋겠습니다. 이렇게 이면의 정보를 추론하면서 읽는 것도 습관이 되어야 해요.

하이라이트 문장

> ③반면 사업자는 자신에게 불리한 이용후기는 비공개하거나 삭제하기도 하는데, 합리적 이유가 없다면 이는 부당한 광고가 될 수 있다.

우리가 읽고 있는 내용은 결국 '부당한 광고'를 금지하는 '표시광고법'에 대한 내용임을 다시 한번 상기할 수 있는 문장입니다. 모든 정보는 화제 중심으로 모인다는 것을 잊지 마세요.

선지	①	②	③	④	⑤
선택률	3%	5%	4%	76%	12%

05 윗글을 통해 알 수 있는 내용으로 적절하지 않은 것은? ④

① 부당한 광고 행위에 대해서는 재판매 가격 유지 행위와 달리 형사 처벌이 내려질 수 있다.

명시적 근거	3문단 3번 문장, 4문단 4번 문장
실전에서의 판단 과정	그랬지.
해설	'시정명령', '과징금 부과' 대상이 되는 것으로 끝났던 '재판매 가격 유지 행위'와 달리, '부당한 광고'는 '형사 처벌'의 대상이 될 수 있었습니다. 후자가 조금 더 큰 잘못이라는 생각으로 납득했던 차이점이죠? 가볍게 지워낼 수 있겠네요.

② 거래 단계별 사업자에게 거래 가격을 강제하는 것은 유통 조직의 효율성 저하를 초래한다.

명시적 근거	3문단 1번~2번 문장
실전에서의 판단 과정	그랬지.
해설	거래 단계별 사업자에게 거래 가격을 강제하는 행위, 즉 '재판매 가격 유지 행위'는 유통 조직의 효율성 저하를 초래할 수 있습니다. 지문을 읽으면서부터 '가격 결정의 자유'를 침해한다는 내용과 엮어서 납득했던 내용이죠?

③ 재판매 가격 유지 행위의 정당성을 인정받고자 하는 사업자는 그 행위의 정당성을 입증할 책임을 진다.

명시적 근거	3문단 5번 문장
실전에서의 판단 과정	당연히 사업자가 입증해야지.
해설	'재판매 가격 유지 행위'는 원칙적으로는 금지되지만, 경쟁 제한의 폐해보다 소비자 후생 증대 효과가 큰 경우 등 정당한 이유가 있으면 예외적으로 허용된다고 했습니다. 그리고 이때의 정당성은 사업자가 직접 입증해야 한다는 것, 너무나 당연하게 납득했었죠?

④ 경험적 사실을 바탕으로 한 추천·보증은 심사 지침에 따라 해당 분야의 전문적 지식에 부합해야 한다.

명시적 근거	5문단 3번~4번 문장
실전에서의 판단 과정	경험적 사실을 바탕으로 하는데 왜 전문적 지식에 부합해야 해?
해설	경험적 사실을 바탕으로 한 '추천·보증'은 그 내용이 경험한 사실에 부합하기만 하면 됩니다. 해당 분야의 전문적 지식에 부합해야 하는 것은 전문적 판단을 바탕으로 할 때의 이야기이죠. 만약 경험적 사실을 바탕으로 할 때에도 전문적 지식에 부합해야 한다는 조건이 있으면 비전문가의 '추천·보증'은 아예 금지한다는 것과 마찬가지이기에 애초에 말이 되지 않는 선지라고 할 수 있겠습니다.

⑤ 공정거래위원회가 고시하는 출판된 저작물의 사업자는 거래 상대방 사업자에게 기준 가격을 지정할 수 있다.

명시적 근거	3문단 4번 문장
실전에서의 판단 과정	예외였지.
해설	'공정거래위원회'가 고시하는 출판된 저작물은 '재판매 가격 유지 행위'가 허용되는 예외였습니다. 따라서 사업자는 거래 상대방 사업자에게 기준 가격을 지정할 수 있겠죠. 예외에 대한 인식이 제대로 되어 있었다면 보자마자 지워낼 수 있었을 거예요.

선지	①	②	③	④	⑤
선택률	6%	26%	12%	51%	5%

06 ㉠, ㉡에 대한 이해로 가장 적절한 것은? ④

㉠재판매 가격 유지 행위 / ㉡이용후기 광고

– 우리가 완벽히 납득하고 있는 두 내용에 대해 묻는 문제입니다. 납득한 내용을 바탕으로 가볍게 해결해봅시다.

① ㉠은 소비자 후생 증대 효과가 시장 경쟁 제한의 폐해보다 작은 경우에 허용된다.

명시적 근거	3문단 5번 문장
실전에서의 판단 과정	그럴 때 왜 허용해.
해설	소비자 후생 증대 효과가 시장 경쟁 제한의 폐해보다 작은 상황에서는, '재판매 가격 유지 행위'를 금지할 필요가 있습니다. 반대의 상황처럼 정당한 이유가 있어야 비로소 허용되는 것이었죠? 완벽하게 납득하고 있던 내용이니 가볍게 지울 수 있겠네요.

② ㉠을 '공정거래법'에서 금지하는 목적은 사업자의 가격 결정의 자유를 제한하기 위한 것이다.

명시적 근거	1문단 전체, 3문단 1번 문장
실전에서의 판단 과정	시장 경쟁 촉진이 목적인데?
해설	'공정거래법'에서 '재판매 가격 유지 행위'를 금지하는 것은 사업자의 자유를 제한하기 위해서가 아니라, 불공정한 거래 행위를 규제하여 시장 경쟁을 촉진하기 위해서였습니다. 이것이 이 지문의 첫 번째 화제 그 자체였죠?
	나아가 '재판매 가격 유지 행위'는 그 자체로 사업자의 가격 결정의 자유, 즉 영업의 자유를 제한한다고 했습니다. 따라서 이를 금지하는 것은 오히려 사업자의 가격 결정의 자유를 보호하기 위해서라고 보는 것이 맞겠죠? 그리고 이러한 자유를 보호하는 것은 미리 생각했듯이 시장 경쟁을 촉진하기 위해서일 것이구요.

③ ⓛ을 할 때 사업자는 영업의 자유를 보호받지만 표현의 자유는 보호받지 못한다.

명시적 근거	4문단 2번 문장
실전에서의 판단 과정	둘 다 보호받지.
해설	'이용후기 광고' 역시 일종의 광고입니다. 그리고 이는 '표현의 자유'와 '영업의 자유'로 보호받는다고 했어요. '부당한 광고'의 수준이 아니라면, 사업자는 이러한 자유를 보호받으며 광고를 할 수 있을 것입니다.

④ ⓛ은 사업자가 자사의 홈페이지에 직접 작성해서 게시한 이용후기를 광고로 활용하는 것을 포함하지 않는다.

명시적 근거	6문단 1번 문장
실전에서의 판단 과정	그렇지. 소비자가 쓴 걸 사업자가 활용하는 거지.
해설	'이용후기 광고'는 소비자가 게시한 상품의 '이용후기'를 사업자가 광고에 활용하는 것이라고 정의되어 있습니다. 사업자가 직접 작성해서 게시한 '이용후기'는 이러한 정의에 들어맞지 않네요. 정의만 제대로 체크했어도 어렵지 않게 답을 골라낼 수 있었을 겁니다.

⑤ ㉠은 사업자와 소비자 간에, ⓛ은 소비자와 소비자 간에 직접 일어나는 행위이다.

명시적 근거	2문단 2번 문장, 6문단 1번 문장
실전에서의 판단 과정	다 틀렸네.
해설	'재판매 가격 유지 행위'는 사업자가 다른 사업자에게 거래 가격을 강제하는 것을 말합니다. 즉, 사업자와 사업자 간에 일어나는 행위인 것이죠. 한편, '이용후기 광고'는 소비자의 '이용후기'를 사업자가 이용하는 것입니다. 즉, 소비자와 사업자 간에 일어나는 행위인 것이죠. 이러한 생각을 바탕으로 하면 완전 틀린 선지라는 것을 어렵지 않게 생각할 수 있겠습니다.

선지	①	②	③	④	⑤
선택률	2%	4%	86%	6%	2%

07 윗글을 바탕으로 〈보기〉를 이해한 내용으로 적절하지 <u>않은</u> 것은? [3점] ③

[보기]

A상품 제조 사업자인 갑은 거래 상대방 사업자에게 특정 판매 가격을 지정해 거래했다. 갑의 회사 홈페이지에 A상품에 대한 이용후기가 다수 게시되었다. 갑은 그중 A상품의 품질 불량을 문제 삼은 이용후기 200개를 삭제하고, 박○○ 교수팀이 A상품을 추천·보증한 광고를 게시했다.

–전형적인 법 지문의 〈보기〉 문제입니다. 제시된 사례를 지문의 내용과 정확하게 대응시켜놓고 선지를 판단하면 어렵지 않게 해결할 수 있을 거예요.

A 상품의 제조 사업자인 '갑'은 '재판매 가격 유지 행위', 불리한 '이용후기'의 삭제와 같이 '공정거래법' 및 '표시광고법'에서 금지하는 행위만 골라서 하고 있습니다. '시정명령', '과징금 부과', '형사 처벌' 등 여러 책임을 질 수 있는 상황입니다. 그러면서도 박OO 교수팀이 A 상품을 추천·보증한 광고를 게시하고 있네요. 이것이 거짓·과장 광고, 기만 광고가 아니고, 이들의 추천 내용이 전문적 지식에 부합한다면 큰 문제는 없겠습니다.

광고 대행사 직원 을은 A상품의 효능이 뛰어나다는 후기를 갑의 회사 홈페이지에 게시했다. 소비자 병은 A상품을 사용하며 발견한 하자를 찍은 사진과 품질이 불량하다는 글을 갑의 회사 홈페이지에 게시했다. 갑은 병을 명예훼손죄로 처벌해 달라며 수사 기관에 고소했다.

– 한편, '을'은 A 상품에 대한 긍정적인 '이용후기'를 '갑'의 회사 홈페이지에 게시하며 '추천·보증'하고 있습니다. 반면 '병'은 '갑'에게 불리한 내용을 잔뜩 담아 '이용후기'를 올린 상황이네요. '갑'은 '병'을 명예훼손죄로 고소한 상황인데, 만약 '병'의 '이용후기'가 자신의 사용 경험에 바탕을 두고 공공의 이익에 관한 것으로 인정받는다면 명예훼손죄가 성립하지 않을 것입니다. 이런 생각들을 미리 한 상태에서 문제를 풀어보도록 합시다.

① 갑이 A상품의 품질 불량을 은폐하기 위해 자신에게 불리한 이용후기를 삭제하는 대신 비공개 처리하는 것도 부당한 광고에 해당하겠군.

명시적 근거	〈보기〉, 6문단 3번 문장
실전에서의 판단 과정	비공개·삭제 모두 부당한 광고의 일종이었지.
해설	'갑'은 자신에게 불리한 '이용후기' 200개를 삭제하는 선택을 했습니다. 이는 합리적 이유가 없다면 '부당한 광고'가 될 수 있는데, 삭제하지 않고 비공개 처리하는 경우에도 마찬가지였죠?

② 갑이 박○○ 교수팀이 A상품을 실험·검증하고 우수성을 추천·보증했다고 광고했으나 해당 실험이 진행된 적이 없다면 갑은 부당한 광고 행위로 제재를 받겠군.

명시적 근거	〈보기〉, 4문단 3번~4번 문장
실전에서의 판단 과정	이럼 거짓 광고니까 제재받겠지.
해설	'갑'이 박OO 교수팀이 A 상품을 실험·검증하고 우수성을 추천·보증했다고 광고했으나 해당 실험이 진행된 적이 없다면, '갑'은 사실과 다른 내용을 가지고 '거짓 광고'를 한 것입니다. 이는 표현의 자유와 영업의 자유로 보호되는 정당한 광고의 범위를 넘는 '부당한 광고'로, 여러 제재를 받을 수 있는 행위였죠?

'교수팀', '실험'과 같은 단어에 꽂혀 이 선지를 '전문적 판단', '전문적 지식'과 엮어서 해결하려고 하면 곤란합니다. 이 선지에서 묻는 상황은 박OO 교수팀이 '전문적 지식'에 어긋나는 내용으로 실험을 한 상황이 아니라, 애초에 아무런 실험도 하지 않으면서 실험을 한 것처럼 꾸민 상황이에요. 이때에도 '전문적 지식'에 부합하는 내용의 실험을 한 것처럼 꾸밀 수는 있으니, 이 선지에서 묻는 상황의 경우에는 '거짓 광고'로 인한 제재를 받는다고 판단하는 것이 정확합니다.

이 문제는 쉬운 문제라서 사고과정의 오류가 오답이라는 결과로 나타나지는 않았겠지만, 어려워지면 이렇게 디테일한 포인트에서 정답과 오답이 갈릴 수 있다는 것을 절대 잊지 마세요.

③ 갑이 거래 상대방에게 판매 가격을 지정하며 이를 준수하도록 부과한 조건에 대해 정당성을 인정받지 못했더라도 그 가격이 권장 소비자 가격이었다면 갑은 제재를 받지 않겠군.

명시적 근거	〈보기〉, 2문단 4번 문장, 3문단 5번 문장
실전에서의 판단 과정	권장 소비자 가격도 강제성이 있으면 재판매 가격 유지 행위에 해당한다고 했지.
해설	'갑'이 '재판매 가격 유지 행위'를 한 가격이 '권장 소비자 가격'인 상황입니다. 기본적으로 '권장 소비자 가격'은 '강제'가 아닌 '권장'이기에 '재판매 가격 유지 행위'에 해당하지 않지만, '강제성'이 있다면 '재판매 가격 유지 행위'에 해당한다고 했습니다. 그리고 이 선지에서 제시한 상황은 '갑'이 거래 상대방에게 부과한 조건에 대해 정당성을 인정받지 못한 상황입니다. 정당성을 인정받지 못했다는 것은 가격을 '강제'할 명분이 없다는 의미이고, 이는 '권장 소비자 가격'을 명분 없이 '강제'했다는 것이기에 '재판매 가격 유지 행위'에 따른 제재를 받는 상황이 될 수 있겠네요. 지문에서 '권장 소비자 가격'이 '재판매 가격 유지 행위'로 인정되는 조건으로 제시한 '강제성'을 '거래 상대방에게 판매 가격을 지정하여 이를 준수하도록 부과한 조건에 대해 정당성을 인정받지 못했'다는 말로 재진술해서 제시한 선지입니다. 이 문제는 그리 어렵지 않았지만, 대부분의 고난도 선지는 이렇게 지문의 내용을 선지에서 재진술하는 형태라는 것을 절대 잊지 말도록 합시다.

④ 을이 갑으로부터 금전을 받고 갑의 회사 홈페이지에 A상품의 장점을 알리는 이용후기를 게시했다면 대가성이 있었다는 사실을 명시해야겠군.

명시적 근거	〈보기〉, 5문단 5번 문장
실전에서의 판단 과정	그래야지.
해설	'을'이 '갑'의 상품을 '추천·보증'한 상황입니다. 이때 경제적 이해관계가 있다면 해당 게시물이 이를 명시해야 한다고 했어요.

FAQ

Q 말씀하신 대로 '을'이 '갑'의 상품을 '추천·보증'한 상황입니다. 그런데 선지에서는 '이용후기'를 게시했다고 했으니 대가성이 있었다는 사실을 명시할 필요는 없지 않나요? 지문에서도 대가성이 있었다는 사실을 명시해야 하는 건 '추천·보증'의 경우로 한정했으니까요.

A 지문에서 정의하는 '이용후기 광고'의 정의를 정확히 보셔야 합니다. 이는 '사업자가' 자사 홈페이지 등에 게시된 소비자의 상품 이용후기를 활용해 광고하는 것이에요. 즉, 이 지문에서 '이용후기 광고'는 사업자가 주체인 경우를 말하는 것이지, '을'과 같은 소비자가 게시한 것을 말하는 게 아닙니다. 선지에서 '홈페이지'와 같이 '이용후기 광고'의 정의에 들어 있던 단어들을 교묘하게 활용해서 헷갈릴 수는 있겠지만, 늘 개념의 정의를 정확하게 적용해야 한다는 것을 잊지 말아야 합니다.

⑤ 병이 A상품을 직접 사용해 보고 그 상품의 결점을 제시하면서 다른 소비자들에게 도움을 주려는 취지로 이용후기를 게시한 점이 인정된다면 명예훼손죄가 성립되지 않겠군.

명시적 근거	〈보기〉, 6문단 5번 문장
실전에서의 판단 과정	미리 생각한 내용이네.
해설	미리 생각한 내용이죠? 부정적인 내용의 '이용후기'라도, 자신의 사용 경험에 바탕을 두고 공공의 이익에 관한 것으로 인정받는다면 명예훼손죄가 성립하지 않는다고 했습니다.

선지	①	②	③	④	⑤
선택률	97%	1%	1%	1%	0%

08 ⓐ와 문맥상 의미가 가장 가까운 것은? ①

① 그는 내 의견에 본인의 견해를 <u>붙여</u> 발언을 이어 갔다.
② 나는 수영에 재미를 <u>붙여</u> 수영장에 다니기로 결정했다.
③ 그는 따뜻한 바닥에 등을 <u>붙여</u> 잠깐 동안 잠을 청했다.
④ 나는 알림판에 게시물을 <u>붙여</u> 동아리 행사를 홍보했다.
⑤ 그는 숯에 불을 <u>붙여</u> 고기를 배부를 만큼 구워 먹었다.

몰랐던 어휘 정리하기

| 핵심 point |

① **화제 check** : 독서 지문 독해의 처음이자 끝. 첫 문단에서 잡은 '화제의 틀'을 마지막 문단까지 놓지 않아야 합니다.
② **정의 인식** : 단어의 의미를 살린 상태로, 지문에 제시된 정의와 붙여서 이해할 수 있어야 합니다. 정의를 '기억'하는 게 아니라, '납득'해서 본인의 말로 정리할 수 있어야 해요.
③ **재진술 인식** : 같은 말이라도 다르게 표현되는 경우가 많습니다. 심지어 아예 똑같은 말이 반복되는 경우도 많아요. 이 '같은 말'에 민감하게 반응하면, '정보량'을 줄이면서 읽을 수가 있습니다.
④ **카테고리 나누기** : 정보들의 범주가 나뉠 때, 그들이 서로 다른 카테고리에 속한다는 것을 인지해야 합니다. 이렇게 각 카테고리에 맞춰 정보를 정리하면 훨씬 깔끔하게 정리할 수 있다는 것을 기억해 주세요.
⑤ **예외 인식** : 일반적이지 않은 '예외'는 언제나 중요한 출제 포인트로 작용합니다. 확실하게 체크합시다.

| 지문 내용 총정리 |

제시된 내용이 그리 어렵지 않고, 우리가 일상에서 자주 경험하는 내용이 많이 등장한다는 점에서 다소 평이하게 느낄 수 있는 지문이었습니다. 하지만 화제를 중심으로 재진술하는 태도, 카테고리를 정확하게 인식하면서 독해하는 태도, 선지에서 재진술된 지문의 내용을 정확하게 인식하는 태도 등 기본적이면서도 어려운 지문의 재료가 되는 내용들을 모두 알차게 연습할 수 있는 지문이기도 했어요. 이런 내용들에 주목하면서 다시 한번 복습해보도록 합시다.

1문단

①주사 터널링 현미경(STM)에서는 끝이 첨예한 금속 탐침과 도체 또는 반도체 시료 표면 간에 적당한 전압을 걸어 주고 둘 간의 거리를 좁히게 된다. ②탐침과 시료의 거리가 매우 가까우면 **양자 역학적 터널링 효과**에 의해 둘이 접촉하지 않아도 전류가 흐른다. ③이때 탐침과 시료 표면 간의 거리가 원자 단위 크기에서 변하더라도 전류의 크기는 민감하게 달라진다. ④이 점을 이용하면 시료 표면의 높낮이를 원자 단위에서 측정할 수 있다. ⑤하지만 전류가 흐를 수 없는 시료의 표면 상태는 STM을 이용하여 관찰할 수 없다. ⑥이렇게 민감한 STM도 진공 기술의 뒷받침이 있었기에 널리 사용될 수 있었다.

①~④ #화제 제시 #정의 제시 #기술의 목적

'STM'이라는 개념으로 시작을 합니다. 정의가 상당히 어려워요. '탐침'과 '시료 표면' 사이의 거리를 좁히는 게 핵심이네요. 거리를 좁혀서 뭘 하는 걸까요? 일단 '양자 역학적 터널링 효과'라는 개념의 정의도 체크해 봅시다. 이 효과 덕분에 '탐침'과 '시료'가 접촉하지 않아도 전류가 흐른다고 합니다. 거리를 좁히긴 하는데, 접촉할 필요는 없나 봐요! 나아가 둘 사이의 거리를 좁히는 게 '전류'를 흐르게 하기 위함이라는 것도 체크할 수 있으면 훌륭하겠습니다.

이렇게 '탐침'과 '시료' 간의 거리에 따라 전류가 민감하게 달라지는데, 이를 통해 '시료 표면의 높낮이'를 아주 미세하게 측정할 수 있다고 합니다. 결국 '전류'를 흐르게 하는 이유는 '시료 표면 측정' 때문이었네요! 여기서 바로 '시료 표면 측정'이 STM이라는 기술의 '목적'임을 상기하는 것도 중요하겠죠? 앞으로 나올 STM의 모든 원리는 '시료 표면 측정'이라는 목적 중심으로 정리해주셔야 합니다. 모든 기술은 '목적'을 가지고 있고 정보들은 그 '목적' 달성을 보조하는 식으로 제시되기 때문에, 그 '목적'을 중심으로 독해를 하는 게 아주 중요해요.

⑤~⑥ #화제의 흐름 제시

하지만 또 '전류'가 없으면 이런 시료의 표면 상태를 관찰할 수가 없다고 합니다. 당연한 말이죠? '전류'를 통해 목적을 달성하는 기술인데 전류가 흐르지 않으면 관찰을 못하는 건 너무나 당연하겠죠. 아무튼 이렇게 '전류'를 꼭 필요로 하는 까다로운 기술이 '진공 기술' 덕분에 널리 사용될 수 있었다고 해요.

다시 정리해 봅시다. "STM이라는 기술은 '양자 터널링 효과' 덕에 탐침과 시료의 접촉 없이도 전류가 흐르게 해서 시료 표면을 관찰할 수 있게 하는 기술이다. 해당 기술은 굉장히 민감하여 진공 기술이 있어야 사용할 수 있다." 이 정도가 1문단의 흐름인데, 그럼 화제는 무엇일까요? 그렇죠. 'STM을 이용하게 해 주는 진공 기술'이겠네요. 첫 문단을 읽고 이 지문의 핵심은 '진공 기술'이라는 것을 잡아낼 수 있었어야 합니다. 어떻게 할 수 있냐구요? 간단합니다. '진공 기술'이라는 정보를 보고, 그 정보가 도대체 왜 나왔는지 그 역할을 생각해 주시면 돼요. 이 정보는 'STM을 사용할 수 있게 해주는 역할'을 하고 있죠? 그런데 어떻게 그럴 수 있는지 자세히 소개해 주지는 않았으니, 앞으로 이 이야기를 하겠다는 생각을 할 수 있는 겁니다. 자 그러면 이 진공 기술이 STM에 어떤 도움을 주는지 알아보러 갑시다.

하이라이트 문장

⑥이렇게 민감한 STM도 진공 기술의 뒷받침이 있었기에 널리 사용될 수 있었다.

기술 지문은 항상 '기술의 목적'이 중요하다고 했었죠? '시료 표면 관찰'이라는 기술의 목적을 달성할 수 있게 해주는 개념이 언급되었으니 당연히 중요합니다! 이런 문장을 꼼꼼히 읽어줘야 다음 문단들을 읽을 때 정보를 효율적으로 조직화할 수 있어요!

2문단

①STM은 대체로 진공 통 안에 설치되어 사용되는데 그 이유는 무엇일까? ②기체 분자는 끊임없이 떠돌아다니다가 주변과 충돌한다. ③이때 **일부 기체 분자들은** 관찰하려는 시료의 표면에 붙어 표면과 반응하거나 표면을 덮어 시료 표면의 관찰을 방해한다. ④따라서 용이한 관찰을 위해 STM을 활용한 실험에서는 관찰하려고 하는 시료와 기체 분자의 접촉을 최대한 차단할 필요가 있어 진공이 요구되는 것이다. ⑤**진공**이란 기체 압력이 대기압보다 낮은 상태를 통칭하며 기체 압력이 낮을수록 진공도가 높다고 한다. ⑥진공 통 내부의 온도가 일정하고 한 종류의 기체 분자만 존재할 경우, 기체 분자의 종류와 상관없이 통 내부의 기체 압력은 단위 부피당 떠돌아다니는 기체 분자의 수에 비례한다. ⑦따라서 기체 분자들을 진공 통에서 뽑아내거나 진공 통 내부에서 움직이지 못하게 고정하면 진공 통 내부의 기체 압력을 낮출 수 있다.

① #카테고리 나누기

화제의 흐름으로 잡아냈던, '진공 기술'에 대한 내용으로 시작하고 있습니다. 진공 기술을 사용하는 '이유'에 대해서 묻고 있어요. 이에 대한 답을 하겠다는 의지이기 때문에, 우리는 왜 진공 기술이 필요한지에 대해 궁금해하면서 읽어나가야겠죠.

② ~ ④ #재진술

기체 분자들은 주변과 충돌할 수 있다고 합니다. 뭐 당연한 말인데, 일부 기체 분자들은 '시료의 표면'에 붙어 관찰을 방해할 수 있다고 해요! 이는 굉장히 큰 문제입니다. 이 기술의 목적이 '시료 표면 관찰'인데, 그 목적을 달성하지 못하도록 방해하는 것이니까요. '시료 표면 관찰'이라는 말을 보자마자 앞 문단의 내용을 당겨올 수 있겠죠?

이에 관찰하려는 '시료'와 기체 분자의 접촉 차단이 필요하고, 이러한 환경이 곧 '진공'인 것이에요. 단순히 '진공이 필요하구나.' 정도로 넘어가면 안 됩니다! '시료 표면과 기체 분자의 접촉 차단'이라는 이유를 확실하게 인지하면서 읽을 수 있어야 해요.

⑤ ~ ⑦ #정의 제시 #단어의 의미 살리기 #재진술

'진공'은 '기체 압력'이 대기압보다 낮은 상태라고 합니다. 우리가 대충 알고 있는 개념과 비슷한 내용이네요. '진공/도'라는 단어의 의미를 살리면, '기체 압력'이 낮을수록 '진공도'가 높아진다는 말도 납득할 수 있겠죠? '진공'의 '정도'를 의미할 테니까요.

진공 통 내부의 온도, 기체 분자 종류 등을 통제한 상황에서는 단위 부피당 기체 분자의 '수'에 따라 '기체 압력'이 달라진다고 합니다. 따라서 기체 분자 수를 줄이면 '기체 압력'을 낮출 수 있다고 해요. 이건 뭐 납득이 됩니다. '압력'이라는 것 자체가 무언가 빡빡한 느낌을 의미하는 건데, 같은 부피 내에 기체 분자가 많을수록 더 큰 압력이 가해진다고 할 수 있겠죠. 그러니 기체 분자들을 뽑아내거나 이동을 못하게 만들면 '기체 압력'을 낮출 수 있게 되는 것이구요.

여기까지는 쉬운데, 중요한 건 '기체 압력'을 낮추면 어떤 일이 일어나느냐는 겁니다. 바로 답을 할 수 있어야 해요! 그렇죠. '진공도'가 높아지고, 이는 기체 분자가 '시료 표면 관찰'을 방해할 가능성을 낮추게 됩니다. 즉, '기체 압력'을 낮추는 것은 STM이라는 기술의 '목적'을 위해 반드시 필요한 과정이라는 것이에요. 지문에 생략되어 있는 내용이지만, 이렇게 생각하면서 읽어낼 수 있겠죠?

하이라이트 문장

> ④따라서 용이한 관찰을 위해 STM을 활용한 실험에서는 관찰하려고 하는 시료와 기체 분자의 접촉을 최대한 차단할 필요가 있어 진공이 요구되는 것이다.

STM을 활용한 실험에서 진공이 요구되는 '이유'가 나왔네요. 앞 문단에서 '진공'이 STM에 어떻게 도움을 주는지 궁금해했었는데, 여기서 답이 나오는 겁니다. '기체 분자의 접촉'이 왜 문제가 되는지 확실하게 인식할 수 있어야 해요!

3문단

> ①STM을 활용하는 실험에서 어느 정도의 진공도가 요구되는지를 이해하기 위해서는 **'단분자층 형성 시간'**의 개념을 이해할 필요가 있다. ②진공 통 내부에서 떠돌아다니던 기체 분자들이 관찰하려는 시료의 표면에 달라붙어 한 층의 막을 형성하기까지 걸리는 시간을 **단분자층 형성 시간**이라 한다. ③이 시간은 시료의 표면과 충돌한 기체 분자들이 표면에 달라붙을 확률이 클수록, 단위 면적당 기체 분자의 충돌 빈도가 높을수록 짧다. ④또한 기체 운동론에 따르면 고정된 온도에서 기체 분자의 질량이 크거나 기체의 압력이 낮을수록 단분자층 형성 시간은 길다. ⑤가령 질소의 경우 20℃, 760 토르 대기압에서 단분자층 형성 시간은 $3×10^{-9}$초이지만, 같은 온도에서 압력이 10^{-9}토르로 낮아지면 대략 2,500 초로 증가한다. ⑥이런 이유로 STM에서는 시료의 관찰 가능 시간을 확보하기 위해 통상 10^{-9}토르 이하의 **초고진공**이 요구된다.

① #카테고리 나누기

이렇게 시료 표면을 잘 관찰하기 위해서 '진공 상태'가 필요한데, 이 진공도가 어느 정도 요구되어야 하는지는 '단분자층 형성 시간'을 통해 알 수 있대요. 우리는 지금부터 '어느 정도의 진공도가 필요한지'에 대해 읽게 될 겁니다. 이렇게 지금 뭘 읽고 있는지를 생각하면서 계속해서 '카테고리'를 만들어주셔야 해요. '단분자층 형성 시간'의 정의를 체크하는 건 기본이고, '어느 정도의 진공도'라는 부분에 주목하면서 읽어주세요.

② #수식된 정의 제시 #재진술

먼저 '단분자층 형성 시간'에 대해 알아봅시다. 이는 기체 분자들이 '시료의 표면'에 달라붙기까지 걸리는 시간을 의미합니다. 이 '단분자층 형성 시간'이라는 정보는 어떤 역할을 하나요? 그렇죠. '어느 정도의 진공도가 요구되는지'를 설명하는 역할! 그리고 그 정의는 '기체 분자들이 시료 표면에 붙기까지의 시간'이라고 합니다. 그런데 이 정의, 어디서 본 적 있죠? 바로 윗 문단에 나온 '진공이 필요한 이유'와 관련된 내용이네요. 저렇게 기체 분자들이 시료 표면에 붙으면 관찰을 방해하기 때문에 '기체 분자의 수'를 줄여 '기체 압력'을 낮출 필요가 있었고, 그것이 곧 '진공 상태'였잖아요! 아 그럼 '단분자층 형성 시간'은 다른 말로 '관찰을 방해하기까지 걸리는 시간', 나아가 '관찰 가능 시간'이라고 볼 수 있겠네요. 명시적으로 써줬다면 훨씬 편했겠지만, 이렇게 불친절하게 제시되었다고 해도 스스로 생각해낼 수 있어야 합니다. '시료와 기체의 접촉'이라는 '같은 말'이 반복되었음을 바탕으로 충분히 생각할 수 있는 내용이었어요.

③~④ #비례/증감 관계

그렇다면 이 '단분자층 형성 시간'이 최대한 길어야 시료를 잘 관찰할 수 있다고 할 수 있겠죠? '관찰 가능 시간'이 길어져야 이 기술의 '목적'을 더 쉽게 달성할 수 있으니까요! 이는 기체 분자들이 표면에 달라붙을 확률과 기체 분자의 충돌 빈도에 비례하여 짧아진다고 합니다. 당연한 말로 받아들이면 좋겠어요. 표면에 닿는 정도와 빈도가 높을수록 관찰을 방해할 확률이 높아지는 건 당연한 것이니까요.

나아가 '기체 운동론'이라는 것에 따르면, 질량이 크거나 압력이 낮을수록 단분자층 형성 시간은 길어진다고 합니다. 일단 '질량'이 크면 무거워서 빠르게 움직이지 못할 것이니 시료의 표면에 닿기가 어려울 것이고, '압력'이 낮다는 건 2문단에 의하면 '기체 분자의 수'가 적다는 것이니 시료의 표면에 닿을 확률도 낮아질 것이라고 추론할 수 있겠습니다. 비례/증감 관계를 단순히 체크하기만 하는 것으로는 최근의 어려운 문제를 풀어내기 어려워요. 이렇게 나름대로 '납득'하려고 애쓰면서 읽어주시는 태도가 필요합니다.

⑤ #사례-원리 연결

사례를 통해 위의 비례/증감 관계를 확실하게 이해시키고 있습니다. 참고로 미세한 팁을 드리자면, 과학·기술 지문에서 구체적인 숫자가 나오는 경우 선지에 활용되는 경우가 많습니다. 이 사례에 따르면, '질소'의 경우 '압력'이 낮아지자 '단분자층 형성 시간'이 엄청나게 길어지는 모습을 확인할 수 있네요. 이미 납득한 정보이니 어렵지 않게 체크해주시고, 여기 제시된 온도, 압력, 단분자층 형성 시간 등의 숫자는 눈에 익혀두도록 합시다.

⑥ #재진술 #수식된 정의 제시

이 시간을 확보하기 위해 기체 압력이 저렇게 낮은 상태, 즉 '초고진공'이 요구된다고 합니다. 여기서 '초고진공'을 보고 아무 생각도 들지 않으면 안 돼요. 이 개념은 '관찰 가능 시간'을 더 길게 하기 위해서 필요한 '진공도의 수준'에 해당하는 정보예요! 이 문단의 첫 문장에서 제시한 카테고리에 대한 내용이라는 것이죠. 확실하게 정리할 수 있겠죠? 문장 하나하나마다 무언가 정리되는 느낌이 들어야 하는 지문입니다!

하이라이트 문장

> ②진공 통 내부에서 떠돌아다니던 기체 분자들이 관찰하려는 시료의 표면에 달라붙어 한 층의 막을 형성하기까지 걸리는 시간을 단분자층 형성 시간이라 한다.

'단분자층 형성 시간'이라는 새로운 개념을 정의해주는 문장이라는 측면에서 중요한 문장이었습니다. 나아가 '관찰하려는 시료의 표면에 달라붙어'라는 말을 읽고 시료 표면 관찰을 방해하는 요소라는 점, 즉 여기서 다루는 기술의 '목적'과 관련되어 있다는 점을 생각할 수 있었어야 합니다. '재진술'을 이용하면서, '기술의 목적'이라는 포인트로 정보를 모으면서 읽어내야 해요.

4문단

①초고진공을 얻기 위해서는 **스퍼터 이온 펌프**가 널리 쓰인다. ②스퍼터 이온 펌프는 진공 통 내부의 기체 분자가 펌프 내부로 유입되도록 진공 통과 연결하여 사용한다. ③〈스퍼터 이온 펌프는 영구 자석, 금속 재질의 속이 뚫린 원통 모양 양극, 타이타늄으로 만든 판 형태의 음극으로 구성되어 있다.〉 ④**자석 때문에 생기는 자기장**이 원통 모양 양극의 축 방향으로 걸려 있고, **양극과 음극** 간에는 2~7kV의 고전압이 걸려 있다. ⑤양극과 음극 간에 걸린 고

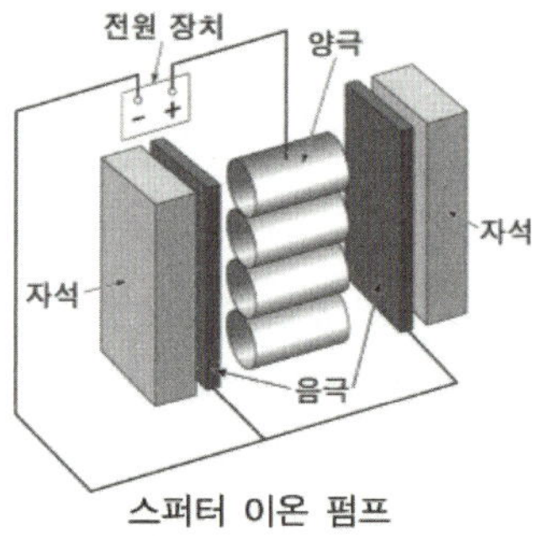

전압의 영향으로 음극에서 방출된 전자는 자기장의 영향을 받아 복잡한 형태의 궤적을 그리며 양극으로 이동한다. ⑥이 과정에서 음극에서 방출된 전자는 주변의 기체 분자와 충돌하여 기체 분자를 그것의 구성 요소인 양이온과 전자로 분리시킨다. ⑦여기서 자기장은 전자가 양극까지 이동하는 거리를 자기장이 없을 때보다 증가시켜 주어 전자와 기체 분자와의 충돌 빈도를 높여 준다. ⑧이 과정에서 생성된 양이온은 전기력에 의해 음극으로 당겨져 음극에 박히게 되어 이동 불가능한 상태가 된다. ⑨이 과정이 **1차 펌프 작용**이다. ⑩또한 양이온이 음극에 충돌하면 타이타늄이 떨어져 나와 충돌 지점주변에 들러붙는다. ⑪이렇게 들러붙은 **타이타늄**은 높은 화학 반응성 때문에 여러 기체 분자와 쉽게 반응하여, 떠돌아다니던 기체 분자를 흡착한다. ⑫이는 떠돌아다니는

기체 분자의 수를 줄이는 효과가 있으므로 이를 2차 펌프 작용이라 부른다. ⑬이렇듯 1, 2차 펌프 작용을 통해 스퍼터 이온 펌프는 초고진공 상태를 만들 수 있다.

① #카테고리 나누기

이렇게 STM이 시료 표면을 잘 관찰하기 위해서는 '초고진공' 상태가 필요한데, 이를 얻기 위해서는 '스퍼터 이온 펌프'라는 게 널리 쓰인다고 합니다. 이제부터 나오는 이야기들은 모두 이 스퍼터 이온 펌프가 '초고진공 상태를 만드는 방법'이겠네요. 이렇게 내가 지금 뭘 읽고 있는지를 생각하면서 '카테고리'를 만들고, 그것을 중심으로 읽어 주셔야 해요.

②~③ #기술의 구성 요소

'스퍼터 이온 펌프'의 구성 요소를 설명하고 있습니다. '자석', '양극', '음극'이 핵심 요소들이네요. 그림에도 잘 나타나고 있죠? 이제 '자석', '양극', '음극'이라는 요소들의 역할 위주로 정보를 정리하면 되겠습니다.

④~⑨ #과정 제시 #재진술

천천히 납득해봅시다. '자석'은 '자기장'을 만들고, '양극'과 '음극' 사이에는 고전압이 걸려 있는 상태입니다. 이런 고전압의 영향으로 '음극'에서 방출된 '전자'가 '양극'으로 이동하는 모습이에요. 이때 '자기장'의 영향을 받아 전자는 아주 복잡한 궤적을 그린다고 합니다. '음'극을 띠는 전자가 '양'극에 이끌리는 건 당연하죠? 자석과 비슷한 원리라고 보시면 됩니다.

이 과정에서 전자는 돌아다니다가 기체와 충돌하여 '기체 분자'들을 양이온과 전자로 분리시킨다고 해요. 전자가 '충격'을 줬으니 두 가지 구성 요소로 분리된다는 것이에요. 충분히 납득할 수 있겠죠? 이때 '자기장'은 전자가 '복잡한 형태'의 궤적을 그리게 한다고 했습니다. 이렇게 복잡하게 움직이면 직선으로 갈 때보다 더 많은 거리를 움직여야 할 것이고, 그렇기에 전자가 더 많은 '기체 분자'들과 충돌하게 할 수 있겠네요. 조금만 생각해보면 충분히 납득할 수 있어요!

이 과정에서 생성된 '양'이온들은 전기력에 의해 '음'극에 박히게 되고 '이동 불가능'한 상태가 됩니다. 그리고 이것이 '1차 펌프 작용'이라고 해요. '1차 펌프 작용'의 원리를 이해하는 데에서 그치는 게 아니라, 결국 이 작용이 '기체 분자'를 쪼개는 방식으로 그 수를 줄이고 있다는 점에 주목하셔야 합니다. 우리는 지금 '초고진공을 얻는 방법'에 대해서 읽고 있고, '초고진공'을 위해서는 '기체 압력'을 낮춰야 하며 또 이를 위해서는 '기체 분자의 수'를 줄여야 한다는 걸 잘 알고 있어요. 결국 '스퍼터 이온 펌프'의 '1차 펌프 작용'은 '기체 분자'의 수를 줄이는 역할을 하고 있는 겁니다! 역시 화제에서 벗어나지를 않는 모습이죠?

⑩~⑬ #과정 제시 #재진술

이렇게 '양'이온이 '음'극에 충돌하면, 음극을 이루고 있던 '타이타늄'이 떨어져 나온다고 합니다. 이는 떠돌아다니던 '기체 분자'를 흡착하여 또 그 수를 줄이는 효과를 낸다고 해요. 이런 과정을 '2차 펌프 작용'이라고 하네요. 결국 '스퍼터 이온 펌프'는 두 차례에 걸친 펌프 작용으로 '기체 분자의 수'를 줄이는 역할을 하고 있는 겁니다. 이렇게 해서 '기체 압력'을 낮추고, '진공도'를 높여 '초고진공' 상태로 만드는 것이죠! 지문 처음부터 끝까지 '기체 분자의 수를 줄여 진공도를 높인다.'는 하나의 흐름으로 이어지고 있습니다. 이는 STM을 뒷받침하는 '진공 기술'의 '목적'이었죠?

선지	①	②	③	④	⑤
선택률	7%	73%	8%	9%	3%

09 윗글의 내용과 일치하는 것은? ②

① 대기압보다 진공도가 낮은 상태가 진공이다.

명시적 근거	2문단 5번 문장
실전에서의 판단 과정	진공도가 높아야 진공이지.
해설	'진공'의 정의를 묻고 있네요. 대기압보다 '기체 압력'이 낮은 상태가 '진공'이었고, '진공/도'는 단어의 의미에 따라 '진공의 정도'라고 납득했었습니다. 대기압보다 '진공도'가 낮다는 건 '기체 압력'이 더 높다는 뜻이니 틀린 선지네요.

② 스퍼터 이온 펌프는 초고진공을 만드는 역할을 한다.

명시적 근거	4문단 1번 문장, 4문단 13번 문장
실전에서의 판단 과정	그렇지.
해설	이 선지는 '스퍼터 이온 펌프'의 정의를 묻고 있기는 합니다만, 돌아가지 않고 바로 답으로 고를 수 있어야 합니다. 이 지문의 화제 그 자체니까요. '시료 관찰'이라는 목적을 잘 달성하기 위해 STM이 필요로 하는 초고진공 상태. 그리고 그 초고진공상태를 만들어 주는 스퍼터 이온 펌프! 이렇게 일치 문제의 정답 선지는 화제 그 자체 혹은 화제와 직결되는 정보가 나오는 경우가 많습니다. '기술의 목적'이라는 화제 중심으로 정보를 정리했다면, 1초만에 답으로 고를 수 있어요.

③ 단분자층 형성 시간이 짧을수록 STM을 이용한 관찰이 용이하다.

명시적 근거	3문단 2번 문장
실전에서의 판단 과정	단분자층 형성 시간은 길어야 했지.
해설	'단분자층 형성 시간'의 정의는 한 마디로 '관찰 가능 시간'입니다. 우리가 미리 생각했던 내용이었죠? STM의 관찰을 용이하게 하려면 이 '관찰 가능 시간'이 길어야겠죠. 그래서 이걸 길게 하려고 초고진공 상태가 요구된 것이구요. 이 선지를 지우는 건 어렵지 않아요. 눈알 조금만 굴리면 되거든요. 하지만 이걸 보자마자 지워내느냐, 아니면 시간을 좀 쓰느냐 하는 그 몇 초의 차이가 모이고 모이면 큰 결과의 차이를 가져옵니다. 여러분은 2번 선지처럼 이 선지도 보자마자 지울 수 있었으면 좋겠어요.

④ 일정한 온도와 부피의 진공 통 안에서 떠돌아다니는 기체 분자의 수는 기체 압력에 반비례한다.

명시적 근거	2문단 6번 문장
실전에서의 판단 과정	기체 분자의 수는 기체 압력에 비례하지.
해설	둘은 비례한다는 내용이 지문에 명시되기도 했을 뿐 아니라, 지문의 내용을 이해하는 과정에서 '기체 분자의 수 줄이기=기체 압력 줄이기'라는 내용을 납득하는 게 아주 중요했죠? 역시 바로 지워낼 수 있었으면 좋았을 것 같아요.

⑤ 단분자층 형성 시간은 시료 표면과 충돌한 기체 분자들이 표면에 달라붙을 확률과 무관하게 결정된다.

명시적 근거	3문단 3번 문장
실전에서의 판단 과정	당연히 관련이 있지.
해설	역시 지문 속에 명시된 정보를 가지고 지워낼 수 있는 선지이지만, 이 비례/증감 관계를 납득하는 과정에서 저 확률이 높을수록 '단분자층 형성 시간'은 짧아진다는 것이 '당연한 정보'로 머릿속에 들어와 있다면 좋았겠습니다.

선지	①	②	③	④	⑤
선택률	6%	7%	61%	19%	7%

10 ㉠에 대한 이해로 가장 적절한 것은? ③

> ㉠주사 터널링 현미경(STM)

– 이 지문의 화제 그 자체입니다. 가볍게 해결해봅시다.

① 시료 표면의 높낮이를 원자 단위까지 측정할 수 없다.

명시적 근거	1문단 4번 문장
실전에서의 판단 과정	이건 이 기술의 목적이잖아.
해설	STM은 양자 역학적 터널링 효과로 인해 시료 표면의 높낮이를 원자 단위로 '관찰'할 수 있는 기술이죠! 개념의 정의이자 이 기술의 '목적'을 역행하는 선지입니다.

② 시료의 전기 전도 여부에 관계없이 시료를 관찰할 수 있다.

명시적 근거	1문단 5번 문장
실전에서의 판단 과정	전류가 흘러야만 관찰할 수 있다며.
해설	STM은 전류가 필요한 민감한 기술이었습니다. 그리고 이렇게 민감한 걸 사용할 수 있게 해 준 것이 바로 '진공 기술'이었구요. '진공'이라는 핵심 개념의 등장 배경에 해당하는 정보였으니 확실하게 기억하고 있죠?

③ 시료의 관찰 가능 시간을 늘리려면 진공 통 안의 기체 압력을 낮추어야 한다.

명시적 근거	3문단 6번 문장
실전에서의 판단 과정	단분자층 형성 시간 늘리려면 기체 압력이 낮아야지.
해설	시료의 '관찰 가능 시간'을 늘리려면 '단분자층 형성 시간'을 늘려야겠죠? 지문을 통해서도, 앞 문제의 3번 선지를 통해서도 납득한 내용이었어요. 이를 늘리기 위해서는 '기체 압력'을 낮추는 것이 아주 중요했어요. 그래야 '기체 분자'가 '시료 표면'과 충돌할 가능성이 낮아지니까요.

④ 시료 표면의 관찰을 위해서는 시료 표면에 기체의 단
　 분자층 형성이 필요하다.

명시적 근거	3문단 2번 문장
실전에서의 판단 과정	단분자층 형성은 방해하는 거지.
해설	'단분자층'은 시료 관찰을 방해하는 것이에요! 이게 형성되면 시료 표면 관찰은 할 수 없습니다. '단분자층 형성 시간'이라는 중요한 정보에 대해 정확하게 이해하고 있는지를 계속해서 물어보고 있어요.

⑤ 양자 역학적 터널링 효과를 이용하여 탐침을 시료 표
　 면에 접촉시킨 후 흐르는 전류를 측정한다.

명시적 근거	1문단 2번 문장
실전에서의 판단 과정	접촉 안 시켜도 전류가 흐른다며.
해설	'양자 역학적 터널링 효과'의 정의를 묻고 있네요. 이 효과 덕분에 접촉하지 않고도 전류가 흐르게 할 수 있는 거였죠?

선지	①	②	③	④	⑤
선택률	49%	18%	9%	14%	10%

11 ㉡의 '음극'에 대한 설명으로 적절하지 <u>않은</u> 것은? ①

㉡ 스퍼터 이온 펌프

– '초고진공'을 만드는 스퍼터 이온 펌프의 '음극'에 대해서 묻고 있습니다. 가능하다면 납득한 내용을 바탕으로 '음극'의 역할이 무엇인지 미리 정리하는 게 좋겠죠? 일단 '음극'은 '기체 분자'와 충돌하는 '전자'를 방출하고, 전자가 충돌시켜 만든 '양이온'을 끌어들이고, 이 과정에서 다른 기체 분자를 흡착하는 '타이타늄'을 내놓습니다. 이 내용 생각해놓고 선지 판단해보도록 합시다.

① <u>고전압과 전자의 상호 작용으로 자기장을 만든다.</u>

명시적 근거	4문단 4번 문장
실전에서의 판단 과정	자기장은 자석이 만드는 거잖아?
해설	'자기장'은 '자석'이 만드는 것이었죠. '음극'이 방출한 '전자'가 '자기장'의 영향으로 복잡한 궤적을 그리는 것일 뿐, '음극'과 '자기장'은 큰 관련이 없었습니다.

② 떠돌아다니던 기체 분자를 흡착하는 물질을 내놓는다.

명시적 근거	4문단 10번~11번 문장
실전에서의 판단 과정	타이타늄 내놓지.
해설	미리 정리한 내용이죠?

③ 기체 분자에서 분리된 양이온을 전기력으로 끌어당긴다.

명시적 근거	4문단 8번 문장
실전에서의 판단 과정	양이온 끌어당기지.
해설	역시 미리 정리한 내용이네요.

④ 전자와 기체 분자의 충돌로 만들어진 양이온을 고정
　 시킨다.

명시적 근거	4문단 6번~8번 문장
실전에서의 판단 과정	양이온은 전자와 기체 분자가 충돌해서 만들어진 것 맞지.
해설	3번 선지와 사실상 같은 내용이죠? 이때의 '양이온'은 '전자'가 '기체 분자'와의 충돌을 통해 만들어 낸 것이었습니다.

⑤ 기체 분자를 양이온과 전자로 분리시키는 전자를 방
　 출한다.

명시적 근거	4문단 5번 문장
실전에서의 판단 과정	전자 방출하고, 얘가 양이온과 전자로 분리시키지.
해설	역시 미리 정리한 내용 그 자체네요. '음극'이 방출한 '전자'는 '기체 분자'와 충돌하여 이를 '양이온'과 '전자'로 쪼갭니다. 납득한 내용 그대로를 계속 물어보고 있네요.

선지	①	②	③	④	⑤
선택률	7%	15%	20%	21%	37%

12 윗글을 바탕으로 할 때, 〈보기〉에 대한 설명으로 옳지 <u>않은</u> 것은? [3점] ⑤

─────[보기]─────

STM을 사용하여 규소의 표면을 관찰하는 실험을 하려고 한다. 동일한 사양의 STM이 설치된, 동일한 부피의 진공 통 A~E가 있고, 각 진공 통 내부에 있는 기체 분자의 정보는 다음 표와 같다. 진공 통 A 안의 기체 압력은 10^{-9} 토르이며, 모든 진공 통의 내부 온도는 20℃이다. (단, 기체 분자가 규소 표면과 충돌하여 달라붙을 확률은 기체의 종류와 관계없이 일정하며, 제시되지 않은 모든 조건은 각 진공 통에서 동일하다. N은 일정한 자연수이다.)

진공 통	기체	분자의 질량 (amu*)	단위 부피당 기체 분자 수 (개/cm³)
A	질소	28	4N
B	질소	28	2N
C	질소	28	7N
D	산소	32	N
E	이산화 탄소	44	N

* amu : 원자 질량 단위.

– 비주얼이 조금 끔찍하네요. 뭐 다른 건 없습니다. 진공 통의 '부피'와 '내부 온도'가 모두 일정한 상황이에요. 그런데 이때 '기체 압력'은 A만 제시되어 있습니다. 그런데 '내부 온도'와 함께 제시된 저 '기체 압력'의 숫자, 지문의 사례에서 한 번 눈에 익혔던 숫자네요? 이렇게 지문에 활용된 구체적인 숫자는 문제에 활용되는 경우가 많습니다. 그럼 우리는 모든 정보를 알고 있는 A를 기준으로 삼아 선지 판단에 나서면 되겠습니다.

① A 내부에서의 단분자층 형성 시간은 대략 2,500초이겠군.

명시적 근거	3문단 5번 문장
실전에서의 판단 과정	지문에 나온 질소 사례랑 똑같은 상황이네.
해설	20℃의 온도, 10^{-9}토르의 기체 압력이 '질소'와 만나면? 2,500초의 '단분자층 형성 시간'이 나오죠. 지문의 사례를 집요하게 체크했다면 쉽게 지워낼 수 있는 선지입니다.

② B 내부의 기체 압력은 10^{-9}토르보다 낮겠군.

명시적 근거	2문단 6번 문장
실전에서의 판단 과정	B는 A보다 기체 분자 수가 적으니 기체 압력도 더 낮겠지.
해설	10^{-9}토르의 기체 압력을 보자마자 A를 떠올려야 합니다! 이 선지는 사실상 A와 B를 비교하라는 것이었어요. 〈보기〉를 보니, 둘의 유일한 차이점은 '기체 분자 수'입니다. 우리는 '기체 분자 수'가 적을수록 '기체 압력'이 더 낮다는 걸 잘 알고 있어요. 그렇다면 B의 기체 압력은 A의 10^{-9}토르보다 더 작다고 할 수 있겠네요.

③ C 내부의 진공도는 B 내부의 진공도보다 낮겠군.

명시적 근거	2문단 5번~6번 문장 문장
실전에서의 판단 과정	C는 B보다 기체 분자 수가 많으니 기체 압력이 높을테고, 그럼 진공도는 더 낮겠지.
해설	이번엔 C와 B를 '진공도' 기준으로 비교하라는 선지입니다. 둘의 유일한 차이점은 이번에도 '기체 분자 수'예요. '기체 분자 수'가 많을수록 '기체 압력'은 높아지고, 이는 '진공/도'를 낮추는 결과를 낳겠죠? C는 B에 비해 '진공도'가 낮네요.

④ D 내부에서의 단분자층 형성 시간은 A의 경우보다 길겠군.

명시적 근거	2문단 6번 문장, 3문단 4번 문장
실전에서의 판단 과정	질량이 크고 기체 분자 수가 적으면 단분자층 형성 시간은 더 길다고 했지.
해설	이번엔 D와 A의 '단분자층 형성 시간'을 비교해야 합니다. 둘의 차이점은 '질량'과 '기체 분자 수'입니다. 이들의 관계를 잡아볼까요? '질량'이 클수록 무거워져 충돌이 어려워지니 '단분자층 형성 시간'은 길어집니다. 한편 '기체 분자 수'가 적으면 충돌할 여지 자체가 줄어든 것이니 역시 '단분자층 형성 시간'이 길어진다고 할 수 있겠죠. D는 A에 비해 이 두 조건을 모두 갖추고 있으므로. 더 긴 '단분자층 형성 시간'을 가진다고 할 수 있겠습니다.

⑤ E 내부의 시료 표면에 대한 단위 면적당 기체 분자의 충돌 빈도는 D의 경우보다 높겠군.

명시적 근거	3문단 3번~4번 문장
실전에서의 판단 과정	E는 D에 비해 질량이 크니 단분자층 형성 시간이 더 길고, 더 적게 충돌한다고 할 수 있겠지.

<table>
<tr><td>해설</td><td>이번엔 E와 D의 '충돌 빈도' 비교입니다. 둘의 유일한 차이점은 '질량'이에요. D에 비해 E가 그런 것처럼 '질량'이 크면 '단분자층 형성 시간'이 길어진다는 걸 체크했는데, '단분자층 형성 시간'이 긴 경우라면 '기체 분자의 충돌 빈도'는 더 낮은 상태라고 할 수 있겠네요. 결국 선지에서 물어보는 두 진공 통 사이의 차이점을 바탕으로 납득하고 있는 여러 개념들의 관계를 잡아내는 것이 핵심이었던 선지입니다.</td></tr>
</table>

FAQ

Q 여기서 '질량'을 가지고 '충돌 빈도'를 끌어내셨는데, 사실 둘은 상관이 없는 것 아닌가요? '질량→단분자층 형성 시간', '충돌 빈도→단분자층 형성 시간'이라는 관계만 가지고 '질량→충돌 빈도'를 끌어낼 수는 없으니까요.

A 네 맞습니다. 예를 들어 '밥 많이 먹으면 살찐다.', '운동 안 하면 살찐다.'라는 두 관계가 있다고 해서 '밥 많이 먹으면 운동 안한다.'라는 관계가 반드시 성립하는 것은 아니겠죠. 이 논리가 적용된다면 질량과 충돌 빈도의 관계는 '알 수 없음'이 되어 5번 선지가 틀린 선지가 됩니다. 평가원이 '알 수 없음'을 조금씩 사용하기도 하는데, 그 관점에서 본다면 이런 풀이가 좀 더 적절할 것 같기도 합니다.

또는 '질량'과 '충돌 빈도' 사이의 관계를 억지로 추론하여 해결할 수도 있겠죠. '질량'이 크면 무거워져서 느리게 움직일 것이고, 이러면 충돌할 가능성이 낮아진다고 할 수 있으니까요.

다만 제 사견으로는 이 문제의 출제 의도는 '해설'의 내용일 것이라고 생각해요. 개념들 사이의 관계를 따라가며 선지를 판단하게 하는 건 평가원이 즐겨 사용하는 방식 중 하나니까요. 9평이다보니 검토가 좀 덜 되었다는 생각입니다.

어떻게 판단하든 중요한 건 이 문제를 푸는 '과정'이에요. 선지에서 묻는 것을 생각하고, 내가 알고 있는 정보에 해당하는 지문의 비례/증감 관계를 활용한다는 '필연적인 단계를 밟아가며' 해결하는 것. 이것만 기억해주세요.

<table>
<tr><td>몰랐던 어휘 정리하기</td></tr>
<tr><td>

</td></tr>
</table>

| 핵심 point |

① **화제 check** : 독서 지문 독해의 처음이자 끝. 첫 문단에서 잡은 '화제의 틀'을 마지막 문단까지 놓지 않아야 합니다.

② **기술의 목적** : 기술은 인간의 필요에 의해 만들어진 것이므로, 반드시 어떠한 '목적'이 있습니다. 이 목적을 생각하며 읽으면 훨씬 쉽게 이해할 수 있습니다.

③ **카테고리 나누기** : 정보들의 범주가 나뉠 때, 그들이 서로 다른 카테고리에 속한다는 것을 인지해야 합니다. 이렇게 각 카테고리에 맞춰 정보를 정리하면 훨씬 깔끔하게 정리할 수 있다는 것을 기억해주세요.

④ **재진술 인식** : 같은 말이라도 다르게 표현되는 경우가 많습니다. 심지어 아예 똑같은 말이 반복되는 경우도 많아요. 이 '같은 말'에 민감하게 반응하면, '정보량'을 줄이면서 읽을 수가 있습니다.

⑤ **비례/증감 관계** : 최대한 할 수 있는 만큼 납득하며 읽어야 합니다. 아무 생각없이 적혀 있는 그대로 정리하기만 하면 최근의 어려운 지문/문제들을 해결하기 쉽지 않을 것이에요.

| 지문 내용 총정리 |

사실 그리 어렵지는 않았지만, 카테고리화·재진술·비례/증감 관계·불친절한 서술·고난도 선지 등 평가원이 난이도를 올릴 때 사용하는 모든 수단을 사용한 지문입니다. 거기에 완벽한 유기성은 덤이구요. 읽는 과정과 문제를 푸는 과정 모두 배울 것이 참 많은 지문이니, 정독하면서 확실하게 자기 것으로 만들어 둡시다.

1문단

①교통 이용 내역과 같은 기록은 개인의 데이터이며, 그 개인이 '**정보 주체**'이다. ②데이터는 물리적 형체가 없고, 복제와 재사용이 수월하다. ③이 데이터가 대량으로 집적·처리되면 **빅 데이터**가 되고, 이것의 정보 처리자인 기업 등이 '**빅 데이터 보유자**'이다. ④산업 분야의 빅 데이터는 특정한 목적으로 활용될 수 있다는 점에서 경제적 가치를 지닌다.

① #사례-원리 연결 #정의 제시 #단어의 의미 살리기

개인의 '데이터'에 대해 소개하면서 시작하고 있습니다. 교통 이용 내역을 사례로 들고 있네요. 개인이 어떤 교통수단으로 어디를 갔는지 등은 개인의 기록, 즉 '데이터'라고 할 수 있으니 가볍게 납득할 수 있겠습니다. 나아가 그 데이터의 주체인 개인을 단어의 의미 그대로 '정보'의 '주체'라고 한다는 것 역시 너무나 당연하죠?

②~④ #수식된 정의 제시 #재진술

당연하게도 데이터는 물리적 형체가 없고, 복제와 재사용이 수월하다고 합니다. 조금이라도 납득이 안 된다면 '교통 이용 내역'과 같은 사례를 끌고 오셔야 합니다. '교통 이용 내역'은 물리적 형체가 없지만 복제해서 누군가에게 주거나 재사용하는 것이 어렵지 않으니까요.

나아가 이 데이터가 대량으로 집적·처리되면 '빅 데이터'가 된다고 합니다. 데이터가 쌓이고(집적) 그것이 처리되면 당연히 '빅 데이터'가 될 수 있겠죠. 이것의 정보 처리자인 기업 등은 자연스레 '빅 데이터 보유자'가 된다고 합니다. 데이터를 만들어내는 개인은 '정보 주체'이고, 그 데이터를 모아 '빅 데이터'로 만들어 가지고 있는 기업은 '빅 데이터 보유자'라는 것, 확실하게 납득하고 구분할 수 있겠죠?

산업 분야의 '빅 데이터'는 특정한 목적으로 활용될 수 있어 경제적 가치를 지닌다고 합니다. '빅 데이터'가 경제적으로 가치 있다는 건 요즘을 살아가는 우리라면 당연하게 알고 있는 내용일 것입니다. 구체적으로 어떤 이야기를 할지는 모르겠지만, '정보 주체'와 '빅 데이터 보유자'라는 개념의 정의를 정확하게 체크한 상태로 읽어 봅시다.

하이라이트 문장

③이 데이터가 대량으로 집적·처리되면 빅 데이터가 되고, 이것의 정보 처리자인 기업 등이 '빅 데이터 보유자'이다.

'빅 데이터'와 '빅 데이터 보유자'라는 개념의 정의를 확실하게 납득하며 체크할 수 있어야 합니다. 나아가 '빅 데이터 보유자'가 앞의 '정보 주체'와 어떤 점에서 다른지도 생각할 수 있어야 해요.

2문단

①데이터를 재화로 보아 소유권이 누구에게 귀속되어야 하는지에 대한 논의가 있다. ②소유권의 주체를 빅 데이터 보유자로 보는 견해와 정보 주체로 보는 견해가 있다. ③**전자**는 빅 데이터 보유자에게 소유권을 부여하면 빅 데이터의 생성 및 유통이 쉬워져 데이터 관련 산업이 활성화된다고 주장한다. ④**후자**는 정보 생산 주체는 개인인데, 빅 데이터 보유자에게 부가 집중되는 것은 부당하므로, 정보 주체에게도 대가가 주어져야 한다고 본다.

①~② #화제 제시 #재진술

이 지문의 화제를 제시하고 있습니다. 데이터를 일종의 재화로 보고, 그 소유권이 누구에게 귀속되어야 하는지에 대한 논의예요. 당연히 이 소유권의 주체를 '빅 데이터 보유자'로 볼지, '정보 주체'로 볼지에 대해 논의하겠죠?

③~④ #주장 제시 #비교/대조

데이터 소유권의 주체를 '빅 데이터 보유자'로 보는 견해에서는, 이 경우 '빅 데이터'의 생성 및 유통이 쉬워지기에 데이터 관련 산업의 활성화라는 긍정적 결과를 가져올 수 있다고 주장합니다. 어렵지 않게 납득할 수 있죠? 만약 '빅 데이터 보유자'가 '빅 데이터'의 소유권을 가지고 있지 않아 '빅 데이터'를 생성하고 유통할 때마다 다른 소유자에게 허락을 받아야 한다면, 데이터 관련 산업이 성장하기 쉽지 않을 것입니다.

한편 데이터 소유권의 주체를 '정보 주체'로 보는 견해에서는, 정보 생산 주체인 개인에게 대가가 주어지지 않고 '빅 데이터 보유자'에게 부가 집중되는 것은 부당하다고 봅니다. 이 역시 쉽게 납득할 수 있겠네요.

하이라이트 문장

> ①데이터를 재화로 보아 소유권이 누구에게 귀속되어야 하는지에 대한 논의가 있다.

화제가 제시되고 있습니다. 앞 문단에서 체크한 개념의 정의들을 이용할 준비를 하면서 화제의 흐름을 잡아야 합니다.

3문단

> ①최근에는 논의의 중심이 데이터의 소유권 주체에서 데이터에 접근하기 위한 방안으로서의 데이터 이동권으로 바뀌고 있다. ②우리나라는 데이터에 대해 소유권이 아닌 이동권을 법으로 명문화하여 정보 주체의 개인 정보 자기 결정권을 강화하였다. ③**데이터 이동권**이란 정보 주체가 본인의 데이터를 보유한 자에게 데이터 이동을 요청하면, 그 데이터를 본인 혹은 지정한 제3자에게 무상으로 전송하게 하는 권리이다. ④〈다만, 본인의 데이터라도 빅 데이터 보유자가 수집하여, 분석·가공하는 개발 과정을 거쳐 새로운 가치가 생성된 것은 이에 해당되지 않는다. ⑤법제화 이전에도 은행 간에 계좌 자동 이체 항목을 이동할 수 있는 서비스는 있었다.〉 ⑥이는 은행 간 약정에 따라 부분적으로 시행한 조치였다. ⑦데이터 이동권의 도입으로 쇼핑몰 상품 소비 이력 등 정보 주체의 행동 양상과 관련된 부분까지 정보 주체가 자율적으로 통제·관리할 수 있는 범위가 확대되었다.

① #화제의 흐름 #카테고리 나누기

'데이터 소유권'에 대한 이야기가 화제인 줄 알았는데, 이번에는 '데이터 이동권'에 대한 이야기로 넘어가고 있습니다. 화제가 바뀐 것인지 단순히 새로운 카테고리가 제시된 것인지 정확히 알기는 어렵지만, 일단 '데이터 이동권'이라는 새로운 카테고리에 주목하며 읽어 봅시다.

②~③ #정의 제시 #단어의 의미 살리기 #재진술

우리나라는 데이터에 대해 '소유권'이 아닌 '이동권'을 법으로 명문화하여 '정보 주체'의 개인 정보 자기 결정권을 강화했다고 합니다. 이 문장을 통해 이 지문이 '데이터 이동권'을 더 중요하게 다루고 있음을 알 수 있겠네요. 우리나라에서 데이터에 대한 '소유권'을 어떻게 다루는지는 알 수 없어도, 데이터의 '이동권'은 어떻게 다룰지 법을 통해 확실하게 결정한 것이니까요.

아무튼, '데이터 이동권'은 데이터에 접근하기 위한 방안인 동시에 '정보 주체'의 개인 정보 자기 결정권을 강화하는 역할을 한다고 합니다. 도대체 무엇이길래 이런 역할을 할 수 있는 걸까요? 3번 문장에 그 정의가 제시되어 있는데, 단어의 의미 그대로 '데이터'의 주체가 본인의 데이터를 보유한 자에게 데이터의 '이동'을 요청하면, 그 데이터를 본인 혹은 지정한 제3자에게 무상으로 전송하게 하는 '권'리라고 하네요.

이때 본인에게 해당 데이터를 무상으로 '이동'시킬 수 있다는 것은 데이터에 쉽게 접근할 수 있는 방안이라는 말의 재진술이고, 본인 및 지정한 제3자에게 무상으로 '이동'시킬 수 있다는 것은 '정보 주체'의 개인 정보 자기 결정권을 강화할 수 있다는 말의 재진술이라고 할 수 있겠죠? '데이터 이동권'에 대한 정의가 여러 가지 나온 것이나 다름 없으니, 이들을 모두 엮어서 깊게 이해할 수 있어야 합니다.

④~⑥ #예외 제시

이렇게 '정보 주체'는 자신이 제공한 데이터를 자유롭게 '이동'시킬 수 있는 '권'리가 있지만, '빅 데이터 보유자'가 개발 과정을 거쳐 새로운 가치가 생성된 것은 이동시킬 수 없다고 합니다. 법 제재의 지문에서 강조하는 '예외'가 제시된 것이죠? 확실하게 체크하면서, 또 한편으로 너무 당연하다는 생각으로 납득할 수 있어야 합니다. '빅 데이터 보유자'가 개발 과정을 거친 것은 나의 고유한 데이터라고 보기 어려우니까요.

나아가 '데이터 이동권'의 법제화 이전에도 은행 간에 계좌 자동 이체 항목 이동 서비스는 있었다고 합니다. 이는 법으로 명문화된 '데이터 이동권'에 따른 것이 아니라, 은행 간 약정에 따라 부분적으로 시행했던 조치라고 해요. 이 역시 일종의 '예외'이니 확실하게 체크합시다.

⑦ #재진술

하지만 '데이터 이동권'의 도입으로 '정보 주체'의 행동 양상과 관련된 부분까지 '정보 주체'가 자율적으로 통제·관리할 수 있는 범위가 확대되었다고 합니다. 그전에는 계좌 자동 이체 항목 같은, 행동 양상과 관련되어 있지 않은 부분만 통제·관리가 가능했는데, 이제는 쇼핑몰 상품 소비 이력 같은 행동 양상과 관련된 부분까지 통제·관리할 수 있는 것이죠. '행동 양상'이라는 새로운 표현에 주목하면서도, 결국 앞에서 계속 이야기하던 '데이터 이동권'의 정의와 똑같은 말로 처리하시면 되겠습니다.

하이라이트 문장

> ①최근에는 논의의 중심이 데이터의 소유권 주체에서 데이터에 접근하기 위한 방안으로서의 데이터 이동권으로 바뀌고 있다.

화제의 흐름이 바뀌는 문장입니다. 계속해서 화제가 무엇인지 생각하며 읽는 태도가 있었다면 주목할 수밖에 없는 문장일 거예요.

> ③데이터 이동권이란 정보 주체가 본인의 데이터를 보유한 자에게 데이터 이동을 요청하면, 그 데이터를 본인 혹은 지정한 제3자에게 무상으로 전송하게 하는 권리이다.

단어의 의미를 살려 '데이터 이동권'의 정의를 체크하는 것은 물론이고, 앞 문장에 나왔던 정보들과 엮어 깊게 이해할 수 있어야 합니다. 중요 개념의 정의는 언제든지 중요하게 쓰일 수 있으니까요.

4문단

> ①데이터 이동권의 법제화로 기업은 데이터의 생성 비용과 거래 비용을 줄일 수 있다. ②생성 비용은 기업 내에서 데이터를 개발할 때 발생하는 비용으로, 기업이 스스로 데이터를 수집할 때보다 전송받은 데이터를 복제 및 재사용하게 되면 절감할 수 있다. ③거래 비용은 경제 주체 간 거래 시 발생
> [A] 하는 비용으로, 계약 체결이나 분쟁 해결 등의 과정에서 생긴다. ④그런데 데이터 이동권의 법제화로, 정보 주체가 지정하여 데이터를 전송받게 된 기업은 정보 주체의 데이터를 보유했던 기업으로부터 데이터를 받으면 비용을 절감할 수 있다. ⑤이에 따라 기업 간 공유나 유통이 촉진되고, 관련 산업이 활성화된다.

① #카테고리 나누기

이렇게 '데이터 이동권'이 법제화되면서, 기업은 데이터의 '생성 비용'과 '거래 비용'을 줄일 수 있다고 합니다. 지금까지는 '데이터 이동권'이 무엇인지 설명했다면, 지금부터는 '데이터 이동권'의 장점에 대해 이야기하겠죠? 카테고리 확실하게 나눠 놓고 계속 읽어 봅시다.

②~⑤ #정의 제시 #단어의 의미 살리기 #재진술

먼저 '생성 비용'입니다. 이는 단어의 의미 그대로 데이터를 개발, 즉 '생성'할 때 발생하는 '비용'이에요. 그런데 기업이 스스로 데이터를 수집, 즉 '생성'할 때보다 전송(=이동)받은 데이터를 복제 및 재사용하게 되면 이 비용이 절감되겠죠? 직접 '생성'하는 것이 아니라 그저 있는 것을 복제하고 재사용하는 것이니까요. 데이터가 복제 및 재사용이 수월하다는 1문단의 정보가 여기서 한 번 더 쓰이고 있는 것입니다.

한편 '거래 비용'의 경우, 역시 단어의 의미 그대로 경제 주체 간 '거래' 시 발생하는 '비용'이에요. 이는 계약 체결이나 분쟁 해결 등의 과정에서 발생하는데, '정보 주체'의 요청으로 해당 데이터가 기업 간의 계약 및 분쟁 없이 '이동'할 수 있다면 '거래 비용'의 절감에 큰 도움이 될 것입니다. 나아가 '거래 비용'이 크게 절감되니 기업 간 공유·유통이 촉진될 것이고, 관련 산업은 더 활성화되겠죠. 이렇게 '데이터 이동권'의 정의와 각 비용의 정의를 엮어 확실하게 납득할 수 있어야 해요.

하이라이트 문장

> ①데이터 이동권의 법제화로 기업은 데이터의 생성 비용과 거래 비용을 줄일 수 있다.

새로운 카테고리를 만들어 주면서, '데이터 이동권' 및 각 비용의 정의를 바탕으로 납득할 준비를 해야 합니다.

5문단

> ①한편, 정보 주체가 보안의 신뢰성이 높고 데이터 제공에 따른 혜택이 많은 기업으로 데이터를 이동하면, 데이터가 집중되어 데이터의 공유나 유통이 위축될 수 있다는 우려도 있다. ②데이터 보유
> [B] 량이 적은 신규 기업은 기존 기업과 거래를 통해 데이터를 수집하는 것이 데이터 생성 비용 절감에도 효율적이다. ③그런데 데이터가 집중된 기존 기업이 집적·처리된 데이터를 공유하려 하지 않으면, 신규 기업의 시장 진입이 어려워져 독점화가 강화될 수 있다.

① #카테고리 나누기

이처럼 '데이터 이동권'은 좋은 점만 있는 것 같지만, '정보 주체'가 보안의 신뢰성이 높고 데이터 제공에 따른 혜택이 많은 기업으로 데이터를 이동하면 데이터가 집중되는 문제가 있을 수 있다고 합니다. 어렵지 않게 납득할 수 있겠죠? '정보 주체'의 입장에서는 안전하고 혜택이 많은 곳에 데이터를 몰아 주는 것이 합리적일 테니까요. 이 경우 데이터의 공유·유통이 오히려 위축될 수 있다는 것 역시 어렵지 않게 납득할 수 있을 것 같습니다. 이번엔 '데이터 이동권 법제화의 문제'라는 새로운 카테고리를 생성할 수 있겠네요.

앞 문단에서도 언급했듯이, 데이터 보유량이 적은 신규 기업은 기존 기업과 '거래'를 통해 데이터를 수집하는 것이 '생성 비용' 절감에도 효율적입니다. 여기에 만약 '정보 주체'의 자발적인 데이터 이동도 있다면 '거래 비용'까지 절감할 수 있겠죠. 그런데 데이터가 집중된 기존 '빅 데이터 보유자'가 데이터를 공유하는 데 소극적이라면, 신규 기업의 시장 진입이 어려워져 독점화가 강화될 수 있겠죠. 이번에도 어렵지 않게 납득할 수 있겠네요.

하이라이트 문장

> ①한편, 정보 주체가 보안의 신뢰성이 높고 데이터 제공에 따른 혜택이 많은 기업으로 데이터를 이동하면, 데이터가 집중되어 데이터의 공유나 유통이 위축될 수 있다는 우려도 있다.

카테고리가 또 나뉘고 있습니다. 이렇게 카테고리가 나뉘는 부분에 민감하게 반응하며 화제의 흐름을 잡을 수 있어야 해요. 이 경우 정보량도 확 줄어드는 느낌이 들 겁니다.

선지	①	②	③	④	⑤
선택률	2%	5%	79%	7%	7%

13 윗글의 내용과 일치하지 <u>않는</u> 것은? ③

① 데이터는 재사용할 수 있으며 물리적 형체가 없다.

명시적 근거	1문단 2번 문장
실전에서의 판단 과정	그렇지.
해설	데이터는 물리적 형체가 없고 복제 및 재사용이 수월하다는 것, 확실하게 납득했던 내용이죠?

② 교통 이용 내역이 집적·처리되면 경제적 가치를 지닌 데이터가 될 수 있다.

명시적 근거	1문단 1번 문장, 1문단 3번~4번 문장
실전에서의 판단 과정	빅 데이터는 경제적 가치가 있지.
해설	교통 이용 내역과 같은 데이터가 집적·처리되면 빅 데이터가 되는데, 이러한 빅 데이터는 경제적 가치를 가진다고 했습니다. 이 역시 확실하게 납득했던 내용이죠? 나아가 교통 이용 내역이 데이터의 사례로 제시되었다는 것 역시도 당연하게 처리했어야 합니다.

③ 우리나라 현행법에는 정보 주체에게 데이터의 소유권을 인정하는 규정이 있다.

명시적 근거	3문단 2번 문장
실전에서의 판단 과정	이동권만 법으로 인정했지.
해설	'데이터 소유권'에 대해서는 논쟁이 있지만, '데이터 이동권'에 대해서는 우리나라 법으로 명문화되어 있다는 것이 지문의 핵심 내용이었죠? 가볍게 답으로 고를 수 있겠습니다.

④ 정보 주체의 데이터로 발생한 이득이 빅 데이터 보유자에게 집중되는 것은 부당하다는 견해가 있다.

명시적 근거	2문단 4번 문장
실전에서의 판단 과정	부당하니까 소유권이 정보 주체에게 가야 한다고 한 거지.
해설	데이터 생산의 주체는 '정보 주체'인데 '빅 데이터 보유자'에게 부가 집중되는 것은 부당하므로, '정보 주체'에게 '데이터 소유권'이 주어져야 한다는 입장이 있었습니다. '데이터 소유권'과 관련된 두 입장을 확실하게 납득했다면 어렵지 않게 지워낼 수 있겠네요.

⑤ 데이터 이동권의 도입으로 정보 주체의 데이터 통제 범위가 본인의 행동 양상과 관련된 부분으로 확대되었다.

명시적 근거	3문단 7번 문장
실전에서의 판단 과정	쇼핑몰 상품 소비 이력 같은 것도 통제할 수 있게 되었지.
해설	'데이터 이동권'이 도입되면서, '정보 주체'가 자율적으로 통제·관리할 수 있는 범위가 계좌 자동 이체 항목 같은 부분에서 쇼핑몰 상품 소비 이력 등 '정보 주체'의 행동 양상과 관련된 부분까지 확대되었다고 했습니다. 계좌 자동 이체 항목, 쇼핑몰 상품 소비 이력 등의 예시가 어떤 내용을 설명하기 위한 것이었는지 확실하게 체크하며 읽었다면 쉽게 지워낼 수 있었을 거예요.

선지	①	②	③	④	⑤
선택률	4%	19%	8%	28%	41%

14 [A], [B]의 입장에서 ㉮~㉲에 대해 이해한 내용으로 적절하지 <u>않은</u> 것은? ⑤

> 그런데 데이터 이동권의 법제화로, ㉮정보 주체가 지정하여 데이터를 전송받게 된 기업은 ㉯정보 주체의 데이터를 보유했던 기업으로부터 데이터를 받으면 비용을 절감할 수 있다.

– ㉮는 '정보 주체'가 데이터를 이동하려는 곳이고, ㉯는 '정보 주체'가 그러한 이동을 요청하는 곳입니다. 이때 ㉮가 바로 3문단에서 언급한 '지정한 제3자'라고 할 수 있겠죠? [A]의 입장에서는 이러한 이동이 '생성 비용' 및 '거래 비용'의 절감이라는 긍정적 효과가 있다고 볼 것이고, [B]의 입장에서는 ㉮ 쪽으로 정보가 몰리는 경우 독점화가 강화되는 부정적 효과가 있다고 볼 것입니다.

> ㉰데이터 보유량이 적은 신규 기업은 기존 기업과 거래를 통해 데이터를 수집하는 것이 데이터 생성 비용 절감에도 효율적이다. 그런데 ㉱데이터가 집중된 기존 기업이 집적·처리된 데이터를 공유하려 하지 않으면, 신규 기업의 시장 진입이 어려워져 독점화가 강화될 수 있다.

– ㉰, ㉱는 글자 그대로 각각 데이터 보유량이 적은 신규 기업과 데이터가 집중된 기존 기업입니다. [A]의 입장에서는 ㉰가 ㉱로부터 데이터를 전송받으면 비용 절감의 효과를 볼 수 있다고 볼 것이고, [B]의 입장에서는 ㉱에 데이터가 몰려 독점화가 강화되는 부정적 효과가 있다고 보겠죠. 이 정도로 정리해 놓은 상태로 문제를 풀어 봅시다.

① [A]의 입장에서, ㉮는 데이터 이동권 도입을 통해 ㉯의 데이터를 재사용할 수 있게 되었으므로 데이터 생성 비용을 줄일 수 있다고 보겠군.

명시적 근거	4문단 2번 문장
실전에서의 판단 과정	재사용하면 생성 비용 줄일 수 있지.
해설	'데이터 이동권'을 도입하면 ㉯의 데이터가 ㉮에서 '재사용'될 수 있기 때문에 데이터 '생성 비용'을 줄일 수 있다는 것, 지문을 읽으면서 확실하게 납득한 [A]의 입장이었습니다.

② [A]의 입장에서, 정보 주체가 데이터 이동을 요청하여 데이터를 전송받는 제3자가 ㉰라면, ㉰는 분쟁 없이 정보 주체의 데이터를 받게 되어 거래 비용을 줄일 수 있다고 보겠군.

명시적 근거	4문단 3번~4번 문장
실전에서의 판단 과정	데이터를 전송받으면 거래 비용 줄일 수 있지.
해설	미리 생각한 것처럼, '정보 주체'가 ㉰라는 제3자를 지정하여 데이터 '이동'을 요청하면 ㉰는 다른 기업과의 분쟁 없이 '정보 주체'의 데이터를 받을 수 있습니다. 이 경우 분쟁 해결 등의 과정에서 생기는 '거래 비용'을 줄일 수 있다는 것이 [A]의 입장이죠.

③ [B]의 입장에서, ㉰가 ㉱와의 거래에 실패해 데이터를 수집하지 못하여 ㉰에 데이터 생성 비용이 발생하면, 데이터 관련 산업의 시장에 진입하기 어려워질 수 있다고 보겠군.

명시적 근거	4문단 2번 문장, 5문단 전체
실전에서의 판단 과정	이런 이유로 ㉰가 시장 진입하기 어렵다는 게 [B]의 입장이지.
해설	㉰가 ㉱와의 거래에 실패해 데이터를 수집하지 못하면, ㉰는 자체적으로 데이터를 생성해야 하고 이는 '생성 비용'을 발생시킵니다. [B]의 입장에서 이러한 거래 실패는 ㉱가 집적·처리된 데이터를 공유하려 하지 않기 때문이라고 할 것이고, 이 경우 ㉰와 같은 신규 기업의 시장 진입이 어려워진다고 했습니다.

④ [A]와 달리 [B]의 입장에서, 정보 주체의 데이터가 ㉯에서 ㉱로 이동하여 집적·처리될수록 기업 간 공유나 유통이 위축될 수 있다고 보겠군.

명시적 근거	4문단 4번~5번 문장, 5문단 1번 문장
실전에서의 판단 과정	이게 [B]의 입장이지.
해설	[A]는 '정보 주체'의 데이터가 ㉯에서 ㉱로 이동하여 집적·처리되는 것을 '데이터 이동권'을 통해 기업 간 공유나 유통이 촉진되고, 관련 산업이 활성화되는 사례라고 볼 것입니다. ㉱의 입장에서는 '생성 비용' 및 '거래 비용'을 최소화하여 데이터를 집적·처리한 것이니까요. 반면 [B]는 이러한 상황이 ㉱와 같은 기존 기업에 데이터가 집중되는 결과로 이어지고, 이로 인해 기

업 간 공유나 유통이 위축될 수 있다고 볼 것입니다. ㉣는 이미 데이터가 집중되어 있는데, 이곳으로 정보가 몰려 ㉣의 독점화가 강화되는 상황이니까요. 역시 발문을 보고서 미리 생각한 내용이죠?

⑤ [B]와 달리 [A]의 입장에서, ㉯는 ㉮로 데이터를 이동하여 경제적 이득을 취할 수 있으므로 데이터의 공유나 유통의 활성화에 기여할 수 있다고 보겠군.

명시적 근거	3문단 3번 문장, 4문단 2번~4번 문장
실전에서의 판단 과정	㉯가 경제적 이득을 왜 취해.
해설	[B]와 달리 [A]의 입장에서, 데이터의 이동이 데이터의 공유나 유통의 활성화에 기여하는 것은 맞습니다. 하지만 ㉯가 ㉮로 데이터를 이동하여 경제적 이득을 취할 수 있다는 것은 말도 안 되는 이야기죠. 일단 '데이터 이동권'은 데이터를 '무상'으로 이동시킬 수 있는 권리입니다. 따라서 데이터를 이동시켜야 하는 ㉯는 아무런 경제적 이득을 취할 수 없어요. 이런 명시적인 근거를 찾지 못하더라도, 경제적 가치를 가진 '빅 데이터'를 받은 ㉮가 그것을 직접적으로 재사용하거나 정보를 다시 집적·처리하여 경제적 가치를 가진 '빅 데이터'로 만든다는 것이 핵심임을 생각하면, 데이터 이동을 통해 경제적 이득을 보는 것은 데이터를 받는 ㉮와 같은 쪽임을 생각할 수 있습니다. 지문의 내용을 확실하게 납득하고 있었다면 어렵지 않게 답으로 고를 수 있는 선지였네요.

선지	①	②	③	④	⑤
선택률	4%	9%	11%	59%	17%

15 윗글을 바탕으로 〈보기〉를 이해한 내용으로 적절하지 않은 것은? [3점] ④

A은행은 고객들의 데이터를 수집하고 이를 분석·가공하여 자산 관리 데이터 서비스인 연령별·직업군별 등 고객 맞춤형 금융 상품 추천 서비스를 제공했다. 갑은 본인의 데이터 제공에 동의하여 A은행으로부터 소정의 포인트를 받았다. 데이터 이동권이 법제화된 이후 갑은 B 은행 체크 카드를 발급받은 뒤, A은행에 '계좌 자동 이체 항목', '체크 카드 사용 내역', '연령별 맞춤형 금융 상품 추천 서비스 내역'을 B은행으로 이동할 것을 요청했다.

– A은행이 갑을 비롯한 고객들의 데이터를 수집하고 이를 분석·가공, 즉 집적·처리하여 만든 '빅 데이터'를 이용한 서비스를 제공한 상황입니다. 갑은 데이터 제공에 동의하고 이에 따라 A은행으로부터 소정의 포인트라는 대가를 받았네요. 그런데 '데이터 이동권'이 법제화된 이후, 갑은 A은행으로부터 B은행으로의 데이터 이동을 요청한 상황입니다. 법제화 이전에도 이동이 가능했던 '계좌 자동 이체 항목' 외에도 '체크 카드 사용 내역' 같은 행동 양상과 관련된 부분까지 모두 이동시켰네요.

그런데 여기서 '연령별 맞춤형 금융 상품 추천 서비스 내역'은 B은행으로 이동시킬 수 없다는 것을 미리 생각해야 합니다. 이는 '데이터 이동권'의 예외에 해당했던, '빅 데이터 보유자가 수집하여, 분석·가공하는 개발 과정을 거쳐 새로운 가치가 생성된 것'에 해당하니까요. 이렇게 '예외'에 민감하게 반응하는 태도를 꼭 갖춰야 합니다!

① 갑이 본인의 데이터를 이동 요청하면 A은행은 갑의 '체크 카드 사용 내역'을 B은행으로 전송해야 한다.

명시적 근거	〈보기〉, 3문단 3번 문장
실전에서의 판단 과정	갑이 데이터 이동권을 쓴 거니까 당연한 내용이지.
해설	갑이 A은행에게 자신의 '데이터 이동권'을 행사한 상황입니다. A은행은 갑이 지정한 제3자인 B은행으로 '체크 카드 사용 내역'과 같은 데이터를 전송해야 하겠죠.

② A은행에 대한 갑의 데이터 이동 요청은 정보 주체의 자율적 관리이므로 강화된 개인 정보 자기 결정권의 행사이다.

명시적 근거	〈보기〉, 3문단 2번 문장
실전에서의 판단 과정	데이터 이동권 행사는 개인 정보 자기 결정권의 행사라고 할 수 있지.
해설	지문을 읽으면서도 미리 생각했지만, '데이터 이동권'을 법제화한 것은 갑과 같은 '정보 주체'의 개인 정보 자기 결정권을 강화하기 위한 조치였습니다. 이를 근거로 하면 적절한 선지라고 할 수 있겠죠.

③ 데이터의 소유권 주체가 정보 주체라고 본다면, 갑이 A은행으로부터 받은 포인트는 본인의 데이터 제공에 대한 대가이다.

명시적 근거	〈보기〉, 2문단 4번 문장
실전에서의 판단 과정	소유권을 가진다는 건 대가를 얻을 수 있다는 것이었으니까, 포인트를 대가라고 할 수 있겠다.

<table>
<tr><td rowspan="1">해설</td><td>데이터의 '소유권' 주체가 '정보 주체'임을 가정한 상황입니다. 지문의 내용에 따르면, '정보 주체'가 '소유권'을 가진다는 입장에서는 정보 생산의 주체인 '정보 주체'에게도 대가가 주어져야 한다고 보았어요. 이러한 관점에서 보면, 데이터의 소유자인 갑이 A은행으로부터 받은 포인트는 자신 소유의 데이터를 제공한 데 대한 대가라고 할 수 있겠죠.</td></tr>
</table>

④ 갑이 본인의 데이터를 보유한 A은행을 상대로 요청한 '연령별 맞춤형 금융 상품 추천 서비스 내역'은 데이터 이동권 행사의 대상이다.

명시적 근거	〈보기〉, 3문단 4번 문장
실전에서의 판단 과정	엥? 이건 안 되지.
해설	〈보기〉를 분석하면서 미리 생각했던 내용입니다. '연령별 맞춤형 금융 상품 추천 서비스 내역'은 A은행이 개발하여 새로운 가치가 생성된 정보입니다. 이는 '데이터 이동권'을 행사할 수 없는 '예외'였다는 것, 확실하게 체크했어야 해요!

⑤ 데이터 이동권의 법제화 이전에도 갑이 A은행에서 B은행으로 이동을 요청한 정보 중에서 '계좌 자동 이체 항목'은 이동이 가능했다.

명시적 근거	〈보기〉, 3문단 5번 문장
실전에서의 판단 과정	계좌 자동 이체 항목은 원래도 이동이 가능했지.
해설	역시 〈보기〉를 분석하면서 미리 생각했던 내용입니다. '계좌 자동 이체 항목'은 '데이터 이동권'의 법제화 이전에도 이동이 가능했던 '예외'였어요. '예외'에 대해 민감하게 반응하며 납득했다면 어렵지 않게 지워낼 수 있었겠네요.

선지	①	②	③	④	⑤
선택률	83%	1%	7%	8%	1%

16 문맥상 ⓐ, ⓑ와 바꾸어 쓰기에 가장 적절한 것은? ①

ⓐ   ⓑ

① 용이(容易)해져　근거(根據)하여

② 유력(有力)해져　근거(根據)하여

③ 용이(容易)해져　의탁(依託)하여

④ 원활(圓滑)해져　의탁(依託)하여

⑤ 유력(有力)해져　기초(基礎)하여

| **핵심 point** |

① **화제 check** : 독서 지문 독해의 처음이자 끝. 첫 문단에서 잡은 '화제의 틀'을 마지막 문단까지 놓지 않아야 합니다.

② **정의 인식** : 단어의 의미를 살린 상태로, 지문에 제시된 정의와 붙여서 이해할 수 있어야 합니다. 정의를 '기억'하는 게 아니라, '납득'해서 본인의 말로 정리할 수 있어야 해요.

③ **카테고리 나누기** : 정보들의 범주가 나뉠 때, 그들이 서로 다른 카테고리에 속한다는 것을 인지해야 합니다. 이렇게 각 카테고리에 맞춰 정보를 정리하면 훨씬 깔끔하게 정리할 수 있다는 것을 기억해 주세요.

④ **예외 인식** : 일반적이지 않은 '예외'는 언제나 중요한 출제 포인트로 작용합니다. 확실하게 체크합시다.

| **지문 내용 총정리** |

'데이터 소유권'에서 '데이터 이동권'으로 화제가 넘어오는 흐름을 정확하게 캐치하고, 관련된 정보들을 카테고리화시키면서 '예외'를 놓치지 않고 읽을 것을 요구한 지문입니다. 모두 기본적인 독해 태도에 해당하니, 확실하게 정리하도록 해요.

1문단

①동양에서 '천(天)'은 그 함의가 넓다. ②모든 존재의 근거가 그것으로부터 말미암지 않는 것이 없다는 면에서 하나의 표본이었고, 모든 존재들이 자신의 생존을 영위하고 그 존재 가치와 의의를 실현하는 데도 그것의 이치와 범주를 벗어날 수 없다는 면에서 하나의 기준이었다. ③그래서 현실 세계 안에서 인간의 삶을 모색하는 데 관심을 두었던 **동양**에서는 인간이 천을 어떻게 이해하느냐에 따라 삶의 길이 달리 설정되었을 만큼 천에 대한 이해가 다양하였다.

①~② #화제 제시 #정의 제시

동양에서 '천'이라는 개념이 넓은 의미를 가지고 있다는 말로 시작하고 있습니다. '동양에서의 천'이라는 화제를 잡아주시고, 2번 문장에서 제시한 '천'의 정의를 정확하게 인식하셔야겠죠? 이때 정의가 너무나 길게 제시되고 있으니, 최대한 짧게 줄여서 이해하는 태도가 필요하겠습니다. 제가 밑줄을 쳐 둔 것처럼, '모든 존재의 표본이자 기준'이라는 말로 이해하면 되겠죠? 나머지 미사여구는 모두 '표본·기준'이라는 말의 재진술이라고 할 수 있으니까요. 그만큼 동양에서 '천'이라는 개념이 중요하게 쓰였다는 것만 다시 인식해주시면 되겠습니다. 인간의 전반적인 삶에 영향을 끼칠 정도로 말이죠.

③ #수식된 정의 제시 #화제 제시

'동양'에서 '천'에 대한 이해가 다양하고 중요했다는 말을 다시 강조하고 있습니다. 이때 중요한 것은 '동양'이 정의되고 있다는 것이에요. '현실 세계 안에서 인간의 삶을 모색'했다는 내용을 확실하게 체크해놓고 읽어줄 필요가 있겠습니다. '천'이라는 개념이 인간의 '현실 세계'에 영향을 미친다고 생각했던 것이에요. '천'이라는 개념에 대해 어떤 다양한 이해가 있었을까요? 기대하면서 읽어봅시다.

하이라이트 문장

②모든 존재의 근거가 그것으로부터 말미암지 않는 것이 없다는 면에서 하나의 표본이었고, 모든 존재들이 자신의 생존을 영위하고 그 존재 가치와 의의를 실현하는 데도 그것의 이치와 범주를 벗어날 수 없다는 면에서 하나의 기준이었다.

정의가 길게 제시되는 경우, 그 모든 정보를 묶을 수 있을 만큼 핵심적인 한마디로 정리하려는 태도가 필요합니다. 결국 하나의 개념에 대한 정의는 다 비슷한 이야기를 할 수밖에 없거든요. 이 생각을 하고 읽어보면, '천'이라는 개념이 '모든 존재의 표본이자 기준'이라는 내용만 기억하고 가도 충분하겠죠?

2문단

①천은 자연현상 가운데 인간에게 가장 크게 영향을 미치는 것이자 가장 크고 뚜렷하게 파악되는 현상으로 여겨졌다. ②농경을 주로 하는 문화적 특성상 자연현상과 기후의 변화를 파악하는 것이 중시된 만큼 천의 표면적인 모습 외에 작용 면에서 천을 파악하려는 경향이 짙었다. ③그래서 천은 자연적 현상과 작용 등을 포괄하는 '자연천(自然天)' 개념으로 자리를 잡았다.

① #카테고리 나누기 #재진술

'천'에 대한 여러 가지 이해 중 첫 번째 관점이 소개되고 있습니다. 일단 '천(天)'은 '하늘 천'이라는 한자의 의미 그대로 '자연현상'이었다고 해요. 그중에서 인간에게 가장 큰 영향을 미치고, 가장 크고 뚜렷하게 파악되는 것으로 여겨졌다고 합니다. 이는 '모든 존재의 표본이자 기준'이라는 '천'의 정의를 생각하면 당연한 말이죠? '천'을 '자연현상'으로 보는 관점이 소개되었다는 걸 생각하면서 카테고리를 이쁘게 나눠주시면 되겠습니다.

②~③ #재진술 #수식된 정의 제시
#단어의 의미 살리기

이렇게 '자연현상'으로서의 '천'이 중요했던 건 농경 사회라는 문화적 특성 때문이었어요. 따라서 '천'의 '표면적인 모습' 외에 '작용 면'에서 '천'을 파악하려는 경향이 짙었다고 합니다. '농경 사회'라는 맥락을 바탕으로 최대한 납득해보면, 단순히 비가 오고 날씨가 맑다는 '표면'적인 것만 보는 게 아니라 어떤 '작용'을 거쳐 비가 오고 날씨가 맑게 되는지를 알려고 했다는 것이겠죠. 1번 문장에서 이야기한 것처럼 '천'은 '가장 크고 뚜렷하게 파악'되는 것이기에, 그 내용을 바탕으로 '작용' 면에서 '천'이라는 '자연현상'을 파악할 수 있다고 생각한 것입니다.

이러한 농경 사회의 전통에서, '천'은 자연적 '현상=표면'과 '작용' 등을 포괄하는 개념이었다고 합니다. 그리고 이렇게 '자연현상'에 주목한 '천' 개념이니, '자연/천'이라는 이름이 붙은 것이네요. 이때 '현상=표면'이라는 재진술은 어렵지 않게 체크할 수 있겠죠? '표면적인 모습 외에 작용', '자연적 현상과 작용'이라는 비슷한 어구의 반복을 바탕으로 자연스럽게 잡아낼 수 있어야 합니다.

> ①천은 자연현상 가운데 인간에게 가장 크게 영향을 미치는 것이자 가장 크고 뚜렷하게 파악되는 현상으로 여겨졌다.

1문단에서 체크한 '천'의 정의를 바탕으로 당연하게 납득하고, '자연현상'이라는 카테고리를 만들 수 있어야 합니다. 결국 같은 말(천=모든 존재의 표본이자 기준)을 여러 가지 범주로 나누어 설명할 뿐이라는 것을 생각하며 읽어주세요.

3문단

> ①이러한 천 개념하에서 인간은 도덕적 자각이 없었을 뿐만 아니라 자연 변화의 원인과 의지도 알 수 없었다. ②이에 따라 천은 신성한 대상으로 숭배되었고, 여러 자연신 가운데 하나로 생각되었다. ③특히 상제(上帝)와 결부됨으로써 모든 것을 주재하는 절대적인 권능을 가진 '상제천(上帝天)' 개념이 자리 잡았다. ④길흉화복을 주재하고 생사여탈권까지 관장하는 종교적인 의미로 그 성격이 변화한 것이다. ⑤가치중립적이었던 천이 의지를 가진 절대적 권능의 존재로 수용되면서 정치적인 개념으로 '천명(天命)'이 등장하였다. ⑥그리고 통치자들은 천의 명령을 통해 통치권을 부여받았고, 천의 의지인 천명은 제사 등을 통해 통치자만 알 수 있는 것으로 규정되었다. ⑦그리하여 천명은 통치자가 권력을 행사하고, 정권의 정통성을 보장하는 근거가 되었다.

① #재진술

이러한 '천' 개념, 즉 '자연천' 개념하에서의 인간에 대해 이야기하고 있습니다. 일단 '도덕적 자각'이라는 말이 조금 뜬금없기는 하지만, 단순히 '자연적 현상과 작용'의 측면에서만 '천'을 파악했으니 '도덕'에 대한 내용은 신경쓰지 못했을 것이라고 납득할 수 있겠습니다. 나아가 비록 '작용 면'에서 자연을 파악하고자 노력을 했으나, 그 원인과 의지를 알 방법이 없었다고 합니다. 과거의 과학 발달 수준으로는 당연히 알 수 없었겠다는 식으로 납득해주시면 됩니다.

②~④ #카테고리 나누기 #수식된 정의 제시 #재진술

인간은 '도덕적 자각'도 없고, '자연 변화의 원인과 의지'도 알 수 없는 나약한 존재였습니다. 따라서 '천'은 그저 신성한 대상일 수밖에 없었겠네요. 여기에 '상제', 즉 '절대자'의 개념과 결부되어 '상제천'

이라는 개념이 자리 잡았다고 합니다. 일단 '모든 것을 주재하는 절대적 권능의 존재'라는 정의를 체크하면서, '자연천'과는 다른 카테고리가 생성되었다는 생각을 할 수 있어야 합니다. '천' 개념이 단순한 '자연현상'이 아닌, 길흉화복·생사여탈권까지 관여하는 '종교적'인 의미로 확장된 것이에요. '모든 존재의 표본·기준'이라는 '천'의 정의에 '종교적' 의미가 추가된 것이라고 납득할 수 있어야겠죠? 결국 다 똑같은 말을 조금 더 심화시켜서 하는 것이에요.

⑤~⑦ #재진술 #수식된 정의 제시

본래 가치중립적이었던, 즉 그저 '자연현상'으로 여겨졌던 '천'이 '의지'를 가지고 모든 것을 주재하는 '상제천'의 개념으로 수용되면서, '천명'이라는 '정치적'인 개념이 등장했다고 합니다. 아무런 가치를 지니지 않던 '천'에 '종교적·정치적'인 가치가 개입되기 시작한 것이죠.

'정치적'인 개념인 '천명'이 등장하면서, 통치자들은 '천'을 자신들의 정치적 목적을 위해 이용하기 시작합니다. '천'의 의지와 명령을 통해 통치권을 부여받았다고 하며 권력 행사와 정권의 정통성에 정당성을 부여하기 시작한 것이죠. '천'의 원인과 의지 등을 알 수 없었던 과거의 사람들에게는 충분히 먹혀 들어갈 수 있는 내용이었던 것입니다.

하이라이트 문장

> ③특히 상제(上帝)와 결부됨으로써 모든 것을 주재하는 절대적인 권능을 가진 '상제천(上帝天)' 개념이 자리 잡았다.

'자연천'에서 '상제천'으로 카테고리가 바뀌는 흐름을 자연스럽게 체크하면서, '모든 존재의 표본·기준'이라는 '천'의 정의를 다시 끌고 올 수 있어야 합니다. 첫 문단에서부터 제시한 중요 개념의 정의가 계속해서 반복되는 양상을 확인할 수 있죠?

4문단

> ①그러나 독점적이고 배타적인 천명에 근거한 권력 행사는 부작용을 가져왔다. ②도덕적 경계심이 결여된 통치자의 권력 행사는 백성에 대한 억압의 계기로 작용하였다. ③통치의 부작용이 심화됨에 따라 천에 대한 반성이 제기되었고, 도덕적 반성을 통해 천명 의식은 수정되었다. ④그리고 '천은 명을 주었다가도 통치자가 정치를 잘못하면 언제나 그 명을 박탈해 간다.', '천은 백성들이 원하는 것을 들어준다.'는 생각이 현실화되었다.

⑤ 천명은 계속 수용되었지만, 그것의 불변성, 독점성, 편파성 등은 수정되었고, 그 기저에는 도덕적 의미로서 '의리천(義理天)' 개념이 자리하였다.

①~④ #카테고리 나누기 #재진술

'상제천'에 따른 '천명' 개념은 '독점적·배타적'이었기 때문에, 이에 근거한 권력 행사는 당연하게도 부작용을 가져올 것입니다. 2번 문장에서 이야기하는 '백성에 대한 억압의 계기'가 바로 그 '부작용'이 구체화된 모습이겠죠?

이렇게 문제가 있으면, 해결을 해야 할 것입니다. 이에 대한 해결책은 바로 '천'에 대한 '도덕적 반성'이었습니다. 여기서 '도덕적'이라는 말을 보자마자 3문단의 첫 문장이 떠올라야 합니다. 인간이 '도덕적' 자각이 없었다는 말은 뜬금없는 정보라고 생각하며 머릿속에 인상 깊게 남긴 정보이기 때문에, 여기서 반복되었다는 것을 인식할 수 있어야 한다는 것이죠. 당시 제시한 '자연천'하에서의 인간의 한계점은 크게 두 가지, 즉 '도덕적 자각'이 없다는 것과 '자연 변화의 원인·의지'를 알 수 없다는 것이었습니다. 여기서 후자는 어차피 해결할 수 없으니, 전자에 주목해서 문제를 해결하고자 하는 것이죠. 인간이 드디어 '도덕적 자각'을 하기 시작한 것입니다. 이렇게 '같은 말 반복'을 통해 지문의 내용을 깊게 이해할 수 있겠죠?

그리고 이를 통해 '천명 의식'이 수정되었다고 해요. 기존의 '천명'은 '천의 의지'라는 미명하에 독점적·배타적인 권력을 부여했는데, '도덕'의 의미가 포함되는 방식으로 수정된 것이겠죠? 4번 문장에 따르면 '천'이 통치자에게 독점적·배타적인 권력을 주는 것이 아니라는 '수정'이 이루어졌다는 것을 알 수 있습니다.

⑤ #카테고리 나누기 #수식된 정의 제시 #재진술

'천명'이라는 개념 자체는 계속 수용되는 모습이지만, 그것이 가진 여러 가지 부정적인 성질들은 '수정'된 모습입니다. 그리고 그 기저에는 '도덕적' 의미로서의 '의리천' 개념이 자리했다고 해요. 앞에서 했던 말들의 반복이죠? '도덕적' 반성을 통해 '천명'의 부정적인 성질을 제거하는 '수정'을 가한 것. 이 과정을 가능케 한 것이 바로 '의리천'이었습니다. '천'에 대한 새로운 의미가 제시되었으니, 카테고리를 이쁘게 나눠주면 되겠습니다. 나아가 '모든 존재의 표본·기준'이라는 정의를 바탕으로 더 깊게 이해할 준비를 해주시면 되겠죠?

하이라이트 문장

③통치의 부작용이 심화됨에 따라 천에 대한 반성이 제기되었고, 도덕적 반성을 통해 천명 의식은 수정되었다.

물론 '천명' 의식이 수정되었다는 말이 가장 중요하지만, 그 방법이 '도덕적 반성'이라는 점에 주목할 수 있어야 합니다. 분명히 우리가 앞에서 '같은 말'을 봤으니까요. 이렇게 '같은 말'이 반복되면 끌고 내려와 정보량을 줄여주는 것, 정말 중요한 태도입니다.

5문단

①천명 의식의 변화와 맞물려 천 개념은 복합적으로 수용되었다. ②상제로서의 천 개념이 개방되면서 주재적 측면이 도덕적 측면으로 수용되었고, '의리천' 개념은 더욱 심화되어 천은 인간의 도덕성과 규범의 근거로 받아들여졌다. ③천을 인간 내면으로 끌어들여 인간 본성을 자연한 것이자 도덕적인 것으로 간주하였다. ④천이 도덕 및 인간 본성과 결부됨에 따라 인간 내면에 있는 천으로서의 본성을 잘 발휘하면 도덕을 실현함은 물론, 천의 경지에 도달할 수 있다고 여겨졌다. ⑤내면화된 천은 비도덕적 행위에 대한 제어 장치 역할을 하는 양심의 근거로도 수용되어 천의 도덕적 의미는 더욱 강조되었다. ⑥천명 의식의 변화와 확장된 천 개념의 결합에 따라 천은 초월성과 내재성을 가진 존재로서 받아들여졌고, 인간 행위의 자율성과 타율성을 이끌어 내는 기반이 되어 인간 삶의 중요한 근거로서 그 위상이 강화되었다.

①~⑤ #화제의 흐름 #재진술

이렇게 '천명' 의식이 통치자의 독점적·배타적 권력 행사를 막는 방식으로 변화하자, '천' 개념은 복합적으로 수용되었다고 합니다. 여기서 '의리천' 이야기를 할 것이라는 점을 생각할 수 있어야 합니다. 이미 앞에서 확인한 내용이니까요.

그 양상이 2번~5번 문장에 잘 제시되어 있습니다. '상제천' 개념의 '주재적 측면'이 '도덕적 측면'으로 수용되었고, '천'이 '도덕성'의 근거가 된 모습입니다. 인간이 '천'을 바탕으로 '도덕적 자각'을 할 수 있게 된 것이죠! 인간의 본성이 곧 '도덕적'인 것으로 인식되기 시작한 겁니다. 그렇다면 인간들이 이러한 '천'의 본성을 잘 발휘하면 '도덕적'인 '천'의 경지에 오를 수 있게 되는 것이고, '양심'이라는 '도덕성'의 '기준'이 될 수 있는 것이겠죠? 모두 끄덕이면서 납득할 수 있어야 합니다. 이미 '의리천=도덕적 의미'라는 재진술이 체크된 상황이니까요.

⑥ #재진술 #화제의 흐름

이러한 맥락에서 '천'은 '초월성·내재성'을 지닌 존재가 되었다고 합니다. 여기서 '초월성=천명 의식', '내재성=도덕적 의미'로 읽을 수 있어야 합니다. 비록 원인도 의지도 알 수 없는 자연의 '초월적'인 의미를 가지고 있지만, 그러면서도 인간의 내면에 '내재'하여 도덕성의 근거로 기능하는 것이죠. 이는 '모든 존재의 표본·기준'이라는 '천'의 정의에 완벽하게 부합하는 모습이죠? 모든 존재의 '표본'이기에 '초월적'이고 종교적인 의미를 가지는 것이고, 모든 존재의 '기준'이기에 도덕성에 대한 나침반 역할을 할 수 있는 것입니다. 결국 다 같은 말이었어요.

그런데 이 개념은 인간 행위의 '자율성'과 '타율성'을 이끌어 내는 기반이 되었다고 합니다. 그 뒤에 있는 '인간 삶의 중요한 근거'라는 말은 '천'의 기본적인 정의를 생각했을 때 너무나 당연한 말인데, '자율성'과 '타율성'이라는 말이 조금 생뚱맞네요. 지문에 한 번도 등장하지 않았던 말이니까요. 그럼 여기서 '자율성'과 '타율성'이 의미하는 바가 무엇인지 스스로 생각해보아야 하겠습니다. 문제에서도 물어보고 있으니까요.

먼저 '자율성'입니다. '의리천' 개념의 도입에 따라 인간은 '도덕적 자각'을 얻게 되었습니다. 그리고 '자신의 의지'를 바탕으로 내면에 내재한 '천'의 경지에 다다를 수 있게 되었어요. 이러한 지문의 맥락을 고려하면, 여기서 말하는 '자율성'이란 결국 '도덕적 자각의 발휘' 정도로 이해할 수 있겠습니다. 이는 '의리천' 개념을 통해 비로소 이끌어 낼 수 있었던 인간의 능력이라고 할 수 있겠죠.

한편 '타율성'의 경우, '자신의 의지'와 상관없이 움직이게 되는 것을 의미합니다. 이는 앞에서 이야기했던 '상제천'에서의 '천명 의식'과 맞닿아 있다고 할 수 있겠죠? 하늘의 의지를 통해 통치자라는 인간이 '타율적'으로 권력을 행사한다고 했으니, 인간의 '타율성'이 '상제천' 개념으로부터 나온 것이라고 할 수 있는 겁니다.

정리하면, '천' 개념은 '도덕적 자각=자율성'도 '자연 변화의 원인과 의지=타율성'도 이끌어 내지 못했던 '자연천' 개념에서 '타율성'을 이끌어 낸 '상제천' 개념으로, 그리고 '자율성'을 추가적으로 이끌어 낸 '의리천' 개념으로 확장된 것입니다. 이렇게 '천'이라는 개념이 인간 삶에 전체적으로 큰 영향을 끼치게 되어 '인간 삶의 중요한 근거'라는 위치에까지 오를 수 있게 된 것이죠.

조금 더 깊게 파고들어 봅시다. 사실 5문단에서는 '상제천'이 '의리천'으로 대체되었다는 이야기를 한 적이 없습니다. 그저 '천명 의식'이 변하면서 '천' 개념이 '복합적'으로 수용되었다고 했을 뿐이죠. 또한 3문단에서 처음 '상제천'을 소개할 때에도, '자연천'을 대체한 것이라고 한 적은 없다는 것을 알 수 있습니다. '상제천'은 '자연천'에서 강조된 '천=자연현상(=하늘)'에 '주재적 측면'이 추가된 것일 뿐이니까요.

다시 말해, 이 지문의 흐름은 '자연천→상제천→의리천'이 아니라 '자연천→자연천+상제천→자연천+상제천+의리천'이었던 것입니다. '천'의 개념이 '확장'되어 '복합적'으로 수용되는 것이 핵심이지, 다른 '천'으로 '대체'되는 것이 아니었어요.

이러한 맥락에서 5문단의 6번 문장을 이해할 수 있습니다. '천'이 '초월성=자연천&상제천'과 '내재성=의리천'을 가진 존재가 되어서, '초월성'으로부터 인간의 '타율성'을, '내재성'으로부터 인간의 '자율성'을 이끌어 냈다는 것이죠. 이 정도면 '천' 개념을 '인간 삶의 중요한 근거', 아니 '모든 존재의 표본·기준'이라고 하는 게 무리가 아니라고 할 수 있겠죠?

상당히 어렵지만, 개념의 정의를 바탕으로 '같은 말'에 민감하게 반응하며 읽어준다는 태도 자체는 그대로 활용되는 모습입니다. 이런 '생각 심화'도 어느 정도 납득될 때까지 최선을 다해 생각의 힘을 키워봅시다.

하이라이트 문장

> ⑥천명 의식의 변화와 확장된 천 개념의 결합에 따라 천은 초월성과 내재성을 가진 존재로서 받아들여졌고, 인간 행위의 자율성과 타율성을 이끌어 내는 기반이 되어 인간 삶의 중요한 근거로서 그 위상이 강화되었다.

지금까지 열심히 이해한 내용을 바탕으로, '초월성', '내재성', '자율성', '타율성'이 의미하는 바를 읽어낼 수 있어야 합니다. 이런 문장에서 이면의 내용을 얼마나 잘 추론할 수 있는지가 최근 어려운 수능의 핵심이 되고 있어요.

선지	①	②	③	④	⑤
선택률	9%	10%	9%	65%	7%

17 윗글의 내용과 일치하는 것은? ④

① 천명 의식은 농경 생활의 경험에서 비롯되었다.

명시적 근거	3문단 5번 문장
실전에서의 판단 과정	천명 의식은 천에 절대적 권능이 부여되면서 비롯된 것이지.
해설	'천명 의식'은 가치중립적이던 '천'이 의지를 가진 '절대적 권능의 존재'로 수용되면서 등장한 개념입니다. 단순한 '자연현상'이었던 '천'에 '가치'가 개입되면서 나타난 개념이기 때문에, '농경 생활의 경험'에서 비롯되었다는 건 틀린 말이네요. 농경 생활을 하다가 갑자기 '천명'을 떠올린 것은 아니니까요.

② 천은 초월적인 세계 안에서 인간 삶의 표본이었다.

명시적 근거	1문단 3번 문장
실전에서의 판단 과정	동양은 현실 세계에 관심을 두었잖아.
해설	'천'이 '인간 삶의 표본'이라는 것은 이견의 여지가 없을 것 같습니다. 그렇다면 핵심은 '초월적인 세계 안'이에요. 여기서 이 말을 보자마자 '동양'을 떠올릴 수 있겠죠? '동양'은 '현실 세계 안에서 인간의 삶을 모색'하던 곳으로 정의되어 있었으니까요. 개념의 정의를 확실하게 체크했는지 물어보는 선지였습니다.

| 생각 심화 |

사실 이 내용을 생각해내기 쉽지 않을 수도 있습니다. 하지만 이렇게 기억에 남지 않는 정보가 답이 될 확률은 매우 낮습니다. 기억에 남지 않는다는 건 지문의 전체적인 흐름에서 그리 중요하지 않다는 것이니까요. 따라서 이런 선지는 일단 넘어가는 것도 좋은 방법이라고 할 수 있겠습니다.

③ 자연으로서의 천 개념에는 작용에 대한 인식이 없었다.

명시적 근거	2문단 3번 문장
실전에서의 판단 과정	자연천은 작용을 포괄하잖아.
해설	'자연천'의 정의를 묻고 있습니다. 이는 자연적 현상과 '작용'을 포괄하는 개념이었습니다. 당시의 사람들은 '작용' 면에서 '천'을 파악하고자 부단히 애를 썼다고 했어요.

④ 천은 인간에게 자연현상이자 도덕적 가치의 근원이었다.

명시적 근거	지문 전체
실전에서의 판단 과정	천의 정의 그 자체네.
해설	이 지문에서 가장 중요한 말이 정답으로 제시된 모습입니다. '천'은 '초월적' 성격을 가진 '자연현상'이자, '내재적' 성격을 바탕으로 인간의 '도덕적 가치'를 끌어낼 수 있는 개념이었습니다. 지문 전체의 내용을 포괄하고 있으니 아주 빠르게 답으로 골라낼 수 있었어야 합니다.

⑤ 내면화된 천은 통치자의 배타적 권력 행사의 기반이었다.

명시적 근거	2문단 3번 문장
실전에서의 판단 과정	배타적 권력 행사의 기반은 상제천이었지.
해설	'내면화된 천'은 '의리천'을 의미하는 것입니다. '내면화'라는 개념 자체가 '도덕'과 결부된 것이기 때문에 이렇게 생각하는 게 어렵지는 않겠죠? 한편 '배타적 권력 행사'는 '상제천'을 기반으로 이루어진 것입니다. 그런데 이 선지는 '의리천'을 기반으로 '배타적 권력 행사'가 이루어졌다고 했으니, 틀린 선지네요. 각 '천' 개념의 정의와 영향을 정확하게 이해하고 있는지 물어보는 선지였습니다.

선지	①	②	③	④	⑤
선택률	5%	79%	5%	4%	7%

18 〈보기〉의 ㉮~㉲ 중, 윗글에서 중점적으로 다루고 있는 것은? ②

[보기]

특정한 사상의 개념을 이해하기 위해서는 그 ㉮개념의 어원에서 출발하여 ㉯개념의 의미 변천, ㉰해당 개념에 대한 주요 사상가의 견해, 그리고 ㉱현대적 적용 양상을 폭넓게 다룰 필요가 있다. 특히 개념에 대해 더욱 풍부하게 이해하기 위해서는 ㉲사상사 속에서 드러나는 주요한 쟁점이 표출하는 다양한 의식의 층위도 고찰해야 한다.

① ㉮ ② ㉯ ③ ㉰
④ ㉱ ⑤ ㉲

명시적 근거	지문 전체
실전에서의 판단 과정	천 개념의 의미 변천이 이 지문의 화제지.
해설	화제를 묻는 문제입니다. 이 지문은 '천' 개념의 의미가 어떻게 변했는지 그 양상을 살피고 있었어요. 가볍게 2번을 답으로 골라주시면 되겠습니다.

선지	①	②	③	④	⑤
선택률	49%	6%	19%	19%	7%

19 ㉠에 대한 설명으로 적절하지 <u>않은</u> 것은? ①

> ㉠인간 행위의 자율성과 타율성

– 마지막 문단을 읽으며 열심히 이해했던 '자율성'과 '타율성'에 대한 문제입니다. '자율성'은 '의리천' 개념에서 부각된 것이고, '타율성'은 '상제천' 개념에서 부각된 것이었어요. 이를 미리 생각한 채로 선지를 판단해보도록 합시다.

① '자연천'에서는 인간 행위의 자율성이 부각된다.

명시적 근거	5문단 전체
실전에서의 판단 과정	자율성은 의리천부터지.
해설	우리가 미리 생각한 대로, '자율성'이 부각되는 것은 인간 스스로의 도덕적 자각을 강조한 '의리천' 개념에서였습니다. '자연천' 개념하에서의 인간은 도덕적 '자각'이 없던 존재였기 때문에, '자율성'이 부각된다는 말은 틀렸네요. 이 내용을 마지막 문단의 마지막 문장을 읽고서 미리 생각할 수 있었어야 합니다. 이렇게 특정 부분에 대한 이해를 묻는 문제는 주관식으로 해결할 수 있어야 해요. 이를 위해선 평가원이 요구하는 '생각의 힘'을 확실하게 갖추는 것이 중요하겠죠?

② '상제천'에서 인간 행위의 타율성이 나타나기 시작한다.

명시적 근거	3문단 전체
실전에서의 판단 과정	타율성은 상제천부터!
해설	인간 행위의 '타율성'은 '상제천' 개념에서부터 부각되기 시작했다는 것, 역시 지문을 읽으면서 미리 생각했던 내용입니다. 가볍게 지워낼 수 있네요.

③ '의리천'에서 인간 행위의 자율성이 잘 발휘되면 천의 경지에 도달할 수 있다.

명시적 근거	5문단 4번~5번 문장
실전에서의 판단 과정	의리천의 핵심이지.
해설	'의리천'은 인간 행위의 '자율성'을 발휘하여 '천을 내면화'하는 것이 가능하다고 본 개념이에요. 여기서 '천을 내면화'하는 것이 바로 '천의 경지에 도달'하는 것이었죠?

④ 천 개념의 개방에 따라 인간 행위의 자율성이 인정되는 방향으로 나갔다.

명시적 근거	지문 전체
실전에서의 판단 과정	의리천 쪽으로 가면서 자율성이 인정됐지.

해설	'자연천' 개념에서는 '자율성·타율성'이 모두 없었는데, '상제천' 개념에서 '타율성'이 나타나기 시작했고, '의리천' 개념에서 '자율성'도 나타나기 시작했습니다. 이러한 지문의 흐름을 고려하면 '자율성이 인정되는 방향'으로 나아갔다는 것이 맞다고 판단할 수 있겠네요.

⑤ 천명 의식이 달라짐에 따라 인간 행위의 자율성과 타율성의 양상이 변화하였다.

명시적 근거	지문 전체
실전에서의 판단 과정	계속 똑같은 말만 하네.
해설	'천명 의식'의 '불변성·독점성·편파성' 등이 수정되면서, 인간 행위에는 '자율성'이 부여되기 시작했습니다. 앞 선지들을 판단하면서도 계속 생각했던, 똑같은 내용이죠?

선지	①	②	③	④	⑤
선택률	11%	9%	9%	59%	12%

20 윗글의 천 개념에 해당하는 예를 〈보기〉에서 골라 바르게 묶은 것은? ④

– 이 지문에 제시된 각 '천' 개념의 예를 찾는 문제입니다. 각 '천' 개념이 가진 특징과 대응되는 것을 찾으면 되겠죠? 참고로 이 문제는 지문에 없는 말을 활용한 선지가 많다는 점에서 상당히 까다로운 문제입니다. 비록 지문에 없는 말이라고 해도, 모든 선지는 지문의 '재진술'이라는 점 잊지 않았죠? 결국 지문의 어떤 말과 같은 의미를 공유하고 있을 것입니다. 긴장하고 해결해봅시다.

ㄱ. 천은 크기로 보면 바깥이 없고, 운행이 초래하는 변화는 다함이 없다.

– '천'의 크기가 '바깥이 없'다고 합니다. 말도 안 되게 크다는 것인데, 이는 모든 '천' 개념들에서 공통적으로 인정했던 '천의 초월성'을 재진술한 것이라고 볼 수 있습니다. '크기'를 가늠하지 못할 만큼 '초월적'인 개념인 것이에요. 따라서 여기까지만 보고서는 어떤 '천'의 예시인지 알 수 없겠습니다.

그렇다면 '운행이 초래하는 변화'에 대해서 생각해봅시다. 여기서 '운행'의 주체는 '천'입니다. '자연현상'인 '천'이 '운행'하면서 초래하는 '변화'는 결국 '자연의 변화'를 의미할 것입니다. 그런데 이러한 '자연의 변화'가 다함이 없다고 합니다. 자연의 변화가 도대체 무슨 일인지 알 수 없을 만큼 끝도 없이 이어진다는 것인데, 이는 '자연 변

화의 원인과 의지'를 알지 못하던 '자연천'의 관점과 일맥상통한다고 할 수 있겠습니다. '자연 변화의 원인과 의지'를 알았다면 '자연의 변화'가 언제 어떻게 끝날지 알 것이니 '다함이 없다.'와 같은 표현을 쓰지는 않았겠죠.

ㄴ. 만물의 생성과 변화를 살피면 그와 같이 되도록 주재하고 운용하는 존재가 있는 것으로 생각된다.

– '주재·운용'이라는 말을 보자마자 '상제천'을 떠올릴 수 있을 것 같습니다. 이때는 '천'이라는 개념에 '의지'가 부여되어 만물의 길흉화복과 생사여탈권까지 관장하는 종교적인 개념이 되었죠?

ㄷ. 인심이 돌아가는 곳은 곧 천명이 있는 곳이다. 그러므로 사람을 거스르고 천을 따르는 자는 없고, 사람을 따르고 천을 거스르는 자도 없다.

– '천'을 '사람'과 연결짓고 있습니다. '사람'을 거스르면 '천'도 거스르게 되고, '사람'을 따르면 '천'도 따르게 된다는 내용이에요. 이는 '사람'과 '천'이 항상 같이 간다는 것으로, 지문의 '내면화된 천'이라는 내용을 재진술한 것으로 볼 수 있겠습니다. '내면화된 천'을 이야기하는 것은 '의리천'의 관점이었죠?

ㄹ. 이 세상 사물 가운데 털끝만큼 작은 것들까지 천이 내지 않은 것이 없다고들 한다. 대체 하늘이 어떻게 하나하나 명을 낸단 말인가? 천은 텅 비고 아득하여 아무런 조짐도 없으면서 저절로 되어 가도록 맡겨 둔다.

– 하늘이 명을 내리는 것(='천'의 의지)을 부정적으로 보고, 텅 비고 '아득'하다는 것을 강조하고 있습니다. 나아가 '아무런 조짐'도 없다는 건 도대체 왜 그렇게 되는지 알 길이 없다는 의미라고 할 수 있습니다. 이는 '천'을 '초월적인 현상'으로 여기고, '자연 변화의 원인과 의지'를 알 수 없는 것으로 여기던 '자연천' 개념의 예시라고 할 수 있겠습니다. 참고로 '저절로 되어 감'은 '자연'[自스스로 자 / 然그러할 연]이라는 단어의 뜻 그 자체입니다. 이걸 알고 있었다면 더욱 쉽게 판단할 수 있었을 것 같네요.

상당히 어려운 문제였습니다. 최근의 경향인 '고난도 선지'까지 보여주고 있어요. 모든 선지는 지문 내용의 재진술이라는 것을 생각하면서 확실하게 정리할 수 있도록 합시다.

선지	①	②	③	④	⑤
선택률	90%	2%	2%	4%	2%

21 ⓐ와 가장 가까운 뜻으로 쓰인 것은? ①

① 폭우가 내릴 가능성이 짙어 건물 외벽을 점검했다.

② 짙게 탄 커피를 마시면 잠이 잘 안 온다.

③ 철수는 짙은 안개 속에서 길을 잃었다.

④ 정원에서 꽃향기가 짙게 풍겨 온다.

⑤ 해가 지고 어둠이 짙게 깔렸다.

몰랐던 어휘 정리하기

| 핵심 point |

① **화제 check** : 독서 지문 독해의 처음이자 끝. 첫 문단에서 잡은 '화제의 틀'을 마지막 문단까지 놓지 않아야 합니다.

② **정의 인식** : 단어의 의미를 살린 상태로, 지문에 제시된 정의와 붙여서 이해할 수 있어야 합니다. 정의를 '기억'하는 게 아니라, '납득'해서 본인의 말로 정리할 수 있어야 해요.

③ **재진술 인식** : 같은 말이라도 다르게 표현되는 경우가 많습니다. 심지어 아예 똑같은 말이 반복되는 경우도 많아요. 이 '같은 말'에 민감하게 반응하면, '정보량'을 줄이면서 읽을 수가 있습니다.

| 지문 내용 총정리 |

첫 문단에서 설명해준 핵심 개념인 '천'의 정의를 바탕으로 여러 가지 '천' 개념을 정확히 이해하기를 요구하는 지문이었습니다. 나아가 '자율성·타율성'과 관련된 추론은 물론, 고난도 선지를 처리하는 태도까지 배워갈 수 있는 지문이었어요. 정말 오래된 기출이지만 최근의 트렌드가 담겨 있으니, 확실하게 복습하여 자기 것으로 만들어봅시다.

1문단

　　①최근의 3D 애니메이션은 섬세한 입체 영상을 구현하여 실물을 촬영한 것 같은 느낌을 준다. ②실물을 촬영하여 얻은 자연 영상을 그대로 화면에 표시할 때와 달리 3D 합성 영상을 생성, 출력하기 위해서는 모델링과 렌더링을 거쳐야 한다.

①~② #기술의 목적 #비교/대조 #카테고리 나누기

'섬세한 입체 영상 구현'이라는 목적을 가진 '3D 애니메이션' 기술에 대한 지문입니다. '자연 영상'을 촬영하여 화면에 그대로 표시할 때와는 달리, '3D 합성 영상'을 만들기 위해선 '모델링'과 '렌더링'을 거쳐야 한다고 해요. '자연 영상'과 '3D 합성 영상'을 간단히 비교/대조할 수 있겠죠? '모델링과 렌더링'의 필요 여부를 바탕으로 해주면 되겠네요.

그리고 이를 통해 화제를 쉽게 생각할 수 있겠습니다. 기술의 '목적'에 해당하는 '3D 합성 영상 만들기'가 화제가 될 것이고, 화제를 이해하기 위해 '모델링'과 '렌더링'을 먼저 이해해줘야겠네요. 기술 지문에서는 이렇게 '기술의 목적'이 '화제'가 되는 경우가 많아요. '모델링'과 '렌더링'이라는 기술의 목적이 '3D 합성 영상 만들기'니까 화제가 되는 것이죠.

나아가 '모델링'과 '렌더링'의 카테고리로 나뉘어 지문이 전개될 것이라고 예측할 수 있어요. 이렇게 카테고리 확실하게 잡아 놓은 상태로 계속 읽어보도록 합시다.

하이라이트 문장

　　②실물을 촬영하여 얻은 자연 영상을 그대로 화면에 표시할 때와 달리 3D 합성 영상을 생성, 출력하기 위해서는 모델링과 렌더링을 거쳐야 한다.

'카테고리'를 제시하는 문장이네요. '모델링'과 '렌더링'이 어떻게 다른지, 어떤 과정을 통해 일어나는지를 이해하는 것을 목표로 글을 읽어나가야 합니다.

2문단

　　①모델링은 3차원 가상 공간에서 〈물체의 모양과 크기, 공간적인 위치, 표면 특성〉 등과 관련된 고유의 값을 설정하거나 수정하는 단계이다. ②모양과 크기를 설정할 때 주로 3개의 정점으로 형성되는 삼각형을 활용한다. ③작은 삼각형의 조합으로 이루어진 그물과 같은 형태로 물체 표면을 표현하는 방식이다. ④이 방법으로 복잡한 굴곡이 있는 표면도 정밀하게 표현할 수 있다. ⑤이때 삼각형의 꼭짓점들은 물체의 모양과 크기를 결정하는 정점이 되는데, 이 정점들의 개수는 물체가 변형되어도 변하지 않으며, 정점들의 상대적 위치는 물체 고유의 모양이 변하지 않는 한 달라지지 않는다. ⑥물체가 커지거나 작아지는 경우에는 정점 사이의 간격이 넓어지거나 좁아지고, 물체가 회전하거나 이동하는 경우에는 정점들이 간격을 유지하면서 회전축을 중심으로 회전하거나 동일 방향으로 동일 거리만큼 이동한다. ⑦물체 표면을 구성하는 각 삼각형 면에는 고유의 색과 질감 등을 나타내는 표면 특성이 하나씩 지정된다.

① #정의 제시 #고정값 #카테고리 나누기

먼저 '모델링'입니다. '모델링'은 '3차원 가상 공간', 즉 '3D'에서 물체 '고유의 값'을 설정·수정하는 단계예요. 일단 각 물체마다 '고유'의 값, 즉 '고정값'을 설정한다는 것을 체크해주셔야 하고, '모양과 크기·위치·표면 특성' 등이 그 '고유의 값'에 해당한다는 것도 인식해주셔야겠네요. 그 '고유의 값'을 어떻게 설정하고 수정하는지 이해하는 것을 통해, 이 '기술의 목적'인 '3D 합성 영상'을 어떻게 만드는지 이해할 수 있을 것입니다.

그리고 조금 더 디테일하게 글을 독해하는 학생이라면 '모양과 크기', '위치', '표면 특성'에 대한 설명이 순서대로 나올 것을 기대하며 지문을 읽을 수 있을 것이에요. 이렇게 미리 예측하는 정보가 많아질수록, 지문 독해 과정에서의 부담이 크게 줄어듭니다.

②~④ #카테고리 인식

먼저 '모양과 크기'입니다. 이를 위해선 3개의 정점으로 형성되는 '삼각형'을 활용한다고 해요. '삼각형'이라는 정보의 '역할'을 생각할 수 있어야 해요. 그냥 '삼각형'이 아니라, '모양과 크기'라는 '고유의 값'을 설정하기 위해 사용하는 삼각형이라는 것이 포인트입니다.

어쨌든, 이 작은 삼각형들을 조합하는 방식으로 물체의 표면을 표현하는 것이죠. 이를 이용하면 복잡한 굴곡도 표현할 수 있다고 합니다. 복잡한 굴곡을 왜 표현할까요? '3차원 가상 공간'에서 '모양과 크기'를 설정해야 하기 때문이겠죠! 계속해서 '모양과 크기'라는 '카테고리' 속에서 지문을 독해하고 있다는 인식을 해야 합니다.

⑤ #고정값 #카테고리 인식

그런데 이때 삼각형의 꼭짓점들이 곧 '모양과 크기'를 결정하는 '정점'이 된다고 합니다. 나아가 이 정점들의 '개수'와 '상대적 위치'는 어떤 하나의 물체를 표현할 때는 변하지 않는다고 해요. '고정값'이라고 체크해 줄 수 있어야겠죠?

이제 좀 더 디테일하게 이해해봅시다. '개수'의 경우 물체가 변형되어도 변하지 않지만, '상대적 위치'는 물체 고유의 모양이 변하면 달라진다고 하네요. '정점'의 정의를 생각하면 너무나 당연하게 납득할 수 있습니다. '정점'은 '삼각형'을 구성하는 꼭짓점이에요. 이 삼각형은 어떤 '물체'의 모양과 크기를 표현합니다. 그런데 물체의 '모양과 크기'는 물체와 관련된 '고유의 값'이에요. 따라서 어떤 물체의 '모양과 크기'가 결정되면, 그 고유의 값을 표현하는 데 필요한 '정점의 개수'는 모양이 '변형'된다고 해서 바뀌지 않겠죠? 이미 그 물체를 표현하는 '정점의 개수'는 정해져 있으니까요.

한편 물체 고유의 '모양'이 변하면, 그 변한 모양을 나타내기 위해 '삼각형의 모양', 즉 '정점들의 상대적 위치'도 바뀌어야겠죠? 그래야 바뀐 모양을 나타낼 수 있으니까요. 표현하는 '개수'는 변하지 않더라도, 표현하는 '방식'은 바뀔 수 있는 것입니다.

나아가 이 문장에서는 물체의 '모양과 크기' 중 '모양'만 설명했다는 것까지 체크할 수 있으면 좋겠어요. 물체가 '변형'되거나 고유의 '모양'이 변하는 것만 설명하고 있지, '크기'가 변할 땐 어떻게 해야 하는지 설명하지 않았어요. 이렇게 첫 문장에서 나눠 준 카테고리에 맞춰 정보를 받아들일 수 있어야 합니다!

⑥ #카테고리 인식 #재진술

이번엔 '물체가 커지거나 작아지는 경우', '물체가 회전하거나 이동하는 경우'를 언급하고 있습니다. 첫 문장을 읽고 카테고리를 정확히 잡았다면, 이게 각각 '크기' 및 '공간적인 위치'를 의미한다는 걸 알 수 있겠죠? 앞 문장에서 '모양'을 설명했으니까, 이번에는 '크기'와 '공간적 위치'를 설명하는 것이에요.

어쨌든, '크기'가 변하는 경우에는 정점 사이의 '간격'이 달라진다고 합니다. 너무 당연하죠? 물체를 표현하는 것이 '정점'인데, 물체의 크기가 바뀌려면 간격이 넓어지거나 좁아져야 하는 것이죠. 쉽게 납득할 수 있습니다.

한편, '물체가 회전하거나 이동하는 경우'는 '공간적인 위치'가 변하는 경우입니다. 이번에는 '정점'들의 '간격'이 유지되는 상태로 '회전'하거나 '이동'하는 방식으로 표현하네요. 역시 너무 당연합니다. 물체의 '크기'가 바뀌지 않고 '위치'만 바뀔 때는 '정점 사이의 간격'이 바뀔 이유가 없어요. 크기는 그대로인 채로 회전하거나 이동만 하니까요!

여기서 '정점'이 물체를 표현한다는 사실을 잊지 않으면 쉽게 납득할 수 있을 것이에요. 사실상 '정점=물체'인 것이죠. 따라서 물체의 '모양'이 변하면 '정점 간의 상대적 위치'가 변하는 것이고, '크기'가 변하면 '간격'이 변하는 것이고, '위치'가 변하면 '정점'도 '회전'하거나 '이동'하는 겁니다. 이 정보를 납득했는지 여부에 따라 지문 전체의 이해도에 엄청난 차이가 생길 것입니다! 잘 하고 있죠?

어쨌든, 이 문장에서는 '크기'와 '공간적인 위치'에 해당하는 '카테고리'가 등장했어요. '카테고리'를 만들고 거기에 맞춰 정보를 정리하면 얼마나 수월해지는지 알 수 있겠죠? 지금까지 '모양', '크기', '공간적인 위치'가 모두 설명됐네요. 첫 번째 문장에 따르면, 이젠 '표면 특성'에 대해 나올 차례임을 예측할 수 있겠죠?

⑦ #카테고리 인식 #수식된 정의 제시 #단어의 의미 살리기

마지막으론 '물체 표면'입니다. 역시 첫 문장에서 제시한 '고유의 값' 카테고리에 있는 정보죠? 이는 '삼각형 면'을 통해 구성하는 것으로, '고유'의 색과 질감 등을 나타낸다고 합니다. '표면 특성' 역시 너무 당연하게도 '고유한 값'이네요. 말 그대로 '표면'의 '특성'을 나타내는 정보인 것입니다. 단어의 의미를 살려서 이해해주세요.

이렇게 '카테고리'에 맞춰 이해하는 와중에도, 우리가 지금 읽고 있는 모든 정보들이 '고유의 값'을 설정하는 '모델링'에 해당한다는 것을 잊으면 안 돼요. '내가 뭘 읽고 있는지'는 절대로 놓치면 안 됩니다.

하이라이트 문장

> ① 모델링은 3차원 가상 공간에서 물체의 모양과 크기, 공간적인 위치, 표면 특성 등과 관련된 고유의 값을 설정하거나 수정하는 단계이다.

'모델링'은 물체의 모양과 크기, 공간적인 위치, 표면 특성과 관련된 '고유의 값'을 설정하는 단계입니다. 하나하나 설명해 줄 것이라는 생각을 갖고 다음 문장으로 넘어가야 합니다. 이렇게 카테고리를 제시하는 문장에 민감하게 반응할 수 있어야 해요!

> ①공간에서의 입체에 대한 정보인 이 데이터를 활용하여, 물체를 어디에서 바라보는가를 나타내는 관찰 시점을 기준으로 2차원의 화면을 생성하는 것이 **렌더링**이다. ②전체 화면을 잘게 나눈 점이 **화소**인데, 정해진 개수의 화소로 화면을 표시하고 각 화소별로 밝기나 색상 등을 나타내는 **화솟값**이 부여된다. ③렌더링 단계에서는 화면 안에서 동일 물체라도 멀리 있는 경우는 작게, 가까이 있는 경우는 크게 보이는 원리를 활용하여 화솟값을 지정함으로써 물체의 원근감을 구현한다. ④**표면 특성**을 나타내는 값을 바탕으로, 다른 물체에 가려짐이나 조명에 의해 물체 표면에 생기는 명암, 그림자 등을 고려하여 화솟값을 정해 줌으로써 물체의 입체감을 구현한다. ⑤화면을 구성하는 모든 화소의 화솟값이 결정되면 하나의 프레임이 생성된다. ⑥이를 화면출력장치를 통해 모니터에 표시하면 정지 영상이 완성된다.

① #수식된 정의 제시 #재진술 #화제의 흐름

이번엔 '렌더링'에 대해 소개하고 있습니다. 정의를 정확하게 잡아야 합니다. '공간에서의 입체에 대한 정보'는 곧 '모델링' 과정을 통해 만든 '고유의 값'을 의미할 것이에요. '이 데이터'라고 했으니 앞 문단에 등장한 정보일 것이고, 우리가 생각할 수 있는 건 '모델링'을 통해 설정한 데이터일 수밖에 없으니까요.

그리고 '관찰 시점'을 기준으로 하여 '2차원의 화면'을 생성하는 것을 '렌더링'이라고 한다는 '수식된 정의'가 제시됐네요. 문장이 길죠? 한 번에 이해가 안 되면 천천히 다시 읽어주면서 '재진술' 및 '정의'를 정확하게 인식해주는 것이 중요해요. 그래야 나중에 편하게 문제를 풀 수 있을 것이에요. 시간 없다고 대충대충 독해하고 넘어가면 어차피 문제에서 시간을 오래 소모할 수밖에 없습니다.

나아가, '렌더링'이라는 단어를 보자마자 '3D 합성 영상'이라는 화제가 떠올라야 합니다. '모델링'을 통해 3차원 가상 공간에서 물체의 '고유의 값'을 설정했으니, 그것을 2차원의 화면으로 옮겨야 '영상'을 만들 수 있다는 것이죠. 이렇게 '화제'에 대한 인식을 통해 정보의 맥락을 잡아야만 선지 판단을 정확히 할 수 있습니다. 어려운 선지 판단의 시작은 지문의 완벽한 독해예요.

② #수식된 정의 제시 #고정값

'렌더링'은 전체 화면을 '화소'라는 것으로 잘게 나누는 것에서 시작됩니다. 그런데 이 '화소'의 개수도 고정값이에요! 고정값이 자주 등장하고 있으니 정확하게 체크해야 합니다. 하나의 화면에 대해서는 당연히 고정된 개수의 '화소'가 필요하겠죠?

이렇게 정해진 개수의 화소별로 '밝기·색상'을 나타내는 '화솟값'이 부여된다고 합니다. '화소'와 '화솟값'의 정의가 '수식된 정의'로 제시되고 있으니 의식해주세요. 여기서 포인트는 '화면'을 표시하기 위해 '화소'를 쓴다는 점이에요. 우리가 지금 읽고 있는 개념이 '렌더링'이고, 렌더링은 '2차원의 화면'을 생성하는 것이니까요!

③~④ #카테고리 나누기 #재진술

이러한 '렌더링'을 통해서는 '원근감'을 구현할 수 있다고 합니다. '섬세한 입체 영상'을 만드는 것이 이 기술의 목적이므로, '원근감'을 구현해야 한다는 것은 당연하겠죠. 그래야 실물을 촬영한 것 같은 느낌을 받을 수 있을 테니까요. '원근감'을 나타내는 방법 정도는 상식적으로 납득할 수 있죠?

나아가 '입체감'도 구현할 수 있다고 합니다. 이 역시 기술의 목적을 고려하면 당연한 내용이에요. 포인트는 여기서 '원근감'과 '입체감'이라는 내용으로 두 가지 카테고리를 만들어주는 것이네요. '화솟값'을 통해 '원근감/입체감'을 만들어 '섬세한 입체 영상'이 구현되는 것입니다.

그런데 이때 '표면 특성', 즉 '색과 질감'이라는 '고유의 값'을 바탕으로 '입체감'을 드러낸다는 걸 잡아주셔야 합니다. 앞 문단에서 '표면 특성'이라는 카테고리를 정확하게 인식했다면, '표면 특성'이라는 '진짜로' 같은 말을 보고 바로 반응할 수 있었을 것이에요. 물체의 '색과 질감'이 정해져 있으니까, 이 물체가 가려짐이나 조명에 의해 '명암' 혹은 '그림자'가 생기면 어느 정도의 '밝기나 색상'을 가질지 계산할 수 있겠죠? 이를 바탕으로 '화솟값'을 지정하는 것입니다. '화솟값'의 정의가 '밝기와 색상'이니까요!

이해가 안 된다면 다음 예시를 읽어봅시다. 여러분의 휴대폰 자체는 '색과 질감'이 정해져 있지만, 조명 아래에 위치하는지, 햇빛 아래에 위치하는지, 가로등 아래에 위치하는지에 따라 '밝기나 색상'이 다르게 보일 것이에요. '표면 특성'은 바뀌지 않지만, 어떤 상황에 있느냐에 따라 '밝기와 색상'은 달라질 수 있다는 것이죠. 그것을 표현하는 역할을 하는 것이 '렌더링'이고, 우린 그걸 '입체감'이라는 카테고리 아래에서 읽고 있는 것입니다. 이렇게 앞 문단에서 읽은 내용을 끌어오는 것은 기본이고, 할 수 있는 만큼 최대한 '납득'하는 것도 중요합니다.

⑤~⑥ #화제의 흐름 #단어의 의미 살리기

지금 우리가 읽고 있는 '렌더링'의 목표는 '2차원의 화면 생성'이에요. 그럼 '화솟값'을 부여하는 행위가 곧 '2차원의 화면 생성'을 위한 것임을 생각해주셔야 합니다. 따라서 화면을 구성하는 모든 화소에 화솟값이 부여되면 하나의 '2차원 화면'이 생성될 것이고, 그걸 '프레임'이라고 부르는 것이네요. 그리고 이를 모니터에 표시하면 '정지 영상'이 완성될 것이구요! 2차원 화면이 사진처럼 멈춰있으니까 '정지/영상'인 것입니다. 단어의 의미는 자연스럽게 살리고 있죠? 어쨌든, '렌더링'의 목적이 완벽하게 이루어진 모습이네요.

하이라이트 문장

> ④표면 특성을 나타내는 값을 바탕으로, 다른 물체에 가려짐이나 조명에 의해 물체 표면에 생기는 명암, 그림자 등을 고려하여 화솟값을 정해 줌으로써 물체의 입체감을 구현한다.

'표면 특성'이라는 말을 보자마자 앞 문단의 '삼각형 면', '색과 질감'이 떠올라야 합니다. '진짜로' 같은 말을 적극적으로 활용하는 태도, 절대 잊지 마세요!

| 생각 심화 |

'화소'와 '화솟값'은 지금까지 기출문제에 자주 출제된 내용 중 하나예요. 한 번 확인해볼까요?

> 디지털 카메라로 촬영한 영상은 컴퓨터 안에서 영상을 구성하는 점인 수많은 화소의 집합으로 저장되고, 각각의 화소는 숫자로 표현된 밝기 값과 색상 값을 가진다. 일반적으로 디지털 영상 처리란 각 화소의 밝기 값과 색상 값에 일정한 규칙을 적용하여 영상의 밝기와 색상은 물론 크기, 모양, 질감까지도 변화시키는 기술을 말한다.
>
> (2009학년도 9월 모의평가)

> 디지털 영상은 2차원 평면에 격자 모양으로 화소를 배열하고 각 화소의 밝기인 화솟값을 데이터로 저장한 것이다.
>
> (2015학년도 수능 A형)

이렇게 '디지털 영상'과 관련된 지문이 나올 때마다 빠지지 않고 설명이 되는 내용이 바로 '화소'와 '화솟값'입니다. 이 정도로 반복되어 출제되었다면, 앞으로는 은근슬쩍 정의해주지 않고 '화소' 및 '화솟값'이라는 말을 사용할 가능성도 있다고 볼 수 있어요. 확실하게 배경지식으로 만들어 두도록 합시다.

4문단 (1)

> ①모델링과 렌더링을 반복하여 생성된 프레임들을 순서대로 표시하면 동영상이 된다. ②프레임을 생성할 때, 모델링과 관련된 계산을 완료한 후 그 결과를 이용하여 렌더링을 위한 계산을 한다. ③〈이때 정점의 개수가 많을수록, 해상도가 높아 출력 화소의 수가 많을수록 연산 양이 많아져 연산 시간이 길어진다.〉④컴퓨터의 중앙처리장치(CPU)는 데이터 연산을 하나씩 순서대로 수행하기 때문에 과도한 양의 데이터가 집중되면 미처 연산되지 못한 데이터가 차례를 기다리는 병목 현상이 생겨 프레임이 완성되는 데 오랜 시간이 걸린다.

①~② #화제의 흐름 #재진술

이렇게 만들어진 '프레임', 즉 '2차원 화면'의 '정지 영상'을 순서대로 표시하면, 이 지문의 화제인 '3D 합성 영상'이 된다고 합니다. '동영상'이라는 말로 제시되었지만, 여러분이 스스로 '3D 합성 영상'으로 바꿔 읽을 수 있어야 해요. '화제'를 끝까지 놓지 않는 태도가 있다면 쉽게 가능하겠죠?

이렇게 '프레임'을 만들 때는 '모델링', '렌더링'과 관련된 계산을 순차적으로 수행해야 한다고 합니다. 지문 전체 내용을 재진술하는 문장이네요. 우리가 지금까지 읽은 내용이 '모델링'을 통해 계산한 '데이터'를 바탕으로 '렌더링'을 수행하는 것이었으니까요.

③ #연산량–처리 시간 메커니즘 #정의 제시

그런데 '모델링' 과정에서 사용하는 '정점'과 '렌더링' 과정에서 사용하는 '화소'의 수가 많으면 '연산 양'과 '연산 시간'이 길어진다고 합니다. 처리해야 하는 데이터가 많아지면 계산할 게 많아지고, 그러면 오래 걸리는 건 너무나 상식적이에요. 이 메커니즘은 기술 지문에서 자주 나오는 내용이니, 확실하게 알아두도록 합시다.

나아가, 여기서 '해상도'를 정의할 수 있어야 합니다. 지문에선 '해상도'가 높으면 출력 '화소의 수'가 많다고 했습니다. 이에 따르면, '해상도'는 곧 '화소의 수'를 의미한다고 할 수 있겠죠? 이렇게 은근슬쩍 정의하는 개념을 선지에 활용하면 오답률이 치솟습니다. 여기까지 확인할 수 있는 '생각의 힘'을 기르도록 합시다.

④ #정의 제시 #재진술 #문제점 제시 #카테고리 나누기

'CPU'라는 개념이 등장했습니다. '데이터 연산을 하나씩 순서대로 수행하는 장치'라는 정의를 체크해주고 천천히 읽어보는데, 앞에서 확인했던 내용을 그대로 재진술하고 있네요. 과도한 양의 데이터가 집중되면 발생하는 '병목 현상'은 앞에서 읽었던 '연산 시간'이 길어지는다는 말과 '의미상' 같은 말입니다. 데이터를 '하나'씩 밖에 연산하지 못하니까, 데이터 양이 많아지면 고속도로가 밀리는 것처럼 연산이 밀리는 것이에요. 여기서 '데이터'는 앞 문장의 '정점'이나 '화소'를 의미한다는 점은 굳이 언급하지 않아도 잘 체크하고 있겠죠?

CPU를 사용하면 '병목 현상'이 생긴다는 내용은 일종의 '문제점'으로 볼 수 있습니다. 뒤에서 배우겠지만 기술의 생명은 '효율성'인데, '정점'이나 '화소' 같은 데이터를 하나씩 처리하는 CPU는 너무나 비효율적이니까요. 그렇다면 이 문제를 해결하기 위한 방법이 제시되겠죠? 이 문제의 원인은 '데이터를 하나씩 처리'하는 것이기에, 데이터를 한 번에 처리할 수 있게 하면 문제가 해결될 것입니다. 이렇게 예상하면서 계속 읽어봅시다.

나아가, 이 문단을 '효율적인 3D 영상 만들기'라는 카테고리로 묶을 수 있다면 더욱 훌륭하겠습니다. 설명의 초점이 바뀌었다는 생각이 들면 '카테고리화'라는 무기를 꺼내 들어야 해요!

4문단 (2)

⑤CPU의 그래픽 처리 능력을 보완하기 위해 개발된 **그래픽처리장치(GPU)**는 연산을 비롯한 데이터 처리를 독립적으로 수행할 수 있는 장치인 **코어**를 수백에서 수천 개씩 탑재하고 있다. ⑥GPU의 각 코어는 그래픽 연산에 특화된 연산만을 할 수 있고 CPU의 코어에 비해서 저속으로 연산한다. ⑦하지만 GPU는 동일한 연산을 여러 번 수행해야 하는 경우, 고속으로 출력 영상을 생성할 수 있다. ⑧왜냐하면 GPU는 한 번의 연산에 쓰이는 데이터들을 순차적으로 각 코어에 전송한 후, 전체 코어에 하나의 연산 명령어를 전달하면, 각 코어는 모든 데이터를 동시에 연산하여 연산 시간이 짧아지기 때문이다.

⑤ #해결책 제시 #비교/대조

'CPU'의 문제를 'GPU'가 해결해 준다고 합니다. 이는 데이터 처리 장치인 '코어'를 아주 많이 탑재하고 있는 것이라고 해요. 앞에서 대충 예상한 대로, 이 '코어'들이 데이터를 '한 번에' 처리하는 방식으로 'CPU'의 문제를 해결할 것입니다. 정말 그런지 확인해볼까요?

⑥ #화제의 흐름

그런데 GPU의 '코어'는 '그래픽 연산'에 특화된 연산만 할 수 있다고 해요. 무언가 한계가 있는 것처럼 보이지만, 이건 크게 문제가 되지 않을 것이에요. 우리가 지금 읽고 있는 건 '3D 합성 영상'이니까요! '3D 합성 영상'이 곧 '그래픽'이니까, '그래픽 연산'만 할 수 있다고 해서 문제가 생기는 것은 아니겠죠.

하지만 각 코어의 연산 속도가 'CPU의 코어'보다 느리다는 점은 문제가 될 수 있겠네요. '병목 현상'을 막기 위해 'GPU'를 쓰는 건데, 연산 속도가 느리면 '병목 현상'이 또 발생할 수도 있으니까요. 무언가 이상하다는 생각을 해야 합니다. 해결책처럼 제시해놓고는 단점이 있는 것처럼 했으니까요. 정신 똑바로 차리고, GPU가 도대체 어떻게 해결책이 될 수 있는지 궁금해하면서 읽어야 합니다.

⑦~⑧ #해결책 제시 #재진술 #카테고리 인식

아니나 다를까, GPU는 '동일한 연산의 반복 수행'의 경우 고속으로 출력 영상을 생성할 수 있다고 하네요. CPU와 구분되는 GPU의 중요한 차이점입니다. 개별 코어의 연산 속도는 느리지만, '동일한 연산'을 반복할 때는 훨씬 빠르다는 것이에요. '동일한 연산'을 한다는 조건하에서는 CPU보다 훨씬 좋은 성능을 발휘할 수 있는 것이었습니다.

이는 어떻게 가능한 것일까요? 8번 문장을 바탕으로 천천히 이해해봅시다. 핵심은 각 코어에 데이터들을 전송하고, '하나의 연산 명령어'를 통해 모든 데이터를 '동시에' 연산하는 것이네요. 여기서 포인트는 '하나의 연산 명령어'입니다. '하나'의 연산 명령어를 사용한다는 것은 '동일한 연산'을 수행한다는 것을 의미합니다. '연산 명령어'가 같으니까 모든 코어가 '동시에 동일한' 연산을 진행할 수 있겠죠? 그럼 앞 문장에서 말한 것처럼 '고속'으로 출력 영상을 생성할 수 있을 것이구요. 앞 문장의 이유를 설명하는 문장이지만, 사실상 '재진술'이었던 겁니다.

결국 우리가 예상한 대로, 데이터를 '한 번에 처리'하는 방식을 통해 CPU가 가지고 있는 '병목 현상'을 해결할 수 있는 것이었습니다. 모든 문제의 해결은 원인의 제거로부터 이루어진다는 것. 몇 번이고 확인하고 있죠?

그리고 혹시나 여기서 길을 잃은 느낌이 들었다면, 다시 멈춰서 생각해야 합니다. 우리는 지금 뭘 읽고 있죠? 그렇죠. '효율적인 3D 영상 만들기'를 위한 방법에 대해 읽고 있어요. 그럼 '프레임 생성'은 왜 하는 것인가요? 이걸 순서대로 표시하여 지문의 화제인 '3D 합성 영상'을 만들기 위해서죠! 여기까지 생각했다면 이 지문을 완벽하게 읽어낸 것입니다.

하이라이트 문장

⑧왜냐하면 GPU는 한 번의 연산에 쓰이는 데이터들을 순차적으로 각 코어에 전송한 후, 전체 코어에 하나의 연산 명령어를 전달하면, 각 코어는 모든 데이터를 동시에 연산하여 연산 시간이 짧아지기 때문이다.

앞부분에서 'CPU'의 문제점에 대해 인식하면서, 이 문장에서 말하는 방식대로 해결될 것이었음을 미리 예측할 수 있어야 합니다. 이 생각을 했다면, '한 번에 연산'이라는 방식이 'GPU'의 핵심임을 파악하며 마무리할 수 있었을 것이에요. 나아가 이 모든 정보는 결국 '3D 합성 영상'이라는 화제로 모인다는 것도 잊지 않아야 합니다. 잘 할 수 있죠?

선지	①	②	③	④	⑤
선택률	11%	43%	26%	9%	11%

22 윗글에 대한 이해로 적절하지 <u>않은</u> 것은? ②

① 자연 영상은 모델링과 렌더링 단계를 거치지 않고 생성된다.

명시적 근거	1문단 2번 문장
실전에서의 판단 과정	자연 영상과 3D 합성 영상의 차이점이네.
해설	'자연 영상'과 달리 '3D 합성 영상'은 '모델링'과 '렌더링' 단계가 필요하다고 했습니다. 차이점에 민감하게 반응하는 태도가 있었다면 아주 빠르게 지워낼 수 있는 선지였네요.

② 렌더링에서 사용되는 물체 고유의 표면 특성은 화솟값에 의해 결정된다.

명시적 근거	2문단 7번 문장, 3문단 4번 문장
실전에서의 판단 과정	표면 특성은 모델링에서 미리 정하는 거지.
해설	'표면 특성'이라는 물체 '고유의 값'은 '모델링' 단계에서 이미 결정되는 것입니다. '렌더링'에선 이 결정된 값을 바탕으로 '입체감'을 만들 뿐이죠? '표면 특성'이라는 정보는 '고유의 값'이므로, '모델링' 카테고리에 속한다는 것을 미리 생각했어야 합니다.

③ 물체의 원근감과 입체감은 관찰 시점을 기준으로 구현한다.

명시적 근거	3문단 3번~4번 문장
실전에서의 판단 과정	원근감, 입체감은 렌더링이었지.
해설	'원근감'과 '입체감'은 '화솟값'을 지정함으로써 구현하는 것이었습니다. 그리고 '화솟값'을 지정하는 이 단계는 바로 '렌더링' 단계였어요. '렌더링'의 정의는 '관찰 시점을 기준으로 2차원의 화면 생성'이기 때문에, '원근감과 입체감'이 '관찰 시점'을 기준으로 구현된다는 건 맞는 말이 되겠습니다.

정보의 카테고리와 정의가 선지 판단에서 중요하게 쓰이고 있네요!

④ 3D 영상을 재현하는 화면의 해상도가 높을수록 연산 양이 많아진다.

명시적 근거	4문단 3번 문장
실전에서의 판단 과정	그치. 화소 수가 많은 거니까.
해설	숨겨져 있던 '해상도'의 정의를 묻고 있습니다. '해상도'는 곧 '화소의 수'를 의미했는데, '화소'는 연산해야 하는 '데이터'였어요. 해상도가 높으면 화소 수가 많다는 것이니, 연산 양은 당연히 많아진다고 할 수 있겠습니다. 이렇게 문제에서 직접적으로 묻기 전부터 '해상도'라는 개념을 정의하고 넘어갔어야 해요!

⑤ 병목 현상은 연산할 데이터의 양이 처리 능력을 초과할 때 발생한다.

명시적 근거	4문단 4번 문장
실전에서의 판단 과정	연산할 데이터가 처리 능력보다 많으면 차례를 기다리겠지.
해설	선지에서 물어보는 '병목 현상'의 정의는 '미처 연산되지 못한 데이터가 차례를 기다리는 현상'입니다. 데이터가 차례를 기다리는 이유는 CPU가 다른 데이터를 처리하고 있기 때문이죠? 이는 CPU의 처리 능력이 연산할 데이터의 양에 비해 부족하다는 것을 의미하므로 맞는 선지가 되겠습니다. '선지에서 묻는 것'과 '개념의 정의'로부터 차근차근 생각하면 충분히 지워낼 수 있는 선지예요.

선지	①	②	③	④	⑤
선택률	4%	73%	9%	11%	3%

23 모델링 에 대한 설명으로 가장 적절한 것은? ②

– 3차원 가상 공간에서 각 물체의 '고유의 값'을 설정하는 '모델링'에 대한 문제입니다. 이렇게 '발문'부터 정확하게 체크하면서 핵심 내용을 정리할 수 있어야 해요.

① 다른 물체에 가려져 보이지 않는 부분에 있는 삼각형의 정점들의 위치는 계산하지 않는다.

명시적 근거	2문단 1번 문장
실전에서의 판단 과정	가려져 보이지 않아도 고유의 값이면 설정해야지.
해설	'모델링' 단계에서는 다른 물체에 가려져 보이지 않더라도 신경을 써야 합니다. '모델링'은 물체의 '고유의 값'을 설정하는 단계이기에, '위치'라는 고유의 값 역시 무조건 계산해야 하는 것이죠. 지문에 없는 말이지만, '모델링'의 정의를 통해 추론할 수 있는 내용입니다. 최근 어려운 선지의 트렌드이니 확실하게 정리하도록 해요.

| 생각 심화 |

조금 더 자세히 설명해보겠습니다. '모델링'은 '3차원 가상 공간'의 생성에 대한 이야기이고, '렌더링'은 관찰 시점을 기준으로 '2차원 화면'을 생성한다는 점에서 차이가 있습니다. 즉, 눈에 보이지 않더라도 '3차원' 공간 생성을 위해서라면 삼각형 정점들의 위치를 계산해줘야 하는 것이죠. 만약 현재 화면에 보이는 지점이 아니라고 해서 삼각형 정점 위치를 지정해주지 않을 경우, 렌더링 시 관찰 시점을 바꾸어 화면 옆이나 뒤를 보려고 할 때 아무것도 존재하지 않는 장면을 볼 수도 있습니다. 모델링 시 정면을 제외한 옆이나 뒤는 삼각형 정점 위치 및 표면 특성 등을 지정해주지 않았으니까요.

즉, 모델링에서 '3차원' 공간을 만들고 그걸 관찰 시점에 따라 '2차원' 화면에 옮기는 것이 3D 합성 영상을 생성하는 과정이라고 생각하시면 됩니다. 답이 쉽게 나와 선택률은 낮았지만, 이렇게 지문을 완벽하게 이해할 것을 요구한 선지였습니다. 다시 강조하지만, 고난도 선지 판단의 기본은 '완벽한 지문 독해'예요.

② 삼각형들을 조합함으로써 물체의 복잡한 곡면을 정교하게 표현할 수 있다.

명시적 근거	2문단 3번~4번 문장
실전에서의 판단 과정	그렇지. 이게 삼각형의 역할이었지.
해설	'삼각형'을 바탕으로 물체 '고유의 값'을 만든다는 '모델링'의 기본 원리를 이해하고 있다면 너무나 당연한 선지죠? 빠르게 정답으로 고를 수 있어야 합니다!

③ 하나의 작은 삼각형에 다양한 색상의 표면 특성들을 함께 부여한다.

명시적 근거	2문단 7번 문장
실전에서의 판단 과정	표면 특성은 고유의 색을 나타내는 것이지.
해설	'표면 특성' 역시 '고유의 값' 중 하나였어요. 어떤 대상이 가지는 '고유의 색'을 나타내야 한다는 것이죠! '다양한 색상'의 표면 특성들이 함께 부여되면, 해당 물체의 '고유의 값'을 설정한 것이 아니겠죠.

④ 공간상에 위치한 정점들을 2차원 평면에 존재하도록 배치한다.

명시적 근거	2문단 1번 문장, 3문단 1번 문장
실전에서의 판단 과정	모델링은 3차원 가상 공간에서 하는 거지.
해설	'모델링'은 물체가 가진 '고유의 값'을 '3차원 가상 공간'에서 만드는 것이에요. 작은 삼각형들을 조합하는 이유에 대해 명확히 이해했다면 확실하게 납득할 수 있었겠죠? 나아가 '2차원 평면'은 '렌더링' 카테고리에 대한 정보였기도 하니, 쉽게 지울 수 있어야 하는 선지였습니다.

⑤ 다양하게 변할 수 있는 관찰 시점을 순차적으로 저장한다.

명시적 근거	3문단 1번 문장
실전에서의 판단 과정	관찰 시점은 렌더링이잖아.
해설	'관찰 시점'은 '렌더링'의 정의와 관련된 내용이죠? '모델링', '렌더링'이라는 두 핵심 카테고리의 정의를 정확하게 체크했어야 해요.

선지	①	②	③	④	⑤
선택률	7%	12%	17%	37%	27%

24 ㉠에 대한 추론으로 적절한 것은? ④

> ㉠그래픽처리장치(GPU)

– 'GPU'에 대한 문제네요. 'CPU'가 가지고 있는 문제를 '데이터 한 번에 처리'라는 방법으로 해결한다는 메커니즘을 생각하면서 해결해볼까요?

① 동일한 개수의 정점 위치를 연산할 때, 동시에 연산을 수행하는 코어의 개수가 많아지면 총 연산 시간이 길어진다.

명시적 근거	4문단 8번 문장
실전에서의 판단 과정	코어 개수 많으면 오래 안 걸리지.
해설	선지에서 묻는 상황은 '정점 위치'만을 계산하는 상황입니다. 따라서 하나의 '연산 명령어'로 처리할 수 있어, '데이터 한 번에 처리'라는 GPU의 장점이 극대화될 수 있는 상황입니다. 여기서 '코어'의 개수가 많아지면 한 번에 처리되는 '정점 위치'들이 많아지고, 이는 연산 시간을 줄이는 결과를 낳겠네요.

② 정점의 위치를 구하기 위한 10개의 연산을 10개의 코어에서 동시에 진행하려면, 10개의 연산 명령어가 필요하다.

명시적 근거	4문단 8번 문장
실전에서의 판단 과정	정점의 위치만 구하는 거니까 연산 명령어는 하나면 되지.
해설	계속해서 '정점의 위치'라는 '동일한 연산'을 수행하는 상황입니다. 이 경우에 '연산 명령어'는 딱 하나만 필요할 것이에요. GPU의 장점이 극대화될 수 있는 상황이죠?

③ 1개의 코어만 작동할 때, 정점의 위치를 구하기 위한 연산 시간은 1개의 코어를 가진 CPU의 연산 시간과 같다.

명시적 근거	4문단 6번~8번 문장
실전에서의 판단 과정	코어가 1개면 CPU가 더 빠르지.

해설	GPU의 코어는 CPU의 코어보다 저속으로 연산한다고 했습니다. '저속으로 연산'이라는 건 단점이기 때문에, 우리가 '해결책'으로 인식했던 GPU에 대한 정보를 읽으면서 무언가 이상함을 느꼈던 정보였어요. 해결책이라면 좋아야 할 텐데, 단점이 제시되니까요! 우리가 읽은 바에 따르면, 코어 하나하나는 '저속'이긴 하지만, '여러 개의 코어'를 통해 '동시에' 연산을 진행하기 때문에 '동일한 연산'을 하는 경우에는 CPU보다 빠르다는 게 핵심이었죠? 그런데 '코어'가 1개라면 이러한 장점을 발휘할 수 없겠네요. 오히려 개별 '코어'의 연산 속도는 CPU가 GPU에 비해 빠르기 때문에, 걸리는 '연산 시간' 역시 CPU가 더 적을 것입니다. '1개의 코어'라는, 선지에서 묻는 상황에 민감하게 반응할 수 있었어야 해요.

④ 정점 위치를 구하기 위한 각 데이터의 연산을 하나씩 순서대로 처리해야 한다면, 다수의 코어가 작동하는 경우 총 연산 시간은 1개의 코어만 작동하는 경우의 총 연산 시간과 같다.

명시적 근거	4문단 6번~8번 문장
실전에서의 판단 과정	연산을 하나씩 순서대로 처리해야 하면 CPU보다도 안 좋은 거잖아.
해설	'GPU'의 핵심은 '동일 연산을 한 번에 수행'입니다. 그런데 선지에서 말하는 것처럼 '연산을 하나씩 순서대로' 처리한다는 건 '한 번에 수행'이라는 메리트를 없애는 것과 같아요. 이렇게 되면 '연산 시간'을 줄일 수 있다는 GPU의 장점이 사라집니다. 예를 들어 300개의 코어가 있어도 하나씩 순서대로 처리해야 한다면 나머지 299개의 코어는 쉬어야 할 것이에요. 이러한 상황에서는 코어가 몇 개든, 1개의 코어만 작동하는 경우와 총 연산 시간이 같을 수밖에 없겠죠. 한편, 연산을 하나씩 순서대로 처리해야 하는 것은 CPU의 특성이었습니다. 그래서 '문제점'이 생겼던 것이고요. GPU가 CPU의 특성을 가지면 GPU만의 장점을 가질 수 없다는 것을 정확히 이해하고 있는지 물어보는 선지였습니다.

⑤ 정점 위치를 구하기 위해 연산해야 할 10개의 데이터를 10개의 코어에서 처리할 경우, 모든 데이터를 모든 코어에 전송하는 시간은 1개의 데이터를 1개의 코어에 전송하는 시간과 같다.

명시적 근거	4문단 8번 문장
실전에서의 판단 과정	데이터 전송은 순차적으로 이루어진다고 했으니 코어가 많을수록 오래 걸리겠네.
해설	계속해서 이야기하지만, GPU의 핵심은 '동일 연산을 한 번에 수행'입니다. 10개의 데이터를 10개의 코어가 한 번에 처리하는 것과 1개의 데이터를 1개의 코어가 한 번에 처리하는 것 모두 걸리는 '연산 시간'은 같겠네요. 이렇게 생각해서 5번을 답으로 골랐다면 반성하셔야 합니다. 아직까지도 선지를 대충 문지르고 있는 것이에요. 언제나 강조하지만, 문제풀이의 대원칙은 '선지에서 묻는 것 생각하기'입니다. 나머지 선지들에서 '연산 시간'을 묻는 것과 달리, 5번 선지에선 '데이터 전송 시간'을 묻고 있어요. 즉, '한 번에 연산'이라는 말에 포함되지 않는 시간이라는 것이죠. '연산 시간'을 묻는 것이 아니니까요. 그래서 다시 GPU와 관련된 과정으로 돌아가보니, '데이터 전송'은 '순차적으로' 이루어진다는 사실을 알 수 있네요. 즉, 10개의 데이터를 10개의 코어에 전송하는 시간은 1개의 데이터를 1개의 코어에 전송하는 시간보다 훨씬 길다는 거죠. 10개의 데이터가 '순차적으로' 전송될 테니까요. '선지에서 묻는 것 생각하기!' 언제나 강조하던 내용인데, 생각보다 의식하기 쉽지 않죠? 정말 많은 연습이 필요합니다.

선지	①	②	③	④	⑤
선택률	24%	8%	11%	33%	24%

25 다음은 3D 애니메이션 제작을 위한 계획의 일부이다. 윗글을 바탕으로 할 때 적절하지 <u>않은</u> 것은? [3점] ④

– 주어진 그림부터 분석해봅시다. '장면 1'에서 '장면 2'로 넘어가면서, 풍선의 '크기'가 커지고 있어요. '모양과 크기'라는 카테고리는 '모델링' 단계에 해당하죠? '크기'가 커지니까 풍선을 이루는 삼각형의 정점 사이의 '간격'은 넓어졌을 것이에요.

나아가 '장면 3'에서는 네모가 하늘로 날아올라 점점 멀어지는 모습을 나타내고 있습니다. 풍선이 더 이상 '커지지 않고' 하늘로 '이동'하고 있는 것이죠. '크기'와 '공간적인 위치=이동'에 관련된 정보가 나왔네요. '모델링'을 하는 과정에서 물체가 '이동'하는 경우에는, 정점들이 '간격을 유지'하면서 '동일 거리만큼 이동'해야 합니다. '장면 3'에서는 풍선의 '크기'를 유지한 채로 '이동'만 하고 있으니, 정점들이 이루는 삼각형은 정점들 간의 간격이 달라지지 않고 '이동'만 했겠죠? 이 정도까지 정리하고 문제를 풀어야 합니다. '크기', '공간적인 위치'라는 카테고리를 정확히 설정해 놨다면 충분히 생각할 수 있는 내용일 것이에요.

① 장면 1의 렌더링 단계에서 풍선에 가려 보이지 않는 입 부분의 삼각형들의 표면 특성은 화솟값을 구하는 데 사용되지 않겠군.

명시적 근거	3문단 1번 문장
실전에서의 판단 과정	렌더링 단계에서 보이지 않는 부분을 신경 쓸 필요는 없지.
해설	선지에서 묻는 것을 정확하게 체크해야 합니다. 장면 1의 '렌더링' 단계입니다. 이때 풍선에 가려 보이지 않는 입 부분 삼각형들의 표면 특성은 '화솟값'을 구하는 데 사용되지 않겠죠. 23번 문제의 1번 선지를 판단하면서 생각했듯이, '관찰 시점'을 기준으로 하는 '렌더링' 단계에서는 눈에 보이지 않는 물체에 굳이 화솟값을 부여할 이유가 없으니까요. 나아가 '렌더링' 단계는 '2차원의 화면'을 생성하는 것이기에, 풍선에 가려 보이지 않는 입 부분을 구현할 필요가 없습니다. 23번 문제의 1번 선지와 마찬가지로, 지문에 없는 말을 지문 속 '렌더링'의 정의를 바탕으로 생각했어야 하는 어려운 선지였어요.

Q 3문단에서 분명히 다른 물체에 '가려짐' 등을 고려해서 화솟값을 부여한다고 했는데, 그러면 가려져 보이지 않는 입 부분의 삼각형들의 표면 특성도 화솟값을 구하는 데 사용해야 하는 거 아닌가요?

A 3문단의 내용은, 다른 물체에 '가려짐' 등을 고려하여 가려진 곳은 굳이 화솟값을 부여하지 않는다는 것입니다. '고려하다'라는 단어 때문에 중의적으로 해석될 수 있는 문장이었는데, 단순히 문장 하나하나에 집착하여 근거를 찾는 식으로 접근하지 말고 '렌더링'의 정의와 같이 핵심적인 정보를 바탕으로 '납득'하는 태도가 중요했습니다. '납득'하려고 했다면 '고려하다'가 '화솟값을 부여한다'와 같은 말이 아니라는 것을 충분히 생각할 수 있었을 겁니다.

② 장면 2의 모델링 단계에서 풍선에 있는 정점의 개수는 유지되겠군.

명시적 근거	2문단 5번 문장
실전에서의 판단 과정	크기가 커져도 정점 개수는 그대로지.
해설	'모델링' 단계에서 '정점의 개수'는 고정값이었습니다. '모양과 크기'가 달라지더라도 정점의 '개수'는 바뀌지 않아요. 미리 체크했더니 편하죠?

③ 장면 2의 모델링 단계에서 풍선에 있는 정점 사이의 거리가 멀어지겠군.

명시적 근거	2문단 6번 문장
실전에서의 판단 과정	풍선이 커지니까 멀어지겠지.
해설	〈보기〉라고 할 수 있는 '애니메이션 제작 계획'의 정보를 정리하며 미리 생각한 내용이죠? '물체의 크기'라는 카테고리에 대한 정보를 정확하게 인식했다면 손쉽게 지워낼 수 있었을 겁니다.

④ 장면 3의 모델링 단계에서 풍선에 있는 정점들이 이루는 삼각형들이 작아지겠군.

명시적 근거	2문단 6번 문장
실전에서의 판단 과정	이동할 때는 삼각형들의 간격이 달라지지 않지.
해설	미리 정리했듯이, '장면 3'처럼 물체가 '이동'하는 경우에는 '모델링'에서 사용하는 삼각형들이 동일 방향으로 동일 거리만큼 이동한다고 했습니다. 크기는 변하지 않고 '이동'만 하고 있으니, 정점들이 이루는 삼각형은 그대로 이동만 할 뿐 크기가 변하지는 않겠네요. 여러 카테고리를 바탕으로 '모델링'의 단계를 완벽하게 이해하고 있는지를 묻는 선지였습니다.

Q '장면 3'에서는 풍선이 점점 '멀어지는' 모습을 나타낸다고 했으니, 삼각형의 크기를 줄여야 하는 거 아닌가요?

A 크기가 작아질수록 멀어지는 것은 '원근감'에 대한 이야기입니다. 이 '원근감'은 '렌더링' 단계에서 구현하는 것이에요. '모델링' 단계에서 정해 둔 풍선의 '크기'는 '더 이상 커지지 않'게 유지하고, 2차원 화면에서 볼 때 '원근감'이 느껴지게끔 '렌더링'하는 것이죠. '모델링'과 '렌더링'이라는 두 과정에 대한 완벽한 이해를 요구하는 문제였어요.

⑤ 장면 3의 렌더링 단계에서 전체 화면에서 화솟값이 부여되는 화소의 개수는 변하지 않겠군.

명시적 근거	3문단 2번 문장
실전에서의 판단 과정	화소의 개수는 고정값이지.

해설	다시 '렌더링' 단계에 대해 묻고 있습니다. 여기서 '화소의 개수' 역시 고정값이었죠? 당연히 변하지 않겠죠. '해상도'에 따라 결정되는 것이 '화소의 개수'인데, '해상도'가 달라지지 않는 이상 전체 화면의 화소 개수는 변하지 않을 것이에요. 고정값 체크를 하지 못한 안타까운 학생들이 무려 20%가 넘는 모습이네요. '변하지 않음', '정해진 값', 일정한 값'과 같은 표현에 주목하며 읽는 습관을 들이도록 합시다!

몰랐던 어휘 정리하기

| 핵심 point |

① **화제 check** : 독서 지문 독해의 처음이자 끝. 첫 문단에서 잡은 '화제의 틀'을 마지막 문단까지 놓지 않아야 합니다.

② **기술의 목적** : 기술은 인간의 필요에 의해 만들어진 것이므로, 반드시 어떠한 '목적'이 있습니다. 이 목적을 생각하며 읽으면 훨씬 쉽게 이해할 수 있습니다.

③ **카테고리 나누기** : 정보들의 범주가 나뉠 때, 그들이 서로 다른 카테고리에 속한다는 것을 인지해야 합니다. 이렇게 각 카테고리에 맞춰 정보를 정리하면 훨씬 깔끔하게 정리할 수 있다는 것을 기억해주세요.

④ **문제해결형 지문** : 결국, 문제의 원인을 제거하는 것이 해결책입니다. '원인'을 생각하고, 그 원인을 제거하면 어떻게 해야 하는지 미리 생각하면 해결책을 훨씬 쉽게 이해할 수 있습니다.

| 지문 내용 총정리 |

내용이 엄청나게 난해하거나 어렵지는 않지만, 카테고리를 은근슬쩍 나누는 부분이 정말 많은 데다가 고정값·문제해결 도식 등 미시적인 독해 포인트를 여러 가지 활용한 고난도 지문이었습니다. 나아가 지문에 명시되지 않은 말을 물어보거나 '선지에서 묻는 것'을 따지지 않으면 낚일 수 있는 요소들이 잔뜩 포함된 방식으로 문제가 출제되어, 지문을 잘 읽었어도 모든 문제를 다 맞히기 어려운 형태였어요. 이처럼 최근의 경향을 잘 담고 있는 지문이니, 여러 번 복습해서 확실하게 자기 것으로 만들도록 합시다.

추상적인 원리는 구체적인 사례로 이해한다.

> **DAY 18 [1~6]**
> 2022.06 [4~9] 인문 '서양과 동양의 인과 관계' ☆☆☆☆

(가) 1문단

> ①근대 이후 서양의 철학자들은 과학적 세계관이 대두하면서 이전과는 달리 인과를 물리적 작용 사이의 관계로 국한하려는 경향을 보였다. ②문제는 흄이 지적했듯이 인과 관계 그 자체는 직접 관찰할 수 없다는 것이다. ③원인과 결과에 해당하는 사건만을 관찰할 수 있을 뿐이다. ④가령 "추위 때문에 강물이 얼었다."는 직접 관찰한 물리적 사실을 진술한 것이 아니다. ⑤그래서 인과가 과학적 개념인지에 대한 의심이 철학자들 사이에 제기되었다. ⑥이에 인과를 과학적 세계관에 입각하여 이해하려는 시도가 새먼의 과정 이론이다.

① #비교/대조 #재진술

근대 이후 서양의 철학자들이 '인과'를 '물리적 작용 사이의 관계'로 국한하려는 경향을 보였다고 합니다. 이는 '과학적 세계관'이 대두되었기 때문이라고 해요. '과학적 세계관' 때문에 인과를 '물리적 작용' 사이의 관계로만 보았다면, '과학적 세계관'은 곧 '물리적 작용에만 주목하는 세계관'이라고 할 수 있겠습니다. 즉, 이 지문에서 '과학적=물리적'이라는 것이죠. 이렇게 '숨겨진 정의'에 주목하며 정보량을 줄여낼 수 있어야 합니다.

나아가 이러한 생각은 '이전과는 달리' 나타난 것이라고 합니다. 즉, 근대 이전과 이후가 '과학적 세계관'의 유무라는 포인트를 바탕으로 비교/대조되고 있는 것이죠. 첫 문단의 첫 문장이니만큼 많은 생각을 요구하고 있네요. 제대로 읽어낼 수 있겠죠?

②~④ #문제점 제시 #재진술 #사례-원리 연결

그런데 이런 생각에는 '문제'가 있다고 합니다. 인과 관계 그 자체는 관찰할 수 없고, 원인과 결과에 해당하는 '사건'만을 관찰할 수 있다는 것이죠. '추위/강물' 예시를 통해 손쉽게 이해할 수 있겠죠? 좀 더 쉽게 이해하면, 'A→B'라는 인과에서 A와 B라는 개별 '사건'은 관찰할 수 있지만, '→'라는 '인과 관계' 그 자체는 관찰할 수 없다는 것이 핵심이네요.

그런데 첫 문장에서는 '과학적 세계관'을 바탕으로 해서 인과를 '물리적 작용 사이의 관계'로 국한시켰다고 했는데, 인과는 '관찰할 수 없다'는 것이 문제점으로 제시되고 있습니다. 이에 따르면 '관찰할 수 없다'는 것이 곧 '물리적 작용 사이의 관계가 아니'라는 말을 의미한다고 할 수 있겠죠? '물리적 작용 사이의 관계'로 보려고 했는데, '관찰할 수 없다'는 문제가 있다고 했으니 둘은 같은 말인 것이죠! 이번에도 '재진술'을 확실하게 체크하는 것이 중요했습니다. '과학적=물리적=관찰 가능'으로 받아들여야 해요!

⑤~⑥ #재진술 #해결책 제시 #화제 제시

이로 인해 '인과'가 '과학적' 개념인지에 대한 의심이 싹텄다고 합니다. 우리는 '과학적=물리적=관찰 가능'으로 정리했기 때문에, '관찰'이 불가능한 '인과'가 '과학적' 개념이 아니라고 의심한다는 내용은 당연하게 납득할 수 있습니다.

이러한 의심을 방어하기 위해 '새먼'이 나서는 모습입니다. '새먼의 과정 이론'은 '인과'를 '과학적 세계관'에 입각하여, 즉 '물리적 작용 사이의 관계로 국한'지어, 다시 말해 '관찰 가능한 성질을 이용'하여 설명하려는 이론일 것이에요. 이 지문의 문제는 '인과'가 '관찰 불가능'하기 때문에 발생한 것이므로, '관찰 불가능'이라는 원인을 제거한다면 깔끔하게 해결될 수 있으니까요. 새먼은 어떻게 '인과 관계'를 다시 '과학'의 영역으로 끌어 왔을까요? 기대하면서 읽어봅시다.

> **| 생각 심화 |**
>
> 서양 철학사에서, '과학적 지식'은 '관찰, 실험' 등의 '경험'을 통해 이뤄지는 것으로 다루는 경향을 보였습니다. 따라서 '관찰'이 불가능한 것은 곧 '과학적'이지 않은 것으로 바꿔 읽어 주시면, 과학철학과 관련된 지문을 조금 더 쉽게 읽어낼 수 있습니다. 수능에도 몇 번 출제된 내용이니 확실하게 알아두도록 합시다.
>
> 그런데 포퍼는 반증 가능성이 없는 지식, 곧 아무리 반증을 해 보려 해도 경험적인 반증이 아예 불가능한 지식은 과학적 지식이 될 수 없다고 비판한다.　(2013학년도 수능)
>
> 나아가 '인과 관계'는 '물리적 세계' 내에서만 다뤄야 한다는 것 역시 처음 나온 정보가 아닙니다. '심신 문제'와 관련된 개념 중 '평행론', '부수 현상론', '동일론' 등은 모두 '물리적 세계'만이 원인이 될 수 있다고 주장하는 이론입니다. 아래의 기출 지문에서는 이를 '근대 과학의 기본 전제'로 소개하고 있으니 알아두도록 합시다.
>
> 물질로 이루어진 세계의 모든 사건은 다른 물질적 사건이 원인이 되어 일어난다는 생각, 즉 물질적 사건의 원인을 설명하기 위해서 물질세계 밖으로 나갈 필요가 없다는 생각은 근대 과학의 기본 전제이다.　(2014학년도 수능 B형)

하이라이트 문장

> ① 근대 이후 서양의 철학자들은 과학적 세계관이 대두하면서 이전과는 달리 인과를 물리적 작용 사이의 관계로 국한하려는 경향을 보였다.

'과학적 세계관'이 '물리적 작용 사이의 관계'로 재진술되었다는 것을 생각하시면서, '인과 관계'라는 화제어를 잡아주셔야 합니다. '인과 관계'에 대한 생각이 '이전과는 다르다는' 것도 생각해주셔야겠죠?

(가) 2문단

> ① 야구공을 던지면 땅 위의 공 그림자도 따라 움직인다. ② 공이 움직여서 그림자가 움직인 것이지 그림자 자체가 움직여서 그림자의 위치가 변한 것은 아니다. ③ **과정 이론**은 이 차이를 다음과 같이 설명한다. ④ **과정**은 대상의 시공간적 궤적이다. ⑤ 날아가는 야구공은 물론이고 땅에 멈추어 있는 공도 시간은 흘러가고 있기에 시공간적 궤적을 그리고 있다. ⑥ 공이 멈추어 있는 상태도 과정인 것이다. ⑦ 그런데 모든 과정이 인과적 과정은 아니다. ⑧ 어떤 과정은 다른 과정과 한 시공간적 지점에서 만난다. ⑨ 즉, 두 과정이 **교차**한다. ⑩ 만약 교차에서 표지, 즉 대상의 변화된 물리적 속성이 도입되면 이후의 모든 지점에서 그 표지를 전달할 수 있는 과정이 **인과적 과정**이다.

① ~ ③ #사례-원리 연결 #화제의 흐름

뜬금없이 '야구공' 예시로 시작하고 있습니다. 이를 이해하는 것 자체는 어렵지 않아요. 야구공을 던지면 당연히 공 그림자도 같이 움직일 것이고, 공 그림자가 움직인 이유는 야구공이 움직였기 때문이지 그림자 자체가 마음대로 움직인 것은 아니니까요. 중요한 건 이 예시가 결국 새면의 '과정 이론'을 설명하기 위해 나왔을 것이라는 점입니다. 그럼 '과정 이론'이 무엇인지 그 원리를 확인하고, '야구공' 예시와 일대일로 대응시켜 이해해봅시다.

먼저 '과정 이론'은 '이 차이'를 설명한다고 합니다. 이런 문장에 아주 민감하게 반응할 수 있어야 합니다. 앞으로의 카테고리를 제시하는 문장이니까요. 이제부터 우리는 '이 차이'에 대해 알아볼 겁니다. 여기서의 '이 차이'란, '공 움직임 → 공 그림자 움직임'과 '공 그림자 자체의 움직임 → 그림자 위치 변화' 사이의 차이입니다. 아직까지는 무슨 말인지 전혀 모르겠습니다. '이 차이'에 대해 좀 더 알아봅시다.

④ ~ ⑥ #정의 제시 #사례-원리 연결

먼저 '과정'을 정의하고 있습니다. 주요 개념의 정의는 정확하게 체크해야 한다는 건 너무 당연하죠? '과정'이란 '대상의 시공간적 궤적'입니다. '날아가는 야구공'은 '시간과 공간의 궤적'을 모두 그리고 있으니 '과정'이라는 걸 쉽게 납득할 수 있는데, '땅에 멈추어 있는 공'도 '과정'이라고 합니다. '멈추어 있는데 왜 과정이지?'라고 하시면 안 됩니다. 여기에는 '공간의 궤적'은 없지만 '시간의 궤적'이 있기 때문에, '과정 이론'의 입장에서는 이 역시 '과정'인 것입니다. 사례를 바탕으로 확실하게 이해해야 합니다.

⑦ ~ ⑩ #화제의 흐름 #수식된 정의 제시

그런데 모든 과정이 '인과적 과정'은 아니라고 해요. 여기서 '인과'를 보자마자 긴장하셔야 합니다. 우리가 애타게 기다리던 '화제'니까요! 그럼 어떤 것이 '인과적 과정'인 것일까요? 어떤 과정은 다른 과정과 한 시공간적 지점에서 만난다고 합니다. 이를 '교차'라고 하는데, '교차'에서 '표지'가 도입됐을 때 이후의 모든 지점에서 그 표지를 전달할 수 있는 과정이 '인과적 과정'이라고 해요. 수식된 정의는 확실히 체크하고 있죠?

아니 그런데, 진짜 무슨 말인지 하나도 모르겠습니다. 하지만 당황하지 않습니다. 우리에겐 '야구공' 예시가 있으니까요! 결국 우리가 열심히 이해하고 있는 '과정 이론'은 '야구공' 예시의 '이 차이'를 설명하기 위해 나온 것입니다. 먼저 '공 움직임 → 공 그림자 움직임'부터 생각해봅시다. 공이 움직이는 것은 하나의 '과정'입니다.

그런데 여기서 '표지'에 대한 내용은 어떻게 생각할 수 있을까요? 음... 아무리 봐도 모르겠습니다. 정말 이해가 안 되네요. 애초에 '야구공' 예시에는 '과정들끼리 한 시공간적 지점에서 만나는 경우'가 없으니까요. 지금 당장은 이해하지 못하더라도, 정말 중요한 내용이라면 분명히 이해시켜줄 것이라고 생각하면서 넘어가봅시다. 바로 다음 문단에 '가령'이라는 한 줄기 빛도 보이니까요.

일단 우리가 지금 '과정 이론'에 대해서 읽고 있다는 것, 그리고 '과정 이론'에 따르면 '인과적 과정'이란 '교차에서 표지가 도입되면 이후의 모든 지점에서 그 표지를 전달할 수 있는 과정'이라는 점은 확실하게 체크해야겠죠? 아주 어려운 정의이지만, 다음 문단에 제시된 사례('가령'을 통해 사례가 나올 것이라는 걸 예측할 수 있죠?)를 통해 확실하게 이해시켜줄 것이니까요.

'내가 지금 뭘 읽고 있는지' 생각하며 화제의 흐름을 잡아내고, '수식된 정의'에 민감하게 반응하는 것! 어렵고 불친절한 지문을 뚫어내는 가장 기본적인 태도입니다.

하이라이트 문장

> ⑦그런데 모든 과정이 인과적 과정은 아니다.

'과정'이라는 개념의 정의를 열심히 이해하다가, 이 문장에서도 '인과'라는 화제를 다시 떠올릴 수 있어야 합니다. 모든 정보는 화제 중심으로 모여야 하니까요.

(가) 3문단 (1)

> ①가령 바나나가 a 지점에서 b 지점까지 이동하는 과정을 과정1이라고 하자. ②a와 b의 중간 지점에서 바나나를 한 입 베어 내는 과정2가 과정1과 교차했다. ③이 교차로 표지가 과정1에 도입되었고 이 표지는 b까지 전달될 수 있다. ④즉, 바나나는 베어 낸 만큼이 없어진 채로 줄곧 b까지 이동할 수 있다. ⑤따라서 과정1은 인과적 과정이다. ⑥바나나가 이동한 것이 바나나가 b에 위치한 결과의 원
> [A] 인인 것이다.

①~⑥ #사례-원리 연결 #재진술

이번엔 '바나나' 예시입니다. '야구공' 예시와 엮어서, '인과적 과정'이 정확히 무엇인지 확실하게 이해할 필요가 있습니다. 긴장하고 천천히 읽어봅시다.

먼저 '과정 1'입니다. 이는 바나나가 a 지점에서 b 지점까지 이동하는 '과정', 즉 '시공간적 궤적'이라고 해요. 그리고 a와 b의 중간 지점에서 바나나를 한 입 베어 내는 것이 '과정 2'라고 합니다. 이 역시 '베어 낸다'라는 '시공간적 궤적'에 해당하니, '과정'이라고 부를 수 있는 것이겠죠?

그런데 이 '과정 2'는 '과정 1'과 '교차'했다고 합니다. '과정 2'와 '과정 1'이 한 시공간적 궤적에서 만난 것이죠. 이 교차로 인해 '표지'가 '과정 1'에 도입되었다고 하는데, 이때의 '표지'는 무엇일까요? 그렇죠.

'바나나가 베어 낸 만큼이 없어진 것'이라는 '변화된 물리적 속성'이겠네요. 이렇게 '표지'가 도입되면, 이 표지 그대로 b까지 전달된다고 합니다. 상식적으로도 납득할 수 있는 내용이네요. 바나나가 가다가 중간에 잘리면 잘린 채로 끝까지 이동할 테니까요. 이를 '즉'을 이용한 재진술로 한 번 더 강조하고 있죠?

어쨌든, 이로 인해 '과정 1'은 '인과적 과정'이라고 합니다. 여기서 '그렇구나~' 하고 넘어가면 안 돼요. 반드시, '인과적 과정'의 원리와 일대일 대응시켜 이해해야 합니다. '인과적 과정'의 정의는 다음과 같습니다.

인과적 과정 : 교차에서 표지가 도입될 때, 이후의 모든 지점에서 그 표지를 전달할 수 있는 과정

이를 '과정 1'에 대입하면 아래와 같죠.
과정 1 : 과정 2와의 '교차'를 통해 베어 낸 만큼이 없어지는 '표지'가 도입되었을 때, b까지 남은 모든 지점에서 베어 내어진 상태가 그대로 '전달'되는 과정

이렇게 보니, '인과적 과정'이 무엇인지 확실하게 이해할 수 있을 것 같습니다. 다른 과정과의 '교차'에서 도입된 '표지'가 자기 과정의 완결까지 '전달'되는 경우인 것이에요! 단순히 '도입'되는 데에서 그치지 않고, '전달'까지 완료하는 경우에 비로소 '인과적 과정'이라고 부를 수 있다는 것입니다.

한 번 더 정리해보면, 다른 과정과의 교차를 통해 도입된 표지를 끝까지 끌고 갈 수 있는 경우에는 원인과 결과를 가지는 '인과적 과정'이 된다는 것이죠. 사례와 원리의 일대일 대응이라는 태도를 가지고 있으면 충분히 할 수 있는 생각이에요! 확실하게 정리합시다.

하이라이트 문장

> ⑤따라서 과정1은 인과적 과정이다. ⑥바나나가 이동한 것이 바나나가 b에 위치한 결과의 원인인 것이다.

위의 사례를 바탕으로, '과정 1'은 '인과적 과정'이라는 걸 이해할 수 있습니다. 나아가 '것이다'를 바탕으로 이를 재진술하고 있습니다. 정말 압도적으로 이 지문을 이해하고 싶다면, 이 문장들의 내용을 위의 사례를 읽으면서 미리 생각한 다음 이 문장들을 통해 '확인'받는다는 느낌이 들어야 해요.

⑦한편, 바나나의 그림자가 스크린에 생긴다고 하자. ⑧바나나의 그림자가 스크린상의 a'지점에서 b'지점까지 움직이는 과정을 과정3이라 하자. ⑨과정1과 과정2의 교차 이후 스크린상의 그림자 역시 변한다. ⑩그런데 a'과 b'사이의 스크린 표면의 한 지점에 울퉁불퉁한 스티로폼이 부착되는 과정4가 과정3과 교차했다고 하자. ⑪그림자가 그 지점과 겹치면서 일그러짐이라는 표지가 과정3에 도입되지만, 그 지점을 지나가면 그림자는 다시 원래대로 돌아오고 스티로폼은 그대로이다. ⑫이처럼 과정3은 다른 과정과의 교차로 도입된 표지를 전달할 수 없다.

⑦~⑪ #사례-원리 연결 #비교/대조

이번에는 바나나의 '그림자'가 스크린에 생기는 경우입니다. 사례를 하나 더 들어주고 있어요. 출제자는 새먼의 '과정 이론'에 따른 '인과적 과정'이라는 말을 완벽하게 이해하기를 바라는 것이에요. 그 기대에 부응해볼까요?

a'지점에서 b'지점까지 그림자가 움직이는 것이 '과정 3'인데, '과정 1'과 '과정 2'가 교차하는 순간 스크린상의 그림자 역시 변한다고 해요. 그런데 이때 그림자가 변하는 것은 '과정 3'이 개입하지 않은, '과정 1'과 '과정 2'의 '교차' 때문이죠? 여기에 만약 '과정 3'이 울퉁불퉁한 스티로폼이 부착되는 '과정 4'와 교차하더라도 '일그러짐'이라는 표지, 즉 '변화된 물리적 속성'이 '도입'되기는 합니다. 그 순간 바나나의 모양이 변하기는 할 테니까요. 하지만 그 지점을 지나는 순간 모든 것이 원래대로 돌아갑니다. 다시 말해, '과정 1'과 달리 표지를 과정 끝까지 '전달'할 수는 없는 것이죠.

정리하자면, '과정 3'은 다른 과정과 '교차'하지 않고도 '표지'(베어낸 만큼이 없어진 바나나의 그림자가 발생)가 도입되기도 하고, 다른 과정과 '교차'하더라도 거기서 도입된 '표지'를 과정 끝까지 전달할 수도 없는 것입니다. '과정 1'과 확실히 구분되죠? '과정 1'은 '과정 2'와 '교차'해서 '표지'를 도입시켰고, 그것을 과정 끝까지 전달했으니까요.

⑫ #재진술

이런 점에서 '과정 1'은 '인과적 과정'이지만, '과정 3'은 '인과적 과정'이 될 수 없는 것입니다. '다른 과정과의 교차로 도입된 표지를 전달할 수 없다.'라는 말은 곧 '인과적 과정이 아니다.'라는 말을 의미한다는 걸 생각할 수 있겠죠? '사례-원리 연결'을 통해 계속해서 확인했던 '인과적 과정'의 정의를 잊지 않았다면 말이에요. 이러한 재진술에도 민감하게 반응할 수 있어야 합니다.

굉장히 어려웠지만, 어쨌든 우리는 사례를 통해 '인과적 과정'이라는 원리를 이해했습니다. 결국 '새먼'은 '인과 관계'에 '표지'라는 '물리=과학'적 내용을 도입하는 방식으로 '인과 관계'를 다시 '과학'의 영역으로 끌어들인 것이었네요. 이렇게 '사례-원리 연결'과 '화제로의 귀환'을 통해 정보를 정리하시면 훌륭하게 독해했다고 할 수 있겠습니다.

| 생각 심화 |

그렇다면 2문단의 '야구공' 예시와 3문단의 '바나나' 예시는 어떻게 연결될 수 있을까요? '야구공' 예시와 '바나나' 예시는 모두 '과정 이론'과 '인과적 과정'을 이해하기 위해 나온 것들이므로, 이 예시들은 당연히 연결이 될 것이에요. 정리해보면,

야구공 : 날아감 → 땅 위의 그림자 변화
바나나 : 이동 → 스크린의 그림자 변화

로 똑같은 예시가 되는 겁니다. 이때 '날아가는 야구공'이나 '이동하는 바나나'의 경우 중간에 다른 과정과 교차하면 어떤 '표지'가 도입되고, 이 표지를 과정 끝까지 전달할 수 있습니다. 바나나 예시의 경우 '과정 1'과 '과정 2'의 교차를 생각하면 되고, 야구공 예시의 경우 날아가던 야구공이 총을 맞아 공의 절반이 잘린 상황 등을 생각할 수 있겠죠. 이 경우에도 야구공은 잘린 상태 그대로 '야구공이 날아간다'라는 과정을 완결시킬 테니까요.

이러한 맥락에서 '공 움직임→공 그림자 움직임'은 곧 '과정 1→과정 3'에 대응된다는 것을 알 수 있습니다. 그런데 '공 그림자 움직임→그림자 위치 변화'라고 한다면, 즉 '공의 그림자가 움직이는 것'이 그림자의 위치가 변한 사건의 '원인'이 된다고 하면 이는 '과정 3'이 바나나 그림자의 위치 변화에 대한 '원인'이 된다고 하는 것과 같아지는 것입니다. 우리가 아는 것처럼, '과정 3'은 '원인'을 가지는 '인과적 과정'이 아니기 때문에 이는 틀린 설명이라는 걸 잘 알 수 있죠. 결국 '과정 이론'이 설명하는 '이 차이'는 '원인이 될 수 있는지의 여부'(인과적 과정인지의 여부)였던 것입니다!

위의 '야구공이 날아가다 총을 맞았다'라는 가정 속에서 조금 더 살펴봅시다. 이때 야구공이 날아가는 과정과 총을 맞는 과정이 교차하면, 야구공의 그림자에도 잘린 공의 그림자라는 '표지'가 도입됩니다. '과정 3'과 마찬가지로, 다른 과정과 교차하지 않고도 '표지'가 도입되어 버린 거죠!

한편 만약 그 그림자 위를 어떤 강아지가 지나가는 경우, 즉 강아지가 지나간다는 '과정'과 그림자의 이동이라는 '과정'이 '교차'하는 그 순간 그림자의 모양이 변한다는 '표지'가 '도입'됩니다. 마치 '과정 3'이 '과정 4'와 교차했을 때와 마찬가지로 말이죠! 하지만 강아지가 지나가고 나면 이 표지는 사라지고 모든 것이 원래대로 돌아가죠? 결국 '공의 그림자가 이동'하는 것은 '과정 3'과 마찬가지로 '도입'된 표지를 과정의 끝까지 '전달'하지는 못하는, 즉 '인과적 과정'이 아닌 과정이었던 것입니다.

많이 어려울 수 있지만, 한 번 이해하면 다 똑같은 내용이에요. 머리 터지게 고민해서 꼭 본인 것으로 만들도록 합시다!

하이라이트 문장

> ⑫이처럼 과정3은 다른 과정과의 교차로 도입된 표지를 전달할 수 없다.

역시 미리 생각한 내용을 확인한다는 느낌으로 읽어주시면 좋습니다. 핵심은 '표지를 전달할 수 없다＝인과적 과정이 아니다'를 잡아내는 것이죠? 이 지문의 화제 자체가 '인과 관계'이므로, '인과'라는 말에 주목하며 정보를 정리하셔야 한다는 것이에요!

(가) 4문단

> ①과정 이론은 규범이나 마음과 같은, 물리적 세계 바깥의 측면을 해명하기 어렵다는 한계를 지닌다. ②예컨대 내가 사회 규범을 어긴 것과 내가 벌을 받아야 하는 것 사이에는 인과 관계가 있지만 과정 이론은 이를 잘 다루지 못한다.

①~② #재진술 #사례-원리 연결

이러한 '과정 이론'은 한계가 있습니다. 이 이론은 애초에 새먼이 '인과 관계'를 '과학'의 영역으로 끌고 오기 위해 주장한 것이기에 그 논의는 '물리적 세계' 안에서만 전개되고, 물리적 세계 바깥의 측면을 해명하기는 어렵다고 해요. 쉽게 납득할 수 있죠? '사회 규범을 어긴 것'과 '벌을 받아야 하는 것' 사이의 인과 관계가 그 예시입니다. '사회 규범을 어긴 것'은 '관찰'할 수 있는 물리(과학)적 세계가 아닌데, 이에 대해서도 '인과 관계'가 성립한다는 것이 글쓴이의 입장입니다. 마지막 문단은 그리 어렵지 않네요.

(나) 1문단

> ①자연 현상과 인간사를 인과 관계로 설명하는 동아시아의 대표적 논의는 **재이론(災異論)**이다. ②한대(漢代)의 동중서는 하늘이 덕을 잃은 군주에게 재이를 내려 견책한다는 **천견설**과, 인간과 하늘에 공통된 음양의 기(氣)를 통해 하늘과 인간이 서로 감응한다는 **천인감응론**을 결합하여 재이론을 체계화하였다. ③그에 따르면,

> 군주가 실정(失政)을 저지르면 그로 말미암아 변화된 음양의 기를 통해 감응한 하늘이 가뭄과 홍수, 일식과 월식 등 재이를 통해 경고를 내린다. ④이때 **재이**는 군주권이 하늘로부터 비롯된 것임을 입증하는 것이자 군주의 실정에 대한 경고였다.

①~② #화제 제시 #수식된 정의 제시 #재진술

(가)에서 서양 이야기를 했으니, (나)에선 동양 이야기를 하는 게 자연스럽겠죠? 동아시아에선 '자연 현상'과 '인간사'를 '인과 관계'로 설명했다고 합니다. '인과 관계'라는 화제가 이어지는 모습입니다. 이에 대한 대표적인 논의는 바로 '재이론'인데, '천견설'과 '천인감응론'이라는 이론이 '재이론'으로 체계화되었다고 하네요. 이들의 수식된 정의를 체크하는 건 기본이고, 그 정의를 기반으로 세 가지 개념을 '의미상' 같은 말로 봐 주시는 게 중요합니다. 그들의 정의는 다음과 같이 제시되어 있어요.

재이론 : 자연 현상과 인간사를 인과 관계로 설명
천견설 : 군주가 덕을 잃음 → 하늘이 재이를 내려 견책함
천인감응론 : 인간과 하늘이 음양의 기를 통해 서로 감응함

이 세 개념을 종합하면, '군주가 덕을 잃으면 음양의 기를 통해 하늘이 감응하고, 재이를 내려 군주를 견책한다.'라고 합니다. '인간사'가 원인이 되어 '자연 현상'이라는 결론이 나타난다는 방식으로 '인과 관계'를 설명하는 것이 '재이론'인 것이죠. '결국 다 같은 말'이라는 대원칙을 잊지 않아야 합니다!

③~④ #재진술

그리고 이 내용이 3번 문장에 그대로 제시되고 있죠? 새로운 정보가 아닌, 다 '같은 말'로 읽혀야 합니다. 군주의 '실정'에 감응한 '하늘'이 '재이'의 형태로 경고를 내리는 것이에요.

그리고 이때 '재이'는 군주권이 하늘로부터 비롯된 것임을 입증하는 것이자 군주의 실정에 대한 경고였다고 합니다. 군주가 잘못하면 하늘이 벌한다는 것은, 군주가 하늘과 아주 긴밀한 사이라는 뜻이니 군주권이 강화되는 효과가 있었을 겁니다. 또한 재이가 일어나는 경우에는 군주가 잘못하고 있다는 뜻이 되는 방식으로 군주에게 위협이 되었겠네요. 충분히 한 문장 한 문장 납득할 수 있을 것이라고 생각합니다.

하이라이트 문장

> ③그에 따르면, 군주가 실정(失政)을 저지르면 그로
> 말미암아 변화된 음양의 기를 통해 감응한 하늘이 가뭄
> 과 홍수, 일식과 월식 등 재이를 통해 경고를 내린다.

앞 문장을 통해 이미 생각한 내용이었어야 합니다. '인간사→자연 현
상'이라는 인과 관계를 놓치지 마세요!

(나) 2문단

> ①양면적 성격의 재이론은 신하가 정치적 논의에 참
> 여할 수 있는 명분을 제공하였고, 재이가 발생하면 군주
> 가 직언을 구하고 신하가 이에 응하는 전통으로 구체화
> 되었다. ②하지만 동중서 이후, 원인으로서의 인간사와
> 결과로서의 재이를 일대일로 대응시켜 설명하는 개별적
> 대응 방식은 억지가 심하다는 평가를 받았다. ③이 방식
> 은 오히려 예언화 경향으로 이어져 재이를 인간사의 징
> 조로, 인간사를 재이의 결과로 대응시키는 풍조를 낳기
> 도 하였고, 요망한 말로 백성을 미혹시켰다는 이유로 군주
> 가 직언을 하는 신하를 탄압하는 빌미가 되기도 하였다.

① #재진술

'양면적 성격의 재이론'이라는 말을 보면서 앞 문단의 내용을 끌고
올 수 있어야 합니다. '재이론'은 군주에게 힘을 주기도 하고, 경고를
내리기도 하는 '양면적'인 성격을 가지고 있었어요. 이러한 내용을
능동적으로 끌고 내려올 수 있어야 합니다.

아무튼 이처럼 '양면적'인 재이론은 신하의 정치적 참여에 대한 명분
을 제공하였다고 합니다. 충분히 납득할 수 있죠? 군주 입장에서 '재
이'가 발생했다는 것은 자신이 실정을 하는 것에 대한 경고이니, 그
것을 고칠 수 있도록 신하에게 '직언'을 구할 것이고 이렇게 '직언'을
할 수 있는 권리를 가진 신하는 정치적 논의에 마음껏 참여할 수 있
을 테니까요. 최대한 당연한 말로 받아들여야 합니다!

나아가 이 내용 역시 '재이론'의 한 가지 측면이 재진술된 것이라는 생
각을 할 수 있어야 합니다. '재이론'이 가진 양면적 성격 중 하나는 '군
주에 대한 견제'였습니다. 결국 다 똑같은 말만 하고 있는 것이에요.

② #화제의 흐름 #수식된 정의 제시 #단어의 의미 살리기

그런데 이런 '개별적 대응 방식'은 억지가 심하다는 평가를 받았다고
합니다. 일단 인간사와 재이를 '일대일', 즉 '개별적'으로 '대응'시켜
설명하는 '방식'이라는 식으로 단어의 의미를 살리며 정의를 받아들
여야겠습니다. 지금까지 이야기한 '군주의 실정→재이'라는 인과 관
계가 바로 '개별적 대응 방식'이라고 할 수 있는데, 이는 사실 억지스
러운 내용이기는 하죠? 어렵지 않게 납득할 수 있네요.

③ #화제의 흐름 #정의 제시 #단어의 의미 살리기 #카테고리 나누기

심지어 이 방식은 '예언화 경향'으로 이어져, '인간사→재이'의 인과
관계가 뒤집혀 '재이→인간사'라는 인과 관계가 만들어졌다고 합니
다. 재이가 발생하면 인간사에 안 좋은 일이 일어날 거라고 '예언'하
는 '경향'이 생긴 것이죠. 단어의 의미 잘 살릴 수 있죠? 이전에는 '인
간사'를 벌하기 위해 '재이'가 발생한다며 사후적인 측면에서 '재이'
를 바라봤는데, 이제는 재이를 일종의 '예언'으로 보는 것이죠.

이러한 풍조 속에서, 군주가 '직언'을 하는 신하를 탄압하는 경우도
나타났다고 하네요. 최대한 납득해봅시다. 포인트는 이 내용의 주어
가 '이 방식', 즉 '개별적 대응 방식'이라는 것입니다. 이 내용은 '예
언화 경향'과 관련이 없다는 걸 확실하게 생각할 수 있어야 해요. '개
별적 대응 방식'에 따르면, 재이가 하나 발생할 때마다 군주의 실정
을 하나씩 대응시켜야 합니다. 이는 왕 입장에선 매우 스트레스일 것
이에요. 가뭄이 들어도, 비가 많이 와도 조목조목 자기 탓이라고 하
니까요. 따라서 이렇게 '직언'하는 신하들의 말을 '요망한 말'로 치부
하여 탄압하는 빌미가 되기도 한 것이죠. 이외에도 마음에 들지 않는
신하의 직언은 무조건 '요망한 말'로 치부하는 등의 방식도 사용할
수 있었겠죠?

이 '요망한 말' 부분을 '예언화 경향'과 엮어서 생각하면 잘못된 판단
을 할 수도 있었을 것이에요. 3번 문장의 내용은 '개별적 대응 방식'
이 낳은 두 가지 결과를 제시하고 있다는 것을 생각할 수 있었어야
합니다. 일종의 '카테고리'를 나눠주고 있는 것이었어요.

아무튼, 이런 방식으로 '재이론'이 가진 여러 문제점이 드러나고 있
네요. 이 문제는 어떻게 해결했을까요?

하이라이트 문장

> ③이 방식은 오히려 예언화 경향으로 이어져 재이를 인간사의 징조로, 인간사를 재이의 결과로 대응시키는 풍조를 낳기도 하였고, 요망한 말로 백성을 미혹시켰다는 이유로 군주가 직언을 하는 신하를 탄압하는 빌미가 되기도 하였다.

'개별적 대응 방식'의 문제점을 제시한다는 화제의 흐름을 잡아내는 것은 기본이고, 이것이 '예언화 경향'과 '신하 탄압'이라는 두 가지 카테고리로 나뉘어 제시되고 있다는 것도 확인할 수 있어야 합니다. 이러한 미시적인 정보 처리에 강해질수록 만점은 가까워질 것이에요.

(나) 3문단

> ①이후 재이에 대한 <u>예언적 해석은 비판의 대상이 되</u>었고, <u>천인감응론 또한 부정되기도 하였다</u>. ②하지만 <u>재이론은 여전히 정치 현장에서 사라지지 않았다</u>. ③송대(宋代)에 이르러, 주희는 천문학의 발달로 예측 가능하게 된 일월식을 재이로 간주하지 않는 경향을 수용하였고, 재이를 근본적으로 이치에 의해 설명되기 어려운 자연 현상으로 간주하였다. ④하지만 당시까지도 재이에 대해 군주의 적극적인 대응을 유도하며 안전한 언론 활동의 기회를 제공했던 재이론이 폐기되는 것은, 신하의 입장에서 유용한 정치적 기제를 잃는 것이었다. ⑤이 때문에 <u>그는 군주를 경계하는 적절한 방법을 찾고자 재이론을 고수하였다</u>. ⑥그는 재이에 대한 개별적 대응 대신 군주에게 허물과 잘못이 쌓이면 이에 하늘이 감응하여 변칙적인 자연 현상이 일어날 것이라는 전반적 대응설을 제시하고, 재이를 군주의 심성 수양 문제로 귀결시키며 재이론의 역사적 수명을 연장하였다.

①~② #화제의 흐름

이러한 '예언적 해석'은 비판의 대상이 되었고, '천인감응론'이 부정되기도 합니다. '재이론'을 구성하는 다양한 요소들이 힘을 잃고 있는 상황이에요. 이렇게 되면 '재이론'이 폐기되어야 정상일 것 같은데, '재이론'은 정치 현장에서 사라지지 않았다고 합니다. 도대체 왜 그런 것인지 확실하게 이해할 수 있어야 합니다.

③ #주장 제시 #재진술

그 전에 먼저 '주희'의 주장을 소개하고 있습니다. '주희'는 '재이'를 '이치에 의해 설명되기 어려운 자연 현상'으로 간주하였다고 합니다. 과학이 발달해서 지문에 제시됐던 '재이'들을 과학으로 설명할 수 있게 되었기 때문입니다. 여기서의 '이치'는 '천견설', '천인감응론' 등 앞에서 제시된 이론들이겠죠? '주희'는 '재이'가 더 이상 '재이론'에서 설명하는 내용과 연결되지 않는다고 생각하고 있어요. 이 내용은 1번 문장의 재진술이라고 볼 수 있겠죠? '재이론'이 힘을 잃어가는 모습을 제시하고 있습니다. 그렇다면 '재이론'이 다시 그 위상을 되찾는 이야기도 나오겠죠?

④~⑤ #재진술 #주장 제시

바로 관련된 이야기가 나오네요. 이렇게 '재이론'을 나쁜 것으로만 보고 폐기하려 하면, 신하들의 정치적 입지가 좁아지는 문제가 발생합니다. '재이론'을 바탕으로 하면 군주의 실정을 지적하는 자신들의 '언론 활동'을 안전하게 할 수 있는데, 이것이 폐기되면 신하들 입장에선 강력한 무기 하나를 잃는 꼴이 되니까요. 그래서 '주희'는 신하들의 힘을 지키기 위해 '재이론'을 고수했다고 합니다. 이런 이유 때문에 '재이론'이 여전히 정치 현장에서 사라지지 않은 것이네요.

⑥ #수식된 정의 제시 #단어의 의미 살리기 #주장 제시

하지만 기존의 '개별적 대응 방식'을 그대로 고수하면 안 됩니다. 따라서 '주희'는 '전반적 대응설'을 제시했다고 해요. 단어의 의미 그대로, 군주의 '전반적'인 실정이 재이에 '대응'된다는 주장이겠죠? 하나의 실정과 하나의 재이를 대응시키는 방식은 군주의 입장에서 거부감이 크기 때문에, '심성 수양'을 통해 '전반적'인 실정의 수를 줄이는 것을 제시하여 군주의 부담을 줄여주는 것이죠. 이렇게 하면 '재이론'을 유지하여 신하들의 정치적 권력을 유지할 수도 있고, '예언화 경향' 및 '군주의 탄압'이라는 문제점이 나타나지 않을 수도 있으니까요.

하이라이트 문장

> ⑤이 때문에 그는 군주를 경계하는 적절한 방법을 찾고자 재이론을 고수하였다.

여러 비판점에 직면한 '재이론'이 유지될 수 있었던 이유를 소개하는 문장입니다. 다음 문장에 나오는 '전반적 대응설'과 엮어 '재이론'이 고수될 수밖에 없었던 이유를 확실하게 이해하셔야 합니다.

선지	①	②	③	④	⑤
선택률	5%	6%	57%	16%	16%

01 다음은 (가)와 (나)를 읽은 학생이 작성한 학습 활동지의 일부이다. ㄱ~ㅁ에 들어갈 내용으로 적절하지 <u>않은</u> 것은? ③

– 독특한 문제입니다. 2019학년도 수능 '우주론' 관련 지문 27번 문항, 2022학년도 수능 예시문항 '예술' 관련 지문 16번 문항 등과 닮아 있습니다. 평범한 내용 전개 방식 문제도 쉽게 주지 않겠다는 평가원의 의지가 엿보이네요.

학습 항목	학습 내용	
	(가)	(나)
도입 문단의 내용 제시 방식 파악하기	ㄱ	ㄴ
⋮	⋮	⋮
글의 내용 전개 방식 이해하기	ㄷ	ㄹ
특정 개념과 관련하여 두 글을 통합적으로 이해하기		ㅁ

– 별로 특별한 것은 없지만, ㄱ~ㅁ이 묻고자 하는 것이 (가)에 대한 것인지 (나)에 대한 것인지, 그리고 어떤 내용에 대한 것인지 정확하게 판단하고 선지 판단에 나서야 할 것 같습니다. 그렇지 않으면 쓸데없는 시간 소모가 너무 클 거예요!

① ㄱ: '인과'에 대한 특정 이론이 등장하게 된 배경을 철학자들의 인식 변화와 관련지어 제시하였음.

명시적 근거	(가) 1문단 전체
실전에서의 판단 과정	과학적 세계관과 관련한 인식 변화가 과정 이론의 토대가 되었지.
해설	ㄱ은 (가)의 1문단에 대해 묻는 부분입니다. '인과'에 대한 특정 이론, 즉 '과정 이론'이 등장하게 된 배경을 '과학적 세계관'이 대두된 즈음, '흄'의 반박이 나타난 즈음 등 '인식 변화'를 바탕으로 제시하고 있었죠. 1문단을 잘 읽었다면 1초만에 지울 수 있는 선지입니다.

② ㄴ: '인과'와 연관된 특정 이론의 배경 사상과 중심 내용을 제시하였음.

명시적 근거	(나) 1문단 전체
실전에서의 판단 과정	재이론에 대한 설명 그 자체네.
해설	ㄴ은 (나)의 1문단에 대해 묻는 부분입니다. '인과'와 연관된 특정 이론, 즉 '재이론'의 배경 사상인 '천견설/천인감응론' 등이 제시되었고, 그 정의도

이쁘게 제시되었죠?

③ ㄷ: '인과'에 대한 특정 이론을 정의한 뒤 구체적인 사례와 관련지어 그 이론의 한계와 전망을 제시하였음.

명시적 근거	(가) 전체
실전에서의 판단 과정	전망을 언제 제시했냐.
해설	ㄷ은 (가)의 내용 전개 방식에 대한 내용입니다. '인과'에 대한 특정 이론, 즉 '과정 이론'을 정의하고, '야구공/바나나'와 관련된 구체적인 사례와 관련지어 설명한 뒤, '물리적 세계 바깥의 측면'을 해명하기 어렵다는 한계를 제시한 것은 맞아요. 하지만 '전망'을 제시한 적은 없죠? (가)의 마지막 문단이 '한계'로 마무리되고, (나)의 첫 문단이 그 한계와 관련된 내용으로 이어졌다는 생각을 했다면 '전망'이 끼어들 틈이 없다는 것을 쉽게 생각할 수 있었을 것이에요.

④ ㄹ: '인과'와 연관된 특정 이론을 제시하고 그 이론이 변용되는 양상을 시대의 흐름에 따라 제시하였음.

명시적 근거	(나) 전체
실전에서의 판단 과정	특정 이론, 시대의 흐름. 맞네.
해설	ㄹ은 (나)의 내용 전개 방식에 대한 내용입니다. (나)에서는 '인과'와 연관된 특정 이론, 즉 '재이론'을 제시하고 그 이론이 변용되는 양상(문제점 드러남→다른 방식으로 수용함)이 시대의 흐름(동중서 이후 송대)에 따라 제시되었네요. 이렇게 '시대의 흐름'이 제시되는 경우에는 확실하게 체크해주시는 것이 중요합니다.

⑤ ㅁ: '인과'와 관련하여 동서양의 특정 이론들에 나타나는 관점을 비교해 보도록 하였음.

명시적 근거	(가), (나) 전체
실전에서의 판단 과정	인과에 대한 비교가 이 지문의 핵심이었지.
해설	ㅁ은 (가)와 (나)를 통합적으로 이해할 것을 요구하는 부분입니다. (가)와 (나)는 각각 '인과 관계'를 서양과 동양에서 어떻게 바라보고 있는지를 다루는 지문이었죠? 하나의 화제를 중심으로 엮여 있는 '하나의 지문'이었습니다. 이를 생각했다면 너무나 쉽게 지울 수 있는 선지였네요.

선지	①	②	③	④	⑤
선택률	6%	7%	20%	51%	16%

02 윗글에 대한 이해로 적절하지 <u>않은</u> 것은? ④

– 전형적인 일치 문제의 발문처럼 보이지만, 엄청난 내용을 담고 있습니다. 바로 '윗글'이라는 말이에요. 보통 (가)(나)형 지문에서는 '(가)에 대한 이해로 적절하지 않은 것은?'처럼 (가)와 (나)를 독립적인 지문으로 상정한 발문이 출제되는 모습이었는데, 아예 (가)와 (나)는 한 지문임을 공식적으로 인정한 것과 같은 발문이에요. 힘들더라도, (가)와 (나)를 한 지문으로 보고 엮어서 독해하는 습관을 들이도록 합시다!

① 과정 이론은 물리적 세계의 테두리 안에서 인과를 해명하는 이론이다.

명시적 근거	(가) 1문단 6번 문장
실전에서의 판단 과정	제일 중요한 말이네.
해설	'과정 이론'의 역할을 묻는 선지입니다. '과정 이론'은 '인과'를 '과학'의 영역, 즉 '물리적 세계의 테두리'로 끌어오기 위한 새먼의 시도였어요. 화제에 해당하는 아주 중요한 정보였으니, 머릿속에 확실하게 넣어두실 필요가 있었겠죠?

② 사회 규범 위반과 처벌 당위성 사이의 인과 관계는 표지의 전달로 설명되기 어렵다.

명시적 근거	(가) 2~3문단 전체, 4문단 2번 문장
실전에서의 판단 과정	물리적 세계 바깥의 측면을 해명하기 어렵다는 게 과정 이론의 한계였지.
해설	'사회 규범 위반'과 '처벌 당위성'은 '물리적 세계 바깥'의 측면인데, 이들이 구성하는 인과 관계는 설명할 수 없다는 것이 '과학적 세계관'에 갇힌 '과정 이론'의 한계였습니다. '표지의 전달'을 보자마자 바로 '과정 이론'이 떠올라야 해요!

③ 인과가 과학적 세계관과 부합하지 않는다고 생각하는 철학자가 근대 이후 서양에 나타났다.

명시적 근거	(가) 1문단 5번 문장
실전에서의 판단 과정	흄 이후에 그랬겠지.

해설	흄이 '과학적 세계관' 속의 '인과 관계'가 가진 문제를 언급한 후에, '인과'가 '과학적 개념인지'에 대한 의심이 철학자들 사이에 제기되었다고 했습니다. 또한 이는 '과학적 세계관'이 도입된 근대 이후의 일이니 맞는 선지가 되겠습니다. 이 내용은 '과정 이론'이 만들어지게 된 배경에 해당하므로 확실하게 체크하고 있었어야 합니다.

④ 한대의 재이론에서 전제된 하늘은 음양의 변화에 반응하지 않지만 경고를 하는 의지를 가진 존재였다.

명시적 근거	(나) 1문단 2번~3번 문장
실전에서의 판단 과정	음양 변화에 감응해서 재이라는 경고를 내리는 거지.
해설	동중서가 활약한 한대의 '재이론'은 '군주의 실정→음양의 기 변화→이에 반응한 하늘이 내리는 재이'와 같은 인과 관계가 설정되어 있었습니다. 하늘이 '재이'를 내리는 존재라는 점에서 '의지를 가진 존재'라는 건 맞는 말이지만, '음양의 변화'에 반응하지 않는다는 건 틀린 말이네요.

⑤ 천문학의 발달에 따라 일월식이 예측 가능해지면서 송대에는 이를 설명 가능한 자연 현상으로 보는 경향이 있었다.

명시적 근거	(나) 3문단 3번 문장
실전에서의 판단 과정	일월식은 더 이상 재이가 아니었지.
해설	천문학의 발달로 일월식을 예측할 수 있게 되었고, 이에 더 이상 일월식을 '재이'로 간주하지 않는 경향이 나타났습니다. 이러한 요소들로 인해 '재이론'은 위기를 맞이했던 것이었어요. 정치적 필요성 때문에 유지되기는 했지만요. '전반적 대응설'까지로 이어지는 (나)의 전체적인 흐름을 완벽하게 이해할 것을 요구한 선지였습니다.

선지	①	②	③	④	⑤
선택률	15%	15%	17%	32%	21%

03 [A]에 대한 이해로 적절하지 <u>않은</u> 것은? ④

– 열심히 이해했던 '바나나' 사례에 대한 문제네요. 정말 열심히 이해했으니, 그 보상을 받으러 가봅시다.

① 바나나와 그 그림자는 서로 다른 시공간적 궤적을 그린다.

명시적 근거	(가) 2문단 4번 문장, (가) 3문단 1번 문장, 8번 문장
실전에서의 판단 과정	다른 과정이니까 시공간적 궤적도 다르겠지.
해설	'바나나의 이동'은 '과정 1'로 명명했고, '바나나 그림자의 이동'은 '과정 3'으로 명명했습니다. 즉, 둘은 서로 다른 '과정'이라는 것이죠. 그런데 '과정'의 정의는 곧 '시공간적 궤적'이므로, '바나나의 이동'과 '바나나 그림자의 이동'은 서로 다른 시공간적 궤적을 그릴 것입니다. 정의 체크가 제대로 되었는지 물어보는 선지네요.

② 과정1이 과정2와 교차하기 이전과 이후에서, 바나나가 지닌 물리적 속성은 다르다.

명시적 근거	(가) 2문단 9번 문장, (가) 3문단 3번 문장
실전에서의 판단 과정	교차하면서 표지 도입되었으니 물리적 속성 다르겠지.
해설	과정 1이 과정 2와 교차하는 순간 '베어 낸 만큼이 없어진'다는 '표지'가 도입됩니다. '표지'의 정의는 '변화된 물리적 속성'이므로, 교차 전후 바나나가 지닌 '물리적 속성'이 다르다는 건 맞는 말이네요. 역시 각 개념의 정의를 유기적으로 엮을 수 있는지 묻고 있습니다. 낯설고 어려운 개념일수록 그 정의를 더욱 확실하게 체크해야 한다는 점 꼭 기억합시다!

③ 과정1과 달리 과정3은 인과적 과정이 아니다.

명시적 근거	(가) 3문단 5번 문장, 12번 문장
실전에서의 판단 과정	그렇지.
해설	어떻게 보면 [A]에서 가장 중요한, '결론'에 해당하는 내용입니다. '표지의 전달'이 가능한 '과정 1'은 '인과적 과정'이었고, 불가능한 '과정 3'은 '인과적 과정'이 아니었습니다. 정확한 이유를 이해하는 건 매우 어려웠겠지만, 최소한 이 결론 자체는 확실하게 체크했어야 해요.

④ 바나나의 일부를 베어 냄으로써 변화된 바나나 그림자의 모양은 과정 3이 과정 2와 교차함으로써 도입된 표지이다.

명시적 근거	(가) 3문단 9번 문장
실전에서의 판단 과정	그림자 모양은 과정 1이 과정 2와 교차할 때 도입된 표지지.
해설	'변화된 바나나 그림자의 모양'은 '과정 1'이 '과정 2'와 교차함으로써 도입된 표지였습니다. '과정 3'은 단순히 '과정 1'과 '과정 2'의 그림자일 뿐이기에, '과정 1'과 '과정 2'가 교차하여 도입된 표지에 영향을 받을 뿐입니다. 심지어 '과정 3'이 '과정 2'와 교차하는 것도 불가능하죠? '과정 3'은 '과정 4'와만 교차할 수 있고, 여기서 도입된 표지를 전달할 수 없기 때문에 '인과적 과정'이 아니었던 것입니다. 이 메커니즘을 정확하게 이해하는 것이 중요한 선지였네요.

⑤ 과정3과 과정4의 교차로 도입된 표지는 과정3으로도 과정4로도 전달되지 않는다.

명시적 근거	(가) 3문단 12번 문장
실전에서의 판단 과정	'과정 3'과 '과정 4'의 교차로 도입된 표지는 어디로도 전달되지 않지.
해설	'과정 3'과 '과정 4'의 교차로 도입된 표지는 그 어디로도 전달되지 않습니다. 그렇기에 '과정 3'은 '인과적 과정'이라고 부를 수 없는 것이었죠? 새먼이 생각하는 '인과적 과정'의 핵심 조건이 결여된 것이었어요.

선지	①	②	③	④	⑤
선택률	13%	56%	10%	16%	6%

04 ㉠, ㉡에 대한 설명으로 가장 적절한 것은? ②

이 방식은 오히려 ㉠예언화 경향으로 이어져 재이를 인간사의 징조로, 인간사를 재이의 결과로 대응시키는 풍조를 낳기도 하였고,

그는 재이에 대한 개별적 대응 대신 군주에게 허물과 잘못이 쌓이면 이에 하늘이 감응하여 변칙적인 자연 현상이 일어날 것이라는 ㉡전반적 대응설을 제시하고,

– '재이론'의 병폐를 드러낸 '예언화 경향'과 그에 대한 대안으로 제시된 '전반적 대응설'을 비교하는 문제입니다. 둘의 가장 큰 차이는 '인과 관계'의 방향이에요. '예언화 경향'은 '재이→인간사'라는 인과 관계를 상정하고, '전반적 대응설'은 '인간사 전반→변칙적인 재이'라는 인과 관계를 상정하고 있습니다. 나아가 둘의 가장 큰 차이점은, '개별적'으로 볼 것이냐 '전반적'으로 볼 것이냐이기도 하죠? 이 정도 잡아놓고 바로 선지 판단해봅시다.

① ㉠은 군주의 과거 실정에 대한 경고로서 재이의 의미가 강조되어 신하의 직언을 활성화하는 방향으로 활용되었다.

명시적 근거	(나) 2문단 1번 문장, 3번 문장
실전에서의 판단 과정	이건 이전의 재이론 이야기지.
해설	군주의 '과거 실정'을 경고할 수 있는 것은, '군주의 실정→재이'라는 인과 관계가 성립하기 때문이었습니다. 이에 신하들은 군주에게 '직언'을 할 수 있었구요. 그런데 이 내용은 '예언화 경향'으로 이어지기 전의 재이론에 해당하죠? '예언화 경향'은 '재이론'의 이러한 기본 인과 관계가 뒤집힌 것이기에, 적절한 선지라고 볼 수 없겠습니다.

② ㉠은 이전과 달리 인간사와 재이의 인과 관계를 역전시켜 재이를 인간사의 미래를 알려 주는 징조로 삼는 데 활용되었다.

명시적 근거	(나) 2문단 3번 문장
실전에서의 판단 과정	재이→인간사로 인과 관계 역전됐으니 맞네.
해설	'예언화 경향'은 '재이→인간사'라는 인과 관계를 상정하는 것입니다. 이는 '재이'가 원인이고 '인간사'가 결과라는 뜻이므로, '재이'를 '인간사'의 미래를 알려 주는 징조로 삼았다는 건 맞는 말이 되겠네요. 우리가 미리 생각했던 내용이죠? '인과 관계 역전'이라는 말을 이 선지를 보기 전부터 생각할 수 있었어야 해요.

③ ㉡은 개별적인 재이 현상을 물리적 작용이라 보고 정치와 무관하게 재이를 이해하는 기초로 활용되었다.

명시적 근거	(나) 3문단 전체
실전에서의 판단 과정	물리적 작용으로 본 것도, 정치와 무관한 것도 완전 헛소리네.
해설	'주희'는 개별적인 재이 현상을 '군주의 심성' 문제와 연결지었습니다. 즉, 이를 '물리적 작용'으로 본 것이 아니었어요. 나아가, '주희'가 이러한 주장을 한 이유는 누가 뭐라 해도 신하들의 언론권 보장이라는 '정치'와 관련된 것이었죠? '정치와 무관하게'라는 말도 가볍게 틀린 말로 체크할 수 있겠네요.

④ ㉡은 누적된 실정과 특정한 재이 현상을 연결 짓는 방식으로 이어져 군주의 권력을 강화하는 데 활용되었다.

명시적 근거	(나) 3문단 6번 문장
실전에서의 판단 과정	전반적 대응설은 신하의 권력을 강화하기 위해 주장한 것이지.
해설	'전반적 대응설'이라는 대안을 제시한 이유는 신하들의 정치적 영향력을 키워 군주의 권력을 약화시키려는 것이었습니다. '군주 권력 강화'는 이 정보의 역할을 무시하는 내용이죠.

⑤ ㉡은 과학적 인식을 기반으로 군주의 지배력과 변칙적인 자연 현상이 무관하다는 인식을 강화하는 기초로 활용되었다.

명시적 근거	(나) 3문단 6번 문장
실전에서의 판단 과정	과학적 인식을 기반으로 한 게 아니지.
해설	일단 (나)에서 '과학적 인식'을 찾는 것이 에러죠? '전반적 대응설'이 제시된 것은 신하들의 권력 강화를 위한 '정치적'인 이유였으니까요. '과학적'으로 여러 자연 현상들을 분석할 수 있었던 것은 맞지만, 그것을 주장하면 신하들에게 유리할 것이 없으니 의도적으로 '과학적' 인식을 배제한 것이죠. 나아가 '전반적 대응설'은 군주의 지배력과 변칙적인 자연 현상이 '유관'하다는 인식, 즉 '재이론'을 유지하는 기초로 활용되었어요. 여기서 '지배력'이라는 말이 조금 애매하기는 하지만, 어쨌든 '변칙적인 자연 현상'이 군주의 정치와 관련된다고 보았던 것은 확실합니다.

선지	①	②	③	④	⑤
선택률	13%	56%	10%	16%	6%

05 〈보기〉는 윗글의 주제와 관련한 동서양 학자들의 견해이다. 윗글을 읽은 학생이 〈보기〉에 대해 보인 반응으로 적절하지 <u>않은</u> 것은? [3점] ②

– 다양한 학자들의 주장이 제시될 겁니다. 〈보기〉를 보고 지문의 어떤 주장과 맞닿아 있는지 미리 생각하고 풀어봅시다.

─────[보기]─────

㉮ 만약 인과 관계가 직접 관찰될 수 없다면, 물리적 속성의 변화와 전달과 같은 관찰 가능한 현상을 탐구하는 것이 인과 개념을 과학적으로 규명하는 올바른 경로이다.
– (가)의 내용과 맞닿아 있죠? '인과 개념'을 '관찰 가능'한 '과학'의 영역으로 다루는 것이 중요하다는 내용입니다.

㉯ 인과 관계란 서로 다른 대상들이 물리적 성질들을 서로 주고받는 관계일 수밖에 없다. 그러한 두 대상은 시공간적으로 연결되어 있어야만 한다.
– 역시 (가)의 내용과 같은 말을 하고 있습니다. '인과 관계'는 '물리적 세계'에서만 다뤄야 한다는 것이에요!

㉰ 덕이 잘 닦인 치세에서는 재이를 찾아볼 수 없었고, 세상의 변고는 모두 난세의 때에 출현했으니, 하늘과 인간이 서로 통하는 관계임을 알 수 있다.
– (나)의 '천인감응론'에 대한 내용이네요.

㉱ 홍수가 자주 발생하는 강 하류 지방의 지방관은 반드시 실정을 한 것이고, 홍수가 발생하지 않는 산악 지방의 지방관은 반드시 청렴한가? 실제로는 그렇지 않다.
– (나)의 '재이론'을 비판하는 내용이죠? 홍수라는 '재이'와 지방관의 청렴도라는 '인간사'는 아무런 관련이 없다는 것입니다.

① 흄의 문제 제기와 ㉮로부터, 과정 이론이 인과 개념을 과학적으로 규명하려는 시도의 하나임을 이끌어낼 수 있겠군.

명시적 근거	(가) 1문단 전체
실전에서의 판단 과정	관찰 가능한 건 과학적인 것이지.
해설	1문단 마지막 문장을 읽으며 우리가 했던 생각을 그대로 읊어주고 있죠? '관찰 가능=과학적'이라는 재진술을 체크했는지 묻는 선지입니다.

② 인과 관계를 대상 간의 물리적 상호 작용으로 국한하는 ㉯의 입장은 대상 간의 감응을 기반으로 한 동중서의 재이론이 보여 준 입장과 부합하겠군.

명시적 근거	(나) 전체
실전에서의 판단 과정	동중서의 재이론은 물리적 세계 바깥을 다루는 것이었잖아.
해설	(가)의 마지막 문단과 (나)의 첫 문단을 연결지으면서, 동중서의 '재이론'은 '물리적 세계 바깥'의 측면에 대해 이야기하는 것임을 생각했습니다. 이렇게 (가)와 (나)가 엮이는 내용이 그대로 선지화된 모습이죠? ㉯의 입장은 (가)의 내용이기에, 동중서의 '재이론'이 보여 준 입장과 부합할 수는 없습니다. 애초에 대상 간의 '감응'은 '관찰'이 불가능한, '물리적 세계 바깥'의 것이잖아요!

③ 치세와 난세의 차이를 재이의 출현 여부로 설명하는 ㉰에 대해 동중서와 주희는 모두 재이론에 입각하여 수용 가능한 견해라는 입장을 취하겠군.

명시적 근거	(나) 전체
실전에서의 판단 과정	동중서든 주희든 모두 재이론을 받아들이긴 했으니 맞는 선지네.
해설	㉰는 '재이론'과 부합하는 내용이었습니다. '동중서'와 '주희' 모두 '재이론' 자체를 포기하지는 않았으니, 이를 수용할 수 있겠네요.

Q '주희'는 '재이론'을 나쁘게 본 것 아닌가요?

A '주희'는 '재이론'이 가진 논리적 결함 등을 발견하기는 했지만, 정치적인 이유에서 '재이론'을 포기하지는 않았습니다. '전반적 대응설'도 결국 '재이론'의 일종이라는 걸 놓치지 마세요!

④ 덕이 물리적 세계 바깥의 현상에 해당한다면, 덕과 세상의 변화 사이에 인과 관계가 있다고 본 ㉰는 새먼의 이론에 입각하여 설명되기 어렵겠군.

명시적 근거	(가) 4문단 전체
실전에서의 판단 과정	재이론은 물리적 세계 바깥의 이야기니까, 새먼의 이론으로 설명할 수 없겠어.
해설	㉰는 '재이론' 그 자체입니다. 그리고 우리가 미리 생각했듯이, '재이론'은 '덕'과 같은 '물리적 세계 바깥'의 인과 관계를 다루는 이론입니다. 이는 철저히 물리적 세계 안에서 인과 관계를 다루려는 새먼의 이론으로 다루기엔 적합하지 않겠네요.

⑤ 지방관의 실정에서 도입된 표지가 홍수로 이어지는 과정으로 전달될 수 없다면, 새먼은 실정이 홍수의 원인이 아니라는 점에서 ㉮에 동의하겠군.

명시적 근거	(가) 2문단 9번 문장
실전에서의 판단 과정	새먼은 표지가 전달되지 않으면 인과 자체가 아니라고 하겠지.
해설	새먼은 '인과적 과정'이 되기 위해서는 '표지의 과정 끝으로의 전달'이 꼭 필요하다고 했습니다. 이것이 없다면 '인과적 과정'이 아니므로, '원인'이 될 수도 없겠네요. '표지 전달'이라는 핵심 주장을 정확히 이해하고 있는지 물어보는 선지네요.

FAQ

Q '지방관의 실정'은 눈에 보이지 않는, 물리적 세계 바깥의 측면이라고 할 수 있는데 이에 대해 '새먼'이 '과정 이론'을 적용한다는 것이 어떻게 맞는 말이 되나요? '새먼'의 '과정 이론'은 물리적 세계 바깥의 측면을 해명하지 못하는 한계가 있었잖아요.

A '새먼'의 '과정 이론'이 '지방관의 실정'처럼 눈에 보이지 않는 부분, 즉 물리적 세계 바깥의 측면에 대해 제대로 해명하지 못하는 것은 맞습니다. 다만 '과정 이론'이 '표지'라는 '물리적 특성'을 바탕으로 '인과'를 설명하는 이론이라는 점을 고려할 때, 지방관의 실정에서 도입된 '표지'를 고려하는 5번 선지의 내용은 '과정 이론'으로 충분히 설명이 가능해요. 지방관의 실정 자체는 눈에 보이지 않지만, 이로 인해 도입된 '표지'는 눈에 보이는 '물리적 속성'이니까요. 이렇게 눈에 보이는 '표지'가 홍수의 발생이라는 과정으로 전달되지 않는다는 것은 과정3처럼 지방관의 실정이 '인과적 과정'이 아니라는 것을 의미하고, 이에 따르면 '새먼'은 실정이 홍수의 원인이 될 수 없다고 할 것입니다. 결국 '과정 이론'의 핵심이 '표지'라는 '물리적 속성'의 활용임을 정확하게 이해하고 있는지 묻는 선지였네요.

나아가, 이 선지는 2번 선지와 비교할 때 더 깊게 이해할 수 있습니다. 2번 선지는 ㉯의 입장이 '대상 간의 감응'을 기반으로 한 동중서의 재이론과 부합하지 않는다는 내용을 담고 있어요. 여기서 '대상 간의 감응'은 5번 선지의 '표지'와 달리 정말 눈으로 볼 수 없는, 물리적 세계 바깥의 측면이기 때문에 '새먼'과 비슷한 주장을 하는 ㉯에 대응될 수 없는 것입니다. 이렇게 하면 더 확실하게 이해할 수 있겠죠?

선지	①	②	③	④	⑤
선택률	94%	2%	2%	1%	1%

06 ⓐ와 문맥상 의미가 가장 가까운 것은? ①

① 모두가 만족하는 대책을 찾으려 머리를 맞대었다.
② 모르는 단어가 나오면 국어사전을 찾아서 확인해라.
③ 건강을 위해 친환경 농산물을 찾는 사람이 많아졌다.
④ 아직 완전하지는 않지만 서서히 건강을 찾는 중이다.
⑤ 선생은 독립을 다시 찾는 것을 일생의 사명으로 여겼다.

몰랐던 어휘 정리하기

| 핵심 point |

① **화제 check** : 독서 지문 독해의 처음이자 끝. 첫 문단에서 잡은 '화제의 틀'을 마지막 문단까지 놓지 않아야 합니다.
② **재진술 인식** : 같은 말이라도 다르게 표현되는 경우가 많습니다. 심지어 아예 똑같은 말이 반복되는 경우도 많아요. 이 '같은 말'에 민감하게 반응하면, '정보량'을 줄이면서 읽을 수가 있습니다.
③ **사례-원리 연결** : 모든 사례는 어떠한 추상적인 원리를 구체화하는 역할을 합니다. 둘을 연결지으며 확실하게 이해하고 가는 태도가 중요합니다.
④ **정의 인식** : 단어의 의미를 살린 상태로, 지문에 제시된 정의와 붙여서 이해할 수 있어야 합니다. 정의를 '기억'하는 게 아니라, '납득'해서 본인의 말로 정리할 수 있어야 해요.

| 지문 내용 총정리 |

사례-원리 연결, 재진술 등 다양한 방법을 통해 '결국 다 같은 말'이라는 인문 지문의 원칙이 지켜지는 모습이었습니다. 난이도가 높았지만, 지문을 읽어내는 생각의 흐름 자체는 일관되었다는 점에 주목해주세요.

1문단

> ①두 명제가 모두 참인 것도 모두 거짓인 것도 가능하지 않은 관계를 **모순 관계**라고 한다. ②예를 들어, 임의의 명제를 P라고 하면 P와 ~P는 모순 관계이다.(기호 '~'은 부정을 나타낸다.) ③P와 ~P가 모두 참인 것은 가능하지 않다는 법칙을 **무모순율**이라고 한다. ④그런데 "다보탑은 경주에 있다."와 "다보탑은 개성에 있을 수도 있었다."는 모순 관계가 아니다. ⑤현실과 다르게 다보탑을 경주가 아닌 곳에 세웠다면 다보탑의 소재지는 지금과 달라졌을 것이다. ⑥철학자들은 이를 두고, P와 ~P가 모두 참인 혹은 모두 거짓인 가능세계는 없지만 다보탑이 개성에 있는 가능세계는 있다고 표현한다.

① #수식된 정의 제시 #단어의 의미 살리기

'모순 관계'의 정의로 시작하고 있습니다. 단어의 의미 그대로, 두 명제가 '모순'적인 '관계'를 맺는 것을 말하네요. 모두 참이거나 모두 거짓인 것이 가능하지 않은 경우를 말하는 것인데, 기출에 자주 등장한 개념이니 이제 알아두면 좋겠죠?

②~③ #사례-원리 연결 #수식된 정의 제시 #단어의 의미 살리기

이해하지 못했을까봐, 친절하게 사례를 들어주고 있습니다. 임의의 명제 P와 ~P는 '모순 관계'라고 해요. 쉽게 설명해서, "민재는 사람이다."라는 명제와 "민재는 사람이 아니다."라는 명제는 동시에 '참'이거나 '거짓'인 것이 불가능하죠? 사람이면서 사람이 아닐 수는 없으니까요. 이러한 관계를 '모순 관계'라고 하는 것입니다.

나아가 이렇게 P와 ~P가 모두 '참'인 것은 가능하지 않다는 법칙을 '무모순율'이라고 부른다고 합니다. 단어의 의미 그대로, '무모순' 상태를 만들기 위한 법칙이라고 생각하면 되겠죠? 사례도 들어주고, 관련된 다른 개념도 정의해주고 하면서 '모순 관계'라는 개념을 확실하게 이해시키는 모습입니다.

④~⑤ #재진술 #사례-원리 연결

그런데 "다보탑은 경주에 있다."와 "다보탑은 개성에 있을 수도 있었다."는 두 명제는 '모순 관계'가 아니라고 합니다. '모순 관계'의 정의를 끌고 와서, 이들은 둘 다 참이거나 둘 다 거짓이 가능하기에 '모순 관계'가 아니라는 것을 이해할 수 있어야 합니다. 다보탑이 개성

에 있을 수도 있었지만 실제로는 경주에 있거나(모두 참), 개성에 있을 뻔한 적도 없으면서 5번 문장에서 이야기하듯이 경주가 아닌 다른 곳에 세웠을 수도 있으니까요.(모두 거짓) P와 ~P의 관계와는 확실히 다르다는 것을 인식할 수 있겠죠?

⑥ #정의 제시 #단어의 의미 살리기 #화제 제시

이를 두고 철학자들은 '가능세계'라는 개념을 제시합니다. 일단 그 정의를 확실하게 체크해야겠죠? 간접적으로 제시되어 있지만, 'P와 ~P가 모두 참인 혹은 모두 거짓인 경우'는 '가능'한 '세계'가 아닙니다. 이것이 불가능하다는 게 '모순 관계'의 정의니까요! 한편 '다보탑이 개성에 있는 경우'는 '가능'한 '세계'라고 할 수 있죠? '모순'이 아니니까요!

결국 정리하면, '가능세계'라는 개념은 단어의 의미 그대로 상상이 '가능'한 '세계'를 뜻한다고 할 수 있습니다. 앞에서 제시한 '모순 관계'의 정의를 바탕으로 생각하면, '가능세계'란 '모순이 없는 세계'라는 식으로 정의할 수도 있겠죠. 직접적으로 정의하지는 않았지만, 앞에서 제시한 사례를 바탕으로 '가능세계'라는 중요 개념을 설명하고 있습니다.

1문단에서 정보가 제시되는 과정을 보면, 모든 정보가 결국 '가능세계'라는 개념을 설명하기 위해 나왔다는 것을 파악할 수 있을 겁니다. 이제부터 '가능세계'라는 개념의 정의를 확실하게 체크해두고, 천천히 읽어보도록 합시다.

하이라이트 문장

> ⑥철학자들은 이를 두고, P와 ~P가 모두 참인 혹은 모두 거짓인 가능세계는 없지만 다보탑이 개성에 있는 가능세계는 있다고 표현한다.

결국 1문단의 모든 정보는 '가능세계'라는 중심 개념을 소개하기 위해 등장한 것입니다. 위의 모든 정보, 특히 '다보탑' 관련 사례를 바탕으로 이 내용을 확실하게 이해할 수 있어야 합니다.

2문단

> ①'**가능세계**'의 개념은 일상 언어에서 흔히 쓰이는 필연성과 가능성에 관한 진술을 분석하는 데 중요한 역할을 한다. ②'P는 가능하다'는 P가 적어도 하나의 가능세계에서 성립한다는 뜻이며, 'P는 필연적이다'는 P가 모든 가능세계에서 성립한다는 뜻이다. ③"만약 Q이면 Q이다."를 비롯한 필연적인 명제들은 모든 가능세계에서

성립한다. ④"다보탑은 경주에 있다."와 같이 가능하지만 필연적이지는 않은 명제는 우리의 현실세계를 비롯한 어떤 가능세계에서는 성립하고 또 어떤 가능세계에서는 성립하지 않는다.

① #카테고리 나누기

이러한 '가능세계' 개념을 가지고 무엇을 하려나 봤더니, '필연성'과 '가능성'에 대한 진술을 분석하려는 모습입니다. 카테고리를 나눠줄 수 있어야겠죠? '필연성'과 '가능성'은 무엇이며, 그것이 '가능세계'와 무슨 관련이 있을까요?

② #정의 제시 #단어의 의미 살리기 #재진술

'가능'과 '필연'이라는 단어의 의미를 그대로 살리면, '적어도 하나의 가능세계에서 성립'과 '모든 가능세계에서 성립'이라는 정의를 충분히 이해할 수 있을 것 같습니다. 우리가 이해한 '가능세계'는 상상이 '가능'한 '세계'였는데, 무엇이 '가능'하다면 적어도 하나의 '가능세계'에서는 성립이 될 것이고, 언제나 옳다는 뜻의 '필연'을 만족하려면 모든 '가능세계'에서 모순 없이 성립해야 하는 것이죠. 1문단에서 체크한 '가능세계'의 정의를 끌고 오며 가볍게 납득할 수 있어야 합니다.

③~④ #사례-원리 연결 #재진술

"만약 Q이면 Q이다.", "다보탑은 경주에 있다."라는 사례를 들어주며, 앞에서 언급한 '필연성'과 '가능성'에 대한 설명을 재진술하고 있습니다. '모든 가능세계에서 성립', '어떤 가능세계에서는 성립하고 또 어떤 가능세계에서는 성립하지 않음'이라는 말을 어렵지 않게 납득할 수 있겠죠? '가능세계'라는 개념의 정의만 정확하게 체크했다면 어렵지 않을 것이에요.

하이라이트 문장

①'가능세계'의 개념은 일상 언어에서 흔히 쓰이는 필연성과 가능성에 관한 진술을 분석하는 데 중요한 역할을 한다.

'가능세계'를 바탕으로 '필연성'과 '가능성'이라는 개념에 대해 설명할 것이라는 카테고리를 만들 수 있어야 합니다. 나아가 이 과정에서 '가능세계'의 정의가 사용될 것이니, 그 정의를 확실하게 체크하는 것도 필수적이겠죠?

3문단 (1)

①가능세계를 통한 담론은 우리의 일상적인 몇몇 표현들을 보다 잘 이해하는 데 도움이 된다. ②다음 상황을 생각해 보자. ③나는 현실에서 아침 8시에 출발하는 기차를 놓쳤고, 지각을 했으며, 내가 놓친 기차는 제시간에 목적지에 도착했다. ④그리고 나는 "만약 내가 8시 기차를 탔다면, 나는 지각을 하지 않았다."라고 주장한다. ⑤그런데 **전통 논리학**에서는 "만약 A이면 B이다."라는 형식의 명제는 A가 거짓인 경우에는 B의 참 거짓에 상관없이 참이라고 규정한다.

① #카테고리 만들기

이렇게 '가능성'과 '필연성'을 정의하더니, 이번엔 갑자기 '일상적인 몇몇 표현'에 대한 이야기를 하고 있습니다. 여기서 '가능성'과 '필연성'의 개념이 사용될 수도 있겠지만, 일단 카테고리를 나눈 뒤 '가능세계'의 정의를 활용할 준비를 하도록 합시다.

②~④ #사례-원리 연결

사례를 들어주고 있습니다. 이는 앞 문장에서 이야기한 '일상적인 몇몇 표현'의 사례에 해당하는 것이겠죠? 상황 자체는 어렵지 않아요. 8시 기차를 놓쳐 지각을 했고, 이에 대해 "만약 내가 8시 기차를 탔다면, 나는 지각을 하지 않았다."라고 이야기하는 '일상적인 표현'이 제시된 모습입니다. 이것이 '가능세계'와 무슨 관련이 있는 것일까요?

⑤ #정의 제시 #사례-원리 연결

여기서 갑자기 '전통 논리학'의 이야기를 하고 있어요. "만약 A이면 B이다."라는 형식의 명제에 대한 설명이네요. 이 말을 보고서 "만약 내가 8시 기차를 탔다면, 나는 지각을 하지 않았다."라는 '일상적인 표현'이 떠올라야 합니다. 형식이 똑같으니까요! 즉 'A=기차를 탐, B=지각을 하지 않음'으로 바꿔서 생각할 수 있다는 것이죠. 이렇게 앞의 사례를 끌어와 이 원리를 이해해봅시다.

'전통 논리학'에 따르면, 이러한 형식의 명제는 A가 거짓인 경우에는 B의 참 거짓에 상관없이 참이라고 합니다. 여기서 'A=기차를 탐'이었기 때문에, A가 거짓인 경우는 곧 '기차를 타지 못함'이 됩니다. 이는 현재 사례 속 '나'가 겪은 상황과 똑같습니다. 이러한 상황에서는, 'B=지각을 하지 않음'이 실제로 참이든 아니든 "만약 내가 8시 기차를 탔다면, 나는 지각을 하지 않았을 것이다."라는 명제가 참이 된다고 해요. A는 일종의 '가정'에 해당하는 부분인데, 현실에서 이런 가정 자체가 거짓이면 전체 내용은 무조건 참이 된다는 것이죠. 실제로 그런 일이 벌어질 때 어떻게 될지는 모르니까요. 이런 식으로 억지로나마 납득할 수 있겠죠?

아니 그래서 이게 '가능세계'와 무슨 관련이 있는 걸까요? 계속 궁금해하면서 읽어봅시다.

3문단 (2)

⑥그럼에도 내가 만약 그 기차를 탔다면 여전히 지각을 했을 것이라고 주장하지는 않는 이유는 무엇일까? ⑦내가 그 기차를 탄 가능세계들을 생각해 보면 그 이유를 알 수 있다. ⑧그 가능세계 중 어떤 세계에서 나는 여전히 지각을 한다. ⑨가령 내가 탄 그 기차가 고장으로 선로에 멈춰 운행이 오랫동안 지연된 세계가 그런 예이다. ⑩하지만 내가 기차를 탄 세계들 중에서, 내가 기차를 타고 별다른 이변 없이 제시간에 도착한 세계가 그렇지 않은 세계보다 우리의 현실세계와의 유사성이 더 높다. ⑪일반적으로, A가 참인 가능세계들 중에 비교할 때, B도 참인 가능세계가 B가 거짓인 가능세계보다 현실세계와 더 유사하다면, 현실세계의 나는 A가 실현되지 않은 경우에, 만약 A라면 ~B가 아닌 B이라고 말할 수 있다.

⑥ #화제의 흐름 #사례-원리 연결

'그럼에도'라는 말로 시작하고 있습니다. 이는 앞의 내용과 반대되는 내용이 나올 것이라는 걸 내포하고 있죠? 이 문장에서는 "내가 만약 기차를 탔다면 여전히 지각을 했을 것이다."라고 주장하지 않는 이유에 대해 묻고 있어요. 이를 앞에서 다루었던 A, B를 가지고 표현하면 "A이면 ~B이다."가 되겠네요.

정리해봅시다. 전통 논리학에 따르면 "A이면 B이다."라는 형식의 명제에서 A가 거짓인 경우에는 B의 참/거짓은 상관이 없다고 했습니다. 다시 말해, "A이면 B이다."라고 말하거나 "A이면 ~B이다."라고 말하는 것 둘 다 가능하다는 것이죠! 그런데 우리는 실제로 "A이면 ~B이다."라고 말하지는 않습니다. 이 상황이 이상하니, '그럼에도'라는 말을 쓴 겁니다. 이해가 되시나요? 결국 이제부턴 위의 사례에서 우리가 "A이면 ~B이다."라고 말하지 않는 이유에 대해서 알아보게 된다는 것이에요.

'그럼에도'와 같은 접속 부사의 의미를 살림과 동시에 사례를 계속해서 끌고 내려오는 독해 태도가 아주 중요했네요. 이렇게 화제의 흐름을 다시 잡아놓고 읽어야 합니다.

⑦ #사례-원리 연결 #화제의 흐름

이를 위해 '내가 그 기차를 탄 가능세계'를 생각해 보자고 합니다. 드디어 '가능세계'와의 관련성이 언급되는 모습이에요. 특히 '기차를 탄' 가능세계는 A가 '참'인 가능세계입니다. 우리가 앞에서 A가 참인

경우 어떻게 될지 알 수 없기에 A가 거짓인 경우 B의 참 거짓에 상관없이 명제가 참이 되는 것이라고 받아들였는데, 그렇다면 A가 참인 경우 어떻게 되는지 자세하게 알아보자는 것이죠! 이렇게 계속 A, B를 끌고 올 수 있어야 합니다. '가능세계'라는 개념도 다시 인식을 하면서 말이죠.

⑧~⑩ #사례-원리 연결

기차를 탄 가능세계, 즉 A가 참인 가능세계 중 어떤 가능세계에서 나는 여전히 지각을 한다고 합니다. 말 그대로 상상이 '가능'한 '세계'이기 때문에, 9번 문장에서 이야기하는 것처럼 기차가 고장이 나는 '가능세계'도 분명히 존재한다고 할 수 있겠죠. 이건 어렵지 않아요.

그런데 10번 문장을 보니, 이렇게 A가 참인 세계들 중에서 별다른 이변 없이 제시간에 도착한 세계가 그렇지 않은 세계보다 '현실세계와의 유사성'이 더 높다고 합니다. 이때 이변 없이 제시간에 도착한다는 것은 B가 참임을 의미하는 것이고, 그렇지 않다는 것은 B가 거짓임을 의미한다는 것을 충분히 파악할 수 있겠죠? 아무튼 A가 참일 때 B가 참인 것이 B가 거짓인 경우보다 '현실세계와의 유사성'이 더 높다고 하네요. 현재 지문에 제시된 '현실세계'에서는 기차가 제시간에 도착했기 때문에, A가 참일 때 B가 참인 것이 이러한 '현실세계'와 더 유사하다는 의미인 것입니다. 어렵지 않게 납득할 수 있겠죠?

⑪ #사례-원리 연결

되게 어려운 말들이 쏟아지는 것 같지만, 결국 우리가 정리한 사례-원리 연결의 결과를 그대로 읊어주고 있습니다. A가 참인 가능세계들(='기차를 탄 가능세계들') 중에 비교할 때, B도 참인 가능세계(=지각을 하지 않음)가 B가 거짓인 가능세계(=지각을 함)보다 현실세계와 더 유사하다면, 현실세계의 나는 A가 실현되지 않은 경우(=기차를 타지 못함)에, 만약 A라면 ~B가 아니라 B라고 말할 수 있는 것이죠. 어렵지 않게 납득할 수 있어야 합니다.

결국 '가능세계' 개념은 이렇게 '일상적인 표현'을 이해하는 데 큰 도움을 주는 것이었습니다. '가능성' 및 '필연성'과는 별다른 접점을 찾지 못했기에, 카테고리만 확실하게 나눠주는 것으로 충분하겠습니다.

하이라이트 문장

> ⑥그럼에도 내가 만약 그 기차를 탔다면 여전히 지각을 했을 것이라고 주장하지는 않는 이유는 무엇일까?

'그럼에도'라는 표지를 통해 지문의 흐름을 만들어주고, 물음을 통해 "A이면 ~B이다."라는 명제에 대해 인식할 것을 요구하는 문장이었습니다. 이 문장을 어떻게 받아들이냐에 따라서 3문단의 이해도가 달라졌을 것이에요. 여러분은 잘 하고 있죠?

4문단

> ①가능세계는 다음의 네 가지 성질을 갖는다. ②첫째는 가능세계의 일관성이다. ③가능세계는 명칭 그대로 가능한 세계이므로 어떤 것이 가능하지 않다면 그것이 성립하는 가능세계는 없다. ④둘째는 가능세계의 포괄성이다. ⑤이것은 어떤 것이 가능하다면 그것이 성립하는 가능세계는 존재한다는 것이다. ⑥셋째는 가능세계의 완결성이다. ⑦어느 세계에서든 임의의 명제 P에 대해 "P이거나 ~P이다."라는 배중률이 성립한다. ⑧즉 P와 ~P 중 하나는 반드시 참이라는 것이다. ⑨넷째는 가능세계의 독립성이다. ⑩한 가능세계는 모든 시간과 공간을 포함해야만 하며, 연속된 시간과 공간에 포함된 존재들은 모두 동일한 하나의 세계에만 속한다. ⑪한 가능세계 W1의 시간과 공간이, 다른 가능세계 W2의 시간과 공간으로 이어질 수는 없다. ⑫W1과 W2는 서로 시간과 공간이 전혀 다른 세계이다.

① #카테고리 나누기

이번에도 친절하게 카테고리를 나눌 수 있도록 해 주고 있습니다. '가능세계'는 네 가지의 성질을 가진다고 해요. 2~3문단에서 가능세계의 '활용'에 대한 이야기를 했다면, 여기선 '성질'에 대한 이야기를 하는 것입니다. 어떤 성질들이 있는지 알아봅시다.

②~⑤ #정의 제시 #단어의 의미 살리기

네 가지 성질은 바로 '일관성', '포괄성', '완결성', '독립성'이었습니다. 늘 하던 대로, 각 단어의 의미를 살려 확실하게 이해해주시면 되겠습니다.

먼저 '일관성'입니다. 어떤 것이 가능하지 않다면 그것이 성립하는 가능세계는 없다는 내용입니다. 억지로 납득하자면 '가능성'과 '가능세계'의 관계가 '일관'되게 이어지는 것이라고 할 수 있겠죠? 정의 자

체가 어렵지는 않으니 가볍게 넘어갑시다.

다음은 '포괄성'입니다. 이는 '일관성'과 반대되는 개념으로, 어떤 것이 가능하다면 그것이 성립하는 '가능세계'는 존재한다는 정의를 가지고 있습니다. 가능하다면 그것을 '포괄'하는 가능세계가 있다는 식으로 정리하면 되겠죠? 역시 당연한 말이기에 어렵지 않게 납득하고 갈 수 있겠어요.

⑥~⑫ #정의 제시 #단어의 의미 살리기 #재진술

다음은 '완결성'입니다. 그런데 이번에는 '배중률'이라는 개념을 정의하면서 설명하고 있네요. 8번 문장까지 재진술이 되고 있는데, 핵심은 P와 ~P 중 하나는 반드시 참이라는 것이에요. 이는 1문단에서부터 체크한 '모순 관계'의 정의와 일맥상통하기에, 어렵지 않게 납득할 수 있겠습니다. 어느 세계든 '배중률'이 성립하는, '완결'되어 있는 세계라는 식으로 받아들이면 될 것 같아요.

마지막은 '독립성'입니다. 하나의 '독립'된 세계는 연속적인 시공간을 가지는데, 이렇게 연속된 시공간에 포함된 존재들은 모두 동일한 하나의 세계에만 존재한다고 합니다. 말이 되게 어렵지만, 결론은 모든 가능세계가 '독립'되어 존재한다는 것이죠. 11번~12번 문장의 재진술을 활용하면 어렵지 않게 이해할 수 있겠죠?

5문단

> ①가능세계의 개념은 철학에서 갖가지 흥미로운 질문과 통찰을 이끌어 내며, 그에 관한 연구 역시 활발히 진행되고 있다. ②나아가 가능세계를 활용한 논의는 오늘날 인지 과학, 언어학, 공학 등의 분야로 그 응용의 폭을 넓히고 있다.

①~② #화제의 흐름

이러한 '가능세계' 개념은 철학에서 다채롭게 사용되었고, 다양한 연구로 이어졌다는 이야기로 마무리되고 있습니다. 딱히 체크할 정보가 없죠? 가볍게 넘어가보도록 합시다.

선지	①	②	③	④	⑤
선택률	46%	12%	21%	12%	9%

07 윗글의 내용과 일치하는 것은? ①

① 배중률은 모든 가능세계에서 성립한다.

명시적 근거	4문단 7번 문장
실전에서의 판단 과정	그렇다며.
해설	'배중률'의 정의를 묻고 있습니다. '배중률'은 'P 이거나 ~P이다.'라는 정의를 가지고 있는데, 이는 '어떤 세계에서든' 성립하는 것이었습니다. 이는 일종의 '필연적'인 명제이기에, 모든 가능세계에서 성립할 것이에요. 어렵지 않게 답으로 고를 수 있네요.

② 모든 가능한 명제는 현실세계에서 성립한다.

명시적 근거	2문단 2번 문장
실전에서의 판단 과정	가능하다는 건 하나의 가능세계에서만 성립해도 되는 것인데, 그것이 현실세계라는 보장은 없지.
해설	'가능한 명제'의 정의를 묻고 있습니다. 'P는 가능하다'의 정의는 'P가 적어도 하나의 가능세계에서 성립한다.'였어요. 즉, '현실세계'를 포함하여 어떤 가능세계든 하나의 세계에서만 성립하면 된다는 것이죠. 따라서 '모든' 가능한 명제가 현실세계에서 성립한다는 보장은 없겠습니다.

③ 필연적인 명제가 성립하지 않는 가능세계가 있다.

명시적 근거	2문단 2번 문장
실전에서의 판단 과정	필연적인 명제는 모든 가능세계에서 성립하지.
해설	'필연적인 명제'는 모든 가능세계에서 성립한다는 정의를 가지고 있었어요. 당연하게 납득했던 정보였으므로 쉽게 지워낼 수 있어야 합니다.

④ 무모순율에 의하면 P와 ~P가 모두 참인 것은 가능하다.

명시적 근거	1문단 3번 문장
실전에서의 판단 과정	가능하지 않다며.
해설	역시 '무모순율'이라는 개념의 정의를 바탕으로 쉽게 지워낼 수 있죠? 이는 '무모순' 상태를 만들기 위한 법칙으로, P와 ~P가 모두 참인 것은 불가능하다는 정의를 가지고 있었습니다.

⑤ 전통 논리학에 따르면 "만약 A이면 B이다."의 참 거짓은 A의 참 거짓과 상관없이 결정된다.

명시적 근거	3문단 5번 문장
실전에서의 판단 과정	B의 참 거짓과 상관이 없었지.
해설	"만약 A이면 B이다." 형식의 명제에 대한 이야기는 우리가 많은 시간을 들여 이해한 정보입니다. A가 거짓인 경우, 해당 명제는 B의 참 거짓에 상관 없이 무조건 참이 되는 것이었어요. 어렵지 않게 지워낼 수 있네요.

선지	①	②	③	④	⑤
선택률	9%	40%	14%	22%	15%

08 ㉠, ㉡에 대한 이해로 적절하지 <u>않은</u> 것은? ②

"㉠다보탑은 경주에 있다."
"㉡다보탑은 개성에 있을 수도 있었다."

– ㉠과 ㉡은 '모순 관계'가 아닌 명제들의 예시로 제시된 것입니다. 둘은 동시에 참이거나 거짓일 수 있어요. 나아가 두 명제 모두 '가능한 명제'이기 때문에, 어떤 가능세계에서는 성립하고 어떤 가능세계에서는 성립하지 않을 수 있습니다. 이 정도로 정리해두고 선지 판단 해봅시다.

① ㉠이 성립하지 않는 가능세계가 존재한다.

명시적 근거	1문단 5번 문장
실전에서의 판단 과정	가능한 명제니까 당연히 존재하지.
해설	다보탑이 경주가 아닌 다른 곳에 있는 것은, 현실세계가 아닌 어떠한 가능세계에서는 충분히 가능한 일입니다. 애초에 ㉠은 '가능한 명제'이기에 성립하지 않는 가능세계가 존재한다고 봐야겠죠.

② "만약 다보탑이 개성에 있다면, 다보탑은 개성에 있다."가 성립하는 가능세계 중에는 ㉠이 거짓인 가능세계는 없다.

명시적 근거	2문단 3번 문장
실전에서의 판단 과정	필연적인 명제가 성립하는 가능세계는 모든 가능세계인데, ㉠이 거짓인 세계 하나쯤은 있겠지.

<table>
<tr><td rowspan="1">해설</td><td>"만약 다보탑이 개성에 있다면, 다보탑은 개성에 있다."는 "만약 Q이면 Q이다."의 형식을 가지고 있는 '필연적인 명제'입니다. '필연적'이라는 단어의 의미 그대로, 이러한 명제들은 '모든 가능세계'에서 성립한다고 했어요.

따라서 저 명제가 성립하는 가능세계는 '모든 가능세계'라고 할 수 있는데, 수많은 가능세계 중에서 ㉠이 거짓인 가능세계가 하나 정도는 존재하겠죠. ㉠은 '가능한 명제'이니까요.

선지에서 묻는 것이 "만약 Q이면 Q이다." 형식의 명제임을 파악하고, 이것이 곧 '필연적인 명제'라는 것까지 체크했어야 합니다. 이를 위해선 "만약 Q이면 Q이다."와 같은 사례에 민감하게 반응했어야겠죠? 이렇게 기본적인 태도를 갖추는 것이 정답으로 가기 위한 지름길이 됩니다.</td></tr>
</table>

③ ㉡과 "다보탑은 개성에 있지 않다."는 모순 관계가 아니다.

명시적 근거	1문단 1번 문장
실전에서의 판단 과정	둘 다 참 거짓이 가능하네.
해설	선지에서 묻고 있는 '모순 관계'의 정의부터 생각해야겠죠? 이는 '동시에 참도 거짓도 불가능한 관계'를 의미합니다. 그런데 우리는 다보탑이 개성이 있을 수도 있었지만 사실은 개성에 있지 않은 경우(동시 참)를 쉽게 떠올릴 수 있습니다. 이는 '모순 관계'의 정의에 어긋나니, 어렵지 않게 맞는 선지로 처리할 수 있겠네요.

④ 만약 ㉡이 거짓이라면 어떤 가능세계에서도 다보탑이 개성에 있지 않다.

명시적 근거	4문단 3번 문장
실전에서의 판단 과정	개성에 있을 수가 없었다면 개성에 있는 가능세계는 없겠지.
해설	㉡이 거짓이라면, 다보탑은 개성에 있을 수 없었던 것이 됩니다. 즉, 다보탑이 개성에 있다는 건 '가능하지 않은' 일이 되는 것이죠. 그런데 가능세계의 '일관성'에 따르면, 가능하지 않은 것이 성립하는 가능세계는 없습니다.

이렇게 '일관성'의 정의를 끌고 와 해결하는 것이 완벽한 풀이겠지만, '가능세계'라는 개념에 대해 잘 이해하고 있다면 굳이 '일관성'이라는 개념 없이도 당연하게 받아들일 수 있는 선지였을 것이에요. |

⑤ ㉠과 ㉡은 현실세계에서 둘 다 참인 것이 가능하다.

명시적 근거	1문단 4번 문장, 4문단 5번 문장
실전에서의 판단 과정	모순 관계가 아니니 동시 참이 가능하겠지.
해설	'둘 다 참', 즉 '동시 참'이라는 말을 보면 '모순 관계'라는 개념이 떠올라야 합니다. 핵심 개념의 정의와 관련된 내용이니까요! 그런데 ㉠과 ㉡은 '모순 관계'가 아니라는 것은 지문에서 언급한 내용이기도 하면서, 너무나 당연한 말이기도 합니다. 따라서 '동시에 참'이라는 것이 '가능'할 것이고, '포괄성'에 따라 이것이 성립하는 가능세계도 존재할 것입니다. 나아가 이러한 세계가 '현실세계'가 되지 말라는 법도 없죠?

조금 복잡하게 풀었지만, 역시 '가능세계'라는 개념에 대해 잘 이해하고 있다면 너무나 당연한 선지가 됩니다. 큰 고민없이 해결할 수 있으면 좋겠어요. |

선지	①	②	③	④	⑤
선택률	10%	21%	43%	20%	6%

09 윗글을 바탕으로 할 때, ⓐ에 대한 답으로 가장 적절한 것은? ③

> 그럼에도 ⓐ내가 만약 그 기차를 탔다면 여전히 지각을 했을 것이라고 주장하지는 않는 이유는 무엇일까?

– 완벽하게 이해하고 있는 '기차' 사례에 대한 물음입니다. 우리는 이것이 A가 참인 가능세계, 즉 '기차를 탄 가능세계'들끼리 비교했을 때 B도 참인 가능세계, 즉 '지각을 하지 않은 세계'가 현실세계와의 유사성이 더 높기 때문이라는 걸 잘 알고 있죠? 이 말을 찾으면 됩니다.

① 내가 그 기차를 타지 않은 가능세계들끼리 비교할 때 지각을 한 가능세계와 지각을 하지 않은 가능세계가 현실세계와의 유사성의 정도가 다르기 때문이다.

② 내가 그 기차를 타지 않은 가능세계들끼리 비교할 때 기차 고장이 자주 일어나지 않는 가능세계가 현실세계와의 유사성이 높기 때문이다.

명시적 근거	3문단 7번 문장
실전에서의 판단 과정	기차를 탄 가능세계들끼리 비교해야지.

해설	우리가 미리 생각한 그대로, ⓐ에 답을 하기 위해서는 A가 참인 가능세계, 즉 '기차를 탄 가능세계'들끼리 비교해야 합니다. 이 전제부터 지키지 못했으니 둘 다 틀린 선지들이네요.

③ 내가 그 기차를 탄 가능세계들끼리 비교할 때 내가 지각을 한 가능세계가 내가 지각을 하지 않은 가능세계에 비해 현실세계와의 유사성이 더 낮기 때문이다.

명시적 근거	3문단 7번~11번 문장
실전에서의 판단 과정	미리 생각한 내용이네.
해설	'실전에서의 판단 과정'에서 이야기한 것처럼, 발문을 보자마자 미리 생각한 내용 그 자체죠? 이렇게 해결할 수 있어야 합니다.

④ 내가 그 기차를 탄 가능세계들끼리 비교할 때 그 가능세계들의 대다수에서 내가 지각을 하지 않았기 때문이다.

명시적 근거	3문단 7번~11번 문장
실전에서의 판단 과정	뭐가 더 많냐는 게 아니라 유사성이 얼마나 높냐가 포인트지.
해설	선지의 표현대로라면 '지각을 하지 않은 가능세계'가 더 많다는 말이기에, 얼핏 보면 미리 생각한 내용과 같은 말이라고 생각하기 쉽습니다. 하지만 지문에서 이야기한 건 실제 현실세계와의 '유사성'이었지, 각 가능세계의 양이 얼마나 더 '많은지'가 아니었어요. 반대로 만약 '현실세계'에서 기차가 고장이 났다면, 오히려 "만약 기차를 탔더라도 나는 지각을 했을 것이다."라고 말하는 것이 더 자연스럽겠죠. 그것이 실제 '현실세계'와 더 '유사'하니까요! 지문에서 이야기하는, '현실세계와의 유사성'이라는 포인트를 정확하게 잡았어야 합니다. 그래야 이런 선지에 당하지 않아요!

⑤ 내가 그 기차를 탄 것이 현실세계에서 거짓이기 때문이다.

명시적 근거	3문단 7번~11번 문장
실전에서의 판단 과정	이것 자체가 포인트는 아니지.
해설	3문단에서 말하는 상황 속에서, 기차를 탄 것이 현실세계에서 거짓인 건 맞아요. 하지만 이것 자체가 ⓐ에 대한 물음을 이끌어내지는 못하죠? '기차를 탄 가능세계끼리 비교', '현실세계와의 유사성'과 같은 내용들이 필요해요.

선지	①	②	③	④	⑤
선택률	14%	16%	31%	30%	9%

10 윗글을 참고할 때, 〈보기〉를 이해한 내용으로 적절한 것은? [3점] ④

[보기]

명제 "모든 학생은 연필을 쓴다."와 "어떤 학생도 연필을 쓰지 않는다."는 반대 관계이다. 이 말은, 두 명제 다 참인 것은 가능하지 않지만, 둘 중 하나만 참이거나 둘 다 거짓인 것은 가능하다는 뜻이다.

– 일단 〈보기〉부터 분석해 봅시다. '반대 관계'라는 개념이 소개되고 있네요. '반대 관계'의 정의는 동시에 참은 안 되지만, 둘 중 하나만 참이거나 둘 다 거짓인 것은 가능한 관계라고 해요. 둘 다 '거짓'인 것은 가능하다는 점에서 지문에 나온 '모순 관계'와는 차이점을 가지네요. 조금 헷갈리지만 어렵지는 않습니다. 이렇게 〈보기〉 정리해두고 가봅시다.

① 가능세계의 완결성과 독립성에 따르면, 모든 학생이 연필을 쓰는 가능세계가 존재한다는 것과 어떤 학생도 연필을 쓰지 않는 가능세계가 존재한다는 것 중 하나는 반드시 참이고, 그중 한 세계의 시간과 공간이 다른 세계로 이어질 수 없겠군.

명시적 근거	4문단 7번 문장, 4문단 10번 문장, 〈보기〉
실전에서의 판단 과정	선지가 왜 이렇게 기냐... 완결성은 모순 관계에서만 적용되는 거 아니었나? 근데 〈보기〉의 명제는 모순 관계가 아니잖아.
해설	선지가 아주 깁니다. 천천히 판단해봅시다. 여기서 묻고 있는 가능세계의 성질 중 '완결성'은 '배중률'과 관련된 개념이고, '독립성'은 서로 다른 가능세계들끼리 이어지지 않는다는 것이었습니다. 이 정의를 활용해서 생각해볼까요? 일단 '완결성'의 '배중률'은 'P와 ~P', 즉 '모순 관계'에 적용되는 개념인데, 선지에 제시된 두 명제는 〈보기〉에서 소개했던 '반대 관계'의 명제네요! 따라서 '완결성'을 적용하여 추론하는 것은 불가능하겠습니다. 여기서부터 틀린 선지라고 할 수 있겠죠? 한편, 두 명제는 '동시에 참'이 불가능합니다. 즉, 서로 같은 가능세계에 속하는 것이 불가능하다는 것이죠. 따라서 이들은 서로 다른 가능세계에 속하므로, '독립성'에 의해 서로의 시공간이 다른 세계로 이어지는 건 불가능하겠습니다. 선지 뒤쪽의 내용은 맞다고 할 수 있네요.

이 선지의 정확한 풀이를 위해선, 선지에서 묻는 것과 '완결성'의 정의에 대해 조금 더 디테일한 판단이 필요합니다. 선지에서는 두 명제 중 하나가 참인지에 대한 판단이 아닌, 두 '가능세계가 존재한다는 것' 중 하나가 참인지에 대한 판단을 묻고 있습니다. 그런데 '완결성'은 P와 ~P라는 '명제'에 대해 이야기하는 개념이에요. '명제'와 '가능세계'는 분명히 다른 개념이기 때문에, '가능세계'의 존재성을 묻는 1번 선지에서 '완결성'을 가져 오는 것은 아무런 의미가 없습니다.

정확한 풀이는 이것이지만, 사실 시험장에서 이렇게까지 생각하기는 쉽지 않을 것이라고 봅니다. 위의 '해설'처럼 해결하는 것이 조금 더 현실적이라고 봐요. 다만 '선지에서 묻는 것'과 '개념의 정의'가 이만큼 중요하다는 것 정도는 확실히 배워갈 수 있겠죠?

② 가능세계의 포괄성과 독립성에 따르면, "어떤 학생도 연필을 쓰지 않는다."가 성립하면서 그 세계에 속한 한 명의 학생이 연필을 쓰는 가능세계들이 존재하고, 그 세계들의 시간과 공간은 서로 단절되어 있겠군.

명시적 근거	4문단 5번 문장, 4문단 10번 문장, 〈보기〉
실전에서의 판단 과정	포괄성은 가능하면 가능세계도 존재한다는 내용인데, 선지의 내용은 애초에 불가능한 상황이잖아?
해설	역시 선지에서 묻는 개념의 정의를 정확히 가져와야 합니다. 먼저 '포괄성'은 어떤 일이 가능하다면 그것이 성립하는 가능세계도 존재한다는 내용입니다. 한편 '독립성'은 1번 선지에서도 판단했듯이 서로 다른 가능세계들끼리는 이어지지 않는다는 것이었구요. 그런데 선지에서 물어보는 상황은 '가능한 일'이 아닙니다. 어떤 학생도 연필을 쓰지 않는데 그 세계에 속한 한 명의 학생은 연필을 쓰는 게 가능할 리가 없으니까요. 따라서 '일관성'에 의해 이러한 '가능세계'도 당연히 존재하지 않을 것이라고 봐야 합니다. 어렵지 않게 틀린 선지로 지워낼 수 있네요. 나아가, '독립성'에 대한 뒤쪽 내용도 틀렸다고 판단할 수 있습니다. 애초에 이 선지에서 상정하는 '가능세계'가 존재하지 않기 때문에, '가능세계'에 대해 언급하는 '독립성'을 사용할 수 없어요. 여러모로 답이 되기 어려운 선지였습니다.

③ 가능세계의 완결성에 따르면, 어느 세계에서든 "어떤 학생은 연필을 쓴다."와 "어떤 학생은 연필을 쓰지 않는다." 중 하나는 반드시 참이겠군.

명시적 근거	4문단 7번 문장, 〈보기〉
실전에서의 판단 과정	완결성은 모순 관계에서만 적용되는 거지!
해설	이번에도 '완결성'을 물어보고 있습니다. 우리는 1번 선지를 판단하는 과정에서, '완결성'은 '모순 관계'에 있는 '명제'들에게 적용되는 개념임을 파악하고 있어요. 그런데 이 선지에서 언급하는 두 명제는 '모순 관계'에 있지 않습니다. 어떤 학생은 연필을 쓰면서 어떤 학생은 연필을 쓰지 않는, 즉 '모두 참'과 '모두 거짓'인 경우를 쉽게 생각할 수 있으니까요. 이 경우에는 '완결성'을 적용할 수 없으니 틀린 선지로 판단할 수 있겠습니다.

④ 가능세계의 포괄성에 따르면, "'모든 학생은 연필을 쓴다."가 참이거나 "어떤 학생도 연필을 쓰지 않는다."가 참'인 가능세계들이 있겠군.

명시적 근거	4문단 5번 문장, 〈보기〉
실전에서의 판단 과정	둘 중 하나가 참인 건 가능하니까 가능세계는 존재하겠지.
해설	이번에도 '포괄성'의 정의를 활용할 것을 요구하고 있습니다. '포괄성'은 어떤 일이 가능하다면 그것이 성립하는 가능세계도 존재한다는 내용입니다. 이때, 선지에서 묻는 대로 "모든 학생은 연필을 쓴다."가 참이거나 "어떤 학생도 연필을 쓰지 않는다."가 참인 것은 충분히 가능한 일입니다. 〈보기〉에서 언급한 것처럼 이 명제들은 '반대 관계'의 명제들인데, '반대 관계'의 명제들은 '둘 중 하나만 참'인 경우가 가능하니까요. 이는 '가능'한 일이기 때문에, 가능세계의 '포괄성'에 따라 이 상황이 성립하는 가능세계도 존재한다고 할 수 있습니다. 정답은 굉장히 쉽게 나오는 모습입니다. 사실 이 문제는 그저 〈보기〉의 '명제' 개념을 지문 속 '가능세계' 개념으로 확장해보라는 수준의 간단한 문제였다고 볼 수 있어요. 이것이 이 지문에서 가장 중요한 내용이라고 할 수 있으니까요.

⑤ 가능세계의 일관성에 따르면, 학생들 중 절반은 연필을 쓰고 절반은 연필을 쓰지 않는 가능세계가 존재하 겠군.

명시적 근거	4문단 3번 문장, 〈보기〉
실전에서의 판단 과정	일관성이면 가능하지 않은 경우를 가져 와야 하는데, 절반만 쓰는 게 왜 불가능하냐.
해설	이번엔 다시 가능세계의 '일관성'을 활용해야 합니다. '일관성'은 어떤 것이 가능하지 않다면 그것이 성립하는 가능세계는 없다는 지극히 당연한 내용이었어요. 그런데 선지에서 물어보는 것처럼, 학생들 중 절반은 연필을 쓰고 절반은 연필을 쓰지 않는 것은 충분히 '가능'한 일입니다. 어렵지 않게 상상할 수 있겠죠? 따라서 가능세계의 '포괄성'에 따라 이것이 성립하는 가능세계는 존재한다고 볼 수 있습니다. '일관성'에 따르면 안 될 뿐 아니라, 3번 선지의 '생각 심화'에서 이야기했듯이 '〈보기〉'에 대한 분석이 아니라는 점에서 틀린 선지이기도 합니다.

생각할 것이 상당히 많은 문제였습니다. 하지만 결국 핵심은 개념의 '정의'라는 점에서 전형적인 문제이기도 했네요. 결국 기본적인 태도 정립이 가장 중요하다는 것, 확실하게 이해할 수 있겠죠?

나아가 지문에서 언급한 '모순 관계', 〈보기〉에서 언급한 '반대 관계' 외에도 '대소 관계'와 '소반대 관계'가 존재합니다. ('관계' 대신 '대당'이라는 말을 사용하기도 합니다.) 여유가 된다면, 이에 대해서 스스로 찾아보는 것도 추천드려요. 그렇게까지 중요한 내용은 아니라고 생각하기에 여기서는 그냥 넘어가도록 하겠습니다.

몰랐던 어휘 정리하기

| **핵심 point** |

① **화제 check** : 독서 지문 독해의 처음이자 끝. 첫 문단에서 잡은 '화제의 틀'을 마지막 문단까지 놓지 않아야 합니다.

② **정의 인식** : 단어의 의미를 살린 상태로, 지문에 제시된 정의와 붙여서 이해할 수 있어야 합니다. 정의를 '기억'하는 게 아니라, '납득'해서 본인의 말로 정리할 수 있어야 해요.

③ **사례–원리 연결** : 모든 사례는 어떠한 추상적인 원리를 구체화하는 역할을 합니다. 둘을 연결지으며 확실하게 이해하고 가는 태도가 중요합니다.

④ **카테고리 나누기** : 정보들의 범주가 나뉠 때, 그들이 서로 다른 카테고리에 속한다는 것을 인지해야 합니다. 이렇게 각 카테고리에 맞춰 정보를 정리하면 훨씬 깔끔하게 정리할 수 있다는 것을 기억해주세요.

| **지문 내용 총정리** |

단순한 지문 흐름, 〈보기〉 문제를 제외하면 지문과의 일대일 대응으로도 쉽게 해결할 수 있는 내용일치 수준의 문제 등으로 구성되어 있는 지문입니다. 하지만 워낙 추상적인 논리학적 개념을 활용한 지문이어서, 이에 익숙하지 않은 학생들은 완벽하게 읽어내지 못했을 것이에요. 이 외에도 '가능세계'라는 주요 개념을 정확하게 이해하고, 관련된 여러 개념들의 정의와 사례와의 연결 등을 디테일하게 했어야 하는 지문입니다. 이 지문이 너무나 어려웠던 학생들은 더욱 더 많은 인문학/논리학 관련 지문을 경험해보도록 합시다. 특히 LEET언어이해에서 많이 찾아볼 수 있으니, 해당 자료를 '지문 독해' 위주로 공부해보는 연습을 하도록 해요.

1문단

> ①경제학에서는 증거에 근거한 정책 논의를 위해 사건의 효과를 평가해야 할 경우가 많다. ②어떤 **사건의 효과를 평가**한다는 것은 사건 후의 결과와 사건이 없었을 경우에 나타났을 결과를 비교하는 일이다. ③그런데 가상의 결과는 관측할 수 없으므로 실제로는 사건을 경험한 표본들로 구성된 **시행집단**의 결과와, 사건을 경험하지 않은 표본들로 구성된 **비교집단**의 결과를 비교하여 사건의 효과를 평가한다. ④따라서 이 작업의 관건은 그 사건 외에는 결과에 차이가 날 이유가 없는 두 집단을 구성하는 일이다. ⑤가령 어떤 사건이 임금에 미친 효과를 평가할 때, 그 사건이 없었다면 시행집단과 비교집단의 평균 임금이 같을 수밖에 없도록 두 집단을 구성하는 것이다. ⑥이를 위해서는 두 집단에 표본이 임의로 배정되도록 사건을 설계하는 **실험적 방법**이 이상적이다. ⑦그러나 사람을 표본으로 하거나 사회 문제를 다룰 때에는 이 방법을 적용할 수 없는 경우가 많다.

①~② #화제 제시 #정의 제시

경제학에서 '사건의 효과를 평가'하는 일이 대해 이야기하면서 시작하고 있습니다. 이때 '사건의 효과를 평가'한다는 것은 '사건 후의 결과'와 '사건이 없었을 경우의 예상 결과'를 비교하는 것이라고 해요. 이는 충분히 납득할 수 있겠죠? '사건'이 일으킨 '효과'를 '평가'하는 것이니까요.

③ #수식된 정의 제시 #단어의 의미 살리기 #재진술

하지만 '가상의 결과', 즉 '사건이 없었을 경우의 예상 결과'를 관측하는 것은 불가능합니다. 당연하게 납득하면서 읽어주셔야 합니다. 일어나지 않은 일을 정확하게 예상하는 건 당연히 불가능하겠죠. 그래서 실제로는 '시행집단'과 '비교집단'을 비교하는 방식으로 사건의 효과를 평가한다고 합니다. 그 정의가 수식되어 제시되고 있는데, 사건을 실제로 경험한, 즉 '시행'해 본 '집단'과 그와 '비교'하기 위한 경험하지 않은 '집단'으로 단어의 의미를 살려서 납득할 수 있겠죠?

이때 '시행집단'은 2번 문장에서 이야기한 '사건 후의 결과'를, '비교집단'은 '사건이 없었을 경우에 나타났을 결과'를 상징한다는 것까지 잡아주시면 완벽하게 이해한 것이라 할 수 있겠습니다. 결국 다 같은 말로 이어질 것이라는 점을 생각해 주셔야 해요.

④~⑤ #재진술 #사례-원리 연결

이렇게 '시행집단'과 '비교집단'을 비교하기 위해서는, 이 집단을 구성하는 데 주의를 기울여야 하는 것이 당연합니다. 이를 '그 사건 외에는 결과에 차이가 날 이유가 없는 두 집단'으로 표현하고 있네요. 효과를 평가하고자 하는 그 '사건' 말고 다른 요소가 개입하면 안 되는 것이죠.

조금 추상적이라고 생각했는지, 바로 예를 들어주고 있습니다. 어떠한 '사건'이 없었다면 두 집단의 '평균 임금'이 같을 수밖에 없도록 집단을 구성하는 것이 중요하다고 합니다. 즉, 연령·스펙·실력 등 '평균 임금'을 결정하는 여러 요인들을 최대한 균일하게 맞춰줄 필요가 있다는 것이죠. 너무나 당연한 말들의 향연으로 받아들일 수 있으면 좋겠어요. '사건의 효과 평가'라는 화제 중심으로 생각하면 쉽게 납득할 수 있을 것 같습니다.

⑥~⑦ #수식된 정의 제시 #단어의 의미 살리기 #문제점 제시

이렇게 균일한 집단을 구성하기 위해서는, '실험적 방법'이 이상적이라고 합니다. '실험'을 할 때 표본을 임의로 배정하듯, 사건의 설계도 두 집단에 표본이 고르게 분포하게끔 하는 방법이네요. '실험'이라는 단어의 의미를 살리면 확 이해가 될 겁니다.

그런데 이는 사람·사회 문제 등과 관련될 때 적용하기 어렵다고 합니다. 당연하게 납득할 수 있습니다. 아무리 표본을 임의로 배정한다고 해도, 특성이나 엮인 요소가 너무나 많은 사람·사회 문제들은 '실험적 방법'을 이상적으로 수행하기 어려울 거예요. 이렇게 최대한 납득하려는 마인드로, 지문의 내용을 최대한 구체화시키며 읽어주셔야 합니다.

하이라이트 문장

> ③그런데 가상의 결과는 관측할 수 없으므로 실제로는 사건을 경험한 표본들로 구성된 시행집단의 결과와, 사건을 경험하지 않은 표본들로 구성된 비교집단의 결과를 비교하여 사건의 효과를 평가한다.

'시행집단'과 '비교집단'이라는 중요 개념의 정의가 제시되는 것은 물론이고, '사건의 결과 평가'라는 화제의 구체적인 양상을 제시하는 문장입니다. 1문단에서 만들어 준 일종의 대전제이므로, 머릿속에 확실하게 넣어두고 넘어가야 해요.

> ①**이중차분법**은 시행집단에서 일어난 변화에서 비교집단에서 일어난 변화를 뺀 값을 **사건의 효과**라고 평가하는 방법이다. ②이는 사건이 없었더라도 비교집단에서 일어난 변화와 같은 크기의 변화가 시행집단에서도 일어났을 것이라는 **평행추세 가정**에 근거해 사건의 효과를 평가한 것이다. ③이 가정이 충족되면 사건 전의 상태가 평균적으로 같도록 두 집단을 구성하지 않아도 된다.

① #정의 제시 #비교/대조

'이중차분법'이라는 방법이 소개되고 있습니다. 일단 정의부터 정확하게 체크해야겠죠? '시행집단의 변화 – 비교집단의 변화 = 사건의 효과'라고 평가하는 방법이네요. 정의가 굉장히 심플하죠? 사건을 경험한 '시행집단'이 경험하지 않은 '비교집단'에 비해 얼마나 큰 변화를 겪었는지 관찰하고, 이를 '사건의 효과'로 삼는 방법입니다.

나아가 이것이 '실험적 방법'과 비교되는 개념이라고 생각할 수 있겠죠? '사건의 효과를 평가'하는 방법이라는 공통점이 있지만, 무언가 분명한 차이점이 있을 것입니다. 그 차이점이 도대체 무엇일지 궁금해하면서 읽어봅시다.

② #수식된 정의 제시 #단어의 의미 살리기 #재진술

이번엔 '평행추세 가정'이라는 개념을 수식된 정의로 제시하고 있습니다. 딱 봐도 중요해보이니 확실하게 이해해봅시다. '사건'이 없었을 때, 즉 '평가'하고자 하는 '효과'가 나타나지 않은 상황을 가정하고 있어요. 이 경우에 비교집단에서도 '효과를 평가'하고자 하는 '사건' 외의 다른 요인으로 인해 '변화'가 있었을 텐데, 만약 그 '사건'이 없었다면 시행집단에서도 같은 크기의 '변화'가 있었을 것이란 가정이죠. 즉, 시행집단과 비교집단의 '변화 차이'는 오로지 해당 '사건'의 영향일 것이라고 가정한다는 뜻입니다.

중요한 개념의 정의를 너무나 추상적으로 해 주고 있는데, 여러분 스스로 구체화시키며 의미를 받아들일 수 있어야 해요. 나아가 이렇게 정의를 구체화하면 '평행추세 가정'의 정의가 곧 '이중차분법'의 정의와 같은 말임을 파악할 수 있을 겁니다. '시행집단 변화 – 비교집단 변화 = 사건의 효과'가 의미하는 것은 곧 '사건의 효과'가 '시행집단'에서만 나타난 변화를 이끌었다는 것이니까요. 정보량이 팍팍 줄어들고 있죠?

③ #비교/대조 #재진술

이런 '평행추세 가정'이 충족되면, 두 집단의 '사건 전의 상태가 평균적으로 같도록' 구성하지 않아도 된다고 합니다. 이 말을 보자마자 '실험적 방법'이 떠올라야겠죠? 이는 '그 사건이 없었다면 시행집단과 비교집단이 같을 수밖에 없도록' 두 집단을 구성하는 것과 같은 말인데, 이 조건을 만족해야만 하는 것이 '실험적 방법'의 한계였으니까요.

그렇다면 '평행추세 가정'이 성립하는 경우, 왜 저 조건을 만족하지 않아도 되는 것일까요? 이는 '평행추세 가정'과 '이분차분법'이라는 두 개념의 정의를 바탕으로 생각할 수 있습니다. 이들은 모두 비교집단의 '변화'를 가정합니다. 즉, 애초에 '실험적 방법'에서 민감하게 생각했던 '다른 사건의 영향'이 이미 반영되었다고 생각하는 것이죠. 다른 사건의 영향으로 비교집단도 '변화'했고 시행집단도 '변화'했는데, '효과를 평가'하고자 하는 '사건'의 영향으로 시행집단이 얼마나 더 '변화'했는지를 따지는 게 '이중차분법'의 핵심인 것입니다. 따라서 애초에 불균등하게 표본이 배정되었다고 해도, 어차피 시행집단과 비교집단은 사건이 없었다면 '같은 크기'로 변화했을 것이기 때문에 '변화 크기 비교'라는 방법을 사용하는 데 아무런 문제가 없는 것이죠.

한편 '실험적 방법'의 경우, '변화'의 크기를 비교하는 것이 아니라 '결과'를 비교하는 것입니다. 따라서 두 집단이 평균적으로 유사하지 않은 경우, '같은 크기의 변화'가 일어났어도 최종적인 '결과'에 차이가 날 수밖에 없기 때문에 적용하기가 어려운 것이죠.

조금 어렵긴 하지만, 충분히 이해할 수 있겠죠? 중요한 것은 3번 문장을 보고서 '왜?'라는 물음을 떠올려야 하고, 이 물음에 대한 답을 통해 '실험적 방법 : 결과 비교', '이중차분법 : 변화 비교'라는 차이점을 명확하게 잡아내셔야 한다는 점입니다. '불친절한 서술'의 끝판왕과도 같은 지문이네요. 중요한 정보를 생략한 뒤 학생이 스스로 추론하게끔 하는 출제는 끊임없이 이루어지고 있으니, 이런 능력을 기르는 것을 게을리하면 안 되겠죠?

하이라이트 문장

> ③이 가정이 충족되면 사건 전의 상태가 평균적으로 같도록 두 집단을 구성하지 않아도 된다.

이 지문에서 가장 중요한 문장이라고도 할 수 있겠습니다. 왜 그러한지를 '평행추세 가정'의 정의를 바탕으로 생각해보고, 이를 통해 '실험적 방법'과 '이중차분법'의 차이점을 잡아낼 수 있어야 합니다.

3문단

①이중차분법은 1854년에 스노가 처음 사용했다고 알려져 있다. ②그는 두 수도 회사로부터 물을 공급받는 런던의 동일 지역 주민들에 주목했다. ③같은 수원을 사용하던 두 회사 중 한 회사만 수원을 바꿨는데 주민들은 자신의 수원을 몰랐다. ④스노는 수원이 바뀐 주민들과 바뀌지 않은 주민들의 수원 교체 전후 콜레라로 인한 사망률의 변화들을 비교함으로써 콜레라가 공기가 아닌 물을 통해 전염된다는 결론을 내렸다. ⑤경제학에서는 1910년대에 최저임금제 도입 효과를 파악하는 데 이 방법이 처음 이용되었다.

①~④ #사례-원리 연결

아무래도 너무 어렵다고 생각했는지, 사례를 들어주고 있습니다. '스노'의 실험을 '이중차분법', '평행추세 가정'의 정의에 맞춰 이해해보도록 합시다. 2문단에서 이해가 완전히 되지 않은 상태라면, 여기서 속도를 확 늦출 수 있었어야 해요!

일단 스노가 어떤 집단을 각각 '시행집단'과 '비교집단'으로 설정했는지 생각해야 합니다. 런던의 '동일 지역' 주민들 중 어떤 집단에게 '수원 변화'라는 '사건'이 발생했어요. 여기서 '수원 변화'를 겪은 집단이 '시행집단', 그렇지 않은 집단이 '비교집단'이 되겠죠?

그런데 주민들은 수원의 변화 사실을 몰랐기 때문에, '인간의 심리'처럼 '평행추세 가정'을 해치는 여러 요인들이 제거가 된 상황입니다. 이 상황에서 두 집단의 콜레라로 인한 사망률의 '변화'들을 비교했고, 이로부터 콜레라가 물을 통해 전염된다는 것을 알아낸 것이죠. 핵심은 '변화'입니다. 두 집단에 '평행추세 가정'이 적용되는 가운데 한 집단에서 사망률에 유의미한 크기의 '변화'가 더 발생했으니, '수원 변화'라는 사건의 효과가 크다고 평가할 수 있었던 겁니다.

이렇게 사례와 원리를 일대일로 대응하는 과정 속에서, '이중차분법'이 '변화'를 바탕으로 '사건의 효과를 평가'하는 방법이라는 것을 재인식하셔야 합니다.

⑤ #사례-원리 연결 #화제의 흐름

사실 이 지문은 '경제학'에서 '사건의 효과를 평가'하는 방법에 대해 다루는 지문이었습니다. 자연스럽게 '경제학' 이야기를 하는데, 여기서는 '최저임금제 도입'이라는 '사건의 효과를 평가'하는 데 '이중차분법'을 사용했다고 하네요. 자세한 내용은 없으니 그러려니 하면서도, 혹시 문제로 나오지는 않을까 하는 예상을 할 수 있어야 합니다.

하이라이트 문장

④스노는 수원이 바뀐 주민들과 바뀌지 않은 주민들의 수원 교체 전후 콜레라로 인한 사망률의 변화들을 비교함으로써 콜레라가 공기가 아닌 물을 통해 전염된다는 결론을 내렸다.

사망률의 '변화'들을 비교하고 있다는 점에 주목해야 합니다. 이 문장을 통해 '이중차분법'이라는 추상적인 개념이 조금이나마 구체적으로 다가와야 해요.

4문단

①평행추세 가정이 충족되지 않는 경우에 이중차분법을 적용하면 사건의 효과를 잘못 평가하게 된다. ②예컨대 어떤 노동자 교육 프로그램의 고용 증가 효과를 평가할 때, 일자리가 급격히 줄어드는 산업에 종사하는 노동자의 비중이 비교집단에 비해 시행집단에서 더 큰 경우에는 평행추세 가정이 충족되지 않을 것이다. ③그렇다고 해서 집단 간 표본의 통계적 유사성을 높이려고 사건 이전 시기의 시행집단을 비교집단으로 설정하는 것이 평행추세 가정의 충족을 보장하는 것은 아니다. ④예컨대 고용처럼 경기변동에 민감한 변화라면 집단 간 표본의 통계적 유사성보다 변화 발생의 동시성이 이 가정의 충족에서 더 중요할 수 있기 때문이다.

① #재진술

이러한 '이중차분법'은 '평행추세 가정'이 충족될 때만 사용할 수 있습니다. 당연히 이 가정이 충족되지 않은 상태에서 '이중차분법'을 적용하면 '사건의 효과를 평가'한다는 목적을 제대로 이루지 못하겠죠. '사건이 없었더라도 같은 크기로 변화했을 것'이라는 가정이 '이중차분법'의 핵심이니까요.

② #사례-원리 연결

이번에도 사례를 들어주고 있습니다. '노동자 교육 프로그램'이라는 '사건의 효과를 평가'할 때, '일자리가 급격히 줄어드는 산업에 종사하는 노동자의 비율'이 균등하지 않으면 문제가 생긴다는 것입니다. 이는 '다른 크기의 변화'를 이끌 것이고, 제대로 된 '이중차분법' 사용을 어렵게 하는 요인이 되겠네요. 간단하게 납득할 수 있겠죠?

FAQ

Q 그런데 이 내용들에 의하면 '이중차분법'이나 '실험적 방법'
이나 똑같이 두 집단의 표본을 균등하게 구성해야 하는 것
아닌가요? 도대체 뭐가 다른 건지 모르겠어요.

A 역시 '이중차분법'과 '실험적 방법'의 차이점에 답이 있습니
다. 두 방법의 차이점은 '변화를 비교', '결과를 비교'입니다.
둘 다 시행집단, 비교집단의 표본을 균등하게 맞추기는 해
야 하는데, '이중차분법'에서는 '변화의 정도'를 균등하게,
'실험적 방법'에서는 '사건 발생 전의 상태'를 균등하게 맞
춰야 하는 차이가 있는 것이에요. 2번 문장에서 제시된 '일
자리가 급격히 줄어드는 산업에 종사하는 노동자의 비율'은
'사건 발생 전의 상태'가 아닌 '변화의 정도'에 영향을 미치
는 요인이기에, 이를 균등하게 맞춰 '평행추세 가정'을 충족
하게끔 하는 것이 '이중차분법'의 핵심이 되는 것입니다.

결국 2문단을 통해 생각했던 '실험적 방법'과 '이중차분법'의 차이점
을 재진술한 것에 불과한 것이었어요. 집요하게 붙여읽을 것을 요구
하고 있네요.

③ #재진술

이렇게 집단 간 표본의 '변화의 정도'를 유사하게 설정해야 '이중차
분법'을 사용할 수 있기 때문에, '사건 이전 시기의 시행집단'을 '비교
집단'으로 설정하는 방법도 사용할 수 있다고 합니다. 똑같은 집단끼
리 비교하는 것이니 '변화의 정도'도 유사할 것이라고 생각할 수 있
다는 것인데, 이런 경우에도 '평행 추세 가정'의 충족을 보장하지는
않는다고 해요. 왜 그런 것일까요?

④ #사례-원리 연결 #재진술

바로 예를 들어주고 있습니다. '고용'은 경기변동 같은 외부 변수에
민감한 '변화'인데, 이를 바탕으로 '평행추세 가정'을 충족시키기 위
해서는 표본 간의 유사성보다 그 '변화'의 동시성이 훨씬 중요할 수
있다는 것입니다. 납득할 수 있겠죠? 핵심은 '변화의 정도'를 맞춰주
어야 한다는 것입니다. 정말 짜증나지만, 어쨌든 평가원은 계속 똑같
은 말만 하고 있던 것이었어요.

하이라이트 문장

> ③그렇다고 해서 집단 간 표본의 통계적 유사성을 높
> 이려고 사건 이전 시기의 시행집단을 비교집단으로 설
> 정하는 것이 평행추세 가정의 충족을 보장하는 것은 아
> 니다.

다른 말을 하는 것 같으면서도, 집단 간 '변화의 정도'를 유사하게 해
야 한다는 똑같은 말을 하고 있다는 걸 인식할 수 있어야 합니다. 뒤

에 나오는 사례와 연결지어서 확실하게 이해한다면 충분히 할 수 있
는 생각일 것이에요.

5문단

> ①여러 비교집단을 구성하여 각각에 이중차분법을
> 적용한 평가 결과가 같음을 확인하면 평행추세 가정이
> 충족된다는 신뢰를 줄 수 있다. ②또한 시행집단과 여러
> 특성에서 표본의 통계적 유사성이 높은 비교집단을 구
> 성하면 평행추세 가정이 위협받을 가능성을 줄일 수 있
> 다. ③이러한 방법들을 통해 이중차분법을 적용한 평가
> 에 대한 신뢰도를 높일 수 있다.

①~③ #재진술

모두 3번 문장에서 이야기하는 '이중차분법을 적용한 평가에 대한
신뢰도'를 높이는 방법에 해당하는 정보들이죠? 비교집단을 여러 개
구성하거나 시행집단과 비교집단의 통계적 유사성을 높이면 당연히
'이중차분법'의 신뢰도가 높아질 것입니다. 당연하게 납득하고 넘어
가주시면 되겠습니다.

선지	①	②	③	④	⑤
선택률	11%	23%	24%	32%	10%

11 윗글에 대한 이해로 적절하지 <u>않은</u> 것은? ①

– 역사상 가장 정답률이 낮은 문항이 아닐까 합니다. 2점 문제인데
도 불구하고 어마어마한 오답률을 기록했어요. 어떤 내용이 90%에
달하는 학생들을 오답으로 이끌었는지 확인해보도록 합시다.

> ① 실험적 방법에서는 시행집단에서 일어난 평균 임금의
> 사건 전후 변화를 어떤 사건이 임금에 미친 효과라고
> 평가한다.

명시적 근거	1문단 2번 문장, 2문단 1번 문장
실전에서의 판단 과정	변화 이야기를 하는 건 이중차분법이잖아.
해설	'실험적 방법'에 대해서 묻고 있습니다. 이 방법의 핵심은 시행집단과 비교집단의 '결과'를 비교하여 '사건의 효과를 평가'하는 것입니다. 그런데 선지 에서는 그저 '시행집단'에서 일어난 사건 전후 '변화'를 '사건의 효과'로 본다고 되어 있네요. '변화'를 따지는 것은 '이중차분법'이기도 하고, '이중차분법'의 경우에도 비교집단과의 변화 정도를 비교해야 하는 것이니 총체적으로 틀린 선지입니다.

② 사람을 표본으로 하거나 사회 문제를 다룰 때에도 실험적 방법을 적용하는 경우가 있다.

명시적 근거	1문단 7번 문장
실전에서의 판단 과정	적용할 수 없는 경우가 많다고 했으니 할 수 있는 경우가 있기는 한 것이지.
해설	'실전에서 판단 과정' 그대로입니다. 억지로 의미를 부여하자면 이면의 내용을 추론하는 태도가 필요하다는 결론을 낼 수도 있겠지만, 조금 치사한 선지이긴 합니다.

③ 평행추세 가정에서는 특정 사건 이외에는 두 집단의 변화에 차이가 날 이유가 없다고 전제한다.

명시적 근거	2문단 2번 문장
실전에서의 판단 과정	평행추세 가정의 정의네.
해설	'평행추세 가정'은 어떤 '사건'이 없을 경우에는 두 집단의 '변화의 크기'가 동일할 것이라는 가정입니다. 3번 선지는 이 내용을 적절하게 재진술하고 있죠? '평행추세 가정'의 정의를 정확하게 이해하고 있는지 물어보는 선지였네요.

④ 스노의 연구에서 시행집단과 비교집단의 콜레라 사망률은 사건 후뿐만 아니라 사건 전에도 차이가 있었을 수 있다.

명시적 근거	2문단 3번 문장, 3문단 1번 문장
실전에서의 판단 과정	이중차분법 쓸 때는 표본의 사건 전 상태를 균등하게 맞출 필요가 없지.
해설	'이중차분법'을 제대로 이해하지 못한 학생들에게는 지옥같은 선지입니다. 일단 선지에서 이야기하는 '스노의 연구'는 '이중차분법'의 사례였습니다. 그런데 '이중차분법'에서는 '실험적 방법'과 달리 두 집단의 '사건 전의 상태'가 평균적으로 같도록 구성할 필요가 없습니다. 애초에 '사건이 없었을 때의 변화의 크기'만 같으면 되는 것이니까요. 따라서 '수원 변화'라는 사건이 일어나기 전, 시행집단과 비교집단의 콜레라 사망률에 차이가 있어도 무방합니다. 어차피 사건 발생 후 '얼마나 변화했는지'가 '사건의 효과를 평가'하는 데 핵심이 되니까요.

만약 '스노'가 '실험적 방법'으로 연구를 했다면, '사건 발생 전의 콜레라 사망률'이 평균적으로 같도록 두 집단을 구성했어야 할 것입니다. 사건 발생 후의 콜레라 사망률 '결과'를 비교해야 하니까요. '실험적 방법'과 '이중차분법'의 차이점을 집요하게 물어보고 있는 선지였습니다.

⑤ 스노는 수원이 바뀐 주민들과 바뀌지 않은 주민들 사이에 공기의 차이는 없다고 보았을 것이다.

명시적 근거	2문단 2번 문장, 3문단 1번 문장
실전에서의 판단 과정	공기의 차이가 있으면 평행추세 가정이 깨지지.
해설	'스노'의 실험에서 수원이 바뀐 주민들(=시행집단)과 바뀌지 않은 주민들(=비교집단) 사이에 '공기의 차이'가 있었다면, '물의 차이 발생'이라는 '사건'과 무관하게 '변화'를 만들 수 있는 요소가 개입된 것이라고 할 수 있습니다. 이는 '평행추세 가정'의 충족을 방해하는 것이므로, 성공적으로 '이중차분법'을 사용한 '스노'의 실험에서는 없어야 하는 요소라고 할 수 있습니다. 즉, '공기의 차이'는 4문단에 제시된 '일자리가 급격히 줄어드는 산업에 종사하는 노동자의 비중 차이'와 같은 역할을 하는 것이에요. 지문에 없는 말을 '평행추세 가정'의 핵심을 바탕으로 생각해보게끔 하는 엄청난 선지였습니다.

선지	①	②	③	④	⑤
선택률	10%	16%	18%	31%	25%

12 다음은 이중차분법을 ㉠에 적용할 경우에 나타날 결과를 추론한 것이다. A와 B에 들어갈 말을 바르게 짝지은 것은? ⑤

> ㉠어떤 노동자 교육 프로그램의 고용 증가 효과를 평가할 때, 일자리가 급격히 줄어드는 산업에 종사하는 노동자의 비중이 비교집단에 비해 시행집단에서 더 큰 경우

– '평행추세 가정'과 '이중차분법'의 관계를 이해시키기 위한 사례에 대한 문제입니다. ㉠은 시행집단에 일자리가 급격히 줄어드는 산업에 종사하는 노동자의 비중이 더 큰 상황이에요. 당연히 '고용 증가'라는 변화를 측정하는 데 있어 불리할 수밖에 없겠죠. 이는 '평행추세 가정'을 충족하지 못하는 상황이었습니다. 이걸 미리 생각한 채로 문제를 풀어봅시다.

프로그램이 없었다면 시행집단에서 일어났을 고용률 증가는, 비교집단에서 일어난 고용률 증가와/보다 (작을) 것이다.

– 프로그램이 없었다는 것은 '사건'이 없는 경우를 말하는 것입니다. '평행추세 가정'이 충족되지 못한 상태이기 때문에, '사건'이 없는 경우 두 집단의 '변화'는 같은 '크기'로 일어나지 않을 것입니다. 이런 상황에서 시행집단에 일자리가 줄어드는 산업의 종사자들이 더 많기 때문에, 고용률이 증가했다고 해도 비교집단보다는 작을 수밖에 없었겠죠. A에는 '작을'이 들어가야겠네요.

그러므로 ㉠에 이중차분법을 적용하여 평가한 프로그램의 고용 증가 효과는 평행추세 가정이 충족되는 비교집단을 이용하여 평가한 경우의 효과보다 (작을) 것이다.

– 이런 맥락에서, ㉠은 프로그램의 원래 고용률 증가 효과에 비해 그 효과가 저평가된 상황이라고 볼 수 있습니다. 만약 비교집단과 '일자리가 급격히 줄어드는 산업에 종사하는 노동자의 비중'을 비슷하게 맞췄다면 프로그램이 없을 때의 고용률 증가라는 '변화'가 비교집단과 같았을 것이고, 프로그램이라는 사건이 있을 때를 가정하면 고용률 증가라는 '변화'가 더 크게 일어났을 것이니까요. 따라서 '평행추세 가정'을 충족시켜주면 원래의 효과에 맞게 재평가될 것이에요. 즉, '평행추세 가정'이 충족되면 '시행집단 변화 – 비교집단 변화'의 값이 ㉠보다 커지게 될 것이므로 B에 들어갈 말은 '작을'이 되겠습니다.

선지	①	②	③	④	⑤
선택률	6%	10%	27%	38%	19%

13 윗글을 바탕으로 〈보기〉를 이해한 내용으로 적절하지 않은 것은? [3점] ④

> **[보기]**
>
> 아래의 표는 S 국가의 P주와 그에 인접한 Q주에 위치한 식당들을 1992년 1월 초와 12월 말에 조사한 결과의 일부이다. P주는 1992년 4월에 최저임금을 시간당 4달러에서 5달러로 올렸고, Q주는 1992년에 최저임금을 올리지 않았다. P주 저임금 식당들은, 최저임금 인상 전에 시간당 4달러의 임금을 지급했고 최저임금 인상 후에 임금이 상승했다. P주 고임금 식당들은, 최저임금 인상 전에 이미 시간당 5달러보다 더 높은 임금을 지급했고 최저임금 인상 후에도 임금이 상승하지 않았다. 이때 최저임금 인상에 따른 임금 상승이 고용에 미친 효과를 평가한다고 하자.

– P주와 Q주의 상황을 정확히 이해하셔야 합니다. 일단 P주는 최저임금을 올렸고, Q주는 최저임금을 올리지 않았습니다. 그리고 P주의 고임금 식당들은 최저임금 상승에도 불구하고 임금을 올리지 않았어요. 마지막 줄을 보면, 이 연구를 통해 '평가'하고자 하는 것은 '최저임금 인상에 따른 임금 상승'이라는 '사건'이 '고용'에 미친 '효과'입니다. 따라서 '최저임금 인상에 따른 임금 상승'이라는 사건이 발생한 P주 저임금 식당이 '시행집단'에, 발생하지 않은 P주 고임금 식당과 Q주 식당이 '비교집단'에 속한다고 할 수 있겠네요.

집단	평균 피고용인 수(단위: 명)		
	사건 전(A)	사건 후(B)	변화(B−A)
P주 저임금 식당	19.6	20.9	1.3
P주 고임금 식당	22.3	20.2	−2.1
Q주 식당	23.3	21.2	−2.1

– 시행집단의 '변화'는 1.3이고, 비교집단들의 '변화'는 모두 −2.1입니다. 그렇다면 '이중차분법'을 사용한 경우 '최저임금 인상에 따른 임금 상승'이라는 사건의 효과는 3.4명의 고용 증가라고 할 수 있겠어요. 이 정도는 정리할 수 있겠죠?

① 최저임금 인상 후에 시행집단에서 일어난 변화는 1.3명이다.

명시적 근거	〈보기〉, 1문단 3번 문장
실전에서의 판단 과정	P주 저임금 식당이 시행집단이지.
해설	〈보기〉를 분석하면서 미리 생각한 것처럼, 최저임금 인상에 따른 '임금 인상'이라는 사건이 발생한 집단, 즉 '시행집단'은 P주 저임금 식당밖에 없습니다. 여기서는 1.3명이라는 '변화'가 일어났네요.

② 시행집단과 비교집단의 식당들이 종류나 매출액 수준 등의 특성에서 통계적 유사성이 높을수록 평가에 대한 신뢰도가 높아진다.

명시적 근거	5문단 2번 문장
실전에서의 판단 과정	시행집단과 비교집단의 통계적 유사성이 높으면 신뢰도도 높아지지.
해설	5문단에서 '이중차분법의 신뢰도'를 높이는 방법으로 제시된 것 중 하나는 바로 '시행집단과 비교집단의 통계적 유사성 높이기'였습니다. '종류·매출액 수준' 등은 모두 '통계적 유사성'의 범주에 속할 수 있는 내용들이죠?

③ 비교집단을 Q주 식당들로 택해 이중차분법을 적용하면 시행집단에서 최저임금 인상에 따른 임금 상승의 고용 효과는 3.4명 증가로 평가된다.

명시적 근거	〈보기〉, 2문단 1번 문장
실전에서의 판단 과정	1.3에서 −2.1을 빼면 3.4지.
해설	'이중차분법'은 '사건의 효과'를 '시행집단의 변화 − 비교집단의 변화'로 평가하는 방법입니다. '시행집단'인 P주 저임금 식당에서 1.3의 변화가, '비교집단'으로 설정한 Q주 식당에서 −2.1의 변화가 있었으니 '이중차분법'에 의한 사건의 효과는 3.4명 증가라고 할 수 있네요. 〈보기〉를 정리하면서 미리 생각했던 내용이죠?

④ 비교집단의 변화를, P주 고임금 식당들의 1992년 1년간 변화로 파악할 경우보다 시행집단의 1991년 1년간 변화로 파악할 경우에 더 신뢰할 만한 평가를 얻는다.

명시적 근거	〈보기〉, 4문단 3번~4번 문장
실전에서의 판단 과정	해설과 동일
해설	선지에서 묻는 것부터 정확하게 따져야 합니다. 선지에서는 '비교집단'을 각각 'P주 고임금 식당의 1992년'과 '시행집단의 1991년'으로 파악하는 경우를 비교하고 있습니다. 'P주 고임금 식당'이 '비교집단'이라는 것은 이미 정리가 된 내용인데, '시행집단의 1991년'은 도대체 왜 나온 것일까요? 이 선지가 도대체 지문의 어떤 내용을 재진술한 것인지 생각할 수 있어야 합니다. 그런데 〈보기〉의 내용인 '고용', 분명히 지문 속에서 봤던 기억이 있습니다. 아니 애초에 사례-원리 연결을 하면서 머릿속에 강하게 남긴 정보 중의 하나였어요. 기억이 안 나면 돌아가도 좋습니다. 돌아가서 '고용' 부분을 확인해보니, '고용'은 경기변동에 민감하기에 '집단 간 표본의 통계적 유사성'보다 '변화 발생의 동시성'이 '평행추세 가정'의 충족에서 더 중요하다는 이야기가 있습니다. 이 사례는 '사건 이전 시기의 시행집단'을 '비교집단'으로 설정하는 것이 평행추세 가정의 충족을 보장하는 것은 아님을 설명하기 위해 제시된 것입니다. 결국, '시행집단의 1991년'은 '사건 이전 시기의 시행집단'에 대응되는 것이었습니다. '고용'처럼 경기변동, 혹은 '최저임금 인상'과 같은 정책에 크게 영향받는 변화는 이러한 '집단 간 표본의 통계적 유사성'이 크게 중요하지 않았습니다. 오히려 '변화 발생의 동시성', 즉 '1992년'이라는 같은 시간 내에서 'P주 고임금 식당'과 같은 다른 표본을 비교집단으로 삼는 것이 좋다는 것이죠. 따라서 '시행집단의 1991년'으로 '비교집단'을 삼는 것이 더 신뢰할 수 없는 평가를 얻는다고 할 수 있겠네요. 생각보다 어려운 선지였습니다. 핵심은 '시행집단의 1991년'이라는 선지의 표현이 지문의 어떤 내용을 재진술한 것인지 정확하게 잡아내는 것이에요. 모든 선지는 지문의 재진술이라는 것을 믿고 선지 판단에 나서도록 합시다.

⑤ 비교집단을 Q주 식당들로 택하든 P주 고임금 식당들
로 택하든 비교집단에서 일어난 변화가 동일하다는 사
실은 평행추세 가정의 충족에 대한 신뢰도를 높인다.

명시적 근거	5문단 1번 문장
실전에서의 판단 과정	여러 비교집단에서 같은 결과 나오면 신뢰도 높일 수 있지.
해설	역시 5문단에서 설명된 내용입니다. Q주 식당이나 P주 고임금 식당 중 어느 곳을 비교집단으로 삼든 3.4라는 일관된 평가가 나오는 것으로 보아, 〈보 기〉의 상황은 '평행추세 가정'의 충족에 대한 신뢰 도가 매우 높다고 할 수 있겠습니다.

| 생각 심화 |

사실 2번, 4번, 5번 선지의 내용들은 지문 후반부에 한 번씩만
언급되었던 정보들을 근거로 하고 있기에, 선지를 판단하면서
바로 떠올리기 힘들 수도 있습니다. 이 경우에는, '평가원은 지
문의 모든 정보를 선지로 활용한다.'라는 대원칙을 기억하시면
좋습니다. 언급한 지문 속 정보들은 모두 다른 문제를 풀 때는
전혀 활용되지 않았기에, 근거를 찾지 못하겠다는 생각이 드는
상황에서 활용하기에 좋은 정보들이죠. 이렇게 자잘한 스킬들도
챙겨두시면 수능날 유용하게 이용할 수 있겠죠?

선지	①	②	③	④	⑤
선택률	3%	53%	37%	3%	4%

14 문맥상 ⓐ~ⓔ의 단어와 가장 가까운 의미로 쓰인 것은? ②

① ⓐ: 그 사건의 전말이 모두 오늘 신문에 났다.
② ⓑ: 산에 가려다가 생각을 바꿔 바다로 갔다.
③ ⓒ: 기상청에서 전국에 건조 주의보를 내렸다.
④ ⓓ: 회원들이 회칙 개정을 요구하는 목소리를 높였다.
⑤ ⓔ: 하고 싶은 말은 많지만 오늘은 이만 줄입니다.

몰랐던 어휘 정리하기

| 핵심 point |

① **화제 check** : 독서 지문 독해의 처음이자 끝. 첫 문단에서
잡은 '화제의 틀'을 마지막 문단까지 놓지 않아야 합니다.
② **재진술 인식** : 같은 말이라도 다르게 표현되는 경우가 많습
니다. 심지어 아예 똑같은 말이 반복되는 경우도 많아요. 이
'같은 말'에 민감하게 반응하면, '정보량'을 줄이면서 읽을 수
가 있습니다.
③ **비교/대조** : 비교되는 대상이 나오면, '공통점'과 '차이점' 중
심으로 읽어나가면 됩니다.
④ **사례-원리 연결** : 모든 사례는 어떠한 추상적인 원리를 구체
화하는 역할을 합니다. 둘을 연결지으며 확실하게 이해하고
가는 태도가 중요합니다.

| 지문 내용 총정리 |

텍스트를 추상적으로 구성하여 정리가 제대로 되지 않게 하는
방식의 고난도 지문이었습니다. 다양한 사례들을 적극적으로 활
용하며 이 추상적인 원리를 정확하게 이해하는 것이 중요한 지
문이었어요. 많은 학생들이 어려워하는 형태의 지문이니, 확실
하게 정리하도록 합시다.

(가) 1문단

①전통적인 윤리학의 주요 주제는 '선', '올바름'과 같은 도덕 용어에 대한 해명을 바탕으로 무엇이 옳고 그른지를 판정하는 객관적 근거를 찾는 것이다. ②그러나 윤리학은 오랫동안 그에 대한 만족스러운 답을 내놓지 못했다. ③이러한 상황에서 **에이어**는 도덕적으로 옳고 그름에 관한 문장인 **도덕 문장**이 **진리 적합성**, 즉 참 또는 거짓일 수 있다는 성질을 갖지 않는다는 주장을 펼쳤다.

① #주장 제시

'전통적인 윤리학'의 주요 주제를 설명하면서 시작하고 있습니다. '전통적인 윤리학'에서는 '선', '올바름'과 같은 '도덕 용어'를 해명하여 무엇이 옳고 그른지를 판정하는 객관적 근거를 찾는 것에 관심을 두었다고 합니다. 즉, '선'과 '올바름'과 같은 '도덕 용어'의 의미를 정확히 하여 누군가에 대한 도덕적 평가를 객관적으로 '옳다/그르다'로 평가할 수 있게 하는 것이 '전통적인 윤리학'의 목표였던 것이죠.

②~③ #주장 제시 #정의 제시
#단어의 의미 살리기 #화제 제시

하지만 윤리학은 오랫동안 만족스러운 답을 내놓지 못했습니다. 이때 '에이어'라는 사람이 등장합니다. '에이어'라는 사람의 주장이 처음으로 제시되고 있는데, 앞으로 '에이어'는 이 한마디만 반복해서 할 것이니 확실하게 체크하도록 합시다.

'에이어'는 '도덕'적으로 옳고 그름에 관한 '문장'인 '도덕 문장'이 '진리 적합성'을 갖지 않는다는 주장을 펼쳤습니다. '진리 적합성'은 단어의 의미 그대로 '참'인지 아닌지, 즉 '진리'에 부합하는지 아닌지를 따지기에 '적합'한 '성'질 정도로 이해할 수 있겠죠? '도덕 문장'은 참 또는 거짓을 따질 수 없기에, '전통적인 윤리학'에서 목표로 했던 '무엇이 옳고 그른지를 판정'하는 것이 불가능하다는 것입니다. 그렇다면 이제부턴 '에이어'의 이 주장을 재진술하며 풍부하게 설명하는 식으로 전개될 것입니다. 기대하면서 읽어봅시다.

하이라이트 문장

③이러한 상황에서 에이어는 도덕적으로 옳고 그름에 관한 문장인 도덕 문장이 진리 적합성, 즉 참 또는 거짓일 수 있다는 성질을 갖지 않는다는 주장을 펼쳤다.

인문 지문에서 한 사람은 하나의 주장만 펼칩니다. 그 주장이 처음으로 제시되는 순간이니, 꼼꼼하게 읽고 이해해두어야 합니다.

(가) 2문단

①에이어는 **진리 적합성**을 갖는 모든 문장은 그 문장에 사용된 단어의 정의를 통해 검증되는 분석적 문장이거나 경험적 관찰에 의해 검증되는 **종합적** 문장이라는 원리를 바탕으로 도덕 문장은 진리 적합성이 없다고 주장했다. ②우선 그는 도덕 문장은 분석적이지 않다는 기존의 논의를 수용했다. ③'선은 A이다.'라는 도덕 문장이 분석적이려면, 술어인 'A'가 주어인 '선'이라는 개념 속에 내포되어 있어야 한다. ④하지만 '선'은 속성이나 내용을 더 이상 분석할 수 없는 단순 개념이므로 해당 문장은 분석적이지 않다. ⑤그렇다고 해서 '선은 Λ이다.'라는 도덕 문장이 경험적 관찰로 검증될 수 있는 것도 아니다. ⑥'선' 그 자체는 우리의 감각으로 검증할 수 없기 때문이다.

① #주장 제시 #수식된 정의 제시
#단어의 의미 살리기 #재진술

'에이어'는 '진리 적합성'을 갖는 모든 문장은 '분석적 문장'이거나 '종합적 문장'이라는 원리를 바탕으로 '도덕 문장'은 '진리 적합성'이 없다는 주장을 재진술합니다. '분석적 문장'과 '종합적 문장'은 2017학년도 수능 '콰인의 총체주의' 관련 지문에서 제시된 '분석 명제/종합 명제'와 유사한 개념이기에 더 쉽게 이해할 수 있겠죠? 그 문장에 사용된 단어의 정의를 '분석'하여 검증하는 것이 '분석적 문장'이고, 경험적 관찰을 '종합'하여 검증하는 문장이 '종합적 문장'이라는 식으로 단어의 의미를 살려 이해할 수 있겠습니다.

중요한 것은, '에이어'는 결국 '도덕 문장'은 '분석적 문장'도 아니고 '종합적 문장'도 아니라는 주장을 할 것이라는 점이죠? 결국 '에이어'가 말하고자 하는 바는 '도덕 문장'에 '진리 적합성'이 없다는 것이니까요.

우선 '에이어'는 '도덕 문장'이 '분석적'이지 않다는 기존의 논의를 수용했다고 합니다. 기존에도 '도덕 문장'이 '분석적 문장'이 아니라는 것에는 이견이 없었나 보네요. 그렇다면 '전통적인 윤리학'은 '도덕 문장'이 '종합적 문장'이라는 전제를 바탕으로 '진리 적합성'을 따지려 했을 것이라 추론할 수도 있겠습니다.

그렇다면 '도덕 문장'은 왜 '분석적 문장'이 되지 않을까요? '선은 A이다.'라는 '도덕 문장'이 '분석적'이려면, 술어인 'A'가 '선'이라는 개념 속에 내포되어야 합니다. 즉, '선'을 '정의'하여 '분석'했을 때 '선은 A이다.'라는 문장에 대한 검증이 가능해야 한다는 것이죠. 하지만 '선'은 속성이나 내용을 더 이상 분석할 수 없는 단순 개념입니다. '정의'하여 '분석'하려고 해도, '선' 자체는 말 그대로 그저 '선'일 뿐인 단순 개념이기에 이를 통해 '선은 A이다.'를 검증하는 것 자체가 불가능하다는 것이죠. 이에 '선은 A이다.'와 같은 '도덕 문장'은 '분석적 문장'이라고 볼 수 없는 것입니다. '선'이 정말 'A'와 관련된 것이 맞는지조차 '분석'할 수 없으니까요.

한편, '선은 A이다.'라는 '도덕 문장'이 '경험적 관찰'로 검증될 수 있는 것도 아닙니다. '선'은 우리의 감각으로 검증할 수 있는 것이 아니니까요. 즉, '도덕 문장'은 '종합적 문장'도 아니라는 것이죠. 이렇게 '분석적 문장'도 '종합적 문장'도 아닌 '도덕 문장'은 '진리 적합성'을 가질 수 없다는 것이 '에이어'의 주장입니다. 계속해서 같은 말만 하고 있네요.

하이라이트 문장

> ①에이어는 진리 적합성을 갖는 모든 문장은 그 문장에 사용된 단어의 정의를 통해 검증되는 분석적 문장이거나 경험적 관찰에 의해 검증되는 종합적 문장이라는 원리를 바탕으로 도덕 문장은 진리 적합성이 없다고 주장했다.

'에이어'의 주장은 계속해서 반복될 뿐입니다. '분석적 문장,' '종합적 문장'처럼 새로운 정보가 나오더라도, 그 정보를 처리하는 것에만 집중하지 말고 핵심적인 주장 한마디, '도덕 문장은 진리 적합성이 없다.'를 떠올리며 읽어나갈 수 있어야 합니다.

(가) 3문단

> ①도덕 문장은 다양한 감정이나 태도를 표현하고 타인의 감정을 불러일으키는 정서적 의미를 갖는다고 에이어는 주장했다. ②그는 많은 사람들이 도덕 문장이 진리 적합성을 갖는다고 오해하는 것은 도덕 용어의 두 가지 용법을 구분하지 못해서라고 주장한다. ③그에 따르면 도덕 용어는 감정을 표현하는 표현적 용법으로도, 세계에 관한 어떤 사실을 기술하는 기술적 용법으로도 사용될 수 있다. ④만약 '도둑질은 나쁘다.'가 도둑질이 사회적으로 배척된다는 사실을 기술하는 문장이라면, 이 문장은 도덕적으로 옳고 그름에 관한 것이 아니다. ⑤따라서 이 문장은 도덕 문장이 아니고, 경험적으로 검증이 가능하다. ⑥반대로 그 문장이 도둑질에 대한 화자의 감정을 표현한 문장이라면 이는 도덕 문장이며 어떤 사실을 기술한 것이 아니다. ⑦에이어에게는 '도둑질은 나쁘다.'와 같은 도덕 문장을 진술하는 것은 감정을 담은 어조로 '네가 도둑질을 하다니!'라고 말하는 것과 다름없기 때문이다. ⑧그의 주장대로라면 도덕 문장은 감정을 표현하는 도덕 주체로부터 독립적으로 존재하는 무언가를 기술할 수 없다. ⑨이는 전통적인 윤리학자들의 기본 가정을 부정하는 급진적 주장이지만 윤리학에 새로운 사고를 열어 준 선구적인 면도 있다.

계속해서 '에이어'의 주장입니다. 그는 '도덕 문장'이 '정서적 의미'를 갖는다고 주장했어요. 단어의 의미 그대로, 화자의 '정서'를 표현하고 타인의 '정서'를 불러일으키는 의미를 가지고 있다는 것이죠. 이게 정확히 어떤 의미인지는 몰라도, '도덕 문장은 진리 적합성을 갖지 않는다.'는 '에이어'의 핵심 주장과 관련될 것이라는 점은 분명합니다. 이 생각을 잊지 않은 채로 계속 읽어보도록 합시다.

'에이어'는 자신의 주장과 달리 많은 사람들이 '도덕 문장'이 '진리 적합성'을 갖는다고 오해하는 것은 '도덕 용어'의 두 가지 용법을 구분하지 못해서라고 합니다. 중요한 것은 도덕 '문장'과 도덕 '용어'를 구분하는 것입니다. 이미 '에이어'는 '도덕 문장'은 곧 '정서적 의미'를 가지는 것으로 규정했기 때문에, 두 가지 용법을 가지는 것은 도덕 '문장'이 아니라 도덕 '용어'임을 정확히 구분하는 것이 중요해요.

어쨌든, 그에 따르면 '도덕 용어'는 '표현적 용법'과 '기술적 용법'이라는 두 가지 용법으로 사용할 수 있습니다. 단어의 의미 그대로, 전자는 감정을 '표현'하는 '용법'이고 후자는 세계에 관한 어떤 사실을 '기술'하는 '용법'이네요. 아직은 조금 추상적이죠? 조금 더 구체적으로 설명해줄 것이라는 믿음을 가지고 계속 읽어봅시다.

④~⑤ #사례-원리 연결 #재진술

이렇게 추상적인 내용을 구체적으로 설명하기 위해, '도둑질은 나쁘다.'라는 문장을 예시로 들고 있습니다. 이 문장이 도둑질이 사회적으로 배척된다는 사실을 '기술'하는 경우, 즉 '나쁘다.'라는 '도덕 용어'가 '기술적 용법'으로 사용된 경우 이 문장은 도덕적으로 옳고 그름에 관한 것이 아닙니다. 도둑질이 도덕적으로 옳고 그르냐에 대한 것이 아니라, 도둑질은 사회적으로 배척된다는 사실을 '기술'한 것에 불과하니까요. 따라서 이 문장은 '도덕 용어'가 사용되었더라도 '도덕 문장'이라고 볼 수 없습니다. 나아가 이는 경험적으로 검증이 가능하죠? 정말로 도둑질을 하면 사회적으로 배척되는지 확인하면 되니까요. 즉, 이 문장은 '도덕 문장'이 아니라 '진리 적합성'을 가지는 '종합적 문장'이 되는 것입니다. 이렇게 앞에서 이해한 원리를 사례에 최대한 연결지으며 완벽하게 이해하려고 애쓰셔야 해요.

⑥~⑦ #사례-원리 연결 #재진술 #화제의 흐름

다음은 그 문장이 도둑질에 대한 화자의 감정을 '표현'한 문장, 즉 '나쁘다.'라는 '도덕 용어'가 '표현적 용법'으로 사용된 경우입니다. 이는 화자의 감정이나 태도를 표현한다는 점에서 '정서적 의미'를 갖는 것으로, '에이어'의 주장에 따르면 '도덕 문장'의 예시라고 할 수 있죠. 어떤 사실을 '기술'한 것이 아니라요. '에이어'의 입장에서 '도둑질은 나쁘다.'와 같은 '도덕 문장'을 진술하는 것은 '네가 도둑질을 하다니!'라고 말하며 감정을 '표현'하는 것과 다름없기 때문에 이러한 판단이 가능한 것입니다. 그런데 앞서 말했듯이 '도덕 문장'은 '분석적 문장'도 '종합적 문장'도 아니기 때문에, '도덕 용어'가 '표현적 용법'으로 사용된 경우에는 '진리 적합성'을 가지지 못합니다. 결국 '에이어'의 핵심 주장이 또 재진술된 것이네요. 나아가 '표현적 용법'='도덕 문장'이라는 주장은 '정서적 의미'='도덕 문장'이라는 3문단 초반부의 주장을 재진술한 것에 불과하구요. 결국 다 같은 말이라는 생각이 들죠?

⑧~⑨ #주장 제시 #재진술

이러한 '에이어'의 주장대로라면, '정서적 의미'를 가지고 있는 '도덕 문장'은 감정을 '표현'하는 도덕 주체로부터 독립적으로 존재하는 무언가를 기술할 수 없습니다. 이러한 주장은 '전통적인 윤리학자들'의 기본 가정을 부정하는 급진적 주장이라고 해요. 여기서 '전통적인 윤리학자들'을 보자마자, 1문단의 '무엇이 옳고 그른지를 판정하는 객관적 근거'라는 말이 떠올라야겠죠? '전통적인 윤리학자들'은 '도덕 문장'을 통해 도덕 주체로부터 독립적으로 존재하는 무언가, 즉 '옳고 그름을 판정할 수 있는 근거'를 기술할 수 있다고 생각했지만, '에이어'의 입장에서 그것은 불가능한 것입니다. 결국 '도덕 문장'은 '진리 적합성'을 가지지 않는다는 한마디를 반복하고 있는 것에 불과한

것이죠. 지독하게 같은 말만 반복되었다는 것을 느껴야 합니다.

하이라이트 문장

> ④만약 '도둑질은 나쁘다.'가 도둑질이 사회적으로 배척된다는 사실을 기술하는 문장이라면, 이 문장은 도덕적으로 옳고 그름에 관한 것이 아니다.

여기서부터 시작되는 사례를 '도덕 용어의 두 가지 용법'이라는 원리와 일대일로 대응시켜 완벽하게 이해해야 합니다. 나아가 '진리 적합성', '종합적 문장', '정서적 의미'와 같이 해당 사례에 명시적으로 드러나지 않은 개념들까지도 떠올리면서 읽을 수 있어야 해요. 결국 인문 제재의 지문은 다 같은 말로 이루어져 있기 때문에, 이런 식으로 연결하며 정보량을 줄이는 것이 핵심입니다.

(나) 1문단 (1)

> ①논리학에서 제기된 의문이 윤리학의 특정 견해에 대한 비판이 되기도 한다. ②다음 논의는 이를 보여 준다. ③'P이면 Q이다. P이다. 따라서 Q이다.'인 논증을 <u>전건 긍정식</u>이라 한다. ④<u>전건 긍정식은 'P이면 Q이다.'와 'P이다.'라는 두 전제가 참이면 결론 'Q이다.'는 반드시 참이라는 뜻에서 타당하다.</u>

①~② #화제 제시

갑자기 '논리학' 이야기를 하고 있습니다. (가)와 (나)는 결국 하나의 지문일 것이기에, 이는 '에이어'의 주장과 연관될 것이에요. 이것이 바로 '논리학'에서 제기된 의문이 비판하기도 한다는 '윤리학의 특정 견해'가 되겠죠? 즉, (나)는 '논리학'에서 제기된 의문을 통해 '에이어'의 주장을 비판하는 방식으로 구성되어 있을 것입니다. 이러한 생각을 하면서 읽어보도록 합시다.

③~④ #수식된 정의 제시 #단어의 의미 살리기 #재진술

먼저 '논리학'에서 제기된 의문을 이해해야 할 것 같습니다. 이를 위한 논의는 '전건 긍정식'을 이용해서 이루어지네요. '전건 긍정식'에 대해서는 2018학년도 9월 모의평가 '상호 배타적인 상태의 공존' 관련 지문에서도 등장했던 개념이니 익숙하게 느끼셔야 합니다.

아무튼, '전건 긍정식'은 'P이면 Q이다.'라는 명제가 참일 때, '전건'에 해당하는 'P이다.' 역시 참이면 자연스럽게 결론 'Q이다.'가 반드시 참이 된다는 '논리학'의 법칙입니다. 한 번에 이해가 되지 않는다

면, '민재가 남자라면 군대에 간다.'와 '민재는 남자다.'라는 두 명제가 참인 경우 '민재는 군대에 간다.'라는 결론 역시 반드시 참이 된다는 식으로 스스로 사례를 만들며 이해할 수 있겠습니다. 추상적인 원리는 늘 구체적인 사례를 통해 이해하고 넘어가야 한다는 것을 잊지 마세요.

(나) 1문단 (2)

⑤그런데 어떤 문장이 단독으로 진술되는 경우에는 감정이나 태도를 표현할 수 있지만 그 문장이 조건문인 'P이면 Q이다.'의 부분으로 포함되는 경우에는 그렇지 않다. ⑥'귤은 맛있다.'는 화자의 선호라는 감정을 표현한다. ⑦하지만 그 문장이 '귤은 맛있다면 귤은 비싸다.'처럼 조건문의 일부가 되면 귤에 관한 화자의 선호를 표현하지 않는다. ⑧이에 전건 긍정식의 P가 감정이나 태도를 표현하는 문장일 때 'P이면 Q이다.'의 P와 'P이다.'의 P 사이에 내용의 차이가 생기므로, 전건 긍정식임에도 두 전제의 참이 결론 'Q이다.'의 참을 보장하지 않는다는 것이 몇몇 논리학자들이 제기한 문제였다. ⑨전건 긍정식인 '표절은 나쁘다면 표절을 돕는 것은 나쁘다. 표절은 나쁘다. 따라서 표절을 돕는 것은 나쁘다.'라는 논증은 직관적으로 타당해 보인다. ⑩하지만 '표절은 나쁘다.'가 감정을 표현했다면, 위 논증은 타당하지 않다고 해야 한다. ⑪그러므로 에이어의 윤리학 견해를 고수하려면, 도덕 문장을 포함하는 전건 긍정식의 타당성을 부정하거나, 전건 긍정식은 도덕 문장을 포함할 수 없다고 해야 한다. ⑫이 쟁점에 대해 행크스는 다음과 같이 논의를 전개하였다.

⑤~⑦ #주장 제시 #재진술 #사례-원리 연결

어떤 문장이 단독으로 진술되는 경우에는 감정이나 태도를 표현할 수 있습니다. 즉, '표현적 용법'을 통해 '정서적 의미'를 가지는 것이 가능한 것이죠. 하지만 그 문장이 조건문인 'P이면 Q이다.'의 부분으로 포함되는 경우에는 그렇지 않다고 합니다. 이번에도 너무나 추상적인 원리가 제시된 모습입니다. 뒤에 나올 구체적인 사례를 통해 확실하게 이해할 필요가 있겠죠?

이를 위해 '귤은 맛있다.'라는 문장을 사례로 들어주고 있습니다. 이는 화자의 선호라는 감정을 '표현'한다는 점에서 '정서적 의미'를 가지고 있다고 할 수 있습니다. 하지만 그 문장이 '귤은 맛있다면 귤은 비싸다.'처럼 조건문의 일부(여기서는 전건)가 되면, 이는 귤에 대한 화자의 선호를 표현하는 것이 아닙니다. 말 그대로 귤이 맛있다는 상

황을 가정하여 '기술'하는 것일 뿐, 화자가 귤을 맛있다고 생각한다는 내용이 아니니까요.

이를 다시 추상적인 원리로 정리해봅시다. 'P이다.'(귤은 맛있다.)가 감정이나 태도를 표현하는 문장일 때, 'P이면 Q이다.'의 P와 'P이다.'의 P 사이에 내용의 차이가 생깁니다. 전자는 귤이 맛있다는 가정의 의미(=기술적 용법)를, 후자는 귤을 맛있다고 생각한다는 '정서적 의미'(=표현적 용법)를 담고 있으니까요. 따라서 '전건 긍정식'임에도 'P이면 Q이다.'와 'P이다.'라는 두 전제의 참이 결론 'Q이다.'의 참을 보장하지 않는다는 것이 여기에서 말한 '논리학'에서 제기된 의문이었던 것입니다.

⑨~⑩ #사례-원리 연결 #재진술

아직도 이해하지 못했을까봐, 친절하게 또 사례를 들어주고 있습니다. '표절은 나쁘다면(P이면) 표절을 돕는 것은 나쁘다.(Q이다.) 표절은 나쁘다.(P이다.) 따라서 표절을 돕는 것은 나쁘다.(Q이다.)'라는 논증은 직관적으로 타당해 보입니다. '전건 긍정식'의 정석이니까요. 하지만 여기서 '표절은 나쁘다.'(단독으로 진술된 P이다.)가 감정을 표현한 '정서적 의미'를 지니고 있다면, 조건문 속 '표절은 나쁘다.'와 단독 문장 '표절은 나쁘다.'는 서로 다른 의미를 가지고 있는 것이기에 '표절을 돕는 것은 나쁘다.'라는 결론이 참임을 보증할 수 없습니다. '전건 긍정식'의 핵심은 두 전제가 같은 내용으로 연결되어 있다는 것이었으니까요. 결국 이 경우 위 논증이 타당하지 않은 논증이 된다는 것이 '논리학'에서 제기한 의문입니다. 제시된 두 사례를 바탕으로 완벽하게 이해할 수 있어야 해요.

⑪~⑫ #재진술 #화제의 흐름

우리가 미리 생각한 (나)의 화제에 따르면, 이 의문은 '에이어'의 주장을 비판하는 흐름으로 이어질 것입니다. 따라서 여기서 '에이어'의 주장이 등장하는 것을 어색하게 생각하면 안 돼요. 너무나 당연하게 느껴져야 합니다.

아무튼, '에이어'의 윤리학 견해를 고수하기 위해서는 '정서적 의미'를 가지는 '도덕 문장'을 포함하는 '전건 긍정식'의 타당성을 부정하거나, '전건 긍정식'은 '도덕 문장'을 포함할 수 없다고 해야 합니다. 애초에 '정서적 의미'를 가지는 '도덕 문장'이 사용될 때 이러한 문제가 생기는 것이니까요. 나아가 '에이어'의 주장에 따르면 '도덕 문장'은 '진리 적합성'을 가지지 않기에, '전건 긍정식'의 전제로 기능할 수도 없습니다. '전건 긍정식'은 전제들이 '참'일 때 결론 역시 '참'이라는 법칙인데, 애초에 전제 중 하나를 '참'으로 규정할 수 없는 상황인 것이죠. 따라서 '도덕 문장'을 '전건 긍정식'의 예외로 두어야 '에이어'의 주장을 받아들일 수 있을 것입니다.

하지만 이렇게 '도덕 문장'만을 '전건 긍정식'의 예외로 두는 식의 결론은 매우 부자연스럽습니다. 그래서 '논리학'에서 제기된 의문이

'에이어'의 주장에 대한 비판이 되는 것이겠죠? '에이어'의 주장을 따르면 직관적으로 타당한 '논리학'의 법칙 하나를 불완전하게 만들어야 하는 큰 불편함이 따르니, 결국 '에이어'의 주장 자체가 잘못되었다는 결론을 내린 것이죠. 이렇게 화제와 엮어서 제대로 이해하고 넘어가야 합니다.

그런데 '행크스'라는 사람이 이에 대한 논의를 전개하였다고 합니다. 맥락상 '행크스'는 '에이어'의 주장을 옹호할 것으로 보입니다. 물론 '에이어'에 대한 비판을 더 심화시킬 수도 있겠죠? '행크스'가 과연 뭐라고 할지 기대하면서 읽어보도록 합시다.

> | 생각 심화 |
> 정확하게 말하면, '귤은 맛있다.'와 '표절은 나쁘다.'는 그 종류가 다릅니다. 둘 다 화자의 감정이나 태도를 드러낸다는 점에서 '정서적 의미'를 가지고 있기는 하지만, 전자는 그저 화자의 선호를 드러내는 일반적인 문장일 뿐이고 후자는 '나쁘다.'라는 '도덕 용어'가 사용된 '도덕 문장'이니까요. 이에 '귤은 맛있다.'라는 일반적인 사례를 통해 '논리학'에서 제기하는 의문을 설명하고, '표절은 나쁘다.'라는 구체적인 '도덕 문장'의 사례를 통해 이것이 '에이어'의 주장을 어떻게 비판하는지를 보여 주고 있다고 이해할 수 있습니다. 결국 '행크스'가 전개할 논의는 '표절은 나쁘다.'와 같은 '도덕 문장'에 대한 것으로 국한될 것이라는 예상까지 할 수 있겠습니다. '행크스'가 개입한 이 지문의 핵심 '쟁점'은 '에이어'의 주장에 대한 것이니까요.
>
> 실전에서 생각하기 매우 어려운 부분이기는 하지만, 복습하는 과정에서라도 정확하게 독해하려는 의지를 가지고 이렇게까지 읽어낼 수 있으면 좋겠습니다.

하이라이트 문장

> ⑪그러므로 에이어의 윤리학 견해를 고수하려면, 도덕 문장을 포함하는 전건 긍정식의 타당성을 부정하거나, 전건 긍정식은 도덕 문장을 포함할 수 없다고 해야 한다.

이 문장에는 없는 '정서적 의미'라는 표현을 떠올리면서, 왜 이런 결론이 나오는지 완벽하게 이해할 수 있어야 합니다. 이를 위해서는 앞의 사례들을 원리와 연결지어 완벽하게 이해하는 과정이 선행되었어야 했죠? 잘 해내고 있을 것이라 믿습니다.

(나) 2문단 (1)

> [A]
> ①'표절은 나쁘다.'라는 문장은 표절이라는 대상에 나쁨이라는 속성을 부여하는 내용을 가진다. ②그리고 화자의 문장 진술은 그 내용과 완전히 무관할 수는 없기 때문에 그런 문장은 단독으로 진술되든 그렇지 않든 판단적이다. ③문장이 판단적이라는 것은, 대상에 속성을 부여하는 내용을 지니는 것이 그 문장의 본질이라는 것을 뜻한다. ④도덕 문장을 비롯한 모든 판단적 문장은 참 또는 거짓일 수 있다. ⑤조건문에 포함된 문장도 판단적이라는 점에서 단독으로 진술될 때와 내용의 차이가 없다. ⑥그러므로 도덕 문장을 포함하는 전건 긍정식은 타당해 보일 뿐 아니라 실제로도 타당하다.

①~② #주장 제시 #사례-원리 연결

'행크스'의 주장이 제시되고 있습니다. '행크스' 역시 한마디만 할 것이니 그 주장을 정확하게 인지해야겠죠? 먼저 '표절은 나쁘다.'라는 문장은 표절이라는 '대상'에 나쁨이라는 '속성'을 부여하는 내용을 가집니다. 차분하게 납득하면서 읽어야 합니다. 충분히 납득할 수 있는 내용이에요. 그리고 화자의 문장 진술은 그 내용과 완전히 무관할 수는 없습니다. '표절은 나쁘다.'와 같은 화자의 문장 진술은 '나쁘다.'와 같은 내용과 완전히 무관하지 않다는 것이죠. 이에 그런 문장이 단독으로 진술되든, 그렇지 않고 조건문의 일부로 쓰이든 '판단적'이라고 합니다. 조건문의 일부로 쓰여 단순한 '가정'을 하는 것처럼 보이더라도, 이 역시 '나쁘다.'와 같은 내용과 관련이 있기는 하다는 것입니다.

③ #정의 제시 #단어의 의미 살리기 #사례-원리 연결

이를 구체적으로 설명하는 것은 문장이 '판단적'이라는 개념입니다. 이는 단어의 의미 그대로, 대상에 속성을 부여하는 식으로 '판단'하는 내용을 지니는 것이 그 문장의 본질이라는 것을 뜻합니다. 다시 말해, 화자가 표절과 같은 '대상'에 나쁘다는 '속성'을 부여하는 식으로 '판단'하는 내용을 지니는 것은 화자의 문장 진술이 단독으로 진술되든 그렇지 않든 '판단적'이라는 점에서 동일한 것이죠. 어쨌든 화자의 문장 진술은 그 내용과 완전히 무관할 수 없으니까요.

④ #주장 제시 #비교/대조 #재진술

'도덕 문장'을 비롯한 모든 '판단적 문장'은 참 또는 거짓일 수 있다, 즉 '진리 적합성'을 가진다는 것이 '행크스'의 생각입니다. '도덕 문장' 역시 대상에 화자의 정서라는 속성을 부여하는 것을 본질로 한다는 점에서 '판단적 문장'이라고 할 수 있다는 점, 충분히 납득할 수 있겠죠? 화자가 부여한 속성이 참인지 거짓인지 따지는 게 가능하기는 하다는 것이죠. 이렇게 '도덕 문장'에도 '진리 적합성'이 있다고 한다는 점에서 '행크스'의 주장은 '에이어'와는 대조된다고 할 수도 있겠습니다. 나아가 일단 '도덕 문장' 역시 '전건 긍정식'의 전제로 기능하며 '참'일 수 있다는 점에서, '에이어'의 윤리학 견해를 고수하기 위해 '도덕 문장'을 '전건 긍정식'의 예외로 둘 필요도 없어지겠죠. 이렇게 앞 문단의 내용과 엮어 풍부하게 이해할 수 있어야 합니다.

⑤~⑥ #주장 제시 #재진술

어쨌든, 조건문에 포함된 문장도 '판단적'이라는 점에서 단독으로 진술될 때와 내용의 차이가 없습니다. 즉, 조건문에 포함되어 진술되든 단독으로 진술되든 '판단적 문장'은 '판단적'이라는 점에서 동일한 내용을 가진다는 것이죠. 이는 2번 문장의 재진술이라고 할 수 있겠죠? '행크스'는 계속해서 이 한마디만 하고 있습니다.

이에 '도덕 문장'을 포함하는 '전건 긍정식'은 타당해 보일 뿐 아니라, 실제로도 타당하다는 것이 '행크스'의 주장입니다. '도덕 문장' 역시 '진리 적합성'을 가지는 '판단적 문장'의 하나라는 점에서, '도덕 문장'이 단독으로 진술되든 그렇지 않든 '판단적'이라는 동일한 내용을 가지기에 '도덕 문장'을 포함하는 '전건 긍정식'은 타당하다는 것이죠. '논리학'에서 제기한 의문을 멋지게 해결한 모습이죠? '논리학'에서는 '도덕 문장'이 단독으로 진술될 때와 그렇지 않을 때 서로 다른 내용을 가진다고 했는데, 이를 정면으로 반박한 것이니까요.

하이라이트 문장

> ⑤조건문에 포함된 문장도 판단적이라는 점에서 단독으로 진술될 때와 내용의 차이가 없다.

'내용의 차이가 없다.'라는 말에 주목할 수 있어야 합니다. '논리학'에서 제기한 의문을 '행크스'의 주장을 통해 직접적으로 반박하는 부분이니까요. 다른 문장을 완벽하게 이해하지는 못하더라도, 최소한 이 문장 하나만큼은 확실하게 체크했어야 합니다.

(나) 2문단 (2)

> ⑦그렇다면 'P이면 Q이다.'에 포함된 'P이다.'가 단독으로 진술된 경우와 <u>다른 점은 무엇인가?</u> ⑧가령 '귤은 맛있다.'는, '귤은 맛있다면 귤은 비싸다.'라는 조건문에 포함되는 경우 화자가 대상에 속성을 부여하는 행위를 하는 것은 아니기에 그것의 <u>판단적 본질을 발현하지 못한다.</u> ⑨그러나 이 맥락에서도 조건문에 포함된 '귤은 맛있다.'는 <u>판단적 본질을 여전히 잃지 않는다.</u> ⑩다시 말해, 그 문장 자체는 대상에 속성을 부여하는 내용을 지닌다.

⑦~⑩ #주장 제시 #사례-원리 연결 #재진술

이러한 '행크스'의 주장에 따르면, 'P이면 Q이다.'에 포함된 'P이다.'와 단독으로 진술된 'P이다.'는 동일한 내용을 가지기에 다른 것이 없어 보입니다. 그렇다면 굳이 이들을 구분하여 '두' 전제로 삼을 필요도 없기에, 무언가 다른 점이 있기는 할 것입니다.

이를 설명하기 위해 '귤은 맛있다.'는 사례를 다시 가져오고 있습니다. 이 문장이 '귤은 맛있다면 귤은 비싸다.'라는 조건문에 포함되는 경우 화자가 대상에 속성을 부여하는 행위를 하는 것은 아니기에 그것의 '판단적 본질'을 발현하지 못합니다. 그러나 '판단적 본질'을 잃는 것은 아니라고 해요. 그러니까, '귤은 맛있다.'는 문장 자체는 단독으로 진술되든 그렇지 않든 '판단적'이라는 점에서 동일한 내용을 가지지만, 전자는 그 '판단적'이라는 '본질'이 발현되고 후자는 그렇지 않을 뿐이라는 것입니다. 그렇기에 '논리학'에서 이 둘이 다르다는 오해를 한 것이지만, 사실 이들은 본질적으로 같기에 '도덕 문장'이 포함된 '전건 긍정식' 역시 타당하다는 것이 '행크스'가 일관적으로 주장하는 내용이네요.

하이라이트 문장

> ⑨그러나 이 맥락에서도 조건문에 포함된 '귤은 맛있다.'는 판단적 본질을 여전히 잃지 않는다.

'본질'을 발현하지 못할 뿐, 여전히 잃은 것은 아니라는 서술을 납득할 수 있어야 합니다. '판단적 문장'이 단독으로 진술되는 경우와 조건문의 일부로 진술되는 경우가 다르긴 다르지만 결국 같은 내용을 담고 있다는 것이 '행크스'가 일관되게 주장하던 내용이니까요. 결국 다 같은 말을 하고 있다는 생각으로 정보량을 줄여내고 납득에 성공했어야 합니다.

선지	①	②	③	④	⑤
선택률	12%	7%	16%	40%	25%

15 (가)에 나타난 에이어 의 입장으로 적절하지 않은 것은? ④

– '도덕 문장'은 '정서적 의미'를 가지는 것으로, '분석적 문장'도 '종합적 문장'도 아니기 때문에 '진리 적합성'을 가질 수 없다는 '에이어'의 입장에 대해 묻는 문제입니다. 가볍게 해결해봅시다.

① 도덕 용어를 기술적 용법으로 사용한 문장은 검증이 가능하다.

명시적 근거	(가) 3문단 4번~5번 문장
실전에서의 판단 과정	이 경우엔 종합적 문장이었지.
해설	'도덕 용어'를 '기술적 용법'으로 사용한 문장은 '도덕 문장'이 아닌 '종합적 문장'으로, 검증이 가능해 '진리 적합성'을 가지는 문장이었습니다. 사람들이 이를 '도덕 문장'으로 오해해 '도덕 문장'이 '진리 적합성'을 가진다는 착각을 한 것이라는 게 '에이어'의 주장이었죠?

② 표현적 용법을 활용한 도덕 문장은 자신의 감정을 표현하는 문장과 동일한 의미를 표현한다.

명시적 근거	(가) 3문단 6번~7번 문장
실전에서의 판단 과정	그러니까 진리 적합성이 없지.
해설	'표현적 용법'을 활용한 '도덕 문장'은 '에이어'의 입장에서는 감정을 담은 어조로 그 감정을 표현하는 문장과 다름없습니다. 즉, 둘 다 '정서적 의미'를 가진다는 점에서 동일한 의미를 표현하는 것이죠.

③ 주어와 술어의 의미 관계를 통해 어떤 문장을 검증할 수 있다면 그 문장은 분석적 문장이다.

명시적 근거	(가) 2문단 1번~4번 문장
실전에서의 판단 과정	분석적 문장의 정의네.
해설	지문에 제시된 '분석적 문장'의 정의 그 자체입니다. '에이어'는 주어의 '정의'를 통해 술어가 그 주어에 내포되어 있는지 검증할 수 있는 '주어-술어의 의미 관계'에 있는 문장을 '분석적 문장'이라고 정의했죠? 이 말을 정확하게 이해하지는 못해도, 적어도 같은 의미를 담은 문자들이 나열되어 있다는 것 정도는 생각할 수 있을 것입니다.

④ 도덕 용어의 용법은 도덕 용어가 기술하는 사실의 종류에 따라 기술적 용법과 표현적 용법으로 구분할 수 있다.

명시적 근거	(가) 3문단 3번 문장
실전에서의 판단 과정	사실을 기술하면 애초에 표현적 용법이 아니지.
해설	'기술적 용법'과 '표현적 용법'의 정의를 묻고 있습니다. 전자의 경우 세계에 관한 어떤 사실을 '기술'하는 것이고, 후자의 경우 감정을 '표현'하는 것입니다. 따라서 어떠한 사실을 '기술'한다는 것만으로도 그것은 '기술적 용법'이 사용된 것이지 '표현적 용법'이 될 가능성은 없는 것이죠. '도덕 용어가 기술하는 사실의 종류'가 아니라, '사실 기술 / 감정 표현 여부'에 따라 '기술적 용법'과 '표현적 용법'으로 구분되는 것이기에 틀린 선지입니다. '기술'과 '표현'이라는 단어의 의미를 살려 그 개념을 정확히 이해할 것을 요구한 선지네요.

⑤ 도덕 문장에 진리 적합성이 있다는 오해는 도덕 문장을 세계에 대한 어떠한 사실을 기술한 것으로 해석한 데에 기인한다.

명시적 근거	(가) 3문단 2번~5번 문장
실전에서의 판단 과정	그렇지.
해설	'에이어'는 사람들이 '도덕 용어'가 '기술적 용법'으로 사용된 경우를 '도덕 문장'으로 착각한 것이 '도덕 문장'에 '진리 적합성'이 있다는 오해를 낳았다고 주장했습니다. '도덕 용어'가 '기술적 용법'으로 사용되는 경우에는 '진리 적합성'을 가질 수 있으니까요. 하지만 '에이어'에 따르면 '도덕 문장'은 '도덕 용어'가 '표현적 용법'으로 쓰인 경우를 의미하기에, '도덕 문장'은 '진리 적합성'을 가지지 않는다고 판단해야 했습니다. '에이어'의 핵심 주장을 정확히 이해하고 있는지 묻는 선지였습니다.

선지	①	②	③	④	⑤
선택률	11%	12%	22%	19%	36%

16 [A]로부터 추론한 내용으로 가장 적절한 것은? ⑤

– [A]는 '행크스'의 주장이 제시된 부분입니다. '행크스'는 '판단적 문장'이 단독으로 진술되든 조건문의 일부로 진술되든 똑같이 '판단적 본질'을 가지기에 그 내용이 동일하고, 이에 '도덕 문장'을 포함하는 '전건 긍정식'은 타당하다는 주장을 펼쳤습니다. 인문 제재의 지문답게 각 인물의 주장만을 집요하게 묻고 있죠? 가볍게 해결해봅시다.

① '귤은 맛있다면 귤은 비싸다.'에 포함된 '귤은 맛있다.'
는 판단적이지 않다.

명시적 근거	(나) 2문단 8번~10번 문장
실전에서의 판단 과정	판단적 본질을 잃지는 않지.
해설	'귤은 맛있다.'는 '판단적 문장'이 조건문의 일부로 진술된 경우라도, 그 '판단적 본질'을 잃는 것은 아니라는 것이 '행크스'의 핵심 주장입니다. 이를 바탕으로 하면 틀린 선지네요.

② '표절은 나쁘다.'는 단독으로 진술되었을 때에만 참 또
는 거짓일 수 있다.

명시적 근거	(나) 2문단 1번~4번 문장
실전에서의 판단 과정	언제든 판단적 본질을 잃지 않지.
해설	'표절은 나쁘다.'와 같은 '판단적 문장'은 단독으로 진술되든 조건문의 일부로 진술되든 그 '판단적 본질'을 잃지 않는 동일한 내용을 가집니다. 또한 모든 '판단적 문장'은 참 또는 거짓일 수 있기에, '표절은 나쁘다.'가 단독으로 진술되지 않았을 때에도 참 또는 거짓일 수 있다고 봐야 정확하겠네요.

③ '귤은 맛있다.'는 조건문의 일부로 진술될 때는 대상에
속성을 부여하는 내용을 지니지 않는다.

명시적 근거	(나) 2문단 8번~10번 문장
실전에서의 판단 과정	본질을 잃는 것은 아니라니까.
해설	계속해서 똑같은 내용입니다. '귤은 맛있다.'와 같은 '판단적 문장'이 조건문의 일부로 진술될 때에도 대상에 속성을 부여하는 내용, 즉 '판단적 본질'을 잃지는 않습니다.

④ 화자는 귤이 맛있음의 속성을 가진다는 내용과 완전
히 무관한 채로 '귤은 맛있다.'를 진술할 수 있다.

명시적 근거	(나) 2문단 2번 문장
실전에서의 판단 과정	완전히 무관할 수 없다는 게 핵심이었지.
해설	화자의 문장 진술은 그 문장이 어떻게 쓰이든 그 내용과 완전히 무관할 수는 없기 때문에, '판단적 문장'이 단독으로 진술되든 그렇지 않든 '판단적'이었습니다. '행크스'의 주장을 이루는 핵심 전제를 무시한 선지이기에 틀렸다고 해야겠네요.

⑤ '표절은 나쁘다.'는 화자가 표절에 나쁨을 부여하지 않
는 맥락에서도 그것의 판단적 본질을 유지할 수 있다.

명시적 근거	(나) 2문단 7번~10번 문장
실전에서의 판단 과정	본질을 발현하지 못할 뿐, 잃지는 않지.
해설	'표절은 나쁘다.'를 말하는 화자가 표절에 나쁨을 부여하지 않는 맥락은 해당 문장이 조건문에 포함되었을 때입니다. 이때는 단순히 '가정'을 하는 것이기에, 화자가 나쁨이라는 속성을 부여한다는 행위를 하는 것은 아니죠. 하지만 이때에도 그 문장의 '판단적 본질' 자체는 유지된다는 것이 '행크스'의 핵심 주장이었습니다. 가볍게 답으로 고를 수 있겠네요.

선지	①	②	③	④	⑤
선택률	8%	7%	18%	53%	14%

17 다음은 윗글을 읽고 학생이 작성한 학습 활동지이다.
윗글을 바탕으로 할 때, 적절하지 <u>않은</u> 것은? ④

[진술1] 객관적으로 존재하는 도덕적 사실이 있다.

· 전통적인 윤리학자: 옳다. 도덕적 판단의 근거는 도덕 주체로부터 독립적으로 존재하기 때문이다. ····························· ①

명시적 근거	(가) 3문단 8번~9번 문장
실전에서의 판단 과정	이런 가정을 에이어가 부정했지.
해설	'에이어'의 주장대로라면, '도덕 문장'은 감정을 표현하는 도덕 주체로부터 독립적으로 존재하는 무언가, 즉 '도덕적 판단의 근거'를 기술할 수 없습니다. 이것이 '전통적인 윤리학자들'의 기본 가정을 부정하는 급진적 주장이었다고 했으니, 자연스럽게 '전통적인 윤리학자들'은 도덕 주체로부터 독립적으로 존재하는 무언가, 즉 '도덕적 판단의 근거'를 기술할 수 있다는 가정을 했음을 생각할 수 있겠네요. 그 내용을 그대로 읊어주고 있는 선지죠?

[진술1] 객관적으로 존재하는 도덕적 사실이 있다.

· 에이어: 옳지 않다. 도덕 문장은 도덕 주체로부터 독립적일 수 없기 때문이다. ··· ②

명시적 근거	(가) 3문단 8번 문장
실전에서의 판단 과정	에이어의 주장 그 자체네.

해설	1번 선지와 엮어서 이해할 수 있겠죠? '에이어'의 이러한 주장은 '전통적인 윤리학자들'의 기본 가정을 부정하는 급진적 주장이었습니다.

[진술2] 도덕 문장은 참 또는 거짓이라는 속성을 갖는다.

· 에이어: 옳지 않다. 도덕 문장은 분석적이지도 종합적이지도 않기 때문이다. ·························· ③

명시적 근거	(가) 2문단 전체
실전에서의 판단 과정	에이어의 주장 그 자체네.
해설	'도덕 문장'은 '분석적 문장'도 '종합적 문장'도 아니기에 '진리 적합성'을 가지지 않는다는 것, '에이어'의 주장 그 자체였죠?

[진술3] 전건 긍정식의 두 전제에 공통으로 포함된 도덕 문장은 내용이 다르다.

· 에이어: 옳다. 도덕 문장은 전건 긍정식의 전제로 사용되면 진리 적합성을 갖기 때문이다. ·························· ④

명시적 근거	(가) 1문단 3번 문장, (나) 1문단 8번~11번 문장
실전에서의 판단 과정	에이어가 그렇게 주장할 리가.
해설	'에이어'는 애초에 '도덕 문장'에는 '진리 적합성'이 없다는 것을 못박아 두었습니다. 따라서 '도덕 문장'이 '전건 긍정식'의 전제로 사용되더라도 '진리 적합성'을 갖지는 못한다고 할 것이에요. 이러한 '에이어'의 주장 때문에, '논리학'에서는 '전건 긍정식'에서 '도덕 문장'을 예외로 두어야 하는 것 아니냐는 의문을 제기한 것이었죠?

[진술3] 전건 긍정식의 두 전제에 공통으로 포함된 도덕 문장은 내용이 다르다.

· 행크스: 옳지 않다. 단독으로 진술된 문장은 조건문의 일부로 사용된 때와 내용 차이가 없기 때문이다. ·························· ⑤

명시적 근거	(나) 2문단 5번 문장, (나) 2문단 9번~10번 문장
실전에서의 판단 과정	그렇지.
해설	'행크스'의 핵심 주장을 그대로 담고 있습니다. 굳이 설명하지 않아도 되겠죠?

선지	①	②	③	④	⑤
선택률	25%	16%	19%	24%	16%

18 윗글을 바탕으로 ㉠을 이해한 내용으로 적절하지 <u>않은</u> 것은? ①

> ㉠몇몇 논리학자들이 제기한 문제

– '전건 긍정식'의 P가 감정이나 태도를 표현하는 '정서적 의미'를 가지고 있을 때, 'P이면 Q이다.'의 P는 이와 달리 감정이나 태도를 표현하지 않기에 동일하지 않고, 결국 두 전제가 모두 참이라고 해도 결론 'Q이다.'가 참임을 보장할 수 없다는 것이 ㉠의 내용이었습니다. 완벽하게 이해하고 있으니 가볍게 답을 골라봅시다.

① 에이어의 윤리학 견해가 옳다면 전건 긍정식이 직관적으로 타당해 보이게 된다는 점에서, ㉠은 에이어에 대한 비판이 된다.

명시적 근거	(나) 1문단 5번~11번 문장
실전에서의 판단 과정	타당해 보이는데 왜 비판이야.
해설	'에이어'의 윤리학 견해가 옳든 그르든, '전건 긍정식'은 직관적으로 타당해 보이는 논리학 법칙입니다. 실제로 (나) 1문단 9번 문장에서도 '표절은 나쁘다.'라는 '도덕 문장'이 쓰인 '전건 긍정식'이 직관적으로 타당해 보인다고 하기는 했죠. 물론 ㉠이 '에이어'에 대한 비판이 되는 것은 (나)의 화제 그 자체이므로 맞지만, 그 이유를 잘못 설정하였기 에 틀린 선지네요. 정확히는 '에이어'의 윤리학 견해가 옳다면 '도덕 문장'이 사용된 '전건 긍정식'의 실질적 타당성을 보장할 수 없다는 점이 ㉠을 '에이어'에 대한 비판으로 이끄는 요인이었습니다. '직관적'으로는 타당해 보이더라도, '실질적'으로는 타당하지 않게 한다는 점에서 비판한다는 것이죠. 단순히 ㉠이 '에이어'를 비판한다는 흐름을 잡는 것을 넘어, 어떤 점에서 비판할 수 있는 것인지까지 정확히 이해할 것을 요구한 매우 어려운 문제입니다. 확실하게 복습하도록 합시다.

② ㉠에 따르면, 도덕 문장을 포함하는 전건 긍정식이 타당하다면 도덕 문장이 감정을 표현한다는 견해는 수용될 수 없다.

명시적 근거	(나) 1문단 5번~11번 문장
실전에서의 판단 과정	에이어의 견해가 옳으면 도덕 문장을 포함하는 전건 긍정성이 타당하지 않다고 해야지.

해설	㉠이 제기된 상황에서 '에이어'의 윤리학 견해, 즉 '도덕 문장'이 감정을 '표현'한다는 견해를 수용하기 위해서는 '도덕 문장'을 포함하는 '전건 긍정식'의 타당성을 부정하거나 '전건 긍정식'은 '도덕 문장'을 포함할 수 없다고 해야 합니다. 이에 대한 대우 명제가 2번 선지죠? 지문의 내용 그 자체에 대한 대우 명제이니 당연히 맞는 선지가 되겠습니다. 이렇게 해결해도 좋고, 대우 명제를 떠올리지 못했다면 다음과 같이 해결하시면 됩니다. '도덕 문장'을 포함하는 '전건 긍정식'이 타당하다는 것은, '도덕 문장'이 단독으로 진술된 경우와 조건문의 일부로 진술된 경우의 의미가 동일하다는 것입니다. 그런데 ㉠의 입장에 따르면 '도덕 문장'이 단독으로 진술될 때 '정서적 의미'를 지닌다고 하면, 조건문의 일부로 진술될 때에는 그렇지 않습니다. 따라서 '도덕 문장'을 포함하는 '전건 긍정식'이 타당하다면 '도덕 문장'이 감정을 표현하는 '정서적 의미'를 지니지 않는다고 해야 합니다. 그래야 조건문의 일부로 진술될 때와 마찬가지의 의미를 가질 것이고, 이에 '도덕 문장'이 포함된 '전건 긍정식'이 타당해질 것이니까요. 이런 생각의 흐름에 따르더라도 적절한 선지임을 알 수 있겠네요.

③ ㉠은 전건 긍정식이 타당하려면 두 전제 모두에 나타난 문장의 내용이 일치해야 함에 기초한다.

명시적 근거	(나) 1문단 4번~8번 문장
실전에서의 판단 과정	그렇지.
해설	㉠은 '전건 긍정식'이 타당하려면 두 전제 모두에 나타난 문장의 내용이 일치해야 함에 기초하여 제기된 의문입니다. '에이어'의 주장을 따르면 이와 달리 두 전제에 나타난 문장의 내용이 달라진다는 것이 결국 ㉠이 주장하는 바였죠?

④ ㉠은 도덕 문장뿐 아니라 개인적 선호를 나타내는 문장에 대해서도 제기될 수 있다.

명시적 근거	(나) 1문단 5번~8번 문장
실전에서의 판단 과정	귤은 맛있다!
해설	㉠은 '표절은 나쁘다.'와 같은 '도덕 문장'뿐 아니라 '귤은 맛있다.'처럼 개인적 선호를 나타내는 문장에 대해서도 제기될 수 있는 의문이었습니다. '생각 심화'를 통해 생각했던 내용이 그대로 선지화된 모습이죠? 지문을 읽으면서 미리 생각하지 못했더라도, '개인적 선호를 나타내는 문장'이 의

미하는 바가 무엇인지 생각했다면 충분히 판단할 수 있는 선지였을 것입니다.

⑤ 도덕 문장을 판단적이라고 보는 이론에 따르면 ㉠은 애당초 발생하지 않는다.

명시적 근거	(나) 2문단 전체
실전에서의 판단 과정	행크스의 입장이지.
해설	'도덕 문장'은 '판단적'이라고 보는 이론은 '행크스'가 주장하는 것입니다. 이에 따르면 '도덕 문장'이 쓰이더라도 '전건 긍정식'의 두 전제의 내용이 다르지 않기에, 애당초 ㉠이 발생하지 않겠죠? 끊임없이 인물의 주장을 정확히 체크했는지 묻고 있습니다.

선지	①	②	③	④	⑤
선택률	22%	11%	21%	28%	18%

19 윗글과 〈보기〉를 비교하여 이해한 내용으로 적절하지 않은 것은? [3점] ①

[보기]

'자선은 옳다.'는 자선에 대한 찬성, '폭력은 나쁘다.'는 폭력에 대한 반대라는 <u>태도를 표현한다</u>. 도덕 문장을 포함하는 '자선은 옳다면 봉사는 옳다.'라는 조건문은 '<u>태도에 대한 태도</u>'를 표현한다. 위와 같은 <u>주관적 태도들</u>에는 참, 거짓이 없다.

- 〈보기〉부터 꼼꼼하게 독해해봅시다. '자선은 옳다.', '폭력은 나쁘다.'는 모두 자선 및 폭력에 대한 태도를 표현합니다. 그리고 이러한 문장을 포함하는 '자선은 옳다면 봉사는 옳다.'라는 조건문을 '도덕 문장을 포함하는 조건문'으로 정의한 것으로 보아, 〈보기〉의 글쓴이 역시 '에이어'의 주장처럼 태도를 표현하는 '정서적 의미'를 가진 문장을 '도덕 문장'으로 정의하고 있다는 것을 알 수 있겠네요.

어쨌든, '자선은 옳다면 봉사는 옳다.'라는 조건문은 전제와 결론 모두 태도로 이루어져 있는, '태도에 대한 태도'를 표현하는 문장입니다. 이는 주관적 태도들이기에 참, 거짓이 없다는 것이 〈보기〉의 주장이네요. 이 역시 '도덕 문장'은 '진리 적합성'을 가지지 않는다는 '에이어'의 주장과 일맥상통하는 것이죠?

'자선은 옳다면 봉사는 옳다.'와 '자선은 옳다.'가 나타내는 태도를 지니면서, '봉사는 옳다.'에 반대하는 것은 <u>비일관적이다</u>. '자선은 옳다면 봉사는 옳다. 자선은 옳다. 따라서 봉사는 옳다.'가 타당하다는 것은 이런 뜻이다.

– 이때, '자선은 옳다면 봉사는 옳다.'와 '자선은 옳다.'라는 표현은 'P이면 Q이다.'와 'P이다.'라는 '전건 긍정식'의 두 전제에 대응되는 것입니다. 그런데 〈보기〉의 글쓴이는 태도에 대해서는 참, 거짓을 따질 수 없다고 생각하기에, 이러한 전제가 '참'이라는 표현 대신 '나타내는 태도를 지니면서'라는 표현을 쓰고 있습니다. 말 그대로 이에 동의하는 주관적 태도를 지니고 있다는 것이죠. 그런데 이때 '봉사는 옳다.'라는 결론에 대해서는 반대하는 태도를 가지고 있다는 것은, 전제에는 동의하는 태도를 가지고 있으면서 같은 내용을 품고 있는 결론은 반대하는 태도를 가지는 것이라는 점에서 '비일관적'이라는 것이 〈보기〉의 글쓴이가 가진 생각입니다.

결국, 〈보기〉의 글쓴이에 따르면 '자선은 옳다면 봉사는 옳다. 자선은 옳다. 따라서 봉사는 옳다.'라는 '전건 긍정식'이 타당하다는 것은, 전제가 모두 참일 때 결론도 반드시 참이기 때문이 아니라 전제에 모두 동의하는 '태도'를 가지고 있으면 결론에도 반드시 동의하는 '태도'를 '일관되게' 가질 것이라는 점에서 타당한 것이죠. 이는 '논리학'에서 제기된 문제를 '에이어'의 윤리학 견해를 고수하면서 '행크스'와는 다른 방식으로 해결하는 모습이라고 할 수 있겠습니다. 까다롭게 출제되었기에 〈보기〉를 정리하는 게 결코 쉽지는 않았겠지만, 이렇게 정리해놓은 상태로 가볍게 답을 골라보도록 합시다.

① 도덕 문장이 태도나 감정을 표현한다는 주장은, 도덕 문장을 포함하는 조건문이 '태도에 대한 태도'를 표현한다는 〈보기〉의 주장과 상충하는군.

명시적 근거	〈보기〉, (가) 3문단 1번 문장
실전에서의 판단 과정	엥 똑같은 말 하는 거 아니야?
해설	'도덕 문장'이 태도가 감정을 표현하는 '정서적 의미'를 가진다는 것은 '에이어'의 주장이었습니다. 이는 '도덕 문장'을 포함하는 조건문이 '태도에 대한 태도'를 표현한다는, 즉 '도덕 문장'이 '태도'를 표현하는 것이라는 〈보기〉의 주장과 일맥상통하는것이라고 할 수 있겠죠? 그런데 이러한 주장들이 상충한다고 하고 있으니 적절하지 않은 선지입니다. 〈보기〉는 상당히 어렵게 제시해놓고 답은 쉽게 나오는 형태로 출제했네요. 앞으로는 문제 역시 상당히 어려워질 수 있다는 것이니, 〈보기〉의 완벽한 정리 역시 놓치지 말고 챙겨가도록 합시다.

② 논증의 타당성이 전제와 결론의 참에 의해 규정된다는 주장은, 타당성을 논증에 나타난 태도 사이의 관계에 의해 규정할 수 있다는 〈보기〉의 주장과 상충하는군.

명시적 근거	〈보기〉, (나) 1문단 4번 문장
실전에서의 판단 과정	〈보기〉를 정리한 내용 그대로네.
해설	〈보기〉를 정리하는 과정에서 한 생각을 그대로 담고 있죠? '전건 긍정식'과 같은 논증의 타당성이 전제와 결론의 참에 의해 규정된다는 것이 일반적인 '논리학'에서의 주장인데, 〈보기〉는 논증에 나타난 태도 사이의 관계에 의해 규정할 수 있다며 이와 상충되는 주장을 했습니다.

③ 무엇이 윤리적으로 옳고 그른지에 대한 객관적 기준을 세워야 한다는 주장은, 도덕 문장은 찬성과 반대라는 주관적 태도를 나타낸다는 〈보기〉의 주장과 상충하는군.

명시적 근거	〈보기〉, (가) 1문단 1번 문장
실전에서의 판단 과정	전통적인 윤리학과 상충하지.
해설	무엇이 윤리적으로 옳고 그른지에 대한 객관적 기준을 세워야 한다는 주장은 '전통적인 윤리학'의 주장입니다. '에이어'와 〈보기〉의 글쓴이는 이에 대해 '도덕 문장'은 '주관적 태도'를 표현하는 것이라는 상충된 주장을 하죠?

④ '귤은 맛있다.'가 귤에 대한 화자의 선호를 표현한다는 주장은, '자선은 옳다.'가 자선에 대한 화자의 찬성을 표현한다는 〈보기〉의 주장과 상충하지 않는군.

명시적 근거	〈보기〉, (나) 1문단 6번 문장
실전에서의 판단 과정	둘 다 태도에 대한 것이지.
해설	'귤은 맛있다.'가 귤에 대한 화자의 선호를 표현한다는 (나)의 주장과, '자선은 옳다.'가 자선에 대한 화자의 찬성을 표현한다는 〈보기〉의 글쓴이는 모두 이와 같은 문장들이 화자의 태도를 드러낸다고 본다는 점에서 상충하지 않습니다. 물론 이러한 관점을 바탕으로 뻗어나가는 추가적인 주장에서는 (나)와 〈보기〉의 주장이 차이를 보이겠지만, 이 주장 자체는 상충하지 않는다고 판단할 수 있겠죠?

⑤ '도둑질은 나쁘다.'가 화자의 정서를 표출하므로 진리 적합성이 없다는 주장은, 폭력에 대한 화자의 태도를 표현하는 문장이 참, 거짓일 수 없다는 〈보기〉의 주장과 상충하지 않는군.

명시적 근거	〈보기〉, (가) 3문단 전체
실전에서의 판단 과정	에이어랑 똑같은 말 하는 거였지.
해설	'에이어'는 '도둑질은 나쁘다.'와 같은 '도덕 문장'은 '나쁘다.'와 같은 '도덕 용어'가 화자의 정서를 표출하는 '표현적 용법'으로 사용된 것이므로 '진리 적합성'이 없다는 주장을 펼쳤습니다. 이와 유사하게, 〈보기〉의 글쓴이는 폭력에 대한 화자의 태도를 표현하는 문장이 참, 거짓일 수 없다는 주장을 펼쳤죠? 이들의 주장은 상충하지 않는다고 할 수 있겠습니다.

선지	①	②	③	④	⑤
선택률	4%	84%	4%	5%	3%

20 문맥상 ⓐ~ⓔ와 바꿔 쓰기에 가장 적절한 것은? ②

① ⓐ: 수색하는
② ⓑ: 제시하지
③ ⓒ: 전파했다
④ ⓓ: 발산하는
⑤ ⓔ: 공개하여

몰랐던 어휘 정리하기

① **화제 check** : 독서 지문 독해의 처음이자 끝. 첫 문단에서 잡은 '화제의 틀'을 마지막 문단까지 놓지 않아야 합니다.
② **정의 인식** : 단어의 의미를 살린 상태로, 지문에 제시된 정의와 붙여서 이해할 수 있어야 합니다. 정의를 '기억'하는 게 아니라, '납득'해서 본인의 말로 정리할 수 있어야 해요.
③ **재진술 인식** : 같은 말이라도 다르게 표현되는 경우가 많습니다. 심지어 아예 똑같은 말이 반복되는 경우도 많아요. 이 '같은 말'에 민감하게 반응하면, '정보량'을 줄이면서 읽을 수가 있습니다.
④ **사례-원리 연결** : 모든 사례는 어떠한 추상적인 원리를 구체화하는 역할을 합니다. 둘을 연결지으며 확실하게 이해하고 가는 태도가 중요합니다.

| 지문 내용 총정리 |

추상적으로 제시되는 한마디의 주장을 구체적인 사례들을 통해 이해할 수 있는지 물어보는 형태의 지문이었습니다. 인문 제재의 지문에 익숙하지 않은 학생들에게는 비슷한 듯 다른 말들이 반복되는 지옥 같은 지문으로 느껴졌을 거예요. 굉장히 어려운 지문인 것은 확실하니, 해설지의 내용을 본인이 스스로 다 생각해낼 수 있을 때까지 완벽하게 복습해보도록 합시다. 수능에 출제되는 인문 제재의 지문은 쉬웠던 적이 거의 없다는 것을 꼭 기억하세요.

빠른 정답 (독서편 1권)

Day 5~Day 10

정보량이 많은 지문은 존재하지 않는다 (1) : 모든 정보는 화제 중심으로 모인다.

[1~5] 2011.06 [23~27]

01	02	03	04	05
①	③	③	⑤	⑤

[6~9] 2015.11B [21~24]

06	07	08	09
①	②	①	⑤

[10~15] 2018.06 [16~21]

10	11	12	13	14	15
⑤	②	③	①	②	①

[16~21] 2023.06 [4~9]

16	17	18	19	20	21
①	③	④	①	②	③

[22~25] 2020.11 [26~29]

22	23	24	25
⑤	①	③	①

[26~29] 2024.11 [4~7]

26	27	28	29
⑤	③	②	②

[30~33] 2025.11 [14~17]

30	31	32	33
①	②	②	③

[34~37] 2023.11 [14~17]

34	35	36	37
③	④	④	①

[38~43] 2020.06 [37~42]

38	39	40	41	42	43
③	④	⑤	②	①	④

[44~49] 2019.11 [27~32]

44	45	46	47	48	49
②	⑤	④	⑤	②	②

Day 11~Day 14

정보량이 많은 지문은 존재하지 않는다 (2) : 결국, 다 같은 말이다.

[1~6] 2017.11 [37~42]

01	02	03	04	05	06
③	④	⑤	①	④	①

[7~11] 2021.06 [29~33]

07	08	09	10	11
②	⑤	④	③	③

[12~15] 2025.09 [8~11]

12	13	14	15
④	⑤	②	③

[16~19] 2023.09 [14~17]

16	17	18	19
②	⑤	⑤	①

[20~23] 2022.11 [14~17]

20	21	22	23
④	②	④	①

[24~27] 2024.11 [8~11]

24	25	26	27
③	①	⑤	②

[28~33] 2026.06 [4~9]

28	29	30	31	32	33
②	③	④	④	⑤	①

[34~39] 2022예시 [5~10]

34	35	36	37	38	39
⑤	①	①	④	③	③

Day 15~Day 17

정보량이 많은 지문은 존재하지 않는다 (3) : 정보는 카테고리화된다.

[1~4] 2025.06 [4~7]			
01	02	03	04
①	⑤	②	①

[5~8] 2025.09 [4~7]			
05	06	07	08
④	④	③	①

[9~12] 2019.09 [29~32]			
09	10	11	12
②	③	①	⑤

[13~16] 2024.09 [4~7]			
13	14	15	16
③	⑤	④	①

[17~21] 2010.09 [13~17]				
17	18	19	20	21
④	②	①	④	①

[22~25] 2021.12 [34~37]			
22	23	24	25
②	②	④	④

Day 18~Day 19

추상적인 원리는 구체적인 사례로 이해한다.

[1~6] 2022.06 [4~9]					
01	02	03	04	05	06
③	④	④	②	②	①

[7~10] 2019.11 [39~42]			
07	08	09	10
①	②	③	④

[11~14] 2023.06 [14~17]			
11	12	13	14
①	⑤	④	②

[15~20] 2025.06 [12~17]					
15	16	17	18	19	20
④	⑤	④	①	①	②

PiRAM

Prologue

"공부란 '머릿속에 지식을 쑤셔넣는 행위'가 아니라

'세상의 해상도를 올리는 행위'라고 생각한다.

뉴스의 배경음악에 불과했던 코스피 평균 주가가 의미를 지닌 숫자가 되거나

외국인 관광객의 대화를 알아들을 수 있게 되거나

단순한 가로수가 '개화 시기를 맞이한 배롱나무'가 되기도 한다.

이 '해상도 업그레이드감'을 즐기는 사람은 강하다."

인터넷에서 우연히 보고 큰 감명을 받았던 글입니다.

왜 공부를 해야 하는가에 대한 막연한 의문을 꽤 구체적으로 풀어준 것만 같은 느낌이 들었습니다. 흐릿하던 세상의 여러 요소들이 점점 뚜렷하게 보이는 과정, 이것이 바로 '공부'의 진짜 목적이었습니다.

수능 국어 공부도 마찬가지라고 생각합니다. 단순한 활자의 조합으로 보였던 지문이 하나의 유기성을 가진 '글'로 보이고, 다 다른 이야기를 하는 것 같던 여러 지문들이 사실은 다 같은 원리로 이루어졌다는 것을 깨닫는 과정, 이렇게 '수능 국어의 해상도'가 업그레이드되는 과정을 즐기는 것이 진정한 국어 공부의 의의가 아닐까 하는 생각이 듭니다.

"상상력의 한계가 그 사람의 한계가 된다."라는 말이 있습니다. 어쩌면 우리는 우리가 바라볼 수 있는 세상의 해상도를 지나치게 낮은 한계 속에 가둬두고 있는지도 모르겠습니다. 이 교재는 학생들이 만나게 될 세상의 해상도를 높이는, 나아가 그렇게 높아진 해상도를 바탕으로 학생 스스로의 상상력 한계치를 높여 주기 위한 하나의 프로젝트입니다. 수능 국어에 대해 아무것도 모른 채 지방에서 공부하는 학생도, 주요 학군지에서 훌륭한 교육을 받으며 공부하는 학생도 제대로 된 공부를 할 수 있도록. 열심히 하지 않아서가 아닌, 잘 몰라서 성적이 나오지 않는 일이 일어나지 않도록. 그래서 그 학생의 상상력에 한계가 생기지 않도록. 그런 세상을 위한 작은 노력의 일부입니다.

이 교재는 하위권부터 상위권, 나아가 대치동 학원 강사까지 모두 경험한 저의 경험이 녹아 있습니다. 특정 지문, 특정 제재에서만 통하는 잡기술이 아닌, 근본적인 '생각의 힘'을 키울 수 있는 당연한 이야기들만 적혀 있습니다. 여러분은 이 교재에서 이야기하는 내용을 바탕으로, '생각'하고 '고민'하는 습관을 들여 주시면 됩니다.

'생각'하고 '고민'하는 과정은 역설적이게도 즐겁습니다. 내 사고력의 한계가 뚫리는 느낌을 받고, 처음에 어려웠던 내용이 사실 별 것 아니라는 것을 깨닫고, 내가 더 큰 상상을 할 자격이 있는 사람임을 인지하는 것은 정말로 즐거운 과정입니다. 힘들고 외로운 수험생활에서 이 '즐거움'이 작은 위로가 되었으면 좋겠습니다. 그리고 이 교재가 그 과정에 큰 도움이 되었으면 좋겠습니다. 너무나 냉정한 수능 결과에 상관없이, '올 한해 국어 공부 즐겁게 했다.'라는 생각이 앞으로의 인생을 상상할 수 있는 원동력이 되었으면 좋겠습니다.

아직 저는 많이 부족한 사람입니다. 다른 사람들의 인생에 영향을 줄 만큼 대단한 업적을 이루거나, 엄청난 깨달음을 얻은 사람도 아닙니다. 그저 미래를 '상상'하고, 그 상상을 '현실'로 만들기 위해 노력하는 과정은 너무나 즐겁다는 걸 굳게 믿는 한 범인입니다. 여러분도 제가 믿고 있는 이 즐거움을 함께 느꼈으면 좋겠습니다. 이 교재와 함께, 저도 열심히 돕겠습니다.

범람하는 컨텐츠의 홍수 속에서 기꺼이 이 교재를 선택해주신 수험생 여러분께 진심으로 감사합니다. 이제부터 여러분의 선택이 헛되지 않았음을 증명하겠습니다. 이 교재와 함께, 즐거운 국어 공부를 시작해봅시다.

P.I.R.A.M 국어 저자 김민재

CONTENTS

본교재와 해설지 모두 맨 뒤쪽에는 '빠른 정답'이 있습니다. 해설지를 보기 전 채점을 하고 싶으시다면 활용하시기 바랍니다.

P.I.R.A.M 국어 생각의 전개 독서편

P.I.R.A.M 국어 생각의 전개 독서편

지문 목차 _ 독서편

복습시 이용할 수 있도록 각 지문의 목차를 정리했습니다. 설명을 위해 예시로 들었던 지문을 제외하고, 한 지문 단위로 공부해보았던 지문만 정리했습니다.

1권 · 생각의 전개

2권

P . I . R . A . M

PART 1

생각의 시작 〈Day 1~Day 4〉

이 교재의 사용법을 자세히 알아 보며 공부에 대한 의지를 다진 뒤, 글 읽기의 시작인 '단어'와 '문장'에 대한 이야기를 하는 파트입니다. 딱 4일 분량으로 이루어져 있습니다. 앞으로의 국어 공부에서 든든한 초석이 될 이 나흘을 착실하게 보내봅시다.

"P.I.R.A.M 국어"와 함께 하는 국어 공부의 첫날입니다. 먼저 이 교재의 사용법을 자세하게 알아보도록 합시다. 여기 적힌 내용들을 읽고 정리하는 것도 '글 읽기 경험'입니다. 정말 국어 능력을 키우고 싶다면, 한 글자도 빼먹지 말고 꼼꼼하게 읽으면서 앞으로의 공부 방향을 확실하게 설정해보도록 합시다.

교재의 사용법

완벽한 국어영역 독학서, "P.I.R.A.M 국어"를 선택해주신 여러분 반갑습니다. 혜성같이 나타나 수능 국어 공부를 위한 보편적 커리큘럼의 일부가 된 이 교재. 도대체 어떻게 이용해야 최대한으로 뽑아낼 수 있을지 자세하게 알아보도록 합시다.

〈"P.I.R.A.M 국어"는 하나의 시리즈로 여러분의 국어 공부를 완성하는 것을 목표로 합니다.〉

학생들이 수능 국어에 대한 깨달음을 얻을 수 있도록, 나아가 글을 읽고 '생각'하는 즐거움을 만끽할 수 있도록, 가장 정석적이고 효과가 확실한 학습 방향을 제시하려고 노력했습니다. 대부분의 교재는 'Daily' 방식으로 구성되어 있으며. 자신의 학습 수준에 맞추어 유동적으로 따라가면 됩니다.

0. For 2027 "P.I.R.A.M 국어" 시리즈 표준 커리큘럼

단계	기반 닦기	A to Z	EBS 학습	고난도 독서	마지막 정리	기출문제 학습
독서	생각의 발단	생각의 전개		생각의 절정	생각의 결말	10개년 기출문제집
문학	필수 고전시가	생각 워크북	생각의 위기:기회		(전자책)	옛기출 선별집

시기	~1월 말	~4월 말	~6월 모의평가	~여름방학	~10월 말	~수능
커리큘럼	생각의 발단 + 필수 고전시가	생각의 전개 + 생각 워크북	생각의 전개 + 생각 워크북 (2회독)	10개년 기출문제집 + 옛기출 선별집 + 생각의 위기:기회	10개년 기출문제집 + 옛기출 선별집 + 생각의 절정	생각의 결말

2027학년도 수능 대비 'P.I.R.A.M 국어' 시리즈는 다음과 같은 표준 커리큘럼으로 제공됩니다. 본인의 실력, 남은 시간 등을 고려하여 나만의 효율적인 커리큘럼을 구성해보세요. 각 단계의 대략적인 소개는 다음과 같습니다.

기반 닦기

먼저 '생각의 발단'의 경우, '생각의 전개 독서편' 초반부 내용의 확장판이라고 보시면 됩니다. 독서 지문을 제대로 읽어내기 위한 기본적인 공부 태도를 설정하고, '문장→문단→지문'의 순서로 사고력을 확장시켜나가는 단계입니다. 아무 생각없이 국어를 공부하던 학생들에게 '생각'하며 글을 읽고 이해하는 것의 즐거움을 알려주는 교재입니다. 공부를 거의 처음 시작하는 노베이스라면 꼼꼼하게, 어느 정도 실력이 있다면 속도를 내면서 가볍게 정리해주시면 됩니다. 본인이 이 교재를 봐야 하는 수준인지 궁금하다면, '생각의 전개 독서편' 교재의 초반 4일차를 먼저 진행해보세요. 아무런 무리없이 이해가 되고 글이 읽힌다면 계속 '생각의 전개'를 보시면 되고, 조금 어렵고 더 많은 공부가 필요할 것 같다고 판단되시면 '생각의 발단'을 보시면 됩니다.

또한 고전시가에 대한 두려움을 가지고 있는 학생들을 위한 '필수 고전시가' 교재가 있습니다. 만약 고등학교 2학년까지 내신 대비를 열심히 했고, 따라서 대부분의 필수적인 고전시가들이 공부가 된 학생들이라면 굳이 공부하지 않아도 되는 교재입니다. 하지만 고전시가에 대해 막연한 두려움을 가지고 있거나, 제대로 고전시가를 정리해 본 경험이 없다면 꼭 먼저 공부해주세요. 가장 효율적이고 확실하게 필수적인 고전시가의 정리를 도와드릴 것입니다.

A to Z

말 그대로 수능 국어의 A부터 Z까지 모두 다루는, 'P.I.R.A.M 국어' 시리즈의 메인 커리큘럼입니다. '생각의 전개' 시리즈의 경우, 교재의 이름처럼 국어 영역을 정복하기 위해 어떤 '생각'을 '전개'해야 하는지 자세히 알려드리는 교재입니다. 테마를 정해 각 테마별로 어떤 '생각'을 해야 하는지 정립하고, 평가원 기출문제 위주로 그 태도를 연습합니다. 이 과정에서 국어 영역에 필요한 '생각의 힘'을 키우는 것은 물론이고, 주요 평가원 기출문제를 누구보다 완벽하게 정리하는 경험을 하실 수 있습니다. 'A to Z'라는 이름답게 꽤 많은 분량을 자랑하며, **이에 따라 1권/2권 두 권으로 나눠 출판됩니다. 두 교재는 내용이 연결되는 하나의 교재이니, '생각의 전개'로 공부하고자 하시는 분들은 조금 부담스럽더라도 두 권 모두 구입해 주세요.** 돈이 아깝다는 생각은 절대 하지 않으실 것이니까요.

'생각 워크북'의 경우, '생각의 전개'에서 다루지 않았던 주요 평가원 기출문제를 바탕으로 더 많은 연습을 해보는 교재입니다. 교재 이름처럼 '생각의 전개'의 워크북 역할을 하며, 교재에서 배운 내용을 더 탄탄하게 하는 데 의의가 있습니다. '생각의 전개'와 '생각 워크북'을 모두 공부하시면, 10개년 기출문제 전문항을 포함해 19개년 기출문제 주요 문항을 공부하시는 것이 됩니다. 이 정도는 해야 기출 공부를 했다고 할 수 있겠죠?

EBS 학습

문학 EBS를 가장 '수능답게' 정복하는 단계입니다. 단순한 작품 분석·주제 및 줄거리 정리 등이 아니라, '생각의 전개'에서 배운 내용을 문학 EBS 작품들을 통해 더 많이 연습할 수 있도록 돕는 교재입니다. 지루하게 달달 외우는 공부가 아니라, EBS 연계를 가장 실질적으로 활용할 수 있는 방법들을 제시합니다. 단순하고 지루한 EBS 지문 공부로 인해 상반기에 공들여 쌓아 놓은 '생각의 힘'에 '위기'가 찾아옵니다. 이 생각의 '위기'를, '기회'로 바꾸어 드리는 교재가 바로 '생각의 위기:기회'입니다.

고난도 독서

다시 찾아온 불독서의 시대. 우리는 그보다 높은 수준에서 준비해야 합니다. '생각의 절정' 교재는 엄선된 LEET언어이해 교재를 통해 우리의 '생각'을 '절정'으로 이끌어주는 교재입니다. 시중에서 가장 친절하고 깔끔한 LEET언어이해 해설지를 통해 압도적인 독서 실력을 만들어드립니다.

마지막 정리

파이널 기간은 새로운 것을 쌓는 기간이 아닌, 지금껏 배운 것들을 총정리하는 시간입니다. '생각의 결말' 교재는 전자책으로 무료 배포될 예정이며, 반드시 아름다울 우리 생각의 '결말'을 준비할 수 있도록 돕는 교재입니다. 당해 모의평가 해설지 / 분석서를 비롯, 최신 경향을 반영한 마지막 기출, 수능 직전 이용할 예열 자료 등이 포함될 예정입니다. 수능 당일 아침까지, 여러분의 '생각'은 피램이 에스코트합니다.

기출문제 분석

기출문제 분석은 한 번으로 끝나면 안 됩니다. 수능의 그날까지, 지겹도록 반복해야만 하죠. 그리고 이 과정을 돕기 위해 'P.I.R.A.M 국어' 시리즈는 '10개년 기출문제집'과 '옛기출 선별집'을 준비했습니다. 교재에서 제시하는 방법대로 우직하게 기출문제 분석을 하다 보면, 수능 국어 만점도 더 이상 꿈이 아닐 것입니다.

1. 누구를 위한 교재인가요?

'P.I.R.A.M 국어 생각의 전개 독서편'은 기본적으로 수능 국어를 준비하는 모든 학생들 중 최소한의 문장 독해력과 어휘력이 갖춰진 '4~5등급 이상의 학생들'을 위한 교재입니다. 각 성적대별로 설명하겠습니다. 정말 간략한 가이드라인이니 반드시 이를 따를 필요는 없습니다. 참고만 하세요! (성적대는, '평균적인' 점수를 의미합니다. 본인의 최고점은 본인의 실력이라고 볼 수 없습니다. 자신을 객관적으로 바라보는 것. 성적 상승의 시작입니다.)

시기	사용법
백분위 98 이상	언제나 넉넉하게 1등급을 받는 성적대를 가진 학생일지라도, 분석 후 해설을 읽어보면 얻어갈 내용이 많을 것입니다. 교재의 본문에 해당하는 내용 설명 · 태도 정립 부분은 가볍게 읽어도 되지만, 지문 해설은 꼼꼼히 읽어보시길 추천드립니다. 자신의 분석과 교재의 분석을 비교하시면서 새롭게 느껴진 부분, 괜찮다 느껴진 부분을 자신의 것으로 만드세요. 이 교재의 내용 자체를 흡수하는 것보다도, 여러분이 가지고 있는 독해와 문제풀이의 틀을 이 교재의 내용을 참고하여 공고히 하는 것이 더 중요합니다.
1~2등급	처음부터 단계를 밟아 가면서 공부하시는 걸 추천합니다. 교재를 정독하면서 여러분들이 처음 알게 된 부분은 확실하게 여러분의 것으로 만드세요. '생각의 확장' 파트는 특히 꼼꼼하게 공부해 주세요. 고정 1등급이 되기 위한 태도가 담겨 있는 부분입니다. 교재에서 시키는 대로 수동적으로 따라가기보다는, 교재를 통해 배운 내용을 여러 지문에 스스로 적용하는 것이 중요합니다. 여기서 얻은 내용을 바탕으로 많은 연습을 거치면 높아만 보였던 만점의 벽을 허물 수 있을 것입니다.
2~4등급	이 교재를 통해 가장 큰 효과를 볼 수 있는 학생들입니다. 이런 학생들의 특징은 국어에 대한 감이 없지는 않으나 말 그대로 '감'으로만 국어를 대하다 보니 점수의 기복이 심하다는 것입니다. 이 교재의 단계를 처음부터 천천히, 그리고 완벽하게 밟으시면서 지문과 문제를 대하는 본인만의 '틀'을 만드시기 바랍니다.
4~5등급 이하	처음부터 이 교재를 가지고 공부하시면 조금 어려울 수 있습니다. 교재의 텍스트 자체가 많기도 하고, 애초에 쉬운 지문들은 거의 실어두지 않았거든요. 따라서 앞에서 설명한 '기반 닦기' 단계의 교재를 먼저 공부하고 오시는 걸 권해드립니다.

그 후에는 이 교재를 가지고 공부하시면서, '모든 문장'을 이해해보는 공부를 해 주세요. 지문에 쓰여 있는 모든 문장이 의미하는 바를 이해하시고, 그것을 바탕으로 문제를 풀어본 다음 교재의 해설과 자신의 사고과정을 비교하는 겁니다. 비교하면서 새롭게 느껴진 부분이나 깨달은 점이 있다면 다음 지문을 공부할 때 그것들을 적용해주시면 됩니다. 공부를 하다가 모르는 어휘가 나오면 바로바로 찾아보면서 어휘력까지 챙기는 건 당연하겠죠?

다시 강조하지만, 국어 실력을 키우기 위해서는 글을 읽고 '생각'하는 경험을 많이 해야 합니다. 이 교재를 읽고 이해하는 것 자체도 이러한 경험이 될 수 있으니, 힘들고 지치더라도 한 글자 한 글자 곱씹으며 공부해주세요. 나아가 늦은 시기에 이 교재를 접했더라도 조급해하지 말고 천천히 공부하셔야 합니다. 수능 전에 이 교재 하나만 제대로 끝낸다는 생각으로 학습해주세요. 대충하는 조급한 공부는 절대로 여러분의 실력을 올려줄 수 없습니다.

2. 이 교재는 어떻게 구성되어 있나요?

이 교재는 크게 3단계로 이루어져 있으며, 이 3단계를 차분하게 밟을 수 있도록 'Daily 방식'으로 구성되어 있습니다. 순서대로 천천히 따라왔을 때 최고의 효율을 내는 교재입니다. 각 단계의 특징은 다음과 같습니다.

생각의 시작 (Day 1~Day 4) : 공부의 방향성 확립 + 단어/문장/문단 단위의 생각의 틀 정리

생각의 전개 (Day 5~Day 19) : 국어 정복을 위해 필요한 '생각' 총정리

생각의 확장 (Day 20~Day 42) : 제재별 독해 태도 정립 및 배경지식 정리 + 2026학년도 수능

이 교재는 국어 영역의 A to Z를 다루는 교재로, 국어 시험에서 생각을 어떻게 '전개'(내용을 진전시켜 펴 나감.)해야 하는지를 다루고 있습니다. 이를 '시작-전개-확장'의 구조로 완벽하게 정리할 수 있게끔 했어요. 평가원 기출문제가 주가 되는 교재이지만, LEET언어이해 지문도 적절히 활용하여 여러분의 '생각의 힘'을 기를 수 있게 구성되어 있습니다. 매일매일 나눠진 분량을 해치우다보면, 어느새 눈에 띄게 좋아진 국어 실력을 확인하실 수 있을 겁니다.

'생각의 전개' 단계와 '생각의 확장' 단계에서는 각 파트에 맞는 지문이 예시로 들어있습니다. 기본적으로 해당 파트에 맞는 지문들을 선별한 것이지만, 너무나 당연하게도 한 지문 속에는 수많은 파트의 내용들이 녹아 있습니다. 따라서 특정 파트에 대한 공부를 하는 중이라고 해도, 앞에서 배웠던 내용들을 최대한 이용하면서 공부하는 습관을 들여주세요. 결국 우리는 수능 시험장에서 어떤 파트에 대한 지문인지 적혀 있지 않은 상태의 시험지를 만나게 될 것이니까요.

어느 한 단계도 중요하지 않은 단계가 없으니, 모든 단계의 내용을 천천히 곱씹으며 공부해주세요. 교재를 통해 분명히 해결할 수 있는 고민을 교재를 다 끝낸 이후까지도 하는 안타까운 학생들이 정말 많습니다. 이 교재를 가지고 공부하기로 마음 먹으셨다면, 한 문장 한 문장 곱씹으며 공부해주시길 간청합니다.

3. 이 교재는 어떻게 공부해야 하나요?

이 교재를 활용한 기본적인 공부 방법은 아래와 같습니다.

채점 전

1. 교재에 제시된 각 파트별 설명을 한 글자 한 글자 천천히 읽고 정리한다.
2. 그 내용을 상기하며 뒤에 있는 문제들을 '시간을 재고' 푼다. (추천 : 8분~12분, 생략 가능)
3. 채점을 하기 전에 '시간 제한 없이' 모든 문장을 분석하고 이해한다.
4. 문제를 다시 분석적으로 푼다. 이때 모든 선지에 대해 이 선지가 왜 맞는지, 틀린지를 남에게 설명할 수 있을 정도여야 한다.

채점 후

5. 해설지를 통해 자신의 사고과정과 해설지의 설명을 비교한다.
6. 해설지를 덮은 뒤, 해설지의 내용과 본인의 생각을 섞어 본인 스스로 모든 풀이 과정을 설명해본다.
7. 이번 공부에서 배운 점을 정리한다.
8. 다음 지문을 학습할 때 그 내용들을 의식하며 공부한다.

굉장히 귀찮아 보이지만, 이런 식으로 공부하셔야 교재의 내용을 100% 흡수할 수 있습니다. 천천히 시간 들여 '생각'하는 공부가 수반되지 않으면 절대로 성장할 수 없습니다. 힘들고 조급하더라도 한 문장, 한 문장 천천히 공부하시길 바랍니다.

나아가 이 교재를 공부하는 동안 '복습'하는 것은 그리 권하지 않습니다. 물론 복습하는 것 자체가 나쁘지는 않지만, 어떤 지문을 복습하면서 그 지문의 내용 및 배울 점 등을 '암기'해버리는 경우가 많거든요. '질 좋은 문제'의 수가 부족한 국어 영역의 특성상 이렇게 '암기'해버린 지문이 너무 많아지면 파이널 기간 공부가 너무 지루할 수 있습니다. 어차피 다른 지문을 공부하는 과정에서 앞에서 배운 내용을 자연스럽게 복습할 수 있기 때문에, 굳이 지문 단위로 복습하기보다는 꾸준히 진도를 나가는 것에 초점을 두세요. 이렇게 하면 2회독, 3회독을 할 때 더 효과적인 '복습'을 할 수 있을 것입니다. 기억이 가물가물하기 때문에, 마치 처음 그 지문을 볼 때처럼 공부할 수 있으니까요.

또한, 교재 외 추가적인 학습을 위한 유튜브 채널 및 교재 수강생 전용 카페가 준비되어 있습니다.
여기서 제공하는 컨텐츠들을 적극적으로 활용하여 국어실력을 끌어올리세요.

피램의 국어공작소 유튜브 채널 : 유튜브 '피램의 국어공작소'
피램의 국어공작소 카페 제공 자료
1. 생각의 전개 교재 복습용 지문 편집 파일
2. 생각의 발단 문학 / 생각의 전개 언어(문법)편, 생각의 전개 화법과 작문편 (파일 비밀번호 : todrkrrhdwkrth)
3. 평가원/교육청/사관학교 선별 핵심 단어장
4. EBS 연계교재 현대시 독해 연습 자료 (2024~2026)
5. 사관학교 전개년(2003~2027) 해설집
6. 수능 직전 예열 자료
7. 그 외 피램이 만드는 모든 칼럼+자료

4. 꼭 제시된 Day에 맞춰 공부해야 하나요?

이 교재는 총 42일 간 공부할 수 있도록 만들어져 있습니다. 각 파트별, 지문별로 할당된 Day의 양은 '평범한 고3 학생이 2시간 정도 공부한다고 가정했을 때 교재의 내용을 완벽하게 받아들이면서 공부하는 것'을 기준으로 정했습니다. 따라서 여러분이 각 Day를 공부했을 때 지나치게 적은 시간이 걸렸다면 대충 공부했을 가능성이 높습니다. 앞에서 제시한 공부법대로 제대로 공부했는지 계속해서 성찰해야 합니다.

그런데 어떤 경우에는 한 지문을 공부하는 데 지나치게 오랜 시간이 걸릴 수도 있습니다. 도저히 하루치 공부를 끝낼 수 없을 것 같다는 생각이 드는 날이 있을 수도 있습니다. 하지만 그렇다고 조바심을 느끼거나 할 필요는 없습니다. 앞에서 말한 경우와 달리, 시간이 오래 걸리는 것은 괜찮아요. 그만큼 여러분이 한 지문에 대해 깊이 '생각'하고 '고민'했다는 것이니까요! 하루에 한 지문만 공부하더라도, 아니 아예 한 지문을 다 끝내지 못하더라도 괜찮으니 깊이 '생각'하고 '고민'하는 습관을 들여주세요.

나아가 본인의 실력이 좋고, 교재에 있는 지문들이 대부분 몇 번 공부했던 경험이 있는 지문들이라면 조금 빠르게 끝낼 수도 있겠죠? 본인이 대충 공부한 게 아니라면, 이 경우도 괜찮습니다. 42일은 임의의 '표준적인 학생'을 상정했을 때의 기준일 뿐, 본인의 상황에 따라 더 빠르게 끝낼 수도, 더 느리게 끝낼 수도 있는 거예요. 교재가 시키는 대로만 수동적으로 공부하는 학생이 아닌, 본인의 상황에 맞게 이 교재를 능동적으로 이용할 수 있는 똑똑한 학생이 되길 바라겠습니다!

다만 한 가지 확실한 것은, 해설을 읽기 전에 스스로 '생각'하고 '고민'하는 시간이 길수록 빠르게 성장할 확률이 높습니다. 조금 늦는다고 조바심 낼 필요는 없어요. 계속 강조하지만, 설정된 Day는 어디까지나 '가이드라인'일 뿐입니다. 여러분이 생각하셨을 때 위 방법대로 정직하게 공부하고 계신다면 전혀 걱정하실 필요 없어요. 가장 확실한 공부를 하는 데 초점을 맞추고 나아가시길 바랍니다!

5. 이 교재로 공부할 때 추가적으로 주의할 점은 없을까요?

① 수강생 카페(피램의 국어공작소)에 대해
➡ 제 교재를 선택해주신 분들의 국어 공부를 끝까지 책임지기 위한 카페가 있습니다. 해당 카페에서는 교재 관련 자료 제공과 질문답변 등이 이루어집니다. 카페에 가입하신 후, 교재를 구매하셨다는 것을 인증해 주시면 해당 자료 및 질문답변 서비스를 받으실 수 있습니다. 여러분의 성적 향상에 해당 카페를 적극적으로 활용하시기 바랍니다!

카페 주소 : https://cafe.naver.com/piramgukeo 

② 시간 제한에 대해
➡ 이 교재로 공부하실 때는 굳이 문제풀이 시간을 설정하실 필요가 없습니다. 물론 앞에서도 말씀드렸듯이, 해당 지문을 처음 공부하는 경우에는 실력 확인 및 실전력 강화를 위해 약간의 시간을 재는 것도 좋습니다. 하지만 시간을 재고 풀어본 뒤에는, 1시간이 걸려도 괜찮으니 꼭 충분한 시간을 써서 고민하겠다고 약속해 주세요. 지문을 읽을 때의, 그리고 문제를 풀 때의 사고 과정을 확실하게 정리하신 뒤에 해설지를 보며 비교해 주셔야 합니다. 문제만 빠르게 쓱 풀고 해설지를 보시면 큰 효과를 보기 힘듭니다.

③ 회독에 대해
➡ 이 교재는 딱 3회독(하나의 교재를 세 번 보는 것)을 하는 것을 권합니다. 첫 회독 때는 앞에서 말한 사용법대로 천천히 공부해주시고, 1회독이 끝나면 바로 다시 1회독과 같은 방법으로 복습을 해 주세요. 해설지의 내용이 뒷 내용을 배워야 이해되는 경우도 많아서, 다시 공부하면 더 많은 것들을 배울 수가 있을 겁니다. 이후엔 "P.I.R.A.M 국어 10개년 기출문제집" 등 다른 교재를 통해 적용연습을 하다가, 국어에 슬럼프가 왔다는 생각이 들 때쯤 교재의 내용을 다시 정리하고 문제를 푸는 식으로 3회독을 진행해주세요. 잊고 있었던 교재의 내용이 다시 떠오르고 정리되면서 슬럼프에서 탈출할 수 있을 겁니다. 2회독 이후의 공부는 앞에서 소개한 카페에 업로드된 자료를 활용하시면 추가적인 교재 구매 없이도 진행하실 수 있습니다.

④ 해설과 실전의 괴리에 대해
➡ 이 교재로 열심히 공부하시다 보면, "해설이 무슨 말인지는 알겠는데, 실전에서 이렇게 할 수 있을까?"에 대한 의문이 드는 경우도 있을 겁니다. 제 해설은 기본적으로 '시험장에서' 할 수 있는 가장 '이상적'인 상태가 가정되어 있습니다. 이는 다시 말해 제 해설만큼 읽어내고 생각하지 못하더라도, 답을 고르는 과정까지는 충분히 도달할 수 있었다는 뜻입니다. 저와 완전 똑같이 사고하지 못했다고 자책하지는 마세요. 이상적인 상태에 도달하려고 노력하다 보면, 수능날에도 그 '이상'에 그나마 가까운, 즉 답을 모두 골라내는 정도의 독해는 할 수 있게 될 겁니다. 저와 생각이 조금 다르거나 놓친 부분이 있다면 왜 그렇게 되었는지, 그리고 교정하기 위해서는 어떻게 해야 하는지 등을 고민하면서 '이상적인 독해'에 다가가려고 최대한 노력하신다면, 그것만으로도 충분합니다.

⑤ 생각합시다!
➡ 이 교재의 핵심은, 여러분의 '생각의 힘'을 키워드리는 겁니다. 끊임없이, 머리가 터질 듯이 '능동적으로' 생각하셔야 합니다. 교재의 내용을 그냥 받아들이지 마시고, 자신이 무엇을 공부하고 있고 이게 왜 중요한지를 계속 생각하세요. 처음엔 '이걸 왜 강조하는 거지?' 싶다가도, 생각하며 따라오면 결국 교재에서 말하고자 하는 바가 온전히 이해될 겁니다. 주체성을 가지고 공부하셔야 합니다! 그래야 재밌게 공부할 수 있어요.

⑥ 읽기를 두려워하지 마세요.
➡ 최근 한국의 실질문맹(글을 읽을 줄은 아는데, 그 맥락적 의미를 파악하지 못하는 경우) 문제가 심각하다고 합니다. 다들 아시겠지만, 숏폼 등의 동영상, 토막글 같은 자극적 매체의 발달이 그 원인이라고 하네요. 만약 여러분이 읽기를 귀찮아하고, 이해하기를 게을러 한다면 국어 영역 점수뿐 아니라 인생 전체에서도 큰 불편을 안고 살아야 할 거예요. 이 교재에는 텍스트가 정말 많습니다. 그 텍스트들을 두려워하지 말고, '모든' 글자를 읽고 이해한다는 마음으로 공부하시기 바랍니다.

국어 능력을 올릴 수 있는, 그리고 더 나은 삶을 살기 위한 방법 : '생각'합시다.

대한민국에서 '수험생'은 너무나 힘들고 고통스러운 삶을 살아가는 것으로 묘사됩니다. 그리고 실제로 수많은 수험생들은 너무나 힘들고 고통스럽습니다. 놀고 싶은 욕구, 쉬고 싶은 욕구를 꾹 참고 묵묵히 공부를 하는 것은 당연히 힘들고도 지치는 일이니까요.

이렇게 욕구를 참고 열심히 공부를 했으면, 그에 상응하는 결과가 있어야 공평하지 않을까 하는 생각도 듭니다. 하지만 애석하게도, 매년 수많은 수험생들은 자신이 노력한 것에 전혀 미치지 못하는 아쉬운 성적을 받습니다. 재수할 때의 제가 그랬듯이 말이죠.

너무 억울하고 불공평하다는 생각이 듭니다. 1년 내내 수많은 국어 지문을 보고, 수많은 강의를 듣고, 수많은 교재를 끝내면서 할 만큼 한 것 같습니다. 그런데 막상 시험장에서는 글이 읽히지가 않습니다. 수능은 그냥 운빨, 혹은 재능빨 시험인 것 같고 나는 그런 운이나 재능을 타고 나지 못한 불운한 사람인 것만 같습니다.

그리고 또 너무나 슬프게도, 수능은 실제로 운과 재능이 필요한 시험입니다. 시험의 이름부터 대학'수학능력'시험입니다. 당신이 아무리 공부를 많이 했고 많은 강의를 들었든 상관없이, 짧은 시간 안에 많은 문제를 정확하게 풀어낼 '능력'이 있는지만 평가하는 냉정하고 잔인한 시험입니다. 그리고 최상위 등급을 받을 수 있는 학생은 전체의 4%밖에 되지 않기 때문에, 수많은 학생들은 좌절할 수밖에 없습니다.

고통스럽게 공부했다면, 그 고통을 잊을 만큼의 달콤한 보상이 있어야 합니다. 그리고 많은 학생들은 자신이 그 달콤한 보상을 얻지 못했다고 생각합니다. 애초에 시험의 시스템이 그렇게 설계되어 있기 때문에 어쩔 수 없는 결과라고 할 수 있습니다.

그렇다면 우리, 생각을 조금 바꿔 보는 것은 어떨까요? 고통스러운 공부에 대한 보상을 '성적'으로 받으려고 하지 말고, 글을 읽고 이해하는 '능력'으로 받으려고 하는 것으로 말이죠. 내가 '성적'이 잘 나올지 안 나올지는 알 수 없지만, 그 '성적'을 위해 고통스럽게 공부하는 과정 하나하나는 분명히 나의 국어 '능력'을 키워줄 것이니까요. 이걸 단순한 정신승리라고 치부하는 사람들도 있겠지만, 고통스러운 수험생활 끝에 국어 '능력' 향상이라는 확정적인 보상이 있다면 나쁘지 않다는 생각이 들지 않나요?

이러한 확정적 보상을 얻기 위해서, 우리는 어떻게 공부를 해야 할까요? 간단합니다. 생각하는 '능력'을 키울 수 있는 방식으로 공부하시면 됩니다. 즉, 끊임없이 '생각'하며 공부하시면 됩니다.

많은 경우, 우리는 아무런 '생각'없이 주어진 과제를 처리하는 방식으로만 공부를 하게 됩니다. "나 오늘 비문학 10지문이나 풀었어!"라는 식으로 자랑하면서 말이죠. 물론 10지문을 해결하는 과정에서 자연스레 몇몇 생각들을 하게 되겠지만, 그 양과 질이 너무나 떨어질 것이기에 우리의 '능력'을 키우기에는 턱없이 부족합니다.

우리는 이제 하루에 몇 지문을 공부했느냐가 아닌, 하루에 얼마나 많은 '생각'을 했느냐를 '하루치 공부'의 기준으로 삼아야 합니다. 오늘 단 한 지문을 공부했다고 해도, 그 지문을 읽으며 이리저리 '생각'하는 경험을 충분히 했다면 아무 생각없이 10지문을 공부한 학생보다 더 많은 공부량을 가져간 것입니다.

그리고 '생각'하는 과정을 바탕으로 공부를 하면, 생각만큼 공부가 고통스럽지 않습니다. Prologue에서 언급했듯이, '생각'의 힘을 키우고 그것을 바탕으로 한 문장 · 한 지문을 이해해나가는 과정은 우리에게 굉장한 카타르시스를 제공하거든요. 그 카타르시스에 중독되어 공부를 이어가다 보면, 하루하루 생각보다 버틸 만하다는 생각을 하면서 수능의 그날을 맞이할 수 있습니다. 그리고 이는 나의 국어 '능력'이 크게 상승한다는 보상, 나아가 국어 '성적'이 오른다는 보너스를 제공합니다.

너무 추상적이어서 감이 오지 않죠? 간단한 예시를 들어 보겠습니다. 다음은 여러 인터넷 기사들의 내용을 적당히 재구성한 글입니다. 먼저 이 글을 자연스럽게 읽어 보시고, 어떤 '생각'이 드는지 간단하게 정리해보시기 바랍니다. 그 뒤 아래쪽의 '독해 과정'들과 비교해보세요.

    정부가 오는 20xx년부터 복권 사업을 운영할 새 수탁사업자를 선정하기로 하며, 본 입찰 추진의 첫 단계 격인 '사전 규격 공개' 절차를 시작한다고 밝혔다. 차기 복권 수탁사업자 선정 과정에서는 저가 입찰 유인의 최소화를 목표로, '가격 평가'의 비중을 줄이고 '기술 평가'의 비중을 늘리기로 했다. 나아가 복권 사업 운영에 함께할 은행의 참여 방식을 다양화해, 복권 사업 운영의 리스크에 대한 은행들의 우려를 줄일 예정이다.

'생각'의 힘이 부족한 사람들의 독해 과정

➜ 정부가 새로운 복권 수탁사업자를 선정하는구나. 근데 수탁이 뭐지? 뒤에는 또 어려운 말들 투성이네. 에이 나도 복권 당첨되면 좋겠다. 당첨되면 뭐하지?

'생각'의 힘이 충분한 사람들의 독해 과정

➜ 정부가 새로운 복권 수탁사업자를 선정하는구나. 기존 업체랑 계약이 끝났나 보네. '수탁'은 다른 사람의 의뢰를 받는 것을 말하니까, '수탁사업자'는 정부의 의뢰로 복권 사업을 운영하는 이들을 말하는 것이겠네. 그리고 단계가 여러 가지인데, 먼저 '사전 규격 공개' 절차부터 시작이네. 첫 단계니까 '사전'이라는 말이 들어가는 것이겠네. 그런데 '저가 입찰 유인'을 최소화한다고? 그동안에는 그냥 최대한 싼값에 입찰하겠다고 하는 유인이 있었나보네. 복권 사업은 중요한 사업인데 무턱대고 싸게 해 준다는 업체에 맡기기는 좀 그럴 수 있겠다. 그래서 '가격 평가' 대신 '기술 평가'의 비중을 늘리는 것이네. 하긴 나도 로또 사서 5,000원 당첨되었을 때 어떻게 그 돈이 나한테 오는 건지 신기했었는데, 그런 기술을 잘 갖춘 업체가 맡는 게 좋겠지. 음 그런데 기존에는 은행들이 복권 사업의 리스크에 대한 우려를 가지고 있었나보네. 복권 사업 운영하면 그냥 좋을 것 같은데 어떤 리스크가 있을까? 다음에 찾아봐야겠다. 은행의 참여 방식을 다양화하는 것이 어떻게 해결책이 되는지와 엮어서 찾아보면 되겠네. 하 근데 나도 복권 당첨되면 좋겠다. 당첨되면 뭐하지?

여러분은 어디에 더 가까우신가요? 참고로 '생각'의 힘이 충분한 사람들의 독해 과정은, 제가 해당 기사들을 읽고 약 10초 만에 했던 생각들을 쭉 나열한 것입니다. 사람의 뇌는 상상 이상으로 대단해서, 저렇게 많은 생각들을 매우 짧은 시간 안에 할 수 있어요. 그리고 수많은 1등급들은 수능 지문을 보고도 저렇게 '질'이 좋은 '생각'들을, 그것도 많은 '양'으로 해냅니다. 한 문장을 읽고서도 받아들이고 처리하는 정보의 양이 차원이 다르니, 문제를 풀 때도 더 빠르고 정확하게 풀 수밖에 없는 것이죠.

물론 저런 '생각'을 할 수 있다고 해서, 반드시 수능 국어 1등급이 나온다고 보장할 수는 없습니다. 앞에서도 말씀드렸듯이 수능 '점수'는 '운'과 '재능'을 어느 정도 요구하기 때문에, '확정'되었다고 할 수 있는 보상이 아니거든요. 그저 저러한 '생각'의 힘을 가지고 있다면 좋은 '점수'를 얻을 확률이 높아지는 것일 뿐이죠.

하지만 인생을 살아가면서 저런 '생각'을 할 수 있다는 건 크나큰 축복이 아닐 수 없습니다. Prologue에서 언급했던 것처럼, 다른 사람들은 무심코 지나치는 수많은 정보들에 더욱 '높은 해상도'로 반응할 수 있다는 것이니까요. 이 '생각의 힘'이 여러분들의 삶을 더 풍요롭게 만들 것이라는 점, 저뿐만 아니라 수많은 선배들이 경험했던 진리라고 할 수 있습니다.

다시, 여러분들의 수험생활은 고통스럽고 지겨울 것입니다. 그리고 '성적'이라는 보상은 확정적으로 주어지지 않습니다. 냉정하지만 여러분이 아무리 열심히 노력해도 '성적'이라는 보상을 얻지 못할 수도 있어요. 하지만 '생각'하며 열심히 고통스럽게 공부한다면, '생각하는 능력'이라는 보상은 확정적으로 주어집니다. 여기에 공부하는 과정 자체도 더 이상 고통스럽지 않게 만들어줄 거예요.

이 교재에서는 지문을 읽고 문제를 풀 때 도대체 어떤 '생각'을 '전개'해야 하는지에 대해 자세히 다룹니다. 물론 철저하게 '수능 국어 지문'을 정복하는 것을 목표로 하겠지만, 이 교재에서 시키는 대로 열심히 '생각'하고 고민하다 보면 일상에서 만나는 다른 수많은 글들도 더욱 깊게 이해하실 수 있을 겁니다. 그렇게만 된다면 여러분이 어떤 '점수'를 받든, 어떤 대학에 가든 더 '나은 삶'을 살아갈 수 있을 겁니다.

어떤가요? 약간 설레는 마음이 들지 않나요? **'생각하는 능력'이라는 달콤한 보상을 위해, 이 교재로 공부하는 동안에는 (아니, 그냥 앞으로 살아가는 동안에는) '능동적 생각'을 습관화하도록 합시다.** 저는 완벽한 사람도 아니고 세상에서 '생각의 힘'이 가장 뛰어난 사람도 아니기 때문에, 이 교재 속에도 여러 가지 미숙한 점들이 있을 수 있습니다. 여러분의 '능동적 생각'을 바탕으로 그러한 부분들을 지적하고, 또 반대로 좋은 부분은 칭찬해주신다면 너무나 행복할 것 같습니다.

그럼 이제 본격적으로 '생각'을 하러 가볼까요? 설레는 마음으로 함께 해주세요.

필연성, '생각'의 시작

앞에서 이야기한 '생각'의 중요성을 다시 역설하는 파트입니다. 사실상 같은 말을 하지만, 너무나 중요하기에 다시 강조한다고 봐주시면 될 것 같아요.

먼저, 필연성이라는 개념에 대해 정리하고 갑시다. 사전을 참고해 볼까요?

'반드시 그렇게 되는 것, 달리는 존재할 수 없는 것을 의미한다'

이게 필연성이라고 하네요. 좋아요. '반드시 그래야만 하는 것' 정도로 다시 정의할 수 있겠어요. 이걸 바로 국어 이야기로 풀어 가면 좀 와닿지 않을 수도 있으니, 이 '필연성'이 가장 중요하게 사용되는 수학 이야기를 해봅시다. 흔히들 생각하는 것과는 다르게, 국어와 수학은 아주 큰 연관성을 가지고 있어요. '필연적인 사고과정'이 문제풀이에 있어서 핵심이 된다는 점에서 말이죠!

09 함수

$$f(x)=\begin{cases}4x^2-a & (x<1) \\ x^3+a & (x\geq 1)\end{cases}$$

이 실수 전체의 집합에서 연속일 때, 상수 a의 값은? [3점]

① $\frac{3}{2}$ ② 2   ③ $\frac{5}{2}$ ④ 3   ⑤ $\frac{7}{2}$

2017학년도 6월 모의평가 수학 나형 9번 문제입니다. 수포자가 아니라면, 누구나 쉽게 맞힐 수 있는 문제일 겁니다. 풀어보세요.

여러분은 이 문제를 어떻게 푸시나요? 그렇죠. "두 함수의 x값에 각각 1을 대입하면 4-a=1+a이므로 a=3/2이다."라고 풀 겁니다. 이렇게 x에 1을 대입해서 푸는 것 자체를 못 하는 학생들은 없습니다. 수학이 4등급이든 1등급이든 간에 말이죠.

그런데 이 '함수의 연속성'과 관련된 문제가 조금만 어렵게 나오면?

$$f(x) = \begin{cases} -1 & (|x| \ge 1) \\ 1 & (|x| < 1) \end{cases}, \qquad g(x) = \begin{cases} 1 & (|x| \ge 1) \\ -x & (|x| < 1) \end{cases}$$

에 대하여 옳은 것만을 〈보기〉에서 있는 대로 고른 것은? [4점]

---[보기]---

ㄱ. $\lim\limits_{x \to 1} f(x)g(x) = -1$
ㄴ. 함수 $g(x+1)$은 $x = 0$에서 연속이다.
ㄷ. 함수 $f(x)g(x+1)$은 $x = -1$에서 연속이다.

① ㄱ 　　　　② ㄱ, ㄴ 　　　　③ ㄱ, ㄷ
④ ㄴ, ㄷ 　　　　⑤ ㄱ, ㄴ, ㄷ

이렇게 말이죠. (2013학년도 수능 수리 나형 20번입니다.) 이렇게 나오면, 수학을 못하는 학생들은 대부분 당황하고 제대로 풀지 못합니다. 사실 이 문제나 저 앞의 9번 문제나 똑같이 '함수의 연속성'을 활용하는 문제인데 말이죠. 왜 이런 일이 일어날까요?

답은 간단합니다. 1등급 학생들과 그 이하 학생들이 공부할 때 가지는 '마음가짐'의 차이 때문입니다.

3~4등급 학생들은 위의 9번 문제를 풀고 나서 '아 x에 1을 대입하면 되네! 쉽구만'하고 '그냥' 넘어갑니다.

하지만 1등급 학생들은? 이런 생각을 하죠. 'x에 1을 대입하는 건 알겠는데.. <u>왜 이렇게 해야 하지?</u>'

차이가 느껴지시나요? 3~4등급 학생들은 그 문제의 '풀이 자체'에 주목하지만, 1등급 학생들은 그 풀이의 '필연성', 즉 '왜 꼭 그렇게 풀어야 하는지'를 '생각'한다는 겁니다. 이것이 앞에서도 이야기한 '능동적인 생각'에 해당하는 것이죠. 계속해서 의문을 가지고 그 의문을 해결해 나가는, '생각'이 메인이 되는 능동적인 공부가 여러분의 성적 향상을 만들어냅니다.

자 그렇다면, 저 9번 문제 풀이의 '필연성'은 무엇일까요? 이걸 대답하시는 분들은 지금 수학 1등급 이상이거나, 1등급이 되실 분들입니다. 그렇죠. 'x=a에서 함수의 연속'의 정의가 'x=a에서 함숫값이 존재하고, 좌극한값과 우극한값이 같으며, 극한값과 함숫값이 같을 때'이기 때문에, 연속성을 확정 지을 수 없는 x=1에서의 함숫값, 극한값만을 구하기 위해 x=1을 대입하는 것입니다. 다항함수는 기본적으로 모든 구간에서 연속이니까요.

이 생각을 한 학생들이라면, 위의 20번 문제도 똑같은 '필연성', 즉 함수의 연속의 정의가 저것이기 때문에 연속성을 판단할 수 없는 x= -1,1에서의 함숫값, 극한값을 이용해야겠다는 '필연성'을 생각하며 문제를 쉽게 풀어낼 수 있겠네요. (자세한 해설은 지면이 부족하여 생략합니다...^^)

하지만 이런 필연성을 생각해보지 않은 학생들은, 저 20번 문제를 보면 숨이 막힙니다. 분명히 함수의 연속 관련 문제인 것 같기는 한데, 개념서나 쉬운 문제들에서 보던 9번 문제 스타일이 아니거든요. 아니 애초에 x에 1을 대입해서 9번 문제를 풀었다는 사실도 잊어버립니다. 그들이 보기에는 완전히 다른 문제거든요. 결국 대부분 크게 별표치고 넘어가게 되겠죠.

이처럼, '생각의 경험'에서 나타나는 차이는 수학/국어 실력을 넘어, 수능 전체의 성적 혹은 인생 전체의 태도를 결정하는 엄청난 역할을 합니다. 여러분은 그동안 어떤 식으로 공부하고 있었는지 생각해 보시기 바랍니다.

자 서론이 길었습니다. 그래서 결국 하고 싶은 말은, 국어 영역에서도 이러한 '필연성'을 생각해야 한다는 것입니다. 여러분들이 기출문제집 몇 회독을 하고, 좋다는 온갖 컨텐츠를 미친듯이 풀어대도 성적이 안 오르는 이유는, 앞의 '수학을 못하는 학생들'처럼 공부하고 있기 때문입니다. 그냥 기출문제 펼쳐놓고, 아무 생각 없이 읽어 보고 문제를 풉니다. 답을 고릅니다. 4번인 것 같습니다. 하지만 정답은 3번입니다. 해설지를 봅니다. 3문단 둘째 줄에 근거가 있다고 합니다. '아~'라는 짧은 탄식을 내뱉고, 문제 위에 씁니다. '꼼꼼하게 읽기'

이러니, 성적이 오르겠습니까.

유명하다는 국어 수업을 들을 때도 똑같습니다. 무언가 휘황찬란한 이론을 배우고 나면, 그게 왜 중요한지 언제 어떻게 써먹어야 하는지는 생각하지 않습니다. 그냥 필기합니다. 빽빽한 글씨들을 바라보면 그저 흐뭇합니다. 물론 그 이론을 활용한 문제가 나오면, 아무것도 하지 못한 채 그냥 읽고 그냥 풉니다. 틀린 뒤에 해설지를 보면 또 깨닫습니다. '아 여기서 그 이론을 쓰는 것이구나...'

이러니, 성적이 오르겠습니까.

무엇인가를 배웠든 아니든 중요한 것은, '필연성'을 생각하며 공부해야 한다는 것입니다. 이런 이론이 왜 중요하고, 이 지문을 읽을 때 해당 이론을 이용해야 하는 이유는 도대체 무엇인지를 고민하셔야 합니다. 나아가 많은 문제들을 풀어보면서, 각 이론이 어떤 부분에서 왜 이용되는지를 끊임없이 '생각'하셔야 합니다. 이제부턴 국어 공부를 하실 때, 천천히 생각해보시는 겁니다. '이 사람은 왜 여기에 밑줄을 그을까?', '왜 여기서 이 부분에 주목해야 하지?', '이 지문에서 이런 정보 다음에 왜 이런 말이 나오는 거지?', '왜 하필이면 이런 내용을 정답으로 제시했을까?' 그 필연성들이 쌓이고 쌓이면, 여러분들은 수능장에서 '필연적으로' 그런 사고를 통해 문제를 풀 수밖에 없습니다.

이 교재는, 철저히 이 '필연성'에 포커스를 맞추고 내용을 전개합니다. 어떤 원칙이 중요하다면 '필연적으로' 평가원이 중요시할 수밖에 없는 이유는 무엇인지, 그 원칙들을 바탕으로 여러분이 시험장에서 '필연적으로' 했어야 하는 사고는 무엇인지에 대해 설명합니다. 이 교재가 제시하는 '필연적인 생각의 틀'. 본격적으로 알아가 봅시다.

FAQ

Q 선생님이 말씀하시는 대로 끊임없이 '생각'하며 공부하는 습관을 들이면, 시험장에서 시간이 모자랄까봐 걱정입니다. 그래도 '시험'이니만큼 무언가 실전적이고 효과적인 스킬들을 조금 배워두는 게 중요하지 않을까요?

A 기본적으로 우리의 목표는 '생각의 힘'을 키우고, 이를 바탕으로 자연스럽게 시간을 줄여나가는 것입니다. 실제로 이 교재에서 요구하는 방식대로 '생각'하는 습관을 들이면, 대부분의 문장/선지가 당연하게 처리되며 자연스럽게 시간을 줄여 낼 수 있습니다. 물론 우리는 시험을 준비하는 입장인 만큼, '고민의 제한 시간 두기' 같은 여러 가지 '실전' 태도들을 정립할 필요는 있습니다. 하지만 공부를 시작하는 지금의 상황에선 굳이 저런 내용들을 신경쓰지 않으셨으면 좋겠습니다. 지금은 '생각'하고 또 '생각'하며 똑똑해지는 것이 우선이에요!

글 읽기의 시작 – 어휘력

여러분이 공부하는 모습을 지켜보다보면, 참으로 이상한 점이 하나 있습니다.

만약 영어 공부를 한다고 합시다. 문제를 풀다가 모르는 단어가 나오면 여러분은 어떻게 하시나요? 그렇죠. 사전이든 인터넷이든 뒤져서 그 뜻을 알아내고, 외우려고 노력합니다. 그런데 국어 공부를 하다가 모르는 단어가 나오면? 별 생각 없이 넘어갑니다. 분명 어휘력은 언어 공부, 나아가 '이해력 향상'을 위해 꼭 필요한 내용인데도 불구하고 말이죠.

특히 국어 성적이 5등급 이하라면, 이해력·추론력과 같은 고차원적인 능력보다도 '어휘력' 자체에 문제가 있을 확률이 큽니다. 어휘력이 부족하면 수능 국어에서, 특히 독서 영역에서 좋은 점수를 얻기 힘듭니다. 최근 평가원은 생각보다 꽤 높은 수준의 어휘력을 요구하고 있거든요. 단순히 어휘 문제를 맞히기 위해서가 아니라 글을 제대로 읽기 위해서라도, 어휘력은 필수로 갖춰야 할 덕목인 것입니다. 즉, 국어 공부를 본격적으로 시작하기 위해서는 먼저 '단어 단위'의 공부부터 해 볼 필요가 있다는 거예요!

이제부터 이러한 '단어 단위'의 공부를 함께 해 보도록 합시다. 참고로 여러분이 알고 있는 어휘에는 '이해 어휘'와 '사용 어휘'라는 것이 있습니다. '이해 어휘'는 본인이 직접 사용하지는 못해도 의미·용법 등을 대충이나마 알고 있는 어휘를 말하고, '사용 어휘'는 의미·용법도 확실하게 알고 본인이 직접 글쓰기나 말하기 등에 사용할 수 있는 어휘를 말합니다. 모국어 화자의 경우 사람마다 다르지만 대략 5만 개 내외의 '이해 어휘', 1만 5천 개 내외의 '사용 어휘'를 가지고 있다고 알려져 있습니다. 그리고 이 교재에서 말하는 '어휘력'이란 '이해 어휘'를 말합니다. 완벽하게 그 뜻을 알지는 못해도, 뉘앙스 정도는 알고 있어야 해요.

아래는 역대 수능/모의평가에서 실제로 기출되었던 어휘들입니다. 지문에서 따로 설명을 해 주었거나 각주 등을 달아준 어휘를 제외하고, 아무 설명 없이 제시된 어휘들 중 조금이라도 어려울 수 있는 어휘들을 100개 정도 골라보았습니다. 여기서 여러분의 '이해 어휘' 수준이 얼마나 되는지 확인해 봅시다. 아래 단어 중 무슨 뜻인지 감도 잡을 수 없는 어휘들에 표시를 해 보세요.

양상	호혜적	기백	분절되다	쟁점
분화되다	창안하다	자복	고양시키다	걸출하다
인습	주조하다	만삭	전이시키다	숙려하다
타파하다	천명하다	편승하다	기하급수적	상기시키다
구애받다	형이상학	득의	반향	유보하다
결의하다	자족적	연역하다	편협하다	초고
경중	관조적	청구하다	역설하다	도회지
운용하다	독려하다	공연하다	재화	퇴조하다
제고하다	도탄	엄숙하다	우의적	시가지
초래하다	조탁하다	결부하다	현격하다	비약적
남용	계승하다	병치	담론	경위
정황	물리력	책망하다	표제	매도인
낙향	풍광	획정하다	의탁하다	상응하다
상이하다	자명하다	유리되다	중재하다	동산
비가역적	지평	전가하다	입각하다	신이하다
논평하다	완상하다	환기하다	주재하다	항변하다
이질적이다	종속되다	공시적	오용	발화
다원적	향유하다	목전	가시적	지대하다
유화적	대합실	자멸	착안하다	향락
결여	합치	주창하다	인도하다	미비하다

다음은 각 단어들의 뜻풀이입니다. 이를 보면서, 앞서 표시했던 단어들 외에 잘못 알고 있던 단어들이 무엇이었는지 체크해 봅시다.

양상	사물이나 현상의 모양이나 상태.		병치	두 가지 이상의 것을 한곳에 나란히 두거나 설치함.
분화되다	더 복잡한 것으로 나뉘며 변하게 되다.		책망하다	잘못을 꾸짖거나 나무라며 못마땅하게 여기다.
인습	이전부터 전하여 내려오는 습관.		획정하다	경계 따위를 명확히 구별하여 정하다.
타파하다	부정적인 규정, 관습, 제도 따위를 깨뜨려 버리다.		유리되다	따로 떨어지게 되다.
구애받다	거리끼거나 얽매이게 되다.		전가하다	잘못이나 책임을 다른 사람에게 넘겨씌우다.
결의하다	뜻을 정하여 굳게 마음을 먹다.		환기하다	주의나 여론, 생각 따위를 불러일으키다.
경중	중요함과 중요하지 않음.		공시적	어떤 시기를 횡적으로 바라보는 것.
운용하다	무엇을 움직이게 하거나 부리어 쓰다.		목전	눈의 앞. → 아주 가까운 장래.
제고하다	쳐들어 높이다.		자멸	스스로 자신을 멸시함.
초래하다	일의 결과로서 어떤 현상을 생겨나게 하다.		주창하다	주의나 사상을 앞장서서 주장하다
남용	일정한 기준이나 한도를 넘어서 함부로 씀.		분절되다	사물이 마디로 나뉘다.
정황	일의 사정과 상황.		고양시키다	한껏 돋우어 높아지게 하다
낙향	시골로 거처를 옮기거나 이사함.		전이시키다	자리나 위치 따위가 다른 곳으로 옮겨 감.
상이하다	서로 다르다.		기하급수적	증가하는 수나 양이 아주 많은 것.
비가역적	주위 환경에 상관없이 변하지 않는 성질. (↔가역적)		반향	어떤 사건이 세상에 영향을 미치어 일어나는 반응.
논평하다	어떤 글이나 사건 등의 내용에 대하여 논하여 비평하다.		편협하다	쪽으로 치우쳐 도량이 좁고 너그럽지 못하다.
이질적이다	성질이 다르다.		역설하다	자기의 뜻을 힘주어 말하다.
다원적	사물을 형성하는 근원이 많은.		재화	사람이 바라는 바를 충족시켜 주는 모든 물건.
유화적	상대를 용서하고 사이좋게 지내는 것.		우의적	다른 사물에 빗대어 비유적인 뜻을 나타내는 것.
결여	마땅히 있어야 할 것이 빠져서 없거나 모자람.		현격하다	차이가 매우 심하다.
호혜적	서로 특별한 혜택을 주고받는.		담론	이야기를 주고받으며 논의함.
창안하다	어떤 방안, 물건 따위를 처음으로 생각하여 내다.		표제	서책의 겉에 쓰는 그 책의 이름.
주조하다	녹인 쇠붙이를 거푸집에 부어 물건을 만들다.		의탁하다	어떤 것에 몸이나 마음을 의지하여 맡기다.
천명하다	진리나 사실, 입장 따위를 드러내어 밝히다.		중재하다	분쟁에 끼어들어 쌍방을 화해시키다.
형이상학	세계의 궁극적 근거를 연구하는 학문		입각하다	어떤 사실이나 주장 따위에 근거를 두어 그 입장에 서다.
자족적	스스로 넉넉하게 여기고 만족하는 성질이 있는 것.		주재하다	어떤 일을 중심이 되어 맡아 처리하다.
관조적	고요한 마음으로 사물이나 현상을 관찰하는 것.		오용	잘못 사용함.
독려하다	감독하며 격려하다.		가시적	눈으로 볼 수 있는 것.
도탄	몹시 곤궁하여 고통스러운 지경을 이르는 말.		착안하다	어떤 문제를 해결하기 위한 실마리를 잡다.
조탁하다	보석과 같이 단단한 것을 새기거나 쪼다.		인도하다	이끌어 지도하다.
계승하다	조상의 전통을 물려받아 이어 나가다.		쟁점	서로 다투는 중심이 되는 점.
물리력	무기나 군사력 따위로 행사하는 강제적인 힘.		걸출하다	남보다 훨씬 뛰어나다.
풍광	산이나 들, 강, 바다 따위의 자연이나 지역의 모습.		숙려하다	곰곰이 생각하거나 궁리하다.
자명하다	설명하거나 증명하지 않아도 될 만큼 명백하다.		상기시키다	다시 생각해내다
지평	사물의 전망이나 가능성 따위를 비유적으로 이르는 말.		유보하다	어떤 일을 당장 처리하지 않고 나중으로 미루어 두다.
완상하다	즐겨 구경하다.		초고	초벌로 쓴 원고.
종속되다	자주성이 없이 주가 되는 것에 딸려 붙게 되다.		도회지	사람이 많이 살고 상공업이 발달한 번잡한 지역.
향유하다	누리어 가지다.		퇴조하다	기운, 세력 따위가 줄어들다.

대합실	공공시설에서 손님이 기다리며 머물 수 있도록 마련한 곳.	시가지	도시의 큰 길거리를 이루는 지역.
합치	의견이나 주장 따위가 서로 맞아 일치함.	비약적	지위나 수준이 빠른 속도로 높아지거나 향상되는 것.
기백	씩씩하고 굳센 기상과 진취적인 정신.	경위	일이 진행되어 온 과정.
자복	저지른 죄를 자백하고 복종함.	매도인	물건을 팔아서 넘겨주는 사람.
만삭	아이 낳을 달이 다 참. 또는 달이 차서 배가 몹시 부름.	상응하다	서로 응하거나 어울리다.
편승하다	세태나 남의 세력을 이용하여 자신의 이익을 거두다.	동산	형상, 성질 따위를 바꾸지 아니하고 옮길 수 있는 재산.
득의	일이 뜻대로 이루어져 만족해하거나 뽐냄.	신이하다	신기하고 이상하다.
연역하다	일반적인 사실을 전제로 하여 특수한 원리를 이끌어 내다.	항변하다	못마땅한 생각이나 반대의 뜻을 주장하다.
청구하다	남에게 돈이나 물건 따위를 달라고 요구하다.	발화	소리를 내어 말을 하는 현실적인 언어 행위.
공연하다	아무 까닭이나 실속이 없다.	지대하다	더할 수 없이 크다.
엄숙하다	분위기나 의식 따위가 장엄하고 정숙하다.	향락	쾌락을 누림.
결부하다	일정한 사물이나 현상을 서로 연관시키다.	미비하다	아직 다 갖추지 못한 상태에 있다.

이 중에서 여러분들이 체크한 어휘들의 수에 따라 가볍게 진단을 해 보자면, 아래와 같습니다. 절대적인 기준은 아니니 참고만 하세요.

0~4개 : 어휘력이 상당히 좋은 수준입니다. 아마 어휘 때문에 고생하는 일은 거의 없을 겁니다.

5~9개 : 어휘력이 아주 뛰어나지는 않지만, 지문 독해에 방해가 되지는 않는 수준입니다. 만약을 위해 어휘에 조금씩 신경을 쓰셔야 합니다.

10개~19개 : 어휘력이 꽤 부족한 수준입니다. 일상생활에서 어휘력 때문에 고생하는 일은 거의 없겠지만, 수능에선 꽤나 고생할 수 있습니다. 경각심을 가지고, 언제든 모르는 단어가 나오면 찾아 볼 준비를 하도록 합시다.

20개 이상: 어휘력이 심각한 수준입니다. 평소 뉴스나 공식적인 매체에서 나오는 말들도 제대로 이해하지 못하는 수준입니다. 당장 위에 있는 단어들의 뜻부터 다시 찾아보고, (안다고 생각했는데 알고 보니 뜻이 다른 단어들도 포함이에요!) 시중에 나와 있는 어휘력 교재 한 권을 먼저 공부하고 오시는걸 추천합니다.

본인이 현재 어느 수준이든, 이 교재로 공부하기로 마음먹었다면 하나만 약속해주시기 바랍니다. 다른 과목을 공부할 때도, 심지어 공부하지 않는 일상생활에서도 모르는 단어가 나올 때마다 찾아보기로 해요. 뜻만 보지 마시고 예문까지 살피셔야 합니다. 그 어휘의 뜻 자체보다 쓰이는 맥락이 훨씬 중요하니까요! 다시 한번 말씀드리지만, '어휘력'은 독해력의 근간입니다. 이 교재로 아무리 열심히 공부하더라도, 결국 어휘력이 부족하면 실력 향상에 크나큰 벽이 있을 수밖에 없다는 점을 명심하시기 바랍니다.

('교재의 사용법' 파트에서 소개한 카페에 오시면, 추가적인 '단어장 학습'을 위한 자료를 받으실 수 있습니다.)

어휘력 응용 – 단어의 의미 살리기

이렇게 어휘력이 충만해지면, 단순히 단어 하나하나의 뜻을 안다는 것을 넘어 글을 더 잘 읽을 수 있습니다. 우리는 뒤의 '문장 단위 공부' 파트에서 '정의'를 정확히 체크하는 것을 연습할 것입니다. 그리고 우리가 가진 어휘력은 이 '정의'를 확인하는 데 큰 도움을 줄 거예요. 지문에서 정의해주는 모든 개념은 결국 '어휘' 그 자체거나 우리가 아는 '어휘들의 조합'인 경우가 상당히 많기 때문이죠. 지금 우리가 배울 내용은 아주 간단하지만, 매우 강력하고 중요한 도구입니다.

바로 '단어의 의미를 살려 읽기'입니다. 단어의 의미를 살린다는 것은, 이 단어가 어떤 어휘들의 조합으로 이루어져 있는지 살피고, 그 어휘들의 의미를 살리면서 받아들이는 것입니다. 예를 들어 봅시다. '진화고고학'은 무엇일까요? 말 그대로 '진화/고고학'이겠죠. 이 개념을 이루고 있는 단어들의 의미를 살려 보면, '진화'를 중심으로 한 '고고학'일 것이라고 예상할 수 있습니다. 이렇게 단어의 의미만으로 그 뜻을 추측한 상태로 지문에 제시된 '정의'를 체크하면, 훨씬 더 깊게 납득한 상태로 정보를 정리할 수 있다는 것이죠.

실제 기출 지문에서 '진화고고학'은 '인간의 삶은 자연환경에 더욱 잘 적응하기 위한 선택이라고 보는 진화론에 초점을 맞추어 과거를 설명하는 고고학'이라고 정의되어 있었습니다. 이 정의 속에서 '진화론'에 초점을 맞추어 과거를 설명하는 '고고학'이라는 말을 보면, 앞에서 예측했던 단어의 의미를 바탕으로 '진화/고고학'이라는 말을 확실하게 납득할 수 있게 되는 것입니다.

혹은 지문에 제시된 정의를 먼저 확인하고, 그 정의를 통해 '아 그래서 진화/고고학이구나~'와 같은 방식으로 납득할 수도 있겠죠. 어떻게 하든, 이렇게 '생각'하면서 읽으면 '진화고고학'이라는 말은 더 이상 억지로 기억하지 않아도 되는, 너무나 당연한 내용이 된다는 것이 중요합니다. 이런 과정을 거치면서 지문을 읽다 보면, 억지로 기억해야만 하는 정보가 적어지면서 지문 전체의 이해도 역시 높아지는 효과가 있을 거예요.

이제부터 본격적으로 여러 가지 단어로 연습을 해 봅시다. 먼저 실제 기출된 문장을 제시해드릴 것이니, 밑줄 친 단어의 의미를 살려서 정의를 납득해보도록 하세요. 그 뒤 맨 밑의 '모범 답안'을 보면서 사고를 교정해보도록 합시다. 이 태도가 잡히면, 정말 많은 고난도 지문들을 좀 더 쉽게 읽어낼 수 있어요. 조금 지겹더라도 첫날이니까, 최선을 다해서 공부해보도록 해요!

제시된 문장	풍속화란 말할 것도 없이 인간의 풍속을 그린 그림을 의미한다.
나의 생각	

모범 답안	풍속/화니까 '풍속'에 대한 그림이겠지. 실제로도 그렇구나.

제시된 문장	역사주의에서는 역사적 사실이 가지는 고유하고 특수한 가치가 무엇보다도 중시되었다.
나의 생각	

모범 답안	'역사/주의'니까 역사를 중시하는 주의겠구나. 실제 정의도 그러네.

제시된 문장	언어 지도는 일정 지역의 언어적인 차이를 한눈에 알아보도록 지도 형식을 빌려 표시한 것으로, 시간의 흐름에 따라 변화하는 언어를 공간적으로 투영한 것이다.
나의 생각	

모범 답안	'언어'를 '지도'에다가 표시한 건가? 정의를 보니까 진짜 '언어'적인 차이를 '지도' 형식을 빌려 표시한 것이구나.

제시된 문장	둘 이상의 기업이 자본과 조직 등을 합하여 경제적으로 단일한 지배 체제를 형성하는 것을 '<u>기업 결합</u>'이라고 한다.
나의 생각	
모범 답안	'기업'이 '결합'하는 것이겠구나. 실제로 기업의 자본과 조직을 합하는 것이네.

제시된 문장	심해저의 다양한 퇴적물 중에서 생물의 골격과 그 파편 등에 의해 생성된 것을 <u>생물기원퇴적물</u>이라 한다.
나의 생각	
모범 답안	'생물/기원/퇴적물'이구나. 정의를 보니, '생물'들의 골격, 파편 등에서 '기원'한 '퇴적물'을 의미하는 거네.

제시된 문장	<u>도덕적 명분관</u>은 인간의 모든 행위에 대해 인간의 본성에 근거하는 도덕적 정당성의 기준을 제시함으로서 개인의 정의감이나 용기를 뒷받침한다.
나의 생각	
모범 답안	'도덕적'으로 '명분'을 세우는 것이겠지. 정의를 보니 '도덕적 정당성의 기준'을 제시하는 것이구나. 그렇게 개인의 정의감이나 용기에 '명분'을 제공한다는 것이겠지. 단어 그 자체로 이해할 수 있네.

제시된 문장	<u>미적 기능</u>이란 쾌락적 기능이라고 할 수 있는 것으로서 예술이 주는 감동적 자극을 의미하며, <u>사회적 기능</u>이란 교시적(敎示的) 기능이라고 할 수 있는 것으로서 예술이 주는 정치적, 교육적, 도덕적인 여러 종류의 광범한 사회적 영향을 의미한다.
나의 생각	
모범 답안	'미적/기능'이니까 뭔가 예술적인 기능일 것인데, '쾌락', '예술이 주는 감동'이라는 말로부터 이를 확실히 납득할 수 있겠네. 또한 '사회적/기능'이니까 대충 사회적으로 영향을 주는 기능을 의미할 것인데, 예술이 주는 '사회적 영향'이라는 말로 정의되고 있구나. 쉽게 납득할 수 있네.

제시된 문장	정보 사회를 바라보는 대표적인 관점에는 <u>기술 결정론</u>이 있다. 기술 결정론적 관점에서는 정보 기술이 발전되면 정보 경제라는 새로운 경제 부문이 급격하게 떠오르게 되고, 그에 따라 고용 구조라든가 정부나 기업이 조직되고 작동하는 방식에까지도 커다란 변화가 일어남으로써, 사회 구조의 모든 영역에서 근본적인 변화가 일어날 것이라고 본다.
나의 생각	
모범 답안	'기술'이 '결정'한다는 이론이겠지. '기술'이 발전하면서 사회의 모든 영역이 변화한다는 내용이구나.

제시된 문장	<u>인공생명론</u>은 생명체의 행동을 보여 줄 수 있는 인공물의 개발을 겨냥하는 학문이다.
나의 생각	
모범 답안	'생명'을 '인공적'인 것으로 보는 건가? 정의를 보니 그건 아니고 '인공물'의 개발을 통해 '생명체'의 행동을 살피는 것이네.

제시된 문장	'협력 원리'라는 말로 대화에 내재하는 원리를 설명할 수 있다. 사람들이 대화의 방향이 어그러지지 않게 하는 일에 기여하고자 하는 의지를 가지고 대화에 임하기 때문에 대화가 원만하게 이루어진다는 것이다. (손님을 초대하여 잘 차린 음식상 앞에서) "차린 건 별로 없지만 많이 드세요." 이것은 차린 것이 많다는 사실 그대로의 정보 전달에 충실하기보다는 사실과는 차이가 있더라도 청자에 대한 관계 유지를 생각해서 상대방에게 공손함을 나타낼 수 있는 표현을 선택한 것이다. 그리하여 의도적으로 협력 원리를 지키지 않은 것이라고 할 수 있는데, 이처럼 협력 원리에 우선하여 적용하고 있는 대화의 원리를 '공손 원리'라고 할 수 있다.
나의 생각	

모범 답안	'협력 원리'는 서로 '협력'한다는 원리겠고, '공손 원리'는 '공손'하게 한다는 원리겠지. 이 지문은 '대화'에 대한 내용인데, 대화가 잘 이루어지게끔 '협력'하거나 상대방에게 '공손'함을 나타낼 수 있는 표현을 선택하는 경우를 말하는 것이구나.

제시된 문장	생물다양성(biodiversity)이란 원래 한 지역에 살고 있는 생물의 종(種)이 얼마나 다양한가를 표현하는 말이었다. 그런데 오늘날에는 종의 다양성은 물론이고, 각 종이 가지고 있는 유전적 다양성과 생물이 살아가는 생태계의 다양성까지를 포함하는 개념으로 확장해서 사용한다.
나의 생각	

모범 답안	생물이 다양하다는 건가? 실제로 생물의 종이 얼마나 다양한가, 나아가 최근엔 '생태계의 다양성'까지를 설명하는 개념이네.

제시된 문장	확대 지칭은 부분으로 전체를 지칭하는 것이며, 축소 지칭은 전체로 부분을 지칭하는 것을 말한다.
나의 생각	

모범 답안	'확대'해서 지칭하는 것이고, '축소'해서 지칭하는 것이겠네. 정의를 살펴 보니, '부분'으로 '전체'를 지칭하는 것을 '확대'라고, '전체'로 '부분'을 지칭하는 것을 '축소'라고 하는구나. '확대', '축소'라는 단어의 의미 살리니까 쉽게 납득이 되네.

제시된 문장	그런데 조세 정책의 원칙 중 하나가 공평 과세, 즉 조세 부담의 공평한 분배이기 때문에 누구에게 얼마의 조세를 부과할 것인가는 매우 중요하다.
나의 생각	

모범 답안	'공평'하게 '과세'한다는 것이겠지. 이를 이용하면 '조세 부담의 공평한 분배'라는 정의를 간단하게 납득할 수 있네.

제시된 문장	문화가 발전하려면 저작자의 권리 보호와 저작물의 공정 이용이 균형을 이루어야 한다. 저작물의 공정 이용이란 저작권자의 권리를 일부 제한하여 저작권자의 허락이 없어도 저작물을 자유롭게 이용하는 것을 말한다.
나의 생각	

모범 답안	'저작물'을 '공정'하게 이용한다는 건가? '공정'이 무슨 뜻인가 했더니, 저작권자의 허락 없이도 마음껏 이용할 수 있다는 것이구나. '권리'에 상관없이 '공정'하게 이용할 수 있다는 점에서 '저작물의/공정/이용'인 것이네.

제시된 문장	<u>순수 기악</u>이란 악기에서 나오는 소리 외에는 다른 어떤 것과도 연합되지 않은 음악을 뜻한다. 당시 청중은 언어가 순수 기악이 주는 의미를 담기에 부족하다고 생각했기 때문에 제목이나 가사 등의 음악 외적 단서를 원치 않았다. 그들이 원했던 것은 말로 형용할 수 없는, 무한을 향해 열려 있는 '음악 그 자체'였다.
나의 생각	

모범 답안	'순수'한 '기악'이라는 뜻이겠지. 뒤의 설명을 읽어보니, 제목 · 가사 같은 '언어'가 개입되지 않은 '음악 그 자체'를 의미하는 것이구나. 이 정도면 '순수'한 기악이라고 할 수 있겠네.

제시된 문장	사람의 눈이 원래 하나였다면 세계를 입체적으로 지각할 수 있었을까? <u>입체 지각</u>은 대상까지의 거리를 인식하여 세계를 3차원으로 파악하는 과정을 말한다.
나의 생각	

모범 답안	'입체'적으로 '지각'하는 것이겠지? 지문에서는 '입체'적이라는 말을 '3차원 파악'이라는 말로 바꿔서 썼구나.

앞으로의 공부 태도

'단어'에 대한 공부를 끝마쳤습니다. 계속해서 강조하지만, '단어'는 글 읽기의 기본입니다. 앞에서도 이야기했듯이, 공부하는 과정에서 모르는 단어가 나오면 찾아보는 습관을 들여주셔야 합니다. 인터넷에 각 단어를 검색하면, 그 단어의 자세한 뜻과 예문이 제시됩니다. 그 단어가 본인의 '이해 어휘'가 될 때까지 여러 번 찾아보면서, '어휘력' 자체를 늘려주시기 바랍니다.

우리는 이제부터 '단어'를 넘어 '문장', '지문' 단위로 사고의 틀을 확장해나갈 것입니다. '문장', '지문' 단위의 공부를 위해선, '단어'에 대한 완벽한 공부가 우선시되어야 합니다. 특히 마지막에 배운 '단어의 의미 살리기'는, 다음 파트의 '정의 체크하기'로 이어지며 우리의 생각의 힘을 키워줄 것입니다.

나아가, '어휘력'과 한 끗 차이인 '배경지식'에 대해서도 관심을 가지도록 합시다. 앞에서 등장한 '동산(↔부동산)'과 같은 개념은 '어휘력'이라고 할 수도 있지만, 사실 기초적인 법/경제에 대한 '배경지식'과 관련되어 있기도 하죠? 이러한 배경지식 습득을 위해, 독서 지문 공부를 한 뒤에는 그 지문에 쓰인 지식들에 대한 추가적인 공부까지 이어가시는 것도 좋습니다. 특히 수험생활 초반부라면 말이죠! 물론 수능 시험은 정말 기초적인 지식만 있으면 충분히 지문의 내용만으로 문제를 풀 수 있게끔 출제되지만, 해당 지문의 제재와 관련된 '지식'을 어느 정도 알고 있으면 지문 독해가 훨씬 수월해진다는 것은 너무나 당연합니다. 여러분이 특정 제재에 지나치게 약하다면, 그 제재와 관련된 '지식'이 너무나 적어서 그럴 수도 있는 것입니다. '지식' 공부에 매몰되면 큰일나겠지만, 기출 지문들을 일종의 '교양 서적'으로 생각하고 공부해주시는 태도를 갖춰주세요.

예를 들어, 아래와 같은 지문을 공부했다면

> 　　세계관은 세계의 존재와 본성, 가치 등에 관한 신념들의 체계이다. 세계를 해석하고 평가하는 준거인 세계관은 곧 우리 사고와 행동의 토대가 되므로, 우리는 최대한 정합성과 근거를 갖추도록 노력해야 한다. 모순되거나 일관되지 못한 신념은 우리의 사고와 행동을 혼란시킬 것이므로 세계관에 대한 관심과 검토는 중요하다.
> 　　~~최근까지도 새로운 형태의 반실재론이 제기되어 활발한 논의가 진행 중이다. 논증의 성패를 떠나 반실재론자는 타성에 젖은 실재론적 세계관의 토대에 대해 성찰할 기회를 제공한다. 또한 세계에 대한 도전과 응전의 반복은 그 자체로 인간 지성이 상호 소통하면서 발전해 가는 과정을 보여 준다.

단순히 지문의 내용에서 그치는 것이 아니라, '실재론'과 '반실재론'에 대해 어떤 논의들이 있는지 조금 더 찾아보는 것입니다. 요즘 세상에 가장 쉬운 방법은 인터넷 검색이겠죠? 인터넷에 '반실재론'을 검색해보면, 마지막 문단에서 이야기한 '새로운 형태의 반실재론'으로 '도구주의 / 실증주의 / 구성적 경험주의'라는 것이 있다는 걸 쉽게 알 수 있습니다. 각각 어떤 주장을 하는지, 대표적인 학자는 누가 있는지, 나아가 여러분은 이 중에서 어떤 것이 맞는 말이라고 생각하는지 등을 생각하며 공부하다보면 '지식 체계' 자체가 더 넓어지고, 이는 곧 '사고력의 상승'을 가져다 줄 거예요. 독서량이 절대적으로 부족한 우리에게 독서 기출문제는 훌륭한 교양 서적이 될 수 있는 거죠!

나아가, 이런 개념들을 찾아보는 과정 속에서 모르는 어휘가 나오면? 또 찾아봐야죠! 그 어휘들의 뜻을 찾는 과정 속에서 또 모르는 어휘가 나오면? 또 찾아봐야죠! 이 과정들을 누군가가 시켜서 하면 너무나 지겹고 재미없겠지만, 여러분이 '능동적'으로 나서서 찾아보는 과정을 거친다면 의외의 재미를 찾을 수 있을 거예요. 무언가를 제대로 배우는 일은 절대로 지루하지 않거든요.

물론 이 교재는 '배경지식'의 중요성을 설파하고, 이를 꼭 알아야 한다고 강조하는 교재는 아닙니다. 오히려 아무것도 모르는 상황 속에서도 오로지 지문 속의 정보만을 가지고 문제를 풀 수 있어야 한다고 주장하는 교재예요. (물론 '생각의 확장' 파트에서 핵심적인 배경지식들을 다루기는 합니다.) 하지만, 이렇게 '지식'을 탐구하는 태도가 갖춰지면 독해의 과정이 훨씬 빠르게 이루어질 수 있다고 자신 있게 말씀드릴 수 있을 것 같습니다. 애초에 각 제재별로 사용하는 어휘, 이론들의 논리 구조 등이 비슷하기 때문에, 이러한 배경 지식 · 메커니즘에 익숙하다면 아예 처음 보는 개념이라도 훨씬 쉽게 받아들일 수 있거든요.

여러분들은 이제 '생각'하는 습관과 '어휘력'의 중요성을 제대로 인식하셨을 겁니다. 본격적으로 독서 공부를 해봅시다. 먼저 내일부터는 지문을 완벽하게 이해하기 위해 필요한 '문장' 단위의 생각들을 정리해보도록 합시다.

‘단어’ 단위의 공부를 ‘문장’ 단위로 확장시키는 날입니다. 수능에서는 어떠한 형태의 문장이 출제되고, 우리는 그 문장들을 어떤 ‘생각’을 통해 처리해야 하는지를 정리해봅시다.

독서 공부의 기본 : 이해하고, 납득한다.

본격적인 문장 학습에 앞서, 앞으로 독서 파트를 공부할 때 가져야 할 중요한 태도 하나를 세우고 가겠습니다. 국어를 못하는 대부분의 학생들은 시험장에서의 ‘시간 부족’을 호소합니다. 한두 지문을 통으로 찍는 것은 기본이고, 아예 독서 지문은 구경도 못해봐서 어떤 제재가 나왔는지도 모르겠다는 웃픈 농담을 하기도 합니다. 애초에 45문제를 80분 안에 푸는 게 말이 되는 것인지 의문을 가지기도 하죠.

그렇다면 왜 국어를 잘하는 학생들은 시간이 부족하지 않은 것일까요? 어떤 학생들은 심지어 시간을 남기기도 한다고 하니 그 비법이 궁금해집니다. 간단하게 설명하면, 이 학생들은 물론 지문도 빨리 읽겠지만 ‘선지 판단’의 시간이 압도적으로 짧기 때문에 시간이 부족하지 않은 것입니다. 사실 여러분들이 문제 푸는 걸 가만히 지켜보면, 지문을 읽는 시간과 선지를 판단하는 시간이 거의 반반인 경우가 많습니다. 이 비율을 지문 8 : 선지 2 정도의 비율로 만들 수 있어야 비로소 시간을 남길 수 있습니다. 애초에 텍스트의 양 자체가 많기 때문에, 혹은 지문에서 요구하는 ‘생각’이 너무나 많기 때문에, 지문을 읽는 시간을 크게 줄이는 것은 어려운 일입니다. 따라서 ‘선지 판단’의 시간을 줄여 내는 것이 중요한 것이죠!

이렇게 ‘선지 판단’의 시간을 줄이는 방법은 무엇일까요? 물론 선지 판단의 태도를 세우는 것도 중요하겠지만, 무엇보다 중요한 것은 ‘지문 읽기’를 잘 하는 것입니다. 지문의 내용을 제대로 ‘이해’하고 ‘납득’한다면, 대부분의 선지들이 굳이 지문으로 돌아가지 않아도 되는 ‘당연한 선지’가 됩니다. 혹은 지문을 읽으면서부터 ‘미리 생각’한 내용이 선지로 출제되기 때문에 시간이 모자랄 수가 없는 것이죠. 평가원은 올바른 ‘생각’을 하면서 지문을 읽었다면 당연히 주목할 수밖에 없는 ‘중요한 부분’을 위주로 선지를 구성하기 때문에, ‘지문 읽기’를 잘 하는 것은 ‘선지 판단’의 핵심적인 열쇠가 되는 것입니다.

이처럼 ‘선지 판단’을 빠르게 하는 최상위권 학생들의 ‘지문 읽기’ 과정에는 다음과 같은 특징이 있어요.

[생각의 양 / 생각의 질 / 출력 속도]

바로 이 세 가지 측면에서 남들보다 뛰어나다는 것입니다. 일단 그 학생들은 하나의 문장 · 하나의 문단을 보고서 엄청나게 많은 ‘양’의 생각을 합니다. 따라서 해당 문장 · 문단을 읽고서 머릿속에 남길 수 있는 정보의 ‘양’이 많기 때문에, 선지의 내용과 본인이 한 생각이 겹칠 확률이 높아집니다. 당연하게도 ‘선지 판단’의 시간은 줄어드는 것이구요.

또한 그 생각들의 ‘질’이 매우 높습니다. 지문의 핵심과 무관한 생각, 특정 단어에 꽂혀서 삼천포로 빠지는 생각 등을 하지 않습니다. 철저하게 지문의 중심 내용에 맞춰 중요한 생각을 적절하게 합니다. 그리고 앞에서 이야기했듯이, 평가원은 이렇게 ‘중요한 생각’의 내용을 선지로 출제합니다. 당연히 ‘선지 판단’의 시간은 줄어들 수밖에 없죠.

나아가 이렇게 ‘양’ 많고 ‘질’ 좋은 생각을 아주 ‘빠르게’ 출력합니다. 그리고 이 부분에서 많은 학생들이 좌절합니다. 이 교재와 함께 열심히 공부하다보면, 생각의 ‘양’과 ‘질’ 측면은 꽤 빠르게 올라오는 것을 느낄 수 있습니다. 당장 교재의 후반부만 가도 어느새 해설지와 똑같이 읽고 있는 여러분의 모습을 확인할 수 있을 것이에요. 하지만 막상 시간을 재고 타이트한 상황에서는 그렇게 '양' 많고 '질' 좋은 생각을 하지 못하는 경우가 많습니다. 이 벽을 넘어야 비로소 국어 영역 1등급이라는 보너스를 얻을 수 있는 겁니다.

결국, '양' 많고 '질' 좋은 생각의 '출력 속도'를 높이는 것이 국어 공부의 목적입니다. 그리고 이 목적을 달성하기 위해 가장 중요한 것은 바로 '생각의 경험'입니다. 그것도 그냥 아무 생각이나 하는 것이 아니라, 지문의 내용을 철저하게 '이해'하고 '납득'하려는 목적을 가지고 '생각'하는 경험을 쌓아야 합니다. 이 교재에서 내용을 '이해'한다는 것은 그 내용을 본인의 언어로 설명할 수 있을 만큼 헷갈리지 않게 정리한다는 것을 의미하고, '납득'한다는 것은 궁극적으로 해당 내용이 일종의 상식처럼 당연하게 느껴지도록 정리하는 것을 의미합니다. 이렇게 '이해'하고 '납득'하는 과정에서 많은 '양'의 '질' 좋은 생각을 하게 되고, 이 생각들의 '출력 속도'가 빨라지면 '선지 판단'의 시간도 확 줄어드는 결과로 이어질 수 있는 것입니다.

따라서 앞으로 독서 지문을 공부할 때는, 최대한 지문의 내용을 '이해'하고 '납득'한다는 의지를 가지고 읽어주셔야 합니다. 물론 시험장에서는 도저히 이해가 되지 않는 문장을 그냥 넘어가는 유연함도 필요하겠지만, 평소 공부할 때는 이러한 '생각의 경험'을 많이 해주시는 것이 중요하다는 것입니다.

너무 추상적인 이야기라 잘 와닿지 않으시죠? 구체적인 사례를 먼저 들어보겠습니다. 일단 아래 문단을 읽으면서, 최대한 '이해'하고 '납득'한다는 목표를 달성해보시기 바랍니다. 한마디로 모든 문장의 내용이 '당연'하게 느껴지도록 읽으시면 됩니다. 스스로 해 본 다음 해설을 읽어보세요.

①음악에서 사용하는 소리라고 해도 대부분의 사람들은 피아노 소리가 심벌즈 소리보다 듣기 좋다고 생각한다. ②이 중 전자를 고른음, 후자를 시끄러운음이라고 한다. ③고른음은 주기성을 갖지만 시끄러운음은 주기성을 갖지 못한다. ④일반적으로 음악에서 '음'이라고 부르는 것은 고른음을 지칭한다. ⑤고른음은 주기성을 갖기 때문에 동일한 파형이 주기적으로 반복된다. ⑥이때 같은 파형이 1초에 몇 번 반복되는가를 진동수라고 한다. ⑦진동수가 커지면 음높이 즉, 음고가 높아진다. ⑧고른음 중에서 파형이 사인파인 음파를 단순음이라고 한다. ⑨사인파의 진폭이 커질수록 단순음은 소리의 세기가 커진다. ⑩대부분의 악기에서 나오는 음은 사인파보다 복잡한 파형을 갖는데 이런 파형은 진동수와 진폭이 다른 여러 개의 사인파가 중첩된 것으로 볼 수 있다. ⑪이런 소리를 복합음이라고 하고 복합음을 구성하는 단순음을 부분음이라고 한다. ⑫부분음 중에서 가장 진동수가 작은 것을 기본음이라 하는데 귀는 복합음 속의 부분음들 중에서 기본음의 진동수를 복합음의 진동수로 인식한다. (2017학년도 6월 모의평가)

① 당연한 말입니다. 쨍쨍거리는 '심벌즈 소리'보다 아름다운 '피아노 소리'가 더 듣기에 좋죠.

② 이렇게 듣기 좋은 '피아노 소리'와 같은 것을 '고른음', '심벌즈 소리'와 같은 것을 '시끄러운음'이라고 합니다. '고르다'와 '시끄럽다'라는 단어의 의미를 살리면 충분히 이해할 수 있을 것 같습니다.

③ '고른음'은 '주기성'을 갖지만 '시끄러운음'은 그렇지 않다고 합니다. '주기성'은 단어의 의미 그대로 음이 특정한 '주기'를 갖는 '성'질일 것인데, 특정 음이 '주기'를 가지는 경우에는 무언가 규칙적인 느낌이 있으니 '고른음'이 될 것이고, '주기'를 가지지 못하면 소리가 불규칙하게 나기 때문에 '시끄러운음'이 된다고 생각할 수 있겠습니다. 당연한 말이네요.

④ 일반적으로 음악에서의 '음'은 '고른음'을 지칭한다고 합니다. 우리는 음악의 소리를 '듣기 좋은 소리'라고 인식하기 때문에, '듣기 좋은 소리'에 해당하는 '고른음'을 지칭한다는 건 너무나 당연하겠습니다.

⑤ 앞에서 말했듯이 '고른음'은 '주기성'을 갖습니다. 따라서 우리가 미리 생각한 것처럼 동일한 파형이 '주기'적으로 반복된다고 하네요. 역시 미리 생각한 '당연한' 내용입니다.

⑥ 같은 파형이 '주기'적으로 반복되면, 마치 '진동'하는 것과 같은 모양의 파형이 나타날 것입니다. (삼각함수 그래프처럼 말이죠.) 따라서 같은 파형이 1초에 몇 번 반복되는가를 '진동수'라고 부른다는 것은 어렵지 않게 납득할 수 있을 것 같습니다.

⑦ '진동수'가 커진다는 것은 1초에 같은 파형이 더 많이 반복된다는 것입니다. 이렇게 순식간에 많은 파형이 반복되면 높은 음의 소리가 날 것입니다. 마치 영상을 배속하면 더 높은 음으로 들리는 것처럼 말이죠. 따라서 '진동수'가 커지면 '음고'가 높아진다는 것은 당연하게 납득할 수 있습니다.

⑧ '고른음' 중에서 파형이 사인파인 음파를 '단순음'이라고 부릅니다. 사인파의 모양이 '주기'를 갖는 가장 '단순'한 형태의 파형이기 때문에 '단순'한 '음'이라고 부르는 것 같습니다.

⑨ 사인파의 진폭이 커진다는 것은 그 파형이 더 큰 에너지를 가지고 움직이는 것이라고 할 수 있습니다. 따라서 이 경우 소리의 세기가 커지는 것은 당연하겠습니다.

⑩ 그런데 상식적으로 생각해봐도, 음악 소리가 전부 사인파로만 이루어져 있다면 음고나 음의 세기에만 차이가 있을 뿐, 다 똑같은 소리로 들릴 것입니다. 하지만 수많은 음악들은 각각 다 다른 소리를 가지고 있는데, 그 이유가 바로 대부분 악기에서 나오는 음이 여러 개의 사인파가 중첩된 것이기 때문입니다. 이렇게 여러 개의 '단순음'이 겹쳐지면 복잡한 음으로 들릴 수 있겠네요.

⑪ 이렇게 여러 개의 '단순음'이 겹쳐진 소리를 '복합/음'이라고 합니다. 우리가 미리 생각한 것처럼 '복잡'하기 때문에 '복합/음'이라는 이름이 붙은 것이겠죠? 그리고 이러한 '복합음'의 '부분'을 이루는 단순음들을 '부분/음'이라고 한다는 것 역시 단어의 의미를 살리면 너무나 당연하네요.

⑫ 이처럼 '복합음' 안에는 서로 다른 '진동수'로 이루어진 많은 '단순음'이 들어 있습니다. 이 중에서 가장 '진동수'가 작은 것, 즉 '음고'가 가장 낮은 것을 '기본음'이라고 합니다. 단어의 의미 그대로 '기본'이 되는 '음'이네요. 나아가 우리의 귀는 '기본음'의 진동수를 '복합음' 전체의 진동수로 인식한다고 합니다. 귀는 가장 듣기 편한 소리를 인식할 것이니, '음고'가 가장 낮은 '기본음'을 인식하는 것이라고 생각할 수 있겠습니다. 충분히 납득이 되네요.

여러분이 하신 생각과 얼마나 비슷하신가요? 지금 당장 얼마나 비슷하게 했는지는 별로 중요하지 않습니다. 이 문단을 '이해'
하고 '납득'하기 위해 어떤 생각을 했느냐가 중요합니다. 해설을 보면, 이 문단을 이해하기 위해 단어의 의미를 살리면서 읽
거나(②,③,⑧,⑪,⑫) 나름의 논리를 만들어 납득하거나(③,④,⑨,⑫) 앞에서 생각한 내용을 끌고 오기도 하고(⑤,⑪,⑫)
우리의 경험 및 지식을 살려 이해하기도 합니다.(⑥,⑦,⑩) 이러한 과정을 거치면서, 우리는 '고른음 · 시끄러운음, 진동수,
음고, 단순음, 복합음, 기본음'와 같은 수많은 정보를 '당연한 정보'로 만들었습니다. 아무 생각없이 읽는 학생들에게 이 모든
것들이 '억지로 기억해야 할' 개별적 정보겠지만, 우리에겐 '상식적인 내용'이 되는 것이죠. 이렇게 읽고 나면 다른 문단의 내
용을 쉽게 이해할 수 있는 것은 당연하고, 이 정보들을 활용한 선지들을 아주 빠르게 처리할 수 있게 됩니다.

조금 감이 잡히시나요? 이러한 내용들이 모두 문장을 처리하는 데 가장 기본이 되는 생각들입니다. 앞에서 배운 대로 단어의
의미도 살려보고, 내 나름의 논리를 세워보고, 앞부분의 내용 및 생각을 끌고 내려와보고, 우리가 알고 있는 것들을 최대한
활용해보는 등의 '생각'을 하다보면 어렵게만 느껴지던 내용들이 '이해'되고 '납득'되는 경험을 할 수 있는 것이에요.

이제 여기에 더해, '문장'을 읽을 때 필요한 기본적인 도구들을 배워보겠습니다. 앞에서 말한 생각들과 이 도구들이 잘 어우
러진다면, 지문의 내용을 '이해'하고 '납득'하는 경험을 많이 하게 될 겁니다. 최대한 '이해'하고 '납득'하려고 애쓴다는 태도
에 맞춰 공부해보도록 합시다.

우리가 앞으로 배울 내용들은 다음과 같습니다.

1. 개념의 정의
2. 재진술
3. 사례 – 원리 연결
4. 고정값

이런 기본 도구 외에도 더 많은 스킬이나 방법론이 존재하겠지만, 그것들의 지향점은 결국 이 기본 도구들을 정확하고 효율
적으로 활용하는 데 있습니다. 따라서 지금 배우는 것들만 완벽히 체화할 수 있다면, 수능 국어를 공부함에 있어서 두려울 것
이 없습니다. 물론 기본 도구가 완벽히 내 머리에, 눈에, 몸에 익숙해지고 사용할 수 있게 되기까지는 수많은 노력이 필요하
지만요. 이 교재는 여러분들이 올바른 방향으로 공부할 수 있도록 최대한 도울 것이니, 걱정 말고 내 눈 앞의 텍스트에만 집
중해서 한 발자국씩 나아가도록 합시다.

개념의 정의

수능 국어의 특징은 지문 내에 서술된 내용으로만 문제의 답이 도출된다는 것입니다. 기초적인 지식을 제외하면 여러분이 문제풀이에 사용하셔야 할 개념은 모두 지문 내에 서술되어 있다는 것이죠. 따라서 문제를 오류없이, 정확히 풀어내기 위해서는 지문에 제시된 개념들의 '정의'를 정확히 파악해야만 합니다.

나아가 뒤의 '생각의 전개' 파트에서 강조할 내용인 '화제'를 정확히 인식하고 이해하기 위해서는, 그러한 '화제'를 구성하는 다양한 '개념'들을 정확히 정리할 필요가 있습니다. 결국 하나의 화제는 여러 가지 개념들의 관계를 바탕으로 도출되는 것이니까요.

다른 독해 태도를 올바르게 정립하더라도, 지문에 정의된 개념들을 올바르게 파악하지 못하면 여러분의 독해는 알맹이 없는 껍질이 되는 것입니다. 이렇게 중요한 '개념의 정의'를 평가원은 어떤 방식으로 제시할까요? 평가원은 크게 두 가지, '일반적인 정의'와 '수식된 정의'를 사용합니다. 먼저, 일반적인 정의는 무엇이고 어떻게 처리하면 되는지 알아봅시다.

일반적인 정의

말 그대로 아주 '일반적'으로 정의하는 방식부터 알아보도록 합시다. 간단합니다. 개념을 먼저 제시한 후에 나중에 설명을 합니다. 우리가 흔히 알고 있는 문장 형태로 표현하면, 'A란 B이다.', 'A은(는) B이다.' 등과 같은 경우를 들 수 있겠죠. 개념의 정의를 체크한다는 것은, 'A(개념)=B(정의)'라는 도식이 머릿속에 그려진다는 것과 같은 의미를 가지고 있습니다. 그런데 개념이 먼저 제시되기 때문에, 우리는 어렵지 않게 'A=B'를 만들어낼 수 있습니다. 따라서 조금만 연습하면 어렵지 않게 숙달될 수 있는 부분이기도 하죠.

예를 들어 볼까요?

1

　'텍스트'는 특정한 의도를 가지고 소통할 목적으로 생산한 모든 인공물을 이르는 용어이다. 쇼윈도는 '소비 행위'를 목적으로 하는 일종의 공간 텍스트이다. (2007학년도 6월 모의평가)

→ '텍스트'라는 개념에 대해 정의해준 후 '쇼윈도'를 설명하고 있습니다. 먼저 '텍스트'의 정의부터 살펴봅시다. 'A는 B이다.'라고 서술되어 있으므로 우리는 'A=B'라는 점에 집중해서 문장을 읽어야 합니다. 만약 정의가 길어서 파악이 힘들 경우, 주어(S)와 서술어(V)에 초점을 맞춰서 독해하면 한결 쉬워집니다. 그 후 각종 관형어나 부사어 같은 부분을 챙겨주면 되는 것이죠. '텍스트'라는 개념의 정의를 한 번에 이해하는 것이 어려웠다면, 아래 서술된 사고 과정을 따라서 이해하는 연습을 해봅시다.

→ 텍스트(S)는 인공물이다.(V) → 어떤 인공물이지? → 여기서 인공물은 특정한 의도를 가지고 소통할 목적으로 생산된 것이구나. → 아! 그러니까 텍스트(개념)는 특정한 의도를 가지고 소통할 목적으로 생산한 인공물이네(정의).

→ '텍스트'라는 개념에 대해 이해했으니, 이제 '쇼윈도'가 무엇인지 이해해 봅시다. 쇼윈도는 일종의 공간 '텍스트'라고 합니다. 쇼윈도의 정의에 우리가 앞에서 이해했던 '텍스트'라는 개념이 들어가 있네요? 평가원은 앞에서 정의해줬던 개념이 등장할 경우 그 개념을 뒤에서 아무런 거리낌 없이 사용합니다. 이렇게 정보들 간의 '관계'가 만들어지고, 이것이 모이면 한 지문의 '화제'가 되기 때문에, 앞 부분에서 정의해주는 개념을 정확히 숙지해야 하는 것입니다.

→ 우리는 '텍스트'라는 개념을 숙지했기 때문에 '쇼윈도'를 이해하는 데 문제가 없습니다. '쇼윈도'가 '공간 텍스트'라고 하는 것으로 보아, 쇼윈도는 '공간과 관련된 인공물'일 것이고, 그 '쇼윈도'라는 '텍스트'의 목적은 문장에 적혀 있는 것처럼 '소비 행위'라고 할 수 있겠습니다.

→ 여기서, 자연스럽게 '공간/텍스트'라는 식으로 단어의 의미를 살리고 있음을 느낄 수 있으면 좋겠습니다. 어제 배웠듯이, 단어의 의미를 살리며 개념을 받아들이는 것은 그 정의를 이해하는 데 아주 큰 도움을 줍니다. '공간/텍스트'에서 '공간'이라는 의미를 살렸다면, '쇼윈도'라는 것이 '공간'에 위치하며 '텍스트'의 역할을 한다는 식으로 정의를 훨씬 깊게 납득할 수 있게 됩니다. 어렵지 않죠?

→ 다시 강조하지만, 평가원 지문의 개념들은 이렇게 서로 엮이고 부딪히며 한층 고차원적인 개념을 형성합니다. 그 개념들의 관계를 선지로 물어보면 어려운 내용 일치 문제가 탄생하게 되는 것이죠. 다른 문장들을 통해 더 공부해볼까요?

2

　일반적으로 사막은 연 강수량이 250mm 이하인 지역을 말하는데, 대부분 저위도와 중위도에 분포한다.

(2011학년도 6월 모의평가)

→ 사막에 대한 정의가 두 개 등장합니다. '연 강수량이 250mm 이하인 지역'과 '저위도와 중위도에 분포'라고 말이죠. 두 정의 모두 중요할 수 있지만 맥락에 따라 어느 하나가 더 중요할 수도 있습니다. 이를 구분하는 방법은 어렵지 않습니다. 다음 문장, 다음 문단에 나오는 정보들이 어떤 정의와 더 엮여 있느냐를 살피면 됩니다. 뒤의 정보와 엮이는 내용이 곧 '화제'와 직결되는, 더 중요한 '정의'일 테니까요. 역시 이를 판단하려면 두 정의를 손에 꽉 쥐고 있어야겠죠?

> 저위도의 사막은 북회귀선이나 남회귀선이 지나는 곳에 위치하는데, ~
>
> 중위도 지역에 위치한 미국 서부의 그레이트솔트레이크 사막과 ~

이 지문의 다음 부분입니다. '저위도/중위도'가 더 중요한 정의임을 어렵지 않게 파악할 수 있겠죠?

3

프레임(frame)은 영화와 사진 등의 시각 매체에서 화면 영역과 화면 밖의 영역을 구분하는 경계로서의 틀을 말한다. 그런데 문, 창, 기둥, 거울 등 주로 사각형이나 원형의 형태를 갖는 물체들을 이용하여 프레임 안에 또 다른 프레임을 만드는 경우가 있다. 이런 기법을 '이중 프레이밍', 그리고 안에 있는 프레임을 '이차 프레임'이라 칭한다.

(2013학년도 6월 모의평가)

→ 이번에는 '프레임'의 정의가 서술되어 있습니다. 역시 스스로 생각해 보고 사고 과정을 비교해봅시다.

→ 프레임은(S) 경계로서의 틀이다.(V) → 어떤 경계지? → 시각 매체에서 화면과 화면 밖의 영역을 구분하는 경계구나! → 그 경계가 되는 틀이 프레임이네. '프레임(frame)'이라는 단어의 의미 자체와도 관련된 정의이기 때문에, 어렵지 않게 이해할 수 있네.

→ 그런데 이렇게 프레임을 이해했더니, 뒤에 '이중 프레이밍', '이차 프레임'의 정의가 나옵니다. 첫 번째 문장의 '텍스트'와 같은 경우입니다. 여러분이 '프레임'을 정확히 이해했다면 그와 관련된 '이차 프레임'도 쉽게 이해할 수 있는 것이죠. (문, 창, 기둥, 거울 등 주로 사각형이나 원형의 형태를 갖는 물체들을 이용하여) '프레임 안에 또 다른 프레임을 만드는 기법'을 '이중 프레이밍', 그렇게 해서 만들어진 안에 있는 프레임을 '이차 프레임'이라 하는군요. '이중'과 '이차'라는 단어의 의미를 통해 어렵지 않게 이해할 수 있겠죠? 앞 문장의 괄호 안에 들어있는 서술은 상대적으로 중요하지 않기에 괄호 표시가 되어 있습니다. 우리가 원하는 건 '프레임'과 관련된 정의이지, 그것들을 구현하는 '수단'이 아니니까요. 앞에서도 말씀드렸듯이 이러한 부가적인 서술은 여러분의 사고력이 높아지면 자연스럽게 머리에 남게 됩니다. 그 순간을 위해서 같이 달려봅시다!

4

동영상 압축은 막대한 크기의 동영상 데이터에서 필요한 정보만 남김으로써 화질의 차이는 거의 없이 데이터의 양을 수백 분의 일까지 줄이는 기술이다. 동영상 압축에서는 일반적으로 화면 간 중복, 화소 간 중복, 통계적 중복 등을 이용한다. 화면 간 중복은 물체가 출현, 소멸, 이동하는 영역을 제외하고는 현재 화면과 이전 화면이 비슷한 것을 말한다. 화소 간 중복은 한 화면 안에서 서로 가까이 있는 화소들끼리 화소 값의 차이가 별로 없거나 변화가 규칙적인 것을 말한다. 통계적 중복은 이들 데이터에서 몇몇 특정한 값이 나오는 빈도가 통계적으로 매우 높은 것을 말한다. (2009학년도 수능)

→ 이제는 바로 가 보겠습니다. '동영상/압축'의 정의가 제시되어 있습니다. '필요한 정보'만 남겨서 '데이터의 양'을 줄이는 기술이네요. 데이터의 양을 줄이기 때문에 '압축'이라는 이름이 붙은 것으로 보입니다. 어렵지 않게 납득할 수 있네요.

→ 그런데 '동영상 압축'에서는 '화면 간 중복', '화소 간 중복', '통계적 중복'이 사용된다고 합니다. 단어의 의미 그대로, 각각 '화면의 중복', '화소의 중복', '통계적으로 중복'을 의미합니다. 여기서 여러분이 '동영상 압축'의 정의를 체크하고 있다면, 이 때의 '중복'되는 부분들은 결국 '압축'의 대상이 된다는 것을 생각할 수 있겠네요. 이렇게 '정의'들을 엮어가면서, '동영상 압축'이라는 '화제' 중심으로 정보를 모아 주는 것이 지문 독해의 거의 전부입니다. 이러한 태도가 내면화될 때까지, 최선을 다해서 공부하도록 합시다.

5

　　가스 센서란 특정 가스를 감지하여 그것을 적당한 전기 신호로 변환하는 장치의 총칭이다. 각종 가스 센서 가운데 산화물 반도체 물질을 이용한 저항형 센서는 감지 속도가 빠르고 안정성이 높으며 휴대용 장치에 적용할 수 있도록 소형화가 용이하기 때문에 널리 사용되고 있다. (2011학년도 9월 모의평가)

→ 먼저 '가스 센서'의 정의가 나오고 있습니다. '가스/센서'이니, '가스'를 감지하는 '센서'겠죠? 실제로 지문에서도 '가스'를 감지하여 전기 신호로 변환하는 장치를 '가스 센서'로 정의하고 있습니다. 여기서 '가스를 감지하여 전기 신호로 변환=센서의 역할'임을 파악할 수 있어야 합니다! 단어의 의미를 통해 자연스럽게 정의를 납득하는 거예요. '가스 센서'의 '센서'는 가스를 '전기 신호'로 바꿔 주는 것입니다!

→ 그런데 다음 문장을 살펴보니, '가스 센서 가운데' '저항형 센서'라는 센서도 있다고 합니다. 역시 위에서 봤던 '텍스트'와 같은 경우입니다. '저항형 센서'도 '가스 센서'이므로 '가스를 감지해서 전기 신호로 변환해주겠지!'라는 생각을 하셔야 하고, 그 후 추가적인 내용을 잡아줘야 합니다. 산화물 반도체 물질을 이용한다든지, 감지 속도가 빠르다든지, 안정성이 높다든지, 소형화가 용이하다든지 말이죠. 일단 '저항형 센서'도 '가스 센서'라는 점이 가장 중요합니다.

6

　　간접 광고에서는 광고 효과를 거두기 위해 주류적 배치와 주변적 배치를 활용한다. 주류적 배치는 출연자가 상품을 사용·착용하거나 대사를 통해 상품을 언급하는 것이고, 주변적 배치는 화면 속의 배경을 통해 상품을 노출하는 것인데, 시청자들은 주변적 배치보다 주류적 배치에 더 주목하게 된다. 또 간접 광고를 통해 배치되는 상품이 자연스럽게 활용되어 프로그램의 맥락에 잘 부합하면 해당 상품에 대한 광고 효과가 커지는데 이를 맥락 효과라 한다.

(2014학년도 수능 AB형 공통)

→ '간접/광고'(간접적으로 하는 광고라고 생각하면서 읽어야 합니다!)에서는 광고 효과를 위해 '주류적/배치'와 '주변적/배치'를 활용한다고 합니다. 단어의 의미부터 그 정의를 충분히 납득할 수 있게끔 제시되어 있네요. 먼저 '주류적/배치'의 경우, 말 그대로 상품을 '사용·착용'하거나 '대사'를 통해 언급하는 방식으로 상품이 '주류'가 되게끔 하는 것입니다. 단어의 의미를 바탕으로 지문에 제시된 내용을 받아들이면 그렇게 어렵지 않을 거예요.

→ 다음은 '주변적/배치'입니다. 역시 '주변'에 '배치'하는 것일 텐데, 화면 속의 '배경'을 통해 상품을 노출하는 것을 정의로 제시하고 있습니다. 아무래도 '주변'에 배치하는 것보다는 '주류'로 배치하는 것이 훨씬 눈에 띌 테니, 당연한 내용이죠? 이렇게 최대한 '납득'하면서 읽는 태도를 갖춰주셔야 합니다. '정의'를 제대로 체크하기만 했다면, 충분히 해낼 수 있어요!

→ 이런 '배치'를 잘 활용하면, 해당 상품에 대한 광고 효과가 커질 수 있고 이를 '맥락/효과'라고 부른다고 합니다. '맥락'에 잘 부합해서 나타나는 '효과'라는 생각을 가지며 읽어주시면 훨씬 깊게 납득할 수 있겠네요. 그런데 이때 '맥락 효과'의 정의는, 지금까지 우리가 공부한 'A는 B이다.'의 형태가 아닌 'B를 A라 한다.'의 형태로 제시되어 있습니다. 이제부터 이러한 형태의 정의에 대비해보도록 합시다.

수식된 정의

본격적으로 시작하기 전에, 앞에서 봤던 예문 하나만 보고 갑시다.

> 가스 센서란 특정 가스를 감지하여 그것을 적당한 전기 신호로 변환하는 장치의 총칭이다. 각종 가스 센서 가운데 산화물 반도체 물질을 이용한 저항형 센서는 감지 속도가 빠르고 안정성이 높으며 휴대용 장치에 적용할 수 있도록 소형화가 용이하기 때문에 널리 사용되고 있다. (2011학년도 9월 모의평가)

다른 내용은 모두 앞의 해설과 같습니다. 그런데 여기서 '가스 센서 가운데 산화물 반도체 물질을 이용한'이라는 절이 '저항형 센서'라는 개념을 수식하고 있다는 것이 보이시나요? 이 교재에서는, 이렇게 개념에 대한 설명이 먼저 제시되고 그 후에 우리가 알고자 하는 A가 제시되는 형태를 '수식된 정의'라고 부릅니다. 설명이 개념을 '수식'해준다는 것이죠. A를 개념, B를 개념에 대한 설명이라고 할 때, 'B인 A', 'B라는 것을 A라고 한다.' 등의 방식으로 정의를 제시하는 것입니다. 이런 방식으로 정의가 제시될 경우, 학생들은 'A에 대해 설명했구나!'라는 생각은 하지만 정작 'B'라는 설명을 떠올리지 못합니다. 본능적으로 더 임팩트가 있는 내용인 '개념' 부분에만 주목하고, 상대적으로 임팩트가 덜한 '정의' 부분은 흘려 읽게 되는 것이죠.

'일반적인 정의'의 경우에는 A라는 개념을 먼저 언급한 뒤에 B라는 설명을 하기 때문에 학생들의 머리에 A와 B가 연결된 상태로 남아있습니다. 그러나 '수식된 정의'의 경우는 A라는 개념이 나중에 나와서 설명인 B가 기억이 나지 않기 때문에 앞에서 말한 것과 같은 문제가 발생합니다. 이런 경우 정의를 정확히 체크하지 못해 문제 풀이에 문제가 생깁니다. 하지만 더욱 문제인 것은 이 경우 글 전체를 독해해 나가는 데 있어서 정의들을 유기적으로 연결하며 내용을 쌓아갈 수 없기 때문에, 지문 독해 자체가 무너지게 된다는 것입니다. 이해의 깊이가 얕아지는 것이죠.

예를 들어, 아래와 같은 두 문장이 있다고 합시다.

> 1. 민재는 잘생기고 인기가 많다. 어제도 고백을 받았다.
> 2. 잘생기고 인기가 많은 민재는 어제도 고백을 받았다.

1번 문장에서 '민재'의 정의를 잡으라고 하면, 열에 아홉은 '잘생기고 인기가 많은 사람'이라고 대답할 것입니다. 앞에서 배웠던 '일반적인 정의'의 형태니까요. 이 경우 뒤에 나온 '고백을 받았다.'는 이야기는 일종의 '예시'로 간단하게 처리하고 가면서, '민재는 잘생기고 인기가 많다.'라는 핵심 정보를 추출할 수 있습니다.

한편 2번 문장의 경우, '민재'의 정의를 잡으라고 하면 많은 학생들이 '어제도 고백을 받은 사람'이라고 대답합니다. '잘생기고 인기가 많은'이라는 수식절을 본인도 모르게 흘려 읽은 것이죠. '잘생기고 인기가 많다.'는 내용이 핵심 정보인데도 흘려 읽고, '어제도 고백을 받았다'라는 부가적인 정보에 집중하며 독해에 실패하게 되는 것입니다. 이런 경우 보통 뒤에서 '잘생기고 인기가 많은 사람은 이렇게 피곤한 삶을 산다.'라는 문장을 주는 경우가 많습니다. 그런데 이 '수식된 정의'를 잡지 못한 학생들은 '민재'가 '잘생기고 인기가 많은 사람'이라는 걸 생각하지 못하게 되고, 따라서 '민재는 피곤한 삶을 산다.'라는 선지가 제시되면 맞는 선지라는 생각을 하지 못하게 되거나, 한다고 해도 오랜 시간이 걸리게 되는 것입니다.

더 중요한 것은, '잘생기고 인기 많은 사람=민재=피곤한 삶을 사는 사람'이라는 도식을 만들어내지 못하면서, 스스로 정보량을 늘리는 결과를 낳게 된다는 것입니다. 정의를 정확히 체크해서 두 문장을 연결한 학생들에게는 하나의 정보이지만, 그렇지 않은 학생들에게는 두 개의 정보처럼 느껴지게 되니까요. 이 경우 독해의 부담이 커진다는 건 설명하지 않아도 충분히 이해할 수 있겠죠?

또한 이런 식으로 정의를 해 주게 되면, 하나의 문장에 수많은 정의를 수식하여 제시하는 것도 가능해집니다. 이렇게 되면 문장의 길이가 기하급수적으로 길어지겠죠? 학생들이 최근 평가원 지문들을 어려워하는 이유도, 이렇게 길어진 문장에서 정의체크를 정확히 하지 못한 채 문장 내의 정보를 피상적으로 받아들이기만 하기 때문이라고 할 수 있는 것입니다.

그렇다면 어떻게 문장을 읽어야 할까요? B라는 '정의'가 A라는 '개념'을 수식하면, 다시 B로 돌아가서 '정의'가 무엇이었는지 체크하면 됩니다. 강제로 '일반적인 정의'의 꼴로 만들어 버리는 것이죠. 〈B → (A → B)〉 이런 식으로 말입니다. 처음에는 어색하기도 하고 너무 오래 걸린다는 생각이 들겠지만, 천천히 연습하고 정의를 정확하게 처리하는 훈련을 계속 하다보면 나중에는 아무 생각없이 읽어도 한 문장의 여러 정의가 한 번에 뇌에 박히는 경험을 하게 될 것입니다. 앞으로도 계속 이야기하겠지만, 이 교재의 최종적인 목표는 '배운 내용을 버리는 것'입니다. 굳이 의식하지 않아도 이와 같은 사고를 통해 정보를 처리할 때까지, 연습하고 또 연습하여 체화하도록 합시다.

딱딱한 설명으로는 가슴 깊이 와닿지 않으니 아래의 예시를 통해 연습해 봅시다. 실전처럼 빠르게 읽어보고, 스스로 정의를 체크해 본 후 설명을 읽어보도록 합시다.

①

   디지털 매체의 도입 초기에는 매체 보급이 확대됨에 따라 정보격차가 곧 사라질 것으로 보는 낙관론이 우세하였다. (2007학년도 9월 모의평가)

→ 이 문장의 개념(A)과 설명(B)을 문장에 체크한 후 아래 설명을 읽어봅시다.

→ 〈디지털 매체 ~ 보는〉까지 '낙관론'을 설명하고 있습니다. 우리가 알고자 하는 개념은 '낙관론'이고 그에 대한 설명이 앞에 제시된 것이죠. '낙관론'을 읽는 순간 '낙관론'이 어떤 개념이었는지 바로 기억이 나지 않는 학생들은 위에서 설명한 대로 문장을 다시 읽어 봅시다.

→ 〈디지털 매체 ~ 보는〉 낙관론이 우세하였다.(B - A) → 낙관론?(A) → 정보격차가 사라질 것으로 보는 게 낙관론이구나!(B) → 매체 보급이 확대되니까!(B) → 정보격차가 사라진다며 긍정적으로 보니까 '낙관'론이라고 하는 거네.

→ 위의 설명을 보시면, 〈B → A → B〉 형식을 따라서 읽은 것을 볼 수 있습니다. 느리게 느껴지더라도, 실전에서 딱 5초만 더 사용해주면 정의를 정확하게 체크하고 넘어갈 수 있습니다. 나아가 나중엔 굳이 이런 비효율적인 방법을 동원하지 않아도, 자연스럽게 정의를 체크하고 있는 모습을 발견할 수 있을 거예요. 이처럼 '수식된 정의'의 방식으로 정의가 되었다는 사실만 인식해도 정의를 챙겨가는 데 도움이 됩니다. 연습과 훈련을 거듭하면 긴 문장이 난무하는 고난도 지문이라도 물 흐르듯 지문을 읽어낼 수 있으니, 끝까지 따라가 봅시다!

②

   기술 수준을 측정하는 지표로는 기업의 총 매출액 대비 연구 개발 투자액의 비율로 정의되는 '연구 개발 집약도'를 사용하며, 그 평균이 4% 이상이면 그 산업을 첨단 기술 산업으로 분류한다. (2007학년도 수능)

→ 이 문장의 개념(A)과 설명(B)을 문장에 체크한 후 아래 설명을 읽어봅시다.

→ 〈기술 수준을 측정하는 지표 ~ 정의되는〉은 '연구 개발 집약도'라는 개념에 대한 설명입니다. 만약 '연구 개발 집약도'가 무엇인지 그 설명이 기억나지 않는다면 위에서 설명한 방식대로 다시 읽어 봅시다.

➔ 〈기술 수준을 측정하는 지표 ~ 정의되는〉은 '연구 개발 집약도'구나. → 연구 개발 집약도? → 총 매출액 대비 연구 개발 투자액의 비율이구나! (참고로 A 대비 B의 비율은 B/A입니다. 알아두셔야 해요! 아예 분수로 바꿀 수 있는 건 분수로 바꾼다는 태도를 잡아주시는 것도 좋습니다.) → 이걸로 기술 수준을 측정하네.

➔ 어떤 산업의 매출액에 비해 연구 개발 투자액을 얼마나 지출했는가를 비율로 나타낸 것이 '연구 개발 집약도'이고, 이것을 통해 기술 수준을 측정하네요. 이 비율이 4% 이상이면 첨단 기술 산업으로 분류한다고 합니다. 연구 개발 투자액의 비중이 높다는 것은 아직 그 기술에 대해 연구할 여지가 많다는 의미이고, 결국 '연구 개발 집약도'가 높다는 것은 연구를 많이 해야 하는 첨단 기술이라는 의미이기 때문에, 이 비율이 4% 이상 정도로 높으면 '첨단/기술/산업'으로 부르는 것이었어요. 이런 식으로 '납득'하면서 읽는 것이 습관화되어야 합니다.

➔ 여기서 또 중요한 것은, '첨단 기술 산업으로 분류=기술 수준 측정'을 읽어내는 것입니다. 단순히 기계적으로 정의를 받아들이는 게 아니라, '연구/개발/집약도'가 단어의 의미를 바탕으로 '연구 개발'이 얼마나 '집약적'으로 이루어졌는지를 판단하는 개념임을 생각하셨다면 '기술 수준 측정'이라는 정의를 깊게 납득할 수 있었을 겁니다. 나아가 이를 바탕으로, '첨단 기술 산업으로 분류'한다는 것은 곧 '기술'의 '수준'을 '측정'한 것이니 같은 말이라는 것까지 잡아낼 수 있겠죠. 고정 1등급들은 이러한 생각을 너무나 당연하게 하고 있습니다. 우리도 그 수준이 될 때까지, '생각'하고 또 '생각'합시다.

(3)

    접근 시간은 원하는 트랙까지 헤드가 이동하는 데 소요되는 탐색 시간과, 트랙 위에서 해당 섹터가 헤드의 위치까지 회전해 오는데 걸리는 대기 시간의 합이다. (2013학년도 6월 모의평가)

➔ 마찬가지로 먼저 표시해보고, 어떻게 읽어야 좋을지 생각해 본 후 아래에서 비교해봅시다!

➔ 접근 시간(A)이라는 개념에 대해서 설명하고 있습니다. 그런데, 사이사이에 탐색 시간과 대기 시간이라는 추가적인 개념들이 존재하네요. 한 문장에 3개의 정의가 존재하는 것입니다. 우리는 이 문장을 읽으면서 '접근 시간'은 무엇인지, '탐색 시간', '대기 시간'은 각각 무엇인지 '생각'했어야 합니다. 같이 따라가 봅시다.

➔ 〈접근 시간은 ~〉 → 아! 접근 시간에 대한 설명이네. → 〈트랙까지 ~ 탐색 시간〉과 〈트랙 위에서 ~ 대기 시간〉의 합이다. → 접근 시간은 탐색 시간과 대기 시간의 합이구나! 근데 탐색 시간과 대기 시간은 뭐지? → 탐색 시간은 원하는 트랙까지 헤드가 이동하면서 '탐색'하는데 걸리는 시간이고, 대기 시간은 트랙 위에서 어떤 섹터가 헤드까지 회전하기까지 '대기'하는 시간이구나.

➔ 이런 식으로 정의가 많이 나올 때는 순서대로 처리하시는 게 좋습니다. '접근 시간'에 대한 큰 정의를 먼저 체크하고, 그 후에 '접근 시간'이라는 개념을 이루는 나머지 두 개념을 처리하는 것이죠. 이때 '접근', '탐색', '대기'라는 단어의 의미를 살린다면 훨씬 깊게 이해할 수 있겠죠?

➔ 이 문장에는 '헤드', '섹터' 등의 개념에 대한 정보가 없어서 이해하기는 무리일 수 있습니다. 하지만 이렇게 문장 하나가 아니라 지문 전체를 읽는다면, 분명히 이 문장 앞에서 제시되었을 '헤드'와 '섹터'의 정의를 유기적으로 연결 지을 수 있어야 합니다. 그렇게 연결하며 이해하기 위해 노력하는 것이죠. 의식적으로 떠올리려 하고, 연결지어서 이해하려고 노력할수록 여러분의 사고력이 올라갈 거예요!

4

　자동차의 에너지 효율은 연료량 대비 운행 거리의 비율인 연비로 나타내며, 이는 자동차의 성능을 평가하는 중요한 잣대이다. (2011학년도 6월 모의평가)

→ 마찬가지로 개념과 설명을 정확하게 이해한 후 설명을 읽어봅시다.

→ 연비(A)라는 개념을 설명하고 있습니다. 여기서 연비는 연료량 대비 운행 거리의 비율(B)이자 자동차의 에너지 효율을 나타내고, 자동차의 성능을 평가하는 중요한 잣대(B)입니다. 하나의 개념에 다양한 정의가 존재합니다. 이 중 〈연료량 대비 운행 거리의 비율〉이라는 연비에 대한 설명은 문장 가운데에 삽입되어 '수식된 정의'의 방식으로 서술되었네요. 안 그래도 '연비'라는 개념의 정의가 여러 가지 존재하는 데 이렇게 '수식된 정의' 방식의 서술까지 포함되면 쉽게 지나쳐 버리기 쉽습니다. 이런 경우에는 다음과 같이 독해해 봅시다.

→ 〈자동차의 에너지 효율은 ~ 연비로 나타내며〉 → 연비? 연비가 뭐지? → 연료량 대비 운행 거리구나! (A 대비 B의 비율은 앞에서 설명드렸습니다.) → 연비를 통해 자동차의 성능을 평가하네!

→ 이런 식으로 초반에는 개념에 대한 설명을 다시 한번 '의식적으로' 인지해주는 연습이 필요합니다. 이해를 위한 노력과 능동적인 생각이 함께 수반되어야 합니다. 예를 들자면, '연료량 대비 운행 거리니까 사용하는 연료에 비해 운행 거리가 길면 좋겠지. 연비로 자동차의 성능을 평가하는 것이 당연하구나.' 이런 식으로 말이죠. 모든 정의의 개념과 설명 하나하나를 기억할 수는 없습니다. 최대한 '생각'하고 '납득'해서 '당연한 말'로 만들려는 노력이 필요합니다!

5

　반론권 제도는 세계적으로 약 30개 국가에서 시행되고 있는데, 우리나라의 반론권 제도는 의견에도 반론권을 적용하는 프랑스식 모델이 아닌 사실적 주장에 대해서만 반론권을 부여하는 독일식 모델을 따르고 있다.

(2010학년도 6월 모의평가)

→ 마찬가지로 먼저 표시해보고, 어떻게 읽어야 좋을지 생각해 본 후 아래에서 비교해봅시다!

→ 이 문장에는 총 두 가지의 정의가 제시되고 있습니다. 나아가 그 둘 사이의 '차이점'까지 제시하고 있죠. 이 모두를 아무렇지 않게 인식할 수 있어야 합니다.

→ '반론권 제도'에 대한 내용인데, 여기에는 의견에도 반론권을 적용하는(B) '프랑스식 모델'과 (A) 사실적 주장에만 반론권을 적용하는 (B) '독일식 모델' (A) 두 가지가 있습니다. 이런 '수식된 정의'를 체크하며, '프랑스식 모델'이 조금 더 반론권을 넓게 적용한다는 생각을 할 수 있어야 합니다. 두 모델의 중요한 '차이점'이니까요. 이렇게 '차이'를 인식하기 위한 첫 번째 단계가 바로 '정의 체크'라고 할 수 있습니다. '단어의 의미 살리기 → 정의 체크 → 화제 및 차이점 체크'로 독해의 범위가 확장되고 있다는 게 느껴지시죠?

→ 나아가 이 중 우리나라는 '독일식 모델'을 택하면서, '반론권 제도'를 조금 '좁게' 인정하고 있다는 생각을 해 주셔야 합니다. '사실'에 대해서만 반론할 수 있다면 '의견'에까지 할 수 있는 경우에 비해 좀 더 빡빡하니까요.

이 시기 미국과 소련은 각기 자국의 방어를 위한 조치를 취했다. 그러자 양국은 상대방의 조치를 위협적인 행동으로 받아들여 대응 조치를 더욱 강화함으로써 자국의 안보가 더 위태롭게 되는 이른바 안보 딜레마 상황에 빠져 있었던 것으로 보인다. (2014학년도 6월 모의평가 A형)

→ 이제는 좀 빠르게 해봅시다! 조금 익숙해졌다면, 수식된 정의(A)를 발견하고 다시 설명(B)로 돌아오는 것이 아니라, 앞으로 전진독해하면서 바로바로 이해하는 연습을 하는 것이 좋습니다. 언제까지 읽다가 뒤로 돌아갈 순 없잖아요? 일단 해설 읽기 전에 먼저 연습해야 하는 건 잊지 않았죠? 먼저 해 보고 아래 사고 과정을 따라가 봅시다.

→ '미국'과 '소련'의 방어 조치에 대한 이야기네요. 이들은 서로 자국의 방어를 위한 조치를 취했는데, 이것이 '안보 딜레마 상황'이라는 것을 낳았다고 해요.

→ 한 번에 이해하는 게 그리 쉽지는 않았네요. 하지만 우리는 침착하게 한 번 돌려서 이해할 수 있는 힘이 있죠? 서로 방어를 위해 조치를 취하다보니, 서로에 대한 대응 조치를 더욱 강화하면서 안보가 위태롭게 되는 상황이 '안보 딜레마'입니다. 방어를 위해 '안보' 관련 조치를 강화했는데, 이것이 '안보'를 더 위태롭게 하는 '딜레마' 상황인 것이죠. 이번에도 단어의 의미를 살렸더니 쉽게 이해할 수 있네요.

→ 이 문장은 지문이 아닌 〈보기〉에서 발췌한 것입니다. 이처럼 지문이 아닌 〈보기〉의 내용도 정확히 독해할 수 있어야 한다는 점, 확실하게 배울 수 있겠죠?

혁신 발생원과 잠재적 수용자 간의 거리가 가까울수록 혁신 확산이 빠르게 이루어진다는 인접 효과에 의해 나타나는 것이 전염 확산이다. 한편 도시 규모가 클수록 혁신 확산이 잘 이루어진다는 계층 효과에 의해 나타나는 것이 계층 확산이다. (2012학년도 6월 모의평가)

→ 수식된 정의가 정신없이 쏟아지는 문장입니다. 이 정도의 문장에서도 전진독해를 하며 정의를 문제없이 체크할 수 있으면 좋겠습니다.

→ 먼저 '인접 효과'라는 개념의 정의를 체크해야 합니다. '혁신 발생원', 즉 혁신이 발생한 곳과 잠재적인 수용자 간의 '거리'가 가까울수록 혁신의 확산이 빠르게 이루어진다는 것이 그 정의입니다. 너무나 당연한 말인 데다가, '거리'가 가깝다는 것이 곧 '인접'하다는 말이므로 단어 자체도 쉽게 이해할 수 있네요.

→ 그런데 여기서 끝이 아닙니다. 이러한 '인접 효과'에 의해 일어나는 확산이 바로 '전염 확산'이에요. '거리'가 '인접'하니 '전염'이 되는 것처럼 '확산'이 일어난다는 뜻이겠네요.

→ 이번엔 '계층 효과'입니다. 이는 '도시 규모'라는 '계층적' 요소에 의해 혁신 확산이 이루어지는 상황을 의미해요. 이에 따라 나타나는 것이 곧 '계층 확산'이라고 해요. 이 개념은 '효과'와 '확산'의 이름이 같아 이해하기 더 쉽네요.

→ 수식된 정의를 바탕으로 정의를 '납득'하며 읽는 것. 이제는 어느 정도 감이 잡히시죠? 아무것도 아닌 것 같은 이 태도가 최근 수능의 어려운 지문을 읽어내는 힘을 길러줄 것입니다. 귀찮다고 그냥 넘어가지 말고, 시키는 대로 해야 할 '생각'을 열심히 하면서 따라와 봅시다.

8

압전 변환기의 핵심 부품인 압전 소자는 압력을 받으면 전기를 발생시키는데 이것을 압전 효과라고 한다. 초음파를 압전 소자에 가해 주면 압전 소자에 미치는 공기의 압력이 변하면서 압전 효과로 인해 고주파 전류가 발생한다. 역으로 높은 진동수의 교류 전압을 압전 소자에 걸어 주면 압전 소자가 주기적으로 신축하면서 초음파를 발생시키는데, 이를 역압전 효과라고 한다. (2008학년도 6월 모의평가)

→ 똑같습니다. 아무리 문장이 길어도 쉽게 이해할 수 있어야 해요.

→ 먼저 '압전 소자'가 무엇인지 체크해야 합니다. '압전 변환기'라는 것의 핵심 부품이 그 정의네요. '압전' 변환기의 핵심 부품이 '압전' 소자라니, 기억하기가 어렵지는 않겠습니다.

→ 이 '압전 소자'는 '압력'을 받으면 '전기'를 발생시킨다고 합니다. '압'력을 받으면 '전'기를 발생시키니 '압전' 소자인 것이네요. 그리고 이를 '압전 효과'라고 합니다. 수식된 정의를 연달아 쓰면서, 정의 체크를 방해하고 있네요. 우리에겐 우습죠?

→ 다음 문장은 사실상 앞 문장과 같은 말입니다. 뒤에서 배울 '재진술'을 맛볼 수 있는 문장이에요. 초음파를 '압전 소자'에 가해 주면, 공기의 '압력'이 변하면서 '압전 효과'로 인해 고주파 '전류'가 발생한다고 합니다. 여기서 변하는 '압력'은 '압전 소자'에 가해지는 '압력'을 의미할 것이고, '압전 효과'의 정의에 따라 이 '압력'이 고주파 '전류'라는 전기를 발생시키는 것이네요. 이렇게 '같은 말'로 인식하면서 읽을 수 있어야 합니다. 모든 문장을 다른 정보로 처리하면, 그것을 전부 기억할 수도 없을 뿐 아니라 지문 내용 자체도 정리가 되지 않을 거예요. 개념 간 관계가 잡히지 않으니까요.

→ 이번엔 역으로 높은 진동수의 '교류 전압', 즉 '전기'를 압전 소자에 걸어 주면 압전 소자가 '초음파'를 발생시킨다고 합니다. 여기서 '초음파'는 곧 '압력'을 발생시키는 것이겠죠? 앞 문장의 '압전 효과'를 정확히 이해했다면 손쉽게 잡아낼 수 있어야 합니다. 이렇게 초음파를 발생시키는 것은 '역압전 효과'라고 합니다. 즉, '압력→전기'가 '압전 효과'라면 '전기→압력'이 '역압전 효과'인 것이죠. 확실하게 납득할 수 있겠네요.

→ 꽤나 어려운 문장이지만, 다 읽고 나면 '압력→전기'가 '압전 효과'라면 '전기→압력'이 '역압전 효과'인 것이라는 내용만 남겨야 합니다. 이렇게 정보량을 줄이는 것이, 여러분이 '생각'을 하며 글을 읽었을 때 얻을 수 있는 가장 큰 효과예요. 계속해서 연습하고 또 연습합시다!

이렇게 '정의'와 관련된 내용들을 모두 공부해봤습니다. '문장'을 보는 눈이 조금씩 길러지는 느낌이 들었으면 좋겠습니다. 내일부터는 독서 파트의 핵심이라고 할 수 있는 도구인 '재진술'에 대해 배울 것입니다. 기대되시죠? 국어 공부에 대한 감이 조금씩 잡히고, 재밌고 할 만하다는 생각이 들었으면 좋겠습니다. 그 생각을 더욱 공고하게 만들어드리겠습니다. 내일 봅시다.

'문장' 단위의 공부를 이어 하는 날입니다. 이 부분에 대한 학습이 제대로 이루어지지 않으면, 지문 단위 공부에 어려움을 겪을 수밖에 없습니다. 어제 배운 내용을 스스로 가볍게 복습한 뒤 오늘 내용도 학습해보도록 합시다.

재진술

'재진술'은 수능 국어 지문을 독해하는 데 있어서 가장 근본이 되는 중요한 도구이자, 적용이 가장 어려운 도구입니다. 여러분의 능동적인 '생각'이 베이스가 되어야 하기 때문이에요.

'재진술'이란 말 그대로 '다시 서술'해 주는 것을 뜻합니다. 똑같은 말을 다른 단어/표현 등을 이용해서 다시 써주는 것을 뜻하죠. 평가원은 여러분의 이해를 돕기 위해 의도적으로 재진술을 해 줍니다. 다시 말해서, 재진술은 그만큼 중요한 정보(학생들이 반드시 이해했으면 하는 문장)를 다룰 때 사용한다는 것이죠. 이렇게만 보면, '재진술'이라는 것은 그저 좋기만 한 것처럼 보입니다.

하지만 재진술을 제대로 인식하지 못하면, 여러분은 오히려 그 친절한 서술을 '과도한 정보량'으로 취급할 가능성이 높습니다. 이해를 돕기 위해 써준 문장들이 재진술이란 것을 느끼지 못한다면, 즉 사실은 다 '같은 말'임을 인지하지 못한다면 문장 하나하나가 다른 정보를 이야기한다고 착각할 수밖에 없으니까요.

따라서, 여러분은 A라는 문장과 B라는 문장이 사실 '같은 말'임을 생각할 수 있어야 합니다. 그래야 지문 내용의 조직화가 이루어지고, 이를 바탕으로 여러 가지 풍부한 '생각'을 할 수 있게 되는 것이니까요. 사실상 평가원 지문은 '재진술의 향연'이라고 봐도 무방하기 때문에, '재진술'이라는 도구를 잘 다루는 것은 아주 중요합니다. 오늘 공부의 하이라이트가 될 것이니 집중해서 공부해주세요. 이번 파트에서는 이렇게 중요한 재진술에 어떤 종류가 있는지, 어떻게 처리해야 하는지, 어떤 생각들을 하고 넘어가야 하는지 등을 다룰 예정입니다. 일단 재진술의 종류에 어떤 것이 있는지 살펴봅시다.

'재진술'도 정의 제시 방식과 마찬가지로, 쉬운 유형과 어려운 유형이 존재합니다. 더 쉽게 풀어서 설명해드리자면, '즉', '다시 말해' 등과 같이 대놓고 여러 표지를 통해 재진술임을 알려주는 문장들도 있고, 그런 내용 없이 우리가 스스로 재진술임을 인식해야 하는 문장들도 있다는 것이죠. 재진술을 나타내는 표지가 있다는 것은 앞뒤 문장이 같은 말임을 명시적으로 드러낸다는 뜻입니다. 따라서 '재진술'되었음을 인식하고 정보량을 줄이는 것이 상대적으로 수월하겠죠. 하지만 그러한 표지가 존재하지 않는다면, 앞 문장의 내용을 바탕으로 스스로 재진술임을 잡아내야만 합니다. 당연히 어려워지겠죠?

이렇게 어려운 것부터 배우기 전에, 먼저 쉬운 것부터 해봐야겠죠? 두 문장이 재진술되었음을 드러내는 표지들에는 다음과 같은 것들이 있습니다.

1) 즉, 곧, 다시 말해, 이는
2) ~하다는 것이다.
3) 예시 (예를 들어, 가령 등)
4) 인과 (따라서, 때문이다 등)

'즉', '곧', '다시 말해', '이는' 등은 해당 표지가 쓰인 문장과 그 앞 문장이 똑같은 말임을 드러내는 표지입니다. 이런 표지가 보이는 경우에는, 의식적으로 해당 문장들을 연결하는 것이 중요합니다. 그 문장들이 '같은 말'임을 인지하는 순간, 많게만 느껴졌던 정보량이 확 줄어들면서 내용을 더 확실하게 이해할 수 있는 것이에요.

'~하다는 것이다.'의 경우도 마찬가지입니다. 앞의 표지들과 다르게 뒷 문장의 마지막 부분에 쓰이긴 하지만, 결국 이 표지가 쓰인 문장과 그 앞 문장이 똑같은 말임을 드러내는 역할을 합니다. 예를 들면 "민재는 처음부터 국어를 잘하는 사람은 없다고 말한다. 열심히 생각하고 공부하는 습관을 갖춰야만 국어를 잘 할 수 있다는 것이다."라는 문장이 있을 때, '민재'라는 사람의 주장이 결국 '처음부터 국어 잘하는 사람 없음=열심히 생각하고 공부해야 잘 할 수 있음'이라는 걸 파악할 수 있어야 한다는 거예요. '처음부터 잘하는 사람 없다=후천적으로 노력하면 잘하게 된다'가 같은 말이라는 건 어렵지 않게 납득할 수 있겠죠? 이렇게 '민재'라는 사람의 주장을 훨씬 간단하게 정리하고 이해할 수 있게 되었습니다.

다음 '예시'의 경우에는, 뒤의 '사례-원리 연결' 파트에서 더 자세하게 다룰 것입니다. 별개의 파트로 다뤄야 할 만큼 중요한 부분이지만, 결국에는 어떠한 원리와 '똑같은 말'을 이해시키기 위한 도구라는 점에서 '재진술'의 일종이라고 볼 수 있습니다. '예를 들어', '가령'과 같은 표지가 나오면, 그 예시가 결국 앞의 원리와 '같은 말'임을 인지하면서 정보량을 줄이도록 합시다.

마지막 '인과'의 경우, 엄밀하게 말하면 '재진술'이라고 하기는 어렵습니다. 똑같은 말이 아니라, '원인'과 '결과'를 나타내는 것이니까요. 하지만 결국 '원인'과 '결과'는 하나의 '원리'로 연결된다는 점에서, 실제 독해를 할 때에는 '같은 말'로 인지하고 읽어주시는 게 좋습니다. 이렇게 정보량을 줄이고 납득하는 과정에서 무엇이 원인이고 무엇이 결과인지도 자연스럽게 잡히게 되니까요.

자 정리합시다. 앞에서도 계속해서 말씀드렸지만, 수능 국어 영역 독서 파트에서 대부분의 지문은 '결국 다 같은 말'로 이루어져 있습니다. 이걸 깨닫고 제대로 적용할 수만 있다면, '정보량 폭탄'으로 느껴졌던 지문이 부담없이 정리되는 마법이 일어날 겁니다. 다시 한번만 말씀드릴게요. 뭐라구요?

〈결국, 다 같은 말이다.〉

이 내용 잊지 않은 채로, 아래 문장들을 이용해 본격적으로 공부해봅시다. 지금까지 배웠던 '단어의 의미 살리기', '정의 체크' 등의 태도 역시 계속 살린 채로 갈 수 있어야 해요!

1

　음악에서는 시간이 흐르면서 사라지는 음을 기억하기 위한 방법이 필요한데, 작곡가들은 그 방법의 하나로 반복을 활용했다. 즉 반복을 통해 어떤 일이 어떻게 일어났는지를 기억하여 악곡의 전체를 쉽게 파악할 수 있도록 한 것이다. (2009학년도 수능)

→ 처음부터 계속 강조하고 있지만, 국어 지문을 읽을 때 가장 중요한 태도는 최대한 모든 문장을 '납득'하려고 하는 것입니다. 문장 하나하나를 수동적으로 받아들이는 게 아니라, 능동적으로 '생각'하며 '당연하지'라는 생각이 들게끔 하는 게 중요해요! 이 태도를 갖춘 채로, 한 문장씩 정리해봅시다.

→ 시간이 흐르면 음이 사라진다고 합니다. 당연하죠? 이렇게 시간이 흐르면서 음이 사라져도 사람들이 그것을 '기억'하는 게 중요한데, 이를 위해 '반복'이라는 방법을 활용했다고 합니다. 어렵지 않게 받아들일 수 있는 정보로 보입니다. '반복'을 하면 '기억'에 남기는 데 큰 도움을 줄 수 있을 테니까요.

➡ 그런데 바로 다음 문장에 '즉'이라는 표지가 보입니다. 재진술의 표지이니, 앞뒤에서 똑같은 말을 하고 있다는 것을 생각할 수 있네요. 다음 문장에서는 '반복'을 통해 어떤 일이 어떻게 일어났는지를 '기억'하여 악곡의 전체를 쉽게 '파악'할 수 있도록 했다는 내용이 제시되고 있습니다. '반복'을 통해 '기억'한다는 건 앞에서도 나온 정보이므로, 여기서의 '어떤 일이 어떻게 일어났는지'는 곧 '사라지기 전에 어떤 음들이 어떻게 연주되었는지' 정도로 바꾸어 이해할 수 있겠네요. 나아가 '악곡의 전체를 쉽게 파악'할 수 있도록 한다는 것은 '음들의 기억'을 바탕으로 이루어진 일이라고 정리할 수 있겠죠?

➡ 결국 '반복을 통해 음들을 기억하고, 이를 통해 악곡의 전체를 파악한다.'라고 하는 정보를 재진술한 것입니다. 여기서 어렵게 출제하면, 〈음악에서 사라지는 음을 기억해야 하는 이유는 악곡의 전체를 파악하기 위해서이다.〉와 같은 선지를 맞는 선지로 처리할 수 있게 되는 것입니다. '악곡 전체 파악=사라지는 음 기억을 토대로 일어나는 일'이라는 재진술을 인식했는지 물어볼 수 있다는 것이죠. 어렵다고 느낄 수 있겠지만, '결국 다 같은 말'이라는 확신 속에서 읽어낸다면 충분히 해낼 수 있는 생각이라고 볼 수 있어요.

➡ 심지어 문장 마지막은 '~것이다'라는 표지로 마무리되고 있네요. '같은 말'임을 인지하며 이해하는 게 정말 중요해 보입니다. '반복을 통해 음을 기억한다.'라는 정보가 이 지문에서 아주 중요하기 때문에, 굳이 '재진술'하면서 강조한 것입니다.

2

　　이렇게 압전 소자는 압전 변환기에서 초음파를 발생시키고, 반사되어 돌아오는 초음파를 감지하는 중요한 역할을 담당한다. 즉, 압전 변환기는 마이크와 스피커의 역할을 모두 하는 셈이다. (2008학년도 6월 모의평가)

➡ 앞에서 봤던 '압전 소자'에 대한 내용이네요. '압전 소자'는 압전 변환기에서 '초음파를 발생'시키고, 반사되어 돌아오는 초음파는 '감지'한다고 합니다. 앞에서 봤던 '압전 효과'와 '역압전 효과'가 떠올랐다면 훌륭합니다.

➡ 그런데 '즉'이라는 표지가 보입니다. 앞 문장과 뒷 문장은 같은 말이에요! 여기서 말하는 '마이크'(목소리 감지)는 '초음파 감지'에, '스피커'(소리 발생)는 '초음파 발생'에 대응시킬 수 있겠죠? 글쓴이는 재진술을 통해 '초음파'를 '발생'시키기도 하고 '감지'하기도 하는 '압전 소자'의 역할을 강조하고 있네요. 이 정도면 머릿속에 확실하게 넣고 갈 수 있을 것 같습니다.

3

　　그레이트솔트레이크 사막은 시에라네바다 산맥이 해양에서 유입되는 습윤한 공기의 수분 이동을 차단하여 형성되었다. 이는 수분을 함유한 공기가 높은 산맥을 넘어 반대쪽에 도달할 때 수분을 잃게 되어 건조해지기 때문이다.

(2011학년도 6월 모의평가)

➡ '이는'이라는 재진술의 표지가 나타나고 있습니다. 앞 문장과 뒷 문장이 어떻게 '같은 말'이 되는지 생각해 봅시다. 그레이트솔트레이크 사막은 시에라네바다라는 산맥이 습윤한 공기를 차단해서 형성된 것이라고 하네요. '사막은 산맥이 습윤한 공기를 차단해서 형성되었다.'라는 정보를 받아들인 채로 다음 문장과 연결지으면 되겠습니다.

➡ 다음 문장을 봅시다. '수분을 함유한 공기'를 '습윤한 공기의 수분'으로 읽어줄 수 있겠네요. '높은 산맥'은 '시에라네바다 산맥'일 것이구요. 결국 '수분을 잃게 되어 건조해진다.'라는 정보는 '사막'의 형성 원인을 설명하는 것이네요. 따라서 앞 문장과 뒷 문장이 완벽히 같은 말임을 알 수 있습니다. 산맥이 수분을 막아서 건조해진다는 것은 산맥이 습윤한 공기의 이동을 막아서 사막을 형성한다는 말과 완전히 '같은 말'이니까요.

➡ 그런데 문장의 마지막이 '때문이다'로 끝나고 있습니다. '때문이다'는 앞에서 배운 '인과'의 표지였어요. 이렇게 '인과'는 사실상 같은 말을 되풀이해주는 것에 불과하다는 걸 알 수 있겠습니다. 이해하려고 조금만 더 노력하고, 같은 말을 찾으려고, 인식하려고 '생각'만 하면 여러분도 충분히 할 수 있습니다. 여러분이 앞으로 볼 모든 지문에 적용하고 생각해보세요. 생각의

깊이, 즉 사고력이 나날이 성장하는 기분을 느끼실 겁니다. 그럼 국어 영역 공부가 더욱 즐겁게 느껴질 것이구요. 다음 문장도 살펴봅시다.

4

그러나 고객 관련 정보 부족으로 인해 은행의 역할이 크게 약화될 수 있다. 고객의 상환 능력에 대한 충분한 정보를 확보하지 못한 상태에서 대출금을 회수하지 못할 위험에 늘 노출되는 것이다. (2008학년도 9월 모의평가)

→ 이번엔 '~하다는 것이다.'라는 표지를 이용한 재진술입니다. 일단 첫 문장을 읽어보니, 고객 관련 정보가 부족하면 은행의 역할이 크게 약화된다고 합니다. 어떻게 약화되는지 당연히 궁금해져야 합니다. '생각'하면서 따라오고 있죠?

→ 다음 문장을 보니, 고객의 상환 능력(돈을 갚을 수 있는 능력이에요. '상환' 정도의 어휘는 알고 계셔야 합니다. 몰랐다면 알아두세요.)에 대한 '정보'가 없으면, '대출금 회수'를 하지 못하는 위험에 노출된다고 하네요. 여기서 '~하다는 것이다'가 보였다면, 두 문장이 '같은 말'이라는 걸 생각할 수 있겠죠. 결국 앞 문장에서 이야기한 '은행의 역할'은 '대출금 회수'와 같은 말이 되는 것입니다.

→ '~하다는 것이다'와 같은 표지를 찾는 게 중요한 것이 아닙니다. '~하다는 것이다'를 보지 못하더라도 문맥상 같은 말을 하고 있다는 걸 인식할 수 있어야 해요. 잘 할 수 있죠?

5

우선 공공 부문의 수익률이 민간 부문만큼 높다면, 민간 투자가 가능한 부문에 굳이 정부가 투자할 필요가 있는가 하는 문제가 제기될 수 있다. 정부는 민간 기업이 낮은 수익률로 인해 투자하기 어려운 공공 부문을 보완해야 한다는 것이다. (2008학년도 수능)

→ '공공 부문의 수익률'에 대해 이야기하고 있습니다. 이것이 민간 부문만큼 높다면, 민간 투자가 가능한데 굳이 정부가 투자할 필요가 있는가 하는 문제가 있다고 합니다. 조금만 이해해 볼까요? '수익률'이라는 것이 높다는 건 곧 돈을 잘 벌 수 있다는 걸 의미합니다. 그런데 '공공 부문', 이를테면 수도나 전기 같은 것들의 수익률이 민간 부문만큼 높다면, 정부가 굳이 투자할 필요가 없겠죠? 많은 돈을 벌고 싶은 민간 기업이 알아서 투자할 테니까요.

→ 다음 문장을 읽어봤더니, '정부'는 수익률이 낮은 공공 부문에 투자해야 한다고 합니다. 그런데 '~하다는 것이다'로 끝난 것으로 보아, 두 문장은 같은 말이네요. 앞 문장에선 '수익률이 높다면 정부가 투자할 필요가 없다.'라고 했고, 뒷 문장에선 '정부가 투자하는 곳은 수익률이 낮은 곳이어야 한다.'라고 했네요. 명제의 '대우' 같은 느낌이죠? 이런 식으로도 재진술이 가능하다는 걸 배워갑시다.

6

생명은 수많은 무생물 분자가 집합된 조직에서 나타나는 창발적 행동(emergent behavior)이라 할 수 있다. 생체 분자들이 생명을 갖기 위해서 생명력이 따로 있을 필요가 없으며 단지 생체 분자들을 정확한 방식으로 결합시키기만 하면 된다는 것이다. (2004학년도 6월 모의평가)

→ 이번에도 '~하다는 것이다'라는 표지를 이용한 재진술입니다. 하나하나 정리해봅시다. '생명'이라는 것은 '무생물 분자'가 집합된 조직에서 나타나는 '창발적 행동'이라고 정의되어 있습니다. '창발적 행동'이 무엇인지 정의해주지를 않는데, 우리가 배운 바에 따르면 뒷 문장이 '생명=창발적 행동'과 같은 말이어야 합니다. '~하다는 것이다.'로 끝났으니까요.

→ 그럼 다음 문장을 정리해서 '생명=창발적 행동'과 같은 말로 붙여야겠죠? 다음 문장에선 '생명'을 위해선 단지 생체 분자들을 잘 '결합'시키기만 하면 된다고 합니다. 생체 분자들이 '결합'되면 알아서 '생명'이라는 것이 생긴다는 이야기겠죠. 여기서의 '알아서'가 바로 '창발적 행동'의 정의라고 할 수 있겠습니다. '생명'은 '분자들이 결합'하기만 하면 '알아서' 만들어지는 것이고, 이를 '창발적 행동'이라고 부르는 거예요!

→ 조금 어렵죠? 이처럼 평가원은 '재진술'을 이용해서 '정의'를 하기도 합니다. 무언가 중요해 보이는 개념, 내가 잘 모르는 단어로 이루어진 개념이 정의되지 않는다면, 재진술을 통해 정의하지는 않았는지 생각해 보도록 하세요.

→ 참고로 평가원이 내려준 '창발적 행동'(창발론)의 정확한 정의는 '복잡성의 수준이 한 단계씩 오를 때마다 구성 요소에 관한 지식만으로는 예측할 수 없는 특성들이 나타난다는 이론'입니다. '알아서' 생긴다는 이 지문의 내용과 유사하죠? 이 정의는 2018학년도 수능 19번 문제의 〈보기〉에서 제시된 내용이에요.

> **7**
>
> 양자화 구간의 개수는 부호에 사용되는 이진수의 자릿수에 의해 결정된다. 가령, 하나의 부호를 3자리의 이진수로 나타낸다면 양자화 구간의 개수는 000~111까지의 부호가 할당된 8개가 된다. 즉 가장 작은 소리부터 가장 큰 소리까지 8단계로 구분하여 나타낼 수 있다. (2012학년도 9월 모의평가)

→ '양자화 구간의 개수'는 부호에 사용되는 '이진수의 자릿수'에 의해 결정된다고 합니다. 무슨 소리인지 전혀 모르겠죠? 그때 한 줄기 빛 같은 '가령'이 나타났네요. 예시가 제시되어 우리의 이해를 도울 것입니다. 하나의 부호를 '3자리의 이진수'(이진수의 자릿수)로 나타내면, '양자화 구간의 개수'는 000~111까지 총 8개가 된다고 합니다. '이진수'는 0과 1로만 나타내는 수를 의미하는데, (이 정도는 알고 있어야 해요!) 세 자리수로 나타내면 000, 100, 010, 001, 110, 101, 011, 111의 총 8개의 부호를 할당받을 수 있는 것이네요. '이진수'와 '경우의 수'에 대한 감이 조금 필요해서 어려울 수 있지만, '이진수의 자릿수'에 따라 '양자화 구간의 개수'가 정해진다는 원리는 확실히 이해할 수 있겠죠?

→ 그런데 여기서 '즉'까지 보입니다. 같은 말이네요! 가장 작은 소리부터 가장 큰 소리까지 8단계로 구분하여 나타낼 수 있다고 합니다. 000이 가장 작은 소리인지 111이 가장 작은 소리인지는 정확히 알 수 없지만, 세 자리 이진수로 나타낸 하나의 부호가 '소리'를 나타내는 것임은 알 수 있겠네요. 이렇게 재진술을 통해, '부호=소리'와 같은 방식으로 정보량을 줄여냈습니다. 재진술의 위력이 느껴지시죠?

> **8**
>
> 사진은 하나의 고립된 이미지이다. 시간적으로 한순간이 잡히고 공간적으로 일부분이 찍힐 뿐, 연속된 시간과 이어진 공간이 그대로 찍히지 않는다. 현실이 현실 그대로 나타나지 않는 한, 사진은 결국 한 개의 이미지, 즉 영상일 뿐이다. 따라서 사진에 대한 이해는 사진이 시간적으로 분리되고 공간적으로 고립되어 현실과 따로 떨어진 곳에서 홀로 저를 주장하는 독자적 영상이라는 인식에서부터 출발해야 한다. (2004학년도 6월 모의평가)

→ 이번엔 '사진'에 대한 문장이네요. 사진을 '고립된 이미지'라고 정의하고 있어요. 이게 무슨 말인가 했더니, '연속된 시간과 이어진 공간이 그대로 찍히지 않는다.'라는 내용으로 재진술되고 있네요. 여기서의 재진술은 어떠한 표지 없이 제시되고 있죠? 뒤에서는 이렇게 '표지' 없이 제시되는 재진술도 다뤄 볼 것입니다. 여기서는 이렇게 맛만 보도록 합시다.

→ 다음 문장도 이해해 볼까요? 현실이 현실 그대로 나타나지 않는 한, 사진은 '한 개의 이미지=영상'일 뿐이라고 해요. '현실이 현실 그대로 나타나지 않는다.'라는 것은 앞 문장에서 이야기한 '연속된 시간과 이어진 공간이 그대로 찍히지 않는다.'의 재진술이라고 할 수 있겠습니다. 현실의 시·공간이 그대로 재현되지 않으므로, 사진은 '고립된 이미지'라는 것이죠.

➡ 여기서 '따라서'가 보입니다! '인과'라는 '재진술'의 표지네요. 이런 맥락에 따르면, '사진'이 현실과 따로 떨어진 '독자적 영상'이라는 인식에서 '사진에 대한 이해'가 출발해야 한다고 합니다. 사실상 앞 문장들의 요약과 다름없죠? 어렵지 않게 이해할 수 있네요.

중요한 것은 '표지'를 찾는 것이 아닙니다. '표지'가 있든 없든, 우리는 '능동적인 생각'을 바탕으로 결국 다 '같은 말'을 하고 있다는 것을 인식할 수 있어야 해요. '같은 말'을 인식하며 정보량을 줄여나가면, 화제에 대한 이해가 깊어질 뿐 아니라 선지 판단도 훨씬 빨라질 것이니까요. 만약 이에 대한 연습을 더 많이 해야 할 것 같다면, 꼭 "P.I.R.A.M 국어 생각의 발단"을 먼저 공부하고 오도록 합시다. 훨씬 더 많은 양으로 연습할 수 있습니다.

앞에서 재진술은 크게 표지가 있는 경우와 그렇지 않은 경우로 나뉜다고 했습니다. 그리고 지금까지는 '표지'가 있는 재진술을 연습하면서, '같은 말'을 잡고 정보량을 줄여내는 것의 위력을 배웠습니다.

그리고 이제부터 본격적으로 '표지가 없는' 재진술에 대해 다뤄보겠습니다. 표지가 있든 없든 똑같습니다. '능동적인 생각'을 바탕으로 '같은 말'을 잡아주시면 됩니다.

9

음독과 묵독이 공존하던 18세기 중반에 새로운 독서 방식으로 다독이 등장했다. 금속 활자와 인쇄술의 보급으로 책 생산이 이전의 3~4배로 증가하면서 다양한 장르의 책들이 출판되었다. (2011학년도 9월 모의평가)

→ 음독과 묵독이 무엇인지는 모르겠지만, 새로운 독서 방식으로 '다독'이란 게 등장했네요. '다/독'은 단어의 의미 그대로 많이 읽는 걸 말하겠죠? 이를 생각했다면, 우리는 '책 생산이 이전의 3~4배로 증가하면서 다양한 장르의 책들이 출판'되었다는 것을 '다독'으로 치환하여 읽을 수 있었을 겁니다. 따로 표지가 없어도 말이에요! 물론 책 '생산'이 증가한 것과 책을 많이 '읽는 것'은 완전히 똑같은 말은 아니지만, 같은 범주 내에서 이어지는 변화라는 걸 잡아내야 한다는 것이죠. '다독이 유행하니까 책 생산이 많아졌구나~' 혹은 '책 생산이 많아져서 다독이라는 새로운 독서 방식이 생겨났구나~'와 같이요.

→ 표지가 없는 재진술도 '같은 말'로 인식할 수 있겠죠? 조금씩 감이 잡히면서, 국어 공부가 할 만하다는 걸 느끼셨으면 좋겠습니다. 계속 해봅시다.

10

아우라는 비인간화되고 사물화된 의식과 태도를 버리고, 영혼의 시선으로 대상과 교감할 때 경험할 수 있는 아름다운 향기 내지 살아 숨쉬는 듯한 생명력과 같은 것이다. 그런데 사진이나 카메라 등과 같은 기계적, 기술적 장치들이 예술의 영역에 침투하면서 예술 작품의 아우라는 파괴된다. (2005학년도 6월 모의평가)

→ 먼저 '아우라'를 정의하고 있습니다. 우리가 흔히 아는 '아우라'(Aura)의 정의와 비슷한 것 같아요. 핵심은 '영혼의 시선'으로 대상과 교감할 때 얻을 수 있는 것입니다.

→ 그런데 사진·카메라 같은 '기계적, 기술적 장치'들이 예술의 영역에 침투할 때, 예술 작품의 '아우라'는 파괴된다고 합니다. 표지는 없지만, 우리는 이 내용들이 결국 다 '같은 말'임을 인지할 수 있어야 합니다. '기계적, 기술적 장치'들은 '영혼의 시선'과 정확히 반대되는 말로 볼 수 있으니까요. 즉, '영혼의 시선'으로 봐야만 보이는 '아우라'가 '기계적, 기술적 장치'들 때문에 보이지 않는다는 내용인 것입니다. 결국 '아우라'의 정의를 이용해서, '기술적 장치'들 때문에 '아우라'가 파괴되는 최근의 양상을 재진술하는 문장이었던 것이죠.

→ 이렇게 '완전히 반대되는 말'을 이용한 재진술도 가능하다는 것을 알아두도록 합시다. '표지'를 찾는 게 아니라, 문장들의 의미 관계를 '능동적'으로 생각하는 태도가 중요한 거예요!

11

인간은 감각과 더불어 사고를 통해 세계를 인식한다. 사고는 감각적으로 받아들인 특수한 것들을 일반화하고 그것들의 본질적인 연관과 구조를 해명함으로써 사물이나 사태에 관한 지식을 얻고자 한다. (2008학년도 9월 모의평가)

→ 계속해서 표지가 없는 재진술입니다. 실제 시험장에선 이렇게 '재진술' 관련 문장이라고 써 주지 않아요. 여러분 스스로 인지할 수 있어야 합니다.

→ 인간이 '세계를 인식'하는 방법에 대해 이야기하고 있습니다. '감각+사고'가 그 방법이네요. 그런데 다음 문장을 보니, '사고'에 대해서 이야기하고 있습니다. '감각+사고'에서 '사고'에 더 주목하려나 봐요. 이처럼 문장 간의 연결 관계를 생각하면 지문의 전체적인 흐름이 잡히는 경우도 많습니다. 남들은 '감각+사고' 모두를 가지고 갈 때, 우리는 과감하게 '사고'에만 주목하며 읽을 수 있는 거예요. 이런 것까지도 연습해둡시다.

→ '사고'는 감각적으로 받아들인 특수한 것들을 '일반화'하고, 그것들의 '본질적인 연관과 구조를 해명'함으로써 '사물이나 사태에 대한 지식'을 얻고자 한다고 합니다. 일종의 '정의'죠? 나아가 따옴표친 '일반화', '본질적인 연관과 구조 해명', '사물이나 사태에 대한 지식' 모두 앞 문장의 '세계 인식'과 같은 말임을 볼 수 있었으면 좋겠습니다. 이 말들을 '세계 인식'과 연결 지어 읽으니, 훨씬 쉽게 납득하고 기억할 수 있죠? 이것이 바로 '재진술'의 힘이에요!

12

    고려 말에 이르기까지는 국가에서 도자의 생산과 유통을 관장하였다. 서남해안 일부 지역에 설치되었던 관요(官窯)에서는 국가의 강력한 보호와 규제 속에 상감청자 등이 만들어지고 있었다. 이 도자들은 왕실과 사원, 귀족층을 위한 제품으로 만들어졌기 때문에 그 품질이 일정했다. (2006학년도 6월 모의평가)

→ 이번에도 한 문장씩 천천히 읽어봅시다. 고려 말에 이르기까지는 '국가'에서 '도자'의 생산 · 유통을 관장했다고 합니다. 뭐 어렵지 않게 납득할 수 있는데, 다음 문장에서는 '관요'라는, '국가'의 강력한 보호와 규제를 통해 '상감청자' 등을 만드는 기관에 대해 소개하고 있습니다. '국가의 강력한 보호와 규제=국가에서 생산과 유통 관장', '도자=상감청자'와 같은 방식으로 재진술되고 있음을 파악할 수 있어야 합니다. 사실상 똑같은 말을 하고 있는 것이죠.

→ 여기서 만든 도자들은 높으신 분들(이렇게 더 쉽게 이해할 수 있는 말로 바꿔서 읽는 센스가 있으면 정보 처리가 더 쉬워집니다.)을 위한 제품이었기에, 그 품질이 일정했다고 합니다. 품질이 일정할 수 있었던 이유는? 바로 '국가'가 생산 · 유통을 관장했기 때문이겠죠. 높으신 분들을 위해 '국가'가 나섰고, 그 덕에 품질이 좋았다는 이야기로 이어지는 것입니다. 이렇게 '국가'의 역할을 재진술하면서 납득한다면 지문 내용을 압도적으로 이해할 수 있겠죠?

13

    나아가 시간이 관리의 대상으로 부각되면서 시간–동작 연구를 통해 가장 효율적인 작업 동선(動線)을 모색했던 테일러의 과학적 관리론은 20세기 초부터 생산 활동을 합리적으로 조직하는 중요한 원리로 자리 잡았다. 이로써 두뇌에 의한 노동과 근육에 의한 노동이 분리되어 인간의 육체노동이 기계화되는 결과가 초래되었다.

(2016학년도 9월 모의평가 B형)

→ 한 문장씩 정리해봅시다. 〈시간이 관리의 ~ 모색했던〉이 '과학적 관리론'의 정의임을 인식할 수 있어야 합니다. '수식된 정의', 이제 놓치지 않고 있죠? 다시 읽어 보면, '과학적 관리론'은 시간을 '과학적'으로(시간–동작 연구) '관리'하여 효율적인 작업 동선을 만드는 것이네요. 단어의 의미까지 살려서 야무지게 이해할 수 있겠네요.

→ 이는 생산 활동('시간–동작'과 관련된 활동이죠?)을 합리적으로 '조직', 즉 '관리'하는 원리로 자리 잡았다고 합니다. '수식된 정의'를 납득했다면, 뒤의 내용도 그냥 똑같은 말이네요. 이렇게 한 문장 안에서도 재진술이 되는 경우가 있어요. 특히 문장이 길어질수록 이러한 경향은 짙게 나타나곤 합니다.

→ 이로써 '두뇌에 의한 노동'과 '근육에 의한 노동'이 분리되었다고 합니다. 앞에서 이야기한 '합리적 조직'에 따라 노동이 두 가지로 나뉜 모습이네요. 그리고 이에 따라 인간의 육체노동이 '기계화'되었다고 해요. 여기서의 '육체노동'은 '근육에 의한 노동'을 의미할 것이고, 이것이 '과학적 관리론'에 따라 '기계화'된 것이네요.

→ 이렇게 한 문장 안에서 이루어지는 '재진술'까지도 확실하게 인식할 수 있어야 합니다. '생각'이라는 걸 하면서 글을 읽으면, 충분히 보일 거예요. 아직까지 어색하다구요? 걱정마세요. 우리에겐 아직 수많은 예시 역할을 할 '기출문제'가 있으니까요. 기출문제를 풀 때도 이런 포인트에 맞춰서 공부하는 습관, 꼭 들여 주세요.

> **14**
> 회화나 사진이 하나의 프레임만을 가지는 것과는 달리, 영화는 연속적으로 교체되는 많은 수의 프레임들을 가진다. 그리고 이 프레임들은 통합의 과정을 거치면서 한 편의 영화로 만들어진다. 어떤 프레임일지라도 그 시간과 동작의 원래 맥락에서 분리되지 않으며, 그 자체가 독립적으로 완결된 의미를 지니는 경우도 거의 없다. 관객은 눈앞에서 계속해서 이것에서 저것으로 바뀌며 재구성되는 프레임들을 그것의 극적이고 시간적인 맥락을 참작하여 이해하게 된다. (2001학년도 수능)

→ '영화'를 '회화 · 사진'과 비교하면서 정의하고 있습니다. '연속적으로 교체되는 많은 수의 프레임'을 가진다는 것이 그 정의예요. 나아가 이 많은 프레임들이 '통합'되면 영화가 된다고 합니다. 우리가 상식적으로 알고 있는 내용과 크게 다르지 않네요.

→ 그런데 어떤 프레임도 '원래 맥락'에서 분리되지 않으며, 그 자체가 '독립적으로 완결된 의미'를 지니는 경우도 거의 없다고 합니다. 뜬금없이 무슨 말인가 싶다가도, 이것이 '연속적으로 교체되는 많은 수의 프레임이 통합되는 것'의 재진술임을 생각할 수 있어야 합니다. 하나의 프레임 자체에는 의미가 없지만, 이들이 어떤 '맥락' 속에서 '통합'되면 '완결된 의미'를 가진다는 거예요!

→ 관객은 결국 하나의 프레임을 독립적으로 이해하는 게 아니라, 극적이고 시간적인 '맥락'을 참작하여 이해하게 된다고 합니다. 앞의 문장과 또 똑같은 말이네요. 결국 '영화의 프레임은 독립적으로는 의미가 없고, 통합되어야 의미가 생긴다.'라는 한 가지 이야기만 하는 문장이었습니다.

> **15**
> 이 과정에서 '귀의 소리'가 발생하는데 이는 청세포가 능동적으로 내는 소리이다. 과거에는 '귀의 소리'를 외부 소리에 대한 '달팽이관의 메아리'로 여겼다. 하지만 주어진 외부 자극 소리로 발생하는 메아리보다 음압이 더 큰 경우가 있기 때문에, '귀의 소리'를 단순한 메아리로 설명하기는 어렵다. 오른쪽 귀에만 외부 소리 자극을 가했는데 왼쪽 귀에서도 '귀의 소리'가 발생한다는 점 역시 마찬가지이다. (2010학년도 6월 모의평가)

→ 첫 문장의 '이 과정'이 무엇인지는 모르겠지만, '귀의 소리'라는 것에 대해 소개하며 시작하고 있다는 건 알 수 있습니다. '청세포가 능동적으로 내는 소리'가 그 정의네요. '청세포'라는 '귀'가 내는 '소리'라는 뜻이겠죠? 이렇게 단어의 의미를 살리며 정의 확실하게 잡은 채로 다음 문장을 읽었더니, 과거에는 이를 '달팽이관의 메아리'로 여겼다는 내용이 나오고 있어요. 과거에 그랬다는 건 지금은 아니라는 뜻이겠네요. 그럼 '달팽이관의 메아리'는 무슨 뜻인지, 그리고 지금은 왜 이렇게 보지 않는지에 대한 이야기가 나올 것입니다. 기대하면서 읽어봅시다.

→ 다음 문장을 보니, 외부 자극 소리로 발생하는 '메아리'보다 '귀의 소리'의 음압이 더 큰 경우가 있기 때문에 단순한 메아리라고 하기는 어렵다고 해요. 단순한 메아리라면 '귀의 소리'의 음압이 더 큰 경우가 있으면 안 되겠죠? 나아가 오른쪽 귀에만 외부 소리 자극을 가했는데, 왼쪽 귀에서도 '귀의 소리'가 발생한다는 점에서도요. '메아리'라면 오른쪽 귀에서만 '귀의 소리'가 발생해야겠죠.

→ 종합하자면, '귀의 소리'는 단순한 '메아리'가 아니라는 내용밖에 없네요. 이번에도 '재진술'을 통해 정보량을 확 줄이는 데 성공했습니다.

이렇게 재진술과 관련된 공부를 마쳤습니다. 쭉 따라오셨다면 알 수 있듯이, '재진술'을 인식하는 것은 체감되는 정보량을 상당히 줄여 주는 효과가 있습니다. 그뿐만 아니라 여러분들이 할 수 있는 '생각'의 폭을 더욱 넓게 합니다. 그러니 앞으로 만나게 될 수많은 지문들을 바탕으로 이러한 '재진술'을 인식하는 능력을 기르도록 합시다. '생각'을 하는 시간이 늘어나면 늘어날수록 '재진술'이 보이는 빈도도 늘어날 것입니다. 지문을 이해하고 처리하는 시간도 줄어들 것이고, 문제풀이 시간도 단축되겠죠. 고정 1등급이 되는 길에는 편법이 존재하지 않습니다. 그저 생각하고 또 생각하고, 효율적으로 정보를 처리하고, 목적을 가지고 문제의 선지들을 대하기 위해 가장 완벽한 루틴을 스스로에게 심는 방법밖에 없습니다.

이 책은 올바른 길을 여러분께 제시해 드릴 것입니다. 여러분은 믿음을 가지고, 스스로 생각하고 또 생각하면서 책을 따라오시면 됩니다. 그럼 다음 독해 도구도 같이 공부해봅시다.

사례-원리 연결

친구와 대화를 하는데, 친구가 내가 하는 말을 잘 이해하지 못합니다. 그럴 때마다 우리는 이야기합니다. '아오 답답아. 예를 들어 줄게.' 이처럼 사례는 어떠한 원리를 설명하고자 할 때 이해를 돕는 역할을 합니다. 독서 지문에서도 마찬가지입니다. 무언가 어려운 내용을 설명하려 하는데, 예상 독자는 그 내용에 대해 아무것도 모르는 우리 순수한 수험생들입니다. 출제하는 교수님 입장에선 조금 답답하겠지만, 그래도 그 내용을 잘 이해시키기 위해 사례를 들어줄 수밖에 없습니다.

앞에서도 말씀드렸지만, 지금 배울 '사례-원리 연결'은 '재진술'의 일부입니다. 따라서 평가원이 굳이 여러분에게 사례를 제시하는 이유는 '재진술'을 해 주는 이유와 같습니다. 완벽한 '이해'를 바라기 때문입니다. 어떠한 원리가 화제와 직결되는 내용일 때, 추상적으로 제시되어 어렵게 느껴질 것 같다면 구체적인 사례를 제시해서 이해에 도움을 주는 것이죠. 이처럼 사례를 잘 이용하면, 추상적이고 어려운 상황을 구체적으로 이해할 수 있게 됩니다. 결국 평가원은 우리의 이해를 돕기 위해 사례를 제시해주는 것입니다. 간단한 예를 들어 볼까요?

> 정신적 사건과 물질적 사건은 구분된다고 생각하는 것이 우리의 상식이다. 이러한 상식에 따르면 인간의 정신적 사건과 육체적 사건도 구분되는 것으로 보게 된다. 하지만 정신적 사건과 육체적 사건이 서로 긴밀히 연결되어 있다고 보는 것 또한 우리의 상식이다. <u>위가 텅 비어 있으면 정신적인 고통을 느끼는 현상, 두려움을 느끼면 가슴이 더 빨리 뛰는 현상</u> 등이 그런 예이다. 문제는 정신적 사건과 육체적 사건의 이질성과 관련성이라는 두 가지 상식을 <u>조화시키기</u>가 쉽지 않다는 것이다. 정신적 사건과 육체적 사건이 서로 다른 종류의 것이라고 주장하는 이론, 곧 심신 이원론은 그 두 종류의 사건이 <u>관련되어 있음을 설명하기 위해</u> 다양한 방법을 시도한다. (2014학년도 수능 B형)

이 문단에는 두 가지의 입장이 제시되어 있습니다. 하나는 정신적 사건과 물질적(=육체적) 사건이 '구분'된다고 보는 것이고, 하나는 정신적 사건과 육체적 사건이 '연결'되어 있다고 보는 것입니다. 그런데 '구분'된다고 보는 입장은 아무런 부연 설명 없이 제시되어 있지만, '연결'된다고 보는 입장은 밑줄 친 부분에서 '사례'를 제시하고 있습니다. 평가원이 보기에 '구분'된다는 입장은 어렵지 않게 이해할 수 있을 것이라 보기에 굳이 다른 설명을 곁들이지 않은 것이지만, '연결'된다는 입장은 한 번에 이해하기 까다로울 것이라 생각하니 자세히 설명을 해 주는 것이죠.

나아가 뒷부분을 조금 더 읽어 보면, '조화시키기', '관련되어 있음을 설명하기 위함' 등의 내용을 바탕으로 '연결'된다고 보는 입장이 더욱 중요하다는 것을 알 수 있습니다. <u>'원리'만 가지고는 이해하기 어려울 수 있는데, '화제'와 직결되는 중요한 정보이니 '사례'를 활용해서 확실하게 이해를 시켜 준 것이죠!</u>

그런데 우리는 이상하게도 예시만 나오면 그냥 흘려 읽는 경향이 있습니다. 예전부터 중심 문장 찾기 같은 걸 주로 공부해서 그런지는 몰라도, '원리' 그 자체에만 집중하고 그 원리를 설명하기 위한 '사례'에는 크게 집중하지 않습니다. 하지만 이 '사례'는 출제자가 우리에게 내려준 큰 배려라는 걸 잊지 맙시다!

사례에 원리를 연결하는 방법은 어렵지 않습니다. 사례가 나온다면, 그 사례를 통해 설명하고자 하는 원리가 반드시 있을 겁니다. 어떤 원리를 설명하는지 생각하고, <u>사례에 그 원리를 '일대일 대응'</u>하면서 확실하게 이해하고 갑시다. 각각의 사례가 원리와 어떻게 대응되는지 생각해보라는 거예요! 예를 들어, 윗 문장에서는 인위적으로 '위가 텅 빔/가슴이 빨리 뜀=육체적 사건', '정신적인 고통을 느낌/두려움을 느낌=정신적 사건' 이런 식으로 대응시키면서, 두 사건이 '연결'된다는 말의 의미를 정확히 파악하시라는 뜻입니다.

정리해봅시다.

1. 사례가 나오면 원리를 떠올린다.
2. 사례에 원리를 일대일 대응하며 독해한다.

1

　　실제 소리와 언어 표현은 차이가 있다. 예를 들어 소의 울음을 국어에서는 '음매'라고 발음하지만, 소는 그 소리대로 울지 않는다. '음매'라는 발음으로 우는 소가 있다면 그 소는 한국어를 구사하는 소라고 하겠다. (2000학년도 수능)

→ '실제 소리'와 '언어 표현'에는 차이가 있다는 '원리'를 제시했습니다. 그리고 그 사례로 '소의 실제 울음'과 '한국어 표현'이 제시되었네요. 일대일로 대응시켰더니 어렵지 않게 원리를 이해할 수 있었습니다.

→ 나아가 '그 소는 한국어를 구사하는 소라고 하겠다.'라는 재밌는 문장의 의미도 확실하게 이해할 수 있겠죠? 소는 한국어를 구사하지 않기에, 그저 어떠한 '실제 울음'으로 울었을 뿐 '음매'라는 발음을 하지는 않을 것이라는 뜻이죠. 어렵지는 않지만 문장이 재밌어 가져와봤습니다...ㅎㅎ

2

　　바로크 초반의 음악 이론가 부어마이스터는 마치 웅변에서 말의 고저나 완급, 장단 등이 호소력을 이끌어 내듯 음악에서 이에 상응하는 효과를 낳는 장치들에 주목하였다. 예를 들어, 가사의 뜻에 맞춰 가락이 올라가거나, 한동안 쉬거나, 음들이 딱딱 끊어지게 연주하는 방식 등이 이에 해당한다. (2012학년도 수능)

→ '부어마이스터'라는 음악 이론가의 주장이 나오고 있습니다. 사람이 나오면 그 사람의 이름이 아니라 '주장'에 주목해야 해요! 어떤 주장을 했는가 봤더니, 음악에서도 웅변에서의 말의 '고저'나 '완급', '장단'과 비슷한 효과(호소력이겠죠?)를 낳는 장치들에 주목했다고 합니다. 무슨 말인지 잘 이해가 되지 않는데, 바로 뒷 문장에 '예를 들어'가 제시되고 있네요!

→ 사례를 원리에 일대일로 대응시키며 이해해보니, 가사의 뜻에 맞춰 가락이 올라가거나(고저), 한동안 쉬거나(완급), 음들이 딱딱 끊어지게 연주하는(장단) 방식 등을 확인할 수 있습니다. 이렇게 '고저', '완급', '장단'이라는 포인트와 대응시켜 이해했더니 앞의 원리가 훨씬 더 구체적으로 와닿네요. 어렵지 않죠?

3

　　하지만 어떤 설명 이론이라도 인과 개념을 도입하는 순간 원인과 결과 사이의 관계가 분명하지 않다는 철학적 문제를 해결해야 한다. 결과를 일으키는 원인은 무수히 많고 연쇄적으로 서로 얽혀 있기 때문이다. 예를 들어 소크라테스가 죽게 된 원인은 독을 마신 것이지만, 독을 마시게 된 원인은 사형 선고를 받은 것이고, 사형 선고를 받게 된 원인도 여러 가지를 떠올릴 수 있다. 이에 결과를 일으킨 원인을 골라내는 문제는 결국 원인과 결과가 시공간적으로 어떻게 연결되는가에 대한 철학적 분석을 필요로 한다. (2016학년도 9월 모의평가 B형)

→ 문장이 기네요. 다른 건 없습니다. 이번에도 사례를 통해 하고자 하는 말을 완벽하게 이해해봅시다.

→ '설명 이론'이 '인과 개념'을 도입하는 순간 '원인과 결과 사이의 관계'가 분명하지 않다는 문제가 발생한다고 합니다. 도대체 무슨 말인지 이해할 수가 없어요. 그런데 바로 뒤에 '때문이다'라는, '재진술'의 표지가 있네요. 먼저 이것부터 처리해볼까요?

→ '결과'를 일으키는 '원인'은 무수히 많고 얽혀 있기 때문에 설명 이론에 '인과 개념'을 도입하면 '원인과 결과 사이의 관계'가 분명하지 않다고 합니다. 조금은 잡히는 것 같아요. 원인이 너무 많기 때문에, 결과와의 관계를 확실하게 하기 어렵다는

것이죠!

→ 그런데 친절한 평가원은 '예를 들어'까지 제시하고 있습니다. 소크라테스가 죽게 된 '원인'은 독을 마신 것이라고 해요. 여기서 '소크라테스가 죽은 것=결과'로 대응시키면서 읽어야겠죠? 그런데 독을 마신 것의 '원인'은 사형 선고를 받은 것이고, 사형 선고를 받은 '원인'도 여러 가지를 떠올릴 수 있다고 합니다. 소크라테스의 죽음이라는 '결과'를 '설명'하기 위해서 어떤 '원인'을 제시하기가 상당히 어렵다는 뜻이네요. 확실하게 이해할 수 있죠?

→ 마지막 문장 역시 당연한 말입니다. 이렇게 원인과 결과, 즉 '인과'는 너무나 복잡하게 얽혀 있기에 이들이 시공간적으로 어떻게 연결되는가에 대한, 다시 말해 정확히 어떤 관계에 있는가에 대한 분석이 필요하다고 하네요.

> **4**
>
> 대부분의 민주주의 국가에서 국민은 자신의 대표자를 뽑아 국정의 운영을 맡기는 제도를 채택하고 있다. 그런데 여기에는 국민과 대표자 사이의 관계와 관련하여 근대 정치의 고전적인 딜레마가 내포되어 있다. 가령 입법안을 둘러싸고 국회의원과 소속 지역구 주민들의 생각이 다르다고 가정해 보자. 누구의 의사를 우선하는 것이 옳을까?
>
> (2013학년도 6월 모의평가)

→ 대부분의 민주주의 국가에서 운영되고 있는 '대의제'에 대한 설명으로 시작하고 있습니다. 어려운 내용은 아닌데, 여기에는 근대 정치의 '고전적인 딜레마'가 내포되어 있다고 해요. 이 딜레마는 '국민과 대표자 사이의 관계'에 대한 것입니다. 한 번에 이해하기 어려운 추상적인 내용이네요.

→ 그런데 여기서 '가령'이라는 한 줄기 희망을 발견했습니다! 어떤 사례인가 봤더니, 입법안을 둘러싸고 '국회의원'과 '소속 지역구 주민들'의 생각이 다를 때 누구의 의사를 우선해야 하는지에 대한 질문이 제시되어 있어요. '국회의원=대표자', '소속 지역구 주민들=국민'으로 일대일 대응시키면서, 이 중 누구의 의사를 우선해야 하는지가 '딜레마'에 해당한다는 것을 이해해 주시면 되겠습니다. '고전적인 딜레마'라는 추상적인 내용이 구체적인 사례를 통해 완벽하게 이해되는 모습입니다.

> **5**
>
> 기술적 모순이란 두 개의 기술적 변수의 값이 서로 충돌하는 것이다. 가령 비행기의 속도를 높이려면 출력이 높은 엔진을 장착해야 한다. 그런데 출력을 높이려면 엔진이 커져야 하고, 그에 따라 엔진은 무거워진다. 결국 출력이 높은 엔진을 장착하면 비행기의 무게가 증가하여 속도는 떨어지게 된다. 그렇다고 가벼운 엔진을 장착하면 출력의 한계 때문에 속도를 증가시키기 어렵다. (2006학년도 6월 모의평가)

→ '기술적 모순'이라는 개념의 정의가 제시되고 있습니다. 단어 의미 그대로, '기술적'인 '모순'을 말하는 것으로 보이네요. 정의 역시 '기술적 변수'의 값이 '충돌'(모순)하는 것을 말하고 있습니다.

→ 그런데 정말 중요한 정보인가봅니다. '가령'을 통해 확실하게 이해시키려는 모습을 보이고 있습니다. 천천히 이해해볼까요? 일대일 대응시키려면, '두 개의 기술적 변수의 값'을 찾아야 합니다. 제시된 사례를 정리하면, '속도 높이려면→엔진 출력 높아야 함→그러면 엔진 커야 함→그러면 엔진 무거워짐→그러면 속도 떨어짐→그렇다고 엔진 무게 줄이면→속도 증가 어려움'의 구조입니다. 이 사례에 따르면, '비행기의 속도'와 '엔진의 무게'라는 두 개의 기술적 변수가 '충돌'하는 모습을 보이고 있다는 걸 알 수 있네요. 비행기의 속도를 빠르게 하기 위해 무거운 엔진을 쓰면 다시 비행기가 느려지는 모순이 생기는 것이죠.

→ 이처럼 사례는 어떠한 정의(특히 화제와 직결되는 아주 중요한 정의)를 확실하게 이해시키기 위해 사용되기도 합니다. 사례를 이용해서 이해시킨 개념이라면, 그 정의는 정말 외울 듯이 확실하게 정리할 필요가 있겠죠?

6

어떤 경제 주체의 행위가 자신과 거래하지 않는 제3자에게 의도하지 않게 이익이나 손해를 주는 것을 '외부성'이라 한다. 과수원의 과일 생산이 인접한 양봉업자에게 벌꿀 생산과 관련한 이익을 준다든지, 공장의 제품 생산이 강물을 오염시켜 주민들에게 피해를 주는 것 등이 대표적인 사례이다. (2012학년도 수능)

→ '외부성'이라는 개념의 정의부터 확실하게 잡아야겠네요. 수식되어 제시되고 있으니, 민감하게 반응할 수 있죠? 어떤 사람의 행위가 의도치 않게 다른 사람에게 이익이나 손해를 주는 것이네요. '의도치 않게', '이익이나 손해' 정도가 키워드가 되겠습니다.

→ 그런데 다음 문장에선 갑자기 '과수원', '양봉업자', '공장', '주민들' 이야기가 나옵니다. 왜 나오는 것인가 했더니, 대표적인 '사례'라고 해요. 아 이렇게 사례임을 뒤쪽에서 설명하기도 하는군요.

→ 다른 건 없습니다. '외부성'의 정의와 대응시키면 됩니다. 과수원이 과일을 생산했더니 양봉업자가 '의도치 않게' '이익'을 보고 있네요. 지문에는 '의도치 않게'라는 말이 없지만, 우리는 지금 '외부성'의 사례에 대해 읽고 있으니 이런 말을 넣으면서 읽어줄 수 있어야 합니다.

→ 한편 '외부성'은 의도치 않은 '이익'뿐만 아니라 '손해'까지도 포함하는 개념이었습니다. 공장의 제품 생산이 '의도치 않게' 주민들에게 피해를 주는 것이 그 사례네요. 이렇게 '의도치 않게', '이익, 손해'라는 '외부성'의 정의를 완벽하게 이해하고 가시면 됩니다.

7

절차적 측면에서 보면 그린이 스키아파렐리보다 우위를 점하고 있었다. 우선 스키아파렐리는 전문 천문학자였지만 화성 관측은 이때가 처음이었다. 게다가 그는 마데이라 섬보다 대기의 청명도가 떨어지는 자신의 천문대에서 관측을 했고, 배율이 상대적으로 낮은 8인치 반사 망원경을 사용했다. 또한 그는 짧은 시간에 특징만을 스케치하고 나중에 기억에 의존해 그것을 정교화했으며, 자신만의 관측을 토대로 지도를 제작했던 것이다. (2007학년도 수능)

→ 똑같습니다. 원리와 사례를 잡고 그린과 스키아파렐리의 관계를 체크해봅시다.

→ 뒷 부분이 사례인 듯이 보이지만, 명시적으로 사례라고 드러내주지는 않습니다. 내용이 '구체화'되고 있다는 것을 깨닫고 원리와 연결시킬 생각을 해야 합니다. 앞부분이 어떤 내용인지 먼저 살펴봅시다.

→ 그린이 스키아파렐리보다 절차적으로 낫다는 내용이네요. 그런데 갑자기 스키아파렐리의 화성 관측 얘기가 나옵니다. 화성 관측이 처음이었다는 것을 보는 순간 그린보다 '절차적'으로 떨어진다는 생각이 들어야 합니다. 뒤에 나오는 청명도가 떨어지는 자신의 천문대에서 관측을 한 것, 배율이 낮은 망원경을 사용한 것, 특징만 스케치하고 기억에 의존해 정교화한 것 등도 모두 스키아파렐리가 '절차적' 측면에서 그린보다 떨어진다는 것을 의미합니다. 모든 문장을 '그린 〉 스키아파렐리'라는 원리와 연결지은 것이죠. 상황을 구체화시켜줬으니 '사례'이자 재진술이라고 할 수 있겠습니다. 사례도 결국 재진술이니까요.

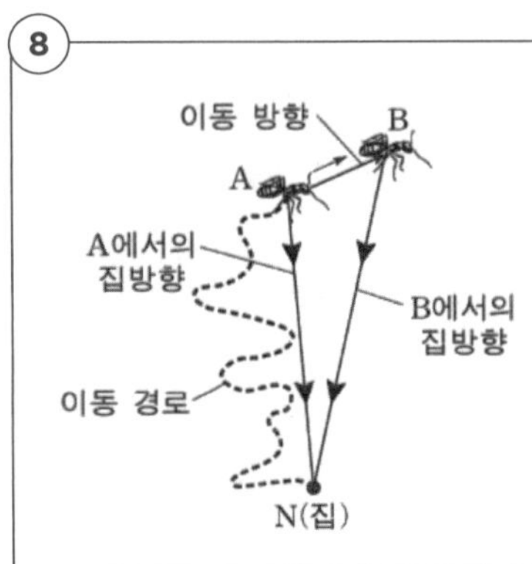

사막개미의 이러한 놀라운 집찾기는 집을 출발하여 먹이를 찾아 이동하면서 자신의 위치에서 집 방향을 계속하여 다시 계산함으로써 가능하다. 가령, 그림에서 이동 경로를 따라 A에 도달한 사막개미가 먹이를 찾았다면 그때 파악한 집 방향 $\overrightarrow{AN}$으로 집을 향해 갈 것이다. 만약 A에서 먹이를 찾지 못해 B로 한 걸음 이동했다고 가정하자. 이때 사막개미는 A에서 B로의 이동 방향과 거리에 근거하여 새로운 집 방향 $\overrightarrow{BN}$을 계산한다. 사막개미는 먹이를 찾을 때까지 이러한 과정을 반복하여 매 위치에서의 집 방향을 파악한다. (2014학년도 9월 모의평가 A형)

➔ 읽고 아래 선지를 미리 해결해봅시다.

⑤ 사막개미는 한 걸음씩 이동하면서 그때마다 집까지의 직선 거리를 다시 계산하겠군.

➔ 그림까지 제시되었네요. 그림 역시 일종의 '사례'에 해당하므로, 설명하고자 하는 원리를 이해하는 데 적극적으로 사용해 주셔야 합니다. 일단 원리가 무엇인지 확인했더니, '사막개미의 길찾기'네요. 사막개미는 자신의 위치에서 '집 방향'을 계속하여 다시 계산함으로써 길을 찾는다고 합니다. '집 방향 계산'이라는 것이 확 와닿지는 않는데, 조금 더 읽어볼까요?

➔ '가령'이라는 말이 제시되고 있습니다. 사례를 통해 '집 방향 계산'이라는 원리를 확실하게 이해할 준비를 하는데, '그림'을 활용하라고 합니다. 자연스럽게 그림으로 눈이 가면서, 천천히 이해해봅시다. 먼저 이동 경로를 따라 A에 도달한 사막개미는 어떻게 집을 찾을까요? 그림을 보니 A까지 가는 이동 경로가 아주 복잡합니다. 그런데 사막개미는 '집 방향' $\overrightarrow{AN}$을 파악하고, 이 '방향'을 따라 바로 집으로 찾아가는 것이네요. 왔던 길을 돌아가지 않고, 그 자리에서 집까지의 '방향'을 계산한다! 신기하네요. 어렵지 않죠?

➔ 또 다른 상황까지 제시하고 있습니다. A에서 먹이를 찾지 못해 B로 한 걸음 이동한 사막개미는, 이번에도 왔던 길을 돌아가지 않고 새로 계산한 '집 방향' $\overrightarrow{BN}$을 따라 집으로 찾아갑니다. '집 방향 계산'이라는 원리를 계속해서 이해시키는 모습이죠?

⑤ 사막개미는 한 걸음씩 이동하면서 그때마다 집까지의 직선 거리를 다시 계산하겠군.

➔ 그럼 이 선지가 틀렸다는 건 너무 간단하게 알 수 있겠네요. 사막개미는 집까지의 '방향'을 계산하는 것이지, '직선 거리'를 계산하는 게 아니에요! 그림을 보면 사막개미가 '집 방향'을 파악하고 직선으로 움직이는 모습을 확인할 수 있습니다. 이걸 본 학생들은 '직선 거리'라는 말에 별 위화감을 못 느끼고 이 선지를 맞는 선지로 파악했던 비극을 담고 있는 선지입니다. 실제 정답률이 40%대에 머물렀던 어려운 선지였어요.

➔ 하지만 우리는 이 선지가 틀렸다는 걸 너무나 잘 알고 있습니다. 왜? '집 방향 계산'이라는 원리를 사례를 바탕으로 완벽하게 이해하고 있으니까요! 이처럼 사례를 제시하며 확실하게 이해시켰다고 생각하는 원리는 평가원 입장에선 문제로 어렵게 출제할 수 있는 요소가 됩니다. 평가원이 할 일, 즉 이해시키는 것은 다 했으니까요!

'사례-원리 연결'과 '재진술'은 평가원에서 제시하는 '이해의 범위'이기도 합니다. 평가원이 생각하기에 적어도 이 문장/이 원리는 반드시 이해해야 한다고 생각하기에 '사례'와 '재진술'을 활용하는 거예요. 이를 인식하는 순간 확실하게 이해하고 넘어가는 습관을 들이도록 합시다. 할 수 있겠죠?

고정값

세상에서 변하지 않는 것은 거의 없습니다. 평생 변하지 않을 것 같던 부모님의 외모, 나의 성격, 집 앞 자주 가던 분식집의 간판 모양까지, 거의 모든 것은 언젠가는 달라집니다.

그렇기 때문에 고정된 값들은 항상 특이하고, 우리의 이목을 끕니다. 사람들이 임의로 고정시킨 각종 수치들부터 너무나 신기한 몸 속 메커니즘까지, 우리는 '변하지 않는 것'들에 주목하게 될 수밖에 없습니다. 그리고 평가원 독서에서는 이 특이한 부분들을 치사할 정도로 열심히 물어봅니다. 그렇다면 우리는 당연히 '고정된 값'에 주목하며 지문을 읽는 습관을 들여야겠네요. 특이한 부분이고, 문제에 출제될 부분이니까요. 그러니 '고정된', '변하지 않는', '고유한', '일정한' 등의 표현이 나온다면 체크하고 가는 습관을 들입시다.

또한 '모든', '항상' 등의, 상황을 고정시켜 주는 단어들이 쓰인 문장도 일종의 '고정값'이라고 할 수 있습니다. 이 '고정된 값'은 정답률이 2~30%대에 머무는 어려운 문제에서 답의 근거로 활용되는 경우도 많습니다. 고난도 문제가 아니더라도 각종 문제에서 선지로 등장하곤 하니, 웬만하면 꼭 체크하고 기억하도록 노력합시다.

'고정값'의 경우 그리 자주 나오지는 않습니다. 그렇기에 더더욱 놓치기 쉬운 부분이기도 합니다. 확실하게 눈에 익혀 두는 것이 중요하겠죠? 예시를 통해 살펴봅시다.

1

과학자들은 지구 내부의 맨틀 깊숙이 위치한 마그마의 근원지인 열점이 거의 움직이지 않는다는 것을 알아내고, 그것을 판의 절대 속도를 구하는 기준점으로 사용하였다. (2007학년도 9월 모의평가)

➜ 열점이 거의 움직이지 않는다고 서술해주고 있습니다. 완벽하지는 않지만 어느 정도 '고정'된 상황이라는 뜻이겠죠. 또한 그것을 '절대 속도 측정'이라는 행위의 '기준점'으로 사용하고 있네요. 이렇게 고정된 값들은 측정 및 비교의 '기준'으로 쓰이곤 합니다. 쉽게 변하지 않으므로 무언가와 비교하기 좋다는 것이죠. '고정값'임을 인지하는 순간 어느 정도는 필연적으로 해낼 수 있는 생각이라고 할 수 있겠죠?

2

이 과정에서 그들은 특정한 금속의 스펙트럼에서 띄엄띄엄 떨어진 밝은 선의 위치는 그 금속이 홑원소로 존재하든 다른 원소와 결합하여 존재하든 불꽃의 온도에 상관없이 항상 같다는 결론에 도달하였다. (2014학년도 수능 A형)

➜ 어떤 과정인지도, 그들이 누구인지도 모르겠지만 특정 금속의 스펙트럼에 존재하는 '밝은 선의 위치'는 금속의 존재 방식, 불꽃의 온도 등과 상관없이 '항상 같다'고 하네요. '항상'이라는 표현 역시 '고정값'의 중요한 표지로 쓰이니 확실하게 알아두도록 합시다.

3

홍채에는 불규칙한 무늬가 있는데, 두 사람의 홍채 무늬가 같을 확률은 대략 20억분의 1 정도로 알려져 있다.
(2016학년도 6월 모의평가 A형)

➜ 고정값임을 대놓고 드러내는 표지는 없지만, '20억분의 1'을 보자마자 '홍채 무늬는 고정값이구나,'라는 생각을 할 수 있어야 합니다. 사람마다 고정되어 있는 값이니, 사람들을 구분할 수 있는 훌륭한 '기준'으로 삼을 수도 있겠죠?

해시 함수란 입력 데이터 x에 대응하는 하나의 결과 값을 일정한 길이의 문자열로 표시하는 수학적 함수이다. 그리고 입력 데이터 x에 대하여 해시 함수 H를 적용한 수식을 H(x)=k라 할 때, k를 해시 값이라 한다. 이때 해시 값은 입력 데이터의 내용에 미세한 변화만 있어도 크게 달라진다. 현재 여러 해시 함수가 이용되고 있는데, 해시 값을 표시하는 문자열의 길이는 각 해시 함수마다 다를 수 있지만 특정 해시 함수에서의 그 길이는 고정되어 있다.

(2016학년도 9월 모의평가 A형)

➡ 해시 값을 표시하는 문자열의 길이가 특정 함수에서 '고정'되어 있다고 합니다. 변하지 않는다는 것이죠. 따라서 해시 함수를 적용한 해시 값의 '문자열 길이'는 언제나 동일할 것입니다. 그렇다면 이런 고정값이 문제로 어떻게 구현되는지 알아볼까요?

④ 입력 데이터 x, y에 대해 특정한 해시 함수 H를 적용한 H(x)와 H(y)가 도출한 해시 값의 문자열의 길이는 언제나 동일하다.

특정 함수 H를 적용한 해시 값의 '문자열의 길이'가 동일하냐고 묻고 있네요. 위에서 읽은 바에 근거해서 당연히 맞는 선지겠죠?

기본적인 내용 이해와 더불어 '고정된 값', '상황을 고정시켜 주는 경우', '예외가 존재하지 않는 경우' 등 변하지 않는 것을 마주치면 꼭 인식하는 습관을 들이도록 합시다. 한 선지라도 빠르게 해결할 수 있다는 것은 시험장에서 큰 무기가 되니까요. 내일은 지금까지 배운 것이 모두 섞여 있는 '단문 단위' 독해 연습을 진행할 것입니다. 이를 위해서는 오늘까지 배웠던 내용들이 완벽하게 정리되어야 합니다. 많이 힘들겠지만 3일치의 공부를 복습하는 것으로 오늘을 마무리한다면, 내일부터 더욱 효과적인 학습을 하실 수 있을 겁니다. 그 '복습'까지 오늘의 공부 분량에 해당한다고 생각해주세요. 그럼 열심히 복습한 뒤에, 내일 봅시다.

DAY 04

그동안 배운 내용이 모두 녹아 있는 단문들을 바탕으로, '문장 단위'에서 해야 할 생각들을 확장시키는 단계입니다. '단어' 단위에서 '문장' 단위로, 그리고 '문단' 단위로 사고의 힘이 확장되는 게 느껴지시죠? 이 파트까지 잘 마치면, 이제는 '지문' 단위의 공부도 충분히 해낼 수 있을 겁니다. 지겨워도 조금만 참고 열심히 해봅시다!

단문 단위 독해 연습

시작하기 전에, 지금까지 배운 것들을 총정리해볼까요?

1) 단어의 의미 살리며 개념 받아들이기
2) 1)을 바탕으로 정의 체크하기 → 이때, '수식된 정의'에 주의하기
3) 개념들의 정의를 이어가면서, '재진술'되는 내용을 바탕으로 정보량 줄여나가기
4) 사례가 나오면, 원리와 일대일로 대응하며 완벽하게 이해하기
5) 고정된 값에 주목하기

그리 많지 않죠? 여러 문장으로 연습을 거치면서, 위와 같은 태도가 나름대로 습관화되었을 것이라 생각합니다. 조금 더 단단하게 다져보도록 합시다!

> **1**
>
>   별의 밝기는 등급으로 나타내며, 지구에서 관측되는 별의 밝기를 '겉보기 등급'이라고 한다. 절대 등급은 별이 지구로부터 10파섹(약 32.6광년)의 거리에 있다고 가정했을 때 그 별의 겉보기 등급으로 정의한다. 학자들은 별의 겉보기 등급에서 절대 등급을 뺀 값인 거리지수를 이용하여 별까지의 거리를 판단하며, 이 값이 큰 별일수록 지구에서 별까지의 거리가 멀다. (2015학년도 6월 모의평가 B형)

→ 별의 밝기를 '등급'으로 나타낸다고 합니다. 그런데 지구에서 관측되는 별의 밝기를 '겉보기 등급'이라고 하네요. 앞에서 연습했던 그대로 하시면 됩니다. 우리가 아는 '등급'은 1등급, 2등급 할 때 그 등급이 아니라, '별의 밝기'입니다. 따라서 '겉보기 등급'은 '겉보기 밝기'이고, 우리는 이를 "지구에서 겉으로 봤을 때의 밝기라서 '겉/보기' 등급이구나!"라고 생각할 수 있어야 합니다.

→ 그런데 갑자기 '절대 등급'에 대한 정의가 나옵니다. 마찬가지로 앞에서 연습한 것처럼 '등급=밝기'라는 정보를 가져오시면 됩니다. '절대 등급'의 정의를 보니, 별이 10파섹만큼 떨어졌다고 가정했을 때의 '겉보기 등급'이라고 합니다. 다시 한번 앞에서 읽었던 '겉보기 등급'이라는 정보를 가져와야겠네요. '절대 등급' 역시 '겉보기 등급'인데, 10파섹 거리에서의 '겉보기 등급'인 것입니다. '절대'적으로 위치가 정해진 지점에서의 겉보기 '등급'이니까 '절대/등급'인가 봅니다. 이렇게 단어의 의미를 살려서 정의를 체크할 수 있어야 해요!

→ 다음 문장을 보니 '수식된 정의'로 '거리지수'를 설명해주고 있습니다. '겉보기 등급−절대 등급=거리지수'네요. 겉보기 등급과 절대 등급은 우리가 알고 있는 정보이니, 다시 체크하지는 않겠습니다. 거리지수의 값이 클수록 별까지의 거리가 멀다고 판단하네요. 앞에서 연습했던 것과 같이, '겉보기 등급−절대 등급=거리지수' 이런 단순한 정의를 넘어서서 '거리지수가 크면 지구와 별 사이의 거리가 멀다.'라는 정보까지 납득할 수 있어야 합니다. '거리지수'가 크다는 것은 곧 '겉보기 등급'과 '절

대 등급' 사이의 차이가 크다는 것이고, 이는 해당 별이 '10파섹'이라는 절대적 거리보다 훨씬 더 멀리 있다는 것을 의미하니까요.

→ 사실 이 문단은 여러 군데 존재하는 문장을 하나로 합친 문단입니다. 원래 '겉보기 등급'의 정의는 1문단에, '절대 등급'의 정의는 3문단에, '거리지수'의 정의는 4문단에 존재했어요. 만약 여러분이 지문을 읽을 때, 앞에서 읽은 정의를 붙여가며 읽지 않았다면 모든 정의가 하나하나 파편화된 정보로 남았을 것입니다. 이렇게 붙여놓으니 어렵지 않아 보이지만, 막상 실전에서는 잡아내는 게 쉽지 않다는 거예요. 앞에서 봤던 정보는 끊임없이 연결하며 읽어주는 태도! 수능의 그날까지 최선을 다해서 연습하도록 합시다.

②

　　D값은 어떤 미생물을 특정 온도에서 열처리할 때 그 개체 수를 1/10로 줄이는 데 걸리는 시간을 말한다. 만약 같은 온도에서 개체 수를 1/100로 줄이고자 한다면 D값의 2배의 시간으로 처리하면 된다. Z값은 특정 D값의 1/10 만의 시간에 개체 수를 1/10로 줄이는 데 추가적으로 높여야 하는 온도를 말한다. 그렇기 때문에 열에 대한 저항성이 큰 미생물일수록 특정 온도에서의 D값과 Z값이 크다. 예를 들어, 어떤 미생물 100개를 63℃에서 열처리한다고 하자. 이때 360초 후에 남아 있는 개체 수가 10개라면 D값은 360초가 된다. 만약 이 D값의 1/10인 36초 만에 미생물의 개체 수를 100개에서 10개로 줄이고자 할 때의 온도가 65℃라면 Z값은 2℃가 된다. (2015학년도 6월 모의평가 A형)

→ 먼저 'D값'이라는 개념을 정의하고 있습니다. 어떤 미생물을 열처리해서 개체 수를 1/10로 줄이는 데 걸리는 시간이라고 하네요. 개념의 정의가 너무 복잡합니다. 그래서 그런지 사례를 제시해주네요. '만약'으로 시작하면서 어떤 상황을 가정해주고 있으니, 일종의 사례라고 할 수 있는 것이죠.

→ 제시한 상황을 보니, 개체 수를 1/100로 줄이려면 D값의 2배의 시간을 써야 한다고 합니다. 앞에서 읽은 'D값'의 정의를 적용해야 합니다. 개체 수를 1/10로 줄이는 시간이 D값이므로, 1/10로 줄인 후 그걸 또 1/10로 줄이면 1/100이 줄어든 것이겠죠? 개체 수를 1/10로 줄일 때마다 D값 만큼의 시간이 소요되니까 1/100로 줄이려면 D값의 2배의 시간이 걸리는 것이구요.

→ 이번엔 'Z값'이라는 개념을 정의하고 있습니다. 그런데 그 정의를 보니, D값의 정의를 또 연계하여 사용해야 할 것 같네요. 'Z값'이 무엇인가 했더니, D값의 1/10 시간 만에 미생물의 개체 수를 1/10로 줄이기 위해 높여야 하는 '온도'를 말합니다. D값보다 1/10이나 빠르게 미생물 수를 1/10로 줄이기 위해 '온도'를 높여야 하는데, 기존 온도보다 얼마나 높여야 하는지가 Z값인 것입니다. 이것도 역시 이해가 어렵습니다.

→ 평가원은 항상 이렇게 이해가 어려운 내용에 대해 '사례'를 준다고 했습니다. 따라서 평가원이 '사례'를 준다는 건, 우리에게 이해를 요구하는 것과 똑같은 것이죠. 사례를 통해 한 번 이해해봅시다. 미생물 100개라는 수치를 구체적으로 제시하고 있습니다. 360초 만에 미생물이 1/10개인 10개로 줄어들면 D값은 360초가 되겠네요. 미생물의 개체 수가 처음보다 1/10개로 줄어드는 데 걸리는 시간이 'D값'이니까요. 이렇게 '정의'를 일대일로 적용해주면 됩니다.

→ 여기에, 기존 D값의 1/10인 36초만에 미생물의 개수를 1/10로 줄이기 위해 열처리 온도를 올린 경우, 기존의 온도보다 올라간 '온도'만큼이 'Z값'이 됩니다. 따라서 36초만에 미생물의 개수를 1/10로 줄이기 위해 열처리 온도를 65℃로 설정한 경우, 기존 63℃보다 '온도'가 2℃만큼 올라갔으므로 'Z값'은 2℃가 되는 것이죠. 이렇게 사례와 일대일 대응시켜 이해하면 복잡하기만 하던 정의도 쉽게 이해할 수 있을 겁니다.

　엄밀하게 말하자면, 어떤 경우에도 내가 느끼는 감각은 타인과 공유할 수 없다. 왜냐하면 감각은 육체를 통해 발생하기 때문이다. 나의 육체는 오직 나만의 것이다. 따라서 나의 육체에서 발생하는 감각은 나의 육체를 넘어 타인의 육체로 이전될 수 없다. 그런 까닭에 우리는 원칙적으로 어떤 감각을 다른 사람과 공유할 수 없다. 감각은 개별적이고 일회적이다. 그리하여 만약 자신의 고통이나 쾌락이라는 감각에 대하여 지나치게 예민한 감수성을 가진다면, 우리는 자기 자신의 개별성에 함몰되기 쉽다. 다시 말해 쾌락과 고통에 대한 지나친 감수성은 사람을 자기중심적이고 이기적으로 만들 수 있다. 자기가 고통받지 않기 위해 타인을 고통 속에 빠뜨릴 수 있는 것이다.

(2003학년도 9월 모의평가)

➔ '어떤 경우'에도 나의 감각은 타인과 공유할 수 없다고 합니다. 일종의 '고정값'이네요. '고정값'이라는 생각으로 그냥 체크만 하는 것이 아니라, 최대한 납득할 수 있어야 합니다. 내가 느끼는 걸 타인도 느끼지 못한다는 건 너무나 당연한 말이죠? 지문에선 이 이유를 '감각은 육체를 통해 발생하기 때문'이라고 말하고 있습니다. 나의 '육체'에서 발생하는 '감각'이 타인의 '육체'로 이전될 수 없다는 겁니다! 당연하게 납득할 수 있겠죠?

➔ 이에 우리는 '감각'을 타인과 공유할 수 없고, 이러한 감각은 '개별적'이며 '일회적'입니다. 타인은 알 수 없고 각자만 느낄 수 있으니 '개별적'이고, 나의 육체를 통해서만 잠깐 느낄 수 있으니 '일회적'이라고 할 수 있겠죠. 심지어 나 자신의 육체에도 이 감각을 저장할 수는 없다는 것이네요. 이렇게 문장들을 연결하며 최대한 납득하는 것이 핵심이에요!

➔ 이런 '감각'의 성질 때문에, 자신의 감각에 지나치게 예민하게 반응하면 자기 자신의 '개별성'에 함몰된다고 합니다. 애초에 '감각'이 '개별적'이기 때문에 당연한 말이죠. 이는 곧 '자기중심적 · 이기적'인 사람을 만들 수 있다고 합니다. 마지막 문장의 '~하다는 것이다.'를 통해 재진술까지 완벽하게 잡아주면 되겠죠? '자기중심적 · 이기적'이라는 것은 '자기가 고통받지 않기 위해 타인을 고통 속에 빠뜨릴 수 있는 것'을 의미합니다. 감각은 '개별적'이라는 말로 시작해서, 이렇게 '개별적'이기에 지나친 감수성은 '자기중심적 · 이기적'인 사람을 만들 수 있다는 같은 맥락의 이야기로 이어지는 문단이었네요.

　현행법상 불법 행위에 대한 금전적 제재 수단에는 민사적 수단인 손해 배상, 형사적 수단인 벌금, 행정적 수단인 과징금이 있으며, 이들은 각각 피해자의 구제, 가해자의 징벌, 법 위반 상태의 시정을 목적으로 한다. 예를 들어 기업들이 담합하여 제품 가격을 인상했다가 적발된 경우, 그 기업들은 피해자에게 손해 배상 소송을 제기당하거나 법원으로부터 벌금형을 선고받을 수 있고 행정 기관으로부터 과징금도 부과 받을 수 있다. 이처럼 하나의 불법 행위에 대해 세 가지 금전적 제재가 내려질 수 있지만 제재의 목적이 서로 다르므로 중복 제재는 아니라는 것이 법원의 판단이다. (2016학년도 6월 모의평가 AB형 공통)

➔ 첫 문장부터 정의가 쏟아지고 있습니다. 이들의 정의를 체크하기 전에, '현행법상 불법 행위에 대한 금전적 제재 수단'이라는 공통 범주를 정확히 잡아두고 읽어봅시다. 내가 뭘 읽어야 할지는 알아야 할 것 아니에요!

➔ 여기에는 '손해 배상', '벌금', '과징금'이 있는데, 이들은 각각 '민사적', '형사적', '행정적' 수단입니다. 여기서 정의 제시가 끝나지 않아요. '피해자의 구제', '가해자의 징벌', '법 위반 상태의 시정'이라는 목적까지 머릿속에 넣어주셔야 합니다.

➔ 사실 이 목적들은 각각 '민사', '형사', '행정'의 기본 목적에 해당하기 때문에 알아두시는 것이 좋습니다. '민사'는 사람들 사이의 관계를 다루는 것으로, 권리를 보장받지 못한 피해자를 구제하는 것이 목적이에요. '형사'는 범법 행위를 저지른 사람을 처벌하는 것으로, 가해자를 징벌하는 것이 목적이구요. 이렇게 법을 위반한 경우 '처벌'을 논하는 것이 '형사'의 영역이라면, '행정'에서는 이러한 상태를 법의 테두리 안에 돌려놓는 것을 목적으로 합니다. 잘못한 게 있으면 그 전의 상태로 돌리기 위해 어떠한 조치를 취할 수 있다는 것이죠! 식품위생법을 위반한 식당에게 영업정지를 내리는 것은 행정적 처분인데, 이는

식품위생법 위반이라는 상태를 그렇지 않은 상태로 되돌려 해당 식당이 법의 테두리 안에 들어올 수 있게 한다는 것이에요. 이 정도는 기본적인 어휘로 알아두도록 합시다.

→ 말이 너무 어렵다고 생각했는지, '예를 들어'를 바탕으로 사례를 제시하고 있습니다. 기업들이 '담합'을 했다가 적발된 경우에 대해 다루고 있어요. 이는 앞에서 이야기한 '불법 행위'에 해당하겠죠? 사례와 일대일로 대응시켜야 해요.

→ 이 기업들의 경우, '피해자'라는 개인에게 '손해 배상' 소송을 제기당할 수도 있고, '법원'으로부터 '벌금'형을 선고받을 수도 있으며, '행정 기관'으로부터 과징금을 부과 받을 수도 있다고 합니다. 이들이 각각 '민사', '형사', '행정'적 수단의 금전적 제재 수단임을 이해할 수 있어야겠죠? 사례와 원리의 연결!

→ 이렇게 하나 잘못했다고 금전적 제재가 세 가지나 내려질 수 있지만, 이들의 '목적'이 다르므로(그 목적이 무엇인지는 머릿속에 들어와 있어야 해요.) 중복 제재는 아니라는 것이 법원의 판단이라고 합니다.

→ 그런데 여기서 한 단계만 더 가봅시다. '중복 제재는 아니라는 것'이 법원의 판단이라고 해요. 이 말은 어떤 의미를 내포하고 있나요? 조금만 생각해보세요. 그렇죠. '중복 제재'는 원래 문제가 된다는 것이죠! 이는 원래 문제인데, 이렇게 다른 '목적'의 금전적 제재 수단이 내려지는 경우에는 문제가 되지 않는다는 이야기니까요. 여기까지 읽어낼 수 있으면 좋겠습니다. 나아가 '중복 제재', 즉 하나의 잘못에 여러 가지의 벌이 부과되는 건 원래 허용되지 않는다는 걸 알아두도록 합시다. 도둑질을 했고 그에 따라 벌금형을 받았으면 그것으로 된 것이지, 추가적으로 징역까지 살게 할 수는 없다는 거예요.

→ 바쟁이 이야기하는 '미라 콤플렉스'가 무엇인지 알아야 합니다. 이제부터 나오는 정보들을 바탕으로 '미라 콤플렉스'를 정의할 수 있어야 해요. 바쟁은 이를 바탕으로 '조형 예술'의 역사를 설명하고 있네요. 참고로 '조형 예술'은 회화·조각·건축처럼 일정한 공간에 예술적 형상을 창조하는 것을 의미합니다. '조형'(여러 가지 재료를 이용하여 구체적인 형태나 형상을 만듦.)이라는 단어의 뜻을 알고 있었다면 쉽게 유추할 수 있었겠죠? 몰랐다면, 제가 설명하기 전에 이미 '조형'을 검색했어야 해요. 어휘력을 기르기 위한 습관을 만드셔야 합니다!

→ 어쨌든, 우리가 읽을 것은 '조형 예술의 역사'입니다. '고대 이집트'부터 나오고 있네요. 이때의 '미라'는 생명을 '보존'하고자 하는 욕망이 깃들어 있고, 이는 '복제의 욕망'이라고 합니다. 생명을 '복제'하고자 하는 수단으로 '미라'를 이용했다는 것이죠. 이러한 욕망은 르네상스 이전까지는 작가의 '자기표현 의지'와 일정한 균형을 이루어 왔다고 합니다. 여기서 자연스럽게 '자기표현 의지'는 곧 '복제의 욕망'과 반대되는 말임을 잡아낼 수 있어야 합니다. '자기'를 '표현'하고자 하는 것과 외부 대상을 '복제'하려고 하는 것은 분명히 반대되는 내용이라고 할 수 있으니까요.

→ 하지만 '원근법'이 등장했고, 회화의 관심은 '복제의 욕망' 쪽으로 기울게 됩니다. '원근법'이라는 개념을 바탕으로 대상을 훨씬 정확하게 '복제'할 수 있게 되었으니 이에 관심을 가졌다는 것이겠죠. 당연하게 납득할 수 있어야 합니다.

→ 그런데 '사진'이 등장합니다! 사진은 인간의 주관성을 배제하고 대상을 완벽하게 '복제'합니다. 이에 '회화'로 대상을 '복제'하는 것은 별 의미가 없어지게 되었고, 조형 예술은 비로소 '복제의 욕망'으로부터 자유롭게 되었습니다. 우리는 여기서 조형 예술이 다시 '자기표현 의지'를 표출하는 방향으로 나아갔을 것이라 예측할 수 있어야 합니다. 물론 뒷내용을 보면 아닐 수도 있지만, 일단 우리가 알고 있는 정보에 따르면 '복제의 욕망' 반대편에는 '자기표현 의지'밖에 없으니까요.

→ 나아가, 여기서 이야기하는 '복제의 욕망'이 바로 맨 처음 이야기했던 '미라 콤플렉스'임을 잡아내야 합니다. '복제의 욕망'에 대한 관심 변화를 바탕으로 '조형 예술의 역사'를 설명하고 있으니까요. 지문에서 명시적으로 정의해주지 않아도, 여러분이 스스로 주어진 개념의 정의를 잡아낼 수 있어야 합니다! 능동적으로 생각하면서 읽자는 것이 이 교재의 궁극적 목표이니까요.

> **6**
>
> 한편 근섬유들은 종류에 따라 수축력, 수축 속도, 피로에 대한 저항력이 다르게 나타난다. 지근섬유는 상대적으로 낮은 수축력과 느린 수축 속도, 높은 피로 저항력을 지니고 있다. 속근섬유는 세부적인 생리적 특성에 따라 다시 a형과 b형으로 나뉜다. b형 속근섬유는 지근섬유에 비해 빨리 피로해지는 속성을 가지고 있으나 신속하고 폭발적인 수축력을 발생시킨다. 반면에 a형 속근섬유는 지근섬유와 b형 속근섬유의 중간 속성을 가지고 있어 지근섬유보다 수축 속도가 빠르며, 동시에 b형 속근섬유보다 높은 피로 저항력을 가진다. 따라서 근육의 지근섬유 비율이 높은 사람은 지구력이 강해 마라톤과 같은 장거리 운동에 적합하다. 반면에 속근섬유 비율이 높은 사람은 100m 달리기와 같은 단거리 운동에 적합하다. (2012학년도 6월 모의평가)

→ '근섬유'들의 종류에 따라 '수축력', '수축 속도', '피로에 대한 저항력'이 다르게 나타난다고 합니다. 어떤 종류가 있는지, 그리고 저 성질들이 어떻게 다른지 체크할 준비를 하면서 읽어야겠죠?

→ 먼저 '지근섬유'입니다. 이는 '수축력'과 '수축 속도'보다는 '피로 저항력'이 높은 근섬유네요. '지'근섬유라고 했으니, 무언가 느린 느낌('지'연되다의 느낌)을 바탕으로 납득할 수 있으면 더 좋겠어요. 조금 느린 대신에 피로에 대한 저항력이 높은, 끈기 있는 근섬유네요.

→ 한편 '속근섬유'는 이름부터 '속'이 들어가는 것으로 보아, 아주 빠를 것 같습니다. 그런데 이는 a형과 b형으로 나눌 수 있다고 해요. b형 속근섬유는 지근섬유와 딱 반대입니다. 피로에는 약한 대신, 신속하고 폭발적인 수축력을 발생시킨대요. 여기서 '신속, 폭발적'을 보고 자연스레 '수축 속도도 빠르겠구나.'와 같은 생각을 해 내는 것이 중요합니다.

→ a형 속근섬유는 b형 속근섬유와 지근섬유의 중간 즈음된다고 합니다. '중간 속성'이라는 말을 보자마자 그 뒤의 〈지근섬유보다 ~ 저항력을 가진다.〉는 안 읽어도 되는 정보가 되는 거예요. 너무 당연한 말이니까요. 단순히 '지근섬유는 어떠하다.', '속근섬유는 어떠하다.'와 같이 지문 내용을 그대로 받아들이면 그저 차곡차곡 쌓이는 정보량일 뿐입니다. '수축력, 수축 속도, 피로 저항력'이라는 '공통 범주'를 정확하게 잡고, 이를 바탕으로 정보를 줄이면서 읽을 수 있어야 해요. 이 생각을 했다면 〈지근섬유보다 ~ 저항력을 가진다.〉를 읽지 않고도 지문 내용을 이해할 수 있었겠죠. 정보량을 줄이면서 읽는 것, 고난도 독서 독해의 기본입니다. 연습하고 또 연습합시다.

→ 마지막 두 문장에선 '마라톤'과 '100m 달리기' 사례를 제시하고 있습니다. 우리는 '생각'이라는 걸 하면서 글을 읽고 있기에, 여기서 말하는 '마라톤'과 '100m 달리기' 역시 '수축력, 수축 속도, 피로 저항력'이라는 공통 범주와 관련된 사례임을 알아차릴 수 있겠네요. '예를 들어'와 같은 표지가 없어도 자연스레 '사례'로 처리하고 갈 수 있어야 한다는 것이죠.

⑦

A회사의 온라인 취업 사이트에 갑을 비롯한 수만 명의 가입자가 개인 정보를 제공하였다. 누군가 A회사의 시스템 관리가 허술한 것을 알고 링크 파일을 만들어 자신의 블로그에 올렸다. 이를 통해 많은 이들이 가입자들의 정보를 자유롭게 열람하였다. 이 사실을 알게 된 갑은 A회사에 사이트 운영의 중지와 배상을 요구하였지만, A회사는 거부하였다. 갑은 소송을 검토하였는데, 받게 될 배상액에 비해 들어갈 비용이 적지 않다는 생각에 망설였다. 갑은 온라인 카페를 통해 소송할 사람들을 모았고 마침내 100명이 넘는 가입자들이 동참하게 되었다. 갑은 이들과 함께 공동 소송을 하여 A회사에 사이트 운영의 중지와 피해의 배상을 청구하였다. (2014학년도 9월 모의평가 AB형 공통)

→ 특이하게도 '사례'로 지문이 시작하고 있습니다. 한 마디로 정리하면 A회사에 등록된 개인 정보들이 해킹당했고, 갑이 총대를 메고 A회사에 '공동 소송'을 청구하는 모습이네요.

→ 이 내용은 해당 지문의 첫 문단이었습니다. 이처럼 첫 문단을 '사례'로 시작하는 경우가 있습니다. 이때 국어를 못하는 학생들은 그저 '재밌는 이야기'로 인식하고 넘어가는데, 우리는 '생각'이라는 걸 하면서 글을 읽고 있죠? '사례'라는 건 설명하고자 하는 '원리'가 있기 마련입니다. 그렇다면, 첫 문단에 제시된 '사례'는 그 사례에 대응하는 '원리'가 곧 해당 지문의 화제임을 알려 준다고 할 수 있겠네요. 여러분은 이 사례가 설명하고자 하는 원리인 '공동 소송'이 이 지문의 화제일 것이라는 생각을 할 수 있어야 합니다. 이번에도 정말 그러한지 다음 문단을 확인해볼까요?

공동 소송은 소송 당사자의 수가 여럿이 되는 소송을 말한다. 이는 저마다 개별적으로 수행할 수 있는 소송들을 하나의 절차에서 한꺼번에 심리하고 진행할 수 있도록 배려하는 것으로서, 경제적이고 효율적으로 일괄 구제할 수 있다는 장점이 있다. 하지만 당사자의 수가 지나치게 많으면 한꺼번에 소송을 진행하기에 번거롭다. 그래서 실제로는 대개 공동으로 변호사를 선임하여 그가 소송을 수행하도록 한다. 또한 선정 당사자 제도를 이용할 수도 있는데, 이는 갑과 같은 이를 선정 당사자로 삼아 그에게 모두의 소송을 맡기는 것이다.

→ 바로 '공동 소송'에 대한 이야기로 이어지죠? 여러분이 미리 생각한 내용이 쭉 제시되고 있다는 생각을 하셔야 합니다. 다른 건 없습니다. '사례'가 나오면 그 '원리'를 생각하는 건 기본 중의 기본이니까요.

⑧

한 떨기 흰 장미가 우리 앞에 있다고 하자. 하나의 동일한 대상이지만 그것을 받아들이는 방식은 다양하다. 그것은 이윤을 창출하는 상품으로 보일 수도 있고, 식물학적 연구 대상으로 보일 수도 있다. 또한 어떤 경우에는 나치에 항거하다 죽어 간, 저항 조직 '백장미'의 젊은이들을 떠올리게 할 수도 있다. 그런데 이런 경우들과 달리 우리는 종종 그저 그 꽃잎의 모양과 순백의 색깔이 아름답다는 이유만으로 충분히 만족을 느끼기도 한다.
가끔씩 우리는 이렇게 평소와는 매우 다른 특별한 순간들을 맛본다. 평소에 중요하게 여겨지던 것들이 이때에는 철저히 관심 밖으로 밀려나고, 오직 대상의 내재적인 미적 형식만이 관심의 대상이 된다. 이러한 마음의 작동 방식을 가리키는 개념어가 '미적 무관심성'이다. 칸트가 이 개념의 대표적인 대변자인데, 그에 따르면 미적 무관심성이란 대상의 아름다움을 판정할 때 요구되는 순수하게 심미적인 심리 상태를 뜻한다. 즉 'X는 아름답다.'라고 판단할 때 우리의 관심은 오로지 X의 형식적 측면이 우리의 감수성에 쾌·불쾌를 주는지를 가리는 데 있으므로 '무관심적 관심'이다. 그리고 무언가를 실질적으로 얻거나 알고자 하는 모든 관심으로부터 자유로운 X의 존재 가치는 '목적 없는 합목적성'에 있다. (2008학년도 9월 모의평가)

→ 이번에도 첫 문단이 '사례'로 시작하고 있습니다. 일단 이 사례를 이해하고, 설명하고자 하는 '원리'를 화제로 잡아주셔야겠습니다. 사례는 어렵지 않아요. '장미'라는 대상을 받아들이는 다양한 방식을 소개하고 있습니다. 모두 충분히 납득할 수 있는 내용이죠?

➔ 그런데 마지막 문장에서는, 무언가 '의미'를 부여하기보다는 그 자체의 '아름다움'으로 인해 만족을 느끼는 경우를 이야기하고 있습니다. 그렇다면 이 사례를 통해 설명하고자 하는 원리는 '아름다움만으로 만족을 느끼는 것'이 되겠네요! 여러분은 이것이 이 지문의 화제일 것이라 생각하며 읽어나가야 합니다.

➔ 다음 문단입니다. 가끔씩 우리는 이런 '특별한 순간'들을 맛본다고 합니다. 그 대상의 아름다움만으로 만족을 느끼는 경우 말이에요! 글쓴이는 이를 '내재적인 미적 형식'에만 관심을 보이는 것으로 표현합니다. 두 번째 문장에 제시된 '평소에 중요하게 여겨지던 것들'이 곧 윗문단의 사례에 제시되었던 '상품, 연구 대상, 백장미의 젊은이들'에 해당한다는 것도 쉽게 이해할 수 있겠죠?

➔ 이렇게 '내재적인 미적 형식'에만 관심을 보이는 것을 가리키는 개념어로 '미적 무관심성'이라는 게 있다고 합니다. '칸트'는 이 개념을 '순수하게 심미적인 심리 상태'로 명명합니다. 다 똑같은 말만 하고 있죠?

➔ '즉'을 통해 재진술까지 제시하고 있네요. 이 문장이 조금 어려운데, 결국 앞에서 말한 '미적 무관심성'과 같은 말이라는 것만 생각합시다. 어떤 대상이 아름답다고 판단할 때 우리는 오로지 그 대상의 '형식적 측면'이 우리의 감수성에 쾌·불쾌를 주는지를 가리는 데 있다고 해요. '형식적 측면'은 곧 '내재적인 미적 형식'에 해당하겠죠? 그 대상으로부터 떠올릴 수 있는 어떤 '의미'가 아니라, 대상 그 자체로부터 느껴지는 '아름다움'이요! 이는 대상의 형식적인 태도 외에 다른 것에는 아예 관심을 주지 않는 '무관심'을 통해 보이는 '관심'이므로, '무관심적 관심'이라고 부르는 것이네요. 그 대상의 '아름다움'에 관심을 보이는데, '형식적 측면' 외에 다른 것은 모두 '무관심'하다는 뜻이죠. 그래서 칸트는 이런 태도를 미적 '무관심성'이라고 부른 것이네요.

➔ 아이고 여기까지도 어려운데, 마지막 문장도 장난이 아닙니다. X라는 대상의 존재 가치는 '목적 없는 합목적성'에 있다고 해요. 이건 또 무슨 말일까요? 일단 '합목적성'이라는 개념부터 이해하고 갑시다. '합/목적/성'이므로, 어떠한 '목적'에 '합치'되는 '성질'을 말하는 것 같아요. 이렇게 할 수 있죠? 그렇다면 '목적 없는 합목적성'이란 '목적 없이 목적에 합치됨'이라는 거네요. X라는 대상을 '미적 무관심성'의 태도로 이해하는 건 '형식적 측면' 외에 그 어떤 '목적'도 생각하지 않는 것이죠? 그렇기에 X는 특정한 '목적' 없이도 존재할 수 있는 것입니다. '그 자체'로 말이죠. 그런데 여기서 '그 자체', 즉 '내재적인 미적 형식'은 '아름다움 느끼기'라는 '목적'을 이루기에 부족함이 없는 존재 방식이기에, '목적 없는 합목적성'에 의해 존재한다고 할 수 있는 겁니다.

➔ 많이 어렵죠? 계속 읽어보면서 확실하게 이해해 보세요. '내재적인 미적 형식에 주목', '무관심적 관심', '목적 없는 합목적성' 모두 첫 문단에 제시된 사례가 지시하는 '원리'에 해당하니까요.

9

　　20세기 들어 비트겐슈타인의 철학은 예술의 본질이 무엇인지에 대한 문제에 다른 방식으로 접근하는 계기를 마련해 주었다. 비트겐슈타인은 '게임'을 예로 든다. 누군가가 게임의 본질적 속성을 '경쟁'으로 본다고 해 보자. 곧 반례가 만들어질 것이다. 예를 들어, 전쟁은 경쟁이라는 속성을 가졌지만 게임은 아니다. 한편 게임 중에도 경쟁이 아닌 것이 있다. 무료한 시간에 혼자 하는 카드놀이가 그 예가 될 수 있을 것이다. 이런 식으로 따져 가다 보면 모든 게임에 공통적인 하나의 본질을 찾는 일은 불가능해 보인다. 그런데 비트겐슈타인은 이것이 바로 게임이라는 개념에 대한 정확한 인식이라고 한다. ~ 비트겐슈타인에 따르면, 게임은 본질이 있어서가 아니라 게임이라 불리는 것들 사이의 유사성에 의해 성립되는 개념이다. 이러한 경우 발견되는 유사성을 '가족 유사성'이라 부르기로 해 보자. 가족의 구성원으로서 어머니와 나와 동생의 외양은 이런저런 면에서 서로 닮았다. 하지만 그렇다고 해서 셋이 공통적으로 닮은 한 가지 특징이 있다는 말은 아니다. 비슷한 예로 실을 꼬아 만든 밧줄은 그 밧줄의 처음부터 끝까지를 관통하는 하나의 실이 있어서 만들어지는 것이 아니라 짧은 실들의 연속된 연계를 통해 구성된다. 그렇게 되면 심지어 전혀 만나지 않는 실들도 같은 밧줄 속의 실일 수 있다. (2007학년도 9월 모의평가)

➡ 비트겐슈타인의 철학이 예술의 본질에 영향을 줬다고 하네요. 어떻게 영향을 줬는지 궁금해하며 다음 문장으로 넘어가니, '게임'이라는 사례가 나오네요. 우리는 '게임'의 사례를 통해 비트겐슈타인이 말하는 '예술'을 이해해야 합니다. 게임 얘기가 나온다고 해서 '예술'을 잊으면 안 됩니다. 결국 사례는 개념을 설명하기 위해 필요한 것이니까요.

➡ 일단, 게임의 본질적 속성을 '경쟁'으로 본다는 내용을 '예술의 본질적 속성'에 대한 설명으로 인식해야 합니다. 게임의 본질적 속성을 '경쟁'으로 보면 반례가 만들어진다고 하네요. 이를 다시 '전쟁'이라는 사례를 통해 설명하고 있습니다. 게임이라는 사례로 예술을 설명하려 했는데, 그게 부족해서 게임에 사례를 한 번 더 사용하는 것이죠. 어쨌든, 이 사례는 '게임의 본질적 속성을 경쟁이라고 보는 것에 대한 반례'라는 '원리'를 설명하기 위해 나온 것이겠죠?

➡ 전쟁은 경쟁이지만, 게임이 아니라고 합니다. 이번에는 게임 중에 경쟁이 아닌 사례를 듭니다. 앞에서는 '경쟁'의 속성을 가져도 '게임'이 아닌 경우를 설명하고, 이번에는 '게임'이 '경쟁'의 속성을 갖지 않는다고 설명하는 것이죠. 혼자 하는 카드놀이는 '게임'이지만 '경쟁'이 아니므로 충분히 납득할 수 있을 것 같습니다.

➡ 우리가 알고자 하는 것은 결국 비트겐슈타인이 말하는 '예술'의 본질이었습니다. 앞의 사례를 통해 알게 된 것처럼, '게임'과 같은 개념에 대해 공통적인 하나의 본질을 찾는 일은 불가능해 보이지만, 비트겐슈타인은 그것이 바로 '게임'이라는 개념에 대한 정확한 인식이라고 합니다. 즉, '예술의 공통적인 본질'이라는 것을 찾는 것은 불가능해 보이지만, 그것 자체가 바로 '예술'에 대한 정확한 인식이라는 것이 비트겐슈타인의 주장인 것입니다. '예술'이라는 핵심 개념을 잊지 않고, '게임' 사례와 일대일 대응시키며 확실하게 납득할 수 있어야 합니다.

➡ 비트겐슈타인에 따르면, '게임'과 같은 개념은 공통적 본질이 아니라 '유사성'에 의해 성립되는 것이라고 합니다. 나아가 이런 유사성을 '가족 유사성'이라고 정의하면서, 다시 한번 '가족'이라는 사례를 제시하고 있습니다. '가족'의 구성원인 어머니와 나, 그리고 동생의 외양은 닮았지만, 셋이 공통적으로 닮은 한 가지 특징은 없다고 해요. 우리는 이를 '유사성은 있어도 공통적인 본질은 없음'이라는 말로 이해해야 합니다. 이런 식으로 사례와 원리를 일대일 대응시키며 비트겐슈타인의 주장을 이해해야 합니다.

➡ 이번엔 '실과 밧줄'이라는 사례가 제시되고 있습니다. 사례를 많이 들어주는 것을 보니, '가족 유사성'이라는 개념이 정말 중요한 것 같아요. 처음부터 끝까지 관통하는 실이 없다는 것은 결국 '공통적인 하나의 본질'이 없다는 말과 같고, 이는 셋이 공통적으로 닮은 한 가지 특징이 없는 것을 뜻합니다. 이렇게 자연스럽게 연결될 수 있어야 해요. 또한 짧은 실들의 연속이라는 것은 '유사성'으로 생각할 수 있어야 하는 것이죠. 가족이 이런저런 면에서 닮았다는 말과 같은 의미인 것입니다.

➡ 이에 따르면, '전혀 만나지 않는 실들도 같은 밧줄 속의 실'이라고 합니다. 우리가 지금 뭘 읽고 있었죠? 맞습니다. 우리는 지금 '예술의 본질'에 대해 읽고 있었다는 사실을 잊으면 안 됩니다. 즉, 전혀 만나지 않지만 같은 밧줄에 있다는 것은, '예술'이라는 것도 '유사성'에 의해서 성립되는 개념이지 공통적인 하나의 본질에 의해 성립되는 개념이 아니라는 것을 비유합니다. 유사한 성질들의 실이 모여 '예술'이라는 밧줄을 이루는 것이죠. 무수히 많은 사례를 원리와 일대일 대응시키며 이해했더니, 비트겐슈타인이 말하는 '가족 유사성'을 완벽하게 납득할 수 있었습니다.

소쉬르는 언어가 역사적인 산물이더라도 변화 이전과 변화 이후를 구별해서 보아야 한다고 주장하였다. 언어는 구성 요소의 순간 상태 이외에는 어떤 것에 의해서도 규정될 수 없는 가치 체계이므로, 그 자체로서의 가치 체계와 변화에 따른 가치를 구별하지 않고서는 언어를 정확하게 연구할 수 없다는 것이다. 화자는 하나의 상태 앞에 있을 뿐이며, 화자에게는 시간 속에 위치한 현상의 연속성이 존재하지 않기 때문이다. 그러므로 한 시기의 언어 상태를 기술하기 위해서는 그 상태에 이르기까지의 모든 과정을 무시해야 한다고 하였다. (2008학년도 6월 모의평가)

→ 생각보다 많이 어려운 단문입니다. 확실하게 이해해봅시다. '소쉬르'라는 사람은 '언어'를 탐구할 때 '변화 이전'과 '변화 이후'를 구별해야 한다고 했습니다. 무슨 말인지 잘 모르겠죠? 조금만 더 읽어봅시다.

→ '언어'는 '구성 요소의 순간 상태' 이외에는 어떤 것에 의해서도 규정될 수 없다고 해요. 나아가 '그 자체로서의 가치 체계'와 '변화에 따른 가치'를 구별해야만 한다고 합니다. 무슨 말인지 잘 이해가 안 가는데, 이 두 번째 문장이 '~하다는 것이다'로 끝난 것이 보입니다! 첫 번째 문장을 '재진술'한 것이죠! 그럼 '구성 요소의 순간 상태', '그 자체로서의 가치 체계', '변화에 따른 가치'라는 말들이 '변화 이전'과 '변화 이후'로 구별되어야 한다는 말과 같은 말을 하기 위해 제시된 것이라는 점을 생각할 수 있겠네요. 지금부터 조금 어렵습니다. 집중해보세요.

→ 먼저 '구성 요소의 순간 상태'입니다. '순간' 상태라는 점을 고려했을 때, 어떤 것이 흘러가다가 딱 멈춰 선 그 '순간'이 가장 중요하다는 말을 하고 있다고 할 수 있겠습니다. 첫 문장에서 언어는 '역사적인 산물'이라고 했으니, 언어가 역사적인 흐름 속에서 '변화'하다가 그 언어를 사용하는 사람들의 '순간'에 멈춰 선 것이라고 할 수 있겠죠. 이를 '변화 이전'과 '변화 이후'라는 말에 욱여넣으면, '변화 이후'와 같은 말이라고 할 수 있을 겁니다. 변화가 일어나고 나서 멈춰 선 '순간'에 해당하는 것이니까요. 물론 여기까지만 읽고 생각하기엔 매우 어려운 내용입니다. 뒷문장들을 통해 확실하게 정리해봅시다.

→ 또한, '그 자체로서의 가치 체계'와 '변화에 따른 가치'는 '구별'되어야 한다고 했습니다. 이는 첫 문장에서 말한 '변화 이전'과 '변화 이후'를 '구별'해야 한다는 것과 완전히 같은 형식을 띠고 있죠? '그 자체'로서의 가치는 언어가 가진 가치 그 자체를 의미하니, '변화 이전'부터 가지고 있던 가치라고 보는 것이 타당할 겁니다. '변화에 따른 가치'는 말 그대로 '변화 이후' 만들어진 가치를 의미할 것이구요. 상당히 어렵지만 결국 첫 문장과 똑같은 말이라는 것만 생각해주시면 됩니다.

→ 다음 문장에서도 '하나의 상태'를 강조합니다. 화자는 '역사적인 흐름' 속에서 어떤 '상태' 앞에 있을 뿐이라는 것이죠? 여기서 '상태'라는 '같은 말'이 반복되었다는 것을 느끼며, 앞 문장에서 봤던 '순간 상태'가 떠올랐으면 좋겠습니다. 화자에게는 자신이 처한 '순간 상태'가 중요할 뿐, '변화'라는 거대한 연속성이 보이지 않는다는 것입니다. 우리는 앞에서 '~때문이다'로 마무리되는 '인과' 역시 '재진술'의 일종임을 배웠습니다. 결국 이 문장도 '변화 이전/변화 이후 구별해야 함'이라는 첫 번째 문장과 똑같은 말을 하고 있는 것이에요. '변화 이후'에 집중하라는 것이죠!

→ '그러므로'가 보이네요. 마지막까지 재진술입니다. '한 시기의 언어 상태', 즉 특정한 '순간 상태', 혹은 '변화 이후'에서의 언어를 설명하기 위해서는 그 상태에 이르기까지의 모든 과정, 즉 '변화 이전'을 무시해야 한다고 하네요. 어렵고 긴 문장들의 조합으로 이루어진 단문이었는데, 결국 한 마디만 하고 있었습니다. '언어를 연구하기 위해서는 화자가 놓인 순간 상태, 즉 변화 이후에만 주목해야 한다!' 이걸 캐치한 학생과, 네 문장을 모두 별개의 문장으로 처리한 학생들 사이의 부담감과 이해의 깊이는 차원이 다를 겁니다. 여러분은 전자의 학생이었길 바랍니다. 아주 어려운 내용이지만, 그동안 배웠던 '재진술'만을 이용해서 뚫어낸 것이니까요.

→ 앞으로도 이런 '생각'을 통해 정보량을 줄이는 태도를 갖추도록 합시다. 끊임없이 '생각'하고 또 '생각'하는 습관이 만점을 만들어낼 거예요.

앞에서 배운 내용 말고도, 중간중간 설명드릴 수 있는 내용들은 모두 설명드렸습니다. 각 문장에서 얻을 수 있는 모든 내용을 확실하게 정리하며 넘어와주세요. 이제 단어와 단어를, 문장과 문장을, 단문과 단문을 이어 하나의 지문을 읽을 준비가 되었습니다. 어렵지 않을 겁니다. 지금까지 했던 생각들을 모아 주기만 하시면 돼요!

문제풀이 기본 도구

지금까지 지문을 잘 읽어내기 위한 기본적인 독해 태도를 배웠습니다. 이를 통해 지문을 잘 읽었다면, 그 뒤엔 문제를 정확히 풀어야겠죠? 이제는 문제풀이에 관련된 기본 도구를 통해 점수를 확보할 차례입니다. 따라서 이번에는 '지문'이 아니라 '문제'와 '선지'를 대하는 태도를 배워볼 거예요.

문제를 정확히 풀기 위해선 어떤 태도를 가져야 할까요? 어떤 걸 고려해야 문제를 빠르고 정확하게 풀 수 있을까요? 그 답변을 듣기 전에, 문제를 이루는 구성 요소를 먼저 한 번 확인해 봅시다. 일반적인 문제는 두 가지 요소로 구성되어 있고, 조금 난이도가 있는 문제는 세 가지 요소를 지닙니다. 바로 아래의 세 가지입니다.

[발문 / 선지 / 〈보기〉]

따라서 우리는 문제가 무엇을 묻는지, 즉 '발문'이 무엇인지 정확히 체크해야 하며, 발문에 따라 '선지'를 정확히 독해하여 정답을 골라내야 합니다. 만약 〈보기〉가 존재한다면 지문 독해 내용을 바탕으로 정확히 '정리'하여 문제를 풀어야 하겠죠. 그래서 우리는 이제 발문을 정확히 확인하는 법과 그 이유, 선지를 대할 때의 태도, 〈보기〉를 정리하는 방법에 대해 배울 것입니다.

발문 확인

아주 기본적이지만, 많은 학생들이 무의식적으로 지나치는 부분입니다. 일반적인 문제의 발문들은 굳이 살펴보지 않아도 될 만큼 특이한 점이 없으니까요. 하지만 적절한 것을 고르는 문제에서 적절하지 <u>않은</u> 걸 골라서 틀린 적이 한 번이라도 있는 학생이면, 집중해서 읽어보도록 합시다. 일단 문제에서 뭘 물어보는지부터 생각을 해야 합니다. 발문은 제대로 읽지도 않고 선지부터 판단하는 게 습관이라면 꼭 집중해서 공부해야 하는 파트예요.

사실 독서에서의 발문은 그리 특이하지 않습니다. 가장 많이 보이는 형태는 다음과 같습니다.

19　윗글의 내용과 일치하는 것은?

23　윗글을 이해한 내용으로 적절하지 <u>않은</u> 것은?

20　㉠에 대한 이해로 적절하지 <u>않은</u> 것은?

41　윗글을 바탕으로 〈보기〉를 이해한 내용으로 적절한 것은?

이렇게 뻔한 발문들이 자주 등장하기 때문에 여러분이 발문 체크를 소홀히 하는 것이죠. 사실 이런 발문들은 굳이 발문을 확인하지 않아도 문제를 풀 수 있습니다. '적절한' 것을 고르는 것인지 '적절하지 않은' 것을 고르는 것인지 정도만 생각하면 말이죠.

그런데 아래와 같은 발문들이 나오면 이야기가 좀 다릅니다.

25 〈보기〉의 사례들 중 소비자 정책에 해당하는 것만을 있는 대로 고른 것은? [3점]

24 윗글을 바탕으로 〈보기〉에 나타난 F사의 문제를 해결하기 위해 제시할 만한 방안으로 적절하지 <u>않은</u> 것은? [3점]

17 윗글로 미루어 볼 때, ㉡의 과정과 가장 관련이 깊은 요인은?

이런 발문들의 경우, 각각 '소비자 정책', 'F사의 문제 해결 방안', '㉡의 과정'을 찾아야 한다는 생각을 하지 않으면 선지를 열심히 판단하다가 이런 생각이 들 수 있습니다,

"내가 지금 뭘 찾아야 하는 거지..?"

이런 생각이 들 때 정신 차리고 다시 발문을 확인하면 큰 문제는 없겠지만, 그동안 흘러가는 시간, 당황하는 나 자신, 그리고 중간에 끊긴 사고의 흐름 등은 시험 운용에 큰 지장을 초래할 겁니다. 이런 일이 생기면 필연적으로 집중력이 떨어지니까요. 특히 가끔씩 등장하는 'ㄱ, ㄴ, ㄷ' 문제에선 더욱 중요합니다. 'ㄱ, ㄴ, ㄷ' 문제는 필연적으로 발문이 특이할 수밖에 없기에, 발문에서 묻는 내용을 미리 체크하지 않으면 ㄱ을 열심히 읽고 '그래서 뭐 해야 하는 거지...?'라는 생각을 하고 있는 자신을 볼 수 있을 거예요.

아직 위기 의식이 느껴지지 않는 학생들을 위해, 예시 하나만 들어볼까요?

[17~20] 다음 글을 읽고 물음에 답하시오　　　　2016.11B

> 　그들의 주장에 따라 도덕적 운의 존재를 인정하면 불공평한 평가만 할 수 있을 뿐인데, 이는 결국 도덕적 평가 자체가 불가능해짐을 의미한다. ㉡도덕적 평가가 불가능한 대상은 강제나 무지와 같이 스스로가 통제할 수 없는 요인에 의해 결정되는 것에만 국한되어야 한다. 그런데 도덕적 운의 존재를 인정하면 그동안 도덕적 평가의 대상이었던 성품이나 행위에 대해 도덕적 평가를 내릴 수 없는 난점에 직면하게 되는 것이다.

이 문단만 읽고도 답을 고를 수 있는 문제입니다. 풀어보세요.

18 ㉡의 관점에 따를 때, '도덕적 평가'의 대상으로 볼 수 있는 것만을 〈보기〉에서 있는 대로 고른 것은?

[보기]

> ㄱ. 거친 성격의 사람이 자신의 성격을 억누르고 주위 사람들을 다정하게 대했다.
> ㄴ. 복잡한 지하철에서 누군가에게 떠밀린 사람이 어쩔 수 없이 앞 사람의 발을 밟게 되었다.
> ㄷ. 글을 모르는 어린아이가 바닥에 떨어진 중요한 서류가 실수로 버려진 것인 줄 모르고 찢으며 놀았다.
> ㄹ. 풍족한 나라의 한 종교인이 가난한 나라로 발령을 받자 자신의 종교적 신념에 따라 가난한 사람들을 돕는 활동을 했다.

① ㄱ, ㄹ　　　② ㄴ, ㄷ　　　③ ㄷ, ㄹ
④ ㄱ, ㄴ, ㄷ　　⑤ ㄱ, ㄴ, ㄹ

발문을 확인하자고 그렇게 강조하고 있는데, 설마 2번을 답으로 고르신 건 아니겠죠? ⓒ에선 도덕적 평가가 '불가능'한 대상에 대해 언급하고 있는데, 발문에선 ⓒ의 관점에서 도덕적 평가가 '가능'한 대상에 대해 묻고 있습니다. 그런데 발문을 제대로 읽지 않은 학생들은 그냥 ⓒ의 관점을 찾게 되고, 결국 '강제'와 '무지'라는 키워드가 담긴 ㄴ, ㄷ을 답으로 고르게 되는 것입니다. 만약 지금 2번을 고르셨다면 정말 반성하면서, 처음부터 다시 공부하고 오세요. 앞의 내용도 대충 읽어버렸을 확률이 높으니까요.

물론 1번을 고르신 분들도 안심하면 안 됩니다. 실제 시험에서 이 문제의 정답률은 54%로, 2번 선지의 선택률이 무려 36%에 달했어요. 정말 아무것도 아닌 것처럼 보였던 '발문 확인' 하나로 소중한 2점을 날려버린 학생들이 어마어마했다는 거죠.

이처럼 발문을 확인하는 행위는 정말 사소하지만 중요한 부분입니다. 자칫하면 2점, 3점이 날아갈 수 있는 실수를 할 수도 있으니까요. 하지만 별거 없습니다. 발문을 보고, 뭘 찾아야 하는지 한 번 '생각'해 보는 것만으로 충분히 해결할 수 있는 문제입니다. '적절한' 것을 고르는 것인지 '적절하지 않은' 것을 고르는 것인지 체크하는 것 역시 기본이구요. 다가오는 11월에는 이 모든 것들을 당연하게 해낼 수 있었으면 좋겠어요!

선지에서 묻는 것 생각하기

이번에는 '선지 판단'에 대한 이야기를 해 봅시다. 지문을 아무리 잘 읽었다 하더라도, 선지를 정확히 독해하지 못하면 판단에 실수가 생기고, 그대로 점수는 떨어집니다. 또한 선지를 대하는 태도가 정립되어 있지 않다면, 나름 지문은 잘 읽은 것 같은데 문제가 풀리지 않고, 이를 위해 선지와 지문 사이를 여러 번 왔다갔다 하게 됩니다. 이런 경우, 단순히 문제를 틀리는 것을 떠나 많은 시간을 소모하게 되기 때문에 굉장히 치명적이라고 할 수 있습니다.

이러한 상황을 방지할 수 있게끔, 선지를 판단할 때 가장 먼저 해야 할 것은 '선지에서 묻는 것 생각하기'입니다. 선지가 묻는 내용을 먼저 생각해야 어떤 내용을 찾아야 하는지, 어떤 정보를 이용해야 하는지 떠올리며 논리적, 필연적으로 문제를 풀 수 있습니다.

사실 거의 모든 선지가 곧 이에 해당하지만, 역시 이해를 돕기 위해 몇 가지 예시를 들어 드리겠습니다.

④ 피설명항은 특정한 맥락에서 보편 법칙에 따라 발생한 개별 사례이다. (2016학년도 9월 모의평가 B형)

→ 이 선지는 '피설명항'의 정의를 직접적으로 묻고 있습니다. 앞에서 배운 것처럼, 지문 독해 과정에서 '피설명항'의 정의를 정확하게 체크했어야 합니다. 만약 조금 애매하다면,

> 셋째, 피설명항은 설명항으로부터 '건전한 논증'을 통해 도출되어야 한다. 이때 건전한 논증은 '논증의 전제가 모두 참'이라는 조건과 '논증의 전제가 모두 참이라면 결론도 반드시 참'이라는 조건을 모두 만족하는 논증이다. 이처럼 헴펠의 설명 이론은 피설명항이 보편 법칙의 개별 사례로서 마땅히 일어날 만한 일이었음을 보여 주기 위한 설명의 요건을 제시했다는 점에서 의의가 있다.

지문에서 '피설명항'의 정의를 다시 한번 확인하여 해당 선지를 맞다고 판단할 수 있습니다. (사실 여기에 다른 근거도 합쳐야 완벽하게 이 선지의 판단을 할 수 있기는 합니다.) 중요한 것은, 일단 '선지에서 묻는 것'이 무엇인지 정확하게 판단해야 비로소 '무엇을 찾아야 하는가'라는 목표 설정을 할 수 있고, 지문 독해 과정에서 파악한 정보들 중 어떤 것을 활용해야 하는지 빠르게 판단할 수 있는 것입니다. 익숙해지면 별 생각없이도 할 수 있는 것들이지만요.

다른 예시도 확인해 볼까요?

③ 아미노산에서 분리되어 요소로 합성되는 것은 아미노산에서 아미노기를 제외한 부분이다. (2015학년도 수능 A형)

→ '아미노산에서 분리되어 요소로 합성되는 것'이 무엇인지 물어보고 있습니다. 기억이 난다면 바로 판단하면 되고, 기억이 나지 않더라도 그냥 돌아가서 찾으면 됩니다. 뭘 찾아야 할까요? '요소로 합성되는 것'만 찾으면 되겠죠. 이걸 찾기 위해 지문으로 가면

> 단백질 분해 과정의 하나인, 프로테아솜이라는 효소 복합체에 의한 단백질 분해는 세포 내에서 이루어진다. 프로테아솜은 유비퀴틴이라는 물질이 일정량 이상 결합되어 있는 단백질을 아미노산으로 분해한다. 단백질 분해를 통해 생성된 아미노산의 약 75 %는 다른 단백질을 합성하는 데 이용되며, 나머지 아미노산은 분해된다. <u>아미노산이 분해될 때는 아미노기가 아미노산으로부터 분리되어 암모니아로 바뀐 다음, 요소(尿素)로 합성되어 체외로 배출된다.</u> 그리고 아미노기가 떨어지고 남은 부분은 에너지나 포도당이 부족할 때는 이들을 생성하는 데 이용되고, 그렇지 않으면 지방산으로 합성되거나 체외로 배출된다.

밑줄 친 부분이 보이는 겁니다. '아미노기'가 암모니아가 되어 요소로 합성되는 것이니, '아미노기를 제외한 부분'이 요소로 합성된다는 3번 선지는 틀린 선지가 되겠죠. 이렇게 선지에서 묻는 걸 생각하고, 기억으로 그 내용을 처리하거나 돌아가서 확인하시면 되는 겁니다. 물론 돌아갈 때, 무식하게 1문단부터 그 내용을 찾을 수는 없습니다. 우리는 지문의 흐름을 타면서 독해를 해야 하고, 그렇게 한다면 '요소로 합성'되는 부분이 어디에 있는지 최소한 그 '정보의 위치' 정도는 기억할 수 있습니다. 위치를 기억하고 있으니 해당 부분으로 빠르게 돌아갈 수 있겠죠? 그럼 선지 판단의 속도는 훨씬 빨라지게 될 겁니다.

이 선지도 확인해 봅시다.

② 터널 절연체 대신에 일반 절연체를 사용하면 데이터를 반복해서 지우고 쓸 수 없다. (2014학년도 6월 모의평가 A형)

→ '터널 절연체'와 '일반 절연체'를 '데이터의 반복 지우기&쓰기'를 기준으로 비교하라고 묻는 선지입니다. 지문을 읽으면서 이 내용을 미리 생각했다면 어렵지 않게 선지를 판단할 수 있을 것이고, 지문 독해 과정에서 제대로 체크하지 못했다면 선지에서 묻는 '터널 절연체'와 '일반 절연체'의 차이점을 다시 생각하며 차분하게 선지를 판단했어야 합니다. 실제 지문을 보시면,

> 플래시 메모리에서는 두 가지 과정을 거쳐 데이터가 저장된다. 일단 데이터를 지우는 과정이 필요하다. 데이터 지우기는 여러 개의 셀이 연결된 블록 단위로 이루어진다. 블록에 포함된 모든 셀마다 G에 0V, p형 반도체에 약 20V의 양의 전압을 가하면, 플로팅 게이트에 전자가 있는 경우, 그 전자가 터널 절연체를 넘어 p형 반도체로 이동한다. 반면 전자가 없는 경우는 플로팅 게이트에 변화가 없다. 따라서 해당 블록의 모든 셀은 0의 상태가 된다. <u>터널 절연체는 전류 흐름을 항상 차단하는 일반 절연체와는 다르게 일정 이상의 전압이 가해졌을 때는 전자를 통과시킨다.</u>
> 이와 같은 과정을 거친 후에야 데이터 쓰기가 가능하다. 데이터를 저장하려면 1을 쓰려는 셀의 G에 약 20V, p형 반도체에는 0V의 전압을 가한다. 그러면 p형 반도체에 있던 전자들이 터널 절연체를 넘어 플로팅 게이트로 들어가 저장된다. 이것이 1의 상태이다.

데이터 지우기&쓰기 과정은 '전자의 이동'을 바탕으로 한다는 것을 파악할 수 있고, 이에 선지에서 묻는 '터널 절연체'와 '일반 절연체'의 차이점은 '전자 통과 가능 여부'라는 것을 바탕으로 위 선지가 맞다는 판단을 할 수 있습니다.

그런데 사실, 선지 판단을 위한 가장 좋은 방법은 '지문을 정말 잘 읽어내는 것'입니다. 지문을 읽으며 '해야 할 생각'들을 제대로 하기만 한다면, 대부분의 선지들을 너무나 당연하게 여기면서 해결할 수 있을 거예요.

하지만 이 과정이 제대로 이루어지지 않았거나, 어느 정도 잘 읽은 것 같은데도 선지가 조금 낯설다면, '선지에서 묻는 것'을 생각하고 지문의 어떤 부분을 활용해야 할지, 내가 지문에서 얻은 정보 중 어떤 것들로부터 시작해야 할지 등을 빠르게 생각할 수 있어야 합니다. 수능 국어의 출제 방침상, 선지의 내용은 반드시 지문 내용의 재진술일 수밖에 없기 때문에 이와 같은 접근이 가능한 것이죠. 선지가 지문의 어떤 내용을 재진술한 것인지 떠올릴 수 있다면, 아무리 어려운 선지라도 실마리가 잡힐 것입니다.

지금까지 배운 내용을 통해 기본적인 선지 판단의 과정을 정리하면 다음과 같아요.

1) 선지에서 묻는 것 정확하게 확인하기
2) 관련된 지문의 내용 생각하기 (선지는 지문의 재진술이다!)
3) 둘 사이의 간극 메우기

물론 대부분의 선지는 이런 태도를 의식하지 않은 채 해결하게 되겠지만, 그런 경우에도 여러분은 무의식적으로 위의 과정을 거치게 됩니다. 따라서 한 번에 판단되지 않는 선지들의 경우, 위의 과정을 의식적으로 떠올리면서 차분하게 판단할 수 있어야 합니다. 중구난방으로 지문 왔다갔다 하는 것이 아니구요.

여기서 지문 독해를 어느 정도 잘했다면, '관련된 지문의 내용'을 생각하는 과정에서 지문으로 돌아가는 빈도가 낮을 것입니다. 어쩔 수 없이 지문으로 돌아가더라도, 앞에서도 언급했듯이 최소한 '정보의 위치'는 기억할 수 있기에 차분하게 선지를 판단할 수 있는 것이구요. 앞으로 지문 단위 공부를 하면서도, 이런 '선지 판단'에 대한 태도 역시 계속 의식하도록 합시다.

〈보기〉 정리하기

문제를 구성하는 세 번째 요소인 〈보기〉에 대해 알아봅시다. 〈보기〉가 포함된 문제는 대체적으로 난이도가 높습니다. 따라서 적절한 전략이 수반되지 않으면 실전에서 허둥지둥대는 결과를 낳을 수 있죠. 〈보기〉와 [3점]이 함께 나오면 우리는 항상 두려움에 떨곤 하니까요. 이런 경우 심지어 아예 도전도 하지 않고 포기해버리는 경우도 많습니다. 하지만 이 교재를 보고 있는 여러분의 목표는 100점입니다. 〈보기〉 문제는 목표 달성을 위해 반드시 넘어야 할 산인 것이죠. 따라서 이번 파트에서는 〈보기〉 문제 해결을 위한 아주 기본적인 태도부터 정리하도록 할 것입니다.

〈보기〉 문제를 정확히 풀기 위해서는, 소제목 그대로 하시면 됩니다. 〈보기〉가 나오면 반드시 정리를 하고 가자는 겁니다. 〈보기〉에서 새롭게 얻게 된 정보는 없는지, 지문의 내용과 무엇이 다른지/같은지, 사례가 제시된다면 지문의 어떤 내용과 연결되는지 등을 모두 정리한 뒤에 선지로 들어가셔야 합니다. 정말 완벽하게 정리하지 못하더라도 본인에게 보이는 모든 특이점을 정리한 뒤에 선지로 가셔야 합니다. 〈보기〉에서 생각의 흐름을 만들어 주는 경우가 아주 많기 때문에, 〈보기〉를 정확히 정리하지 않고 선지로 간다면 시간만 흘러갈 것이 뻔하니까요.

역시 모든 〈보기〉가 이 예시에 해당합니다. 이를 연습하기 위해서는 먼저 지문부터 읽어 봐야 합니다. 그냥 아예 문제를 하나 풀어봅시다. 〈보기〉를 미리 정리해 보시고, 저와 비교해보세요.

　요즘 시청자들은 자신도 모르는 사이에 간접 광고에 수시로 노출되어 광고와 더불어 살아가는 환경에 놓이게 됐다. 방송 프로그램의 앞과 뒤에 붙어 방송되는 직접 광고와 달리 PPL(product placement)이라고도 하는 간접 광고는 프로그램 내에 상품을 배치해 광고 효과를 거두려 하는 광고 형태이다. 간접 광고는 직접 광고에 비해 시청자가 리모컨을 이용해 광고를 회피하기가 상대적으로 어려워 시청자에게 노출될 확률이 더 높다.

　광고주들은 광고를 통해 상품의 인지도를 높이고 상품에 대한 호의적 태도를 확산시키려 한다. 간접 광고에서는 이러한 광고 효과를 거두기 위해 주류적 배치와 주변적 배치를 활용한다. 주류적 배치는 출연자가 상품을 사용·착용하거나 대사를 통해 상품을 언급하는 것이고, 주변적 배치는 화면 속의 배경을 통해 상품을 노출하는 것인데, 시청자들은 주변적 배치보다 주류적 배치에 더 주목하게 된다. 또 간접 광고를 통해 배치되는 상품이 자연스럽게 활용되어 프로그램의 맥락에 잘 부합하면 해당 상품에 대한 광고 효과가 커지는데 이를 맥락 효과라 한다.

　우리나라는 1990년대 중반부터 극히 제한된 형태의 간접 광고만을 허용하는 ㉠협찬 제도를 운영해 왔다. 이 제도는 프로그램 제작자가 협찬 업체로부터 경비, 물품, 인력, 장소 등을 제공받아 활용하고 프로그램이 종료될 때 협찬 업체를 알리는 협찬 고지를 허용했다. 그러나 프로그램의 내용이 전개될 때 상품명이나 상호를 보여 주거나 출연자가 이를 언급해 광고 효과를 주는 것은 법으로 금지했다. 협찬 받은 의상의 상표를 보이지 않게 가리는 것은 그 때문이다.

　우리나라는 협찬 제도를 그대로 유지하면서 광고주와 방송사 등의 요구에 따라 방송법에 '간접 광고'라는 조항을 신설하여 2010년부터 시행하였다. ㉡간접 광고 제도가 도입된 취지는 프로그램 내에서 광고를 하는 행위에 대해 법적인 규제를 완화하여 방송 광고 산업을 활성화하겠다는 것이었다. 이로써 프로그램 내에서 상품명이나 상호를 보여 주는 것이 허용되었다. 다만 시청권의 보호를 위해 상품명이나 상호를 언급하거나 구매와 이용을 권유하는 것은 금지되었다. 또 방송이 대중에게 미치는 영향력이 크기 때문에 객관성과 공정성이 요구되는 보도, 시사, 토론 등의 프로그램에서는 간접 광고가 금지되었다. 그럼에도 불구하고 간접 광고 제도를 비판하는 사람들은 간접 광고로 인해 광고 노출 시간이 길어지고 프로그램의 맥락과 동떨어진 억지스러운 상품 배치가 빈번해 프로그램의 질이 떨어지고 있다고 주장한다.

　이처럼 시청자의 인식 속에 은연 중 파고드는 간접 광고에 적절히 대응하기 위해서는 시청자들에게 간접 광고에 대한 주체적 해석이 요구된다. 미디어 이론가들에 따르면, 사람들은 외부의 정보를 주체적으로 해석할 수 있는 자기 나름의 프레임을 갖고 있어서 미디어의 콘텐츠를 수동적으로만 받아들이는 것은 아니다. 이것이 간접 광고를 분석하고 그것을 비판적으로 수용하는 미디어 교육이 필요한 이유이다.

27 윗글을 바탕으로 〈보기〉를 이해한 내용으로 적절하지 **않은** 것은? [3점]

─────[보기]─────

　다음은 최근 인기 절정의 남녀 출연자가 등장한, 우리나라 방송 프로그램의 한 장면에 대한 설명이다.

　연인 관계로 설정된 두 남녀가 세련되고 낭만적인 분위기의 커피 전문점에 앉아 있다. 남자가 사용하고 있는 휴대 전화는 상표가 선명하게 보인다. 여자가 입고 있는 의상의 상표가 가려져서 시청자들은 상표를 알아볼 수 없다. 남자는 창밖에 보이는 승용차의 상품명을 언급하며 소음이 없는 좋은 차라고 칭찬한다.

　커피 전문점, 휴대 전화, 의상, 승용차는 이를 제공한 측과 방송사 측의 사전 계약에 의해 활용된 것이다. 커피 전문점의 이름과 의상을 제공한 업체의 이름은 이 프로그램이 종료될 때 고지되었다.

① 남자가 사용하는 휴대 전화의 제조 회사는 간접 광고의 주류적 배치를 활용하고 있군.
② 여자가 입고 있는 의상을 제공한 의류 회사는 간접 광고의 주변적 배치를 활용하고 있군.
③ 이 프로그램에는 협찬 제도에 따른 광고와 간접 광고 제도에 따른 광고가 모두 활용되고 있군.
④ 남자가 승용차에 대해 말하는 내용으로 보아 이 방송 프로그램은 현행 국내법을 위반하고 있군.
⑤ 방송 후 화면 속의 배경이 된 커피 전문점에 가려고 그 위치를 문의하는 전화가 방송사에 쇄도했다면 간접 광고의 맥락 효과가 발생한 것이군.

풀어보셨죠? 자세한 해설을 하는 시간은 아니니, 지문 내용은 가볍게만 정리하고 가겠습니다.

　　요즘 시청자들은 자신도 모르는 사이에 간접 광고에 수시로 노출되어 광고와 더불어 살아가는 환경에 놓이게 됐다. 방송 프로그램의 앞과 뒤에 붙어 방송되는 직접 광고와 달리 PPL(product placement)이라고도 하는 **간접 광고**는 프로그램 내에 상품을 배치해 광고 효과를 거두려 하는 광고 형태이다. 간접 광고는 직접 광고에 비해 시청자가 리모컨을 이용해 광고를 회피하기가 상대적으로 어려워 시청자에게 노출될 확률이 더 높다.

간접 광고(PPL) : 프로그램 내에 상품 배치 + 회피 어려움
– 정의부터 정확히 체크해야겠죠? 앞에서 배운 '문장 독해 기본 도구', 까먹지 않으셨을 것이라 믿습니다.

　　광고주들은 광고를 통해 상품의 인지도를 높이고 상품에 대한 호의적 태도를 확산시키려 한다. 간접 광고에서는 이러한 광고 효과를 거두기 위해 주류적 배치와 주변적 배치를 활용한다. **주류적 배치**는 출연자가 상품을 사용 · 착용하거나 대사를 통해 상품을 언급하는 것이고, **주변적 배치**는 화면 속의 배경을 통해 상품을 노출하는 것인데, 시청자들은 주변적 배치보다 주류적 배치에 더 주목하게 된다. 또 간접 광고를 통해 배치되는 상품이 자연스럽게 활용되어 프로그램의 맥락에 잘 부합하면 해당 상품에 대한 광고 효과가 커지는데 이를 **맥락 효과**라 한다.

주류적 배치 : 사용 · 착용, 상품 언급 (시청자들이 더 주목)
주변적 배치 : 화면 속 배경으로 노출
– 문장 배치 순서를 보고 '주류'와 '주변' 순서로 정보가 제시될 것을 예측했다면 아주 잘 읽으셨습니다!

맥락 효과 : 프로그램 맥락에 잘 부합 + 광고 효과 ↑
– 수식된 정의입니다. 설명이 앞에 나오니까요. 정의를 정확히 잡아내셨다면 앞에서 공부를 잘 하신 거겠죠?

　　우리나라는 1990년대 중반부터 극히 제한된 형태의 간접 광고만을 허용하는 협찬 제도를 운영해 왔다. 이 제도는 프로그램 제작자가 협찬 업체로부터 경비, 물품, 인력, 장소 등을 제공받아 활용하고 프로그램이 종료될 때 협찬 업체를 알리는 협찬 고지를 허용했다. 그러나 프로그램의 내용이 전개될 때 상품명이나 상호를 보여 주거나 출연자가 이를 언급해 광고 효과를 주는 것은 법으로 금지했다. 협찬 받은 의상의 상표를 보이지 않게 가리는 것은 그 때문이다.

우리나라 90년대 중반 : 협찬 제도, 협찬 고지 허용
but 상품명, 상호 노출 및 언급 금지
– 이때, 협찬 제도와 협찬 고지 모두 수식된 정의로 이루어져 있습니다. 여기에 마지막 문장에 나오는 '상표 가리기'는 '사례'이자 '재진술'이죠?

우리나라는 협찬 제도를 그대로 유지하면서 광고주와 방송사 등의 요구에 따라 방송법에 '간접 광고'라는 조항을 신설하여 2010년부터 시행하였다. 간접 광고 제도가 도입된 취지는 프로그램 내에서 광고를 하는 행위에 대해 법적인 규제를 완화하여 방송 광고 산업을 활성화하겠다는 것이었다. 이로써 프로그램 내에서 상품명이나 상호를 보여주는 것이 허용되었다. 다만 시청권의 보호를 위해 상품명이나 상호를 언급하거나 구매와 이용을 권유하는 것은 금지되었다. 또 방송이 대중에게 미치는 영향력이 크기 때문에 객관성과 공정성이 요구되는 보도, 시사, 토론 등의 프로그램에서는 간접 광고가 금지되었다. 그럼에도 불구하고 간접 광고 제도를 비판하는 사람들은 간접 광고로 인해 광고 노출 시간이 길어지고 프로그램의 맥락과 동떨어진 억지스러운 상품 배치가 빈번해 프로그램의 질이 떨어지고 있다고 주장한다.

우리나라 2010년 : 협찬 제도는 그대로 유지, 간접 광고 조항에 의해 상품명, 상호 노출 가능 but 언급 금지
보도, 시사, 토론 프로그램 간접 광고 금지

마지막 문단은 이 문제를 푸는데 그리 중요하지 않으니 넘어가겠습니다. 물론 실제 지문을 읽고 문제를 풀 때는 마지막 문단까지 꼼꼼하게 읽어야 해요!

먼저 〈보기〉를 정리해 보면

[보기]

다음은 최근 인기 절정의 남녀 출연자가 등장한, 우리나라 방송 프로그램의 한 장면에 대한 설명이다.

연인 관계로 설정된 두 남녀가 세련되고 낭만적인 분위기의 커피 전문점에 앉아 있다. 남자가 사용하고 있는 휴대 전화는 상표가 선명하게 보인다. 여자가 입고 있는 의상의 상표가 가려져서 시청자들은 상표를 알아볼 수 없다. 남자는 창밖에 보이는 승용차의 상품명을 언급하며 소음이 없는 좋은 차라고 칭찬한다.
커피 전문점, 휴대 전화, 의상, 승용차는 이를 제공한 측과 방송사 측의 사전 계약에 의해 활용된 것이다. 커피 전문점의 이름과 의상을 제공한 업체의 이름은 이 프로그램이 종료될 때 고지되었다.

→ 일단 남자의 휴대폰에 상표가 보입니다. 2010년의 변화된 방송법을 반영하고 있네요. '간접 광고'인 것입니다. 반면 여자의 의상 상표는 가려져 있습니다. 90년대 중반의 법을 따르고 있네요. '협찬 제도'를 따르는 것이겠죠? 그런데 둘 다 배우가 '사용'하고 있으니, 이는 '주류적 배치'에 해당하겠어요.

거기다가 남자가 승용차의 상품명을 언급합니다! 우리나라에서는 아직 상품명을 언급하는 건 금지였죠? 법을 어기고 있네요. 그런데 이 모든 건 사전 계약에 의한 것이었어요. 이에 따라 마지막엔 '협찬 고지'가 이루어졌네요.

이렇게 〈보기〉에서 얻을 수 있는 정보를 모두 정리한 채로 선지로 가셔야 합니다. 밑줄 친 부분들을 보시면, 〈보기〉의 내용을 정리한다는 것이 어떤 느낌인지 감이 오시죠?

① 네 미리 정리한 정보입니다.

② 엥 여자가 입은 옷도 주류적 배치였다고 미리 정리했죠? 정리한 내용만으로 바로 답이 나오네요.

③ 협찬 고지에 대한 내용에서 '협찬 제도에 따른 광고'를, 남자가 상표가 보이는 휴대폰을 사용한다는 점에서 '간접 광고 제도에 따른 광고' 모두를 확인할 수 있네요. 역시 미리 정리한 정보입니다.

④ 남자가 법을 어긴다! 이것도 미리 정리했죠?

⑤ 맥락 효과는 광고 효과에 대한 내용이었죠? 광고 효과가 좋았으니 위치를 문의하는 전화가 많이 왔겠죠. 맞는 선지네요.

5번 선지 정도를 제외하곤 '미리' 정리한 내용이죠? 이게 답을 알고 사후적으로 해설한 게 아니라, 여러분이 앞으로 당연히 해주셔야 할 태도에 대한 내용이라는 걸 꼭 이해해주세요.

〈보기〉 정리하기. 이렇게 쉬운 문제뿐만 아니라 어려운 문제를 풀 때도 기본적으로 가져 주셔야 하는 아주 중요한 태도입니다. 잊지 않고 이 교재 끝까지 가져가시기 바랍니다.

이제 '생각의 시작' 파트를 마무리해봅시다. 여기서 배운 내용은 지문 독해의 기본이기 때문에, 항상 의식하면서 공부해주세요. 양이 많아 보이지만, 생각해보면 정말 당연한 내용들이라 금방 익숙해질 겁니다. 나아가 계속해서 강조하지만, 여기서 배운 내용들을 더 많이, 자세하게 배우고 싶으신 분들은 "P.I.R.A.M 국어 생각의 발단" 교재를 이용해주세요!

이 외에도 앞으로 배울 많은 도구들, 자잘한 팁들이 있습니다. 모두 해설 중간중간 설명해두었으니, 해설을 최대한 정독하며 따라와 주세요. 큰 도움이 될 것이라고 자부합니다. 그럼, 내일부터 그 도움되는 내용과 해설들이 가득한 다음 단계들로 가보 겠습니다.

P . I . R . A . M

2 PART

생각의 전개 〈Day 5~Day 19〉

'생각의 시작' 단계에서 배웠던 '단어', '문장' 단위의
공부를 '지문' 단위로 확장시키는 단계입니다. 가장
중요한 파트이기도 해요. 본격적인 수능 독서 공부가
시작될 것입니다. 수능장에서 우리는 어떠한 생각을
전개해야 하는지 정리해보도록 합시다.

본격적으로 '지문' 단위의 공부를 시작하는 날입니다. 지문을 장악하기 위해 가장 중요한 내용인 '화제' 인식에 대한 내용을 배우고 적용하는 연습을 해 보도록 합시다.

정보량이 많은 지문은 존재하지 않는다 (1) : 모든 정보는 화제 중심으로 모인다.

우리는 지금까지 '단어' 단위의 공부와 '문장' 단위, 그리고 '단문' 단위의 공부까지 끝마쳤습니다. 모든 준비가 끝났으니, 지금까지 배운 걸 모두 적용하여 '지문'을 읽고 문제를 풀어봐야겠죠? **이때 우리는 지문 독해의 대전제로 '정보량이 많은 지문은 존재하지 않는다.'라는 내용을 깔아두도록 하겠습니다**. 흔히들 생각하는 것과는 달리, 평가원의 지문에는 '정보량'이 그리 많지 않거든요. 그저 많은 것처럼 보일 뿐이죠. 이러한 전제하에서 글을 읽으려고 애를 쓰시면, 지문의 정보량을 '능동적'으로 줄이면서 부담감 없이 선지를 판단하실 수 있을 겁니다. 오늘은 이를 위한 첫 번째 태도, '화제 인식'에 대해서 이야기하도록 하겠습니다.

사실 지금까지 배운 내용만 차근차근 적용하면서 읽을 수 있다면, '지문 단위'의 독해도 어렵지 않게 해낼 수 있습니다. 결국 '지문 독해'란 문장 간의 연결을 의미하고, '재진술'이나 '사례-원리 연결' 등 문장 간의 연결은 충분히 연습했으니까요. 우리는 여기에 '문장 간의 연결'을 위해 꼭 필요한 요소 하나를 추가할 것입니다. 바로 '화제'입니다. 독서 지문은 정말로 '잘 쓴 글'입니다. 그리고 '잘 쓴 글'이라면, 글쓴이가 하고자 하는 하나의 이야기, 즉 '화제'가 명확히 제시되어야 합니다. 기본적으로 독서 지문은 하나의 '화제'가 중심이 되고, 다른 모든 정보들이 그 '화제'를 부연하는 방식으로 구성되어 있습니다. 따라서 '문장 간의 연결'은 결국 '화제와의 연결성'이라는 속성을 바탕으로 이루어질 수 있는 것이에요.

이를 위해 우리는 지문을 읽으며 '화제'를 정확히 체크하는 연습을 해야 합니다. 이때 '화제'는 단순한 '중심 개념'과 구별되어야 합니다. 예를 들면, 아래와 같은 지문에서

> 우리나라의 남해안 일대에서는 중생대 백악기에 살았던 공룡의 발자국 화석이 1만 개 이상 발견되었다. 이 화석들은 당시 한반도에 서식했던 공룡들의 특성을 밝히는 실마리를 제공한다. 공룡 발자국 연구에서는 발자국의 형태를 관찰하고, 발자국의 길이와 폭, 보폭 거리 등을 측정한다. 이렇게 수집한 정보를 분석하여 공룡의 종류, 크기, 보행 상태 등을 알아낸다. (2009학년도 수능)

단순히 화제를 '중심 개념'에 해당하는 '공룡 발자국'으로 잡는 것이 아니라, '공룡 발자국을 통해 공룡의 정보를 얻어내는 방법'으로 디테일하게 체크할 수 있어야 한다는 것이죠.

독해는 '길찾기'의 과정에 비유할 수 있습니다. 특히 정보량이 많은 지문들은 길이 꼬불꼬불하고 갈림길도 많은 미로를 탈출하는 것과 같은 느낌을 받을 수 있죠. 여러분은 끊임없이 '생각'이라는 걸 하면서, 지금 무엇을 읽고 있는지, 나아가 그 정보는 왜 나왔는지 그 '역할'을 생각하며 읽어주셔야 합니다. 그리고 너무나 당연하게도, 그 '역할'은 결국 '화제를 뒷받침하기 위해'라는 답으로 귀결될 겁니다. 이처럼 정보가 쏟아지는 느낌이 들 때 한 번만 멈춰서 생각해주시면, '화제'를 다시금 떠올리며 지문의 흐름을 잡을 수 있고, 위에서 이야기한 '길찾기'가 가능해지는 겁니다. '화제'를 잡고, 그 '화제' 중심으로 문장들을 '연결'하는 것. 지문 독해의 기본입니다.

이번 파트에선 이런 '길찾기'를 집중적으로 연습할 것입니다. 앞에서 배운 내용을 적극적으로 활용하면서, 하나만 기억하시는 거예요. '내가 지금 뭘 읽고 있지?', '내가 읽고 있는 이 정보는 왜 나온 거지?', '이게 화제랑 무슨 상관이 있지?' 그럼 실제 기출된 지문들을 예로 들어 설명해보겠습니다.

　사람의 눈이 원래 하나였다면 세계를 입체적으로 지각할 수 있었을까? 입체 지각은 대상까지의 거리를 인식하여 세계를 3차원으로 파악하는 과정을 말한다. 입체 지각은 눈으로 들어오는 시각 정보로부터 다양한 단서를 얻어 이루어지는데 이를 양안 단서와 단안 단서로 구분할 수 있다. 양안 단서는 양쪽 눈이 함께 작용하여 얻어지는 것으로, 양쪽 눈에서 보내오는, 시차(視差)*가 있는 유사한 상이 대표적이다. 단안 단서는 한쪽 눈으로 얻을 수 있는 것인데, 사람은 단안 단서만으로도 이전의 경험으로부터 추론에 의하여 세계를 3차원으로 인식할 수 있다. 망막에 맺히는 상은 2차원이지만 그 상들 사이의 깊이의 차이를 인식하게 해 주는 다양한 실마리들을 통해 입체 지각이 이루어진다.

* 시차: 하나의 물체를 서로 다른 두 지점에서 보았을 때 방향의
　　차이.

이 지문에서 가장 중요한 것은 화제를 정확하게 잡는 것이었습니다. 일단 미리 생각해보세요. 화제가 무엇일까요?

만약 '양안 단서와 단안 단서의 비교'로 잡았다면, 아직 조금 부족합니다. 물론 그렇게 보는 게 큰 무리는 아니지만, '양안 단서'와 달리 '단안 단서'의 경우 '재진술' 등을 적극적으로 활용하여 여러 번 설명하고 있다는 점, 거기에 첫 문장이 '사람의 눈이 원래 하나였다면', 즉 '단안 단서'와 관련된 물음이라는 점을 토대로 '단안 단서'에 조금 더 비중을 두고 설명하는 지문임을 알 수 있어야 해요! 물음의 형식을 취한다는 건, 정말 궁금해서가 아닌 그 물음에 대한 답이 화제에 해당함을 강조하기 위한 것이라 할 수 있으니까요.

이렇게 비교되는 두 대상이 나올 때는 하나의 대상 쪽, 즉 '화제'에 해당하는 대상에 조금 더 비중을 실어서 전개하는 경우가 많습니다. 이를 생각하면 화제 인식이 조금 더 쉬워질 수 있겠죠? 화제를 인식한 상태에서, 다음 문단들도 읽어 봅시다.

　동일한 물체가 크기가 다르게 시야에 들어오면 우리는 더 큰 시각(視角)*을 가진 쪽이 더 가까이 있다고 인식한다. 이렇게 물체의 상대적 크기는 대표적인 단안 단서이다. 또 다른 단안 단서로는 '직선 원근'이 있다. 우리는 앞으로 뻗은 길이나 레일이 만들어 내는 평행선의 폭이 좁은 쪽이 넓은 쪽보다 멀리 있다고 인식한다. 또 하

나의 단안 단서인 '결 기울기'는 같은 대상이 집단적으로 어떤 면에 분포할 때, 시야에 동시에 나타나는 대상들의 연속적인 크기 변화로 얻어진다. 예를 들면 들판에 만발한 꽃을 보면 앞쪽은 꽃이 크고 뒤로 가면서 서서히 꽃이 작아지는 것으로 보이는데 이러한 시각적 단서가 쉽게 원근감을 일으킨다.

　어떤 경우에는 운동으로부터 단안 단서를 얻을 수 있다. '운동 시차'는 관찰자가 운동할 때 정지한 물체들이 얼마나 빠르게 움직이는 것처럼 보이는지가 물체들까지의 상대적 거리에 대한 실마리를 제공하는 것이다. 예를 들어 기차를 타고 가다 창밖을 보면 가까이에 있는 나무는 빨리 지나가고 멀리 있는 산은 거의 정지해 있는 것처럼 보인다.

　동물들도 단안 단서를 활용하여 입체 지각을 할 수 있다. 특히 머리의 좌우 측면에 눈이 있는 동물들은 양쪽 눈의 시야가 겹치는 부분이 거의 없어 양안 단서를 활용하지 못한다. 이런 경우에 단안 단서는 입체 지각에서 결정적인 역할을 하게 된다. 가령 어떤 새들은 머리를 좌우로 움직였을 때 정지된 물체가 움직여 보이는 정도에 따라 물체까지의 거리를 파악한다.

* 시각: 물체의 양쪽 끝으로부터 눈에 이르는 두 직선이 이루는 각.

이렇게 '단안 단서'라는 화제를 정확하게 인식하고 나면, 나아가 2문단을 읽으며 '단안 단서의 종류'로 화제를 구체화했다면, 나머지 모든 정보들이 너무나 쉽게 정리됩니다. '물체의 상대적 크기'부터 '운동 시차'까지 전부 '단안 단서'로 모이니까요! 만약 이 지문을 읽다가 중간 '결 기울기' 즈음에서 정보량에 압도되는 느낌이 들었다면, 그 '역할'을 생각해보며 '단안 단서의 종류'라는 화제의 흐름을 다시 잡고 올 수 있다는 것이죠. 어려운 지문일수록 이 힘은 더욱 강력할 것이라는 점 이해할 수 있겠죠?

나아가 이렇게 '화제의 흐름'을 정확하게 잡고 있으면 3문단에서 독해의 속도를 늦출 수 있습니다. 전체적으로 '단안 단서' 이야기를 하는 가운데, 3문단 첫 줄에서는 '운동으로부터' 얻는 단안 단서에 대한 이야기를 하고 있어요. 그럼 그 다음부터 나오는 정보의 '역할'은 화제인 '단안 단서' 중에서도 '운동으로부터 얻는 단안 단서'라는 생각을 할 수 있겠죠? 더욱 정교한 독해가 가능해지는 겁니다.

'화제'는 이처럼 1문단의 내용 속에서 물음 등의 형식을 빌려 제시되는 것이 일반적이지만, 다음과 같은 방식으로 제시되기도 합니다.

(가)

춘추 전국 시대의 논쟁 주제 중 하나였던 음악은 진나라 때 저작인 『여씨춘추』에서도 비중 있게 다뤄졌다. 이 저작에서는 음악을 인간의 자연스러운 감정이 표출되어 형성된 것이자 백성 교화의 수단으로 인식하면서도 즐거움을 주는 욕구의 대상으로 보는 것에 주안점을 두었다. 지배층의 사치스러운 음악 향유를 거론하며 음악을 아예 거부하는 묵자에 대해 이는 인간의 자연적 욕구를 거스르는 것이라 비판하고, 좋은 음악이란 신분, 연령 등을 막론하고 모든 사람들에게 즐거움을 주는 것이라고 주장하였다.

이 지문에 따르면, 『여씨춘추』라는 책에서 '음악'은 '감정 표출로 형성'된 것이고, '백성 교화의 수단'이자, '즐거움을 주는 욕구의 대상'이었다고 합니다. 이에 따르면 '음악 : 감정 표출·교화·즐거움 및 욕구'라는 일종의 '틀'을 만들 수 있어요. 이 교재에서는 이렇게 화제를 알려주는 틀을 '화제의 틀'로 부릅니다. '화제의 틀'이 제시되는 경우, 우리는 화제를 더욱 선명하게 인식하고 정보 처리를 할 수 있어요. 따라서 1문단에서 '화제의 틀'을 만들어주는 경우에는 정말 확실하게 체크해주시는 것이 중요합니다.

이전까지는 음악이 모든 사람에게 동일한 영향을 미친다고 여겼지만, 『여씨춘추』에서는 음악을 듣는 주체의 수준과 감성에 따라 동일한 음악이라도 상이한 느낌과 결과를 유발한다고 보았다. 인간이 감정을 가진 것처럼 음악에도 감정이 담겨 있다고 전제하고, 음악을 통해 감정을 적절히 해소하거나 표현하면 결과적으로 장수할 수 있다고 주장하였다. 음악을 통해 감정의 표현이 적절해지면 사람의 마음은 편안해지며, 생명 연장까지도 가능하다고 본 것이다.

『여씨춘추』에 따르면, 천지를 채운 기(氣)가 음악을 통해 균형을 이루는데, 음악의 조화로운 소리가 자연의 기와 공명하여 천지의 조화에 기여할 수 있고, 인체 내에서도 기의 원활한 순환을 돕는다. 음악은 우주 자연의 근원에서 비롯되어 음양의 작용에 따라 자연에서 생겨나지만, 조화로운 소리는 적절함을 위해 인위적 과정을 거쳐야 한다고 지적하고, 좋은 음악은 소리의 세기와 높낮이가 적절해야 한다고 주장하였다.

음악에 대한 『여씨춘추』의 입장은 인간의 선천적 욕구의 추구를 인정하면서도 음악을 통한 지나친 욕구의 추구는 적절히 통제되어야 한다는 것이라 할 수 있다. 이러한 입장은 『여씨춘추』의 '생명을 귀하게 여긴다.'는 '귀생(貴生)'의 원칙을 통해 분명하게 확인할 수 있다. 이 원칙에 따르면, 인간은 자연적인 욕구에 따라 음악을 즐기면서도 그것이 생명에 도움이 되는지의 여부에 따라 그것의 좋고 나쁨을 판단하고 취사선택해야 한다. 이에 따라 『여씨춘추』에서는 개인적인 욕구에 따른 일차적인 자연적 음악보다 인간의 감정과 욕구를 절도 있게 표현한 선왕(先王)들의 음악을 더 중시하였다. 그리고 선왕들의 음악이 민심을 교화하는 도덕적 기능이 있다고 지적하였다.

실제로 밑줄 친 부분 위주로 뒷부분을 독해하면, 1문단의 '화제의 틀'과 관련된 내용들 위주로 제시되고 있다는 것을 확인할 수 있죠? 본격적으로 지문을 읽을 때는 문장 하나하나 '이해'하고 '납득'하면서 천천히 읽어야겠지만, 그 과정 속에서 '화제의 틀'이 정보를 모아 주는 강력한 역할을 할 수 있다는 것을 꼭 기억하세요.

어떤 지문이 물음의 형태를 사용하든, '화제의 틀'을 사용하든 혹은 다른 방법을 사용하든 중요한 것은 '화제'를 정확하게 인식하는 것입니다. 그리고 모든 정보를 그 '화제' 중심으로 모아주세요. 정보량이 줄어들면서 지문이 '이해'되고 '납득'되는 엄청난 경험을 하실 수 있을 겁니다.

그럼 본격적으로, 기출문제를 가지고 연습해보도록 합시다. '교재의 사용법'에서 알려드렸던 공부 방법을 꼭 지키면서 따라오도록 하세요!

───── (해설 p.008) ─────

　　회화적 재현이 성립하려면, 즉 하나의 그림이 어떤 대상의 그림이 되기 위해서는 그림과 대상이 닮아야 할까? 입체주의의 도래를 알리는 〈아비뇽의 아가씨들〉을 그리기 한 해 전, 피카소는 시인인 스타인을 그린 적이 있었는데, 완성된 그림을 보고 사람들은 놀라움을 금치 못했다. 스타인의 초상화가 그녀를 닮지 않았던 것이다. 이에 대해 피카소는 "앞으로 닮게 될 것이다."라고 말했다고 한다.

　　르네상스 시대의 화가들은 원근법을 사용하여 '세상을 향한 창'과 같은 사실적인 그림을 그렸다. 현대 회화를 출발시켰다고 평가되는 인상주의자들이 의식적으로 추구한 것도 이러한 사실성이었다. 그들은 모든 대상을 빛이 반사되는 물체로 간주하고 망막에 맺힌 대로 그리는 것을 회화의 목표로 삼았다. 따라서 빛을 받는 대상이면 무엇이든 주제가 될 수 있었고, 대상의 고유한 색 같은 것은 부정되었다. 햇빛의 조건에 따라 다르게 그려진 모네의 낟가리 연작이 그 예이다.

　　그러나 세잔의 생각은 달랐다. "모네는 눈뿐이다."라고 평했던 그는 그림의 사실성이란 우연적 인상으로서의 사물의 외관보다는 '그 사물임'을 드러낼 수 있는 본질이나 실재에 더 다가감으로써 ⓐ얻게 되는 것이라고 생각하였다. 세잔이 그린 과일 그릇이나 사과를 보면 대부분의 형태는 실물보다 훨씬 단순하게 그려져 있고, 모네의 그림에서는 볼 수 없었던 부자연스러운 윤곽선이 둘러져 있으며, 원근법조차도 정확하지 않다. 이는 어느 한순간 망막에 비친 우연한 사과의 모습 대신 사과라는 존재를 더 잘 드러낼 수 있는 모습을 포착하려 했던 세잔의 문제의식을 보여주는 것이다. 이를 계승하여 한 발 더 나아간 것이 바로 입체주의이다. 입체주의는 대상의 실재를 드러내기 위해 여러 시점에서 본 대상을 한 화면에 결합하는 방식을 택했다.

　　한편, 실제로 세월이 지난 후 피카소의 예언대로 사람들은 결국 스타인의 초상화가 그녀를 닮았다는 것을 발견하게 되었다고 한다. 어떻게 그럴 수 있었을까? 이를 설명하려면 회화적 재현에 대한 철학적 차원의 논의가 필요한데, 곰브리치와 굿맨의 이론이 주목할 만하다.

　　이들은 대상을 '있는 그대로' 보는 '순수한 눈' 같은 것은 없으며, 따라서 객관적인 사실성이란 없고, 사실적인 그림이란 결국 한 문화나 개인에게 익숙한 재현 체계를 따른 그림일 뿐이라고 주장한다. ㉠이 이론에 따르면 지각은 우리가 속한 관습과 문화, 믿음 체계, 배경 지식의 영향을 받아 구성된다고 한다. 예를 들어 우리가 작가와 작품에 대해 사전 지식을 가지고 있다면 이러한 믿음은 그 작품을 어떻게 지각하느냐에까지도 영향을 준다는 것이다. 사실성이라는 것이 과연 재현 체계에 따라 상대적인지는 논쟁의 여지가 많지만 피카소의 수수께끼 같은 답변과 자신감 속에는 회화적 재현의 본성에 대한 이러한 통찰이 깔려 있었다고도 볼 수 있다.

---

01 스타인의 초상화와 관련된 피카소의 의도를 이해한 것으로 적절한 것은?

① 어느 한순간의 스타인의 외양이 아니라 그녀의 본질을 재현하려 했다.
② 현재의 모습이 아니라 훗날 변하게 될 스타인의 모습을 나타내려 했다.
③ 고전적인 미의 기준에 맞추어 스타인을 이상화된 모습으로 나타내려 했다.
④ 눈으로 관찰할 수 있는 스타인의 모습을 가감 없이 정확히 모사하려 했다.
⑤ 정지된 모습이 아니라 역동적으로 움직이는 스타인의 모습을 재현하려 했다.

02 윗글을 바탕으로 〈보기〉를 바르게 이해한 것은?

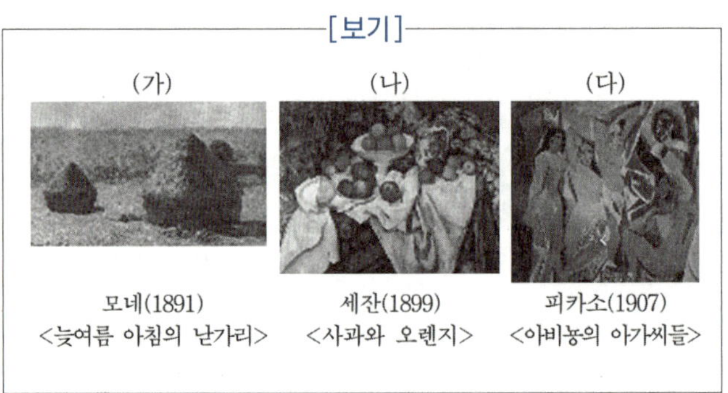

① (가)와 (나)는 모두 뚜렷한 윤곽선이 특징인 그림이군.
② (나)와 (다)는 모두 대상이 빛에 따라 달라지는 모습을 그린 그림이군.
③ (가)와 달리 (나)는 원근법이 잘 지켜지지 않고 있는 그림이군.
④ (가)와 달리 (다)는 사물의 고유색을 인정하지 않고 있는 그림이군.
⑤ (가), (나), (다)는 모두 '세상을 향한 창'이 되고자 하는 목표에서 나온 그림이군.

03 곰브리치와 굿맨이 인상주의자들에게 할 수 있는 말로 가장 적절한 것은?

① 망막에 맺힌 상은 오히려 '순수한 눈'을 왜곡할 수 있다.
② 객관적인 사실성은 의식적인 노력의 결과라기보다는 우연의 산물이다.
③ 망막에 맺힌 상을 그대로 그린다고 하더라도 객관적인 사실성은 얻을 수 없다.
④ 대상의 숨어 있는 실재를 지각하기 위해서는 눈 이외의 감각 기관이 필요하다.
⑤ 인상주의의 재현 체계는 다른 유파의 재현 체계에 비해 사실성을 얻기가 어렵다.

04 ㉠을 뒷받침하는 근거로 적절한 것은?

① 서양 사람이라도 동양의 수묵화나 사군자화를 감상하는 데 어려움이 없다.
② 그림에 재현된 대상이 무엇인지 알아보는 능력은 서로 다른 문화에 속한 사람들 간에도 크게 다르지 않다.
③ 대상의 그림자까지 묘사한 그림이 그렇지 않은 그림보다 공간감과 깊이를 더 사실적으로 나타낼 수 있듯이 재현 체계는 발전할 수 있다.
④ 그림에서 대상을 알아보는 능력은 선천적이어서 생후 일정 기간 그림을 보지 않고 자란 아이들도 처음 그림을 대하자마자 자신들이 알고 있는 대상을 그림에서 알아본다.
⑤ 나무를 그린 소묘 속의 불분명한 연필 자국은 나무를 보게 될 것이라는 우리의 사전 지식으로 인해 나무로 보이고, 소 떼 그림에 있는 비슷한 연필 자국은 소로 보인다.

05 문맥상 ⓐ와 바꾸어 쓸 수 있는 것은?

① 습득(習得)하게
② 체득(體得)하게
③ 취득(取得)하게
④ 터득(攄得)하게
⑤ 획득(獲得)하게

─── (해설 p.017) ───

　　사회 이론은 사회 구조나 사회적 상호 작용을 연구하는 이론들을 통칭한다. 사회 이론은 과학적 방법을 적용하면서도 연구 대상뿐 아니라 이론 자체가 사회 상황이나 역사적 조건에 긴밀히 연관된다는 특징을 지닌다. 19세기의 시민 사회론을 이야기할 때 그 시대를 함께 살펴보게 되는 것도 바로 이와 같은 이유 때문이다.

　　시민 사회라는 용어는 17세기에 등장했지만, 19세기 초에 이를 국가와 구분하여 개념적으로 정교화한 인물이 헤겔이다. 그가 활동하던 시기에 유럽의 후진국인 프러시아에는 절대주의 시대의 잔재가 아직 남아 있었다. 산업 자본주의도 미성숙했던 때여서, 산업화를 추진하고 자본가들을 육성하며 심각한 빈부 격차나 계급 갈등 등의 사회 문제를 해결해야 하는 시대적 과제가 있었다. 그는 사익의 극대화가 국부(國富)를 증대해준다는 점에서 공리주의를 긍정했으나, 그것이 시민 사회 내에서 개인들의 무한한 사익 추구가 일으키는 빈부 격차나 계급 갈등을 해결할 수는 없다고 보았다. 그는 시민 사회가 개인들이 사적 욕구를 추구하며 살아가는 생활 영역이자 그 욕구를 사회적 의존 관계 속에서 추구하게 하는 공동체적 윤리성의 영역이어야 한다고 생각했다. 특히 시민 사회 내에서 사익 조정과 공익 실현에 기여하는 ㉠직업 단체와 복지 및 치안 문제를 해결하는 복지 행정 조직의 역할을 설정하면서, 이 두 기구가 시민 사회를 이상적인 국가로 이끌 연결 고리가 될 것으로 기대했다. 하지만 빈곤과 계급 갈등은 시민 사회 내에서 근원적으로 해결될 수 없는 것이었다. 따라서 그는 국가를 사회 문제를 해결하고 공적 질서를 확립할 최종 주체로 설정하면서 시민 사회가 국가에 협력해야 한다고 생각했다.

　　한편 1789년 프랑스 혁명 이후 프랑스 사회는 혁명을 이끌었던 계몽주의자들의 기대와는 다른 모습을 보이고 있었다. 사회는 사익을 추구하는 파편화된 개인들의 각축장이 되어 있었고 빈부 격차와 계급 갈등은 격화된 상태였다. 이러한 혼란을 극복하기 위해 노동자 단체와 고용주 단체 모두를 불법으로 규정한 르 샤플리에 법이 1791년부터 약 90년간 시행되었으나, 이 법은 분출되는 사익의 추구를 억제하지도 못하면서 오히려 프랑스 시민 사회를 극도로 위축시켰다. 뒤르켐은 이러한 상황을 아노미, 곧 무규범 상태로 파악하고 최대 다수의 최대 행복을 표방하는 공리주의가 사실은 개인의 이기심을 전제로 하고 있기에 아노미를 조장할 뿐이라고 생각했다. 그는 사익을 조정하고 공익과 공동체적 연대를 실현할 도덕적 개인주의의 규범에 주목하면서, 이를 수행할 주체로서 ㉡직업 단체의 역할을 강조하였다. 국가의 역할을 강조한 헤겔의 영향을 받았음에도 불구하고, 뒤르켐은 직업 단체가 정치적 중간 집단으로서 구성원의 이해관계를 국가에 전달하는 한편 국가를 견제해야 한다고 보았던 것이다.

　　헤겔과 뒤르켐은 시민 사회를 배경으로 직업 단체의 역할과 기능을 연구했다는 공통점이 있었다. 하지만 직업 단체에 대한 두 사람의 생각은 달랐다. 이러한 차이는 두 학자의 시민 사회론이 철저하게 시대의 산물이라는 점을 보여 준다. 이들의 이론은 과학적 연구로서 객관적으로 타당하다는 평가를 받기도 하지만, 이론이 갖는 객관적 속성은 그 이론이 마주 선 현실의 문제 상황이나 이론가의 주관적인 문제의식으로부터 근본적으로 자유로울 수는 없는 것이다.

06 윗글의 내용 전개 방식에 대한 설명으로 가장 적절한 것은?

① 논지를 제시한 후, 대표적인 사례를 검토하는 과정을 통해 주제를 명료화하고 있다.
② 화제를 소개한 후, 예외적인 사례를 배제하는 과정을 통해 주제를 일반화하고 있다.
③ 주장을 제시한 후, 예상되는 반증 사례를 검토하는 과정을 통해 주제를 강화하고 있다.
④ 쟁점을 도출한 후, 각 주장의 근거 사례를 비교 평가하는 과정을 통해 주제를 정당화하고 있다.
⑤ 주제를 제시한 후, 동일한 사례를 다른 관점에서 분석하는 과정을 통해 주제를 초점화하고 있다.

07 윗글을 통해 알 수 있는 내용으로 적절하지 <u>않은</u> 것은?

① 19세기 초 프러시아에는 절대주의의 잔재와 미성숙한 산업 자본주의가 혼재하였다.
② 프랑스 혁명 후 수십 년간 프랑스는 개인들의 사익 추구가 불가능한 상황이었다.
③ 헤겔은 국가를 빈곤 문제나 계급 갈등과 같은 사회 문제를 해결할 최종 주체라고 생각하였다.
④ 뒤르켐은 혁명 이후의 프랑스 사회를 이기적 욕망이 조정되지 않은 아노미 상태로 보았다.
⑤ 헤겔과 뒤르켐은 공리주의가 시민 사회의 문제를 해결하지 못할 것으로 보았다.

08 ㉠과 ㉡의 공통점으로 가장 적절한 것은?

① 사익을 조정하고 공익 실현을 추구한다.
② 국가를 견제하는 정치적 기능을 수행한다.
③ 치안 및 복지 문제 해결의 기능을 담당한다.
④ 공리주의를 억제하고 도덕적 개인주의를 수용한다.
⑤ 시민 사회 외부에서 국가와의 연결 고리로 작용한다.

09 윗글의 글쓴이의 관점으로 가장 적절한 것은?

① 사회 문제에 대해서는 과학적 연구를 수행할 수 없다.
② 객관적 사회 이론은 이론가의 주관적 문제의식과 무관하다.
③ 시·공간을 넘어 보편타당하게 적용할 수 있는 객관적 사회 이론이 성립할 수 있다.
④ 과학적 연구 방법에 의거한 사회 이론은 사회 현실의 문제 상황과 무관하게 성립할 수 있다.
⑤ 사회 이론을 이해하는 데에는 그 이론이 만들어진 당시의 시대적 배경에 대한 이해가 도움이 된다.

[10~15] 다음 글을 읽고 물음에 답하시오.　　　2018.06 [16~21]

─── (해설 p.024) ───

유학은 ㉠<u>수기치인(修己治人)</u>을 통해 성인(聖人)이 되기 위한 학문으로 성학(聖學)이라고도 불린다. '수기'는 사물을 탐구하고 앎을 투철히 하고 뜻을 성실하게 하고 마음을 바르게 하여 자신을 닦는 일이며, '치인'은 집안을 바르게 하고 나라를 통치하고 세상을 평화롭게 하는 것을 의미한다. 수기치인을 통해 하늘의 도리인 천도(天道)와 합일되는 경지에 도달한 사람이 바로 '성인'이다. 이러한 유학의 이념을 적극 수용했던 율곡 이이는 수기치인의 도리를 밝힌 「성학집요」(1575)를 지어 이 땅에 유학의 이상 사회가 구현되기를 소망했다.

율곡은 수기를 위한 수양론과 치인을 위한 경세론을 전개하는데, 그 바탕은 만물을 '이(理)'와 '기(氣)'로 설명하는 이기론이다. 존재론의 측면에서 율곡은 '이'를 형체도 없고 시간과 공간의 제약을 받지 않고 존재하는 만물의 법칙이자 원리로 보고, '기'를 시간적인 선후와 공간적인 시작과 끝을 가지면서 끊임없이 변화하며 작동하는 물질적 요소로 본다. '이'와 '기'는 사물의 구성 요소로서 서로 다른 성질을 갖지만, '이'는 현실 세계에서 항상 '기'와 더불어 실제로 존재한다. 율곡은 이처럼 서로 구별되면서도 분리됨이 없이 존재하는 '이'와 '기'의 관계를 이기지묘(理氣之妙)라 표현한다.

수양론의 한 가지 기반으로, 율곡은 이통기국(理通氣局)을 주장한다. 이것은 만물이 하나의 동일한 '이'를 공유하지만, 다양한 '기'의 성질로 인해 서로 다른 모습으로 나타날 수 있음을 의미한다. 또한 이러한 이통기국론은, 성인과 일반인이 기질의 차이는 있지만 동일한 '이'를 갖기 때문에 일반인이라도 기질상의 병폐를 제거하고 탁한 기질을 정화하면 '이'의 선한 본성이 회복되어 성인의 경지에 이를 수 있다는 기질 변화론으로 이어진다. 율곡은 흐트러진 마음을 거두어들이는 거경(居敬), 경전을 읽고 공부하여 시비를 분별하는 궁리(窮理), 그리고 몸과 마음을 다스려 사욕을 극복하는 역행(力行)을 기질 변화를 위한 중요한 수양 방법으로 제시한다. 인간에게 내재된 천도를 실현하려는 율곡의 수양론은 사회의 폐단을 제거하여 천도를 실현하려는 경세론으로 이어진다.

대사상가인 동시에 탁월한 경세가였던 율곡은 많은

논설에서 법제 개혁론을 펼쳤는데, 이는 「만언봉사」(1574)에서 잘 나타난다. 선조는 "'이'는 빈틈없는 완전함이 있고, '기'는 변화하는 움직임이 있다."라고 말하면서 근래 하늘과 땅에서 일어난 재앙으로부터 깨우쳐야 할 도리를 신하들에게 물었고, 율곡이 그에 대한 답변을 올린 것이 「만언봉사」이다. 여기서 율곡은 "때에 따라 변할 수 있는 것은 법제이며, 시대를 막론하고 변할 수 없는 것이 왕도요, 어진 정치요, 삼강이요, 오륜입니다."라고 말하면서 법제 개혁의 필요성을 주장한다. 곧, '이'라 할 수 있는 왕도나 오륜을 고치려 하는 것이 아니라, 그것을 구현할 수 있도록 법제를 개혁하여야 한다는 것이다.

조선에서 법전의 기본적인 원천은 '수교(受敎)'이다. 어떤 사건이 매우 중대하다고 여겨지면 국왕은 조정의 회의를 열고 처리 지침을 만들어 사건을 해결한다. 이 지침이 앞으로도 같은 종류의 사건을 해결하는 데 적합하겠다고 판단되면, 국왕의 하명 형식을 갖는 법령으로 만들어지는데, 이를 수교라 한다. 그리고 이후의 시행 과정에서 폐단이 없고 유용하다고 확인된 수교들은 다시 다듬어지고 정리되어 '록(錄)'이라는 이름이 붙은 법전에 실린다. 여기에 수록된 규정들 가운데에 지속적인 적용을 거치면서 영구히 시행할 만한 것이라 판정된 것은 마침내 '대전(大典)'이라는 법전에 오르게 된다.

성종 때에 확정된 《경국대전》(1485)은 이 과정을 거친 규정들을 체계적으로 집대성한 통일 법전이다. 꾸준한 정련을 거쳐 '대전'에 오른 이 규정들은 '양법미의(良法美意)'라 하였다. 백성들에게 항구히 시행할 만한 아름다운 규범이라는 의미이다. 실제로 이 《경국대전》은 조선 왕조가 끝날 때까지 국가 기본 법전의 역할을 수행해 왔고, 그 안에 실린 규정들은 개정되지 않았다. 선왕들이 심혈을 기울여 만들고 오랜 시행으로 검증하여 영원토록 시행할 것으로 판정된 규범은 '조종성헌(祖宗成憲)'이라 불렸고, 이는 함부로 고칠 수 없다고 생각되었다. 왕도에 근접하였다고 여긴 것이다. '대전'에 실린 규정은 조종성헌으로 받아들여졌고, 따라서 국왕이라 해도 그것을 어길 수 없었다.

율곡의 법제 개혁론은 조종성헌을 변혁하자는 것이 아니다. 그는 성종을 이은 연산군 때 제정된 조세 법령이 여전히 백성의 삶을 피폐하게 하는데도 고쳐지지 않는 실정을 지적하는 등 폐단이 있는 여러 법령들을 거론한다. 이런 법령들은 고수할 것이 아니라 바꾸어야만 한다고 역설한다. 그래야 오히려 조종성헌이 회복된다는 것이다. 결국 조종성헌에 해당하지 않는 부당한 법령을 오래된 선왕의 법이라며 고칠 수 없다고 고집하는 권세가들에 대하여, 그런 법령은 변하지 않아야 할 '이'의 영역에 속하는 것이 아니라는 이론적인 공박을 펼친 것이다. 자신의 이기론을 바탕으로 더 나은 세상을 이루려 했던 율곡 이이의 노력은 수기치인의 실천이라 할 만하다.

10 윗글의 내용과 일치하지 <u>않는</u> 것은?

① 성학은 하늘의 도리와 합일된 사람이 되기 위한 학문이다.

② 「성학집요」에는 유학의 이념이 조선에서 실현되기를 바라는 마음이 담겨 있다.

③ '수교'는 특정한 사안을 해결하는 과정을 거쳐 제정된다.

④ '대전'에 오르는 규정은 지속적으로 시행되면서 폐단이 없었다는 요건을 갖추어야 한다.

⑤ 《경국대전》은 확정된 이후에도 시대에 맞게 규정이 개정되면서 기본 법전으로서의 지위를 유지하였다.

11 '율곡'의 관점에서 '이'와 '기'에 대해 설명한 것으로 적절하지 <u>않은</u> 것은?

① 천재지변은 '기'의 현상으로서 여기에도 '이'가 더불어 존재한다.

② '기'는 만물에 내재된 법칙이라는 점에서, 시공을 초월하는 '이'와 대비된다.

③ 법제는 '이'에 속하지 않지만 '이'를 드러낼 수 있도록 다듬어져야 할 대상이다.

④ 탁한 기질을 깨끗하게 변화시켜 '이'라 할 수 있는 선한 본성이 드러나게 할 수 있다.

⑤ 모든 사물들은 동일한 '이'를 갖지만 서로 다른 '기'로 말미암아 다양한 모습으로 나타난다.

12 ㉠에 관한 이해로 가장 적절한 것은?

① '수기'와 '치인'은 각각 '이'와 '기'의 정화를 통해 '성인'이 됨을 목표로 한다.

② '이기지묘'는 '수기'와 '치인'의 상호 대립적이고 분리 가능한 특징을 설명해 준다.

③ '수기'를 위한 수양론과 '치인'을 위한 경세론은 모두 천도의 실현을 목적으로 한다.

④ '이통기국'은 '수기'와 '치인'을 통해 '성인'이 지닌 기질적 병폐의 극복이 가능함을 말해 준다.

⑤ '수기'와 '치인'을 위한 기질 변화 방법으로는 독서와 공부를 통해 시비를 분별하는 '역행'이 있다.

13 윗글의 '율곡'과 〈보기〉의 '플라톤'의 견해를 비교하여 이해한 것으로 가장 적절한 것은?

───[보기]───

플라톤은 물질적이고 가변적인 사물들이 존재하는 현실세계와 비물질적이고 불변적이고 완벽한 이데아들이 존재하는 이상 세계를 구분한다. 이데아는 물질로부터 떨어져 있고 또한 시간과 공간의 제약도 받지 않지만, 마음속의 추상적 개념이 아니라 실제로 존재하는 것이다. 이상 세계에서 영혼으로 존재하면서 이데아를 직접 접했던 인간은, 태어나기 위해 이 땅에 내려오는 과정에서 그에 대한 모든 기억을 상실한다. 물질의 한계로 인해 이데아의 완벽함이 현실 세계에서 똑같이 구현되지는 않지만, 그래도 이데아를 가장 잘 기억하는 사람이 통치자가 되어 그것을 이 땅에서 구현해 내려 한다면 그만큼 좋은 국가를 만들게 될 것이다. 이 통치자가 바로 플라톤이 말하는 '철학자 왕'이다.

① 율곡의 '이'는 플라톤의 '이데아'와 달리 물질과 분리됨이 없이 존재한다.

② 율곡의 '이'는 플라톤의 '이데아'와 달리 시간과 공간의 제약을 받지 않는다.

③ 율곡의 '성인'은 플라톤의 '철학자 왕'과 달리 수양보다는 기억에 의존하여 통치한다.

④ 율곡의 '이'는 플라톤의 '이데아'와 마찬가지로 마음속에 존재하는 추상적 개념이다.

⑤ 율곡이 생각하는 이상 사회는 플라톤의 이상 세계와 마찬가지로 현실에서 완전하게 실현될 수 있다.

14 윗글에 나타난 '율곡'의 법제 개혁론에 대한 설명으로 적절하지 <u>않은</u> 것은?

① 이기론을 바탕으로 한 경세론의 실천으로서 법제 개혁을 주장한다.
② '이'와 '기'에 대해 잘못된 견해를 제시하는 국왕에게 선왕의 법을 개혁할 것을 건의한다.
③ 조종성헌 존중의 전통을 악용하는 이들에 의해 법제 개혁이 가로막히는 경향을 비판한다.
④ 삼강과 같은 불변적 가치를 거론하는 까닭은 결국 법제 개혁의 방향을 제시하기 위한 것이다.
⑤ 《경국대전》이 확정된 이후 연산군 때 제정된 악법들은 개혁 대상이 되어야 한다고 본다.

15 윗글을 바탕으로 〈보기〉의 '숙종'을 이해한 반응으로 가장 적절한 것은? [3점]

─[보기]─

숙종 25년(1699) 회양부사 갑은 자신이 행차하는데 무례했다는 이유로 선비 을을 잡아 곤장을 쳐서 죽게 하였다. 이 사건에 대해 숙종은 사형에 해당하는 죄라고 보았으나, 대신들은 형벌을 집행하다가 일어난 일이니 사형에 해당하지는 않는다는 의견을 올렸다. 이에 숙종은 꾸짖었다. "《경국대전》은 역대 선왕들께서 만들어 한결같이 시행해 온 성스러운 규범이다. 결코 멋대로 적용해서는 아니 된다. 국왕에게 법을 잘못 적용하라고 하는가? 갑이 살아서 나가게 되면 무법의 나라가 된다."
여기서 숙종과 대신들은 아래의 규정들 가운데 어느 규정을 적용할지에 대하여 의견 대립을 보이고 있다.

(가) 《경국대전》 "《대명률》을 형법으로 적용한다."
(나) 《경국대전》 "관리가 형벌 집행을 남용하여 죽음에 이르게 한 경우에는 곤장 100대에 처하고 영구히 관리로 임용하지 않는다."
(다) 《대명률》 "사람을 죽인 자는 사형에 처한다."

① 숙종은 갑의 행위에 (다)를 적용하는 것이 조종성헌을 존중하는 것이라고 보고 있군.
② 숙종은 완성된 지 200년이 넘었다는 이유로 《경국대전》의 규정을 적용하지 않으려 하는군.
③ 숙종이 《대명률》의 규정인 (다)를 적용하려는 것은 '대전'의 규정을 따르지 않는 태도라 해야겠군.
④ 숙종이 (나)의 적용을 찬성하지 않는 이유는 (나)가 양법미의가 될 수 없다고 생각하기 때문이군.
⑤ 숙종은 선왕의 법을 적용하는 대신들의 방식에는 불만이지만 갑의 행위가 정당한 형벌 집행이라고 보는 데는 동의하는군.

(가)

　전국 시대의 혼란을 종식한 진(秦)은 분서갱유를 단행하며 사상 통제를 ⓐ기도했다. 당시 권력자였던 이사(李斯)에게 역사 지식은 전통만 따지는 허언이었고, 학문은 법과 제도에 대해 논란을 일으키는 원인에 불과했다. 이에 따라 전국 시대의 『순자』처럼 다른 사상을 비판적으로 ⓑ흡수하여 통합 학문의 틀을 보여 준 분위기는 일시적으로 약화되었다. 이에 한(漢) 초기 사상가들의 과제는 진의 멸망 원인을 분석하고 이에 기초한 안정적 통치 방안을 제시하며, 힘의 지배를 ⓒ숭상하던 당시 지배 세력의 태도를 극복하는 것이었다. 이러한 과제에 부응한 대표적 사상가는 육가(陸賈)였다.

　순자의 학문을 계승한 그는 한 고조의 치국 계책 요구에 부응해 『신어』를 저술하였다. 이 책을 통해 그는 진의 단명 원인을 가혹한 형벌의 남용, 법률에만 의거한 통치, 군주의 교만과 사치, 그리고 현명하지 못한 인재 등용 등으로 지적하고, 진의 사상 통제가 낳은 폐해를 거론하며 한 고조에게 지식과 학문이 중요함을 설득하고자 하였다. 그에게 지식의 핵심은 현실 정치에 도움을 주는 역사 지식이었다. 그는 역사를 관통하는 자연의 이치에 따라 천문·지리·인사 등 천하의 모든 일을 포괄한다는 ㉠통물(統物)과, 역사 변화 과정에 대한 통찰로서 상황에 맞는 조치를 취하고 기존 규정을 고수하지 않는다는 ㉡통변(通變)을 제시하였다. 통물과 통변이 정치의 세계에 드러나는 것이 ㉢인의(仁義)라고 파악한 그는 힘에 의한 권력 창출을 긍정하면서도 권력의 유지와 확장을 위한 왕도 정치를 제안하며 인의의 실현을 위해 유교 이념과 현실 정치의 결합을 시도하였다.

　인의가 실현되는 정치를 위해 육가는 유교의 범위를 벗어나지 않는 한에서 타 사상을 수용하였다. 예와 질서를 중시하며 교화의 정치를 강조하는 유교를 중심으로 도가의 무위와 법가의 권세를 끌어들였다. 그에게 무위는 형벌을 가벼이 하고 군주의 수양을 강조하는 것으로 평온한 통치의 결과를 의미했고, 권세도 현명한 신하의 임용을 통해 정치권력의 안정을 도모하는 방향성을 가진 것이었기에 원래의 그것과는 차별된 것이었다.

　육가의 사상은 과도한 융통성으로 사상적 정체성이 문제가 되기도 했지만, 군주의 정치 행위에 따라 천명이 결정됨을 지적하고 인의의 실현을 강조한 통합의 사상이었다. 그의 사상은 한 무제 이후 유교 독존의 시대를 여는 데 기여하였다.

(나)

　조선 초기에 진행된 고려 관련 역사서 편찬은 고려 멸망의 필연성과 조선 건국의 정당성을 드러내는 작업이었다. 편찬자들은 다양한 방식으로 고려와 조선의 차별성을 부각하고, 고려보다 조선이 뛰어남을 설득하고자 하였다.

　태조의 명으로 고려 말에 찬술되었던 자료들을 모아 고려에 관한 역사서가 편찬되었지만, 왕실이 아닌 편찬자의 주관이 ⓓ개입되었다는 비판이 제기되는 등 여러 문제점이 지적되었다. 이에 태종은 고려의 역사서를 다시 만들라는 명을 내렸다. 이후 고려의 용어들을 그대로 싣자는 주장과 유교적 사대주의에 따른 명분에 맞추어 고쳐 쓰자는 주장이 맞서는 등 세종 대까지도 논란이 ⓔ계속되었지만, 문종 대에 이르러 『고려사』 편찬이 완성되었다. 이 과정에서 역사 연구에 관심을 기울인 세종은 경서(經書)가 학문의 근본이라면 역사서는 학문을 현실에서 구현하는 것으로 파악하고, 집현전 학자들과의 경연을 통해 경서와 역사서에 대한 이해를 쌓아 갔다.

　이런 분위기에서 세종은 중국과 우리나라의 흥망성쇠를 담은 『치평요람』의 편찬을 명하였고, 집현전 학자들은 원(元)까지의 중국 역사와 고려까지의 우리 역사를 정리하였다. 정리 과정에서 주자학적 역사관이 담긴 『자치통감강목』에 따라 역대 국가를 정통과 비정통으로 구분했지만, 편찬 형식 측면에서는 강목체를 따르지 않았다. 또한 올바른 정치의 여부에 따라 국가의 운명이 다하고 천명이 옮겨 간다는 내용을 드러내고자 기존 역사서와 달리 국가 간 전쟁과 외교 문제, 국가 말기의 혼란과 새 국가 초기의 혼란 수습 등을 부각하였다.

　이러한 편찬 방식은 국가의 흥망성쇠를 거울삼아 국가를 잘 운영하겠다는 목적 이외에 새 국가의 토대를 마련하려는 의도가 전제된 것이었다. 이런 의도가 집중적으로 반영된 곳은 『치평요람』의 『국조(國朝)』 부분이었다. 이 부분의 편찬자들은 유교적 시각에서 고려 정치를 바라보며 불교 사상의 폐단을 비롯한 문제점들을 다각도로 드러냈고, 이를 통해 유교적 사회로의 변화를 주장하였다. 이성계의 능력과 업적을 담기는 했지만 이것이 조선 건국을 정당화하기에는 불충분했기에 세종은 역사적 사실을 배경으로 조선 왕조의 우수성을 부각한 『용비어천가』의 편찬을 지시했다. 이는 왕조의 우수성과 정통성을 경전과 역사의 다양한 근거를 통해 보여 주고자 한 것이었다.

16 (가)와 (나)의 차이점을 중심으로 두 글을 비교하며 읽는 방법으로 가장 적절한 것은?

① (가)는 한(漢)에서, (나)는 조선에서 쓰인 책을 설명하고 있으니, 시대 상황과 사상이 책에 반영된 양상을 비교하며 읽는다.

② (가)는 피지배 계층을, (나)는 지배 계층을 대상으로 한 책을 설명하고 있으니, 예상 독자의 반응 양상을 비교하며 읽는다.

③ (가)는 동일한 시대에, (나)는 서로 다른 시대에 쓰인 책들을 설명하고 있으니, 시대에 따른 창작 환경을 비교하며 읽는다.

④ (가)는 학문적 성격의, (나)는 실용적 성격의 책을 설명하고 있으니, 다양한 분야의 책에 담긴 보편성을 확인하며 읽는다.

⑤ (가)는 국가 주도로, (나)는 개인 주도로 편찬된 책들을 설명하고 있으니, 각 주체별 관심 분야의 차이를 확인하며 읽는다.

17 (가), (나)의 내용과 일치하지 <u>않는</u> 것은?

① 진의 권력자인 이사는 역사 지식과 학문을 부정적인 것으로 인식하였다.

② 전국 시대에는 『순자』처럼 여러 사상을 통합하려는 학문 경향이 있었다.

③ 『치평요람』은 『자치통감강목』의 편찬 형식에 따라 역대 국가를 정통과 비정통으로 구분하여 정리하였다.

④ 『치평요람』의 『국조』는 고려의 문제점들을 보임으로써 사회의 변화를 이끌어야 한다는 주장을 드러내었다.

⑤ 『용비어천가』에는 조선 왕조의 우수성을 드러내고 건국의 정당성을 확보하려는 목적이 담겨 있다.

18 ㉠ ~ ㉢에 대한 이해로 가장 적절한 것은?

① ㉠은 역사 속에서 각광을 받았던 학문 분야들의 개별적 특징을 이해한 것이다.

② ㉡은 도가나 법가 사상을 중심 이념으로 삼아 정치 상황의 변화에 대응하려는 것이다.

③ ㉢은 현명한 신하의 임용과 엄한 형벌의 집행을 전제로 한 평온한 정치의 결과를 의미한다.

④ ㉢은 군주가 부단한 수양과 안정된 권력을 바탕으로 교화의 정치를 펼쳐야 실현되는 것이다.

⑤ ㉠과 ㉡은 역사 지식과 현실 정치를 긴밀히 연결하여 힘으로 권력을 창출하는 것을 의미한다.

19 윗글에서 '육가'와 '집현전 학자들'이 공통적으로 드러내고자 한 내용에 해당하는 것만을 〈보기〉에서 있는 대로 고른 것은?

[보기]

ㄱ. 옛 국가의 역사를 거울삼아 새 국가를 안정적으로 통치하도록 한다.

ㄴ. 옛 국가의 멸망 원인은 잘못된 정치 운영에 있지 않고 새 국가로 천명이 옮겨 온 것에 있다.

ㄷ. 옛 국가에서 드러난 사상적 공백을 채우기 위해 새 국가의 군주는 유교에 따라 통치하도록 한다.

① ㄱ ② ㄴ ③ ㄱ, ㄴ
④ ㄱ, ㄷ ⑤ ㄴ, ㄷ

20 〈보기〉는 동양 역사가들의 견해이다. 〈보기〉를 바탕으로 (가), (나)를 이해한 내용으로 적절하지 <u>않은</u> 것은? [3점]

[보기]

ㄱ. 대부분 옛일의 성패를 논하기 좋아하고 그 일의 진위를 자세히 살피지 않는다. 하지만 진위를 분명히 한 후에야 성패가 어긋나지 않을 수 있다. 이는 역사 서술의 근원인 자료를 바로잡고 깨끗이 한다는 뜻이다.

ㄴ. 고금의 흥망은 현실의 객관적 형세인 시세의 흐름에 따르는 것이며, 사림(士林)의 재주와 덕행으로 말미암은 것은 아니었다. 그러므로 천하의 일은 시세가 제일 중요하고, 행복과 불행이 다음이며, 옳고 그름의 구분은 마지막이라고 하는 것이다.

ㄷ. 도(道)의 본체는 경서에 있지만 그것의 큰 쓰임은 역사서에 담겨 있다. 역사란 선을 높이고 악을 낮추며 선을 권면하고 악을 징계하는 것이다.

① ㄱ의 관점에 따르면,『신어』에 제시된 진의 멸망 원인에 대한 지적은 관련 내용의 진위에 대한 명확한 판별 이후에 이루어져야 하는 것이겠군.

② ㄱ의 관점에 따르면,『고려사』편찬 과정에서 고려의 용어를 고쳐 쓰자고 한 의견은 역사 서술의 근원인 자료를 바로잡고 깨끗이 하자는 것이라고 볼 수 있겠군.

③ ㄴ의 관점에 따르면,『치평요람』에 서술된 국가의 흥망은 그 원인이 인물들의 능력보다는 객관적 형세인 시세의 흐름에 있다고 보아야겠군.

④ ㄷ의 관점에 따르면,『신어』에 제시된 진에 대한 비판은 악을 낮추고 징계하는 것으로 볼 수 있겠군.

⑤ ㄷ의 관점에 따르면,『치평요람』편찬과 관련한 세종의 생각에서 학문의 근본은 도의 본체에, 현실에서 학문의 구현은 도의 큰 쓰임에 대응하겠군.

21 문맥상 ⓐ～ⓔ와 바꿔 쓰기에 적절하지 <u>않은</u> 것은?

① ⓐ : 꾀했다

② ⓑ : 받아들여

③ ⓒ : 믿던

④ ⓓ : 끼어들었다는

⑤ ⓔ : 이어졌지만

[22~25] 다음 글을 읽고 물음에 답하시오.　2020.11 [26~29]

―― (해설 p.045) ――

　신체의 세포, 조직, 장기가 손상되어 더 이상 제 기능을 하지 못할 때에 이를 대체하기 위해 이식을 실시한다. 이때 이식으로 옮겨 붙이는 세포, 조직, 장기를 이식편이라 한다. 자신이나 일란성 쌍둥이의 이식편을 이용할 수 없다면 다른 사람의 이식편으로 '동종 이식'을 실시한다. 그런데 우리의 몸은 자신의 것이 아닌 물질이 체내로 유입될 경우 면역 반응을 일으키므로, 유전적으로 동일하지 않은 이식편에 대해 항상 거부 반응을 일으킨다. 면역적 거부 반응은 면역 세포가 표면에 발현하는 주조직적합복합체(MHC) 분자의 차이에 의해 유발된다. 개체마다 MHC에 차이가 있는데 서로 간의 유전적 거리가 멀수록 MHC에 차이가 커져 거부 반응이 강해진다. 이를 막기 위해 면역 억제제를 사용하는데, 이는 면역 반응을 억제하여 질병 감염의 위험성을 높인다.

　이식에는 많은 비용이 소요될 뿐만 아니라 이식이 가능한 동종 이식편의 수가 매우 부족하기 때문에 이를 대체하는 방법이 개발되고 있다. 우선 인공 심장과 같은 '전자 기기 인공 장기'를 이용하는 방법이 있다. 하지만 이는 장기의 기능을 일시적으로 대체하는 데 사용되며, 추가 전력 공급 및 정기적 부품 교체 등이 요구되는 단점이 있고, 아직 인간의 장기를 완전히 대체할 만큼 정교한 단계에 이르지는 못했다.

　다음으로는 사람의 조직 및 장기와 유사한 다른 동물의 이식편을 인간에게 이식하는 '이종 이식'이 있다. 그런데 이종 이식은 동종 이식보다 거부 반응이 훨씬 심하게 일어난다. 특히 사람이 가진 자연항체는 다른 종의 세포에서 발현되는 항원에 반응하는데, 이로 인해 이종 이식편에 대해서 초급성 거부 반응 및 급성 혈관성 거부 반응이 일어난다. 이런 거부 반응을 일으키는 유전자를 제거한 형질 전환 미니돼지에서 얻은 이식편을 이식하는 실험이 성공한 바 있다. 미니돼지는 장기의 크기가 사람의 것과 유사하고 번식력이 높아 단시간에 많은 개체를 생산할 수 있다는 장점이 있어, 이를 이용한 이종 이식편을 개발하기 위한 연구가 진행되고 있다.

　이종 이식의 또 다른 문제는 ㉠내인성 레트로바이러스이다. 내인성 레트로바이러스는 생명체의 DNA의 일부분으로, 레트로바이러스로부터 유래된 것으로 여겨지는 부위들이다. 이는 바이러스의 활성을 가지지 않으며 사람을 포함한 모든 포유류에 존재한다. ㉡레트로바이러스는 자신의 유전 정보를 RNA에 담고 있고 역전사 효소를 갖고 있는 바이러스로서, 특정한 종류의 세포를 감염시킨다. 유전 정보가 담긴 DNA로부터 RNA가 생성되는 전사 과정만 일어날 수 있는 다른 생명체와는 달리, 레트로바이러스는 다른 생명체의 세포에 들어간 후 역전사 과정을 통해 자신의 RNA를 DNA로 바꾸고 그 세포의 DNA에 끼어들어 감염시킨다. 이후에는 다른 바이러스와 마찬가지로 자신이 속해 있는 생명체를 숙주로 삼아 숙주 세포의 시스템을 이용하여 복제, 증식하고 일정한 조건이 되면 숙주 세포를 파괴한다.

　그런데 정자, 난자와 같은 생식 세포가 레트로바이러스에 감염되고도 살아남는 경우가 있었다. 이런 세포로부터 유래된 자손의 모든 세포가 갖게 된 것이 내인성 레트로바이러스이다. 내인성 레트로바이러스는 세대가 지나면서 돌연변이로 인해 염기 서열의 변화가 일어나며 해당 세포 안에서는 바이러스로 활동하지 않는다. 그러나 내인성 레트로바이러스를 떼어 내어 다른 종의 세포 속에 주입하면 이는 레트로바이러스로 변환되어 그 세포를 감염시키기도 한다. 따라서 미니돼지의 DNA에 포함된 내인성 레트로바이러스를 효과적으로 제거하는 기술이 개발 중에 있다.

　그동안의 대체 기술과 관련된 연구 성과를 토대로 ⓐ이상적인 이식편을 개발하기 위해 많은 연구가 수행되고 있다.

22 윗글에서 알 수 있는 내용으로 적절하지 <u>않은</u> 것은?

① 동종 간보다 이종 간이 MHC 분자의 차이가 더 크다.
② 면역 세포의 작용으로 인해 장기 이식의 거부 반응이 일어난다.
③ 이종 이식을 하는 것만으로도 바이러스 감염의 원인이 될 수 있다.
④ 포유동물은 과거에 어느 조상이 레트로바이러스에 의해 감염된 적이 있다.
⑤ 레트로바이러스는 숙주 세포의 역전사 효소를 이용하여 RNA를 DNA로 바꾼다.

23 ⓐ가 갖추어야 할 조건으로 적절하지 <u>않은</u> 것은?

① 이식편의 비용을 낮추어서 정기 교체가 용이해야 한다.
② 이식편은 대체를 하려는 장기와 크기가 유사해야 한다.
③ 이식편과 수혜자 사이의 유전적 거리를 극복해야 한다.
④ 이식편은 짧은 시간에 대량으로 생산이 가능해야 한다.
⑤ 이식편이 체내에서 거부 반응을 유발하지 않아야 한다.

24 다음은 신문 기사의 일부이다. 윗글을 참고할 때, 기사의 ㉮에 대한 반응으로 적절하지 <u>않은</u> 것은? [3점]

> ## ○○신 문
> ○○○○년 ○○월 ○○일
>
> 최근에 줄기 세포 연구와 3D 프린팅 기술이 급속도로 발전하고 있다. 줄기 세포는 인체의 모든 세포나 조직으로 분화할 수 있다. 그러므로 수혜자 자신의 줄기 세포만을 이용하여 3D 바이오 프린팅 기술로 제작한 ㉮세포 기반 인공 이식편을 만들 수 있을 것으로 전망된다. 이미 미니 폐, 미니 심장 등의 개발 성공 사례가 보고되었다.

① 전자 기기 인공 장기와 달리 전기 공급 없이도 기능을 유지할 수 있겠군.
② 동종 이식편과 달리 이식 후 면역 억제제를 사용할 필요가 없겠군.
③ 동종 이식편과 달리 내인성 레트로바이러스를 제거할 필요가 없겠군.
④ 이종 이식편과 달리 유전자를 조작하는 과정이 필요하지는 않겠군.
⑤ 이종 이식편과 달리 자연항체에 의한 초급성 거부 반응이 일어나지 않겠군.

25 ㉠과 ㉡에 대한 설명으로 가장 적절한 것은?

① ㉠은 ㉡과 달리 자신이 속해 있는 생명체의 모든 세포의 DNA에 존재한다.
② ㉡은 ㉠과 달리 자신의 유전 정보를 DNA에 담을 수 없다.
③ ㉡은 ㉠과 달리 자신이 속해 있는 생명체에 면역 반응을 일으키지 않는다.
④ ㉠과 ㉡은 둘 다 자신이 속해 있는 생명체의 유전 정보를 가지고 있다.
⑤ ㉠과 ㉡은 둘 다 자신이 속해 있는 생명체의 세포를 감염시켜 파괴한다.

　　⊙경마식 보도는 경마 중계를 하듯 지지율 변화나 득표율 예측 등을 집중 보도하는 선거 방송의 한 방식이다. 경마식 보도는 선거일이 가까워질수록 증가한다. 새롭고 재미있는 정보를 원하는 시청자들의 요구에 부응하고, 방송사로서도 매일 새로운 뉴스를 제공하는 방편이 될 수 있기 때문이다. 경마식 보도는 선거와 정치에 무관심한 유권자들의 선거 참여, 정치 참여를 독려하는 장점이 있다. 하지만 흥미를 돋우는 데 치중하는 경마식 보도는 선거의 주요 의제를 도외시하고 경쟁 결과에 초점을 맞춰 선거의 공정성을 저해할 수 있다.

　　경마식 보도의 문제점을 줄이려는 조치가 있다. ㉮「공직선거법」의 규정에 따르면, 당선인을 예상케 하는 여론조사를 실시하는 것은 언제든지 가능하지만, 그 결과의 보도는 선거일 6일 전부터 투표 마감 시각까지 금지된다. 이러한 규정이 국민의 알 권리와 언론의 자유를 침해하는지에 대해 헌법재판소는 신뢰할 수 있는 여론조사 결과라 하더라도 선거일에 임박해 보도하면 선거에 영향을 끼칠 수 있다며 합헌 결정을 내렸다. 「공직선거법」에 근거를 둔 ㉯「선거방송심의에 관한 특별규정」은 유권자에게 영향을 줄 수 있는 사실의 왜곡 보도를 금지하고, 여론조사 결과가 오차 범위 내에 있을 때에 이를 밝히지 않은 채로 서열이나 우열을 나타내는 보도도 금지하고 있다. 언론 단체의 ㉰「선거여론조사보도준칙」은 표본 오차를 감안하여 여론조사 결과를 정확하게 보도하도록 요구한다. 지지율 차이가 오차 범위 내에 있을 때 "경합"이라는 표현은 무방하지만 서열화하거나 "오차 범위 내에서 앞섰다."라는 표현처럼 우열을 나타내어 보도할 수 없다는 것이다.

　　경마식 보도로부터 드러난 선거 방송의 한계를 보완하는 방책 중 하나로 선거 방송 토론회가 활용될 수 있다. 이 토론회를 통해 후보자 간 정책과 자질 등의 차이가 드러날 수 있는데, 현실적인 이유로 초청 대상자는 한정된다. ㉡「공직선거법」의 선거 방송 토론회 규정은 5인 이상의 국회의원을 가진 정당이나 직전 선거에서 3% 이상 득표한 정당이 추천한 후보자, 또는 언론기관의 여론조사 결과 평균 지지율이 5% 이상인 후보자 등을 초청 기준으로 제시하고 있다. 다만 초청 대상이 아닌 후보자들을 위해 별도의 토론회 개최가 가능하고 시간이나 횟수를 다르게 할 수 있다.

　　이러한 규정이 선거 운동의 기회균등 원칙을 침해하는지에 대해 헌법재판소는 위헌이 아니라고 결정했다.

　　ⓐ다수 의견은 방송 토론회의 효율적 운영을 고려할 때 초청 대상 후보자 수가 너무 많으면 제한된 시간 안에 심층적인 토론이 이루어지기 어렵고, 유권자들도 관심이 큰 후보자들의 정책 및 자질을 직접 비교하기 어렵다는 점을 지적하며, 이 규정은 합리적 제한이라고 보았다. 반면 ⓑ소수 의견은 이 규정이 가장 효과적인 선거 운동의 기회를 일부 후보자에게서 박탈하며, 유권자에게도 모든 후보자를 동시에 비교하지 못하게 하고, 초청 대상 후보자 토론회에 참여한 후보자와 그렇지 못한 후보자를 차별적으로 인식하게 만든다고 지적하였다. 이 규정을 소수 정당이나 정치 신인 등에 대한 자의적이고 차별적인 침해라고 본 것이다.

26 ㉠에 대한 설명으로 가장 적절한 것은?

① 선거 기간의 후반기에 비해 전반기에 더 많다.
② 시청자와 방송사의 상반된 이해관계가 반영된다.
③ 당선자 예측과 관련된 정보의 전파에 초점을 맞추지 않는다.
④ 선거의 핵심 의제에 관한 후보자의 입장을 다룬 보도를 중시한다.
⑤ 정치에 관심이 없던 유권자들이 선거에 관심을 갖도록 북돋운다.

27 윗글에서 알 수 있는 내용으로 적절하지 <u>않은</u> 것은?

① 신뢰할 수 있는 여론조사의 결과를 보도하더라도 선거의 공정성을 위협할 수 있다.
② 정당의 추천을 받지 못해도 선거 방송의 초청 대상 후보자 토론회에 참여할 수 있다.
③ 국민의 알 권리와 언론의 자유가 서로 충돌하는지의 문제를 헌법재판소에서 논의한 적이 있다.
④ 선거일에 당선인 예측 선거 여론조사를 실시하고 투표 마감 시각 이후에 그 결과를 보도할 수 있다.
⑤ 「공직선거법」에는 선거 운동의 기회가 모든 후보자에게 균등하게 배분되지 못하도록 할 가능성이 있는 규정이 있다.

 ㉡과 관련하여 ⓐ와 ⓑ의 입장에 대한 반응으로 가장 적절한 것은? [3점]

① 선거 방송 초청 대상 후보자 토론회에서 후보자들이 심층적인 토론을 하지 못한 원인이 시간의 제한이나 참여한 후보자의 수와 관계가 없다면 ⓐ의 입장은 강화되겠군.

② 주요 후보자의 정책이 가진 치명적 허점을 지적하고 좋은 대안을 제시해 유명해진 정치 신인이 선거 방송 초청 대상 후보자 토론회에 초청받지 못한다면 ⓐ의 입장은 약화되겠군.

③ 선거 방송 초청 대상 후보자 토론회에 참여할 적정 토론자의 수를 제한하는 기준이 국민의 합의에 의해 결정되었기 때문에 자의적인 것이 아니라고 한다면 ⓑ의 입장은 강화되겠군.

④ 어떤 후보자가 지지율이 낮은 후보자 간의 별도 토론회에서 뛰어난 정치 역량을 보여 주었음에도 그 토론회에 참여했다는 이유만으로 지지율이 떨어진다면 ⓑ의 입장은 약화되겠군.

⑤ 유권자들이 뛰어난 역량을 가진 소수 정당 후보자를 주요 후보자들과 동시에 비교할 수 있는 가장 효율적인 방법이 선거 방송 초청 대상 후보자 토론회라면 ⓑ의 입장은 약화되겠군.

---

29 ㉮ ~ ㉰에 따라 〈보기〉에 대한 언론 보도를 평가한 내용으로 적절하지 <u>않은</u> 것은?

[보기]

다음은 ○○방송사의 의뢰로 △△여론조사 기관에서 세 차례 실시한 당선인 예측 여론조사 결과의 일부이다. (세 조사 모두 신뢰 수준 95%, 오차 범위 8.8%P임.)

구분		1차 조사	2차 조사	3차 조사
조사일		선거일 15일 전	선거일 10일 전	선거일 5일 전
조사 결과	A후보	42%	38%	39%
	B후보	32%	37%	38%
	C후보	18%	17%	17%

① 1차 조사 결과를 선거일 14일 전에 "A후보, 10%P 이상의 차이로 B후보와 C후보에 우세"라고 보도하는 것은 ㉯와 ㉰ 중 어느 것에도 위배되지 않겠군.

② 2차 조사 결과를 선거일 9일 전에 "A후보는 B후보에 조금 앞서고, C후보는 3위"라고 보도하는 것은 ㉯에 위배되지만, ㉰에 위배되지 않겠군.

③ 3차 조사 결과를 선거일 4일 전에 "A후보는 오차 범위 내에서 1위"라고 보도하는 것은 ㉮와 ㉰에 모두 위배되겠군.

④ 1차 조사 결과를 선거일 14일 전에 "A후보 1위, B후보 2위, C후보 3위"라고 보도하는 것은 ㉯에 위배되지 않고, 2차 조사 결과를 선거일 9일 전에 같은 표현으로 보도하는 것은 ㉰에 위배되겠군.

⑤ 2차 조사 결과를 선거일 9일 전에 "B후보, A후보와 오차 범위 내 경합"이라고 보도하는 것은 ㉰에 위배되지 않고, 3차 조사 결과를 선거일 4일 전에 같은 표현으로 보도하는 것은 ㉮에 위배되겠군.

[30~33] 다음 글을 읽고 물음에 답하시오.　　2025.11 [14~17]

———— (해설 p.063) ————

　　리프킨은 사회적 상호 작용에서의 자기표현은 본질적으로 연극적이며, 표면 연기와 심층 연기로 ⓐ이루어진다고 언급했다. 표면 연기는 내면의 자연스러운 감정보다 의례적인 표현과 같은 형식에 집중하여 연기하는 것이고, 심층 연기는 내면의 솔직한 정서를 ⓑ불러내어 자신의 진정성을 보여 주는 것이다. 인터넷에서의 커뮤니케이션에 주목한 리프킨은 가상 공간에서 자기표현이 더욱 활발히 이루어진다고 보았다.

　　가상 공간의 특성에 주목한 연구자들은 사람들과의 관계 속에서 드러나는 고유한 존재로서의 위상을 뜻하는 자기 정체성이 가상 공간에서 다양하게 ⓒ나타난다고 본다. 가상 공간에서는 익명성이 작동하므로 현실에서 위축되는 사람도 적극적으로 자기표현을 할 수 있다. 아울러 현실에서의 자기 정체성을 ⓓ감추고 다른 인격체로 활동하거나 현실에서 억압된 정서를 공격적으로 드러내기도 한다. 게임 아이디, 닉네임, 아바타 등 가상 공간에서 개별적 대상으로 인식되는 '인터넷 ID'에 대한 사이버 폭력이 ⓔ넘쳐 나는 현실도 이와 무관하지 않다.

　　사이버 폭력과 관련하여, 인터넷 ID만을 알고 있는 상황에서 그에 대해 명예훼손이나 모욕 등의 공격이 있을 때 가해자에게 법적인 책임을 물을 수 있는지에 대한 논란이 있어 왔다. 이는 인터넷 ID가 사회적 평판인 명예의 주체로 인정될 수 있는가와 관련된다. 인터넷 ID의 명예 주체성을 ㉠인정하는 입장에 따르면, 자기 정체성은 일원적·고정적인 것이 아니라 현실 세계와 가상 공간에 걸쳐 존재하고 상호 작용하는 복합적인 것이다. 인터넷에서의 자기 정체성은 사용자 개인의 자기 정체성의 일부이기 때문에 자기 정체성을 가진 인터넷 ID의 명예 역시 보호되어야 한다. 반면 ㉡인정하지 않는 입장에 따르면, 생성·변경·소멸이 자유롭고 복수로 개설이 가능한 인터넷 ID는 그 사용자인 개인을 가상 공간에서 구별하는 장치에 불과하다. 인터넷 ID는 현실에서의 성명과 달리 그 사용자인 개인과 동일시될 수 없고, 인터넷 ID 자체는 사람이 아니므로 명예 주체성을 인정할 수 없다는 것이다.

　　㉮대법원은 실명을 거론한 경우는 물론, 실명을 거론하지 않았더라도 주위 사정을 종합할 때 지목된 사람이

누구인지를 제3자가 알 수 있는 경우에는 명예훼손이나 모욕에 대한 가해자의 법적 책임이 성립한다고 판시해 왔다. 이를 수용한 헌법재판소에서는 인터넷 ID와 관련된 명예훼손·모욕 사건의 헌법 소원에 대한 결정을 내린 바 있다. 이 결정에서 ㉯다수 의견은 인터넷 ID만을 알 수 있을 뿐 그 사용자가 누구인지 제3자가 알 수 없다면 피해자가 특정되지 않아 명예훼손이나 모욕에 대한 가해자의 법적 책임이 성립하지 않는다고 보았다. 반면 인터넷 ID는 가상 공간에서 성명과 같은 기능을 하므로 제3자의 인식 여부가 법적 책임의 근거가 될 수 없다는 ㉰소수 의견도 제시되었다.

30 윗글의 내용과 일치하지 <u>않는</u> 것은?

① 심층 연기는 내면의 진솔한 정서를 드러내기 위해 형식에 집중하는 자기표현이다.

② 리프킨은 현실 세계보다 가상 공간에서 자기표현이 더욱 왕성하게 드러난다고 보았다.

③ 가상 공간에서 개별적인 것으로 인식되는 아바타는 사이버 폭력의 대상이 될 수 있다.

④ 익명성은 가상 공간에서 자기 정체성이 다양하게 나타나는 데 영향을 미치는 가상 공간의 특성이다.

⑤ 가상 공간에서의 자기 정체성은 현실에서의 자기 정체성과 마찬가지로 타인과의 관계 속에서 나타난다.

31 ㉠과 ㉡에 대한 이해로 가장 적절한 것은?

① ㉠은 ㉡과 달리 자기 정체성을 단일하고 고정적인 것으로 파악하겠군.

② ㉠은 ㉡과 달리 인터넷 ID에 대한 공격을 그 사용자인 개인에 대한 공격이라고 보겠군.

③ ㉡은 ㉠과 달리 인터넷에서의 자기 정체성과 현실 세계의 자기 정체성이 상호 작용을 한다고 보겠군.

④ ㉡은 ㉠과 달리 인터넷 ID는 복수 개설이 가능하므로 자기 정체성이 복합적으로 구성된다고 보겠군.

⑤ ㉠과 ㉡은 모두, 인터넷 ID마다 개인의 자기 정체성이 다르다고 보겠군.

32 윗글을 바탕으로 〈보기〉를 이해한 내용으로 적절하지 <u>않은</u> 것은? [3점]

○○인터넷 카페의 이용자 A는 a, B는 b, C는 c라는 ID를 사용한다. 박사 학위 소지자인 A는 □□전시관의 해설사이고, B는 같은 전시관에서 물고기 관리를 혼자 전담한다. 이 전시관의 누리집에는 직무별로 담당자가 공개되어 있다. 어떤 사람이 □□전시관에서 A의 해설을 듣고 A의 실명을 언급한 후기를 카페 게시판에 올리자 다음과 같은 댓글이 달렸다.

A의 해설에 대한 후기
b A가 박사인지 의심스럽다. A는 #~#.
a □□ 전시관에서 물고기를 관리하는 b는 #~#.
c 게시판 분위기를 흐리는 a는 #~#.

(단, '#~#'는 명예를 훼손하거나 모욕을 주는 표현이고 A, B, C는 실명이다. ID로는 그 사용자의 개인 정보를 알 수 없으며, A, B, C의 법적 책임에 영향을 미치는 다른 요소는 고려하지 않는다.)

① ㉮는 B가 가해자로서의 법적 책임을 져야 하지만 C는 가해자로서의 법적 책임을 지지 않는다고 보겠군.
② ㉯는 B가 가해자로서의 법적 책임을 져야 하지만 A는 가해자로서의 법적 책임을 지지 않는다고 보겠군.
③ ㉮와 ㉰는 A가 가해자로서의 법적 책임을 져야 하는지의 여부에 대해 같게 보겠군.
④ ㉯와 ㉰는 B가 가해자로서의 법적 책임을 져야 하는지의 여부에 대해 같게 보겠군.
⑤ ㉮, ㉯, ㉰가, C가 가해자로서의 법적 책임을 져야 하는지의 여부에 대해 판단한 내용이 모두 같지는 않겠군.

33 문맥상 ⓐ~ⓔ와 바꿔 쓰기에 가장 적절한 것은?

① ⓐ: 완성(完成)된다고
② ⓑ: 요청(要請)하여
③ ⓒ: 표출(表出)된다고
④ ⓓ: 기만(欺瞞)하고
⑤ ⓔ: 확충(擴充)되는

— (해설 p.069) —

하루에 필요한 에너지의 양은 하루 동안의 총 열량 소모량인 대사량으로 구한다. 그중 기초 대사량은 생존에 필수적인 에너지로, 쾌적한 온도에서 편히 쉬는 동물이 공복 상태에서 생성하는 열량으로 정의된다. 이때 체내에서 생성한 열량은 일정한 체온에서 체외로 발산되는 열량과 같다. 기초 대사량은 개체에 따라 대사량의 60~75%를 차지하고, 근육량이 많을수록 증가한다.

기초 대사량은 직접법 또는 간접법으로 구한다. ㉠직접법은 온도가 일정하게 유지되고 공기의 출입량을 알고 있는 호흡실에서 동물이 발산하는 열량을 열량계를 이용해 측정하는 방법이다. ㉡간접법은 호흡 측정 장치를 이용해 동물의 산소 소비량과 이산화 탄소 배출량을 측정하고, 이를 기준으로 체내에서 생성된 열량을 추정하는 방법이다.

19세기의 초기 연구는 체외로 발산되는 열량이 체표 면적에 비례한다고 보았다. 즉 그 둘이 항상 일정한 비(比)를 갖는다는 것이다. 체표 면적은 (체중)$^{0.67}$에 비례하므로, 기초 대사량은 체중이 아닌 (체중)$^{0.67}$에 비례한다고 하였다. 어떤 변수의 증가율은 증가 후 값을 증가 전 값으로 나눈 값이므로, 체중이 W에서 2W로 커지면 체중의 증가율은 (2W)/(W) = 2이다. 이 경우에 기초 대사량의 증가율은 (2W)$^{0.67}$/(W)$^{0.67}$ = 2$^{0.67}$, 즉 약 1.6이 된다.

1930년대에 클라이버는 생쥐부터 코끼리까지 다양한 크기의 동물의 기초 대사량 측정 결과를 분석했다. 그래프의 가로축 변수로 동물의 체중을, 세로축 변수로 기초 대사량을 두고, 각 동물별 체중과 기초 대사량의 순서쌍을 점으로 나타냈다.

가로축과 세로축 두 변수의 증가율이 서로 다를 경우, 그 둘의 증가율이 같을 때와 달리, '일반적인 그래프'에서 이 점들은 직선이 아닌 어떤 곡선의 주변에 분포한다. 그런데 순서쌍의 값에 상용로그를 취해 새로운 순서쌍을 만들어서 이를 〈그림〉과 같이 그래프에 표시하면, 어떤 직선의 주변에 점들이 분포하는 것으로 나타난다. 그러면 그 직선의 기울기를 이용해 두 변수의 증가율을 비교할 수 있다. 〈그림〉에서 X와 Y는 각각 체중과 기초 대사량에 상용로그를 취한 값이다. 이런 방식으로 표현한 그래프를 'L-그래프'라 하자.

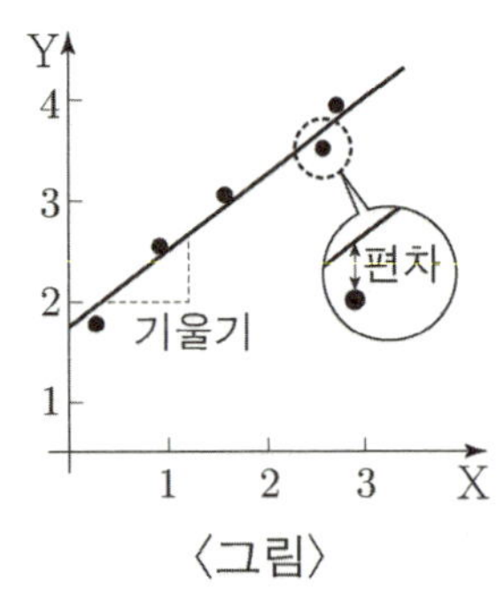

체중의 증가율에 비해, 기초 대사량의 증가율이 작다면 L-그래프에서 직선의 기울기는 1보다 작으며 기초 대사량의 증가율이 작을수록 기울기도 작아진다. 만약 체중의 증가율과 기초 대사량의 증가율이 같다면 L-그래프에서 직선의 기울기는 1이 된다.

이렇듯 L-그래프와 같은 방식으로 표현할 때, 생물의 어떤 형질이 체중 또는 몸 크기와 직선의 관계를 보이며 함께 증가하는 경우 그 형질은 '상대 성장'을 한다고 한다. 동일 종에서의 심장, 두뇌와 같은 신체 기관의 크기도 상대 성장을 따른다.

한편, 그래프에서 가로축과 세로축 두 변수의 관계를 대변하는 최적의 직선의 기울기와 절편은 최소 제곱법으로 구할 수 있다. 우선, 그래프에 두 변수의 순서쌍을 나타낸 점들 사이를 지나는 임의의 직선을 그린다. 각 점에서 가로축에 수직 방향으로 직선까지의 거리인 편차의 절댓값을 구하고 이들을 각각 제곱하여 모두 합한 것이 '편차 제곱 합'이며, 편차 제곱 합이 가장 작은 직선을 구하는 것이 최소 제곱법이다.

클라이버는 이런 방법에 근거하여 L-그래프에 나타난 최적의 직선의 기울기로 0.75를 얻었고, 이에 따라 동물의 (체중)$^{0.75}$에 기초 대사량이 비례한다고 결론지었다. 이것을 '클라이버의 법칙'이라 하며, (체중)$^{0.75}$을 대사 체중이라 부른다. 대사 체중은 치료제 허용량의 결정에도 이용되는데, 이때 그 양은 대사 체중에 비례하여 정한다. 이는 치료제 허용량이 체내 대사와 밀접한 관련이 있기 때문이다.

34 윗글의 내용과 일치하지 <u>않는</u> 것은?

① 클라이버의 법칙은 동물의 기초 대사량이 대사 체중에 비례한다고 본다.

② 어떤 개체가 체중이 늘 때 다른 변화 없이 근육량이 늘면 기초 대사량이 증가한다.

③ 'L-그래프'에서 직선의 기울기는 가로축과 세로축 두 변수의 증가율의 차이와 동일하다.

④ 최소 제곱법은 두 변수 간의 관계를 나타내는 최적의 직선의 기울기와 절편을 알게 해 준다.

⑤ 동물의 신체 기관인 심장과 두뇌의 크기는 몸무게나 몸의 크기에 상대 성장을 하며 발달한다.

35 윗글을 읽고 추론한 내용으로 적절하지 <u>않은</u> 것은?

① 일반적인 경우 기초 대사량은 하루에 소모되는 총 열량 중에 가장 큰 비중을 차지하겠군.

② 클라이버의 결론에 따르면, 기초 대사량이 동물의 체표 면적에 비례한다고 볼 수 없겠군.

③ 19세기의 초기 연구자들은 체중의 증가율보다 기초 대사량의 증가율이 작다고 생각했겠군.

④ 코끼리에게 적용하는 치료제 허용량을 기준으로, 체중에 비례하여 생쥐에게 적용할 허용량을 정한 후 먹이면 과다 복용이 될 수 있겠군.

⑤ 클라이버의 법칙에 따르면, 동물의 체중이 증가함에 따라 함께 늘어나는 에너지의 필요량이 이전 초기 연구에서 생각했던 양보다 많겠군.

36 ㉠, ㉡에 대한 이해로 가장 적절한 것은?

① ㉠은 체온을 환경 온도에 따라 조정하는 변온 동물이 체외로 발산하는 열량을 측정할 수 없다.

② ㉡은 동물이 호흡에 이용한 산소의 양을 알 필요가 없다.

③ ㉠은 ㉡과 달리 격한 움직임이 제한된 편하게 쉬는 상태에서 기초 대사량을 구한다.

④ ㉠과 ㉡은 모두 일정한 체온에서 동물이 체외로 발산하는 열량을 구할 수 있다.

⑤ ㉠과 ㉡은 모두 생존에 필수적인 최소한의 에너지를 공급하면서 기초 대사량을 구한다.

37 윗글을 바탕으로 〈보기〉를 탐구한 내용으로 가장 적절한 것은? [3점]

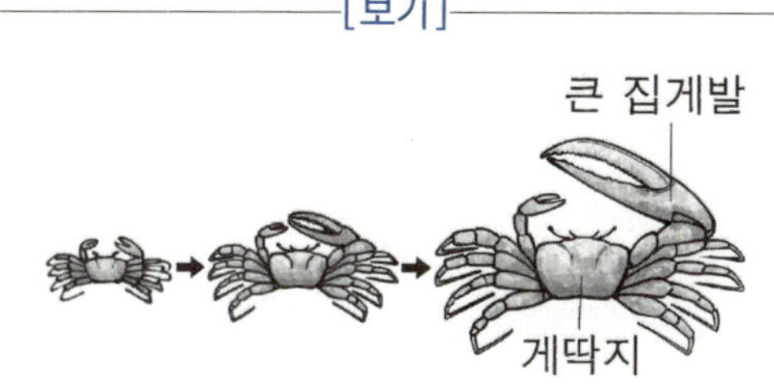

농게의 수컷은 집게발 하나가 매우 큰데, 큰 집게발의 길이는 게딱지의 폭에 '상대 성장'을 한다. 농게의 ⓐ게딱지 폭을 이용해 ⓑ큰 집게발의 길이를 추정하기 위해, 다양한 크기의 농게의 게딱지 폭과 큰 집게발의 길이를 측정하여 다수의 순서쌍을 확보했다. 그리고 'L-그래프'와 같은 방식으로, 그래프의 가로축과 세로축에 각각 게딱지 폭과 큰 집게발의 길이에 해당하는 값을 놓고 분석을 실시했다.

① 최적의 직선을 구한다고 할 때, 최적의 직선의 기울기가 1보다 작다면 ⓐ에 ⓑ가 비례한다고 할 수 없겠군.

② 최적의 직선을 구하여 ⓐ와 ⓑ의 증가율을 비교하려고 할 때, 점들이 최적의 직선으로부터 가로축에 수직 방향으로 멀리 떨어질수록 편차 제곱 합은 더 작겠군.

③ ⓐ의 증가율보다 ⓑ의 증가율이 크다면, 점들의 분포가 직선이 아닌 어떤 곡선의 주변에 분포하겠군.

④ ⓐ의 증가율보다 ⓑ의 증가율이 작다면, 점들 사이를 지나는 최적의 직선의 기울기는 1보다 크겠군.

⑤ ⓐ의 증가율과 ⓑ의 증가율이 같고 '일반적인 그래프'에서 순서쌍을 점으로 표시한다면, 점들은 직선이 아닌 어떤 곡선의 주변에 분포하겠군.

[38~43] 다음 글을 읽고 물음에 답하시오.   2020.06 [37~42]

——— (해설 p.078) ———

우리는 한 대의 자동차는 개체라고 하지만 바닷물을 개체라고 하지는 않는다. 어떤 부분들이 모여 하나의 개체를 ⓐ이룬다고 할 때 이를 개체라고 부를 수 있는 조건은 무엇일까? 일단 부분들 사이의 유사성은 개체성의 조건이 될 수 없다. 가령 일란성 쌍둥이인 두 사람은 DNA 염기 서열과 외모도 같지만 동일한 개체는 아니다. 그래서 부분들의 강한 유기적 상호작용이 그 조건으로 흔히 제시된다. 하나의 개체를 구성하는 부분들은 외부 존재가 개체에 영향을 주는 것과는 비교할 수 없이 강한 방식으로 서로 영향을 주고받는다.

상이한 시기에 존재하는 두 대상을 동일한 개체로 판단하는 조건도 물을 수 있다. 그것은 두 대상 사이의 인과성이다. 과거의 '나'와 현재의 '나'를 동일하다고 볼 수 있는 것은 강한 인과성이 존재하기 때문이다. 과거의 '나'와 현재의 '나'는 세포 분열로 세포가 교체되는 과정을 통해 인과적으로 연결되어 있다. 또 '나'가 세포 분열을 통해 새로운 개체를 생성할 때도 '나'와 '나의 후손'은 인과적으로 연결되어 있다. 비록 '나'와 '나의 후손'은 동일한 개체는 아니지만 '나'와 다른 개체들 사이에 비해 더 강한 인과성으로 연결되어 있다.

개체성에 대한 이러한 철학적 질문은 생물학에서도 중요한 연구 주제가 된다. 생명체를 구성하는 단위는 세포이다. 세포는 생명체의 고유한 유전 정보가 담긴 DNA를 가지며 이를 복제하여 증식하고 번식하는 과정을 통해 자신의 DNA를 후세에 전달한다. 세포는 사람과 같은 진핵생물의 진핵세포와, 박테리아나 고세균과 같은 원핵생물의 원핵세포로 구분된다. 진핵세포는 세포질에 막으로 둘러싸인 핵이 ⓑ있고 그 안에 DNA가 있지만, 원핵세포는 핵이 없다. 또한 진핵세포의 세포질에는 막으로 둘러싸인 여러 종류의 세포 소기관이 있으며, 그중 미토콘드리아는 세포 활동에 필요한 생체 에너지를 생산하는 기관이다. 대부분의 진핵세포는 미토콘드리아를 필수적으로 ⓒ가지고 있다.

이러한 미토콘드리아가 원래 박테리아의 한 종류인 원생미토콘드리아였다는 이론이 20세기 초에 제기되었다. 공생발생설 또는 세포 내 공생설이라고 불리는 이 이론에서는 두 원핵생물 간의 공생 관계가 지속되면서 진핵세포를 가진 진핵생물이 탄생했다고 설명한다. 공생은 서로 다른 생명체가 함께 살아가는 것을 말하며, 서로 다른 생명체를 가정하는 것은 어느 생명체의 세포 안에서 다른 생명체가 공생하는 '내부 공생'에서도 마찬가지이다. ㉠공생발생설은 한동안 생물학계로부터 인정받지 못했다. 미토콘드리아의 기능과 대략적인 구조, 그리고 생명체 간 내부 공생의 사례는 이미 알려졌지만 미토콘드리아가 과거에 독립된 생명체였다는 것을 쉽게 믿을 수 없었기 때문이었다. 그리고 한 생명체가 세대를 이어 가는 과정 중에 돌연변이와 자연선택이 일어나고, 이로 인해 종이 진화하고 분화한다고 보는 전통적인 유전학에서 두 원핵생물의 결합은 주목받지 못했다. 그러다가 전자 현미경의 등장으로 미토콘드리아의 내부까지 세밀히 관찰하게 되고, 미토콘드리아 안에는 세포핵의 DNA와는 다른 DNA가 있으며 단백질을 합성하는 자신만의 리보솜을 가지고 있다는 사실이 ⓓ밝혀지면서 공생발생설이 새롭게 부각되었다.

공생발생설에 따르면 진핵생물은 원생미토콘드리아가 고세균의 세포 안에서 내부 공생을 하다가 탄생했다고 본다. 고세균의 핵의 형성과 내부 공생의 시작 중 어느 것이 먼저인지에 대해서는 논란이 있지만, 고세균은 세포질에 핵이 생겨 진핵세포가 되고 원생미토콘드리아는 세포 소기관인 미토콘드리아가 되어 진핵 생물이 탄생했다는 것이다. 미토콘드리아가 원래 박테리아의 한 종류였다는 근거는 여러 가지가 있다. 박테리아와 마찬가지로 새로운 미토콘드리아는 이미 존재하는 미토콘드리아의 '이분 분열'을 통해서만 ⓔ만들어진다. 미토콘드리아의 막에는 진핵 세포막의 수송 단백질과는 다른 종류의 수송 단백질인 포린이 존재하고 박테리아의 세포막에 있는 카디오리핀이 존재한다. 또 미토콘드리아의 리보솜은 진핵세포의 리보솜보다 박테리아의 리보솜과 더 유사하다.

미토콘드리아는 여전히 고유한 DNA를 가진 채 복제와 증식이 이루어지는데도, 미토콘드리아와 진핵세포 사이의 관계를 공생 관계로 보지 않는 이유는 무엇일까? 두 생명체가 서로 떨어져서 살 수 없더라도 각자의 개체성을 잃을 정도로 유기적 상호작용이 강하지 않다면 그 둘은 공생 관계에 있다고 보는데, 미토콘드리아와 진핵세포 간의 유기적 상호작용은 둘을 다른 개체로 볼 수 없을 만큼 매우 강하기 때문이다. 미토콘드리아가 개체성을 잃고 세포 소기관이 되었다고 보는 근거는, 진핵세포가 미토콘드리아의 증식을 조절하고, 자신을 복제

하여 증식할 때 미토콘드리아도 함께 복제하여 증식시
킨다는 것이다. 또한 미토콘드리아의 유전자의 많은 부
분이 세포핵의 DNA로 옮겨 가 미토콘드리아의 DNA 길
이가 현저히 짧아졌다는 것이다. 미토콘드리아에서 일
어나는 대사 과정에 필요한 단백질은 세포핵의 DNA로
부터 합성되고, 미토콘드리아의 DNA에 남은 유전자 대
부분은 생체 에너지를 생산하는 역할을 한다. 예컨대
사람의 미토콘드리아는 37개의 유전자만 있을 정도로
DNA 길이가 짧다.

38 윗글의 내용 전개 방식으로 가장 적절한 것은?

① 개체성과 관련된 예를 제시한 후 공생발생설에 대한
다양한 견해를 비교하고 있다.

② 개체에 대한 정의를 제시한 후 세포의 생물학적 개념
이 확립되는 과정을 서술하고 있다.

③ 개체성의 조건을 제시한 후 세포 소기관의 개체성에
대해 공생발생설을 중심으로 설명하고 있다.

④ 개체의 유형을 분류한 후 세포의 소기관이 분화되는
과정을 공생발생설을 중심으로 설명하고 있다.

⑤ 개체와 관련된 개념들을 설명한 후 세포가 하나의 개
체로 변화하는 과정을 인과적으로 서술하고 있다.

39 윗글에 대한 이해로 적절하지 <u>않은</u> 것은?

① 유사성은 아무리 강하더라도 개체성의 조건이 될 수
없다.

② 바닷물을 개체라고 말하기 어려운 이유는 유기적 상
호작용이 약하기 때문이다.

③ 새로운 미토콘드리아를 복제하기 위해서는 세포 안에
미토콘드리아가 반드시 있어야 한다.

④ 미토콘드리아의 대사 과정에 필요한 단백질은 미토콘
드리아의 막을 통과하여 세포질로 이동해야 한다.

⑤ 진핵세포가 되기 전의 고세균이 원생미토콘드리아보
다 진핵세포와 더 강한 인과성으로 연결되어 있다.

40 윗글을 참고할 때, ㉠의 이유로 가장 적절한 것은?

① 진핵세포가 세포 소기관을 가지고 있다는 사실을 알
지 못했기 때문이다.

② 공생발생설이 당시의 유전학 이론에 어긋난다는 근거
가 부족했기 때문이다.

③ 한 생명체가 다른 생명체의 세포 속에서 살 수 있다는
근거가 부족했기 때문이다.

④ 미토콘드리아가 진핵세포의 활동에 중요한 기능을 한
다는 사실을 알지 못했기 때문이다.

⑤ 미토콘드리아가 자신의 고유한 유전 정보를 전달할
수 있다는 것을 알지 못했기 때문이다.

41 〈보기〉는 진핵세포의 세포 소기관을 연구한 결과들이다.
윗글을 바탕으로 할 때, 각각의 세포 소기관이 박테리아로부터
비롯되었다고 판단할 수 있는 것만을 〈보기〉에서 고른 것은?

[보기]

ㄱ. 세포 소기관이 자신의 DNA를 가지고 있다는 것
과 이분 분열을 한다는 것을 확인하였다.

ㄴ. 세포 소기관이 자신의 DNA를 가지고 있다는 것
과 진핵세포의 리보솜을 가지고 있다는 것을 확
인하였다.

ㄷ. 세포 소기관이 막으로 둘러싸여 있다는 것과 막
에는 수송 단백질이 있는 것을 확인하였다.

ㄹ. 세포 소기관이 막으로 둘러싸여 있다는 것과 막
에는 다량의 카디오리핀이 있는 것을 확인하였다.

① ㄱ, ㄷ   ② ㄱ, ㄹ   ③ ㄴ, ㄷ
④ ㄴ, ㄹ   ⑤ ㄷ, ㄹ

42 윗글을 바탕으로 〈보기〉를 이해한 내용으로 적절하지 <u>않은</u> 것은? [3점]

---[보기]---

○ 복어는 테트로도톡신이라는 신경 독소를 가지고 있지만 테트로도톡신을 스스로 만들지 못하고 체내에서 서식하는 미생물이 이를 생산한다. 복어는 독소를 생산하는 미생물에게 서식처를 제공하는 대신 포식자로부터 자신을 방어할 수 있는 무기를 갖게 되었다. 만약 복어의 체내에 있는 미생물을 제거하면 복어는 독소를 가지지 못하나 생존에는 지장이 없었다.

○ 실험실의 아메바가 병원성 박테리아에 감염되어 대부분의 아메바가 죽고 일부 아메바는 생존하였다. 생존한 아메바의 세포질에서 서식하는 박테리아는 스스로 복제하여 증식할 수 있었고 더 이상 병원성을 지니지는 않았다. 아메바에게는 무해하지만 박테리아에게는 치명적인 항생제를 아메바에게 투여하면 박테리아와 함께 아메바도 죽었다.

① 병원성을 잃은 '아메바의 세포질에서 서식하는 박테리아'는 세포 소기관으로 변한 것이겠군.

② 복어의 '체내에서 서식하는 미생물'은 '복어'와의 유기적 상호작용이 강해진다면 개체성을 잃을 수 있겠군.

③ 복어의 세포가 증식할 때 복어의 체내에서 '독소를 생산하는 미생물'의 DNA도 함께 증식하는 것은 아니겠군.

④ '아메바의 세포질에서 서식하는 박테리아'가 개체성을 잃었다면 '아메바의 세포질에서 서식하는 박테리아'의 DNA 길이는 짧아졌겠군.

⑤ '아메바의 세포질에서 서식하는 박테리아'와 '아메바' 사이의 관계와 '복어'와 '독소를 생산하는 미생물' 사이의 관계는 모두 공생 관계이겠군.

43 문맥상 ⓐ~ⓔ와 바꿔 쓰기에 적절하지 <u>않은</u> 것은?

① ⓐ : 구성(構成)한다고

② ⓑ : 존재(存在)하고

③ ⓒ : 보유(保有)하고

④ ⓓ : 조명(照明)되면서

⑤ ⓔ : 생성(生成)된다

[44~49] 다음 글을 읽고 물음에 답하시오.　　2019.11 [27~32]

──── (해설 p.090) ────

　16세기 전반에 서양에서 태양 중심설을 지구 중심설의 대안으로 제시하며 시작된 천문학 분야의 개혁은 경험주의의 확산과 수리 과학의 발전을 통해 형이상학을 뒤바꾸는 변혁으로 이어졌다. 서양의 우주론이 전파되자 중국에서는 중국과 서양의 우주론을 회통하려는 시도가 전개되었고, 이 과정에서 자신의 지적 유산에 대한 관심이 제고되었다.

　복잡한 문제를 단순화하여 푸는 수학적 전통을 이어받은 코페르니쿠스는 천체의 운행을 단순하게 기술할 방법을 찾고자 하였고, 그것이 ⓐ일으킬 형이상학적 문제에는 별 관심이 없었다. 고대의 아리스토텔레스와 프톨레마이오스는 우주의 중심에 고정되어 움직이지 않는 지구의 주위를 달, 태양, 다른 행성들의 천구들과, 항성들이 붙어 있는 항성 천구가 회전한다는 지구 중심설을 내세웠다. 그와 달리 코페르니쿠스는 태양을 우주의 중심에 고정하고 그 주위를 지구를 비롯한 행성들이 공전하며 지구가 자전하는 우주 모형을 ⓑ만들었다. 그러자 프톨레마이오스보다 훨씬 적은 수의 원으로 행성들의 가시적인 운동을 설명할 수 있었고 행성이 태양에서 멀수록 공전 주기가 길어진다는 점에서 단순성이 충족되었다. 그러나 아리스토텔레스의 형이상학을 고수하는 다수 지식인과 종교 지도자들은 그의 이론을 받아들이려 하지 않았다. 왜냐하면 그것은 지상계와 천상계를 대립시키는 아리스토텔레스의 이분법적 구도를 무너뜨리고, 신의 형상을 ⓒ지닌 인간을 한갓 행성의 거주자로 전락시키는 것으로 여겨졌기 때문이다.

　16세기 후반에 브라헤는 코페르니쿠스 천문학의 장점은 인정하면서도 아리스토텔레스 형이상학과의 상충을 피하고자 우주의 중심에 지구가 고정되어 있고, 달과 태양과 항성들은 지구 주위를 공전하며, 지구 외의 행성들은 태양 주위를 공전하는 모형을 제안하였다. 그러나 케플러는 우주의 수적 질서를 신봉하는 형이상학인 신플라톤주의에 매료되었기 때문에, 태양을 우주 중심에 배치하여 단순성을 추구한 코페르니쿠스의 천문학을 받아들였다. 하지만 그는 경험주의자였기에 브라헤의 천체 관측치를 활용하여 태양 주위를 공전하는 행성의 운동 법칙들을 수립할 수 있었다. 우주의 단순성을 새롭게 보

여 주는 이 법칙들은 아리스토텔레스 형이상학을 더 이상 온존할 수 없게 만들었다.

　17세기 후반에 뉴턴은 태양 중심설을 역학적으로 정당화하였다. 그는 만유인력 가설로부터 케플러의 행성 운동 법칙들을 성공적으로 연역했다. 이때 가정된 만유인력은 두 질점*이 서로 당기는 힘으로, 그 크기는 두 질점의 질량의 곱에 비례하고 거리의 제곱에 반비례한다. 지구를 포함하는 천체들이 밀도가 균질하거나 구 대칭*을 이루는 구라면 [A] 천체가 그 천체 밖 어떤 질점을 당기는 만유인력은, 그 천체를 잘게 나눈 부피 요소들 각각이 그 천체 밖 어떤 질점을 당기는 만유인력을 모두 더하여 구할 수 있다. 또한 여기에서 지구보다 질량이 큰 태양과 지구가 서로 당기는 만유인력이 서로 같음을 증명할 수 있다. 뉴턴은 이 원리를 적용하여 달의 공전 궤도와 사과의 낙하 운동 등에 관한 실측값을 연역함으로써 만유인력의 실재를 입증하였다.

　16세기 말부터 중국에 본격 유입된 서양 과학은, 청 왕조가 1644년 중국의 역법(曆法)을 기반으로 서양 천문학 모델과 계산법을 수용한 시헌력을 공식 채택함에 따라 그 위상이 구체화되었다. 브라헤와 케플러의 천문 이론을 차례대로 수용하여 정확도를 높인 시헌력이 생활 리듬으로 자리 잡았지만, 중국 지식인들은 서양 과학이 중국의 지적 유산에 적절히 연결되지 않으면 아무리 효율적이더라도 불온한 요소로 ⓓ여겼다. 이에 따라 서양 과학에 매료된 학자들도 어떤 방식으로든 ㉠서양 과학과 중국 전통 사이의 적절한 관계 맺음을 통해 이 문제를 해결하고자 하였다.

　17세기 웅명우와 방이지 등은 중국 고대 문헌에 수록된 우주론에 대해서는 부정적 태도를 견지하면서 성리학적 기론(氣論)에 입각하여 실증적인 서양 과학을 재해석한 독창적 이론을 제시하였다. 수성과 금성이 태양 주위를 회전한다는 그들의 태양계 학설은 브라헤의 영향이었지만, 태양의 크기에 대한 서양 천문학 이론에 의문을 제기하고 기(氣)와 빛을 결부하여 제시한 광학 이론은 그들이 창안한 것이었다.

　17세기 후반 왕석천과 매문정은 서양 과학의 영향을 받아 경험적 추론과 수학적 계산을 통해 우주의 원리를 파악하고자 하였다. 그러면서 서양 과학의 우수한 면은 모두 중국 고전에 이미 ⓔ갖추어져 있던 것인데 웅명우 등이 이를 깨닫지 못한 채 성리학 같은 형이상학에 몰두했다고 비판했다. 매문정은 고대 문헌에 언급된, 하늘이

땅의 네 모퉁이를 가릴 수 없을 것이라는 증자의 말을 땅이 둥글다는 서양 이론과 연결하는 등 서양 과학의 중국 기원론을 뒷받침하였다.

중국 천문학을 중심으로 서양 천문학을 회통하려는 매문정의 입장은 18세기 초를 기점으로 중국의 공식 입장으로 채택되었으며, 이 입장은 중국의 역대 지식 성과물을 망라한 총서인 「사고전서」에 그대로 반영되었다. 이 총서의 편집자들은 고대부터 당시까지 쏟아진 천문 관련 문헌들을 정리하여 수록하였다. 이와 같이 고대 문헌에 담긴 우주론을 재해석하고 확인하려는 경향은 19세기 중엽까지 주를 이루었다.

* 질점: 크기가 없고 질량이 모여 있다고 보는 이론상의 물체.
* 구 대칭: 어떤 물체가 중심으로부터 모든 방향으로 같은 거리에서 같은 특성을 갖는 상태.

44 다음은 윗글을 읽은 학생의 독서 기록 중 일부이다. 윗글을 참고할 때, '점검 결과'로 적절하지 <u>않은</u> 것은?

○ 읽기 계획 : 1문단을 훑어보면서 뒷부분을 예측하고 질문 만들기를 한 후, 글을 읽고 점검하기

예측 및 질문 내용	점검 결과
○ 서양의 우주론에 태양 중심설과 지구 중심설의 개념이 소개되어 있을 것이다.	예측과 같음 … ①
◦ 서양의 우주론의 영향으로 변화된 중국의 우주론이 소개되어 있을 것이다.	예측과 다름 … ②
◦ 서양에서 태양 중심설을 제기한 사람은 누구일까?	질문의 답이 제시됨 … ③
◦ 중국에서 서양의 우주론을 접하고 회통을 시도한 사람은 누구일까?	질문의 답이 제시됨 … ④
◦ 중국에 서양의 우주론을 전파한 서양의 인물은 누구일까?	질문의 답이 언급되지 않음 … ⑤

45 윗글에 대한 이해로 적절하지 <u>않은</u> 것은?

① 서양과 중국에서는 모두 우주론을 정립하는 과정에서 형이상학적 사고에 대한 재검토가 이루어졌다.
② 서양 천문학의 전래는 중국에서 자국의 우주론 전통을 재인식하는 계기가 되었다.
③ 중국에 서양의 천문학적 성과가 자리 잡게 된 데에는 국가의 역할이 작용하였다.
④ 중국에서는 18세기에 자국의 고대 우주론을 긍정하는 입장이 주류가 되었다.
⑤ 서양에서는 중국과 달리 경험적 추론에 기초한 우주론이 제기되었다.

46 윗글에 나타난 서양의 우주론 에 대한 설명으로 가장 적절한 것은?

① 항성 천구가 고정되어 있다고 보는 아리스토텔레스의 우주론은 천상계와 지상계를 대립시킨 형이상학을 토대로 한 것이었다.
② 많은 수의 원을 써서 행성의 가시적 운동을 설명한 프톨레마이오스의 우주론은 행성이 태양에서 멀수록 공전 주기가 길어진다는 점에서 단순성을 갖는 것이었다.
③ 지구와 행성이 태양 주위를 공전한다는 코페르니쿠스의 우주론은 이전의 지구 중심설보다 단순할 뿐 아니라 아리스토텔레스의 형이상학과 양립이 가능한 것이었다.
④ 지구가 우주 중심에 고정되어 있고 다른 행성을 거느린 태양이 지구 주위를 돈다는 브라헤의 우주론은 아리스토텔레스의 형이상학에서 자유롭지 못한 것이었다.
⑤ 태양 주위를 공전하는 행성의 운동 법칙들을 관측치로부터 수립한 케플러의 우주론은 신플라톤주의에서 경험주의적 근거를 찾은 것이었다.

47 ㉠에 대한 이해로 적절하지 <u>않은</u> 것은?

① 중국에서 서양 과학을 수용한 학자들은 자국의 지적 유산에 서양 과학을 접목하려 하였다.
② 서양 천문학과 관련된 내용이 중국의 역대 지식 성과를 집대성한 「사고전서」에 수록되었다.
③ 방이지는 서양 우주론의 영향을 받았지만 서양의 이론과 구별되는 새 이론의 수립을 시도하였다.
④ 매문정은 중국 고대 문헌에 나타나는 천문학적 전통과 서양 과학의 수학적 방법론을 모두 활용하였다.
⑤ 성리학적 기론을 긍정한 학자들은 중국 고대 문헌의 우주론을 근거로 서양 우주론을 받아들여 새 이론을 창안하였다.

48 〈보기〉를 참고할 때, [A]에 대한 이해로 적절하지 <u>않은</u> 것은? [3점]

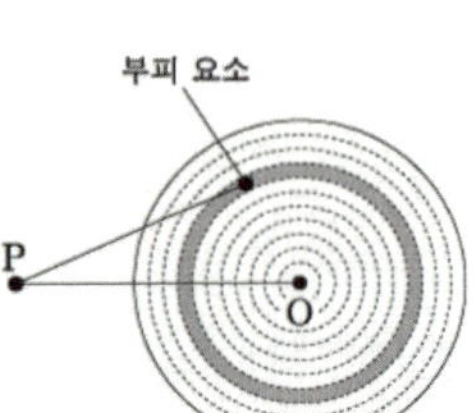

> **[보기]**
>
> 구는 무한히 작은 부피 요소들로 이루어져 있다. 그 부피 요소들이 빈틈없이 한 겹으로 배열되어 구 껍질을 이루고, 그런 구 껍질들이 구의 중심 O 주위에 반지름을 달리하며 양파처럼 겹겹이 싸여 구를 이룬다. 이때 부피 요소는 그것의 부피와 밀도를 곱한 값을 질량으로 갖는 질점으로 볼 수 있다.
>
> (1) 같은 밀도의 부피 요소들이 하나의 구 껍질을 구성하면, 이 부피 요소들이 구 외부의 질점 P를 당기는 만유인력들의 총합은, 그 구 껍질과 동일한 질량을 갖는 질점이 그 구 껍질의 중심 O에서 P를 당기는 만유인력과 같다.
>
> (2) (1)에서의 구 껍질들이 구를 구성할 때, 그 동심의 구 껍질들이 P를 당기는 만유인력들의 총합은, 그 구와 동일한 질량을 갖는 질점이 그 구의 중심 O에서 P를 당기는 만유인력과 같다.
>
> (1), (2)에 의하면, 밀도가 균질하거나 구 대칭인 구를 구성하는 부피 요소들이 P를 당기는 만유인력들의 총합은, 그 구와 동일한 질량을 갖는 질점이 그 구의 중심 O에서 P를 당기는 만유인력과 같다.

① 밀도가 균질한 하나의 행성을 구성하는 동심의 구 껍질들이 같은 두께일 때, 하나의 구 껍질이 태양을 당기는 만유인력은 그 구 껍질의 반지름이 클수록 커지겠군.
② 태양의 중심에 있는 질량이 m인 질점이 지구 전체를 당기는 만유인력은, 지구의 중심에 있는 질량이 m인 질점이 태양 전체를 당기는 만유인력과 크기가 같겠군.
③ 질량이 M인 지구와 질량이 m인 달은, 둘의 중심 사이의 거리만큼 떨어져 있으면서 질량이 M, m인 두 질점 사이의 만유인력과 동일한 크기의 힘으로 서로 당기겠군.
④ 태양을 구성하는 하나의 부피 요소와 지구 사이에 작용하는 만유인력은, 지구를 구성하는 모든 부피 요소들과 태양의 그 부피 요소 사이에 작용하는 만유인력들을 모두 더하면 구해지겠군.
⑤ 반지름은 R 질량이 M인 지구와 지구 표면에서 높이 h에 중심이 있는 질량이 m인 구슬 사이의 만유인력은, R+h의 거리만큼 떨어져 있으면서 질량이 M, m인 두 질점 사이의 만유인력과 크기가 같겠군.

49 문맥상 ⓐ~ⓔ와 바꿔 쓴 것으로 가장 적절한 것은?

① ⓐ : 진작(振作)할
② ⓑ : 고안(考案)했다
③ ⓒ : 소지(所持)한
④ ⓓ : 설정(設定)했다
⑤ ⓔ : 시사(示唆)되어

지문 장악을 위해 필요한 두 번째 태도, '재진술 활용'에 대해 배우는 날입니다. '생각의 시작' 단계에서 배웠던 '재진술'을 더 넓은 범위로 확장해서 사용하는 연습을 하게 됩니다. 역시 정보량을 줄이는 데 있어 정말 큰 역할을 하는 태도이니, 집중해서 배워봅시다.

정보량이 많은 지문은 존재하지 않는다 (2) : 결국, 다 같은 말이다.

우리는 어제까지 '화제' 중심의 독해를 바탕으로 정보량을 줄이는 태도에 대해 배웠습니다. 그런데 해설지를 열심히 보셨던 분들이라면, '재진술'이 지문 독해 과정에서 꽤 많이 이용된다는 것을 파악하셨을 겁니다. 한두 문장을 이해하는 게 아닌, 지문 전체를 장악하는 데 말이죠.

이처럼 '재진술'이라는 강력한 무기는 단순히 문장 간의 연결뿐 아니라 지문 전체를 연결해주는 역할을 하기도 합니다. 이때 '재진술'을 인식하는 것은 쉽게 말해 '같은 말'을 찾아가는 과정이라고 할 수 있는데, 이 '같은 말'에는 다음과 같은 두 종류가 있다고 할 수 있습니다.

〈'의미상' 같은 말 / '진짜로' 같은 말〉

1) '의미상' 같은 말

우리가 흔히 이야기하는 '재진술'의 기본적인 형태입니다. 다른 단어, 다른 형태의 문장이 쓰였지만 그 맥락을 잘 따져보면 '사실상' 같은 말인 경우를 말해요. 이때 아주 엄밀하게 따지면 '같은 말'은 아니지만, 맥락상 그 의미가 비슷하다면 '같은 말'로 봐도 되는 경우가 많습니다. 예를 들어 '인간'과 '동물'은 엄밀하게 따지면 '다른 말'이지만, 지문의 맥락에 따라 '식물' 등과 대비되는 개념으로서 '같은 말'로 간주할 수 있다는 것이죠. 앞에서 봤던 지문들을 예로 들어 설명하자면 다음과 같은 내용이 있습니다.

> 한편 1789년 프랑스 혁명 이후 프랑스 사회는 혁명을 이끌었던 계몽주의자들의 기대와는 다른 모습을 보이고 있었다. 사회는 사익을 추구하는 파편화된 개인들의 각축장이 되어 있었고 빈부 격차와 계급 갈등은 격화된 상태였다. 이러한 혼란을 극복하기 위해 노동자 단체와 고용주 단체 모두를 불법으로 규정한 르 샤플리에 법이 1791년부터 약 90년간 시행되었으나, 이 법은 분출되는 사익의 추구를 억제하지도 못하면서 오히려 프랑스 시민 사회를 극도로 위축시켰다.

이 지문에서 '사익을 ~ 각축장'과 '노동자 단체와 고용주 단체'는 엄밀하게 말하면 '같은 말'은 아닙니다. 실제 단어의 의미를 생각하면, '노동자 단체' 및 '고용주 단체'는 '사익' 외에도 더 많은 내용들을 포함하는 개념이라고 할 수 있으니까요. 하지만 프랑스 사회가 '지나친 사익 추구'라는 문제를 겪고 있음을 이야기하는 이 지문의 맥락 속에서 둘은 '의미상' 같은 말이라고 할 수 있습니다.

조선 초기에 진행된 고려 관련 역사서 편찬은 고려 멸망의 필연성과 조선 건국의 정당성을 드러내는 작업이었다. 편찬자들은 다양한 방식으로 고려와 조선의 차별성을 부각하고, 고려보다 조선이 뛰어남을 설득하고자 하였다.
　　태조의 명으로 고려 말에 찬술되었던 자료들을 모아 고려에 관한 역사서가 편찬되었지만, 왕실이 아닌 편찬자의 주관이 개입되었다는 비판이 제기되는 등 여러 문제점이 지적되었다. 이에 태종은 고려의 역사서를 다시 만들라는 명을 내렸다. 이후 고려의 용어들을 그대로 싣자는 주장과 유교적 사대주의에 따른 명분에 맞추어 고쳐 쓰자는 주장이 맞서는 등 세종 대까지도 논란이 계속되었지만, 문종 대에 이르러 『고려사』 편찬이 완성되었다.

이 지문의 경우에도, 밑줄 친 부분들은 엄밀하게 말하면 '같은 말'은 아닙니다. 하지만 '고려 멸망의 필연성 · 조선 건국의 정당성'이라는 '화제의 틀'을 중심으로 재진술하며 읽는다면, '편찬자의 주관'과 '고려의 용어들을 그대로 싣자는 주장'이 '고려 멸망의 필연성을 드러내지 않음'이라는 내용과 '의미상' 같은 말임을 파악할 수 있습니다.

이처럼 지문의 맥락을 바탕으로 '의미상' 같은 말을 잡아내는 태도는 정보량을 크게 줄여주는 역할을 한다는 것, '생각의 시작' 파트에서도 수없이 연습했던 내용이었습니다.

2) '진짜로' 같은 말

그런데 이렇게 '의미상'으로만 같은 것이 아니라, 진짜 말 그대로 '똑같은' 단어 · 문장이 반복되는 경우가 있습니다. 그리고 너무나 당연하게도 '진짜로' 같은 말 중 핵심적인 역할을 하는 것들은 한 문단 속 혹은 다음 문단 등 가까운 곳에서 제시되지 않습니다. 전혀 생각하지 못했던 부분에서 갑자기 튀어나오면서 '진짜로' 같은 말이 반복되고 있음을 알아차리지 못하게 합니다. 예를 들어, 앞에서 봤던 지문 중 다음과 같은 부분이 있어요.

　　우리는 한 대의 자동차는 개체라고 하지만 바닷물을 개체라고 하지는 않는다. 어떤 부분들이 모여 하나의 개체를 이룬다고 할 때 이를 개체라고 부를 수 있는 조건은 무엇일까? 일단 부분들 사이의 유사성은 개체성의 조건이 될 수 없다. 가령 일란성 쌍둥이인 두 사람은 DNA 염기 서열과 외모도 같지만 동일한 개체는 아니다. 그래서 부분들의 강한 유기적 상호작용이 그 조건으로 흔히 제시된다. 하나의 개체를 구성하는 부분들은 외부 존재가 개체에 영향을 주는 것과는 비교할 수 없이 강한 방식으로 서로 영향을 주고받는다. (1문단)
　　미토콘드리아는 여전히 고유한 DNA를 가진 채 복제와 증식이 이루어지는데도, 미토콘드리아와 진핵세포 사이의 관계를 공생 관계로 보지 않는 이유는 무엇일까? 두 생명체가 서로 떨어져서 살 수 없더라도 각자의 개체성을 잃을 정도로 유기적 상호작용이 강하지 않다면 그 둘은 공생 관계에 있다고 보는데, 미토콘드리아와 진핵세포 간의 유기적 상호작용은 둘을 다른 개체로 볼 수 없을 만큼 매우 강하기 때문이다. (6문단)

이 지문의 1문단에서는 '개체'의 조건으로 부분들의 강한 '유기적 상호작용'을 제시합니다. 그리고 2~5문단에서는 이 단어를 한 번도 이야기하지 않다가, 6문단에서 갑자기 '유기적 상호작용'이라는 '진짜로' 같은 말을 제시합니다. 이때 1문단에서 '유기적 상호작용'이라는 말에 대해 잘 납득하고 있던 학생이라면, 6문단에서도 '유기적 상호작용'이라는 말에 반응하면서 '공생 관계=서로 다른 개체'라는 새로운 정의를 내릴 수 있게 됩니다. 나아가 '두 생명체가 서로 떨어져서 살 수 없더라도'라는 말 역시 '유기적 상호작용'과 무관하기에 '공생 관계' 결정에 있어 영향을 미치지 않는다는 것을 생각할 수 있죠. 이를 생각한 학생들은,

　◦실험실의 아메바가 병원성 박테리아에 감염되어 대부분의 아메바가 죽고 일부 아메바는 생존하였다. 생존한 아메바의 세포질에서 서식하는 박테리아는 스스로 복제하여 증식할 수 있었고 더 이상 병원성을 지니지는 않았다. 아메바에게는 무해하지만 박테리아에게는 치명적인 항생제를 아메바에게 투여하면 박테리아와 함께 아메바도 죽었다.

해당 지문의 〈보기〉 문제에서 박테리아가 아메바와 '함께 죽는다'(=서로 떨어져 살 수 없다)는 것이 박테리아와 아메바가 '공생 관계'인지 판단하는 데 영향을 끼치지 못한다는 것을 파악할 수 있습니다.

이처럼 '진짜로' 같은 말에 반응하면, 멀리 떨어진 두 문장들이 엮이면서 '공생 관계'의 새로운 정의나 '두 생명체가 서로 떨어져서 살 수 없더라도'의 의미와 같은 '새로운 정보'를 추론할 수 있게 됩니다. '재진술'은 당연히 정보량을 줄이는 데에도 도움이 되지만, 반대로 지문 속 정보량을 늘려 더 많은 내용을 가지고 선지 판단을 할 수 있게 해주기도 하는 것입니다.

이처럼 '의미상' 같은 말과 '진짜로' 같은 말 모두를 적극적으로 활용한다면, 지문의 내용을 아주 깊게 이해하면서 읽어나갈 수 있습니다. 특히 최근에는 독서 지문의 길이가 짧아지면서 더 많은 정보를 생략하고 스스로 추론할 것을 요구하고 있는데, (지문의 길이가 짧다는 것은 곧 부수적인 설명이 적다는 것을 의미해요.) 이때 '재진술'은 아주 강력한 무기가 될 수 있어요.

이번 파트에서는, 지문을 읽으면서 '의미상' 같은 말과 '진짜로' 같은 말 모두에 적극적으로 반응하는 연습을 해보도록 합시다. 그러면서 정보량이 줄기도 하고 늘기도 하는, 나아가 지문의 내용을 깊이 납득하게 되는 즐거운 경험을 하게 될 것이에요. '결국 다 같은 말'이기에 정보량이 많은 지문이라는 것은 존재하지 않는다는 점, 마음속 깊이 공감하는 시간이 되었으면 좋겠습니다. 물론 앞에서 배웠던 '화제 중심 독해'도 잊으면 안 되겠죠?

———— (해설 p.104)

　보험은 같은 위험을 보유한 다수인이 위험 공동체를 형성하여 보험료를 납부하고 보험 사고가 발생하면 보험금을 지급받는 제도이다. 보험 상품을 구입한 사람은 장래의 우연한 사고로 인한 경제적 손실에 ⓐ대비할 수 있다. 보험금 지급은 사고 발생이라는 우연적 조건에 따라 결정되는데, 이처럼 보험은 조건의 실현 여부에 따라 받을 수 있는 재화나 서비스가 달라지는 조건부 상품이다.

[가]

　위험 공동체의 구성원이 납부하는 보험료와 지급받는 보험금은 그 위험 공동체의 사고 발생 확률을 근거로 산정된다. 특정 사고가 발생할 확률은 정확히 알 수 없지만 그동안 발생된 사고를 바탕으로 그 확률을 예측한다면 관찰 대상이 많아짐에 따라 실제 사고 발생 확률에 근접하게 된다. 본래 보험 가입의 목적은 금전적 이득을 취하는 데 있는 것이 아니라 장래의 경제적 손실을 보상받는 데 있으므로 위험 공동체의 구성원은 자신이 속한 위험 공동체의 위험에 상응하는 보험료를 납부하는 것이 공정할 것이다. 따라서 공정한 보험에서는 구성원 각자가 납부하는 보험료와 그가 지급받을 보험금에 대한 기댓값이 일치해야 하며 구성원 전체의 보험료 총액과 보험금 총액이 일치해야 한다. 이때 보험금에 대한 기댓값은 사고가 발생할 확률에 사고 발생 시 수령할 보험금을 곱한 값이다. 보험금에 대한 보험료의 비율(보험료/보험금)을 보험료율이라 하는데, 보험료율이 사고 발생 확률보다 높으면 구성원 전체의 보험료 총액이 보험금 총액보다 더 많고, 그 반대의 경우에는 구성원 전체의 보험료 총액이 보험금 총액보다 더 적게 된다. 따라서 공정한 보험에서는 보험료율과 사고 발생 확률이 같아야 한다.

　물론 현실에서 보험사는 영업 활동에 소요되는 비용 등을 보험료에 반영하기 때문에 공정한 보험이 적용되기 어렵지만 기본적으로 위와 같은 원리를 바탕으로 보험료와 보험금을 산정한다. 그런데 보험 가입자들이 자신이 가진 위험의 정도에 대해 진실한 정보를 알려 주지 않는 한, 보험사는 보험 가입자 개개인이 가진 위험의 정도를 정확히 ⓑ파악하여 거기에 상응하는 보험료를 책정하기 어렵다. 이러한 이유로 사고 발생 확률이 비슷하다고 예상되는 사람들로 구성된 어떤 위험 공동체에 사고 발생 확률이 더 높은 사람들이 동일한 보험료를 납부하고 진입하게 되면, 그 위험 공동체의 사고 발생 빈도가 높아져 보험사가 지급하는 보험금의 총액이 증가한다. 보험사는 이를 보전하기 위해 구성원이 납부해야 할 보험료를 ⓒ인상할 수밖에 없다. 결국 자신의 위험 정도에 상응하는 보험료보다 더 높은 보험료를 납부하는 사람이 생기게 되는 것이다. 이러한 문제는 정보의 비대칭성에서 비롯되는데 보험 가입자의 위험 정도에 대한 정보는 보험 가입자가 보험사보다 더 많이 갖고 있기 때문이다. 이를 해결하기 위해 보험사는 보험 가입자의 감춰진 특성을 파악할 수 있는 수단이 필요하다.

　우리 상법에 규정되어 있는 고지 의무는 이러한 수단이 법적으로 구현된 제도이다. 보험 계약은 보험 가입자의 청약과 보험사의 승낙으로 성립된다. 보험 가입자는 반드시 계약을 체결하기 전에 '중요한 사항'을 알려야 하고, 이를 사실과 다르게 진술해서는 안 된다. 여기서 '중요한 사항'은 보험사가 보험 가입자의 청약에 대한 승낙을 결정하거나 차등적인 보험료를 책정하는 근거가 된다. 따라서 고지 의무는 결과적으로 다수의 사람들이 자신의 위험 정도에 상응하는 보험료보다 더 높은 보험료를 납부해야 하거나, 이를 이유로 아예 보험에 가입할 동기를 상실하게 되는 것을 방지한다.

　보험 계약 체결 전 보험 가입자가 고의나 중대한 과실로 '중요한 사항'을 보험사에 알리지 않거나 사실과 다르게 알리면 고지 의무를 위반하게 된다. 이러한 경우에 우리 상법은 보험사에 계약 해지권을 부여한다. 보험사는 보험 사고가 발생하기 이전이나 이후에 상관없이 고지 의무 위반을 이유로 계약을 해지할 수 있고, 해지권 행사는 보험사의 일방적인 의사 표시로 가능하다. 해지를 하면 보험사는 보험금을 지급할 책임이 없게 되며, 이미 보험금을 지급했다면 그에 대한 반환을 청구할 수 있다. 일반적으로 법에서 의무를 위반하게 되면 위반한 자에게 그 의무를 이행하도록 강제하거나 손해 배상을 청구할 수 있는 것과 달리, 보험 가입자가 고지 의무를 위반했을 때에는 보험사가 해지권만 행사할 수 있다. 그런데 보험사의 계약 해지권이 제한되는 경우도 있다. 계약 당시에 보험사가 고지 의무 위반에 대한 사실을 알았거나 중대한 과실로 인해 알지 못한 경우에는 보험 가입자가 고지 의무를 위반했어도 보험사의 해지권은 ⓓ배제된다. 이는 보험 가입자의 잘못보다 보험사의 잘못에 더 책임을 둔 것이라 할 수 있다. 또 보험사가 해지권을 행사할 수 있는 기간에도 일정한 제한을 두고 있는데, 이는 양자의 법률관계를 신속히 확정함으로써 보험 가입자가 불안정한 법적 상태에 장기간 놓여 있는 것을 방지하려는 것이다. 그러나 고지해야 할 '중요한 사항' 중 고지 의무 위반에 해당되는 사항이 보험 사고와 인과 관계가 없을 때에는 보험사는 보험금을 지급할 책임이 있다. 그렇지만 이때에도 해지권은 행사할 수 있다.

보험에서 고지 의무는 보험에 가입하려는 사람의 특성을 검증함으로써 다른 가입자에게 보험료가 부당하게 ⓔ전가되는 것을 막는 기능을 한다. 이로써 사고의 위험에 따른 경제적 손실에 대비하고자 하는 보험 본연의 목적이 달성될 수 있다.

01 윗글에 대한 설명으로 가장 적절한 것은?

① 보험 계약에서 보험사가 준수해야 할 법률 규정의 실효성을 검토하고 있다.
② 보험사의 보험 상품 판매 전략에 내재된 경제학적 원리와 법적 규제의 필요성을 강조하고 있다.
③ 공정한 보험의 경제학적 원리와 보험의 목적을 실현하는 데 기여하는 법적 의무를 살피고 있다.
④ 보험금 지급을 두고 벌어지는 분쟁의 원인을 나열한 후 경제적 해결책과 법적 해결책을 모색하고 있다.
⑤ 보험 상품의 거래에 부정적으로 작용하는 법률 조항의 문제점을 경제학적인 시각에서 분석하고 있다.

02 윗글을 이해한 내용으로 가장 적절한 것은?

① 보험사가 청약을 하고 보험 가입자가 승낙해야 보험 계약이 해지된다.
② 구성원 전체의 보험료 총액보다 보험금 총액이 더 많아야 공정한 보험이 된다.
③ 보험 사고 발생 여부와 관계없이 같은 보험료를 납부한 사람들은 동일한 보험금을 지급받는다.
④ 보험에 가입하고자 하는 사람이 알린 중요한 사항을 근거로 보험사는 보험 가입을 거절할 수 있다.
⑤ 우리 상법은 보험 가입자보다 보험사의 잘못을 더 중시하기 때문에 보험사에 계약 해지권을 부여하고 있다.

03 [가]를 바탕으로 〈보기〉의 상황을 이해한 내용으로 적절한 것은? [3점]

─────[보기]─────

사고 발생 확률이 각각 0.1과 0.2로 고정되어 있는 위험 공동체 A와 B가 있다고 가정한다. A와 B에 모두 공정한 보험이 항상 적용된다고 할 때, 각 구성원이 납부할 보험료와 사고 발생 시 지급받을 보험금을 산정하려고 한다.

단, 동일한 위험 공동체의 구성원끼리는 납부하는 보험료가 같고, 지급받는 보험금이 같다. 보험료는 한꺼번에 모두 납부한다.

① A에서 보험료를 두 배로 높이면 보험금은 두 배가 되지만 보험금에 대한 기댓값은 변하지 않는다.
② B에서 보험금을 두 배로 높이면 보험료는 변하지 않지만 보험금에 대한 기댓값은 두 배가 된다.
③ A에 적용되는 보험료율과 B에 적용되는 보험료율은 서로 같다.
④ A와 B에서의 보험금이 서로 같다면 A에서의 보험료는 B에서의 보험료의 두 배이다.
⑤ A와 B에서의 보험료가 서로 같다면 A와 B에서의 보험금에 대한 기댓값은 서로 같다.

04 윗글의 고지 의무 에 대한 설명으로 적절하지 않은 것은?

① 고지 의무를 위반한 보험 가입자가 보험사에 손해 배상을 해야 하는 근거가 된다.
② 보험사가 보험 가입자의 위험 정도에 따라 차등적인 보험료를 책정하는 데 도움이 된다.
③ 보험 계약 과정에서 보험사가 가입자들의 특성을 파악하는 데 드는 어려움을 줄여 준다.
④ 보험사와 보험 가입자 간의 정보 비대칭성에서 기인하는 문제를 줄일 수 있는 법적 장치이다.
⑤ 자신의 위험 정도에 상응하는 보험료보다 높은 보험료를 내야 한다는 이유로 보험 가입을 포기하는 사람들이 생기는 것을 방지하는 효과가 있다.

05 윗글을 바탕으로 〈보기〉의 사례를 검토한 내용으로 가장 적절한 것은?

─────[보기]─────

보험사 A는 보험 가입자 B에게 보험 사고로 인한 보험금을 지급한 후, B가 중요한 사항을 고지하지 않았다는 사실을 뒤늦게 알고 해지권을 행사할 수 있는 기간 내에 보험금 반환을 청구했다.

① 계약 체결 당시 A에게 중대한 과실이 있었다면 A는 계약을 해지할 수 없으나 보험금은 돌려받을 수 있다.
② 계약 체결 당시 A에게 중대한 과실이 없다 하더라도 A는 보험금을 이미 지급했으므로 계약을 해지할 수 없다.
③ 계약 체결 당시 A에게 중대한 과실이 있고 B 또한 중대한 과실로 고지 의무를 위반했다면 A는 보험금을 돌려받을 수 있다.
④ B가 고지하지 않은 중요한 사항이 보험 사고와 인과 관계가 없다면 A는 보험금을 돌려받을 수 없다.
⑤ B가 자신의 고지 의무 위반 사실을 보험 사고가 발생한 후 A에게 즉시 알렸다면 고지 의무를 위반한 것이 아니다.

06 ⓐ~ⓔ를 사용하여 만든 문장으로 적절하지 <u>않은</u> 것은?

① ⓐ : 지난해의 이익과 손실을 <u>대비</u>해 올해 예산을 세웠다.
② ⓑ : 일을 시작하기 전에 상황을 <u>파악</u>하는 것이 중요하다.
③ ⓒ : 임금이 <u>인상</u>되었다는 소식에 많은 사람들이 기뻐했다.
④ ⓓ : 이번 실험이 실패할 가능성을 전혀 <u>배제</u>할 수는 없다.
⑤ ⓔ : 그는 자신의 실수에 대한 책임을 동료에게 <u>전가</u>했다.

특허권은 발명에 대한 정보의 소유자가 특허 출원 및 담당 관청의 심사를 통하여 획득한 특허를 일정 기간 독점적으로 사용할 수 있는 법률상 권리를 말한다. 한편 영업 비밀은 생산 방법, 판매 방법, 그 밖에 영업 활동에 유용한 기술상 또는 경영상의 정보 등으로, 일정 조건을 갖추면 법으로 보호받을 수 있다. 법으로 보호되는 특허권과 영업 비밀은 모두 지식 재산인데, 정보 통신 기술(ICT) 산업은 이 같은 지식 재산을 기반으로 창출된다. 지식 재산 보호 문제와 더불어 최근에는 ICT 다국적 기업이 지식 재산으로 거두는 수입에 대한 과세 문제가 불거지고 있다.

일부 국가에서는 ICT 다국적 기업에 대해 디지털세 도입을 진행 중이다. 디지털세는 이를 도입한 국가에서 ICT 다국적 기업이 거둔 수입에 대해 부과되는 세금이다. 디지털세의 배경에는 법인세 감소에 대한 각국의 우려가 있다. 법인세는 국가가 기업으로부터 걷는 세금 중 가장 중요한 것으로, 재화나 서비스의 판매 등을 통해 거둔 수입에서 제반 비용을 제외하고 남은 이윤에 대해 부과하는 세금이라 할 수 있다.

ⓐ많은 ICT 다국적 기업이 법인세율이 현저하게 낮은 국가에 자회사를 설립하고 그 자회사에 이윤을 몰아주는 방식으로 법인세를 회피한다는 비판이 있어 왔다. 예를 들면 ICT 다국적 기업 Z사는 법인세율이 매우 낮은 A국에 자회사를 세워 특허의 사용 권한을 부여한다. 그리고 법인세율이 A국보다 높은 B국에 설립된 Z사의 자회사에서 특허 사용으로 수입이 발생하면 Z사는 B국의 자회사로 하여금 A국의 자회사에 특허 사용에 대한 수수료인 로열티를 지출하도록 한다. 그 결과 Z사는 ⓐB국의 자회사에 법인세가 부과될 이윤을 최소화한다. ICT 다국적 기업의 본사를 많이 보유한 국가에서도 해당 기업에 대한 법인세 징수는 문제가 된다. 그러나 그 중 어떤 국가들은 ICT 다국적 기업의 활동이 해당 산업에서 자국이 주도권을 유지하는 데 중요하기 때문에라도 디지털세 도입에는 방어적이다.

ICT 산업을 주도하는 국가에서 더 중요한 문제는 ICT 지식 재산 보호의 국제적 강화일 수 있다. 이론적으로 봤을 때 지식 재산의 보호가 약할수록 유용한 지식 창출의 유인이 저해되어 지식의 진보가 정체되고, 지식 재산의 보호가 강할수록 해당 지식에 대한 접근을 막아 소수의 사람만이 혜택을 보게 된다. 전자로 발생한 손해를 유인 비용, 후자로 발생한 손

[A] 해를 접근 비용이라고 한다면, 지식 재산 보호의 최적 수준은 두 비용의 합이 최소가 될 때일 것이다. 각국은 그 수준에서 자국의 지식 재산 보호 수준을 설정한다. 특허 보호 정도와 국민 소득의 관계를 보여 주는 한 연구에서는 국민 소득이 일정 수준 이상인 상태에서는 국민 소득이 증가할수록 특허 보호 정도가 강해지는 경향이 있지만, 가장 낮은 소득 수준을 벗어난 국가들은 그들보다 소득 수준이 낮은 국가들보다 오히려 특허 보호가 약한 것으로 나타났다. 이는 지식 재산 보호의 최적 수준에 대해서도 국가별 입장이 다름을 시사한다.

07 윗글을 읽고 답을 찾을 수 있는 질문에 해당하지 <u>않는</u> 것은?

① 법으로 보호되는 특허권과 영업 비밀의 공통점은 무엇인가?
② 영업 비밀이 법적 보호 대상으로 인정받기 위한 절차는 무엇인가?
③ ICT 다국적 기업의 수입에 과세하는 제도 도입의 배경은 무엇인가?
④ 로열티는 ICT 다국적 기업의 법인세를 줄이는 데 어떻게 이용되는가?
⑤ 이론적으로 지식 재산 보호의 최적 수준은 어떻게 설정하는가?

08 디지털세 에 대한 이해로 가장 적절한 것은?

① 지식 재산 보호를 강화할 수 있는 수단이다.
② 이윤에서 제반 비용을 제외한 금액에 부과된다.
③ ICT 산업에서 주도적인 국가는 도입에 적극적이다.
④ 여러 국가에 자회사를 설립하는 방식으로 줄일 수 있다.
⑤ 도입된 국가에서 ICT 다국적 기업이 거둔 수입에 부과된다.

09 〈보기〉는 윗글을 읽은 학생이 수행할 학습지의 일부이다. ㉮에 들어갈 말로 가장 적절한 것은? [3점]

○ 과제 : '㉠을 근거로 ICT 다국적 기업에 디지털세가 부과되는 것이 타당한가?'를 검증할 가설에 대한 판단

· 가설

> ICT 다국적 기업 자회사들의 수입 대비 이윤의 비율은 법인세율이 높은 국가일수록 낮다.

· 판단

가설이 참이라면 | ㉮ |고 할 수 있으므로 ㉠을 근거로 디지털세를 부과하는 것을 지지할 수 있겠군.

① ICT 다국적 기업 자회사의 수입이 법인세율이 높은 국가일수록 많다

② ICT 다국적 기업이 법인세율이 높은 국가의 자회사에 로열티를 지출한다

③ ICT 다국적 기업 자회사의 수입 대비 제반 비용의 비율이 법인세율이 낮은 국가일수록 높다

④ ICT 다국적 기업이 법인세율이 높은 국가의 자회사에서 수입에 비해 이윤을 줄이는 방식으로 법인세를 줄이고 있다

⑤ 법인세율이 높은 국가에 본사가 있는 ICT 다국적 기업 자회사의 수입 대비 이윤의 비율은 법인세율이 낮은 국가일수록 낮다

10 [A]를 적용하여 〈보기〉를 이해한 내용으로 적절하지 <u>않은</u> 것은?

> S국은 현재 국민 소득이 가장 낮은 수준의 국가이고 ICT 산업에서 주도적인 국가가 아니다. S국의 특허 보호 정책은 지식 재산 보호 정책을 대표한다.

① ICT 산업에서 주도적인 국가는 S국이 유인 비용을 현재보다 크게 인식하여 지식 재산 보호 수준을 높이기 바라겠군.

② S국에서는 지식 재산 보호 수준이 낮을 때가 높을 때보다 지식 재산 창출 의욕의 저하로 인한 손해가 더 심각하겠군.

③ S국에서 현재의 특허 제도가 특허권을 과하게 보호한다고 판단한다면 지식 재산 보호 수준을 낮춰 접근 비용을 높이고 싶겠군.

④ S국의 국민 소득이 점점 높아진다면 유인 비용과 접근 비용의 합이 최소가 되는 지식 재산 보호 수준은 낮아졌다가 높아지겠군.

⑤ S국이 지식 재산 보호 수준을 높일 때, 지식의 발전이 저해되어 발생하는 손해는 감소하고 다수가 지식 재산의 혜택을 누리지 못하여 발생하는 손해는 증가하겠군.

11 문맥상 ⓐ와 바꿔 쓰기에 적절하지 <u>않은</u> 것은?

① Z사의 전체적인 법인세 부담을 줄인다
② A국의 자회사가 거두는 수입을 늘린다
③ A국의 자회사가 얻게 될 이윤을 줄인다
④ B국의 자회사가 낼 법인세를 최소화한다
⑤ B국의 자회사가 지출하는 제반 비용을 늘린다

[12~15] 다음 글을 읽고 물음에 답하시오. 　2025.09 [8~11]

— (해설 p.125)

　블록체인 기술은 데이터를 블록이라는 단위로 묶어 체인 형태로 연결한 것을 여러 대의 컴퓨터에 중복 저장하는 기술이다. 체인 형태로 연결된 블록의 집합을 블록체인이라 하고, 블록체인을 저장하는 컴퓨터를 노드라고 한다. 새로 생성된 블록은 노드들에 전파된다. 노드들은 블록에 포함된 내용이 블록체인의 다른 블록에 있는 내용과 상충되지 않는지, 동일한 내용이 블록체인의 다른 블록에 이중으로 포함되어 있지 않은지 검증한다. 검증이 끝난 블록을 블록체인에 연결할지 여부는 모든 노드들이 참여하는 승인 과정을 통해 정해진다. 승인이 완료된 블록은 블록체인에 연결되고, 이 블록체인은 노드들에 저장된다. 승인 과정에는 합의 알고리즘이 사용되고, 합의 알고리즘의 예로 '작업증명'이 있다.

　블록체인 기술의 성능은 블록체인에 데이터가 저장되는 속도로 정의되며, 단위 시간당 블록체인에 저장되는 데이터의 양으로 계산될 수 있다. 블록체인 기술은 공개형과 비공개형으로 구분된다. 비공개형은 공개형과 달리 노드 수에 제한을 두고, 일반적으로 공개형에 비해 합의 알고리즘의 속도가 빠르다. 따라서 비공개형은 승인 과정에 걸리는 시간이 짧기 때문에 성능이 높다.

　데이터가 무단으로 변경되기 어렵다는 성질을 무결성이라 하는데 무결성은 블록체인 기술의 대표적인 장점이다. 특정 노드에 저장되어 있는 일부 데이터가 변경되면 변경된 블록과 그 이후의 블록들은 블록체인과의 연결이 끊어진다. 끊어진 모든 블록을 다시 연결하는 것은 승인 과정을 필요로 하기 때문에 연결을 복구하는 것은 어렵다. 즉 블록과 블록체인의 연결을 유지하면서 블록체인에 포함된 데이터를 변경하는 것이 어려우므로 블록체인 데이터는 무결성이 높다. 무단 변경과 달리, 일부 데이터가 지워져도 승인된 원래의 데이터로 복원할 때는 승인 과정이 필요하지 않다. 따라서 ㉠블록체인에 포함된 데이터는 일부가 지워지더라도 복원이 용이하다.

　블록체인 기술에서 고려해야 할 세 가지 특성이 있다. 보안성은 데이터의 무단 변경이 어려울 뿐 아니라 동일한 내용의 데이터가 블록체인의 서로 다른 블록에 또는 단일 블록에 이중으로 포함되는 것이 어렵다는 성질이다. 승인 과정에 걸리는 시간이 줄거나 노드 수가 감소

하면 보안성은 낮아진다. 탈중앙성은 승인 과정에 다수의 노드들이 참여하고, 특정 노드가 승인 과정을 주도하지 않는다는 성질이다. 노드 수가 감소하면 탈중앙성은 낮아진다. 확장성은 블록체인 기술이 목표로 하는 응용 분야에 적용 가능할 만큼 성능이 높고, 노드 수가 증가해도 서비스 유지가 가능하다는 성질이다. 노드 수가 증가하면 성능이 저하되므로, 확장성이 높다는 것은 노드 수가 증가하더라도 성능 저하가 크지 않다는 것을 의미한다. 그래서 기술 변화 없이 확장성을 높이고자 할 때 노드 수를 제한하는 방법이 사용되기도 한다. 노드 수를 제한하면 성능 저하를 막을 수 있기 때문이다. 아직까지 블록체인 기술은 보안성, 탈중앙성, 확장성을 함께 높일 수 있는 방법이 없어 대규모로 채택되지 못하고 있다.

12 다음은 윗글을 읽은 학생에게 제공된 학습지의 일부이다. 학생의 '판단 결과'로 적절하지 <u>않은</u> 것은?

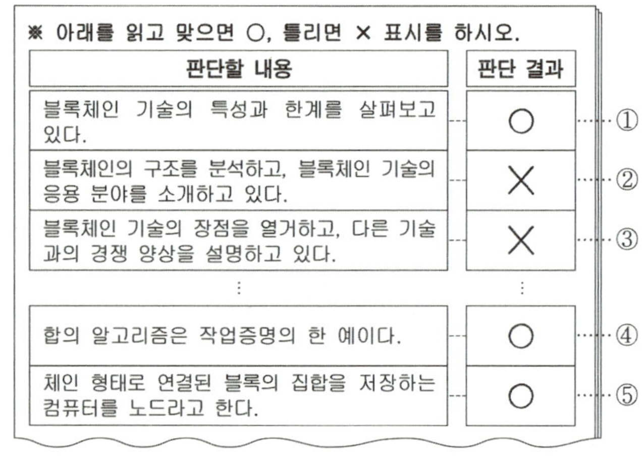

※ 아래를 읽고 맞으면 ○, 틀리면 × 표시를 하시오.	
판단할 내용	**판단 결과**
블록체인 기술의 특성과 한계를 살펴보고 있다.	○ ……①
블록체인의 구조를 분석하고, 블록체인 기술의 응용 분야를 소개하고 있다.	× ……②
블록체인 기술의 장점을 열거하고, 다른 기술과의 경쟁 양상을 설명하고 있다.	× ……③
⋮	⋮
합의 알고리즘은 작업증명의 한 예이다.	○ ……④
체인 형태로 연결된 블록의 집합을 저장하는 컴퓨터를 노드라고 한다.	○ ……⑤

13 윗글에 대한 이해로 가장 적절한 것은?

① 승인 과정에 참여할 노드를 결정하기 위해 합의 알고리즘이 사용된다.

② 일부 블록체인 데이터가 변경되면 전체 노드의 모든 블록은 승인 과정을 다시 거쳐야 한다.

③ 블록과 블록체인의 연결을 유지하면서 블록체인 데이터를 삭제할 수 있으면 보안성이 높다.

④ 공개형 블록체인 기술은 같은 양의 데이터가 저장되는 데 걸리는 시간이 짧을수록 성능이 낮아진다.

⑤ 블록이 블록체인에 연결되기 위해서는 블록의 데이터가 블록체인의 다른 데이터와 비교되어야 한다.

14 ㉠의 이유로 가장 적절한 것은?

① 블록체인에 포함된 데이터는 변경이 쉽기 때문이다.
② 블록체인이 여러 노드들에 중복 저장되기 때문이다.
③ 승인 과정에 참여하는 노드 수에 제한이 있기 때문이다.
④ 데이터가 블록체인에 포함되기 위해서는 승인 과정을
 필요로 하기 때문이다.
⑤ 동일한 데이터가 블록체인에 연결된 서로 다른 블록
 에 이중으로 포함되어 있기 때문이다.

15 윗글을 바탕으로 〈보기〉를 이해한 내용으로 가장 적절한
것은? [3점]

[보기]

 노드 수가 10개로 고정된 블록체인 기술을 사용하
고 있는 A업체는 이전에 사용하던 작업증명 대신 속
도가 더 빠른 합의 알고리즘을 개발해, 유통 분야에
서 요구되는 성능을 초과 달성했다. 한편 B업체는 최
근 A업체보다 데이터의 위조 불가능성을 향상시킨
블록체인 기술을 개발했다. 이 기술은 노드 수에 제
한이 없지만 현재는 200개의 노드가 참여하고 있다.
승인 과정에는 작업증명을 사용한다.

---

① A업체의 블록체인 기술은 이전보다 확장성과 보안성
 이 모두 높아졌겠군.
② B업체의 블록체인 기술은 노드 수가 증가할수록 보안
 성과 확장성이 모두 높아지겠군.
③ B업체의 블록체인 기술은 노드 수가 감소하면 성능은
 높아지고 탈중앙성이 낮아지겠군.
④ A업체의 블록체인 기술은 B업체와 달리 공개형이
 고, B업체보다 탈중앙성이 낮겠군.
⑤ A업체의 블록체인 기술은 B업체와 승인 과정이 다르
 고, B업체보다 무결성이 높겠군.

———— (해설 p.133) ————

인터넷 검색 엔진은 검색어를 포함하는 웹 페이지를 찾아 화면에 보여 준다. 웹 페이지가 화면에 나타나는 순서를 정하기 위해 검색 엔진은 수백 개가 @넘는 항목을 고려한 다양한 방식을 사용한다. 대표적인 항목으로 중요도와 적합도가 있다.

검색 엔진은 빠른 시간 내에 검색 결과를 보여 주기 위해 웹 페이지들의 데이터를 수집하여 인덱스를 미리 작성해 놓는다. 인덱스란 단어를 알파벳순으로 정리한 목록으로, 여기에는 각 단어가 등장하는 웹 페이지와 단어의 빈도수 등이 저장된다. 이때 각 웹 페이지의 중요도가 함께 기록된다.

㉠중요도는 웹 페이지의 중요성을 값으로 나타낸 것으로 링크 분석 기법으로 측정할 수 있다. 기본적인 링크 분석 기법에서 웹 페이지 A의 값은 A를 링크한 각 웹 페이지들로부터 받는 값의 합이다. 이렇게 받은 A의 값은 A가 링크한 다른 웹 페이지들에 균등하게 나눠진다. 즉 A의 값이 4이고 A가 두 개의 링크를 통해 다른 웹 페이지로 연결된다면, A의 값은 유지되면서 두 웹 페이지에는 각각 2가 보내진다.

하지만 두 웹 페이지가 실제로 받는 값은 2에 댐핑 인자를 곱한 값이다. 댐핑 인자는 사용자들이 웹 페이지를 읽다가 링크를 통해 다른 웹 페이지로 이동하지 않는 비율을 반영한 값으로 1 미만의 값을 가진다. 댐핑 인자는 모든 링크에 동일하게 적용된다. 가령 그 비율이 20%이면 댐핑 인자는 0.8이고 두 웹 페이지는 A로부터 각각 1.6을 받는다. 웹 페이지로 연결된 링크를 통해 받는 값을 모두 반영했을 때의 값이 각 웹 페이지의 중요도이다. 웹 페이지들을 연결하는 링크들은 변할 수 있기 때문에 검색 엔진은 주기적으로 웹 페이지의 중요도를 갱신한다.

사용자가 검색어를 입력하면 검색 엔진은 인덱스에서 검색어에 적합한 웹 페이지를 찾는다. ㉡적합도는 단어의 빈도, 단어가 포함된 웹 페이지의 수, 웹 페이지의 글자 수를 반영한 식을 통해 값이 정해진다. 해당 검색어가 많이 나올수록, 그 검색어를 포함하는 다른 웹 페이지의 수가 적을수록, 현재 웹 페이지의 글자 수가 전체 웹 페이지의 평균 글자 수에 비해 적을수록 적합도가 높아진다. 검색 엔진은 중요도와 적합도, 기타 항목들을 적절한 비율로 합산하여 화면에 나열되는 웹 페이지의 순서를 결정한다.

16 윗글을 통해 알 수 있는 내용으로 가장 적절한 것은?

① 인덱스는 사용자가 검색어를 입력한 직후에 작성된다.
② 사용자가 링크를 따라 다른 웹 페이지로 이동하는 비율이 높을수록 댐핑 인자가 커진다.
③ 링크 분석 기법은 웹 페이지 사이의 링크를 분석하여 웹 페이지의 적합도를 값으로 나타낸다.
④ 웹 페이지의 중요도는 다른 웹 페이지에서 받는 값과 다른 웹 페이지에 나눠 주는 값의 합이다.
⑤ 사용자가 검색어를 입력하면 검색 엔진은 검색한 결과를 인덱스에 정렬된 순서대로 화면에 나타낸다.

17 ㉠, ㉡을 고려하여 검색 결과에서 웹 페이지의 순위를 높이기 위한 방안으로 가장 적절한 것은?

① 화제가 되고 있는 검색어들을 웹 페이지에 최대한 많이 나열하여 ㉠을 높인다.
② 사람들이 많이 접속하는 유명 검색 사이트로 연결하는 링크를 웹 페이지에 많이 포함시켜 ㉠을 높인다.
③ 알파벳순으로 앞 순서에 있는 단어들을 웹 페이지 첫 부분에 많이 포함시켜 ㉡을 높인다.
④ 다른 많은 웹 페이지들이 링크하도록 웹 페이지에서 여러 주제를 다루고 전체 글자 수를 많게 하여 ㉡을 높인다.
⑤ 다른 웹 페이지에서 흔히 다루지 않는 주제를 간략하게 설명하되 주제와 관련된 단어를 자주 사용하여 ㉡을 높인다.

18 〈보기〉는 웹 페이지들의 관계를 도식화한 것이다. 윗글을 바탕으로 〈보기〉를 이해한 내용으로 적절한 것은? [3점]

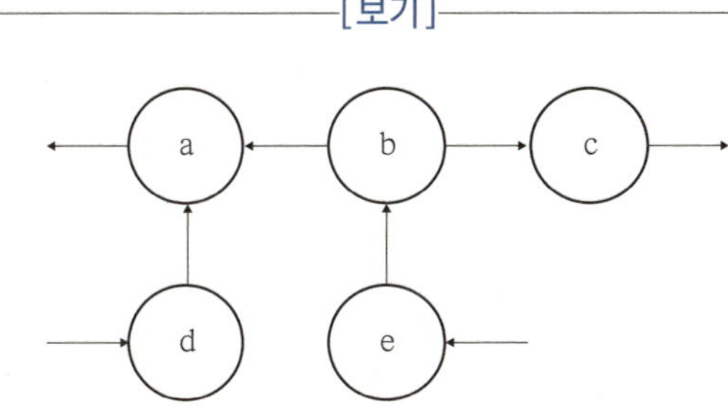

원은 웹 페이지이고, 화살표는 웹 페이지에서 링크를 통해 화살표 방향의 다른 웹 페이지로 연결됨을 뜻한다. 댐핑 인자는 0.5이고, d와 e의 중요도는 16으로 고정된 값이다.

(단, 링크와 댐핑 인자 외에 웹 페이지의 중요도에 영향을 주는 다른 요소는 고려하지 않음.)

① a의 중요도는 16이다.
② a가 b와 d로부터 각각 받는 값은 같다.
③ b에서 a로의 링크가 끊어지면 b와 c의 중요도는 같다.
④ e에서 a로의 링크가 추가되면 b의 중요도는 6이다.
⑤ e에서 c로의 링크가 추가되면 c의 중요도는 5이다.

19 문맥상 ⓐ의 의미와 가장 가까운 것은?

① 공부를 하다 보니 시간은 자정이 <u>넘었다</u>.
② 그들은 큰 산을 <u>넘어서</u> 마을에 도착했다.
③ 철새들이 국경선을 <u>넘어서</u> 훨훨 날아갔다.
④ 선수들은 가까스로 어려운 고비를 <u>넘었다</u>.
⑤ 갑자기 냄비에서 물이 <u>넘어서</u> 좀 당황했다.

[20~23] 다음 글을 읽고 물음에 답하시오.　　2022.11 [14~17]

(해설 p.139)

　　주차하거나 좁은 길을 지날 때 운전자를 돕는 장치들이 있다. 이 중 차량 전후좌우에 장착된 카메라로 촬영한 영상을 이용하여 차량 주위 360°의 상황을 위에서 내려다본 것 같은 영상을 만들어 차 안의 모니터를 통해 운전자에게 제공하는 장치가 있다. 운전자에게 제공되는 영상이 어떻게 만들어지는지 알아보자.

　　먼저 차량 주위 바닥에 바둑판 모양의 격자판을 펴 놓고 카메라로 촬영한다. 이 장치에서 사용하는 광각 카메라는 큰 시야각을 갖고 있어 사각지대가 줄지만 빛이 렌즈를 ⓐ지날 때 렌즈 고유의 곡률로 인해 영상이 중심부는 볼록하고 중심부에서 멀수록 더 휘어지는 현상, 즉 렌즈에 의한 상의 왜곡이 발생한다. 이 왜곡에 영향을 주는 카메라 자체의 특징을 내부 변수라고 하며 왜곡 계수로 나타낸다. 이를 알 수 있다면 왜곡 모델을 설정하여 왜곡을 보정할 수 있다. 한편 차량에 장착된 카메라의 기울어짐 등으로 인해 발생하는 왜곡의 원인을 외부 변수라고 한다. ㉠촬영된 영상과 실세계 격자판을 비교하면 영상에서 격자판이 회전한 각도나 격자판의 위치 변화를 통해 카메라의 기울어진 각도 등을 알 수 있으므로 왜곡을 보정할 수 있다.

　　왜곡 보정이 끝나면 영상의 점들에 대응하는 3차원 실세계의 점들을 추정하여 이로부터 원근 효과가 제거된 영상을 얻는 시점 변환이 필요하다. 카메라가 3차원 실세계를 2차원 영상으로 투영하면 크기가 동일한 물체라도 카메라로부터 멀리 있을수록 더 작게 나타나는데, 위에서 내려다보는 시점의 영상에서는 거리에 따른 물체의 크기 변화가 없어야 하기 때문이다.

　　㉡왜곡이 보정된 영상에서의 몇 개의 점과 그에 대응하는 실세계 격자판의 점들의 위치를 알고 있다면, 영상의 모든 점들과 격자판의 점들 간의 대응 관계를 가상의 좌표계를 이용하여 기술할 수 있다. 이 대응 관계를 이용해서 영상의 점들을 격자의 모양과 격자 간의 상대적인 크기가 실세계에서와 동일하게 유지되도록 한 평면에 놓으면 2차원 영상으로 나타난다. 이때 얻은 영상이 ㉢위에서 내려다보는 시점의 영상이 된다. 이와 같은 방법으로 구한 각 방향의 영상을 합성하면 차량 주위를 위에서 내려다본 것 같은 영상이 만들어진다.

---

20 윗글의 내용과 일치하는 것은?

① 차량 주위를 위에서 내려다본 것 같은 영상은 360°를 촬영하는 카메라 하나를 이용하여 만들어진다.

② 외부 변수로 인한 왜곡은 카메라 자체의 특징을 알 수 있으면 쉽게 해결할 수 있다.

③ 차량의 전후좌우 카메라에서 촬영된 영상을 하나의 영상으로 합성한 후 왜곡을 보정한다.

④ 영상이 중심부로부터 멀수록 크게 휘는 것은 왜곡 모델을 설정하여 보정할 수 있다.

⑤ 위에서 내려다보는 시점의 영상에 있는 점들은 카메라 시점의 영상과는 달리 3차원 좌표로 표시된다.

21 ㉠~㉢을 이해한 내용으로 가장 적절한 것은?

① ㉠에서 광각 카메라를 이용하여 확보한 시야각은 ㉡에서는 작아지겠군.

② ㉡에서는 ㉠과 마찬가지로 렌즈와 격자판 사이의 거리가 멀어질수록 격자판이 작아 보이겠군.

③ ㉡에서는 ㉠에서 렌즈와 격자판 사이의 거리에 따른 렌즈의 곡률 변화로 생긴 휘어짐이 보정되었겠군.

④ ㉡과 실세계 격자판을 비교하여 격자판의 위치 변화를 보정한 ㉢은 카메라의 기울어짐에 의한 왜곡을 바로잡은 것이겠군.

⑤ ㉡에서 렌즈에 의한 상의 왜곡 때문에 격자판의 윗부분으로 갈수록 격자 크기가 더 작아 보이던 것이 ㉢에서 보정되었겠군.

22 윗글을 바탕으로 〈보기〉를 탐구한 내용으로 가장 적절한 것은? [3점]

[보기]

그림은 장치가 장착된 차량의 운전자에게 제공된 영상에서 전방 부분만 보여 준 것이다. 차량 전방의 바닥에 그려진 네 개의 도형이 영상에서 각각 A, B, C, D로 나타나 있고, C와 D는 직사각형이고 크기는 같다. p와 q는 각각 영상 속 임의의 한 점이다.

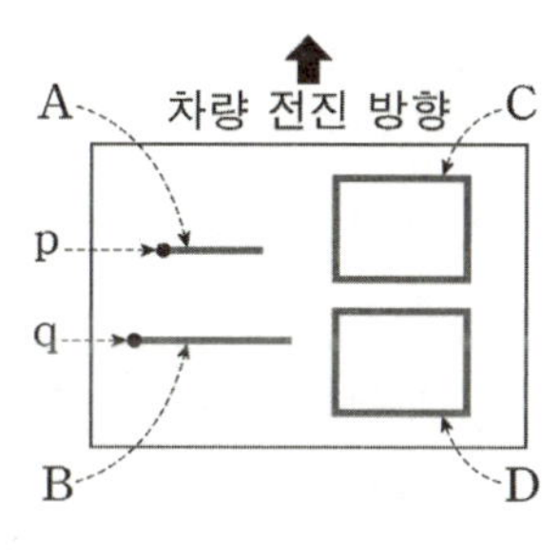

① 원근 효과가 제거되기 전의 영상에서 C는 윗변이 아랫변보다 긴 사다리꼴 모양이다.

② 시점 변환 전의 영상에서 D는 C보다 더 작은 크기로 영상의 더 아래쪽에 위치한다.

③ A와 B는 p와 q 간의 대응 관계를 이용하여 바닥에 그려진 도형을 크기가 유지되도록 한 평면에 놓은 것이다.

④ B에 대한 A의 상대적 크기는 가상의 좌표계를 이용하여 시점을 변환하기 전의 영상에서보다 더 커진 것이다.

⑤ p가 A 위의 한 점이라면 A는 p에 대응하는 실세계의 점이 시점 변환을 통해 선으로 나타난 것이다.

23 문맥상 ⓐ의 의미와 가장 가까운 것은?

① 그때 동생이 탄 버스는 교차로를 지나고 있었다.

② 그것은 슬픈 감정을 지나서 아픔으로 남아 있다.

③ 어느새 정오가 훌쩍 지나 식사할 시간이 되었다.

④ 물의 온도가 어는점을 지나 계속 내려가고 있다.

⑤ 가장 힘든 고비를 지나고 나니 마음이 가뿐하다.

　　데이터를 처리할 때 데이터의 정확성은 매우 중요하다. 그런데 데이터에 결측치와 이상치가 포함되면 데이터의 특징을 제대로 ⓐ나타내기 어렵다.

　　결측치는 데이터 값이 ⓑ빠져 있는 것이다. 결측치를 처리하는 방법 중 하나인 대체는 다른 값으로 결측치를 채우는 것인데, 대체하는 값으로는 평균, 중앙값, 최빈값을 많이 사용한다. 중앙값은 데이터를 크기순으로 정렬했을 때 중앙에 위치한 값이다. 크기가 같은 값이 복수일 경우에도 순위를 매겨 중앙값을 찾고, 데이터의 개수가 짝수이면 중앙에 있는 두 값의 평균이 중앙값이다. 또 최빈값은 데이터에 가장 많이 나타나는 값을 이른다. 일반적으로 데이터 값이 연속적인 수치이면 평균으로, 석차처럼 순위가 있는 값에는 중앙값으로, 직업과 같이 문자인 경우에는 최빈값으로 결측치를 대체한다.

　　이상치는 데이터의 다른 값에 비해 유달리 크거나 작은 값으로, 데이터를 수집할 때 측정 오류 등에 의해 주로 ⓒ생긴다. 그러나 정상적인 데이터라도 데이터의 특징을 왜곡하는 데이터 값이 있을 수 있다. 예를 들어, 데이터가 어떤 프로 선수들의 연봉이고 그중 한 명의 연봉이 유달리 많다면, 이상치가 포함된 데이터에 해당한다. 이런 데이터의 특징을 하나의 수치로 나타내려는 경우 ㉠대푯값으로 평균보다 중앙값을 주로 사용한다.

　　평면상에 있는 점들의 위치를 나타내는 데이터에서도 이상치를 발견할 수 있다. 대부분의 점들이 가상의 직선 주위에 모여 있다면 이 직선은 데이터의 특징을 잘 나타낸다고 할 수 있다. 이 직선을 직선 L이라고 하자. 그런데 직선 L로부터 멀리 떨어진 위치에도 몇 개의 점이 있다. 이 점들이 이상치이다.

　　㉡이상치를 포함하는 데이터에서 직선 L을 찾는다고 하자. 이때 사용할 수 있는 기법의 하나인 A기법은 두 점을 무작위로 골라 정상치 집합으로 가정하고, 이 두 점을 ⓓ지나는 후보 직선을 그어 나머지 점들과 후보 직선 사이의 거리를 구한다. 이 거리가 허용 범위 이내인 점들을 정상치 집합에 추가한다. 정상치 집합의 점의 개수가 미리 정해 둔 기준, 즉 문턱값보다 많으면 후보 직선을 최종 후보군에 넣는다. 반대로 점의 개수가 문턱값보다 적으면 후보 직선을 버린다. 만약 처음에 고른 점이 이상치이면, 대부분의 점들은 해당 후보 직선과의 거리가 너무 ⓔ멀어 이 직선은 최종 후보군에서 제외되는 것이다. 이 과정을 반복하여 최종 후보군을 구하고, 최종 후보군에 포함된 직선 중에서 정상치 집합의 데이터 개수가 최대인 직선을 직선 L로 선택한다. 이 기법은 이상치가 있어도 직선 L을 찾을 가능성이 높다.

24 윗글을 이해한 내용으로 적절하지 <u>않은</u> 것은?

① 데이터가 수치로 구성되지 않아도 최빈값을 구할 수 있다.
② 데이터의 특징이 언제나 하나의 수치로 나타나는 것은 아니다.
③ 데이터가 정상적으로 수집되었다면 이상치가 존재하지 않는다.
④ 데이터에 동일한 수치가 여러 개 있어도 중앙값으로 결측치를 대체할 수 있다.
⑤ 데이터를 수집하는 과정에서 측정 오류가 발생한 값이라도 이상치가 아닐 수 있다.

25 윗글을 참고할 때, ㉠의 이유로 가장 적절한 것은?

① 중앙값은 극단에 있는 이상치의 영향을 덜 받기 때문이다.
② 중앙값을 찾기 위해 데이터를 나열할 때 이상치는 제외되기 때문이다.
③ 데이터의 개수가 많아질수록 이상치도 많아지고 평균을 구하기 어렵기 때문이다.
④ 이상치가 포함되면 평균을 구하는 것이 중앙값을 찾는 것보다 복잡하기 때문이다.
⑤ 이상치가 포함되면 평균은 데이터에 포함되지 않는 값일 가능성이 큰 반면 중앙값은 항상 데이터에 포함된 값이기 때문이다.

26 ㉡과 관련하여 윗글의 A기법과 〈보기〉의 B기법을 설명한 내용으로 가장 적절한 것은? [3점]

> ─────[보기]─────
>
> 다음과 같은 방법으로 직선 L을 찾는 B기법을 가정해 보자. 후보 직선을 임의로 여러 개 가정한 뒤에 모든 점에서 각 후보 직선들과의 거리를 구하여 점들과 가장 가까운 직선을 선택한다. 그러나 이렇게 찾은 직선은 직선 L로 적합한 직선이 아니다. 이상치를 포함해서 찾다 보니 대부분 최적의 직선과 이상치 사이에 위치한 직선을 선택하게 된다.

① A기법과 B기법 모두 최적의 직선을 찾기 위해 최대한 많은 점을 지나는 후보 직선을 가정한다.

② A기법은 이상치를 제외하고 후보 직선을 가정하지만 B기법은 이상치를 제외하는 과정이 없다.

③ A기법에서 최종적으로 선택한 직선은 이상치를 지나지 않지만 B기법에서 선택한 직선은 이상치를 지난다.

④ A기법은 이상치의 개수가 문턱값보다 적으면 후보 직선을 버리지만 B기법은 선택한 직선이 이상치를 포함할 수 있다.

⑤ A기법에서 후보 직선의 정상치 집합에는 이상치가 포함될 수 있고 B기법에서 후보 직선은 이상치를 지날 수 있다.

27 문맥상 ⓐ~ⓔ와 바꿔 쓰기에 가장 적절한 것은?

① ⓐ: 형성(形成)하기

② ⓑ: 누락(漏落)되어

③ ⓒ: 도래(到來)한다

④ ⓓ: 투과(透過)하는

⑤ ⓔ: 소원(疏遠)하여

[28~33] 다음 글을 읽고 물음에 답하시오. 2026.06 [4~9]

— (해설 p.153) —

(가)

근대 국가는 시민의 생명과 재산을 보호하는 것을 일차적인 존립 이유로 ⓐ삼았다. 최소한의 금지 행위만을 법으로 정하고 이를 위반하는 경우에만 개입함으로써 시민의 자유를 최대한 보장하고자 했다. 이러한 목적이 반영된 자유주의적 법 모델은 근대법의 근간을 이루었다. 그러나 이 모델은 자유를 실질적으로 누릴 사회·경제적 조건이 모두에게 동등하게 주어지지 않은 상황에서 갈등이나 분쟁에 대처하는 데 한계가 있었다. 이를 보완할 목적으로 등장한 것이 사회복지국가적 법 모델이다. 이 모델에서는 법이 삶의 세계에 더 깊숙이 개입한다. 개인의 권리 보장뿐 아니라 주거, 노동, 환경 등의 영역에서 평등과 연대의 가치를 구현하기 위한 제도의 구축 및 관리도 법의 역할이 되어, 그 역할 수행에 필요한 의무 규정들이 늘어난다. 가령 「대기환경보전법」은 오염 물질의 배출을 규제하는 대기 환경 관리 체계의 기능을 강화함으로써, 깨끗한 환경에서 살 시민의 권리를 실현하기 위한 공적 토대를 만들고자 한다.

[A]
그런데 법적 규제가 과도할 경우 삶의 세계를 구성해 온 고유한 직업 윤리 등 문화적·도덕적 규범이 강행적 성격을 띤 법 규범에 의해 침범당하는 경우가 생긴다. 이로써 사회 각 영역의 자율적 조절 기능이 훼손되고 사회의 통합이 법에 의해 와해된다. 그럴수록 공동체는 갈등 상황에서 법적 해결에 의존하게 된다. 규제에 대한 요구량이 증가하면 법의 수행 능력은 한계에 ⓑ부딪힌다. '문제가 발생할 때 법은 마지막 수단이어야 한다.' 등 근대법의 기본 원리가 유지되기도 ⓒ어렵다. 결국 법의 규범 구조가 균열된 상태에서, 법으로 문제를 해결해야 한다는 당위만 ⓓ남는다. 그로 인해 법 규범이 삶의 세계에 점점 더 깊숙이 개입하게 되어 사회의 자율적 조절 기능은 더욱 망가지는 과정이 반복된다. ㉠이러한 악순환을 방지하면서 사회복지 체계를 보완하고자 등장한 것이 절차주의적 법 모델이다.

절차주의적 법 모델에 따르면, 법은 분쟁에 직접 개입해 해결책을 ⓔ내놓는 대신 분쟁 당사자들의 논의와 협상을 위한 절차나 권한 분배 등 분쟁 해결 방식에만 관여한다. 이로써 사회의 자율적 조절 기능을 보존하고 확대하고자 한다. 또한 권력과 자본이 논의의 장에 개입해 일부가 발언권을 독점하거나 부당한 영향력을 행사할 수 있으므로 이에 대한 점검 과정을 절차 안에 두도록 의무화한다. 당사자 간의 자유롭고 균등한 의견 개진 가능성을 최대한 보장하는 것이 절차주의적 법 모델의 목적이다.

위의 세 가지 법 모델은 시대의 요구에 따라 등장했으나 앞선 모델을 다음 모델이 대체하며 법체계를 지배해 온 것은 아니다. 각각의 법 모델이 고유한 타당성과 필요성을 가진 채 현재의 법체계 안에 공존하고 있다.

(나)

재산 관계에서는 개인의 자유가 최대한 보장되어야 하므로 계약으로 권리와 의무가 인정되는 것이 원칙이다. 그러나 사회·경제적 조건을 달리하는 당사자들 간에서는, 약자 보호를 위해 법률로 그 내용이 정해지는 경우가 있고 이때는 이를 계약으로 변경할 수 없다.

임대차의 경우 그 내용은 계약으로 정해지는 것이 원칙이지만, 임대차의 목적물인 임차물이 생활의 근거인 주택이나 생업의 근거인 상가이면 임차인 보호라는 과제는 계약만으로는 실현되기 어렵다. 그래서 「주택임대차보호법」, 「상가건물 임대차보호법」에는 계약보다 우선 적용되는 제도가 마련되어 있다. 예컨대 계약으로 임대차 기간을 이 법들에 규정된 최단 존속 기간보다 짧게 정했더라도 임차인에게는 최단 존속 기간이 보장된다. 한편 임대차 계약이 종료되기 전의 일정 기간 내에 임대인이나 임차인이 계약 갱신 여부에 대한 의사를 표시할 수 있다. 이 기간 내에 임대인이 임대차 종료를 요구한 경우, 임차인이 갱신 요구권을 행사하면 임대차 종료 예정일부터 최단 존속 기간만큼 임대차가 연장된다. 이러한 갱신 요구권은 임대차 기간이 정해져 있어야 인정된다. 단, 임대인은 이 법들에 규정된 갱신 거절 사유를 증명해 갱신을 거절함으로써 임대차를 종료시킬 수 있다. 갱신 거절 사유의 예로 임대인이 임차물인 주택에 실거주하려는 경우를 들 수 있다.

주택이나 상가 임대차에서도 법이 아니라 계약으로 재산 관계가 정해지는 경우가 있다. 임차인이 임차물을 사용할 권리가 소멸했거나 임차인의 경제력이 충분하면 임차인을 보호할 필요가 없기 때문이다. 예컨대 ㉯임대차 종료 후 임차물을 반환할 때 임차인이 이를 원상회복할 의무를 지는지를 결정할 때는 계약이 법률보다 우선 적용된다. 또한 보증금이 「상가건물 임대차보호법」
에 정해진 상한액을 초과하면 최단 존속 기간이 적용되
지 않으므로, 이때 존속 기간을 정하지 않기로 계약했다
면 당사자들은 자유롭게 임대차를 종료시킬 수 있다.
  임대차 분쟁이 발생한 경우 이를 해결하기 위한 원칙
적 절차는 법관이 주도하는 재판 절차인데, 여기서 당사
자들은 각자 자신의 주장을 뒷받침할 자료를 제출해야
한다. 한편 분쟁 해결 절차에서 당사자들의 자유로운 의
견 개진을 보장하기 위해 「주택임대차보호법」과 「상가
건물 임대차보호법」에는 임대차 분쟁 조정 절차도 마련
되어 있다. 이때 조정 절차를 주관하는 조정위원회가 당
사자를 위해 자료를 수집해 줄 수 있다. 그러나 임대차
분쟁 조정 절차는 당사자들이 분쟁 해결을 위해 이 절차
를 따르기로 합의해야 시작되며, 이러한 합의가 이루어
지지 않으면 재판 절차를 따라야 한다.

28 (가)와 (나)에 대한 설명으로 가장 적절한 것은?

① (가)는 특정 개념이 지니는 의의와 가치를, (나)는 특
  정 개념의 변화에 대한 전망을 제시하고 있다.
② (가)는 시대의 요구가 반영된 방안들이 출현해 온 과
  정에 대해, (나)는 특정 과제의 해결을 위한 제도에 대
  해 서술하고 있다.
③ (가)는 (나)와 달리, 사회 현상을 분석한 여러 학자의
  이론을 다양한 사례를 들어 설명하고 있다.
④ (나)는 (가)와 달리, 문제 해결을 위해 등장한 방안이
  과도하게 적용될 경우 발생할 수 있는 문제점을 밝히
  고 있다.
⑤ (가)와 (나)는 모두 문제를 해결하려는 기존의 방안들
  이 지닌 한계점을 비판한 후, 새로운 방안을 제안하고
  있다.

29 [A]를 바탕으로 ㉠을 이해한 내용으로 가장 적절한 것은?

① 법이 사회 각 영역의 자율적·조절 기능에 점점 더 의존
  한다.
② 근대법의 기본 원리를 철저히 고수하는 법 정책으로
  인해 문제 해결이 지체된다.
③ 이전에는 법적 규제를 통해 해결하지 않던 문제들까
  지도 법의 해결 과제가 된다.
④ 갈등 상황에서는 문화적으로 전승되어 온 규범이 법
  규범보다 우선적으로 투입된다.
⑤ 삶의 세계에 대한 법의 간섭 빈도가 점점 더 줄어들어
  법의 기본 원리에 대한 사회적 신뢰가 깨진다.

30 (가)와 (나)를 이해한 학생이 보인 반응으로 적절하지
않은 것은?

① 자유주의적 법 모델은 임대인과 임차인이 합의한 계
  약을 법이 존중하여 그 내용에 원칙적으로 개입하지
  말아야 한다고 판단하겠군.
② 사회복지국가적 법 모델은 임차인의 생업을 보호할
  필요가 인정될 때는 임대인의 재산권에 대한 제한이
  불가능하지 않다고 여기겠군.
③ 절차주의적 법 모델은 임대차 분쟁 조정에서 당사자
  들의 자유로운 의견 개진의 기회를 법으로 보장해야
  한다고 보겠군.
④ 자유주의적 법 모델은 사회복지국가적 법 모델과 달
  리, 임차인의 갱신 요구를 임대인이 거절할 수 없어야
  한다고 보겠군.
⑤ 사회복지국가적 법 모델과 절차주의적 법 모델은 모
  두, 임대차 갈등을 다룰 때 임대인과 임차인이 대등한
  관계가 아닐 수 있음을 고려하겠군.

31 (나)를 바탕으로 할 때, ㉮의 이유로 가장 적절한 것은?

① 임차인의 경제력이 충분하면 임대차 기간이 보장될 필요가 없기 때문이다.

② 임차인과 임대인이 법률에 규정된 내용을 계약으로써 변경할 수 없기 때문이다.

③ 임차인의 권리가 법률로 정해져야 개인의 자유가 최대한 보장되기 때문이다.

④ 임대차 목적물인 주택이나 상가가 더 이상 임차인의 생활이나 생업의 근거가 아니기 때문이다.

⑤ 임차물이 상가인 경우 임대차의 내용 결정은 임차인의 사회·경제적 조건과 무관하기 때문이다.

32 (가), (나)를 바탕으로 〈보기〉를 이해한 내용으로 적절하지 <u>않은</u> 것은? [3점]

―――――――[보기]―――――――

갑은 자신이 소유한 A주택과 B상가를 을에게 임대하기로 계약하면서, A주택의 임대차 기간은 「주택임대차보호법」에 규정된 최단 존속 기간으로 정했으나 B상가의 임대차 기간은 정하지 않기로 했다. B상가의 보증금은 「상가건물 임대차보호법」에 규정된 상한액을 초과한다.

갑이 위의 두 법에 규정된, 갱신 여부에 대한 의사를 표시할 수 있는 기간 중에 을에게 A주택과 B상가에 대한 임대차 종료를 주장했으나 을은 갱신을 요구했다. 하지만 갑은 위 기간 내에 갱신을 거절하고 을에게 A주택과 B상가를 반환하라고 함으로써 분쟁이 생겼다. 을은 임대차 분쟁 조정 절차로 분쟁을 해결하자고 제안했으나 갑이 이를 거절하여 결국 합의가 이루어지지 않았다.

① 갑이 A주택에 실거주할 계획이 있음을 증명한 경우, 갑과 을 간의 A주택 임대차는 갱신되지 않겠군.

② 을이 갱신 요구권을 행사하여 임대차 기간을 연장할 수 있다면, 이것은 평등과 연대의 가치 실현을 위해 마련된 의무 규정이 적용된 것이겠군.

③ 을은 갑에게 「상가건물 임대차보호법」에 규정된 최단 존속 기간을 주장할 수 없겠군.

④ 을의 의사와 무관하게 갑이 B상가 임대차를 종료시킬 수 있는 것은, 시민 개개인의 자유가 갑에게 보장된 것이겠군.

⑤ 갑과 을 간의 A주택 임대차에 관한 분쟁 해결 절차에서는 조정위원회가 을을 위해 자료를 수집할 수 있겠군.

33 문맥상 ⓐ~ⓔ와 가장 가까운 의미로 쓰인 것은?

① ⓐ: 그는 신문 기사를 주장의 근거로 <u>삼았다</u>.

② ⓑ: 아이가 한눈을 팔다가 친구와 <u>부딪혔다</u>.

③ ⓒ: 그가 사용한 전문 용어들은 너무 <u>어렵다</u>.

④ ⓓ: 열심히 장사했더니 이익이 많이 <u>남았다</u>.

⑤ ⓔ: 언니가 화분들을 모두 베란다에 <u>내놓았다</u>.

인간은 이 세상에서 정신과 물질을 동시에 지닌 유일한 존재로 여겨진다. 정신은 과연 물질, 곧 육체와 별도로 존재하는 것일까? ㉠컴퓨터와 같은 완전히 물리적인 체계는 정신을 가질 수 없는가? 오래전부터 정신을 비물리적 대상으로 간주하는 사람이 많았고 지금도 크게 다르지 않다. 이렇게 육체는 원자로 이루어져 있으며 화학적 조성을 띠지만 정신은 비물리적 대상이라고 주장하는 이론이 이원론이다. 이에 견줘 동일론은 정신은 육체, 그중에서 두뇌의 물리적 상태와 동일한 것으로 존재하지, 육체와 독립되어 존재하지 않는다고 주장한다. 무엇인가가 독립되어 존재하지 않는다는 것을 증명하기 위해서는 그것이 독립적으로 존재할 모든 가능성을 들여다보며 "여기도 없군. 저기도 없네." 하며 철저히 점검할 필요는 없다. 다만 그것이 존재한다고 말하는 주장들을 조목조목 반박해 나가면 된다. 그런 식으로 동일론은 이원론을 반박한다.

원자나 엑스선은 눈으로 볼 수 없지만 그것을 가정함으로써 다양한 현상들을 가장 잘 설명할 수 있다. 이원론자는 정신도 ⓐ눈에 보이지 않지만 그것을 가정해야만 설명할 수 있는 특성들이 있다고 주장한다. 라이프니츠는 만일 X와 Y가 동일하다면 이들이 똑같은 특성을 갖는다는 '동일자 식별 불가능성 원리'를 제시했는데, 어떠한 물리적 대상도 갖지 못할 특성을 정신이 갖는다면, 이 원리에 따라 정신은 물리적 대상과는 다를 것이다.

[A]
대표적 이원론자인 데카르트는 그런 특성으로 언어와 수학적 추론을 제시한다. 그는 완전히 물리적인 체계가 사람처럼 언어를 사용하거나 수학적인 추론을 해낼 수는 없으리라고 보았다. 그러나 이런 주장은 그 힘이 처음 생각했던 것보다 약하다. 먼저 컴퓨터 언어라는 개념은 이제 상식적인 것이 되었다. 컴퓨터 언어는 인간이 쓰는 언어에 비해서 구조와 내용의 면에서 단순하지만 그 차이라 하는 것은 종류의 차이가 아니라 정도의 차이이다. 한편 데카르트의 저술이 나타난 이래로 수세기 동안 여러 학자들은 수학적 추론의 일반적 원리들을 이력저력 찾아낼 수 있게 되었고, 컴퓨터 기술자들은 그런 원리를 바탕으로 하여 데카르트를 깜짝 놀라게 했을 법한 ⓑ기계를 만들어 내게 되었다. 독립적인 정신을 가정하지 않고서도 언어와 수학적 추론을 설명할 수 있는 가능성이 생긴 것이다. 이와 같이 더 복잡한 것을 끌어들이지 않고 무언가를 충분히 설명할 수 있다면, 그것을 끌어들이지 말라는 '단순성의 원리'에 의해 독립적인 정신을 가정할 필요가 없다.

데카르트는 동일자 식별 불가능성 원리로 이원론을 지지하는 또 다른 논증으로, 육체의 존재는 얼마든지 의심할 수 있지만 정신은 의심할 수 없다는 것을 든다. 의심하기 위해서는 내 정신이 ⓒ또렷하게 존재해야 하기 때문이다. 그렇다면 육체와 정신 중 하나는 의심 가능하다는 특성을 갖지만 다른 하나는 갖지 않으므로 그 둘은 ⓓ동일하지 않다는 결론이 나온다. 이 논증을 평가하기 위해 사실은 같은 사람인 정약용과 다산을 생각해 보자. 「목민심서」를 정약용이 썼다는 것을 의심하지 않더라도 다산이 썼다는 것은 얼마든지 의심할 수 있다. 다산이 썼어도 쓰지 않았다고 의심하는 것은 논리적으로 모순된 것이 아니기 때문이다. 그렇다고 해서 정약용과 다산이 ⓔ동일한 존재가 아닌 것은 아니다. 동일자 식별 불가능성 원리는, 식별하는 데 사용되는 특성이 의심이나 생각 같은 것을 포함한 경우에는 적용되지 않는 것이다.

34 독서의 목적을 고려하여 윗글을 추천하고자 할 때, ㉮에 들어갈 내용으로 가장 적절한 것은?

<table><tr><td>　　　　㉮　　　　 분에게 추천합니다.</td></tr></table>

① 감정을 정화하기 위해 감동적인 경험을 소개하는 글을 읽으려는
② 인간관계를 유지하고 발전시키기 위해 타인의 일상을 담은 글을 읽으려는
③ 학문적인 정보를 얻기 위해 기술에 적용된 원리를 설명하는 글을 읽으려는
④ 사회적 문제를 해결하는 방안을 찾기 위해 사회 현상의 원인을 분석한 글을 읽으려는
⑤ 인간과 세계를 이해하기 위해 인간과 사물의 본질을 논쟁적으로 다룬 글을 읽으려는

35 윗글을 통해 알 수 있는 내용으로 가장 적절한 것은?

① 현실에서 발생한 일이라도 발생하지 않았다고 의심은 할 수 있다.
② 이원론은 완전히 물리적인 체계에도 정신이 독립적으로 있다고 본다.
③ 원자나 엑스선은 눈에 보이지 않는다는 점에서 물리적 대상이 아니다.
④ 라이프니츠는 물리적 대상이 정신과 똑같은 특성을 갖더라도 그 둘은 다르다고 보았다.
⑤ 데카르트는 언어를 사용하거나 수학적 추론을 할 수 있는 기계가 출현하리라고 예상했다.

36 ㉠에 대한 동일론자의 대답으로 가장 적절한 것은?

① 기술이 발달하면 컴퓨터도 인간과 같은 정신을 가질 것이다.
② 기술이 발달하면 컴퓨터는 인간과 달리 정신을 가질 것이다.
③ 기술이 발달하면 컴퓨터는 인간과 종류가 다른 정신을 가질 것이다.
④ 기술이 발달하더라도 컴퓨터는 인간과 달리 정신을 가지지 않을 것이다.
⑤ 기술이 발달하더라도 컴퓨터도 인간과 같이 정신을 가지지 않을 것이다.

37 윗글을 참고하여 〈보기〉를 이해한 내용으로 적절하지 <u>않은</u> 것은? [3점]

> ─────── [보기] ───────
> (가) 악령의 존재를 가정할 필요 없이 병원체의 존재를 가정함으로써 감염병의 발생을 가장 잘 설명할 수 있다.
> (나) '하늘에 태양이 존재하면서 동시에 존재하지 않는다'고 생각할 수 없지만, '왼손은 있다'고 생각하면서 '오른손은 사라졌다'고 생각할 수 있다.

① (가)에서는 단순성의 원리에 의해 악령을 끌어들일 필요가 없는 것이겠군.
② (가)에서 '악령이 존재한다'는 주장을 반박하기 위해서 악령이 존재할 모든 가능성을 들여다볼 필요는 없겠군.

③ (가)에서 병원체의 존재가 감염병을 가장 잘 설명해 주기 때문에 병원체가 존재한다고 판단하겠군.
④ (나)에서 왼손과 오른손은 동일자 식별 불가능성 원리에 따라 동일한 대상이 아니겠군.
⑤ (나)에서 생각의 가능성에 차이가 있는 까닭은 논리적으로 모순인 것과 아닌 것의 차이 때문이겠군.

38 [A]에 드러난 동일론의 주장에 대해 이원론이 비판한다고 할 때, 비판의 내용으로 적절하지 <u>않은</u> 것은?

① 인간과 같은 수준의 언어를 사용하는 기계가 있을 수 있다고 하는데, 있다고 하더라도 정말로 그 뜻을 이해하고 사용하는 것은 아니다.
② 인간과 같은 수준의 언어를 사용하는 기계가 있을 수 있다고 하는데, 있다고 하더라도 그것은 행동적인 측면만 따라할 뿐이고 사랑이나 두려움 같은 감성적 측면은 따라할 수 없다.
③ 수학적 추론을 하는 기계가 있을 수 있다고 하는데, 기계가 정신을 가지지 못한다고 말하면서도 수학적 추론을 한다는 것은 성립할 수 없다.
④ 수학적 추론을 하는 기계가 있을 수 있다고 하는데, 있다고 하더라도 그것은 프로그램에 따라 작동하는 것에 불과하지 선택에 따른 행동이라고 볼 수 없다.
⑤ 수학적 추론을 하는 기계가 있을 수 있다고 하는데, 비행 시뮬레이션이 실제 비행의 모방에 불과한 것처럼 기계의 수학적 추론은 인간의 수학적 추론을 모방한 것에 불과하다.

39 문맥상 ⓐ~ⓔ와 바꿔 쓰기에 적절하지 <u>않은</u> 것은?

① ⓐ : 원자나 엑스선과 유사한 특성이 있다고
② ⓑ : 완전히 물리적인 체계를
③ ⓒ : 화학적인 조성을 띠어야
④ ⓓ : 똑같은 특성을 지니지 않는다는
⑤ ⓔ : 독립적인 존재인

'정보량 줄이기'를 위한 마지막 독해 태도, '카테고리화'에 대해 배우고 연습하는 날입니다. 역시 체감되는 정보량을 크게 줄일 수 있는 중요한 내용이니, 확실하게 정리하도록 합시다.

정보량이 많은 지문은 존재하지 않는다 (3) : 정보는 카테고리화된다.

본격적으로 이야기를 시작하기 전에, 실생활에서의 예시 하나만 생각하고 갈까요?

이사를 가는 상황입니다. 짐을 쌀 때 보이는 대로 아무 생각없이 박스에 집어 넣으면, 이사를 가서 짐을 풀 때 굉장히 곤란해집니다. 어떤 짐이 어떤 박스에 있는지를 모르니, 이사 간 집에서 다시 이쁘게 정리하는 데 애를 먹게 된다는 것이죠. 이 경우 결국 박스에 있는 짐을 그대로 둔 채 박스 안의 내용물을 까먹는 경우도 다반사입니다.

반면 짐을 쌀 때 각 박스에 따라 명확한 분류 기준을 세우고 짐을 싸면, 이사를 간 뒤에 짐을 푸는 것이 굉장히 쉬워집니다. 욕실에 있던 건 그대로 욕실에서만 정리하면 되고, 침실에 있던 건 그대로 침실에 넣으면 되니까요. 이 경우 박스에 넣어 온 짐들을 모두 풀 수 있고, 박스를 쌀 때 생각했던 배치 그대로 실현할 수 있게 될 겁니다.

짐을 싸는 과정을 '지문 읽기'에, 짐을 푸는 과정을 '문제 풀이'에 대응한다면 뭔가 깨달음을 얻을 수 있겠죠? 보이는 대로 아무 생각없이 읽어나가는 것이 아니라, 박스 정리를 하듯이 '정보의 역할'이라는 기준을 바탕으로 각 정보를 '카테고리화'시키는 것이 중요하다는 것이에요. 그렇게 해야, 우리가 열심히 정리해 놓은 정보를 문제풀이에서 알뜰하게 써 먹을 수 있을 것이니까요.

평가원은 정보를 생각없이 나열하지 않고, 특정한 '카테고리'에 맞춰서 제시하는 경우가 많습니다. 스스로 끊임없이 '내가 지금 뭘 읽고 있는지', '이 정보는 왜 나왔는지'를 생각하며 각 정보를 '카테고리화'시켜 주셔야 합니다. '정보'라는 짐을 '카테고리'라는 박스에 끊임없이 넣어 주셔야 한다는 것이죠! 그럼 최소한 그 세세한 '정보'는 기억나지 않아도, '카테고리'라는 커다란 박스는 기억에 남을 것입니다. 어떠한 '카테고리' 속에 속한 정보들은 결국 그 '카테고리'에 연결되는 '같은 말'일 것이기 때문에, 억지로 기억해야 하는 정보의 양을 확연히 줄여내면서 독해하는 것이 가능해지는 것입니다.

이번에도 예를 들어보는 게 좋겠죠?

　　유학은 수기치인(修己治人)을 통해 성인(聖人)이 되기 위한 학문으로 성학(聖學)이라고도 불린다. '수기'는 사물을 탐구하고 앎을 투철히 하고 뜻을 성실하게 하고 마음을 바르게 하여 자신을 닦는 일이며, '치인'은 집안을 바르게 하고 나라를 통치하고 세상을 평화롭게 하는 것을 의미한다. 수기치인을 통해 하늘의 도리인 천도(天道)와 합일되는 경지에 도달한 사람이 바로 '성인'이다. 이러한 유학의 이념을 적극 수용했던 율곡 이이는 수기치인의 도리를 밝힌 『성학집요』(1575)를 지어 이 땅에 유학의 이상 사회가 구현되기를 소망했다.
　　율곡은 수기를 위한 수양론과 치인을 위한 경세론을 전개하는데, 그 바탕은 만물을 '이(理)'와 '기(氣)'로 설명하는 이기론이다.

며칠 전 열심히 공부했던 지문입니다. 이 지문에서는 대놓고 '수양론'과 '경세론'이라는 카테고리를 만들어주고 있습니다. 앞 문단에서 '수기'와 '치인'의 정의를 정확하게 체크한 상태라면, '수양론'과 '경세론'이라는 카테고리에 속한 정보들을 각각 '수기' 및 '치인'의 정의에 맞춰 깔끔하게 정리할 수 있습니다. 결국 다 '의미상' 같은 말에 해당할 것이니까요.

수양론의 한 가지 기반으로, 율곡은 이통기국(理通氣局)을 주장한다. 이것은 만물이 하나의 동일한 '이'를 공유하지만, 다양한 '기'의 성질로 인해 서로 다른 모습으로 나타날 수 있음을 의미한다. 또한 이러한 이통기국론은, 성인과 일반인이 기질의 차이는 있지만 동일한 '이'를 갖기 때문에 일반인이라도 기질상의 병폐를 제거하고 탁한 기질을 정화하면 '이'의 선한 본성이 회복되어 성인의 경지에 이를 수 있다는 기질 변화론으로 이어진다. 율곡은 흐트러진 마음을 거두어들이는 거경(居敬), 경전을 읽고 공부하여 시비를 분별하는 궁리(窮理), 그리고 몸과 마음을 다스려 사욕을 극복하는 역행(力行)을 기질 변화를 위한 중요한 수양 방법으로 제시한다. 인간에게 내재된 천도를 실현하려는 율곡의 수양론은 사회의 폐단을 제거하여 천도를 실현하려는 경세론으로 이어진다.

대사상가인 동시에 탁월한 경세가였던 율곡은 많은 논설에서 법제 개혁론을 펼쳤는데, 이는 「만언봉사」(1574)에서 잘 나타난다. 선조는 "'이'는 빈틈없는 완전함이 있고, '기'는 변화하는 움직임이 있다."라고 말하면서 근래 하늘과 땅에서 일어난 재앙으로부터 깨우쳐야 할 도리를 신하들에게 물었고, 율곡이 그에 대한 답변을 올린 것이 「만언봉사」이다. 여기서 율곡은 "때에 따라 변할 수 있는 것은 법제이며, 시대를 막론하고 변할 수 없는 것이 왕도요, 어진 정치요, 삼강이요, 오륜입니다."라고 말하면서 법제 개혁의 필요성을 주장한다. 곧, '이'라 할 수 있는 왕도나 오륜을 고치려 하는 것이 아니라, 그것을 구현할 수 있도록 법제를 개혁하여야 한다는 것이다.

이처럼 '수양론=수기'와 '경세론=치인'이라는 카테고리를 만들어두면, 뒷문단에 나오는 '기질 변화론·거경·궁리·역행'과 같은 개념의 정의를 모두 '수기'라는 카테고리의 핵심 개념과 '의미상' 같은 말로, '법제 개혁론'을 '치인'이라는 카테고리의 핵심 개념과 '의미상' 같은 말로 처리할 수 있을 것입니다. 남들은 엄청난 정보량이라는 생각을 하면서 허덕일 때, 우리는 박스를 가볍게 하고 문제를 풀 수 있는 것이죠.

다른 예시도 들어볼까요?

고대 그리스 시대의 사람들은 신에 의해 우주가 운행된다고 믿는 결정론적 세계관 속에서 신에 대한 두려움이나, 신이 야기한다고 생각되는 자연재해나 천체 현상 등에 대한 두려움을 떨치지 못했다. 에피쿠로스는 당대의 사람들이 이러한 잘못된 믿음에서 벗어나도록 하는 것이 중요하다고 보았고, 이를 위해 인간이 행복에 이를 수 있도록 자연학을 바탕으로 자신의 사상을 전개하였다.

2020학년도 6월 모의평가 지문입니다. 1문단에서는, '에피쿠로스'의 주장이 '신에 대한 두려움 떨치기'와 '인간을 행복에 이르게 하기'라는 두 가지 카테고리에 맞춰 전개될 것임을 드러내고 있습니다. 이러한 카테고리를 인식한 채로 계속 읽어 보면,

에피쿠로스는 신의 존재는 인정하나 신의 존재 방식이 인간이 생각하는 것과는 다르다고 보고, 신은 우주들 사이의 중간 세계에 살며 인간사에 개입하지 않는다는 ㉠이신론(理神論)적 관점을 주장한다. 그는 불사하는 존재인 신은 최고로 행복한 상태이며, 다른 어떤 것에게도 고통을 주지 않고, 모든 고통은 물론 분노와 호의와 같은 것으로부터 자유롭다고 말한다. 따라서 에피쿠로스는 인간의 세계가 신에 의해 결정되지 않으며, 인간의 행복도 자율적 존재인 인간 자신에 의해 완성된다고 본다.

한편 에피쿠로스는 인간의 영혼도 육체와 마찬가지로 미세한 입자로 구성된다고 본다. 영혼은 육체와 함께 생겨나고 육체와 상호작용하며 육체가 상처를 입으면 영혼도 고통을 받는다. 더 나아가 육체가 소멸하면 영혼도 함께 소멸하게 되어 인간은 사후(死後)에 신의 심판을 받지 않으므로, 살아 있는 동안 인간은 사후에 심판이 있다고 생각하여 두려워할 필요가 없게 된다. 이러한 생각은 인간으로 하여금 죽음에 대한 모든 두려움에서 벗어나게 하는 근거가 된다.

이러한 에피쿠로스의 ㉡자연학은 우주와 인간의 세계에 대한 비결정론적인 이해를 가능하게 한다. 이는 원자의 운동에 관한 에피쿠로스의 설명에서도 명확히 드러난다. 그는 원자들이 수직 낙하 운동이라는 법칙에서 벗어나기도 하여 비스듬히 떨어지고 충돌해서 튕겨 나가는 우연적인 운동을 한다고 본다. 그리고 우주는 이러한 원자들에 의해 이루어졌으므로, 우주 역시 우연의 산물이라고 본다. 따라서 우주와 인간의 세계에 신의 관여는 없으며, 인간의 삶에서도 신의 섭리는 찾을 수 없다고 한다. 에피쿠로스는 이러한 생각을 인간이 필연성에 얽매이지 않고 자신의 삶을 주체적으로 살아갈 수 있게 하는 자유 의지의 단초로 삼는다.

㉠이신론적 관점은 '신'은 인간사에 개입하지 않으니 두려워 말라는 내용이고, '영혼'에 대한 이야기는 신이 사후에 인간을 심판하지 않는다는 내용이며, ㉡자연학은 우주가 우연의 산물이기에 인간의 세계에 신의 관여는 없다는 내용이라는 것을 생각할 수 있습니다. 즉, 이 세 가지 정보를 모두 1문단에서 잡은 첫 번째 카테고리인 '신에 대한 두려움 떨치기' 속으로 정리하며 정보량을 크게 줄여낼 수 있습니다.

에피쿠로스는 이를 토대로 자유로운 삶의 근본을 규명하고 인생의 궁극적 목표인 행복으로 이끄는 ㉢윤리학을 펼쳐 나간다. 결국 그는 인간이 신의 개입과 우주의 필연성, 사후 세계에 대한 두려움에서 벗어날 수 있도록 함으로써, 자신의 삶을 자율적이고 주체적으로 살 수 있는 길을 열어 주었다. 그리고 쾌락주의적 윤리학을 바탕으로 영혼이 안정된 상태에서 행복 실현을 추구할 수 있는 방안을 제시하였다.

나아가 ㉢윤리학은 1문단에서 잡은 두 번째 카테고리인 '인간을 행복에 이르게 하기'에 속하는 정보임을 파악할 수 있습니다. 남들은 '에피쿠로스'의 주장을 하나하나 정리하며 부담을 느끼고 있을 때, 우리는 '신에 대한 두려움 떨치기'와 '인간을 행복에 이르게 하기'라는 두 가지 카테고리만 기억한 채로 문제를 풀 수 있는 것입니다. 당시 이와 관련된 문제의 정답 선지(옳은 선지)는 다음과 같이 제시되었습니다.

④ ㉠과 ㉡은 인간이 잘못된 믿음에서 벗어날 수 있는 근거를, ㉢은 행복에 이르도록 하는 방법을 제시한다.

지문으로 돌아갈 필요도 없이, 너무나 당연하게 맞는 선지로 처리할 수 있겠죠? '잘못된 믿음'은 첫 번째 카테고리였던 '신에 대한 두려움'을 의미하고, '행복에 이르도록 하는 방법'은 두 번째 카테고리 그 자체이니까요. 나아가 ㉠과 ㉡은 첫 번째 카테고리에, ㉢은 두 번째 카테고리에 속한다는 것을 미리 생각했기 때문에 가볍게 답으로 고를 수 있는 것입니다.

당시 시험에서 해당 선지를 답으로 고르지 못한 학생들은 거의 없었습니다. 하지만 무엇보다 중요한 것은, 이런 선지를 단순히 맞히는 것이 아니라 지문으로 돌아가지 않고 '빠르게' 맞혀야 한다는 것이에요. 더 어려운 지문, 더 어려운 문제를 풀 시간을 확보하기 위해서라도 말이죠. 여기에 '카테고리 나누기'라는 태도가 강력한 역할을 한다는 점, 확실하게 이해할 수 있겠죠?

나아가 '카테고리화'는 앞에서 배운 '화제의 틀'과 같은 개념이라고도 볼 수 있습니다.

　　16세기 전반에 서양에서 태양 중심설을 지구 중심설의 대안으로 제시하며 시작된 천문학 분야의 개혁은 경험주의의 확산과 수리 과학의 발전을 통해 형이상학을 뒤바꾸는 변혁으로 이어졌다. 서양의 우주론이 전파되자 중국에서는 중국과 서양의 우주론을 회통하려는 시도가 전개되었고, 이 과정에서 자신의 지적 유산에 대한 관심이 제고되었다.

앞에서 배웠듯이, 해당 지문의 1문단에서는 '서양/중국'이라는 카테고리를 '화제의 틀'로 설정하고 있었습니다. 나아가 조금 더 구체적으로는 '경험주의 확산·수리 과학 발전→형이상학 변혁' / '중국·서양 우주론 회통+지적 유산 관심 제고'라는 포인트를 제시했어요. 우리는 이 '화제의 틀'을 중심으로 수많은 정보량을 줄여내며 이 지문을 성공적으로 독해했던 기억이 있습니다.

이때 '화제의 틀'은 사실상 이 파트에서 이야기하는 '카테고리'와 다를 바가 없습니다. '화제의 틀'이 가지고 있는 위력은 이미 충분히 실감했을 테니, '카테고리' 역시 강력한 독해의 무기가 된다는 점을 이해할 수 있겠죠?

'카테고리'는 많은 경우 '문단 단위'로 제시됩니다. 우리가 어릴 적 많이 연습했던 '문단 요약'은 결국 '카테고리화'의 연습이었던 것이에요. 따라서 처음 연습할 때는, 문단의 시작과 끝마다 억지로 '카테고리'를 생각하면서 읽는 것을 연습하시는 것도 좋습니다. 이렇게 의식적으로 연습하다보면 어느 순간 자연스레 정보를 카테고리화시키면서 읽고 있는 여러분을 발견할 수 있을 것이에요.

물론 최근 어려운 지문들은 한 문단 내에서 카테고리를 나누는 식의 서술도 많이 보여 주고 있습니다. 이런 부분까지 차근차근 익숙해질 수 있도록, 완벽하게 체계화시킨 이 교재와 함께 열심히 공부해보도록 합시다. 생각하고, 또 생각하세요!

정당과 같은 정치 조직이 민주적 방식과 절차로 운영되어야 하는 것은 당연하다. 그런데 민주적 운영 체제를 갖추었으면서도 실제로는 일부 소수에게 권력이 집중되어 있는 경우도 적지 않다. 조직 운영에서 보이는 이러한 현상을 흔히 과두제라 한다. 이는 정치 조직에서뿐만 아니라 기업 경영에서도 나타난다.

모든 주주가 경영진을 이루어 상호 협력 관계를 기반으로 기업을 운영하며 의사 결정권도 균등하게 행사하는 경우에 이를 '공동체적 경영'이라 부르기도 한다. 이런 기업에서 경영진은 모두 업무와 관련하여 전문성을 가지며, 경영 수익에 관련된 중요한 사항은 주주들이 공동으로 결정한다. 그러나 기업의 규모가 성장하고 사업이 다양해지면, 소수의 의사 결정에 따른 수직적 경영으로 효율성을 지향하는 '과두제적 경영'으로 나아가는 일도 있다.

 과두제적 경영 은 소수의 경영자로 이루어진 경영진이 강한 결속력을 가지면서 실질적 권한과 정보를 독점하며 기업을 운영하는 것을 말한다. 이런 체제는 전문성과 경험을 갖춘 경영진을 중심으로 안정적 경영권이 확보될 수 있도록 하여, 기업 전략을 장기적으로 수립하고, 이에 맞춰 과감하고 지속적인 투자를 할 수 있어서 첨단 핵심 기술의 개발에도 유리한 면이 있다. 그리고 기업과 경영진 간의 높은 일체성은 위기 상황에서 신속한 의사 결정으로 효율적인 대처를 하는 데 도움을 주기도 한다.

그런데 대체로 주주의 수가 많으면 개별 주주의 결정권은 약하고, 소수의 경영진이 기업을 장악하는 힘은 크다. 이를 이용하여 정보와 권한이 집중된 소수의 경영진이 사익에 치중하면 다수 주주의 이익이 침해되는 폐해가 나타날 수 있다. 경영 성과를 실제보다 부풀려 투자를 유치한 뒤 주주들에게 회복하기 어려운 손해를 입히는 경우도 있으며, 기업 운영에 중대한 영향을 미치는 주요 정보들을 은폐하거나 경영 상황을 조작하여 발표함으로써 결과적으로 기업의 가치에 심각한 타격을 주는 사례도 종종 보게 된다.

이러한 문제점을 완화하기 위해 기업이 경영자와 계약을 체결하여 급여 이외의 경제적 이익을 동기로 부여하는 방안이 있다. 예를 들면, 일정 수량의 주식을 계약 시에 정한 가격으로 미래에 매수할 수 있도록 하는 스톡옵션의 권리를 경영자에게 부여하는 방식이 있다. 이 권리를 행사할지 말지는 자유이고, 경영자는 매수 시점을 유리하게 선택할 수 있다. 또 아직 우리나라에 도입되지

는 않았지만, 기업의 주식 가치가 목표치 이상으로 올랐을 때 경영자가 그에 상응하는 보상을 받는 주식 평가 보상권의 방식도 있다.

기업 경영의 건전성을 확보하기 위해 마련된 공적 제도들은 과두제적 경영의 폐해를 방지하는 기능도 한다. 기업의 주식 가치에 영향을 미칠 수 있는 정보 제공을 법적으로 의무화한 경영 공시 제도는 경영 투명성을 높이려는 것이다. 이를 통해 경영진과 주주들 간 정보 격차가 줄어들 수 있다. 기업의 이사회에 외부 인사를 이사로 참여시키도록 하는 사외 이사 제도는 독단적인 의사 결정을 견제함으로써 폐쇄적 경영으로 인한 정보와 권한의 집중을 억제하는 효과를 거둘 수 있다.

01 윗글의 내용 전개 방식으로 가장 적절한 것은?

① 대상의 개념과 장단점을 제시하고 보완책을 소개한다.
② 유사한 원리들을 분석하고 이를 하나의 이론으로 통합한다.
③ 대립하는 유형을 들어 이론적 근거의 변천 과정을 설명한다.
④ 가설을 세우고 그에 대해 현실적인 사례를 들어 가며 검토한다.
⑤ 문제 상황의 근본 원인을 진단하고 해결책에 대한 상반된 입장을 해설한다.

02 과두제적 경영 에 대한 이해로 적절하지 <u>않은</u> 것은?

① 소수의 경영진이 내린 의사 결정이 수직적으로 집행되는 효율성을 추구한다.

② 강한 결속력을 가진 소수의 경영자로 경영진을 이루어 경영권 유지에 강점이 있다.

③ 경영권이 안정되어 중요 기술 개발에 적극적인 투자를 계속하는 데에 유리하다는 장점이 있다.

④ 경영진이 투자자의 유입을 유도하기 위하여 경영 성과를 부풀릴 위험성이 있어 이에 대비할 필요가 있다.

⑤ 경영진과 다수 주주 사이의 이해가 일치하는 경우에는 그렇지 않은 경우보다 기업 가치가 훼손될 위험성이 높아진다.

03 윗글을 읽고 추론한 내용으로 적절하지 <u>않은</u> 것은?

① 스톡옵션의 권리를 가진 경영자는 주식 가격이 미리 정해 놓은 것보다 하락하더라도 손실을 입지 않을 수 있다.

② 스톡옵션은 경영자의 성과 보상에 미래의 주식 가치가 관련된다는 점에서 주식 평가 보상권과 차이가 있다.

③ 경영 공시는 주주가 기업 경영 상황을 파악하여 기업 가치를 평가하는 데 유용한 제도가 될 수 있다.

④ 사외 이사 제도는 기업의 의사 결정에 외부 인사를 참여시켜 경영의 개방성을 높일 수 있는 제도라 평가할 수 있다.

⑤ 경영 공시 제도와 사외 이사 제도는 기업의 중요 정보에 대한 경영진의 독점을 완화할 수 있다.

04 윗글을 바탕으로 〈보기〉를 이해한 내용으로 가장 적절한 것은? [3점]

─────[보기]─────

　X사는 정밀 부품 분야에서 독보적인 기술을 장기간 보유하여 발전시켜 온 기업으로서 시장 점유율도 높다. 원래 X사의 주주들은 모두 함께 경영진이 되어 중요 사항에 대하여 동등한 결정권을 보유하였으나, 기업이 성장하면서 효율성 증진을 위하여 소수의 주주만으로 경영진을 구성하였다. 경영진은 주기적으로 다른 주주들로 교체되어 전체 주주는 기업의 경영 상태를 파악할 수 있으며, 경영 이익의 분배와 같은 주요 사항은 전체 주주가 공동으로 의결한다. X사의 주주 A와 B는 회사의 진로에 관하여 다음과 같은 대화를 나누었다.

A: 최근 치열해진 경쟁에 대응하려면, 경영진의 구성원을 변동시키지 않고 경영 결정권도 경영진이 전적으로 행사하도록 하는 게 좋겠습니다.

B: 시장 점유율도 잘 유지되고 있고 우리 주주들의 전문성도 탁월하니, 예전처럼 회사를 운영한다고 하더라도 문제없을 듯합니다.

① X사는 주주들 사이의 평등성이 강하여 과도한 정보 격차나 권한 집중과 같은 폐해를 보이지 않는다.

② X사는 현재 경영진이 고정되는 구조로 바뀌었지만 주주가 실적에 대한 이익 분배를 결정할 수 있기 때문에 수직적 경영의 부작용은 나타나지 않는다.

③ A는 결속력이 강한 소수의 경영진을 중심으로 운영되는 경영 방식을 현행대로 유지하여야 시장의 점유율을 지킬 수 있다고 보는 입장이다.

④ B는 수평적인 의사 결정 구조로의 전환을 최소한으로 하여 효율적 경영을 유지해야 한다고 보는 입장이다.

⑤ A와 B는 현재 X사가 경험과 전문성을 바탕으로 안정적인 과두제적 경영을 하고 있다는 전제에서 논의를 한다.

　　공정거래위원회는 시장 경쟁을 촉진하고 소비자 주권을 확립하기 위해, 사업자의 불공정한 거래 행위와 부당한 광고를 규제한다. 이를 위해 '공정거래법'과 '표시광고법'을 활용한다.

　　'공정거래법'은 사업자의 재판매 가격 유지 행위를 원칙적으로 금지한다. ㉠재판매 가격 유지 행위란 사업자가 상품·용역을 거래할 때 거래 상대방 사업자 또는 그 다음 거래 단계별 사업자에게 거래 가격을 정해 그 가격대로 판매·제공할 것을 강제하거나 그 가격대로 판매·제공하도록 그 밖의 구속 조건을 ⓐ붙여 거래하는 행위이다. 이때 거래 가격에는 재판매 가격, 최고 가격, 최저 가격, 기준 가격이 포함된다. 권장 소비자 가격이라도 강제성이 있다면 재판매 가격 유지 행위에 해당한다.

　　재판매 가격 유지 행위는 사업자의 가격 결정의 자유, 즉 영업의 자유를 제한하고 사업자 간 가격 경쟁을 제한한다. 유통 조직의 효율성도 저하시킨다. 재판매 가격 유지 행위를 하는 사업자는 형사 처벌은 받지 않지만 시정 명령이나 과징금 부과 대상이 될 수 있다. 다만, '공정거래법'에 따라 공정거래위원회가 고시하는 출판된 저작물은 금지 대상이 아니다. 또 경쟁 제한의 폐해보다 소비자 후생 증대 효과가 큰 경우 등 정당한 이유가 있으면 재판매 가격 유지 행위가 허용되는데, 그 이유는 사업자가 입증해야 한다.

　　'표시광고법'은 소비자를 속이거나 오인하게 할 우려가 있는 부당한 광고를 금지한다. 광고는 표현의 자유와 영업의 자유로 보호받는다. 하지만 사실과 다르거나 사실을 지나치게 부풀리는 거짓·과장 광고, 사실을 은폐하거나 축소하는 기만 광고를 금지한다. 이를 위반한 사업자는 시정명령이나 과징금 부과 또는 형사 처벌 대상이 될 수 있다.

　　추천·보증과 이용후기를 활용한 인터넷 광고가 늘면서 부당 광고 심사 기준이 중요해졌다. 공정거래위원회의 '추천·보증 광고 심사 지침', '인터넷 광고 심사 지침'에 따르면 추천·보증은 사업자의 의견이 아니라 제3자의 독자적 의견으로 인식되는 표현으로서, 해당 상품·용역의 장점을 알리거나 구매·사용을 권장하는 것이다. 경험적 사실을 근거로 추천·보증을 할 때는 실제 사용해 봐야 하고 추천·보증을 하는 내용이 경험한 사실에 부합해야 부당한 광고로 제재받지 않는다. 전문적 판단을 근거로 추천·보증을 할 때는 그 내용이 해당 분야의 전문적 지식에 부합해야 한다. 추천·보증이 광고에 활용되면서 추천·보증을 한 사람이 사업자로부터 현금 등의 대가를 지급받는 등 경제적 이해관계가 있다면 해당 게시물에 이를 명시해야 한다.

　　위의 두 심사 지침에서 말하는 ㉡이용후기 광고란 사업자가 자사 홈페이지 등에 게시된 소비자의 상품 이용후기를 활용해 광고하는 것이다. 사업자는 자신에게 유리한 이용후기는 광고로 적극 활용한다. 반면 사업자는 자신에게 불리한 이용후기는 비공개하거나 삭제하기도 하는데, 합리적 이유가 없다면 이는 부당한 광고가 될 수 있다. 사업자는 자신에게 불리한 이용후기의 게시자를 인터넷상 명예훼손죄로 고소하기도 한다. 이때 이용후기가 객관적 내용으로 자신의 사용 경험에 바탕을 두고 다른 이용자에게 도움을 주려는 등 공공의 이익에 관한 것으로 인정받는다면, 게시자의 비방할 목적이 부정되어 명예훼손죄가 성립하지 않는다.

05 윗글을 통해 알 수 있는 내용으로 적절하지 <u>않은</u> 것은?

① 부당한 광고 행위에 대해서는 재판매 가격 유지 행위와 달리 형사 처벌이 내려질 수 있다.
② 거래 단계별 사업자에게 거래 가격을 강제하는 것은 유통 조직의 효율성 저하를 초래한다.
③ 재판매 가격 유지 행위의 정당성을 인정받고자 하는 사업자는 그 행위의 정당성을 입증할 책임을 진다.
④ 경험적 사실을 바탕으로 한 추천·보증은 심사 지침에 따라 해당 분야의 전문적 지식에 부합해야 한다.
⑤ 공정거래위원회가 고시하는 출판된 저작물의 사업자는 거래 상대방 사업자에게 기준 가격을 지정할 수 있다.

06 ㉠, ㉡에 대한 이해로 가장 적절한 것은?

① ㉠은 소비자 후생 증대 효과가 시장 경쟁 제한의 폐해보다 작은 경우에 허용된다.
② ㉠을 '공정거래법'에서 금지하는 목적은 사업자의 가격 결정의 자유를 제한하기 위한 것이다.
③ ㉡을 할 때 사업자는 영업의 자유를 보호받지만 표현의 자유는 보호받지 못한다.
④ ㉡은 사업자가 자사의 홈페이지에 직접 작성해서 게시한 이용후기를 광고로 활용하는 것을 포함하지 않는다.
⑤ ㉠은 사업자와 소비자 간에, ㉡은 소비자와 소비자 간에 직접 일어나는 행위이다.

07 윗글을 바탕으로 〈보기〉를 이해한 내용으로 적절하지 **않은** 것은? [3점]

A상품 제조 사업자인 갑은 거래 상대방 사업자에게 특정 판매 가격을 지정해 거래했다. 갑의 회사 홈페이지에 A상품에 대한 이용후기가 다수 게시되었다. 갑은 그중 A상품의 품질 불량을 문제 삼은 이용후기 200개를 삭제하고, 박○○ 교수팀이 A상품을 추천·보증한 광고를 게시했다. 광고 대행사 직원 을은 A상품의 효능이 뛰어나다는 후기를 갑의 회사 홈페이지에 게시했다. 소비자 병은 A상품을 사용하며 발견한 하자를 찍은 사진과 품질이 불량하다는 글을 갑의 회사 홈페이지에 게시했다. 갑은 병을 명예훼손죄로 처벌해 달라며 수사 기관에 고소했다.

① 갑이 A상품의 품질 불량을 은폐하기 위해 자신에게 불리한 이용후기를 삭제하는 대신 비공개 처리하는 것도 부당한 광고에 해당하겠군.

② 갑이 박○○ 교수팀이 A상품을 실험·검증하고 우수성을 추천·보증했다고 광고했으나 해당 실험이 진행된 적이 없다면 갑은 부당한 광고 행위로 제재를 받겠군.

③ 갑이 거래 상대방에게 판매 가격을 지정하며 이를 준수하도록 부과한 조건에 대해 정당성을 인정받지 못했더라도 그 가격이 권장 소비자 가격이었다면 갑은 제재를 받지 않겠군.

④ 을이 갑으로부터 금전을 받고 갑의 회사 홈페이지에 A상품의 장점을 알리는 이용후기를 게시했다면 대가성이 있었다는 사실을 명시해야겠군.

⑤ 병이 A상품을 직접 사용해 보고 그 상품의 결점을 제시하면서 다른 소비자들에게 도움을 주려는 취지로 이용후기를 게시한 점이 인정된다면 명예훼손죄가 성립되지 않겠군.

08 ⓐ와 문맥상 의미가 가장 가까운 것은?

① 그는 내 의견에 본인의 견해를 <u>붙여</u> 발언을 이어 갔다.
② 나는 수영에 재미를 <u>붙여</u> 수영장에 다니기로 결정했다.
③ 그는 따뜻한 바닥에 등을 <u>붙여</u> 잠깐 동안 잠을 청했다.
④ 나는 알림판에 게시물을 <u>붙여</u> 동아리 행사를 홍보했다.
⑤ 그는 숯에 불을 <u>붙여</u> 고기를 배부를 만큼 구워 먹었다.

[9~12] 다음 글을 읽고 물음에 답하시오.　　　2019.09 [29~32]

— (해설 p.192) —

　㉠주사 터널링 현미경(STM)에서는 끝이 첨예한 금속 탐침과 도체 또는 반도체 시료 표면 간에 적당한 전압을 걸어 주고 둘 간의 거리를 좁히게 된다. 탐침과 시료의 거리가 매우 가까우면 양자 역학적 터널링 효과에 의해 둘이 접촉하지 않아도 전류가 흐른다. 이때 탐침과 시료 표면 간의 거리가 원자 단위 크기에서 변하더라도 전류의 크기는 민감하게 달라진다. 이 점을 이용하면 시료 표면의 높낮이를 원자 단위에서 측정할 수 있다. 하지만 전류가 흐를 수 없는 시료의 표면 상태는 STM을 이용하여 관찰할 수 없다. 이렇게 민감한 STM도 진공 기술의 뒷받침이 있었기에 널리 사용될 수 있었다.

　STM은 대체로 진공 통 안에 설치되어 사용되는데 그 이유는 무엇일까? 기체 분자는 끊임없이 떠돌아다니다가 주변과 충돌한다. 이때 일부 기체 분자들은 관찰하려는 시료의 표면에 붙어 표면과 반응하거나 표면을 덮어 시료 표면의 관찰을 방해한다. 따라서 용이한 관찰을 위해 STM을 활용한 실험에서는 관찰하려고 하는 시료와 기체 분자의 접촉을 최대한 차단할 필요가 있어 진공이 요구되는 것이다. 진공이란 기체 압력이 대기압보다 낮은 상태를 통칭하며 기체 압력이 낮을수록 진공도가 높다고 한다. 진공 통 내부의 온도가 일정하고 한 종류의 기체 분자만 존재할 경우, 기체 분자의 종류와 상관없이 통 내부의 기체 압력은 단위 부피당 떠돌아다니는 기체 분자의 수에 비례한다. 따라서 기체 분자들을 진공 통에서 뽑아내거나 진공 통 내부에서 움직이지 못하게 고정하면 진공 통 내부의 기체 압력을 낮출 수 있다.

　STM을 활용하는 실험에서 어느 정도의 진공도가 요구되는지를 이해하기 위해서는 '단분자층 형성 시간'의 개념을 이해할 필요가 있다. 진공 통 내부에서 떠돌아다니던 기체 분자들이 관찰하려는 시료의 표면에 달라붙어 한 층의 막을 형성하기까지 걸리는 시간을 단분자층 형성 시간이라 한다. 이 시간은 시료의 표면과 충돌한 기체 분자들이 표면에 달라붙을 확률이 클수록, 단위 면적당 기체 분자의 충돌 빈도가 높을수록 짧다. 또한 기체 운동론에 따르면 고정된 온도에서 기체 분자의 질량이 크거나 기체의 압력이 낮을수록 단분자층 형성 시간은 길다. 가령 질소의 경우 20℃, 760토르* 대기압에서 단분자층 형성 시간은 3×10^{-9}초이지만, 같은 온도

에서 압력이 10^{-9}토르로 낮아지면 대략 2,500초로 증가한다. 이런 이유로 STM에서는 시료의 관찰 가능 시간을 확보하기 위해 통상 10^{-9}토르 이하의 초고진공이 요구된다.

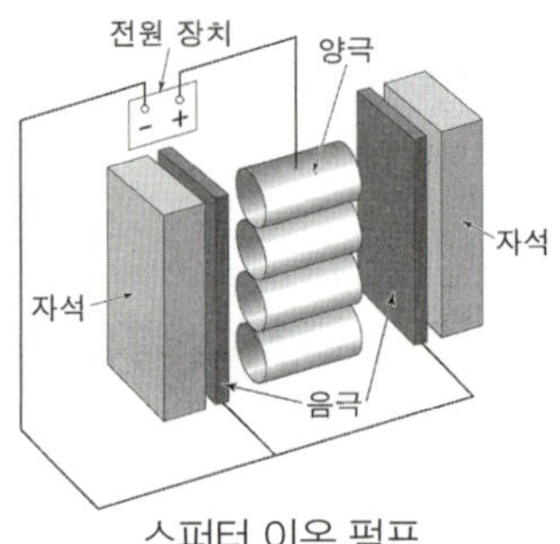

　초고진공을 얻기 위해서는 ㉡스퍼터 이온 펌프가 널리 쓰인다. 스퍼터 이온 펌프는 진공 통 내부의 기체 분자가 펌프 내부로 유입되도록 진공 통과 연결하여 사용한다. 스퍼터 이온 펌프는 영구 자석, 금속 재질의 속이 뚫린 원통 모양 양극, 타이타늄으로 만든 판 형태의 음극으로 구성되어 있다. 자석 때문에 생기는 자기장이 원통 모양 양극의 축 방향으로 걸려 있고, 양극과 음극 간에는 2~7kV의 고전압이 걸려 있다. 양극과 음극 간에 걸린 고전압의 영향으로 음극에서 방출된 전자는 자기장의 영향을 받아 복잡한 형태의 궤적을 그리며 양극으로 이동한다. 이 과정에서 음극에서 방출된 전자는 주변의 기체 분자와 충돌하여 기체 분자를 그것의 구성 요소인 양이온과 전자로 분리시킨다. 여기서 자기장은 전자가 양극까지 이동하는 거리를 자기장이 없을 때보다 증가시켜 주어 전자와 기체 분자와의 충돌 빈도를 높여 준다. 이 과정에서 생성된 양이온은 전기력에 의해 음극으로 당겨져 음극에 박히게 되어 이동 불가능한 상태가 된다. 이 과정이 1차 펌프 작용이다. 또한 양이온이 음극에 충돌하면 타이타늄이 떨어져 나와 충돌 지점 주변에 들러붙는다. 이렇게 들러붙은 타이타늄은 높은 화학 반응성 때문에 여러 기체 분자와 쉽게 반응하여, 떠돌아다니던 기체 분자를 흡착한다. 이는 떠돌아다니는 기체 분자의 수를 줄이는 효과가 있으므로 이를 2차 펌프 작용이라 부른다. 이렇듯 1, 2차 펌프 작용을 통해 스퍼터 이온 펌프는 초고진공 상태를 만들 수 있다.

* 토르(torr) : 기체 압력의 단위.

09 윗글의 내용과 일치하는 것은?

① 대기압보다 진공도가 낮은 상태가 진공이다.
② 스퍼터 이온 펌프는 초고진공을 만드는 역할을 한다.
③ 단분자층 형성 시간이 짧을수록 STM을 이용한 관찰이 용이하다.
④ 일정한 온도와 부피의 진공 통 안에서 떠돌아다니는 기체 분자의 수는 기체 압력에 반비례한다.
⑤ 단분자층 형성 시간은 시료 표면과 충돌한 기체 분자들이 표면에 달라붙을 확률과 무관하게 결정된다.

10 ㉠에 대한 이해로 가장 적절한 것은?

① 시료 표면의 높낮이를 원자 단위까지 측정할 수 없다.
② 시료의 전기 전도 여부에 관계없이 시료를 관찰할 수 있다.
③ 시료의 관찰 가능 시간을 늘리려면 진공 통 안의 기체 압력을 낮추어야 한다.
④ 시료 표면의 관찰을 위해서는 시료 표면에 기체의 단분자층 형성이 필요하다.
⑤ 양자 역학적 터널링 효과를 이용하여 탐침을 시료 표면에 접촉시킨 후 흐르는 전류를 측정한다.

11 ㉡의 '음극'에 대한 설명으로 적절하지 않은 것은?

① 고전압과 전자의 상호 작용으로 자기장을 만든다.
② 떠돌아다니던 기체 분자를 흡착하는 물질을 내놓는다.
③ 기체 분자에서 분리된 양이온을 전기력으로 끌어당긴다.
④ 전자와 기체 분자의 충돌로 만들어진 양이온을 고정시킨다.
⑤ 기체 분자를 양이온과 전자로 분리시키는 전자를 방출한다.

12 윗글을 바탕으로 할 때, 〈보기〉에 대한 설명으로 옳지 <u>않은</u> 것은? [3점]

─────[보기]─────

STM을 사용하여 규소의 표면을 관찰하는 실험을 하려고 한다. 동일한 사양의 STM이 설치된, 동일한 부피의 진공 통 A~E가 있고, 각 진공 통 내부에 있는 기체 분자의 정보는 다음 표와 같다. 진공 통 A 안의 기체 압력은 10^{-9}토르이며, 모든 진공 통의 내부 온도는 20℃이다. (단, 기체 분자가 규소 표면과 충돌하여 달라붙을 확률은 기체의 종류와 관계없이 일정하며, 제시되지 않은 모든 조건은 각 진공 통에서 동일하다. N은 일정한 자연수이다.)

진공 통	기체	분자의 질량 (amu*)	단위 부피당 기체 분자 수 (개/cm³)
A	질소	28	4N
B	질소	28	2N
C	질소	28	7N
D	산소	32	N
E	이산화 탄소	44	N

* amu : 원자 질량 단위.

① A 내부에서의 단분자층 형성 시간은 대략 2,500초이겠군.
② B 내부의 기체 압력은 10^{-9}토르보다 낮겠군.
③ C 내부의 진공도는 B 내부의 진공도보다 낮겠군.
④ D 내부에서의 단분자층 형성 시간은 A의 경우보다 길겠군.
⑤ E 내부의 시료 표면에 대한 단위 면적당 기체 분자의 충돌 빈도는 D의 경우보다 높겠군.

　교통 이용 내역과 같은 기록은 개인의 데이터이며, 그 개인이 '정보 주체'이다. 데이터는 물리적 형체가 없고, 복제와 재사용이 수월하다. 이 데이터가 대량으로 집적·처리되면 빅 데이터가 되고, 이것의 정보 처리자인 기업 등이 '빅 데이터 보유자'이다. 산업 분야의 빅 데이터는 특정한 목적으로 활용될 수 있다는 점에서 경제적 가치를 지닌다.

　데이터를 재화로 보아 소유권이 누구에게 귀속되어야 하는지에 대한 논의가 있다. 소유권의 주체를 빅 데이터 보유자로 보는 견해와 정보 주체로 보는 견해가 있다. 전자는 빅 데이터 보유자에게 소유권을 부여하면 빅 데이터의 생성 및 유통이 ⓐ쉬워져 데이터 관련 산업이 활성화된다고 주장한다. 후자는 정보 생산 주체는 개인인데, 빅 데이터 보유자에게 부가 집중되는 것은 부당하므로, 정보 주체에게도 대가가 주어져야 한다고 본다.

　최근에는 논의의 중심이 데이터의 소유권 주체에서 데이터에 접근하기 위한 방안으로서의 데이터 이동권으로 바뀌고 있다. 우리나라는 데이터에 대해 소유권이 아닌 이동권을 법으로 명문화하여 정보 주체의 개인 정보 자기 결정권을 강화하였다. 데이터 이동권이란 정보 주체가 본인의 데이터를 보유한 자에게 데이터 이동을 요청하면, 그 데이터를 본인 혹은 지정한 제3자에게 무상으로 전송하게 하는 권리이다. 다만, 본인의 데이터라도 빅 데이터 보유자가 수집하여, 분석·가공하는 개발 과정을 거쳐 새로운 가치가 생성된 것은 이에 해당되지 않는다. 법제화 이전에도 은행 간에 계좌 자동 이체 항목을 이동할 수 있는 서비스는 있었다. 이는 은행 간 약정에 ⓑ따라 부분적으로 시행한 조치였다. 데이터 이동권의 도입으로 쇼핑몰 상품 소비 이력 등 정보 주체의 행동 양상과 관련된 부분까지 정보 주체가 자율적으로 통제·관리할 수 있는 범위가 확대되었다.

[A]
　데이터 이동권의 법제화로 기업은 데이터의 생성 비용과 거래 비용을 줄일 수 있다. 생성 비용은 기업 내에서 데이터를 개발할 때 발생하는 비용으로, 기업이 스스로 데이터를 수집할 때보다 전송받은 데이터를 복제 및 재사용하게 되면 절감할 수 있다. 거래 비용은 경제 주체 간 거래 시 발생하는 비용으로, 계약 체결이나 분쟁 해결 등의 과정에서 생긴다. 그런데 데이터 이동권의 법제화로, ㉮정보 주체가 지정하여 데이터를 전송받게 된 기업은 ㉯정보 주체의 데이터를 보유했던 기업으로부터 데이터를 받으면 비용을 절감할 수 있다. 이에 따라 기업 간 공유나 유통이 촉진되고, 관련 산업이 활성화된다.

[B]
　한편, 정보 주체가 보안의 신뢰성이 높고 데이터 제공에 따른 혜택이 많은 기업으로 데이터를 이동하면, 데이터가 집중되어 데이터의 공유나 유통이 위축될 수 있다는 우려도 있다. ㉰데이터 보유량이 적은 신규 기업은 기존 기업과 거래를 통해 데이터를 수집하는 것이 데이터 생성 비용 절감에도 효율적이다. 그런데 ㉱데이터가 집중된 기존 기업이 집적·처리된 데이터를 공유하려 하지 않으면, 신규 기업의 시장 진입이 어려워져 독점화가 강화될 수 있다.

13　윗글의 내용과 일치하지 <u>않는</u> 것은?

① 데이터는 재사용할 수 있으며 물리적 형체가 없다.

② 교통 이용 내역이 집적·처리되면 경제적 가치를 지닌 데이터가 될 수 있다.

③ 우리나라 현행법에는 정보 주체에게 데이터의 소유권을 인정하는 규정이 있다.

④ 정보 주체의 데이터로 발생한 이득이 빅 데이터 보유자에게 집중되는 것은 부당하다는 견해가 있다.

⑤ 데이터 이동권의 도입으로 정보 주체의 데이터 통제 범위가 본인의 행동 양상과 관련된 부분으로 확대되었다.

14 [A], [B]의 입장에서 ㉮~㉰에 대해 이해한 내용으로 적절하지 <u>않은</u> 것은?

① [A]의 입장에서, ㉮는 데이터 이동권 도입을 통해 ㉯의 데이터를 재사용할 수 있게 되었으므로 데이터 생성 비용을 줄일 수 있다고 보겠군.

② [A]의 입장에서, 정보 주체가 데이터 이동을 요청하여 데이터를 전송받는 제3자가 ㉰라면, ㉰는 분쟁 없이 정보 주체의 데이터를 받게 되어 거래 비용을 줄일 수 있다고 보겠군.

③ [B]의 입장에서, ㉰가 ㉱와의 거래에 실패해 데이터를 수집하지 못하여 ㉰에 데이터 생성 비용이 발생하면, 데이터 관련 산업의 시장에 진입하기 어려워질 수 있다고 보겠군.

④ [A]와 달리 [B]의 입장에서, 정보 주체의 데이터가 ㉯에서 ㉱로 이동하여 집적·처리될수록 기업 간 공유나 유통이 위축될 수 있다고 보겠군.

⑤ [B]와 달리 [A]의 입장에서, ㉯는 ㉮로 데이터를 이동하여 경제적 이득을 취할 수 있으므로 데이터의 공유나 유통의 활성화에 기여할 수 있다고 보겠군.

15 윗글을 바탕으로 〈보기〉를 이해한 내용으로 적절하지 <u>않은</u> 것은? [3점]

[보기]

　A은행은 고객들의 데이터를 수집하고 이를 분석·가공하여 자산 관리 데이터 서비스인 연령별·직업군별 등 고객 맞춤형 금융 상품 추천 서비스를 제공했다. 갑은 본인의 데이터 제공에 동의하여 A은행으로부터 소정의 포인트를 받았다. 데이터 이동권이 법제화된 이후 갑은 B은행 체크 카드를 발급받은 뒤, A은행에 '계좌 자동 이체 항목', '체크 카드 사용 내역', '연령별 맞춤형 금융 상품 추천 서비스 내역'을 B은행으로 이동할 것을 요청했다.

① 갑이 본인의 데이터를 이동 요청하면 A은행은 갑의 '체크 카드 사용 내역'을 B은행으로 전송해야 한다.

② A은행에 대한 갑의 데이터 이동 요청은 정보 주체의 자율적 관리이므로 강화된 개인 정보 자기 결정권의 행사이다.

③ 데이터의 소유권 주체가 정보 주체라고 본다면, 갑이 A은행으로부터 받은 포인트는 본인의 데이터 제공에 대한 대가이다.

④ 갑이 본인의 데이터를 보유한 A은행을 상대로 요청한 '연령별 맞춤형 금융 상품 추천 서비스 내역'은 데이터 이동권 행사의 대상이다.

⑤ 데이터 이동권의 법제화 이전에도 갑이 A은행에서 B은행으로 이동을 요청한 정보 중에서 '계좌 자동 이체 항목'은 이동이 가능했다.

16 문맥상 ⓐ, ⓑ와 바꾸어 쓰기에 가장 적절한 것은?

	ⓐ	ⓑ
①	용이(容易)해져	근거(根據)하여
②	유력(有力)해져	근거(根據)하여
③	용이(容易)해져	의탁(依託)하여
④	원활(圓滑)해져	의탁(依託)하여
⑤	유력(有力)해져	기초(基礎)하여

[17~21] 다음 글을 읽고 물음에 답하시오.　　2010.09 [13~17]

───── (해설 p.207) ─────

　　동양에서 '천(天)'은 그 함의가 넓다. 모든 존재의 근거가 그것으로부터 말미암지 않는 것이 없다는 면에서 하나의 표본이었고, 모든 존재들이 자신의 생존을 영위하고 그 존재 가치와 의의를 실현하는 데도 그것의 이치와 범주를 벗어날 수 없다는 면에서 하나의 기준이었다. 그래서 현실 세계 안에서 인간의 삶을 모색하는 데 관심을 두었던 동양에서는 인간이 천을 어떻게 이해하느냐에 따라 삶의 길이 달리 설정되었을 만큼 천에 대한 이해가 다양하였다.

　　천은 자연현상 가운데 인간에게 가장 크게 영향을 미치는 것이자 가장 크고 뚜렷하게 파악되는 현상으로 여겨졌다. 농경을 주로 하는 문화적 특성상 자연현상과 기후의 변화를 파악하는 것이 중시된 만큼 천의 표면적인 모습 외에 작용 면에서 천을 파악하려는 경향이 ⓐ짙었다. 그래서 천은 자연적 현상과 작용 등을 포괄하는 '자연천(自然天)' 개념으로 자리를 잡았다.

　　이러한 천 개념하에서 인간은 도덕적 자각이 없었을 뿐만 아니라 자연 변화의 원인과 의지도 알 수 없었다. 이에 따라 천은 신성한 대상으로 숭배되었고, 여러 자연신 가운데 하나로 생각되었다. 특히 상제(上帝)와 결부됨으로써 모든 것을 주재하는 절대적인 권능을 가진 '상제천(上帝天)' 개념이 자리 잡았다. 길흉화복을 주재하고 생사여탈권까지 관장하는 종교적인 의미로 그 성격이 변화한 것이다. 가치중립적이었던 천이 의지를 가진 절대적 권능의 존재로 수용되면서 정치적인 개념으로 '천명(天命)'이 등장하였다. 그리고 통치자들은 천의 명령을 통해 통치권을 부여받았고, 천의 의지인 천명은 제사 등을 통해 통치자만 알 수 있는 것으로 규정되었다. 그리하여 천명은 통치자가 권력을 행사하고, 정권의 정통성을 보장하는 근거가 되었다.

　　그러나 독점적이고 배타적인 천명에 근거한 권력 행사는 부작용을 가져왔다. 도덕적 경계심이 결여된 통치자의 권력 행사는 백성에 대한 억압의 계기로 작용하였다. 통치의 부작용이 심화됨에 따라 천에 대한 반성이 제기되었고, 도덕적 반성을 통해 천명 의식은 수정되었다. 그리고 '천은 명을 주었다가도 통치자가 정치를 잘못하면 언제나 그 명을 박탈해 간다.', '천은 백성들이 원하

는 것을 들어준다.'는 생각이 현실화되었다. 천명은 계속 수용되었지만, 그것의 불변성, 독점성, 편파성 등은 수정되었고, 그 기저에는 도덕적 의미로서 '의리천(義理天)' 개념이 자리하였다.

　　천명 의식의 변화와 맞물려 천 개념은 복합적으로 수용되었다. 상제로서의 천 개념이 개방되면서 주재적 측면이 도덕적 측면으로 수용되었고, '의리천' 개념은 더욱 심화되어 천은 인간의 도덕성과 규범의 근거로 받아들여졌다. 천을 인간 내면으로 끌어들여 인간 본성을 자연한 것이자 도덕적인 것으로 간주하였다. 천이 도덕 및 인간 본성과 결부됨에 따라 인간 내면에 있는 천으로서의 본성을 잘 발휘하면 도덕을 실현함은 물론, 천의 경지에 도달할 수 있다고 여겨졌다. 내면화된 천은 비도덕적 행위에 대한 제어 장치 역할을 하는 양심의 근거로도 수용되어 천의 도덕적 의미는 더욱 강조되었다. 천명 의식의 변화와 확장된 천 개념의 결합에 따라 천은 초월성과 내재성을 가진 존재로서 받아들여졌고, ㉠인간 행위의 자율성과 타율성을 이끌어 내는 기반이 되어 인간 삶의 중요한 근거로서 그 위상이 강화되었다.

17　윗글의 내용과 일치하는 것은?

① 천명 의식은 농경 생활의 경험에서 비롯되었다.
② 천은 초월적인 세계 안에서 인간 삶의 표본이었다.
③ 자연으로서의 천 개념에는 작용에 대한 인식이 없었다.
④ 천은 인간에게 자연현상이자 도덕적 가치의 근원이었다.
⑤ 내면화된 천은 통치자의 배타적 권력 행사의 기반이었다.

18 〈보기〉의 ㉮~㉲ 중, 윗글에서 중점적으로 다루고 있는 것은?

> ─────[보기]─────
>
> 특정한 사상의 개념을 이해하기 위해서는 그 ㉮개념의 어원에서 출발하여 ㉯개념의 의미 변천, ㉰해당 개념에 대한 주요 사상가의 견해, 그리고 ㉱현대적 적용 양상을 폭넓게 다룰 필요가 있다. 특히 개념에 대해 더욱 풍부하게 이해하기 위해서는 ㉲사상사 속에서 드러나는 주요한 쟁점이 표출하는 다양한 의식의 층위도 고찰해야 한다.

① ㉮   ② ㉯   ③ ㉰
④ ㉱   ⑤ ㉲

19 ㉠에 대한 설명으로 적절하지 <u>않은</u> 것은?

① '자연천'에서는 인간 행위의 자율성이 부각된다.
② '상제천'에서 인간 행위의 타율성이 나타나기 시작한다.
③ '의리천'에서 인간 행위의 자율성이 잘 발휘되면 천의 경지에 도달할 수 있다.
④ 천 개념의 개방에 따라 인간 행위의 자율성이 인정되는 방향으로 나갔다.
⑤ 천명 의식이 달라짐에 따라 인간 행위의 자율성과 타율성의 양상이 변화하였다.

20 윗글의 천 개념에 해당하는 예를 〈보기〉에서 골라 바르게 묶은 것은?

> ─────[보기]─────
>
> ㄱ. 천은 크기로 보면 바깥이 없고, 운행이 초래하는 변화는 다함이 없다.
> ㄴ. 만물의 생성과 변화를 살피면 그와 같이 되도록 주재하고 운용하는 존재가 있는 것으로 생각된다.
> ㄷ. 인심이 돌아가는 곳은 곧 천명이 있는 곳이다. 그러므로 사람을 거스르고 천을 따르는 자는 없고, 사람을 따르고 천을 거스르는 자도 없다.
> ㄹ. 이 세상 사물 가운데 털끝만큼 작은 것들까지 천이 내지 않은 것이 없다고들 한다. 대체 하늘이 어떻게 하나하나 명을 낸단 말인가? 천은 텅 비고 아득하여 아무런 조짐도 없으면서 저절로 되어 가도록 맡겨 둔다.

	자연천	상제천	의리천
①	ㄱ	ㄴ, ㄹ	ㄷ
②	ㄴ	ㄱ	ㄷ, ㄹ
③	ㄹ	ㄴ	ㄱ, ㄷ
④	ㄱ, ㄹ	ㄴ	ㄷ
⑤	ㄱ, ㄹ	ㄷ	ㄴ

21 ⓐ와 가장 가까운 뜻으로 쓰인 것은?

① 폭우가 내릴 가능성이 짙어 건물 외벽을 점검했다.
② 짙게 탄 커피를 마시면 잠이 잘 안 온다.
③ 철수는 짙은 안개 속에서 길을 잃었다.
④ 정원에서 꽃향기가 짙게 풍겨 온다.
⑤ 해가 지고 어둠이 짙게 깔렸다.

　　최근의 3D 애니메이션은 섬세한 입체 영상을 구현하여 실물을 촬영한 것 같은 느낌을 준다. 실물을 촬영하여 얻은 자연 영상을 그대로 화면에 표시할 때와 달리 3D 합성 영상을 생성, 출력하기 위해서는 모델링과 렌더링을 거쳐야 한다.

　　모델링은 3차원 가상 공간에서 물체의 모양과 크기, 공간적인 위치, 표면 특성 등과 관련된 고유의 값을 설정하거나 수정하는 단계이다. 모양과 크기를 설정할 때 주로 3개의 정점으로 형성되는 삼각형을 활용한다. 작은 삼각형의 조합으로 이루어진 그물과 같은 형태로 물체 표면을 표현하는 방식이다. 이 방법으로 복잡한 굴곡이 있는 표면도 정밀하게 표현할 수 있다. 이때 삼각형의 꼭짓점들은 물체의 모양과 크기를 결정하는 정점이 되는데, 이 정점들의 개수는 물체가 변형되어도 변하지 않으며, 정점들의 상대적 위치는 물체 고유의 모양이 변하지 않는 한 달라지지 않는다. 물체가 커지거나 작아지는 경우에는 정점 사이의 간격이 넓어지거나 좁아지고, 물체가 회전하거나 이동하는 경우에는 정점들이 간격을 유지하면서 회전축을 중심으로 회전하거나 동일 방향으로 동일 거리만큼 이동한다. 물체 표면을 구성하는 각 삼각형 면에는 고유의 색과 질감 등을 나타내는 표면 특성이 하나씩 지정된다.

　　공간에서의 입체에 대한 정보인 이 데이터를 활용하여, 물체를 어디에서 바라보는가를 나타내는 관찰 시점을 기준으로 2차원의 화면을 생성하는 것이 렌더링이다. 전체 화면을 잘게 나눈 점이 화소인데, 정해진 개수의 화소로 화면을 표시하고 각 화소별로 밝기나 색상 등을 나타내는 화솟값이 부여된다. 렌더링 단계에서는 화면 안에서 동일 물체라도 멀리 있는 경우는 작게, 가까이 있는 경우는 크게 보이는 원리를 활용하여 화솟값을 지정함으로써 물체의 원근감을 구현한다. 표면 특성을 나타내는 값을 바탕으로, 다른 물체에 가려짐이나 조명에 의해 물체 표면에 생기는 명암, 그림자 등을 고려하여 화솟값을 정해 줌으로써 물체의 입체감을 구현한다. 화면을 구성하는 모든 화소의 화솟값이 결정되면 하나의 프레임이 생성된다. 이를 화면출력장치를 통해 모니터에 표시하면 정지 영상이 완성된다.

　　모델링과 렌더링을 반복하여 생성된 프레임들을 순서대로 표시하면 동영상이 된다. 프레임을 생성할 때, 모델링과 관련된 계산을 완료한 후 그 결과를 이용하여 렌더링을 위한 계산을 한다. 이때 정점의 개수가 많을수

록, 해상도가 높아 출력 화소의 수가 많을수록 연산 양이 많아져 연산 시간이 길어진다. 컴퓨터의 중앙처리장치(CPU)는 데이터 연산을 하나씩 순서대로 수행하기 때문에 과도한 양의 데이터가 집중되면 미처 연산되지 못한 데이터가 차례를 기다리는 병목 현상이 생겨 프레임이 완성되는 데 오랜 시간이 걸린다. CPU의 그래픽 처리 능력을 보완하기 위해 개발된 ㉠그래픽처리장치(GPU)는 연산을 비롯한 데이터 처리를 독립적으로 수행할 수 있는 장치인 코어를 수백에서 수천 개씩 탑재하고 있다. GPU의 각 코어는 그래픽 연산에 특화된 연산만을 할 수 있고 CPU의 코어에 비해서 저속으로 연산한다. 하지만 GPU는 동일한 연산을 여러 번 수행해야 하는 경우, 고속으로 출력 영상을 생성할 수 있다. 왜냐하면 GPU는 한 번의 연산에 쓰이는 데이터들을 순차적으로 각 코어에 전송한 후, 전체 코어에 하나의 연산 명령어를 전달하면, 각 코어는 모든 데이터를 동시에 연산하여 연산 시간이 짧아지기 때문이다.

22　윗글에 대한 이해로 적절하지 않은 것은?

① 자연 영상은 모델링과 렌더링 단계를 거치지 않고 생성된다.

② 렌더링에서 사용되는 물체 고유의 표면 특성은 화솟값에 의해 결정된다.

③ 물체의 원근감과 입체감은 관찰 시점을 기준으로 구현한다.

④ 3D 영상을 재현하는 화면의 해상도가 높을수록 연산 양이 많아진다.

⑤ 병목 현상은 연산할 데이터의 양이 처리 능력을 초과할 때 발생한다.

23 모델링에 대한 설명으로 가장 적절한 것은?

① 다른 물체에 가려져 보이지 않는 부분에 있는 삼각형의 정점들의 위치는 계산하지 않는다.

② 삼각형들을 조합함으로써 물체의 복잡한 곡면을 정교하게 표현할 수 있다.

③ 하나의 작은 삼각형에 다양한 색상의 표면 특성들을 함께 부여한다.

④ 공간상에 위치한 정점들을 2차원 평면에 존재하도록 배치한다.

⑤ 다양하게 변할 수 있는 관찰 시점을 순차적으로 저장한다.

24 ㉠에 대한 추론으로 적절한 것은?

① 동일한 개수의 정점 위치를 연산할 때, 동시에 연산을 수행하는 코어의 개수가 많아지면 총 연산 시간이 길어진다.

② 정점의 위치를 구하기 위한 10개의 연산을 10개의 코어에서 동시에 진행하려면, 10개의 연산 명령어가 필요하다.

③ 1개의 코어만 작동할 때, 정점의 위치를 구하기 위한 연산 시간은 1개의 코어를 가진 CPU의 연산 시간과 같다.

④ 정점 위치를 구하기 위한 각 데이터의 연산을 하나씩 순서대로 처리해야 한다면, 다수의 코어가 작동하는 경우 총 연산 시간은 1개의 코어만 작동하는 경우의 총 연산 시간과 같다.

⑤ 정점 위치를 구하기 위해 연산해야 할 10개의 데이터를 10개의 코어에서 처리할 경우, 모든 데이터를 모든 코어에 전송하는 시간은 1개의 데이터를 1개의 코어에 전송하는 시간과 같다.

25 다음은 3D 애니메이션 제작을 위한 계획의 일부이다. 윗글을 바탕으로 할 때 적절하지 <u>않은</u> 것은? [3점]

	〔장면 구상〕	〔장면 스케치〕
장면 1	주인공 '네모'가 얼굴을 정면으로 향한 채 입에 아직 불지 않은 풍선을 물고 있다.	
장면 2	'네모'가 바람을 불어 넣어 풍선이 점점 커진다.	
장면 3	풍선이 더 이상 커지지 않고 모양을 유지한 채, '네모'는 풍선과 함께 하늘로 날아올라 점점 멀어지는 모습이 보인다.	

① 장면 1의 렌더링 단계에서 풍선에 가려 보이지 않는 입 부분의 삼각형들의 표면 특성은 화솟값을 구하는 데 사용되지 않겠군.

② 장면 2의 모델링 단계에서 풍선에 있는 정점의 개수는 유지되겠군.

③ 장면 2의 모델링 단계에서 풍선에 있는 정점 사이의 거리가 멀어지겠군.

④ 장면 3의 모델링 단계에서 풍선에 있는 정점들이 이루는 삼각형들이 작아지겠군.

⑤ 장면 3의 렌더링 단계에서 전체 화면에서 화솟값이 부여되는 화소의 개수는 변하지 않겠군.

추상적이고 현학적인 말들로 도배된 지문을 이해하는 방법에 대해 배워보는 날입니다. 많은 학생들이 어려움을 겪는 부분에 대한 대처법을 확립하는 시간이니 열심히 공부해보도록 합시다.

추상적인 원리는 구체적인 사례로 이해한다.

우리는 앞에서 '재진술'을 지문 단위로 확장시켜 이해하는 연습을 했습니다. 이 '재진술'의 대표적인 예시에는 '사례-원리 연결'도 있었어요. '생각의 시작' 파트에서 열심히 연습했던 기억이 있으실 겁니다. 이 '사례-원리 연결'은 추상적인 '원리'를 구체적인 '사례'를 바탕으로 이해하는 과정이었습니다. 이를 통해 추상적이고 현학적으로 느껴지던 말들을 더욱 구체적으로 이해할 수 있었어요. 이번 파트에서는 이러한 '사례-원리 연결'을 지문 단위로 확장시켜 이해해볼 겁니다.

평가원은 가끔씩 추상적인 원리 하나를 설명하는 데 지문 전체를 할애하기도 합니다. 그런데 이 원리를 한 번에 이해하는 것은 쉽지 않습니다. 따라서 추상적인 내용을 구체적으로 풀어서 설명하는 것이 필수적인데, 이때 평가원이 사용하는 것이 바로 '사례'입니다. 지문 전체가 하나의 개념에 대한 설명인데, 그 개념의 정의 및 설명이 추상적이라면 '사례'가 없는지 확인해보세요. 그리고 '사례'가 보인다면, 그때부터는 완벽하게 이해할 수 있어야 합니다. 이때 '완벽하게 이해'한다는 것은 '본인의 언어로 설명할 수 있다'는 것과 같은 말이라고 할 수 있습니다. 그 원리에 대해 처음 들어보는 사람도 쉽게 이해할 수 있을 만큼 말이죠. 지문을 다 읽고나서 해당 원리가 구체적으로 이해되는 순간, 선지 판단이 상당히 쉬워지게 되는 것입니다.

앞에서도 배웠지만, '사례-원리 연결'은 '사례'와 그것이 설명하고자 하는 '원리'의 '일대일 대응'이라고 할 수 있습니다. 예를 들어, 2020학년도 수능에 출제된 아래와 같은 지문에서

우리는 종종 임의의 명제가 참인지 거짓인지 새롭게 알게 된다. 이것을 베이즈주의자의 표현으로 바꾸면 그 명제가 참인지 거짓인지에 대해 가장 강한 믿음의 정도를 새롭게 갖는다는 것이다. 베이즈주의는 이런 경우에 믿음의 정도가 어떤 방식으로 변해야 하는지에 대해 정교한 설명을 제공한다. 이에 따르면, 인식 주체가 특정 시점에 임의의 명제 A가 참이라는 것만을 또는 거짓이라는 것만을 새롭게 알게 됐을 때, 다른 임의의 명제 B에 대한 인식 주체의 기존 믿음의 정도의 변화는 조건화 원리의 적용을 받는다. 이는 믿음의 정도의 변화에 관한 원리로서, 만약 인식 주체가 A가 참이라는 것만을 새롭게 알게 된다면, B가 참이라는 것에 대한 그 인식 주체의 믿음의 정도는 애초의 믿음의 정도에서 A가 참이라는 조건하에 B가 참이라는 것에 대한 믿음의 정도로 되어야 함을 의미한다.

'조건화 원리'라는 개념에 대해 설명하는데, 그 정의가 꽤나 추상적입니다. 한 번에 이해하기가 어렵다는 생각이 들 수 있죠. 일단 '조건/화/원리'라는 단어의 의미를 살려서, A가 참이라는 '조건'하에 B가 참이라는 것에 대한 믿음의 정도로 되어야 한다는 식으로 정리할 수는 있겠습니다. 그런데 완벽하게 이해하기는 어려운 상황이에요. 이때

예를 들어 갑이 '내일 비가 온다.'가 참이라는 것을 약하게 믿고 있고, '오늘 비가 온다.'가 참이라는 조건하에서는 '내일 비가 온다.'가 참이라는 것을 강하게 믿는다고 해 보자. 조건화 원리에 따르면, 갑이 실제로 '오늘 비가 온다.'가 참이라는 것만을 새롭게 알게 될 때, '내일 비가 온다.'가 참이라는 것을 그 이전보다 더 강하게 믿는 것이 합리적이다. 조건화 원리는 새롭게 알게 된 명제가 동시에 둘 이상인 경우에도 마찬가지로 적용된다. 다만 이 원리는 믿음의 정도에 관한 것이지 행위에 관한 것은 아니다.

'예를 들어'를 보자마자 반가운 느낌이 들어야 합니다. 그러면서 다음과 같이 '일대일 대응'시켜 '조건화 원리'라는 원리를 완벽하게 이해하는 거예요.

만약 인식 주체가 A가 참이라는 것만을 새롭게 알게 된다면 = 갑이 실제로 '오늘 비가 온다.'가 참이라는 것만을 새롭게 알게 될 때
B가 참이라는 것에 대한 그 인식 주체의 믿음의 정도 = 갑이 '내일 비가 온다.'가 참이라는 것을 믿고 있는 정도
애초의 믿음의 정도 = 갑이 '내일 비가 온다.'가 참이라는 것을 약하게 믿고 있고,
A가 참이라는 조건하에 = '오늘 비가 온다.'가 참이라는 조건하에서는
B가 참이라는 것에 대한 믿음의 정도로 되어야 함 = '내일 비가 온다.'가 참이라는 것을 그 이전보다 더 강하게 믿는 것이 합리적

이와 같은 사고과정을 거치면, '조건화 원리는 결국 새롭게 알게 된 명제가 참이라는 조건하에 기존에 알고 있던 명제에 대한 믿음의 정도가 변하는 것이 합리적이라는 내용이구나.'와 같은 생각을 하며 완벽하게 이해할 수 있는 것입니다. 처음에는 굳이 저렇게까지 해야 하냐는 생각이 들 수 있겠지만, 지문 전체가 '사례-원리 연결'의 형태인 경우에는 이와 같은 독해 태도가 문제 풀이 시간을 크게 줄여줄 것임을 잊지 맙시다. 결국 사례를 통해 설명하고자 하는 그 핵심 원리를 이해하기만 하면 대부분의 문제를 쉽게 풀 수 있을 것이니까요.

이러한 태도가 잘 갖춰진 학생들은 추상적 원리가 제시되는 지문을 그리 어렵다고 생각하지 않습니다. 하지만 '사례-원리 연결'이라는 태도가 어색한 학생들은 처음부터 끝까지 애매한 이야기만 하는 초고난도 지문으로 느껴지고, 모든 선지가 명쾌하게 해결되지 않으며 식은땀을 흘리게 됩니다. 전자의 학생이 될 수 있도록, 다음 지문들을 바탕으로 열심히 연습해보도록 합시다. 추상적인 원리가 제시되면 그 개념 및 부가적인 설명을 정확하게 체크하고, 구체적인 사례와 '일대일 대응'시키면서 완벽하게 이해하는 겁니다!

―――――――――――――――――― (해설 p.226) ―

(가)

　근대 이후 서양의 철학자들은 과학적 세계관이 대두하면서 이전과는 달리 인과를 물리적 작용 사이의 관계로 국한하려는 경향을 보였다. 문제는 흄이 지적했듯이 인과 관계 그 자체는 직접 관찰할 수 없다는 것이다. 원인과 결과에 해당하는 사건만을 관찰할 수 있을 뿐이다. 가령 "추위 때문에 강물이 얼었다."는 직접 관찰한 물리적 사실을 진술한 것이 아니다. 그래서 인과가 과학적 개념인지에 대한 의심이 철학자들 사이에 제기되었다. 이에 인과를 과학적 세계관에 입각하여 이해하려는 시도가 새먼의 과정 이론이다.

　야구공을 던지면 땅 위의 공 그림자도 따라 움직인다. 공이 움직여서 그림자가 움직인 것이지 그림자 자체가 움직여서 그림자의 위치가 변한 것은 아니다. 과정 이론은 이 차이를 다음과 같이 설명한다. 과정은 대상의 시공간적 궤적이다. 날아가는 야구공은 물론이고 땅에 멈추어 있는 공도 시간은 흘러가고 있기에 시공간적 궤적을 그리고 있다. 공이 멈추어 있는 상태도 과정인 것이다. 그런데 모든 과정이 인과적 과정은 아니다. 어떤 과정은 다른 과정과 한 시공간적 지점에서 만난다. 즉, 두 과정이 교차한다. 만약 교차에서 표지, 즉 대상의 변화된 물리적 속성이 도입되면 이후의 모든 지점에서 그 표지를 전달할 수 있는 과정이 인과적 과정이다.

[A]
　가령 바나나가 a 지점에서 b 지점까지 이동하는 과정을 과정1이라고 하자. a와 b의 중간 지점에서 바나나를 한 입 베어 내는 과정2가 과정1과 교차했다. 이 교차로 표지가 과정1에 도입되었고 이 표지는 b까지 전달될 수 있다. 즉, 바나나는 베어 낸 만큼이 없어진 채로 줄곧 b까지 이동할 수 있다. 따라서 과정1은 인과적 과정이다. 바나나가 이동한 것이 바나나가 b에 위치한 결과의 원인인 것이다. 한편, 바나나의 그림자가 스크린에 생긴다고 하자. 바나나의 그림자가 스크린상의 a′지점에서 b′지점까지 움직이는 과정을 과정3이라 하자. 과정1과 과정2의 교차 이후 스크린상의 그림자 역시 변한다. 그런데 a′과 b′사이의 스크린 표면의 한 지점에 울퉁불퉁한 스티로폼이 부착되는 과정4가 과정3과 교차했다고 하자. 그림자가 그 지점과 겹치면서 일그러짐이라는 표지가 과정3에 도입되지만, 그 지점을 지나가면 그림자는 다시 원래대로 돌아오고 스티로폼은 그대로이다. 이처럼 과정3은 다른 과정과의

교차로 도입된 표지를 전달할 수 없다.

　과정 이론은 규범이나 마음과 같은, 물리적 세계 바깥의 측면을 해명하기 어렵다는 한계를 지닌다. 예컨대 내가 사회 규범을 어긴 것과 내가 벌을 받아야 하는 것 사이에는 인과 관계가 있지만 과정 이론은 이를 잘 다루지 못한다.

(나)

　자연 현상과 인간사를 인과 관계로 설명하는 동아시아의 대표적 논의는 재이론(災異論)이다. 한대(漢代)의 동중서는 하늘이 덕을 잃은 군주에게 재이를 내려 견책한다는 천견설과, 인간과 하늘에 공통된 음양의 기(氣)를 통해 하늘과 인간이 서로 감응한다는 천인감응론을 결합하여 재이론을 체계화하였다. 그에 따르면, 군주가 실정(失政)을 저지르면 그로 말미암아 변화된 음양의 기를 통해 감응한 하늘이 가뭄과 홍수, 일식과 월식 등 재이를 통해 경고를 내린다. 이때 재이는 군주권이 하늘로부터 비롯된 것임을 입증하는 것이자 군주의 실정에 대한 경고였다.

　양면적 성격의 재이론은 신하가 정치적 논의에 참여할 수 있는 명분을 제공하였고, 재이가 발생하면 군주가 직언을 구하고 신하가 이에 응하는 전통으로 구체화되었다. 하지만 동중서 이후, 원인으로서의 인간사와 결과로서의 재이를 일대일로 대응시켜 설명하는 개별적 대응 방식은 억지가 심하다는 평가를 받았다. 이 방식은 오히려 ㉠예언화 경향으로 이어져 재이를 인간사의 징조로, 인간사를 재이의 결과로 대응시키는 풍조를 낳기도 하였고, 요망한 말로 백성을 미혹시켰다는 이유로 군주가 직언을 하는 신하를 탄압하는 빌미가 되기도 하였다.

　이후 재이에 대한 예언적 해석은 비판의 대상이 되었고, 천인감응론 또한 부정되기도 하였다. 하지만 재이론은 여전히 정치 현장에서 사라지지 않았다. 송대(宋代)에 이르러, 주희는 천문학의 발달로 예측 가능하게 된 일월식을 재이로 간주하지 않는 경향을 수용하였고, 재이를 근본적으로 이치에 의해 설명되기 어려운 자연 현상으로 간주하였다. 하지만 당시까지도 재이에 대해 군주의 적극적인 대응을 유도하며 안전한 언론 활동의 기회를 제공했던 재이론이 폐기되는 것은, 신하의 입장에서 유용한 정치적 기제를 잃는 것이었다. 이 때문에 그는 군주를 경계하는 적절한 방법을 ⓐ찾고자 재이론을 고수하였다. 그는 재이에 대한 개별적 대응 대신 군주에게 허물과 잘못이 쌓이면 이에 하늘이 감응하여 변칙적

인 자연 현상이 일어날 것이라는 ⓛ전반적 대응설을 제
시하고, 재이를 군주의 심성 수양 문제로 귀결시키며 재
이론의 역사적 수명을 연장하였다.

01 다음은 (가)와 (나)를 읽은 학생이 작성한 학습 활동지의
일부이다. ㄱ~ㅁ에 들어갈 내용으로 적절하지 **않은** 것은?

학습 항목	학습 내용	
	(가)	(나)
도입 문단의 내용 제시 방식 파악하기	ㄱ	ㄴ
⋮	⋮	⋮
글의 내용 전개 방식 이해하기	ㄷ	ㄹ
특정 개념과 관련하여 두 글을 통합적으로 이해하기	ㅁ	

① ㄱ : '인과'에 대한 특정 이론이 등장하게 된 배경을 철
학자들의 인식 변화와 관련지어 제시하였음.
② ㄴ : '인과'와 연관된 특정 이론의 배경 사상과 중심 내
용을 제시하였음.
③ ㄷ : '인과'에 대한 특정 이론을 정의한 뒤 구체적인 사
례와 관련지어 그 이론의 한계와 전망을 제시하였음.
④ ㄹ : '인과'와 연관된 특정 이론을 제시하고 그 이론이
변용되는 양상을 시대의 흐름에 따라 제시하였음.
⑤ ㅁ : '인과'와 관련하여 동서양의 특정 이론들에 나타
나는 관점을 비교해 보도록 하였음

02 윗글에 대한 이해로 적절하지 **않은** 것은?

① 과정 이론은 물리적 세계의 테두리 안에서 인과를 해
명하는 이론이다.
② 사회 규범 위반과 처벌 당위성 사이의 인과 관계는 표
지의 전달로 설명되기 어렵다.
③ 인과가 과학적 세계관과 부합하지 않는다고 생각하는
철학자가 근대 이후 서양에 나타났다.
④ 한대의 재이론에서 전제된 하늘은 음양의 변화에 반
응하지 않지만 경고를 하는 의지를 가진 존재였다.
⑤ 천문학의 발달에 따라 일월식이 예측 가능해지면서
송대에는 이를 설명 가능한 자연 현상으로 보는 경향
이 있었다.

03 [A]에 대한 이해로 적절하지 **않은** 것은?

① 바나나와 그 그림자는 서로 다른 시공간적 궤적을 그
린다.
② 과정1이 과정2와 교차하기 이전과 이후에서, 바나나가
지닌 물리적 속성은 다르다.
③ 과정1과 달리 과정3은 인과적 과정이 아니다.
④ 바나나의 일부를 베어 냄으로써 변화된 바나나 그림
자의 모양은 과정 3이 과정 2와 교차함으로써 도입된
표지이다.
⑤ 과정3과 과정4의 교차로 도입된 표지는 과정3으로도
과정4로도 전달되지 않는다.

04 ⊙, ⓛ에 대한 설명으로 가장 적절한 것은?

① ⊙은 군주의 과거 실정에 대한 경고로서 재이의 의미
가 강조되어 신하의 직언을 활성화하는 방향으로 활
용되었다.
② ⊙은 이전과 달리 인간사와 재이의 인과 관계를 역전
시켜 재이를 인간사의 미래를 알려 주는 징조로 삼는
데 활용되었다.
③ ⓛ은 개별적인 재이 현상을 물리적 작용이라 보고 정
치와 무관하게 재이를 이해하는 기초로 활용되었다.
④ ⓛ은 누적된 실정과 특정한 재이 현상을 연결 짓는 방
식으로 이어져 군주의 권력을 강화하는 데 활용되었다.
⑤ ⓛ은 과학적 인식을 기반으로 군주의 지배력과 변칙
적인 자연 현상이 무관하다는 인식을 강화하는 기초
로 활용되었다.

05 〈보기〉는 윗글의 주제와 관련한 동서양 학자들의 견해이다. 윗글을 읽은 학생이 〈보기〉에 대해 보인 반응으로 적절하지 **않은** 것은? [3점]

─────────[보기]─────────
㉮ 만약 인과 관계가 직접 관찰될 수 없다면, 물리적 속성의 변화와 전달과 같은 관찰 가능한 현상을 탐구하는 것이 인과 개념을 과학적으로 규명하는 올바른 경로이다.

㉯ 인과 관계란 서로 다른 대상들이 물리적 성질들을 서로 주고받는 관계일 수밖에 없다. 그러한 두 대상은 시공간적으로 연결되어 있어야만 한다.

㉰ 덕이 잘 닦인 치세에서는 재이를 찾아볼 수 없었고, 세상의 변고는 모두 난세의 때에 출현했으니, 하늘과 인간이 서로 통하는 관계임을 알 수 있다.

㉱ 홍수가 자주 발생하는 강 하류 지방의 지방관은 반드시 실정을 한 것이고, 홍수가 발생하지 않는 산악 지방의 지방관은 반드시 청렴한가? 실제로는 그렇지 않다.

① 흄의 문제 제기와 ㉮로부터, 과정 이론이 인과 개념을 과학적으로 규명하려는 시도의 하나임을 이끌어낼 수 있겠군.
② 인과 관계를 대상 간의 물리적 상호 작용으로 국한하는 ㉯의 입장은 대상 간의 감응을 기반으로 한 동중서의 재이론이 보여 준 입장과 부합하겠군.
③ 치세와 난세의 차이를 재이의 출현 여부로 설명하는 ㉰에 대해 동중서와 주희는 모두 재이론에 입각하여 수용 가능한 견해라는 입장을 취하겠군.
④ 덕이 물리적 세계 바깥의 현상에 해당한다면, 덕과 세상의 변화 사이에 인과 관계가 있다고 본 ㉰는 새먼의 이론에 입각하여 설명되기 어렵겠군.
⑤ 지방관의 실정에서 도입된 표지가 홍수로 이어지는 과정으로 전달될 수 없다면, 새먼은 실정이 홍수의 원인이 아니라는 점에서 ㉱에 동의하겠군.

06 ⓐ와 문맥상 의미가 가장 가까운 것은?

① 모두가 만족하는 대책을 <u>찾으려</u> 머리를 맞대었다.
② 모르는 단어가 나오면 국어사전을 <u>찾아서</u> 확인해라.
③ 건강을 위해 친환경 농산물을 <u>찾는</u> 사람이 많아졌다.
④ 아직 완전하지는 않지만 서서히 건강을 <u>찾는</u> 중이다.
⑤ 선생은 독립을 다시 <u>찾는</u> 것을 일생의 사명으로 여겼다.

———— (해설 p.239) ————

두 명제가 모두 참인 것도 모두 거짓인 것도 가능하지 않은 관계를 모순 관계라고 한다. 예를 들어, 임의의 명제를 P라고 하면 P와 ~P는 모순 관계이다.(기호 ‘~’은 부정을 나타낸다.) P와 ~P가 모두 참인 것은 가능하지 않다는 법칙을 무모순율이라고 한다. 그런데 “㉠다보탑은 경주에 있다.”와 “㉡다보탑은 개성에 있을 수도 있었다.”는 모순 관계가 아니다. 현실과 다르게 다보탑을 경주가 아닌 곳에 세웠다면 다보탑의 소재지는 지금과 달라졌을 것이다. 철학자들은 이를 두고, P와 ~P가 모두 참인 혹은 모두 거짓인 가능세계는 없지만 다보탑이 개성에 있는 가능세계는 있다고 표현한다.

‘가능세계’의 개념은 일상 언어에서 흔히 쓰이는 필연성과 가능성에 관한 진술을 분석하는 데 중요한 역할을 한다. ‘P는 가능하다’는 P가 적어도 하나의 가능세계에서 성립한다는 뜻이며, ‘P는 필연적이다’는 P가 모든 가능세계에서 성립한다는 뜻이다. “만약 Q이면 Q이다.”를 비롯한 필연적인 명제들은 모든 가능세계에서 성립한다. “다보탑은 경주에 있다.”와 같이 가능하지만 필연적이지는 않은 명제는 우리의 현실세계를 비롯한 어떤 가능세계에서는 성립하고 또 어떤 가능세계에서는 성립하지 않는다.

가능세계를 통한 담론은 우리의 일상적인 몇몇 표현들을 보다 잘 이해하는 데 도움이 된다. 다음 상황을 생각해 보자. 나는 현실에서 아침 8시에 출발하는 기차를 놓쳤고, 지각을 했으며, 내가 놓친 기차는 제시간에 목적지에 도착했다. 그리고 나는 “만약 내가 8시 기차를 탔다면, 나는 지각을 하지 않았다.”라고 주장한다. 그런데 전통 논리학에서는 “만약 A이면 B이다.”라는 형식의 명제는 A가 거짓인 경우에는 B의 참 거짓에 상관없이 참이라고 규정한다. 그럼에도 ⓐ내가 만약 그 기차를 탔다면 여전히 지각을 했을 것이라고 주장하지는 않는 이유는 무엇일까? 내가 그 기차를 탄 가능세계들을 생각해 보면 그 이유를 알 수 있다. 그 가능세계 중 어떤 세계에서 나는 여전히 지각을 한다. 가령 내가 탄 그 기차가 고장으로 선로에 멈춰 운행이 오랫동안 지연된 세계가 그런 예이다. 하지만 내가 기차를 탄 세계들 중에서, 내가 기차를 타고 별다른 이변 없이 제시간에 도착한 세계가 그렇지 않은 세계보다 우리의 현실세계와의 유사성이 더 높다. 일반적으로, A가 참인 가능세계들 중에 비교할 때, B도 참인 가능세계가 B가 거짓인 가능세계보다 현실세계와 더 유사하다면, 현실세계의 나는 A가 실현되지 않은 경우에, 만약 A라면 ~B가 아닌 B이라고 말할 수 있다.

가능세계는 다음의 네 가지 성질을 갖는다. 첫째는 가능세계의 일관성이다. 가능세계는 명칭 그대로 가능한 세계이므로 어떤 것이 가능하지 않다면 그것이 성립하는 가능세계는 없다. 둘째는 가능세계의 포괄성이다. 이것은 어떤 것이 가능하다면 그것이 성립하는 가능세계는 존재한다는 것이다. 셋째는 가능세계의 완결성이다. 어느 세계에서든 임의의 명제 P에 대해 “P이거나 ~P이다.”라는 배중률이 성립한다. 즉 P와 ~P 중 하나는 반드시 참이라는 것이다. 넷째는 가능세계의 독립성이다. 한 가능세계는 모든 시간과 공간을 포함해야만 하며, 연속된 시간과 공간에 포함된 존재들은 모두 동일한 하나의 세계에만 속한다. 한 가능세계 W1의 시간과 공간이, 다른 가능세계 W2의 시간과 공간으로 이어질 수는 없다. W1과 W2는 서로 시간과 공간이 전혀 다른 세계이다.

가능세계의 개념은 철학에서 갖가지 흥미로운 질문과 통찰을 이끌어 내며, 그에 관한 연구 역시 활발히 진행되고 있다. 나아가 가능세계를 활용한 논의는 오늘날 인지 과학, 언어학, 공학 등의 분야로 그 응용의 폭을 넓히고 있다.

07 윗글의 내용과 일치하는 것은?

① 배중률은 모든 가능세계에서 성립한다.
② 모든 가능한 명제는 현실세계에서 성립한다.
③ 필연적인 명제가 성립하지 않는 가능세계가 있다.
④ 무모순율에 의하면 P와 ~P가 모두 참인 것은 가능하다.
⑤ 전통 논리학에 따르면 “만약 A이면 B이다.”의 참 거짓은 A의 참 거짓과 상관없이 결정된다.

08 ㉠, ㉡에 대한 이해로 적절하지 <u>않은</u> 것은?

① ㉠이 성립하지 않는 가능세계가 존재한다.
② "만약 다보탑이 개성에 있다면, 다보탑은 개성에 있다."가 성립하는 가능세계 중에는 ㉠이 거짓인 가능세계는 없다.
③ ㉡과 "다보탑은 개성에 있지 않다."는 모순 관계가 아니다.
④ 만약 ㉡이 거짓이라면 어떤 가능세계에서도 다보탑이 개성에 있지 않다.
⑤ ㉠과 ㉡은 현실세계에서 둘 다 참인 것이 가능하다.

09 윗글을 바탕으로 할 때, ⓐ에 대한 답으로 가장 적절한 것은?

① 내가 그 기차를 타지 않은 가능세계들끼리 비교할 때 지각을 한 가능세계와 지각을 하지 않은 가능세계가 현실세계와의 유사성의 정도가 다르기 때문이다.
② 내가 그 기차를 타지 않은 가능세계들끼리 비교할 때 기차 고장이 자주 일어나지 않는 가능세계가 현실세계와의 유사성이 높기 때문이다.
③ 내가 그 기차를 탄 가능세계들끼리 비교할 때 내가 지각을 한 가능세계가 내가 지각을 하지 않은 가능세계에 비해 현실세계와의 유사성이 더 낮기 때문이다.
④ 내가 그 기차를 탄 가능세계들끼리 비교할 때 그 가능세계들의 대다수에서 내가 지각을 하지 않았기 때문이다.
⑤ 내가 그 기차를 탄 것이 현실세계에서 거짓이기 때문이다.

10 윗글을 참고할 때, 〈보기〉를 이해한 내용으로 적절한 것은? [3점]

> ─────[보기]─────
>
> 　명제 "모든 학생은 연필을 쓴다."와 "어떤 학생도 연필을 쓰지 않는다."는 반대 관계이다. 이 말은, 두 명제 다 참인 것은 가능하지 않지만, 둘 중 하나만 참이거나 둘 다 거짓인 것은 가능하다는 뜻이다.

① 가능세계의 완결성과 독립성에 따르면, 모든 학생이 연필을 쓰는 가능세계가 존재한다는 것과 어떤 학생도 연필을 쓰지 않는 가능세계가 존재한다는 것 중 하나는 반드시 참이고, 그중 한 세계의 시간과 공간이 다른 세계로 이어질 수 없겠군.
② 가능세계의 포괄성과 독립성에 따르면, "어떤 학생도 연필을 쓰지 않는다."가 성립하면서 그 세계에 속한 한 명의 학생이 연필을 쓰는 가능세계들이 존재하고, 그 세계들의 시간과 공간은 서로 단절되어 있겠군.
③ 가능세계의 완결성에 따르면, 어느 세계에서든 "어떤 학생은 연필을 쓴다."와 "어떤 학생은 연필을 쓰지 않는다." 중 하나는 반드시 참이겠군.
④ 가능세계의 포괄성에 따르면, "'모든 학생은 연필을 쓴다.'가 참이거나 '어떤 학생도 연필을 쓰지 않는다.'가 참'인 가능세계들이 있겠군.
⑤ 가능세계의 일관성에 따르면, 학생들 중 절반은 연필을 쓰고 절반은 연필을 쓰지 않는 가능세계가 존재하겠군.

[11~14] 다음 글을 읽고 물음에 답하시오.   2023.06 [14~17]

─── (해설 p.248) ───

경제학에서는 증거에 근거한 정책 논의를 위해 사건의 효과를 평가해야 할 경우가 많다. 어떤 사건의 효과를 평가한다는 것은 사건 후의 결과와 사건이 없었을 경우에 나타났을 결과를 비교하는 일이다. 그런데 가상의 결과는 관측할 수 없으므로 실제로는 사건을 경험한 표본들로 구성된 시행집단의 결과와, 사건을 경험하지 않은 표본들로 구성된 비교집단의 결과를 비교하여 사건의 효과를 평가한다. 따라서 이 작업의 관건은 그 사건 외에는 결과에 차이가 ⓐ날 이유가 없는 두 집단을 구성하는 일이다. 가령 어떤 사건이 임금에 미친 효과를 평가할 때, 그 사건이 없었다면 시행집단과 비교집단의 평균 임금이 같을 수밖에 없도록 두 집단을 구성하는 것이다. 이를 위해서는 두 집단에 표본이 임의로 배정되도록 사건을 설계하는 실험적 방법이 이상적이다. 그러나 사람을 표본으로 하거나 사회 문제를 다룰 때에는 이 방법을 적용할 수 없는 경우가 많다.

[이중차분법]은 시행집단에서 일어난 변화에서 비교집단에서 일어난 변화를 뺀 값을 사건의 효과라고 평가하는 방법이다. 이는 사건이 없었더라도 비교집단에서 일어난 변화와 같은 크기의 변화가 시행집단에서도 일어났을 것이라는 평행추세 가정에 근거해 사건의 효과를 평가한 것이다. 이 가정이 충족되면 사건 전의 상태가 평균적으로 같도록 두 집단을 구성하지 않아도 된다.

이중차분법은 1854년에 스노가 처음 사용했다고 알려져 있다. 그는 두 수도 회사로부터 물을 공급받는 런던의 동일 지역 주민들에 주목했다. 같은 수원을 사용하던 두 회사 중 한 회사만 수원을 ⓑ바꿨는데 주민들은 자신의 수원을 몰랐다. 스노는 수원이 바뀐 주민들과 바뀌지 않은 주민들의 수원 교체 전후 콜레라로 인한 사망률의 변화들을 비교함으로써 콜레라가 공기가 아닌 물을 통해 전염된다는 결론을 ⓒ내렸다. 경제학에서는 1910년대에 최저임금제 도입 효과를 파악하는 데 이 방법이 처음 이용되었다.

평행추세 가정이 충족되지 않는 경우에 이중차분법을 적용하면 사건의 효과를 잘못 평가하게 된다. 예컨대 ㉠어떤 노동자 교육 프로그램의 고용 증가 효과를 평가할 때, 일자리가 급격히 줄어드는 산업에 종사하는 노동

자의 비중이 비교집단에 비해 시행집단에서 더 큰 경우에는 평행추세 가정이 충족되지 않을 것이다. 그렇다고 해서 집단 간 표본의 통계적 유사성을 ⓓ높이려고 사건 이전 시기의 시행집단을 비교집단으로 설정하는 것이 평행추세 가정의 충족을 보장하는 것은 아니다. 예컨대 고용처럼 경기변동에 민감한 변화라면 집단 간 표본의 통계적 유사성보다 변화 발생의 동시성이 이 가정의 충족에서 더 중요할 수 있기 때문이다.

여러 비교집단을 구성하여 각각에 이중차분법을 적용한 평가 결과가 같음을 확인하면 평행추세 가정이 충족된다는 신뢰를 줄 수 있다. 또한 시행집단과 여러 특성에서 표본의 통계적 유사성이 높은 비교집단을 구성하면 평행추세 가정이 위협받을 가능성을 ⓔ줄일 수 있다. 이러한 방법들을 통해 이중차분법을 적용한 평가에 대한 신뢰도를 높일 수 있다.

11 윗글에 대한 이해로 적절하지 <u>않은</u> 것은?

① 실험적 방법에서는 시행집단에서 일어난 평균 임금의 사건 전후 변화를 어떤 사건이 임금에 미친 효과라고 평가한다.

② 사람을 표본으로 하거나 사회 문제를 다룰 때에도 실험적 방법을 적용하는 경우가 있다.

③ 평행추세 가정에서는 특정 사건 이외에는 두 집단의 변화에 차이가 날 이유가 없다고 전제한다.

④ 스노의 연구에서 시행집단과 비교집단의 콜레라 사망률은 사건 후뿐만 아니라 사건 전에도 차이가 있었을 수 있다.

⑤ 스노는 수원이 바뀐 주민들과 바뀌지 않은 주민들 사이에 공기의 차이는 없다고 보았을 것이다.

12 다음은 이중차분법을 ㉠에 적용할 경우에 나타날 결과를 추론한 것이다. A와 B에 들어갈 말을 바르게 짝지은 것은?

> 프로그램이 없었다면 시행집단에서 일어났을 고용률 증가는, 비교집단에서 일어난 고용률 증가와/보다 (A) 것이다. 그러므로 ㉠에 이중차분법을 적용하여 평가한 프로그램의 고용 증가 효과는 평행추세 가정이 충족되는 비교집단을 이용하여 평가한 경우의 효과보다 (B) 것이다.

	A	B
①	클	클
②	클	작을
③	같을	클
④	작을	클
⑤	작을	작을

13 윗글을 바탕으로 〈보기〉를 이해한 내용으로 적절하지 <u>않은</u> 것은? [3점]

[보기]

> 아래의 표는 S 국가의 P주와 그에 인접한 Q주에 위치한 식당들을 1992년 1월 초와 12월 말에 조사한 결과의 일부이다. P주는 1992년 4월에 최저임금을 시간당 4달러에서 5달러로 올렸고, Q주는 1992년에 최저임금을 올리지 않았다. P주 저임금 식당들은, 최저임금 인상 전에 시간당 4달러의 임금을 지급했고 최저임금 인상 후에 임금이 상승했다. P주 고임금 식당들은, 최저임금 인상 전에 이미 시간당 5달러보다 더 높은 임금을 지급했고 최저임금 인상 후에도 임금이 상승하지 않았다. 이때 최저임금 인상에 따른 임금 상승이 고용에 미친 효과를 평가한다고 하자.

집단	평균 피고용인 수(단위: 명)		
	사건 전 (A)	사건 후 (B)	변화 (B-A)
P주 저임금 식당	19.6	20.9	1.3
P주 고임금 식당	22.3	20.2	−2.1
Q주 식당	23.3	21.2	−2.1

① 최저임금 인상 후에 시행집단에서 일어난 변화는 1.3명이다.

② 시행집단과 비교집단의 식당들이 종류나 매출액 수준 등의 특성에서 통계적 유사성이 높을수록 평가에 대한 신뢰도가 높아진다.

③ 비교집단을 Q주 식당들로 택해 이중차분법을 적용하면 시행집단에서 최저임금 인상에 따른 임금 상승의 고용 효과는 3.4명 증가로 평가된다.

④ 비교집단의 변화를, P주 고임금 식당들의 1992년 1년간 변화로 파악할 경우보다 시행집단의 1991년 1년간 변화로 파악할 경우에 더 신뢰할 만한 평가를 얻는다.

⑤ 비교집단을 Q주 식당들로 택하든 P주 고임금 식당들로 택하든 비교집단에서 일어난 변화가 동일하다는 사실은 평행추세 가정의 충족에 대한 신뢰도를 높인다.

14 문맥상 ⓐ~ⓔ의 단어와 가장 가까운 의미로 쓰인 것은?

① ⓐ: 그 사건의 전말이 모두 오늘 신문에 <u>났다</u>.

② ⓑ: 산에 가려다가 생각을 <u>바꿔</u> 바다로 갔다.

③ ⓒ: 기상청에서 전국에 건조 주의보를 <u>내렸다</u>.

④ ⓓ: 회원들이 회칙 개정을 요구하는 목소리를 <u>높였다</u>.

⑤ ⓔ: 하고 싶은 말은 많지만 오늘은 이만 <u>줄입니다</u>.

(가)

　전통적인 윤리학의 주요 주제는 '선', '올바름'과 같은 도덕 용어에 대한 해명을 바탕으로 무엇이 옳고 그른지를 판정하는 객관적 근거를 ⓐ찾는 것이다. 그러나 윤리학은 오랫동안 그에 대한 만족스러운 답을 ⓑ내놓지 못했다. 이러한 상황에서 에이어는 도덕적으로 옳고 그름에 관한 문장인 도덕 문장이 진리 적합성, 즉 참 또는 거짓일 수 있다는 성질을 갖지 않는다는 주장을 ⓒ펼쳤다.

　에이어는 진리 적합성을 갖는 모든 문장은 그 문장에 사용된 단어의 정의를 통해 검증되는 분석적 문장이거나 경험적 관찰에 의해 검증되는 종합적 문장이라는 원리를 바탕으로 도덕 문장은 진리 적합성이 없다고 주장했다. 우선 그는 도덕 문장은 분석적이지 않다는 기존의 논의를 수용했다. '선은 A이다.'라는 도덕 문장이 분석적이려면, 술어인 'A'가 주어인 '선'이라는 개념 속에 내포되어 있어야 한다. 하지만 '선'은 속성이나 내용을 더 이상 분석할 수 없는 단순 개념이므로 해당 문장은 분석적이지 않다. 그렇다고 해서 '선은 A이다.'라는 도덕 문장이 경험적 관찰로 검증될 수 있는 것도 아니다. '선' 그 자체는 우리의 감각으로 검증할 수 없기 때문이다.

　도덕 문장은 다양한 감정이나 태도를 표현하고 타인의 감정을 ⓓ불러일으키는 정서적 의미를 갖는다고 에이어는 주장했다. 그는 많은 사람들이 도덕 문장이 진리 적합성을 갖는다고 오해하는 것은 도덕 용어의 두 가지 용법을 구분하지 못해서라고 주장한다. 그에 따르면 도덕 용어는 감정을 표현하는 표현적 용법으로도, 세계에 관한 어떤 사실을 기술하는 기술적 용법으로도 사용될 수 있다. 만약 '도둑질은 나쁘다.'가 도둑질이 사회적으로 배척된다는 사실을 기술하는 문장이라면, 이 문장은 도덕적으로 옳고 그름에 관한 것이 아니다. 따라서 이 문장은 도덕 문장이 아니고, 경험적으로 검증이 가능하다. 반대로 그 문장이 도둑질에 대한 화자의 감정을 표현한 문장이라면 이는 도덕 문장이며 어떤 사실을 기술한 것이 아니다. 에이어에게는 '도둑질은 나쁘다.'와 같은 도덕 문장을 진술하는 것은 감정을 담은 어조로 '네가 도둑질을 하다니!'라고 말하는 것과 다름없기 때문이다. 그의 주장대로라면 도덕 문장은 감정을 표현하는 도덕 주체로부터 독립적으로 존재하는 무언가를 기술할 수 없다. 이는 전통적인 윤리학자들의 기본 가정을 부정하는 급진적 주장이지만 윤리학에 새로운 사고를 ⓔ열어 준 선구적인 면도 있다.

(나)

　논리학에서 제기된 의문이 윤리학의 특정 견해에 대한 비판이 되기도 한다. 다음 논의는 이를 보여 준다. 'P이면 Q이다. P이다. 따라서 Q이다.'인 논증을 전건 긍정식이라 한다. 전건 긍정식은 'P이면 Q이다.'와 'P이다.'라는 두 전제가 참이면 결론 'Q이다.'는 반드시 참이라는 뜻에서 타당하다. 그런데 어떤 문장이 단독으로 진술되는 경우에는 감정이나 태도를 표현할 수 있지만 그 문장이 조건문인 'P이면 Q이다.'의 부분으로 포함되는 경우에는 그렇지 않다. '귤은 맛있다.'는 화자의 선호라는 감정을 표현한다. 하지만 그 문장이 '귤은 맛있다면 귤은 비싸다.'처럼 조건문의 일부가 되면 귤에 관한 화자의 선호를 표현하지 않는다. 이에 전건 긍정식의 P가 감정이나 태도를 표현하는 문장일 때 'P이면 Q이다.'의 P와 'P이다.'의 P 사이에 내용의 차이가 생기므로, 전건 긍정식임에도 두 전제의 참이 결론 'Q이다.'의 참을 보장하지 않는다는 것이 ㉠몇몇 논리학자들이 제기한 문제였다. 전건 긍정식인 '표절은 나쁘다면 표절을 돕는 것은 나쁘다. 표절은 나쁘다. 따라서 표절을 돕는 것은 나쁘다.'라는 논증은 직관적으로 타당해 보인다. 하지만 '표절은 나쁘다.'가 감정을 표현했다면, 위 논증은 타당하지 않다고 해야 한다. 그러므로 에이어의 윤리학 견해를 고수하려면, 도덕 문장을 포함하는 전건 긍정식의 타당성을 부정하거나, 전건 긍정식은 도덕 문장을 포함할 수 없다고 해야 한다. 이 쟁점에 대해 행크스는 다음과 같이 논의를 전개하였다.

[A]
　'표절은 나쁘다.'라는 문장은 표절이라는 대상에 나쁨이라는 속성을 부여하는 내용을 가진다. 그리고 화자의 문장 진술은 그 내용과 완전히 무관할 수는 없기 때문에 그런 문장은 단독으로 진술되든 그렇지 않든 판단적이다. 문장이 판단적이라는 것은, 대상에 속성을 부여하는 내용을 지니는 것이 그 문장의 본질이라는 것을 뜻한다. 도덕 문장을 비롯한 모든 판단적 문장은 참 또는 거짓일 수 있다. 조건문에 포함된 문장도 판단적이라는 점에서 단독으로 진술될 때와 내용의 차이가 없다. 그러므로 도덕 문장을 포함하는 전건 긍정식은 타당해 보일 뿐 아니라 실제로도 타당하다. 그렇다면 'P이면 Q이다.'에 포함된 'P이다.'가 단독으로 진술된 경우와 다른 점은 무엇인가? 가령 '귤은 맛있다.'는, '귤은 맛있다면 귤은 비싸다.'라는 조건문에 포함되는 경우 화자가 대상에 속성을 부여하는 행위를 하는 것은 아니

기에 그것의 판단적 본질을 발현하지 못한다. 그러
나 이 맥락에서도 조건문에 포함된 '귤은 맛있다.'
는 판단적 본질을 여전히 잃지 않는다. 다시 말해,
그 문장 자체는 대상에 속성을 부여하는 내용을 지
닌다.

15 (가)에 나타난 에이어 의 입장으로 적절하지 <u>않은</u> 것은?

① 도덕 용어를 기술적 용법으로 사용한 문장은 검증이
가능하다.

② 표현적 용법을 활용한 도덕 문장은 자신의 감정을 표
현하는 문장과 동일한 의미를 표현한다.

③ 주어와 술어의 의미 관계를 통해 어떤 문장을 검증할
수 있다면 그 문장은 분석적 문장이다.

④ 도덕 용어의 용법은 도덕 용어가 기술하는 사실의 종
류에 따라 기술적 용법과 표현적 용법으로 구분할 수
있다.

⑤ 도덕 문장에 진리 적합성이 있다는 오해는 도덕 문장
을 세계에 대한 어떠한 사실을 기술한 것으로 해석한
데에 기인한다.

16 [A]로부터 추론한 내용으로 가장 적절한 것은?

① '귤은 맛있다면 귤은 비싸다.'에 포함된 '귤은 맛있다.'
는 판단적이지 않다.

② '표절은 나쁘다.'는 단독으로 진술되었을 때에만 참 또
는 거짓일 수 있다.

③ '귤은 맛있다.'는 조건문의 일부로 진술될 때는 대상에
속성을 부여하는 내용을 지니지 않는다.

④ 화자는 귤이 맛있음의 속성을 가진다는 내용과 완전
히 무관한 채로 '귤은 맛있다.'를 진술할 수 있다.

⑤ '표절은 나쁘다.'는 화자가 표절에 나쁨을 부여하지 않
는 맥락에서도 그것의 판단적 본질을 유지할 수 있다.

17 다음은 윗글을 읽고 학생이 작성한 학습 활동지이다.
윗글을 바탕으로 할 때, 적절하지 <u>않은</u> 것은?

□ 다음의 진술에 대해 윗글에 제시된 학자들이 보일 수 있는
견해를 작성해 봅시다.

[진술1] 객관적으로 존재하는 도덕적 사실이 있다.

○ 전통적인 윤리학자: 옳다. 도덕적 판단의 근거는 도
덕 주체로부터 독립적으로 존재하기 때문이다. ‥‥①

○ 에이어: 옳지 않다. 도덕 문장은 도덕 주체로부터 독
립적일 수 없기 때문이다. ‥‥‥‥‥‥‥‥‥‥②

[진술2] 도덕 문장은 참 또는 거짓이라는 속성을 갖는다.

○ 에이어: 옳지 않다. 도덕 문장은 분석적이지도 종합
적이지도 않기 때문이다. ‥‥‥‥‥‥‥‥‥‥③

○ 행크스: 옳다. 도덕 문장은 도덕 용어가 나타내는 속
성에 비추어 참 또는 거짓이 정해지기 때문이다.

[진술3] 전건 긍정식의 두 전제에 공통으로 포함된 도
덕 문장은 내용이 다르다.

○ 에이어: 옳다. 도덕 문장은 전건 긍정식의 전제로 사
용되면 진리 적합성을 갖기 때문이다. ‥‥‥‥④

○ 행크스: 옳지 않다. 단독으로 진술된 문장은 조건문
의 일부로 사용된 때와 내용 차이가 없기 때문이다.
‥‥‥‥‥‥‥‥‥‥‥‥‥‥‥‥‥‥⑤

18 윗글을 바탕으로 ㉠을 이해한 내용으로 적절하지 <u>않은</u>
것은?

① 에이어의 윤리학 견해가 옳다면 전건 긍정식이 직관
적으로 타당해 보이게 된다는 점에서, ㉠은 에이어에
대한 비판이 된다.

② ㉠에 따르면, 도덕 문장을 포함하는 전건 긍정식이 타
당하다면 도덕 문장이 감정을 표현한다는 견해는 수
용될 수 없다.

③ ㉠은 전건 긍정식이 타당하려면 두 전제 모두에 나타
난 문장의 내용이 일치해야 함에 기초한다.

④ ㉠은 도덕 문장뿐 아니라 개인적 선호를 나타내는 문
장에 대해서도 제기될 수 있다.

⑤ 도덕 문장을 판단적이라고 보는 이론에 따르면 ㉠은
애당초 발생하지 않는다.

19 윗글과 〈보기〉를 비교하여 이해한 내용으로 적절하지 <u>않은</u> 것은? [3점]

'자선은 옳다.'는 자선에 대한 찬성, '폭력은 나쁘다.'는 폭력에 대한 반대라는 태도를 표현한다. 도덕 문장을 포함하는 '자선은 옳다면 봉사는 옳다.'라는 조건문은 '태도에 대한 태도'를 표현한다. 위와 같은 주관적 태도들에는 참, 거짓이 없다. '자선은 옳다면 봉사는 옳다.'와 '자선은 옳다.'가 나타내는 태도를 지니면서, '봉사는 옳다.'에 반대하는 것은 비일관적이다. '자선은 옳다면 봉사는 옳다. 자선은 옳다. 따라서 봉사는 옳다.'가 타당하다는 것은 이런 뜻이다.

① 도덕 문장이 태도나 감정을 표현한다는 주장은, 도덕 문장을 포함하는 조건문이 '태도에 대한 태도'를 표현한다는 〈보기〉의 주장과 상충하는군.

② 논증의 타당성이 전제와 결론의 참에 의해 규정된다는 주장은, 타당성을 논증에 나타난 태도 사이의 관계에 의해 규정할 수 있다는 〈보기〉의 주장과 상충하는군.

③ 무엇이 윤리적으로 옳고 그른지에 대한 객관적 기준을 세워야 한다는 주장은, 도덕 문장은 찬성과 반대라는 주관적 태도를 나타낸다는 〈보기〉의 주장과 상충하는군.

④ '귤은 맛있다.'가 귤에 대한 화자의 선호를 표현한다는 주장은, '자선은 옳다.'가 자선에 대한 화자의 찬성을 표현한다는 〈보기〉의 주장과 상충하지 않는군.

⑤ '도둑질은 나쁘다.'가 화자의 정서를 표출하므로 진리 적합성이 없다는 주장은, 폭력에 대한 화자의 태도를 표현하는 문장이 참, 거짓일 수 없다는 〈보기〉의 주장과 상충하지 않는군.

20 문맥상 ⓐ~ⓔ와 바꿔 쓰기에 가장 적절한 것은?

① ⓐ: 수색하는
② ⓑ: 제시하지
③ ⓒ: 전파했다
④ ⓓ: 발산하는
⑤ ⓔ: 공개하여

"쌤 오늘 너무 집중이 안 돼요."
"왜?"

"아 그냥...수능날 갑자기 폭망하면 어떡해요. 나 진짜 이 짓거리 1년은 더 못하겠는데."
"수능이 갑자기 망하진 않아. 열심히 했으면 잘 보게 돼 있다."
"아니 그래도... 쌤 집중 너무 안 되는데 재밌는 얘기 좀 해주심 안돼요?"
"재밌는 얘기? ㅋㅋㅋㅋ 그래 너 수학 좋아하니까 맞춤식으로다가 해줄게"

나는 종이 위에 좌표평면을 그리고 y=x 그래프를 그렸다.

"아 뭐에요. 재밌는 얘기 해 준다면서요 ㅠㅠ"
"글쎄 가만 있어봐. 이 그래프 이름이 뭐야?"
"y=x요. 너무 쉽네"

그 다음 그 오른쪽에 새로운 좌표평면을 그리고, 이리저리 끊기고 접히고 꺾인, 못생긴 그래프를 그렸다.

"자 그럼 이 그래프 이름은 뭐야."
"아 이걸 어떻게 알아요;;; 불연속점하고 함숫값하고 구간별 함수하고... 그런 걸 줘야지!"
"ㅋㅋㅋㅋㅋㅋ그렇지. 자 그러면 두 그래프를 놓고서, 네가 평가원장이야. 둘 중에 뭐가 더 눈길이 가? 뭘 문제로 내고 싶어?"
"당연히 오른쪽 거죠."

"그래. 이제 x축을 시간이라고 하고, y축을...뭐라고 둘까. 잘나가는 정도?라고 둬 보자.
그럼 이제 이게 인생 그래프야. 자, 아마 사람들은 y=x 그래프를 살고 싶어하겠지.
아니다. 요즘 금수저 은수저 하는데 y절편이 아예 100인 사람들도 있지. 그런 사람들은 아마 기울기도 엄청 클거야. 한 y=100x+100 정도 되려나.

아무튼, 근데 말이지. 사람들한테 두 그래프를 줬을 때, 어떤 그래프를 더 뚫어져라 쳐다보고 더 관심을 줄까. 어떤 그래프가 크게 놓고 봤을 때, 더 주목받는 그래프일까. 크게 보자면 여기저기 끊긴 그래프라는 거야."

"에일ㅋㅋㅋㅋㅋ 이건 좀 약 파는 것 같은데요 쌤."
"ㅋㅋㅋㅋㅋㅋ 맘대로 생각해. 근데 내가 너보다 얼마나 더 살았다고 인생 운운하는지는 모르겠지만, 확실히 너보다 입시는 미리 겪어본 입장에서 말해주자면, 수능만큼 불연속적인 인생 이벤트도 없더라고.

수학적으로 말하자면, 보통은 미분 불가능하더라도 연속은 하거든. 근데 이거는 완전히 끊겨가지고 미분도 안 되는 거야. 그냥 하루아침에 저 밑으로 뚝. 그렇게 재수하러들 많이 가지. 물론 갑자기 수능 대박쳐서 저 위로 올라가 있는 친구들도 있겠지만.

그런데 좀 많이 착각하고들 있는 게, 만약에 뚝 떨어져 버렸다고 하면 인생 잘못 살고 있다고 생각한다는 거야. 왜? 내 미래가 계획한대로 안 풀리니까. 사람이란 게 자꾸 계획을 짜고 그거에 맞춰서 주변 환경을 변화시키려 들다 보니까, 이게 뜻대로 안 되면 패닉에 빠져. 쉽게 말해서, 내 머릿속에는 y=x를 잘 그려 놨는데, 갑자기 예정된 함숫값이 사라졌어. 그럼 얼마나 멘붕이야. 식 자체가 틀린 거잖아.

근데, 살면서 내 뜻대로 일이 따라 줄 리가 없어. 그렇잖아. 운이란 것도 분명 있고 그럼 불운이란 것도 존재하지. 네가 수능장

가다가 교통사고가 날지 벼락을 맞을지 누가 아냐고. 쉽게 말해서, 불연속 게릴라들이 네 주위에 늘 도사리고 있다는 거야. 그럼 어떻게 해야 될까? 함수를 못 세우는데."

"그럼 구간 나눠서 세워야죠 뭐."
"이제 말이 좀 통하네. 맞아. 인생 그래프가 한 번에 그려질 거라는 생각 자체를 버려야지. 그럼 이제 구간 나눠서 그려야 되는데, 그럼 뭐가 필요해?"
"일단 불연속점이 어딘지 알아야 되고..."

"바로 그거지. 그러니까 다시 말해서, 우리 인생인 x축에서 가장 중요한 지점은 어디냐 하면, 아이러니하게도 높은 함숫값을 갖는 x가 아니라, 불연속되는 바로 그 x값이라는 거야. 거기서 네가 어떻게 움직이느냐에 따라 너의 인생 그래프가 좌지우지 되는 거지

근데 밑으로 푹 꺼져도 상관은 없어. 위로 솟구쳐도 상관없고. 다만 중요하고 확실한 건, 이런 임의의 함수를 소개할 때 불연속점부터 이야기하듯이, 네 인생을 이야기하고자 할 때 지금 이 시점은 반드시 짚고 넘어갈 만큼 귀중하고 소중한 시간이라는 거지.

살다 보면 뜻대로 참 안 되는구나 싶을 때가 종종 있을 거야. 아마 너도 거의 스무 살 먹었으니까 많이 겪어 봤겠지. 그래도 대학교 오면 주변이 소란스러워서 아마 더 많이 느낄 텐데... 어쨌든, 갑자기 인생이 내 뜻대로 안 된다 싶을 때, 아니면 갑자기 어찌 감당할 수 없을 정도로 큰 벽에 부딪혔을 때, 상황이 너무 급격하게 변하고 있을 때, 그럴 때마다 정신 가다듬고 생각해봐.

'예상대로 안 풀리는 지금이, 가장 중요한 때다.'라고."

출처 : 페이스북 서울대학교 대나무숲 (2015.10.21.)

"P.I.R.A.M 국어 생각의 전개 독서편 2권"으로 이어집니다.

빠른 정답 (독서편 1권)

생각의 전개

Day 5~Day 10

정보량이 많은 지문은 존재하지 않는다 (1) : 모든 정보는 화제 중심으로 모인다.

[1~5] 2011.06 [23~27]

01	02	03	04	05
①	③	③	⑤	⑤

[6~9] 2015.11B [21~24]

06	07	08	09
①	②	①	⑤

[10~15] 2018.06 [16~21]

10	11	12	13	14	15
⑤	②	③	①	②	①

[16~21] 2023.06 [4~9]

16	17	18	19	20	21
①	③	④	①	②	③

[22~25] 2020.11 [26~29]

22	23	24	25
⑤	①	③	①

[26~29] 2024.11 [4~7]

26	27	28	29
⑤	③	②	②

[30~33] 2025.11 [14~17]

30	31	32	33
①	②	②	③

[34~37] 2023.11 [14~17]

34	35	36	37
③	④	④	①

[38~43] 2020.06 [37~42]

38	39	40	41	42	43
③	④	⑤	②	①	④

[44~49] 2019.11 [27~32]

44	45	46	47	48	49
②	⑤	④	⑤	②	②

Day 11~Day 14

정보량이 많은 지문은 존재하지 않는다 (2) : 결국, 다 같은 말이다.

[1~6] 2017.11 [37~42]

01	02	03	04	05	06
③	④	⑤	①	④	①

[7~11] 2021.06 [29~33]

07	08	09	10	11
②	⑤	④	③	③

[12~15] 2025.09 [8~11]

12	13	14	15
④	⑤	②	③

[16~19] 2023.09 [14~17]

16	17	18	19
②	⑤	⑤	①

[20~23] 2022.11 [14~17]

20	21	22	23
④	②	④	①

[24~27] 2024.11 [8~11]

24	25	26	27
③	①	⑤	②

[28~33] 2026.06 [4~9]

28	29	30	31	32	33
②	③	④	④	⑤	①

[34~39] 2022예시 [5~10]

34	35	36	37	38	39
⑤	①	①	④	③	③

Day 15~Day 17

정보량이 많은 지문은 존재하지 않는다 (3) : 정보는 카테고리화된다.

[1~4] 2025.06 [4~7]			
01	**02**	**03**	**04**
①	⑤	②	①

[5~8] 2025.09 [4~7]			
05	**06**	**07**	**08**
④	④	③	①

[9~12] 2019.09 [29~32]			
09	**10**	**11**	**12**
②	③	①	⑤

[13~16] 2024.09 [4~7]			
13	**14**	**15**	**16**
③	⑤	④	①

[17~21] 2010.09 [13~17]				
17	**18**	**19**	**20**	**21**
④	②	①	④	①

[22~25] 2021.12 [34~37]			
22	**23**	**24**	**25**
②	②	④	④

Day 18~Day 19

추상적인 원리는 구체적인 사례로 이해한다.

[1~6] 2022.06 [4~9]					
01	**02**	**03**	**04**	**05**	**06**
③	④	④	②	②	①

[7~10] 2019.11 [39~42]			
07	**08**	**09**	**10**
①	②	③	④

[11~14] 2023.06 [14~17]			
11	**12**	**13**	**14**
①	⑤	④	②

[15~20] 2025.06 [12~17]					
15	**16**	**17**	**18**	**19**	**20**
④	⑤	④	①	①	②